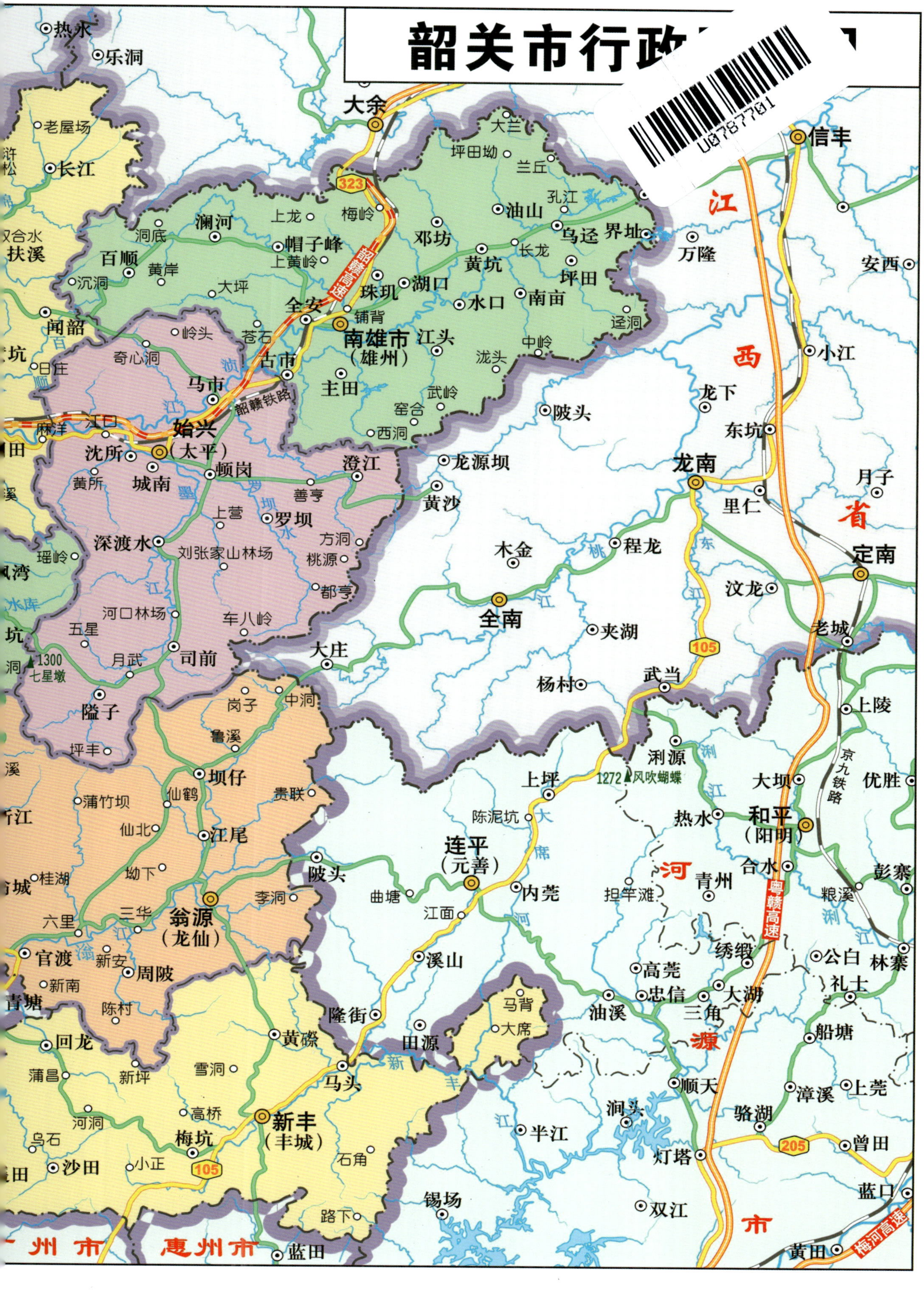

韶关市行政
热水
乐洞
老屋场
长江
扶溪
百顺
澜河
洞底
黄岸
沉洞
大坪
上龙
帽子峰
上黄岭
梅岭
大余
323
韶赣高速
邓坊
大兰
坪田坳
兰丘
孔江
油山
乌迳
界址
长龙
黄坑
坪田
湖口
珠玑
水口
南亩
全安
铺背
南雄市
（雄州）
江头
迳洞
中岭
苍石
古市
岭头
奇心洞
日庄
闻韶
马市
主田
泷头
武岭
窑合
西洞
韶赣铁路
麻洋
江口
始兴
（太平）
沈所
城南
黄所
顿岗
澄江
善亭
上营
罗坝
深渡水
方洞
刘张家山林场
桃源
都亨
瑶岭
河口林场
五星
车八岭
司前
月武
1300
七星墩
隘子
大庄
坪丰
岗子
中洞
鲁溪
坝仔
仙鹤
贵联
蒲竹坝
仙北
江尾
桂湖
坳下
陂头
三华
李洞
六里
翁源
（龙仙）
官渡
新安
周陂
新南
青塘
陈村
回龙
黄磜
蒲昌
新坪
雪洞
马头
河洞
高桥
新丰
（丰城）
乌石
梅坑
沙田
小正
105
石角
路下
蓝田
州市
惠州市
江
西
省
信丰
万隆
安西
小江
龙下
东坑
陂头
龙源坝
黄沙
龙南
里仁
月子
木金
程龙
定南
汶龙
全南
夹湖
105
老城
杨村
武当
上陵
涧源
1272
风吹蝴蝶
上坪
大坝
优胜
陈泥坑
热水
和平
（阳明）
连平
（元善）
内莞
担竿滩
青州
河
合水
彭寨
曲塘
江面
粤赣高速
粮溪
京九铁路
溪山
绣缎
公白
林寨
高莞
礼士
忠信
大湖
油溪
三角
马背
隆街
大席
田源
船塘
源
顺天
漳溪
上莞
洞头
骆湖
半江
205
曾田
灯塔
锡场
双江
蓝口
市
黄田
梅河高速

韶关年鉴

SHAOGUAN NIANJIAN

2015

韶关年鉴编纂委员会　编

方志出版社
Publishing House of Local Records

图书在版编目（CIP）数据

韶关年鉴. 2015 /《韶关年鉴》编纂委员会编. --北京：方志出版社，2015.9
ISBN 978-7-5144-1733-3

Ⅰ. ①韶… Ⅱ. ①韶… Ⅲ. ①韶关市—2015—年鉴
Ⅳ. ①Z526.53

中国版本图书馆CIP数据核字（2015）第245682号

韶关年鉴（2015）

编　　者：《韶关年鉴》编纂委员会
责任编辑：刘方圆
出 版 人：冀祥德
出 版 者：方志出版社
地址　北京市朝阳区潘家园东里9号（国家方志馆4层）
邮编　100021
网址　http：//www.fzph.org
发　　行：方志出版社发行中心
电话（010）67110500
经　　销：各地新华书店
印　　刷：韶关市文星彩色印务有限公司
开　　本：889×1194　　1/16
印　　张：36.25印张
字　　数：1196 千字
版　　次：2015 年 9 月第 1 版　　2015 年 9 月第 1 次印刷
印　　数：0001~3000册

ISBN 978-7-5144-1733-3　　定价：260.00 元

编辑说明

一、《韶关年鉴》是由中共韶关市委领导、市人民政府主持、市史志办公室组织实施、各承编单位共同参与编纂的综合年鉴，《韶关年鉴》以马克思列宁主义、毛泽东思想、邓小平理论、“三个代表”重要思想和科学发展观为指导，全面、系统地载录本行政区域年度内自然、政治、经济、文化、社会等方面基本面貌和发展情况，为全市年度资料性文献，每年编纂出版一卷。

二、《韶关年鉴（2015）》采用分类编辑法。主题内容设类目、分目、条目三个结构层次，以条目为基本记载单元。全书条目的标题统一用黑体加【 】表示，少数包含多方面资料的子条目则在文内用楷体标明各段资料的主题。

三、《韶关年鉴（2015）》主要反映2014年韶关辖区内各项事业发展的基本情况。年鉴分彩页和正文两大部分，彩页主要反映年内全市政务活动、行业成就、城乡新貌；正文内容由特载、大事记、行业专文、县（市、区）概况、人物、社会经济统计资料、附录等组成。全书共32个类目、218个分目和1970个条目，计1196千字。

四、由于机构的变更以及新机构的产生，本年鉴编目设计在上一年的基础上，对个别栏目的编排进行了适当的调整，并增加了少量分目和条目，以使编目更加科学和完整。

五、本年鉴统计数据采用法定计量单位（农用工地面积计量单位仍沿用“亩”），统计数据以韶关市统计局提供的数据为准，统计局无此数据的，则使用单位统计数据。

六、本年鉴撰稿人一般在文末标出，部分特殊内容的作者在标题下方标出。

七、本年鉴配备双重检索系统，书前刊有目录，书后配有索引。索引采用主题分析法，款目按照汉语拼音字母顺序排列。

八、本年鉴的编辑出版工作得到全市各级党委、政府的支持和各有关单位的通力合作，在此谨表谢意。书中疏漏之处，敬请批评指正。

数字韶关·2014

发展速度加快

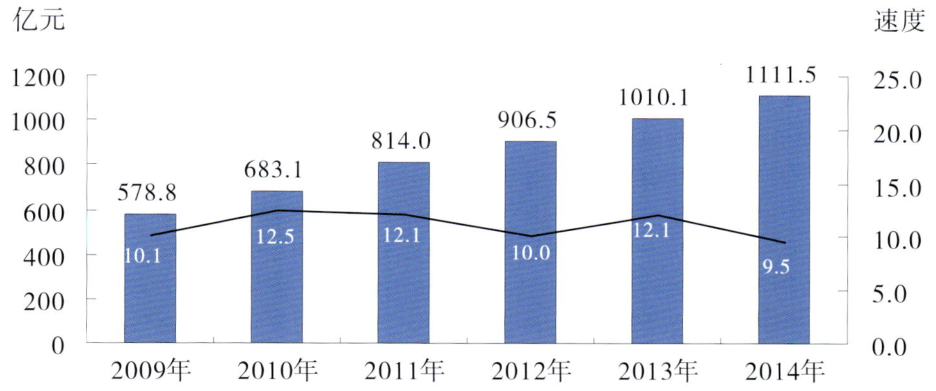

地区生产总值（当年价，亿元）及增长率

区域经济发展协调

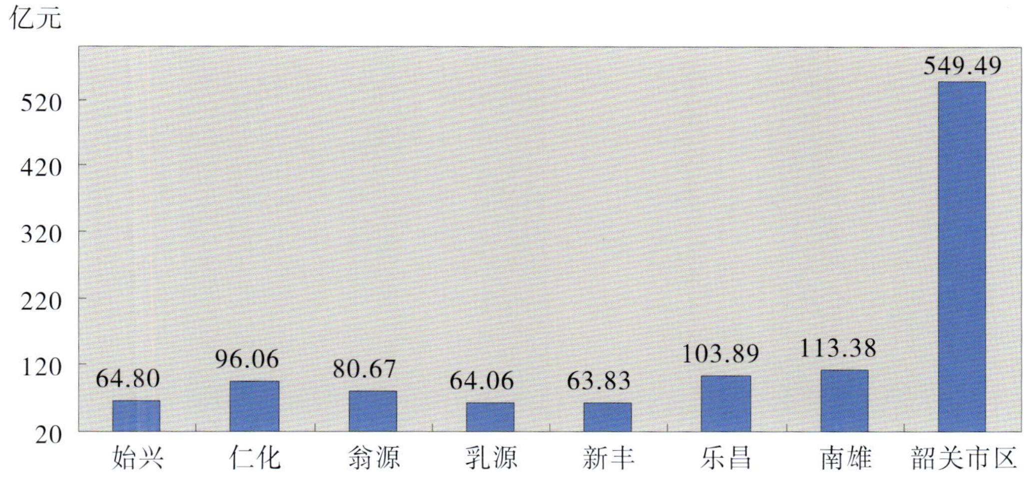

2014年县市区GDP（当年价，亿元）

经济结构明显优化

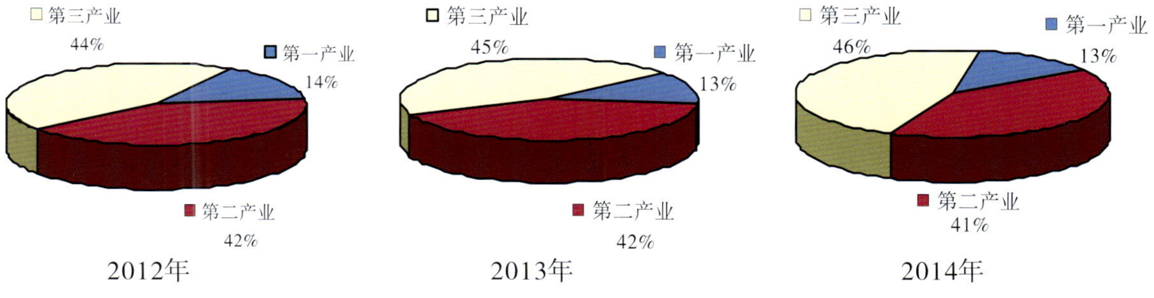

人口增长得到有效控制

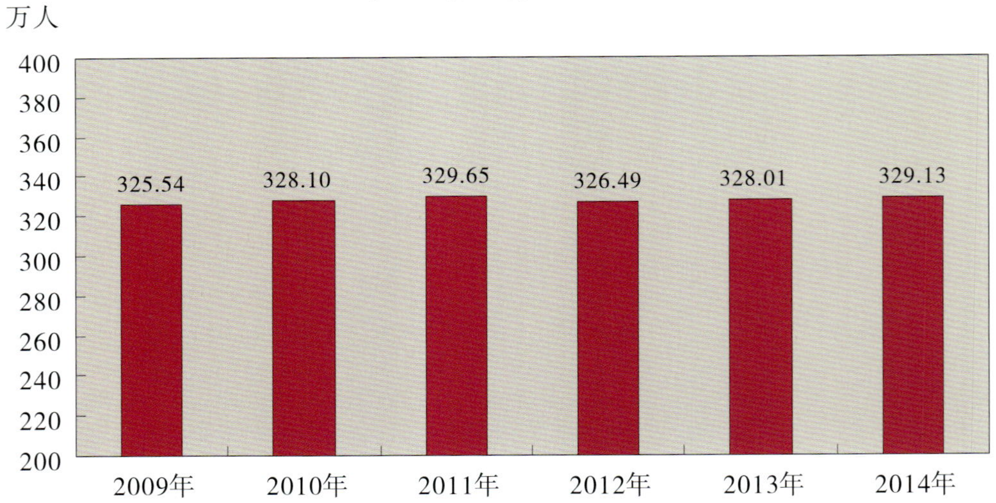

户籍人口

发展后劲增强

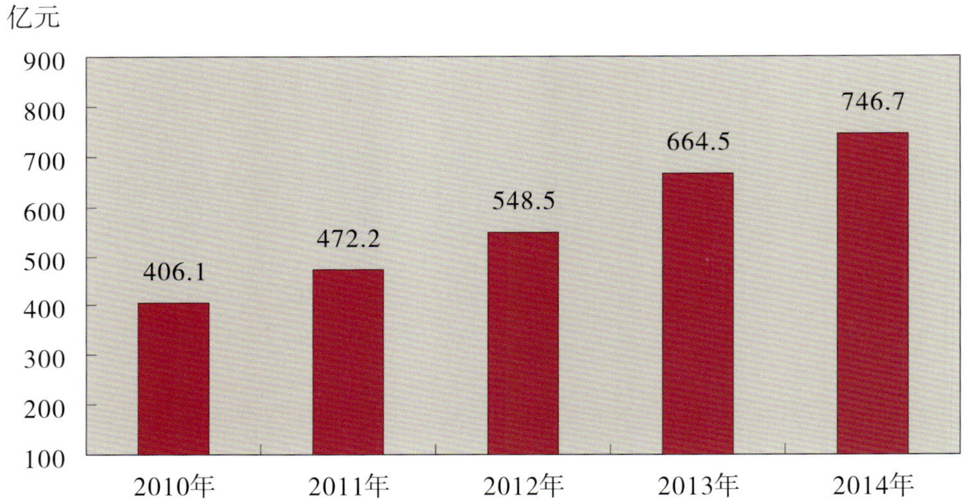

固定资产投资（亿元）

生活质量提高

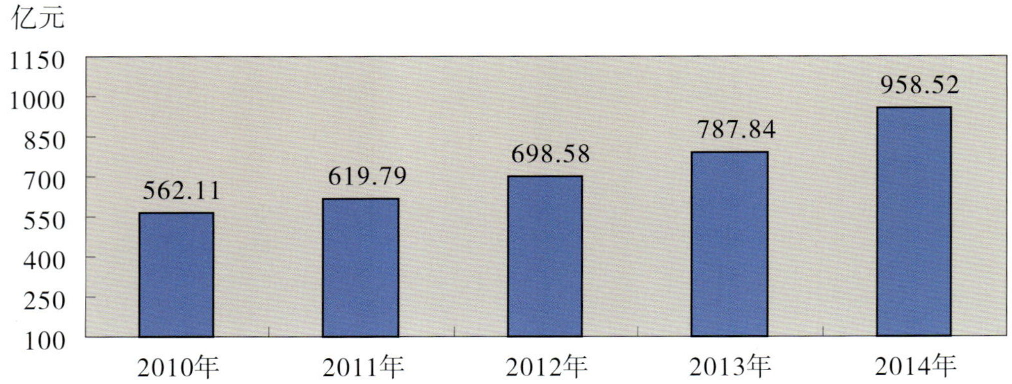

城乡居民储蓄存款

1月13日，中共韶关市第十一届委员会第五次全体会议召开　（童铜韶　摄）

9月29日，中国共产党韶关市第十一届委员会第六次全体会议召开　（童铜韶　摄）

2月18日，韶关市第十三届人民代表大会第四次会议召开　（童铜韶　摄）

2月17日，中国人民政治协商会议第十一届韶关市委员会第三次会议召开　（童铜韶　摄）

2月10日，韶关市召开深入开展党的群众路线教育实践活动动员部署会议　（童铜韶　摄）

9月11日，韶关市召开创建教育强市工作总结暨推进义务教育均衡发展动员会，图为市长艾学锋（左）接受广东省教育强市牌匾。　（童铜韶　摄）

6月16日，中共中央政治局委员、广东省委书记胡春华（左二）在韶关市委书记郑振涛（左三）、市委副书记、市长艾学峰（右二）陪同下在翁源广业清怡公司调研

（童铜韶　摄）

6月18日，中共中央政治局委员、广东省委书记胡春华（右二）在韶关市领导的陪同下在比亚迪电动叉车厂调研考察节能环保技术应用情况　（童铜韶　摄）

8月20日，省长朱小丹（左一）在韶关调研 （童铜韶 摄）

8月20日，省长朱小丹（中）在韶关棚户区建设工地调研 （童铜韶 摄）

9月17日，市委书记、市人大常委会主任郑振涛（前中）到翁源县和浈江区调研碳汇造林情况，并和护林员交谈。市领导孔云龙、贝抗胜，市林业局局长邓阳秋等陪同调研（童铜韶 摄）

12月16至19日，韩国荣州市国际交流协会会长金晋荣率中学生冬令营代表团一行到韶关市开展交流活动。图为郑振涛（右）与金晋荣（左）交谈

（市外事侨务局 供）

1月14日，市长艾学峰（中）参加韶乐广场交接仪式 （市城管局 供）

9月23日，市长艾学峰调研快递业发展情况 （王丹 摄）

2014年8月19日，韶关市住建局局长梁韶灵（右一）向省住建厅副厅长陈英松（右二）介绍东岗岭保障性住房小区情况
（市住建局　供）

2014年8月11日建设中的原曲仁矿棚户区改造项目二期工程
（市住建局　供）

2014年创建的南风碧水花园宜居社区
（市住建局　供）

2015年1月14日，市长艾学峰（右）给捐赠韶乐广场的南枫集团有限公司领导发感谢信 （市城管局 供）

市政府为民办实事之一“五小”项目中的韶乐广场夜景 （市城管局 供）

9月27日，广乐高速公路通车，图为沿线一角

（童铜韶 摄）

9月30日，赣韶铁路正式开通运营，图为始兴段一角
（始兴县 供）

图为韶赣铁路始兴车站一景 （童铜韶 摄）

2014年9月30日，赣韶铁路南雄火车站开通运营
（南雄市史志办　供）

2014年9月30日，赣韶铁路始兴火车站顺利通车
（始兴县史志办　供）

赣韶铁路丹霞山站通车运营

12月5日建成投入使用的韶关市第四污水处理厂
（市城管局 供）

韶关市市政设施管理中心工人在芙蓉新区维修韶关大道恒大城前路面
（市城管局 供）

市政府为民办实事之一“五小”项目中的韶乐广场全景。广场位于武江沿江路与芙蓉东路交会处，广场占地6000多平方米，由韶关市南枫集团合资捐建（市城管局 供）

9月3日，座落在韶关市南郊八公里的韶关新港码头复航，该码头由韶关泰江集装箱码头有限公司经营

（童铜韶　摄）

12月2日，芙蓉新区武广客运专线韶关综合客运枢纽（一期）工程举行开工仪式

（童铜韶　摄）

10月22日，中国国际文化传播中心中南联络部韶关联络办挂牌成立　　（童铜韶　摄）

2014年，全市政策性水稻保险全面落实
（童铜韶　摄）

2014年6月28日，在中山公园文化广场举行“唱响中国梦——2014年韶关歌咏比赛
（市文广新局　供）

2014年1月1日至4日，全市小戏小品文艺调演节目《韶关好人》参加在市区中山文化广场举行的“第四届韶关市小戏小品（曲艺）调演”
（市文广新局　供）

2015年1月11日，韶关自制的采茶小戏《阿三戏公爷》赴省参加珍稀剧种汇演
（市文广新局　供）

2014年12月5日，韶关赴广东参加广东省第六届群众音乐舞蹈花会表演
（市文广新局　供）

2014年6月14日，在中山公园文化广场举办非遗日活动
（市文广新局　供）

2014年9月6日，在中山公园文化广场举办第三届广场舞大赛（市文广新局　供）

莞韶文化产业（瑶族服饰）亮相深圳第十届文博会
（市文广新局　供）

8月14日，韶关市第十四届运动会开幕式在韶关体育馆举行，本届运动会共有23个代表团4000多名运动员参赛，共设有4个级别21个大项的比赛　　（童铜韶　摄）

8月14日，市委书记郑振涛（中）宣布韶关市第十四届运动会开幕　　（童铜韶　摄）

5月31日，韶关市“移动4G杯”龙舟赛暨第十届体育节启动仪式　（赖金棠　摄）

火热的龙舟赛比赛现场
（童铜韶　摄）

2014年5月31日，韶关市“移动4G杯”龙舟赛在市区浈江河向北江桥至曲江桥600米水城举行，这是1996年以来连续第19年举办的龙舟赛。此次比赛，乳源民族队以6分26秒75的总成绩获得冠军。图为颁奖现场
（赖金棠　摄）

1月1日，韶关市"汇展华城杯"元旦环城跑在韶关市中山公园举行　（赖金棠　摄）

12月21日，中国丹霞山"盛世丹霞杯"首届全国山地自行车邀请赛在广东丹霞山开赛，比赛共分5个组别，彭剑辉、颜锦第、陈湘源、邓湖平和封宽杰分获5个组别的冠军　（童铜韶　摄）

6月1日，韶关市在西河全民健身广场举行“关爱孤残儿童 共建和谐家园”孤残儿童户外表演和手工作品爱心义卖活动 （赖金棠 摄）

5月1日–7日，韶关市在百年东街举办首届城市庙会，舞龙狮表演，极限运动比赛，隔岸裸眼3D巨幕等精彩节目轮留上演，让市民享受城市庙会文化氛围（童铜韶 摄）

韶关军分区

SHAOGUANJUNFENQU

9月4日，省军区司令员盖龙云（左四）在军分区政委郭伟建大校的陪同下检查始兴人武部

9月29日，军分区司令员盖长利大校、参谋长刘迪安大校到驻训点检查高炮分队训练

6月30日，韶关军分区党委机关开展扶贫捐款活动

铁的纪律　铁的连队　铁的作风　铁的素质

7月11日，省军区副司令员宫波宣布韶关军分区司令员调整命令

9月5日，军分区司令员盖长利大校到韶关高铁站欢送入伍新兵

6月27日，军分区组织机关干部在龙王潭革命遗址重温长征历史

8月，韶关军分区在国防教育训练基地协助市双拥办举办了“幸福双拥·缘定韶关”韶关军地青年联谊活动

2014年4月，军分区在乳源县鹰咀石水电站组织省轻舟三大队人员进行轻舟装备集训

11月23日，军分区组织干部野外定点训练

军分区组织韶关市党政军机关参加中国烈士日祭奠活动

韶关市公安局

SHAOGUANSHIGONG'ANJU

2014年3月12日，副省长、公安厅厅长李春生（右一）到韶关调研公安基层基础工作

2014年5月23日，副市长、公安局长李安平（前排左二）带队检查反恐武装巡逻工作

市公安局举行党的群众路线教育实践活动动员大会

2014年6月6日，韶关市警察协会成立

便衣民警力擒盗抢人员

2014年，全市公安机关在市委、市政府的领导下，以维护社会大局稳定为基本任务，坚持改革创新，全力推进平安韶关建设，为维护全市社会平安稳定作出了积极贡献。一是全市社会大局持续稳定。深入开展“社会矛盾化解年”活动，定期开展情报信息会商研判，加强对不稳定因素的预警、决策和处置。二是打击违法犯罪效果凸显。开展了打击涉毒、涉黄赌、涉食药假、涉电信诈骗和银行卡、涉车、涉枪违法犯罪的“六大专项”行动，破获一批大案要案。三是社会治理水平逐步提升。着重加强了社会治安视频监控系统建设、平安工程建设、人口信息管理和交通消防安全管理工作。四是探索推进公安改革工作。开展勤务模式改革，推动警力下沉，创新了恶劣天气下高速公路交通管理模式。推进户籍制度改革，提请市政府出台了《韶关户籍管理规定》，完善了流动人口居住证制度。五是队伍正规化水平明显提升。大力开展党的群众路线教育实践活动，深入排查整改“四风”问题。成立了韶关警察协会，创办了会刊《韶关警察》。2014年，全市群众安全感和公安工作满意度均位居全省第2位。

市公安局团委送书籍下乡

韶关市公安机关开展武器警械训练

公安民警积极参加执法资格等级考试

特警开展反暴恐巡逻

消防连万家　安全你我他

武警韶关市消防支队
WUJINGSHAOGUANSHIXIAOFANGZHIDUI

2014年7月1日，省消防总队总队长王郭社（右二）与市委书记郑振涛（右一）、市长艾学峰（左二）座谈交流

武警韶关市消防支队，又称韶关市公安消防支队，成立于1987年1月1日，位于韶关市武江区工业东路23号，1992年9月加称韶关市公安消防局，下设司令部、政治处、后勤处、防火处4个部门，辖1个培训基地、10个大队、14个中队，承担着韶关市防火、灭火和应急救援任务。

2014年，全市消防部队在总队党委、市委市政府和市公安局的坚强领导下，以实现“火灾形势和部队管理双稳定”为总目标，攻坚克难迎接机遇挑战，圆满完成各项工作任务。全市消防部队共接警出动3567次，抢救遇险群众2000余人，保护财产价值8.5亿元，成功处置“1·18”朝阳新村民房火灾、“6·16”农药货车侧翻泄漏事故和“8·13”京港澳高速公路天然气槽罐车泄漏事故等急难险重任务。支队连续3年被评为全省“先进支队级党委”、“三争优”活动先进支队、执勤岗位练兵先进支队，1个大队被评为“全省消防监督执法示范单位”，1人荣立一等功，2人荣立二等功，47人荣立三等功，在粤港澳消防运动会中，勇夺1枚金牌2枚银牌。张志明被省公安厅记一等功，被韶关市文明办评为“韶关好人”，被市委宣传部列入党的群众路线教育实践活动重大典型宣传人物，被省消防总队评为“南粤十佳消防卫士”，被省文明办评为“广东好人”。

2014年9月4日，市长艾学峰（左二）带队检查消防安全工作

2014年6月26日，副市长李安平（左一）为张志明（右一）颁发一等功奖章

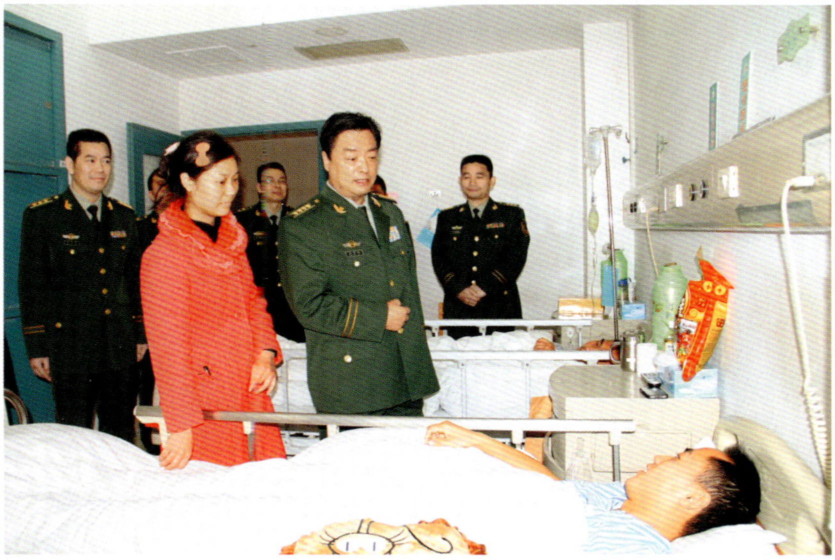

2014年1月26日，省消防总队总队长王郭社（前排右一）亲切慰问“1·18”火灾扑救中英勇负伤的官兵

“平安韶关”消防知识宣传教育

2014年6月26日，韶关市政府隆重召开一等功臣张志明（左四）表彰大会

2014年6月21日，京珠高速北行梅子坳路段发生中巴车追尾事故，图为抢险救援现场

2014年3月27日，在乐昌市国储七三三处油库开展跨区域灭火救援拉动演练

2014年6月9日，韶赣高速公路货车突发大火处置现场

韶关市 地方税务局

SHAOGUANSHIDIFANGSHUIWUJU

1、2014年7月9日，广东省地方税务局党组副书记、巡视员杨楚潮率省局实践办、督导组人员检查韶关市地税系统专题教育活动情况，并听取韶关市地税局党组关于教育情况汇报

2、2014年2月24日，市委副书记陈向新看望特困户黄细连伤病情况

3、2014年2月19日，市地税系统召开第二批党的群众路线专题教育实践活动动员会，拉开全市专题教育序幕

1 2 3

2014年12月31日，市地税局召开文化展厅开幕暨“从事税务工作30年”表彰会议，局长王中高（左三）在会上发言。图为大会会场

2014年市地税局获得韶关市乒乓球女子团体赛第一名

2014年4月24日，市地税、国税部门联合召开小微企业税企座谈会，市区55户小微企业代表应邀参加座谈，副局长苏韶娟（中）在会上发言。图为座谈会会场

2014年5月8日，市地税局在二楼会议室召开绩效管理工作会议，部署下阶段绩效管理工作，局长王中高（右三）在会上作重要指示。图为大会会场

2014年3月27日，市地税局拍摄税宣栏目剧《韶城故事》，图为拍摄现场

2014年5月29日，市地税局在扶贫点翁源县官渡镇河边村举办关爱妇女儿童活动，图为副局长陈红光（右一）在活动中

2014年9月12日，市地税局举办电子办税服务厅启动仪式，图为市地税局副局长欧阳坚（右一）和中国电信韶关分公司副总经理黎燕（左一）在启动仪式上

韶关市中级人民法院

SHAOGUANSHIZHONGJIRENMINFAYUAN

7月8日，市委书记郑振涛（左二）、市委副书记陈向新（后右一）到韶关中院调研涉法涉诉信访工作

5月16日，省法院党组成员、政治部主任聂式恢（左四）率省法院调研组到韶关中院开展司法改革工作调研

2014年，全市法院真抓实干，圆满完成各项工作任务。全市法院受理各类案件32051件，办结31063件，法定审限内结案率为98.74%。一是履行职能服务大局能力进一步增强。依法惩治严重暴力犯罪、多发犯罪和贪污、贿赂、渎职犯罪，妥善审理一批事关全市发展大局的重大、敏感案件,依法开展行政审判，强化执行威慑机制。二是司法为民措施进一步落实。在乡镇、乡村设立“法官工作室”、“法律服务室”，开展巡回立案、巡回审判。为经济确有困难民事、行政案件当事人缓、减、免交诉讼费用，向特困申请执行人发放救助款。三是司法公开广度和深度进一步扩大。加强审判流程公开、裁判文书公开、执行信息公开三大平台建设，在《中国裁判文书网》上公布大量的生效裁判文书，开通信息化审判流程查询系统，多个法院开设法院官方微博。四是司法改革稳步推进。探索推行审判长负责制改革，建立和完善多项涉诉信访长效工作机制，创新案件评查工作机制、错案防止、纠正、责任追究机制、案件定向指导制度等多项审判工作新机制。五是法院队伍建设不断加强。开展党的群众路线教育实践活动，开展“六难三案”专项整治，加强审务督查、司法巡查,强化对干警各类培训教育。全市法院共有14个集体和26名干警受到市级以上表彰奖励。其中，乐昌坪石法庭被评为全国人民法庭工作先进集体，市中院万靖被评为全国法院优秀法官。

2月26日，韶关中院召开党的群众路线教育实践活动动员大会

11月12日，韶关市人大检查组到韶关中院进行信访执法检查

8月20日，韶关中院到乐昌监狱公开开庭审理减刑案件

10月28日，韶关市女法官协会在韶关中院正式成立，选举产生了首届理事会理事

10月25日，韶关中院组织全院21名青年干警参加书记员培训班学习，提高书记员政治业务水平，增强司法能力

6月19日，韶关中院组织开展拔河比赛等丰富多彩的文体活动，激发队伍活力

韶关市人民政府国有资产监督管理委员会

SHAOGUANSHIRENMINZHENGFUGUOYOUZICHANJIANDUGUANLIWEIYUANHUI

韶关市人民政府国有资产监督管理委员会（简称韶关市国资委）于2006年6月13日经市编委批准设立。2010年3月29日，韶关市国资委设置为市政府工作部门并授权代表市政府履行出资人职责。内设办公室、改革发展科、产权管理科、考核统评科（审计与监事会办公室）、人事科（监察室）5个科室。

近几年来，国资监管围绕市委、市政府的工作部署，按照“大改革、大集团、大国资、大发展”的工作思路，积极实现经济总量做大、经济质量提高以及职工队伍稳定这一目标来开展各项工作。

现在，韶关市国资委所监管的企业涉及行业覆盖电力、机械、运输、商贸等。

2014年9月19日，省交通集团与韶关市政府交通运输合作项目签约仪式

2014年10月17日，市国资委在机关办公楼召开国资系统党的群众路线教育实践活动总结大会

2014年1月21日，市国资委党委书记、主任刘德泉（左二）、党委副书记张新安率市国资委有关工作人员对广东省韶关市汽运集团有限公司和韶关市公共汽车公司在春运期间的安全、消防工作进行督查指导

2014年5月26日，市委常委、常务副市长陈波（右二）、市国资委主任刘德泉（左二）为国投公司揭牌

为加强监管企业间的文化体育交流，市国资委于6月14—15日在韶关市浈江区体育馆举办了2014年市国资系统“工贸杯”羽毛球比赛

中国烟草
CHINA TOBACCO

广东中烟工业有限责任公司韶关卷烟厂

GUANGDONGZHONGYANGONGYEYOUXIAN ZERENGONGSISHAOGUANJUANYANCHANG

2015年6月12日，国家烟草专卖局局长凌成兴（右一）、广东中烟总经理唐健（左二）一行到韶关卷烟厂检查指导工作。韶关卷烟厂厂长张卓研（左一）陪同

2015年4月20日，广东中烟总经理唐健（左二）、中共韶关市委书记蓝佛安（左一）、韶关市委常委、常务副市长陈波（右一）到韶关卷烟厂指导工作

广东中烟工业有限责任公司韶关卷烟厂始建于1950年6月1日，前身为民生卷烟厂，1964年更名为韶关卷烟厂，至今已有65年历史。企业占地面积10.3万平方米，在岗员工775人。企业拥有5000千克/小时的制丝线一条，570千克/小时的二氧化碳膨胀烟丝生产线一条，卷接包机组15台套。年卷烟生产能力为50万箱，主要生产“双喜”系列品

牌卷烟。

韶关卷烟厂经历了不平凡的改革历程：2002年，韶关卷烟厂兼并了南雄卷烟厂，产量规模提升到26万箱。2005年，广东卷烟工业重组，韶关卷烟厂成为广东中烟工业公司的一个生产厂，2007年更名为广东工业有限责任公司韶关卷烟厂，企业得到跨越式的发展，产量、产值得到大幅度提高。2014年，韶关卷烟厂产量规模达到43万箱；实现税金35.43亿元，是建厂以来的历史最好水平。

企业秉承国家利益至上、消费者利益至上，精神文明、物质文明两手抓的宗旨，先后被授予“全国先进基层党组织”、“广东省文明单位”、“广东省先进集体”、“广东省纳税百强企业”、“广东省扶贫开发‘双到’工作优秀单位”、“广东省诚信守法示范单位”、“全国安全生产标准化一级达标企业”等荣誉称号。2014年，韶关卷烟厂成为韶关市唯一一家入选广东省纳税百强（第十九名）的企业。

制丝车间

卷接包车间

Nonfemet

深圳市中金岭南有色金属股份有限公司
凡口铅锌矿

加强生产一线管理，力保安全生产

开展劳动竞赛，激发员工生产积极性和革新创造性

深圳市中金岭南有色金属股份有限公司凡口铅锌矿（简称“凡口铅锌矿”）位于广东省韶关市仁化县境内，西南距韶关市48公里，矿区公路与省道246线相接，矿内铁路与京广线相连，矿区面积约为6.07平方公里。

凡口铅锌矿资源丰富，品位高，储量大，按矿产资源种类划分，是目前亚洲最大的铅锌银矿种生产基地之一，是集采、选于一体的综合性企业。矿石中除富含13%左右的铅锌金属外，还赋存大量的银和锗、镓等稀散金属，主要产品有铅精矿、锌精矿、混合铅锌精矿和高铁硫精矿。

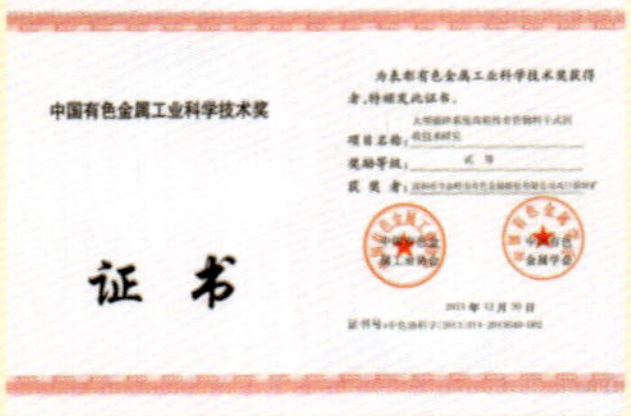

地址：广东省韶关市仁化县凡口铅锌矿　　邮编：512325

加大井下采矿设备投入，提高生产效率

提高探矿力度，增强矿山发展后劲

启动选矿厂升级改造工程，提高选矿产能

完成帷幕注浆工程，减少井下水抽排量三分之二

凡口铅锌矿于1958年建矿，1968年正式投产，原设计生产规模为日处理铅锌矿石3000吨，年产铅锌金属量12万吨。历经多次改造，目前达到日处理铅锌矿石5500吨、年产18万吨铅锌金属量的生产能力。

采矿工艺有无底柱和常规大直径深孔采矿法、盘区机械化中深孔采矿新工艺、全尾砂充填、泡沫砂浆新材料充填等；选矿工艺有高碱快速浮选电位调控优化工艺、新四产品选矿工艺。

近几年来，面对井下生产战线长、生产组织难度越来越大、安全环保压力大和技改任务重等困难，凡口铅锌矿广大员工心齐力坚，践行中金岭南公司“做不到，没有理由”的企业核心价值观，同心同德、攻坚克难，完成了公司下达的各项工作任务，保持了矿山的和谐发展。

浈江区 ZHENJIANGQU

产城融合·魅力浈江

区委书记刘清生（前排右四）率区有关领导到东环线鑫金汇家居建材商贸城指导工作

区长张德清（右一）到浈江区花坪镇奎塘村指导扶贫开发“双到”工作

浈江区，成立于1984年，为县级市辖区，位于广东省韶关市东北部，是韶关市辖三区之一，韶关市委、市政府所在地，是韶关的政治、经济和文化信息中心，广乐、韶赣、京珠高速、京广铁路、京广高铁贯穿全境，交通便利，区位优越，是粤北区域中心城市核心区，辖新韶、乐园、十里亭、犁市、花坪5个镇和东河、车站、风采3个街道办事处及曲仁、田螺冲2个办事处，45个村委会、65个社区居委会，行政区域面积572.1平方公里。年末常住人口40.2万人，户籍人口34.7万人，其中农业人口6.8万人。

2014年，浈江区坚持把新型工业化、新型城镇化作为加快发展的第一要务，以浈江产业园、东环线商贸城为抓手，大力推进工业、商贸、物流、仓储、餐饮住宿、房地产等产业发展，基础设施、产业配套不断完善，产业人员和城镇居民不断聚集，产业进一步优化升级，三大产业快速发展，重点项目、招商引资稳步推进，新型城镇化建设进程提速。全年，完成地区生产总值186.86亿元，同比增长6.8%，其中第一、二、三产业增加值分别增长4.0%、-0.7%、9.5%；固定资产投资完成89.02亿元，同比增长0.2%；地方公共财政预算收入4.16亿元，同比增长15.1%；社会消费品零售总额194.55亿元，同比增长10.6%；城镇居民人均可支配收入28001元，同比增长9%；农民人均纯收入12332元，同比增长10%。

韶关比亚迪电动叉车生产基地

投资30亿元人民币粤华国电项目施工现场

全区29个重点项目，完成投资52.2亿元，产业园基础设施、碧桂园房地产等10个重点项目超额完成年度投资任务，棚户区改造、国电粤华煤矸石电厂、广东中烟物流、东环商贸园区等重点项目顺利开展；全年合同吸收外资655万美元，实际吸收外资68万美元，外贸进出口总额7462万美元；引进内联项目15个，合同引进资金27.34亿元；内联实际到位资金16.61亿元，同比增长2.77%，经济建设社会各项事业取得新发展。

位于浈江区熏风路和解放路交汇处的风度名城

美丽的浈江夜景

位于浈江区浈江北路新楼盘的金色江湾

仁化县
RENHUAXIAN

2014年9月30日，赣韶铁路丹霞山站通车运营。省委常委、常务副省长徐少华（左四）与有关部门负责人一起专程从广州乘坐首趟广州至赣州的K1666次火车在仁化县丹霞山火车站考察

2014年3月27日，广东省人大常委会原主任张帼英（前左三）在市委副书记陈向新（前右一）、仁化县委书记刘锋（前右二）陪同下，调研省级非物质文化遗产石塘堆花米酒的产业发展情况

仁化县位于广东省韶关市北部粤赣湘三省交界处，是革命老区县，辖1个街道10个镇。行政区域面积2223.22平方公里。2014年年末户籍人口23.69万人，常住人口20.58万人，人口自然增长率7.69‰。年平均气温20.1℃，年降雨总量1516.0毫米，无霜期294天。境内最高峰万时山海拔1559.3米。全县粮食播种面积1.69万公顷，粮食产量10.43万吨；森林覆盖率78.26%，生产总值96亿元，人均地区生产总值46722元，固定资产投资50.7亿元，社会消费品零售总额22.9亿元，外贸出口额1043万美元，地方财政一般预算收入6.1亿元，城镇居民人均可支配收入19318元，农民人均可支配收入11277元。水陆交通便利，国道106、323线，省道246、345、342线，赣韶铁路、韶赣高速公路穿境而过。矿产资源主要有铅、锌、钨等50余种。境内的凡口铅锌矿是全国最大的铅锌生产基地。旅游资源有世界自然遗产、世界地质公园丹霞山，仁化县丹霞源国家水利风景区，“中国历史文化名村”石塘，“全国重点文物保护单位”云龙寺塔、双峰寨和省级非物质文化遗产“石塘月姐歌”等一大批。土特产有长坝沙田柚、仁化白毛茶等。

2014年，仁化县被确定为“全国县级文明城市提名城市”，荣膺“广东省摄影之乡”。

2014年8月22日，市委书记郑振涛（前右三）在仁化县委书记刘锋（前右一）、县长王晓梅（前左一）陪同下到仁化县有色金属循环经济产业基地调研

2014年2月10日，市长艾学峰（前右二）在仁化县委书记刘锋（前右三）、县长王晓梅（前左一）陪同下到董塘镇、石塘镇调研

3月17日，仁化县召开深入开展党的群众路线教育实践活动集中学习交流会。图为会议现场

2014年，仁化县开展创建全国文明城市（县级）工作取得新成果。图为12月4日，广东省全国文明城市（县城）测评组组长、省文明办副主任马必文（前左二）在县委副书记黄令遥（前右一），县委常委、宣传部部长赖小红（前右二）陪同下检查仁化汽车站

10月20日，由中共中央党史研究室宣教局、中共广东省委党史研究室、中共韶关市委、广东中共党史学会、广东中共党史人物研究会主办，中共仁化县委、仁化县人民政府承办的“弘扬苏区精神　促进改革发展——纪念仁化暴动87周年暨红军长征过境粤北80周年学术研讨会”在仁化县举办。图为研讨会现场

2014年1月19日，仁化县举办首届石塘堆花米酒旅游文化节。图为县领导为石塘堆花米酒展览馆揭幕

2014年，仁化县被评为“广东省摄影之乡”。10月4日，中国摄协会员、仁化县摄协会员张标兵作品《霞光布景》荣获第三届加拿大温哥华国际摄影节铜奖并被加拿大邮政制作成邮票全国发行。图为张标兵作品《霞光布景》

南雄市

NANXIONGSHI

9月30日，广东省委常委、常务副省长徐少华（前中）专程从广州站乘坐首趟广州至赣州K1666次列车前往南雄站，沿途考察铁路通车和站场建设情况

11月25日，韶关市委常委、常务副市长陈波（左二）带领交通局、旅游局负责人到南雄实地调研旅游基础设施情况

10月15日，南雄市委书记曾风保（中）带领市府办、农业局等单位负责人深入到全安水稻万亩高产创建示范片进行调研

6月9日，南雄市市长王碧安（前排中）率政府办、旅游局、交通局等相关单位负责人到坪田镇调研，并了解坪田银杏景区项目建设情况。市委常委、副市长李海霞，市人大副主任陈玉英、刘宏伟陪同调研

南雄市地处广东省东北部、大庾岭南麓。南雄设县制始于唐光宅元年（公元684年），取名为浈昌县。北宋开宝四年（公元971年）改为南雄州，“南雄”之名由此始。民国始（1912年）废州置县为南雄县，1996年6月撤县设市（县级），由韶关市代管。2010年10月起，为广东省第一批财政省直管县之一。2014年辖17个镇1个街道办事处。土地面积2326.18平方千米，年末户籍人口47.89万人，常住人口32.77万人，人口自然增长率7.4‰。

南雄是古代中原与岭南交往的重要通道，史称“居五岭之首，为江广之冲”、“枕楚跨粤，为南北咽喉”，历来为兵家必争之地。是古代岭南政治、经济、文化的重要郡都，是粤赣边境的商贸重镇，古有“岭南第一州”之称。是珠三角地区居民的“七百年前桑梓”、“广府文化”的发祥地。

南雄有耕地总资源4.34万公顷，粮食播种面积3.59万公顷，粮食产量21.21万吨。林地面积15.33万公顷，森林覆盖率65.97%，林木蓄积量870万立方米。主要农作物有水稻、烟草、花生、大豆。主要特产有黄烟、银杏（白果）、板鸭、香菇、冬笋、金友米、腐竹等。主要矿产资源有钨矿、铀矿、稀土矿、莹矿、石灰石、花岗石等。主

11月28日，南雄市荣获“中国姓氏文化名都”称号

姓氏节主题歌《美丽南雄我的家》大合唱表演

要河流有浈江、凌江。

主要旅游景点有梅关古道、珠玑古巷、三影古塔、古生物恐龙化石群、钟鼓岩、青嶂山、孔江湿地公园、莲开净寺、大雄禅寺、苍石寨、帽子峰森林公园、坪田古银杏群落以及省级古村落等。有张九龄、苏东坡、陈毅等名人遗迹。南雄是全国“国际型优质烤烟生产基地”，是中国黄烟之乡、中国银杏之乡、中国恐龙之乡、中国特色竹乡、国家可持续发展实验区、中央苏区县。

2014年，南雄市被授予“中国姓氏文化名都”称号。

10月15日，南雄大雄禅寺举行重建开光十周年暨三圣殿落成开光大典。万名信众以及来自世界各地高僧云集大雄禅寺，共同祈求国泰民安

9月30日，赣韶铁路正式开通运营

遍地金黄

左图：11月18日，总投资5亿元的南雄建材五金综合大市场项目正式开工。图为领导嘉宾为项目奠基培土

右图：三影塔

始兴县

SHIXINGXIAN

9月30日，赣韶铁路正式开通运营。图为第一辆进入始兴的火车 （谢义雄 摄）

6月17日，中共中央政治局委员、广东省委书记胡春华（左三）在始兴县比美高调研 （邓斌 摄）

始兴县位于广东省北部，韶关市东部，距离韶关市60公里。置县于三国吴永安六年（公元263年），有1700多年的历史。1958年12月并入南雄县，1960年10月恢复始兴县；1968年2月改为始兴县革命委员会，1980年12月恢复为始兴县人民政府。2014年辖9个镇1个乡，113个村委会，14个居委会。

2014年，始兴县有耕地面积2.18万公顷，粮食播种面积1.42万公顷，粮食产量8.8万吨。林地面积17.29万公顷，森林覆盖率76.5%，活立木蓄积量1312.5万立方米。

2014年，始兴县被评为“中国最具魅力自驾游目的地”，县普法办评为“全国‘六五’普法中期先进单位”，沈所镇铜钟寨成功创建为全县首个国家AAA级旅游景区，隘子镇成功创建为省级生态示范镇，始兴县被评为省第二批城乡居民社会养老保险示范县，澄江敬老院被评为“全国农村五保供养工作先进单位”，东湖坪等6个村被评为广东省首批传统村落，长围村围屋消防安全工程被列入全国百项文物消防安全工程试点，沈所镇被认定为国家级标准化气象灾害防御镇等。

6月10日，县委常委杨军（前右二）带领县府办、县质监局一行到韶关市骏汇汽车零部件有限公司开展调研活动 （蒋叶峰 摄）

9月11日，始兴县四套班子主要领导调研顿岗镇中汇农业科技生态园项目 （温汉良 摄）

中国建设银行股份有限公司韶关市分行

ZHONGGUOJIANSHEYINHANG
GUFENYOUXIANGONGSISHAOGUANSHIFENHANG

行长石中心（右一）走访乳源县委领导（左一），洽谈金融合作事宜

中国建设银行韶关分行成立于1954年10月1日。截止2015年5月底，分行员工659人，机构网点31个，自助银行10个，自助设备146台，存款余额217亿元，贷款余额98亿元。

近几年，在市委、市政府的坚强领导下，面对市场新的金融需求，建行韶关市分行以客户为中心，以市场为导向，全力服务当地经济发展。创新推出了“六祖祈福卡”、“六祖金”系列产品，满足百姓在祈福的同时，享受了银行卡的金融服务；是韶关当地首家开办经济适用房按揭业务的商业银行；是韶关市唯一、广东建行首个与政府携手推出“助保贷”业务的银行，近三年，累计投放企业贷款147亿元，累计为400多户小微企业发放超过23亿元贷款；承销宝钢集团广东韶关钢铁有限公司首次发行的短期融资券10亿元和中期票据10亿元；信贷支持南雄太保置业发展有限公司、曲江众益投资有限公司、南雄精细化工产业园、曲江塘马片区城镇化建设3.25亿元，真正成为韶关经济发展的“助推器”和“加速器”。

1 2
3 4 5

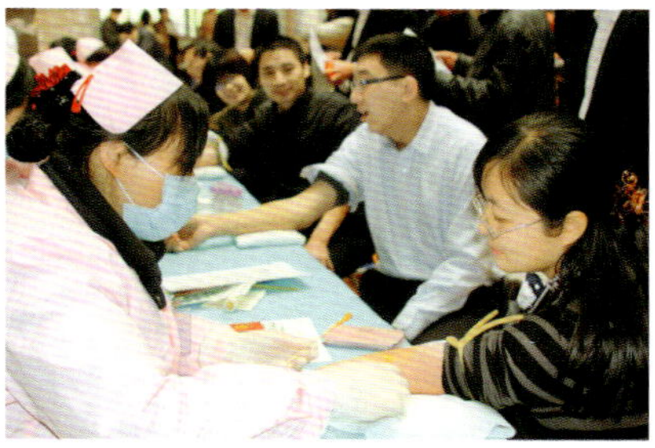

1、韶关市分行：服务宣传寻商机
2、热血在流动中绵延
3、与山区小朋友结伴同行
4、举办客户禅修体验行活动
5、公司大楼

中国农业银行
AGRICULTURAL BANK OF CHINA

韶关分行

大行德广　伴您成长

农行韶关分行班子成员

接受廉政建设教育

举行金融知识进万家宣传教育

中国农业银行股份有限公司韶关分行是中国农业银行辖属的一家二级分行。在美国《财富》杂志全球500强排名中，中国农业银行位列47位；在英国《银行家》杂志全球银行1000强排名中，位列第9位。

中国农业银行股份有限公司韶关分行辖属15个经营单位，下辖46个营业网点，还有205台ATM机和44个自助银行遍布全市，县区覆盖率达100%，是韶关四大行中营业网点最多、覆盖面最广的商业银行。韶关农行秉承“诚信立业、稳健行远”的核心价值观，充分发挥城乡联动的独特优势，积极支持地方经济建设。近三年累计发放信贷资金226亿元，为推动韶关经济的发展做出了积极的贡献。

2014年，韶关农行4个单位获评总行、省行级“平安农行”先进单位。冠名并参与韶关市“农行杯”书法美术摄影大赛，取得韶关市反腐倡廉辩论赛个人第一、团体季军。继续开展帮扶仁化黄坑镇小溪村。荣获第七届“全国农行精神文明建设工作先进单位”称号。

微笑服务

农行职工摄影书画展

韶关市“农行杯”书法美术摄影获奖者合影留念

ICBC 中国工商银行股份有限公司

INDUSTRIAL AND COMMERCIAL BANK OF CHINA
SHAOGUAN BRANCH

韶关分行

2013年11月，工行韶关分行被授予拥军模范称号

举办“守纪律、讲规矩、作表率”专题讲座

工行员工踊跃参加无偿献血活动，把热血捐献给危急重患者

中国工商银行股份有限公司韶关分行成立于1984年。截至2015年9月底，在职干部员工共783人，下辖14个一级支行（含分行营业部）、41个营业网点、37个自助银行和188台自助设备（含离行式），全部存款余额250.49亿元，各项贷款余额126.06亿元。

韶关分行在韶关市委、市政府大力支持、帮扶下，秉承“服务客户、成就员工、奉献社会”的使命，坚持“行稳致远、稳中有为”总体要求，积极支持地方政府经济建设，近三年，累计投放229.2亿元信贷资金，支持了包括韶赣铁路、韶赣高速、乐广高速公路韶关段、浈江片区基础设施建设、芙蓉新城道路建设等大项目以及东阳光精箔、大宝山矿等工业振兴项目，同时积极支持民营企业的发展，加大对大旅游、大农业、产业园区转移、小微企业扶持力度。

在服务民生方面，韶关分行先后投入3000余万元开发设计多个成熟的业务系统，如为协助政府真正实现“阳光支付”，2012年成功开发了“韶关市政府单位公务卡审核报销系统”；为支持粤北医院实现患者使用银行卡挂号、支付结算，成功开发了“韶关银医一卡通系统”，加快了患者诊疗过程中缴费流程，减少了排队等候时间；积极响应市政府提出的为市民提供一条通畅的金融社保卡服务通道，又成功开发了“韶关市二代社保卡系统”等。同时韶关分行积极履行社会责任，加大对各类客户收费减免力度、积极开展金融知识宣传活动、加强扶贫“双到”工作，服务好韶关经济社会发展同时，为广大市民提供优质金融服务，奉献社会，真正尽到一个国有大行的职责。

举办第二届趣味运动会

组织青年团员积极开展社保卡综合应用知识宣传活动

开展3·15金融消费者权益日宣传活动

韶关市农村信用合作社联合社
SHAOGUAN RURAL CREDIT UNION

韶关市农村信用合作社联合社具有独立企业法人资格，作为广东省联社的派出机构，履行对辖内市区、曲江、仁化、乐昌、乳源、新丰、始兴、南雄8家农信联社以及翁源农商银行共9家独立企业法人机构的管理、指导、协调和服务职责。10家机构统称韶关农信社。韶关农信社作为韶关市成立最早的金融机构之一，60多年来始终坚持"求实、创新、诚信、服务"的发展理念，已成为韶关市网点最多、服务面最广、资金实力最雄厚的地方性金融机构。韶关农信社目前机构网点近170个、从业人员2000人，从业人员及网点数量均位居全市金融机构首位。截至2014年末，韶关农信社各项存款307亿元，各项贷款201亿元，存、贷款规模同样位居全市金融机构首位。

韶关农信社作为"韶关人自己的银行"，始终坚持以服务"三农"、中小微企业和县域经济为宗旨，在支持韶关农村经济和中小企业发展中发挥着其他金融机构无法替代的作用。截至2014年末，韶关农信社涉农贷款余额144亿元，占各项贷款余额的72%，占全市金融机构农业贷款余额的95%以上，是名副其实的农村金融主力军；中小微企业贷款余额120亿元，占各项贷款余额的59%，大力支持地方中小微企业发展，加快推进普惠金融建设。韶关农信社还利用全省先进的数据大集中平台，不断提升科技水平，为广大客户提供方便、快捷、安全的金融服务。目前银行卡全面支持网上银行、电话银行、手机银行、卡贷保、支付宝、银联无卡支付、财付通、三方存管等金融产品。

2015年4月29日，副市长王青西（前左一）到韶关市联社调研指导工作

2015年5月20日，副市长朱余旺（右）在韶关市联社调研指导工作

2015年5月6日，韶关第一家农信联社成功改制为农商行。图为市委常委、常务副市长陈波（前左一）等领导为广东翁源农村商业银行股份有限公司揭牌

2014年11月25日，韶关地区第一家"夜市银行"——韶关市区农信联社北门分社挂牌开业，图为韶关市联社理事长邱爱昌(左二)参观"夜市银行"营业厅

2014年6月8日，由韶关市联社主办的"韶关农信社庆祝中国共产党建党93周年——'唱响中国梦'，七一歌咏比赛"在乐昌联社成功举办

广发银行|CGB

GUANGFAYINHANGGUFENYOUXIAN
GONGSISHAOGUANFENHANG

广发银行股份有限公司韶关分行

广发银行股份有限公司成立于1988年，是国内首批组建的股份制商业银行之一。在英国《银行家》杂志公布2015年全球1000家大银行排名中，该行按一级资本排名列第92位。

广发银行股份有限公司韶关分行于1988年12月开业。该行围绕成为一流商业银行的愿景目标，秉承“只争朝夕，臻于至善”的企业精神，确立以创新、高效、客户为中心、以IT为领先、关爱员工为核心的经营理念，致力于打造中国最佳零售银行和最高效中小企业银行，致力于为客户提供高质量、高效率、全方位的金融服务。依托总行强大的支持以及在全国各地和澳门特别行政区设立的700多家营业机构、先进的网络金融服务平台和遍布全球的125个国家和地区的银行总部及其分支机构建立的代理行关系，将企业社会责任与发展战略、经营管理、品牌建设等进行深度融合，助力小微金融融资、完善个人金融服务、打造便民智慧银行，深入开展慈善公益、扶贫济困、赈灾捐款、教育帮扶、金融知识传播等一系列社会责任活动，以实际行动践行“关注人的发展，实现和谐共赢”的责任理念，各项业务得到快速发展，社会影响力和知名度不断提升，为韶关经济发展做出了积极的贡献。

分行党委书记、行长梁志辉（后一）部署2014年党风廉政及案防工作

每年10月20日为“广发合规日”，图为全行员工参加合规管理培训

举办特殊群体客户服务培训

银企联谊喜迎新春

广纳百川 发展无限

手机中有二维码软件吗？

- 公司地址：韶关市惠民南路41栋
- 广发银行客服热线：400-830-8003
- 广发信用卡热线：95508
- 广发银行网址：www.cgbchina.com.cn

扫一扫登录广发手机银行
立享贴心掌上金融管家服务！

积极发挥保险主渠道作用　为建设幸福韶关保驾护航

PICC 中国人民财产保险股份有限公司

PICC PROPERTY AND CASUALTY COMPANY LIMITED

韶关市分公司

朝气蓬勃、奋发有为的人保财险韶关分公司领导班子

2012年底，市政府与广东省公司签署了战略合作协议，双方加强合作探索保险创新发展的新模式和服务地方经济社会发展的新途径

中国人民财产保险股份有限公司（PICC P&C，简称“中国人保财险”，下同）是世界五百强企业中国人民保险集团公司（PICC）旗下标志性主业，是亚洲和国内最大的财产险公司，国有控股保险骨干企业，与共和国同生共长，在国内外同业市场享有卓著声誉。

韶关市分公司成立于1979年，下设12个经营单位，服务网络遍步城乡，拥有一支高素质专业人才队伍。2014年，公司保费收入5.03亿元，在全市13家财产险公司中，市场份额为55%，牢固占据市场主导地位。公司经营业务主要包括机动车辆险、企财险、家财险、工程险、船舶险、货运险、责任险、信用险、意外险、健康险、农业保险等非寿险各个业务领域。

作为国有骨干保险企业、韶关财产险市场最大的经营主体和政府战略合作协议，韶关市分公司认真贯彻落实市政府与人保财险广东省分公司签订的战略合作协议，以服务韶关经济社会发展为己任，发挥保险功能作用，为韶关市经济发展保驾护航。

1 2 3
4 5

1、公司每年积极参与金融知识宣传和保护消费者权益活动。图为市委常委，常务副市长陈波（左二）巡视公司展位

2、公司认真开展扶贫工作，图为省公司副总经理霍凤鸣（左三）带队到对口扶贫单位乳源桂头镇七星墩小学开展捐赠活动，旨在鼓励更多社会各界爱心人士关心和支持教育事业，关爱贫困学子的健康成长

3、公司为全市24个菜篮子基地提供蔬菜种植保险，图为蔬菜受灾后，公司工作人员迅速查勘现场

4、公司每年承保全市44万户农房保险。图为2013年“8·16”尤特台风灾害发生后，分公司积极响应省委书记胡春华的救灾指示精神，开通理赔绿色通道，对受灾重区韶关武江区重阳镇进行预付赔款15万元

5、公司在全市76个乡镇设立了保险服务站，服务网络遍布城乡，方便服务群众

中国人寿
CHINA LIFE

相知多年 值得托付

中国人寿保险股份有限公司韶关分公司向个人及团体提供人寿、年金、健康和意外伤害保险产品，涵盖生存、养老、疾病、医疗、身故、残疾等多种保障范围，全面满足客户在人身保险领域的保险保障和投资理财需求。公司下设8个县区综合性支公司、43个营销网点，2014年员工及从业人员规模超过2100人。

2014年，韶关分公司实现总保费收入8.87亿元，较2013年度增长1700万元，市场份额为40.98%，位居韶关寿险行业榜首，被韶关市消费者委员会评为韶关市“2014年度诚信单位”。

中国人寿近年来一直积极发挥国有公司的主渠道作用和保险的社会管理职能，在辅助政府进行社会管理、支持地方经济社会建设、参与社会保障体系等方面积极主动地开展工作，成功实现了经济责任和社会责任的有机统一。中国人寿保险股份有限公司韶关分公司近年来参与工作包括承保韶关市社保补充医疗保险、城乡居民大病保险、银龄安康行动、生育关怀行动以及农村金融综合服务站建设等。

中国人寿保险股份有限公司广东省分公司总经理陈向荣（右三）到韶关分公司调研

国寿韶关分公司被市消费者委员会评为韶关市“2014年度诚信单位”

市民政局局长龙勇文（左四）与中国人寿保险股份有限公司韶关分公司副总经理叶洪刚（右四）共同参加韶关市2015年“银龄安康行动”启动仪式

朝气蓬勃的国寿员工与营销伙伴

国寿员工参加2015年韶关市元旦环城跑

中国人寿保险股份有限公司 韶关分公司
China Life Insurance Company Limited Shaoguan Branch

客户服务专线
95519

www.chinalife.com.cn

韶关市文化广电新闻出版局

SHAOGUANSHIWENHUAGUANGDIANXINWENCHUBANJU

2014年，在市委、市政府的正确领导下，市文化广电新闻出版局扎实推进文化建设，各项工作取得了明显成效：一是群众文化活动丰富多彩。举办了韶关市第四届小戏小品调演活动等丰富多彩的群众文化活动。二是文化遗产保护卓有成效。开展了市第一次全国可移动文物普查国有文物收藏单位信息登录工作，乳源县成功申报中国民间文化艺术之乡、广东省第二批省级文化生态保护实验区。三是文化服务水平显著提升。农村电影放映工程、省节目无线覆盖第二期工程、县镇多厅数字影院建设稳步推进。四是文艺创作取得较好成绩，涌现出获广东省“五个一工程奖”的《恩情》等一批优秀的舞台艺术剧（节）目和演艺创作人才。五是深入开展文化市场“打黄打非”各项专项整治工作，文化市场管理规范有序。

2014年6月14日，在中山公园文化广场举办文化遗产日活动

采茶小戏《阿三戏公爷》赴省参加珍稀剧种汇演

瑶族服饰亮相深圳第十届文博会

1 2
3 4

1、2014年10月1日，在中山公园文化广场举办庆祝国庆群众文化活动

2、第四届韶关市小戏小品（曲艺）调演

3、小组唱《歌姆》参加广东省第六届群众音乐舞蹈花会获金奖

4、“唱响中国梦”—2014年“百歌颂中华”歌咏活动

目　　录

特　　载

2014年韶关大事记

全市概况

中国共产党韶关市委员会

韶关市人民代表大会及其常委会

韶关市人民政府

政协韶关市委员会

纪检·监察

民主党派·工商联

群众团体·社会组织

军　　事

法　　治

经济管理

工 业

农·林·水·气象

商业·贸易

财税·金融·保险

旅游·服务业

交　通

邮政 · 电信

城乡建设 · 环保

教　育

科　　技

文　　化

卫生·体育

社会生活

重点企业

县(市、区)概况

人　　物

统计资料

附　　录

索　　引

特　　载

韶关市深入开展第二批党的群众路线教育实践活动

【概况】　韶关市教育实践活动2014年2月10日启动以来，市级和10个县（市、区）、109个市直及中省驻韶单位、815个县（市、区）直单位领导班子，7500多个基层党组织，19.3万名党员参加活动。全市各级党组织严格按照中央、省委和市委决策部署，在省委第六督导组的督导下，围绕为民务实清廉这个主题和“照镜子、正衣冠、洗洗澡、治治病”总要求，始终坚持严的标准、严的措施，按照要求和标准，推进学习教育、听取意见，查摆问题、开展批评，整改落实、建章立制三个环节的各项工作，聚焦“四风”，开展活动。韶关市开展群众路线教育实践活动。

【坚持领导带头示范】　各级党委（党组）加强对活动的组织领导，党员领导干部特别是一把手履行“一岗双责”，既当好战斗员又当好指挥员，强化管党治党主体责任。形成以上率下、整体推进的良好局面。市级领导带头示范。市委常委会围绕反对“四风”，向全市人民做出“十项承诺”，并在媒体上公布，接受全市群众监督。市委书记郑振涛带领市委领导班子成员率先垂范，亲自谋划部署，带头参加学习，带头即知即改。市长艾学峰、李飞主席和市四套班子其他党员领导干部也分别深入联系点、分管单位指导活动开展，层层传导压力和动力，释放以上率下的正能量。市人大常委会、市政协部分班子成员担任市委督导组组长，除抓好自身的学习实践外，还承担督导任务，做到“双肩挑”，为各被督导单位作出榜样。各级党委（党组）书记落实主体责任，基层党组织书记履行“第一责任人”职责。带头抓部署、抓检查、抓落实，各领域基层党组织书记参加专题轮训，学习习近平总书记关于教育实践活动的系列重要讲话精神，带头把自己摆进去、把要求严起来、把作风转变好，身体力行地抓好活动各个环节落实。

【坚持勤学细照深研】　各级领导班子坚持把学习教育贯穿活动始终，谋划开展系列学习活动。各级领导班子注意通过开展专题辅导、观看历史纪录片和开展自学等方式，组织党员领导干部全面系统地学习党的历代领导人关于群众路线的经典论述，学习党践行群众路线的光辉历史、优良传统，探求坚持群众路线的真谛，深化对群众路线的认识。各地坚持每周集中学习不少于半天，党员干部个人每周自学不少于4个半天。市委把每周五上午确定为集中学习讨论时间，组织市级领导干部结合理论学习、结合走访调研和听取群众意见建议的情况、结合自身职责要求，分专题集中开展学习讨论、交流心得体会、研讨有关问题。市委举办分两期为期5天的总书记习近平系列重要讲话精神学习培训班，各级党组织书记参加专题培训累计6613人次。活动开展以来，各级领导班子集中学习讨论共达8215次，各级领导干部开展调研体验共1.6万人次，各地各单位共组织专题讲座623场次，1835名各级领导干部带头讲党课2075场，各级党组织给流动党员送学上门8263人次。通过举办先进事迹报告会、观看先进典型教育片，利用正反典型教育，发挥先进典型示范效应和反面典型警示作用，引导广大党员、干部对照先进找差距，学习典型转作风、立足岗位作奉献。

【坚持广征细查深挖】　各级领导班子及党员领导干部通过党内党外、线上线下、机关基层“三个互动”，广泛征求社会各界的意见建议，深入查找领导机关及党员、干部的“四风”积弊和关系群众切身利益的问题，找准找实“四风”积弊。各级领导班子和党员领导干部在以开放虚心的心态，打消党员和群众“不敢说”“不愿说”“说了也白说”的顾虑，防止以工作问题代替“四风”问题、以班子问题代替个人问题、以共性问题代替个性问题、以抽象问题代替具体问题，做到真找问题、找真问题，采用“背靠背”的方式，交叉到其他班子成员分管的部门征求意见。活动开展以来，全市各地各单位共召开听取意见座谈会2435场次，收集意见建议6.5万多条，为对照检查、开展批评、解决问题夯实基础。各级党员领导干部坚持每周至少安排半天以上的时间，轻车简从，分头深入挂点的贫困村、贫困户、企业、社区、工地，到信访部门、党代表工作室（站）和窗口服务单位，面对面了解基层和群众实际情况，征询基层和群众的意见建议。市委多次组织纪委、宣传、信访、政法、督查等部门，对近年来群众在来信来访、民生热线和网络问政反映的问题，以及执行中央“八项规定”精神情况进行专项梳理，再结合征求到的意见和问题，进行全面梳理。在此基础上，召开班子成员及相关单位领导列席参加的问题会诊会，一项一项议、一风一风地查，议深议透，涉及哪个单位的意见，哪个单位主动认领，从关系群众切身利益的具体问题和联系服务群众“最后一公里”问题中，透视背后的“四风”问题。全市各地各单位共召开专题讨论会1728次，其中市委常委会班子先后召开4次。

【坚持贯彻整风精神】 各级党组织坚持高标准严要求抓好“两会一评议”工作，提高党内政治生活质量。专题民主生活会前，市县两级党委召开多次会议，在梳理意见和认领问题中进一步增强对自己“开刀”的思想和行动自觉。各级班子成员落实“四必谈”，在开诚布公的谈心谈话中卸包袱、解扣子。全市各级领导班子成员共开展谈心谈话近3万次。各级领导班子一把手亲自主持班子对照检查材料的起草，班子成员都能把自己摆进去，联系岗位职责和成长经历对照检查、深挖根源，普遍修改10稿以上，有的多达20次。通过一遍一遍触及思想和灵魂的修改提炼，真正做到见人见事见思想。在专题民主生活会和组织生活会上，各级一把手都能以身作则，不顾忌身份，不隐瞒观点，开诚布公提出意见，心悦诚服接受批评。班子成员脱去“隐身衣”，捅破“窗户纸”，自我批评敢于揭短亮丑，逐一列出自己的问题清单，明确摆出“四风”问题、明确回应群众意见和上级点明的问题、明确落实从严管理家属子女和身边工作人员相关要求的情况、明确剖析问题根源和改进措施。市、县、镇三级班子每位成员查摆出的“四风”问题平均在12条左右，有的超过20条。每位班子成员自我批评后，其他班子成员都对其提出2条左右的批评意见，批评意见不仅有观点，还有具体事例，真正做到“红红脸、出出汗，动真格、有辣味”，达到“团结—批评—团结”的目的。与会的省委领导和中央、省委第六督导组领导在点评有关领导班子专题民主生活会时，均给予较高的评价。7500多个基层党组织严格按照省、市指导意见，召开专题组织生活会。同时，按照个人自评、党员互评、民主测评的程序，对照党员标准，对15万多名党员开展民主评议党员工作，评为“好”的占72.6%，“一般”的占27.1%，“差”的占0.3%。党支部根据评议情况，对每名党员进行综合分析、提出评定意见，对个别长期不发挥作用甚至起负面作用的党员，逐一研究并落实教育帮助的具体措施。

【着力整治窗口部门“三难”顽疾】 针对群众反映门难进、脸难看、事难办“三难”问题，韶关市制定实施《韶关市深入开展门难进、脸难看、事难办“三难”专项整治行动实施方案》，对领导机关、执法执纪部门、行政审批单位和窗口等单位，采取开通行政效能公开投诉电话、体验行政服务大厅办事程序、随机访问办事群众等方式进行明察暗访，督促窗口单位把握服务要求，突出服务重点，完善服务措施，提高服务质量。

【着力解决群众反映强烈问题】 针对侵占侵害群众利益等群众反映强烈的“两侵”问题，韶关市制定实施《韶关市深入开展侵占侵害群众利益“两侵”专项整治行动实施方案》，对国土、住建、农业、政法、安监、食药、环保、教育、卫计等部门和行业进行专项整治，坚决查处、纠正损害和侵占群众利益行为。

【着力化解历年信访积案】 韶关市做好群众到省进京信访案件、网络问政和民声热线反映诉求、涉法涉诉积案清理化解工作，按照落实“属地责任、分管部门责任、主管领导责任”和“包调查、包处理、包疏导教育、包结案、包息诉罢访”的要求，逐一列出台账，实行包案负责制，确保化解历年积案工作“清仓见底”。

【着力抓好“八项规定”精神的落实】 韶关市制定实施《中共韶关市委贯彻落实中央八项规定的实施意见》，坚决整治文山会海、奢侈浪费、办公室面积及装修超标准等问题。活动开展以来，查处违反中央八项规定精神和有关制度规定的问题59个，处理107人，其中给予党纪政纪处分18人。针对超标准配备使用公务用车、未经审批购车、以报废和过户方式变着法子违规更新车辆、长期车随人走、公车私用等违规用车和车费超支问题，制定《韶关市深入开展违规用车和车费超支“两车”专项整治行动实施方案》，出台《关于对全市党政机关公务用车张贴统一标识的通知》，深入开展“两车”专项整治行动，坚决杜绝“轮子”上的腐败。严把“三公”经费开支标准，严肃整治收受“红包”和购物卡的问题。活动开展以来，共有105人主动上交“红包”、购物卡，数额共210多万元。

【着力建立整治“四风”长效机制】 各地各单位坚持把解决问题与建章立制相结合，主动承接中央和省委的制度规定，对本地本单位已有制度和做法进行全面梳理，做好“废改立”工作。市、县机关重点围绕科学民主决策、党务政务公开和各领域办事公开，执法监管部门重点围绕公正执法、规范执法、阳光执法，窗口单位、服务行业重点围绕热情服务、高效服务、规范服务，乡镇、街道和村、社区重点围绕联系服务群众、加强民主管理、维护群众合法权益，健全完善制度机制，各领域基层党组织则重点围绕增强党组织功能、严格党内生活、加强党员管理等健全完善相关制度，从源头上堵塞“四风”漏洞。加强对制度执行情况的督促检查，坚决纠正有令不行、有禁不止，制度形同虚设等问题，增强遵规守纪、执行制度的自觉性，切实维护制度的严肃性和权威性。

【从严从实督导】 确保活动善作善成。针对活动单位不同的特点，调动各方力量，形成纠“四风”转作风的强大合力，确保活动不虚、不空、不偏、不走过场。分类指导，压茬有序推进。针对韶关市参加教育实践活动的单位范围广、领域宽、数量大的实际，以及“四风”积弊在不同地方和层级的表现，市委教育实践活动领导小组及办公室按照中央和省委的部署，在抓好规定动作的同时，注意加强分类指导，分层级分类别制订实施方案，分时段部署实施，确保各级各类党组织有机衔接、压茬推进、梯次展开。各级实践办发挥职能作用，在抓好日常工作的同时，根据活动进度适时下发通知、召开调度会和推进会，科学制定时间安排，抓好各类材料的审核把关，加强对教育实践活动的指导。传导压力，严格督导把关。中央第九巡回督导组和省委第六督导组对韶关市的教育实践活动精心指导、严格把关。以林元和为组长的省委第六督导组全体人员作风深入扎实，全程严督实导，有效传导压力、激发活力。他们不仅常驻韶关，牺牲大量晚上和周末的休息时间，深入基层调研走访，广泛开展谈心谈话，审阅各类材料，在活动的各个环节特别是开展学习教育、找准找实问题、撰写对照检查材料、开展批评和自我批评、整改落实和建章立制等重点环节都严格把关、悉心指导，仅对市委常委班子及成员对照检查材料就先后提出16个方面70多条具体的修改意见，对市、县“两方案一计划两清单”先后提出修改意见100多条，为韶关市教育实践活动开展发挥关键作用、作出示范表率。市、县两级除派出督导组对县（市、区）领导班子和市直、县直单位督导外，还分别派出行业指导组，加强对村（社区）、“两新”组织等基层党组织教育实践活动的指导。韶关市各级督导组和行业指导组敢于当“包公”、唱“黑脸”，严把质量关，提高督导的针对性和实效性，确保活动要求落实到位。

【宣传活动正能量】　市、县（市、区）党委高度重视宣传引导工作，全面统筹有关职能部门，运用传统和新兴媒体，多角度广泛宣传中央、省委和市委关于开展教育实践活动的文件精神和决策部署，宣传活动的成效和好经验好做法，引导发动全市党员、干部、群众关注和主动参与其中。在韶关日报、韶关电台、韶关电视台等重要版面、重要时段开辟“学习先进典型、践行群众路线”专栏，在韶关民声网、韶关政府网、现代远程教育网分别设立群众路线专题网页和征求意见栏，及时做好活动动态进展及典型人物的深度报道。各地各单位也通过办公自动化、宣传栏等平台，发挥手机微博、微信、QQ作用，收集整理活动文字图片和视频资料，宣传教育实践活动。活动开展以来，市级媒体已刊播反映活动进展的动态报道383篇、践行群众路线先进个人典型32人。省委教育实践活动简报刊发10期韶关市开展活动的经验做法。中央、省级新闻媒体共刊播韶关市开展教育实践活动、转变作风的相关报道105篇，市内各新闻网站专题网页刊登文章（视频）1650篇（条）。通过宣传引导，传递正能量，营造好氛围。

【贯彻群众路线的坚定性和自觉性增强】　提高对马克思主义群众观点的认识。大家普遍认为，这次活动时间长、要求严、措施实，坚持思想教育与解决“四风”问题相结合，以知促行、以行促知，在实践党的群众路线上，受到一次知行合一的深刻教育，有效提高政治意识，坚定理想信念，增强群众观点，广大党员干部自觉把党的宗旨和“三严三实”的要求根植于心中、落实到行动上，解决“我是谁、为了谁、依靠谁”的问题，强化为民务实清廉的思想基础。

【“四风”积弊得到有效整治】　转变领导作风和机关作风。各级领导干部更加自觉沉下身接地气，对照先辈先进，特别是重温焦裕禄精神，各级领导干部的宗旨意识和责任担当精神进一步增强。活动开展以来，各级领导干部共建立联系点2105个，开展调研3852次，走访群众1.8万多人，与群众面对面听真言、心贴心拉家常，真正认清自身工作与群众期盼的差距，强化为群众排忧解难的责任感和使命感，工作作风更实，干事氛围更浓，干群关系更密。各级机关更加自觉转作风提效能。活动以来，全市会议、文件精简32%和22%，压减行政审批事项48.9%，优化市直机关办事流程71项，压缩“三公”经费23.7%，党政干部因公出国同比下降55%，查处“吃拿卡要”“庸懒散拖”问题91宗，处理190人，机关清明、干部清正的风气和形象进一步树立。活动开展以来，窗口服务单位投诉减少42%。基层党员干部更加自觉为群众办实事、做好事，群众反映问题的渠道更通畅，主动为群众办实事、做好事的更多。活动开展以来，基层党员干部共为群众办实事解难事1.3万多件。

【党员意识和组织观念明显增强】　严格党内政治生活。广大党员干部在普遍经历一次严格的党内政治生活锻炼。特别是参加专题民主生活会和组织生活会，剖析问题触及灵魂，批评和自我批评辛辣坦诚。通过这次严格的党内政治生活锤炼，广大党员干部普遍感到经历一次刻骨铭心的精神洗礼，真正达到交流思想、提高认识、消除隔阂、增进团结的目的。

【党群干群关系进一步密切】　解决一批群众反映强烈的突出问题。各级党组织坚持把群众满意作为检验教育实践活动的重要标准，主动顺应群众期待，民生问题得到明显改善。2014年上半年，城乡居保基础养老金标准从65元提高到80元，增幅达23.08%，累计为7.8万困难群众支出低保资金8765.27万元；城乡居保参保人数增加1.06万人，提前完成省下达的参保目标任务；直接医疗救助1936人次，支出医疗救助金417.63万元。公共服务设施建设加快，投资6亿元的韶关实验学校已正式招生；投资超15亿元的市区四大出口道路改造和投资2.5亿元的市区工业西路片区内涝整治项目全面动工。联系服务群众“最后一公里”进一步打通。在9月底开展的专项测评中，对解决“四风”问题特别是群众反映强烈突出问题评价为“好”的占88.3%。

【贯彻群众路线的刚性约束和长效机制健全】 建立完善反“四风”制度规定。坚持标本兼治，着力推进制度的“废改立”，强化制度的执行力和影响力，初步建立起贯彻群众路线的刚性约束和长效机制。反对形式主义方面，各地、各单位建立完善科学民主决策、中心组学习、提高民主生活会质量、干部选拔任用和考评，以及规范各类会议、文件、简报、评比表彰等相关制度3561项。反对官僚主义方面，各地各单位建立完善服务行业履职尽责、党员干部直接联系群众、领导干部联系点、领导干部下基层调研等相关制度2568项。反对享乐主义方面，各地、各单位建立完善规范党政机关办公用房使用管理、公务接待、公车使用、国有企业负责人职务消费管理等制度2025项。反对奢靡之风方面，各地各单位建立完善党政机关厉行节约、楼堂馆所建设、“三公”经费预算管理和公开，以及加强节庆、论坛、展会管理等方面的制度1956项。通过建立完善相关制度规定和加强对制度执行情况的监督检查，规范权力运行，推动联系服务群众制度化、常态化，初步形成既“治病”又“防病”的长效机制。

【心齐实干的氛围更加浓厚】 促进改革发展稳定。坚持把反“四风”转作风与推进改革发展稳定各项工作结合起来，做到“两手抓、两不误、两促进”，风清气正、心齐实干促发展的氛围进一步形成。推动科学发展取得新成绩。着力推进产业园区扩能增效和基础设施提档升级，推进中心城区扩容提质和莞韶对口帮扶，芙蓉新区拆迁安置工作进展顺利，路网等基础设施建设全面启动，产业带动项目有序推进；“一园一城七组团”莞韶对口帮扶初见成效；广乐高速公路、韶赣铁路全线通车。全面深化改革取得新突破。坚持把改革创新贯穿各领域各环节，对接中央和省委全面深化改革顶层设计，提出198项韶关市全面深化改革的重要举措及分工，制定《韶关市推进改革先行试点的实施方案》，明确抓紧推进已安排的61项改革试点，以及主动争取和研究提出的17项改革试点。各项改革工作取得进展。社会不稳定因素有效化解。深入开展“社会矛盾化解年”活动，通过开展“涉法涉诉”专项整治，解决一批涉及民生等方面的突出问题。活动开展以来，全市共办理重点信访积案385起，化解335起，化解率达到87%。

（市实践办）

中国共产党韶关市第十一届委员会第五次全体会议

【概况】 中国共产党韶关市第十一届委员会第五次全体会议于2014年1月13日召开。全会由市委常委会主持。市委委员、候补委员出席会议。不是市委委员、候补委员的市领导，副厅级干部，市政府秘书长、市政协秘书长，市纪委副书记、常委，有关县（区）长，市委、市人大常委会、市政府、市政协党员副秘书长，市人大常委会、市政协各工作委员会、专门委员会党员负责人，市直及中省驻韶关单位、市属有关企业党员主要负责人列席会议。全会深入贯彻中共十八大、十八届三中全会、中央经济工作会议和省委十一届三次全会精神，研究部署韶关市全面深化改革工作，总结2013年经济工作，部署2014年工作任务，动员全市人民行动起来，实现全面深化改革的良好开局，加快全面建成小康社会进程。市委书记郑振涛代表市委常委会作题为《全面深化改革、推动振兴发展》的报告和第二次全体会议上讲话，市委副书记、市长艾学峰作关于经济工作讲话，市委副书记陈向新作关于《中共韶关市委关于全面深化改革的实施意见》说明。全会表决通过《中共韶关市委关于全面深化改革的实施意见》和《中国共产党韶关市第十一届委员会第五次全体会议决议》。

【肯定2013年工作成绩】 全会肯定市委常委会2013年工作。一致认为，市委团结带领全市党员干部群众，深入贯彻落实中共十八大和十八届二中、三中全会及习近平总书记系列重要讲话精神，贯彻省委十一届三次全会和胡春华到韶关调研讲话精神，以交通基础设施、产业园区、中心城区建设为抓手，深入推进“百项工程兴韶关”活动，经受“5·16”“8·15”两次洪涝灾害的考验，全市经济保持较快发展，民生事业稳步推进，社会大局和谐稳定，文化建设、生态文明建设和党的建设全面加强。

【韶关市全面深化改革】 全会强调，韶关市全面深化改革必须高举中国特色社会主义伟大旗帜，贯彻落实党的十八大、十八届三中全会和省委十一届三次全会精神，坚持社会主义市场经济改革方向，以促进社会公平正义、增进人民福祉为出发点和落脚点，进一步解放思想、发展生产力、增强社会活力，以开放促改革，以改革促发展，实现韶关绿色转型、振兴发展，为加快全面建成小康社会而奋斗。全会提出，韶关市全面深化改革的总体目标是，完善和发展中国特色社会主义制度，推进治理体系和治理能力现代化。全面深化经济体制、政治体制、文化体制、社会体制、生态文明体制、党的建设制度改革，发挥市场在资源配置中的决定性作用，更好发挥政府的作用，让一切劳动、知识、技术、管理、资本的活力竞相迸发，让一切创造社会财富的源泉充分涌流。到2020年，在重要领域和关键环节上取得决定性成果，形成系统完备、科学规范、运行有效的制度体系，使经济更具活力效率、政治更加清明廉洁、文化更加繁荣发展、社会更加和谐有序、生态更加文明优良、党的领导更加坚强有力、人民生活更加富裕幸福。全会强调，要认识全面深化改革的重要性和紧迫性，把思想和行动统一到中央和省委的决策部署上来。坚持问题导向，树立发展意识；破除思想障碍，树立改革意识；拓宽全球视野，树立开放意识。要准确把握全面深化改革的方向和原则，正确处理好当前利益与长远利益、整体推进与重点突破、普遍性与特殊性、鼓励创新与包容失败、改革发展与稳定的关系，突出全面深化改革的重点。要按照省委确定的2014年的13项改革重点任务，结合韶关市实际，着力抓好经济体制改革、行政体制改革、社会体制改革、文化体制改革、生态文明体制改革、党的建设制度改革，实现全面深化改革的良好开局。要加强全面深化改革的领导，市委成立全面深化改革工作领导小组，负责全市全面深化改革的总体设计、统筹协调、整体推进、督促落实。

【韶关市2014年工作要求】　全会指出，2014年工作的总体要求是：高举中国特色社会主义伟大旗帜，全面落实中共十八届二中、三中全会和中央经济工作会议及省委十一届三次全会精神，把全面深化改革贯穿于经济社会发展各个领域，把扩大内外开放深入到经济社会发展各个行业，建立有利于加快发展的体制机制，完善市场竞争机制，培育现代产业体系，完善城镇发展体系，创新社会治理体系，健全公共服务体系，优化生态发展机制，加强党的制度建设，为全面建成小康社会奠定坚实基础。全会强调要以落实“三大抓手”为重点，加快经济发展步伐；以调整优化产业结构为主线，推动产业转型升级；以全面对口帮扶为契机，推动区域协调发展；以创建全国文明城市为动力，加快文化名城建设；以保障和改善民生为着力点，全面推进社会建设；以创建广东绿色生态第一市为目标，建设美丽韶关；以群众路线教育实践活动为抓手，切实加强党的建设。

【软环境整治促发展】　全会强调，要以进一步解放思想引领改革发展，以更大的决心和勇气推动新一轮的思想大解放；以进一步转变作风推动改革发展，整治“庸懒散奢”等突出问题，推动广大党员干部的作风有明显改进；以进一步改善环境，促进改革发展，实行重典治乱，加大软环境整治力度，有效改善发展环境。

【祥和廉洁过春节】　全会强调，春节临近，各级各部门要做好当前工作，确保过一个欢乐祥和的春节。精心组织村、社区“两委”换届工作；开展各种形式的送温暖、献爱心活动，加强节日期间的物资供应，组织开展群众性文体活动；抓好安全生产和公共安全，加强社会治安综合治理，营造平安和谐社会环境；严格落实中央“八项规定”，过一个清正廉洁年。

（市委办）

中国共产党韶关市第十一届委员会第六次全体会议

【概况】　中国共产党韶关市第十一届委员会第六次全体会议于2014年9月29日召开。全会由市委常委会主持。全会深入中共党的十八大、十八届三中全会、省委十一届三次全会和市第十一次党代会精神，研究部署推进文化名城战略工作，把韶关市建设成为全国文明城市和国家历史文化名城，为全面建成小康社会提供强大的精神动力和文化支撑。全会听取郑振涛代表市委常委会所作的题为《大力实施文化名城战略，全面开创文化建设新局面》报告和在第二次全体会议上讲话，以及市长艾学峰关于贯彻落实文化名城战略工作的讲话。全会肯定市委十届八次全会和市第十一次党代会召开以来文化建设工作取得的成绩。一致认为，韶关市贯彻落实广东省文化强省规划纲要精神，以加快建设区域文化中心为目标，实施文化名城战略，推动全市文化建设事业繁荣发展。全会表决通过《中国共产党韶关市第十一届委员会第六次全体会议决议》。市委委员、候补委员出席会议。不是市委委员、候补委员的市领导，副厅级干部，市政府、市政协秘书长，市纪委副书记、常委，有关县（区）长，市委、市人大常委会、市政府、市政协党员副秘书长，市人大常委会各工作委员会、市政协各专门委员会党员负责人，市直及中省驻韶关各单位党员主要负责人，市属有关企业党员主要负责人列席会议。

【全市文化名城建设总体思路】　全会全面分析韶关市实施文化名城战略面临的形势，提出韶关市文化名城建设的总体思路：高举中国特色社会主义伟大旗帜，按照建设社会主义文化强国的重要方针，坚持以科学发展为主题，以转变文化发展方式为主线，以生态文明建设为遵循，以构建社会主义核心价值观为根本任务，以注重社会效益为首要追求，以满足人民群众精神文化需求为出发点和落脚点，以提高城市文化软实力和城市综合竞争力为动力，坚持抓事业与抓产业并重，坚持促繁荣与强管理并重，挖掘历史人文、生态山水等地方特色文化资源，通过打造名山、名寺、名人、名城品牌，提升韶关文化形象，实现公民素质明显提高，促进公共文化服务体系日臻完善，文化产业形成规模，文化市场开放有序，文化品牌效应凸显，文化建设各项主要指标达到全面小康和创文要求，居全省山区市前列，形成与经济社会发展相适应的文化发展格局。工作目标是：力争到 2017 年，国家历史文化名城申报成功，全国文明城市创建成功。到 2019 年，文化建设总体水平基本达到全面小康标准。

【文化名城建设工作】 全会要求，文化名城建设要重点做好五项工作：打造文化品牌，提升城市形象。加强文化遗产保护，树立城市文化品牌。依托文化资源优势，树立文化旅游品牌；落实文化民生理念，树立群众文化活动品牌；抓住薄弱环节，夯实发展基础。完善基础设施建设，构建现代公共文化服务体系。完善产业布局规划，构建现代文化产业体系。完善产品交易平台，构建现代文化市场体系；深挖特色资源，推动产业融合。挖掘特色人文资源，推动文化与旅游融合发展。挖掘特色生态资源，推动文化与城乡建设融合发展。挖掘现有业态资源，推动文化与科技融合发展；释放文化活力，增强综合素质。推进文化管理体制机制创新，深化国有文化单位改革，鼓励非公有制文化企业发展；营造文化氛围，改善人文环境。培育新时代人文精神，提高舆情引导水平，注重文化对外交流，加强廉政文化建设，在全社会营造风清气正的干事创业氛围。全会要求，要着力在八个方面下功夫，奋力开创韶关市文化名城建设新局面。即：深化文化名城建设；突出城市文化特色；完善公共文化设施网络；加大实施文化惠民工程力度；发展文化产业；加快文化市场培育；完善文化发展多元投入机制；推动政府由办文化向管文化转变。

【文化名城建设相关配套服务】 全会要求，各级党委和政府要加强组织领导。要完善文化事业、文化产业发展和公共文化服务等方面配套政策，逐年加大公共财政文化建设的投入，特别是加大文化惠民的扶持力度，设立文化产业发展专项资金，引导民间资本参与文化建设，形成政府投入和社会投入相结合的多元化文化投入格局。要注重人才队伍建设，制订中长期文化人才培养规划和引进计划，开展领导干部文化专题培训，继续推进宣传文化战线优秀人才“十百千”工程，构建一支规模宏大、结构合理、适应文化发展需要的高素质人才队伍。要建立和完善考核制度，将文化名城建设纳入各级党政领导班子政绩考核和市直机关绩效考核范围，加强对文化名城建设工作的督促检查，确保文化名城建设工作措施落到实处。

（市委办）

韶关市十三届人民代表大会第四次会议召开

韶关市十三届人民代表大会第四次会议于 2014 年 2 月 17 日至 21 日在韶关市区举行。出席本次会议应有代表为 357 名，实际到会 344 人。会议听取和审议市长艾学峰代表市人民政府所作的《政府工作报告》，书面审查市发展和改革局局长胡书臣提交的《韶关市 2013 年国民经济和社会发展计划执行情况与 2014 年计划草案的报告》、市财政局局长孙江平提交的《韶关市 2013 年预算执行情况和 2014 年预算草案的报告》；听取和审议市人大常委会常务副主任李石保所作的《韶关市人民代表大会常务委员会工作报告》、市中级人民法院长院刘曙光所作的《韶关市中级人民法院工作报告》、市人民检察院检察长阙定胜所作的《韶关市人民检察院工作报告》。会议表决通过关于政府工作报告的决议、关于韶关市 2013 年国民经济和社会发展计划执行情况与 2014 年计划的决议、关于韶关市 2013 年预算执行情况和 2014 年预算的决议、关于韶关市人民代表大会常务委员会工作报告的决议、关于韶关市中级人民法院工作报告的决议、关于韶关市人民检察院工作报告的决议等 6 项决议。

会议根据《中华人民共和国各级人民代表大会和地方各级人民政府组织法》和《广东省各级人民代表大会选举实施细则》的规定，依法补选温新才为韶关市第十三届人民代表大会常务委员会副主任，杨伟平、杨克为韶关市第十三届人民代表大会常务委员会委员。

会议期间，大会共收到代表提出的议案 11 件，经大会议案审查委员会审查，11 件议案全部转作建议处理。另外，出席本次会议的代表在会议规定的提出议案建议的截止时间内提出建议、批评与意见 49 件。两项合并，市十三届人大四次会议期间共收到代表提出的建议为 60 件。

根据大会秘书处的安排，30 多名来自社会各界人士应邀旁听本次大会。大会秘书处于 2 月 19 日召开旁听人员座谈会，市人大常委会副主任张平、市政府常务副市长陈波出席座谈会，听取旁听人员对韶关经济社会发展的意见与建议。（黄远习）

政协第十一届韶关市委员会第三次会议召开

【市政协十一届三次会议】 2014年2月，政协韶关市委员会在市区召开第十一届委员会第三次全体委员会议。会议听取和审议市政协第十一届委员会二次会议以来常务委员会工作报告和提案工作情况的报告，听取和讨论市政府工作报告及有关报告，审议通过会议决议。会议期间，组织安排委员大会发言，各民主党派、工商联及部分界别的委员围绕推进城镇化进程、加强公共交通建设、发展碳汇林业、发展乡村旅游、发展生产性服务业、加强人身自救与医学急救教育等重要问题作发言；组织安排委员大会即席发言，委员们围绕韶关市经济社会发展以及人民群众普遍关心、关注的热点、难点问题发表意见建议，得到市委、市政府领导在充分肯定，艾学峰市长对委员发言一一作回应。（钟骏逸）

韶关东郊客运枢纽中心站建设项目启动

【韶关东郊客运枢纽中心站建设项目启动】 2014年11月15日，韶关东郊客运枢纽中心站建设项目在东郊举行启动仪式。该项目是市政府的重点工程。位于韶关市城市东部，处于田螺冲棚改区附近，紧邻国道323及韶关北环高速线旁，项目距离韶关主城区不足4公里，区位优势明显，交通条件较好。项目作为韶关市一个新的交通枢纽中心，可通过国道323、赣韶高速等高等级公路对外辐射，可通过东联大道、浈江路等城市主干路连通韶关新老城区。本项目建设工程总投资估算为24693万元，项目总占地约5.333公顷，总建筑面积为42144平方米，按一级客运站标准建设，设计生产能力为日均发送旅客10000人次，日发班次289班。该站的功能定位是韶关客运综合换乘枢纽站，承担为东环片区居民提供省际、市际间的公路快速客运服务，与韶赣快速铁路枢纽站、城市公交、出租车枢纽站共同实现快速中转换乘服务，配套社会车场停车场及零担货运站房，提供货运服务。拟于2015年开工建设，建设期两年，2017年正式投入运营。该站建成后，将以其安全、顺畅的交通体系，高效便捷的换乘系统，打造一个舒适、现代、绿色、人性化的出行环境，成为完善韶关综合运输体系建设，提高韶关交通运输服务水平，夯实韶关交通枢纽地位，引导城市可持续发展的重要抓手。作为广东的北大门，韶关在地理位置和交通区位上具有独特的优势。近年来随着韶关市交通公路网建设的加快，整个大交通网的布局及建设日臻完善，韶关东郊客运枢纽中心站的开工建设，将在全市交通运输网络上布下重要的“棋子”，将为韶关市客运、货运水平的进一步提升打下坚实的基础。（潘伟飞）

武广客运专线韶关综合客运枢纽站一期工程开工

【韶关综合客运枢纽工程开工】 2014年12月2日，武广客运专线韶关综合客运枢纽站一期工程开工仪式在芙蓉新区举行。韶关综合客运枢纽站位于韶关芙蓉新城内，与武广高铁韶关站衔接，是韶关市区内唯一一个集公路、铁路（高铁）、公交、出租、社会车辆等多种运输方式于一体的综合客运枢纽。韶关综合客运枢纽项目总占地约14.6公顷，规划用地面积11.067公顷，总建筑面积为16万平方米，项目投资估算金额为9.8亿元，其中，一期建安工程费约5.4亿元。项目建设内容包括长途客运站房及其生产生活附属用房、旅游集散中心及配套附属用房、换乘设施、站前广场、各种交通方式的停车场等。客运枢纽中的长途部分按一级客运标准设计，可日均发送旅客18000人次。该项目已列入国家交通部和省交通厅“十二五”重点项目，按照国家一级客运站标准进行建设，是完善区域配套和城市交通网络，有效提升芙蓉新区交通枢纽功能和区域竞争力的重大项目。该项目的建成对韶关的经济发展有很好的促进作用。（傅悦舟）

乐广高速9月27日开通运营

【乐广高速9月27日开通运营】 乐广高速公路于2009年11月动工至2014年9月27日开通运营，起点位于湘粤两省交界地小塘，向南经过乐昌、韶关、英德、清远，止于广州市花都区，接广州机场高速公路、肇花（肇庆至花都）高速公路。全长约271公里，其中韶关市境内130公里（韶关段建设约162公里，包括乐广高速主线130公里、韶关北环高速29公里、南韶高速顺延段3公里）、清远市境内119.5公里、广州市境内21.5公里。主线为双向六车道，设计时速最高120公里，是广东省在“十一五”跨“十二五”期间规划实施的重点项目之一，也是广东省新十项工程和高速公路“六纵”的重要组成部分。韶关段完成路基填方2289万立方米，挖方2496万立方米，特大桥完成13800延米，隧道开挖、二衬完成50719延米，总投资约196.68亿元。高速上的便利店，加油站、沿线路灯、联网收费系统都已经全部到位。全部收费站（点）纳入全省高速公路联网收费系统，收费年限为25年。乐广高速全线设置23个匝道收费站、7处服务区（其中韶关有3处，分别为一六服务区、梅花北服务区、乐昌服务区）、两处停车区。乐广高速全线实行全程监控，每两公里便设有摄像头。在重点路段及隧道，乐广高速管理方还安装异常事件检测仪、微波检测仪等自动化仪器，并结合路政巡查车载、手持移动终端，可在第一时间掌握道路车流量信息、交通事故等现场情况。为预防粤北地区高寒等问题，乐广高速还启用气象监测设备，为出行者提供准确气象信息。乐广高速启用北斗卫星定位系统等多项高新技术，通过视频检测跟踪技术，乐广高速已解决隧道内没卫星信号、北斗卫星定位系统无法定位问题。乐广高速实现对线上“两客一危”（指从事旅游的包车、三类以上班线客车和运输危险化学品、烟花爆竹、民用爆炸物品的道路专用车辆）车辆的全程实时监控。 （罗秋尧）

赣韶铁路建成通车

【概况】 赣韶铁路自2009年3月开工，历时5年多的建设，于2014年9月30日起开办旅客和货物运输初期运营并通车。赣韶铁路开通运营后，赣州至韶关铁路运行时间约为3个小时，比以往绕行京九线缩短5个小时。赣韶铁路建设的主要技术标准：国铁Ⅰ级、单线预留双线、时速160千米/小时（预留200千米/小时）；远期输送能力客车15对/日、货运量2500万吨/年，总投资72.2亿元。赣韶铁路东起京九铁路江西赣州南康站，西至韶关东站，与京广铁路接轨，是京广铁路与京九铁路的东西走向连接线。全长177.876千米，全线设旗口、新城、池江、大余、梅关、珠玑巷、南雄、古市、马市、始兴、总甫、丹霞山、长坝、腊石坝、韶关东15个车站，其中韶关镜内的南雄站、始兴站办理客、货运业务，丹霞山站为办理客运业务的中间站，其余6个车站为会让站。

【赣韶铁路运行车次】 赣韶铁路于2014年9月30日开通后已进行三次运行图调整：

2014年9月30日开行1对旅客列车，为广州至赣州的1666－1665次；

2014年10月20日由1对列车调整增至5对列车，其中旅客列车3对，分别为广州至赣州的1666－1665次，广州至上海南的T170－169次，广州至宁波的K210－209次；行包快运列车2对；

2014年12月10日由5对列车调增到7对列车，其中旅客列车5对，分别为广州至赣州的1666－1665次，广州至上海南的T170－169次，广州至宁波的K210－209次，海口至哈尔滨的Z112－111次，海口至上海南的K512－511次；行包快运列车2对。

【打造黄金旅游线路】 赣韶铁路横贯粤东北和赣西南地区，连通京广和京九铁路，是继京九铁路之后粤赣两省之间又一重要铁路通道。赣韶铁路是一条黄金旅游线路。其途径的丹霞山是世界自然遗产、国家AAAAA级旅游景区。赣韶铁路最大中间站丹霞山站就设在其附近，总建筑面积为6000平方米。

【提振中东地区经济活力】 赣韶铁路途经江西省南康市、大余县，广东省南雄市、始兴县、仁化县、韶关市曲江区、浈江区等七县（市、区）。赣韶铁路沿线七县（市、区）交通运输结构不合理，运输方式单一，仅依靠公路运输与外界交流，使这些地区相对闭塞，经济相对落后。赣韶铁路开通后，结束沿线大余县、南雄市、始兴县、仁化县至韶关市不通铁路的历史，形成一条与沪昆铁路株（洲）向（塘西）段平行的“黄金走廊”。赣韶铁路开通后，还打通长三角、珠三角、粤赣、西南等地区间客货交流“黄金大通道”，将中国最具经济活力的珠三角与长三角地区连成一片，缩短深圳、港澳地区与沪宁杭地区的经济和时空距离，提高整个中东部地区经济活力。

（邓志前）

韶关市获授“广东省教育强市”称号

【概况】　2014年8月，省政府发文《广东省人民政府关于授予韶关市广东省教育强市称号的批复》，授予韶关为“广东省教育强市”，韶关成为全省粤东西北地区首个省教育强县（市、区）全覆盖的省教育强市，并得到省2000万元的奖励。翁源县、新丰县获授“广东省教育强县”称号。韶关在2009年5月全面启动教育“创强”工作以来，合理整合配置教育资源，实施人才强教工程，全市教育事业在教育优先发展、各类教育协调均衡发展、促进教育公平、加强队伍建设等方面均有新突破。全市省教育强镇（街）覆盖率为80.2%，省教育强县（市、区）覆盖率为100%。

【创省教育强市工作历程】　韶关创强省教育强市工作得到市委、市政府的重视，得到市人大、市政协的支持，得到各有关部门和社会各界的参与，召开一系列会议和开展一系列活动。2009年5月，市委、市政府召开韶关市创建广东省教育强市动员大会，提出用5年时间实现创建省教育强市的工作目标；2010年12月，市政府召开教育创强工作阶段性总结会；2011年8月，市政府出台《韶关市创建广东省教育强市工作奖励方案》；2011年9月，市政府召开教育创强工作推进会；2012年3月，市委、市政府召开加快创建广东省教育强市工作会议；2012年4月，市政协视察和调研教育创强工作；2012年6月，市人大常委会听取和审议市政府关于韶关教育创强工作情况报告；2012年7月，韶关市委、市政府把教育创强列入“百项工程兴韶关”建设项目；2012年8月，市政府召开教育创强协调会议；2013年4月，市委、市政府召开申报省教育强市工作动员会；2013年10月，韶关市正式向省政府申报省教育强市督导验收；2014年6月，韶关接受省教育强市督导验收。　（市教育局）

韶关市政策性水稻种植保险实现全覆盖

【概况】　为贯彻落实中央和省关于开展政策性涉农保险的系列意见和精神，市政府做出“从2014年起，全市政策性水稻种植保险实行每年每造面积全覆盖，参保面积为每年每造种粮直补面积”的决定，并将其列入市政府2014年八件为民办实事之一。为确保实现市政府的庄重承诺，各级政府和农业、人保财险等部门采取各种非常措施，克服困难，在4月底前全面完成全市政策性水稻保险承保任务，实现全市水稻种植保险全覆盖。全市完成政策性水稻种植保险承保面积15.1927万公顷，其中早造6.048万公顷，中晚造9.1447万公顷，参保农户358577户。到12月底，全市水稻因灾定损面积1586.932公顷，涉及农户16282户，累计赔付农户327万元。实施政策性水稻种植保险全覆盖，为确保韶关市全年粮食增产、农民增收、农村稳定发挥重要保障作用。

【政策性水稻种植保险的主要内容】　2014年，全市政策性水稻种植保险经办机构为省农业厅公开招标确定的中国人民财产保险股份有限公司广东省分公司属下的韶关市分公司。参保对象为韶关市范围内种植水稻的农户、国有农（林）场、农业企业和农民专业合作组织。保险责任为在保险期间，种植的水稻遭受暴雨、洪水（政府行蓄洪除外）、内涝、风灾、雹灾、旱灾、冷害和病虫害等自然灾害造成的损失。保险期间从投保的水稻秧苗插齐或移栽成活后起，至水稻收割完毕时止。具体起止时间以保单载明日期为准。保险金额为全市统一每造每亩400元。全市水稻种植保险费率统一按5%执行，保险费为每造每亩20元。政策性水稻保费来源为中央、省补助资金，市、县（市、区）财政配套资金，农户自筹资金。水稻种植保险保费各级政府承担80%（每亩16元），其中：中央财政补贴35%（7元），省财政补贴30%（6元），市财政补贴7.5%（1.5元），县财政补贴7.5%（1.5元）。水稻种植户承担20%（每亩4元）。

【高位推进工作】　作为牵头单位，市农业局和人保财险韶关市分公司将政策性水稻种植保险工作作为全年工作的重中之重来抓，1月联合召开全市政策性涉农保险工作会议，对政策性水稻保险工作进行动员和部署；印发《韶关市政策性水稻保险实施方案》和《韶关市政策性水稻保险操作细则》，并将承保任务进行分解下达，同时，建立时间倒逼机制，层层落实责任，确保如期完成任务。各县（市、区）

贯彻落实全市会议精神，分别在春节前后召开动员大会，制定和下发实施方案和操作细则，成立由分管领导任召集人的政策性水稻种植联席会议制度；各分管领导还亲力亲为，在财政预算、保费扣缴、进度督办等具体工作环节上亲自进行协调和指挥，从高位上确保承保工作的顺利推进。

【宣传水稻保险政策】 各县（市、区）利用电视台、广播电台、“村村通”广播等媒体和多种形式，对开展政策性水稻保险工作进行密集宣传，营造浓厚的宣传氛围。通过层层召开动员会进行面上宣传，统一各级领导的思想认识。通过举办各类培训班进行深入宣传，详细解读水稻保险的条款和协议，不断提高基层协保人员的业务水平。通过印发宣传单和张挂标语等进行点上宣传，提高农户的参保意识。市人保财险分公司针对群众普遍关心的投保手续、费率、赔付程序等问题，印发8.5万份彩色宣传单张，将保险的内容、责任、赔偿标准、理赔服务和当地咨询联系电话告知千家万户，各支公司的门口也拉起大幅横额进行宣传；有些乡镇还在交通要道、集市上悬挂宣传标语，让政策性水稻种植保险这项惠民政策深入人心。

【部门配合推进承保进度】 为确保完成承保任务，各级农业、财政、金融、人保财险、银行（农信社）等部门联动起来，一环紧扣一环，使整个承保工作推进，加快承保进度。农业部门和人保财险部门通力合作，深入基层、加班加点，做好承保的各项基础工作；财政部门做好粮补农户清单和面积的数据统计工作；银信部门做好保费扣缴的各项准备工作等。

【保障资金落实到位】 预算保障，财政补贴落实。市级和各县（市、区）于年初就将2014年政策性水稻种植保险财政补贴资金列入财政预算，承保任务完成后，按照申报程序逐级将市、县财政资金补贴到位。措施到位，确保任务完成。部分县（市、区）将政策性水稻种植保险工作纳入镇级年度考核或民生工程，以引起各级政府和部门重视。建立督办机制，市级前后开展2次督办，并印发2期情况通报；各县（市、区）也专门组织督办小组，多次下乡巡回督办，并不定期印发情况通报，加快承保进度。针对小部分农户的粮补账户因各种原因扣不上款的情况，部分县（市、区）采取由县财政或镇财政先行垫付的办法，确保按时完成承保任务，不拖全市后腿。

【增强理赔服务措施保障】 成立由市农业局和人保财险韶关市分公司一把手任组长，分管领导任副组长的“韶关市政策性水稻种植保险理赔工作领导小组”，下设理赔专家小组，由种植业、植保专业和理赔中心人员组成，加强对大灾风险的预防、评估和应对能力；各县（市、区）也相应成立理赔工作小组，为全市水稻保险的查勘、定损和理赔提供专业服务。按照省出台的理赔操作规程，结合韶关市实际，边实践、边总结，出台更具操作性的理赔实施细则，确定具体的理赔标准。结合理赔细则开展对基层协保员的培训，部分县还将培训班开到村、开到田头，将水稻保险理赔知识真正灌输到每个协保员，为理赔工作奠定良好基础。灾情发生后，各地人保财险公司联合县、镇农业部门、村委和农民代表组成联合查勘小组，第一时间赶赴现场，对出险面积、保险责任和损失程度进行勘查，出现重大疑难案件时，联合农业专家进行现场查勘，增强定损权威，减少矛盾争议。在快速查勘、准确合理定损的基础上，简化手续，加快赔款速度。

（市农业局新农村科）

2014 年韶关大事记

1　月

1 日上午，2014 年韶关市“汇展华城杯”元旦环城跑活动在市区举行。郑振涛、李飞等四套班子领导与来自市直机关、企事业单位、中省驻韶单位、驻韶部队、厂矿企业干部职工以及大中专院校师生代表 6000 多人环城畅跑，迎接新年到来。

8 日上午，市委书记郑振涛到市区八中、碧湖山庄、园林处、韶关学院等 4 个环境空气自动监测站点进行检查，深入了解空气自动监测站点运行情况及各项监测指标数据情况。

同日下午，市委书记郑振涛主持召开市委十一届第 51 次常委会议，议题是：①讨论《中共韶关市委关于全面深化改革的实施意见》《郑振涛同志在市委十一届五次全会上的讲话》《2013 年工作总结（征求意见稿）》、《艾学峰同志在市委十一届五次全会上的讲话》；②讨论“百项工程兴韶关”项目建设工作有关事项；③讨论《2014 年春节前送温暖慰问、座谈会系列活动方案》；④讨论《2014 年全市重要会议和重要政务活动安排》；⑤讨论《关于组织开展 2014 年领导干部报告个人有关事项工作的情况报告》。

13 日，召开中国共产党韶关市第十一届委员会第五次全体会议。全会深入贯彻中共十八大、十八届三中全会、中央经济工作会议和省委十一届三次全会精神，研究部署韶关市全面深化改革工作，总结 2013 年经济工作，部署 2014 年工作任务，动员全市人民行动起来，实现全面深化改革的良好开局，加快全面建成小康社会进程。市委书记郑振涛代表市委常委会作《全面深化改革推动振兴发展》的报告和第二次全体会议上讲话，市委副书记、市长艾学峰作关于经济工作讲话，市委副书记陈向新作关于《中共韶关市委关于全面深化改革的实施意见》说明。全会表决通过《中共韶关市委关于全面深化改革的实施意见》和《中国共产党韶关市第十一届委员会第五次全体会议决议》。

同日（全会期间）下午，市委书记郑振涛主持召开市委十一届第 52 次常委会议，议题是：①听取市委办公室汇报市委十一届五次全会分组会议讨论情况及对《中共韶关市委关于全面深化改革的实施意见（稿）》、全会决议（草案）的修改建议汇总意见，审定意见稿和全会决议（草案）；②讨论干部人事问题。

21 日，全市党管武装工作会议在韶关军分区举行，各县（市、区）人武部党委第一书记分别述职。市委书记、韶关军分区党委第一书记郑振涛作讲话，强调要坚持以主席习近平强军目标重要思想为指导，凝聚共识，推进党管武装工作创新发展。

同日，市委副书记、市长艾学峰率市住建、安监、代建等部门负责人到原曲仁矿棚户区改造项目田螺冲安置区建设现场调研。听取东环线、原曲仁矿棚户区改造项目建设情况。要求各有关部门要高度重视，密切配合，科学统筹项目建设，将这一项民生工程抓紧做好。要做好巡查和值班安排，主动排查安全隐患，做好节前和节日期间的安全生产工作。

22 日，东莞银行韶关分行举行东莞银行教育基金成立暨签约仪式。东莞银行股份有限公司共捐赠人民币 200 万元，在韶关市教育基金会设立专项教育扶助基金，命名为“东莞银行教育基金”，主要用于资助韶关市家庭经济困难大学新生缴纳学费或生活费。市委常委、常务副市长陈波参加仪式。

24 日下午，市委书记郑振涛主持召开市委十一届第 53 次常委会议，议题是：①讨论《政府工作报告》；②讨论 2014 年预算；③讨论《市贯彻落实〈省委、省政府关于进一步促进粤东西北地区振兴发展的决定〉实施方案》；④讨论《韶关工业园区管理体制改革方案》；⑤讨论《2014 年韶关市创建全国文明城市工作实施方案》《韶关市创建全国文明城市 2014 年重点工作意见》《2014 年韶关市未成年人工作实施方案》；⑥传达学习贯彻省纪委十一届第三次全体会议精神；⑦讨论干部人事问题。

26 日下午，市委书记郑振涛主持召开市委十一届第 54 次常委会议，议题是：①学习总书记习近平有关党的群众路线教育实践活动讲话精神；②讨论全市深入开展党的群众路线教育实践活动有关事项。

27 日，市委书记、市人大常委会主任郑振涛到乐昌开展“春节送温暖”活动。到广乐高速 T3 合同段、坪石镇等，分别慰问一线工人、道德模范、退伍老兵、困难党员和敬老院老人。市领导孔云龙、邹永松分段参加慰问活动。

2　月

10 日上午，召开全市党的群众路线教育实践活动动员部署会议，贯彻落实中央和省委党的群众路线教育实践活动工作会议精神，部署全市党的群众路线教育实践活动。会上，市委常委、组织部部长、市委党的群众路线教育实践活动领导小组副组长、办公室主任肖怀跃对全市教育实践活动作出具体安排。市领导郑振涛、艾学峰等及省委第五督导组组长陈文杰等出席会议。

11日上午，市长艾学峰等市领导在市分会场收听收看国务院、省政府召开的廉政工作电视电话会议。会后，市政府召开廉政工作电视电话会议，部署2014年全市政府系统廉政建设和反腐败工作。

同日下午，市委举办党的群众路线教育实践活动第一个专题理论实践篇讲座，邀请省委党校党史党建教研部主任、党史党建专业导师组组长毕德教授作主题报告《群众路线是党的生命线》。郑振涛、李飞、陈向新等市四套班子领导以及全市副处以上干部参加讲座。

12日，市委书记、市人大常委会主任郑振涛到京珠北高速公路检查抗冰保畅通工作，要求交警部门和相关部门要紧密配合，及时掌握近期天气变化，采取间断放行、警车带道压速、预防性撒布融雪剂、快速到达现场处置交通事故等工作措施，防止路面结冰，全力以赴保京珠北南北大动脉安全畅通，确保群众年后安全、顺利返粤。

14日下午，市委书记郑振涛主持召开市委十一届第55次常委会议，议题是：①传达学习习近平、王岐山在中央有关会议上的讲话精神、全省机构编制工作座谈会暨年度工作会议精神、省委政法工作会议精神、全省信访工作会议精神，并讨论韶关市贯彻落实意见；②讨论《中共韶关市委常委会2014年工作要点》；③听取市纪委十一届四次全会筹备情况报告，讨论市纪委工作报告；④讨论《2012—2013年度韶关市精神文明建设先进集体名单》。

17日上午，中国人民政治协商会议第十一届韶关市委员会第三次会议在市区开幕。王乙未代表政协第十一届韶关市委员会常务委员会向大会报告工作，贝抗胜向大会作十一届二次会议以来提案工作情况的报告，娄平、范雪珊、胡湘泉、宋良锋、熊奇斌、罗元月、陈达豪等7位委员分别代表民革韶关市委员会、民盟韶关市委员会、民建韶关市委员会、民进韶关市委员会、农工党韶关市委员会、九三学社韶关市委员会、韶关市工商业联合会作大会发言。市领导郑振涛、艾学峰、李飞等出席会议。

18日，副省长邓海光率领省农业、水利、民政等部门负责人及省委组织部、省委政策研究室的有关领导，到韶关调研低温冰冻灾害防御和村“两委”换届选举工作。市领导张志才、李安平及市相关部门负责人参加调研。

同日上午，市第十三届人民代表大会第四次会议在市委会议中心开幕。本次大会应到代表357人，实到335人。市长艾学峰向大会作政府工作报告，大会通过选举办法，书面审查韶关市2013年国民经济和社会发展计划执行情况及2014年计划草案的报告、韶关市2013年预算执行情况和2014年预算草案的报告。市领导、驻韶关解放军和武警部队负责人，在韶全国、省人大代表，市政府组成人员，出席市政协十一届三次会议的委员及列席人员，市政府直属机构及派出机构主要负责人，市中院副院长和市检察院副检察长，中省驻韶部分单位主要负责人，在韶金融单位和副处以上市属企业主要负责人，市人大常委会机关副处以上干部列席会议。39名社会各界人士应邀旁听大会。

19日上午，市第十三届人民代表大会第四次会议举行第二次全体会议。会议听取市人大常委会常务副主任李石保、市中院院长刘曙光、市检察院检察长阙定胜分别所作的人大工作、法院工作和检察院工作报告。

同日下午，市第十三届人民代表大会第四次会议召开旁听人员座谈会，来自全市各行各业的30余名旁听人员结合政府工作报告，围绕韶关市经济建设和民生热点问题进行座谈。市委常委、常务副市长陈波，市人大常委会副主任张平出席会议。

同日下午，中国人民政治协商会议第十一届韶关市委员会第三次会议完成各项议程后在市区闭幕。会议表决通过《中国人民政治协商会议第十一届韶关市委员会第三次会议决议》。市领导郑振涛、艾学峰、李飞等及市法院、市检察院主要负责人出席会议。

20日上午，市召开“两代表一委员、群众代表”征求意见座谈会，听取受邀代表对市委、市人大常委会、市政府、市政协领导班子及班子成员在“四风”方面的存在问题和加强作风建设的意见建议。市领导肖怀跃等参加会议。

21—22日，省委常委、常务副省长徐少华率省有关部门负责人来韶关考察对口帮扶、新区建设、铁路建设等工作情况，并察看莞韶产业转移工业园、芙蓉新区、赣韶铁路有关项目。徐建华、郑振涛、艾学峰、王检养、孔云龙、王青西、许志新等东莞、韶关两地市领导以及莞韶对口帮扶指挥部、芙蓉新区管委会有关负责人参加调研。

21日上午，市第十三届人民代表大会第四次会议举行第三次全体会议。会议投票补选韶关市第十三届人民代表大会常务委员会副主任1名、委员2名。根据计票结果，主席团第四次会议依法确定：温新才当选为韶关市第十三届人民代表大会常务委员会副主任，杨伟平、杨克当选为韶关市第十三届人民代表大会常务委员会委员。

21日上午，市第十三届人民代表大会第四次会议举行第四次全体会议，完成各项议程闭幕。会议表决通过《关于韶关市人民政府工作报告的决议》《关于韶关市2013年国民经济和社会发展计划执行情况与2014年计划的决议》《关于韶关市2013年预算执行情况与2014年预算的决议》《关于韶关市人民代表大会常务委员会工作报告的决议》《关于韶关市中级人民法院工作报告的决议》《关于韶关市人民检察院工作报告的决议》。

24日，中共韶关市第十一届纪律检查委员会举行第四次全体会议。市委副书记、市长艾学峰传达十八届中央纪委三次全会、省纪委十一届三次全会精神，大会通过市纪委工作报告和全会决议。市委书记、市人大常委会主任郑振涛参加会议并讲话。

26 日下午，市委常委、常务副市长、丹霞山管委会主任陈波率市财政局、市交通运输局、市体育局、市旅游局和浈江区、仁化县政府以及丹霞山管委会等单位负责人就丹霞山景观（自行车）大道建设情况进行实地调研，并在丹霞山管委会召开办公会，部署丹霞山景观（自行车）大道建设工作。强调建设丹霞山景观（自行车）大道，是一项民心工程，有利于提升丹霞山品质，有利于招商引资和丹霞山发展，有利于推进全民健身活动，要切实抓紧抓好。丹霞山景观（自行车）大道规划总长 58.1 公里，沿途依山傍水，风景秀丽，是得天独厚、天然条件极为难得的景观线路。

3 月

4 日下午，韶关市党的群众路线教育实践活动先进事迹报告会在市委会议中心举行。会上，市广播电视台乔薇、市信访局罗伟强、仁化县黄坑镇小溪村张三坤、始兴县罗坝镇钟俊峰、翁源县周陂镇刘河添 5 位践行群众路线的优秀代表，讲述他们立足本职、为民服务的感人事迹和亲身感受。市四套班子领导、市法院院长、市检察院检察长、市直各单位副处级以上干部，中省驻韶有关单位领导班子小成员，各县（市、区）组织部部长约 800 人参加报告会。

5 日上午，全市农村工作会议在市委会议中心召开。市委常委、市政府党组副书记张志才传达中央、全省农村工作会议精神，部署全市农业农村工作任务，市委书记、市人大常委会主任郑振涛出席会议并讲话。

同日，广东省机场管理集团有限公司总经理温文星一行来韶调研合作建设韶关机场和空港产业园项目事宜。市机场建设项目协调领导小组办公室向温文星一行通报韶关机场项目前期工作进展情况以及下一步工作计划。温文星认为，韶关建设机场及发展空港经济的区位条件、产业基础、旅游资源等优势突出，看好韶关机场的发展前景，希望与韶关方面加快合作步伐，尽快签订合作协议并成立机场项目公司，以加快机场项目各项前期工作。郑振涛、孔云龙、王青西等市领导参加调研。

10 日，云浮市委书记、市人大常委会主任黄强率领云浮市考察团一行到韶关考察，市委书记、市人大常委会主任郑振涛陪同考察，并主持召开座谈会。李飞等市领导陪同考察或参加座谈会。

13 日上午，芙蓉新区起步区车头安置新村项目举行动工仪式。该新村计划建车头安置新村位于芙蓉新区 32 号路以东，新村总建筑面积约 16.51 万平方米，建设用地面积约 15.66 万平方米。房屋建筑采用 4 层连排的组合形式进行规划布局，有建筑基底面积 60 平方米、90 平方米、120 平方米三种户型。安置新村背靠芙蓉山，环境优美，交通便利，配套建设有运动、休闲、文化娱乐设施及停车位，村经济发展用地均用于建商铺出租或自行发展餐饮、商业等产业，以增加村民收入。

14 日上午，市委中心组召开党的群众路线教育实践活动学习讨论会，传达学习习近平总书记的系列讲话精神。市党政班子成员进行交流发言。市四套班子领导以及市中级人民法院院长、市检察院检察长参加学习讨论会。

18 日上午，郑振涛、艾学峰、李飞等市四套班子领导，以及韶关军分区、武警韶关市支队领导，市直机关干部、部队官兵等 450 多人，到浈江区韶关森林公园皇岗山开展全民义务植树活动。

20 日下午，市委书记郑振涛在市委常委会议室主持召开市委十一届第 56 次常委会议，议题是：①听取王青西传达省政府推进落实 2014 年深化改革任务工作会议精神，讨论韶关市贯彻意见；②听取市委老干局局长陈熙传达中央和省老干部工作会议精神，讨论全市贯彻意见；③听取市保密局局长石云峰传达省委保密委全体会议暨全省保密工作会议精神，讨论贯彻意见；④听取市委组织部常务副部长颜玉明传达《省委关于学习贯彻〈党政领导干部选拔任用干部条例〉的通知》精神，讨论贯彻意见；⑤听取市委组织部常务副部长颜玉明汇报《中共韶关市委常委会加强作风建设十项承诺》的有关情况；⑥听取市委组织部常务副部长颜玉明汇报关于开展领导干部个人有关事项报告抽查核实工作相关情况；⑦听取市纪委副书记王德义汇报《韶关市党政领导班子 2013 年度民主生活会意见建议整改措施》相关情况。会议还讨论部分干部人事问题。

22 日上午，广东省国家公园发展战略暨广东高地公园建设研讨会在韶关举行。会议商定将在粤北高地建设省立公园，以打造粤北发展新引擎。新华社广东分社社长杨春南，清远市委书记葛长伟，省相关部门负责人，国内外高地公园规划专家和商界、学界代表、市领导郑振涛、艾学峰等出席研讨会。

25 日上午，市丹霞山世界自然遗产保护管理工作委员会在市委常委会议室召开丹霞山世界自然遗产保护管理工作会议，会议主要听取丹霞山世界自然遗产保护管理工作委员会办公室关于丹霞山遗产地保护发展情况和当前推进环丹霞山旅游产业园项目建设存在问题的汇报，审议《关于加强环丹霞山旅游产业园建设项目规划建设管理办法》《关于加强环丹霞山旅游产业园村民建房管理意见》《关于丹霞山山林资源保护管理的若干意见》。市委书记、市人大常委会主任郑振涛主持会议并总结讲话，市委副书记、市长艾学峰作讲话。市领导陈波、孔云龙、邹永松及市丹霞山世界自然遗产保护管理工作委员会成员单位主要负责人参加会议。

28 日，市政协原主席王佑遗体告别仪式在韶关殡仪馆举行。王佑因病于26日在韶关逝世，享年86岁。省委常委、组织部部长李玉妹敬献花圈。陈波、张平、王伟阳等市领导、市有关单位负责人和王佑生前好友及亲属约200人参加遗体告别仪式。

4 月

2日下午，市委书记、市人大常委会主任郑振涛到曲江区枫湾镇、沙溪镇调研乡村清洁美工程，察看农村生活垃圾处理设施建设情况。市委常委、曲江区委书记黄劲东，副市长王青西及市委办、市政府办、市财政局、市环保局、市住建局、市城管局负责人参加调研。

3日上午，市委书记郑振涛主持召开市委十一届第57次常委会议。议题是：①传达总书记习近平重要讲话精神；②听取韶关市前一阶段开展群众路线教育实践活动情况汇报，研究部署下一阶段工作；③讨论《市党政领导班子和领导干部2013—2014年度安全生产责任制考核实施方案》；④听取市计生工作情况汇报；⑤讨论《市委、市政府关于加强新时期科协工作的意见》；⑥讨论部分干部纪律处分问题；⑦讨论干部人事问题。

同日下午，市委书记、市人大常委会主任郑振涛在市委常委会议室主持召开市委全面深化改革领导小组第一次会议，专题研究市委全面深化改革领导小组及专项小组人员组成方案，讨论市委全面深化改革领导小组、专项小组、办公室3个工作制度，审议《韶关市2014年若干重要改革任务要点》。市长艾学峰等参加会议。

同日下午，市领导陈向新、张志才在市分会场参加全省召开的“社会矛盾化解年”工作推进电视电话会议。会后召开全市“社会矛盾化解年”电视电话会议，市委副书记陈向新作讲话。

同日下午，由团省委、省文明办、南方报业传媒集团、省民政厅、省残联、广东电视台、省志愿者联合会主办，韶关市文明办、韶关市民政局、团韶关市委、韶关市志愿者联合会与韶关学院联合承办的第十七期南方公益志愿大讲堂在韶关学院举行。北京师范大学中国公益研究院院长王振耀作“我国社会转型和志愿服务的前途”主题演讲，结合中国目前社会转型的现状，阐述公益慈善事业的现实功能和发展态势。市委常委、宣传部部长许红，团省委副书记、省志愿者联合会会长池志雄参加活动。

8日下午至9日，省人大常委会副主任黄业斌一行到韶关，开展加快南岭山区集中连片特困地区扶贫开发专题调研，并召开座谈会，认为增设南岭山区国家集中连片特困地区，对于促进南岭山区经济社会可持续发展和生态环境保护建设至关重要，是实现新一轮扶贫开发工作目标、加快建成全面小康社会、加快少数民族地区经济社会发展的现实需要，对促进革命老区经济社会发展具有重要意义。市委书记、市人大常委会主任郑振涛，市委副书记、市长艾学峰及市领导王检养等参加调研。

9日，东莞·韶关宣传文化座谈会在东莞召开。其间，东莞与韶关签订《东莞韶关宣传文化交流合作方案》（下称《方案》）。《方案》明确两市的主要合作项目，包括公共文化服务、文化产业合作、社会文化团体交流、媒体合作、人才培养等。

10日下午，市委中心组专题理论学习（扩大）会议在市委会议中心举行。市委书记郑振涛传达学习习近平总书记在全国“两会”期间参加广东代表团审议《政府工作报告》时的重要讲话精神，并对学好、用好《党政领导干部选拔任用工作条例》提出要求。市委常委、组织部部长肖怀跃就如何理解掌握新修订条例作辅导。市委副书记、市长艾学峰，市政协主席李飞及市委中心组成员、各县（市、区）委书记、市直有关部门负责人参加学习会。

11日，粤组干〔2014〕275号通知，省委批准：黎增丰任中共韶关市委委员、常委和中共韶关市纪律检查委员会委员、常委、书记；免去赖日先的中共韶关市委常委、委员和中共韶关市纪律检查委员会书记、常委、委员职务。

14日上午，农工党广东省委会助力韶关市改革发展对接座谈会在韶州宾馆举行。会上，农工党广东省委和韶关市委签订农工党广东省委会助力韶关市改革发展合作框架文件。协议明确，在中共广东省委统战部的指导下，以三年为一个周期开展助力合作，合作的主要内容包括参政议政、社会服务、干部培养等方面，即在中共韶关市委的支持和帮助下，农工党广东省委员会每年实现：向韶关市提交一份调研报告，向省“两会”提交一份有关韶关市经济社会发展的提案或议案，开展一项以医疗卫生、助学支教为主要内容的社会服务活动，争取安排一批年轻干部挂职锻炼的“四个一”目标。省委常委、统战部部长林雄出席会议。农工党十五届中央常委、省十二届委员会主委马光瑜，省委统战部副部长唐晓平等，以及市领导郑振涛等参加座谈会。

18日下午至19日，中央第九巡回督导组组长、全国人大农业与农村委员会副主任委员、安徽省委原书记、人大常委会原主任王金山，督导组副组长、上海市委原常委、纪委原书记董君舒，中央党的群众路线教育实践活动巡回督导组到翁源县开展督导工作，并前往龙仙镇桂竹村、华彩工业园实地调研。省委组织部副部长夏青，市领导郑振涛等参加调研督导活动。

21日晚至22日，省委副书记、省长朱小丹，副省长邓海光到韶关就新一轮绿化广东大行动推进情况进行调研，先后到浈江区新韶镇东联造林（碳汇林）绿化点、曲江林场南华工区、乳源南岭国家自然保护区等实地考察。省政府秘书长李峰、副秘书长颜学亮及省财政厅、省林业厅、省国土资源厅、省交通运输厅负责人陪同调研。市领导郑振涛、艾学峰等分段参加考察调研活动。

23日上午，省长朱小丹在清远市召开韶关、清远推进新一轮绿化广东大行动调研座谈会，指出韶关、清远是建设粤北连绵山体生态屏障体系的主战场、主力军，要以人为本，质量为先，效益为重，永续为要。副省长邓海光主持会议。市委书记、市人大常委会主任郑振涛，市委副书记、市长艾学峰参加会议。

24日上午，市委书记郑振涛主持召开市委十一届第58次常委会议。议题是：①传达省促进粤东西北地区振兴发展会议、全省整顿软弱涣散基层党组织工作座谈会、依法治省工作领导小组第二十次会议的精神，并讨论韶关市贯彻意见；②讨论《市委常委会议工作规程》；③讨论《韶关市"社会矛盾化解年"工作意见》；④讨论《2014年度市领导挂点联系重点建设项目方案》；⑤讨论《韶关市关于市县政府职能转变和机构改革的实施意见》；⑥讨论干部人事问题。

29日上午，市领导艾学峰、张志才在韶关分会场参加全省召开的农村土地承包经营权确权登记颁证试点工作电视电话会议。会后接着召开会议，部署全市农村土地承包经营权确权登记颁证试点工作。会议指出，根据省委、省政府关于"2014年起在各地级以上市各选择1个县进行农村土地承包经营权确权登记颁证试点，2015年全面铺开，2016年全省基本完成确权登记颁证工作"的要求，2014年韶关市安排仁化县为全市农村土地承包经营权确权登记颁证试点县，其他县（市、区）各选择1个试点镇。

同日下午，市委书记、市人大常委会主任郑振涛到芙蓉新区调研路网工程建设进展情况，实地察看芙蓉新区32号路、滨江大道、5号路、芙蓉大道北、南华路的建设及征地拆迁情况，在西联镇政府会议室召开调研座谈会。强调芙蓉新区的开发建设是百年大计、功在千秋的大事，是改变韶关市城市格局的工作，大家要坚定攻坚克难的信心，以"主人翁"的态度建设新城区，将韶关打造成璀璨的"粤北明珠"。

5　月

1日，市委宣传部、芙蓉新区管委会、市广播电视台在西河全民健身广场联合主办2014韶关"新城新生活"芙蓉新城规划建设成果展，市委常委、宣传部部长许红到场观看成果展。

13日上午，武警部队参谋长牛志忠中将率工作组，在武警广东省总队司令员许亚飞、政委陈杭的陪同下，到武警韶关市支队督导检查党的群众路线教育实践活动。市领导郑振涛、孔云龙、李安平参加座谈会。

15日上午，市委书记、市人大常委会主任郑振涛在市委6楼会议室与中金岭南广晟公司董事长朱伟、总裁张水鉴一行座谈。就韶冶厂"三旧改造"进行深入沟通，并达成一致意见。市委常委、秘书长孔云龙，副市长许志新参加会议。

6日下午，市委书记郑振涛主持召开市委十一届第59次常委会议，议题是：①讨论《2013年度县（市、区）经济社会科学发展考核结果》。②讨论《2014年县（市、区）全面建成小康社会考核指标体系（试行）》。③讨论干部人事问题。

21日上午，市委书记、市人大常委会主任郑振涛到广乐高速与韶赣高速、武江重阳镇马鞍山路段施工点、新街互通、广乐高速与韶赣高速的南连接线等施工路段调研。省高速公路公司、市交通运输局、市广乐办、武江区有关负责人分段参加调研。

22日下午，东莞韶关对口帮扶工作第三次联席会议暨招商项目签约仪式在韶关举行，签约项目39个，均为超亿元项目，总投资额达132.4亿元，涵盖工业、基础设施、农业、旅游等多个领域。重点项目包括总投资5亿元、预计年创税达3亿元的莞韶智慧广场项目和中智仿真工业产业园项目等。市委书记郑振涛、市长艾学峰，东莞市委书记徐建华、市长袁宝成出席会议并分别讲话。

28日上午，市委书记、市人大常委会主任郑振涛开展联系市人大代表工作调研活动，实地察看市粤北中小企业服务中心、武江区重阳镇水口村。

同日下午，东莞—韶关农业产业合作框架协议签约仪式在市农业局举行，两市就农业产业经济合作签署协议。韶关市将进一步发挥农业资源优势，以优质蔬菜、大米、畜禽、土特产、特色水果等韶关本土农产品为依托，在东莞建立农产品专供门店，推动韶关品牌农产品全面直供和专供东莞，将韶关打造成为东莞的"米袋子"、"菜篮子"基地。东莞市将发挥企业技术、资金、市场等优势，对韶关市农产品进行深加工，生产高附加值农产品。两地还将通过经贸交流、招商引资、资源有效利用、信息交流等多种方式，推进两市在农业经济以及农村社会各领域的全面合作。

29日上午，市委书记、韶关军分区党委第一书记郑振涛主持召开市委常委议军会议，听取全市武装工作情况汇报，商议需要解决的问题，强调要围绕强军目标，加强党管武装工作落实，不断推动全市武装工作创新发展。市委副书记、市长艾学峰等市领导，韶关军分区和市直有关部门负责人参加会议。

同日上午，市委常委、副市长、东莞韶关对口帮扶指挥部总指挥王检养，副市长邹永松到武江区龙归镇中心小学出席爱心帮扶、学子圆梦"111"助学行动启动仪式。随后在调研中发现韶关市有不少贫困学生、一些学校条件简陋，便联系世界莞商联合会等6家单位组织策划"111"助学行动，计划在2014年至2016年3年内，资助1000名以上韶关市在校贫困学生，捐赠1000台以上电脑（或等值教学设备）、10000册以上图书给韶关市有需要的学校。截至5月30日，本次助学活动已确定资助1008名学生，捐赠电脑730台，捐赠图书12800册，折合资助金额约500万元。

30日，市委书记郑振涛主持召开

市委十一届第60次常委会议，议题是：①⑴传达学习贯彻胡春华指导南海区委常委班子专题民主生活会上的讲话精神；⑵传达学习胡春华在省委常委会议听取一季度全省经济形势汇报时的讲话精神；⑶听取市四月经济运行情况汇报讨论《2013年度县（市、区）经济社会科学发展考核结果》。②传达全省加快重点项目建设工作会议精神，讨论全市重点项目建设工作有关情况。③传达全省节能减排工作会议精神，讨论韶关市贯彻意见。

6 月

3至4日，省人大常委会副主任肖志恒率调研组莅韶开展乡镇人大工作调研。调研组先后到曲江、翁源和新丰进行实地考察，了解乡镇人大的基本情况、开展工作的主要经验和做法、遇到主要问题及原因，了解韶关市各地对进一步做好乡镇人大工作的意见和建议。市领导黄劲东、李石保、林平杰和各县（区）、乡镇人大有关负责人与调研组进行座谈。

5日上午，市召开全市宣传贯彻《广东省信访条例》动员大会。省人大教科文卫委主任委员、《广东省信访条例》宣讲组组长梁万里对韶关市开展《广东省信访条例》宣讲活动提出要求。市委副书记陈向新代表市委作动员讲话，艾学峰等市领导，市中院、市检察院主要负责人，市直各单位副处以上领导干部、中省驻韶各单位主要负责人及各县（市、区）党委副书记、人大常委会负责人及相关部门负责人参加会议。会后，举行《广东省信访条例》首场宣讲会。省《广东省信访条例》宣讲员、省人大常委会立法咨询专家陈庆彰作宣讲。

6日，市委书记、市人大常委会主任郑振涛到曲江区、浈江区调研经济发展情况。强调各地要抓住工业和重点项目这个经济发展的“牛鼻子”，加快发展步伐，确保全年经济社会发展预期目标的实现。王检养、黄劲东、许志新等市领导，曲江区、浈江区、莞韶产业园管委会和市相关部门主要负责人参加调研。

同日上午，在市委党校学术报告厅举办韶关学习论坛，本次学习论坛主题为如何利用新媒体打造城市品牌，旨在提升领导干部对城市宣传的认知水平、加快推进旅游城市品牌建设，邀请资深媒体人杨锦麟担任主讲嘉宾。市领导陈向新等参加学习论坛。

11日上午，市委书记郑振涛主持召开市委十一届第61次常委会议，议题是：①讨论《中共韶关市委贯彻落实〈2014—2018年广东省干部教育培训规划〉的实施意见》；②听取《2014年韶关市“广东扶贫济困日”活动方案》；③讨论《2014－2015年乡镇扶贫开发“规划到户责任到人”工作考核办法》；④听取乳源瑶族自治县经济工作和对口帮扶工作情况汇报；⑤听取仁化县经济工作和对口帮扶工作情况汇报；⑥听取各县（市、区）贯彻落实中央有关文件情况汇报；⑦讨论干部人事问题。

16—18日，省委书记胡春华先后到新丰、翁源、始兴、浈江、武江等县（区）进行调研，听取各县城及新区规划建设情况介绍，到中小学调研山区教育事业发展情况，深入园区和企业详细了解山区产业发展、东莞对口帮扶韶关等有关情况，检查推进粤东西北振兴发展工作。省领导徐少华、林木声、许瑞生及韶关市委书记郑振涛、市长艾学峰，东莞市和省直有关部门主要负责人参加调研。

20日上午，全市财税工作现场会在南雄市举行。会议总结2014年1至5月全市财税收入情况，分析此前存在进度缓慢、增速有所放缓等问题，并给出相应对策和建议。市委常委、常务副市长陈波参加会议并讲话。

23日—24日，省委副书记、政法委书记、省社工委主任马兴瑞在市领导郑振涛、张志才陪同到新丰县、翁源县调研新农村建设等工作。调研中他强调，要全力推进生态文明新农村建设，以推动农村综合改革为抓手，以提高农民收入水平为目标，探索创新农村合作组织模式，发挥其促进农村经济发展、增加农民收入的独特作用。要立足山区农村的实际，运用区位生态优势和有利条件，挖掘培育特色农产品与特色文化资源，发展特色农村经济。要进一步加大扶贫开发“双到”工作力度，采取各种措施，创新扶贫方式方法，力争让农民群众早日实现脱贫致富。

24日，市委副书记、市长艾学峰上线广东省政府门户网站，就贯彻落实省委、省政府《关于进一步促进粤东西北地区振兴发展的决定》具体举措和工作进展等内容接受专访，并就网民关注的问题进行解答。

25—26日，市委常委班子召开专题民主生活会，市委班子成员分别作对照检查，进行自我批评，相互间也开展批评。省委常委、组织部部长李玉妹参加会议并讲话。省纪委、省委组织部有关领导和省委第六督导组成员参加会议，市政协主席李飞、市人大常委会常务副主任李石保列席会议。

27日，市人大常委会、市政府、市政协领导班子分别召开专题民主生活会。市领导郑振涛、艾学峰、李飞分别主持会议。省委第六督导组到会指导。

30日上午，市十三届人大常委会召开第十六次会议，听取和审议市政府关于2013年市本级财政决算的报告、关于2013年市本级预算执行及其他财政收支的审计工作报告及关于全市禁毒工作情况的报告。市委书记、市人大常委会主任郑振涛主持会议，市人大常委会常务副主任李石保，副主任林平杰、杨小明、徐紫玲、张平、温新才和秘书长高振忠及市人大常委会组成人员、部分市人大代表出席会议。市委常委、常务副市长陈波列席会议。

同日上午，第五届韶关市“广东扶贫济困日”活动捐款仪式分别在市委、市人大、市政府、市政协机关举行。根据省委、省政府的部署，韶关市已举办四届“广东扶贫济困日”活动，打造一个政府主导、各方支持、社会参与、全民关注的扶贫济困爱心帮扶平台。四年来，韶关市通过“广东扶贫济困日”活动，共募集捐款1.7亿元，已全部用于扶贫济困工作，为帮扶全市城乡贫困人口、弱势群体和困难群众改善生产生活条件提供强大的资金支持，为推进全市扶贫开发“双到”工作发挥积极作用。当日市委、市人大、市政府、市政协四大机关共捐款290699.5元。

同日下午，“广东扶贫济困日”中省驻韶及市属企业座谈会在市区召开。市委书记、市人大常委会主任郑振涛参加会议并讲话，市委常委、常务副市长陈波通报2013年市本级开展“广东扶贫济困日”活动情况。自2010年广东省开展“广东扶贫济困日”活动以来，中省驻韶及市属国有企业履行社会责任，在连续四年举办的“广东扶贫济困日”活动中，慷慨解囊，踊跃捐款，缓解韶关市扶贫开发的资金缺口压力，为全市企业树立良好的社会形象。

7　月

1日上午，省委常委、秘书长林木声与省委办公厅领导班子成员在扶贫开发“规划到户、责任到人”对口帮扶点新丰县马头镇秀田村举行专题党日活动，市领导郑振涛、孔云龙参加活动。

同日上午，市委副书记陈向新到浈江区风采社区卫生服务中心、武江区惠民社区卫生服务中心调研，了解家庭医生式服务试点情况和“市级医院托管社区”运营新模式。副市长兰茵、市政协副主席刘大济参加调研。

同日下午，市委书记、市人大常委会主任郑振涛到乐昌市长来镇昌山村走访慰问基层党员，并向3名50年以上党龄的老党员代表颁发“南粤‘七一’纪念奖章”。乐昌市主要领导及市直有关单位负责人参加慰问活动。

3日上午，市委书记郑振涛主持召开市委十一届第62次常委会议，议题是：①通报胡春华书记在韶关视察调研时有关指示精神；②学习贯彻省有关会议精神；③研究韶关市深化全国文明城市创建有关工作；④讨论《2013年度创建平安韶关暨综治工作考评情况》；⑤讨论《关于将绩效考评工作从市纪委监察局划出的工作意见》；⑥讨论干部人事问题。

7日上午，广东省机场管理集团有限公司董事长张克俭一行到韶关协商加快韶关机场项目前期工作事宜。韶关机场项目是韶关市规划建设的“6高3铁2航”综合交通运输体系骨干项目之一。现韶关机场项目建议书已完成初稿，机场改扩建工程建设和营运合作协议也初步拟定。同时，双方还初步商定机场项目前期工作的整体方案，项目的前期工作正在按计划推进之中。

9日，市政府召开全市违法建筑查控工作现场会，韶关市于2013年10月下旬起开展打击违法建筑集中行动，各县（市、区）响应此项工作。截至2014年6月，全市共拆除各类违法建筑1074宗、面积506007平方米。其中，市辖三区共拆除各类违法建筑488宗、面积341705平方米，曲江城区范围基本形成违法建筑“零新增”的良好局面，违法建筑查控工作取得阶段性成果。会上，市委副书记、市长艾学峰要求全市各级、各部门再接再厉，继续打好控制和查处违法建筑攻坚战。市领导陈波、黄劲东、王青西及各县（市、区）政府主要领导、分管领导，韶关市区拆除违法建筑工作联席会议办公室全体成员等参加会议。

10日上午，市委、市人大、市政府、市政协分别举行通报会，通报群众路线教育实践活动专题民主生活会情况。市郑振涛、艾学峰、李飞等市四套班子领导成员及省委第六督导组领导出席会议。

11日上午，市委书记、市人大常委会主任郑振涛主持召开市委十一届第63次常委会议，议题是：①传达学习全省城镇化工作会议精神，讨论韶关市贯彻意见；②讨论《促进韶关市城区扩容提质五年行动纲要》；③讨论市人大常委会工作情况汇报；④讨论《韶关市构建和谐劳动关系实施方案》；⑤听取南雄市经济工作和对口帮扶工作情况汇报；⑥听取始兴县经济工作和对口帮扶工作情况汇报；⑦讨论干部人事问题。

11日下午，广东省军区副司令员宫波宣在韶关军分区班干部会上宣读中央军委命令和省军区党委通知：韶关军分区司令员郑佳树调任佛山军分区司令员，广东省军区后勤部副部长盖长利调任韶关军分区司令员；增补盖长利为韶关军分区党委委员、常委、副书记。市委书记、市人大常委会主任、韶关军分区党委第一书记郑振涛，市长艾学峰、副市长李安平及韶关军分区官兵参加大会。

15日上午，武警广东省总队副政委邹庆华大校在武警韶关市支队召开大会上宣读武警部队命令和武警广东省总队党委通知：武警韶关市支队支队长郑烨大校任武警深圳市支队支队长；武警广东省总队副参谋长李何荣大校任武警韶关市支队支队长；增补李何荣为武警韶关市支队党委委员、常委、副书记。市领导陈向新、张志才出席大会。

16—17日，省委常委、省纪委书记、省委教育实践活动领导小组副组长黄先耀参加乳源县委常委班子专题民主生活会。会前，黄先耀一行参观考察桂头镇塘头村、阳陂村以及一六镇乌石岭新村，并听取省、市两级督导组的情况汇报，与县委有关负责人进行个别座谈。市委书记、市领导郑振涛代表市委作讲话，陈向新、黎增丰参加有关活动。

21—22日，以市委副书记、市长艾学峰为团长，市政协主席李飞为副团长的韶关“八一”慰问团，前往广州市、惠州市，慰问广东省消防总队、省军区和42集团军，代表市四套班子和全市人民向驻粤部队官兵致以亲切问候，并赠送慰问金。市人大常委会副主任张平，副市长李安平，韶关军分区、75260部队首长参加慰问活动。

23—26日，省委副书记、省长朱

小丹带队先后到河源、梅州、清远、韶关，检查粤北四市落实省委、省政府部署推进振兴发展工作进展情况。副省长刘志庚参加检查。随后，朱小丹在韶关市召开粤北片区检查小结会。市委书记、市人大常委会主任郑振涛代表韶关市作有关工作汇报。朱小丹充分肯定粤北各市贯彻落实省委、省政府关于进一步促进粤东西北地区振兴发展战略，在稳增长、“三大抓手”建设、对口帮扶、民生事业、生态环境建设等方面所取得新成效。

25日上午，市委举行中心组理论学习（扩大）会议暨第十二期韶关学习论坛，邀请广东省委宣传部讲师团原团长曾凡光教授作主题为《培育和践行社会主义核心价值观》的专题报告。市委中心组在家成员，各县（市、区）宣传部部长、分管文化工作的副县（市、区）长，市直及中省驻韶有关单位副处级以上干部聆听报告。

同日，由广东省人民政府文史研究馆、省书法家协会、孔子国际名家书画院主办，韶关军分区、韶关市委宣传部、市书法家协会承办的“庆八一·书法名家走基层”助学书法交流展在市博物馆开展，市政协主席李飞，市委常委、宣传部部长许红出席活动。

30日，市委召开全市纪律教育学习月活动动员大会暨领导干部党纪政纪法纪教育培训班。市委副书记、市长艾学峰作题为《从政为民，为官有为》的专题辅导报告，市委副书记陈向新主持会议并上保密专题党课，市委常委、市纪委书记黎增丰作推进党风廉政建设和反腐败工作专题辅导报告。

31日上午，省委常委、省纪委书记、省委教育实践活动领导小组副组长黄先耀到乳源瑶族自治县大桥镇红云村调研，并参加红云村党支部党的群众路线教育实践活动专题组织生活会。市委常委、市纪委书记黎增丰等参加调研。

同日上午，市委书记、市人大常委会主任记郑振涛主持召开专题协商会议，就实施文化名城战略听取各民主党派、工商联、无党派人士以及各界别政协委员代表的意见和建议。市委副书记、市长艾学峰，市政协主席李飞等市领导出席会议。

8 月

1日上午，召开全市深化全国文明城市创建工作部署动员会。市委副书记陈向新总结上半年创文巩园工作，部署下半年创文测评和国家园林城市复查迎检工作，市委常委、宣传部部长许红传达全国深化文明城市创建专题培训班会议精神。市委书记、市人大常委会主任郑振涛参加动员会并讲话。

同日下午，市委书记郑振涛主持召开市委十一届第64次常委会议，议题是：①传达学习习近平在中央政治局第十六次集体学习时的讲话精神、全省进一步促进粤东西北地区振兴发展工作会议精神和粤北片区现场检查会精神，讨论韶关市贯彻意见；②听取翁源县经济工作和对口帮扶工作情况汇报；③听取新丰县经济工作和对口帮扶工作情况汇报；④讨论部分干部纪律处分问题；⑤讨论干部人事问题。

14日，粤组干〔2014〕703号通知，省委批准：郭伟建任中共韶关市委委员、常委；免去郑佳树的中共韶关市委常委、委员职务。

同日上午，韶关市第十四届运动会在市体育馆开幕。2014年，市委、市政府将原市运会和市中小学生运动会合并举办，市运会坚持“规范、节俭、高效”原则，竞赛项目分竞技体育组、学校体育组和成年组等，本届运动会共有23个代表团参加，4000多名运动员参加4个组别，21个大项的比赛，本届运动会将持续到11月。市委书记、市人大常委会主任郑振涛出席并宣布第十四届市运动会开幕。

18日上午，市委书记、市人大常委会主任郑振涛主持召开市委十一届第65次常委会议，议题是：①传达学习2014年全省上半年经济形势分析会议精神、省做好进京非正常上访处置工作会议精神、学习全省“社会矛盾化解年”工作推进会议精神，讨论韶关市贯彻意见；②讨论《韶关市振兴发展2014年重点工作任务》；③讨论《关于调整市党政班子领导成员与党外人士联系交友建议名单》；④讨论《关于解决市党外兼职政协副主席待遇问题的建议》；⑤讨论干部人事问题。

20日，省长朱小丹率省有关部门负责人实地调研韶关市棚户区改造工作，研究加快推进全省棚户区改造工作，实地察看曲仁矿棚改田螺冲、丝茅坪安置小区项目，检查小区建设、公共配套及房屋分配情况。之后，又到武江区东岗岭城市棚户区安置小区，考察棚户区居民安置情况，并主持座谈会，副省长许瑞生参加调研。

25日下午，市委副书记、市长艾学峰与市政协委员召开专题座谈会，就加快韶关服务业发展听取与会市政协委员有关建议和意见。市政协主席李飞主持会议。市领导张志才等参加会议。

26日上午，市委举行全市党的群众路线教育实践活动整改落实和建章立制工作会议。市委常委、组织部部长、市委教育实践活动领导小组副组长兼办公室主任肖怀跃对活动第二环节进展情况进行总结，对第三环节工作作部署安排。省委第六督导组组长林元和到会指导并讲话。市委书记、市委教育实践活动领导小组组长郑振涛主持会议并讲话。市领导陈波等参加会议。

27日，省委、省政府在韶关市召开全省扶贫开发“双到”工作现场会。韶关、珠海、广州市天河区、省纪委省监察厅等4个单位负责人分别作经验介绍。截至2014年6月30日，全省各级共投入扶贫资金70.16亿元。全省共实施贫困村扶贫项目34882个、贫困户扶持项目102.2万个。经过一年多帮扶，被帮扶的2571条贫困村集体经济收入增加7500万元，平均每个贫困村达2.92万元。贫困户收入稳定提高，全省被帮扶的 20.9 万户贫困户总收入增加 2.39 亿元，平均每户增收 1143 元、每人增收 264 元。省委副书记、省长朱小丹出席会议并讲话，省委副书记马兴瑞主持会议。

9 月

1 日上午，市委书记郑振涛主持召开市委十一届第 66 次常委会议，议题是：①传达学习中省有关文件精神、习近平在中央政治局第十六次集体学习时的讲话精神、全省进一步促进粤东西北地区振兴发展工作会议精神和粤北片区现场检查会精神，讨论韶关市贯彻意见；②听取翁源县经济工作和对口帮扶工作情况汇报；③听取新丰县经济工作和对口帮扶工作情况汇报；④讨论部分干部纪律处分问题；⑤讨论干部人事问题。

3 日晚上，市委书记郑振涛主持召开市委十一届第 67 次常委会议，讨论干部人事问题。

9—10 日，国家园林城市省级复查组专家莅临韶关市，对韶关巩固国家园林城市工作进行复查并召开反馈会。通过听取汇报、实地检查、查阅资料等方式，对韶关巩固国家园林城市工作进行复查，并召开反馈会，指出薄弱环节，提出整改意见建议。反馈会上，各专家针对检查情况提出进一步做好建筑节能、提高污水处理率，推进城市园林基础性资料数字化管理，加大财政投入力度，加强城市乡土植物的研究、挖掘和推广应用，推进城市河流堤岸自然化和增加公园绿地的服务半径等建议，提出如何解决榕树发达根系对地面破坏问题、如何做好亲水文章等问题的思考。市领导陈向新、许红、王青西等参加会议。

9—10 日，副省长林少春率由省政府办公厅、省人社厅、省财政厅、地税局和省总工会组成的第一督导组，实地调研韶关市企业员工参保情况并主持召开会议。市委副书记、市长艾学峰参加会议，市委常委、常务副市长陈波参加调研。

10—11 日，全国人大常委会委员、财经委副主任委员乌日图率队到韶关开展统筹推进城乡社会保障体系建设工作调研，调研中，听取市有关部门的工作汇报，到市人社局实地调研，听取基层群众代表、基层经办人员和医务人员对社保制度的意见建议以及工作中遇到的困难。市领导陈波、林平杰等陪同调研。

11 日，召开全市创建广东省教育强市工作总结暨推进国家义务教育发展基本均衡县创建工作动员会。会上，省教育厅副厅长朱超华宣读关于授予韶关市“广东省教育强市”称号的决定，并授予韶关市“广东省教育强市”牌匾；宣读关于授予翁源县、新丰县“广东省教育强县”称号的决定，并授予翁源县、新丰县“广东省教育强县”牌匾。市委副书记、市长艾学峰参加会议并讲话。市领导陈波、徐紫玲、邓建华等参加会议。

同日晚上，市委书记、市人大常委会主任郑振涛主持召开市委十一届第 68 次常委会议，讨论干部人事问题。

15 日下午，由广东省人民政府文史研究馆、省书法家协会、孔子国际名家书画院主办，韶关军分区、市委宣传部、市书法家协会承办的“庆八一·书法名家走基层”助学书法交流展在韶关市博物馆举行，展出王世同等 12 位来自北京、广东省和韶关市的书法名家创作的 128 件书法精品。展出结束后，北京军旅书法家、总政电视宣传中心主任编辑王世同捐出作品 30 幅，连同其他名家的作品进行义卖，并将义卖所得 16 万元购买书包，全部捐献给乳源鲜明“八一”希望小学和必背瑶寨希望小学的学生，共计 1100 名。

15—16 日，市人大常委会组织部分市十三届人大代表视察韶关市切实加强封山育林工作议案办理情况，市人大常委会常务副主任李石保等参加视察活动。市委常委、市政府党组副书记张志才参加座谈会。

17 日，粤组干〔2014〕847 号通知，省委批准：柳琛子任中共韶关市委委员、常委；免去许红的中共韶关市委常委、委员职务。

18 日，经省委批准，陈向新兼任中共乐昌市委书记，免去李维员中共乐昌市委书记职务。

同日上午，市人大常委会召开第 32 次主任会议，会议听取市政府关于韶关市旅游业率先跨越发展的情况报告。会议要求市政府及旅游部门高度重视市委关于旅游业率先跨越发展的战略部署，明确提出奋战三五年达到旅游旺市的目标；加大文化培育和宣传力度；进一步明确政府及部门职责；以大集团的眼界，大手笔的规划，推动韶关旅游业的跨越发展。还讨论和通过市人大常委会及其机关有关制度、调整部分工委工作计划安排、人事任免等事项。市人大常委会常务副主任李石保等参加会议，市委常委、常务副市长陈波列席会议。

同日下午，市委书记、市人大常委会主任郑振涛主持召开市委十一届第 69 次常委会议，讨论干部人事问题。

23 日上午，召开全市“社会矛盾化解年”工作推进会。贯彻落实省委化解社会矛盾专题工作会议和省“社会矛盾化解年”工作推进会精神，研究部署韶关市“社会矛盾化解年”工作。对于如何做好下一步全市社会矛盾化解工作，市委书记、市人大常委会主任郑振涛，市领导张志才、陈波、黄劲东、李安平参加会议，市委党常委、秘书长孔云龙主持会议，郑振涛提出要求。

同日上午，市委书记郑振涛主持召开市委十一届第 70 次常委会议，议题是：①传达学习《中共中央办公厅、国务院办公厅关于印发〈2014 年上半年贯彻执行中央八项规定情况报告〉的通知》精神，研究韶关市贯彻落实意见；②讨论市委十一届六次全会工作报告和决议（草案）、艾学峰在市委十一届六次全会上的讲话；③讨论韶关市贯彻落实中央《建立健全惩治和预防腐败体系 2013—2017 年工作规划》的工作方案；④听取关于比亚迪公司合作共建市区公交汽车电动化项目工作进展情况的报告；⑤讨论《韶关市交通主干道（三边）森林景观改造项目实施方案》。

28 日上午，市委书记郑振涛主持召开市委十一届第 71 次常委会议，讨论干部人事问题。

29 日，中国共产党韶关市第十一届委员会第六次全体会议在市委会议中心四楼召开。全会深入贯彻中共十八大、十八届三中全会、省委十一届三次全会和市第十一次党代会精神，研究部署推进文化名城战略工作，把韶关市建设成为全国文明城市和国家历史文化名城，为全面建成小康社会提供强大的精神动力和文化支撑。全会听取郑振涛代表市委常委会所作的题为《大力实施文化名城战略全面开创文化建设新局面》报告和在第二次全体会议上讲话，以及艾学峰关于贯彻落实文化名城战略工作的讲话。市委委员、候补委员参加会议。不是市委员、候补委员的市领导、副厅的干部，市政府、市政协秘书长，市纪委副书记、常委，有关县（区）长，市委、市人大常委会、市政府、市政协党员副秘书长，市人大常委会各工作委员会，市政协和部门委员会党员负责人，市直及中省驻韶关各单位党员主要负责人，市属有关企业主要负责人列席会议。

同日下午 4 时，市委书记郑振涛主持召开市委十一届第 72 次常委会议，讨论干部人事问题。

9 月 30 日是国家设立的首个烈士纪念日，上午，郑振涛、艾学峰、李飞等市四套班子领导、韶关军分区领导班子成员、市法院、市检察院主要负责同志，市各民主党派、工商联及无党派人士代表，市直各单位主要负责人，烈属、退伍军人代表，市公安民警和武警战士代表、驻韶部队官兵，浈江区、武江区党政机关干部代表，少先队员代表共 500 多人到韶关市烈士公园，出席烈士公祭活动暨向烈士纪念碑敬献花篮仪式。仪式结束后，市委常委、军分区政委郭伟建，副市长、市公安局局长李安平分别率领慰问组前往浈江区和武江区，慰问郑华武烈属和付少云烈属。

10　月

8 日下午，市委副书记、市长艾学峰到武江区现场检查和督办登革热防控工作。

10—11 日，住房城乡建设部住房保障司副司长王瑞春、国家开发银行住宅金融事业部住宅评审局局长况澜率队来韶关开展棚户区改造项目调研并召开专题座谈会。两天调研中，先后前往芙蓉新城和乐昌市坪石镇考察芙蓉新城安置房项目和原坪石矿棚户区改造项目，要求韶关市抓住国家当前对于棚户区改造的有利政策环境，进一步强化工作措施，加大工作力度，做好调查摸底工作，科学编制改造规划，强化与各级融资平台的有效对接，做好融资工作，将棚户区改造工作抓紧、抓好、抓出成效。市委副书记、市长艾学峰会见调研组一行。

13 日下午，市委召开全市党的群众路线教育实践活动总结大会。市委常委、组织部部长、市委教育实践活动领导小组副组长兼办公室主任肖怀跃在会上作活动总结。会上对市领导班子及党员领导干部教育实践活动开展情况进行民主评议。省委第六督导组组长林元和，市领导郑振涛、艾学峰等市四套班子领导参加会议。

16 日上午，市十三届人大常委会召开第十八次会议，听取和审议市政府关于办理切实加强封山育林工作议案情况的报告及关于严厉打击“两违”工作和城区乡村规划情况的报告，会议通过有关的人事任免事项，任命朱余旺为韶关市人民政府副市长。

同日上午，市委召开中心组理论学习（扩大）会议暨第十四期韶关学习论坛。邀请十二届全国人大民族委员会副主任委员、国家民委原副主任吴仕民作题为《中华复兴与中国的民族问题》专题报告，从“中华振兴”口号的提出与民族关系、坚持中国道路促进中华复兴、中华复兴与民族问题上的外部环境等三个方面，并围绕国际国内形势讲述中华复兴与中国的民族问题。市委副书记、市长艾学峰、市政协主席李飞等市委中心组成员、市中院、市检察院、市直及中省驻韶有关单位等相关负责人参加会议。

17 日下午，市委书记郑振涛主持召开市委十一届第 73 次常委会议，议题是：①传达学习全省组织人事部门主要负责人会议精神，讨论韶关市贯彻意见；②传达学习朱小丹省长在西江、北江航道调研座谈会上的讲话精神，讨论韶关市贯彻意见；③传达学习《赣闽粤原中央苏区振兴发展规划》工作会议精神，讨论韶关市贯彻意见；④讨论《2014 年韶关市市直机关绩效考核实施办法》；⑤讨论部分干部纪律处分问题；⑥讨论干部人事问题。

20 日，纪念仁化暴动 87 周年暨红军长征过境粤北 80 周年学术研讨会在仁化举行。此次研讨会共收到 102 篇论文，专家学者就仁化暴动和红军长征过境粤北的历史地位和意义，仁化暴动与粤北湘南暴动，仁化苏区与井冈山革命根据地、中央苏区的关系以及革命人物在仁化的活动及历史贡献等进行探讨。研讨会由中央党史研究室宣传教育局、广东省委党史研究室、韶关市委、广东中共党史学会、广东中共党史人物研究会联合主办，中共仁化县委、仁化县人民政府承办。中央党史研究室、中央文献研究室、中央党校、解放军军事科学院、国防大学、后勤学院、社科院和北京、重庆、江西、内蒙古自治区、四川、福建、湖南、广西、陕西、安徽及广东省内等地的党史、军史领导、专家、学者、研究人员，朱德、陈毅、阮啸仙、谭甫仁等老一辈无产阶级革命家的后代代表，广东省老促会、省老建、韶关市、仁化县有关领导和部门负责人 160 多人参加研讨会。

21 日，市委中心组召开“深入学

习习近平总书记系列重要讲话，着力推动韶关振兴发展”专题务虚研讨会。市委书记、市人大常委会主任郑振涛主持会议并作总结讲话，市委副书记、市长艾学峰，市政协主席李飞等市四套班子领导作发言。市委中心组成员、各县（市、区）党委书记、市直及中省驻韶有关单位负责人参加会议。

同日，市政府与华南师范大学举行项目合作协议签字仪式。双方就土地处置、产学研合作、联合办学等问题达成一致意见，对韶关市加快芙蓉新区建设、推进教育事业发展，实施创新驱动发展战略具有十分重要意义。市委书记、市人大常委会主任郑振涛，华南师范大学党委书记胡社军等见证签约。市长艾学峰、华南师范大学校长刘鸣代表双方签署《原华南师范学院韶关分院土地处置和华南师范大学附属（韶关）中学建设项目合作框架协议书》及《创办华南师范大学附属韶关中学协议书》。

22 日上午，中国国际文化传播中心中南联络部韶关联络办揭牌成立。中国国际文化传播中心于 1984 年经国务院批准成立，是国家对外进行文化交流与传播的重要窗口。市委书记、市人大常委会主任郑振涛，中南联络部首席顾问刘良凯中将，中南联络部部长蔡多文少将，市委常委、韶关军分区政委郭伟建共同为韶关联络办揭牌。市政协主席李飞，市委常委、常务副市长陈波，市人大常委会副主任林平杰等出席揭牌仪式。

22—24 日，省人大常委会副主任雷于蓝率省政府相关部门负责人及阳江团 6 名省人大代表，到乐昌市和乳源瑶族自治县调研底线民生保障资金落实情况。市领导陈波和兰茵分段参加调研。

27 日，市委书记、市四套班子领导，市中院、市检察院主要负责人，副厅级干部，在韶副厅级以上老领导，市直及中省驻韶关有关单位、市各人民团体、市各有关院校、市各民主党派主要负责人等在韶关分会场收听收看省委召开的全省传达学习贯彻中共十八届四中全会精神电视电话会议。

同日上午，全市旅游项目推进会在曲江区召开，会议提出，要以旅游项目建设的大提速，实现全市旅游业发展的新跨越。会上，曲江、南雄、新丰、乳源及丹霞山管委会介绍旅游项目建设经验。市委副书记、市长艾学峰参加会议并讲话，市委常委、常务副市长陈波主持会议，市委常委、曲江区委书记黄劲东参加会议。

同日下午，市政府召开 2014 年全市第三季度经济形势分析会。会议指出，2014 年以来，虽面对国内外多种不利因素，前三季度的经济运行保持总体平稳、稳中向好的发展态势。一是发展速度回升，一季度经济增长 8.6%，上半年经济增长 9.1%，前三季度经济增长 9.3%。二是发展质量提高，财税收入增幅高于经济增长，节能减排和民生事业有新进展。1—9 月，全市地方公共财政预算收入同比增长 13.9%，其中税收收入增长 12.4%。同时，会议也指出存在经济下行压力大，固定资产投资增速偏慢，县（市、区）经济发展不平衡等问题。市委副书记、市长艾学峰在会上传达全省前三季度经济形势分析会议精神。市领导张志才等参加会议。

11　月

3 日下午，市委书记郑振涛主持召开市委十一届第 74 次常委会议。议题是：①传达学习中共十八届四中全会精神；②传达学习贯彻全省党委秘书长、办公室（厅）主任会议精神；③传达学习全省全面深化气象管理体制改革试点工作部署会议精神；④讨论《2014 年韶关市落实党风廉政建设责任制考核方案》；⑤讨论《韶关市创建第 10 届全国、全省双拥模范城工作实施方案》；⑥听取乐昌市经济工作和对口帮扶工作情况汇报；⑦听取浈江区经济工作情况汇报。

4 日上午，召开韶关市创建全国、全省第 10 届双拥模范城（县）动员大会，部署韶关市创建双拥模范城工作。副市长、市双拥工作领导小组副组长朱余旺总结部署双拥创建工作，市委常委、韶关军分区政委、市双拥工作领导小组副组长郭伟建作讲话，曲江区和市人社局负责人作发言。郑振涛、艾学峰等市领导及各县（市、区）、市直有关单位、驻韶部队主要负责人参加会议。

6 日上午，市政府召开全市农村土地承包经营权确权登记颁证试点工作动员会，贯彻落实中央、省关于开展农村土地承包经营权确权登记颁证工作的要求，总结仁化县开展确权登记颁证试点工作的经验。市委常委、政法委书记，市政府党组副书记张志才参加会议。

10 日下午，市政府召开全市民生水利建设工作电视电话会议，贯彻落实中央、省的有关部署和安排，加快推进全市民生水利建设。会上，市水务局通报全市民生水利和中央水利投资项目进度情况，并对下一步工作提出具体要求。市委常委、政法委书记，市政府党组副书记张志才及市直有关单位负责人参加会议。

同日，韶关市长艾学峰在市政府主持召开工作会议，专题研究翁源县铁龙林场血铅异常的有关问题。

12 日，市政府与中国农业发展银行广东省分行就进一步加强政策性金融支农职能支持韶关城乡一体化建设力度，举行合作签约仪式。根据协议，农业发展银行广东省分行将在 5 年内向韶关市授信 50 亿元，支持韶关市农村土地整理复垦与收储开发，农村村庄、城中村整治与农民集中居住区建设，农村路网水网电网信息网建设，农田水利与防洪设施建设等。市领导艾学峰、陈波及市直有关单位负责人参加签约仪式。

13 日下午，市委书记、市人大常委会主任郑振涛率队前往广州铁路（集团）公司，商谈黄岗火车站扩建、韶关境内铁路货场规划建设及加快韶关市物流业发展事宜，重点探讨支持粤北（黄岗）国际物流中心园区建设等问题。市领导孔云龙、许志新、朱余旺等参加。

同日下午，全市高标准基本农田建设工作现场会在始兴县召开。首先参观始兴县2013年高标准基本农田建设项目沈所镇片区现场，学习交流先进经验。随后召开会议，市国土局相关负责人通报近年来全市高标准基本农田建设工作进展及省督查组的意见，仁化县、始兴县作经验介绍。市委常委、常务副市长陈波参加会议并讲话。

14日，韶关市共有47家农业龙头企业、农民专业合作社、家庭农场等组团参加由广东省人民政府主办，农业部支持，广东省农业厅承办的第五届广东现代农业博览会。47家参展单位涵盖韶关市名牌产品，共300多个品种，其中获得第十二届中国国际农产品交易会金奖的明弘金果王沙田柚、广东省首次评出的十大名牌产品广东金友有限公司的“金友贡米”、始兴古塘实业有限公司的“古塘板鸭”等均在农博会上亮相。市委常委、市政府党组副书记张志才率队参加农博会开幕式。

16日下午，由市委宣传部、中国国际文化传播中心中南联络部等单位联合主办的中美画家丹霞山风光写生作品展在市文化艺术展览中心开展。本次展览共展出80多件，充分展现丹霞山的独特魅力。省军区原政委、中国国际文化传播中心中南联络部部长蔡多文少将，市领导郭伟建、柳琛子、何伟青等参加活动。

18日下午，市委书记郑振涛主持召开市委十一届第75次常委会议。议题是：①传达全省建立乡镇（街道）领导干部驻点普遍直接联系群众制度工作部署会议精神，讨论韶关市贯彻意见；②讨论召开市十三届人大五次会议有关事宜；③讨论关于推动韶关市立法工作有关事宜；④讨论《2013年度绩效考评结果》；⑤听取《关于做好省对我市党政领导班子和领导干部2013—2014年度安全生产责任制考核工作情况报告》；⑥听取《韶关市安委会成员单位及有关部门安全生产工作职责》；⑦讨论干部人事问题。

19日上午，市委书记、市人大常委会主任郑振涛到挂点问题突出村乐昌市长来镇昌山村调研，实地检查指导软弱涣散基层党组织整顿工作。市委副书记、乐昌市委书记陈向新参加调研。

同日，广东紧固件技术创新联盟成立暨韶关紧固件产业园项目签约仪式在广州举行。韶关紧固件产业园由广东省科学技术厅和韶关市科学技术局倡导、广东省部分紧固件骨干企业和科技金融机构发起、科研技术服务机构参与建立。首期占地25.8公顷，将依托粤科集团强大的资金支持作后盾，打造符合本产业特点的产业金融模式，以全新的产业链合作模式推动行业发展，高效低耗打造优质螺丝。省科技厅副厅长叶景图，市委常委、副市长王检养参加仪式。

20日上午，市委、市政府召开学习贯彻中共十八届四中全会精神宣讲报告会。省宣讲团成员、中山大学法学院教授聂立泽作宣讲辅导，在家的市四套班子领导，市直各单位副处级以上干部参加会议。

20日下午，市委副书记、市长艾学峰前往浈江区新韶镇东山村和武江区龙归镇山前村，实地检查市畜牧研究所梅花猪保种场和龙发种猪有限公司污染减排工作。

同日上午，全市森林公园建设工作现场会在南雄市举行。会议分析韶关市森林公园建设情况和存在问题，研究部署今后一段时期森林公园建设工作。市委常委、市政府党组副书记张志才参加会议并讲话。

同日，由中国地质博物馆、国土资源科普基地管理办公室主办的全国国土资源科普基地业务培训班在韶关市开班，来自全国30个省（市、自治区）、新疆生产建设兵团的180余名科普工作人员参加培训，市领导陈波、柳琛子参加开班仪式。

26—27日，全国人大环资委副主任委员罗清泉一行到韶关展土壤污染防治法及循环经济促进法工作调研。调研组一行实地考察大宝山矿区及周边地区环境综合整治工作，听取韶关市有关土壤治理综合防治工作情况汇报。市领导郑振涛、孔云龙、杨小明、许志新等参加调研。

27日上午，全省公安机关爱民模范先进事迹首场地级市巡回报告会在韶关市会议中心举行。广州市公安局邬松君、深圳市公安局吕福志、韶关市公安局何万松、佛山市公安局孙建国、中山市公安局马观源、惠州市公安局沈忠民等6位报告团成员分别作精彩的报告。他们用感人故事展示公安民警对党、对人民、对公安事业的无限忠诚，诠释“人民公安为人民”的深刻内涵，集中展示新时期公安队伍的良好精神风貌。市领导陈向新、张志才、李安平等领导及全市公安、消防、武警等方面的代表近千人参加报告会。

28日上午，市委书记、市人大常委会主任郑振涛在市委常委会议室主持召开市与市辖区行政体制改革工作座谈会，研究有关改革工作。市领导陈波、孔云龙参加会议。

12　月

1日，省政协副主席梁伟发率调研组，围绕“县级政协基本情况”专题，到浈江区、曲江区、仁化县等地调研。调研中，分别听取浈江区、曲江区、仁化县政协工作情况汇报，还就加强县级政协组织建设和履职能力建设，与当地党政领导、政协干部进行交流探讨，广泛征求基层群众的意见建议。市政协主席李飞，市委常委、曲江区委书记黄劲东，市政协副主席林嘉等参加调研活动。

同日下午，市委书记郑振涛主持召开市委十一届第76次常委会议，议题是：①传达省委常委会听取各地级以上市委书记抓基层党建工作述职评议会议有关精神，全省珠三角地区对口帮扶粤东西北地区工作会议精神，讨论韶关市贯彻意见；②讨论召开政协第十一届韶关市委员会第四次会议的筹备工作方案；③听取全市物流业发展情况汇报；④讨论《2013 年市管干部年度考核情况》；⑤讨论干部人事问题。

3 日，全市推进新型城镇化进程现场会在始兴县、南雄市举行。上午，与会人员先后参观始兴县城西新区、城南新区、城东新区及南雄市火车站、建材五金大市场、雄州公园、城市综合体等地，实地了解城镇化建设的情况。下午在南雄市召开会议，市住建局、芙蓉新区管委会、南雄市、始兴县主要负责人分别作发言，其他县（市、区）作书面发言。市委书记、市人大常委会主任郑振涛出席会议并讲话，市领导艾学峰等及各县（市、区）、市城镇化工作领导小组成员单位的主要负责人参加会议。

4 日下午，召开学习贯彻总书记习近平在文艺工作座谈会上的重要讲话精神工作会议暨文艺界“深入生活、扎根人民”主题实践活动动员会。市委常委、宣传部部长柳琛子出席会议。各县（市、区）委宣传部部长，市文广新局、韶关日报社等单位相关负责人，市文化馆、市各文艺家协会主要负责人以及文化文艺界代表参加会议。

11 日，市委书记郑振涛主持召开市委十一届第 77 次常委会议，专门听取各县（市、区）和市直党（工）委书记抓基层党建工作述职并进行评议。省委第六督导组组长林元和出席会议。

12 日，东莞韶关对口帮扶工作第四次联席会议在东莞市召开。会议传达中央政治局委员、省委书记胡春华的指示精神，汇报两市对口帮扶工作进展情况。会议签订《东莞韶关全面合作交流框架协议》《东莞（韶关）产业转移工业园继续合作共建协议》《莞韶城（一期）合作开发协议》《东莞韶关 7 个对口帮扶镇（街道）、县（市）对口帮扶框架协议》《莞韶产业园北部园区总体规划设计协议》，莞韶园数控机床工业园在会上举行首批项目签约仪式。市委书记、市人大常委会主任郑振涛和东莞市委书记、市人大常委会主任徐建华出席会议并讲话。

17 日上午，在仁化县大桥镇古洋村举行丹霞山南门服务基地建设项目启动暨安置房开工奠基仪式。丹霞山南门服务基地建设主要包含丹霞山旅游商业小镇、主题滨水精品商业旅游区、顶级庄园酒店别墅度假区、养生养老生态度假区、水上码头娱乐区、丹霞情系列表演以及国家自行车训练比赛基地等项目，并配套建设韶关市旅游集散中心、丹霞山景区服务中心、国际心血管康复中心等公共服务设施。为省、市重点建设旅游项目。首期安置房工程占地约 16.4 公顷，建筑规模约 22 万平方米，规划布局有村民安置房、星级酒店、民宿及商业步行街。市领导郑振涛、陈波、孔云龙、柳琛子和香港路劲地产集团董事局主席、盛世华房基金董事长单伟豹等出席仪式，并为项目开工培土奠基。

18 日上午，在市委会议中心召开汕昆、武深高速公路韶关段土地与房屋征收工作动员大会。武深高速公路仁化至博罗段，起于韶关市仁化县城口镇，接湖南省已建成通车的炎陵至汝城（湘粤界）高速公路，经丹霞、始兴、司前、翁源、隆街、新丰、龙门，止于博罗县城西，接已建成通车的博罗至深圳高速公路，路线全长约 270 千米。汕昆高速龙川至怀集段起于河源市龙川县城东，与梅（州）河（源）高速公路相接，经东源县、连平县，韶关市翁源县，清远市英德市、清新区、阳山县，肇庆市怀集县，终于肇庆市怀集县怀城镇。武深、汕昆项目是国家和广东省高速公路网规划的重要组成部分，也是新的高速公路省际通道，项目建设对进一步完善国家及省高速公路网络，加强广东与其他省份的交通联系，增强珠三角地区对粤北地区、湖南省乃至中国中南地区的经济辐射能力具有重要作用；同时项目的建设也是贯彻落实省委、省政府关于进一步促进粤东西北地区振兴发展决定精神的重要举措，对促进粤东西北地区社会经济协调发展具有重要意义。市委书记、市人大常委会主任郑振涛出席会议并作动员讲话。市领导孔云龙、朱余旺及省南粤交通投资建设有限公司总经理职雨风参加会议。

21 日，由国家体育总局自行车击剑管理中心、中国自行车运动协会和韶关市政府共同主办的 2014 年中国丹霞山“盛世丹霞杯”首届全国山地自行车邀请赛在丹霞山古洋山地自行车训练基地开赛。来自广东、湖南、江西、广西、福建、香港、台湾及美国等国家和地区的近千名车手参赛。赛道全长约 5 公里，30% 为上坡，35% 为下坡，10%—15% 为技巧路段，其余为平路，百分百全越野。比赛共设韶关市民男子山地体验组、山地自行车男子普通 A 组、山地自行车男子普通 B 组、山地自行车女子公开组和山地自行车男子公开组 5 个组别。来自韶关捷安特车队的彭剑辉、道卡斯（中国）车队的颜锦弟、长沙顺时针车队的陈湘源、大时代车队的邓湖平和美利达挑战者队的封宽杰分别获得上述 5 个组别的冠军。市领导陈波、省自行车运动协会会长曾晓红参加活动，亚洲小轮车锦标赛冠军马丽芸、全国场地自行车冠军张利应邀参加。

22 日下午，市委书记、市人大常委会主任郑振涛调研省属驻韶关企业棚户区改造项目。省属企业仅省广晟资产经营有限公司驻韶关企业棚户区改造就有 13 个项目，有棚户区职工住户近 1.5 万户，分布在韶关市浈江、曲江、仁化、始兴、翁源等 5 个县（区）。郑振涛先后到大宝山矿、广晟十六冶实地调研，并召开座谈会。市领导黄劲东、王青西等参加调研活动。

23 日上午，市委书记郑振涛主持召开市委十一届第 78 次常委会议，议题是：①传达学习省委有关文件；②讨论韶关市贯彻落实《中共广东省委、广东省人民政府关于全面深化科技体制改革加快创新驱动发展的决定》的实施意见；③讨论《中共韶关市委关于党内规范性文件的清理决定》；④听取关于翁源县铁龙林场血铅异常问题处置情况报告；⑤听取关于全市环保工作情况报告；⑥讨论部分干部纪律处分问题；⑦讨论干部人事问题。

25日，市十三届人大常委会召开第二十次会议，会议听取市人大常委会执法检查组关于广东省信访条例实施情况的报告、市人大常委会执法检查组关于大气污染防治法实施情况的报告，会议还审议市政府关于韶关市加强基层医疗卫生服务体系能力建设情况和关于省粤东西北振兴发展股权基金芙蓉新区投资项目等的报告，并讨论召开市十三届人大五次会议的有关事宜和有关人事任免事项。

29日，省人大常委会主任黄龙云到省人大机关对口帮扶的新丰县梅坑镇华溪村调研扶贫开发“双到”工作。下午，黄龙云在新丰主持召开座谈会，就省人大常委会工作报告（稿）、省人大党组民主生活会、在试点县设立立法联系点等工作，向韶关、梅州、河源、清远四市人大常委会和部分省人大代表征求意见。市人大常委会常务副主任李石保参加座谈会。

30日上午，市领导郑振涛、艾学峰、陈波、孔云龙在韶州宾馆与广晟资产经营有限公司董事长朱伟、深圳中金岭南有色金属有限公司总裁张水鉴座谈有关韶冶“三旧”改造及棚户区建设等事宜。

全　市　概　况

历史·地理·人文

【建置沿革】　韶关历史悠久、古老文明，是“马坝人”的故乡，石峡文化的发祥地。西汉元鼎六年（前111年）设曲江县，属桂阳郡，治所在今韶关市区东南莲花岭下。曲江县至今有2100多年的城市历史，三国吴甘露元年（265年）设始兴郡，曲江县为始兴郡治所。东晋时移治今韶关西南。隋开皇九年（589年）改设韶州府，因州北名胜韶石山得名。唐为韶州治。五代南汉移治今韶关市。此后元、明、清皆为韶州路、府治。民国时期先后设广东省南韶连绥靖区、南韶连道、岭南道、南韶连行政区、北区、西北绥靖区、第二行政督察区等。1943—1945年，设省辖韶关市，为广东省临时省会。1949年11月，广东省设北江临时行政委员会，在曲江城区设韶关市，辖曲江县等17个县市。1950年，北江临时行政区委员会更名北江专区，1952年后改设粤北行政区、韶关专区、韶关地区。1966年，曲江县移治今址马坝镇。1975年，韶关市升格为地级市，辖曲江县。1983年，撤销韶关地区，所属县并入韶关市。1984年起，辖3个区9个县3个自治县。1988年起，辖3个区8个县。2004年5月起，辖3个区7个县（市）。

【自然·地理】　韶关位于广东省北部，北界湖南，东邻江西，东南面、南面和西面分别与本省河源、惠州、广州及清远等市接壤。介于北纬23°53′—25°31′，东经112°53′—114°45′之间，东起南雄市界址镇界址村，西至乐昌市三溪镇丫告岭村，全境直线距离东西跨长186.3公里；北自乐昌市白石镇三界圩村，南至新丰县马头镇路下村，南北为173.4公里。辖浈江区、武江区、曲江区、仁化县、始兴县、翁源县、新丰县和乳源瑶族自治县，代管乐昌市和南雄市，共9个街道办事处、4个办事处、93个镇、1个民族乡。全市土地面积1.85万平方公里，韶关市区面积3468平方公里。韶关地形以山地丘陵为主，河谷盆地分布其中，平原、台地面积约占20%。地势北高南低，海拔1902米的石坑崆为广东第一高峰。河流主要属珠江水系北江流域，北江以浈江为干流，主要支流有武江、墨江、锦江、翁江、南水。属中亚热带湿润型季风气候区，气候宜人。年平均温度为21℃，年平均降雨量为1700毫米，全年无霜冻期为310天左右，冬季北部有雪。韶关是全国重点林区，广东用材林、水源林和重点毛竹基地，被誉为华南生物基因库和珠江三角洲的生态屏障；2014年年末，林业用地面积141.9万公顷，森林覆盖率为74.4%，林木绿化率76.6%，活立木总蓄积量8475.3万立方米。全年完成荒山（沙、土）造林面积1.39万公顷。省级自然保护区10个，国家级3个，自然保护区面积21.7万公顷。年末城市建设用地面积96.37平方公里。其中：居住用地面积31.84平方公里，公共设施用地面积13.04平方公里，工业用地面积25.19平方公里。市区建成区绿化覆盖面积4425公顷，建成区绿化覆盖率45.9%，城区人均公园绿地面积12.4平方米。韶关是“中国有色金属之乡”，有“中国锌都”称号，全市已探明储量的矿产有煤炭、铅、锌、铜等55种，保有储量位居全省第一的有23种。

【人口】　2014年年末，户籍人口329.13万人；常住人口290.89万人，其中城镇人口156.5万人。人口自然增长率5.55‰。　　（邓培雄）

【民族】　韶关是粤北重镇，历史上也是少数民族重要聚居地之一。唐代，已有瑶族先民聚居；明代，“民稀瑶夥”，形成“南岭无山不有瑶”的大分散、小聚居的分布局面。全市有瑶族、畲族等43个少数民族成分，少数民族人口约5.5万人，占全市总人口的1.7%。全市辖一个自治县——乳源瑶族自治县；一个民族乡——始兴县深渡水瑶族乡。始兴、武江、曲江、仁化、乐昌、南雄、翁源等县（市、区）是少数民族人口较多地区，全市散居少数民族人口3.1万人，占全市少数民族总人口的56.4%。　　（梁妙珍）

【宗教】　2014年，韶关市有佛教、道教、天主教、基督教四个宗教。现有宗教团体9个（其中市级宗教团体4个），宗教活动场所共53处，其中“寺观教堂”39处，“固定宗教活动处所”14处，宗教院校2所。至2014年年底，全市共有宗教教职人员550人（其中佛教僧尼504人，道教乾道、坤道22人，天主教神父、修女3人，基督教牧师、长老、传道21人），宗教教徒4万多人。　　（龙　晖）

【历史文物】　韶关是中国优秀旅游城市、全国双拥模范城、全国卫生城市、国家园林城市、全国金融生态市和生态文明建设试点地区，是广东省历史文化名城、文明城市、卫生城市、园林城市和生态发展区，是广东省规划建设的区域性中心城市和韶关都市区的核心城市，是全国交通枢纽城市之一。2011年，获“全国文明城市提名资格”城市称号。2012年，韶关市再次获得全国双拥模范城称号；2013年，韶关市获中国绿色生态旅游目的地城市称号。韶关历代名人辈出，有陈朝重臣侯安都、唐代名相张九龄、宋代名臣余靖等杰出人物，唐宋诗人韩愈、苏东坡、杨万里等都曾留下歌颂韶关山水的名诗佳作。孙中山曾两度率国民革命军在韶关誓师北伐。中国工农红军二万五千里长征曾在韶关留下足迹。毛泽东、朱德、邓小平、彭德怀、陈毅等革命家都在韶关战斗过。全市有99个镇（街道）4796个自然村属革命老区。韶关是古代中原文化和南方百越文化交汇之地，客家民系的聚居地之一，保存有客家围楼300多座。韶关以粤方言和客家方言为主，瑶族、畲族等少数民族内部交流还保留着本民族语言。境内文物众多，拥有各类不可移动文物2760处，其中全国重点文物保护单位6处，广东省文物保护单位38处，市、县级文物保护单位174处。

【旅游资源】 韶关山川秀丽，名胜遍布，拥有世界级、国家级景区景点17处，省级及省级以下景区景点100多处，已开发的有20多处，截至2014年底，全市已建成收费景点34个，其中国家AAAAA级旅游景区1个（丹霞山），国家AAAA级旅游景区9个（曹溪温泉度假村、广东大峡谷、丽宫国际旅游度假区、古佛洞天景区、云门寺佛教文化生态保护区、南岭国家森林公园、珠玑巷—梅关古道景区、韶关市银山户外运动养生景区、新丰云天海温泉原始森林度假村景区），国家AAA级旅游景区9个，不收费景点和农家乐、乡村游等特色景点30多个，旅游景区、景点基本上覆盖生态、文化、民俗、宗教等各方面。形成“名山、温泉、风情、佛韵”的旅游特色。世界地质公园丹霞山，位于仁化县境内，面积290平方公里，是广东省面积最大、景色最美的风景区之一。“禅宗祖庭”南华禅寺有1500多年的历史，六祖慧能曾在此弘扬禅宗佛法长达37年。寺内供奉着六祖慧能的真身，保存着中国历史上第一部佛教经典《六祖坛经》和众多文物，在全国乃至东南亚佛教界都有重要地位。南雄珠玑巷是珠江三角洲居民的发祥地和千百万海外同胞的祖居地。乳源必背瑶寨是海外瑶胞的发祥地。始兴满堂客家大围是广东规模最大的砖瓦结构围楼，被誉为“岭南第一大围”。境内温泉众多，水质好，流量大，是中国地热水资源最丰富地带之一。

【交通设施】 韶关区位优越，交通便利。市区位于大珠三角与长三角、内陆腹地之间陆路运输主通道上，是国家规划发展的一级铁路枢纽和国家公路运输枢纽城市。京广铁路、武广高速铁路、韶赣铁路、京港澳高速公路、广乐高速公路、韶赣高速公路、106国道、323国道、北江航道和在建的韶赣高速铁路均经过市区。公路、铁路、航运紧密相连，构成方便快捷的交通网络。2014年年末，公路通车里程16048公里（公路密度87.2公里/百平方公里），其中高级、次高级路面公路11378公里。等级公路15626公里，其中高速公路453公里、一级公路211公里、二级公路819公里。年末实有公共汽车营运车辆500辆，其中浈江和武江369辆。公共汽车客运总量6552万人次，其中浈江和武江5235万人次。内河航道维护通航里程386公里，其中等级航道256公里，码头4个，泊位23个。港口货物吞吐量58.15万吨，增长10.1%。（邓培雄）

【行政区划】 2014年，全市有乡镇94个（其中93个镇，1个瑶族乡），10个街道办事处，4个办事处，1202个村委会，221个居委会。各县（市、区）的乡镇（街道）名称如下表：

韶关市各县（市、区）乡镇（街道）概况表

表1

县（市区名）	所辖镇（乡、街道办）名	镇乡数	街道办数	办事处数	村委会数	居委会数
乐昌	坪石、北乡、长来、廊田、九峰、三溪、黄圃、梅花、五山、大源、两江、白石、庆云、秀水、云岩、沙坪、乐城。坪石办事处、梅田办事处	16	1	2	195	20
南雄	乌径、黄坑、水口、湖口、珠玑、界址、百顺、澜河、古市、坪田、邓坊、主田、油山、南亩、江头、全安、帽子峰、雄州	17	1	—	208	24
仁化	董塘、长江、扶溪、石塘、红山、城口、闻韶、周田、黄坑、大桥、丹霞	10	1	—	109	16
始兴	马市、顿岗、司前、隘子、罗坝、澄江、沈所、城南、太平、深渡水	10	—	—	113	14
翁源	龙仙、翁城、新江、周陂、坝子、江尾、官渡	7	—	—	153	18

续表 1

县（市区名）	所辖镇（乡、街道办）名	镇乡数	街道办数	办事处数	村委会数	居委会数
新丰	回龙、梅坑、沙田、遥田、马头、黄磜、丰城	6	1		141	16
乳源	乳城、桂头、大布、大桥、必背、一六、东坪、游溪、洛阳	9	—	—	102	13
武江	西联、西河、重阳、龙归、江湾、惠民、新华	5	2	—	51	33
浈江	新韶、乐园、花坪、犁市、十里亭、风采、车站、东河。曲仁办事处、田螺冲办事处	5	3	2	45	45
曲江	马坝、樟市、乌石、沙溪、大塘、枫湾、小坑、白土、罗坑。松山	9	1	—	85	22
合计	—	94	10	4	1202	221

经济社会发展

【概况】 2014 年，全市生产总值 1111.5 亿元。万元生产总值能源消耗 1.163 吨标准煤。固定电话用户 50.7 万户，移动电话用户 279.9 万户。社会用电量 119.3 亿千瓦小时。城镇居民人均住房建筑面积 37.8 平方米，农村居民人均居住面积 39.9 平方米。年末从业人员 144.13 万人，城镇登记失业率 2.42%。参加城镇职工基本医疗保险 281.44 万人，覆盖率 97.29%；参加城镇职工基本养老保险 65.78 万人，基本养老保险覆盖率 86.2%；参加城镇居民基本养老保险 89.26 万人，覆盖率 99%；参加新型农村合作医疗 51.38 万人，城镇生活污水集中处理率 81.2%，城镇生活垃圾无害化处理率 85%。

【丹霞山上榜全国首批“国家生态旅游示范区”】 1 月，国家旅游局公布 2013 年国家生态旅游示范区名单，丹霞山榜上有名。这标志丹霞山的生态旅游产业发展在全国范围内得到认可，成为全国首批 39 家“国家生态旅游示范区”之一，也是广东省唯一成功入选的单位。

【韶关市政策性水稻种植保险全覆盖】 1 月初，市农业局、市财政局、市政府金融工作局已联合下发通知，明确从 2014 年起，全市政策性水稻种植保险实行每年每造面积全覆盖，参保面积为每年每造种粮直补面积。同时，选择乐昌市、乳源瑶族自治县种植的玉米开展政策性涉农保险项目试点，两县（市）玉米种植保险实行每年每造面积全覆盖，投保面积为玉米的粮食直补面积。根据《韶关市政策性水稻种植保险实施方案》，韶关市政策性水稻种植保险的参保对象为种植水稻的农户、国有农（林）场、农业企业和农民专业合作组织。国有农（林）场、农业企业、农民专业合作组织和种植面积 50 亩以上的农户可单独投保，其他农户以行政村为单位投保。全市统一保险金额为每造每亩 400 元，保险费率统一按 5% 执行，保险费为每造每亩 20 元。政策性水稻保费来源为中央、省补助资金，市、县（市、区）财政配套资金和农户自筹资金。其中，各级政府承担 80%（每亩 16 元），水稻种植户承担 20%（每亩 4 元）。

【韶关市新雪域农产品（冷链）物流园项目正式落户】 1 月 21 日，韶关市人民政府与深圳市新雪域农产品有限公司举办签约仪式。韶关市新雪域农产品（冷链）物流园项目正式落户。市委常委、市政府党组副书记张志才代表市政府签约，副市长许志新出席签约仪式。韶关市新雪域农产品（冷链）物流园项目是集冷链物流、仓储、城市配送、流通加工、批发交易、分析检测、电子商务、展示展览为一体的大型现代化农副产品和消费品商贸物流园。项目总投资约 30 亿元，规划总用地面积约 53.47 公顷，建设地址位于韶关市浈江区新韶镇，预计 3 年完成，2016 年全面竣工，建成后将成为粤北地区最大的农产品一级物流交易中心。

【韶关市部署党的群众路线教育实践活动】 2 月 10 日，韶关市召开党的群众路线教育实践活动动员部署会议，贯彻落实中央和省委党的群众路线教育实践活动工作会议精神，部署全市党的群众路线教育实践活动。省委第五督导组组长陈文杰及市委书记、市人大常委会主任、市委党的群众路线教育实践活动领导小组组长郑振涛等市四套班子领导出席会议，市委副书记、市长、市委党的群众路线教育实践活动领导小组第一副组长艾学峰主持会议。市委常委、组织部长、市委党的群众路线教育实践活动领导小组副组长、办公室主任肖怀跃对韶关市教育实践活动作出具体安排。会议强调，要把坚持问题导向贯穿群众路线教育实践活动始终，把着力解决问题作为首要任务，真正在解决问题上见到实效。一是着力解决干部作风问题，进一步密切党同人民群众的血肉联系。要把集中解决形式主义、官僚主义、享乐主义和奢靡之风“四风”问题，作为教育实践活动的重点，让群众看到实实在在的教育实践成效。二是要着力解决发展不足的问题，推动韶关振兴发展。要通过开展群众路线教育实践活动，查找韶关市改革发展中存在的突出问题，进一步增强发展意识、机遇意识、责任意识、创新意识，破除不利于改革发展的陈旧思想观念和体制机制障碍。三是要着力解决基层的突出矛盾和问题，维护社会和谐稳定。重点解决好征地拆迁、劳资纠纷、涉法涉诉、环境保护等突出问题，推动社会矛盾化解工作取得扎实成效；要坚持从群众最关心的具体问题抓起，落实各项惠民政策，解决群众在教育、就业、社会保障、医疗、住房等关系群众切身利益的实际问题，让改革发展成果更多更公平地惠及广大人民群众。

【全省首家农村金融综合服务站在南雄成立】 3月25日，全省首家农村金融综合服务站在南雄市帽子峰镇上龙村揭牌成立，村民足不出村，在家门口便可享受到便利的取款、缴费、充值等支付服务。2012年，南雄市争取人民银行广州分行支持，在全省率先推广“农村手机支付”业务，在18个镇（街道）设立服务点52个，将支付服务延伸至缺少银行网点的乡村。同时，在该市208个行政村设立226台助农取款服务POS机，降低农民办理支付业务的时间和交通成本。帽子峰镇作为全省首个“农村手机支付”试点镇，村民足不出村，即可享受转账、手机充值、水电费代扣、医疗卫生、教育资金、新农保缴费等方面金融服务功能。为践行党的群众路线，该市推出服务“三农”的新举措，在原来村村开通POS机的基础上，现在又升级到在大的村和小集镇设立农村金融综合服务站，除可以刷卡取现外，还增加公益事业缴费、金融知识宣传、残破币兑换、零币兑换、反假币、金融消费者投诉接报等多项服务功能，让农民群众获得更加便捷高效的金融服务。

【韶关举办首届城市庙会】 5月1日上午，韶关首届城市庙会暨百年东街开业活动正式启幕。市政协主席李飞，市委常委、宣传部部长许红出席活动。活动现场，有歌舞表演、有奖问答、瑶族婚礼盛装表演等，来自中国香港的218米金色巨龙舞龙队助阵演出以及梅花桩舞狮表演精彩不断。在欣赏节目之余，市民、游客还到名优土特产展销区、本土小吃畅享区、名小吃展销区，品尝选购特产、小吃，享受舌尖上的美味。百年东街项目以建设打造华南旅游又一财富新地标为主题的中外游客接待基地，已有百年历史的南洋骑楼为建筑风格的多个特色商业组团，其项目包括多个主题文化广场、特色瀑布酒店、国内外大型主题餐饮、休闲商业水街、大型购物商场、滨江广场绿化长廊、沿江地下车道和停车带等。开业后的百年东街将再现东堤北路过去百年商业的繁荣，再续东街百年的兴旺，成为韶关继丹霞山、南华寺之后又一城市旅游新地标和新的城市对外形象窗口。韶关首届城市庙会从5月1日开始，共持续7日，从早上9时到晚上9时，舞龙舞狮表演、极限运动比赛、隔岸裸眼3D巨幕等精彩节目将轮番上演，让市民充分享受城市庙会文化氛围。

【韶关市举办“移动4G杯”龙舟赛】 5月31日上午，2014年韶关市“移动4G杯”龙舟赛在市区浈江河面北江桥至曲江桥约600米水域举行，来自各县（市、区）、驻韶关部队的17支队伍参赛。市政协主席李飞、市人大常委会副主任徐紫玲、副市长兰茵出席开幕式并现场观看比赛。端午节龙舟赛是韶关市着力打造的一项群众体育品牌赛事，该项赛事自1996年以来，已连续第19年举办，深受广大群众的喜爱。17支参赛队伍中有2支是来自乳源的女子龙舟队，队员清一色来自乳源瑶族的女同胞。经过激烈地较量，乳源民族龙舟队和乳源韧杰龙舟队分别以三轮总成绩6分26秒75和6分38秒64包揽冠亚军，始兴旭粤龙舟队以6分58秒98的成绩获得第三名。

【韶关成功入围首届国家生态文明先行示范区建设名单】 6月5日至12日，国家发改委、财政部、国土资源部、水利部、农业部、国家林业局等六部委局公示国家生态文明先行示范区建设名单，第一批共55个地区，韶关市成功入围。

【胡春华到韶关调研】 6月16日至18日，省委书记胡春华到韶关市进行调研并检查推进粤东西北振兴发展工作，强调把加快发展落实到项目建设上，加大工作力度，强化用结果说话，推动粤东西北地区振兴发展。省领导徐少华、林木声、许瑞生及韶关市委书记郑振涛、市长艾学峰，东莞市和省直有关部门负责人参加调研。胡春华先后到新丰、翁源、始兴、浈江、武江等县（区），深入园区和企业详细了解山区产业发展、东莞对口帮扶韶关等有关情况，听取各县城及新区规划建设情况介绍，到中小学调研山区教育事业发展情况。胡春华要求韶关扎实推进城镇化，突出抓好“扩容提质”这个抓手，集中资源投入新区建设，力争起步区建设在三五年内取得突破。胡春华对粤北交通基础设施建设高度重视，实地察看大广高速、赣韶铁路、广乐高速等重大交通基础设施建设现场，强调要在确保工程建设质量和施工安全前提下，加快建设速度，力争早日建成通车。

【韶关成立首家企业投资基金】 8月15日上午，韶关市粤商新材料产业投资基金成立暨意向投资项目签约仪式在莞韶产业园举行。这是韶关市首家成立的企业投资基金。基金由广东粤商高新科技股份有限公司、广东东韶实业投资开发有限公司、韶关市粤商科技创新园有限公司和广州粤益投资管理有限公司联合发起设立。基金首期规模5000万元，属于私募股权投资基金，专注于新材料产业投资，仅限于韶关地区的新材料企业，计划1年内投资5—10家新材料企业，完成全部投资额。基金将通过为投资参股企业提供增值服务和资本运作服务，促进企业快速发展，同时也为韶关粤商特种材料创新园提供科技金融平台服务，与其一道共同推动韶关新材料产业的发展。在签约仪式上，韶关中机重工锻压有限公司、韶关浩钒机电股份有限公司还与基金方签订意向投资项目。

【朱小丹在韶关调研棚户区改造】 8月20日，省长朱小丹率省有关部门负责人在韶关实地调研棚户区改造进展情况，研究加快推进全省棚户区改造工作。副省长许瑞生参加调研并主持座谈会。2010年，广东省启动棚户区改造试点工作，浈江区原曲仁矿棚改工程是省国有工矿棚改试点项目。当日上午，朱小丹冒雨察看曲仁矿棚改田螺冲、丝茅坪安置小区项目，检查小区建设、公共配套及房屋分配情况。又到武江区东岗岭城市棚户区安置小区，考察棚户区居民安置情况。朱小丹还分别走访棚户区住户石中良、安置小区居民赖韶华家，听取群众对安置工作的意见。下午，朱小丹召集韶关、梅州、湛江、清远市和省有关部门座谈，听取全省保障性安居工程建设进展和4市棚户区改造工作情况汇报。市委书记、市人大常委会主任郑振涛，市委副书记、市长艾学峰等有关领导参加会议。朱小丹肯定韶关棚户区改造试点工作。并就加快推进棚户区改造，提出八点意见。

【韶关市荣获"广东省教育强市"】 8月20日，省政府正式发文，授予韶关市"广东省教育强市"称号。韶关市成为粤东西北地区首个省教育强县（市、区）100%覆盖的省教育强市。韶关市自2009年5月启动创建省教育强市工作至今，共投入33亿元用于教育"创强"。全市新增校园面积57万平方米，整饬翻新教学楼、综合楼761幢，新增计算机室345间、语音室87间、校园网络101个、教学用电子白板1700多套、"班班通"2000多间、多媒体专用课室943间、其他功能室1100间、纸质图书300多万册。截至6月底，全市10个县（市、区）已全部通过省教育强县（市、区）督导验收，实现省教育强县（市、区）全覆盖；96个镇（街道）已建成省教育强镇77个，教育强镇（街道）覆盖率达80.2%。韶关市通过教育创强，改善学校尤其是农村学校的办学条件，为群众提供优质的教育服务。6月23日至26日，省督导验收组对韶关市申报广东省教育强市进行督导验收，并肯定韶关市的做法。8月20日，省政府正式发布《广东省人民政府关于授予韶关市广东省教育强市称号的批复》，同意授予韶关市"广东省教育强市"称号。

【韶关获中国国际旅游产业博览会三项大奖】 8月29日至31日，由国家旅游局、广东省人民政府主办，广东省旅游局承办的2014中国国际旅游产业博览会（以下简称旅博会）在广州中国进出口商品交易会琶洲展馆举行。韶关市旅游局组织全市30多家旅游企业负责人参加博览会。在旅博会现场，韶关市参展团的新丰县特产樱花蜂蜜等特色产品深受消费者欢迎。南雄市清景农业生态旅游度假区、元生生态观光休闲农场（樱花园）两个项目在旅博会活动中成功签约。在旅博会的2014年广东人最喜爱的旅游目的地及品牌评鉴颁奖典礼上，韶关市获得三项大奖：南岭国家森林公园获得"最佳生态度假目的地"奖，避暑林庄温泉大饭店获得"年度最喜爱的酒店"奖，丹霞山获得"最佳自驾游目的地"奖。

【韶关新港码头举行港澳航线复航仪式】 9月3日上午，韶关新港码头港澳航线复航仪式在韶关新港码头举行。副市长许志新、市政府秘书长钟裕荣、省有关查验单位领导和市直有关单位的领导、韶关市重点进出口企业的代表等约100人参加。副市长许志新，广州海关党组成员、政治部主任刘大立，广东出入境检验检疫局副局长丁汉东在仪式上分别致辞。许志新宣布韶关新港码头港澳航线复航。

韶关是广东省重要的交通枢纽和粤北区域中心城市之一，而韶关口岸更是广东省山区市仅有的公路、铁路、水路口岸俱全的内陆口岸。经过30多年的发展，口岸吞吐量、海关关税呈几何式增长。驻韶查验部门密切合作，不断创新通关模式，各方面都取得优异成绩。韶关口岸在"属地报关、异地验放"通关模式的先试先行；2004年年初，就保障韶钢的进出口物资快捷安全，广州海关、深圳海关、黄埔海关在韶签署合作协议创新跨关区合作模式；2008年年底，首创省内山区市至沿海一线口岸的韶关——盐田"铁海联运"通关货运模式，为广东口岸发展赋予新的内涵。韶关新港码头作为广东省北江流域最北端的外贸进出口口岸，于1998年启用，小型船舶物资直通港澳，是广东省口岸开放的重要组成部分。但由于北江航道运载能力和枯水期的严重影响，韶关新港码头口岸两度停运，制约韶关市经贸发展。随着韶关经济的快速发展，对水运的需求越来越大，珠三角地区经济的持续发展也使北江的货运量逐年增加，韶关新港码头恢复启用日显重要。

【广乐高速公路开通运行】 9月27日下午3时，广（州）乐（昌）高速公路全线通车，沿途所有出入口同时开放。广乐高速全长302.6公里，总投资333.42亿元，被誉为"南粤高速第一路"。广乐高速公路于2009年11月动工，起点位于湘粤两省交界地小塘，向南经过乐昌、韶关、英德、清远，止于广州市花都区，接广州机场高速公路、肇花（肇庆至花都）高速公路。主线为双向六车道，设计时速最高120公里，连接广乐高速公路与赣韶高速公路的赣韶南、北连接线为四车道。广乐高速公路将有效解决京港澳高速公路粤境段（京珠北）通行能力不足、抗灾能力差等问题，能有效分流密集车辆，缓解该路段的交通压力，减少京珠北因驶下长坡刹车失灵而发生的伤亡事故，化解京珠北穿越常年雾区以及冬季路面结冰带来的严重交通安全问题。

【赣韶铁路开通运营】 9月30日，赣韶铁路开通运营。该铁路投入运营后，赣州至韶关铁路运行时间约为3个小时，比现在绕行京九线缩短5个小时。赣韶铁路东起京九铁路江西赣州南康站，西至韶关东站，与京广铁路接轨，是京广铁路与京九铁路的东西走向连接线。赣韶铁路于2009年8月正式开工，全长179公里，设计时速为160公里，为单线、电气化、国家Ⅰ级客货运共线铁路，预留复线条件。全线设南康、旗口、新城、池江、大余、梅关、珠玑巷、南雄、古市、马市、始兴、总甫、丹霞山、长坝、腊石坝、韶关东16个车站，其中新设车站14个，改建既有车站2个。南康、大余、珠玑巷、南雄、始兴、丹霞山、韶关东7个车站为办理客货运业务的中间站。

【韶关新增8个广东省名牌产品】 10月，经广东省南方名牌农产品推进中心组织专家评审和广东省名牌产品（农业类）推进委员会审核，评出2014年广东省名牌产品（农业类），韶关市8个农产品获评，至此，全市已有19家企业22个产品获得该项荣誉称号。新增的8个省级名牌农产品分别是韶关市明弘生态农业有限公司“明弘金果王”牌沙田柚、浈江区赖家香芋专业合作社“赖家农业”牌香芋、广东智成食品股份有限公司“知晟”牌丝毛乌骨鸡、乐昌市农丰农场“乐梅高”牌黄瓜、始兴县旺满堂食品有限公司“旺满堂”牌清化粉、始兴县古塘实业开发有限公司“古印”牌古塘腊肉、广东金珠农业科技有限公司乳源分公司“瑶家花”牌梅花猪、翁源县翁江淀粉有限公司“翁美”牌木薯淀粉。

【中国国际文化传播中心中南联络部韶关联络办揭牌成立】 10月22日上午，中国国际文化传播中心中南联络部韶关联络办揭牌成立。市委书记、市人大常委会主任郑振涛，中南联络部首席顾问刘良凯中将，中南联络部部长蔡多文少将，市委常委、韶关军分区政委郭伟建共同为韶关联络办揭牌。中国国际文化传播中心于1984年经国务院批准成立，是国家对外进行文化交流与传播的重要窗口。在揭牌仪式上，蔡多文为韶关联络办主任郭毅强颁发聘书，中南联络部常务副部长饶新建少将和郭毅强分别作讲话。郑振涛代表市委、市政府及全市人民对中国国际文化传播中心中南联络部韶关联络办挂牌成立表示祝贺。市政协主席李飞，市委常委、常务副市长陈波，市人大常委会副主任林平杰等出席揭牌仪式。

【韶关市电子商务行业协会成立】 10月28日，韶关市电子商务行业协会成立，该协会由广东省邮政公司韶关分公司、快捷健电子商务有限公司、昆仑信息等5家韶关市电子商务龙头企业发起，自2014年8月开始筹备，并通过市民政局批准成立。协会是由从事电子商务开发、电子商务经营、电子商务科研、电子商务服务、电子商务外包、电子商务产品制造等与电子商务相关的单位自愿组成的行业性、地方性、非营利性的社会团体。近年来，韶关市电子商务在工业、农业、商贸流通、交通运输、金融、旅游和城乡消费等领域的应用不断拓展，已形成与实体经济融合发展的态势。截至2013年年底，全市在淘宝上开店总数近3000家、在天猫上开店的韶关品牌企业已超过20家，年度总营业额分别超2.5亿元、2500万元；韶关消费者在淘宝和天猫的消费额分别达7亿元和2亿元以上。成立大会上，市商务局、市经信局、市邮政公司有关负责人希望协会发挥政府和电子商务企事业单位之间的桥梁纽带作用，对内引导企业规范经营行为，维护行业竞争秩序，对外维护行业的合法权益，为普及和深化电子商务应用，推进韶关电子商务的创新、健康、有序发展。

【丹霞山与帕奴鲁鲁国家公园缔结友好姊妹公园】 10月30日，来自西澳大利亚的帕奴鲁鲁国家公园代表团西澳环境与遗产部部长雅各布一行访问中国广东丹霞山，并与丹霞山管理委员会正式签署友好合作协议，缔结友好姊妹公园关系。代表团实地考察丹霞山国家公园，代表团团员西澳环境与遗产部总参事史密斯、西澳国家公园及野生动物管理局主管沙普、西澳大利亚州政府驻华代表处首席代表郝宁生、西澳州政府驻华代表处办公室主任宋昭君、澳大利亚生态旅游协会地质旅游论坛创会成员、香港岩石保育协会主席吴振扬等全程参加考察行程。双方代表在丹霞山共同种植“友谊树”，见证中国广东丹霞山和西澳大利亚帕奴鲁鲁姊妹公园友谊长存。帕奴鲁鲁国家公园是澳大利亚最为杰出的世界自然遗产，以红色砂岩地貌闻名于世界，其地貌形态也属于丹霞地貌。本次中国广东丹霞山与西澳帕奴鲁鲁国家公园的签约，是继2009年美国泽恩姊妹公园、2012年韩国济州岛姊妹公园后，丹霞山缔结的第三个“国际姊妹公园”，是在南半球第一个姊妹公园。

【韶关市举办第十四届运动会】 8月14日上午，韶关市第十四届运动会在市体育馆开幕。市委书记、市人大常委会主任郑振涛出席并宣布第十四届市运会开幕，市委副书记、市长艾学峰，市人大常委会副主任徐紫玲，副市长兰茵，市政协副主席邓建华等出席开幕式。本届市运会设有4个组别21个大项的比赛，共有23个代表团4000多名运动员参赛。10月30日下午，韶关市第十四届运动会落下帷幕，市政协主席李飞以及徐紫玲、兰茵等市领导出席闭幕式并为获奖队伍颁奖。曲江区代表团包揽代表团总分奖、金牌总数奖、竞技体育组总分奖、突出贡献奖四项第一名，浈江区代表团摘得成年组总分奖和老年组总分奖两项第一名，武江区代表团获得学校体育组总分奖第一名。

【全省首家紧固件产业园落户韶关】 11月19日，广东紧固件技术创新联盟成立暨韶关紧固件产业园项目签约仪式在广州举行。省科技厅副厅长叶景图，韶关市委常委、副市长、东莞韶关对口帮扶指挥部总指挥王检养出席仪式。联盟成员单位、省内科研机构、市科技局等单位100余人参加活动。活动中，粤科金融集团产业园投资基金、宝钢集团广东韶关钢铁有限公司与广东石西紧固件科技有限公司签署战略合作意向书，共同在韶关市建设全省首家紧固件产业园——韶关智慧螺丝城。粤科产业园投资开发公司、广东石西紧固件科技有限公司与莞韶园管委会签署项目落地协议，该园区将落户莞韶园内。该产业园首期占地25.8公顷，项目总投资18亿元，设计产能每年55万吨，产值70亿元，预计达产后每年贡献税收10亿元，将成为全国最大的紧固件产业基地。

【市残疾人康复中心启用】 11月29日上午，市残疾人康复中心正式投入使用。该中心坐落于武江区建设路市第二人民医院内，项目于2012年10月26日动工，是“百项工程兴韶关”的重点建设项目之一。康复中心总投资3053万元，总建筑面积8000平方米，按照国家残疾人康复机构一级建设标准打造，共建“医疗+康复+教育”新模式，实现资源共享，可为全市10周岁以下肢体、听障、智障、自闭症残疾儿童提供康复咨询、指导、训练和评估，以及残疾幼儿学前教育和特殊教育等服务。

【武广客运专线韶关综合客运枢纽工程开工】 12月2日，芙蓉新区武广客运专线韶关综合客运枢纽站一期工程开工仪式举行。韶关市副市长王青西出席开工仪式。武广客运专线韶关综合客运枢纽位于韶关芙蓉新城内，与武广高铁韶关站衔接，是韶关市区内唯一一个集公路、铁路（高铁）、公交、出租、社会车辆等多种运输方式于一体的综合客运枢纽。项目总占地约14.6公顷，规划用地面积11.07公顷，总建筑面积为16万平方米，项目投资估算金额为9.8亿元，其中，一期建安工程费约5.4亿元。项目建设内容包括长途客运站房及其生产生活附属用房、旅游集散中心及配套附属用房、换乘设施、站前广场、各种交通方式的停车场等。客运枢纽中的长途部分按一级客运标准设计，可日均发送旅客18000人次。韶关综合客运枢纽站已列入国家交通部和省交通厅“十二五”重点项目，按照国家一级客运站标准进行建设，是完善区域配套和城市交通网络，有效提升芙蓉新区交通枢纽功能和区域竞争力的重大项目。

【瑶族民歌项目上榜国级“非遗”】 12月，国务院公布韶关市瑶族民歌被列入国家级非物质文化遗产代表性项目名录扩展项目名录，成为韶关市第5项获得国家级非物质文化遗产代表性项目。瑶族民歌是韶关市乳源瑶族自治县普遍流传的瑶族山歌，瑶语叫“赛花柄”，汉语译为“赛过花朵的语言”的意思，是过山瑶传递信息、相互沟通的第二种语言。流居世界各地过山瑶的山歌音调大致相同，而乳源过山瑶的山歌音调较高、较长，是呐喊式的山歌。乳源瑶族民歌可分为两种，一种为念歌、另一种为喊歌，念歌小声领唱和传授时用，喊歌对远处大喊唱鸣。瑶族民歌成为后人进行过山瑶历史文化研究与交流提供最完好的知识宝库。韶关市被列入国家级非物质文化遗产项目名录的有5项，分别是《瑶族盘王节》《瑶族刺绣》《龙舞（香火龙）》《粤北采茶戏》《瑶族民歌》，广东省省级非物质文化遗产名录18项，市级非物质文化遗产37项、县级非物质文化遗产52项。已有2名国家级非物质文化遗产代表性传承人、20名省级非物质文化遗产项目代表性传承人、55名市级非物质文化遗产项目代表性传承人

【市第四污水处理厂（一期）建成试通水】 韶关市第四污水处理厂位于武江区甘棠村，总设计规模13万立方米/天，分两期建设。一期设计规模5万立方米/天，服务范围包括小阳山片区、武江科技园区、沐溪工业园区、西联行政文化中心。该工程于6月12日正式进场施工，于12月5日正式开始试通水。

【汕昆和武深高速公路韶关段奠基】 12月17日在翁源县城龙仙镇举行汕昆和武深高速公路韶关段奠基仪式。副市长朱余旺以及省南粤交通投资建设有限公司代表、市直各有关单位领导、沿线县（市、区）分管领导参加奠基仪式。武深高速公路仁化至博罗段，起于韶关市仁化县城口镇，接湖南省已建成通车的炎陵至汝城（湘粤界）高速公路，经丹霞、始兴、司前、翁源、隆街、新丰、龙门，止于博罗县城西，接已建成通车的博罗至深圳高速公路，路线全长约270公里。汕昆高速龙川至怀集段起于河源市龙川县城东，与梅（州）河（源）高速公路相接，经东源县、连平县，韶关市翁源县，清远市英德市、清新区、阳山县，肇庆市怀集县，终于肇庆市怀集县怀城镇。武深项目韶关段计划于2015年全线开工，2017年年底仁化段建成通车，2018年年底全线建成通车；汕昆高速项目先行工程定于2014年年底开工，2015年上半年全线开工建设，2017年底河源段建成通车，2018年年底全线建成通车。

【丹霞山举办首届全国山地车邀请赛】 12月21日，由国家体育总局自行车击剑管理中心、中国自行车运动协会和市政府共同主办的2014年中国丹霞山“盛世丹霞杯”首届全国山地自行车邀请赛在丹霞山古洋山地自行车训练基地开赛，来自美国、中国香港、

中国台湾地区及广东、湖南、江西、广西、福建等地近千名车手在生态美景中激情竞速，享受在丹霞山骑行的快乐。市领导陈波、柳琛子、徐紫玲、邓建华出席开幕式，省体育局巡视员、省自行车运动协会会长曾晓红，亚洲小轮车锦标赛冠军马丽芸，全国场地自行车冠军张利应邀参加活动。本次比赛以“释放激情、挑战极限、享受丹霞”为赛事主题，比赛赛道按照国家标准规划修建，全长约5公里，30%为上坡，35%为下坡，10%—15%为技巧路段，其余为平路，百分之百越野。比赛共设韶关市民男子山地体验组、山地自行车男子普通A组、山地自行车男子普通B组、山地自行车女子公开组和山地自行车男子公开组5个组别。经过争夺，来自韶关捷安特车队的彭剑辉、道卡斯（中国）车队的颜锦弟、长沙顺时针车队的陈湘源、大时代车队的邓湖平和美利达挑战者队的封宽杰分别获得上述5个组别的冠军。（邓培雄）

中国共产党韶关市委员会

市委常委会议

【第 51 次常委会议】 1 月 8 日下午，市委书记郑振涛主持召开市委十一届第 51 次常委会议，议题是：①讨论《中共韶关市委关于全面深化改革的实施意见》；讨论《振涛同志在市委十一届五次全会上的讲话》；讨论 2013 年工作总结（征求意见稿）；讨论学峰在市委十一届五次全会上的讲话。②讨论“百项工程兴韶关”项目建设工作有关事项。③讨论《2014 年春节前送温暖慰问、座谈会系列活动方案》。④讨论《2014 年全市重要会议和重要政务活动安排》。⑤讨论《关于组织开展 2014 年领导干部报告个人有关事项工作的情况报告》。

【第 52 次常委会议】 1 月 13 日（全会期间）下午，市委书记郑振涛主持召开市委十一届第 52 次常委会议，议题是：①听取市委办公室汇报市委十一届五次全会分组会议讨论情况及对《中共韶关市委关于全面深化改革的实施意见（稿）》、全会决议（草案）的修改建议汇总意见，审定意见稿和全会决议（草案）；②讨论干部人事问题。

【第 53 次常委会议】 1 月 24 日下午，市委书记郑振涛主持召开市委十一届第 53 次常委会议，议题是：①讨论《政府工作报告》；②讨论 2014 年预算；③讨论《市贯彻落实〈省委、省政府关于进一步促进粤东西北地区振兴发展的决定〉实施方案》；④讨论《韶关工业园区管理体制改革方案》；⑤讨论《2014 年韶关市创建全国文明城市工作实施方案》《韶关市创建全国文明城市 2014 年重点工作意见》《2014 年韶关市未成年人工作实施方案》；⑥传达学习贯彻省纪委十一届第三次全体会议精神；⑦讨论干部人事问题。

【第 54 次常委会议】 1 月 26 日下午 3 时，市委书记郑振涛主持召开市委十一届第 54 次常委会议，议题是：①学习习近平总书记有关党的群众路线教育实践活动的讲话精神；②讨论全市深入开展党的群众路线实践活动有关事项。

【第 55 次常委会议】 2 月 14 日下午，市委书记郑振涛主持召开市委十一届第 55 次常委会议，议题是：①传达学习习近平、王岐山在有关会议上的讲话精神；传达学习全省机构编制工作座谈会暨年度工作会议精神；传达学习省委政法工作会议精神，讨论韶关市贯彻落实意见；传达学习全省信访工作会议精神，讨论韶关市贯彻落实意见。②讨论《中共韶关市委常委会 2014 年工作要点》。③听取市纪委十一届四次全会筹备情况报告，讨论市纪委工作报告。④讨论《2012—2013 年度韶关市精神文明建设先进集体名单》。

【第 56 次常委会议】 3 月 20 日下午，市委书记郑振涛在市委常委会议室主持召开市委十一届第 56 次常委会议，议题是：①听取王青西传达省政府推进落实 2014 年深化改革任务工作会议精神，讨论韶关市贯彻意见；②听取市委老干局局长陈熙传达中央和省老干部工作会议精神，讨论韶关市贯彻意见；③听取市保密局局长石云峰传达省委保密委全体会议暨全省保密工作会议精神，讨论韶关市贯彻意见；④听取市委组织部常务副部长颜玉明传达《省委关于学习贯彻〈党政领导干部选拔任用工作条例〉的通知》精神，讨论韶关市贯彻意见；⑤听取市委组织部常务副部长颜玉明汇报《中共韶关市委常委会加强作风建设十项承诺》的有关情况；⑥听取市委组织部常务副部长颜玉明汇报关于开展领导干部个人有关事项报告抽查核实工作的相关情况；⑦听取市纪委副书记王德义汇报《韶关市党政领导班子 2013 年度民主生活会意见建议整改措施》的相关情况。会议还讨论部分干部人事问题。

【第 57 次常委会议】 4 月 3 日上午，市委书记郑振涛主持召开市委十一届第 57 次常委会议。议题是：①传达习近平总书记重要讲话精神；②听取韶关市前一阶段开展群众路线教育实践活动汇报，研究部署下一阶段工作；③讨论《市党政领导班子和领导干部 2013—2014 年度安全生产责任制考核实施方案》；④听取韶关市计生工作情况汇报；⑤讨论《市委、市政府关于加强新时期科协工作的意见》；⑥讨论部分干部纪律处分问题；⑦讨论干部人事问题。

【第 58 次常委会议】 4 月 24 日上午，市委书记郑振涛主持召开市委十一届第 58 次常委会议。议题是：①传达省促进粤东西北地区振兴发展会议、全省整顿软弱涣散基层党组织工作座谈会、依法治省工作领导小组第二十次会议的精神，并讨论韶关市贯彻意见；②讨论《市委常委会议工作规程》；③讨论《韶关市“社会矛盾化解年”工作意见》；④讨论《2014 年度市领导挂点联系重点建设项目方案》；⑤讨论《韶关市关于市县政府职能转变和机构改革的实施意见》；⑥讨论干部人事问题。

【第 59 次常委会议】 5 月 16 日下午，市委书记郑振涛主持召开市委十一届第 59 次市委常委会，议题是：①讨论《2013 年度县（市、区）经济社会科学发展考核结果》；②讨论《2014 年县（市、区）全面建成小康社会考核指标体系（试行）》；③讨论干部人事问题。

【第 60 次常委会议】 5 月 30 日，市委书记郑振涛主持召开市委十一届第 60 次市委常委会，议题是：①传达学习贯彻胡春华指导南海区委常委班子专题民主生活会上的讲话精神；传达学习胡春华在省委常委会议听取一季度全省经济形势汇报时的讲话精神；听取市四月经济运行情况汇报讨论《2013 年度县（市、区）经济社会科学发展考核结果》。②传达全省加快重点项目建设工作会议精神，讨论韶关市重点项目建设工作有关情况。③传达全省节能减排工作会议精神，讨论韶关市贯彻意见。

【第 61 次常委会议】 6 月 11 日上午，市委书记郑振涛主持召开市委十一届第 61 次常委会议，议题是：①讨论《中共韶关市委贯彻落实〈2014—2018 年广东省干部教育培训规划〉的实施意见》；②听取《2014 年韶关市“广东扶贫济困日”活动方案》；③讨论《2014—2015 年乡镇扶贫开发“规划到户责任到人”工作考核办法》；④听取乳源瑶族自治县经济工作和对口帮扶工作情况汇报；⑤听取仁化县经济工作和对口帮扶工作情况汇报；⑥听取各县（市、区）贯彻落实中央有关文件情况汇报；⑦讨论干部人事问题。

【第 62 次常委会议】 7 月 3 日上午，市委书记郑振涛主持召开市委十一届第 62 次常委会议，议题是：①通报胡春华在韶关视察调研时有关指示精神。②学习贯彻省有关会议精神。③研究韶关市深化全国文明城市创建有关工作：传达近期中央和省有关深化全国文明城市创建工作会议精神；讨论《韶关市组织推动培育和践行社会主义核心价值观工作实施方案》《韶关市推进志愿服务制度化实施方案》。④讨论《2013 年度创建平安韶关暨综治工作考评情况》。⑤讨论《关于将绩效考评工作从市纪委监察局划出的工作意见》。⑥讨论干部人事问题。

【第 63 次常委会议】 7 月 11 日上午，市委书记郑振涛主持召开市委十一届第 63 次常委会议，议题是：①传达学习全省城镇化工作会议精神，讨论韶关市贯彻意见；②讨论《促进韶关市城区扩容提质五年行动纲要》；③讨论市人大常委会工作情况汇报；④讨论《韶关市构建和谐劳动关系实施方案》；⑤听取南雄市经济工作和对口帮扶工作情况汇报；⑥听取始兴县经济工作和对口帮扶工作情况汇报；⑦讨论干部人事问题。

【第 64 次常委会议】 8 月 1 日下午，市委书记郑振涛主持召开市委十一届第 64 次常委会议，议题是：①传达学习习近平在中央政治局第十六次集体学习时的讲话精神；传达全省进一步促进粤东西北地区振兴发展工作会议精神和粤北片区现场检查会精神，讨论韶关市贯彻意见。②听取翁源县经济工作和对口帮扶工作情况汇报。③听取新丰县经济工作和对口帮扶工作情况汇报。④讨论部分干部纪律处分问题。⑤讨论干部人事问题。

【第 65 次常委会议】 8 月 18 日上午，市委书记郑振涛主持召开市委十一届第 65 次常委会议，议题是：①传达学习 2014 年全省上半年经济形势分析会议精神，讨论韶关市贯彻意见；传达学习省做好进京非正常上访处置工作会议精神，讨论韶关市贯彻意见；传达学习全省“社会矛盾化解年”工作推进会议精神，讨论韶关市贯彻意见。②讨论《韶关市振兴发展 2014 年重点工作任务》。③讨论《关于调整市党政班子领导成员与党外人士联系交友建议名单》。④讨论《关于解决韶关市党外兼职政协副主席待遇问题的建议》。⑤讨论干部人事问题。

【第 66 次常委会议】 9 月 1 日上午，市委书记郑振涛主持召开市委十一届第 66 次常委会议，议题是：①传达学习中共和省有关文件精神；传达学习习近平在中央政治局第十六次集体学习时的讲话精神；传达学习全省进一步促进粤东西北地区振兴发展工作会议精神和粤北片区现场检查会精神，讨论韶关市贯彻意见。②听取翁源县经济工作和对口帮扶工作情况汇报。③听取新丰县经济工作和对口帮扶工作情况汇报。④讨论部分干部纪律处分问题。⑤讨论干部人事问题。

【第 67 次常委会议】 9 月 3 日晚上 8 时，市委书记郑振涛主持召开市委十一届第 67 次常委会议，讨论干部人事问题。

【第 68 次常委会议】 9 月 11 日晚上 8 时，市委书记郑振涛主持召开市委十一届第 68 次常委会议，讨论干部人事问题。

【第 69 次常委会议】 9 月 18 日下午 3 时，市委书记郑振涛主持召开市委十一届第 69 次常委会议，讨论干部人事问题。

【第 70 次常委会议】 9 月 24 日上午，市委书记郑振涛主持召开市委十一届第 70 次常委会议，议题是：①传达学习中共中央办公厅、国务院办公厅关于印发《2014 年上半年贯彻执行中央八项规定情况报告》精神，研究韶关市贯彻落实意见。②讨论市委十一届六次全会工作报告和决议（草案）；讨论艾学峰在市委十一届六次全会上的讲话。③讨论韶关市贯彻落实中央

《建立健全惩治和预防腐败体系2013—2017年工作规划》的工作方案。④听取关于比亚迪公司合作共建市区公交汽车电动化项目工作进展情况的报告。⑤讨论《韶关市交通主干道（三边）森林景观改造项目实施方案》。

【第71次常委会议】 9月28日上午11时，市委书记郑振涛主持召开市委十一届第71次常委会议，讨论干部人事问题。

【第72次常委会议】 9月29日下午4时，市委书记郑振涛主持召开市委十一届第72次常委会议，讨论干部人事问题。

【第73次常委会议】 10月17日下午，市委书记郑振涛主持召开市委十一届第73次常委会议，议题是：①传达学习全省组织人事部门主要负责人会议精神，讨论韶关市贯彻意见；②传达学习省长朱小丹在西江、北江航道调研座谈会上的讲话精神，讨论韶关市贯彻意见；③传达学习《赣闽粤原中央苏区振兴发展规划》工作会议精神，讨论韶关市贯彻意见；④讨论《2014年韶关市市直机关绩效考核实施办法》；⑤讨论部分干部纪律处分问题；⑥讨论干部人事问题。

【第74次常委会议】 11月3日下午，市委书记郑振涛主持召开市委十一届第74次常委会议。议题是：①传达学习党的十八届四中全会精神，②传达学习全省党委秘书长、办公室（厅）主任会议精神，③传达学习全省全面深化气象管理体制改革试点工作部署会议精神；④讨论《2014年韶关市落实党风廉政建设责任制考核方案》，⑤讨论《韶关市创建第10届全国、全省双拥模范城工作实施方案》；⑥听取乐昌市经济工作和对口帮扶工作情况汇报；⑦听取浈江区经济工作情况汇报。

【第75次常委会议】 11月18日下午，市委书记郑振涛主持召开市委十一届第75次常委会议。议题是：①传达全省建立乡镇（街道）领导干部驻点普遍直接联系群众制度工作部署会议精神，讨论韶关市贯彻意见；②讨论召开市十三届人大五次会议有关事宜；③讨论关于推动韶关市立法工作有关事宜；④讨论《2013年度绩效考评结果》；⑤听取《关于做好省对韶关市党政领导班子和领导干部2013—2014年度安全生产责任制考核工作情况报告》；⑥听取《韶关市安委会成员单位及有关部门安全生产工作职责》；⑦讨论干部人事问题。

【第76次常委会议】 12月1日下午，市委书记郑振涛主持召开市委十一届第76次常委会议，议题是：①传达省委常委会听取各地级以上市委书记抓基层党建工作述职评议会议有关精神；传达全省珠三角地区对口帮扶粤东西北地区工作会议精神，讨论韶关市贯彻意见。②讨论召开政协第十一届韶关市委员会第四次会议筹备工作方案。③听取全市物流业发展情况汇报。④讨论《2013年市管干部年度考核情况》。⑤讨论干部人事问题。

【第77次常委会议】 12月11日上午，市委书记郑振涛主持召开市委十一届第77次常委会议，专门听取各县（市、区）和市直党（工）委书记抓基层党建工作述职并进行评议。省委第六督导组组长林元和出席会议。

【第78次常委会议】 12月23日上午，市委书记郑振涛主持召开市委十一届第78次常委会议，议题是：①传达学习省委有关文件；②讨论韶关市贯彻落实《中共广东省委、广东省人民政府关于全面深化科技体制改革加快创新驱动发展的决定》的实施意见；③讨论《中共韶关市委关于党内规范性文件的清理决定》；④听取关于翁源县铁龙林场血铅异常问题处置情况报告；⑤听取关于全市环保工作情况报告；⑥讨论部分干部纪律处分问题；⑦讨论干部人事问题。

市委其他各次重要会议

【2014年全市迎春茶话会】 1月26日下午，市委、市政府举行2014年全市迎春茶话会，市四套班子领导与社会各界人士代表欢聚一堂，共迎新春，共叙友谊，共谋发展。市委书记、市人大常委会主任郑振涛出席，市委副书记、市长艾学峰通报2013年全市经济社会发展情况。市委副书记陈向新主持茶话会。原市四套班子领导，市中院院长、市检察院检察长，市人大常委会、市政府、市政协秘书长，市纪委副书记，韶关学院及中省驻韶各单位主要负责人，驻韶关团以上部队军政主官、部队副师职以上离退休老干部、地方老红军代表，劳动模范、科技工作者、台胞台属、少数民族、外企、民企代表参加茶话会。

【广东省国家公园发展战略暨广东高地公园建设研讨会】 3月22日上午，广东省国家公园发展战略暨广东高地公园建设研讨会在市区举行。会议商定将在粤北高地建设省立公园，以打造粤北发展新引擎。新华社广东分社社长杨春南，清远市委书记葛长伟，省相关部门负责人，国内外高地公园规划专家以及商界、学界支持者以及市领导郑振涛、艾学峰、许红、陈波、林平杰、徐紫玲、兰茵、王青西、邓建华参加此次研讨会。

【丹霞山世界自然遗产保护管理工作会议】 3月25日上午，市丹霞山世界自然遗产保护管理工作委员会在市委常委会议室召开丹霞山世界自然遗产保护管理工作会议，主要听取丹霞山遗产地保护发展情况和当前推进环丹霞山旅游产业园项目建设存在问题的汇报，审议《关于加强环丹霞山旅游产业园建设项目规划建设管理办法》《关于加强环丹霞山旅游产业园村民建房管理意见》《关于丹霞山山林资源保护管理的若干意见》。市委书记、市人大常委会主任郑振涛主持会议并作总结讲话，市委副书记、市长艾学峰作讲话。市领导陈波、孔云龙、邹永松及市丹霞山世界自然遗产保护管理工作委员会成员单位主要负责人参加会议。

【市委全面深化改革领导小组第一次会议】 4月3日下午，市委书记、市人大常委会主任郑振涛在市委常委会议室主持召开市委全面深化改革领导小组第一次会议，专题研究市委全面深化改革领导小组及专项小组人员组成方案，讨论市委全面深化改革领导小组、专项小组、办公室3个工作制度，审议《韶关市2014年若干重要改革任务要点》。市领导艾学峰、肖怀跃、许红、陈波、孔云龙、邹永松、李安平、王青西、张平、王乙未及市中院刘曙光参加会议。

【市委中心组专题理论学习（扩大）会议】 4月10日下午，市委中心组专题理论学习（扩大）会议在市委会议中心举行。市委书记郑振涛传达学习总书记习近平在全国“两会”期间参加广东代表团审议《政府工作报告》时的重要讲话精神，并对学好、用好《党政领导干部选拔任用工作条例》提出要求。市委常委、组织部部长肖怀跃就如何理解掌握新修订《党政领导干部选拔任用工作条例》进行辅导。市委副书记、市长艾学峰，市政协主席李飞及市委中心组成员、各县（市、区）委书记、市直有关部门主要负责人参加学习会。

【市依法治市工作领导小组第十九次会议】 4月28日下午，市委书记、市人大常委会主任、市依法治市工作领导小组组长郑振涛在市委常委会议室主持召开市依法治市工作领导小组第十九次会议。市领导陈波、孔云龙、李石保、张平、李安平及市中院、市检察院主要负责人参加会议。

【东莞韶关对口帮扶工作第三次联席会议暨招商项目签约仪式】 5月22日下午，东莞韶关对口帮扶工作第三次联席会议暨招商项目签约仪式在市区举行。市委书记郑振涛、市长艾学峰，东莞市委书记徐建华、市长袁宝成出席会议并分别讲话。张志才、孔云龙、张科等两市领导，莞韶园管委会和各县（市、区）及市直有关单位主要负责人，东莞市直有关单位和有关镇（街道）负责人及签约企业代表参加会议。

【市委常委议军会议】 5月29日上午，市委书记、韶关军分区党委第一书记郑振涛主持召开市委常委议军会议，听取全市武装工作情况汇报，商议需要解决的问题，强调要围绕强军目标，加强党管武装工作落实，不断推动全市武装工作创新发展。市委副书记、市长艾学峰等市领导，韶关军分区和市直有关部门负责人参加会议。

【全市宣传贯彻《广东省信访条例》动员大会】 6月5日上午，韶关市召开全市宣传贯彻《广东省信访条例》动员大会。省人大教科文卫委主任委员、《广东省信访条例》宣讲组组长梁万里对全市开展《广东省信访条例》宣讲活动提出要求。艾学峰，李飞等市领导参加会议，市委副书记陈向新代表市委作动员讲话，市人大常委会常务副主任李石保主持动员大会，市直各单位副处以上领导干部、中省驻韶各单位主要负责人及各县（市、区）党委副书记、人大常委会负责人等参加会议。会后接着举行《广东省信访条例》首场宣讲会。省《广东省信访条例》宣讲员、省人大常委会立法咨询专家陈庆彰作宣讲。

【市委专题民主生活会】 6月25日至26日，市委常委班子召开专题民主生活会，市委班子成员分别作对照检查，进行自我批评，相互间也开展批评。省委常委、组织部部长李玉妹参加会议并作讲话。省纪委、省委组织部有关领导和省委第六督导组成员参加会议，市政协主席李飞、市人大常委会常务副主任李石保列席会议。

【市委中心组理论学习（扩大）会议暨第十二期韶关学习论坛】 7月25日上午，市委举行中心组理论学习（扩大）会议暨第十二期韶关学习论坛，邀请广东省委宣传部讲师团原团长曾凡光教授作主题为《培育和践行社会主义核心价值观》专题报告。会议由市委副书记陈向新主持，市委中心组在家的成员，各县（市、区）宣传部部长、分管文化工作的副县（市、区）长，市直及中省驻韶有关单位副处级以上干部聆听报告。

【举办党纪政纪法纪教育培训班】 7月30日，市委召开全市纪律教育学习月活动动员大会暨领导干部党纪政纪法纪教育培训班开班仪式。市委书记、市人大常委会主任郑振涛出席并讲话，市委副书记、市长艾学峰作题为《从政为民，为官有为》专题辅导报告，市委副书记陈向新主持会议并上保密专题党课，市委常委、市纪委书记黎增丰作推进党风廉政建设和反腐败工作专题辅导报告。

【全国文明城市创建工作部署动员会】 8月1日上午，召开全市深化全国文明城市创建工作部署动员会。市委书记、市人大常委会主任郑振涛参加动员会并作讲话。会议由市委副书记、市长艾学峰主持。市委副书记陈向新总结上半年创文巩园工作，部署下半年创文测评和国家园林城市复查迎检工作。市委常委、宣传部部长许红传达全国深化文明城市创建专题培训班会议精神。副市长兰茵参加会议。

【韶关市第十四届运动会】 8月14日上午，韶关市第十四届运动会在市体育馆开幕。市委书记、市人大常委会主任郑振涛出席并宣布第十四届市运动会开幕，市委副书记、市长艾学峰及市领导徐紫玲、兰茵、邓建华参加开幕式。

【全省扶贫开发“双到”工作现场会】 8月27日，省委、省政府在韶关市乐昌市、乳源瑶族自治县召开全省扶贫开发“双到”工作现场会。省委副书记、省长朱小丹出席会议并讲话。省委副书记马兴瑞主持会议。省人大常委会副主任肖志恒、副省长邓海光、省政协党组成员覃卫东出席会议。市领导郑振涛、艾学峰、张志才参加现场会。

【市委全面深化改革领导小组第二次会议】 9月4日上午，市委书记、市人大常委会主任郑振涛主持召开市委全面深化改革领导小组第二次会议。市委全面深化改革领导小组成员、相关单位负责人参加会议。

【市委网络安全和信息化领导小组第一次会议】 9月15日下午，市委网络安全和信息化领导小组召开第一次会议。市委书记、市委网络安全和信息化领导小组组长郑振涛参加会议并讲话。市委副书记、市长艾学峰主持会议。市领导陈向新、张志才、许红、孔云龙、李安平、许志新、韶关军分区司令员盖长利等参加会议。

【全市“社会矛盾化解年”工作推进会】 9月23日上午，召开全市“社会矛盾化解年”工作推进会。市委书记、市人大常委会主任郑振涛，市领导张志才、陈波、黄劲东、李安平参加会议，市委常委、秘书长孔云龙主持会议。

【全国首个烈士纪念日活动】 9月30日上午，市委书记、市人大常委会主任郑振涛，市委副书记、市长艾学峰，市政协主席李飞等市四套班子领导到韶关市烈士公园参加烈士公祭活动暨向烈士纪念碑敬献花篮仪式。仪式结束后，市委常委、军分区政委郭伟建，副市长、市公安局局长李安平分别率领慰问组前往浈江区和武江区，慰问郑华武烈属和付少云烈属。

【纪念仁化暴动87周年暨红军长征过境粤北80周年学术研讨会】 10月20日，纪念仁化暴动87周年暨红军长征过境粤北80周年学术研讨会在仁化举行。研讨会由中央党史研究室宣教局副局长薛庆超，广东省委党史研究室主任杨汉卿、副主任李淼翔分别主持。陈毅元帅之子、北京市原副市长、中国人民对外友好协会原会长陈昊苏，朱德元帅外孙、解放军装备学院副院长、少将刘建，市领导艾学峰、张志才、孔云龙、柳琛子出席研讨会。

【市委中心组专题务虚研讨会】 10月21日，市委中心组召开“深入学习习近平总书记系列重要讲话，着力推动韶关振兴发展”专题务虚研讨会。市委书记、市人大常委会主任郑振涛主持会议并作总结讲话，市委副书记、市长艾学峰、市政协主席李飞等市四套班子领导作发言。市委中心组成员、各县（市、区）党委书记、市直及中省驻韶有关单位负责人参加会议。

【市委中心组理论学习（扩大）会议暨第十四期韶关学习论坛】 10月26日上午，市委召开中心组理论学习（扩大）会议暨第十四期韶关学习论坛。会议由市委常委、宣传部部长柳琛子主持，邀请十二届全国人大民族委员会副主任委员、国家民委原副主任吴仕民作题为《中华复兴与中国的民族问题》的专题报告。市委副书记、市长艾学峰，市政协主席李飞等市委中心组成员参加会议。

【创建全国、全省第10届双拥模范城（县）动员大会】 11月4日上午，韶关市召开创建全国、全省第10届双拥模范城（县）动员大会，部署创建双拥模范城工作。郑振涛、艾学峰、李飞、孔云龙、郭伟建、李石保、朱余旺等市领导及各县（市、区）、市直有关单位、驻韶关部队主要负责人参加会议。

【学习贯彻中共十八届四中全会精神宣讲报告会】 11月20日上午，市委、市政府召开学习贯彻中共十八届四中全会精神宣讲报告会。邀请省宣讲团成员、中山大学法学院教授聂立泽作宣讲辅导，市委常委、宣传部部长柳琛子主持报告会。在家的市四套班子领导，市直各单位副处级以上干部参加会议。

【全市推进新型城镇化进程现场会】 12月3日，全市推进新型城镇化进程现场会在始兴、南雄召开，会议主题是学习贯彻中央和全省城镇化工作会议精神，检查总结市委十一届四次全会部署推进新型城镇化以来的工作情况，分析新型城镇化发展面临的新形势新任务，对韶关市加快新型城镇化发展再动员、再部署，进一步掀起新型城镇化建设高潮，加快建设粤北地区中心城市步伐。市委书记、市人大常委会主任郑振涛出席会议并讲话，市委副书记、市长艾学峰主持会议。市领导黄劲东、孔云龙、杨小明、王青西、林嘉及各县（市、区）党委或政府主要负责人、市城镇化工作领导小组成员单位的主要负责人、相关单位负责人等参加会议。

【东莞韶关对口帮扶工作第四次联席会议】 12月12日，东莞韶关对口帮扶工作第四次联席会议在东莞市召开。市委书记、市人大常委会主任郑振涛和东莞市委书记、市人大常委会主任徐建华出席会议并讲话，东莞市委副书记、市长袁宝成主持会议。市领导陈波、孔云龙、林平杰、王乙未；东莞市领导张科、周楚良、钟淦泉及两市对口帮扶各成员单位负责人等参加会议。

市委各项重要决策

【市委重要决策】 1月30日，市委办公室印发《中共韶关市委办公室、韶关市人民政府办公室关于印发韶关市贯彻落实〈中共广东省委、广东省人民政府关于进一步促进粤东西北地区振兴发展的决定〉实施方案的通知》（韶办发〔2014〕1号）。4月14日，市委办公室印发《中共韶关市委、韶关市人民政府关于印发2014年若干重要改革任务要点的通知》(韶发〔2014〕2号)。4月30日，市委办公室印发《中共韶关市委关于全面深化改革的实施意见》（韶发〔2014〕3号）。6月20日，市委办公室印发《中共韶关市委关于印发〈中共韶关市委贯彻落实《2014—2018年广东省干部教育培训规划》的实施意见〉》（韶发〔2014〕4号）。6月24日，市委办公室印发《〈韶关市人民政府职能转变和机构改革方案〉的通知》（韶发〔2014〕5号）。

市委各次重要活动

【马建堂一行到韶关督查经济普查工作】 1月5日，国务院第三次全国经济普查领导小组副组长、国家统计局局长马建堂一行到韶关督查经济普查工作。市委书记、市人大常委会主任郑振涛，副市长许志新参加检查。

【刘志庚一行到韶关调研】 1月24日，副省长刘志庚率领省政府办公厅、省公安厅、省交通厅、省春运办等有关部门负责人到韶关市检查春运工作。副市长邹永松参加检查。3月18日，副省长刘志庚到韶关调研园区和交通基础设施建设工作，并召开座谈会。市领导郑振涛、艾学峰、王检养、邹永松等分段参加调研。

【邓海光一行到韶关调研】 2月18日，副省长邓海光率领省农业、水利、民政等部门负责人及省委组织部、省委政策研究室有关领导，到韶关市调研低温冰冻灾害防御和村“两委”换届选举工作。市委常委、市政府党组副书记张志才，副市长、市公安局局长李安平及市相关部门、乳源县、乐昌市有关负责人参加调研。5月6日至8日，副省长邓海光到韶关市乐昌、乳源瑶族自治县、仁化等地调研农、林、水工作。省政府副秘书长颜学亮陪同调研。市领导郑振涛、艾学峰、张志才等参加调研。

【徐少华一行到韶关调研】 2月21日至22日，省委常委、常务副省长徐少华率省有关部门负责人到韶关市考察对口帮扶、新区建设、铁路建设等工作情况，并察看莞韶产业转移工业园、芙蓉新区、赣韶铁路有关项目。徐建华、郑振涛、艾学峰、王检养、孔云龙、王青西、许志新等东莞、韶关两地市领导以及莞韶对口帮扶指挥部、芙蓉新区管委会有关负责人参加调研。

【云浮市考察团来韶】 3月10日，云浮市委书记、市人大常委会主任黄强率领的云浮市考察团一行到韶关市考察，市委书记、市人大常委会主任郑振涛陪同考察，并主持召开座谈会。李飞、王检养、黄劲东、孔云龙、兰茵、王青西、许志新等陪同考察或参加座谈会。

【李春生一行到韶关调研】 3月12日至13日，副省长、省公安厅厅长李春生到韶关调研公安工作。市领导郑振涛、黄劲东、李安平等分段参加调研。

【黄业斌一行到韶关调研】 4月8日下午至9日，省人大常委会副主任黄业斌一行到韶关，开展加快南岭山区集中连片特困地区扶贫开发专题调研，并召开座谈会。市委书记、市人大常委会主任郑振涛，市委副书记、市长艾学峰及市领导王检养、孔云龙、李石保、温新才等分段参加调研。

【王金山一行到韶关调研】 4月18日下午至19日，中央第九巡回督导组组长、全国人大农业与农村委员会副主任委员、安徽省委原书记、人大常委会原主任王金山，副组长、上海市委原常委、纪委原书记董君舒，中央党的群众路线教育实践活动巡回督导组到翁源县开展督导工作，并前往龙仙镇桂竹村、华彩工业园实地调研。省委组织部副部长、省委实践办副主任刘毅，省委第六督导组副组长夏青，市委书记、市人大常委会主任郑振涛及肖怀跃、张平等市领导参加调研督导活动。

【朱小丹一行到韶关调研】 4月21日晚至22日，省委副书记、省长朱小丹，副省长邓海光到韶关就新一轮绿化广东大行动推进情况进行调研，先后到浈江区新韶镇东联造林（碳汇林）绿化点、曲江林场南华工区、乳源南岭国家自然保护区等实地考察。省政府秘书长李峰、副秘书长颜学亮及省财政厅、省林业厅、省国土资源厅、省交通运输厅负责人陪同调研。市委书记、市人大常委会主任郑振涛，市委副书记、市长艾学峰及市委常委、秘书长孔云龙等分段参加考察调研活动。23日，在清远召开韶关、清远推进新一轮绿化广东大行动调研座谈会。副省长邓海光主持会议。市委书记、市人大常委会主任郑振涛，市委副书记、市长艾学峰参加会议。8月20日，省长朱小丹率省有关部门负责人实地调研韶关市棚户区改造工作。副省长许瑞生参加调研并主持座谈会。市委书记、市人大常委会主任郑振涛，市委副书记、市长艾学峰，市委常委、常务副市长陈波参加会议。

【黄先耀一行到韶关调研】 5月7日至8日，省委常委、省纪委书记黄先耀到第二批党的群众路线教育实践活动联系点乳源瑶族自治县调研指导。市委书记、市人大常委会主任郑振涛，市委副书记陈向新，市委常委、市纪委书记黎增丰参加调研。7月16日至17日，省委常委、省纪委书记、省委教育实践活动领导小组副组长黄先耀参加乳源县委常委班子专题民主生活会。会前，黄先耀一行参观考察桂头镇塘头村、阳陂村以及一六镇乌石岭新村，并听取省、市两级督导组的情况汇报，与县委有关负责人进行个别座谈。市委书记、市人大常委会主任郑振涛代表市委讲话。市领导陈向新、黎增丰参加有关活动。7月31日上午，省委常委、省纪委书记、省委教育实践活动领导小组副组长黄先耀到乳源大桥镇红云村调研，参加红云村党支部党的群众路线教育实践活动专题组织生活会。市委常委、市纪委书记黎增丰参加调研。9月3日，省委常委、省纪委书记黄先耀，副省长邓海光率省直有关部门负责人到乳源瑶族自治县调研扶贫工作。市委书记、市人大常委会主任郑振涛参加现场座谈会。市领导黎增丰、张志才陪同调研。

【林少春一行到韶关调研】 5月12日，副省长林少春到乳源瑶族自治县专题调研公立医院综合改革工作，市委副书记、市长艾学峰，副市长兰茵参加调研。9月9日至10日，副省长林少春率由省政府办公厅、省人社厅、省财政厅、省地税局和省总工会组成的第一督导组，实地调研韶关市企业员工参保情况并主持召开会议。市委副书记、市长艾学峰参加会议，市委常委、常务副市长陈波参加调研。12月16日，副省长林少春到韶关调研翁源铁龙林场血铅异常问题，召开专题工作会议。市领导郑振涛、陈波、孔云龙、兰茵，市国土资源局、环保局、卫计局主要负责人，翁源县主要负责人和分管领导，铁龙林场主要负责人等参加会议。

【牛志忠一行到韶关调研】 5月13日上午，武警部队参谋长牛志忠中将率工作组，在武警广东省总队司令员许亚飞、政委陈杭陪同下，到武警韶关市支队督导检查党的群众路线教育实践活动。市委书记、市人大常委会主任郑振涛，市委常委、秘书长孔云龙，副市长、市公安局长兼武警支队第一政委李安平参加座谈会。

【肖志恒一行到韶关调研】 6月3至4日，省人大常委会副主任肖志恒率调研组到韶关开展乡镇人大工作调研。调研组到曲江、翁源和新丰进行实地考察，了解乡镇人大的基本情况、开展工作的主要经验和做法、遇到的主要问题及原因，了解韶关市各地对进一步做好乡镇人大工作的意见和建议。市领导黄劲东、李石保、林平杰和各县（区）、乡镇人大有关负责人与调研组进行座谈。

【胡春华一行到韶关调研】 6月16日至18日，省委书记胡春华先后到新丰、翁源、始兴、浈江、武江等县（区）进行调研，听取各县城及新区规划建设情况介绍，到中小学调研山区教育事业发展情况，深入园区和企业详细了解山区产业发展、东莞对口帮扶韶关等有关情况，检查推进粤东西北振兴发展工作。强调把加快发展落实到项目建设上，加大工作力度，强化用结果说话，推动粤东西北地区振兴发展。省领导徐少华、林木声、许瑞生及市委书记郑振涛、市长艾学峰，东莞市和省直有关部门主要负责人参加调研。

【马兴瑞一行到韶关调研】 6月23日至24日，省委副书记、政法委书记、省社工委主任马兴瑞在市委书记、市人大常委会主任郑振涛，市委常委、政法委书记、市政府党组副书记张志才陪同下到新丰、翁源调研新农村建设等工作。

【梁伟发一行到韶关调研】 6月26日至27日，省政协副主席梁伟发率调研组，围绕“广东村级经济社会发展情况”专题，深入韶关市乳源等地调研。市领导李飞、陈向新、王伟阳、林嘉参加调研。9月11日至13日，省政协副主席梁伟发、王珣章率团到韶关调研。市领导许红、林嘉等参加调研活动。12月1日，省政协副主席梁伟发率调研组，围绕“县级政协基本情况”专题，深入到韶关市浈江、曲江、仁化等地调研。市政协主席李飞，市委常委、曲江区委书记黄劲东，市政协副主席林嘉等参加调研活动。

【林木声一行到韶关调研】 7月1日上午，省委常委、秘书长林木声率省委办公厅领导班子成员到扶贫开发“规划到户、责任到人”对口帮扶点新丰马头镇秀田村举行专题党日活动，市委书记、市人大常委会主任郑振涛，市委常委、秘书长孔云龙参加活动。

【庹震一行到韶关调研】 7月22日，省委常委、宣传部部长庹震到韶关市调研。市领导王检养、许红参加调研。

【王楚一行专访郑振涛】 9月3日，人民日报广东分社社长王楚一行对市委书记、市人大常委会主任郑振涛进行专访，重点采访韶关市落实《关于进一步促进粤东西北地区振兴发展的决定》取得的成效。

【乌日图一行到韶关调研】 9月10日至11日，全国人大常委会委员、财经委副主任委员乌日图率队到韶关市开展统筹推进城乡社会保障体系建设工作调研，市领导陈波、林平杰陪同调研。

【郑红一行到韶关调研】 10月22日，省人民检察院检察长郑红率队到新丰县，就如何更好地发挥检察职能作用、加强和改进新形势下基层检察队伍建设等问题进行调研。

【雷于蓝一行到韶关调研】 10月22日至24日，省人大常委会副主任雷于蓝率领省政府相关部门负责人及阳江团6名省人大代表，到韶关乐昌市和乳源瑶族自治县检查调研底线民生保障资金落实情况。市领导陈波和兰茵分别参加调研。

【林雄一行到韶关调研】 11月5日，省委常委、统战部部长林雄一行到韶关市翁源县调研，市领导郑振涛、何伟青等参加调研。

【罗清泉一行到韶关调研】 11月26日至27日，全国人大环资委副主任委员罗清泉一行到韶关开展土壤污染防治法及循环经济促进法工作调研。市领导郑振涛、孔云龙、杨小明、许志新等参加调研。

【西藏林芝地区党政代表团来韶】 11月26日至27日，由西藏林芝地委书记赵世军率领的林芝地区党政代表团到韶关考察。市领导郑振涛、王检养、陈波、孔云龙、许志新等分段陪同考察活动。

【丹霞山南门服务基地建设项目启动暨安置房开工奠基仪式】 12月17日上午，在仁化县大桥镇古洋村举行丹霞山南门服务基地建设项目启动暨安置房开工奠基仪式。市委书记、市人大常委会主任郑振涛及市领导陈波、孔云龙、柳琛子和香港路劲地产集团董事局主席、盛世华房基金董事长单伟豹等出席仪式，并为项目开工培土奠基。

【陈云贤一行到韶关调研】 12月23日上午，副省长陈云贤到韶关督导检查教育工作，市领导郑振涛、艾学峰、孔云龙、朱余旺分段参加调研活动。

【黄龙云一行到韶关调研】 12月29日，省人大常委会主任黄龙云到省人大机关对口帮扶的新丰县梅坑镇华溪村调研扶贫开发“双到”工作。下午，黄龙云在新丰主持召开座谈会，就省人大常委会工作报告（稿）、省人大党组民主生活会、在试点县设立立法联系点等工作，向韶关、梅州、河源、清远4个市人大常委会有关负责人、部分省人大代表征求意见。市人大常委会常务副主任李石保参加座谈会。

（焦晓松　王　松）

中共韶关市委副秘书长以上领导成员名单

市委书记：郑振涛

市委副书记：艾学峰　陈向新

市委常委、市纪委书记：

赖日先（—2014.4）

黎增丰（2014.4—）

市委常委、政法委书记、市政府党组副书记：张志才

市委常委、组织部部长：肖怀跃

市委常委、副市长、市政府党组副书记：王检养

市委常委、宣传部部长：

许　红（—2014.9）

柳琛子（2014.9—）

市委常委、常务副市长、市政府党组副书记：陈　波

市委常委，曲江区委书记、区人大常委会主任：黄劲东

市委常委、韶关军分区司令员：

郑佳树（—2014.8）

市委常委、秘书长：孔云龙

市委常委、韶关军分区政委：

郭伟建（2014.8—）

市委副秘书长：

周德霖（—2014.10）

文火玉

蓝振云

王荣光（2014.10—）

沈河民（—2014.9）

李惠明（挂职）

罗斌（挂职，2014.4—2014.12）

麦炽帮（挂职，2014.12—）

市委办工作

【概况】 中共韶关市委办公室是协助市委领导处理市委日常工作的部门，现有行政编制51名，内设一秘科、二秘科、综合科、信息调研科、市委督查室（网络问政科）、值班室（市委指挥中心）、人事科、老干科、行政科、保卫科等10个职能科室和市委车队，并管理市信访局、市委机要局（市密码管理局）、市委保密办（市保密局）。市委十一届第62次常委会议研究决定，绩效考核工作从市纪委（监察局）划出，市绩效考评办公室设在市委办公室，相关工作由市委办公室牵头负责。2014年，市委办公室围绕中心、服务大局，发挥“坚强前哨”和“巩固后院”作用，做好各项“三服务”工作，保障市委决策部署的贯彻落实和政务运转的顺畅。向市委推荐提拔1名干部到乐昌市委任职、1名副调研员，提拔13名中层干部，调入3名优秀年轻干部。轮岗5名干部，选派5名年轻干部到乡镇挂职，继续选派1名干部到扶贫开发“双到”联系点驻村工作

【以文辅政有新作为】 完成市委十一届五次、六次全会报告和《胡春华书记来韶调研的情况汇报》等各类综合文稿187篇、近60万字，采编和审核市委主要领导的新闻稿件87篇，文稿材料质量得到市委领导的充分肯定。编发《韶关信息》（普刊）22期、经验交流类专报15期，办理反映问题意见建议类的信息送阅件82件、送呈件52件，获得市领导批示42件60次，较上年有大幅度增长；向省委办公厅报送信息273篇，采用80多篇，其中5条信息得到省领导批示，较好地推动工作开展。编发《值班专报》114期，办理送阅信息179件；编发紧急信息短信125批2100多条，向省委办公厅上报《韶关值班信息》142期，获中央领导批示1条、省领导批示23条、市领导批示214条，紧急信息报送在全省排第3名。

【政务服务规范高效】 组织或协助完成全省扶贫“双到”现场会、传达学习贯彻中央十八届四次全会等32次大型会议活动，主办或协办中央教育实践活动督导组来韶督导、省委主要领导和有关领导来韶调研等重要公务活动26次。筹备市委常委会议28次，审核材料161份，编发会议纪要28期。编印《市委常委、副市长一周工作安排表》50期、《月份重要工作和会议活动安排》12期。办理各类请示、报告、函件483份、领导批示件53份，传达市领导批示近1100次，编印领导批示件跟踪办理表11份。核发文稿

239 份，制发各类红头文件 75 份；办理中省文件 282 份，处理 OA 系统各类电子公文 3689 份；向省委办公厅报备党内规范性文件 13 份，报备及时率、通过率均为 100%。完成 1978 年至 2013 年 6 月市委党内规范性文件清理工作，累计查阅文件 12835 件，清理文件 763 件。

【督促检查狠抓落实】 2014 年，开展督查活动 48 次（其中决策督办 20 次、专项督办 28 次），发出督办通知 28 次，受理、办理省市主要领导批示 28 件，有 16 篇督查材料得到市委、市政府主要领导的批示，有效推动市委重点工作、领导批示的落实。做好市直机关绩效考核工作，制订下发 2014 年考核实施方案，完成 74 个市直单位目标考核指标申报的审核工作，组织修订突出贡献奖励办法。深入开展网络问政工作，受理网民问政留言 9037 条，按时受理率 98.88%，按时回复率 99.70%，首次答复问政人满意率 88.92%，一大批涉及民生服务的问题通过网络问政平台得到有效解决，群众“投诉无门”现象得到改善。

【后勤保障主动周到】 增强主动服务意识，切实做好老干部政治、生活待遇的落实工作，组织开展形式多样有益于老年人身心健康的文体活动，得到老干部及家属广泛好评。严格做好财务管理和办公用房清理整改工作，完成会议中心及办公大楼部分设施设备改造，提高饭堂服务质量，做好市委大院卫生绿化工作，后勤管理和服务水平得到进一步提升。围绕“创建平安韶关”和“创建平安市委大院”目标，制定完善安全保卫制度、综合治理工作制度，提升安全保卫工作效能，维护市委大院的安全和谐稳定。狠抓安全教育，加强用车管理，安全行车 50 万公里，完成市委各项重大活动和领导交办的工作任务。

【机要保密严谨细致】 严格做好密码通信工作，收发办理明密电报 2500 份，没有发生压误电报和失泄密等工作责任事故，保证领导机关指示政令的安全畅通。推进电子政务内网建设，完成二期工程方案设计、审批、项目立项工作。开展保密宣传教育和业务培训活动，编写印发《韶关市机关单位保密工作手册（2014 年版）》1500 册，深入机关单位举办保密法纪讲座 17 场次，举办全市保密培训班 4 期。强化监督检查和行政审批，全年开展保密专题调研 10 次、专项检查 6 次，督导查处保密违规行为事件 3 宗，追究党纪、政纪 2 人；开展保密行政审批 13 宗。同时，保密工作由绩效考核的扣分项目提升为“一票否决”。

【信访维稳积极推进】 抓好《广东省信访条例》学习贯彻实施，推进韶关市网上信访信息系统建设，如期实现与省和国家系统的顺利对接；推进诉访分离，严格落实领导包案制，排查出的 101 宗信访积案全部得到化解。全市群众到省集体上访 26 批 222 人次，同比分别下降 60.5% 和 74.3%；进京非正常上访 52 人次，同比下降 32.5%，全市信访形势有较大的好转。

【办公室影响力明显提升】 2014 年，办公室先后荣获 2013 年度市直单位绩效考评优秀单位、市直单位厉行节约先进单位、韶关市工会工作优秀单位，在 2014 年全市落实党风廉政建设责任制考核中荣获“好”等次，机要局被评为 2014 年度全省机要部门密码工作先进单位等荣誉称号，全市新一轮扶贫开发“双到”工作现场会选取挂扶黄坌村为示范点；全市党的工作会议上，办公室机关党委作党建工作经验介绍；建立领导干部保密工作考核机制的经验做法得到国家保密局肯定，并在《保密工作简报》专栏刊登；县（市、区）和市直单位选送 20 多名干部跟班学习锻炼。邓勇辉被授予 2014 年“韶关好人”荣誉称号。

【开展“五个坚持”主题教育系列活动】 9 月 19 日，市委书记郑振涛以一名普通党员的身份参加市委办第一党支部的组织生活会，结合学习习近平总书记的“五个坚持”讲话精神，就如何做好办公室工作提出具体要求。10 月 9 日，孔云龙主持召开市委办专题学习会议，深入学习贯彻习近平总书记重要讲话精神，进一步打牢党委办公室系统干部职工理想信念和绝对忠诚的思想根基。同时，根据中央办公厅秘书局通知要求，在全市党委办公室开展“深入践行‘五个坚持’做党性坚强的党办人”征文活动。

（廖文龙　穆　青）

附：领导班子成员名单

主　任：蓝振云

副主任：凌海江　何运荣

　　　　叶洪番　李　勇

纪检组长：郑　健

组织工作

【概况】 中共韶关市委组织部是市委负责领导班子、干部队伍、人才队伍和党的基层组织建设的职能部门。2014 年，市委组织部内设机构共 13 个，分别是办公室、调研科、干部一科、干部二科、干部三科、干部四科、组织科（加挂市党代表联络工作科、市党建工作领导小组办公室、市“两新”组织党工委办公室和市党建研究会牌子）、干部监督（信访）科（加挂举报中心牌子）、干部培训科、党员电化教育科（党员电教中心）、农村组织科、人才工作科、市公选办。截至 2014 年 12 月底，在职干部 45 名，领导设部长 1 名、副部长 4 名（其中兼职 1 名）。

【开展总书记习近平系列重要讲话精神学习培训】 把学习总书记习近平系列重要讲话精神作为首要的政治任务来抓，将讲话精神和十八届三中、四中全会精神列入各级党校（行政学院）主体班次、各级领导干部专题培训、党委（党组）中心组学习的重要内容，以之引领干部教育培训工作，全市培训各级各类干部12.83万人次。市委专门举办两期市管领导干部学习习近平总书记系列重要讲话精神培训班，集中轮训927名市管领导干部。制定出台《中共韶关市委贯彻落实〈2014—2018年广东省干部教育培训规划〉的实施意见》，实现教育培训工作制度化、规范化。全年组织1106名县处级以上领导干部参加广东省干部培训网络学院在线学习，完成率94.4%。

【党的群众路线教育实践活动】 市级和10个县（市、区）、109个市直及中省驻韶单位、815个县（市、区）直单位领导班子，7500多个基层党组织，19.3万名党员围绕“为民务实清廉”主题和“照镜子、正衣冠、洗洗澡、治治病”总要求，突出问题导向，贯彻整风精神，聚焦“四风”，开展党的群众路线教育实践活动。各级党委（党组）高度重视，党员领导干部带头示范、以上率下，各级领导小组及其办公室科学谋划、精心组织，各级督导组担责履职、严督实导，推动各级党组织和党员干部严格按照要求和标准，完成学习教育、听取意见，查摆问题、开展批评，整改落实、建章立制三个环节的各项工作，高质量做好“两会一评议”，深入开展整治“三难”“两侵”、化解信访积案等25个专项行动。通过活动，广大党员干部受到深刻的思想洗礼，党内政治生活进一步严格，“四风”积弊得到有力整治，群众反映的突出问题得到有效解决，党群干群关系进一步密切。翁源县和乳源县分别作为中央第九巡回督导组和省委常委、纪委书记黄先耀的联系点，活动开展扎实有效，较好地发挥示范作用。

【“五好四有”领导班子建设】 结合建章立制工作，加强各级党委（党组）以民主集中制为核心的制度体系建设，提高科学民主决策水平。修订完善县（市、区）经济社会科学发展考核办法，改进机关绩效考评和干部年度考核办法，及时做好分析、反馈、通报工作，并把考核结果作为领导班子和领导干部评优评先和调整任用的重要依据，有效发挥政绩考核在科学发展中的“指挥棒”作用。修订完善《县处级领导班子状况定期分析研判制度》，根据各地各单位在群众路线教育实践活动中查摆出来的问题、班子实绩考核和干部年度考核的结果、执纪执法部门掌握的动态，结合平时和年底专题调研了解的情况，深入分析各县（市、区）和市直单位领导班子和领导干部的状况，掌握班子运行情况和干部现实表现，及时提出领导班子和领导干部调整意见，优化班子结构、增强班子整体功能。

2014年6月27日，市委常委、组织部部长肖怀跃听取老党员对开展群众路线教育实践活动的意见建议（组织部）

【干部选拔任用】 学习贯彻新修订的干部任用条例，结合韶关市干部工作实际，修订完善《市管干部选拔任用工作规程》，与市人社局联合下发《关于做好市直单位科级干部选拔任用工作的通知》，并实行干部选拔任用工作全程纪实制度，使干部选任工作有章可循、有据可查。坚持好干部标准，树立讲德才、重实绩的用人导向，一批群众公认的干部被提拔充实到各级领导岗位。开展专项整治工作，全市清理超职数配备干部397人，完成阶段性任务；8名“裸官”已按要求进行处理；127名在企业兼（任）职的干部和126名在社会团体兼职的退（离）休干部也完成清理规范工作。贯彻市“双拥工作”要求，做好17名团职军转干部安置工作。开展干部人事档案改版工作，全市完成2.2万多卷干部人事档案改版。招录市直党群机关、参公事业单位工作人员17人，市法院系统公务员35人，市检察院系统公务员21人；从村（社区）书记（主任）中招录乡镇公务员24人。

【干部监督】 落实《韶关市贯彻〈广东省从严治党五年行动计划〉实施意见》，立足于抓早抓小，坚持实施干部预警监督“三提示三书”办法，广泛开展与干部谈心谈话活动。组织开展市管干部个人有关事项报告抽查核实工作，实行党政机关和企事业单位主要负责人离任责任交接制度，出台领导干部经济责任审计轮审办法，对18名市管干部进行经济责任审计，对存在问题进行严肃处理。开展干部选拔任用情况检查和“带病提拔”干部选拔任用过程倒查工作，对存在问题予以通报并督促整改，匡正选人用人风气。

【创新人才引进培养工程】 将人才发展指数纳入韶关市落实科学发展观实绩考核指标，印发《韶关市“创新人才引进培养工程”子计划责任单位人才工作考核办法》。从市人才资源开发专项资金中划拨100万元，择优扶持6个人才子计划责任单位的重点人才项目，激发人才工作活力。邀请省有关领导、评委专家，对全市近200名人才工作者进行业务培训，提高人才工作队伍的管理服务能力。

【省“扬帆计划”项目申报和迎检工作】 做好2012年度省“扬帆计划”项目中期考核迎检工作，市级项目百千万金凤引航工程和乳源县瑶族文化传承与创新人才培养工程、翁源县兰花专业技术人才培训项目、新丰县稀土院士专家企业工作站人才项目平台等3个县级项目，通过省中期检查，其中乳源的人才项目获得省80万元的追加扶持。组织2014年度省“扬帆计划”项目申报工作，市级项目“韶关市先进装备制造产业人才引育工程”和乐昌市南方落叶果树特色产业人才培育工程、南雄市绿色稻米产业人才培养工程、仁化县国家现代农业示范区特色农业人才培养工程、翁源县粤台农业合作试验区药用植物产业人才工程、武江区机械装备制造专业人才孵化工程等5个县级项目全部入选省“扬帆计划”，其中市级项目和翁源的县级项目是省内唯一的连续三年获得省财政扶持的项目。

【优化人才发展环境】 2014年，新增设宝钢集团广东韶关钢铁有限公司博士后创新实践基地、广东金友集团有限公司博士后创新实践基地、丽珠集团利民制药厂博士后创新实践基地等高端人才发展平台，并各拨付10万元的一次性科研启动经费。及时发放市第七期专业技术拔尖人才2013年度技术津贴，组织专业技术拔尖人才进行常规身体检查，建立拔尖人才健康档案。

【村级基层组织建设】 组织村、社区“两委”换届工作，一大批思想政治素质好、“双带”能力强、群众公认的优秀人才被选进村、社区“两委”班子，“两委”干部交叉任职和书记、主任“一肩挑”比例分别达92%和93%，均超过省的要求，性别、年龄和学历结构进一步优化，村务监督委员会实现全覆盖。暂停招聘并做好在岗大学生村干部分流工作，组织参加粤东西北地区乡镇公务员招考和各类事业单位招聘。截至2014年年底，全市在岗大学生村官937名。开展薄弱村整顿建设工作，对排查出的142个薄弱村（含16个省级问题突出村）进行综合帮扶，全面实现薄弱村转化升级的目标。全面落实乡镇（街道）领导干部驻点普遍直接联系群众制度，全市组建1422个驻点团队到基层开展直接联系工作，收集群众反映的问题和意见建议。选择武江区为试点，采取党员个人报到、集体组织报到、党员领导干部建立社区联系点、机关党组织与社区党组织结对共建等多种方式，组织800多名机关在职党员到社区报到，开展志愿服务活动，共领办服务项目200多个，为民办好事实事70多件。

【“两新”组织党的建设】 开展“两新”组织党组织“扩面提质”行动，通过开展全面摸查底数、建立党组织台账、壮大党员队伍、优化党组织设置、抓好软弱涣散党组织整治、分期分批培训党组织书记等活动，实现党的工作全覆盖，党组织覆盖率93.2%。对全市“两新”组织党组织、党员、党建指导员及单位情况有关信息进行采集，形成“两新”组织信息管理平台。完成排查出来的80个软弱涣散“两新”组织党组织的整顿工作，分期分批对全市247名“两新”组织党组织书记进行培训。

【党代表联络工作和工作室（站）建设】 在党代表工作室建设的基础上建立工作站。继续完善“一站双联三代”工作机制，推行党代表联系党员、党员联系群众，党代表联系群众、重点联系困难群众；事务代办、惠民代理、诉求代言，有效发挥党代表和党代表工作室（站）作用。结合党的群众路线教育实践活动，组织全市6800多名党代表参与宣讲团、报告会、送学等活动，直接联系党员9255人。组织全市各级党代表以普通代表的身份，进驻党代表工作室（站）开展活动，实现进驻全覆盖、活动全参与、服务有实效。

【党员教育管理服务工作】 按照“控制总量、优化结构、提高质量、发挥作用”的总要求发展党员，全市发展党员2800名。明确不同行业、不同领域、不同系统对于不合格党员的认定标准、认定程序和处置办法，稳步慎重推进处置不合格党员工作。组织全市9.23万名党员捐赠党员互助金361.76万元（纳入市本级党员互助金110.21万元），从市本级党员互助金拨付16.05万元，对72名特困党员给予一次性困难补贴。各级财政、留存党费和党员互助金共投入资金152.22万元，给予全市1649名65周岁以上、享受低保的农村困难老党员和90名城镇困难老党员每月生活补贴。

【党组织书记抓基层党建工作】 抓好基层党建创新“书记项目”，建立19个市库“书记项目”，其中市委书记郑振涛的“推行‘三三制’基层工作法，打造农村服务型党组织”基层党建“书记项目”，得到省委组织部通报表扬。组织开展县、镇两级党（工）委书记抓基层党建述职评议工作，全市10个县（市、区）、104个镇（街）、7个市直单位和65个县（市、区）直单位党（工）委书记进行述职评议，推动党建主业责任有效落实。

【党员干部现代远程教育】 韶关市终端站点全年开机率达100%，在全省排名并列第一；完成《村民点“赞”好作风》《梦想种在山里头》《守护和谐为乡亲》等三部专题片的摄制。

【组工调研信息网宣工作】 2014年，编发《韶关组工通讯》12期共131篇文章，《韶关组工信息》74期共88篇文章，《韶关市村（社区）“两委”换届选举工作简报》43期共43篇文章。加大向上级党刊报送稿件力度，全市组织部门向市级以上党刊投稿3000多篇，其中被《党建研究》《广东组工通讯》《领导科学》《党建文汇》《南方》《广东党建》等省级以上党刊采用稿件93篇，被《广东组工通讯》采用稿件25篇。韶关市共向中组部《组工信息》和《广东组工信息》分别报送信息776条和998条，其中被中组部《组工信息》综合采用6条；被《广东组工信息》单条采用12条、综合采用1条。组织网宣员跟帖发帖、撰写网评文章，全年发布原创网评文章267篇，申报影响力文章50篇。市委组织部课题组完成2014年度全省组织工作重点调研课题《新常态下组织部门严格干部日常管理监督问题研究》。

（廖　愉　卢功伟）

附：领导班子成员名单

市委常委、组织部部长：肖怀跃

副部长、市直属机关工委书记：

姚远通

常务副部长：颜玉明

副部长、调研员：李志斌

副部长、市“两新”组织党工委书记：

钟　曦

宣传思想文化工作

【概况】 中共韶关市委宣传部是市委主管全市意识形态方面工作的综合职能部门，直接指导和协调全市新闻、文化文艺和社会科学研究等工作。中共韶关市委宣传部组织结构：现设部长1名，常务副部长1名，副部长2名，纪检组长1名；内设办公室、理论科、网络科、新闻科（市委对外宣传工作领导小组办公室、市人民政府新闻办公室）、宣教科（市国防教育领导小组办公室）、文化发展科、干部科等7个科室；下设韶关市精神文明建设委员会办公室，设文明创建科和未成年人教育科；直属参公事业单位讲师团，设综合室、学习室、教研室。现有在职干部32名（行政编制25名，参公事业编制7名），94%本科以上学历。2014年，韶关市宣传文化工作坚持因势而谋、应势而动、顺势而为，各项工作取得新进展，实现新突破，并为今后的发展奠定基础。呈现出理论武装扎实有效、舆论宣传广泛深入、文化建设改革创新、精神文明建设稳步推进、队伍建设不断优化的新常态。

【理论武装纵向推进】 以党委中心组理论学习为龙头，借助“韶关学习论坛”平台，组织市委中心组学习活动。各级党委中心组平均每月至少开展1场专题集中学习活动。加强对县（市、区）及市直各单位中心组学习的指导监督，对全市11个学习型党组织建设示范点进行巡学、旁听，探索学习型党组织建设新途径、新办法。围绕形势政策宣教主题，组织各县（市、区）成立由机关干部、学校教师、基层代表、行业代表和大学生组成的百姓宣讲团，分赴各地各单位开展巡回宣讲，构筑立体式的宣讲网络，全市各级宣讲团累计开展各类宣讲报告近500场次。

【社科研究初现成果】 加强信息调研工作，围绕当前宣传文化工作面临的新情况、新问题，组织开展多项专题调研并形成多篇理论文章。加强社科研究，全年立项课题近50项，探索建立重点课题委托机制，将“文化名城发展战略研究”等3个课题分别委托省情调查研究中心等单位开展课题攻关。尝试实施社科研究课题共建，拓展社科工作平台，开设“韶关社科网”和“韶关社科之家”微信平台。

【正面宣传全面展开】 组织以重点工程巡礼等为主题的宣传活动，探索实行传统媒体、网络微信等新兴媒体和文艺工作三者联动机制，全年推出30多个主题宣传，开设近30个专题专栏。协调央视多个频道和栏目先后10多次来韶进行专题采拍，推出韶关专题节目14期，共515分钟。协调中省媒体深入全市各地挖掘新闻亮点，在南方日报等省属媒体推出《韶关：找准发展方法激发内生动力》等系列专题专版报道。组织开展港媒看韶关活

2014年2月28日，韶关市召开全市组织工作会议（组织部）

动，协同香港商报开展《问道韶关》《再访韶关》系列采访报道活动。协调南航集团《空中之家》杂志以 1 个封面和 16 个版面刊发韶关专题。全年指导和组织相关部门开展近 20 场新闻发布会。

【网络监管举措多样】 建立市政府新闻发布厅和“韶关市政府网上新闻发布厅”，成立市委网络安全和信息化领导小组，全市各县（市、区）和市直各单位政务微博上线实现全覆盖。深入开展网络宣传和“净网”行动，清理整治网络虚假新闻及网络谣言。举办首届韶关市“国家网络安全宣传周”活动，开展“传播正能量、共享网络文明”网络品牌栏目评比、“梦圆韶关”微作品大赛等系列活动。

【文艺精品创作成效显著】 修订社科和文艺精品创作申报扶持机制，实施文艺精品战略工程，催生一批叫好叫座的精品佳作。长篇小说《水滴》、歌曲《恩情》荣获省五个一工程奖。各县（市、区）、市文联下属各协会组织参加全国全省各类文化竞赛活动，获奖数量累计 60 多项。

【群众文化活动繁荣发展】 加大群众文化活动扶持力度，发挥相关文艺协会作用，组织开展“北江源·韶韵风”“文明和谐·舞动韶城”系列群众文化品牌活动和“唱响中国梦”、全省优秀舞台艺术作品巡演、南国书香节等主题性群众文化活动，群众精神文化生活得到进一步丰富，群众参与文化活动的热情日益高涨。

【创新公共文化服务模式】 探索推行公共文化“菜单式”服务模式，通过面向文化单位和文化团体征集、媒体公示、群众评议等流程，确定公共文化服务项目，推动公共文化服务与群众文化需求的有效对接，畅通优秀精神产品走向群众的渠道。

【文化产业发展显现新色】 组团参加第十届（深圳）文博会，实现连续三年荣获优秀组织奖和优秀展示奖。着力推进文化产业项目招商引资工作，经律论文化旅游小镇—森林温泉世界等一批重大文化产业项目落地建设。“丹霞世界自然遗产地”“禅宗文化圣地”“全国生态旅游目的地”等旅游文化产业发展规划正实施。

2014 年 11 月 3 日，在西河全民健身广场举行韶关市第三届百姓艺术健康舞展演活动（李俊枫　摄）

【优化媒体内部管理体制】 指导市广播电视台推进频道、频率制改革，组建新闻中心和广电网报中心，自办栏目时长、收视率均明显提高。深化韶关日报社经营体制改革，探索内部企业化管理，改革用人制度和薪酬分配制度，激发内部管理活力。（谢旭雯）

附：领导班子成员名单

市委常委、宣传部部长：

许　红（—2014. 10）

柳琛子（2014. 10—）

常务副部长：李晓林

副部长、市文明办主任：何新文

副部长：段志坚

纪检组长：张桂先

副部长兼市广电台台长：

巫育明（—2014. 9）

精神文明建设

【概况】 2014 年，韶关市精神文明建设工作全面贯彻落实中共十八大和十八届三中、四中全会精神，坚持围绕中心、服务大局，改革创新，坚持以社会主义核心价值观引领精神文明建设，全面加强公民思想道德建设和群众性精神文明创建活动，精神文明建设工作得到不断深化和拓展。

【培育和践行社会主义核心价值观】 制定下发全市培育和践行社会主义核心价值观的实施意见及示范点建设标准，全市有 4 个单位被列为省级示范点，12 个单位为市级示范点。市直媒体围绕 24 字内容的“三个倡导”在显要位置、主要时段进行宣传和解读，城管等部门在主要路段新设置一批主题鲜明、格调高雅、寓意深刻的主题公益广告牌，各单位广泛制作张挂“图说我们的价值观”海报、公益广告 5000 多张，利用各类公共场所利用展板、建筑围栏、电子荧屏、宣传栏等媒介广泛传播，全市初步形成多维度、广覆盖的浓厚舆论氛围和宣传氛围。

【开展公民道德实践活动】 举办以“弘扬中华优秀传统文化，践行社会主义核心价值观”为主题的第12个全国公民道德宣传日活动。坚持每季推荐上报“中国好人”“广东好人”和开展每季度“韶关好人”推荐评选，全年共评选产生3位“中国好人”、4位“广东好人”、20位“韶关好人”，承办“爱国敬业 · 诚信友善”——全省道德模范和身边好人（韶关）现场交流活动。市道德讲堂总堂——尚德堂全年举办活动20场，全市各类道德讲堂共举办600多场次，一大批道德典型事迹得到宣传弘扬。深入基层开展“道德春联进万家”“好家训进家庭”活动，仁化县周田村成为全省首个“孝心村”。推进诚信建设制度化，在市政府公众信息网开设“信用韶关”网页，与各职能部门联手发布韶关市首期诚信“红黑榜”。

【宣传倡导文明新风】 注重拓展深化志愿服务，突出制度化建设这一重点，加强志愿者队伍和志愿服务团体的管理，韶关市顺利接入省志愿者信息管理服务平台，全市注册志愿者人数上升到7.7万人，志愿服务团体和组织达600多个。策划第29个“国际志愿者日”系列活动，多名市领导作为普通志愿者全程参与创文志愿服务、学雷锋便民服务、关爱老人儿童等一系列“三关爱”志愿服务。与邮政部门共建首批街头邮亭志愿者服务站。开展6000户的创文入户宣传，刊播中央制作的“我们的价值观”、“中国梦”、节俭养德系列公益广告，扩大“讲文明树新风”公益广告覆盖面。加强文明行为习惯的教育引导，实施文明交通行动、文明旅游行动、文明餐桌行动、网络文明传播活动，引导全社会形成积极向上的精神追求和健康文明的生活方式。

【开展文明创建工作】 加大文明城市（县城）、文明村镇、文明单位等各类文明创建力度和成果巩固。市区接受上级住建部门的复查巩固国家园林城市创建成果，并再次通过中央文明委三年一届的文明城市总测评，继续保持创建全国文明城市提名资格。省委、省政府授予乐昌市为“广东省文明城市”，新丰县、翁源县为“广东省创建文明县城工作先进县城”，南雄市珠玑镇为“省文明村镇”，北江中学、粤北人民医院、武江区国家税务局为“省文明单位”。完成2012—2013年度韶关市精神文明建设先进集体评选命名，128个单位分别被授予市级“文明单位”“文明镇”“文明村”“文明社区”“文明示范窗口”“未成年人思想道德建设先进活动基地”“精神文明创建活动创新奖”荣誉称号，形成精神文明创建活动由城及乡、各领域广泛延伸的新格局。

【推进未成年人思想道德建设工作】 制订下发2014年全市未成年人思想道德建设工作方案，突出立德树人，以培育和践行社会主义核心价值观为主线，突出抓好友善、孝敬、诚信等中华传统美德教育和爱学习、爱劳动、爱祖国“三爱”活动。分别在始兴和仁化召开全市中小学“弘扬雷锋精神、践行社会主义核心价值观”活动经验交流会、全市中华优秀传统文化教育现场会和成果展示会演。在重要时间节点开展“我的中国梦”教育及“做一个有道德的人”主题活动，先后开展“日行一善”“网上祭英烈”“美德少年”评选表彰、“童心向党”及“道德模范进校园”事迹报告会等道德实践活动，开展第二届《弟子规》朗诵比赛、世界读书日系列活动。召开全市乡村学校少年宫建设现场会，新增8所中央彩票公益金支持建设的乡村学校少年宫，市级乡村学校少年宫建设实现三年全覆盖目标。浈江区碧桂园西区社区荣获“广东省儿童友好示范社区”称号。协调文化、公安、工商等部门净化校园周边环境，未成年人成长环境实现新的优化。 （刘立强）

爱国统一战线

【概况】 1952年9月，中共粤北区党委设立粤北区党委统战部。1956年2月，中共粤北区党委撤销，中共韶关地委建立，粤北区党委统战部改称韶关地委统战部。1956年9月，成立中共韶关市委（县级市）统战部。1977年1月，随着韶关市升格为地区一级市，中共韶关市委统战部也升格为处级建制。1983年6月，韶关地区与韶关市（县级市）合并，韶关地委统战部与韶关市委统战部合并为韶关市委统战部。2001年8月，设置中共韶关市委统一战线工作部。市委统战部现设5个职能科（室）：办公室，党派工作科，港澳、海外联络科，经济工作科，港澳社团联络工作办公室。核定行政编制16名，后勤服务人员4名。2014年，市委统战部深入学习贯彻中央、省委、市委全会精神和全国、全省统战部长会议精神，以开展群众路线教育实践活动为契机，把握大团结大联合主题，推进多党合作、民族宗教、非公经济领域统战、港澳及海外统战、扶贫开发和部机关作风建设，稳步提高统战工作服务科学发展和自身科学发展水平。

【多党合作事业有新发展】 加强干部培训培养。抓常规培训，与市委组织部联合举办2014年全市民主党派基层组织骨干学习班，安排党外干部参加省2014年党外中青班和县处级党外干部培训班，指导市各民主党派举办新成员培训班、参政议政培训班、各民主党派市委会议、政府部门与民主党派对口联系座谈会等活动；抓好党外后备干部队伍建设，及早开展民主党派领导班子后备干部推荐考察工作，初步确定36名人选名单；抓基层锻炼，完成党外干部下基层挂职锻炼收队管理工作，6名挂职干部已有2名获得提拔，1名获得重用。加强与市委组织部就党外干部培养教育、推荐使用、挂职任职等问题进行沟通协商，初步形成共同考察、任前谈话的良好机制，全年提拔处级党外干部2名；帮助民主党派解决副主委职数难题。负责做好市政协委员增补工作。推进组织平台建设。推进各民主党派组织稳步发展，截至12月底，全市民主党派共有成员2210人，其中民革356人，民盟534人，民建332人，民进375人，农工党374人，九三学社239人。全市已成立3个县级无党派知识分子联谊会，南雄市知联会在筹建中。组织知联会成员开展专题调研、研讨会、小组活动等，激发知联会活力。协助市委召开以“开展坚持和发展中国特色社会主义学习实践活动，进一步发挥参政党作用”为主题的民主党派负责人暑期座谈会以及新年座谈会、情况通报会、专题征求意见会等。做好“市委出题、党派调研”工作，各民主党派在“两会”期间提交提案议案112件。引导党外人士参与社会服务，先后组织各民主党派、市知联会赴曲江、仁化等地开展捐资助学和送医送药等活动。举办农工党广东省委会助力粤东西北地市改革发展对接座谈会暨签约仪式。

【民族事业有新成绩】　贯彻落实民族政策，传达学习全省城市民族工作会议精神。配合市人大开展《广东省散居少数民族权益保障条例》实施情况调研，配合市政协对韶关市少数民族地区教育发展情况进行视察。协助《南方日报》完成“广东民族工作走笔（下）”采访报道。走访慰问在韶经商务工少数民族群众，帮助他们解决子女入学难等问题。武江区协调辖区多起维吾尔族商贩矛盾纠纷，维护少数民族群众合法权益。协助在韶新疆维吾尔族群众向昆明“3·1”事件伤者及遇难者家属捐款事宜。6名选派东莞的少数民族优秀干部完成为期半年的挂职锻炼工作。加大对民族地区支持力度，报请国家民委《关于请求支持广东乳源南水湖国家湿地公园建设项目的请示》，得到国家民委高度重视；协调国家林业局落实广东乳源南水湖国家湿地公园试点建设资金500万元。乳源县继续深入推进“两不具备”村庄搬迁工作，解决深山区瑶族群众生产生活难题；推进蓝威科技园等县重点项目取得显著成效。乐昌市邀请林业专家为少数民族聚居区举办杉树种植技术培训班，提高村民致富能力。弘扬民族文化。继续做好申报全国少数民族特色村寨工作，全市8个少数民族村寨入选“十二五”时期全国少数民族特色村寨保护与发展名录公示名单。开展对少数民族发展资金管理使用情况检查工作。组织少数民族运动员参加第五届广东省少数民族传统体育运动会并获得3金3银2铜的优异成绩。完成2014年民族团结宣传教育月活动。乳源瑶族自治县人民政府被国务院评为第六次全国民族团结进步模范集体。

【宗教工作有新气象】　加强宗教人士培养，推荐5名基督教教职人员担任省基督教两会代表，推荐4名道教教职人员担任省道教协会第五次代表大会代表，推荐22名佛教教职人员担任省佛教协会第八次代表大会代表；推荐5名优秀宗教教职人员参加省委统战部宗教人士学习班。推动宗教文化交流活动，组织市基督教三自爱国会、南华寺等有关负责人到湖北、江苏考察交流；向国家宗教局申请在韶关市举办2015年全国汉传佛教讲经交流会；做好国家宗教局副局长张乐斌到韶关调研接待工作。加强宗教活动场所管理和安全工作，做好宗教政策法规学习月活动，强化宗教领域矛盾纠纷排查处置，维护宗教和谐稳定。组织别传寺、太傅庙和基督教东堤堂申请国家宗教局寺观教堂维修资金。大雄禅寺三圣殿开光庆典活动举行，成功打造南雄市新的城市名片。乳源县推进正觉寺恢复重建取得明显成效，推进云门生态保护区建设遗留问题妥善解决。始兴县协调有关方面，投入1.5亿元加快上奉寺规划建设。发动宗教界人士参与春节慰问和“6·30”扶贫济困日暨宗教慈善周活动，共筹集善款和物资价值76.9万元，投入232万元在宗教场所周边植树2.2万棵。

【非公经济领域统战工作】　组织全市非公有制经济人士代表学习中共十八届四中全会精神，选送3名新生代企业家参加第五期广东省新生代非公有制经济人士培训班，选送浙江商会会长林松参加广东第一期星级商会会长研修班，选送2名省光彩事业促进会理事参加省光彩事业促进会举办的培训班。向省委统战部推荐王少敬作为第四届全国非公有制经济人士优秀中国特色社会主义事业建设者人选，向省推荐翁源县粤新中草药专业种植合作社申报全国光彩事业扶贫贷款企业。翁源县非公有制经济研究会在第24次全国大中城市社科联工作会议上荣获“大中城市标兵学会”称号。深入企业开展调研，为企业发展把脉问诊、建言献策、协调资源、维护权益，促进非公企业健康发展。全市民营经济增加值占全市GDP比重为52%。开展韶关光彩事业“新丰行”活动，捐款10万元资助25名贫困大学生。开展韶关光彩事业“扶中行”活动，捐赠善款12.21万元用于扶贫开发工作。发动非公经济人士和社会各界人士参与“广东扶贫济困日”捐款活动，筹集捐款13.1万元。翁源县响应县委“资助贫困生、传送正能量”号召，组织商会会员捐款17.8万元资助126名贫困生。乳源县在继续推进省光彩事业认捐项目按时保质保量落实的同时，指导由非公经济代表人士组成的“梦想瑶乡爱心接力团”开展各种光彩活动。加强工商联机关建设。成功召开纪念韶关市工商联成立60周年座谈会。加强工商联（总商会）领导班子建设，新增选工商联副主席1名，常委12名。各地工商联关工委建设稳步推进，南雄市工商联关工委开展的扶贫助困、结对帮扶活动取得较大社会反响。

【港澳统战工作】　加强平台建设。一是组织香港社团领袖、市政协港澳委员、各县（市、区）委统战部160余人参加韶关市香港社团建设培训班。二是组建香港韶关同乡联谊总会。以香港韶关同乡联谊会换届为契机，促进市县两级香港同乡会资源整合，组建香港韶关同乡联谊总会，精心物色香港韶关同乡联谊总会领导人选，韶关籍香港人士官锦堃被推选为会长人选。三是争取市委市政府重视和支持，将原国民革命军将领、抗战时期广东省政府主席李汉魂在韶公馆“斌庐”开发为李汉魂展览馆。四是向省海联会争取17.5万元，专项用于张发奎将军墓地修缮和管理。广泛开展联谊活动，全年共接待或参与接待港澳台同胞10多批次近300多人次。配合做好“2014相聚韶澳、共建两地情”系列活动和“2014韶澳青年共诉爱国情怀之旅—韶关站”活动。“走出去”赴港澳参加香港韶关同乡联谊会、澳门韶关地区联谊会、香港乐昌同乡会、香港广东社团总会、香港广东各级政协委员联谊会、旅港南海商会、香港佛山工商联会、香港新界社团首长联谊会等联谊活动。发挥资源优势。继续开展“同心·医疗救护车惠基层”行动，牵线政协港澳委员捐资37万元为曲江捐赠一辆救护车。牵线澳门韶关地区联谊会捐助50.15万元兴建南雄市黄坑中心小学综合教学楼。发动香港爱心人士吴镇明等捐赠50万元、港币10万元支持粤北山区发展。发动香港韶关同乡联谊会为扶中村筹集慰问金及慰问物资款6万元。联系香港官子明教育慈善基金向扶中村捐赠助学金共2.9万元。乐昌市还发动政协香港委员捐款17万元为该市中医院购置救护车一辆。

【统战信息和基层建设】 成立韶关市统一战线理论研究会。中共韶关市委统战部荣获全省统战信息工作三等奖。不断探索强化基层统战工作，乐昌市、翁源县、新丰县继续推进基层商会建设取得显著成效，乐昌市已成立的6个镇级商会全部实现“有牌子、有阵地、有班子、有经费、有活动、有作为”的标准。帮扶仁化县扶溪镇扶中村，为贫困户种植优质水稻补助农资10万元。投入28.2万元，全村基础设施得到明显改善。

（王辉华　郭燕海　邝孔林）

附：领导班子成员名单

市政协副主席、市委统战部部长：何伟青

常务副部长：张联清

副部长：廖雨婷

5月4日上午，韶关市统一战线理论研究会成立仪式在市委统战部举行（市统战部　供）

政策研究

【概况】 市委改革办于2014年7月8日设立，与市委政策研究室“一个机构、两块牌子”，新设规划科、协调科，增加行政编制6名，其中，市委改革办专职副主任1名（副处级），正科级领导职数2名。市委改革办负责处理市委全面深化改革领导小组的日常事务工作；组织开展全面深化改革重大问题的政策研究；统筹协调有关方面提出有关改革工作方案和措施，并组织开展论证咨询活动；协调督促有关方面落实领导小组的决定事项、工作部署和要求；研究处理有关方面提出的重要改革事项及相关请示，向领导小组提出建议；收集汇总有关改革问题的信息资料；联系有关研究机构和专家学者就改革重要问题进行研究和咨询；负责领导小组的值班联络、会议组织、简报编印、资料管理等工作；负责完成市委和领导小组交办的其他事项。2014年，韶关市政策研究室（市委改革办），贯彻落实市委十一届五次、六次全会精神，围绕“全面深化改革，加快振兴发展”这一主题，以党的群众路线教育实践活动为抓手，以高度的政治责任感和使命感，履行工作职责，推进全面深化改革工作，完成一批事关韶关发展全局的战略决策文件、领导讲话稿等重要文稿。全年共起草审改各类文稿162篇，出版《韶关调研》12期，发挥以文辅政的参谋助手作用，为韶关振兴发展做出贡献。

【以文辅政有新成效】 紧扣“全面深化改革，加快振兴发展”这一主题，围绕市委、市政府中心工作，发挥以文辅政的职能作用，主动为市委、市政府重大战略决策部署服务。以全局的视野和战略的眼光，科学谋划韶关振兴发展，完成以全面深化改革为主题的市委十一届五次全会和以实施文化名城战略为主题的市委十一届六次全会的重要文稿起草工作，推动全面深化改革工作和文化名城战略的实施。立足全局和领导的高度，做好市委重要文稿的起草审改工作，全年共起草综合文稿31篇，审改综合文稿95篇，其中向省汇报材料17篇，如，《以改革促发展，以开放促改革，进一步推动韶关实现振兴发展》《韶关市学习贯彻习近平总书记讲话精神的情况报告》《韶关市交通建设情况汇报》《在全市深入开展党的群众路线教育实践活动动员大会上的讲话》《在全市农村工作会议上的讲话》等。

【重大专题调研有新亮点】 2014年，该室（办）围绕全市的热点问题以及市委主要领导关注的热点问题、重点问题，深入开展调查研究，为市委重大决策提供参考依据。通过主动调研、联合调研、委托调研等各种形式开展调查研究，先后完成北江经济带、新型城镇化等一批重大课题调研，形成一批重要的理论成果。主动深入各县（市、区），通过实地考察和召开座谈会等形式，对全市农村生活垃圾处理及农民专业合作社发展情况进行专题调研，形成《韶关市农村生活垃圾处理的现状及对策建议》《韶关市农民专业合作社发展的调研报告》等调研报告，并在《调研内参》上刊发；与省委政研室开展联合调查研究，完成北江经济带调查研究，形成《关于北江生态经济带问题的调研与思考》，并在省委政研室主办的《政研报告》上刊登；委托韶关学院以及南雄市委办等单位开展北江经济带、新型城镇化等课题调研，取得重要的成果。办好市委主办刊物《韶关调研》，全年编印12期，约50万字；编印《调研内参》2期，及时向领导提供准确快捷的信息服务。

【研究制定政策文件有新成果】 2014年，围绕“全面深化改革，加快振兴发展”这一主题，结合中央和省委的要求，立足韶关实际，牵头和参与研究制定一批事关韶关经济社会振兴发展的政策文件。如《中共韶关市委关于全面深化改革的实施意见》《中共韶关市委、韶关市人民政府关于加强和改进新形势下工商联工作的实施意见》《2014年韶关市全面深化改革工作要点》《中共韶关市委全面深化改革工作任务分工实施方案》《中共韶关市委关于开展改革试点实施方案》《中共韶关市委关于市党政领导2014年抓好一项改革任务的方案》等8个文件，成为贯彻落实中央、省委精神，推动全市工作的重要指导文件，推动全市经济社会发展。

【全面深化改革有新突破】 贯彻落实中央、省委关于全面深化改革的有关精神，发挥市委改革办牵头抓总的作用，坚持以改革促发展，以开放促改革，稳步推进经济体制、政治体制、文化体制、社会体制、生态文明体制和党的建设制度等各个领域改革。先后组织召开2次市委全面深化改革领导小组会议，审议通过《关于成立市委全面深化改革领导小组方案》《中共韶关市委全面深化改革领导小组专项小组成员名单（方案）》等方案制度，全面深化改革工作有序推进。加强对各县（市、区）和六个专项改革小组推进全面深化改革工作的督促指导，印发《韶关改革工作简报》5期，建立全市改革工作QQ群，推动一批重要领域、关键领域的改革。出台《韶关市户籍管理规定》《韶关市商事登记制度改革方案》等具体的改革方案，并且推进行政审批制度改革和市县两级政府机构改革，2014年决定保留的行政审批项目较2011年底压减48.92%，市县两级政府机构改革顺利完成。

（杨作旭）

附：领导成员名单

主　任：谢祥腾

副主任：杨应海　张桂胜

市直属机关工委

【概况】 韶关市直属机关工委行政在编人员14名，工勤人员2名。其中书记1名，副书记2名，纪工委书记1名，副调研员1名，正科长4名，主任科员2名，副科长2名，副主任科员1名。2014年，市直属机关工委围绕市委的决策部署，坚持服务中心、建设队伍，以“全面深化改革，推动振兴发展”为中心，突出“走群众路线、促作风转变、强机关党建”这个主题，在践行群众路线、转变工作作风、服务韶关全面深化改革上发挥应有的作用。

【理论武装彰显新作为】 通过中心组学习、读书交流会、组织生活会、举办报告会、领导讲党课等方式，使中央和省委、市委的各项工作部署深入人心。邀请知名专家进行系列专题辅导和深度解读，特别是省委宣传部讲师团副团长李长青所作的十八届三中全会精神的辅导报告，组织市直机关党员干部500多人聆听，获得广泛好评；利用广东省党员干部现代远程教育网和手机平台，在全市机关党组织开展知识竞赛活动。通过广泛宣传和动员，使中央、省委和市委的重要精神深入人心，在武装头脑、指导实践、推动工作上发挥重要作用；推进“中国梦”主题宣传教育活动。先后开展“中国梦·我的梦”主题诗词创作邀请赛、共产党员网“共筑中国梦”学习交流活动、“中国梦与中国共产党——学习习近平总书记系列重要讲话专题研讨会”论文征集等系列活动，调动机关党员干部投身伟大中国梦·韶关实践的主动性和积极性；突出抓好课题调研，围绕最新党建精神，确定20个党建工作重点调研课题和12个信息报送要点，形成一批影响大、分量重、指导性强的优秀调研信息成果。针对网站内容、版面滞后等问题，改版升级网站版面，及时更新内容，为机关党员干部提供便利的学习平台。挖掘推广南雄市、浈江区、曲江区等具有地方特色的党建案例，并被省直工委《跨越》杂志分三期刊登。

【整治“四风”取得新成效】 作为领导小组成员单位全程参与群众路线实践教育活动的指导协调，审核把关市直机关各基层党组织领导班子及成员的对照检查材料，指导各单位按要求和程序开展好专题组织生活会。领导班子按照片区联系制度的分工安排，分别带队列席参加部分单位的专题组织生活会。市直机关393个基层党组织严格按照指导意见，召开专题组织生活会。按照个人自评、党员互评、民主测评的程序，对照党员标准，对6102名党员开展民主评议党员工作，评为“好”的占98.0%，“一般”的占1.9%，“差”的占0.1%。各党支部根据评议情况，对每名党员进行综合分析、提出评定意见，对个别长期不发挥作用甚至起负面作用的党员，逐一研究并落实教育帮助的具体措施。

【基层基础得到新夯实】 完善市直机关基层党组织换届选举情况台账，实行换届选举工作每月提醒机制和台账跟踪管理机制。2014年，共指导成立党总支部1个、党支部3个，指导6个机关党委、4个党总支部、13个党支部搞好换届选举和6个基层党组织补选委员、书记工作。制定并印发《关于做好市直机关发展党员工作的实施意见（征求意见稿）》，进一步严格标准、规范程序，严格执行发展党员集中培训制、公示制、票决制、责任追究制，推行发展党员台账跟踪管理制和检查报告制，从严保障党员发展质量。全年共举办2期入党积极分子和党员发展对象培训班，培训186人，市直机关发展新党员104人。实行党务干部分层次、差异化教育，举办机关党建通讯员、机关工会干部、关心下一代工作等多个不同层面的培训班。采取随机调查、查阅档案资料、召开座谈会、问卷调查等方式，开展条例专项检查。对排查出的16个软弱涣散机关企事业单位基层党组织进行整顿，以整改目标倒逼整改进度，以督查倒逼落实。按照中央和省、市委大抓基层、打牢基层的要求，从述职评议考核对象、重点、程序以及述职报告的撰写和审核要求等方面对市直机关党组织书记抓基层党建述职评议考核工作进行安排部署。市委办机关党委等18名基层党组织书记分别进行述职，并接受党员代表的评议，进一步强化管党治党的责任意识。

【反腐倡廉取得新突破】 采取与被考核单位党员干部座谈、实地查看资料等方式，对市委党校等22个单位党风廉政建设责任制落实情况进行考核，促进授权管理单位党风廉政建设责任制的落实。开展以“严明组织纪律、锻造优良作风”为主题的纪律教育学习月活动，市直各单位采取组织观看警示片、学习警示教育读本、到警示教育基地听取在押犯人现身说法、邀请专家讲廉政党课、开展廉政文化进机关、廉政风险大排查等多种形式，增强宣传教育的针对性和实效性。加大巡视监督力度，多次到市残联、市妇联、市委老干部局、市工商联等10多个单位巡视，了解群众来信来访的处理情况。加大查办案件工作力度，坚决维护党纪政纪的严肃性，全年市直机关纪工委共处分违纪党员干部6人。

【活跃机关呈现新亮点】 围绕创建全国文明城市和全国历史文化名城“两创”工作，发挥群团组织的纽带作用，开展各类主题文化活动，用良好的机关文化带动党组织活力的提升。做好省、市两级文明单位、文明示范窗口和精神文明创新奖的审核申报工作，市直授权管理单位中共有11个单位申报精神文明创建目标。按照一季度一申报原则，及时做好2014年度“韶关好人”季度申报工作，共向市文明办报送4名候选人，1名候选人成功入选第一季度“韶关好人”。不断完善党员志愿者服务工作体系，依托党员志愿者服务队工作平台，动员和带领市直机关党员志愿者在精神文明创建工作中作表率、走前列。各单位党组织根据部门职能、党员个人意愿，组建各类服务小组，深入企业、农村、社区开展志愿服务。举办社会主义核心价值观专题辅导，在南方技校开展以“践行社会主义核心价值观，为实现中华民族伟大复兴的中国梦而努力”为主题的大型宣讲活动。开展关爱儿童活动，“六一”期间到市残联康复中心向残障儿童送去节日的问候。通过开展形式多样的活动，增强机关党员关心下一代健康成长的观念。（章振强）

附：领导班子成员名单

书　记：姚远通

副书记：吴国强　蒲莱湘

纪工委书记：孙纯杰

老干部工作

【概况】 2014年，市委老干部局围绕市委市政府中心工作，以深入开展党的群众路线教育实践活动为主线，将老干部工作与实践活动结合，把为党的事业增添正能量作为老干部工作的价值取向，落实好老干部的政治生活待遇，完善老干部的服务和管理工作，稳中求进，改革创新，突出重点，狠抓落实，推进新时期老干部工作。

【落实老干部政治待遇】 采取多种形式，组织离退休干部学习中共十八届三中、四中全会精神和总书记习近平系列重要讲话；举行宣讲会、辅导班，利用老干部大学公共政治课的平台，邀请专家学者举办形势报告、国情分析、经济社会发展动态等各类讲坛；组织市级老领导参加全市党的群众路线教育实践活动动员大会，参加中央和省召开的相关电视电话会议等。截至2014年12月，全市共有离退休干部40331人，其中党员22928人，占离退休干部总人数的56.85%，有离退休干部党支部407个。向5名50年以上党龄的老党员发放南粤“七一”纪念奖章，增强老党员的荣誉感。全年举办市级报告会2场，辅导600人次；各类离退休干部党组织培训班9期，培训500多人次；各县（市、区）举办报告会26场，辅导2310人次。全市为离退休干部及党支部订阅《秋光》《老人报》等杂志书刊2万多份，保证广大离退休干部的学习需要。各地各单位结合实际，通过举行春节茶话会、重阳祝寿会、座谈会、纪念活动，组织文艺演出等方式开展系列的节日庆祝活动，营造敬老爱老良好氛围。

【接待老干部来信来访】 2014年，全市老干部工作部门共受理离退休干部来信来访来电1900多件次。对所有的来信来访来电，都能耐心做好思想工作和政策解答，并帮助老干部解决实际问题。市委老干部局解决丁茂祥等3位离休干部危房改造的问题；帮助离休干部雷振田落实住房补差待遇，满足其合理诉求。各县（市、区）老干部工作部门也主动处理来信来访反映的问题，得到普遍好评。

【落实老干部生活待遇】 根据省委组织部《关于提高离休干部护理费标准的通知》精神，市委老干部局争取市委和市政府的重视和支持，在地方财政比较困难的情况下，按新标准的最高档次，将因瘫痪等原因生活完全不能自理的离休干部护理费标准由原每人每月800元提高至每人每月2600元。建立离退休干部困难帮扶机制，开展“一对一结对服务离休干部”活动，定期上门家访和电话问候老干部，化解老干部矛盾纠纷，协调解决家庭病床，为离休干部遗属申请困难补助等，切实为老干部办实事、解难题。

【离休干部医疗费管理工作】 2014年，市委老干部局成立离休干部医疗费管理中心，制定出台《韶关市离休干部医疗保障与管理实施意见》，搭建起医疗费核报工作平台，接管市直企业离休干部和部分市直单位已参加医疗统筹的离休干部医疗费核报管理工作。固化历史医疗欠费，分3年结清。增加离休干部的医疗预算，从2014年起，接管的离退休干部在各医疗机构发生的医疗费当年结清，避免离休干部矛盾的升级和群体性上访事件的发生。各县（市、区）委老干部局会同组织、财政、人社、卫生等部门，加强对老干部医疗费报销和定点医院医疗行为监管，保证离退休干部合理享受政策范围内的医疗待遇。曲江、乐昌、南雄、始兴、新丰、乳源等地继续推行医药费节约奖励机制，仁化发挥巡回医疗小组的监督作用，这些措施都有效地保证老病有所医。

2014年9月29日，办迎国庆庆重阳老干部书画展（市老干局供）

【组织开展活动】 利用市老干部活动中心、老干部（老年）大学的平台，组织老干部开展各类有益身心健康的活动。围绕“为党的事业增添正能量”主题，举办主题讲座、座谈会、征文比赛、诗书画摄影展、文艺演唱会等系列活动，鼓励老干部从我做起，从小事做起，为党的事业增添正能量。全年共举办各类专场演出8场，书画展10次，乒乓球、门球、桌球、桥牌、象棋、麻将等各类比赛40场次。在2014年11月举行的广东省第八届老年人运动会中，韶关代表团取得全省第七名，荣获“代表团总分二等奖”。市歌舞研究会金秋艺术一团、二团应邀参加“2014第二届中国（呼伦贝尔）老年国际文化旅游节展演活动”，参赛的合唱和舞蹈节目，均获得金奖。

【拓展老年教育事业】 韶关老干部（老年）大学秉承“健康快乐”的教学理念，坚持“增长知识、丰富生活、陶冶情操，增进健康、服务社会”的办学宗旨，全年共开设18个专业46个班、在校学员3741人次。开展老年教学研究，常务副校长周镇嘉撰写的《快乐学习应成为老年教育的重要理念》一文荣获中国老年教育发展高峰论坛优秀论文奖，并收录于《纪念中国老年教育发展30周年—中国老年教育发展高峰论坛文集》。

【老干部活动阵地建设】 不断完善市老干部活动中心、老干部（老年）大学的各项制度和章程，强化学习活动服务功能，全面实行规范化管理。各县（市、区）委老干部局争取当地党委政府或上级部门支持，推进老干部学习活动场所建设。乐昌市新建占地2000多平方米、建筑面积5000多平方米的老干部活动中心，于2014年10月正式投入使用。2014年12月16日，全市老干部活动中心（老干部大学）建设工作现场会在乐昌召开，推动和促进各地老干部学习活动阵地建设。

【引导老干部发挥余热】 各级老干部

工作部门利用和发挥关工委、老促会的作用，鼓励和引导广大离退休干部发挥自身的政治优势、经验优势和专业技术特长，抓好扶贫助学、农村创业青年培训、青少年普法教育及“朝阳读书”等活动，为韶关的经济、社会、文化建设传递正能量，发挥积极作用。2014年11月26日，全国离退休干部先进集体和先进个人表彰大会在北京举行，乳源县退休干部盘才万荣获“全国离退休干部先进个人”荣誉称号。随后，全省离退休干部先进集体和先进个人表彰大会在广州召开，市关工委和翁源县老年体协荣获“全省离退休干部先进集体”荣誉称号；离休干部赵清智、饶平新，退休干部彭伏初、朱雄等4名荣获“全省离退休干部先进个人”荣誉称号。

【加强工作队伍建设】 为提高老干部工作队伍的政治思想水平和业务能力，市委老干部局深化“周四学习交流日”活动，邀请省委老干部局业务部门负责人到韶关讲授业务知识，举办三期“改革·转型”大家谈主题活动，拓展工作人员队伍的整体业务能力，群策群力做好新时期的老干部工作。结合党的群众路线教育实践活动，制定老干部工作目标管理责任制、局领导干部下基层调研制度等，加强和巩固以制度管人、管事的工作机制，提高工作效率。注重抓好老干部工作的调研和宣传，深入市直单位和县（市、区）开展调查研究，形成一批有价值的调研成果，为市委决策提供客观准确的依据。继续以《韶关老干》刊物为载体，加大工作宣传力度。通过新开设县（市、区）专栏以及老有所学、老有所乐、老有所为等老干部喜爱的栏目，以图文并茂的方式，更集中、更直观地展现新时期韶关市老干部工作发展态势和老干部的精神风貌，进一步扩大韶关老干部工作影响力。

（温　舜）

附：领导班子成员名单

局　长：陈　熙

副局长：陈国营　涂海平

对台工作

【概况】 中共韶关市委台湾工作办公室，2005年4月从市委统战部独立为市委工作部门，并挂韶关市政府台湾事务局牌子，是市委主管对台工作的职能机构。设置综合科、经济联络科两个职能科。核定编制6人，现有6人。

【推动韶台经贸合作】 市委台办围绕机械装备制造、旅游、农业等优势产业，主动与岛内外台商对接联络，开展园区招商、产业招商和项目招商，推动韶台经贸合作。主动为粤台农业合作试验区内台资企业排忧解难，为园区争取到省政府扶持资金1000万元。2014年，全市新增台资企业2家，注册资金1550万美元，计划总投资1.36亿美元，投资项目涉及农业、休闲、观光旅游。

【密切韶台两地人员往来】 市委台办做好赴台交流工作，2014年共有10个团组、63人次赴台交流，涉及机械装备制造、文化教育等交流项目。先后邀请旅台（韶关）同乡会、大学生参访团等10批次人员到韶关参访。6月中旬，中华统一促进党主委陈炳炎率云林北港里长一行43人到韶关市参访。通过参访交流，增进双方互信，建立常态化交流机制。7月18—23日，来自淡江大学、文化大学、世新大学等台湾高校的23名师生到韶关参加韶台大学生夏令营活动。在为期6天的夏令营活动中，两地青少年同吃、同住、同活动，建立深厚的友谊，增进两地青少年间的感情融和。

【提高涉台服务水平】 市委台办会同市台协会以及县（市、区）台办，对韶关市台资企业劳资关系、用工等情况进行排查摸底。走访过程中，与台商进行座谈交流、实地调查，倾听台商意见建议，及时帮助企业解决在生产过程中遇到的问题。全年为台资企业协调解决土地纠纷、劳务短缺、劳资纠纷等问题10余宗，受到台商的一致好评。春节期间，走访慰问困难台胞、台属，让他们感受到党和政府的关心爱护。

（何　艳）

附：领导班子组成人员名单

主任（局长）：张中坚

副主任（副局长）：罗哲春

社会工作

【概况】 韶关市社会工作委员会于2011年成立，是市委、市政府的正处级工作机构，行政编制7人，现有工作人员9人。2014年，市社工委贯彻落实中央和省市关于社会建设的决策部署，以推进社会体制改革、探索基层治理新机制、加强社会组织的培育和监管为重点，加强对各县（市、区）社工委和各成员单位的协调指导，全面统筹推进韶关市社会建设。截至2014年11月底，全市登记注册的社会组织已达1395家。2014年，韶关市有2127人报名参加国家社工资格考试，有399人获得国家社工资格证。全市共有985人拥有国家社工资格证，社工队伍不断充实壮大。2014年，韶关市社会工作委员会被授予“百项工程兴韶关先进单位”。3月，“翁源县全面培育发展农村专业经济协会项目”被评为省第三批社会创新观察项目；8月12日，翁源县农村社会管理多元共治新格局被评为“全省基层社会治理创新优秀项目”。

【构建城市社区多元共治格局】 建立健全城市社区党组织、社区居委会、业主委员会和物业公司协调机制，及时沟通协调解决物业服务矛盾纠纷，有效维护各方合法权益。发挥业主大会和业主委员会在社区管理和服务中的积极作用，支持物业公司开展多种形式的社区服务，强化驻区单位的社区建设责任。探索建立社区党组织、社区居民委员会、驻区单位联席会议制度，定期研究资源共享、社区共建事项。推动驻区单位将文化、教育、体育等活动设施向社区居民开放。韶关市城市基层社区初步形成以党支部为核心，居委会、业委会、物管会相结合的多元治理格局。

【构建农村社会多元共治格局】 抓好村党支部建设，落实村民自治，注重发挥农村产业协会、专业合作社、乡村理事会、和谐志愿者促进会等民间组织的作用，全面建立村民自我服务，自我管理的参与机制。如：始兴县和仁化县发挥村党支部的作用，带领广大干部分别开展“民情日记”和“民忧档案”活动，为群众排忧解难。翁源县依托当地兰花协会，实行“协会+合作社”“基地带农户”等形式，组织农民种植兰花，在增加农民收入的同时，引导农民参与农村社会管理，推进社会协同共治，取得明显成效。新丰县在村居发展“和谐志愿者促进会”，志愿者调解邻里矛盾纠纷、义务治安巡逻、热心扶贫济困、开展文化宣传和卫生监督，维护村居的和谐稳定，在推进村居文明建设中发挥重要作用。南雄市成立民间“董事会”，成员主要由农村老党员、老干部、宗族有威望的长者和社会人士组成，利用威信和影响力，通过传统伦理道德进行矛盾纠纷调解。

【加强社会组织的培育和监管】 筹建成立社会组织孵化基地。协调民政部门，加快社会组织孵化基地建设进程，制定基地工作制度、社会组织准入标准等相关制度，初步确定进驻的社会组织，推动政府购买服务和社会组织承接服务取得实质性进展。指导乐昌市进一步梳理各职能部门的监管职能，建立政府向社会组织购买公共服务的机制、职责，完善社会组织分类管理办法，搭建法律监督、政府监督、社会监督、自我监督相结合的社会组织监管体制的初步框架。

【行政综合执法体制改革稳步推进】 在新一轮机构改革中，对城市管理体制进行调整理顺，将市城市管理综合行政执法局由原市城市综合管理局的部门管理机构调整为直属行政单位；将乐昌、南雄市城市综合管理局职能优化整合至住房和城乡规划建设局。鼓励各县（市、区）加大对行政执法机构及其职责的整合力度，除浈江、武江两区外，其余8个县（市、区）在全省率先整合工商、质检、食药、安监等市场监管资源，组建市场监督管理局。

【劳动就业体制改革成效明显】 推动农村富余劳动力和农村人口向城镇转移就业，1—11月，全市实现新增转移农业富余劳动力50082人，完成全年任务的100.16%。完善“积分制”入户制度和高技能人才入户城镇制度，全市农民工和高技能人才入户城镇分别达10543人和6615人。落实高校毕业生就业创业政策，2014年，全市创业培训人数达6304人，实现扶持创业1622人，带动就业3951人。

【食品药品监管体制改革进展顺利】 进一步健全食品药品监管网络，新组建浈江、武江两个区食品药品监督管理局，实现10个县（市、区）县级监管机构全覆盖。按照区域管理的要求，在全市新设立43个乡镇食品药品监管所，市、县、镇三级监管网络基本建成。推进示范创建工作，提高全市食品药品安全水平。截至11月底，全市共有40家学校食堂通过省级食品安全示范学校食堂验收，39家保健食品经营企业获得保健食品经营企业安全示范点称号，123家药品经营企业获得文明诚信药店称号，全市95.3%的餐饮服务单位实现量化分级管理。

【户籍制度改革全面深化】 制定《韶关市户籍管理规定实施细则》，大幅度提高“非转农”户口迁移的难度，降低居民进城的门槛。推行流动人口居住证“一证通”制度，进一步简化申办居住证手续，方便流动人口申报居住登记和办理居住证。深入拓展居住证的社会服务管理应用功能，扩大公共服务覆盖面，完善凭居住证计分分级享受社会基本公共服务的制度。韶关市流动人口居住证已经在农民工积分制入户、农民工子女入学、在公安机关办理港澳商务签注、申领驾驶证、注册机动车、超标电动车上牌等方面

9月26日，韶关市暨曲江区“南粤幸福活动周”启动仪式在曲江区人民公园文化广场举行（市社工委　供）

得到推广应用。

【社会信用体系建设有序推进】 进一步完善社会信用体系建设11个专责小组的工作实施方案。编制规划，制定《韶关市社会信用体系建设规划（2014—2020年）》并通过市政府的审议。推进网上办事大厅工作，开通“韶关信用网”。继续开展创建“信用户”“信用村”活动，由农民填写《农户信用等级评定申请表》，金融机构对其进行等级评定，并颁发牌匾及荣誉证书，增强农村居民的信用意识，在全社会形成良好的信用氛围。

【举办第三届“南粤幸福活动周”活动】 成立韶关市“南粤幸福活动周”组委会，制定《2014年韶关市“南粤幸福活动周”工作方案》。9月26日，韶关市暨曲江区“南粤幸福活动周”启动仪式在曲江区人民公园文化广场举行。各县（市、区）和市直各单位结合实际，在国庆期间开展以“和谐、文化、健康、幸福”为主题，内容丰富、形式多样，符合群众精神生活需求的文化体育活动，满足群众自我表现、自我服务和自我娱乐的需要，形成美好社会共同建设、幸福生活共同创造、发展成果共同分享的生动局面，不断提升社会的和谐度和群众的幸福感。（梁 隽）

附：领导班子成员名单

主　任：陈向新副主任：张志才　孔云龙　李安平

专职副主任（正处）：

赖佩养（—2014.9）

吴文丽（2014.9—）

专职副主任（副处）：邓南炜

专职副主任（副处）：李先德

党校工作

【概况】 中共韶关市委党校、韶关市行政学院、韶关市社会主义学院是韶关市委、市政府下属的参照公务员管理的正处级事业单位，内设11个正科级部门，其中行政管理部门5个：办公室、纪检监察室、教务科、学员科、行政科；教学及科研部门6个：科研办、信息管理中心、党建教研室、政治教研室、经济教研室、统战理论教研室，全校在岗在编工作人员共68人。

【培训概况】 该校以十八届三中、四中全会和习近平总书记系列重要讲话精神为指针，围绕市委、市政府中心任务，开展领导干部、党员骨干和专技人员的培训再教育工作，2014年共举办各类培训班117个，培训学员达32864人次，包括主体班20个：校内班10个1320人次，分校班5个404人次，省委党校班9个310人次，省女子干部学院班1个50人次。公务员培训班14个：参公管理人员班1个46人次，初任班1个53人次，公务员专题班2个268人次，普通公务员班10个4426人次。专业技术人员培训班12期，培训学员4754人次，其中市直班8个2782人次，武江区4个班1972人次。社会主义学院班2个，培训学员122人次。举办专题报告会7场次，培训学员3060人次。承办部门业务培训班、组织各类考试、连同其他组织办班，共计57个班次，培训学员18069人次。

【主要课程设置】 按照组织需求、岗位需求、学员需求的具体情况，在不同培训班开设十八届三中全会精神、社会建设理论、生态文明建设理论、国防教育、政治建设理论、经济建设理论、社会建设理论、文化建设理论、党的建设理论、生态文明建设理论、经典原著选读、能力建设理论、经济理论、统战理论、领导干部必备知识报告等众多课程单元。该校还根据地方发展的实际，增设“全面深化改革的出路和建议”（方向：韶关财税状况调查、城乡发展一体化）“权力运行制约和监督体系”“韶关社会治理的现状和问题”“韶关文化建设的现状和问题”（方向：红色文化和禅宗文化）“领导干部要做改进作风的表率”“法治韶关研究”“韶关创建‘广东绿色生态第一市’研究”“韶关产业园区建设中的政府行为研究”“韶关禅廉文化研究”“关于优化韶关市财政支出的思考”“市场导向下韶关技术创新中的政府作用研究”“韶关农村土地流转问题研究”“关于韶关市村民自治情况的调研”“韶关市非公经济发展面临的困境及对策探讨”等内容丰富的专题调研。通过与各方协商筹措，打破校园界限，利用现有办学条件及社会各种资源，带领各班次学员到韶关市反腐倡廉教育基地、粤北省委旧址、北伐纪念馆等处展开现场教学，借助讲解历史案例，强化课堂理论教学效果。

【科研成果】 课题立项18项：广东省委党校系统哲学社会科学“十二五”规划2013—2014年度课题4项，广东省社会主义学院2014—2015年度课题5项，韶关市哲学社会科学规划2014年度课题9项。完成课题11项：广东省委党校系统哲学社会科学规划2012年度课题1项、2013年度课题4项，韶关市哲学社会科学规划2013年项目6项；课题结项14项：广东省委党校系统哲学社会科学规划2011年度课题1项、2012年度课题2项，广东省社会主义学院系统2013年度课题3项，韶关市哲学社会科学规划2012年项目4项，韶关市委党校哲学社会科学2013—2014年度项目4项。科研成果获奖4项：获得韶关市第二届哲学社会科学优秀成果奖一等奖1名、二等奖1名、三等奖2名。组织教师外出参加研讨会活动，在广东省党校（行政学院）系统“邓小平理论与广东深化改革新实践”理论研讨会论文征文活动所申报的4篇论文全部入选。全校干部教师2014年在全国各级公开刊物上共发表文章29篇：被红旗文稿文摘选登1篇；四类期刊2篇，五类期刊3篇，六类期刊18篇，八类期刊2篇，韶关日报理论专题版3篇；参加各类学术活动8人次，入选各类理论研讨会论文7篇。完成全年4期《韶州论坛》的审稿、文字校对、印刷和发行工作。

【校内外专家学者讲学】 该校把专题讲授、报告讲座、教学活动与外出授课等活动有效结合，全年派出30多名教授和讲师，在社会应邀讲学90多场次，培训学员8000多人次。先后邀请中国中医研究院西苑医院老年医学研究所、中央音乐学院、广东省委党校、广东省社会主义学院、广东法治研究中心、中山大学、韶关学院等10余家单位的近30名专家教授以及多名韶关市各机关单位具有多年行政实践经验的处级领导前来授课，课程内容涵盖中医养生、音乐鉴赏、防灾减灾等多个领域，提升办学质量，提高培训的吸引力和影响力。

【学员管理】 强化入学教育，狠抓班主任管理。使学员进一步明确学习目的，组织学习学校的管理制度，既增强班主任的责任感和使命感，也提高学员到课率。执行科长巡查制度，不定期检查各班到课情况和班主任管理情况，并把每个班的检查情况在班主任会议上通报。根据初任班学员较为年轻的特点，探索适应新的培训管理方式，明确班委职能分工，建立班委轮值表，每天安排一名班委协助班主任督查学员学习状况。针对以往迟到、早退、课堂纪律等问题，通过运用双考勤制度，在每堂课分上半节和下半节进行考勤，有效提高培训到课率和学习效果。

【教师队伍建设】 全年派出多名专兼职教师到省内外各级党校、行政学院和高等院校培训学习，着重安排青年教师跟班学习和外出授课，不断强化学术研究能力，打造符合韶关发展需要的师资队伍。着重提升教师队伍的职称，全校除2名年轻新老师外，所有教师均有中级以上职称，其中副高以上15人，正高2人。 （陈孔堃）

附：领导班子成员名单

校　长：肖怀跃

常务副校长：孔庆红

副校长：龚礼宁　杨　斌　胡韶斌

校委委员：欧阳建国　赵倩倩

信访工作

【概况】 韶关市信访局是市委、市政府负责群众来信、来访和综合督查工作的办事机构，正处级，挂靠市委办公室。现有行政编制11名，后勤服务人员2人，设综合科、办信接访科（网上信访办理科）和督查科3个科室。

【受理群众来信来访】 2014年，市、县两级信访部门受理群众来信来访5619批（件）10457人次，同比分别上升2.9%和14.4%；群众到省集体上访23批209人次，同比分别下降68.1%和75.8%；群众进京非正常上访42批52人次，同比分别下降26.3%和34.2%，全市信访形势平稳向好。市驻京信访工作组及信访局副局长邬贤有获得省协调办通报表扬。

【开展《广东省信访条例》宣传活动】 制定《韶关市〈广东省信访条例〉集中宣传月活动实施方案》。发动各级各部门，利用电视、网站、广播、报纸等媒体，出动宣传车，张贴墙报，悬挂标语，发放宣传资料，发送公益短信，下基层宣讲，开展咨询服务等，开展《广东省信访条例》宣传教育活动。6月15日，全市70多家单位在西河健身广场开展《广东省信访条例》集中宣传活动，各县（市、区）及镇（街）也设立分会场，共发放《条例》39000余册，宣传单页20万张。邀请省人大法工委、韶关学院知名专家开展《广东省信访条例》业务培训，提高领导干部运用法治思维和法治方式化解矛盾的能力。

【完成网上信访系统建设】 考察学习潮州、惠州等地先进做法，选择省信访系统延伸子系统模式并加快建设，在11月底实现与省网上信访系统对接，12月实现与国家信访系统对接，把来信、来访、来电、网上投诉等不同形式反映的信访事项，纳入网上信访信息系统统一流转，实现对所有信访形式的覆盖。加强网上信访工作人员业务培训，规范网上信访业务的受理办理，提高网上信访事项办理的质量和效率。

6月15日，70多家单位在西河健身广场联合开展《广东省信访条例》宣传活动（刘东华　摄）

【推进诉访分离】 通过与政法委、法院、检察院等政法机关加强沟通协调，明确细化涉法涉诉信访事项甄别标准，以及“诉”与“访”分离的渠道。推进中央政法委出台的一系列诉访分离制度落实，逐步解决法律程序空转的问题。引导县（市、区）就推进诉访分离进行各种探索与尝试，并取得较好的效果。

【信访积案有效化解】 结合“社会矛盾化解年”工作，全市排查出101宗重点信访积案，涉及征地拆迁、涉法涉诉、山林纠纷、优抚救济等方面。通过实地检查，逐案督查督办，实现结案82宗（含涉法涉诉案件18宗），做通信访人思想工作并对调处结果表示满意的19宗，101宗重点信访积案全部得到化解，化解率100%，解决一批多年未解决的信访积案。

【完成敏感时期信访工作任务】 全国“两会”、上海亚信峰会、南京青奥会、国庆、十八届四中全会、APEC峰会，以及省委全会、省“两会”、市委全会、市“两会”等重大活动期间，各级信访部门与政法机关加强协调联动，做好摸底排查，做好信息预警，防范处置及时有效，没有发生会议期间群众大规模到省进京集体上访，没有发生因信访问题引发的重大群体性事件，没有发生因信访问题处置不当引发的负面炒作，为会议的召开创造良好的社会环境。 （李迎胜 刘东华）

附：市信访局领导班子成员名单

局　长：王荣光

副局长：叶国权　邹贤有

何　怡（女）

机构编制

【概况】 韶关市机构编制委员会办公室是市机构编制委员会常设办事机构，负责全市行政管理体制改革、事业单位管理体制改革和机构编制日常管理工作。1981年9月，韶关市成立编制委员会，编制委员会办公室设在韶关市人事局，由人事局领导和管理。1994年，韶关市编制委员会办公室更名为韶关市机构编制委员会办公室，之后名称一直沿用至今。1997年3月，市机构编制委员会办公室调整为正处级，挂靠在市人事局。2001年8月，市机构编制委员会办公室调整为与市人事局合署办公。2009年11月，韶关市机构编制委员会办公室调整为单独设置，既是市委的工作部门，又是市政府的工作部门，列市委机构序列。内设4个科：综合科、行政机构编制科、事业机构编制科、监督检查科，1个直属行政单位：市事业单位登记管理局（正科级）。2013年7月，增设1个内设科：行政审批制度改革办公室。

【深化行政审批制度改革】 加大行政审批项目的清理力度，对市级政府部门行政审批项目进行第三轮清理。市政府于6月公布《韶关市人民政府决定取消调整和下放管理层级的行政审批项目目录》，调整行政审批项目50项，其中取消18项，合并实施7项，下放24项，委托1项。在经过2012年以来三次调整行政审批事项的基础上，市政府于6月制定公布《韶关市人民政府2014年决定保留的行政审批项目目录》，市级保留行政审批项目共346项，市直部门审批项目数较2011年底压减48.92%。认真指导各县（市、区）制定行政审批项目保留目录，截至9月，各县（市、区）全部完成行政审批项目保留目录的制定公布工作。

【推进权责清单试点工作】 2014年韶关市被省确定为省市县三级纵向权责清单的试点市，试点清理发改、经信、民政、财政、交通、农业、林业、外经贸、国资管理等9个部门的纵向权责清单。市政府于3月印发《关于开展转变政府职能、清理行政职权和编制权责清单工作的通知》，对清理工作进行部署，选定南雄市（珠玑镇）作为县（镇）级试点推进权责清单工作。市编办于2014年6月底，形成的试点部门的行政职权目录初稿，9个市直试点部门共清理行政职权1613项，其中行政审批62项，行政处罚599项，行政强制73项，行政征收5项，行政给付9项，行政检查134项，行政指导90项，行政确认39项，其他事项602项。

【完成市县政府机构改革】 市委、市政府于6月出台《韶关市人民政府职能转变和机构改革方案》，改革方案的主要内容是：将市物价局整合到市发改局，加强发改部门的价格宏观调控能力；组建商务局，实现内外贸统一管理；原省垂直管理的工商、质监部门下放地方属地管理，并探索大部门制改革，在部分县进一步整合工商、质监的职能，组建市场监督管理局。到8月底基本完成市本级政府机构改革任务，到12月底基本完成各县（市、区）的政府机构改革工作。经过本轮改革，市政府设置工作部门32个，浈江区、武江区、曲江区分别设置政府工作部门18个，乐昌市、南雄市分别设置政府工作部门24个，仁化、始兴、翁源、新丰、乳源等5县分别设置政府工作部门20个。

【协调推进各项专项改革工作】 协调推进韶关工业园区管理体制、农业局（市委农办）管理体制、城乡规划机构设置、理顺城市管理体制、乡镇管理体制改革、深化纪检监察机关机构改革、推进妇幼保健和计划生育服务机构改革、农村敬老院事业单位法人登记、工商登记制度改革等多项专项改革工作。

【做好2013年市直事业单位分类改革】 做好分类改革中被撤销的单位注销登记工作，2014年注销事业单位71个。推进条件成熟的市交通清障拯救中心、市金韶律师事务所等经营服务类事业单位进行转企改制。创新事业单位编制管理，配合人社部门实行用人新机制改革，对公开招聘新进人员采取过渡合同管理，实行预列编，合同期满经考核合格再办理正式列编手续，纳入机构编制实名制系统管理。指导各县（市、区）继续深化事业单位分类改革，各地凡新设事业单位必须按照“撤一建一”的要求，严格控制事业机构编制总量。

【机构编制监督管理】 贯彻落实“财政供养人员只减不增”的总要求，制定2014年度市直党政群机关、事业机构用编计划以及《韶关市控编减编工作方案》。做好机构编制日常管理，执行《韶关市市直机关事业单位人员列编审批制度》，加强和组织、人社、财政部门的配合，健全工作机制，凡是编制部门没有出具编制使用通知单和列编单的，组织、人社部门不得办理录（聘）用和调动手续，财政部门不得办理经费核拨手续。从严控制事业编制增长，严守“事业编制不突破2012年底总量”的规定，对事业编制超出2012年底编制的部分县（区），督促其制定消化整改计划，限期整改，消化整改完毕前，不得新增编制；对没有超出的县（市、区），要求采取措施，防止出现超总量的问题。继续做好机构编制核查工作，开展清理“吃空饷”工作。机构编制实名制系统建设进一步完善，全市实名制数据实现与省库数据的对接。

【事业单位登记管理】 全年办理事业单位法人设立登记6家，变更登记139家，注销登记47家，证书补领2家，刊登遗失声明2则，刊登拟注销公告42则。规范法人设立登记，对未办理法人登记的事业单位进行专项清理工作，完成188个市直事业单位的法人登记工作。落实事业单位全面公开年度报告制度，市直及省委托管理的229个事业单位的2013年年度报告全部向社会公开，6个单位逾期未报的也在广东事业单位登记管理网进行披露。

【事业单位法人治理结构试点】 制定《关于事业单位理事会理事调整等有关工作的指导意见》，指导全市各试点单位理事会进行理事改选。指导试点单位研究拟订法人治理结构准则、工作规程和外部监督等基本制度，探索建立定期向外部理事反馈工作动态、理事会决议事项执行情况等沟通机制，提高外部理事参与决策的能力。

（冯碧群）

附：领导班子成员名单

市编办主任：潘　萌（女，—2014.11）

刘晓佳（女，2014.11—）

市编办副主任：邱杨生　赵宏宇

保密工作

【概况】 2014年，韶关市各级保密行政管理部门、保密组织围绕市委保密委2014年工作要点提出的目标和任务，攻坚克难，取得显著成效。国家保密局《保密工作动态》新辟“基层保密”专栏，首刊“韶关市建立领导干部保密工作考核机制”的做法，并作为典型示范向全国推介；市保密局和乐昌、仁化、始兴、乳源、曲江等5个县（市、区）保密局分别获得国家保密局《保密工作》杂志学刊用刊通联工作先进单位称号；省委保密委全体会议暨全省保密工作会议对韶关市将保密违法违纪纳入机关绩效考核“一票否决”项目、创新涉密政府采购保密管理机制等10多项工作给予肯定；省保密局《广东保密》刊物以“理顺体制、创新机制，韶关保密工作扬帆破浪”为题，专题报道韶关市保密工作的新经验、新做法和新成效；《广东保密》全年采用韶关市信息量位居全省前列。

【保密会议】 3月20日，市委保密委专职副主任、市保密局局长石云峰在市委第56次常委会议上传达中央和省领导对保密工作作出的重要指示和批示精神，通报全国、全省和全市2014年度查处泄密案件和保密严重违法行为的情况，提出贯彻全省保密会议精神的意见和建议。会议专题研究部署贯彻落实全省保密会议精神的有关措施。3月31日，召开市委保密委全体会议暨全市保密工作会议，传达学习全省保密工作会议和市委第56次常委会议研究保密工作的主要精神，总结部署保密工作。省保密局有关领导应邀到会并讲话。共220多人参加会议。

【定密管理】 组织市、县两级机关单位征订《国家秘密及其密级具体范围的规定汇编（2014年版）》，据此指导市直及中省驻韶单位编制本单位的《保密事项一览表》，并报市保密局备案。转发《国家秘密定密管理暂行规定》和《广东省国家秘密定密管理实施细则》，提出具体的贯彻落实意见和措施。编写定密工作手册，编入《韶关市机关单位保密工作手册（2014年版）》，明确定密授权、定密责任人确定和定密管理等方面的程序、要求和需要填写的相关表格，对工作秘密（敏感信息）、商业秘密（技术秘密）、个人信息（个人隐私）的保护和政府信息公开保密审查等工作作出全面介绍和规范。举办全市定密工作动员培训会议，共220多人参加培训。在年底举办的全市保密干部全员培训班上组织参训的各地各单位保密员及其他涉密人员进行定密培训。对各地各单位开展定密授权申报和法定、指定定密责任人确定及备案工作进行督导，指导符合定密授权申报条件的单位向上级业务主管部门提交定密授权申请。组织各机关单位向市保密局报送《定密责任人备案表》和国家秘密确定、密级变更和解密情况统计表，分析各地各单位定密统计数据，向省保密局和市委、市政府提交定密分析报告。

【网络保密管理】 重点抓好涉密网络建设。市保密局主要领导带领保密技术力量赴清远市观摩省测评中心对该市涉密网的现场测评工作，邀请省测评中心主要负责人及有关专家到韶关指导涉密网络的测评申报工作，组织市涉密网络建设单位和市财政、发改等部门有关领导及主管机构负责人参加全市涉密网络建设座谈会，研究解决建设中遇到的困难和问题。组织市保密局技术干部参加全省涉密网络管理员、涉密网络测评和保密检查员培训班。指导有关部门开展市电子政务内网涉密等级定级、涉密项目采购审批、邀请招标实施等工作，组织市保密技术专家开展涉密政府采购评审。召集有关部门负责人及技术干部参加全市涉密网络分级保护专项工作会议，掌握涉密网建设情况，部署分级保护工作，明确申报测评和审批时限。加强非涉密网络保密管理。制定非涉密网络保密管理规定，下发各地各单位贯彻执行。对全市网络使用情况进行问卷调查，向省报送《韶关市网络分级情况报告》。部署全市非涉密网络保密管理专项检查活动，组织保密技术力量对6个市直及中省驻韶单位和6个县直机关单位进行突击抽查。配合有关部门开展全市信息安全保密联合检查，推动全市非涉密网络等级保护工作。

【涉密人员管理】 完善全市保密要害部门部位涉密人员和保密承诺书签订人员管理规范，并在全市保密干部全员培训班上进行培训辅导。根据省有关文件精神，在县级保密部门推行新进人员资格审查和“一把手”调整事前征求上级保密部门意见的做法，从严把好保密部门进人关。举办全市保密干部全员培训班，对全市初任保密员进行资格审查和业务培训，颁发上岗资格证书；对在岗保密员进行继续教育培训，办理资格证书年审手续；对其他涉密岗位工作人员进行保密知识培训，颁发培训合格证书。组织全市3家涉密设备定点维修维护企业和1家涉密载体定点印制企业的有关人员参加全市保密干部全员培训，并利用检查机会对所有持证上岗的维修维护人员进行保密教育和业务培训。

【保密监督检查】 执行国家保密局制定的《保密检查工作规定》和《保密技术检查监管规范》，依托自身力量、抽调基层骨干、会同有关部门先后开展五大专项检查和各类国家统一考试的专项保密检查。依法查处检查中发现的各类保密违规行为，责成部分县级保密部门查处保密严重违规行为为3起，追究党纪政纪3人，7人受到诫勉谈话、通报批评处理。

【保密专题党课】 市委副书记、保密委主任陈向新在全市纪律教育学习月动员大会主讲保密专题党课，市四套班子领导成员及全市980多名县处级领导干部聆听党课。韶关成为全省率先开办保密专题党课的地市，也是全省聆听保密党课领导干部人数最多、覆盖面最广的地市，得到省的肯定。各地、各单位利用召开纪律教育学习月动员大会机会，完成保密委主任讲保密专题党课的任务，受教育面达上万人次。

【保密宣传教育】 保密法纪宣传教育纳入全市纪律教育学习月活动意见和市委书记在全市纪律教育学习月动员大会暨领导干部“三纪”教育培训班动员讲话内容，各地各单位落实保密法纪教育与纪律教育同部署、同检查、同总结的要求，开展“保密宣讲”活动。市保密局主要领导应邀到18个机关单位或培训班主讲保密意识、保密常识“两识教育”讲座，受教育面达2000多人次。“信息安全保密”教育培训被纳入2014—2017年全市干部教育培训规划。保密知识测试题编入全市网上普法考试题库。在全市初任公务员培训班开设公务员保守国家秘密行为规范课程。保密工作编入《韶关年鉴》。始兴、仁化和市史志办、市档案局共向国家保密局报送保密红色故事10篇。各地各单位征订、张贴《保密法实施条例》宣传挂图，订阅《保密法实施条例解读》《党政领导干部和涉密人员保密知识必看必读》等保密宣传教育资料5000多套（册）。

【保密考核】 向市委组织部报送《关于报送2013年市管干部保密工作年度评优“一票否决”核查结果的函》，提出部分县处级领导干部年度考评不得评定为“优秀”等次的名单。将机关绩效考核保密工作扣分制上升为保密违法违纪“一票否决”制，制定具体的实施办法，结合专项检查和日常监管掌握的情况，向市考核办提交《关于报送2013年绩效考核保密工作“一票否决”评定结果的函》。组织各地、各单位上报保密工作亮点统计表或年度工作报告、保密组织名单、定密责任人备案表、定密统计表、保密事项一览表、《机关单位保密自查自评标准》评分表等。

【行政审批】 开展保密行政许可和非行政许可审批事项的清理和申报工作，清理和申报保密行政职权73项，2项保密行政许可和5项非行政许可审批事项列入市政府公布名录。开展保密行政审批事项后续管理进行优化整合工作，达到市政府提出的审批时限压减50%、审批要件及审批流程只减不增的目标。全年审批涉密安防监控项目、涉密政府采购项目一批。审查部分单位4G移动通信室内天线安装方案。及时办理涉密计算机撤销、变更备案管理手续。对1家申请涉密载体定点印制保密资质、2家申请涉密档案数字化加工保密资质的企业进行初审，并上报省保密局审批。

【技术保障】 为机关单位提供保密技术检查工具、会议移动通信信号屏蔽器借用服务30多次。对新增涉密计算机及时办理备案手续。加强涉密设备定点维修维护企业的监管，提高保密技术服务保障水平。发挥监控平台的作用，及时发现并阻止涉密计算机违规外联事件多起。落实涉密载体临时销毁基地用房和筹建资金，拟定建设方案。协调市有关单位开展市涉密载体销毁中心的方案设计，并提出保密管理要求。

【保密系统建设】 及时调整和增补市

委保密委成员。根据保密法及其实施条例和市直机关绩效考核的有关要求，为实现保密工作责权利的统一，组织动员机关单位“一把手”兼任本机关、本单位保密组织主要负责人，促进《党政领导干部保密工作责任制规定》的贯彻落实。组织动员部分县级保密部门采用“特招”方式招录本科毕业的计算机专门人才。从市政府采购专家库遴选专家建立涉密政府采购评审专家库，并充实到市保密技术专家委员会。将加强保密工作系统管理工作列入年度工作重点，督促各单位结合业务工作，加强对下属、下级单位保密工作的监督、检查和指导，明确将所属单位的保密工作列入本部门的保密管理和绩效考核范畴。

（石云峰　李俊桃）

附：市委保密办（市保密局）领导班子成员名单

主　任（局长）：石云峰

副主任（副局长）：曾为荣　赖翠珍

总工程师：郑小侠

1 月 10 日，省保密局副局长率队到韶关市开展保密工作专题调研活动（李俊桃　摄）

韶关市人民代表大会及其常委会

综　述

2014年，市人大常委会机关设办公室、研究室、市依法治市办公室和6个工作委员会，下设13个职能科室。根据市编制委员会核定，2014年市人大常委会机关的行政编制为55个，后勤服务人员编制为24个。实有行政人员55人，实有后勤服务人员30人（其中29人为财政拨款聘用人员）。2014年是全面深化改革、践行党的群众路线、推动韶关市振兴发展的重要一年。一年来，常委会深入贯彻落实中共十八大和十八届三中、四中全会精神，贯彻落实市委决策部署，围绕建设“有为人大、活力人大、和谐人大”的目标，依法履行职责，发挥地方国家机关的作用。全年共作出决议决定8项，听取和审议专项工作报告15个，组织视察调研42次，开展执法检查4次，任免国家机关工作人员32名，规范性文件备案31件，完成市十三届人大四次会议确定的工作任务。

重要会议

【市十三届人大四次会议】 韶关市十三届人民代表大会第四次会议于2014年2月17日至21日在韶关市区举行。出席本次会议应有代表为357名，实际到会344人。会议听取和审议市长艾学峰代表市人民政府所作的《政府工作报告》，书面审查市发展和改革局局长胡书臣提交的《韶关市2013年国民经济和社会发展计划执行情况与2014年计划草案的报告》、市财政局局长孙江平提交的《韶关市2013年预算执行情况和2014年预算草案的报告》；听取和审议市人大常委会常务副主任李石保所作的《韶关市人民代表大会常务委员会工作报告》、市中级人民法院院长院刘曙光所作的《韶关市中级人民法院工作报告》、市人民检察院检察长阙定胜所作的《韶关市人民检察院工作报告》。会议表决通过关于政府工作报告的决议、关于韶关市2013年国民经济和社会发展计划执行情况与2014年计划的决议、关于韶关市2013年预算执行情况和2014年预算的决议、关于韶关市人民代表大会常务委员会工作报告的决议、关于韶关市中级人民法院工作报告的决议、关于韶关市人民检察院工作报告的决议等6项决议。

【第十四次常委会会议】 2014年2月11日，市十三届人大常委会举行第14次会议。出席本次会议应到常委会组成人员33名，出席本次会议有副主任、秘书长和委员共29人。会议审议通过市十三届人大四次会议选举办法（草案）、市十三届人大四次会议主席团和秘书长名单（草案）、市十三届人大四次会议计划预算委员会名单（草案）和市十三届人大四次会议议案审查委员会名单（草案），拟提交市十三届人大四次会议审议。会议审议《韶关市第十三届人民代表大会代表测评市政府组成部门和“法检察、两院”2013年工作办法》，将在市十三届人大四次会议召开期间实施。

【第十五次常委会会议】 4月18日，市十三届人大常委会举行第15次会议。出席本次会议应到常委会组成人员36名，出席本次会议有副主任、秘书长和委员共29人。会议听取和审议市行政服务中心《关于市人大常委会专项工作评议意见的整改情况的报告》。会议审议通过《关于加强市政府全口径预算决算审查和监督工作的意见》。会议表决通过《关于加强全口径预算决算审查和监督的决定》。会议还通报韶关市人大代表测评市政府组成部门和“法检察两院”2013年工作统计结果。会议决定免去熊万鹏的韶关市人民政府副市长的职务（挂职）。会议还进行其他人事任免事项。副市长邹永松，市十三届人大代表李少鸿、王敏雯、林建锐、李劲松列席会议。

【第十六次常委会会议】 6月30日，市十三届人大常委会举行第16次会议。出席本次会议有主任、副主任、秘书长和委员共34人。会议听取和审议市政府关于市级决算草案的报告、关于2013年市本级预算执行和其他财政收支的审计工作报告和关于韶关市禁毒工作情况的报告。会议作出《关于批准韶关市市级财政决算的决议》。会议决定免去邹永松的副市长的职务。会议还进行其他人事任免事项。会议期间分组审议各项报告和人事任免事项并召开各县（市、区）人大常委会副主任座谈会。常务副市长陈波，市十三届人大代表周健、林明松、余志荣列席会议。

【第十七次常委会会议】 8月28日，市十三届人大常委会举行第17次会议。出席本次会议有副主任、秘书长和委员共33人。会议听取和审议市政府关于韶关市2014年上半年国民经济和社会发展计划执行情况的报告、关于韶关市2014年上半年财政预算执行情况的报告、关于韶关市人民政府2013年以来法治政府建设工作情况的报告，市人大常委会财政经济工作委员会关于聘请巫锦国等10人为韶关市人大常委会预算审查咨询专家的情况报告。会议作出《韶关人民代表大会常务委员会关于聘请巫锦国等10人为韶关市人大常委会预算审查咨询专家的决议》。会议还进行人事任免事项。会议期间分组审议各项报告并召开各县（市、区）人大常委会副主任座谈会。常务副市长陈波，市十三届人大代陈佳发、王少敬、王中高、陈小雄列席会议。

【第十八次常委会会议】 10月16日，市十三届人大常委会举行第18次会议。出席本次会议有副主任、秘书长和委员共33人。会议听取和审议市人民政府关于办理切实加强封山育林工作议案情况的报告、关于韶关市严厉打击"两违"工作和城区乡村规划情况的报告。会议决定任命朱余旺为韶关市人民政府副市长。会议还进行其他人事任免事项。会议期间分组审议各项报告并召开各县（市、区）人大常委会副主任座谈会。市政府党组副书记张志才，市十三届人大代表林锐生、陈文忠、卢德德、古寿英列席会议。

【第十九次常委会会议】 10月28日，市十三届人大常委会举行第19次会议。会议审议广东省人民检察院关于提请对温新才采取强制措施的报告。会议作出《关于许可广东省人民检察院对市十届人大代表温新才采取强制措施的决定》。

【第二十次常委会会议】 12月25日，市十三届人大常委会举行第20次会议。出席本次会议有主任、副主任、秘书长和委员共31人。会议听取和审议市人大常委会执法检查组关于检查《广东省信访条例》贯彻实施情况的报告、关于对《中华人民共和国大气污染防治法》实施情况的执法检查报告，市人大常委会选联任工作委员会关于市十三届人大四次会议代表建议办理情况的报告，市人民政府关于办理市十三届人大四次会议代表建议工作的报告、关于加强基层医疗卫生服务体系能力建设情况的报告、关于省粤东西北振兴发展股权基金芙蓉新区投资项目事项的报告、关于调整2014年市级预算的报告（草案）。会议对市人民政府关于办理市十三届人大四次会议代表建议工作报告进行满意度测评，测评结果为"满意"。会议审议召开市十三届人大五次会议有关事宜。会议表决通过《关于批准调整2014年市级预算报告的决议》《关于同意省粤东西北振兴发展股权基金芙蓉新区投资项目事项的决议》《关于召开韶关市第十三届人民代表大会第五次会议的决定》《关于列席和邀请列席市十三届人大五次会议人员的决定》等四项决议决定。会议还进行人事任免事项。会议期间分组审议各项报告并召开各县（市、区）人大常委会副主任座谈会。副市长王青西，市十三届人大代表胡书臣、王少敬、吴文兰、张彬列席会议。

【主任会议】 2014年，市十三届人大常委会共召开9次主任会议。会议听取市政府关于2013为民办好10件实事测评后整改情况及2014年民生实事的报告、关于全市食品药品监管机构改革情况的报告、关于将市区皇岗山芙蓉山莲花山纳入城市生态公园规划建设和管理议案办理情况的报告、关于韶关市旅游业跨越发展情况的报告，市依法治市办关于韶关市特约法治观察员开展工作情况的报告；讨论通过《韶关市人大常委会2014年工作计划安排》《2014年韶关市人大常委会代表工作计划》《关于韶关市人大常委会及其机关制度的修编方案的处置意见》《关于聘请市人大常委会预算审查咨询专家工作方案》《韶关市第十三届人民代表大会代表测评市政府组成部门和"法检两院"2014年工作办法》《韶关市人民代表大会及其常务委员会会议旁听办法》《关于开展对市政府办理代表建议工作报告满意度测评工作方案》等。会议还听取和讨论市人大常委会各工作部门有关工作汇报、代表资格审查报告、人事任免等重要事项20多项。

重要活动和主要工作

【加强对市行政服务中心整改的监督】 常委会持续加强对市行政服务中心工作的监督。2013年10月28日市十三届人大常委会第12次会议对市行政服务中心进行专项工作评议，提出五个方面共12条具体评议意见。2014年4月14日组成专项工作评议工作组，对市行政服务中心贯彻落实评议意见开展专题调研，实地察看中心专项工作评议后的整改工作情况，并召开座谈会听取市行政服务中心落实评议意见的情况汇报。市十三届人大常委会第15次会议听取和审议市政府关于市人大常委会专项工作评议意见的整改情况的报告，会议对市行政服务中心在"完善事项进驻、做到充分授权，创新审批方式、提高行政效率，加强平台建设、配强工作人员，完善监管机制、强化监督考核，推进电子政务、深化政务公开"五个方面取得进展和成效给予肯定，针对有些部门服务意识不强、办事效率不高、审批程序烦琐等问题，要求市政府和市行政服务中心增强工作责任感，加大整改力度，抓好督促检查和整改落实，强化内部管理，提高人员素质，建立奖惩机制，提高工作效率。主动谋划办公场地维修改造，早日完成中心办公新址的搬迁工作，推动应进驻部门和应进驻事项全部进驻。

【依法加强国民经济计划监督】 常委会把加强人大监督与审计监督结合起来，强化对计划和预算的监督，推动政府加快经济发展和促进基本公共服务均等化。做好国民经济发展计划的审查。按照市十三届人大四次会议通过的国民经济发展计划，常委会听取和审议市政府关于2014年上半年国民经济计划和社会发展执行情况的报告，加强对经济运行情况的分析，督促和推动市政府及其部门围绕实现全年经济和财政增长目标，把经济发展的质量和效益放在首要位置，主动作为，真抓实干，对症下药，精准发力，确保第三季度回到正常增长轨道和全年预期目标任务的完成。支持实体经济发展壮大，督促符合条件工业企业加快转化为规模以上企业，保持房地产业基本稳定。加大财税、金融、土地等政策的扶持力度，加速“三上企业”培育发展。发挥投资拉动经济增长的作用，围绕交通基础设施建设，产业园区扩能增效、中心城市扩容提质，集中力量抓好大项目、好项目建设，加快建设进度，确保完成年度投资。

【强化财政预算审查监督】 常委会继续探索有效的监督程序，聘请预算审查咨询专家，制定《关于加强市政府全口径预算决算审查和监督工作的意见》，要求将国有资本经营预算、社会保险基金预算等纳入2014年预算。听取和审议市政府关于2013年市级决算草案的报告、关于2013年度市本级预算执行和其他财政资金收支的审计工作报告、关于韶关市2014年上半年财政预算执行情况的报告和关于调整2014年市级预算的报告。推动政府及财税部门加大财政收入征管力度，强化财源建设；加强对重点行业、重点企业、重点税种和重点项目的税源监控和预测，实现应收尽收；拓宽政府资源和资产性收入，拉动非税收入持续稳定地增长。贯彻落实支持稳定经济增长的政策措施，加快推进基础设施建设，促进产业园区和现代产业发展；优化支出结构，加快财政支出进度。继续加大民生支出，加快民生支出、为民办实事、重点项目建设等资金的下达，扭转公共财政预算支出偏慢的局面；加强全口径预算决算管理，提高预算编制的完整性和科学性、合理性及准确性。

【人民代表工作】 增强代表工作的计划性，密切与代表的联系，提高为代表服务的水平，保障代表的知情权和执行代表职务积极性，推动一大批民生问题的解决，促进社会和谐稳定。制定《2013年韶关市人大常委会代表工作计划》《韶关市人大常委会组成人员联系市人大代表计划安排》，并以常委会办公室文件印发至代表和各县（市、区）人大常委会。全年共走访、接访人国、省和市人大代表100多人次。加强对代表的培训，组织代表参加各类学习活动，协助代表通过在线交流平台参与远程学习培训。保障代表知情知政权利，组织代表参加各类座谈会、听证会、法院旁听庭审等有关活动。开通、完善市人大与各县（市、区）人大的视频在线交流平台和代表网络交流平台，密切与代表的联系。加强对基层代表工作的指导，进一步规范人大代表联络室建设，各级代表通过代表联络室收集群众意见，反映群众诉求。组织代表活动，发挥代表监督作用。坚持代表列席常委会会议制度，扩大代表对常委会工作的参与。组织各级人大代表就全市经济社会发展情况、芙蓉新区建设、农村饮用水安全、乡镇人大工作、山区农业合作社发展及岭南生态旅游开发情况等进行视察调研，推动政府加快经济发展和民生的改善。发挥全国、省人大代表的作用，推动北江航道“五改三”升级改造工程、南水水库供水工程、高速公路工程等重大项目建设进程。市十三届人大四次会议期间，组织代表对政府组成部门和“法检两院”2013年工作进行测评，督促政府组成部门和“法检两院”主动接受人大代表和人民群众的监督，进一步改进工作。加强对代表议案建议的督办，常委会对市政府关于办理市十三届人大四次会议代表建议情况的报告进行满意度测评，推动政府及相关部门增强责任意识和公仆意识，进一步办好办实代表建议。坚持在韶关人大网“代表风采”栏目每月发布1至2条宣传代表履行职务情况和先进事迹的材料，展现代表履职风采。

【督办代表建议】 2014年，共收到代表提出的建议62件，其中市十三届人大四次会议期间60件（其中10人以上代表联名提出的议案5件，经大会主席团决定，全部转作建议处理），闭会期间2件。这62件代表建议，由政府职能部门办理答复的58件，由市委工作部门及中省直属部门办理答复的4件，已全部办理答复完毕。常委会加强对代表建议的督办。其一，常委会领导牵头督办。常委会主任会议确定11件代表和群众密切关注、反映相对突出的热点难点问题作为全年领导重点督办的建议。其二，各工委按照分工加强对代表建议的跟踪督办。各工委按要求跟踪督办本工委分工联系单位的代表建议，主动到承办单位了解、检查、督促办理工作情况，有的与提建议代表和承办单位一起开展调研或视察，有的召开专题座谈，有的结合代表建议内容安排本年度工作计划，推动代表建议工作的办理。其三，依据测评结果对部分承办单位重点督办。常委会根据人代会上对市政府组成部门和“法检两院”2013年的工作测评结果，要求排序靠后的市规划局、国土局、城管局、食药监局和环保局等5个单位就本年度承办的代表建议，提出整改情况报告，加大办理的力度，落实整改措施，确保代表建议办好办实。通过市政府及其部门的共同努力，62件代表建议所提问题得到基本解决或部分解决的15件，占总数的24.2%；所提问题列入计划逐步解决的37件，占总数的59.7%；所提问题因条件暂不具备需向代表作出解释的10件，占总数的16.1%。代表表示满意的57件，占总数的92%；基本满意的5件，占总数的8%。

【信访工作】 常委会信访部门贯彻中央《关于依法处理涉法涉诉信访问题的意见》，严格执行7月1日起实施的《广东省信访条例》，加强和改进信访工作，完善处理信访相关制度，落实责任措施，加强信访信息综合分析，做好日常的办信接访工作。化解社会矛盾，较好地维护人民群众合法权益和社会大局稳定。全年共受理群众来信来访事项420件次，其中来信195件次，来访247件次661人次，与2013年同期相比，信访总量大幅下降；经办网络问政3件，省信访局转办的网上信访件1件，均按照要求在规定时间内回复网友。群众来信来访反映的问题主要集中以下三个方面：在涉法涉诉方面，主要反映法院办案不公、审理程序违法、执行不到位、公安机关不予立案、非法关押等问题。在行政求决方面，主要反映国土资源管理不力、占用土地未按国家规定标准给予补偿，安置补偿未按政策执行等问题。在控告检举方面，主要反映反映个别乡镇干部滥用职权、侵犯人权及个别村干部贪腐作风问题和少数村委会换届选举存在有违规行为等。

【加强人大履职职责】 对常委会及其机关制度进行修订和完善，促进人大工作法制化、制度化、规范化。宣传人民代表大会制度和韶关市人大工作的亮点，对机关刊物《韶关人大》进行改版，扩大人大的影响力。密切与县（市、区）人大工作联系，促进县（市、区）人大依法规范履职和人大工作的开展。贯彻落实《中共韶关委关于转发<中共韶关人大常委会党组关于进一步加强全市乡镇人大工作的意见>的通知》，加强对乡镇（街道）人大的联系和指导，召开全市人大乡镇人大工作座谈会，推动镇级人大各项工作的新发展。

专委工作

【研究室】 开展多项专题调研。开展重大事项决定和质询制度化建设的专题调研。深入县（市、区）及到惠州市、东莞市、汕头市和河源市等兄弟市人大进行调研，省外到贵阳市、景德镇市等地进行调研了解兄弟单位开展工作的情况，收集了解大量经验和做法，为常委会出台相关制度作充分准备。开展加强人大工作和推动乡镇人大建设的调研。推动人大工作及乡镇人大建设，先后深入到乳源、南雄、浈江等地的乡镇开展调研，了解基层人大代表开展活动的情况、代表联络室发展状况及人民群众反映强烈的民生问题，形成调研材料供常委会决策参考。抓好宣传信息工作。借助媒体和《韶关人大信息》等平台，突出宣传报道重大活动、常委会领导班子和机关深入开展党的群众路线教育实践活动、监督工作、创新乡镇人大工作、代表工作、民主法治建设和扶贫帮困工作等七个方面的工作，全年累计发表新闻稿、信息稿件700多篇。加强网站的管理，确保网站安全正常运转。抓好韶关人大信息网站的建设和组织管理工作，组织采编各类信息近200条，及时上传人代会、常委会会议和主任会议的网络新闻报道。做好基层代表与省人大常委会在线交流平台的维护，保障网络通畅运行；协助做好远程参与省人大代表培训班的有关工作，落实有关远程培训技术服务，保障各地人大机关参与省人大代表培训班。召开全市人大信息宣传工作会议。举办市第23届人大新闻奖评选活动，参评作品48篇，其中24篇作品获奖。

【法制工作委员会】 2014年，协助常委会做好有关监督事项。组织开展《广东省信访条例》的执法检查，推动市政府和有关部门加大条例的宣传力度，强化责任落实，推进诉访分离，拓宽信访渠道，维护信访秩序，保持社会稳定。开展法官法贯彻实施情况的专题调研，针对调研中发现的问题，提出解决审判力量不足、完善法官职业保障机制、探索推行以审判长负责制为核心的法官职业化改革、推进司法公开和司法服务社会化等加强法官队伍建设的5条意见。组织代表开展全市禁毒工作、社区矫正工作的视察和调研，推动政府及有关部门加大打击的力度，保持高压态势，遏制毒品蔓延的趋势，净化社会环境；配合省人大到韶关调研和交办的各项工作。根据省人大的部署，在全市范围内开展为期一个月的《广东省信访条例》的宣讲活动，活动深入到乡镇、村委，并确定乳源为韶关市运用法治方式解决信访突出问题的省级试点县。试点工作顺利推进，并取得一些新鲜经验。配合省人大做好省环境保护条例立法、社会组织立法、社区矫正立法、放宽单独生二胎、社会养老服务体系建设情况、地方立法高层次人才培养等立法调研和工作调研，并完成省人大交办社会组织立法及地方立法人才培养规划两项调研工作，撰写调研报告并及时上报省人大。全年还共承办信息化促进条例等8部法规12次征求意见的组织工作，做到及时征集意见及时上报。统筹做好市委和市人大党组交办的工作任务。参与创建“平安韶关”和“平安细胞工程建设”工作；按要求清理规范性文件及负面清单工作，提出废止建议提交常委会审议通过；启动地方立法前期准备工作，为下一步人才培养和机构成立、工作推进打下基础。依法转办涉法涉诉信访案件。全年共收到上级人大和人大信访部门转来涉法涉诉信访案件9件，全部按照省信访条例的新要求，研究后附上办理意见转交有关单位办理。依法有序推进规范性文件备案审查工作。

【财政经济工作委员会】 贯彻落实常委会年度工作计划，履行宪法和法律赋予的各项职权，开展工作，各项工作都取得新进展。服从服务于常委会的中心工作，围绕常委会会议和主任会议的审议议题开展工作。依法加强对计划和预算实施情况的监督，使监督工作规范化、程序化、法律化并取得新成效。年初及时介入年度计划的编制工作，听取市发改局有关国民经济目标及编制依据的报告并提出建议。7月，对国民经济计划执行情况进行深入调研，对上半年经济运行进行宏观分析研究，在肯定成绩的基础上指出存在问题，形成审议意见转交市政府组织实施，确保全年计划目标实现。做好推荐预算审查咨询专家相关工作，市十三届人大常委会第17次会议作出决定，聘请巫锦国等10人为市人大常委会预算审查咨询专家，并制定相关工作规定，保证咨询专家顺利开展工作。召开加强对政府全口径预算决算审查和监督工作座谈会，深入开展加强对政府工作全口径预算决算的监督工作。对预算执行草案和预算情况提出审查监督意见和方法提供常委会审议时作参考。协助常委会做好对预算审计的监督和审计问题整改落实的跟踪监督。督促政府提高财政资金使用效益，规范财政收支预算管理，增强政府融资能力，常委会作出关于同意省粤东西北振兴发展股权基金芙蓉新区投资项目的决议。为推动市委提出的韶关市旅游业要率先实现跨越发展，在调研的基础上，主任会议听取市政府的有关工作报告，肯定近年来韶关市旅游资源开发取得的显著成绩，提出重点推动“大丹霞、大华南、大南岭、大珠玑”建设、提高旅游知名度和影响力、科学优化一批精品线路、提高旅游产品的文化内涵和全面提升旅游综合素质等建议，形成主任会议纪要反馈给市政府及相关部门，促进相关问题的落实解决。组织省市代表开展对市国有资产经营和改革情况的视察活动，推动政府着力抓好国有企业改制重组、资源整合和项目建设，推进国企体制、机制、技术和管理创新。把市政府为民办理8件民生实事作为监督工作的重点，组成专题调研组深入到市福利院老年人综合服务大楼、武江北绿地小公园等“五小”惠民项目、市公交公司LNG新能源公交车等现场实地察看和调研，通过听取工作汇报、召开座谈会多方听取意见，推动政府把实事做好、把好事做实。协助和配合全国人大财经委副主任乌日图、省人大常委会副主任雷于蓝和省人大预算工委领导到韶关市开展调研活动和工作检查。做好并及时上报法律法规征求修改意见稿2件。

【城乡建设环境与资源保护工作委员会】 围绕常委会会议和主任会议审议议题展开各项工作。组织部分市人大代表对全市整治“两违”工作和城区乡村规划情况进行调研。根据常委会要求，起草《关于韶关市严厉打击“两违”工作和城区乡村规划情况的报告》的审议意见转发市政府，要求市政府提高认识，妥善解决“两违”历史遗留问题，完善私房报建程序，加快镇村建设规划，调动镇政府参与到违法建筑查控和新农村建设规划上来。组织力量对市辖三区保障性住房（含新建、配建、直管公租房和棚户区）的规划、建设和管理情况进行调研，通过听取有关汇报、实地察看和走访部分保障性住房家庭，督促市政府进一步明确保障性住房的建设、分配管理、准入退出及后期管理的各方责任。针对存在问题提出争取上级政策支持、加快危旧直管公租房改造、解决住房“夹心层”问题、完善管理制度等意见建议，继续督促政府加大工作力度，确保住房保障的公开公平公正。受常委会的委托，组织开展大气污染防治法执法检查。组织代表视察活动，推动政府解决热点难点问题。解决工业西片区的内涝和碧桂园良村桥头K字路口的交通拥堵一直是代表和市民高度关注的热点难点问题，常委会分别于2012年和2013年对这两个问题进行专题询问。7月中旬，常委会又组织部分代表进行视察和调研，督促市政府严格按照整治方案抓紧落实工作，并对新出现的问题提出意见与建议。良村k字路口交通治理工程已按要求完成所有建设内容，并按要求于2014年12月19日开放交通，交通拥堵问题得到缓解。跟踪督办代表建议。根据常委会代表议案建议分工督办的意见，城建工委负责跟踪督办的代表建议共24件，督办过程中坚持立足于解决实际问题，注意加强与承办单位沟通与联系，多次到主办单位听取有关情况汇报，督促承办单位加大工作力度，提高办理的实效。协助配合上级人大到韶关调研和有关法规的意见征集。协助全国人大和省人大到韶关开展大气污染防治法实施情况、土壤污染防治法和循环经济促进法的情况调研。配合做好省人大关于对《广东省农村生活垃圾收运处理工作第三方评估指标体系和评分表（草案）》等系列文件意见的征集，并及时做好意见的上报工作。

【农村农业民族宗教工作委员会】 组织部分市人大代表对韶关市封山育林工作进行视察和调研，市十三届人大常委会第18次会议听取和审议市政府关于办理封山育林议案工作情况的报告，肯定全市封山育林工作取得阶段性成果，针对存在投入不足、管护难度增大和护林与扑火队伍建设滞后等突出问题，提出政府要协调落实各方责任、增加包括各级财政预算的投入、加大监管力度、从完善机制上保障封育主体的权益等四点审议意见，督促政府加强对封山育林工作的领导，加大工作的力度，确保全市林业的几大主要指标和林业生态建设位居全省前列。主任会议听取市政府关于将市区皇岗山芙蓉山莲花山纳入城市生态公园规划建设和管理议案办理情况的报告，督促政府加大对“三山”基础设施的投入，协调各方，明确权责，加强管理，查漏补缺，确保2015年该议案顺利结案。开展对《广东省散居少数民族权益保障条例》实施情况执法检查和调研，提出加大条例宣传力度、加大资金投入和发展经济的政策扶持力度等意见建议，保障散居少数民族的合法权益。对中小河流治理情况进行专题调研，形成调研报告转市政府及相关部门办理，要求政府加快项目工程建设进度，推动中小河流治理，提高防洪减灾能力。开展对新一轮扶贫开发、农村饮用水安全（配合选联任工委）等问题的视察或调研，形成调研报告转交相关部门，促进相关工作的落实。对市十三届人大代表刘志强在市十三届人大四次会议上提出的《关于大力发展韶关茶叶产业，把韶关打造成著名茶叶之乡的建议》进行督办，组织力量开展深入调研，深入乐昌九峰镇进行实地察看，召开座谈会，听取意见，对打造茶叶之乡等问题提出许多有益的意见与建议，得到全国、省市人大代表的肯定。配合省人大做好关于加快南岭山区集中连片特困地区扶贫开发专题调研。做好《广东省实施〈中华人民共和国水法办法〉（草案）》《广东省气象灾害防御条例（草案）》和《广东省村务公开条例（修订草案）》修改意见的征集，并及时汇总上报。

【教育科学文化卫生华侨外事工作委员会】 2014年，为提高常委会审议质量，反映韶关市食品药品监管体制改革工作的实际情况，组成专题调研组先后到南雄、仁化、乳源、浈江、武江及部分镇食药监管所，听取有关工作汇报，召开有关部门参加的座谈会，对韶关市食品药品监管体制改革工作进展情况进行深入调研，在常委会上提出构建市县镇村食药安全监管网络、强化各级政府属地管理责任、加强队伍建设和争取省市共建项目等意见，督促市县两级政府抓紧落实食药监管体制改革各项后续工作，强化监管能力建设。12月，听取和审议市政府关于加强基层医疗卫生服务体系能力建设情况的报告。会前，组成专题调研组由常委会副主任徐紫玲带队，深入乳源、翁源、武江等地开展调研，针对韶关市基层医疗卫生服务体系能力建设存在的困难与问题，提出加大地方财政投入、加强基层医技队伍建设、完善基本药物制度和优化医保基金支付管理等4点建议，督促各级政府必须按照医改“保基本、强基层、建机制”的基本要求和原则，加强基层医疗卫生服务体系能力建设。组织省市两级人大代表开展对全市食品药品安全监管和LED照明推广应用情况进行视察和调研。开展对王少敬代表在市十三届人大四次会议上提出的《关于进一步加强对农村留守儿童的关爱与教育的建议》落实情况进行调研，督促政府及有关部门要将农村留守儿童的教育问题纳入教育发展规划，整合社会资源，畅通社会力量参与留守儿童关爱渠道，健全学校教育和管理体系，建立留守儿童服务机制，构建关爱留守儿童工作网络，优化留守儿童成长环境，全面推进留守儿童关爱工作。继续跟踪市政府对学前教育视察意见的处理情况。配合省人大常委会副主任周天鸿率领调研组在韶对韶关市教育发展和教育投入情况的调研。

【选举联络人事任免工作委员会】 协助人民代表大会、常委会会议做好选举和人事任免工作。完成市十三届人大四次会议的组织和选举工作任务，依法补选市十三届人民代表大会常务委员会副主任1名，市十三届人民代表大会常务委员会委员2名；按照“德才兼备、注重实绩、群众公认”选人用人标准任免国家机关工作人员32名，其中决定任命5名，任命15名；决定免职5名，免职7名，组织保障国家机关正常运转。围绕常委会的中心工作和常委会会议、主任会议审议的议题开展各项工作。做好人代会期间市人大代表测评市政府组成部门和“法检两院”的各项组织工作，会前起草有关测评办法，保证测评工作顺利进行。依法补选市十三届人大代表13名，确保代表结构的完整性和代表工作的连续性。做好市人大常委会代表资格审查委员会全体会议的组织工作，完成对部分增补代表的代表资格审查工作。组织各县（市、区）人大常委会副主任和市大机关各工委（室）负责人赴全国人大培训基地学习。增强责任感，保持与代表的经常性联络，提高服务代表的工作水平。及时做好代表履职登记工作，将代表参加活动的时间、内容和出缺情况进行记录并上报。全年走访、接访全国省市代表80名，及时了解和掌握代表动态情况，在力所能及的条件下帮助代表排忧解难。做好驻韶的全国、省人大代表赴京、赴穗出席人代会的组织服务工作。加强对基层工作的指导和督导。及时指导各县（市、区）人大常委会选工委做好本县（市、区）人代会的组织和选举工作。根据市委的统一安排部署，做好韶关市村（社区）党的群众路线教育实践活动的督导工作。配合做好上级人大到韶关开展的工作调研和工作检查。协助省人大常委会办公厅做好驻澳门特别行政区全国人大代表到韶关开展粤北贫困线近年发展情况专题调研的组织安排等。

【依法治市工作领导小组】 市委十一届第58次常委会议专门研究讨论韶关市贯彻依法治省领导小组第20次会议精神。市委书记郑振涛主持召开依法治市工作领导小组第19次会议，部署2014年全市依法治市工作。加强对依法治市工作的领导，探索法治建设新路径。组织开展领导干部、公务员学法考试和培训，把法治建设成效作为衡量各级领导班子和领导干部实绩内容纳入市直单位和各县（市区）年度绩效考核，全面提高依法治市工作水平。市人大常委会加强对“一府两院”的有效监督，推动“一府两院”转变职能、深化改革，促进“一府两院”依法行政、公正司法。常委会会议、主任会议两次安排听取和审议依法治市工作，综合运用包括代表测评、专题询问、执法检查等监督形式，督促依法治市有关工作的落实。以《广东省信访条例》的颁布实施为契机，全市人大系统上下联动，组建6个宣讲组在全市范围内开展条例的宣讲活动，并在乳源开展以法治方式解决信访突出问题的试点工作，组织依法治市特约法治观察员到区、镇、村就省信访条例贯彻情况进行专题观察。推进法治政府建设，优化发展法治环境。继续加大政府改革力度，推进减政、减负、减支，市县两级政府部门行政审批项目保留目录全部公布。创新政府管理，打造服务平台，营造法治化营商环境。推进政务公开和政府信息公开，保障公民知情权。落实行政执法责任制，规范行政权力运行。开展“执法公开日”活动，邀请部分“两代表一委员”和社会各界群众代表参加执法活动。推动两院以促进社会公平正义为核心，加快司法改革的服务保障民生，主动参与社会治理创新，提升社会治理法治化水平。在始兴县开展按法治框架解决基层矛盾试点取得成效的基础上，继续扩大试点范围。深入开展法治镇（街）、民主法治村（居）的创建活动，丰富基层民主法治实践内容。工青妇等群众团体参与社会治理成为一大工作亮点。（黄远习）

市人大常委会主任、副主任和秘书长、副秘书长名单

主　任：郑振涛

副主任：李石保　林平杰　杨小明　徐紫玲（女）　张　平　温新才（2014. 2—）

秘书长：高振忠

副秘书长：朱光华　曾庆根　陈　曦　陈早霞

韶关市人民政府

综　　述

2014年，面对严峻的经济形势和稳增长、调结构、促改革、惠民生的艰巨任务，市政府抓住省委、省政府进一步促进粤东西北地区振兴发展和东莞市全面对口帮扶机遇，突出基础设施提档升级、产业园区扩能增效、中心城区扩容提质“三大抓手”，深化改革创新，全力加快绿色转型振兴发展。

重要政务

【经济发展稳中有进】　全市生产总值1111.5亿元，增长9.5%，高于全省平均水平。三次产业结构优化为12.9∶40.6∶46.5。全市地方公共财政预算收入81.98亿元，增长14.2%。固定资产投资完成746.7亿元，增长18.3%。城镇和农村居民人均可支配收入分别增长9.3%、10.2%。工业较快发展，新增规模以上工业企业51户，规模以上工业增加值增长13%。民营经济和县域经济占比分别提高1个、2个百分点。农业增产增收，增加值增长4.3%，净增农民专业合作组织342家，新增市级农业龙头企业19家。服务业稳步提升，社会消费品零售总额增长11%。全市接待游客、实现旅游总收入分别增长15%和20%，新增2家国家AAAA级旅游景区。创新驱动更加有力，新增国家高新技术企业6家、省级工程技术研发中心2家，专利申请量、授权量连续10年居全省山区市首位。

【“三大抓手”成效明显】　综合交通体系建设加快推进。新增高速公路162公里、铁路117公里，改造国省道50公里，建成通自然村公路530公里。乐广高速公路、赣韶铁路建成通车。全长88公里的环城高速公路建成贯通，韶关市成为粤东西北地区首个、全省第四个拥有环城高速公路的城市。大广高速公路建设加快。武深、汕昆高速公路和韶贺柳铁路、韶关机场、北江航道整治等重大交通项目前期工作有效推进。韶新、始阳高速公路和雄乐高速公路部分路段已与社会资本签订合作框架协议。新港码头港澳航线复航，嘉羊码头建设进展顺利。园区扩能增效力度加大。完成韶关市北部工业园总体规划方案编制。省级产业园规模以上工业增加值、税收收入占比分别提高3.1个、1.4个百分点。莞韶对口帮扶工作深入推进，“一园一城七组团”合计签约项目125个，总投资316.85亿元，其中开工107个，投资101.7亿元；莞韶城一期初具规模，粤商高科特种材料创新园等重大项目进展顺利。城区扩容提质快速推进。完成芙蓉新区基础设施、产业发展、环境保护、水系和绿地等规划编制。新区起步区路网和农民安置区建设全面铺开，市民文化活动中心和综合客运枢纽扎实推进，碧桂园酒店建成竣工，保利、恒大、碧桂园等大型社区初具规模，人保财险等企业进驻新城总部经济区。“三旧”改造加强，百年东街建成开业。市区新、改建道路19条，建成12个小公园、小广场、小运动场、小停车场、小菜市场，工业西片区内涝整治工程已完成大部分工程任务。东环商贸城快速推进，原曲仁矿棚改工程基本建成，主城区东部初步形成一个可容纳1.4万户居住、配套设施较完善的新组团。各县（市、区）启动新区建设或旧城连片改造项目，县城和中心镇集聚人口和产业的能力增强。

【城乡环境总体良好】　韶关市跻身国家生态文明先行示范区行列。国家节能减排财政综合政策示范城市建设按计划有序推进。完成造林2.75万公顷，其中碳汇造林1.65万公顷。芙蓉新城污水处理厂建成运营，田螺冲污水处理厂工程扎实推进。16个中心镇污水处理厂建设进展顺利。建成377个畜禽养殖场减排工程和4个有机肥加工厂。淘汰黄标车及老旧车10465辆，超额完成省下达4697辆的年度任务。市区更新投放LNG新能源公交车100辆、纯电动出租车50辆、CNG出租车380辆。完成市区LED路灯改造。单位GDP能耗下降4.76%。加强重金属污染综合整治工作，及时处置翁源铁龙部分群众血铅异常情况。

【民生保障持续加强】　全市用于保障和改善民生事业资金141.1亿元、增长19.8%，民生支出占财政支出比重达71.8%，比上年提高1.2个百分点，基本公共服务均等化水平继续提高，社会保障体系不断完善。市政府公开承诺办好的8件民生实事和市政府所属单位承诺的51件实事基本完成。全市就业形势保持总体稳定，城镇登记失业率为2.42%，农村劳动力技能培训转移就业工作连续六年进入全省优秀行列。底线民生保障标准增幅明显，月人均养老金增长17.02%，城乡居保基础养老金增长25%。首次启动实施城乡居民大病医疗保险制度。实现城乡居民基本医疗保险和基本养老保险制度一体化。开工建设保障性住房7596套、建成7495套。落实低保、五保供养制度，社会救助服务窗口建设稳步推进，医疗救助“一站式”结算服务实现全覆盖。市社会福利院老人综合服务大楼项目加快推进。新一轮扶贫开发“双到”工作成效明显，完成农村低收入困难户住房改造3687户，“两不具备”贫困村庄搬迁安置动工建设1809户，竣工1174户。

【社会事业不断发展】 韶关实验中学和实验小学建成开学，北江中学综合楼加快建设，市一中运动场工程竣工。韶关市成为粤东西北地区首个省教育强县（市、区）全覆盖的省教育强市。市中医院晋级三甲中医院，县级公立医院全部取消药品加成，人均基本公共卫生服务经费大幅提高。实施“单独二孩”政策。完成国家和省文化惠民工程任务，群众文化活动广泛开展。完成市直文化院团改革和《南叶》杂志转企改制工作。广播电视台全面深化改革初见成效，新兴媒体等文化阵地建设进一步拓展。培育地方文化品牌有新成效，乳源瑶族自治县瑶族民歌入选国家级非物质文化遗产代表性项目扩展名录，小说《水滴》和歌曲《恩情》荣获省“五个一工程”奖。乳源瑶族自治县被评为全国民族团结进步模范集体。全国文明城市创建有序推进。建成20个乡镇农民体育健身工程，免费向社会开放25万平方米机关事业单位体育场馆。节俭举办市第十四届运动会，在省第五届民运会上获团体总分第三名。完成村（居）“两委”换届选举工作。新增社会组织158家。开展六大专项行动，推进平安韶关创建。安全生产、食品药品安全和“两建”等工作取得新进展，社会和谐稳定。

【八件民生实事有效落实】 2014年，政府承诺办好八件关系民生的实事：一是提高底线民生保障水平；二是提高城乡居民医保补助标准，每人年补助标准由280元提高到320元；三是提高人均基本公共卫生服务经费标准，由30元提高到35元以上；四是开展政策性水稻种植保险；五是资助市公交公司增购100辆LNG新能源公交车；六是建设市社会福利院老年人综合服务大楼；七是建设一批小公园、小广场、小运动场、小停车场、小菜市场等“五小”惠民项目；八是推进市区饮用水取水点调整优化工程和武江北路、靖村排水渠截污工程。至年底，八件实事已完成或基本完成。

【政府建设明显加强】 提高依法行政水平，推进法治政府建设。办理人大代表建议、政协提案。完成市、县级政府机构改革。初步构建实体大厅、网上办事大厅和掌上政务大厅“三位一体”的政务服务体系。2014年，市级保留行政审批项目比2011年年底压减48.92%。编制政府部门权责清单试点工作稳步推进。工商登记制度改革成效显著，全市登记各类市场主体12.4万户，注册资本875.8亿元，分别比上年增加10365户和164亿元。实施建设工程交易网上报名和资格后审制度。市重点项目投资建设直接落地改革试点、公共资源交易制度改革、投融资体制改革和以南雄市为试点的行政执法体系改革扎实推进。建立全口径预算编报体系。组建市国投资产开发公司，优化重组一批国有资产。赋予莞韶产业园市级经济管理权限。贯彻落实中央八项规定精神，开展党的群众路线教育实践活动，促进政风行风好转。建立健全科学决策、调查研究、督查督办等反“四风”长效机制31项；市政府精简议事协调机构374个，撤销比例达80.4%；以市政府名义召开的全市性会议精简50%；以市政府、市政府办公室名义下发的正式文件精简58.4%；市级考核检查活动精简90%，评比表彰活动精简52%；市级“三公”经费及会议费减少27.5%。重点项目廉政风险防控试点工作有序开展。坚持有腐必反、有贪必肃，查处一批违法违纪案件和损害群众利益行为。

重要会议

【市政府常务会议】 2014年，共召开市政府常务会议17次（十三届35次至51次）。

十三届35次会议于2013年12月26日召开，专题学习《国有土地上房屋征收与补偿条例》，审议《韶关市2013年行政审批制度改革事项目录（第二批）》《韶关市铅锌行业发展规划（2011—2020年）》，讨论《韶关市2013年机关事业单位突出贡献奖申报评审奖励试行办法》。

十三届36次会议于2014年1月3日召开，讨论《政府工作报告》《韶关市2013年国民经济和社会发展计划执行情况及2014年计划草案的报告》《韶关市2013年预算执行情况和2014年预算草案的报告》，审议《韶关市人民政府关于加强电动自行车管理的通告》。

十三届37次会议于2014年1月14日召开，讨论《利用新型干法水泥窑处理韶关市生活垃圾项目合作意向书》《新雪域农产品（冷链）物流园项目招商引资协议》、韶关世界国花（国树）名花（名树）植物园项目、《韶关工业园区管理体制改革方案》。

十三届38次会议于2014年2月26日召开，审议《韶关市公共资源交易规则（暂行）》《韶关市关于促进电网建设的若干规定》《韶关市户籍管理规定》，讨论《韶关市商事登记制度改革方案》《中共韶关市委韶关市人民政府关于加强新时期科协工作的意见》，学习珠海市整治违法建设工作经验。

十三届39次会议于2014年3月19日召开，审议《韶关市政府投资非经营性项目代建管理办法》《韶关市人民政府关于整治市区“六乱”的通告》，讨论《韶关市党政领导班子和领导干部2013—2014年度安全生产责任制考核实施方案》。

十三届40次会议于2014年4月1日召开，讨论《广东（人保）粤东西北振兴发展股权基金韶关芙蓉新区项目申报实施方案》《关于新建芙蓉新区综合市场项目的方案》《韶关市工贸公司工矿棚户区改造实施方案（草拟稿）》，研究关于进一步做好市区耕地占用税征收管理工作。

十三届 41 次会议于 2014 年 4 月 23 日召开，讨论《促进韶关市城区扩容提质五年行动纲要（2013—2017年）》《广东煤炭地质二〇二勘探队东区“三旧”改造方案》《武江区芙蓉北路万紫千红“三旧”改造项目一、二期及第三期部分用地分期改造方案》《武江区工业西路宏大齿轮厂“三旧”改造项目分期改造方案》《武江区工业西路宏大齿轮厂新 1 号楼安置地“三旧”改造方案》《塘湾招商项目土地运作方案》，审议《韶关市国有划拨土地收储管理暂行办法》。

十三届 42 次会议于 2014 年 5 月 20 日召开，审议《韶关市市场主体住所工商登记实施办法》，讨论《韶关市 2014—2015 年乡镇扶贫开发“规划到户责任到人”工作考核办法》。

十三届 43 次会议于 2014 年 6 月 11 日召开，审议《韶关市人民政府 2014 年决定保留的行政审批项目目录》《韶关市人民政府决定取消调整和下放管理层级的行政审批项目目录》《韶关芙蓉新区基础设施发展专项规划》《韶关芙蓉新区产业发展规划》《韶关芙蓉新区环境保护规划》，听取市经信局关于韶关市产业园建设发展情况的汇报；听取研究部署相关工作。

十三届 44 次会议于 2014 年 7 月 2 日召开，传达全省经济工作座谈会精神，讨论韶关市贯彻意见；审议《韶关市大气污染防治实施方案（2014—2017 年）》《韶关市环境空气重污染应急预案（试行）》《韶关市突发事件总体应急预案》；讨论《韶关市振兴发展 2014 年重点工作任务》《西河健身广场地下商业综合体（兼顾人防）项目建设方案》。

十三届 45 次会议于 2014 年 8 月 12 日召开，审议《韶关市节能减排财政政策综合示范总体实施方案》《韶关市节能减排财政政策综合示范产业低碳化实施方案》《韶关市节能减排财政政策综合示范城市交通清洁化项目分工实施方案》《韶关市节能减排财政政策综合示范城市建筑绿色化项目工作实施方案》《韶关市服务业集约化实施方案》《韶关市节能减排财政政策综合示范城市主要污染物减量化实施方案》《韶关市可再生能源和新能源利用规模化实施方案》《韶关市节能减排财政政策综合示范城市工作方案》《韶关市节能减排财政政策综合示范城市项目管理暂行办法》《韶关市节能减排财政政策综合示范城市奖励资金管理暂行办法》《韶关市节能减排财政政策综合示范城市奖励资金绩效评价管理暂行办法》《关于鼓励企业进入全国中小企业股份转让系统挂牌融资的意见》《韶关市河道管理办法》《韶关市水功能区划》《韶关市水资源保护规划》。

十三届 46 次会议于 2014 年 9 月 11 日召开，听取市经信局关于韶关市省级产业园建设发展情况的汇报，研究部署参加 2014 年省考评的工作目标及措施；听取市国税局、地税局、财政局关于韶关市园区企业财税贡献情况的汇报，市国土资源局关于园区企业土地资源利用情况的汇报，研究下一步工作措施。

十三届 47 次会议于 2014 年 9 月 24 日召开，审议《韶关市高速公路网规划（2014—2030 年）》《韶关市道路交通事故社会救助基金管理实施办法》，讨论芙蓉新区综合客运枢纽站项目建设问题、《浈江区林工贸有限公司地块“三旧”改造方案》《浈江区十里亭白石坑中铁五局四公司地块“三旧”改造方案》《原韶关市通利工贸实业总公司及北江化工厂地块“三旧”改造方案》，传达全省国资企业改革发展工作会议精神，研究韶关市贯彻意见。

十三届 48 次会议于 2014 年 10 月 16 日召开，听取莞韶园管委会关于莞韶园项目推进调度会落实情况的汇报、市政府办关于 2014 年市政府为民办实事项目进展情况的汇报，研究部署下一步工作，讨论《韶关市区棚户区改造实施方案》《韶关市市属国有企业负责人经营业绩考核与薪酬管理试行办法》，学习《广东省重特大突发事件处置督查办法》。

十三届 49 次会议于 2014 年 11 月 6 日召开，讨论《市政府系统议事协调机构清理意见》《广东韶关国润再造烟叶有限公司地块“三旧”改造方案》；审议《韶关市重大行政决策专家咨询论证办法》；传达学习粤东西北地区农村金融工作现场会议精神，讨论韶关市贯彻意见。

十三届 50 次会议于 2014 年 12 月 4 日召开，讨论《韶关市城镇土地使用税税额标准调整方案》《关于加快推进国有企业改革的实施意见》《韶关市社会信用体系建设规划（2014—2020 年）》《韶关市全面深化安全生产领域改革实施方案》《韶关市贯彻落实〈中共广东省委广东省人民政府关于全面深化科技体制改革加快创新驱动发展的决定〉的实施意见》，审议《韶关市主体功能区规划实施纲要》。

十三届 51 次会议于 2014 年 12 月 25 日召开，审议《韶关市区公共交通站场管理办法》《韶关市区私房建设规划管理办法（试行）》，讨论芙蓉新城安置房建设工程项目和市属国有工矿棚户区改造工程项目申请国开行融资问题。

【市政府工作会议】 2014 年，共召开市政府工作会议 176 次。具体按月份排列如下：

1 月，研究韶关实验中学项目建设（〔2014〕1 号），上饶桥建设工程等市政项目（〔2014〕2 号），统一莞韶城一期称谓问题（〔2014〕3 号），变更广东东韶实业投资开发有限公司韶关方股东（〔2014〕4 号），完善韶关实验中学项目建设手续（〔2014〕5 号），东环线周边专业市场建设推进（〔2014〕6 号），莞韶产业园甘棠片区用地（〔2014〕7 号），食品药品监管体制改革（〔2014〕8 号），香港精英国际有限公司项目对接（〔2014〕9 号），市辖三区园区土地统筹（〔2014〕10 号），市属工矿棚户区改造安置房建设（〔2014〕11 号），推进浈江区家具广场项目（〔2014〕12 号），芙蓉新区开发建设（〔2014〕13 号），西河健身广场公共人防工程项目（〔2014〕14

号），市看守所和市第三看守所整体搬迁工作（〔2014〕15号），科技工作（〔2014〕16号）等有关问题。

2月，研究“五小”建设等市政项目前期工作（〔2014〕17号），加快推进韶关枫湾特色小镇建设（〔2014〕18号），加快芙蓉北路原电石厂地块等项目建设（〔2014〕19号），2014年全市旅游节庆活动有关事项（〔2014〕20号），丹霞山景观大道（自行车赛道）规划建设（〔2014〕21号），韶关市第四污水处理厂项目征地（〔2014〕22号），棚户区改造资金管理使用（〔2014〕23号），云门寺佛教文化生态保护区建设（〔2014〕24号），推进棚户区和东环线等项目建设（〔2014〕25号），市公路局代建市政道路项目建设（〔2014〕26号），日本电产三协电子公司在韶发展（〔2014〕27号）等有关问题。

3月，研究工贸资产经营公司部分出租物业无法办理经营证照（〔2014〕28号），韶关机场合作建设（〔2014〕29号），韶关芙蓉新区开发建设（〔2014〕30号），华南长管拖车检测中心项目（〔2014〕31号），复兴路旧城改造项目拆迁安置补偿（〔2014〕32号），韶关市森林航空消防基地等市政项目（〔2014〕33号），大宝山矿区四个持证矿山资源整合（〔2014〕34号），原曲仁矿棚户区改造二期工程配套基础设施及公建项目建设（〔2014〕35号），市公路局代建市政道路项目建设（〔2014〕36号），武广客专（韶关段）建设遗留问题（〔2014〕37号），武江北路截污管二期等市政项目及环卫工作（〔2014〕38号），原曲仁棚户区改造田螺冲安置区及周边配套项目建设（〔2014〕39号），推进全市旅游投资项目和环丹霞山旅游产业园项目建设（〔2014〕40号），数字城管建设（〔2014〕43号），市城投公司等单位资金支付（〔2014〕56号）等有关问题。

4月，研究芙蓉新城赤水新村验收（〔2014〕41号），国道323线朝阳段项目回迁安置项目（〔2014〕42号），污水处理厂等市政项目前期工作（〔2014〕44号），市社会福利院老年人综合服务大楼建设（〔2014〕46号），原曲仁棚户区改造项目（〔2014〕47号），原曲仁棚户区改造等项目供电（〔2014〕48号），第四、第五污水处理厂及其配套管网一期工程（〔2014〕49号），万紫千红和万通城两个“三旧”改造项目（〔2014〕50号），武江区芙蓉北路大东裕项目（〔2014〕51号），沐溪大道（阳山段）改造工程（〔2014〕52号），韶关市大型企业开展商贸物流业务本地化经营（〔2014〕53号），韶关市废旧塑料再生资源发展（〔2014〕54号）等有关问题。

5月，研究市区污水处理厂等市政项目前期工作（〔2014〕55号），市红十字会办公场所及备灾救灾仓库搬迁（〔2014〕57号），加强韶关市节能减排财政政策综合示范工作（〔2014〕58号），韶关邦世迪公司项目竣工验收工作（〔2014〕59号），芙蓉新城房屋拆迁安置（〔2014〕60号），芙蓉新区电网迁改（〔2014〕61号），东环商贸城道路指示牌设置（〔2014〕62号），加快323线国道至广乐高速北连接线良村互通工程建设（〔2014〕63号），韶关芙蓉新区开发建设（〔2014〕64号），工业西内涝整治等工程（〔2014〕65号），加快推进对口帮扶工作（〔2014〕66号），广乐高速公路北连接线犁市互通黄岗至十里亭路段改（扩）建工程黄岗铁路口处置方案（〔2014〕67号），解决广乐高速公路T13标段阻工问题（〔2014〕68号），市森林航空消防基地建设、市林业局机关及部分直属单位搬迁（〔2014〕69号），原韶关水泥厂地块拆迁工作（〔2014〕70号），碧桂园良村桥头交通整治工程管线迁改（〔2014〕71号），加快推进节能减排财政政策综合示范工作（〔2014〕72号），东环线一期工程等重点项目建设（〔2014〕73号），市政府投资建设项目前期工作流程优化（〔2014〕74号），广东韶关实验中学建设（〔2014〕75号），粤商高科项目（〔2014〕76号），市公路局代建市政道路项目建设（〔2014〕81号）等有关问题。

6月，研究市区污水处理厂项目建设（〔2014〕77号），市政项目前期工作（〔2014〕78号），加快推进市新雪域农产品（冷链）物流园等项目建设（〔2014〕79号），芙蓉新区国有土地上房屋征收（〔2014〕80号），莞韶园管委会权限及“2号章”使用（〔2014〕82号），定期销毁危险（剧毒）化学品（〔2014〕83号），推进武江区芙蓉东路原市中心血站及周边地块出让（〔2014〕84号），韶关第三届（2014）青岛啤酒节活动（〔2014〕85号），原韶关市司法成人中专学校人员分流（〔2014〕86号），市区三大交通出口环境整治项目（〔2014〕87号），市第四污水处理厂项目建设（〔2014〕88号），加快莞韶园浈江片区开发建设（〔2014〕89号），市新雪域农产品（冷链）物流园项目建设（〔2014〕91号），粤北亚太财富中心项目（〔2014〕92号）等有关问题。

7月，研究污水处理厂等市政项目前期工作（〔2014〕90号），市政项目前期工作（〔2014〕93号），韶关卷烟厂技改项目（〔2014〕94号），500千伏韶关北输变电站工程等重点项目建设（〔2014〕95号），大东裕项目用地（〔2014〕96号），推进市属国有道路运输资源整合（〔2014〕97号），全市对口帮扶统计工作（〔2014〕98号），芙蓉新城征拆安置工作（〔2014〕99号），芙蓉新城房屋征拆工作（〔2014〕100号），金色江湾小区环卫服务中心等市政项目（〔2014〕101号），韶关《平安城市》（2012—2014）项目视频建设工作（〔2014〕102号）等有关问题。

8月，研究市区重点项目征地拆迁安置工作（〔2014〕103号），芙蓉新城部分高压线路迁改（〔2014〕104号），第五污水处理厂（黄金村）及其配套管网一期工程等项目（〔2014〕105号），推进黄标车治理工作（〔2014〕106号），加快推进园区项目建设（〔2014〕107号），芙蓉新城道路绿化景观规划等市政项目前期工作（〔2014〕108号），市区污水处理厂项目（〔2014〕109号），韶关市振北押运有限责任公司改制脱钩工作（〔2014〕110号），完善韶关实验中学建设验收手续（〔2014〕111号），推进市区自行车道建设工作（〔2014〕112号）等有关问题。

9月，研究韶关实验中学劳资纠纷（〔2014〕113号），曲江经律论文化旅游小镇——小坑镇大森林温泉世界度假村项目建设（〔2014〕114号），环丹霞山重点旅游项目（〔2014〕115号），广乐高速公路韶关段服务区加油站通车配套投营（〔2014〕117号），市区国有工矿棚户区改造（〔2014〕118号），莞韶园沐溪阳山片区基础设施建设等重点项目调度（〔2014〕119号），芙蓉新城开发建设（〔2014〕120号），莞韶产业园项目工作推进调度（〔2014〕121号），小岛片区污水处理工程项目建设工作（〔2014〕122号），进一步加强登革热防控工作（〔2014〕123号），第四污水处理厂备用泵站等项目（〔2014〕124号），莞韶园区治安整治及旭日玩具厂公交站建设（〔2014〕125号），沐溪大道（阳山段）改造工程征地拆迁及管线迁移（〔2014〕126号），市交通主干道（三边）森林景观改造项目招投标工作（〔2014〕128号）等有关问题。

10月，研究做好防控登革热疫情工作（〔2014〕127号），韶关市小岛片区的污水处理方案（〔2014〕129号），市区棚户区改造推进调度（〔2014〕130号、〔2014〕131号、〔2014〕132号、〔2014〕133号、〔2014〕134号），推进奥园项目相关工作（〔2014〕135号），核销及新增交通保障用地指标（〔2014〕136号），市LNG物流集散中心项目（〔2014〕137号），环卫作业市场化改革方案（〔2014〕138号），韶关市新奥交通能源有限公司加气站建设（〔2014〕139号），重金属污染治理等部分“百项工程兴韶关”项目（〔2014〕140号），推进摩尔城项目相关工作（〔2014〕141号）等有关问题。

11月，研究维护市区出租车客运市场营运秩序（〔2014〕142号），芙蓉新城水系整治及近期建设（〔2014〕143号），第四污水处理厂等市政项目建设（〔2014〕144号），翁源县铁龙林场血铅异常（〔2014〕145号），芙蓉新城赤水新村燃气等配套设施安装（〔2014〕146号），市公路局代建市政道路工程建设（〔2014〕147号），芙蓉新城警务室建设（〔2014〕148号），韶关市长坝技能开发中心机构撤销（〔2014〕149号），陵南路改造工程等市政项目（〔2014〕150号），芙蓉北路（西出口）改（扩）建工程管线迁移及阻工（〔2014〕151号），良村变电站出线10KV（祥铃地块区段）路径走向（〔2014〕152号），芙蓉新区市政配套设施建设（〔2014〕153号），韶关生物质能发电项目预缴土地款（〔2014〕154号），2014中国丹霞山“盛世丹霞杯”首届全国山地自行车邀请赛有关筹备工作（〔2014〕155号），市区三大交通出口环境整治项目（〔2014〕156号），鑫金汇项目建设（〔2014〕157号），卓达集团到韶关洽谈投资项目（〔2014〕158号），芙蓉新区安置新村生活垃圾处理（〔2014〕160号），市区住宅专项维修资金监管（〔2014〕161号）等有关问题。

12月，研究加强大气污染防治工作（〔2014〕159号），全市高尔夫球场清理整改工作（〔2014〕162号），加快芙蓉新城部分重点项目建设（〔2014〕163号），棚户区改造及配套基础设施建设（〔2014〕164号），处置翁源铁龙林场（〔2014〕165号），恒熙华城项目（〔2014〕166号），曲江经律论文化旅游小镇项目（〔2014〕167号），芙蓉新区开发建设（〔2014〕168号），西联新城农贸交易市场拆迁（〔2014〕169号），2014年度珠三角地区与粤东西北地区对口帮扶评估考核工作（〔2014〕170号），韶关市粤东西北振兴发展股权基金申报（〔2014〕171号），摩尔城等重点项目调度（〔2014〕172号），芙蓉新城安置房和市属国有工矿棚户区改造项目融资工作（〔2014〕173号），芙蓉新城共同管沟和水系水利基础工程建设（〔2014〕174号），市区东环线商贸园区项目（〔2014〕175号），莞韶产业园项目调度（〔2014〕176号）等有关问题。

【2014年经济形势分析会】 2014年4月、7月和10月，市政府分别召开一季度、上半年和三季度经济形势分析会议，总结前段全市经济工作情况，分析当前经济形势，研究部署下一步经济工作，确保全年经济发展预期目标实现。

【扶贫开发“双到”工作现场会】 2014年5月9日，市委、市政府在始兴县召开全市扶贫开发“双到”工作现场会，各县（市、区）党政负责人、扶贫办主任，市直各单位有关领导，帮扶单位相关负责人以及各相关单位驻村工作组组长参加会议。始兴县、乳源县、新丰县、市文广新局、东莞市常平镇作大会发言。

【节能减排财政政策综合示范城市工作动员会】 2014年5月15日，市委、市政府召开韶关市节能减排财政政策综合示范城市工作动员会，强调按照节能减排财政政策综合示范城市建设的目标要求，分解任务、落实责任，确保完成3年示范期的总体目标，特别是要取得2014年示范工作开门红。市长艾学峰以及陈波、林平杰、王青西、许志新、林嘉等市领导出席会议。

【违法建筑查控工作现场会】 2014年7月9日，市政府召开全市违法建筑查控工作现场会，要求全市各级、各部门再接再厉，继续打好控制和查处违法建筑攻坚战。市领导艾学峰、陈波、黄劲东、王青西及各县（市、区）政府主要领导、分管领导，韶关市区拆除违法建筑工作联席会议办公室全体成员等参加会议。

【创建省教育强市工作总结暨推进义务教育均衡发展动员会】 2014年9月11日，市政府召开创建广东省教育强市工作总结暨推进国家义务教育发展基本均衡县创建工作动员会。市领导艾学峰、陈波、徐紫玲、邓建华和市教育局、各县（市、区）分管领导和有关局领导，市教育“创强”工作领导小组成员单位，市直学校负责人参加会议。市委常委、常务副市长陈波主持会议。

【旅游项目推进会】 2014年10月29日，市政府在曲江区召开全市旅游项目推进会，提出要以旅游项目建设的大提速，实现全市旅游业发展的新跨越。市长艾学峰出席会议并讲话，市委常委、常务副市长陈波主持会议，市委常委、曲江区委书记黄劲东致欢迎辞。

【创建第10届全国全省双拥模范城（县）动员大会】 2014年11月4日，韶关市召开创建第10届全国、全省双拥模范城（县）动员大会。市委书记、市人大常委会主任郑振涛出席会议并作动员讲话。市委副书记、市长、市双拥工作领导小组组长艾学峰主持会议。副市长、市双拥工作领导小组副组长朱余旺总结部署双拥创建工作，市委常委、韶关军分区政委、市双拥工作领导小组副组长郭伟建作讲话，曲江区和市人社局负责人作发言。

【推进新型城镇化进程现场会】 2014年12月3日，韶关市在南雄召开推进新型城镇化进程现场会。上午，与会人员先后前往始兴县城西新区、城南新区、城东新区，以及南雄市火车站、建材五金大市场、雄州公园、城市综合体等地，了解当地城镇化建设的情况。下午在南雄市召开会议，市住建局、芙蓉新区管委会、南雄市、始兴县主要负责人分别作发言。市委书记、市人大常委会主任郑振涛出席会议并讲话，市委副书记、市长艾学峰主持会议。市领导黄劲东、孔云龙、杨小明、王青西、林嘉及各县（市、区）党委或政府主要负责人、市城镇化工作领导小组成员单位的主要负责人、相关单位负责人等参加会议。

【市政府第四次廉政工作会议】 2014年12月25日，市政府召开第四次廉政工作会议，通过身边发生的案例有效警示腐败问题，以进一步加强廉政建设。市长艾学峰在会上表示市政府班子愿带头争做廉洁自律、勤政为民的表率，欢迎广大干部群众监督。

2014年12月25日，市政府召开第四次廉政工作会议，通过身边发生的案例有效警示腐败问题，以进一步加强廉政建设（市政府办 供）

重要决定、决策

【印发广东韶关工业园区管理体制改革方案（试行）】 为建立职能健全、管理科学、运行高效的园区管理体制，建设具有较强执行力、创新力的组织管理机制，促进东莞、韶关两市产业合作，实现园区开发建设新跨越，市政府出台《广东韶关工业园区管理体制改革方案（试行）》，明确从组织机构、服务范围、管理权限、财政体制、用人机制、工作职责等方面进行改革。

【开展2014年韶关市旅游节庆活动】 为挖掘和展示韶关市丰富而独特的旅游资源，扩大韶关旅游知名度，提升韶关旅游整体形象，打造韶关旅游节庆品牌，市政府决定组织开展2014年韶关市旅游节庆活动，并制定《2014年韶关市旅游节庆活动总体方案》，从活动内容、时间安排、工作要求等方面进行部署。

【出台韶关市创业带动就业小额担保贷款管理办法】 为加强小额担保贷款工作的管理，促进韶关市就业创业工作，市政府出台《韶关市创业带动就业小额担保贷款管理办法》，该办法共有二十五条，自2014年1月21日起实施，有效期为五年。

【出台韶关市户籍管理规定】 为推进韶关市户籍制度改革，规范户籍管理，保障公民合法权益，促进韶关市人口与经济社会的协调发展，加快城镇化建设，市政府出台《韶关市户籍管理规定》，该规定共有三十六条，自2014年3月13日起实施，有效期为五年。

【出台韶关市公共资源交易规则（暂行）】 为规范韶关市公共资源交易活动，建立统一集中的公共资源交易市场，从源头上预防和治理腐败，保护交易当事人的合法权益，市政府出台《韶关市公共资源交易规则（暂行）》，该规则共有二十二条，自2014年3月14日起实施。

【出台东莞（韶关）产业转移工业园工业企业收费优惠和财政扶持办法】 为鼓励和吸引投资者在东莞（韶关）产业转移工业园（韶关工业园区）投资兴建工业企业，加快产业转移步伐，市政府出台《东莞（韶关）产业转移工业园（韶关工业园区）工业企业收费优惠和财政扶持办法》，明确在园区内办理工商登记的工业企业享受行政事业性收费和经营服务性收费优惠和财政扶持办法。

【印发提高底线民生保障水平实施方案】 为进一步提高底线民生保障水平，市政府出台《关于提高我市底线民生保障水平的实施方案》，明确保障范围、目标任务、资金保障、工作要求等内容。

【出台韶关市政府投资非经营性项目代建管理办法】 为进一步深化投资体制改革，提高政府投资非经营性项目的建设管理水平和投资效益，加强廉政建设，市政府出台《韶关市政府投资非经营性项目代建管理办法》，该办法共有三十一条，自2014年5月15日起实施，有效期为5年。

【出台韶关市市场主体住所工商登记实施办法（暂行）】 为规范韶关市市场主体住所登记和管理，市政府出台《韶关市市场主体住所工商登记实施办法（暂行）》，该办法共有五章二十一条，自2014年6月10日起实施，有效期为2年。

【印发韶关市节能减排财政政策综合示范总体实施方案】 为利用中央财政的政策支持，加快韶关市转变经济发展方式，走生态文明发展道路，确保韶关市超额完成节能减排工作目标任务，市政府出台《韶关市节能减排财政政策综合示范总体实施方案（2014—2016年）》。

【印发韶关市人民政府职能转变和机构改革方案】 为简政放权、优化机构设置、理顺权责关系、创新体制机制、提高行政效能，建设人民满意的法治政府和服务型政府，市政府出台《韶关市人民政府职能转变和机构改革方案》，明确政府职能转变、政府机构改革、严控机构编制、抓好组织实施等内容。

【取消调整和下放一批行政审批项目】 为贯彻落实国务院和省关于进一步深化行政审批制度改革、推进政府职能转变的部署要求，市政府经研究决定取消调整和下放一批行政审批项目，其中取消项目18项、合并实施项目7项、下放项目24项、委托项目1项。

【印发韶关市大气污染防治实施方案】 为落实全省大气污染防治行动方案，改善韶关市环境空气质量，市政府出台《韶关市大气污染防治实施方案（2014—2017年）》，明确未来三年大气污染防治工作重点任务，要求深化工业源治理、推进脱硫脱硝工程，消减挥发性有机物、控制臭氧污染，发展绿色交通、减少机动车尾气污染排放，强化面源整治、控制扬尘和有毒气体排放。

【出台韶关市河道管理办法】 为加强韶关市河道管理，保障防洪、供水、航运和水生态安全，发挥河道的综合效益，市政府出台《韶关市河道管理办法》，该办法共有三十四条，自2014年8月14日起实施，有效期为5年。

【出台深化金融改革优化金融生态环境实施意见】 为进一步深化韶关市金融改革，促进全市金融创新发展，市政府出台《关于深化金融改革优化金融生态环境的实施意见》，明确总体目标、主要任务、工作重点、保障机制等内容。

【出台韶关市关于促进电网建设的若干规定】 为加快电网建设步伐，保障韶关市电力供应，促进经济社会健康、持续发展，市政府出台《韶关市关于促进电网建设的若干规定》，该规定共有二十五条，自2014年3月13日起实施，有效期为5年。

【出台韶关市区国有划拨土地收储管理办法（暂行）】 为加强国有划拨土地资产管理，盘活存量土地资产，节约集约用地，更好地为城市建设和经济发展服务，市政府出台《韶关市区国有划拨土地收储管理办法（暂行）》，该办法共有十七条，自2014年5月15日起实施。

【出台韶关市重大行政决策专家咨询论证办法】 为全面推进依法决策、科学决策、民主决策，进一步提高韶关市行政机关重大行政决策的质量和水平，市政府出台《韶关市重大行政决策专家咨询论证办法》，该办法共有五章二十二条，自2014年11月18日起实施，有效期为5年。

韶关市人民政府领导成员名单

市　长：艾学峰
党组副书记：张志才
党组副书记，常务副市长：陈　波
党组副书记，副市长：王检养（挂职）
副市长：兰　茵（女、畲族）
　　邹永松（—2014.6）
　　李安平　王青西　许志新
　　朱余旺（2014.10—）
秘书长：钟裕荣
副厅级干部：许俊杰
副秘书长：李熏杰　梁祖超
　　潘　卫（—2014.9）
　　黄宣剑　邓彩虹　欧阳全
　　李建军（—2014.8）
　　黄国锋（—2014.6）
　　钱红洁（2014.6—）

王明志（2014.10—）

韶关市人民政府办公室

【概况】 2014年，市政府办公室贯彻落实总书记习近平系列重要讲话精神，围绕全市的中心工作，深入贯彻市委、市政府的决策部署，改革创新、真抓实干，完成全年各项工作任务，为全市绿色转型振兴发展做出积极贡献。

【统筹协调周到严密】 筹备“盛世丹霞”杯首届全国山地自行车邀请赛，向社会展示韶关的蓬勃发展面貌。坚持热情周到和朴素大方地安排上级检查、考察调研和学习交流等政务活动，配合省委办公厅和省政府办公厅，妥善安排胡春华、朱小丹和其他副省级以上领导干部在韶公务活动。年内接待副省级以上领导15次。安排一批兄弟地市在韶考察活动，得到上级领导和来访客人好评。加强与上级部门的沟通联系，强化与政府各部门的协调、对接，处理好上下左右的业务工作关系，推动政府各项工作顺利开展。全年向省政府呈送请示59件，办理各部门请示2510件、批复159件。

【文稿质量精益求精】 树立精品意识，坚持高标准、高质量做好文稿起草工作，当好参谋、服务大局。完成《政府工作报告》和《市政府部门和有关单位工作要点》、市政府主要领导在市委全会和经济分析会等重大会议的讲话，市政府向省委、省政府等领导到韶关调研的情况汇报等重大材料。起草、核改各类讲话、工作汇报300多篇，近170多万字。从经济建设、社会建设、生态建设、文化建设、政府自身建设和深化改革等六个方面入手，起草《2015年政府工作报告“问题清单”》，深入研究提出96个事关韶关市发展的重点问题。按期发行12期《韶关市人民政府公报》，完成《广东年鉴》《中国城市年鉴》《韶关年鉴》以及韶关地方志等出版物相关内容的撰稿、组稿工作。

【调研工作广泛深入】 围绕市政府的中心工作，立足全局开展调研，先后对办公室改革、基层民主自治、依法行政和商贸物流等方面进行专题调研。完成《关于提高政府工作效率的调研报告》《关于后进村南雄市马战村的调研报告》《学习贯彻习近平总书记重要讲话精神，加快促进韶关绿色转型振兴发展》《关于赴苏南浙中闽西学习考察商贸物流业的报告》等多篇调研报告，为领导科学决策提供参考。

【办文质量和效率提高】 确保文电收转制发等环节准确、规范、高效。全年共收转纸质文件4560件，制发市政府编号文件615件、办公室编号文件142件、韶府办明电255件、会议纪要169件；党政内网收文1089件、发文96件；电子政务办公系统收文10709件、发文3060件，均无出现严重纰漏。

【会务工作精简高效】 树立服务意识，做好各项会务工作，做到不出纰漏、细致圆满。承办市政府全市性会议14次、常务会议17次。协调市政府及办公室领导参加会议和活动120余次，承担市政府会议会务工作549次。协办省委、省政府在韶关召开的粤东西北振兴发展和全省棚户区改造、扶贫开发“双到”、北江航道建设等现场会，均取得成功。

【信息督办和建议提案工作更加落实】 抓住社会和领导的关注点，及时编报各类动态信息、经验信息和问题信息。年内编发《韶府信息》23期、《信息专报》43期，向省府办公厅报送信息130条，信息报送的数量和质量均有所提高，多条信息得到市政府主要领导批示。深入做好信息公开和网络问政工作，及时公开各类政府信息393条，网络问政回复率和按时办结率均达100%。对政府工作报告、政府工作会议纪要、市政府部门和有关单位工作要点、市政府承诺为民办理的8件实事等重点工作进行跟踪督办，全年组织或参与督办62项工作，报送督办情况报告80多次。全年共督促市政府部门办结省人大代表建议9件、省政协提案1件、市人大代表建议58件、市政协提案164件，代表委员均表示满意或基本满意。做好领导批示交办的24件事项的转办、催办工作，确保督办事项快速有效推进。

【保障维稳得到强化】 加强机关事务管理，夯实办公室保障基础。出台《韶关市人民政府办公室办公资产管理办法》《韶关市人民政府办公室差旅费管理办法》，修订完善《韶关市政府办公室财务管理规定》《市政府机关食堂管理规定》《市政府办公室厉行节约相关规定》等一批制度，办公室后勤事务更加规范化、精细化。加强车辆管理，落实各项安全措施，执行车辆派遣、驾驶、停放、维修、加油、检查规定，加强对司机的安全教育和纪律教育。全面落实值班备勤制度，成立17人的安全保卫工作联防队，在办公大院及东、西院宿舍区安装视频监控摄像头，按照《市政府视频监控系统管理规定》进行全过程的监控。

【人事老干工作更加规范】 重视干部队伍建设，选拔3名优秀公务员充实办公室队伍，协助做好市政府驻北京联络处主任、市土地储备中心主任的选拔任用，选拔任用1名科长、1名主任科员、3名副科长，优化中层干部队伍结构。实施《韶关市政府办公室借调人员管理办法》和《韶关市政府办公室临聘人员管理办法》，有效确保借调和聘用工作科学规范。做好机构编制实名制系统管理、公务员日常工资管理和干部职工出国（境）证件的管理工作。按照新干部人事档案标准组织做好全办干部人事档案整理工作。坚持“五必访”制度，开展多种适合老年人的文体活动，做好离退休老干部工作。协助老干部办理住院医疗理赔等实事27件，探望慰问住院老干部48次。

【机构改革工作顺利完成】　按照市政府机构改革部署，市公共资源交易管理办公室划入市政府办公室，市公共资源交易中心为市政府办下属单位。市信息中心划入市经信局，机关第二幼儿园划入市教育局。

【土地收储工作成效明显】　加强对土地储备工作的指导，完成土地收储535.63公顷，超额完成任务；完成土地出让168.4公顷，实现土地出让收入27.54亿元、纯收益16.96亿元；全年储备地出租3.87公顷，租金收入41万元。完成东环线一期和二期储备地、山体公园、第四和第五污水厂、移山路等项目的征地，完成奥园、美吉特和新雪域等项目一期的土地出让，保障重点项目建设用地。

【公共资源交易管理平稳推进】　印发《韶关市公共资源交易规则（暂行）》和《改革市公共资源交易管理工作方案》，组织协调相关行业主管部门加强交易现场监管。加快政府采购评审专家库建设，面向社会重新征集评标专家，并完成初审工作。全面实施建设工程交易网上报名和资格后审制度，督促指导交易中心不断完善内控制度，增设中心内部监督部门，健全市公共资源交易平台和监管体系，确保交易活动公平公正公开。

【作风整改效果初显】　深入开展党的群众路线教育实践活动。大兴学习之风，建立健全经常化、制度化、规范化学习制度，2014年建立并举办综合科学习会10期、读书交流会3期、调研分享会1期、保密教育学习会2期，干部队伍素质不断提高。全办干部职工本年度普法考试参学参考率和合格率均为100%。大兴创新之风，全面应用OA系统办文，优化各综合科公文处理流程，办文效率提高。大兴务实之风，控制会议与发文数量，全年以市政府名义召开会议精简比例达50%，以市政府或市政府办名义下发的红头文件同比下降58%，精简议事协调机构371个，精简率达79.6%。电视电话会议召开率达30%以上。大兴奉献之风，各科（室、办、队）弘扬吃苦耐劳、埋头苦干的优良作风，开创各项工作新局面。大兴廉政之风，落实党风廉政建设责任制和中央“八项规定”等廉政要求，全面完成市政府办公室办公用房清理工作，“三公”经费支出同比下降47%。建立健全15项相关制度，涉及办文、办会、调研、督查督办、公务接待、财务和车辆管理、后勤管理、廉政建设等方面。大兴为民之风，做好群众和基层来电、来信、来访工作。

10月29日下午，市政府召开2014年全市第三季度经济形势分析会（市政府办　供）

附：领导班子成员名单

办公室主任：周新秀

纪检组长：刘　锋（—2014.9）

　　　　　谭春雨（2014.10—）

副主任：覃茂来　赵　旬　凌福传

金融管理

【概况】　韶关市人民政府金融工作局（前身为韶关市人民政府金融服务办公室）成立于2005年，为韶关市人民政府协调服务金融业的工作部门。行政编制12名，设立局党组，局长1名、副局长2名。内设办公室、银行市场保险科（地方金融市场科）、资本市场科3个科室。2014年，韶关市金融工作局以群众路线教育实践活动为抓手，以“推动粤东西北地区金融跨越发展”为目标，深化金融改革，推动金融创新，扩大金融开放，激发金融活力，稳步推进各项金融工作发展。截至2014年年末，全市共有银行业金融机构22家，证券业金融机构7个，保险业金融机构31个。全市金融业增加值为48.56亿元，金融业增加值占地区生产总值的4.37%，占第三产业比重为9.39%。截至2014年末，全市各项存款余额1394.2亿元，同比增长11.02%；各项贷款余额671.16亿元，同比增长15.44%；存贷比48.14%，同比提高1.84个百分点。全市证券交易额2036.45亿元，同比增长92.87%。全市保险业金融机构保费总收入31.12亿元，同比增长28.07%。

【韶关首家民营企业在香港成功上市】　2014年1月8日，仁化鸿伟（亚洲）控股有限公司于在香港联交所正式挂牌交易，以配售方式在联交所创业板上市，成为韶关首家在香港上市的民营企业，突破韶关15年来没有企业上市的现状。鸿伟控股首次配售股份为1.8亿股，获得募集资金净额约5400万港元。

【农村金融综合服务站落成】 2014年7月，韶关市金融工作局出台《韶关市2014年农村金融综合服务建设实施方案》《韶关市农村金融综合服务站管理办法》，在韶关市金融工作局扶贫"双到"定点帮扶村翁源县龙仙镇沙坪村试点建成全市第一家涵盖农户信用信息采集、小额取款、小额贷款咨询、证券保险业务等相关服务农村金融综合服务站，打通农村金融服务"最后一公里"。南雄市被广东省政府列为农村普惠金融试点县（市），为韶关市全面铺开农村金融综合服务工作奠定基础。

【韶关东莞两市金融工作局签订合作协议】 韶关市金融工作局与东莞市金融工作局签署东莞、韶关两市加强金融业合作协议，双方拟在加强金融机构合作、促进中小企业融资、推动中介机构交流、支付结算体系互联互通、加强防范化解系统性风险、处置重大突发事件、维护金融稳定与安全等方面加强合作。

【金融招商成效明显】 2014年，东莞银行韶关分行、东北证券韶关营业部、国信证券韶关营业部、前海人寿韶关分公司、珠江人寿韶关分公司等5家银行、证券、保险公司落户韶关发展，新增曲江宝银小额贷款公司、浈江海岸小额贷款公司、益恒通融资性担保公司等3家地方非金融机构，进一步丰富完善金融市场，有效促进韶关市金融业良性竞争。

【金融IC卡应用实现公交领域全覆盖】 韶关市区有57条线路，423辆公交车开通金融IC卡刷卡乘车，覆盖率100%，另有90辆农村客运车以及曲江、乐昌、南雄共15条线路，75辆公交车开通此功能。同时依托金融IC卡平台，实现部分公交线路可用手机扫码查询线路信息、车辆信息、实时路况等智慧公交功能，方便韶关市民出行。

【韶关首家农村商业银行创立大会召开】 2014年8月12日，广东翁源农村商业银行股份有限公司创立大会暨第一次股东大会在翁源举行，标志着韶关市深化金融改革工作已经进入实质阶段。会议通过《关于〈广东翁源农村商业银行股份有限公司章程（草案）〉的议案》等17项议案并选举广东翁源农村商业银行股份有限公司第一届董事长和第一届监事长，会议的召开为翁源农商行顺利挂牌、实现正式对外营业奠定基础。

【发展多层次资本市场】 推动企业到全国中小企业股份转让系统挂牌，韶关市已有4家企业与券商签订进入股转系统挂牌的服务协议；深入开展与广东省内股权交易中心的合作，协助广州股权交易中心在韶关设立的服务窗口升级为"企业服务工作站"，韶关市共有30家中小企业在广东省内3家股权交易中心进行股权挂牌，为韶关市中小企业探索新的融资渠道。

（陈思思）

附：领导班子成员名单

党组书记、局长：汤满懿

党组成员、副局长：潘光敏　周金满

接待工作

【概况】 韶关市接待办公室是参照公务员管理事业单位，编制23名，内设人秘科、接待一科、接待二科、财务科4个科室。主要负责市级四套班子及纪检、组织、宣传、政法等部门的公务接待任务；安排中央及省级领导在韶关进行公务活动的前期联络及后勤服务；负责韶关市党政领导及代表团外出公务活动的后勤联络和服务；配合有关部门完成各种大型会议、大型活动的接待安排等政务接待工作。2014年，单位办理1名干部任调研员，为2名干部办理退休手续。8月，原机关党总支书记冯宪青主持完成机关党总支换届选举工作，选举产生新一届总支委委员，选举张广生为党总支书记。韶关市接待办公室与韶关市技师学院共同帮扶仁化县丹霞街道办事处

2014年11月12日，韶关市政府与农发行广东省分行在荷花园酒店会议室签订战略合作协议（廖政　摄）

车湾村。2014年，共筹措资金138.3万元，先后投入109.3万元，完成19个建设项目工程和178户贫困户帮扶任务，取得综合考评优秀等次的成绩。2014年，市接待办贯彻中共十八大和十八届三中、四中全会精神，践行党的群众路线教育实践活动，贯彻执行中央“八项规定”、《党政机关厉行节约反对浪费条例》和《党政机关国内公务接待管理规定》等新规，落实全省政务接待工作会议提出的将接待过程转变为汇报和展示广东工作的过程，转变为接受检查和指导广东工作的过程，转变为履行职责、主动服务的过程“三个转变”的要求，将接待转化为生产力，为韶关市的中心工作服务。

【接待总量】 2014年，市接待办完成接待任务2807批次，67015人次，分别同比下降15.1%，下降6%。其中一类客人（副国级以上首长）1批次，25人次；二类客人（省、部级领导）101批次，2158人次；三类客人〔厅（司）级及以下领导〕2705批次，64832人次。接待费用与上年同比下降30%。

【重要接待】 2014年，市接待办按照《八项规定》等接待新规和“三个转变”的要求，发扬“敏锐、热情、务实、廉洁、创新”十字风尚，做好接待服务工作。接待的重要领导有：中共中央政治局委员、省委书记胡春华，全国人大常委会委员贺一诚，国家统计局局长马建堂，环保部总工程师万本太、新闻出版署广电总局党组副书记、副局长聂辰席，国家宗教事务局副局长张乐斌，全国政协常委、国家旅游局原局长何光暐，国家文物局副局长童明康等国家部委领导和省领导朱小丹、马兴瑞、黄先耀、李玉妹、徐少华、林木声、陈云贤、刘志庚、许瑞生、林少春、邓海光等，以及广州军区原副政委王同琢、刘良凯，广东省军区原政委蔡多文，广东省军区司令员盖龙云，北京军区副司令员郑传福等军区领导；参与接待的大型会议有：在韶关市乐昌、乳源召开的全省扶贫开发“双到”工作现场会、东莞韶关对口帮扶对接会议、韶关现代商贸业发展论坛、市党政军老干迎春茶话会、广东高地公园建设研讨会、珠海与粤东西北对口帮扶交流会、首届丹霞山山地自行车邀请赛等；接待的重要客商有：霍震寰、郎咸平、涂志伟、杨锦麟等；接待的重要企业有：省机场管理集团、中国人保财险总公司、省广晟资产经营有限公司、新雪域集团、盛世集团、省丝绸集团、广铁集团、香港锦绣麒麟传媒（国际）有限公司、比亚迪公司、宝钢集团、中容公司、旭日集团以及港澳台客商团、日本客商团；接待的党政团体有：东莞市、云浮市党政考察团，云南临沧市、贵州遵义市、湖南郴州市、西藏林芝地区党政考察团，澳门全国人大代表团等；接待的外国代表团主要有：澳大利亚新南威尔士州议会代表团、西澳大利亚的帕奴鲁鲁国家公园代表团等；并做好韶关市党政考察团赴宝钢集团、广铁集团、东莞市学习考察，赴广州、海南三亚、安徽黄山等地开展“八一”慰问的后勤保障服务工作。

【接待基地】 韶关市政府招待所（北苑宾馆）、韶州宾馆、荷花园酒店（市政府于2014年7月划给市国有资产管理委员会管理）是韶关市政务接待定点单位。荷花园酒店从2009年12月开始营业起，聘请粤海酒店管理公司管理共5年，至2014年12月结束，之后自主经营管理。市接待办按照打造一流政务接待基地的要求，指导宾馆坚持做到费用降低，接待服务质量不能降低的原则，注重在精细管理、科学安排中提高接待工作水平。菜式方面，挖掘粤北地方特色菜，组织收集全市10个县（市、区）50道特色代表菜，要求各宾馆宣传推介，实现适销对路的经营理念，宾馆（酒店）得到持续健康发展。2014年，北苑宾馆广开门路，拓展经营渠道，开辟合作协议机制，与40个机关事业单位和美团网签订服务协议；开发租赁市场，把宾馆客房一楼租给市老干局的离休干部医疗管理中心；10月，承接市芙蓉新区11个驻园单位约1200人就餐的芙蓉园饭堂；争取到市财政资金清还工商银行、城市信用社的历史遗留贷款530多万元。全年经营收入801.94万元，上缴税金47.47万元。韶州宾馆原则上不对外经营，以集中精力做好政务接待服务工作为主。全年经营收入309.9万元，上缴税金25万元，同比都下降15%。

【接待审批制度】 韶关市接待办对国内公务接待实行公函制度，接待审批控制。公务外出确需接待的，派出单位应当向接待单位发出公函，告知公务活动的内容、时间、行程、人员等。无公函的公务活动和来访人员一律不予接待。应邀来访、无公函出席公务活动的，可依据电话记录，经报各级党政机关分管领导审批同意，同时其相关邀请函经公务接待管理部门负责人审批同意后，方可纳入接待范围。

【实施接待清单制度】 按照省委接待办相关文件要求，市接待办结合韶关市公务接待实际，不断规范接待流程，初步实施接待清单制度。每单公务接待任务结束后，接待人员应当如实填写接待清单，并由相关负责人审签。接待清单包括接待对象的单位、姓名、职务和公务活动项目、时间、场所、费用等内容。

（姚可华　钟电奇）

附：领导班子成员名单

主　任：唐福楼

副主任：冯宪青　韩丽华

纪检组长：张广生

副主任：罗江英　冯广照

行政服务

【概况】 韶关市行政服务中心内设办公室、协调科、督查科、政务科。

2014年10月20日，中心搬迁到新址即武江区百旺路芙蓉新区芙蓉园办公。新办事大厅面积5700平方米，平台设窗口47个，已进驻部门42个、12345话务平台一个，工作人员160名，进驻行政审批事项250项、便民服务事项171项。办事大厅全年共受理各类办件419363件（其中许可审批事项45427件，证照及年审236760件，咨询类137176件），日办件量约1128件（不含咨询），即办件数量为227731件（不含咨询），占总办件数（不含咨询）的80.70%，提前办结率为100%；各窗口收到锦旗35面，表扬信22封，群众满意率100%。

【窗口规范管理】 采取多项措施规范窗口管理。完善标准化管理。修订《韶关市行政服务标准化建设实施方案》，将窗口工作量化为68项具体指标，推进行政审批办理程序标准化，优化审批流程，提高审批效率。制定工作规范。落实部门对窗口授权工作，并将授权书在窗口进行公示；按照窗口服务工作的要求，制定窗口人员工作标准和日常行为规范，明确事项办理流程，并进行公示，接受社会各界的监督。加强人员管理。开展日常工作巡查，及时纠正窗口工作人员不规范行为，坚决杜绝窗口工作人员上班玩游戏、看小说、看股市行情、懒散消极、空岗缺岗等现象；采取“二选一评一公示”的办法，开展窗口工作人员年度考核工作；制定“四位一体”监督管理方案，聘请人大、政协、企业和市民代表作为特邀监督员，参与窗口监督管理，提高窗口办事能力和服务质量。

【联办代办服务企业】 按照韶关市招商引资工作的要求，为企业提供主动服务、跟踪服务，牵头组织有关部门召开联审会议，协调解决韶冶整体搬迁、芙蓉新区路网建设等项目建设和企业生产经营过程中存在的问题，按照有关规定落实企业优惠政策，为企业提供更多的便利。中心制定《韶关市行政服务中心注册社会团体组织并联审批实施办法（试行）》，优化审批程序，提高企业社团组织注册的效率，较好地解决注册群众社团组织难的问题。为解决重点项目建设审批问题，代市政府草拟《韶关市工业项目投资建设直接落地改革试点方案》，按照程序征求相关部门意见后报市政府常务会议审议。全年，为企业联办代办服务113次，协调解决企业行政审批方面的问题156个。

【行政服务体系建设】 制定《韶关市行政服务中心系统工作标准》，规范各县（市、区）行政服务中心窗口服务工作。定期到市辖10个县（市、区）行政服务中心及乡镇、村（居）便民服务站（点）进行调研，实地查看市、县、镇、村四级便民服务体系建设情况，听取基层建议，提出合理的工作建议。9月下旬，组织到乳源瑶族自治县深入调研三级政务服务体系建设情况，为韶关市完善四级政务服务体系提供经验参考。11月，牵头草拟《韶关市市、县、镇、村四级政务服务体系建设的指导意见》，多次征求各部门意见后送市政府常务会议审核。2014年，全市四级便民服务体系建设初见成效，各乡镇（街道）以当地综治维稳、计生社保等资源为基础，基本上都挂牌成立便民服务中心，并开展村便民服务点建设。其中，乳源作为省政务服务体系建设示范点，9个镇、102个村均建立便民服务站（点），县、镇、村政务服务实现全覆盖。

【政府信息公开】 按照《政府信息公开工作条例》的要求，及时督促各部门按期公布2013年度政府信息公开年度报告，保障广大市民的知情权。总结韶关市2013年政府信息公开工作开展情况，编制韶关市2013年度政府信息公开年度报告并按期向社会各界公开。制定重点领域信息公开专栏建设方案，并分3天共6期对相关责任单位进行集中业务培训，推进政府信息公开工作。配合完成市长在线访谈活动。贯彻落实《2014年省政府门户网站在线访谈工作方案》的要求，根据市政府分工，起草韶关市在线访谈实施方案，与省政府沟通联络，报送相关工作情况。2014年6月25日下午，韶关市参加省门户网站在线访谈活动结束，《南方日报》《韶关日报》等媒体对此次活动进行大幅报道，访谈收到预期效果。

【12345投诉举报平台管理】 落实《韶关市加快建设12345投诉举报平台方案》的要求，配合市“两建办”等部门做好12345投诉举报平台的筹建工作。11月底，完成设施设备的采购和办公经费申报工作，确保平台按期进驻办事大厅。平台进驻办事大厅后，制定12345平台的管理办法、考核制度、人员培训制度、资料库更新制度和设备维护制度等，确保平台规范运转，实现统一接听、按责转办、限时办结、统一督办和统一考核的目标，建设便民、高效的消费维权申诉、经济违法行为举报和行政效能投诉平台热线。12月1日，韶关市12345投诉举报平台第一批12个整合热线单位已全部上线运行。（张传生）

附：领导班子成员名单
主　任：潘　卫（2014.9.26—）
副主任：李寿全　钟山红
纪检组长：姚世昌

外事侨务港澳事务

【概况】 韶关市外事侨务局是韶关市人民政府工作部门，正处级单位，办公地址为韶关市风度北路125号12楼，内设办公室、签证科、侨务科、宣传联络科、港澳事务科5个科室，同时挂韶关市人民对外友好协会和韶关市人民政府港澳事务办公室2套牌子。2014年把好审批关，加强因公出国（境）审批和管理工作，受理因公出国（境）审批36批106人次，同比减少12%；受理因公赴港澳805人次，同比持平；受理办理企业邀请外国人到韶关关23批25人次；受理申办APEC商务旅行卡2批5人次。落实侨务政策，为符合条件的6名“三侨生”办理高分加分申报手续。巩固和发展友好城市关系，拓展友城间的交流与合作。韶关市与韩国荣州市在公务员互派、中学生冬令营、联合招收留学生等活动有序进行。市长艾学峰率团赴英国、瑞士和意大利访问。市政协主席李飞率团访问澳大利亚宝活市。市人大常务副主任李石保率代表团访问荣州市。副市长兰茵率团访问旧金山市。韶关市组团访问德国弗莱堡市、斯洛伐克科希策市，开拓友城交往。美国旧金山市中华总商会会长黄永乐访问韶关，就经贸合作领域沟通交流。荣州市妇女团体协会会长申淑澈一行15人访问韶关。澳大利亚新南威尔士州议会代表团一行7人访问韶关。日本贸易振兴机构石毛博行一行8人考察韶关。完成2月12日在香港举办的“2014年新春座谈会暨招商推介会”，并为韶关市荣誉市民颁发证书。利用《今日韶关》侨刊及“韶关外事侨务网”“广东侨网”“广东外事网”等多种渠道开展对外宣传工作。《今日韶关》2014年共出版11期，发行3万多册。

【韶关市中学生赴韩国开展第三届冬令营】 1月20日至25日，应韩国荣州市国际交流协会的邀请，韶关市中学生赴韩国开展第三届冬令营活动。该次活动由市政府办、市外事侨务局和市教育局共同组织。冬令营学生由韶关市北江中学、市一中、田家炳中学、始兴中学和乳源高级中学等学校的22名高中一、二年级学生组成。冬令营一行由市政府办李建军副秘书长率团。在为期6天的行程中，冬令营一行与韩国首尔檀国大学、荣州庆北专门大学、釜山新罗大学进行交流和韩语体验课；与荣州市荣光中学进行互动，两地学生共同登台表演文艺节目、韩语体验课和儒家文化交流互动等。冬令营一行访问荣州市政厅，分别受到荣州市安孝钟副市长和荣州市议长朴南绪、荣州市国际交流协会会长金晋荣的亲切接见，副秘书长李建军与副市长安孝钟、议长朴南绪、会长金晋荣就两市在经贸、旅游、文化、教育等方面进行深入交流。

【举办2014年新春座谈会暨招商推介会】 2月12日，韶关市委、市政府在香港香格里拉酒店举办韶关市政府2014年新春座谈会暨招商推介会。郑振涛、艾学峰等市领导、韶关市荣誉市民、政协委员和在韶关投资、为韶关经济社会事业做出积极贡献人士的代表及韶关市市政府、市政协、市直有关部门负责人等100多人参加活动。副市长兰茵为韶关市荣誉市民颁发荣誉证书。

【李飞率团访问澳大利亚宝活市】 9月7日至14日，市政协主席李飞应友好城市澳大利亚宝活市、澳洲广府人（珠玑）联谊总会和新西兰罗托鲁阿市的邀请，率代表团一行5人访问澳大利亚宝活市和新西兰罗托鲁阿市。代表团一行与宝活市政厅就进一步推进韶关市与宝活市的友城交往进行交流，同时参加澳洲广府人（珠玑）联谊总会成立大会典礼。并与罗托鲁瓦市政厅在2013年韶关南雄市与罗托鲁瓦市交流的基础上，进一步探讨双边缔结友好城市事宜。

【日本石毛博行一行访问韶关】 9月21日，日本贸易振兴机构石毛博行理事长一行8人访问韶关，了解韶关市的经济及投资情况，市委书记郑振涛在华美达贵宾室会见日本贸易振兴机构理事长石毛博行一行。韶关代表在简要介绍韶关与日本的经贸情况及在韶日资企业的发展情况后，书记郑振涛表示希望日本贸易振兴机构能够继续发挥在日本经济界的影响力，促进更多的企业来韶关发展，为日资企业创造良好的投资兴业环境。石毛博行感谢韶关市委、市政府长期以来对日资企业在韶的事业发展给予的支持和帮助，并表示将推动更多日本企业到韶关投资。市委常委、市委秘书长孔云龙、副市长兰茵、市商务局局长郭先桂、市外事侨务局局长林岚等参加会见。9月22日，石毛理事长一行在市商务局局长郭先桂的陪同下，考察参观韶关市日资企业牛尾电机有限公司。

2014年12月16至19日，韩国荣州市国际交流协会金晋荣会长率中学生冬令营代表团一行到韶关市开展交流活动。图为郑振涛（右）与金晋荣（左）交谈（市外事侨务局　供）

【兰茵访问美国旧金山市】 10月13日至16日，副市长兰茵应旧金山市政厅的邀请，率市政府代表团访问友好城市美国旧金山市。旧金山市市长李孟贤先生会见代表团，代表团一行与旧金山中华总商会会长及理事座谈，拜访旧金山韶关旅美乡亲，出席旧金山韶关旅美乡亲联谊会晚宴。随后，代表团一行还访问加拿大余氏风采总堂和马氏宗亲会。

【李石保率团访问韩国荣州市】 10月20日至24日，市人大常委会常务副主任李石保率代表团一行6人应韩国荣州市议会的邀请，对荣州市议会进行为期5天的正式访问。代表团一行分别与荣州市议会官员、荣州市政厅官员、企业和商会代表、金正焕丰基人参公社、苹果研究所负责人等进行座谈。

【韩国申淑澈一行访问韶关】 11月6日至7日，韩国荣州市妇女团体协会会长申淑澈一行15人访问韶关市，代表团一行在韶关市妇女维权与信息服务站与市妇联干部进行座谈，了解韶关市妇女工作开展情况并交流经验。

【艾学峰率团访问英国伯明翰、瑞士蒙塔纳联合市和意大利比萨市】 12月8日至17日，市委副书记、市长艾学峰应英国伯明翰市政厅、瑞士蒙塔纳联合市和意大利比萨市政厅的邀请，率市政府代表团一行5人访问英国、瑞士和意大利等相关城市。访欧期间，代表团分别访问伯明翰市政厅、伯明翰大学医院、剑桥市政厅、剑桥科技园、中国国家外专局驻英国代表处、瑞士国际生物抗衰老中心、世界卫生组织总部、日内瓦康仁医院（CliniquedesGrangettes）。

【韩国荣州市中学生代表团到韶关开展第三届冬令营】 12月16日至19日，韩国荣州市国际交流协会金晋荣会长率中学生冬令营代表团一行30人到韶关市开展交流活动。18日下午，市委书记、市人大常委会主任郑振涛会见金晋荣等荣州市国际交流协会、荣州市荣光高中及荣州市政厅代表。其间，市田家炳中学与荣州市荣光高中签署缔结姊妹学校协议书。（李　莹）

附：领导班子成员名单

局　长：林　岚

副局长：陈其华　华　明

2014年9月7日至14日，市政协主席李飞率团访问澳大利亚宝活市。图为李飞（左二）向宝活市市政厅官员介绍韶关市情况（市外事侨务局　供）

投资建设项目代建管理

【概况】 韶关市政府投资建设项目代建管理局（以下简称韶关市代建管理局）于2010年12月23日批准成立，2012年8月8日正式揭牌，为市政府直属事业单位，公益一类，正处级，办公地址原位于韶关市浈江区大学路195号，于2014年11月搬迁至韶关市武江区西联镇百旺路芙蓉园15、16栋。韶关市代建管理局内设办公室、计划财务科、项目规划科、合同预算科和项目建设管理科5个科室，辖1个下属事业单位市政建设工程管理处。为配合韶关市省属及市属棚户区建设的需要，代管韶关市金建房地产开发有限公司，并注资成立韶关市金禧城市建设投资有限公司。局本部核定事业编制21名，其中，局长1名、副局长2名、纪检组长1名、总工程师1名、总经济师1名；正科级领导职数正职5名、副科级领导职数5名。其主要职责是项目建设期间受市政府委托行使业主职能，负责政府投资建设的非经营性工程项目的组织实施和管理工作。2014年，市代建管理局以作风建设为抓手，以“为民、务实、清廉”为要求，以项目建设为中心，坚持“目标管理，项目责任”工作思路，共承担各类代建工程20多项，其中在建项目10多项，全年累计完成投资约16亿元。全局上下统一思想，团结奋进、廉洁奉献、勇于担当，确保代建项目各项工作有序进行。

【完善代建工作机制】 《韶关市政府投资非经营性项目代建管理办法》经重新修改完善，于2014年5月15日正式印发执行。组织制定《韶关市政府投资非经营性项目代建管理办法实施细则》，通过市法制局的合法性审查。组织开展制度“回头看”活动，完善《韶关市代建管理局代建工程项目组管理制度》《内部管理制度》。落实项目组管理模式，建立项目台账，合同管理台账，落实局领导联系项目制度和专题协调制度，完善项目绩效考核督查机制，提升代建项目管理水平。

【全力推进项目建设】 2014年，韶关市代建管理局承担各类代建工程共20多个，其中在建项目10多项，全年累计完成投资约16亿元。(1)推进原曲仁矿棚户区改造项目二期工程。田螺冲棚户区改造工程分A、B地块实施，A地块主体开工120栋基本建成，附属设施基本完成；B地块完成4、5、6号地主体开工159栋，附属工程同步进行。和平八一队棚户区改造工程完成一期工程（300户）建设任务，于10月15日启动选房大会。里群棚户区改造工程于10月正式开工建设。(2)推进原曲仁矿棚户区改造三期（基设和公建）工程。市政道路一期、健身广场、社区服务中心、中心卫生院和幼儿园、物管中心开展施工招标工作；供水加压工程、山体公园开展施工招标工作；居民服务中心开展勘察设计招标工作。(3)推进市民文化活动中心项目。完成设计合同签订、全过程造价咨询招标等工作，组织场平和详勘单位进场施工、开展用地审查等工作。(4)推进市工业西片区内涝整治（工业西转盘排涝）工程。完成截流渠施工，基本完成压力管道敷设主体工程。(5)推进S248线韶关市区过境段黄金村大桥至韶关钢铁厂改线工程（黄金村—大学路段）。完成可施工路段路基填筑工程。(6)推进S248线韶关市区过境段黄金村大桥至韶关钢铁厂改线工程（大学路—韶关钢铁厂段）。开展前期工作，组织浈江段（第一标段）施工监理招标工作。(7)推进市农产品检测综合楼项目。完成主体工程施工。(8)推进市一中运动场看台项目。全面完工，并于10月移交业主使用。(9)推进碧桂园良村桥头交通整治工程。全面完工，于12月正式开放交通，投入使用。(10)推进移山路道路建设工程。完成监理、施工招标，年底正式开工建设。(11)推进韶关市工业西至旭日玩具城道路工程。完成道路主体工程，路灯、绿化工程同步实施。(12)推进市三大交通出口环境整治工程。南、北、西三大交通出口开工建设。此外，韶关市芙蓉北一路道路建设工程、韶关市芙蓉北二路道路建设工程、风华路项目、环山路（摩尔城段）工程、独芳路工程等项目的前期工作正在进行。

【强化安全文明管理】 加强安全管理制度建设，履行安全生产“一岗双责”制，签订《安全生产责任书》，健全完善安全管理制度。强化安全文明教育，开展“安全生产月”活动，强化安全文明意识，组织安全生产专项整治和安全应急演练，全年组织开展各类应急演练6次，全面提升施工人员防范风险的意识和应急救援能力。每季度组织召开安全管理经验交流会，总结经验，查找不足。加强安全检查，全年开展综合性检查及专项抽（检）查11次，做好自然灾害天气及节假日期间项目施工安全防御工作，实行24小时值班制度，加强现场安全隐患排查整改，发出各类整顿通知42份，及时督促整改，将安全隐患消灭于萌芽状态，确保代建项目建设健康、有序推进。

【创新代建管理方式】 加强项目投资控制，完善质量控制体系。加强变更管理，执行项目变更审批制度，结合代建业务，增加专家库的专业类别和专家人数，发挥专家技术委员会作用，加强全过程造价咨询工作，分阶段对已完成工程量的实际成本与计划成本进行动态对比核算，有效控制成本。健全质量管理制度，开展质量专项检查，强化材料设备品牌和质量管理，把关进场材料及施工各阶段工程质量，运用和推广建筑节能材料新产品和新技术。结合工作实际出台《工程质量两年治理方案》，要求各参建企业提交工程质量终身责任承诺书，落实工程质量终身责任制，提高代建项目质量总体水平。 （熊丽琴）

附：领导班子成员名单

局　长：林国华

副局长：邓永坚

纪检组长：秦叶培

副局长：孙　燕

总经济师：刘礼清

总工程师：梁万红

信息化建设

【概况】 韶关市信息中心为副处级参公管理的事业单位，2014年根据市编委会议纪要精神及市经济和信息化局职责调整的需要，中心由市政府办公室管理调整为由市经济和信息化局管理，内设办公室、网络管理科、信息采编科。

【网上办事大厅拓展完善】 2014年，韶关市严格按照省委、省政府对网上办事大厅拓展完善工作的部署和要求，在完善市、县（市、区）网上办事大厅的同时，将网上办事大厅的功能进一步向镇（街）村（延伸）。市直41个部门共进驻544项行政审批事项，除去使用国家、省级垂直业务系统108项，办事深度达到一级以上的占100%，达到二级以上的占75%，达到三级的占55%。2014年共有116项行政审批事项实际发生申报业务，各部门共受理业务10305笔，三级网上办结率达40.88%，总体上网办理率达31.64%。10个县（市、区）103个镇（街），1367个村（居）中，开通网上办事站的有52个，占50.49%，开通网上办事点的有304个，占22.24%，其中，乳源县和始兴县镇（街）办事站、村（居）办事点的开通率达到100%。

【办公业务系统应用持续推进】 2014年，中心根据市政府（办）非涉密文件不发送纸质文件的要求，进一步升级完善办公业务系统的功能，加强系统运行的日常监测和维护，确保系统长期稳定高效运行。全市10个县

（市、区）办公业务系统全部建成开通。韶关市级上线OA系统单位293个，10个县（市、区）上线单位989个，实现办公业务系统公文的市县镇三级在线交换。截至12月31日，全年市级290个单位对外发文45143件，已办结45025件，收文265645件，办结260487件，发文、收文的办结率分别为99.74%、98.06%%，10个县（市、区）通过市县公文交平台实现发文3047件，收文96755件，未及时接收公文267件，及时接收率为99.72%。

【重点领域信息公开专栏建设】 2014年，中心采用全市统一规划、统一建设的思路，对党风廉政信息公开平台中的政务公开、厂务公开、事务公开，以及市政府信息公开平台的目录进行调整和优化，实现各类公开信息一次录入，多个页面同时展示的目标。全市已建成开通重点领域信息公开专栏650个，该系统自2014年12月17日上线运行以来，累计发布保障性住房、财政预决算和“三公”经费、环境保护、食品药品安全、生产安全、价格与收费、审计结果公告、征地拆等各类信息5000多条。

【市电子纪检监察平台完成竣工验收】 2010年以来，韶关市按照“总体规划、先易后难、试点先行、分步实施”的工作思路，建设全市统一的电子纪检监察平台，在该平台的基础上建设重点项目、行政综合执法、四大要素市场、政务资源共享等电子监察子系统。由于省纪委监察厅相关政策的调整，市国土资源交易、产权交易规则发生变化等原因，2014年经市纪委同意，取消产权交易、国土资源交易2个电子监察子系统及其数据接口开发的建设内容。平台的建设工作基本完成，16个电子监察子系统以及2个业务管理系统已全部投入运行，并于2014年9月11日通过竣工验收，基本达到预期建设目标和要求。

【芙蓉园办公楼区电子政务网络调试接入工作完成】 为加快芙蓉新城的开发建设，根据市委、市政府的统一部署，韶关市对原东南轴承厂厂房和宿舍进行修复再利用，改造成芙蓉新城芙蓉园办公楼区。中心根据市政府要求，配合网络承建单位，将芙蓉新城芙蓉园办公楼区的电子政务网络进行调试，并接入市电子政务网络，协助各入驻单位完成电子政务网络和业务系统迁移。

【网络问政平台运行效果良好】 自网络问政平台运行以来，社会效益明显，一大批人民群众关心的热点难点问题通过公开、透明的网络问政平台得到解决。2014年网络问政平台累计点击率达2753万人次，日均访问人数超过1.5万人次。已受理问政贴29542条，已答复29458条，及时答复29171条，及时答复率99.03%。

【党风廉政信息公开平台运行质量提高】 2014年，中心采取各种措施，推进平台应用，通过通报和考核，各地各单位信息公开的主动性和积极性有明显提高，规范公开信息，提高信息质量、红黄牌数量明显减少。2014年，共发布信息326784条，其中党务公开信息2081条，政务公开信息9695条，厂务公开信息3893条，事务公开信息3738条，村务公开信息301283条，所站公开数据6094条。

【工程建设领域项目信息和信用信息公开平台运行稳定】 根据中央、省、市的部署和要求，依托韶关市电子政务综合应用平台，建成开通全市统一的“工程建设领域项目信息和信用信息公开共享平台”。双信平台在市及10个县（市、区）154个单位应用，该平台运行稳定，效果良好。截至2014年12月底，全市154个单位已发布信息3563条，其中项目信息3178条，信用信息385条。

【做好政府门户网站建设】 为加强对“韶关市政府门户网”的信息监控和对市直单位、县（市）区链接到门户网站上网信息的监控，中心严格规范上网各类公告登记备案和来稿署名等相关手续，规范门户网的信息上网和公告发布行为，保证上网信息的真实、准确，确保发布的各类信息、资料内容正确、格式规范、发布及时。2014年，全年共采编、发布各类日常信息、资料6330多篇，协助市住建、水务、农业部门按时准确发布各类工程招投标公告1280篇，协助有关单位及时发布公告、通知108篇。

【政府信息公开】 根据《中华人民共和国政府信息公开条例》的规定，在《政府信息公开平台》录入2014年的市政府、市政府办公室政府信息公开内容408条，为进一步扩大和深化政务公开，提高政府网站的社会认知度和满意度，树立良好社会形象做出一定的成绩。 （李建联）

附：领导班子成员名单

主 任：陈其宏

副主任：欧阳立新

发展研究中心

【概况】 韶关市发展研究中心成立于2011年，是市政府直属事业单位，挂广东省社会科学院韶关分院牌子，正处级，公益一类。承担市政府经济社会发展等方面的调查、研究工作。核定事业编制7名，配主任（院长）1名，专职副主任（副院长）1名，兼职副院长3名，设2个内设机构：办公室、研究部。市政府办公室调研科与该中心合署办公。2014年，该中心加强经济社会发展调查研究，做好决策咨询服务，在主动发挥政府新型智库作用上取得新进展。

【开展经济社会发展调研】 完成《深化行政审批改革促进政府提速增效》《关于加快打造东环线商贸产业带的对

策研究》两个课题研究；代省发展研究中心向全市各地各单位征集并报送《北江经济带发展战略研究》《加快国家南岭山地森林生态及生物多样性功能区保护与发展政策研究》《关于山区生态补偿政策研究》和《韶关市资源枯竭型城市发展研究》等4个课题题目；协助省社会科学院到韶关市开展《城市群导向下的广东区域协调发展战略研究》《广东进一步推进产业转移促进区域协调发展问题研究》。

【建设市重大行政决策咨询论证专家库】 十一届49次市政府常务会议审议通过《韶关市重大行政决策专家咨询论证办法》，明确提出市政府建立重大行政决策咨询论证专家库，并由市发展研究中心负责建设和日常管理工作。2014年，专家库建设各项工作有序开展。

【承办“十三五”规划编制研讨班】 会同市发改局从韶关学院遴选34名青年专家、学者，于12月8日至12日在韶关学院承办韶关市“十三五”规划编制研讨班，搭建地方与高校交流合作平台，引导智力资源服务地方发展。

（杨志明）

附：领导班子成员名单：

主　任：张文铭

专职副主任：曾年红

政协韶关市委员会

机构简介

2014年，政协韶关市委员会下设办公室（内设5个工作科，即秘书科、调研科、人事科、行政科、老干科），及提案委员会、经济委员会、教科卫体委员会、文化和文史资料委员会、港澳台侨联络委员会、社会法制委员会、民族和宗教委员会、人口资源环境委员会等8个专门委员会，其中前5个专委各分别设有工作科，社法委与提案委、人资环委与经济委、民宗委与文史委合署办公。根据市编制委员会核定，2014年市政协机关行政编制36名，后勤服务人员编制12名。实有行政人员33人，后勤服务人员12人。2014年，市政协认真履行政治协商、民主监督、参政议政职能，协助市委召开推进文化名城发展战略专题协商会议，举办市长与政协委员座谈会，召开1次全会、4次常委会议、5次主席会议，办理了132件提案，开展了4项专题调研、10项专题视察，为促进我市经济社会发展作出积极贡献。

重要会议

【市政协十一届三次会议】 2014年2月，政协韶关市委员会在市区召开第十一届委员会第三次全体委员会议。会议听取和审议市政协第十一届委员会二次会议以来常务委员会工作报告和提案工作情况的报告，听取和讨论市政府工作报告及有关报告，审议通过会议决议。会议期间，组织安排委员大会发言，各民主党派、工商联及部分界别的委员围绕推进城镇化进程、加强公共交通建设、发展碳汇林业、发展乡村旅游、发展生产性服务业、加强人身自救与医学急救教育等重要问题作发言；组织安排委员大会即席发言，委员们围绕韶关市经济社会发展以及人民群众普遍关心、关注的热点、难点问题发表意见建议，得到市委、市政府领导肯定，市长艾学峰对委员发言一一回应。

【市政协常务委员会会议】 2014年，政协第十一届韶关市委员会常务委员会共召开会议四次。

十一届八次常委会议 1月9日在市区召开，市政协主席、副主席及政协常委共72人参加会议。会议听取市政府工作报告（征求意见稿）说明和政府部门2013年办理政协提案情况通报，讨论市政府工作报告（征求意见稿）；听取市纪委关于2013年全市反腐倡廉工作情况通报、市中级人民法院关于2013年工作情况通报、市人民检察院关于2013年工作情况通报；审议市政协常委会工作报告和提案工作报告，审议市政协各专门委员会2013年工作总结和2014年工作设想（书面），审议关于召开市政协十一届三次会议的议程、日期和日程安排（草案）；协商市政协人事事项，一致同意免去黎启民、李卫全、唐乾坤、薛青、李晓林、谭卫东、马森超、何友权、魏皆、邱代胜、陈大灿市政协十一届委员会委员职务，增补张中坚、陈志刚、何益文、文清年、钟山红、吕泱、邱芬娣、钟爱民、袁杰念、林国华、苏巧红、林宴清、陈振兴为十一届政协委员。

十一届九次常委会议 2月19日在市区召开，市政协主席、副主席及政协常委共69人参加会议。会议听取各讨论组讨论市政协常委会工作报告及其他报告情况和大会决议（草案）情况，决定将上述事项提交市政协十一届三次会议审议通过。

十一届十次常委会议 6月30日在市区召开，市政协主席、副主席及政协常委共56人参加会议。会议审议《关于我市群众体育发展状况的调研报告（送审稿）》，讨论韶关市文化建设调研报告，协商市政协人事事项，一致同意任命汪波为市政协经济委员会主任、市政协人口资源环境委员会主任。

十一届十一次常委会议 9月26日在市区召开，市政协主席、副主席及政协常委共55人参加会议。会议审议《关于我市农民专业合作社发展情况的调查和建议（送审稿）》《关于加快我市服务业发展的调查与建议（送审稿）》《关于我市农村基础文化设施建设情况的调查与建议（送审稿）》协商市政协人事事项，一致同意王文川辞去市政协委员职务。

【专题协商会】 7月31日，市委召开推进实施文化名城发展战略专题协商会，市委领导与政协委员、各民主党派及各界别代表，围绕推进文化名城战略开展专题协商。协商会议议题由市委提出，由市政协组织开展专题调研，并数次召开筹备会议，安排民主党派、无党派代表人士作前期调查研究工作，提出具有很强针对性和前瞻性的建议和意见，为市委科学决策提供重要参考。市政协协助市委召开专题协商会议，实现决策施政层面的政治协商，推进韶关市政治协商工作。

【市长与市政协委员座谈会】 8月25日，市政协围绕“加快我市服务业发展”专题，举办市长与政协委员座谈会。市政协组织40多位政协委员开展调研活动，形成《关于加快我市服务业发展的调查与建议》和36篇书面发言材料。会上，委员们就韶关市服务业现状、农村服务业、电子商务、养老服务等方面提出具有可操作性的意见、建议，得到市长的肯定。市长认为，委员们调研深入，所提意见建议富有参考价值，要求有关部门研究市政协委员提出的意见和建议，进一步采取更有针对性的措施，着力推动全市服务业更好更快发展。

重要活动和主要工作

【文化政协系列活动】　开展“文化政协”系列活动，举办韶关历史专题讲座、文化遗产知识专题讲座、粤北采茶戏知识专题讲座、观看于丹《论语》心得之《心灵之道》视频讲座，全面提高干部职工的综合素质和文化修养，营造健康和谐的政协文化氛围，打造“文化政协”。举行庆国庆暨纪念人民政协成立65周年座谈会，邀请市党政领导和各界人士参会，共同交流探讨，激发人民政协工作者的工作干劲和热情。举办庆国庆暨纪念人民政协成立65周年书画摄影展，政协委员、民主党派和政协机关干部踊跃投稿参展，共展出书画、摄影作品130多幅。举办2014年韶关政协“丹霞农机杯”乒乓球混合团体比赛，市各民主党派、工商联和各县（市、区）政协等共25支队参赛。

【信息宣传工作】　全年编报《韶关市政协反映社情民意信息专报》20期，向市委、市政府和有关部门反映一些针对性、前瞻性、可操作性较强的意见建议，如建立“失独”家庭援助制度等，得到市党政领导和有关部门的重视采纳，其中获得市党政主要领导亲自批示的有4期，市政府分管领导批示的有16期，被市委办公室《韶关信息》刊发的有5期。出版《韶关政协》6期，继续发挥其在理论探讨、经验交流、信息传播的作用。发挥政协通讯员作用，及时通过《韶关日报》、韶关电视台等渠道全面报道市政协全体会议、常委会议、委员调研视察等重大活动和委员参政议政情况。加快履职信息化建设，完善政协韶关市委员会网站和“委员之家”网络互动交流平台，开设“给力提案室”“委员风采”“调查与视察”“意见建议拍砖板”和“议政参考”等19个专栏，不断提高政协履职现代化水平。

【参与中小工作】　按照党的群众路线教育实践活动要求，开展党的群众路线教育实践活动。根据市委的工作安排，派出两位党员副主席指导部分县（市、区）级群众路线教育实践活动。组织召开政协委员“广东扶贫济困日”座谈会，委员们为韶关市教育、文化、医疗、残疾人事业、扶贫济困等社会公益事业捐资捐物达800多万元。落实政协班子成员挂点督导“百项工程兴韶关”项目工程、重点企业项目、计划生育以及薄弱村的联系工作。

2014年8月25日，市政协召开市长与市政协委员座谈会（叶明　摄）

专委工作

【提案委和社会法制委工作】　2014年，共收到提案169件，立案132件，其余37件转作委员来信处理。强化提案办理协商工作，完善提案动态管理系统，加强跟踪督办，推动提案建议落到实处。做好重点提案工作，5件重点提案分别由市委书记郑振涛、市长艾学峰、政协主席李飞、市委副书记陈向新和政协副主席王乙未等市领导领衔督办。涉及民生、社会建设的近百件提案得到较好办理，推动解决一系列民生问题。开展“我市农民专业合作社的发展情况”专题调研活动，撰写调研报告并形成建议案。组织委员开展“我市专业市场的建设与发展情况”及“我市基层人民法庭的建设情况”专题视察活动，撰写视察报告。

【经济委和人口资源环境委工作】　上半年，围绕“加快我市服务业发展”专题，组织开展专题调研活动，形成《关于加快我市服务业发展的调查与建议》和《关于我市服务业发展的建议案》报送市政府，并以此为基础开展市长与市政协委员座谈会筹备工作。9月，组织开展芙蓉新区建设情况专题视察活动，建议要继续按照“快”字当头、“好”字为要的总要求，加快项目规划建设，力争新区早日出形象、出品位、见成效，带动全市经济社会更好更快发展。10月，组织开展“我市农村生活垃圾处理及生态环境建设情况”专题视察活动，就加大各级财政投入、加大宣传引导力度、增强村民环保意识、建立长效运行机制等方面提出意见和建议。协助省政协副主席梁伟发率领的“广东村级经济社会发展情况”和“县级政协基本情况”专题调研组，省政协党组成员覃卫东率领的“如何推进北江航道加快发展”专题调研组，开展在韶调研活动。

【教科卫体委工作】 3—5月，组织开展“我市群众体育发展状况”专题调研，形成建议案报送市政府，市长艾学峰，市委常委、市政府党组副书记张志才批示要求有关部门研究办理。组织开展“我市民办教育发展状况”“县级疾控机构公益一类改革情况”专题视察，形成视察报告并送市政府及有关部门参考。协助省政协做好“实行农村学生免学费政策后，中职教育面临的困难与对策”专题视察工作，如实反映实行农村学生免学费后中职教育工作面临的困难，为省委省政府提供决策参考。

【文化和文史资料委与民族和宗教委工作】 2月中旬，编印市政协十一届三次会议委员分组讨论简报八期，形成《市政协十一届三次会议分组讨论情况综合》，供市委、市政府、市政协作参考。5月上旬，协助省政协“金融机构如何扶持民族地区发展”专题调研组完成在韶调研工作。7月，配合做好韶关市实施文化名城战略专题协商会准备工作。8月，组织开展“我市农村基础文化设施建设情况”专题调研和“我市少数民族地区教育发展情况”专题视察，形成调研报告呈送市委、市政府。11月，按照广东省政协征集出版广东省文史资料《改革开放广东一千个第一》一书的要求，组织撰写《里程碑是这样立起来的》——大瑶山双线电气化铁路隧道建设记、《中国兰花第一县》——记韶关市翁源县兰花生产迈上产业化发展道路、《社会管理创新项目第一案》——韶关市仁化县“民忧档案”活动纪实、《中国大陆第一部〈曲江集〉全校全注整理本》、《全国第一批达标农村初级电气化县》，上报省政协。12月，编辑出版韶关文史资料《韶关历代名寺与名僧辑考（之二）》。

【港澳台侨联络委工作】 6月，分别在香港、珠海召开港澳委员座谈会，动员委员参加社会公益活动。2014年，60多位市政协港澳委员为韶关市社会公益事业捐资及募集资金692.1万元。7月中下旬，组织开展“市政协港澳委员在韶关企业发展情况”专题视察活动。10月中旬，协调联络侨界、台胞界和特邀界别委员开展以了解侨资企业发展情况为主题的界别活动，形成专题视察报告和委员提案供有关部门参考，协调帮助委员在韶企业解决一些生产经营上的问题。2014年，组织参加香港工商总会、香港海内外华人工商总会、广府人珠玑海外联谊会、元朗各界联合会、香港韶关同乡联谊会、澳门韶关同乡会、韶澳青年协会、澳洲广府人联谊总会、观塘工商联合会等社团组织开展的活动，与统战部门联合开展走访港澳委员活动和在香港召开两次专题座谈会，密切与港澳委员联系，发挥港澳委员“双重积极作用”。（钟骏逸）

政协韶关市委员会副秘书长以上成员名单

主　席：李　飞

副主席：王伟阳　贝抗胜　何伟青　刘大济　王乙未　邓建华　林　嘉　张文铭

秘书长：陶学权

副秘书长：黄颂华　成绍强　张　衡

2014年7月31日，市委召开推进文化名城发展战略专题协商会议（叶明　摄）

纪检·监察

综　　述

中共韶关市纪律检查委员会机关、韶关市监察局（韶关市预防腐败局）行政编制 69 名，领导职数 10 名，设 15 个室（部），分别是：办公室、组织部、宣传部（预防腐败室）、政策法规研究室、党风政风监督室（市政府纠正部门和行业不正之风办公室）、信访室（举报中心）、案件监督管理室、第一纪检监察室、第二纪检监察室、第三纪检监察室、第四纪检监察室、第五纪检监察室、第六纪检监察室、案件审理室、纪检监察干部监督室。2014 年，市纪委监察局机关按照中央纪委和省纪委“转职能、转方式、转作风”的要求，聚焦中心任务，强化监督执纪问责，党风廉政建设和反腐败工作取得新进展新成效。2014 年 2 月，韶关市监察局被省委、省政府评为依法治省工作先进单位。

纪　　检

【市纪委十一届四次全会】　2 月 24 日，中国共产党韶关市第十一届纪律检查委员会第四次全体会议在市委会议中心召开。会议传达学习十八届中央纪委三次全会、省纪委十一届三次全会精神，听取市委书记、市人大常委会主任郑振涛的重要讲话，市纪委副书记于莉莉代赖日先作题为《认真履行职能，强化监督执纪，大力推进党风廉政建设和反腐败工作》的工作报告。乐昌、武江、新丰县（市、区）委书记及市农业局、北江中学、韶能公司党委党组书记在第一次会议上作述责、述德、述廉报告。大会最后通过市纪委工作报告和全会决议。

【职能调整】　开展议事协调机构清理，牵头或参加的议事协调机构由原来的 118 项减少为 24 项。划转部分职能，将市公务用车制度改革牵头工作划转到市发展和改革局，将党政群机关和企事业单位小汽车定编职责划转到市财政局，将市直单位绩效考核工作划转到市委办公室，将市公共资源交易管理办公室划转到市政府办公室。

【内设机构调整】　市纪委监察局机关整合 6 个内设机构：将党廉室、纠风室、执法室、效能室合并为党风政风监督室（市政府纠正行业和部门不正之风办公室）；将市纪委办公室、监察综合室合并为市纪委办公室。在干部室、宣教室基础上，组建组织部、宣传部，将预防腐败室职能划入宣传部。重新设立 5 个内设机构：第三纪检监察室、第四纪检监察室、第五纪检监察室、第六纪检监察室和纪检监察干部监督室。

【查办腐败案件体制机制改革试点工作】　5 月 14 日，市纪委成立查办腐败案件体制机制改革试点工作领导小组，市委常委、市纪委书记黎增丰任组长，开展“查办腐败案件以上级纪委领导为主，线索处置和案件查办在向同级党委报告的同时必须向上级纪委报告”改革试点工作。5 月 23 日，全市召开纪检监察机关查办案件工作座谈会暨改革试点工作业务培训会。9 月 12 日，省纪委召开全省查办腐败案件体制机制改革试点工作电视电话会议，黎增丰在会上作经验介绍。

【纪律教育学习月】　7 月至 9 月，在全市开展以“严明组织纪律，锻造优良作风”为主题的纪律教育学习月活动。组织广大党员干部学习中共十八大和十八届三中全会精神，总书记习近平系列重要讲话精神，中央“八项规定”精神和相关党内法规，十八届中央纪委三次全会、十一届省纪委三次全会、十一届市纪委四次全会精神，以及省纪委编写的《反腐倡廉教育读本（2014）》，并观看警示教育专题片《被玷污的净土——广东省科技系统系列腐败案反思录》《广州市原副市长、增城市原市委书记曹鉴燎案警示录》。开展典型案例警示教育活动。

【领导干部党纪政纪法纪教育培训】　7 月 30 日，在市委会议中心举办领导干部“三纪”教育培训班。市四套班子成员，市中级人民法院院长、市检察院检察长，各县（市、区）委书记、县（市、区）长、纪委书记，市直单位副处以上领导干部，中省驻韶单位主要负责人、纪委书记（纪检组长）参加培训。市委书记郑振涛、市长艾学峰、市委副书记陈向新、市纪委书记黎增丰分别作专题辅导报告。

【党风廉政建设责任制考核】　12 月 2 至 5 日，由市委常委带队，对 10 个县（市、区）和 86 个市直及中省驻韶单位落实党风廉政建设责任制情况进行考核。经考核，被评为“好”等次的 79 个，“较好”等次的 4 个，“一般”等次的 6 个，“差”等次的 7 个。

【作风建设】　2014 年，开展明察暗访 355 次，查处违反中央“八项规定”精神问题 81 个 141 人，给予党纪政纪处分 45 人。落实查处违反中央“八项规定”精神案件月报制度，公开曝光典型问题 17 个，拍摄制作作风建设警示片。开展民主评议政风行风活动，组织市教育局等 10 个重点评议单位进行民主测评；在31个窗口单位开展群众办事满意度手机短信测评。

【违纪违法案件查办】 2014年，全市纪检监察机关共受理群众信访举报1227件（次），同比上升15.1%；初核线索751件，同比上升62.2%；立案709件739人，同比上升134%；涉及县处级干部25人，乡科级干部171人；结案640件，同比上升108.5%；给予党纪政纪处分663人，同比上升83.7%；移送司法机关26人；通过办案挽回经济损失5953.64万元。

【廉政教育】 对拟提拔的37名处级干部开展任前廉政法规考试。组织79个单位123批6379人次到市廉政教育基地参观。与市检察院、市预防职务犯罪协会联合举办第三届“扬三江正气，树六岸清风”反腐倡廉辩论赛。与市文广新局联合举办第四届“廉洁读书月”活动。7至12月每月编发一期廉政手机报，为全市处级以上领导干部搭建廉政学习新平台。

【镇街纪委规范化建设】 按照省纪委统一部署，在乐昌市大源镇、乳源县一六镇、曲江区罗坑镇三个镇开展镇街纪委规范化建设年试点创建活动。在此基础上，全面开展乡镇（街道）纪（工）委规范化建设年活动，全市109个镇街80%以上达到规范化建设标准。

监　　察

【市政府第三次廉政工作会议】 2月11日，国务院、省政府召开廉政工作会议，市领导艾学峰、张志才、邹永松、王青西、许志新和市政府系统各部门负责人、浈江区政府领导、武江区政府领导在市电信大楼收听、收看会议。会后，市政府召开第三次廉政工作电视电话会议，部署2014年全市政府系统廉政建设和反腐败工作，各县（市）、曲江区政府班子成员及其部门负责人在各地分会场收听收看会议。

【市政府第四次廉政工作会议】 12月25日，在市政府三楼会议室召开第四次廉政工作会议，市政府班子成员，各县（市、区）政府负责人，市直各单位负责人、纪检组长132人参加会议，市委常委、市纪委书记黎增丰应邀参会。观看《作风建设永远在路上》的廉政教育片，通报2013年以来市纪委监察局和市检察院查处的发生在政府系统的几起重大违纪违法案件情况，市代建局、市人社局、市农业局分别介绍开展预防腐败工作的做法，市长艾学峰就进一步加强政府廉政建设作讲话。

【预防腐败工作】 制定下发韶关市落实《建立健全惩治和预防腐败体系2013—2017年工作规划》工作方案。以韶关市东环线工程和市民文化活动中心工程为试点，探索推行重大工程建设项目廉政风险同步防控工作。加强农村基层党风廉政建设，全面开展创建“廉洁镇村”工作，完善农村集体“三资”监管措施。以始兴县为试点推行新提任领导干部重大事项报告核查公示工作。

【侵害群众利益专项整治】 开展“会所腐败”“门难进、脸难看、事难办”“侵占侵害群众利益、与民争利”等问题的专项整治行动。查处“乱收费、乱罚款、乱摊派”问题2个，涉及金额24.74万元，问责6人。查处落实惠民政策优亲厚友、以权谋私问题2个，涉及金额5.8万元，问责4人。调查处理涉及土地、林业、工程招投标、水利等影响惠民政策落实的信访投诉4件，查办较大生产安全事故3起。

【政务服务体系建设】 筹集380万元投入乳源县政务服务体系建设，该县镇级设置9个便民服务中心、村（社区）设置102个便民服务站，覆盖率达到100%。 （廖宏峰）

市纪委、市监察局（市预防腐败局）领导班子名单

市委常委、市纪委书记：
　　赖日先（—2014.4）
　　黎增丰（2014.4—）
市纪委副书记：于莉莉　王德义
市纪委副书记、市监察局局长（市预防腐败局局长）：张立江
市纪委常委：覃　峥
市纪委常委、市监察局副局长（市预防腐败局副局长）：黄光明
市纪委常委：谢　斌　叶远军
　　陈天雄
市监察局副局长：陈忠旭　黄丽霞

民主党派·工商联

民革韶关市委员会

【概况】 中国国民党革命委员会（简称“民革”）是具有政治联盟性质的，致力于建设有中国特色社会主义和祖国统一事业的政党，是中国共产党领导的多党合作和政治协商制度中的参政党。民革韶关市委员会成立于1959年9月。第十届委员会于2011年8月选举产生，现委员13名。2014年民革韶关市委围绕市委、市政府中心工作，履行参政党职能，以开展坚持和发展中国特色社会主义学习实践活动为契机，推进多党合作，各项工作取得新成绩。

【思想建设】 2014年，开展坚持和发展中国特色社会主义学习实践系列活动，全年召开5次全委（扩大）会议，在全市营造学习实践活动的氛围，提高活动实效。参与民革中央“亲历者赞”、市政协庆国庆暨纪念人民政协成立65周年、市政协机关“文化政协”等主题活动。注重理论、科学研究，全市民革党员在国家、省、市一级刊物上发表论文13篇，其中2篇学术论文荣获国家级一等奖、1篇获国家级二等奖，科研项目“微波膨化油茶籽仁粉促进水相体系中油和非油物质快速分离的微观机理及油脂品质变化规律”获得国家自然科学基金，‘微波预处理水浸提食用油的方法”项目获国家发明专利授权。加强思想宣传，向市委统战部、市政协、《广东民革》等报送社情民意信息及工作动态等35篇。

【组织建设】 注重领导班子建设，增选邓献良、钟永红为市委委员，优化领导班子结构，提升班子知识结构和专业化水平。创新基层组织活动形式，建立QQ、微信群，开展座谈会，支部联谊，深入社区、农村助学帮困，送医送药，参观学习等活动，增强组织凝聚力。继续开展“创先争优”活动，营造组织创先进、党员争优秀的氛围。抓好后备干部队伍建设，开展支部委员会届中民主测评、支委调整补充和推荐后备干部工作。发展党员，全年经上级组织登记备案新党员17人，本科以上12人，其中硕士1人，博士1人。截至12月底，全市有1个总支、19个支部，民革党员356人。

【加强专题理论学习和培训】 举办新党员暨骨干培训班，对市委委员、基层组织主委、机关干部及2013年以来入党的民革党员60余人进行集中培训；推荐7名骨干党员参加市委组织部、统战部举办的2014年度民主党派基层组织骨干学习班；组织机关专干参加市行政学院、省社会主义学院举办的各类培训班，提高政治素质和综合能力。召开2015年工作会议，全市民革现任各级干部和近两年年以来入党党员近140人参加会议，表彰2014年先进基层组织和优秀个人，研究部署2015年工作。发挥党员优势，不断搭建平台，推荐一批优秀党员分别担任省委会社情民意信息员、人口资源环境委员会委员、法律援助中心成员，提高党员干部的综合素质和能力水平。

【参政议政】 市委会领导参与政治协商，参加韶关重大事项或决策的座谈会、协商会、情况通报会、征求意见会、民主党派暑期座谈会等，围绕中心、服务大局，聚焦改革重点和绿色转型、振兴发展，履行参政议政、民主监督职能。建立科学规范的选题机制，夯实参政议政领导小组的平台和载体作用，围绕人民群众关心的热点难点问题，结合韶关经济社会发展实际，为全面深化改革建言献策。2014

2014年11月2日，民革韶关市委会组织医疗服务行业党员到仁化县扶溪镇开展送医送药义诊活动（田秋菊 摄）

年各级“两会”期间，民革韶关市委在市政协大会上的发言《关于抓住机遇发展碳汇林业、提升我市生态林业质量效益的建议》及4位委员的即席发言《政府应该购买法律服务的建议》《关于加快我市城市道路建设，拉大城市框架的建议》《关于将黑颈乌龟养殖发展成为韶关特色养殖业的建议》《关于如何妥善解决医患纠纷的建议》等受到与会委员和社会各界的高度重视。提案方面，向各级人大、政协提交提案、建议69件，其中向市政协提交集体提案2件，省政协委员提交提案1件，市政协委员提交提案19件。提交市政协的集体提案是《关于抓住机遇发展碳汇林业、提升我市生态林业质量效益的建议》和《将黑颈龟养殖和开发利用产业培育成韶关特色经济产业的建议》，前者被确定为市政协重点督办提案，由市委书记、市人大常委会主任郑振涛亲自督办。履行委员职能，民革乳源支部主委黄茂东被乳源县政协推荐为“省政协委员之家”特约评论员。

【社会服务】 继续开展“伸出博爱之手——民革基层组织牵手困难群众”系列活动，社会服务树立新品牌。开展医疗帮扶活动，组织医疗服务行业党员到仁化县扶溪镇、武江区龙归镇厚坪村开展送医送药下乡义诊活动，服务群众近500人，捐赠药品价值近1万元；联合韶关市红十字会对贫困家庭捐赠药品价值3.6万元，联合爱尔眼科医院到武江区龙归镇厚坪村开展阶段性的“博爱·光明行”活动，帮助115名贫困白内障患者重见光明。开展捐资助学、智力扶贫活动，全市民革党员资助贫困家庭学生67人，金额达5.26万元；响应省民革“助力粤东西北·共建幸福广东”活动号召，从2014年起连续三年资助云浮市2户贫困家庭学生。开展党员互助活动，帮扶生产、生活上有困难的民革党员。开展关爱活动，组织党员到市福利院看望孤寡老人、向惠民街道办“爱心超市”捐献生活物资、支持卫生院建设，捐款捐物约3.3万元。全市民革党员在“广东扶贫济困日”活动中捐款12万元。开展法律进基层活动，武江区第四支部副主委律师余硕深入农村开展法律援助及普法宣传、法律咨询活动，免费担任乐昌市梅花镇7个村委会的法律顾问，获益群众近百人。

（田秋菊）

附：领导班子成员和秘书长名单

主任委员：张文铭

副主任委员：刘素云（女）

叶　纬　刘国奇

秘书长：娄　平（女）

民盟韶关市委员会

【概况】 中国民主同盟韶关市委员会（以下简称“盟市委”）成立于1981年8月。至今历经八届市委会，市委会规模17人，正副主委1正5副。盟市委内设参政议政部、组织部、宣传部和教文卫体委员会、科技经济法制委员会、港澳台侨联络委员会、女盟员委员会、离退休委员会。盟市委直辖1个县委，3个总支，17个支部。至2014年底，全市盟员534人，平均年龄53.2岁，女盟员200人，占37.45%；离退休盟员165人，占30.9%；大学以上文化程度302人，占58.5%；中高级职称409人，占76.6%；中上层人士500人，占96.6%；本党派界别特色406人，占76%。2014年，盟市委以开展坚持和发展中国特色社会主义学习实践活动和“基层组织建设年活动”为抓手，各项工作狠抓落实，全面加强自身建设，为建设美好幸福韶关做贡献。乐昌市总支被民盟中央评为“先进基层组织”；翁源县委、曲江区支部被民盟广东省委评为“宣传工作先进集体”；南雄市总支、北江中学支部被民盟广东省委评为“组织工作先进集体”。

【思想宣传工作调研】 7月10—11日，民盟中央宣传部到韶关就坚持和发展中国特色社会主义学习实践活动及思想宣传工作进行调研，并于11日下午在党派大楼召开“民盟中央思想宣传工作调研座谈会”。盟中央宣传部副部长蒋鹏利、宣教处处长王玮、文史处副处长唐希戈，盟省委宣传处处长陆伟明、主任科员杨菁，市统战部副部长廖雨婷，盟市委领导林平杰、朱必凤、龙安生、范雪珊、包玉兰，以及来自韶关和清远两地的盟员代表，共30余人参加座谈会。举办盟员思想建设专题讲座。8月22日，盟市委邀请中共市委党校刘意副教授举行有100多盟员参加的《坚持和发展中国特色社会主义道路》专题讲座。

【基层组织建设年活动】 4月22日，盟市委召开八届九次市委会议。会议按照民盟中央和民盟广东省委的要求，结合韶关实际，决定按照“五个一”的要求部署开展基层组织建设年活动，即开展一次基层组织调研和检查、举办一次新时期全体盟员思想建设讲座、召开一次基层组织建设经验交流会、开展为期一个月的基层组织活动月、表彰一批先进基层组织。年内，各级基层组织结合自身实际贯彻盟市委活动部署，各基层组织的活动呈现出多样化、有主题、有准备，内容丰富多彩、有吸引力、有实际效果等特点，推动基层组织建设上新台阶。12月26日下午，盟市委召开“2014年民盟韶关市委会组织工作会议”对活动进行总结和表彰。一中支部、十三中支部、乳源支部、医卫支部、翁源县科技支部被评为基层组织建设年“先进基层组织”。

【补选秘书长】 为培养锻炼年轻干部和加强机关建设，3月7日盟市委召开八届9次主委会议，讨论通过在机关提拔1名秘书长。4月22日，盟市委召开八届9次市委会议，盟市委正副主委、市委委员、各支部主委及机关干部参加会议。会议以不记名投票和谈话推荐的方式对盟市委秘书长人选

2014 年 8 月 16 日，由盟市委、市教育局联系的民盟中央与新东方教育科技集团发起的 2014 年“烛光行动——新东方教师社会责任行”公益培训活动在韶关拉开帷幕（民盟韶关市委　供）

进行民主推荐，曾敏青当选为秘书长候选人。5 月 12 日，经中共韶关市委统战部部长办公会议通过，曾敏青任盟市委八届秘书长。

【加强后备干部队伍建设】　2014 年，盟市委推荐市委委员刘少青、曾敏青、龙仕华和盟员聂树养参加 2014 年民盟广东省委中央社会主义学院盟务骨干培训班；推荐骨干盟员谢少龙、左之滨、陈盛荣参加 2014 年民盟广东省委盟务骨干培训班；推荐陈川荣等 12 位基层骨干盟员参加 2014 年市社会主义学院举办的党外干部中青班学习。是年 9 月，北中支部主委左之滨完成为期一年的乐昌市长来镇副镇长挂职锻炼工作。

【参政议政成果】　重视“两会”平台，发挥主阵地作用。“两会”期间，盟员代表、委员履行职责，建言献策。盟员王焰安执笔的盟市委《关于加快推进我市重点林业生态工程建设的建议》被列为 2014 年市政协重点提案，该提案由中共市委郑振涛书记督办。盟市委集体提案《关于建设中山大学抗战年代坪石办学纪念馆的建议》得到市委、市政府、市政协，乐昌市、坪石镇等各级领导的重视和社会各界关注。6 月 9 日，《抗战风云中的中山大学重建项目策划书》报告会在韶关市区召开，这标志着韶关坪石建设中山大学纪念馆正式启动。精心选题，助推发展。2014 年，盟市委以推动韶关科学发展、绿色发展为主题，精心选题，深入开展调研。与市发改局、市林业局合作，完成《关于韶关建设粤北区域中心城市的思考》《关于韶关加快推进广东绿色生态第一市建设的建议》课题调研。

【新东方英语培训】　2014 年，盟市委联合市教育局，取得民盟中央的支持，促进韶关教育的发展。8 月 16 日，由盟市委、市教育局联系的民盟中央与新东方教育科技集团发起的 2014 年“烛光行动——新东方教师社会责任行”公益培训活动在韶关拉开帷幕。民盟广东省委社会服务处、民盟韶关市委、韶关市教育局的领导、新东方教育科技集团广州分校负责人和新东方志愿者教师团队以及接受培训的部分教师出席启动仪式。此次培训活动，民盟中央携手新东方教育科技集团，派出优秀的师资团队，免费为韶关市 100 名英语骨干教师进行为期 4 天的培训。

【社会服务】　发挥特色优势送教下乡，帮助解决教学问题。组织盟内专家、学者深入基层，送优质教学资源到基层。韶关学院教育系副教授、博士张凤琴到长来镇长来中学开展考前心理辅导；韶关学院医学院附属医院副主任医师、内科主任周樱到乐昌市长来镇长来中心小学举办教师急救知识讲座和培训。发挥联系优势，捐资助学。盟市委联系海珠区广百新一城志愿驿站于 12 月 20 日到乳源瑶族自治县东坪小学开展助学行动。捐赠价值约 12 万元的衣服、电脑、体育器材与书籍；联系香港铁路系统工会于 12 月 19 日到翁源县翁城中心小学捐赠价值 20 万元的电脑、学习文具一批。盟员左之滨筹办成立长来镇春晖助学联合会。该会 2014 年筹款 3.1 万元，挂职盟员副镇长左之滨代表民盟北江中学支部捐赠 2000 元。（赵桂林）

附：领导班子成员名单

主　委：林平杰

副主委：朱必凤　龙安生

范雪珊（女）（—2014.4）

林炜东　包玉兰（女）

秘书长：曾敏青（女）（2014.5—）

民建韶关市委员会

【概况】　中国民主建国会（简称民建）是主要由经济界人士组成的、具有政治联盟特点的、致力于建设中国特色社会主义的参政党。民建韶关市委员会成立于 1957 年 3 月 6 日。截至 2014 年底，民建在韶关市有基层组织 18 个，其中总支 1 个，支部 17 个；会员 332 人，平均年龄 49.3 岁，其中大专以上学历 266 人，占 80.1%，中级以上职称的 154 人，占 46.4%；经济界人士 256 人，占 77.1%；中上层人士 207 人，占 62.3%。2014 年，民建韶关市委团结带领全市会员，以邓小平理论、“三个代表”重要思想、科学发展观为指导，加强自身建设，认真履职，各项工作取得新的成绩。民建市委荣获民建广东省委2013年度参政议政工作先进集体三等奖、理论研究优秀组织奖和全市统战信息工作先进单位三等奖；王伟阳、陈曦、胡湘泉获民建广东省委2013年度参政议政工作优秀个人表彰。李军前、吴国营、林友财、黄爱平、陈冰坚、谭宝生、潘江南等会员企业家纷纷慷慨解囊，累计捐款近100万元。

【思想建设】 以深入开展坚持和发展中国特色社会主义学习实践活动为载体，加强政治理论学习，组织会员学习中共十八届三中、四中全会精神，习近平总书记关于治国理政的一系列重要讲话精神，陈昌智在民建全国宣传思想工作座谈会上及在民建全国市级组织建设研讨会上的讲话精神，不断增强会员的政治思想素质。加强理论研究，《关于加强新时期民建后备干部队伍建设的几点思考》和《新时期民建基层组织建设规律探析》分别获得民建省委理论研究成果一等奖和二等奖。重视宣传信息工作，加强韶关民建网站建设，做好《会务简讯》的编印。

【组织建设】 加强领导班子建设，补选何勇为市委委员，民主推荐6名民建市委领导班子后备干部。2014年5月，民建市委副主委王敏雯被任命为武江区人民政府副区长。推进基层组织建设，组织补选周岚为浈江二支部主委，推荐武江四支部主委钟爱明为市政协委员；支持各支部开展交流联谊、联合调研、参观考察会员企业及户外文体等活动，出台《民建韶关市委基层组织考评暂行办法》，增强基层组织的活力和凝聚力。加强专委会建设，参政议政工作委员会完成《关于韶关民俗文化旅游资源开发的调查报告》《加强农村生态环境保护促进农村经济可持续发展》等“市委出题，党派调研”课题，企业工作委员会组织会员企业家开展联谊活动，为加强会员企业的联系沟通发挥作用。抓好机关建设，从始兴财政局选调一名年轻公务员进入机关，配齐配强机关干部队伍。

【参政议政】 参加韶关市重大问题和重要决策的讨论协商，在中共韶关市委推进实施文化名城发展战略专题协商会上，陈曦提交《关于打造韶关市文化品牌的几点思考》的发言材料，为韶关市文化建设献计出力；在市长与市政协委员座谈会上，胡湘泉、曹剑分别作题为《关于促进韶关市服务业加快发展的调研报告》和《关于建立韶关精神卫生中心促进市民心理卫生健康的建议》的发言。2014年，韶关民建向各级人大、政协等部门提交并采用的建言献策材料有81件。其中建议案、提案47件，政协大会发言3件，即席发言1件，反映社情民意信息5件，建议类统战信息25件。多件建议案、提案获得重视和表彰，如集体提案《关于大力发展生产性服务业，促进生产性服务业与先进制造业融合发展的建议》被选为重点督办提案，由市长艾学锋督办；王伟阳领衔提交的《关于尽快解决湘南—粤北跨省饮用水源地安全问题的建议》被评为2013年广东省政协优秀提案。

【开展公益活动】 民建市委联合韶关爱尔眼科医院、广东狮子会乐善服务队、狮子会亚太地区联合服务队共同开展“韶关光明行”慈善活动，筹集16万多元的资金，免费为韶关市154名贫困白内障患者实施复明手术，使他们重见光明。开展助学活动，连续第六年与乐昌贫困学生开展“爱心结对”资助活动；会员企业家黄海棠连续第二年资助始兴县太平镇城郊中学3名贫困学生，直至读完大学；李军前、吴永松等会员企业家为韶关市政协系统乒乓球比赛提供赞助。

【对外联络】 做好对口联系工作，民建市委和市经信局共同承办“韶关市新一轮技改政策宣讲与融资座谈会”，向全市近300家企业宣传加快发展先进装备制造业以及新一轮技术改造的相关扶持政策，得到社会广泛关注；加强与市财政局的联系，民建市委会领导多次参加市财政局组织的有关评

2014年12月12日，民建市委联合广东狮子会乐善服务队及狮子会亚太地区联合服务队开展“韶关光明行”慈善活动在韶关爱尔眼科医院举行

（严志全　摄）

议活动。与各地区民建组织开展交流，与江苏徐州民建、广东潮州民建、民建广东省委各专委会及广州花都区基层委员会、佛山市南海总支、珠海横琴支部等进行会务工作及组织建设方面的交流，互相学习好的经验和做法，不断推动各项会务工作迈向新台阶。

（严志全）

附：领导班子成员名单

主任委员：王伟阳

副主任委员：陈　曦　李军前

王敏雯（女）

秘书长：胡湘泉

民进韶关市委员会

【概况】　中国民主促进会（简称民进）是以从事教育文化出版工作的高中级知识分子为主的、具有政治联盟性质的、致力于建设中国特色社会主义事业的政党，是同中国共产党通力合作的参政党。民进韶关市委员会（简称韶关民进）于1983年1月8日成立。2014年，韶关民进践行“牢固树立创先争优意识，塑造韶关民进形象”工作方针，被民进中央授予“民进全国组织建设先进地方组织”称号，全省民进16个市委会中仅3个市委会获此殊荣；始兴县总支部被表彰为“民进全国组织建设先进基层组织”；曲江区支部主委张雪挺被表彰为“民进全国组织建设先进个人”；两项议政调研课题被评为“民进广东省委员会优秀提案奖”；夺得关市“丹霞农机杯”乒乓球比赛市直组混合团体冠军，再度蝉联全市性乒乓球比赛桂冠，在韶关市民主党派机关举办的首届文体运动会中获得第三名。

【思想建设】　民进韶关市委坚持树立社会主义核心价值体系，践行“三个认同”，为建设中国特色社会主义参政党凝心聚力。开展纪念活动。根据民进广东省委和市政协的安排部署，参与庆国庆暨纪念人民政协成立65周年等主题活动。参加首个“9·30”烈士纪念日活动。加强思想宣传工作。制定激励机制，注重打造宣传平台，韶关民进网站已成为展示该会风采、交流会务工作的重要平台。2014年该会网站仅刊登的会务工作动态信息就超过100条，其中大多数被民进省委采用，部分信息还被民进中央采用。

【加强基层组织建设】　2014年，韶关民进以开展“创先争优”活动为契机，全面推动组织建设的发展。首先是落实市委委员分工联系制度，市委会领导班子成员及机关干部年内走访各基层支部（总支），并加强与当地党委尤其是统战部门的沟通联系；其次是完善民进韶关市委监督委员会的各项工作机制，有序推进会内民主。为此，民进广东省委副主委胡献专门协同民进海南省委机关领导就该会监督委员会工作开展情况到韶关学习取经；把2014年定为“制度建设年”，再次修订《民进韶关市委规章制度汇编（修订版）》。

【注重人才培养】　韶关民进明确后备干部队伍建设和骨干会员培养的指导思想和总体目标，提出“人才储备—培养—推荐使用”一套完整的工作思路，建立健全后备干部队伍动态管理机制和骨干会员培养机制。首先是坚持高标准、严把关发展会员，动员会员参加各类培训班，并多次派员参加各类学习。主委刘大济、秘书长邓华在中央社会主义学院参加“民进全省机关领导干部培训班”；副主委李步德在北京大学参加“广东民进代表人士学习班”，还派送15名骨干会员参加在市委党校开办的2014年民主党派基层骨干学习班；其次是举办骨干会员、新会员学习班，并做好骨干会员任实职的推荐工作。市委委员、理论研究工委主任何露被提拔为韶关市博物馆副馆长，市委委员潘小坤被提拔为市铁一小（省一级学校）副校长，浈江区联合支部谭志雄被提拔为市中医院内医科主任，乐昌市支部副主委王红新等任实职问题正在落实中。

【参政议政】　省政协大会期间，主委刘大济共提交6件提案，均得到承办部门的重视和采纳。《关于大力推进粤东西北地区新型城镇化发展的建议》被省民进作为2014年省政协大会发言材料，同时转为省民进集体提案提交省政协大会，该提案被省政协评为2014年度优秀提案。韶关市“两会”期间，韶关民进提交市政协提案14件，内容涉及城市管理、交通、教育、卫生、环保、社保等多个领域，其中集体提案7件，居政协各参加单位之首。《关于设立市区水上公交巴士的建议》被市政协列为2014年全市五大重点提案之一，由市政协主席李飞领衔督办，由于该提案对改善韶城公共交通环境意义重大，国家交通运输部水运科学研究院协同市交通运输局就该提案的可行性前来调研。2014年向省民进提交7项课题。其中，《关于加强韶关省水运物流发展的建议》获得独立立项。《关于构建广东省现代林业经济发展模式的建议》和《关于用好禅宗文化资源促进广东和谐社会建设的建议》双双荣获“民进广东省委员会优秀提案奖”。韶关民进及时在全国、省、市相关网站和杂志等媒体上发表有关会务等动态信息，信息采稿量连续多年居民进全省各地方组织前4位。向《韶关市政协反映社情民意信息专报》提交10多条建议，先后有5条被采纳和编印，还向民进广东省委和中共韶关市委统战部报送参政议政信息，全年有22条信息被市委统战部采纳，其中被市委办采用3条。

【社会服务】　韶关民进以民企会员为主体、其他会员参与的模式开展社会服务活动，这已成为韶关民进社会服务的品牌并取得良好的社会效益。2014年，民进韶关市委社会服务工委赴韶州师范学院开展捐资助学活动，为20名困难学生共计发放助学金1万元。募集48750元善款汇入民进中央“开明慈善基金会·同心筑梦专项基金”账户。在社会公益方面，2014年的“6·30”广东扶贫济困日捐款活动

捐款数额突破40万元。 （朱玉娟）

附：领导班子成员名单
主任委员：刘大济
副主任委员：宋良锋　杨松柏
　　　　　李步德
秘书长：邓　华

农工党韶关市委员会

【概况】 中国农工民主党（简称农工党）是以医药卫生、人口资源和生态环境领域高中级知识分子为主、具有政治联盟特点、致力于建设中国特色社会主义事业的政党，是同中国共产党通力合作的参政党。1957年夏成立农工党韶关市支部。1983年1月22日成立农工党韶关市委。历任主委有李炼生、张冠祥、王远东、贝抗胜。至2014年底，有总支2个，支部17个，小组1个，党员374人，其中医药卫生界占64.2%，中高级职称以上党员占81.0%。担任各级人大代表、政协委员的党员有56人，各级特约“四员”9人。粤北人民医院总支、浈江区支部、市综合支部被农工党广东省委评为先进基层组织，37名党员被评为先进个人，22名党龄满30年以上的老党员获得荣誉奖章。娄高明教授荣获2013年度广东省科学技术奖三等奖。13名党员获得韶关市科学技术进步奖。

【开展理论学习实践活动】 召开专题会议成立学习实践活动领导小组，制定工作方案，推动全市各级组织更加自觉加强自身建设，履行参政党职能。围绕“坚定政治信念、解放思想、推动改革”主题，把开展坚持和发展中国特色社会主义学习实践活动全面融入思想建设、组织建设、制度建设、作风建设和机关建设之中，贯穿于参政议政、社会服务的全过程。组织动员广大党员，解放思想，围绕“五位一体”建设、全面深化改革、推进依法治市，参政议政、建言献策。以庆祝新中国成立65周年暨人民政协成立65周年等活动为契机，以农工党优良传统、社会主义核心价值观、“中国梦”的内涵和意义为主要内容加强思想教育，引导党员树立崇高的价值追求、培养良好的行为规范，建设具有凝聚力、战斗力的中国特色社会主义参政党地方组织。组织6名党员赴广州聆听农工党中央“中国梦·农工情”巡回演讲报告会。

【组织建设】 2014年，农工党韶关市委加强对重大理论和政策文件的学习。推进后备干部队伍建设，民主推荐6名领导班子后备干部人选。组织市委委员、基层组织骨干和机关干部共26人参加农工党广东省委举办的省直及地方组织骨干党员培训班。推荐6名党员参加市委组织部、市委统战部在市社会主义学院联合举办的“2014年民主党派基层组织骨干学习班”。韶关学院支部主委娄高明教授参加市委统战部组织的“广东省社会主义学院教学培训效果”座谈会。党员覃水科完成挂职乳源县乳城镇副镇长工作。加强组织发展，推进基层组织建设，全年发展新党员22人，其中博士1人，硕士3人，中高级职称16人，尤其在环保界取得突破，发展2名环保界的高级工程师入党。重新调整科技支部。2014年开始，从经费里划拨部分资金，按每个党员补助100元的标准给各支部发放活动费，保障其正常开展组织生活。重阳之际，组织对8名80岁以上的老党员进行慰问，主委贝抗胜亲自带队到曲江看望慰问1949年前加入农工党的老党员黄志高。

【参政议政】 2014年，在各级“两会”期间，共提出提案和建议20件（其中，市委会集体提案1件）。担任省政协委员的主委贝抗胜、副主委卢春燕分别向省政协十一届二次会议提交《构建老年人口养老护理医疗一体化保障体系的建议》和《关于禅宗六祖文化申报世界文化遗产的建议》。在市政协十一届三次会议上，委员熊奇斌代表农工党韶关市委作关于《加强人身自救与医学急救教育，保障韶关市中小学生校内外安全》的大会发言，委员黄挺、梁松茂分别作《关于拆除市区电话亭的建议》《关于加大政府对民办教育政策扶持力度的建议》的即席发言。熊奇斌委员《加强韶关市社区卫生服务机构建设，让群众首诊在基层》的建议被列为市政协十一届三次会议重点提案，由市委副书记陈向新、市政协副主席刘大济跟踪督办。在2014年的市长与市政协委员座谈会上，委员邱韶东代表农工党韶关市委作的《借力影视产业，助推韶关旅游业大发展》发言，围绕“加快我市服务业发展”的中心议题，提出意见和建议。向市委、市政协报送《加强韶关市基层卫生机构中医传承与创新建设的调查与建议》、《加快发展我市“医养结合型养老”健康服务产业的建议》两个调研报告。协助来访的农工党赣州市委开展“医药价格改革”专题调研。关注社情，反映民意，继续开展“一人一议”“一支部一建议”活动，调动广大党员参政议政的积极性．江成林《关于建立韶关市艾滋病治疗康复中心的建议》、温必珍《关于进一步加强无偿献血工作的建议》、成连孝《关于进一步整治商业步行街“脏乱差”的建议》被市政协信息专报采用。为进一步提高党员的参政议政能力和水平，举办一期信息工作及培训会议，邀请韶关学院文学院博士吴志文和中共韶关市委统战部办公室副主任郭燕海对担任各级人大代表、政协委员的党员，各基层组织正、副主委和信息员共40多人就新闻写作和统战信息工作进行培训。

【社会服务】 农工党韶关市委联合农工党广东省委、中山大学基层委员会，继续深入开展对乐昌市廊田卫生院、乐城社区卫生服务中心和仁化县人民医院的远程医疗培训，建立上下联动、功能互补的定点帮扶新方式。至年底，已举办培训33期，培训学员4200多人次。协助农工党广东省委开展助力韶关改革发展活动，2014年4月，农工

2014年4月14日上午，农工党广东省委助力韶关市改革发展对接座谈会暨签约仪式在韶关市举行，省委常委、统战部部长林雄（后排中），农工党广东省委主委马光瑜（前排右一），市委书记、市人大常委会主任郑振涛（后排左三）及市领导陈向新、贝抗胜、何伟青等参加会议（陈勇胜 摄）

党广东省委与中共韶关市委签署助力韶关改革发展合作框架协议，市委会配合省委会，对协议中开展“同心献策”活动的参政议政调研、社会服务活动的远程医疗培训、远程医疗会诊、“同心圆”工程、助学支教等具体工作进行落实。开展送医送药下乡义诊活动，结合“中国环境与健康宣传周”“国际科学与和平周”等主题，先后组织8批医疗队，分别前往乐昌市五山镇、梅花镇梅花村委、南雄市乌迳镇、仁化县黄坑镇、曲江区罗坑镇瑶族村委、大塘镇梅花村委、翁源县翁城镇、浈江区花坪镇等地送医送药，发放生态环境与健康宣传资料100多份，接受群众义诊咨询1500多人次，免费发放药品价值52000多元。帮扶基层卫生院，捐赠50400元资助乐昌市五山镇卫生院购买医用病床。经市政协副主席、农工党韶关市委主委贝抗胜牵线搭桥，市政协港澳委员官锦雄先生向南雄市南亩镇卫生院捐赠价值10万元的B超设备。做好扶贫开发工作，与市政协机关和各民主党派机关一起，继续做好对口帮扶乳源县桂头镇大坝村的扶贫开发工作。市政协副主席、农工党韶关市委主委贝抗胜多次深入挂钩联系的仁化县长江镇浒松村、闻韶镇白竹村，指导扶贫工作的开展，并慰问贫困户，资助4万元帮助白竹村完善乡村公路；到乳源县大桥镇进行计生帮扶调研，资助2万元支持该镇计生基础建设。（陈勇胜）

附：领导班子成员名单：

主任委员：贝抗胜

副主任委员：卢春燕（女） 朱兰高

秘书长：吴 蔚（女）

九三学社韶关市委员会

【概况】 九三学社韶关市委员会成立于1988年9月3日。第六届委员会于2011年8月成立，兰茵任主委。2014年，经过全体社员的共同努力，社韶关市委各项工作取得新成绩。2014年，社市委被社中央评为“组织建设全国先进集体”；被社省委评为“2014年信息工作先进集体”；被市政协评为“2014年信息工作先进集体”；被市委统战部评为“2014年度全市统战信息工作一等奖”；陈洁怡被社省委表彰为信息工作一等奖；有5名社员喜获2013年度韶关市科学技术进步奖。韶关学院社员尹新春作曲的《清风轻拂我的面》获得第二届全国高校廉政文化作品大赛一等奖。乳源东阳光社员叶章良、杜新伟的项目《高性能节能环保型铝电解电容器用中高压阳极铝箔及其生产技术》荣获2013年度广东省科学技术奖二等奖，同时，他们获社省委2014年度建功立业奖。韶关学院社员苗广明训练的高脚队代表韶关参加省第五届少数民族运动会，获得2金、3银、4铜。苗广明带队参加省大学生田径赛，获得1金、1铜及多项前八名成绩。

【思想建设】 社市委坚持把政治思想建设作为自身建设的首要任务，抓住纪念中华人民共和国65周年、九三学社建社69周年等契机，深入开展“坚持和发展中国特色社会主义学习实践活动”。1月，社市委召开2014年度社务工作会议，部署“坚持和发展中国特色社会主义学习实践活动”工作。3月，社市委举办基层领导班子成员学习实践活动培训班，学习全国“两会”精神和实践活动任务要求的辅导报告。在2014年市各民主党派负责人暑期座谈会上，主委兰茵作题为《坚持正确导向，凝聚改革共识，提高履职能力》的发言。9月，社市委召开纪念建社69周年暨韶关市委成立26周年大会，深刻认识作为中国特色社会主义事业亲历者和实践者的丰富内涵。11月，社市委领导参加全市统一战线学习中共十八届四中全会精神座谈会并作学习心得汇报。

【信息宣传】 2014年，向社中央、社省委、市政协和市委统战部等部门提交各类信息106件，其中，被社中央采用4件，被省委统战部采用7件，市委办采用2件，市政协采用2件，市委统战部采用31件。组织社员撰写统战工作调研理论文章12篇进行理论交流。社市委向《广东九三》《韶关日报》

《韶关政协》等刊物投稿36篇，出版《韶关九三》两期，“韶关九三”网站一年共发布各类报道300余篇（条）。

【参政议政】 社市委领导多次参加中共市委、市政府、市政协及市级有关部门组织的协商会、座谈会、情况通报会、征求意见会、听证会等，就韶关市经济发展、政治决策等事项提出意见和建议。1月，市政协常委罗元月、成绍强、于文涛参加市政协十一届八次常委会议，讨论《政府工作报告》（征求意见稿）；7月，主委兰茵参加中共市委常委班子群众路线教育实践活动专题民主生活会情况通报会；在中共韶关市委召开的专题协商会上，成绍强副主委代表社市委作《大力挖掘韶文化资源，凸显韶关旅游的韶文化特色》的专题发言。在市政协庆国庆暨纪念人民政协成立65周年座谈会上，主委兰茵代表社市委作题为《风雨同舟携手同行，谱写多党合作事业新篇章》的发言。2014年，在各级人大、政协会议上，社员们提出议案、提案、意见和建议30件。罗元月的《关于加快芙蓉新区起步区甘棠工业园区基础设施建设的建议》提案被评为市政协重点提案。南雄市支社的《关于加强城市自来水引水渠道管理的建议》的提案被列为2014年政协南雄市九届四次会议重点提案。南雄市支社2013年提交的《关于整治市区电动三轮车非法营运的建议》提案被表彰为优秀提案。2014年市委会完成《我市政府网络问政发展现状与对策建议》和《发展我市电子商务问题的研究》2个“市委出题，党派调研”课题。

【组织建设】 2014年，发展14名新社员，有社员239人，平均年龄44.8岁。其中，高中级职称216人，女社员77人。社市委加强领导集体建设，提高领导班子的政治把握能力、参政议政能力、组织领导能力和合作共事能力；坚持每月召开1次主委会议，坚持和健全民主集中制议事规程，强化领导班子作风建设，注重发挥领导集体的作用。社市委加大对各基层组织工作的指导力度，对基层班子实行动态管理。市委会领导班子坚持深入基层、联系社员，参加各基层组织学习活动。

【交流活动】 5月，东莞市政协副主席、社东莞市委主委吕兢带领社东莞市委考察团，到韶关开展项目合作交流活动；同月，社中山市委专职副主委章美锦一行到韶关，双方就参政议政工作队伍的培养和建设议题进行深入交流；7月，社市委有11名社员参加由市委组织部、市委统战部在市社会主义学院举办的党外中青年干部培训班，并顺利结业；11月，社市委调研团到惠州、汕尾开展调研活动，并与惠州九三、汕尾九三座谈；同月，社市委联合社东莞市委参加第七届徒步穿越丹霞山活动。2014年，社市委及各基层组织走访慰问历届社内老领导、患病社员、生活艰苦的社员共32人次。春节前夕，组织开展慰问退休老社员活动；妇女节组织女社员开展“加大我市古村落保护力度，促进历史文化名村保护和经济协调发展”专题调研活动；重阳节组织退休社员就“韶关高速路段对我市经济建设的影响”专题，到广乐高速进行调研。

【社会服务】 2014年，社市委开展社会服务活动6次，其中开展义诊活动3次，服务群众700多人，独立或联合开展专题讲座2次。3月，社市委联合市工商局、市消委会等单位在西河全民健身广场开展“消费维权暨‘同心’义诊社会服务活动”；6月，社市委联合市委统战部组织社员医生到仁化县扶溪镇扶中村开展“送医送药”下乡活动。社市委抓住春耕生产和稻田管理的有利时机，邀请韶关市植保站、韶关学院专家到仁化县闻韶镇塘源村为农民兄弟讲授水稻病虫害防治、柑橘种植与水肥管理知识。6月，社市委组织社员在所在单位参与“扶贫济困一日捐”活动，共捐款3万余元。在扶贫开发工作中，市委会和市政协对口帮扶乳源县桂头镇大坝村，为该村捐款捐物。12月，社市委联合市残联在南雄帽子峰林场举办国际残疾人日联谊活动，组织30多名社员组成志愿者团队，协助400多位残疾人开展服务工作。 （成志军）

附：领导班子成员名单

主任委员：兰　茵（女）

副主任委员：罗元月　成绍强

　　　　　　姜向东（女）

秘书长：谢　勇

韶关市工商业联合会

【概况】 2014年，韶关市工商联学习宣传贯彻中共十八届三中、四中全会精神和习近平总书记的重要讲话，围绕韶关市委、市政府的中心工作，不断提高服务两个健康的能力和水平，推动各项会务工作取得新的成效。

【开展理想信念教育实践活动】 韶关市工商联注重引导广大非公有制经济人士参加理想信念教育实践活动，促进非公有制经济人士健康成长。组织会员将中共十八届三中全会中关于经济体制改革和非公有制经济定位的论述和十八届四中全会关于依法治国的理念及时传递给广大民营企业家，教育引导民营企业学法知法，懂法用法。遵纪守法经营，切实增强法制意识，共同推进良好社会风气的形成，优化韶关市场环境，共享公平公正。与韶关市委统战部一同邀请全国人大代表、韶关市工商联副主席张红伟与工商联骨干交流坚定“信念、信任、信心、信誉”的体会和经验。

【民营企业增加投入】 在宏观经济形势不景气的大环境下，韶关市广大民营企业仍然保持增长势头。乳源东阳光公司除扩大铝加工的韶关市场份额，还增加投入到生物制药和文化旅游产业上，正在着力打造一个航母级的企业；韶关市工商联主席陈达豪的利宝投资集团投入近亿元引进王老吉饮料项目，年产值至少可达5亿元；韶关市工商联副主席张济民的企业韶关市液压件厂《冶金高频液压控制伺服元件关键技术及应用》获国家技术发明二等奖，在莞韶工业园新厂区建立高端液压油缸制造基地；韶关市工商联副主席顾光荣的企业韶关市顺昌布厂扩大投入2.5亿元建设的第二期工程采用世界上最先进的设备，每年研发投入更是超过千万元，将重现韶关纺织业的辉煌；韶关市工商联副主席李灿东收购韶关市第二拖拉机厂的全部股份，成立广东省丹霞农机有限公司，打造广东省农机装备制造业的龙头企业；韶关市工商联副主席孙妙青牵头投资的韶关市光华机电五金商贸韶关市场已经建成，并引进近百家企业入驻。会同有关单位组织开展"2014广东民营企业韶关招聘周活动"，发挥民营企业就业主渠道作用；配合新闻媒体宣传企业家的创业故事，激发韶城的创业热情；鼓励并支持会员企业参与"广货网上行"，接受电商、微商等新营销模式。

【引导企业增强软实力】 引导民营企业开展关心下一代工作，与韶关市关工委召开民营企业关工工作会议，推进民营企业开展关工工作。加强对企业青年职工及其子女的关心和教育，推动和谐企业的构建工作；加强对"新生代"非公有制经济人士的教育，推荐"创二代"企业家到知名院校学习培训。组织开展民营企业文化体育活动，增强企业活力。组织参加会员企业广东省丹霞农机有限公司、韶关N次方集美堂、大世界家具广场等出资赞助的2014年韶关政协"丹霞农机杯"乒乓球混合团体赛，并荣获亚军。参与平安韶关创建工作，深化"平安企业"创建工作，确定韶关宏基电源科技有限公司为韶关市"平安企业"示范点。推荐韶关市家具行业商会被省工商联确定为"行业自律体系建设示范点"。开展走进军营慰问子弟兵活动。接受爱国爱党爱军的教育，支持部队建设，增进民营企业家与部队"同呼吸、共命运、心连心"的鱼水深情。

【基层商会和行业商会健康发展】 韶关市工商联为韶关市10个县（韶关市、区）工商联争取到省财政、省工商联一次性经费补助，推动县级工商联"五好"建设和组织发展。新丰县工商联通过省工商联的验收，获得"五好"县级工商联称号。拓宽会员发展渠道，吸收韶关浙江商会、江西商会、山东商会、清远商会等为韶关市工商联的团体会员。韶关市工商联会员共有5143个，比2013年增长22%。2014年，韶关市工商联加强商会间交流合作。与梅州市工商联签订友好商会协议；先后回访江西赣州市工商联、萍乡市工商联、湖南郴州市工商联等多个兄弟地区工商联，开展商会联谊，促进韶关市招商引资工作。

【引导民营企业参与扶贫济困和光彩事业】 韶关市工商联动员和组织民营企业参加"广东扶贫济困日"活动民营企业家代表座谈会，号召全韶关市私营企业、个体工商户经营者踊跃参与到"扶贫济困"专项活动中来，为韶关市扶贫开发"双到"工作做出贡献。在韶关市工商联（总商会）十三届四次执委会议暨光彩事业促进会一届三次理事会议上，倡议广大非公有制经济人士发扬扶贫济困、义利兼顾、回报社会的精神，以政治自觉和强烈的社会责任感，参与光彩事业活动。会议现场举行深入推进扶中村扶贫工作捐款活动，所有参会人员踊跃捐款，现场捐款额12万多元，全部用于扶贫事业。2014年，韶关市工商联与统战部加大对对口帮扶村主导产业皇帝柑的引导和扶持力度，分期组织三期种植技术培训，并补助化肥农药。全村柑橘种植已达106.67公顷，困难户种植40公顷。每亩平均利润可达2万元左右，增加贫困户的收入。

【为企业发展建言献策】 2014年，韶关市工商联开展"民间投资政策落实情况第三方评估调查""全国第十一次私营企业调查""民营企业两个健康调查"等三项调研，成立调研工作领导小组，召开座谈会，倾听商会组织和会员企业呼声，走访企业，与企业家面对面交流，并形成调研报告，并得到相关部门的重视。韶关市工商联鼓励、支持和引导非公有制经济人士围绕韶关市中心工作和社情民意的重大问题，参政议政、建言献策。在韶关市人大、政协"两会"期间，韶关市工商联引导担任人大代表和政协委员的会员提交20多项提议案。在政协十一届三次会议上，韶关市工商联以《切实减轻负担，促进民企快速发展》为题的大会发言，反响良好。韶关市工商联还鼓励非公有制经济代表人士在韶关市政协大会上即席发言，参加韶关市长与政协委员座谈会和韶关市委组织的关于文化建设的专题协商会，反映民营经济发展以及社情民意、民生关注等问题。（赵伯佬）

附：领导班子成员名单

党组书记：吴树达

党组成员：莫志强　陈岳峰　刘铁松　范光辉

主　席：陈达豪

专职副主席：吴树达　莫志强　陈岳峰

副主席：张向阳　李灿东　揭英拔　黄爱平　邹志军　周仁亮　陈韶华　林年昌　张红伟　顾光荣　许明昆　林友财　孙妙青　杨文杰　张济民　唐慧群　何育强　陈　军

秘书长：刘铁松

群众团体·社会组织

韶关市总工会

【概况】　韶关市总工会是中共韶关市委领导下负责全市工会工作的群众团体。韶关市总工会成立于1950年9月9日，时称曲江县总工会。1951年年底，韶关市和曲江县分家，原曲江县总工会更名为韶关市总工会。1983年韶关地区和韶关市合并后，原广东省总工会韶关地区办事处与原韶关市总工会合并为韶关市总工会。市总工会共设置办公室、组织部、宣传教育部、保障工作部、生产保护部、女职工部、财务部、审计室等8个部室、下辖市工人文化宫、市职工服务中心等2个直管事业单位。2014年，全市各级工会围绕市委市政府工作大局，找准工会的切入点和着力点，开展建功立业活动，抓好职工素质提升，做好帮扶服务工作，维护职工合法权益，夯实工会组织基础，不断加强自身建设，在韶关市经济社会发展中发挥积极作用。

【劳动竞赛活动有新气象】　围绕市委提出的“加快绿色转型，实现振兴发展”工作部署，激发职工的积极性和创造力，工人阶级主力军作用更加凸显。韶钢工会组织开展32项劳动竞赛，累计12000多人次参赛。凡口矿工会以“节能降耗、挖潜增效”的主题开展25项劳动竞赛，约4000人次参赛。丹霞冶炼厂工会组织17个车间单位约1000人次参与修旧利废劳动竞赛活动。韶关发电厂工会以全年积分制奖励的形式进行综合评比，将劳动竞赛工作制度化和常态化。乐昌市总工分别组织纺织、财政、教育、政法、家政系统（行业）职工劳动竞赛。仁化县总工会举办第五届劳动技能大赛，共180家单位5600多人次参赛。始兴县总工会联合万达、标准马达、永光实业、日本电产等企业开展“创一流工作、一流服务、一流业绩、一流团队”竞赛活动。翁源县总工会在建筑、电子、石化、轻工、纺织、交通等产业开展区域性、行业性劳动竞赛。全市开展劳动竞赛的企业约620家，参赛职工约20万人，共创经济效益约4.8亿元。

【弘扬劳模精神】　2014年，全市评选表彰一批劳动模范和先进集体，“五一”劳动节前夕，市委市政府召开韶关市庆祝“五一”国际劳动节座谈会，对劳动模范和先进集体进行表彰，营造良好的社会氛围。市总继续加强对劳模的管理服务工作，健全困难劳模帮扶机制，帮助劳模解决工作和生活中的困难，促进劳模示范作用更好发挥。全年发放全国劳模“三金”127.48万元、78人次，发放省部级劳模“二金”131.19万元、532人次，并安排免费体检；在春节送温暖过程中，筹措5.15万元资金走访慰问103名市劳模；为480名各级劳模购买省总“住院二次医保”；组织40名省部级以上劳模开展疗休养活动。

【提升职工素质工程】　推进职工素质提升工程，更好地实现“建设”与“育人”并举的目的。开展职工职业技能大赛。6月，市总与韶关供电局工会联合开展“韶关市供电系统配网运维人员技能竞赛”，共有11支队伍参赛。10月，市总与韶关发电厂工会联合开展“韶关市职工焊接技能竞赛”，来自县（市、区）、中省及市属企业的11支队伍参加竞赛。全市开展岗位练兵技能竞赛的企事业单位395家，参赛职工约9.6万人次，提出合理化建议5800多条，采纳率达82%，职工技术革新成果1200多项。加大职工技能培训力度，提高职工劳动技能。市总和松山职业技术学院联合开展“技能圆梦”项目，共110名钳工和电工分获技师、中级工和高级工等职称。利用职工书屋平台，组织开展读书活动，引导职工自我提高。韶关市镇泰公司、三协电子公司、浈江区风采街道总工会职工书屋被全总授予“全国职工书屋示范点”荣誉称号。加大法律宣传教育力度。通过开展“六五”普法、“夏送清凉”、“送法上门”、“12·4”宪法日“送法进企业、服务零距离”等活动，深入基层进行法律政策宣传，促进广大职工提高学法、懂法、守法、用法的自觉性。组织开展文体活动。发挥市职工服务类社会组织联合会作用，牵头举办“劳动者周末篮球赛”活动，邀请32支队伍参赛。组织职工参加省第五届工人运动会，市总获得体育道德风尚奖，韶关市代表队获得团体总分三等奖、足球二等奖、拔河及排舞三等奖，丰富职业业余生活。乐昌市总工会依托“金秋艺术团”，组织开展“走进千家万户共建和谐家园”为主题的与基层职工心连心的文艺巡演活动，树立“乐昌工会”的文化品牌。

【开展为职工维权服务】　坚持以职工为本，主动依法维权，发展和谐劳动关系，促进职工队伍稳定和企业社会和谐。加大源头参与力度，发挥政府与工会联席会议和劳动关系三方协商机制的作用。市总工会参与《广东省企业集体合同条例》和《广东省信访条例》2部法律法规及5项涉及职工权益的政策制定，提出工会主张，反映职工的心声。调处广东“工人在线”反映的问题，表达和维护好职工的权益。各级工会把落实解决“工人在线”反映的每一个问题，作为工会维权服务主业中的一项重要工作来抓。全年市总工会受理“工人在线”问题40件，已解决38件，与此同时成功参与调处市出租车行业罢驶事件，得到职工群众的肯定。工资集体协商工作取得新的成绩。工资集体协商覆盖企业12603家，覆盖率为83.3%，其中1000人以上非公企业9家，区域性集体合同65份，行业性集体合同59份，覆盖职工43多万人。发挥职工法律维权服务团作用。共为职工提供法律咨询、维权服务50人次，免费为职工代理仲裁或诉讼案件25件。安康杯竞赛活动的蓬勃发展，维护职工安全生产权益。全市各类企业工会组织安全生产技能比赛635场次，参赛职工18万人次；举办安全知识培训班118期，参加培训人数8000多人次；举办安全生产演讲比赛46场，参加人数达4800人。维护女职工健康权益。免费为400多名女职工开展“两癌”筛查，提高女职工自我保健意识。

【开展帮扶服务】 按照“为困难职工解难，为党委政府分忧”的要求，争取党委政府及社会各界的重视和支持，帮助解决职工最关心、最直接、最现实的问题。做好春节送温暖及外来务工人员平安返乡活动。2014年春节前夕，市总工会筹集送温暖资金100多万元，慰问困难职工4000多人次，分别在乐昌坪石107国道收费站、南雄323国道南雄收费站、新丰105国道县城加油站设立“情系外来工，温暖回乡路”的志愿服务点，为骑摩托车返乡人员提供各类便民服务。推进“住院二次医保”工作。全年共筹集资金42万元为4431名职工购买“住院二次医保”，使参保人员享受医保自付部分70%的“二次报销”，减轻职工的医疗负担。开展夏送清凉工作。在继续督促企业落实高温津贴的基础上，在“百项工程兴韶关”建设项目中开展夏日送清凉行动，共为职工送去清凉饮料2500多件，法律书籍1000多本。举办百万帮扶暖千家暨金秋助学活动。8月，市总共筹集近200万元专项资金，帮扶困难职工、异地务工人员子女2100人次。加强“心灵驿站”建设。组织全市101名工会干部参加全省统一的心理援助专项职业能力培训和认证考试，促进各级工会的“心灵驿站”建设。继续加强职工医疗互助和女职工安康保障工作。全年参加职工医疗互助和女职工安康保险新保6989人，续保7264人，慰问赔付100人，赔付金153万元。

4月23日，韶关市总工会杨小明（左三）到特困职工家庭走访慰问（市总工会 供）

【工会组织建设】 根据“扩大覆盖面，增强凝聚力”的目标，以发展壮大组织为根本，以加强规范化建设为重点，全面加强工会组织建设。以非公企业和产业园区为重点，推进基层工会组建，工会组建和会员发展工作取得新的进步。市总会同武江区总工会向旭日玩具厂发出《致董事长的一封信》，促进企业经营者提高组建工会的思想认识。浈江区总工会经过连续多年的努力，成功突破台资企业大润发超市的建会工作。截至2014年9月底，全市基层工会累计6982家，基层工会涵盖单位30915家，工会会员665538人，农民工会员134440人，职工25人以上企业新建工会128家，发展会员10950人。在抓建会“数量”的基础上，更加注重建会“质量”。按照“边组建、边巩固、边规范、边发挥作用”的要求，指导基层工会在依法维护好职工的劳动权、发展权、监督权的同时，开展合理化建议、创先争优、劳动竞赛等活动，维护好企业经营发展，实现互利双赢，从而促进企业的健康发展，增强工会组织的影响力。突出抓好工会干部培训，提高工会干部的能力和素质。市总工会和各县（市、区）通过会议、办班等形式，多渠道开展培训工作，提高培训的常规性和及时性。一年来，市总工会分别举办办公室、财务、经审、组建、“两个普遍”等业务培训班，共1300多人参加培训，取得良好效果。

（吴柳亭）

附：领导班子成员名单

主　席：杨小明

副主席：张　莉（女）　林贵贱

傅　勇（2014.3—）

纪检组长：高　照

共青团韶关市委

【概况】 中国共产主义青年团韶关市

委员会（简称团市委）前身为中国共产主义青年团韶关地方委员会，1983年6月，地、市团委合并后改为现名。共青团韶关市委是全市共青团组织的领导机关，内设办公室、组宣部、城乡部、学校部、联络部，以及韶关市青年联合会、韶关市杰出青年协会、韶关青年商会秘书处，下辖韶关市青少年宫。历任主要负责人有覃卫东、李萍、陈茂辉、张中坚、陈波、王晓梅、陈俊林、彭裕殿、梁丽芳。

【青少年思想引领工作】 开展社会主义核心价值观主题宣传教育活动，引导青少年深入学习社会主义核心价值观，增强青少年建设祖国、振兴家乡的历史责任感和使命感。深化典型引领。结合“身边好青年”推选工作，开展共青团优秀青年典型库建设，塑造向上向善的好青年形象。举办多场“奋斗的青春最美丽”“与人生对话——我的中国梦”公开课，邀请各界杰出青年代表走进学校，与学生团员面对面交流，传递正能量、熏陶价值观、引导人生观、塑造世界观。举办《弟子规》朗诵比赛、国学讲堂等活动，引导青少年在弘扬中华优秀传统文化中践行社会主义核心价值观。组织开展“奋斗的青春最美丽”——韶关优秀青年宣讲会，展示韶关优秀青年奋发向上、开拓进取的精神风貌，引导激励广大团员青年坚定中国特色社会主义理想信念、践行社会主义核心价值观。组织获得全国、省、市“五四”系列表彰的团干部开展“千名团干讲团课”活动，促进基层团工作的整体活跃度，强化团员组织观念。推广和运用新媒体。围绕新媒体领域“有阵地”“建队伍”“发声音”工作目标，建立全市2400人的网络宣传员队伍，在网上弘扬主旋律、传播正能量，发出“青年好声音”，传播“青年好声音”。

【促进青年就业创业】 推进“启航计划”——韶关青年创业圆梦行动，在韶关学院成立大学生创业指导中心和创业协会；从政府部门、金融机构、高校、青商会中选取专家、政府人员、企业家等25名导师，组建青年就业创业导师团，培训创业青年超过1万人次。深入实施“展翅计划”，募集4209个可供对接见（实）习岗位，为全省2000多名大学生提供见习机会。开展“启航计划”韶关青年创业竞赛、中国青年创新创业大赛韶关赛区活动和“邮储银行杯”2014年中国青年涉农产业创业创富大赛韶关赛区活动；支持青年创业工作，募集青年创业基金10万元，与金融机构合作提供贴息贷款等金融服务，发放贷款851.8万元；实施农村青年创业致富“领头雁”培养计划。

【深化青年志愿服务活动】 开展“朝阳行动”——青年志愿者关爱农民工子女行动，采取“青年志愿者（团队）+农民工子女（学校）+项目”的方式，建立志愿者、家庭、学校、社会（居住地）“多位一体”帮扶网络，开展爱心陪护、亲情沟通、课业辅导、课外活动、家庭照顾、采取以“青年志愿者（团队）+残联机构+接力（项目）”的结对方式，以志愿者为纽带建立志愿者、机构、社会（居住地）“多位一体”帮扶网络，动员各类公益志愿组织结对类助残机构，在全省率先完成对市区4个工疗站、2个康园中心、2个康复中心和2所特殊教育学校的接对全覆盖，为383名残疾青少年提供定向服务。2014年，开展“幸福韶关·青春情暖”志愿服务活动、以“志愿创造新生活，你我共建幸福美好韶关”为主题的学雷锋志愿服务行动月活动、南方公益大讲堂、韶关市青少年扶贫济困“一元捐赠、一份爱心”志愿服务活动、“12·5”国际志愿者日系列活动。

【帮助弱势青少年群体】 2014年，团市委开展形式多样的希望工程捐资助学活动，募集200多万元帮扶2000多名贫困学生。在春节前，组织开展“青春情暖”主题系列活动，以探访慰问、医疗服务、文艺会演等形式为外来务工青年、留守儿童、困难群众等办实事、做好事、解难事。建立“12355”青少年维权热线咨询室轮流值班制度，接听青少年心理咨询电话，招募志愿者为青少年做“轻松备考，考前减压”等心理健康讲座。探索建立重点青少年群体信息动态排摸机制，从机构建设、力量配备、经费保障、法制教育、制度建设等方面加强预防

2014年5月4日，公安局参赛选手在纪念五四运动95周年大会暨“做群众友，不做青年官”演讲比赛决赛中演讲（李韶华 摄）

青少年违法犯罪工作，实现对重点青少年群体的有效覆盖。

【加强团建工作】 建设城乡区域化团组织，巩固全市9个街道团工委班子和编外团干部的队伍建设。全市新建非公有制经济组织团组织101个，找回571名团员。在全市7个省、市级开发区、产业园建立团组织，覆盖500多个非公企业，3万多名35岁以下青年，找回团员3000多人。着力加强团干部队伍建设。推进团干部基层联系点工作，开展“两进三同四争先”活动。2014年，团市委机关干部共访谈基层青年260人，并选择39名不同领域青少年作为重点联系对象，结成对子，建立青年联系卡，保持长期联系，帮助他们协调解决难题，办几件实事。全年，团市委班子成员深入基层调研58次。强化网络宣传队伍培养，举办韶关共青团网络宣传工作电视电话会议暨网络文明志愿者培训班，召集市、县各级约400名团组织负责人及网络文明志愿者骨干进行专题培训，加强网络宣传队伍建设，提升全市网络文明宣传队伍水平。着力加强少先队自身建设。量身定制两计划，实践平台享双赢。实行市学联干部驻会制度，完善学联日常运作；利用韶关市大学生联合会的平台，在寒暑假时间开展返乡学子社会实践计划，为返乡大学生提供服务家乡建设的机会。

（梁　军　李韶华）

附：领导班子成员名单

书　记：梁丽芳

副书记：陈　祎　凌雪峰

党组成员、青少年宫主任：谭祥红

韶关市妇女联合会

【概况】 韶关市妇女联合会是负责妇女儿童工作的群众团体，是党和政府联系妇女群众的桥梁和纽带。韶关市妇女联合会组织结构：现设主席1名，副主席2名；内设办公室、儿童部、宣传部、权益部，市妇女儿童工作委员会办公室设在市妇女联合会。现有在职干部13名，100%本科以上学历。2014年，市妇联围绕中心、服务大局，深入开展党的群众路线教育实践活动，在服务大局、服务妇女、服务基层、自身建设等方面都取得成绩。先后获得广东省扶持妇女创业小额担保财政贴息贷款项目（2011—2013）工作二等奖、2014年度全国妇女宣传舆论阵地建设“先进单位”、韶关市文明单位等荣誉。

【表彰巾帼典型】 “三八”节期间，评选表彰44个韶关市巾帼文明岗、17个巾帼种养示范基地、85位城乡巾帼建功先进个人、18户优秀书香之家。组织市司法局、市民政局等五个单位的“创岗”工作负责人召开“巾帼文明岗”创建工作座谈会，分享工作经验，听取意见建议。组织开展全国、省级巾帼文明岗自查工作；全市有10个基地申报“市巾帼种养示范基地”，7个基地申报“省创业示范基地”，仁化县黄坑镇下营村贡柑巾帼种植示范基地获评“第五批广东省巾帼创业示范基地”，浈江区明弘生态农业有限公司获得全国巾帼现代农业示范基地称号。市妇联组织浈江区明弘生态农业有限公司和仁化县丹霞山红豆兰庭旅游观光有限公司参加在广州琶洲会展中心举办的第五届广东省现代农业博览会，推动现代农业示范基地走出去。

【支持发展妇女经济合作组织】 2014年，全市注册成立女性农民专业合作社12个，组织各县（市、区）妇联分管主席和女性农民专业合作社负责人40人参加培训班，提升业务能力。争取省妇联支持，为浈江区赖家香芋专业合作社等3个女性农民专业合作社争取中央财政扶持资金各20万元。

【推进妇女小额贷款】 2014年1月，市出台《韶关市创业带动就业小额担保贷款管理办法》，要求各县（市、区）做好宣传引导、统计及跟踪服务工作，主动与当地人社部门联系沟通，了解相关政策和办理流程，引导、协助有创业贷款需求并符合贷款条件的城乡妇女办理贷款；学习先进经验做法，因地制宜开展妇女小额贴息贷款工作。市妇联主席邢丽带队到各县（市、区）开展工作调研，了解当地开展妇女小额担保贷款工作情况及存在问题，实地走访妇女小额贷款户，了解贷款使用情况，鼓励用好小额担保贷款，带动周边妇女群众共同致富。2014年全市发放妇女小额贷款393笔，金额1846.5万元，回收率100%。

【抓好精神文明主题活动】 组织家庭、个人“先进”推荐申报工作。2014年，全市有22户家庭申报省“书香之家”，其中始兴县邓旺山家庭获得“广东省十大优秀书香之家”称号，至此，全市推荐家庭连续五年入选“广东省十大优秀书香之家”；共推荐广东现代“慈母、贤妻、孝女”候选人17名，经评选，始兴县顿岗中学的学生华妃嫦获评“广东十大现代孝女”。与市精神文明办联合发文《关于开展寻找“最美家庭”活动的通知》，在主流媒体上刊登有关报道和活动启事，经评选，有31户家庭获广东省“最美家庭”称号；与韶关民声网联合举办以“韶关幸福家庭”为主题的第三届母亲节网络征文及微视频征集活动，收到400多篇作品，分别评出一、二、三等奖及优秀奖给予奖励，并在母亲节上举办颁奖晚会；全年各地组织宣传咨询活动39场，发宣传资料35791册宣传资料，制作宣传栏40个，宣传横幅122个，举办讲座11场，受益群众4388人，播放禁毒知识光碟32次。

【持续推进“儿童友好社区”建设】 继续培育“儿童友好社区”示范典型，市碧桂园西区社区荣获省级儿童友好示范社区，全市儿童省级友好社区总数升至2个。市武江区花城社区和南雄水口村被列为省儿童友好社区示范创建项目点，落实资金8万多元，逐步对社区的儿童之家、读书角、宣传栏等活动场所和公共设施进行全面改善。全市儿童友好社区总数达20个，投入总资金20多万元。在母亲节期间组织全市学校开展“好爸好妈好家风”主题活动，乐昌、始兴等地开展“传承家庭美德树立良好家风”活动，给学生布置“家规家训大家谈”暑假作业；与安利公司开展“关爱留守儿童”活动，为留守孩童送去学习文具和生活用品；新丰、南雄、翁源在中小学和幼儿园举办“中国梦七彩梦”夏令营活动、“七彩阳光”广播操比赛、“阳光下成长”书画、摄影作品展、“我们的明天、祖国的未来”亲子绘画活动。全市各地举办家庭教育骨干培训班25场，培训家教骨干625人，邀请省家教专家或组织市、县（区）家教讲师团成员到社区开展专题报告会及讲座128场，发放宣传资料64800份，受益人数近5万余人。

【宣传报道妇女先进典型】 在韶关电视台经济生活频道开办《妇女之家》专栏，拍摄《妇女之家》专题节目，每月2期，全年24期，展示全市妇联近年来开展的各项工作成绩和取得的社会效果；组织《韶关日报》采写刊登“巾帼风采”系列报道，以“城里姐妹的农村转型”“莲花山下芋香飘四方”报道明宏生态农业有限公司副总经理郑丽秋和赖家香芋专业合作社创办人邓群英先进事迹，以《始兴三年发放贷款445万元83名农村妇女圆创业梦》为题专题报道始兴县开展妇女小额贷款情况。

【平安家庭建设】 开展示范创建活动，制定下发《韶关市妇联2014年平安家庭创建活动实施方案》《韶关市妇联系统平安家庭创建活动考评细则》，在全市开展“平安家庭”创建活动示范村（居）评选活动。2014年度评选先进示范镇（街）、村（居）30个，平安家庭示范户100户；在全市创建“平安镇（街）”“平安村（居）”“平安家庭”现场推进会上，市妇联主席邢丽介绍“平安家庭”创建工作经验，市委常委、政法委书记张志才对市妇联开展“平安家庭”创建活动经验做法给予高度评价。

【普法维权宣传服务】 利用妇女节、母亲节、国际禁毒日等节点，普及法律、禁毒、反邪、防拐卖、防艾滋病等知识。全市各级妇联开展“妇女民生直通车”户外宣传咨询活动59场、普法文艺宣传8场、专题讲座22场，制作宣传栏、宣传横幅71个、宣传环保袋、杯、雨伞等各类维权宣传资料10万多份，编印《广东省实施〈中华人民共和国妇女权益保障法〉办法》《妇女劳动权益须知》，20多万名群众受到普法宣传教育。市妇儿工委联合市委宣传部、市广播电视台、始兴县妇儿工委在始兴县市民生态文化休闲广场举办以“巾帼共筑中国梦家庭平安促和谐”为主题的“三八”维权周宣传咨询活动。来自始兴当地各级妇联、各界妇女组织、“妇女之家”文艺队和妇女群众3000多人次参加本次活动。始兴县结合主题编排歌伴舞《美丽家园》、小品《婆媳情理》、采茶剧《姑嫂采茶》等节目，倡导妇女健康、文明和家庭平安和谐；现场搭建“倾听妇女心声关护妇女权益”咨询服务长廊，为妇女群众提供各类咨询服务；结合“六五”普法宣传，举办普法灯谜活动，宣传男女平等基本国策、平安家庭创建活动、妇女健康、妇女权益知识。活动展出反对家庭暴力宣传展板8块、制作500多条法制灯谜，派发法律法规宣传资料5000多份。

【创新维权服务方式】 联合省就业服务管理局及韶关市人力资源和社会保障局、市总工会举办2014年“春风行动”暨返乡务工人员专场招聘会，现场为妇女群众派发宣传资料，为约4500人应聘者提供信息咨询服务。协调南雄市妇联以“送法律、送健康、送服务、送和谐”为主题，开展妇女民生直通车活动，向妇女群众发放法律、创平知识等相关宣传资料3000余份，现场受理群众咨询100余人次，为妇女义诊100多人次，受益群众近千人。针对留守妇女人身安全、情感关怀、创业就业需求，开展“自我探索，共同提升”妇女工作者成长小组活动和“阳光家庭”小组活动8节，为留守妇女送温暖、送健康、送知识。在妇女信息与维权服务站网站举办“创幸福家庭，享美好人生”网络论坛活动2期，网友发表文章1300多篇，网站点击率达14万次。韶关市妇女维权与信息服务站外展服务项目获省级优秀奖。

【做好信访维权工作】 2014年，把信访工作作为妇女维权工作的重点，严格落实信访工作责任制；依法依章做好妇女维权接访工作，以推动落实妇女权益保障法、婚姻法等法律法规为重点，抓住妇女信访中反映的热点、难点问题，协调有关部门，促进重难点个案的调处。接访求助、法律、心理咨询等700多宗，均按程序依法依章程办理。在省妇联系统优秀维权案例评选中，韶关市《几经波折，妇联协助女童找回生父》等6个维权案例获奖。

【落实“两癌”筛查工作】 做好广东省农村妇女“两癌”检查试点项目工作，南雄市被纳入农村妇女两癌检查项目县（市、区），“两癌”筛查共检查适龄妇女3486人，其中指标异常者99人，大部分检查异常者得到进一步检查；追踪确诊4名乳腺癌患者，现已手术治疗。2014年，全市有11名单亲特困患“两癌”母亲获广东省扶贫基金会“贫困单亲母亲关爱工程”资助款各3万元，共计33万元；有16名贫困“两癌”妇女获广东“关爱妇女”博爱基金资助款共7万元。

【持续创建儿童友好社区】 继续发展建立10个农村“儿童友好社区”，全市“儿童友好社区”总数达到20个，其中省级“儿童友好示范社区”2个。投入12万多元用于支持“儿童友好社区”发展，“儿童友好社区”的条件得到较大改善。将“始兴县沭头村”“周田镇周田村”“武江区花城社区”列为新增的3个儿童友好示范社区培育点，多次组织干部前往指导，提高“儿童友好社区”软硬件水平，争取达到省、市创建的示范标准，成为新的儿童友好示范社区，扩大全市儿童友好示范社区数量。

【推进“四援助”民生项目】 继续开展“爱心大联盟”结对帮扶行动，香港励贤会继续帮扶韶关市290名困境儿童，广州市边防总站帮扶乐昌市坪石镇10名困境儿童。至2014年年底，已有近6000名“爱心父母”与困境儿童结对帮扶，有64个“爱心父母”先进集体、个人获省“爱心大联盟”金银奖章。在全市启动“党政主导、妇联牵头、部门联动、家校配合、社会参与”关爱留守儿童护航行动，加大“困境儿童心灵加油站”创建力度，完善留守儿童工作体系；继续开展援助单亲特困母亲家庭子女心脏病救治、免费健康检查等公益活动，有2批6人接受救治手术。做好特困母亲关爱工作，省妇女儿童基金会开展“母亲爱心包”项目，韶关市争取600个名额。“六一”期间，制定下发《韶关市庆祝2014年“六一”国际儿童节的通知》，指导各地开展“六一”关爱留守儿童系列活动。市委副书记陈向新、副市长兰茵等领导带队分别前往乳源县一六村中心小学、市特殊学校和市机关第三幼儿园慰问少年儿童。市妇联主席邢丽、副主席马小青带领浈江区花坪实验学校40名留守儿童前往市科技馆，体验科技魅力，为孩子们送出“六一”大礼。“六一”期间，发放10万元的慰问金及慰问品。

【做好女性进“两委”工作】 2014年，市妇联下发通知，要求各基层妇联组织核实、补充上届农村妇女人才库，向相关部门推荐一批后备优秀妇女人才。各级妇联主动争取组织、民政部门支持，重点抓好对女性“两委”后备人选培训，提高妇女参选竞争力。新一届村社区“两委”中，女干部2027人，占32.6%，女书记147人，女主任138人，“一肩挑”137人。村女干部比例为25.4%，女书记44人，女主任35人，“一肩挑”34人；每个村委会均有1名以上女成员。大学生村干部有10人。社区女干部比例为70%，女书记103人，女主任103人，全部“一肩挑”。 （钟　涛）

附：领导班子成员名单

主　席：邢　丽

副主席：吕志玲（—2014.3）

马小青

12月10日上午，省妇联主席阎静萍（图片左起三）一行在南雄市人大常委会副主任刘宏伟、妇联主席林彩虹、双到办副主任曾冠雄及水口镇主要领导的陪同下，深入其挂点帮扶的水口镇下楼村开展扶贫调研（市妇联　供）

韶关市科学技术协会

【概况】 韶关市科学技术协会是中国共产党领导下的人民团体。成立于1958年12月。1980年11月、1984年12月、1991年11月、1997年6月、2002年12月、2007年12月分别召开第二、三、四、五、六、七次全市代表大会。第七次全市代表大会选举委员共79名、常务委员共25名、正副主席5名。其中，主席为郑适；专职副主席为罗金锋，2008年12月韶关市科协七届四次常委会根据市委提名，增补周平为韶关市科协副主席；兼职副主席为张永生（韶钢集团副总经理）、王羽梅（韶关学院副院长）。市科协机关人员编制共12名，辖下正科级事业单位韶关市科技馆1个，人员编制25名；全市共有县（市、区）科协10个，市级学会（协会、研究会）32个，驻韶中省、市属企业科协18个。与市司法局一起，对乐昌北乡镇前村开展脱贫奔康工作，在前村投入扶贫“双到”资金达372.48万元，其中帮扶单位自筹资金43.29万元。

【专家院士企业工作站】 市科协发挥科协系统的组织网络、人才智力和科学技术优势，把院士、专家等高端人才引入企业，帮助企业解决技术难题，培养科技创新人才，促进产学研合作，提高企业核心竞争力。依据《广东省“院士专家企业工作站”管理办法（试行）》的规定，经有关单位申请、市科协推荐、专家实地考察及评审，广东省科协在韶关市广东粤北华南虎省级自然保护区管理处，广东邦固化学科技有限公司、新丰广晟稀土开发有限公司3家单位建立广东省“院士专家企业工作站”。

【社区科普益民计划】 2014年年初，市科协继续组织开展申报“社区科普益民计划”的创建活动工作，利用韶关市创建全国文明城市的契机，加大力度指导各基层社区做好开展全国科普示范社区申报工作，韶关市仁化县丹霞街道新城社区居民委员会、韶关市浈江区车站街南韶村社区居民委员会获得2014年全国“社区科普益民计划”先进科普示范社区”的称号，分别获国家奖补资金20万元。这是继韶关市开展“社区科普益民计划”活动以来，又有两个社区被评为“全国科普示范社区”。

【科普惠农兴村计划】 2014年，韶关市科协、财政局根据2014年申报推荐有关要求，推荐在罗汉果、佛手瓜、马蹄、水果种植及养蜂、养虫循环产业链等特色农业、农业标准化、“菜篮子”产前、产中、产后开展综合农技服务、技术协作网等发挥科普惠农长效机制等方面做出贡献和发挥示范引导作用的农村专业技术协会、农村科普示范基地和农村科普带头人共4个单位和3名个人申报全国“科普惠农兴村计划。”南雄市养蜂协会、曲江区莲花池生态园农村科普示范基地和乐昌市北乡镇茅坪村肖志平、始兴县东利昆虫专业合作社理事长吴秀兰、新丰县黄礤镇秋洞村袁屋组袁云赵3人获得全国“科普惠农兴村计划”表彰奖励，共获得奖补资金55万元；在2014年广东省基层农村专业技术协会龙头协会和乡土人才评选中，乐昌市梅花镇蔬菜专业技术协会和南雄市果业协会获得广东省基层农村专业技术协会龙头协会的荣誉称号。

【科技馆进百校】 2014年5月15日至6月19日，市科协组织市科技馆在全市有关县（市）区举办广东省“科技进步月”暨“科技馆进百校”系列活动。活动先后前往仁化县长江中学、仁化县闻韶镇泰小学、曲江区龙归中心小学、曲江九龄学校、始兴县高峰小学、乐昌市第四中学、南雄市第一小学、武江区城区幼儿园等10多所学校，主要内容有：贴近学生现实生活的科普图片展览4种共130幅；益智玩具现场动手操作活动；3D画巡展；举办别开生面的“鸡蛋撞地球”实验活动；趣味科学“疯狂的空气”主题表演活动；举办以“放飞心愿，励志成才”为主题的励志课。受惠青少年和幼儿6856人。2014年11月21—23日省科协、省科技厅、省教育厅、省文化厅在东莞联合举办的广东省第二届科普剧大赛，市科协创作的科普剧“黄鼠狼给鸡拜年”获得2014第二届广东省科普剧剧本创作大赛一等奖和第二届广东省科普剧大赛表演赛成人组三等奖。

【“三下乡”科普活动】 3月18日，市科协联合市红十字会、市全民科学素质工作领导小组办公室、市妇联、团市委和市关心下一代工作委员会共同举办2014年韶关市文化科技卫生三下乡系列科普活动。活动启动仪式在仁化县长江镇的长江中学举行。活动分别邀请仁化县畜牧兽医水产局养殖专家蓝长旺和仁化县农业局专家邓子宏为长江镇浒松村委会“养鸭技术培训班”和长江镇种植户“柑橘技术培训班”上讲课。科普活动为期一个月，在曲江、乐昌、南雄、仁化等多个县（市）区，10多家中小学校和幼儿园展开，接受科普教育人群达63365人。

【青少年科技竞赛】 举办第29届韶关市青少年科技创新大赛，2014年1月7日，近50所学校500多名学生参加，共评出市一等奖35项，送省参加省29届青少年科技创新大赛。组团参加第29届广东省青少年科技创新大赛，全省共有23个代表队参加。韶关市代表队获省一等奖项2项，省二等奖3项，三等奖12项；在该活动项目上，韶关市第五中学郭巍老师被评为十佳优秀科技辅导员。韶关市成绩在全省山区市名列前茅。组织学生参加2014年广东省中学生生物学联赛，韶关市高中组28人获省一等奖，49人获省二等奖，106人获省三等奖；初中组40人获省一等奖，77人获省二等奖，151人获省三等奖。在省赛获一等奖的学生，参加2014年全国中学生生物学联赛，广东北江中学黄晓薇获全国一等奖，6人获全国二等奖，15人获全国三等奖。举办第31届韶关市青少年信息学奥林匹克竞赛，近20所学校共100多名学生参加。广东北江中学获学校团体第一，选出9学生代表韶关市青少年信息学奥林匹克竞赛。在参加广东省青少年信息学奥林匹克竞赛决赛（GDOI2014）中，韶关市获市团体第5名，个人获省二等奖1名，省三等奖7名。

【学术交流活动】 2014年，全市32个学会，共举办学术交流活动85场，参加3万人次。仅市医学会2014年就邀请省内外前来讲学的专家、教授达93人次，共举办各种培训（学习）班、学术讲座和学术交流会37场次，参加培训的医技人员9948人次；新成立的专科分会有4个；市医学会共有会员3694人；医鉴办总共受理5宗医疗纠纷案，其中完成鉴定的有3宗。市医学会2013年被广东省医学会评为2008—2013年度先进单位。市公路学会、市心理学会、市气象学会、市中医药学会、市预防医学会、市环境科学学会、市能源学会、市护理学会等一批学会根据自身专业性质举办学术活动。

（市科协办公室）

附：领导班子成员名单

主　席：郑　适

副主席：罗金锋　周　平

兼职副主席：张永生　王羽梅

韶关市文联

【概况】 韶关市文联是党和政府联系文艺界的桥梁和纽带。市文联在职干部职工6人，内设办公室和组联部，联系17个文学艺术团体，分别是美术家协会、书法家协会、摄影家协会、民间文艺家协会、作家协会、文学批评家协会、戏剧家协会、曲艺家协会、文联艺术团、音乐家协会、舞蹈家协会、电视艺术家协会、诗社、赏石协会、兰花协会、盆景协会、九龄书画院，共有会员3829多人，其中国家级会员110人、省级会员702人。文联的机关刊物《南叶》文学杂志按要求转制。

【组织建设】 定期组织各协会领导班子开展政治理论学习，引导和动员广大文艺工作者创作思想性、艺术性和观赏性俱佳的优秀作品。10月，组织文联系统在翁源县召开学习研讨会，专题学习总书记习近平在文艺工作座谈会上的重要讲话精神，强调文艺工作者应深入生活，扎根人民，创作出更多人民喜闻乐见的优秀作品。以各文艺家协会为平台，推荐一批优秀的文艺工作者进入国家及省级协会，其中华荣军、杨小斌加入中国书法家协会，黄付养、周丽辉加入中国摄影家协会。同时推荐一批优秀青年作家参加省作协组织的专题学习。指导文艺家协会建立健全系列管理制度，特别是建立财务制度，增强经费使用透明度。

【文艺活动】 市作协安排“名家品读”讲座、本市作家签名售书等系列活动，创作以乐广高速公路为主题的相关作品，出版韶关作家丛书（8种），出版陈自明长篇小说《红旗飘飘》，完成纪念抗战胜利70周年的长篇纪实小说《抗战中的粤军》。市美协举办迎春美术作品展、中美画家丹霞山风光写生作品展、关山雪作品展、林建书画作品展等系列展览。九龄书画院与市书协联合举办韶关市“德诚杯”首届书法临帖作品展，并在各县区开展3个月巡回展。市音协做好“中国梦，我的梦”等本地系列赛事工作，举行“一起唱”2014年韶关市新童谣歌曲新年演唱会、“2014韶关市首届器乐大赛”、“悠悠韶韵情·共圆中国梦”韶关市原创歌曲征集评选活动，结合省“百歌颂中华”群众歌咏活动培养韶关市青年歌手。市民协参与深圳文博会，推介韶关民间文化；开展古村落发现和评定工作，南雄市水口镇蓢过村、始兴县罗坝镇长围村被评为“广东古村落”。市摄协开展老摄影家作品座谈会，举办“中国梦·南国情”“美丽仁化·魅力扶溪”等系列摄影大赛征稿和采风活动。市剧协举办“韶关市百年东街城市庙会暨开业展演”和“开心广场·百姓舞台”原创作品文艺展演活动。市舞协创作演出一批深受群众欢迎的舞蹈节目，继续开展“新农村少儿舞蹈课室”志愿者活动，承办韶关市第三届百姓艺术健康舞展演推广活动。市曲协举办“北江源·韶韵风”《韶关礼赞》粤曲新作展演，参加第三届广东省曲艺大赛非职业组决赛。韶关诗社创作一批讴歌正能量、传承优秀传统文化的作品。市视协举办韶关首届少儿春晚、韶关首届“六一”少儿文艺会演、韶关首届微电影大赛、韶关首届电视求职真人秀等系列活动。市金融文联组织开展“金融情韶关美中国梦”书画比赛。市批协组织大学生文学作品点评座谈会，编撰本土文学评论选集《粤北当代文学巡礼》。其他协会如兰花协会、盆景协会、赏石协会等也开展多种展览活动，丰富市民的精神生活，提高韶关市群众的艺术欣赏能力，也增强韶关市相关文化市场的培养和发展。

【县（市、区）文联活动丰富】 组织系列广场文化活动，依托演出车、政府广场等平台，动员引导社区和广大市民群众自觉开展文艺活动，举办近百场（次）歌舞晚会、歌咏比赛、文艺调演和诗书画展览等，丰富群众文化生活。如浈江区打造“一月一演、一周一活动”文化品牌，发挥文艺推动中心工作的作用。举办系列节庆文化文艺活动。结合各地开展的系列主题活动，组织广大文艺服务志愿者，在春节、“五一”、“七一”、国庆和中秋等传统节日，举办民间艺术民俗展演、元宵灯会、春节挥春、灯谜竞猜、歌舞表演等群众性文体活动和举办大型广场文艺演出。

【艺术成果】 王心钢的长篇小说《水滴》、盘桂青的瑶族原创音乐作品《恩情》荣获广东省第九届精神文明建设“五个一工程奖”。朱广新获广东省庆祝中华人民共和国成立65周年美术作品展览优秀奖，邓伟明、陈勇获广东省高校教师中国画作品展一等奖。乐昌市音乐作品《扛山人》获广东省首届客家新民歌歌会五项大奖。小品《深沉的爱》获第五届全国小戏小品曲艺大展铜奖。短纪录片《追梦的聋哑女孩》获2014年全国城市电视台社教专题节目评比短纪录片类三等奖，电视栏目《以案说法》被依法治省办列为“2014年度法治惠民实事工程”项目。乳源被国家文化部命名为“中国民间文化艺术之乡”，珠玑书画院被授予“全国书法文化工作单位”，仁化荣膺“广东省摄影之乡”。市摄协获省级以上比赛中获奖作品达到47幅。市文联举办“畅想中国梦. 共筑广乐情——韶关市摄影、美术、书法（诗词）作品展”，展览100多件摄影、书法、美术、诗词等门类的精品佳作。编撰反映韶关市文艺成果的作品集《北江文苑》和《北江艺苑》。

【惠民服务】 开展文艺下乡活动。组织摄影家到监狱、武警部队为武警官兵免费拍照，到偏远农村为村民免费拍摄全家福。组织书法家配合市创文工作开展“道德春联进万家”“迎新春送春联下乡活动”“好家训下乡活动”等系列活动，为群众赠送春联2000多对。开展文艺家进校园活动。组建市文联文艺讲师团，利用业余时间到高校和中小学校开展系列文艺讲座。市民协开设民间艺术进课堂活动，将民间艺术与学校素质教育相结合，培养青少年热爱优秀文化传统热情。市舞协继续在农村小学开展“新农村少儿舞蹈课室”志愿者活动。市作协在韶关学院开办“文学梦工厂”讲习班，促进并资助校园创作。始兴文联开展书法进校园活动，培训学生达3000多人。培育群众文艺骨干。各协会发挥专业优势，开展文艺辅导培训活动，培训一批社区文化骨干。如市曲协组织前往乐昌、曲江、仁化进行广东音乐演奏、粤曲演唱辅导。参与慈善公益事业。艺术家开展和参与公益活动，捐献书画作品参与义卖，为贫困学生和贫困家庭筹集资金。书协参与“好家风”系列文化活动，通过书写好家风、传统美德的书法作品，传扬和谐、

10月29日，市文联组织市属文艺家协会主席、各县（市、区）文联主席及文艺家代表在翁源举行学习座谈会，传达学习总书记习近平在文艺工作座谈会上的重要讲话精神（邹 莉 摄）

尚德的孝道美德。推广普及“百姓艺术健康舞”活动。在全市推广普及“百姓艺术健康舞”活动，开办百姓艺术健康舞免费师资培训班，为社区培训舞蹈教师，全市跳健康舞人数达数万人。

【对外联络】 加强对外联络，开展文化交流，是文联工作围绕中心、服务大局的任务要求之一。协助上级领导调研。4月8日，广东省人大常委会副主任黄业斌一行到韶关九龄书画院指导工作。6月26日，中国民协副主席刘华到南雄市调研民间文艺。7月8日，广东省作家协会党组书记、专职副主席吴伟鹏率部分驻会作家、地市作家到韶关市调研。11月13日，省文联党组副书记、专职副主席曹利祥一行到韶关就文艺发展及文艺家所关注的重大文艺理论和现实问题开展调研。与周边城市文艺交流。1月，与深圳市盐田区文联举办“山海情缘—韶关·盐田两地书法作品联展”。11月—12月，与东莞市文联举办“我爱国·我圆梦”韶关—东莞两地书画作品联展。11月，选送优秀文学作品参加湘粤桂南岭三省六市一区文联第四届联席会，其中韶关市邱土明的剧本《真假人生》荣获南岭青少年文艺奖一等奖。加强港澳文艺交流。3月，在香港大会堂举行香港—新会—翁源三地诗书画联展，展出作品共120件（其中翁源30件），翁源县的焦墨山水画作品成为展览亮点。11月，香港书画教师组织——师艺坊一行10人到韶关市开展书法交流。

（黄文华）

附：领导班子成员名单：

主　席：刘照丁

副主席：黄胜文（2014.4—2014.10）

韶关市社会科学联合会

【概况】 韶关市社会科学联合会（简称市社科联），是韶关市社科类各学会（协会、研究会、促进会）和各县（市、区）社科联组成的群众性社会科学学术团体，是市委、市政府联系广大社科工作者的桥梁和纽带。韶关市社科联现有在编人员4名，内设办公室，与市哲学社会科学规划领导小组办公室合署办公。同时，市社科联有市纪检监察学会、财政学会、税务学会、地方税收研究会、审计学会、张九龄（韶关）研究会、图书情报学会、黄峭公研究会、营销管理学会和新闻学会等20多个学术团体会员。2014年，市社科联坚持马克思主义在意识形态领域的指导地位，围绕全市中心工作，落实科学发展观，团结广大社科工作者，为韶关市经济建设和社会发展提供智力支持。全年完成社科规划课题立项43项，实施以韶文化为内容的课题27项，组织开展韶关市第二届哲学社会科学优秀成果评奖活动，表彰一批优秀社科成果获得者。推进社科基地建设，开展社科普及活动，荣获“全国社科先进组织”荣誉称号。

【开展年度社科规划课题立项工作】 2014年度，市哲学社会科学规划领导小组办公室共计收集到申报课题87项。经专家组评审和市社科规划领导小组审核，确定20项资助课题和23项共建课题为年度立项课题。市哲学社会科学规划领导小组办公室还建立完善社科规划课题立项招标机制，强化问题导向，使立项课题与政府职能部门的实际需要更加紧密结合，确保课题立项研究的目的性和有效性。

【组织实施社科研究重点委托课题】 2014年，市社科联围绕市委、市政府的重点工作部署，策划实施“文化名城发展战略研究”“加快韶关振兴及建好现代芙蓉新区起步区的核心战略与现实突破路径研究与策划”和“韶关乡镇生态文明建设研究——主体功能产业与规制”3个重点研究课题，分别委托广东省省情调查研究中心、广州钜壹文化传播有限公司发展策划中心、韶关市委党校等单位的相关专家学者开展课题攻关，力求为全市社会发展提供智力支持。

【组织第二届哲学社会科学优秀成果评奖活动】 韶关市哲学社会科学优秀成果奖于2011年设立，每两年开展1次。市人民政府授权市哲学社会科学规划领导小组（以下简称市社科规划领导小组）负责哲学社会科学优秀成果奖的管理工作。2014年，市社科规划领导小组继续完善《韶关市哲学社会科学优秀成果奖励试行办法》，并组织第二届哲学社会科学优秀成果评奖活动。3月5日，市社科规划办发布《关于韶关市第二届哲学社会科学优秀成果奖评奖工作的通知》，正式启动评奖工作。截至5月底，共收到参评成果77项。6月6—8日，市社科规划办组织省市专家评审组进行分组评审。6月23日，经省专家评审组的公正公开评审，共评出著作、论文和调研咨询报告3类共42项，其中：论文26项、著作10项和调研咨询报告6项，为本届哲学社会科学优秀成果奖。11月21日，对第二届哲学社会科学优秀成果奖获得者进行通报表彰。市委常委、宣传部长柳琛子，市社科联、韶关学院、市委党校相关负责人及获得社科优秀成果奖的作者代表等出席会议。

【开展社科普及活动】 2014年，市社科联发挥社科类各学会和社科普及基地的作用，并按照省社科普及周活动方案，开展摄影比赛、法制知识讲座、安全知识讲座、婚育新风进万家宣传等社科普及活动。同时，继续完善"韶关社科网"，开通"韶关社科之家"微信平台，并组织韶文化研究的专家学者，撰写韶文化作品，出版《虚云和尚传》《云门宗源流述略》《韶关历代寺院碑记研究》等韶文化系列丛书，多渠道多方式宣传社科普及知识。组织人员参加广东省社科普及周活动，在"2014广东社会科学普及周"八个一百系列活动——"我的中国梦"演讲比赛中，代表韶关市社科界参赛的张海玲、华梓翔两位代表分获二等奖和优秀奖。

【开展韶关乡土教材使用状况调研】 5月14—15日，市社科联联合市教育局到市北江实验学校、曲江初级中学、乳源中学、乳源一六中学、曲江白土中学，进行韶关乡土教材使用状况调研。通过与调研对象——七、八年级历史、地理科目的授课教师座谈，就教材编写、使用存在的问题、教师施教方式和相关建议进行交换意见，并向七、八年级的相关教师、部分学生现场发放和回收近1000份问卷调查，根据调研情况形成调研报告。

【召开社科普及条例座谈会】 9月4日，韶关市在市人大常委会9楼会议室召开《广东省社会科学普及条例》宣贯座谈会议。省社科联党组书记、主席王晓，省人大常委会立法咨询专家宋儒亮等省、市社科界领导、专家和市人大常委会、市直有关单位、各县（市、区）有关部门负责人出席座谈会。会议由省人大立法咨询专家对《广东省社会科学普及条例》主要法律制度及安排进行介绍，并由市社科联主席部署韶关市贯彻落实《广东省社会科学普及条例》的具体意见。

【推进社科研究基地建设】 韶关市现有韶文化研究基地、人与自然和谐发展研究基地两个省级社科研究基地。2014年，市社科联结合韶关实际，推进两个基地的建设。9月15日，省社科院副院长刘小敏率领工作组到韶关学院，对首批8个"广东省实践科学发展观研究基地"之一的省"人与自然和谐发展"研究基地展开检查调研，并召开基地工作座谈会，就基地的建设情况和未来发展方向进行交流和研究。10月14日，市社科联与市委宣传部、省"人与自然和谐发展"研究基地联合召开研讨会，有关专家及市直相关部门负责人参加研讨。会议上，中国行政管理学会学术委员会副主任、政策科学研究会副会长兼秘书长刘东文教授就基地建设和韶关市经济发展作指导发言。12月10日，市委常委、宣传部部长柳琛子率领市委宣传部、市社科联有关负责人前往韶关学院，对省"人与自然和谐发展研究基地"和"韶文化研究基地"开展调研指导。韶关学院党委书记邹永松、党委副书记胡少平，以及两个基地的负责人等陪同调研。2014年，省委宣传部、省社科院到韶关对韶文化研究基地进行联合小结检查。检查组通过召开座谈会与实地考察相结合的检查方式，重点检查韶文化研究基地2013年来开展工作基本情况。经测评，人与自然和谐发展研究基地和韶文化研究基地分别获得85.3分和81.7分的好成绩，获得充分肯定，被评为良好等次，顺利通过省检。

【推进学会管理工作】 2014年，市社

9月4日，韶关市在市人大会议室召开《广东省社会科学普及条例》宣贯座谈会议。省社科联党组书记、主席王晓，省人大常委会立法咨询专家宋儒亮等到会指导并发言（张建明 摄）

科联配合市民政局做好社科学术团体的年审工作，并指导、扶持民间力量组建社科学术团体。韶文化交流推广促进会、陶行知研究会、谢安文化研究会和市收藏家协会等4家学术团体先后经市民政局批准成立，并成为市社科联的会员单位，社科团体呈现稳健发展态势。

【参加全国社科工作会议】 10月23—25日，市社科联组织部分市社科类所属学会参加在云南省腾冲县召开的全国大中城市社科联第25次工作会议。会议上，市社科联代表就韶关社科工作经验做发言，并与全国各地社科组织进行广泛交流。市社科联、韶关市生产力学会、韶关市翁源县非公有制经济研究会被评为“全国先进社科组织”。（张建明）

附：领导班子成员名单

主　席：李晓林

专职副主席：黄明奇

韶关市残疾人联合会

【概况】 韶关市残疾人联合会共有一室二科（办公室、教就科和康复科），在职人员10人。2014年，市残联围绕全市中心工作，进一步加强残疾人“两个体系”建设，完成既定的年度目标和任务。

【一批重点工程投入使用】 残疾人服务设施少，基础薄弱，是韶关市残疾人工作的短板。2014年，各级政府多方筹集资金、共争取中央、省、市专项资金1.6亿元，建成一批残疾人服务重点工程，成为全市民生事业的新亮点。其中，市精神病医院大楼2000万元；市孤残儿童康复中心（福利院）1600万元；市特殊教育学校4600万元；市残疾人康复中心3053万元；粤北残疾人（始兴）就业培训中心2800万元。曲江、新丰、仁化、翁源和南雄共投入2000万元，分别建成县级残疾人康复中心。

【残疾人津补贴落实到位】 2014年，市政府将残疾人生活津贴和重度残疾人护理补贴发放，列入为民办实事之一，得到落实，省、市、县三级财政补贴经费均已到位。全市共发放金额3020万元，有14496名残疾人领取生活津贴、17720名重度残疾人领取护理补贴。全市残疾人普遍参加城乡居民基本养老保障和医疗保险，其中有7626名重度残疾人免费参加养老保险，其个人缴费部分，全由政府买单。

【引入社会管理新模式】 韶关市率先在全省探索“医疗+残疾人联合会服务机构”合作新模式，与市职业病防治院合作，共管新建的市残疾人康复中心。该中心收训残疾儿童150多名。与韶关爱尔眼科医院合作，建立市视觉障碍康复中心；与瑞哈国际、德林义肢合作，共同开展假肢矫形器制作及康复技术合作项目。省扶贫基金会拟以韶关市为试点，开展“光明行动——视障儿童关爱工程”和“幸福同行——肢残人关爱工程”两大扶贫项目。

【开展基础管理年活动】 成立活动领导小组，制定实施方案。全市共举办10期培训班，培训人员400多人次。2014年8月1日在仁化县董塘镇、武江区惠民街道率先开展残疾人基本状况和需求信息核查试点，9月1日在全市范围内铺开，11月底完成，共核查出52463名持证残疾人（含非持证残疾儿童）；12月底，完成入户调查培训。

【康复工作】 继续开展0—7周岁残疾儿童康复救助项目工作，全市367名残疾儿童康复救助工作完成系统录入和申报资料上报。做好贫困白内障患者复明手术，并对800多名患者施行免费手术。开展全国白内障无障碍市、县创建工作。乐昌、仁化、乳源、翁源和曲江顺利通过验收。武江区尝试建设龙归镇残疾人农疗中心，让残疾人能够通过适当的农业劳作促进身体机能的康复。

【推动就业、扶贫和教育】 开展征收残疾人就业保障金工作，2014年度收缴残保金2484万元，比2013年增长20%。县级征收也有较大幅度增长，超过100万元的有仁化、曲江和新丰。组织实施城镇万名残疾人就业工程，市本级全年新安排就业残疾人320名，开办各类培训6期，培训残疾人140人次。组队参加省第五届残疾人职业技能竞赛选赛，获得优秀组织奖。做好扶贫工作。开展扶残助学工程，资助困难残疾学生163名，实施“阳光家园计划”项目，资助居家托养残疾人600名。实施资金扶贫，申报残疾人康复扶贫贷款贴息额度400万元。做好特殊教育。完成适龄残疾少年儿童入学情况统计，全市已入学838人，未入学470人；完成残疾人自学考试和单考单招；组织20名残疾人就业指导员参加远程网络教育。2014年，参加普通高考的残疾考生29人，报考省培英中专的有15人。

【开展维权助残】 全年共受理残疾人来信来访（含网络问政）200余件（次），还有大量的来电，办结率为100%。顺利通过省残疾人联合会开展的残疾人维权达标市创建验收。开展残疾人机动轮椅车运营摸底调查和残疾人机动轮椅车燃油补贴的申报、系统录入工作。协助南雄、始兴等妥善处理残疾人机动轮椅车问题。

【做好“强基育人”】 在全省省自强模范暨助残先进集体和个人表彰大会上，6项专利获得者刘伟盛（肢残）获全省自强模范，乐善义工会获全省助残先进集体、市残疾人综合服务中心获残疾人之家，市残疾人联合会干部骆志锋获全省残疾人联合会系统先进工作者。强化对专职委员的业务培训。全市共聘请残疾人专职委员1541名，其中乡镇（街道）124名，村（社区）1417名。与共青团合作，开展青年志愿者助残“阳光行动”。分别在浈江区残疾人康复中心、浈江区庇护工场成立志愿者康园助残基地。鼓励各协会自主开展工作，活跃基层残疾人生活。市肢协坐式排球队在全省交流赛上获二等奖，市盲协在全省盲人沙滩比赛上获三等奖。

【推进宣文体育】　围绕残疾人联合会中心工作，进行系列宣传报道。派人或选送作品参加省残疾人文化节的系列活动。由韶关市残疾人作家王心钢创作的长篇小说《水滴》荣获第九届省精神文明建设五个一工程奖。这是广东省残疾人题材的文学作品首次获此殊荣，并制作成25集同名广播小说。在全省第七届残疾人运动会羽毛球、乒乓球比赛上，韶关市运动员获得2金1铜的好成绩，并获体育道德风尚奖。王心钢家庭荣获“首届全国优秀书香之家”和“全国五好文明家庭”。（王心钢）

附：领导班子成员名单

党组书记、理事长：冯伟星

党组成员、副理事长：梁　燕

副理事长：王心钢

党组成员、副调研员：赖启富（2014.4—）

韶关市归国华侨联合会

【概况】　归国华侨联合会是党和政府联系归侨侨眷和海外侨胞的桥梁和纽带。维护侨益、参政议政、群众工作、海外联谊是侨联的四大职能。韶关市侨联成立于1958年11月，是全省最早成立的地级市侨联之一，现已历经十届。1983年6月韶关地、市合并后，市侨联归政府口管辖，与市侨办同属一个党组。2003年4月，市侨联成立党组，从市外事侨务局独立出来，为正处级参照公务员管理群团单位，配备事业编制5个。

【为侨服务】　开展春节慰问活动。1月13日，市侨联班子成员陪同省侨联慰问组一行赴浈江区、消雪岭华侨管理区慰问困难归侨侨眷。1月下旬，班子成员到新丰、翁源、南雄、始兴、仁化、乐昌等地走访慰问，全市发放慰问金5.25万元。开展重阳节慰问活动。9月24日至25日，班子成员走访慰问市区部分老归侨。通过浈江区、武江区侨联，为市区199位70岁以上老归侨发放慰问金2.92万元。做好“爱心助老”项目，为8位困难老归侨发放助老金1.92万元。牵线深圳市侨媛会到韶关市福利院开展“关爱儿童”爱心活动，并捐赠一批学习用品和儿童玩具。协助广东省侨界仁爱基金会到韶关市特殊教育学校开展天籁列车助听器捐赠活动。

【交流联谊】　3月27日，班子成员赴东莞市侨联学习交流并签订《缔结友好侨联协议书》。12月2日至5日，组织机关干部及各县（市、区）侨联主要负责人赴江苏无锡、苏州、昆山等地考察学习新侨工作和引资引智工作，并与无锡市侨联、苏州市侨联和昆山市侨联缔结为友好侨联。加强与境内外友好社团联络联谊。接待到韶关参观访问、交流联谊的印尼广肇总会、香港侨媛会等友好社团。班子成员赴香港参加新春座谈会、香港广东社团总会第八届会董就职典礼、第二届世界客属青年大会等活动。10月5日，前往中山坦洲参加著名慈善家林东89岁大寿暨澳门东井圆佛会17周年会庆活动。11月9日至17日，市侨联主席廖凤英随广东省侨联团组出访以色列和塞浦路斯两国开展海外联谊和新侨工作。

【参政议政】　组织侨界政协委员参加视察活动。5月中旬和7月底，组织侨界政协委员分别参加市政协港澳台侨联络委员会开展的“韶关市文化产业发展情况”和“韶关市港澳委员在韶企业发展情况”专题视察活动。10月底，组织侨界政协委员参加委员活动日和界别活动，到侨资企业调查了解，知情问政。撰写建议提案建言献策。2014年，侨界市级政协委员独立或牵头提交提案5件。

【招商引资】　3月5日至6日，班子成员赴广州分别拜访广州关键光电子技术有限公司、中油洁能集团有限公司、广东国际华商会和中国奥园地产集团有限公司，邀请他们来韶关考察投资。2014年7月，由市侨联引进的中国奥园地产集团以9.56亿元在市区投得开发用地，正式进驻韶关。7月下旬和10月下旬，市侨联副主席曾园带领韶关侨商分别参加“世界侨商贵州行”“知名华商重庆行”等考察活动，并促成韶关侨资企业广东万紫千红投资有限公司与黔西南州峰林投资有限公司就中国奇石（贵州）文化产业园项目签订投资框架协议。截至12月底，由市侨联牵线的香港“杨蔡慧娴基金会”捐建的翁源县坝仔中学教学楼250万元款项全部落实到位，教学楼已投入使用。

【侨情调查】　7月31日，韶关市委办公室印发由市侨联代拟的《韶关市机关、企事业单位侨情调查工作实施方案》。8月底至9月初，班子成员就侨情调查工作开展情况到各县（市、区）专题调研，与当地分管领导和侨联干部座谈，听取情况介绍，查阅文件资料。11月底，市侨联整理汇总出全市机关、企事业单位侨情调查数据。

【团体会员单位】　韶关市侨联主管的侨界组织社团有5个，分别是南方大学归侨韶关校友会、暨南大学韶关校友会、韶关市潮人海外联谊会、韶关市侨界青年联合会与韶关市侨联法律顾问委员会。（滕永生　管　慧）

附：领导班子成员名单

主　席：廖凤英（女）

副主席：曾　园（女）

秘书长兼办公室主任：滕永生

韶关市贸易促进会

【概况】 中国国际贸易促进委员会韶关市委员会（简称韶关市贸促会）成立于1986年8月，同时使用中国国际商会韶关商会名称，其职责是促进国际贸易和利用外资、促进企业国际化经营和经济合作，增进韶关市人民和工商企业界、世界各国各地区人民和经济贸易界的相互了解和友谊。韶关市贸促会组织结构：现设会长1名，副会长1名，秘书长兼办公室主任1名；内设办公室，全面负责日常事务和业务工作。现有在职干部6名，工勤人员1名。2014年，市贸促会按照“服务政府、服务企业”以及《广东省人民政府关于进一步加强全省贸促工作的通知》的有关要求，带领企业“走出去”，加强与世界各国和中国香港、台湾地区的经贸交流。在省世博办组织的世博预展区展会上，韶关馆以独特的“瑶家风情歌舞”为活动主题，全方位演绎和展示韶关的特色饮食文化，获得优胜奖，并代表广东省参与2015年意大利米兰世博会中国馆“广东活动周”活动。年度工作突出，被广东省贸促会评为先进单位。

【促进与港台地区的经贸合作】 2014年市贸促会先后3次组团赴港台地区开展经贸交流和对接。3月21—22日，组织宝钢集团韶关钢铁有限公司、韶关市机械行业协会及相关企业负责人，与香港部分商协会和欧中友好协会、顺德机械装备协会及相关企业代表近100人，在香港生产力大厦与香港生产力促进局联合举办“2014年韶关（香港）机械加工装备制造产业招商对接会”。6月21—27日，组织韶关食品和土特产经贸考察团，赴台湾开展经贸考察交流活动。8月24—31日，由副市长许志新带团，组织韶关机械制造企业经贸考察团赴台湾开展经贸交流。通过开展经贸交流活动，韶关与港台[illegible]济和文化交流方面达成共识，促进双方企业的交流与合作。

【推动与欧亚各国的经贸交流】 2014年市贸促会先后3次组团到8个国家开展经贸交流活动。9月14—21日，组织韶能集团韶关宏大齿轮有限公司、韶关市力泉机械有限公司和韶关市太保置业发展有限公司等企业组成代表团，赴德国、斯洛伐克开展机械加工装备制造产业投资推介贸易对接活动。12月8—17日，由市长艾学峰率团，组织赴英国、瑞士和意大利考察，借助欧洲投资和先进理念、技术、管理经验，发展韶关健康产业。12月13－22日，组织韶关市近10家企业赴缅甸仰光市、曼德勒省，斯里兰卡首都科伦坡及印度孟买等国家和地区，开展新兴国家投资环境考察、投资推介贸易对接交流活动。通过境外经贸交流活动，宣传推介韶关的投资环境，推动韶关企业与欧洲以及“一带一路”沿线国家和地区的产业对接。

【加强与各地商协会的沟通联系】 2014年市贸促会牵线搭桥，先后4次协调商协会与企业开展对接活动。1月8日，组织协调欧中友好协会会长刘锦灿和副会长罗耀新、邓裕安等一行3人，到韶关开展经贸交流合作和考察调研。3月9日，组织协调韶关市土特产行业协会部分会员单位，通过美中广东商会与美国采购商汉昌食品公司直接对接，面对面洽谈商品采购及交易情况，推动韶关市优质产品，特别是农副产品走向国际市场。3月18日，组织协调台湾贸易中心广州代表处到韶关调研考察，邀请市政府台湾事务局、工商联等单位和韶关的部分企业，与台湾贸易中心广州代表处的首席代表古裕梁等人进行座谈，双方对加强经贸交流合作发表各自的意见，对下一步的交流与合作提出初步建议。8月30—31日，组织美中广东商会与韶关企业开展对接活动，推荐美国北卡中国城投资合作项目。

【借助省会资源开展境外经贸交流】 10月9日，由李敦华会长带队，组织广东丹霞农机有限公司、韶关市大善食品设备有限公司、常丰拖拉机制造有限公司等3家企业，参加由广东国际商会在广州举办的缅甸曼德勒省代表团与广东企业家座谈会。10月14日，市贸促会会长李敦华、秘书长兼办公室主任陈丽滨，在省贸促会会议厅参加由广东国际商会和斯里兰卡驻广州总领事馆，共同举办的“广东—斯里兰卡投资推介暨企业经贸对接会”。通过座谈和对接，双方建立初步联系，为进一步加强双方经贸合作与交流提供条件。

【借鉴国内会展平台推动企业转型升级】 3月13—16日，由会长马军带队，组织韶关机械行业协会的部分企业，参观中国贸促会在西安举办的第十八届中国西部国际装备制造业博览会暨中国欧亚国际工业博览会。10月21日—22日，组织经信局、商务局和韶能集团韶关宏大齿轮有限公司、韶关市优尼德工业设备有限公司等多家企业，参加在湖北襄樊举办的“2014年海峡两岸机械工业交流会”。10月31日—11月2日，副会长李英明组织部分企业，参加在广东东莞市厚街镇举办的中国·广东21世纪海上丝绸之路国际博览会（海博会）。通过观展和参展，开阔视野，查找差距，推动企业转型升级。

【搭建贸促招商平台引进合作项目】 《中国贸促会章程》所明确的职责中，市贸促会没有招商引资这一职能，随着深化改革、转型升级的不断深入，以及市委、市政府明确的职责，市贸促会着手搭建贸促招商平台，承担部分招商引资任务，并引进部分招商项目。9月至12月，经多次沟通与协调，达成与北京正略公司的合作，准备招商引进中瑞健康中心项目，计划投资45亿元。9月，从香港引进台港澳独资企业——韶关市和荣化工有限公司，主要生产和销售水性胶粘剂，水性涂料，紫外光固化树脂、涂料、塑料制品等，投资总额1.8亿元，注册资本为7500万元，已到位资金792.4万元。

【召开开拓国际市场专题推介会】 9月17日，组织召开助推企业"走出去"开拓国际市场专题推介会，各县（市、区）经信（促）局负责人、莞韶产业园经济发展局负责人、40多位企业代表共80余人参加会议。推介会邀请省贸促会展览部调研员胡伟明，专门就如何参加国际展览，以及参加国际展览展会有关补助补贴情况进行说明；邀请中国出口信用保险公司广东分公司经理钟仙桃，对出口信用保险、帮助企业防范贸易风险及海外市场开发情况进行全方位介绍。

【为企业开展国际贸易提供服务】 2014年，市贸促会先后50多次对会员企业进行调查走访，为企业提供信息咨询、商事法律服务和接受商标注册申请等服务，解答企业提出的有关涉外经营或国际经营等方面的问题，了解企业的经营状况和生产发展形势，及时向有关部门反馈企业诉求，为企业排忧解难。截至12月31日，会员单位增加3家，达到94家。配合总会推行使用ECO系统，在会员单位中推广企业端"CA数字证书"，全年签发原产地证700份，签发优惠原产地证1份，出口货物总值3929万美元，出口60个国家和地区；办理国际商业文件证明书64份、领事认证36份，认证国别涉及阿根廷、埃及、阿联酋、土耳其、卡塔尔等5个国家。 （李荣臻）

附：领导班子成员名单

会　长：马　军（—2014.6）

　　　　李敦华（2014.6—）

副会长：李英明

秘书长兼办公室主任：陈丽滨

韶关市老区建设促进会

【概况】 2014年，市老促会根据省老促会的工作部署，按照市委市政府工作要求，结合韶关老区实际，贯彻实施国务院关于《赣闽粤原中央苏区振兴发展规划》，通过深入调研，了解经济欠发达革命老区当前存在的主要问题，帮助仁化、始兴、乐昌三县（市）进一步收集、挖掘、整理在土地革命战争时期和中央红军长征期间重要革命史料，向省委、省政府和中央主管部门申报原中央苏区县，同时向省发改委和国家发改委申报经济欠发达老区县，纳入片区联片扶贫开发，争取国家和省的政策扶持，为加快韶关老区经济振兴发展做好相关方面的工作。

【调研老区情况】 市老促会根据中央一号文件精神，组织副会长和各县联络组长分别深入各县（市、区），同当地老促会一起，开展对新型农业经营模式、发展集体经济、农村泥砖房改造3个专题的深入调研。通过一系列数据显示，反映全市老区经济发展中存在的主要问题：专业合作社规模小，参加农户不到50%；农业产业化、机械化水平较低，缺乏发展大农业的基础；镇、村集体经济相当薄弱，镇办企业几乎为零，60%的行政村年集体收入达不到5万元；农业耕作技术落后；特色农产品的科技含量和市场占有率不高，经济效益低下。

【确定全市重点老区县、镇、村】 2014年，市老促会根据90年代省民政厅对评划老区的标准要求，拟定4个基本条件：老区人口要达到50%以上；老区镇、村的比例达到50%；在革命战争年代付出很大牺牲，贡献大、影响大；老区经济还比较贫困。符合上述条件，就可以确定为重点老区县、镇、村。经过半年多时间，市老促会汇同各县（市、区）老促会通过逐县、逐镇、逐村深入调查摸底，对照条件核定。除南雄市经中央党史办批准确认为原中央苏区县外，仁化、始兴、乐昌、翁源、新丰、曲江6个县（区）符合重点老区县条件。全市73个有老区的乡镇中有48个属重点老区镇，589个行政村中有489个属重点老区行政村。市老促会已把调研情况上报市政府确认。

【协调做好县（区）申苏工作】 2014年，省老促会会长陈开枝对韶关市老区的"申苏"工作重视，多次深入韶关老区调研，听取市委领导介绍仁化、始兴、乐昌3个县在土地革命战争时期和中央红军长征期间的历史背景和做出重大贡献、重大牺牲，以及它们地处赣南、湘南的地域环境相关资料。市老促会根据省政府纪要文件有关精神，按照市委市政府领导的要求，以及陈开枝会长对韶关"申苏"工作的指导意见，着重做六项工作：⑴市老促会副会长分头深入三个县老促会，建议由当地党政领导主持召开党史办、老区办、发改局等部门工作会议，学习中央和省有关文件精神，研究做好"申苏"工作的具体方案；⑵市老促会专题向市委市政府报告，建议市和3个县都成立"申苏"领导小组，由主要领导担任组长，相关部门领导为领导小组成员，组织专门班子做好具体工作；⑶建议由市委领导率领市、县领导到湖南郴州市学习考察他们的"申苏"经验；⑷建议市委召开全市"申苏"工作座谈会，由南雄介绍经验，相关部门发言，提高各级党政领导对申苏工作重要意义认识，增强做好各项工作积极性、主动性；⑸市老促会汇同乳源县、浈江区领导一起主动向省老促会陈开枝会长汇报申报老区县（区）情况并附书面材料；⑹印发省老促会重要文件汇编，发给市、县党政领导和有关部门，使各级领导了解省委省政府、省老促会对老区振兴发展和"申苏"工作的重视、关心、支持，促进做好相关工作。

【解决老区基础设施难题】 2014年，市老促会在深入调研的基础上，根据当地老区实际，安排专项资金，帮助他们解决影响生产生活的具体困难。全市投入帮扶资金4.03亿元，其中省、市挂钩扶贫单位支持9692万元，中央和省市政府及省老区基金会投入1.17亿元，行业扶贫1.56亿元，社会扶贫3387万元。主要项目包括：⑴乡村道路硬化工程；⑵修复水毁公路、桥梁；⑶农田水利设施维修；⑷群众饮水工程；⑸方便群众耕作的人行便桥、机耕路；⑹修复部分革命历史遗址和烈士纪念碑；⑺农村文化室配套设施；⑻部分新农村的公共设施；⑼教育、文化、卫生等有关项目。为贫困老区革命烈士后裔学生158人发放助学金37万元（其中市、县政府配套30万元），大专以上学生人均可领到3000元以上，中专学生2000元。

【扩大对革命老区的宣传】 2014年，在扩大老区宣传方面市老促会主要做四方面的工作：借助“申苏”的机会，向市、县党政领导层宣传介绍韶关老区在革命战争年代的历史地位、历史贡献，增强各级领导的老区观念；市委宣传部支持市老促会在市区公共场所开辟老区宣传专栏，向市民介绍韶关老区的基本概况和革命战争年代发生在韶关各地的主要战斗事迹，让社会公众了解老区的历史，关心支持老区建设；增订老区杂志。全市共订阅《源流》和《中国老区建设》各2058份，争取每个乡镇和村委干部、文化室都能看到本省和全国各地老区的新动态、新面貌；运用奖励政策，调动各县（市、区）的新闻秘书和业余通讯员撰写老区新闻稿件的积极性。2014年，全市刊登的稿件共163篇，发放奖励稿酬9980元。市老促会荣获省老促会2013—2014年老区宣传工作先进集体，翁源、新丰县获优秀奖。

（谢顺衡）

附：领导班子成员名单

会　长：胡灵光

第一副会长：梁　聪

副会长：许建设　甘义娣　谢顺衡　李国华　甘　雷　夏忠礼　何新云

秘书长：谢顺衡（兼）

副秘书长：张钰廷

聘任名誉会长：刘　创　梁灼林

顾问：李振兴　张国新

韶关市红十字会

【概况】 韶关市红十字会成立于1987年，是从事人道主义工作的社会救助团体。2008年5月，理顺市本级管理体制，成立党支部，隶属韶关市政府直管，为副处级参照公务员法管理群团机关。2014年6月，市编委核定韶关市红十字会机关事业编制4名，后勤服务人员数1名，经费渠道按行政机关待遇，执行行政单位会计制度。在册登记的市红十字会理事、常务理事80人，志愿者逾2.08万人。2014年，各级红十字会履行《中华人民共和红十字会法》赋予的职责，在备灾救灾、人道救助、应急救护、无偿献血、造血干细胞捐献和红十字志愿服务等方面成绩突出，为构建幸福、文明、和谐韶关做出贡献，红十字事业得到进一步发展。全年市红十字会共筹集款物330.29万元（资金243.74万元、物资价值86.55万元），救助覆盖10个县（市、区），受益群众达3600多人次。

【备灾救灾】 完善应急机制，做好备灾救灾。贯彻执行《韶关市红十字会特大自然灾害及突发事件应急预案》，督促各县（市、区）红十字会制定突发事件应急预案纳入同级政府应急预案体系。1月7日，市红十字会举办应急救援及灾害管理工作培训班，学习省红十字会应急管理信息系统操作和备灾救灾物资管理课程，加强专（兼）职人员业务能力。规范灾情报送程序，灾情发生后及时启动预案，深入灾区一线勘核灾情，为后续救灾提供准确的灾情数据，提高自然灾害紧急救助能力。3—4月，开展全市红十字系统备灾救灾能力调查摸底，摸清物资库（仓库）建设、管理、安全保障、合作情况。市红十字会备灾救灾仓储物资共计近30万元，针对救灾工作中救灾物资需求的多样性，结合原有物资情况，通过争取省红十字会支持和自行采购的方式新增加救灾帐篷、毛巾被、棉大衣等救灾物资，确保灾情发生后及时为受灾群众提供应急救援。5月中旬，韶关市始兴、仁化等县（市、区）遭受洪涝灾害，部分民房倒塌，大面积农作物损毁。各级红十字会积极行动，组织人员前往受灾镇村，慰问房屋倒塌户，发放生活应急包等救灾物资，鼓励受灾群众开展生产自救，重建新家园。支援鲁甸地震灾区，接收捐款10434.3元，及时上缴省红十字会支援云南鲁甸地震灾区开展灾后救援工作。

【成立水上应急救援韶关大队】 8月29日—9月14日，在市中山公园游泳场举办广东省红十字水上应急救援韶关培训班，邀请10多名专业高级教练，为培训班学员进行水上救援、水上应急、水上搜救等专业知识的系统训练。9月14日，在韶关市中山公园游泳场，25名经过专业培训的水上应急救援队队员，宣誓组成广东省红十字水上应急救援韶关大队。韶关市副市长、市红十字会会长兰茵为该队授旗。省红十字水上应急救援韶关大队是韶关市应急救援的重要组成部分，旨在深入校园、社区普及推广群众性水上安全自救互救知识，规避水上安全事故，在发生溺水事故时如何实施自救互救，填补韶关市群众性志愿者应急队伍的空白。

【灾害应急宣教】 围绕“5·12”防灾减灾日活动，参与市减灾委员会主办的“城镇化与减灾”主题宣传活动，组织60多名红十字志愿者参与，通过摆放宣传展板、发放宣传册页、提供防灾咨询等方式，提高广大市民应对突发自然灾害的能力，减少因灾伤害。发挥学校红十字组织作用，联合韶关学院校团委举办韶关学院第八届大学生救护技能大赛，600多名在校师生踊跃参与，80名救护能手在大赛中脱颖而出，获得救护员证。围绕防灾减灾周活动，在韶关学院、医学院组织大学生开展防灾减灾知识竞赛，并张贴灾害应急措施和救护知识宣传画报，普及应急避险、自救互救知识。

【红十字援建项目】 做好省红十字会援建的武江区重阳镇徐屋红十字博爱新村、乳源县游溪镇木笼红十字博爱新村、乳源县中医院医教中心红十字博爱楼等灾后重建项目及资金的督导、监管工作。新丰县马头镇秀田村卫生站、乳源县中医院医教综合楼、乳源县大布镇鸽莲村卫生站、乳源县游溪镇木笼新村已竣工。乐昌市三溪镇博爱卫生院、曲江区大塘镇其田村卫生站、始兴县马市镇候陂村卫生站、南雄市珠玑镇下汾村卫生站主体工程已完工，界址镇赵坑小学综合楼项目进展顺利。

【红十字博爱送万家】 元旦春节期间，市红十字会开展形式多样的送温暖活动，发放慰问品及慰问金共128.24万元，将党和政府的关怀送到最需要帮助的困难群众手中。1月18日，省、市、区红十字会在武江区重阳镇万侯村举行徐屋红十字博爱新村落成暨红十字会博爱送温暖活动，省红十字会副会长莫益勇等一行深入武江区重阳镇、乳源一六镇群乐村村民家中走访慰问，送去新春的祝福。

【博爱惠民】 秉承人道、博爱、奉献的红十字精神，凝聚社会各界爱心力量，关怀"因病致贫、因病返贫"困难群众。发放慰问款物167.02万元，惠及困难群众4000人次。其中：救助贫困家庭先心患儿55名、贫困家庭大病患者102人、白血病患儿15人，资助贫困学生72人，粤北人民医院挂牌为省红十字会贫困先天性心脏病救治定点医院。开展扶贫济困日活动，向韶关市红十字博爱卫生院发放捐赠价值77.97万元药品。发扬中华民族互助友爱、乐善好施、无私奉献的传统美德，捐助15万元支持西藏林芝地区社会民生建设。

【应急救护培训】 深入校园、机关、社区开展应急救护培训，提高广大群众的防灾避险和自救互救技能，培训救护员422人，普及救护知识人次达0.86万人，形成韶关特色的培训模式。在全市教育系统普及群众性应急救护知识。开展"博爱家园——红十字应急救护志愿服务进社区"活动。5—6月，联合浈江区公安部门在韶关军分区训练基地举办应急救护培训6期，300多名一线基层公安干警参加培训。

【造血干细胞捐献】 年度采集造血干细胞样本479人份（合格数据），采集高分3人，体检2人，完成省分库下达招募目标任务160%。12月17—22日，市职业病防治院医生谢定坤于在广州军区广州总医院成功捐献造血干细胞，成为韶关市第二例造血干细胞志愿者。

9月14日，成立广东省红十字水上应急救援韶关大队（市红十字会）

【世界红十字日】 为纪念第67个"5·8"世界红十字日暨中国红十字会成立110周年，市红十字会结合创建全国文明城市工作，以"三救""三献"核心业务为载体，开展形式多样的宣传，推动纪念活动进校园、进社区、进家庭。5月8日，在韶关日报专版刊登"传递爱心·守护生命·共建和谐"专题，宣传红十字运动、捐献造血干细胞和应急救护知识。征订《中国红十字报》和《博爱》杂志，通过网站报道红十字会的各项工作，多条新闻被中国人道网、中国无偿献血网、广州日报、韶关日报以及韶关市主流媒体网站刊发。累计在各类刊物登载新闻25篇，接受电视及其他媒体采访10余次，较好地宣传韶关红十字会的工作。

【红十字志愿服务】 2014年，组织、动员社会力量开展无偿献血、造血干细胞捐献、募捐筹资、扶贫助孤等系列红十字志愿服务，开展活动242次，志愿服务时间达4.73万小时。5月28日，市红十字会、韶关学院组织红十字志愿者，深入浈江区犁市镇梅村中心小学开展关爱留守儿童活动。9月21日，市创文办、团市委、市红十字会、市中心血站共同举办韶关市第五届无偿献血志愿者成人礼活动。甘肃平凉、广州市无偿献血志愿者服务队和韶关市红十字水上应急救援队代表参加观摩。11月，韶关学院红十字会、韶关红十字无偿献血志愿者服务队被省红十字会评为广东省捐献造血干细胞先进志愿服务组织，胡党福、曾未然等20人获得年度优秀志愿者荣誉称号。（华永锋）

附：领导班子成员名单

会　长：兰　茵（女）

常务副会长：卓　雨（女）

秘书长：温福靠

军　　事

韶关军分区

【概况】　2014年，军分区围绕党在新形势下强军目标，按照主题、主线要求，坚持稳中求进，着力在铸军魂、强能力、促安全、改作风、建队伍上下功夫，完成各项工作任务，部队全面建设呈现不断进步的良好势头。

【军队思想政治建设】　坚持用习近平系列重要讲话统领思想、凝聚意志，学习贯彻十八届四中全会和全军、军区政工会议精神及时有效，党委中心组4个专题理论学习针对性强。主题教育广泛开展“进步观、责任观、苦乐观、得失观”和战斗力标准大讨论活动，党员干部知恩知足、知责知进的意识进一步增强，“当兵打仗、练兵打仗”的紧迫感和责任感进一步强化。全年团以上领导干部完成调研文章28篇，6个经验做法被军区、省军区和中央媒体转发。各级党委班子专题民主生活会和专题组织生活会效果明显，各级班子的凝聚力、战斗力不断增强。意识形态工作抓得实，坚决清除徐才厚案件影响，确保部队高度集中统一和纯洁巩固。

【战备训练】　进一步修订完善军分区本级、人武部作战方案和非战争军事行动预案，进行战备方案对接，补充配齐各级携（运）行物资装备。先后组织全区260人次现役干部，1250名民兵进行战备拉动、完成2次轻舟分队骨干训练，1期心理战分队集训、1期高炮分队训练、组织全市10支民兵应急分队和115名职工进行评比性考核，全区现役干部全员参加军事基础科目和非战争军事行动组织指挥强化训练。11名参谋人员参加省军区参谋尖子选拔，4人取得总分前十，1人取得单项第一名；仁化县人武部参加省军区竞赛性考核，综合成绩名列第三，被省军区评为军事训练“优胜单位”。全市基干民兵组织更加优化，担负驻韶空军、二炮部队军兵种保障任务民兵分队编组落实，韶关市民兵心理战分队顺利组建，20支后勤专业保障队伍接受军分区点验总体情况良好，南雄、乳源、翁源运输保障分队和医疗救护分队基本做到齐装满员、人册相符、要素齐全。

【后勤和装备工作】　细化完善各类作战后勤保障方案，充实各级战备物资储备，梳理调整军地有关协议。物资集中采购由“数量规模型向质量效益型转化”，全市遴选26家物资采购供应商和6个车辆定点维修厂，全年累计节约采购资金86.3万元，节支率达11%。公务卡支付和主官“双签”制度有效落实，对6个主官变动的团级单位进行离任交接审计认定。装备管理正规有序，完成民兵武器装备实力数据普查。部队通用装备战备率、完好率、配套率达到标准要求。翁源县人武部兵器室建设试点经验在省军区推广。先后完成5个兵器室建设。

【军队安全管理】　坚持依法从严治军，条令条例学用常抓不懈，预防事故案件和政治性问题教育严肃认真，军人军车军营管束严格，重大演训活动安全风险评估和消除抓得主动。以隐患整治、涉密载体“清零”为重点的安全管理成效明显，消除各类安全隐患60余个。顺利完成275.6吨民兵报废弹药调运和85.1吨民兵报废危险品就地销毁任务，省库安全隐患整治工作受到军区检查组的充分肯定。团以上单位均按标准要求建成集中文印室，涉密电子设备、移动存储介质、文件资料管理进一步规范。军分区坚持每天视频、电话检查各单位作战值班和干部住库，加强节假日部队监控，定期分析安全工作形势，始终把人车枪弹密、小散远直弱、节假课余外作为重点，加强管理，部队保持安全稳定的态势。

【双拥共建】　协调解决64名随军家属就业、22户子女入学入托问题，协调安置5名正团、12名副团、47名营以下转业干部的工作。配合地方党委政府处理涉军维稳问题，成功处理23起涉军维权事件。军分区机关和各人武部参与新一轮扶贫“双到”工作，共建立联系点116个，进一步巩固韶关军政军民团结的良好局面。乳源县人武部被国务院表彰为“全国民族团结进步模范集体”。

【作风建设】　坚决贯彻整风精神，推进“六项清理”。清理违规占用住房16套，整改超标办公用房16间共缩减面积540平方米，清理超编超配车辆15台。审计效果明显，共完成经费结算4900余万元，纠正错账23起，退回27起不符合规定或手续不全的结算业务，核减工程建设、大宗采购开支20多万元，清理原经济适用房借垫款106万元。服务官兵更加到位，全区共投入290余万元，兑现办好62件实事承诺，为42名官兵职工子女购买保险，解决27名职工技术职称评定问题，顺利移交2名退休干部，对2名患重病干部进行重点救济，解决退休职工移交地方后享受一类事业单位退休人员同等待遇问题，群众满意度较高。

【后备力量组织整顿】　根据总部和省

军区通知要求，3月—6月，军分区组织对全市基干民兵组织进行优化调整。基干民兵组织结构更趋合理，基干民兵队伍编组质量有较大幅度提升。

【国防动员潜力调查统计】　4—6月，军分区组织市国动委各专业办和各县（市、区）国动委开展年度国防动员潜力调查统计，并于6底前完成数据汇总上报。

【年度征兵工作】　4—9月，按照新试行的体检标准和政治考核规定，全面实行网上兵役登记和报名。韶关各级政府、兵役机关通过广播、图片展、流动宣传车、散发传单、现场解答等方式，开展征兵宣传报名活动，并开通征兵宣传信息网开通征兵咨询热线。

（徐　浩）

附：领导班子成员名单

司令员：郑佳树（—2014.7）
　　　　盖长利（2014.7—）
政治委员：郭伟建
副司令员：杨　克
参谋长：李汉超（—2014.5）
　　　　刘迪安（2014.5—）
政治部主任：吴楚峰
后勤部部长：谭柏伟

9月18日，军分区机关在南雄市组织战备拉练（徐　浩　摄）

武警韶关市支队

【概况】　中国人民武装警察部队广东省总队韶关市支队（简称韶关市支队）于2005年6月17日重新组建，由原广东省总队第三支队和原韶关市支队两个团级支队合编而成旅级支队。部队驻守在韶关市3个区8个县（市），主要担负看押、看守、守卫、守护、警卫、城市武装巡逻和处置突发事件等任务。支队机关驻韶关市武江区西联镇百旺路1号。2014年，面对政治要求高、担负任务重、保底压力大、矛盾难题多的新情况、新挑战，各级坚决贯彻习近平系列重要讲话精神，按照总部、总队党委决策部署，坚持走内涵式发展路子，固本强基抓建设，揭露矛盾求发展，部队建设在攻坚克难中奋力前行。

【思想政治建设有新成效】　学习贯彻习近平系列重要指示，中共十八届三中、四中全会和全军、武警部队政治工作会议精神，主动抢占思想引领的制高点和理论武装的主阵地。运用政治教育等级评定、“四会”政治教员评比、竞争授课、网络查课、推门听课等方法载体，着力提升思想政治教育质量，1人被总队评为“四会”优秀政治教员。及时清查涉周永康、徐才厚信息，肃清流毒影响。严密组织政治考核、舆情监控、个别人排查转化和“检察官进警营”活动，官兵“三个绝对”的思想根基不断巩固。开展群众性新闻宣传报道工作，支队被总队评为“新闻工作先进单位”，1人被评为“先进个人”。

【部队遂行任务能力有新提升】　战斗力标准大讨论广泛深入，打仗思想、实战导向不断强化。开展基础训练、反恐尖子训练、比武集训、“卫士”演习和创破纪录活动，定期组织实兵拉动、体能考核，营造“训练有为、训练有功、训练尖子立大功”的鲜明导向。支队参加总队反恐比武获团体第四名，1人创军事训练记录。全年出动兵力1.5万人次，完成首长住地警卫、春运执勤、武装押解、武装巡逻、抢险救灾等临时勤务84起，维护韶关地区社会稳定。

【基层建设有新进步】　规范抓基层领导小组职责制度，创新“双争”评比激励机制，完善《大队工作规范》，抓建导向更加鲜明。严密组织纲要培训，广泛开展“岗位练兵”活动，采取周讲评、月督查、季度“过中队”、蹲点帮建、结对帮带、蹲连当兵等方法，提升基层自建能力。六大队被总队评为“基层建设先进大队”，8个中队被总队评为“基层建设先进中队”，重点帮建的11个单位进步明显，十五中队跨入先进行列；支队在总队干部“大练基本功”比武竞赛中获团体一等奖，3人被评为“先进个人”。

【纠“四风”改作风有新举措】　深入开展党的群众路线教育实践活动，以较真碰硬的精神纠“三清”、治“五超”，持续抓好“双六项”整治，及时腾退15套违规住房，改造14间超面积办公室，封存涂装4台超编超标车辆，清退2名机关借用干部，调整分流19

名超编公勤人员，官兵普遍满意。开展基层风气教育整顿，推行队务“四公开”，配合武警党委巡视组巡视，严肃查处有关问题，部队政治生态更加纯净。

【后勤综合保障能力有新提高】 落实总队后勤工作会议精神，推进现代后勤建设。完善战备物资储备体系，狠抓“一组五队”训练，部队遂行任务保障及时高效。加强后勤规范化管理，财务对上可视办公、被装电子档案、枪弹远程联控、车辆ECT改造、军人保障卡推广等工作基本完成。投入经费316万元用于基层基础设施建设，官兵生活条件明显改善。严密防控禽流感、登革热等疫情，实现“零感染”“零传人”，1人被武警部队表彰为“先进卫生工作者”。严格财经制度和纪律，行政消耗性支出和公务接待开支明显下降。车辆、军械管控更加严格，确保行车安全，支队军械仓库被总队评为“红旗军械仓库”。

【春运执勤】 2月4日至3月15日，支队派出70名兵力，累计用兵2800人次，动用车辆30台次，担负韶关东、坪石、南雄三个火车站春运执勤任务。期间，协助春运部门发送旅客80万人次，救助乘客11人次，处置旅客冲闯警戒围栏等情况4起，制止打架斗殴和民众纠纷8起，协助公安机关抓获偷窃、抢劫、诈骗、炒票等犯罪嫌疑人2名，收缴违禁物品80余件，拾获旅客财物30余件，为车站、旅客做好事90多件。

【比武竞赛】 4月5日，支队组织“四会”优秀政治教员比武，12名基层政工干部参加，在初评的基础上，选手围绕应知应会考核、自选题目授课和模拟情况处置等3个环节展开决赛，六中队指导员朱学政、三中队指导员孙亮、勤务中队指导员王旭明分别获得前三名。8月12日，支队派出3名选手参加总队组织的“四会”优秀政治教员比武决赛，六中队指导员朱学政被总队表彰为优秀“四会”政治教员。5月13日至6月20日，总队在深圳支队教导队组织反恐特战骨干集训。在集训结束后的比武竞赛中，支队5名参赛队员不畏困难、顽强拼搏，夺得团体第四名、个人狙击专业第七名、个人突击专业第九名的优异成绩。9月25日至26日，总队干部队伍岗位“大练基本功”比武竞赛在二支队举行，支队派出3名干部参加，荣获团体成绩一等奖，军事、政工和后勤组竞赛分获一个第二名和两个第三名的好成绩。12月下旬，总队军事训练创（破）记录竞赛第一赛区竞赛在二支队举行，支队派出13名官兵参加，创造自动步枪对隐显目标射击5号环靶48环的总队新纪录。

【武装押解】 12月30日8时，支队派出120名兵力、出动车辆12台，配合北江监狱将300名重型犯人分流转移至韶关、英德、清远、河源监狱关押，至12时任务完成。6月5日至12日，配合省监狱管理局担负长途武装押解和驻地监狱外调罪犯的短途武装押解以及专列停靠驻地火车站地面警戒任务。支队共动用兵力875人次，车辆12台次，历时7天，累计行程约4300余公里，配合省监狱管理局担负“1401”“1405”“1407”专列向辽宁大连、广西雒容和江西南昌等地区的长途武装押解任务。同时，支队还出动450人次担负乐昌、韶关、武江、北江4所监狱外调罪犯的短途押解和专列停靠黄岗、乐昌火车站的地面警戒任务。执勤官兵共协助监狱干警妥善处置犯人顶撞事件3起，制止犯人打架斗殴2起、绝食2起，挑衅1起，帮助干警搬运物资1.2吨，协助列车工作人员帮厨、打扫卫生等共计42人次。

【新兵野营拉练】 12月24日至26日，支队组织首长机关带新训大队野营拉练，参训总人数560人，总行程165公里，期间对紧急集合、行军、野战生存和基础课目等内容进行训练，磨炼官兵战斗意志，为完成以执勤处突为中心的各项任务奠定坚实基础。

【“百日安全”活动】 1月1日至4月10日，支队开展“严管理、守纪律、树形象、保安全”为主要内容的“百日安全”活动。围绕“确保大事不能出，力争小事也不出”的目标要求，以治理“五个重点问题”为突破口，以落实“四项经常性工作”为抓手，

2014年12月24日、25日，韶关支队组织新兵野营拉练，徒步行军（武警韶关支队 供）

突出抓好“两节”“两会”等重要时期部队的安全管理，做好新兵“第二适应期”教育管理工作，针对性做好季节性事故预防，确保部队内部安全稳定，中心工作万无一失。

【军事人才建设】　8月22日，总队“投身强军实践、矢志精武强能”主题演讲比赛在总队机关举行，支队派出勤务中队战士何萱参赛，获得第六名。5月19日至25日，支队依托韶关市粤北技工学校在教导队组织“军地两用人才”培训，50名战士参加，主要开展电子商务、安装维修电工、中式烹饪和制冷设备维修四个方面内容的学习培训，提高基层中队后勤人员的科学文化知识和专业技能。　（钟立波）

附：领导班子成员名单

支队长：郑　烨（—2014.7）

　　　　李何荣（2014.7—）

第一政治委员：李安平

政治委员：徐　东

副支队长：苏建成　柳朝阳　王泽澍

副政治委员：陈荫洲（—2014.1）

　　　　　　王景卫

参谋长：曹文平（—2014.1）

　　　　田成勇

政治部主任：江中发（—2014.01）

　　　　　　王前坤

后勤部部长：杨　舒

武警韶关市消防支队

【概况】　武警韶关市消防支队，又称韶关市公安消防支队，成立于1987年1月1日，位于韶关市武江区工业东路23号，1992年9月加称韶关市公安消防局，下设司令部、政治处、后勤处、防火处4个部门，辖1个培训基地、10个大队、14个中队。承担着韶关市防火、灭火和应急救援任务。2014年，全市消防部队在省消防总队、市委市政府的统一领导，以防火减灾为工作目标，认真履职，攻坚克难，完成各项工作任务。全市消防部队共接警出动3567次，抢救遇险群众2000余人，保护财产价值8.5亿元，成功处置“6·16”农药货车侧翻泄漏事故、“8·13”京港澳高速天然气槽罐车泄漏事故等急难险重任务。涌现出南粤十佳消防卫士、“广东好人”张志明等先进典型，树立韶关消防的良好形象。

【班子队伍建设】　推进学习型党委班子建设，组织中心组集中学习、座谈会、研讨会18次，邀请市委党校等专家辅导6次。开展“正风肃纪、依法履职”专项教育，开展领导干部工作生活待遇问题专项清理整治。坚持“讲政治、顾大局、重团结、守纪律”的工作准则，部队上下风清气正，团结奋进，全市消防工作和部队建设整体推进，重点工作全部完成。2014年，支队连续第3年被总队评为“先进支队级党委”、“三争优”活动先进支队、执勤岗位练兵先进支队。

【政治思想工作】　开展“牢记强军目标、献身强军实践，永做忠诚消防卫士”主题实践教育活动，邀请驻地高校专家和部队内部优秀政工干部授课辅导5次；开设“红门教育网”论坛强军实践系列访谈，编发简报12期，组织专题讨论60多次；推动完成省级“示范荣誉室”“示范基层党组织”建设；落实《韶关支队干部激励、关怀和帮扶工作制度》，举办“老兵你好”座谈、开展“强警体”兴趣小组、“强军梦”一队一特色等活动，思想政治工作成效显著。

【火灾防控工作】　坚持政府主导，将消防工作纳入2014年政府年度工作要点，与20多个部门建立联勤联动、督查通报制度，联合开展专项行动30多次；建立“网格化”管理的“领导责任”“组织机构”“监督管理”和“考核督导”四大体系，100%街道、乡镇“网格化”管理达标，推行社会单位消防安全“户籍化分级分类”标准化建设，建立“重点突出、监管有序”精细化消防监管机制；推进“三制”改革，实施建设工程消防设计技术审查与行政审批分离。推出七项便民利民措施，提高行政审批效率，所有业务在法定范围内审批时间一律提速40%；开通重点工程“绿色通道”，取消前置条件，与相关职能部门实行并联审批。加强消防宣传，开放消防站、消防科普教育基地120余次，发放消防宣传资料60余万份。2014年，共发生火灾

2014年6月中旬，韶关支队官兵完成2014年度长途武装押解任务（武警韶关支队　供）

704起、死亡0人，受伤3人、直接财产损失1985.8万元。

【后勤保障工作】 加快推进基础建设。年内，3个消防站启动建设，6个大队营房完成改造工程，支队公寓房完成封顶，全市17处土地完成“两证”办理。优化车辆装备配备，新购16米高喷消防车、城市主战消防车、多功能抢险救援消防车等执勤车4辆，11个消防站消防车辆配备均达到“3+2”（1辆城市多功能主战消防车、1辆抢险救援消防车、1辆举高消防车和2辆水罐或泡沫消防车）标准。

【打造现代消防铁军】 深入开展铁军中队达标创建工作，全年创建9个星级铁军中队，2中队通过公安部消防局“二星级”铁军中队验收；推行日常实战化训练，规范灭火救援组织程序、灭火编队基本操法训练模式。建强高速公路隧道救援、野外山岳事故救援专业队伍，完善人员配置、创新操法编成和作战模式，开通电子政务外网、完成城市道路监控等接入工作，实现与社会联动单位资源整合共享、一键式辅助决策，部队灭火救援整体实力提升。

【张志明荣立一等功】 2014年3月，经广东省公安厅党委研究决定，给韶关消防支队武江区中队中队长张志明记一等功。张志明自入伍以来，爱岗敬业，严格要求自己，忠实履行职责，在本职工作中勤勤恳恳、任劳任怨，用实际行动铸就对党忠诚的誓言。2014年1月18日15时许，韶关市武江区惠民北路73号朝阳新村一民房发生火灾。接警后，他立即带领消防官兵赶赴现场救援。到场后发现火灾处于猛烈燃烧阶段，屋内有群众被困，并存放大量布料、木材和液化石油气瓶等易燃易爆物品。中队长张志明立即带领班长宋国庆冒着生命危险深入起火建筑内部救人。救人过程中，墙体在大火炙烤下突然坍塌，张志明瞬间被埋。被战友救出后，张志明带伤指挥战斗，成功救出5名被困群众，紧急疏散群众28人。17时08分，余火全部扑灭，此时张志明脸色惨白，左手一直扶着腰，战斗靴早被砸破，立即被送往医院，诊断为腰部严重受伤，腰椎左侧横突骨折。此次救援行动得到地方党委政府和广大群众高度赞誉，副省长、公安厅厅长李春生对消防官兵英勇救人的事迹予以批示肯定，韶关市委书记郑振涛、市长艾学峰高度评价消防官兵不畏艰险，英勇顽强。2014年8月，张志明作为广东省消防部队的唯一代表，被广东省文明办授予“广东好人”荣誉称号。2014年11月，张志明被广东省公安消防总队评为第五届“南粤十佳消防卫士”。同时，被韶关市委宣传部列为党的群众路线教育实践活动重大典型予以宣传。

【完成“6·16”农药货车侧翻泄漏事故】 2014年6月16日凌晨4时，一辆满载30吨含量75%的敌敌畏农药的大货车在行经韶关市乳源县坪乳线大桥加油站附近发生侧翻，导致瓶装农药倾洒，其中近1吨的敌敌畏因破损而洒落，少量农药流入大桥河（武江支流），威胁下游居民饮水安全，倾洒瓶装农药只能人工徒手转移。情况万分危急，韶关支队接警后，先后调动辖区乳源大中队、特勤中队、浈江一中队46名消防官兵，7辆消防车前往现场救援。经过14个多小时的连续奋战，现场未破损瓶装农药全部转移，完成救援任务，但7名消防战士因徒手连续作战出现有机磷中毒（无生命危险），有效保护人民群众的生命和财产安全。

【完成“8·13”京港澳高速天然气槽罐车泄漏事故救援】 2014年8月13日07时06分，一辆货车与一辆载有20.5吨液化天然气槽罐车行进至京港澳高速南行曲江服务区出口前发生追尾事故，货车上4名群众不同程度受伤被困，槽罐车大量泄露，严重威胁高速以及服务区、临近村庄安危。韶关支队接警后，先后调动曲江大中队、武江大队特勤中队40名指战员、6辆消防车赶赴现场救援。历经35个小时的奋战，排除危险，成功救出被困人员。 （邓高华　张身雨）

附：领导班子成员名单

支队长：袁奕之

政治委员：袁群庆

2014年6月9日，韶赣高速货车突发大火百万货物付之一炬。图为消防官兵在灭火现场（林相来　摄）

副支队长：彭河东　罗民军
副政治委员：何焕青
参谋长：邹勇群
政治处主任：贺　勇
后勤处长：李代友
防火处长：王楚斌

人民防空

【机构建设】　韶关市人民防空办公室（韶关市人民政府应急管理办公室）是市国防动员委员会的常设机构，也是市政府人民防空工作主管部门，正处级，内设综合科、工程与法规科（行政审批科）、指挥通信科、应急管理科（市政府值班室）。韶关市人防信息指挥保障中心为韶关市人民防空办公室管理的公益一类事业单位，正科级。2014年，韶关市人防办（市政府应急办）贯彻中共十八大、十八届三中全会和总书记习近平系列重要讲话精神，围绕市委、市政府关于“全面深化改革、推动振兴发展”的决策部署，把握军事斗争人防准备和全面提升应急管理水平的总要求，以深入开展党的群众路线教育实践活动为契机，着力加强人防核心能力、应急处理能力和服务经济社会发展大局能力建设，为建设幸福美好韶关做出积极贡献。

【指挥通信】　完成人防应急数字集群通信系统建设；开展重要经济目标防护工作和防空警报系统的定期检测维护工作，提高全市防空警报建设管理水平，9月18日，举办2014年市区防空警报试鸣暨人口紧急疏散演练；组织人防专业训练，先后组织指挥通信人员到仁化县、新丰县开展人防机动指挥所野外训练，并在佛山市参加人防机动指挥所集中训练，提升人防队伍遂行任务能力。

【人民防空工程】　坚持“应建尽建、应收尽收、以建为主、以收促建”的原则，落实行政审批和防空地下室建设工作；完成县级人防工程建设规划（初稿）编制工作，启动人防基本指挥所的续建工作；执行“结建”政策法规，设立“服务窗口”，做到报建程序、办理期限、办理结果、监督制度公开；6月，市人防办、发改局、物价局、财政局、住建局联合出台《关于贯彻落实省人防办等五部门〈关于明确新建民用建筑修建防空地下室标准的通知〉的实施意见》，进一步规范新建民用建筑修建防空地下室的管理工作；出台《关于加强我市人防工程防护设备定点生产企业管理有关问题的通知》，进一步加强人防工程防护设备质量管理；推进人防法治建设，9月下旬，市人防办联合市人大城建工委、财政、住建、物价等部门，组成联合执法检查组，对各县（市、区）政府进行人防联合执法检查，并以市政府办名义下发《关于全市人防联合执法检查情况的通报》；引入民间资本开发西河全民健身广场地下商业综合体（兼顾人防工程）项目建设，完成项目方案的论证和可行性研究报告评审工作，进一步推进人防建设与经济社会融合式发展。

【法制宣传】　加强人防法规政策宣传，编印《人民防空法规政策摘编》，下发给各县（市、区）政府和有关部门；结合年度防空警报试鸣活动，开展人防宣传教育工作，市电视台、电台多次播放《韶关市人民政府关于试鸣防空警报的通告》，以手机短信方式，向广大市民发送防空警报试鸣信息，信息量达27万条；深化人防知识教育进学校工作，与市教育局联合发文，组织对市区25间中学和各县（市、区）城区中学初中二年级学生开展人防知识教育，人防知识受教育率达到100%；深入开展人防应急知识教育进社区工作，选取武江区新华街道办新华南社区居委新辉花园小区为试点，挂牌成立人防应急知识教育进社区工作站，制作小区人员疏散路线图、指示牌和人防（应急）宣传栏，向小区业主每户配发一个应急包，并结合9.18防空警报试鸣，组织小区居民进行人员疏散演练，进一步提高广大市民的人防意识；利用电视、广播、报纸、网站等媒体开展人防宣传，与韶关电台、电视台、韶关日报社三家新闻单位共同做好全市人防应急工作会议、防空警报试鸣活动等人防新闻报道，自编出版5期《韶关人防信息》，制作5期人防宣传栏，《广东人防》用稿10篇，省级媒体用稿2篇，市级媒体用稿23篇，营造全社会关心人防、支持人防氛围。

【应急管理】　按照实现省、市、县互联互通的建设目标，启动县级应急指挥平台建设试点工作；完善“横向到边、纵向到底”的应急预案体系，完成《韶关市突发事件总体应急预案》的编制修订工作；完成《韶关市应急避护场所建设规划纲要（初稿）》编写工作；加强全市应急救援队伍的建设管理工作，先后制定印发《韶关市综合应急救援队伍建设的通知》《韶关市综合应急救援队伍建设三年规划》《韶关市基层综合应急救援队伍建设工作实施方案》《韶关市综合应急救援实施办法》《韶关市综合应急救援大队联勤联训制度》等一系列文件和制度；开展全市突发事件风险隐患排查工作，共排查和整改各类风险隐患944项，并落实整改和防范措施；主动协助处置突发事件，应对处置市第一中学高中部发生聚集性发热病例、翁源县铁龙林场发生聚集性细菌性胃肠炎病例等突发事件；做好应急宣传工作，开展以“加快基层应急管理能力提升，全方位推进应急服务均等化”为主题的“广东省百名应急管理专家进基层”活动；强化应急值守和信息报送工作，接收、处理各类信息900多条次，上报省应急办突发事件信息专报80期，落实省、市领导批示70多条。

【机关“准军事化”建设】　按照“准军事化”标准和省人防办制定的“人防工作目标管理考核标准”，以创建“六型”（学习型、法治型、创新型、体系型、融合型、服务型）人防机关为目标，全面加强人防机关思想政治、战备训练、业务素质、作风纪律、办公秩序建设，推进“准军事化”建设纵深发展。加强机关办公秩序管理，树立“军事管理区”标识牌，在办公楼内制作安装“准军事化”建设宣传栏；采取办公用品统一摆设、车辆统一划分区域停放、岗位标识牌统一摆放、上班作息统一考勤等措施，达到整齐划一的“准军事化”要求。

（郑　婵）

附：领导班子成员名单

主　任：黄庆忠（—2014.11）
罗海俊（2014.12—）

纪检组长：张力军（—2014.5）
伍　诚（2014.10—）

副主任：赖顺桃（—2014.8）
刘再辉　李志雄

2014年9月18日，在市区新辉花园组织人员疏散演练，图为演练中人员疏散的情景（雷炜　摄）

法　治

政法委及综治工作

【概况】 2014年，全市政法工作以中共十八大和十八届三中和四中全会及总书记习近平系列讲话精神为指导，围绕创建“平安韶关”这一目标，深入开展“社会矛盾化解年”工作，完成各项任务。人民群众安全感得到增强，满意度进一步提升，均位列全省第二位，在创建平安广东暨综治工作考评中被评为优秀等次，为全市经济社会发展营造良好的社会环境。2014年，市委政法委机关行政编制25名，后勤服务人员3名，机关总编制28名。市委政法委员会、市社会管理综合治理委员会办公室、市委防范和处理邪教问题领导小组办公室合署办公；内设7个职能处、科、室：政治处、办公室、执法督查室、维稳工作科、社会管理综合治理科、市委防范办调研指导科和综合业务科。

【继续深化“平安细胞”创建活动】 以镇（街）以下的基层社会细胞为基本元素，推动各地深入开展平安村（居）创建活动。乐昌市从“创新社会管理、实现安定有序，加强基层治理、夯实平安基础”等七个方面整体推进，形成“廊田模式”；始兴县、乳源县以平安家庭创建为抓手，推进平安创建。南雄市在“十无四增强”标准的基础上，结合镇村美化亮化项目推进高标准示范点建设。各行业主管部门把“平安细胞”创建当作抓服务、保平安、促发展的重要平台。2014年，全市命名市五好文明家庭160户、平安家庭100户、“书香之家”22户，推荐获省“最美家庭”称号31户。在全市范围内建立公共服务站104个、社区警务室166个、社区卫生站82个、计生服务室173个、“星光老年之家”74个、残疾人康复场所73个、文化站112个、图书室199个、档案室199个。

【深入开展平安创建舆论宣传】 坚持“每月一主题，年底达高潮”的工作思路，紧扣“群众安全感”“提升政法工作群众满意度”两个指标，通过制作播放公益广告、电视专题片，制作“平安韶关”画册，增设“平安韶关”专栏，组织系列访谈报道，创办《平安韶关》刊物，丰富“韶关平安办微博”内容，开通“韶关平安办微信”等形式，加大对平安创建工作宣传力度。发布“韶关平安微博”779条，粉丝34922人，韶关日报刊发公益广告125次，市电视台、市广播电台播放播报公益广告1075次、980次，出版《平安韶关》季刊三期，发稿180多篇，报道37个单位推进平安创建亮点措施，其中4篇被省《平安信息》采用，7篇被《平安广东》杂志采用。

【开展专项治理】 加强对治安重点地区和突出治安问题的排查整治。翁源县作为2014年韶关市市级挂牌整治社会治安重点地区，整治效果明显，成功通过验收。以粤北医院、市第一人民医院、市中医院为重点开展打击医托专项治理工作。相继开展“打击盗伐滥伐林木专项行动”“2014天网行动”等一系列打击盗伐滥伐林木专项治理行动。办理各类涉林案件1187起，侦破、查处955宗，其中立刑事案件297宗，破110宗；受理林业行政案件888起，查处843起；受理治安案件2起，查处2起。依法打击、处理各类违法犯罪人员1684人（次），其中刑事拘留112人，批准逮捕34人，移送起诉57人。林业行政处罚1525人，依法收缴木材6500立方米，为国家挽回直接经济损失500多万元。加强肇事肇祸等严重精神障碍患者服务管理。全市共登记建档重性精神病人19061人，检出患者管理类81.51%，各项指标达到国家标准。加强学校及周边治安综合治理，共排查校园内部安全隐患164处，整改隐患114处，排查校园周边治安乱点79处，整治乱点64处。全市934所中小学校、幼儿园配备保安员的有758所，其中专职保安员576人；配备防护装备设施2211件。加强“三电”设施安全保护工作，全市共检查涉电重要部位187个、重要设施235处，及时发现整改安全隐患56起。严打涉电违法犯罪，成功侦破省公安厅“2·12”督办案件，抓获犯罪嫌疑人3名。

【持续推进立体化社会治安防控体系建设】 不断加强群防群治队伍建设，印发《韶关市区常态化反暴恐机动武装巡逻规范》，全市共有7000多社会力量参与到义务巡防队伍当中。加快推进社会治安视频监控系统建设。2014年，共建成一类点3000个，完成104个高清卡口招标建设，已建成二类视频点共14052个。加强城乡社区村庄和单位、行业场所防控网建设。夯实基层派出所和城乡社区力量建设，推动“警力下沉”工作。全市144个派出所，共划分154个社区网格和1159个行政村网格，共设立城市社区警务室64个，配备社区民警116人，设立驻村警务室68个，配备驻村民警79人。

【创新基层社会治理】 打造“一办多平台（多场所）”的基层社会治理工作平台模式，构建完善“党委领导、政府负责、社会协同、公众参与”的基层社会治理格局，全市各地初步建成以网上办事大厅为龙头，集行政服务中心（镇便民服务中心、村便民服务站）、公共资源交易中心（农村“三资”交易平台）和效能监察系统于一体的综合性政务服务平台。108个镇（街）建成便民服务中心100个，其中与综治信访维稳中心合署办公的有15个，单独或与政府其他部门合署办公的有85个；全市1435个村（居）设立便民服务站708个。

【主动预防不稳定因素】 坚持“定期排查与动态排查”相结合，做到“每周一小排，每月一大排”。2014年，市本级在五大领域共排查出不稳定个案295宗，到年底已全部化解，化解率100%；县级层面排查的不稳定个案化解655宗，化解率99.1%。健全每月、每季度、每半年和全年维稳形势研判会制度，每月由市委常委、政法委书记张志才主持召开，每季度由市委副书记陈向新主持召开，每半年和全年由市委书记郑振涛主持召开。对本地本领域社会稳定突出问题和苗头性、倾向性问题进行调研。《关于解决资源枯竭型城市企业职工养老保险基金支付风险历史遗留问题的探讨——以韶关为例》等五篇调研文章选报省委维稳办参评。其中，《组织起来，切实维权充分发挥工会在维稳中的重要作用》得到省委维稳办的重视。落实重点项目社会稳定风险评估机制。2014年，全市准予实施的37项重大工程项目均未发生因决策不当引发影响社会稳定的重大问题。落实教育稳控措施，确保“两会”、劳动节、“6·26”、“7·5”、国庆节、中共十八届四中全会、APEC会议等重要节点的社会稳定。

【化解社会矛盾纠纷】 进一步完善大调解工作机制。2014年，全市新增人民调解委员会20个，企业调解委员会12个，“医调委”2个，物业调解组织1个，个体工商协会调解委员会3个，实现调解组织全覆盖。全市调处化解矛盾纠纷13108件，调解成功12973件，调解成功率达98.97%。市“交调委”调处道路交通事故纠纷438件；市“医调委”调处医患纠纷23件。全市通过调解撤诉方式办结各类案件5227件，解决争议标的7.09亿元。通过诉前联调机制调处纠纷194件，达成调解协议194件，司法确认82件，其中81件全部履行完毕。

【推进反邪教育阵地建设】 围绕平安创建和精神文明城市创建等重点工作，开展“防邪知识进家庭”“防邪教法治宣传周”“无邪教创建示范工程”以及反邪教警示教育等活动，组织广大党员在远程教育网上收看反邪教宣传教育，组织专人编制印发《图解邪教“全能神”》和《邪教“全能神”残害生命十大案例》等彩印挂图各3000套，并在韶关日报、韶关电视周报、韶关民生网登载《关于防范“全能神”邪教的一封信》，在各地各部门、企事业单位、学校、社会团体开展反邪教广泛宣传。

【开展坚决纠正涉法涉诉中损害群众利益行为专项行动】 按照市委党的群众路线教育实践活动领导小组的部署和省委政法委关于《坚决纠正涉法涉诉中损害群众利益行为专项行动方案》要求，制定《韶关市2014年深入开展坚决纠正涉法涉诉领域中损害群众利益行为专项行动方案》，组织开展坚决纠正涉法涉诉领域中损害群众利益行为专项行动，维护广大人民群众的合法权益。通过开通“司法公开专栏”、成立督导小组、健全“信、访、网、电”一体化接访网络、建立巡回法庭及村（居）法官工作室、加大司法救助力度等方法，抓好整改落实，增强执法司法透明度。对12名困难群众进行司法救助，救助金额47.4万元。查处办“人情案”“关系案”“金钱案”等问题，把解决涉法涉诉信访问题纳入法治轨道。共查处民警违法违纪案件2起3人，处分民警3人，诫勉谈话9人。

【开展涉法涉诉信访改革】 做好涉法涉诉信访案件的统计分析，重点剖析涉法涉诉信访案件的特点、形成的原因，处理涉法涉诉信访案件的措施和对策，形成《2013年韶关市涉法涉诉信访案件统计分析情况报告》。部署开展涉法涉诉信访工作改革，组织韶关大学法学院教授讲解中共中央办公厅、国务院办公厅印发的《关于依法处理涉法涉诉信访问题的意见》。结合韶关实际，起草《韶关市关于进一步做好涉法涉诉信访工作的意见（征求意见稿）》。引导涉法涉诉信访人通过法律途径解决诉求。全国“两会”期间，共排查涉法涉诉信访案件139宗，其中集体访4宗；处置化解涉法涉诉信访案件83宗；稳控涉法涉诉信访重点人员50人。

【稳妥推进司法体制改革】 完善司法公开制度，推进“三大平台”建设，实现生效裁判文书在《中国裁判文书网》上公开。开通信息化审判流程查询系统，共建成15个数字法庭。开发电子卷宗加密拷贝系统，建立总结性法律文书公开制度。推进量刑规范化改革，完善审判委员会、检察委员会工作机制，建立检察长列席同级审判委员会制度。开展社区矫正机制，建成市、县两级社区矫正人员监控平台，推进一村（社区）一法律顾问工作，实施法律援助与人民调解相互衔接制度。推动法院、检察院人财物的统一管理，开展法官、检察官资格摸底调查。落实劳教制度废止后劳教场所的转型改造，市劳教所整体搬迁，并更名为强制戒毒所。

【推进政法网二期工程建设】 对政法三四级网络项目的网络设备安装和电路进行检查和测试，检查全市30个政法单位和5个县（市、区）15个镇的43个四级站点，验收全部合格。对全市57个政法部门机房建设方案进行调研审核和调整。组织协调运营商对全市三四级网点进行认证签收。组织韶关电信分公司对各县（市、区）综治中心和司法所人员电脑 Windows 系统操作使用业务培训。完成《韶关市政法信息网（二期）工程建设项目可行性研究报告》的编制和评审，并于 12 月 17 日通过立项申请。完成“韶关政法信息网共享平台建设项目”的硬件设备、软件系统、安全体系（电子密匙身份认证）等的安装工作。

（罗　平）

附：领导班子成员名单

书　记：张志才

副书记、市综治办主任：赖佩养

副书记、纪检组组长：霍志武

副书记、市委防范办主任：曾　洪

市委防范办主任：吴文丽（—2014.9）

市委防范办副主任：肖建鸿

政治处主任：李江南

公　安

【概况】　韶关市公安局位于武江区西联百旺大道 1 号，是市政府主管全市公安工作的职能机构。2014 年，全市有 10 个县级公安机关，1 个行业分局（森林分局），公安民警 4399 名。市公安局下设二级部门 34 个（含浈江、武江分局），有民警 1952 名。2014 年，市公安局以提升打击犯罪能力、治安管控能力、服务群众能力和应急处突能力为目标，推进平安韶关建设，坚持把维护国家安全和社会大局稳定作为首要任务，狠抓矛盾纠纷排查化解，开展“六大专项”打击整治行动，打击各类违法犯罪活动，为维护全市社会平安稳定做出贡献。

【维护社会稳定】　开展矛盾纠纷排查化解年活动，排查化解各类不稳定因素。围绕十八届四中全会、北京 APEC 峰会等重大活动开展维稳安保工作。强化反恐处突实战演练，重点加强对公共区域和人群密集场所的处突演练。

【公安保卫工作】　做好重大活动安保工作，检查落实安保措施，完成 2014 年龙舟赛、第三届青岛啤酒节、韶关市第十四届运动会、2014 年徒步穿越丹霞等大型群众性活动安保任务。

【六大专项行动】　开展打击涉毒、涉黄赌、涉食药假、涉电信诈骗和银行卡、涉车、涉枪违法犯罪的“六大专项行动”，破获一批大案要案。

【社会治安重点地区整治】　加强社会治安重点地区的整治工作。年内，选定翁源县为社会治安重点整治地区，通过重点整治，翁源县全年破获“两抢一盗”案件同比上升，打掉“两抢一盗”犯罪团伙数同比上升，如期完成整治任务。确定乐昌市为涉爆重点整治地区，开展非法制贩爆炸物品专项整治行动，取得良好成效。

【社会治安防控体系建设】　采取公开巡逻和便衣伏击等方式，最大限度将警力压上路面。整合保安员、治安员、协管员等群防群治力量，形成治安防控合力。如期完成社会治安视频监控系统三年（2012—2014 年）规划建设，全市新增治安视频监控点 3 万余个。

【平安细胞建设】　开展“护校安园”行动，对中小学、幼儿园集中开展安全隐患检查，整改校园内部安全隐患 164 处，整治校园周边乱点 64 处。创建平安医院，查处涉医治安案件，维护医院平安。加强重点单位内部治安保卫，推广安装重点单位人员来访信息登记系统，完成金融网点技防建设审批验收。加强特种行业、社会组织的管理，完成旅馆业和娱乐服务场所等级评定工作，落实旅馆业住宿登记制度，堵塞安全管理漏洞。

【交通安全管理】　加强道路交通事故预防工作，明确省市县三级督办整治路段，开展危险路段排查整治。加强源头治理，督促落实运输车辆例检、驾驶员安全例会等制度。强化道路交通秩序整治，开展机动车涉牌涉证违法行为集中整治百日行动暨“春雷行动”等专项行动。牵头开展对“黄标车”及老旧车的治理工作，淘汰黄标车和老旧车完成率全省排名第一。推进超标电动自行车登记上牌工作，登记上牌电动自行车 6 万多辆。重新在市区 30 条主干道规划自行车道，完善自行车标志牌，施划新自行车道 6.3 公里。

【户籍管理】　推进户籍制度改革，提请市政府颁布实施《韶关市户籍管理规定》，制定《韶关市户籍管理规定实施细则》，完善流动人口居住证制度，开展户口登记管理专项清理整顿，推进居住证门禁加视频功能应用，提升人口服务管理水平。

【出入境及往来港澳管理】　继续推行网上申请、电话申请、短信申请、邮政速递申请、双向速递、自助机申请等申请方式，开通“广东警民通——出入境连线”手机软件申请服务。完成出入境电子双程证启用工作，全年受理通行证 33 万余份，其中受理电子港澳通行证 16 万余份。

【执法规范化建设】　建立健全执法标准体系，完善涉案财物管理、不捕不诉案件报备制度。加快执法办案场所改造，完成全市部分执法办案场所改造。推行法制员制度，专职、兼职、派驻法制员达 100% 配备率。建立领导干部集体学法制度，加强民警执法培训，组织 600 多名民警参加执法资格考试。

【深化公安改革】　成立市公安局全面深化改革领导工作小组，推进各项公安改革工作。推进派出所勤务模式改革创新，在市区派出所设立“三队一室”（“三队”：办案民警队、巡逻民警队、社区民警队；“一室”：内勤室）。推动交警勤务模式转变，重新划分乐广、京港澳、韶赣高速公路大队辖区。创新恶劣天气下高速公路交通管理模式，被公安部推广制定《韶关市公安局警力下沉工作实施方案》，将市局部分民警安排到浈江、武江分局的城区派出所工作。

【警察公共关系建设】　成立韶关警察协会，创办会刊《韶关警察》。开展典型选树活动，推出全国公安机关爱民模范何万松、南粤消防十佳卫士张志明等模范人物。

【深化公安改革】　制定《韶关市公安局警力下沉工作实施方案》，将市局部分民警安排到浈江、武江分局的城区派出所工作。

【公安便民服务】　开展扶贫“双到”工作，加强帮扶村基础设施建设，做好帮扶对象乐昌市吴塘村的脱贫工作。做好网络问政工作，及时处理网上咨询、投诉、举报等事项。优化办事流程，采取开通驾驶证补换证业务、当场制发驾驶证等便民利民措施，方便群众办理车驾管业务。

【党风廉政建设】　开展“正风肃纪、依法履职”教育整顿和纪律教育月活动，开通“12389”投诉举报电话。落实中央八项规定和党风廉政建设有关规定，制定贯彻落实《建立健全惩治和预防腐败体系2013—2017年工作规划》的实施办法和分解落实党风廉政建设反腐败工作任务。加强廉政风险防控，排查梳理岗位风险点，建立和完善廉政风险防范制度。配合省厅巡视组对市县公安机关开展巡视。

【从优待警】　加强民警心理健康服务工作，开展民警思想状况调查分析，组建韶关市民警心理工作教官团队，建立完善韶关市民警心理健康档案。强化从优待警，继续落实民警医疗、休假、维权、救助制度。开展“解警困，暖警心”救助活动，救助困难民警225人。为3批16名民警发放市局救助金。

【队伍实战训练】　组织开展全市公安机关依法使用武器警械专项训练，培训民警3700人。开展岗位培训，先后举办交通事故处理、刑事技术、“特警五项”等警种专业培训班，培训民警947人。开展辅警队伍集中教育整顿，共培训辅警1441名。

【警营文化建设】　开展各类警营文体活动，市公安局警官乐团在全市“百歌颂中华”比赛中获得二等奖；参加全市党的群众路线教育实践活动主题演讲比赛，荣获第一名；在第八届韶关“市长杯”篮球赛中成功卫冕；在韶关市2014年干部职工运动会中，收获6个冠军、3个亚军；市公安局广播体操队代表韶关市参加广东省百万职工第九套广播体操比赛，获得全省一等奖。（汤文科）

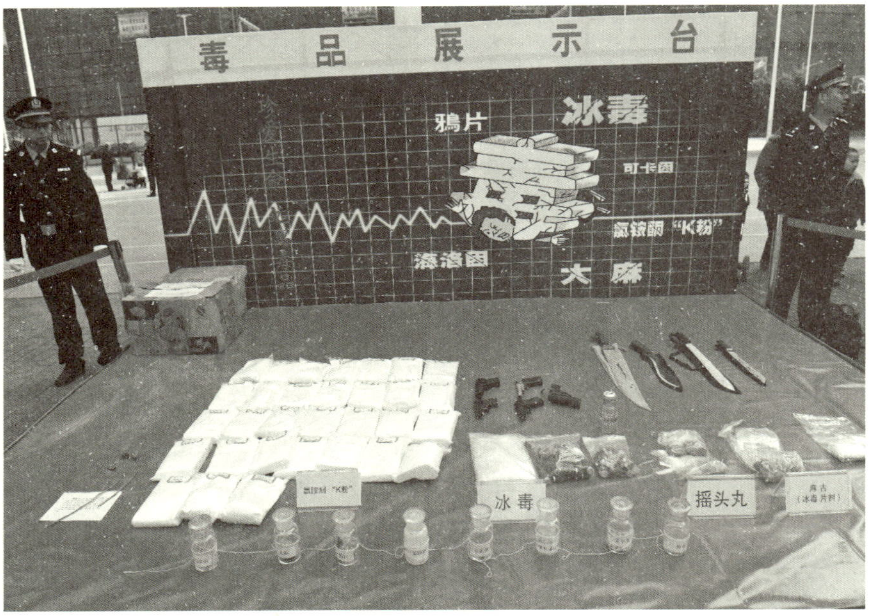

2014年1月4日，韶关市公安局在西河健身广场举行“雷霆扫毒”集中宣传活动，图为缴获毒品展示（张荣　摄）

附：领导班子成员名单

党委书记、局长：李安平

党委副书记、副局长：康志坚　赵　峰

党委委员、副局长：鲁粤关　刘国强　黄海林　谢玉田

党委委员、纪委书记：吴梓章

党委委员、政治处主任：张韶梅

党委委员、消防局局长：袁奕之

检　察

【概况】　韶关市人民检察院现管辖武江、浈江、曲江、乐昌、南雄、乳源、新丰、翁源、仁化、始兴10个县（市、区）检察院，及广东省乐昌中山地区人民检察院、广东省韶关黄岗地区人民检察院2个派出检察院。市检察院内设政治处、监察室（与市纪委驻检察院纪检组合署办公）、办公室、反贪局、反渎局、侦查监督科、公诉科、案件管理中心等21个机构，共有检察干警118人，其中领导班子成员8人。检察干警全部具有大专以上学历，其中，研究生学历8人，占干警总数的6.78%；本科学历93人，占干警总数的78.8%；检察员77人，占干警总数的64.2%；助理检察员18人，占干警总数的15.3%。

【反腐败工作有新突破】　开展查办和预防发生在群众身边、损害群众利益职务犯罪和危害生态环境职务犯罪专项工作，立案查办职务犯罪188件203人，查办处级以上干部11件11人。其中反贪部门立案158人，同比上升25.4%，反渎部门立案45人，同比上升12.5%。依法查办原乐昌市委书记李维员、原乐昌市委常委黎海华等人涉嫌贪污贿赂、买官卖官职务犯罪系列案。

【平安韶关建设有新成效】　批准逮捕各类刑事犯罪案件1742件2484人，提起公诉1884件2811人。其中，批准逮捕故意杀人、故意伤害、强奸、绑架等严重暴力犯罪290人，提起公诉368人。突出打击市场经济犯罪，批准逮捕破坏社会主义市场经济秩序犯罪134人，妨害社会管理秩序犯罪1053人。

【诉讼监督有新实效】　依法监督公安机关立案92人，监督公安机关撤案57件，纠正漏捕犯罪嫌疑人170人，纠正漏诉192人，支持抗诉11件，开展羁押必要性审查83人。抓好"破坏环境资源刑事犯罪、食品药品安全犯罪立案监督"专项活动，监督行政执法机关移送相关案件83件，监督公安机关立案9件。开展违法减刑、假释、暂予监外执行专项检察，建议将暂予监外执行条件消失的10名罪犯依法收监。开展清理久押不决案件专项活动，清理2007年被羁押的犯罪嫌疑人李少敏等11人贩卖、制造毒品案。加强民事行政申诉案件监督，受理各类民事行政申诉案件266件，提请抗诉24件，改判8件，向有关单位发出督促履职检察建议75件。

【检务公开有新举措】　保障人民群众参与司法活动权益，制定《韶关市人民检察院阳光检务活动方案》，将阳光检务延伸到执法办案全过程。制定《韶关市人民检察院关于支持律师工作的意见》，在全市案件管理中心安装电子卷宗加密拷贝系统，实行光盘拷贝阅卷，为律师开展工作提供良好服务。完善公开审查、公开答复等制度，制定《韶关市人民检察院民事行政监督案件公开审查规则》，推进刑事申诉案件公开答复制度，举行申诉人刘国兴不服检察机关不起诉刑事申诉案件公开答复，促成双方达成刑事和解协议，实现息诉罢访。推行检察机关案件信息公开系统，2014年10月起，全市检察机关案件信息公开系统正式上线运行，公众可以登录案件信息公开网查询相关案件信息和生效法律文书。

（王　粤　官建文）

附：领导班子成员名单

党组书记、检察长：阙定胜（—2014.12）

党组书记、代检察长：曾伊山（2014.12—）

党组副书记（分管常务工作）、副检察长：温洁麟

党组副书记（2014.9—）、副检察长（2014.12—）：赵　峰

副检察长：冯应昌　李再丰　傅泽熙

纪检组组长：沈明河

政治处主任：吕文清

审　判

【概况】　韶关市中级人民法院成立于1950年，是国家审判机关，依法独立行使审判权。2014年，韶关市中级人民法院共有干警156人，其中政法编制130人，职工3人，合同制后勤服务人员23人。现设副处级内设机构1个，即政治处；直属机构1个，即司法警察支队；设正科级内设机构15个，即监察室、培训科、刑事审判第一庭、刑事审判第二庭、民事审判第一庭、民事审判第二庭、民事审判第三庭、行政审判庭、审判监督庭、立案庭、信访科、执行局、研究室、办公室、司法行政科。辖10个基层人民法院，即浈江区法院、武江区法院、曲江区法院、乐昌市法院、南雄市法院、仁化县法院、始兴县法院、翁源县法院、新丰县法院、乳源瑶族自治县法院。基层法院派出人民法庭21个。基层法院共有干警753人，其中政法编制606人，事业编制21人，合同制服务人员126人。2014年，韶关市两级法院贯彻落实中共十八大及十八届三中、四中全会精神，开展党的群众路线教育实践活动，围绕全市工作大局，发挥审判职能作用，为促进韶关法治建设、社会稳定、经济发展提供司法保障。全市法院受理各类案件32051件，办结31063件，同比分别增长1.58%和0.05%，法定审限内结案率为98.74%。

【刑事审判】　全市法院受理各类刑事案件2079件，审结2042件。依法严惩严重暴力犯罪和多发犯罪，进一步增强人民群众安全感，共审结杀人、抢劫、绑架、强奸等严重刑事犯罪案件518件762人，盗窃案件252件388人。依法惩治贪污、贿赂、渎职犯罪，审结职务犯罪案件131件159人，推动反腐败斗争深入开展。严格证据要求和证明标准，严守防范冤假错案底线，1名被告人被依法宣告无罪。落实宽严相济的刑事审判政策，依法对538名被告人适用缓刑。贯彻"教育、感化、挽救"方针，未成年罪犯非监禁刑适用率达47.12%。

【民事审判】　全市法院受理各类民商事案件13862件，审结13050件，一审民商事案件结案标的金额21.21亿元。审结婚姻家庭、继承纠纷案件2841件；妥善调处416件劳动争议案件，农民工916万元欠薪通过诉讼得以追讨；依法保护交通事故受害方的人身权和财产权，审结此类赔偿纠纷案件1223件；化解医患矛盾，维护医患双方合法权益，审结医疗纠纷案件21件。平等保护各类市场主体的合法权益，审结各类商事纠纷案件5787件。审结房地产开发、房屋买卖、拆迁等各类房地产纠纷案件216件。服务新农村、美丽乡村建设，审结农村土地征用、宅基地使用权、土地承包、相邻纠纷等案件128件。

【行政审判】　全市法院受理各类行政案件461件，审结456件。在审判工作中，坚持监督与支持并重，规范公权力行使，加强与政府部门的良性互动，邀请有关执法人员旁听行政案件庭审，

促进依法行政。同时，进一步畅通诉讼渠道，依法保护行政相对人诉权，并做好行政案件协调和解工作，推动行政争议实质解决。在已审结的343件一审行政案件中，维持具体行政行为的68件，判决行政机关履行法定职责、确认具体行政行为违法、撤销或变更具体行政行为的66件，经做协调和解工作后撤诉的116件。

【案件审判结果执行】 全市法院受理执行案件5474件，执结5340件，执结标的金额6.88亿元。相继开展清理涉民生执行案件、转变执行工作作风、规范执行行为、打击拒绝执行法院生效裁决违法行为等专项活动，推动执行工作的开展。强化执行工作措施，依法制裁规避执行行为，予以司法拘留、罚款、限制出境142人。集中清理追索劳动报酬、工伤损害赔偿、抚恤金、赡养费、抚养费等涉民生案件1861件，执结标的金额1960万元。

【服务大局】 依法审理一批事关全市发展大局的重大、敏感案件，为党委、政府分忧解难。如市中院稳妥推进韶关市工具厂、韶关印染总厂、韶关机械厂等破产案件审理工作，配合韶关城市综合体、"三旧改造"项目的建设。加强司法建议力度，发出司法建议348份，促进相关部门健全工作机制。

【司法为民】 全市法院不断提升立案窗口服务水平，加强便民设施建设，开展创建"文明窗口"活动。初步实现诉讼流程信息网上查阅，当事人"足不出户"即可查阅案件进展情况。推进法制教育进机关、进校园、进企业、进社区、进乡村，开展法制宣传活动167次，举办"法庭开放日"52次，引导公众增强法治意识。在乡镇、乡村设立"法官工作室""法律服务室"，张贴巡回立案公告，发放便民联系卡，采用就地立案、预约立案、先行调解等多种方式，开展巡回立案、巡回审判，方便群众诉讼。加大司法救助力度，为经济确有困难的338件民事、行政案件当事人缓、减、免交诉讼费用238万元，确保经济困难群众打得起官司。办理16宗案件42名特困申请执行人的救助申请，已发放救助款57.4万元，使一批特困申请执行人得到及时救助，缓解社会矛盾。对于符合条件的刑事被告人，协调法律援助机构指派律师为其提供辩护。健全纠纷化解机制，通过调解撤诉方式办结各类案件6152件，解决争议标的9.59亿元，全市法院民事一审调撤率达50.52%。推动人民调解、行政调解、司法调解等相结合的大调解格局的构建，建立行业协会参与民商事案件调解机制。全市通过诉前联调机制调处纠纷222件，达成调解协议213件，司法确认95件，其中94件全部履行完毕。

【加强案件质效监督】 不断强化审判监督与案件质效管理，着力提升司法公信力。坚持实事求是、有错必纠的原则，发挥审判监督职能，依法启动再审程序，全市法院受理再审案件54件，审结48件，依法改判、发回重审30件。开展审务督察，定期召开全市法院院长参加的审判态势运行分析工作会议，开展案件质量、庭审和裁判文书"三评查"活动，推行二审发改案件评析制度，加强案例指导，统一裁判尺度。通过采取一系列有效措施，全市法院案件质效有明显提升，各基层法院11项案件质效核心指标平均达标数，从一季度的5.7项上升到全年的9.3项。

【主动接受人大监督】 重视并主动接受各级人大的监督，及时向人大及其常委会报告法院重要工作开展情况。市中院向市人大常委会和有关委员会作专题报告《中华人民共和国法官法》《广东省信访条例》贯彻实施情况、涉法涉诉信访工作情况，并落实调研、检查和指导意见。年初市中院组成8个由班子成员带队的工作组，分赴10个基层法院与当地部分人大代表座谈，征求意见和建议，对征集到的意见、建议梳理归纳、整改落实。加强代表联络工作，邀请代表视察法院工作、参与案件评查、庭审观摩、调解和执行等活动1190人次。

【主动接受各界监督】 接受检察机关法律监督，审结检察机关抗诉案件23件，依法改判、发回重审14件。接受政协委员、司法监督员和新闻媒体监督。全市人民陪审员由上一年度的178名增至360名，完成人民陪审员倍增计划，同时改进参审机制，确保人民陪审员的知情权、表达权和监督权，全市人民陪审员参审案件1934件。

【司法公开】 重点推进审判流程公开、裁判文书公开、执行信息公开三大平台建设，初步构建起"开放、动态、透明、便民"的阳光司法机制。市中院制定《互联网公布裁判文书实施细则》，全市法院均实现生效裁判文书在中国裁判文书网上公开，共上传生效裁判文书15225份，取得良好效果。全市法院加强信息化建设，以门户网站为平台，开辟"司法公开"专栏，开通信息化审判流程查询系统，共建成15个数字法庭，有6个法院开设法院官方微博，一些法院已尝试通过微博直播庭审。及时准确录入执行案件信息，在门户网站公开执行案件查询、执行动态等方面内容，利用"全国法院失信被执行人名单库"发布573名失信被执行人名单，对失信被执行人在信用上予以惩戒。

【司法改革】 建立和完善信访复查制度、裁判者负责机制、分级负责制度、联动处理机制、信访终结制度、司法救助制度等六项涉诉信访长效工作机制。市中院出台《韶关法院涉诉信访工作流程》，进一步规范涉诉信访工作。围绕"由审理者裁判，由裁判者负责"这一审判权运行机制改革思路，探索推行审判长负责制改革，逐步建立权责统一的审判运行机制，让法官依法独立公正行使审判权。如市中院对争议标的金额5万元以下、部分交通事故损害赔偿、家事纠纷案件以及调解、撤诉、合议庭形成一致意见的民事、行政一、二审纠纷案件试行由审判长直接签发法律文书，审判长签发法律文书700余份，约占民事、行政一、二审纠纷案件的四成。还创新、试行案件评查工作机制、错案防止、纠正、责任追究机制、中院审委会委员列席基层法院审委会讨论制度、建立专业合议庭、案件定向指导制度、实行院长办案制、完善法官考核体系等工作机制。

【法院干部学习培训】　及时组织干警研究学习新法与司法改革动向，提高法学理论水平与熟悉当前司法政策，促进业务能力提升。市中院共举办全市法院业务研讨、案例分析、法官讲坛等各类业务培训22期，共有613人（次）参加，组织全市干警参加上级法院各类业务培训31期2514人（次）。全市法院涌现出先进集体和个人，14个集体和26名干警受到市级以上表彰奖励。其中，乐昌坪石法庭被评为全国人民法庭工作先进集体，万靖被评为全国法院优秀法官。

（陈东阳　彭　辉）

附：领导班子成员名单

党组书记、院长：刘曙光
党组副书记（分管常务工作）、副院长：张海力
党组成员、副院长：黄秋雄
党组成员、纪检组组长：张旗胜
副院长：宋良锋
党组成员、副院长：刘　斌
党组成员、政治处主任：谢庆文
党组成员、执行局副处级局长：谭伟才

司法行政

【概况】　韶关市司法局是主管司法行政工作的人民政府工作部门。2014年，行政编制41个，在职公务员38人。内设机构包括政治处、纪检监察室、办公室、计财装备科、宣传教育科、基层工作管理科、公证律师管理科、司法鉴定管理科、戒毒工作管理科和社区矫正科等10个。直属单位3个：韶关市强制隔离戒毒所，有干警和工作人员71人；韶关市法律援助处，有工作人员12人；韶州公证处，有工作人员14人。2014年，市司法局落实司法行政改革工作任务，推进公共法律服务体系建设，发挥法治宣传育民、法律服务便民、人民调解和民、法律援助惠民和安帮矫正安民等职能作用，在保障和促进平安韶关、法治韶关建设中取得新成效。先后获得全国“六五”普法中期工作先进单位、广东省第一届人民调解员调解技能大赛组织奖等荣誉称号，韶州公证处被评为广东省“巾帼文明岗”。

7月29日，省法院党组成员、副院长徐春建（右三）参加韶关中院群众路线教育党组民主生活会（市中级人民法院　供）

【构建公共法律服务体系】　2014年，市司法局贯彻落实省委、省政府和省司法厅的统一部署和要求，推进构建覆盖城乡的公共法律服务体系工作。9月4日召开全市司法行政机关负责人参加的专题工作会议，印发《韶关市司法局关于构建公共法律服务体系的实施方案》，对全市司法行政系统推进构建公共法律服务体系工作进行动员和部署，并以翁源县和仁化县为试点推动“公共法律服务实体平台（公共法律服务中心）”建设。12月31日，“翁源县公共法律服务中心”和“仁化县丹霞街道公共法律服务中心”正式挂牌运作。该两公共法律服务中心集法律援助、公证业务、律师业务、人民调解、社区矫正、安置帮教、法律咨询、法制宣传等功能于一体，为广大人民群众提供“一站式”的法律服务。按照《韶关市司法局关于构建公共法律服务体系的实施方案》规划，到2015年，全市将完成构建公共法律服务体系基础性工作；到2020年，公共法律服务实体和信息化平台网络将覆盖全市城乡，服务对象覆盖各类人群。

【一村（社区）一法律顾问试点工作】　2014年，市司法局根据省委办公厅、省政府办公厅《关于开展一村（社区）一法律顾问工作的意见》及市领导的批示精神，把一村（社区）一法律顾问工作作为构建公共法律服务体系的重要举措加以推进。7月15日起草完成并以市委办公室、市人民政府办公室的名义印发《韶关市贯彻落实〈关于开展一村（社区）一法律顾问工作的意见〉工作方案》。7月16日，召开全市一村（社区）一法律顾问工作动

员大会，并确定乐昌市和仁化县为工作试点。8月底，市司法局和市律师协会组织49名律师与乐昌市和仁化县两个试点的350个村（社区）签订法律顾问合同。截至当年12月，村（社区）法律顾问为313个村、1137名群众提供法律服务1324件（次），接访咨询951件（次），出具法律意见书17份，调解纠纷109件，参与法律援助9件，上法制课111次。

【法治宣传育民工程】　推进法治宣传方式载体创新。3月13日开通“韶司在线”政务微博，运用新媒体产品开展法治宣传；推进领导干部和公职人员无纸化学法考试系统全面应用，11月18日首次运用该系统进行全市公职人员年度学法考试；利用“一村（社区）一法律顾问”“民主法治村（社区）创建”等工作平台，在具体法律服务和法治创建活动中开展普法教育；指导、协调各市直机关和部门按照“谁主管谁负责”“谁执法谁普法”原则开展各项专题法治宣传活动50多场次。全市重点普法对象学法率均达80%以上，领导干部、公职人员学法率近100%。

【法律服务便民工程】　构建市律师行业协会与公、检、法等机关的良性互动关系，加大律师执业权益保障和律师违法违规执业的惩戒力度；公证业务领域得到进一步拓展，举办公证开放日活动，让公证工作更加亲民、便民，全市办理公证14892件；持续抓好司法鉴定机构能力验证工作，年度验证通过率达90%；2014年起基层法律服务工作者年度注册业务工作下放到县（市、区）司法局。

【人民调解和民工程】　全市人民调解组织建设进一步完善，达到1653个，基本实现哪里有矛盾纠纷，哪里就有调解组织。韶关市区道路交通事故人民调解委员会和韶关市医疗纠纷人民调解委员会工作成效明显，前者全年受理案件442宗，成功调解442宗；后者全年受理案件21宗，成功调解14宗。企业人民调解组织建设取得新进展，全市有62家200人以上规模企业建立调委会。全市矛盾纠纷排查调处工作得到加强，开展矛盾纠纷排查1651次，使大量的矛盾纠纷得到有效化解，向省司法厅、市政法委提交基层社会矛盾分析研判报告4份。2014年，全市调解矛盾纠纷14264件，调解成功14104件，成功率98.9%。

【法律援助惠民工程】　2014年，颁布实施《关于进一步加强我市法律援助工作的意见》，对各级政府的法律援助工作责任及各部门的法律援助职责作出进一步明确，构建“大法援”格局。从1月1日起将市本级法律援助经济困难认定标准从人均可支配收入低于670元/月提高到1000元/月，县（市、区）参照执行。实施法律援助与人民调解相互衔接的工作制度，深化法律援助各项便民服务措施，市法律援助处建成敞开式服务大厅。全年全市办理法律援助案件1852件。

【安帮矫正安民工程】　2014年，全市实施社区矫正人员考核及分类管理制度、入矫人员风险评估制度，社区服刑人员档案管理进一步规范。完善安保通定位手机在社区矫正人员监控中的运用，建成市和县（市、区）两级社区矫正人员电子监控平台。全市全年累计接收社区服刑人员708人，在册1243人。安置帮教领导小组成员单位进一步加强协同配合，以解决生活中的实际困难为重点，促进刑释人员顺利回归社会。全年全市接收安置帮教对象4478人，安置4478人，安置率100%；帮教4478人，帮教率100%，没有重新违法犯罪。

【劳教职能转型】　劳教制度废止后，2014年原市劳教所工作职能正式向强制隔离戒毒转型，原市劳教所机构编制正式撤销，只保留“韶关市强制隔离戒毒所”牌子。市强戒所以场所安全稳定为中心，开展以“行政依法化、工作标准化、手段现代化、管理规范化”为内容的强制隔离戒毒“四化”建设，连续12年实现场所安全稳定。在管理上，推行全新的“三期三分六法”（根据吸毒人员在戒毒过程不同时期的生理心理特点和戒治进程情况，将戒毒人员的所内戒毒过程分为生理脱毒期、脱瘾训练期和戒治巩固期等三个阶段，实施分期戒治，分型编队、分类戒治、分级处遇。采取生理脱毒法、毒害认知法、意念强化法、行为训练法、情景模拟法、技能培训法等六种方法，解决戒毒人员的体力、认知力、自控力、意志力、拒毒定力等“六个力”问题）戒毒模式，取得初步成效。

【市强戒所新所建设】　2014年，市强制隔离戒毒所整体搬迁项目新所附属工程竣工验收。新所信息化建设项目《韶关市强制隔离戒毒所信息系统建设项目可行性研究报告》通过市财政投资评审中心评审。

【组织司法考试】　9月20日、21日，韶关市2014年国家司法考试在市田家炳中学举行，全市有777人报名参加考试。20日上午开考后，市人大常委会副主任张平到考点巡视检查。考委会邀请市纪委、市人大法工委、市公安局、市检察院、市中级人民法院、市保密局等单位的领导组成巡视监察组坐镇现场，全程监督考试各项工作的组织运作，整个考试过程平稳、安全、有序。（彭继维）

附：领导班子成员名单

党组书记、局长：周正祥

党组成员、副局长：胡　强　曾房兰

副局长：林柱育

党组成员、纪检组长：温　强

党组成员、政治处主任：王世新（—2014.10）

依法治市

【概况】　韶关市依法治市工作领导小

6月4日，驻澳门特别行政区全国人大代表团到韶关调研扶贫工作，促进澳韶交流合作（赖国斌　摄）

组办公室成立于1996年，是韶关市委常设议事协调机构，委托韶关市人大常委会党组代管。2013年，韶关市依法治市工作领导小组办公室行政编制4人，现有主任1人（由市人大常委会副主任兼），常务副主任1人，专职副主任1人。2014年，以全面推进依法治市、建设法治韶关为主线，以法治建设工作布局和重点任务为脉络，以推进基层法治建设为突破口，以依法化解基层矛盾工作试点、培育第二批广东省法治文化示范点建设和阳光法治·法治惠民主题实践活动等为载体，注重彰显韶关市法治建设特色，为韶关实现绿色转型、振兴发展提供有力的法治保障。

【依法执政能力建设】　依法治市工作纳入市委重点工作内容，2014年4月24日，市委十一届第58次常委会听取和传达广东省依法治省工作领导小组第20次会议精神，对年度依法治市工作作出全面部署。韶关市依法治市工作领导小组第19次会议，传达依法治省工作领导小组第20次会议精神，听取2013年依法治市工作情况和2014年依法治市工作建议的汇报，审议并通过2014年依法治市工作要点。2014年4月11日，全省各市依法治市办公室主任会议在广州召开，翁源县在会上作法治建设和创建工作经验介绍。依法治市工作纳入全市绩效考评的重要内容，市人大常委会议、主任会议两次安排听取审议依法治市工作汇报。举办党员领导干部党纪政纪法纪教育培训班，组织开展行政执法人员通用法律知识的学习和培训，干部学法作为学习型党组织活动的重要内容之一，记入干部档案。抓好《法治广东建设五年规划（2011—2015）》中期评估检查存在问题的整改。2014年11月3日下，市委十一届第74次常委会议专题传达学习中共十八届四中全会精神，研究韶关市法治建设意见。2014年11月20日，市委召开学习贯彻中共十八届四中全会精神报告会，市直及中省驻韶有关单位副处级以上干部及有关社科理论专家学者等参加会议。

【法治政府建设】　落实市政府常务会议学法制度，把提升领导干部的依法行政和廉政意识确立为学法议题。健全规范性文件制定程序，审议发布规范性文件11件，办理省法制办征求法律意见28件。受理县（市、区）政府规范性文件备案审查16件，对部门规范性文件合法性审查18件。审查行政复议申请94宗，决定受理90宗，不予受理4宗，维持55宗，撤销和变更9宗，驳回1宗，其他方式处理1宗，终止8宗，未结案15宗。加大行政审批改革力度，顺利完成纵向权责清单试点工作阶段任务。公布市县两级政府部门行政审批项目保留目录。调整行政审批项目50项，其中取消18项，合并实施7项，下放24项，委托1项；调整后，共保留行政审批项目346项，其中市直单位332项，纳入目录管理的中省驻韶单位14项，项目数较2011年底压减48.92%。推进网上办事大厅、行政审批数据对接平台和政务事项在线管理平台建设。抓好市电子纪检监察综合平台建设，对行政审批进行实时监控、预警纠错、绩效评估。组织对2013年度全市依法行政状况进行全面考评。

【司法公信力建设】　推进司法体制改革，紧抓司法为民、公正司法工作主线，提升司法公信力，推进平安韶关、法治韶关建设。2014年度，全市法院开展反规避执行、清理党政机关执行法院生效裁判积案、涉民生案件及金融债权等一系列专项活动，受理执行案件5270件。深化执行信息系统和社会征信系统对接。利用“全国法院失信被执行人名单库”发布573名失信被执行人名单。落实司法救助制度，为经济确有困难的329件民事、行政案件当事人缓、减、免交诉讼费用226.1万元，向41名特困申请执行人发放52.4万元司法救助款。举办“法庭开放日”42次，上传生效裁判文书12735份，开通信息化审批流程查询系统。市检察院批准逮捕各类刑事犯罪嫌疑人2213人，起诉2489人。立案查办发生在群众身边、损害群众利益职务犯罪案件180件194人，立案查办危害生态环境职务犯罪80件84人。要案9件9人。开展减刑、假释、暂予监外执行专项检察活动，共审查刑罚执行机关提请减刑、假释案件9058件。利用“两法衔接”平台开展执法监督，全市行政执法机关录入直接行政处罚案件信息466件。开发电子卷宗加密拷贝系统，规范律师阅卷工作。市公安局开展“六大专项”打击整治，解决社会治安突出问题。针对人民群众反映强烈的涉黄赌毒等6个方面的突出问题，成立专项行动领导小组，推进打击整治工作向纵深开展。开展规范执法行为专项整治及“回头看”活动，及时整改执法不规范行为。

【法治惠民实践】 依法治市领导小组成员单位落实法治惠民工作，其中韶关市电视台的普法栏目《以案说法》、市检察院承办的破坏环境资源和危害食品药品安全犯罪专项立案监督活动被确立为全省法治惠民实事工程项目。全市法院推进诉前联调机制建设，完善涉法涉诉信访事项终结制度，通过调解撤诉方式办结各类案件5227件，解决争议标的7.09亿元，全市法院民事一审调撤率53.89%。市检察机关与市教育局联手抓好未成年人犯罪预防，在全省率先启动“阳光行动—青少年健康成长守护工程”，法检两院实现与最高法（检）院视频接访系统的互联互通。市公安局推进往来港澳通告证电子化改革，开展“清剿火患”战役，实现火灾事故零死亡。建立市、县（区）两级的武装巡逻和动态备勤机制，全市有7000多社会力量参与义务巡防队伍。推动“警力下沉”，实施“百名机关民警下基层”充实基层一线警力，提升民警工作积极性和工作效率，得到公安部的好评。市司法局以仁化县、乐昌市为试点开展“一村（社区）一法律顾问”工作，以翁源县和仁化县为试点推动公共法律服务实体平台建设。村（居）法律顾问已为313个村和1137名群众提供服务，提供法律服务1324件（次），接访咨询951件（次），出具法律意见书17份，调解纠纷109件，满足基层法律服务需求。为1201名社区服刑人员安装电子监控手机，社区服刑人员电子监管率96.6%。接收安置帮教对象4478人，安置率100%。完善对行为偏常和闲散青少年群体分类动态服务管理和社会化帮教机制，建立韶关市流浪未成年人救助保护中心，成立街头巡查救助小组，在人口密集的地方设置指引牌。实施“阳光家园”“心灵加油”等行动，为服刑在教人员未成年子女和农村留守儿童提供关爱和帮扶。

2014年5月26日，全市按法治框架解决基层矛盾工作现场会在始兴召开，市委副书记陈向新出席会议并讲话，确定南雄市、翁源县、曲江区3个试点单位（赖国斌　摄）

【基层社会治理】 在始兴县召开全市按法治框架解决基层矛盾试点工作会议，增加南雄、翁源、曲江3个试点单位，新试点单位均按照部署召开党委常委会加以推进，有效解决基层矛盾问题，使到省进京上访人数大幅下降。在乳源县开展《广东省信访条例》实施试点工作，在法治平台上解决“信访不信法”的问题。继续开展全国法治县（市、区）、法治镇（街）、民主法治村（居）创建活动，其中翁源县被评为全国法治创建先进县、南雄市被评为全省法治创建先进县、乳源县乳城镇大群村被评为全国民主法治示范村。构建大调解网络，全市共成立人民调解组织1653个。推进企业人民调解工作，62家规模以上企业建立调委会。全市调解矛盾纠纷13016件，调解成功12889件，成功率99%。发挥行政复议在解决行政争议中的作用，在浈江区探索建立行政复议试点工作。

【法治文化建设】 全市各地邀请专家学者为各级党员领导干部作“依法治国的理论与实践”专题辅导报告。加大媒体法治公益宣传力度，在《韶关日报》《民声热线》《民生关注》和韶关民声网开辟法治专栏。在始兴启动全市“国家宪法日暨法治广东宣传教育周”活动。市纪委坚持每月向全市处级领导干部发送廉政短信、廉政手机报。组织6310人到韶关廉政教育基地接受警示教育，举办第三届“扬三江正气、树六岸清风”辩论赛。全市建立无纸化学法考试系统和公务员学法用法档案制度。全市345所中小学校聘请法制副校长，建立23个青少年法制教育基地。加强普法宣传工作，新丰县被评为全国“六五”普法中期先进县，市司法局被评为全国“六五”普法中期先进单位，始兴县普法办被评为全国“六五”普法中期先进普法办。推进法治文化示范点建设，始兴县司法局、浈江区检察院、市检察院、乳源县看守所、新丰县法院成为广东省第二批法治文化建设示范点。

（黄　艺）

附：领导班子成员名单

主　任：张　平

常务副主任：陈绍球

专职副主任：叶安强（2013.12—）

法制工作

【概况】　韶关市法制局是根据韶机编〔2004〕76号文设立的主管法制工作的市人民政府工作部门。根据韶机编〔2010〕5号文，韶关市法制局内设5个科室：办公室、行政复议科（市人民政府行政复议办公室）、规范性文件审查科、法律事务科（市人民政府法律顾问办公室）、行政执法监督科（市人民政府行政执法督察办公室）。机关行政编制15名。其中：局长1名、副局长2名；正科级领导职数5名、副科级领导职数3名。后勤服务人员4名。韶关仲裁委员会办公室为市法制局管理的公益二类事业单位，副处级。2014年，市法制局学习贯彻中共十八届三中、四中全会精神，围绕市委、市政府的决策部署和中心工作，按照《市法制局2014年工作要点》的总体目标，改革创新，锐意进取，真抓实干，履行政府法制工作职责，在推进政府规制建设、规范行政执法监督、提高行政复议办案质量、做好政府法律事务和推进全市依法行政、建设法治政府等方面取得重要进展和良好成效，为全市经济社会发展做出积极贡献。

【依法行政】　2014年，做好2013年度全省依法行政考评的迎评工作。在2014年3月开展的2013年度全省依法行政考评中，韶关市考评总得分为86.55分，考评等次为良好，在全省17个没有立法权的地级市和顺德区中排第4名。开展2014年度全市依法行政考评各项工作。2014年8月，根据韶关市法治政府建设指标体系和依法行政考评办法，制定下发《韶关市2014年度依法行政考评方案》。10月底和11月，分别主持召开县（市、区）和市政府各部门及有关直属机构依法行政考评培训会议，交流2013年依法行政考评经验，对2014年依法行政考评工作作总体部署。开展重大行政处罚备案审查工作。根据《广东省行政执法责任制条例》的规定，要求各行政执法主体作出重大行政处罚决定之日起十五日内报局备案。2014年，对48宗报备案件进行审查。制定市政府常务会议学法计划，组织开展市政府常务会议专题学法。在12月25日召开的韶关市第十三届51次市政府常务会议上，邀请韶关市律师协会会长、市政府法律顾问王少敬作题为《做一名具有法治思维的领导干部》的专题讲座。做好行政执法证件的申领发放工作。按照行政执法责任制和执法证件网上申领的要求，按照相关规定，抓好行政执法证件的办理工作。2014年，开通新用户4个，变更12个用户资料，办理行政执法证件共3121个。

【规制审查】　严把规范性文件年度计划制定关。始终坚持“有特色、可操作、少而精”的原则，审核各部门上报的规范性文件项目，将事关全市经济社会发展的项目以及群众关注的热点难点问题作为工作重点列入2014年度政府规范性文件制定计划。抓好规范性文件制定工作。始终坚持与上位法抵触的不出，通过行政扩权损害群众利益的不出，内容上重复、雷同、实质性、操作性不强的不出的“三不出”原则，确保政府规范性文件制定工作有序、高效开展。把好规范性文件审查关。执行规范性文件的“统一登记、统一编号、统一发布”的“三统一”制度。组织开展全市有关妨碍市场准入和公平竞争等方面的规范性文件专项清理和以市政府名义下发的规范性文件的梳理工作，确保规范性文件的合法性、有效性和可操作性。2014年，合法性审查并经市政府常务会议审议通过发布的规范性文件11件，办理县（市、区）政府规范性文件备案登记16件，对部门规范性文件合法性审查18件。

【行政复议】　加大宣传力度，畅通行政复议渠道，建立健全行政复议委员会运行机制，研究出台行政复议庭审、听证等配套制度，推进行政复议开庭审理、公开听证。针对韶关市重大复杂疑难行政复议案件明显增加，且多为历史遗留的山林土地纠纷案件和人民群众维权意识不断增强，办理难度加大等特点，制定重大行政复议案件集体讨论研究决定制度，提高案件质量。采用听证审理方式，给当事人提供一个质证、辩论的平台，为复议机关查清案件事实提供帮助。通过“面对面”听证，使申请人、被申请人、复议机关三方同时参与行政复议，给对方提供自由陈述意见、进行辩论反驳的机会，增强行政复议机关的公信力。探索调解方式、方法，对法律规定可以调解的案件，都进行调解，发挥调解制度的重要作用，妥善解决行政争议。2014年，市本级共收到行政复议申请95宗，立案95宗，其中维持63宗，撤销和变更9宗，驳回5宗，终止9宗。通过开展行政复议工作，督促行政机关规范行政行为，及时解决行政争议、化解社会矛盾、维护社会稳定，取得良好的法律效果和社会效果。

【行政执法监督】　规范行政执法证件的申领发放工作。组织开展全市行政执法资格培训考核工作，2014年全市共办理行政执法证2261个。加强对重大行政处罚案件备案审查。执行各行政执法主体作出责令停产停业、吊销许可证或者执照、较大数额罚款等重大行政处罚决定向市政府法制机构备案制度，2014年全市共报备案件48宗。开展行政执法案卷评查。全市各级行政机关开展行政执法案卷评查工作。通过评查，增强全市执法部门依法行政意识，规范行政执法行为，促进行政执法水平的提高。开展违法建设、违法用地整治行动，确保实现违法建筑“零增长、减存量”的目标。

6月23日，王学成主任在市法制局会议室座谈会现场（李细春　摄）

【法律顾问工作】　2014年，市政府法制机构为市政府和有关部门共出具法律意见或修改意见89件。其中，重大合同30件，涉及金额近28亿元。举办市政府法律顾问专题座谈会，研究提出打击“两违”及利益链人员的有效法律手段，对违法建筑查控中遇到的问题提出建议或对策，为政府打击两违提供法律保障，收到预期的效果。参与市政府与南方医科大学关于合作共建韶关市第一人民医院的谈判工作，并对相关协议书提出修改意见。

【争取地方立法权工作】　为争取韶关市取得地方立法权，2014年3月，韶关市法制局与相关单位加强沟通联系，统筹申报工作思路。主要领导带队赴佛山、东莞等地学习考察申报“较大的市”的经验做法，起草报送《韶关市人民政府关于申报“较大的市”的请示》。

【省法制办主要领导到韶关调研】　6月23日至24日和8月28日至29日，省法制办主任王学成、党组书记李柏阳先后到韶关市调研法制和扶贫开发“双到”工作。在市法制局的座谈会上，局长罗国华汇报韶关市法制工作的基本情况以及韶关市申报“较大的市”的有关情况等工作。王学成和李柏阳对韶关市法制工作给予肯定，他们认为韶关市委、市政府对法制工作重视，市法制局领导班子的工作成效好，发挥党委、政府参谋助手的作用。他们希望韶关法制系统干部职工进一步增强做好工作、履行职责的信心和决心，为推进韶关依法行政、建设法治政府做出新的贡献。6月24日和8月29日，主任王学成和书记李柏阳还先后前往省法制办的扶贫点——南雄市珠玑镇石塘村调研扶贫开发“双到”工作。（李细春）

附：领导班子成员名单

局　长、党组书记：罗国华

副局长、党组成员：陈雄标　刘剑军

市区监狱

【韶关监狱】　2014年，韶关监狱围绕中心工作，以改革为动力，以创建现代化文明监狱为抓手，抓班子带队伍，夯实基础建设，狠抓工作落实，强化工作措施，创新工作方法，凝聚力量、振奋精神，监狱整体工作呈现良好发展态势，确保实现连续第20年的监管安全。建立完善《韶关监狱创建优秀团队方案》，成立“阳光心苑”“护航使者”等共18支团队，在各类省、区、市级赛事中连连获奖。建立警务“大督察”模式。实行专兼职队伍双轨并行，形成“查—报—办—转—督—报”督察督办6步工作链，出台14条考核细则，规范警务督察运行机制。

狱政管理　以12个狱政管理主题月为主线，全面加强基层基础建设。狠抓重点、难点和弱点环节。全年制定出台7项管理制度，完成1000多名专项工种的重新梳理，对955名罪犯记功材料进行复查。保持高态势治理隐患。实行机关与基层、监区之间、监狱与武警三种交叉检查机制，针对排查出的30多处隐患，制定五类23项整改措施；完成狱内隔离网墙1780米加装蛇腹型刀刺网工程；引进监门综合管理平台系统并试运行；实行监门车辆定时进出管理制度，避免罪犯脱逃可能。狠抓规范管理。开展监管安全特别防护行动，组建监狱与武警联合防暴队伍，成立严管罪犯集训队伍；落实每日执法检查制度，提升现场管控力度。

教育改造　树立教育改造品牌化新思路，带动教育改造各环节工作齐头并进。加强监狱与社会合作。与社会院校建立合作关系，建成1100平方米的职业培训基地，打造集汽修、缝纫、烹饪等为一体的课程体系，共完成824名罪犯职业技能培训；加强社会帮教，主动邀请各地司法帮教团来监，全年帮教人数达到1216人。监区文化建设。建立“以立新学校为中心、辐射7个监区分教点”的三课教育新体系，全年共1707名罪犯参加自学考试，考试合格率达59.4%，再创历史新高；挖掘狱内文化潜能，建设狱内图书超市和飘香书屋，并打造出醒狮队、太极操、书画等七大监区文化品牌。监狱执法进一步规范化、文明化。一方面，建立“提前介入、主动沟通、协同办案”的减刑假释办案机制，预判并准确掌握罪犯受减刑政策影响情况。另一方面，深化狱务公开，将开放日推向基层，确保阳光执法。心理矫治注重教育与引导并重。加强心理咨询师队伍建设，全监现有85位警察通过国家心理咨询师资格考试；以心理矫治中心为平台开展心理辅导、矫治及危机干预，建立监区心理工作站，确保全年个别谈话教育100%覆盖，顽危犯年度转化率达到67%。

监狱内部管理　坚持文明高效，新作风助推行政后勤从要保障向要效能转变。加快建章立制。在接待标准、机构调整后各处室运作等方面新建和修订20多项管理制度。加强政风行风建设。落实每周"基层日"制度，听取意见近百条，解决实际问题44项。深化政务、狱务公开，以宣传栏、政务微博、监狱和局门户网站等载体，确保政风行风评议取得实在效果。创建现代化文明监区。投入140多万元专项资金加强软件、硬件设施建设，两个创建试点单位的硬件设施已符合现代化文明监区创建标准。

加强宣传报道　信息简报、理论调研和社会媒体齐发力，全年报送信息简报91篇，被采用45篇，被省局评为2014年信息调研先进单位、门户网站信息报道先进单位；把视频新闻特色做大做强，共制作韶监新闻等各类视频74期，发布微博105条；抓好监狱理论专题调研，报送的调研论文获中国监狱工作协会论文评选一等奖和二等奖，省级调研二等奖。

从优待警　完成新建洗衣房更衣室、家属区安保、道路建设和执勤餐保障等从优待警四件实事；深化慰问制度，全年发放1007张生日贺卡，探望住院警察职工、离退休人员123人次，为4名符合条件的人员申报金匙基金，为警察职工及家属共29人次申报意外保险，理赔金额20多万元。

（孙志亮）

2014年11月13日，省司法厅党委书记、厅长严植婵（前右）率队实地查看韶关监狱狱内罪犯改造"三大现场"、监管硬件设施以及立新学校（卢伟　摄）

附：领导班子成员名单
党委书记、监狱长：朱健平
党委副书记、政委：张贵灵
党委委员、企业总经理：何珍雄
党委委员、副监狱长：梁建中
张惠明　钟楚汉　何海军
党委委员、纪委书记：陈业群
党委委员、政治处主任：陈文星

【北江监狱】　北江监狱位于韶关市北郊黄岗，始建于1952年。2014年，北江监狱以创建工作为抓手，推进执法规范化、教育改造精细化、基层基础建设标准化、管理手段信息化、队伍建设专业化，开展监狱各项工作，提高监狱规范化工作水平，继续打造"平安北江、法治北江、文化北江、和谐北江"的品牌，实现监狱整体工作的健康、协调、持续发展，推动监狱工作的转型升级。

安全隐患整治有新成效　树立安全首位意识，吸取"11·1"案件教训，开展安全隐患排查与整治，启动应急处突技防设施建设等涉及监狱安全的13项改造工程；狠抓点名、出收工队列、搜身、互监组、罪犯行为规范、亲情电话等8项基础工作；制定出台《罪犯出收工管理规定》《车辆出入监管区管理规定》等6项规定；坚持开展监规纪律整顿活动，对违规违纪行为保持高压态势，强化罪犯身份意识养成，严厉整治罪犯改造风气；执行警察医生巡诊制度，完善疾病发现、追踪、病情告知和资料收集归档等工作，对老弱病残犯实行集中关押管理，罪犯病症防控水平进一步提升，全年狱内病亡率控制在1‰以内；加强狱情研判与处置，继续以党委会形式召开狱情分析会，健全监狱安全风险评估机制，完善与地方党委政府联防工作机制，深化与武警部队的"三共"建设，提高监狱的应急联动处置能力，将狱内恶性事故消灭于萌芽状态。

矫正刑务工作有新措施　围绕全面提高罪犯教育改造质量，以"三课"教育为核心，继续推行"5+1+1"教育改造模式，开展罪犯文化教育工作。完善教员团队，挑选6名业务素质较高、语言表达能力较强的年轻警察，组成文化课授课小组；强化岗位培训和实操考核，聘请驻点厂方师傅作为技术教员，在生产车间对罪犯进行分批技能培训；开展刑事政策教育活动，共进行2期专题政策宣讲，定期到监区开展接访，深入开展个别教育；建立罪犯危险性评估制度，对排查出有低度、中度、高度危险的罪犯开展防控教育工作，对重点犯挂牌攻坚，转化率为63%；建立罪犯诉求管理制度，对诉求严格落实层级管理与归口管理，对950项诉求进行分类甄别和回复，一定程度上化解狱内矛盾，提高执法公信力；创建“明心”心理协会，推进心理矫治队伍专业化，对42名心理问题的罪犯进行面谈和辅导，对4名绝食、企图自杀的罪犯进行心理危机干预，调研论文《循证矫正模式下限制减刑罪犯管理教育方略初探》，获得中南六省理论研讨会二等奖；办理减刑、假释、保外就医案件，提高刑务办案水平，实现错案、漏案率为零。

行政后勤工作有新进步　加大政务公开，在OA平台和内部网站政务公开专栏公示监狱长办公会和党委会会议纪要，提高政务决策的透明度；推行网络问政，设立监狱长信箱，及利用“北江之声”论坛，了解民声，收集民情，听取民意，对信件和问政的帖子及时回复，提高党委公信力；精简文风、会风，建立事务办理审批制度，加强对机关办事效能的督办；加大信息技术应用，推进信息化建设，在各生产车间加装红外线应急报警对讲装置，将围墙周界报警与视频联动改造，会见楼、老残队、二道门等重点部位监控设备升级改造，提高信息化建设水平。提高保障能力，依法科学理财，“三公”经费同比下降61%，改造停车场、改善执勤环境、增加备勤房、启用洗衣房、配送执勤餐等。

（刘文华）

附：领导班子成员名单

党委书记、监狱长：刘宝松

党委副书记、政委：钟裕广

党委副书记、副监狱长：唐爱民

党委委员、总经理：陈于东

党委委员、副监狱长：叶长明

刘东阳　骆　斌

党委委员、纪委书记：梁海斌

【武江监狱】　2014年，武江监狱贯彻全省司法行政工作会议和全省监狱工作会议精神，按照广东省司法厅（以下简称省厅）“执法规范化、教育改造（矫治）精细化、基层基础建设标准化、管理手段信息化、队伍建设专业化”和监狱管理局（以下简称省局）工作要求，制定符合监狱实际的“七个打造”（推进优秀团队建设，打造“过硬队伍”；推进平安稳定建设，打造“平安监狱”；推进科学改造，打造“回归桥梁”；强化劳动现场管理，打造“安全改造”；推进阳光执法，打造“公正司法”；加强党风廉政建设，打造“廉洁警队”；加快增容扩建步伐，打造“新型监狱”）工作目标，实现连续16年监管安全和20年生产安全，增容扩建迈出实质性步伐。

队伍建设　每季度开展党委中心组理论学习会、民主生活会、党员集中学习会和领导上党课等活动，加强班子和党务建设；建立《警察旁听党委会和监狱长办公会办法》，推进民主集中制。发展吸收3名优秀青年警察为预备党员、给予3名预备党员按期转正。以党建带团建，选举产生新一届团委班子，组织青年警察开展义务植树和便民利民活动；开通微信公众平台，武江监狱团委成为广东省首个、全国第六个开通微信公众平台的监狱团委。开展“加强作风建设，提高工作执行力”活动，制定《武江监狱首问首办制度》，开展“行风政风评议活动”。推动现代警务机制建设，将监区警察分为警戒组和警务组，统一排班执勤模式。加强警察文化建设，以监狱内网为基础平台，激发警察写稿热情。全年内网信息报道300多篇，省级信息与地方媒体刊发37篇。开展理论调研工作，选送多篇调研文章上报省局，其中两篇调研文章分别获省局理论调研二等奖和创建专题调研三等奖。建立警察人文关怀机制。履行监狱社会责任，为浈江区政府等15个省、市属单位开展20场反腐倡廉警示教育活动。

监管安全　率先启动创建现代化文明监区工作，树立监区主角意识，鼓励优秀监区脱颖而出，集中资源打造品牌监区。以创建活动为推手，全面提升监狱的综合管理能力和公正执法水平。做实基础工作，每日安排执法组深入基层开展执法检查和服务指导工作，在监管区24小时值勤，对检查出的问题当场纠正，当天挂网通报，加强应急处突能力。发动“群智共治”，坚持软件硬件兼顾原则，组织整改。坚持每月党委狱情分析，落实党委成员每日下队巡查和每周参加挂钩监区周狱情分析会，随时掌握异常狱情动态，采取有针对性防范措施和处置办法应对。加强专项工种犯和短刑犯管理，严控严管“三类罪犯”（涉黑、金融类、职务犯罪），组织“抓规范、促落实、树新风”行为规范整顿活动，“规范执法行为、加强内部管理、提高执法公信力”专项整治活动，

图为北江监狱特警队训练（刘文华　摄）

以及多次队列会操比赛、应急演练和清缴违禁品专项活动，夯实狱政基础。

教育矫治　严格落实“5＋1＋1”教育改造模式，开展文化教育、思想教育和技能培训。建立警察师资库，进行课堂化教学230课时，组织罪犯参加自学考试，全年两批次自考通过率达到38%；组织118名犯人参加“中式面点师”培训班，开展劳动生产岗前培训和各类在岗培训；落实出、入监教育和分类教育，开展“三类罪犯”专题教育和反脱逃专项教育。深化“教育改造质量年”活动，建立文化监区建设试点，推进“一监区一品牌”活动；组织狱内购书、“讲卫生、改陋习、促改造”征文比赛、“感恩与责任”演讲比赛、象棋比赛、篮球赛等主题文化活动。整合社会帮教资源，与北京太阳村儿童帮扶中心联合资助49名服刑人员的73名特困子女；在母亲节前夕举办“感恩母亲”亲情帮教活动。成立循证矫正试点，完善“一人一策”改造罪犯机制；建立入监监区、服刑监区和业务科室三层防控体系，完善预防罪犯自杀等危机干预机制；与韶关学院建立深度合作关系，利用高校资源提高监狱教育质量和心理矫治理论研究水平。

劳动改造　科学下达劳动定额，发挥劳动改造职能作用，规范、足额计提罪犯劳动报酬，开展多样的劳动竞赛，提高罪犯劳动改造积极性。改善车间劳动环境，为11个罪犯习艺车间安装水冷空调；统一车间标识，设置罪犯劳动岗位牌，对所有罪犯实行定位、定置管理；对车间机器设备、物品进行条块性摆放，畅通消防通道，达到“布局合理、区域清晰、摆放整齐、清洁卫生、秩序井然”标准。按国家劳动保护规定为罪犯配备必需的劳动防护用品，确保劳动安全。开展QC活动，提高产品质量，监狱QC成果《降低环形电感器锡渣残留不良率》，被省监狱管理局评为“优秀QC小组”，被省质量协会评为“广东省优秀QC小组”。

阳光执法　在减刑假释新政策出台后，组织巡回宣讲，对新政策进行解读；对个别罪犯进行单独讲解，消除疑问。采用“学练结合”形式，让基层警察全程参与办案，提高办案质量和办案水平，全年共办理4批减刑假释案件，其中减刑1602宗，假释4宗。邀请韶关市个别党代表、人大代表、政协委员列席监狱减刑假释评审委员会和开展执法监督巡视活动；落实公开开庭，在“四榜”（监管区推荐榜、监区提请榜、监狱呈报榜、法院裁定榜）公示基础上增加“法院立案榜”；向犯属寄去狱务公开手册，在会见室放置狱务公开手册，深化狱务公开。开展“监狱长接访日”活动，当场解答犯属及社会群众提问；坚持“监区长接谈夜”，使罪犯问题得到及时处理。

党风廉政　落实“以案治本”，安排违纪人员现身说法，全体警察对照违纪案例进行剖析，以“身边事”教育“身边人”。承办粤北片第三次监检联席会议，监狱长潘浩做《以案为鉴治本抓源》主题发言。落实派驻专职纪检监察员制度，加强廉情信息收集，抓好罪犯释放前谈话工作，全年发放问卷调查945人次，个别谈话教育1082人次。参与人事管理、狱政管理、刑罚执行等专项监督56次；参与经济监督活动38次，提出监督意见9条；开展警务督察活动140余次，现场发现并纠正问题86人次。主动邀请驻监检察院参与办理罪犯违纪案件处理，确保案件办理的公平公正，防止涉访涉诉事件发生。开启综合信箱29次，收到罪犯诉求信件45封、核查办结信访件6件。

增容扩建　增容扩建工程迈入实质性的进展，2014年已完成“十一五”规划建设的三栋罪犯用房、监狱医院、狱政综合业务用房等建筑；永久围墙建成402米，其余单体已完成基础打桩施工。“十二五”规划建设已经启动，完成新关押点围墙内各建筑物的总体规划、建筑设计和投资估算。

（张青松）

附：领导班子成员名单

党委书记、监狱长：潘　浩

党委副书记、政委：苏劲松

党委副书记、纪委书记：刘瑞平

副监狱长：梁俊德（调研员）

夏云飞　钟裕广（兼总经理）

陈中平　刘功才

政治处主任：郭振明

仲　裁

【概况】　2014年，韶关仲裁委员会全年共计受理各类经济纠纷案件285宗，其中通过调解化解纠纷228件，调解率达80%。案件主要包括房屋装饰、租赁、商品房买卖、保险、建设工程施工、承揽、商标、交通事故损害赔偿等十多种类型。受理案件的范围比往年宽广，新类型案件不断增多。仲裁案件被人民法院撤销、不予执行的案件1件。案件质量得到逐步提高，得到广大人民群众的认可。仲裁事业的健康快速发展，规范市场经济秩序，维护当事人合法权益和构建和谐社会发挥积极而重要的作用。

【做好仲裁宣传】　做好在韶关市各媒体的仲裁宣传工作。向报纸杂志投稿宣传仲裁制度，把仲裁动态、仲裁信息、仲裁知识通过网络形式向社会传播。与重点行业保持密切联系，拓宽服务领域。加强与保险、金融、建筑房地产业等行业协会的沟通联系，主动上门服务，举办各类仲裁座谈会、宣传仲裁知识讲座，并对全市20余家保险公司、30余家房地产企业进行逐一走访，提高仲裁条款在这些行业的约定率，为保障仲裁案源的增长提供有效保障。借助各类大型活动，组织对外宣传。要在每年的“3·15”国际消费者权益日宣传纪念活动现场，设立咨询台、发放宣传资料以及现场咨询等形式努力宣传仲裁法律制度，扩大宣传效果。通过各种活动加强人民群众对仲裁法律制度的认识和了解，提高依法维权意识，推动仲裁工作地深入开展。

【提高办案质量】 坚持“程序到位、裁决有据、质量为上”的原则，突出当事人意思自治原则，把仲裁前、仲裁中和仲裁后服务有机结合起来，将仲裁为民、便民、利民理念贯穿到仲裁工作的受理、立案、送达、组庭、审理、裁决等诸环节中，以仲裁案件的办理质量和工作效率取信于当事人、取信于社会各界，打造韶关亲和仲裁品牌。规范办案流程，在坚持法律和仲裁规则规定的前提下，简化案件办理环节，优化仲裁服务。自觉把仲裁调解融入社会大调解体系。发挥仲裁调解的专业优势，加大仲裁调解力度，力促当事人变对抗为磋商，变争赢为互让，实现仲裁法律效果与社会效果的有机统一。

【践行仲裁的亲和理念】 仲裁委坚持亲和仲裁理念，发挥仲裁独特的和解、调解优势。推动建立和完善各方面参与的调解工作格局，自觉主动地运用调解方式处理矛盾纠纷。具体来说就是亲和的理念实施于整个仲裁工作之中。贯穿于咨询、立案、审理、调解、和解、结案等各个环节。对于在立案当时就发现当事人之间争议不大、权利义务关系清楚的案件，立案后及时进行调解。能够达成调解协议的，迅速结案，及时制作调解书送达给当事人。在审理过程中发现有调解可能的，动员各方力量，耐心做好说服工作，并在审限上予以适当处理，促使矛盾纠纷顺利解决。对于调解不成或案情不适合调解、当事人不同意调解的案件，及时作出裁决，防止久调不成、久拖不决。通过践行仲裁的亲和理念，韶关市仲裁案件的调解结案高于全国仲裁机构调解结案率的平均水平，多年来高居在80%以上。得到社会和同行的赞许。（李　阎）

附：领导班子成员名单

主　任：张志才（兼）

副主任：梁祖超（兼）

宋良锋（兼）

罗国华（兼）

驻会副主任：黄益东（兼）

经 济 管 理

发展与改革

【概况】 韶关市发展和改革局是负责研究提出全市国民经济和社会发展战略、发展规划和政策，进行总量平衡、结构调整，指导总体经济体制改革、宏观经济管理，负责相关价格管理和监督检查的市人民政府工作部门。原为韶关市计划委员会，2001年更名为韶关市发展计划局，2004年再度更名为韶关市发展和改革局，位于韶关市武江区西联镇芙蓉新区芙蓉园五栋。2014年6月23日，市委印发《韶关市人民政府职能转变和机构改革方案》的通知，不再保留市物价局，将其职责整合划入市发展和改革局。2014年7月28日，市政府办印发《关于印发韶关市发展和改革局主要职责内设机构和人员编制规定的通知》。原市物价局职责整合划入后，市发展和改革局下设办公室、综合规划科、经济体制改革与法规科、投资服务与综合审批科、工业科技产业科、农村经济科、社会发展科、经贸外资科、国民经济动员办公室、价格与收费管理科、价格检查局、转型发展办公室（资源节约与环境气候科）、人事科（监察室）、市重点建设项目办公室、市能源局等15个内设科室，管理市粮食局、市价格认证中心。核定机关行政编制70名，其中，处级领导：局长1名、副局长4名（其中1名兼任市粮食局局长），总经济师1名，市重点建设项目办公室主任1名，市能源局局长1名；正科级领导17名（含市重点建设项目办公室副主任2名、市能源局副局长2名）、副科级领导15名；后勤服务人员10名。此外，韶关市粮食局（副处级单位）核定参公事业编制23名，其中，局长1名（由市发展改革局副局长兼任），副局长4名（副处级），正科级领导5名，副科级领导5名，后勤服务人员2名。2014年，市发展和改革局主动适应经济发展新常态，贯彻落实省委、省政府关于进一步促进粤东西北地区振兴发展的战略部署，发挥综合协调职能，统筹抓好稳增长、促改革、调结构、惠民生各项工作，当好市委、市政府参谋助手，在创新投资管理、加快项目建设、推动转型发展、深化体制改革、生态文明建设、加强民生保障等方面取得新的成绩，为推动韶关绿色转型、振兴发展做出贡献。

【做好规划编制工作】 市发改局组织编制《韶关市资源枯竭城市转型发展规划》和年度行动计划，通过国家发改委组织的资源枯竭城市转型发展年度评估和中期评估；编制《韶关市主体功能区规划实施纲要》，推动主体功能区建设；组织编制《韶关市铅锌行业发展规划》《韶关市电力专项规划》等专项规划；协调编制芙蓉新区基础设施、产业发展、环境保护3个专项规划，完善芙蓉新区规划体系。

【加强重大问题研究】 市发改局编制《韶关市国家生态文明先行示范区建设方案》，成功列为国家第一批生态文明先行示范区；编制《韶关市“十三五”规划编制工作方案》，启动“十三五”规划编制工作；编制《韶关市贯彻落实〈中共广东省委、广东省人民政府关于进一步促进粤东西北地区振兴发展的决定〉实施方案》和《韶关市振兴发展2014年重点工作任务》，推动韶关振兴发展；编制《韶关市生态保护与建设示范区实施方案》并上报省发改委，争取列为全国生态保护与建设示范区；制定《韶关市关于促进电网项目建设的若干规定》《关于加快发展全市粮食流通产业实施意见》；组织开展“三规合一”工作调研、机场建设前期工作调研、粤东西北振兴发展股权基金落地调研等6次重大专题调研。

【投资管理进一步加强】 全市固定资产投资突破700亿元，达746.7亿元，增长21.2%，实现投资在经济新常态下保持较快增长。修改完善《韶关市重点建设项目管理办法》，建立重点项目建设督查督办联席会议制度，开展项目调度周和互评互学活动，加强对重点项目建设的督导协调。组织修订《韶关市项目库建设管理办法》，并对项目库进行动态更新，项目库实现规范化、制度化管理。编制《韶关市2014年市级财政性（专项）资金固定资产投资项目计划》，进一步规范政府投资行为。编制《韶关市部分政府投资项目工程投资控制价指导价目录》《韶关市政府投资重点建设项目及BT模式建设项目招标文书会审制度实施细则》。起草《韶关市工程建设领域涉及政府投资建设项目前期工作中介服务机构改革方案》，规范中介机构管理。

【重点项目建设进展顺利】 韶关市围绕交通基础设施建设、产业园区扩能增效、中心城区扩容提质“三大抓手”，推进重点项目建设，全年重点建设项目完成投资316.1亿元，完成年度计划的106.1%。列入省重点的32个项目完成投资183.8亿元，完成年度计划的114.5%。赣韶铁路、广乐高速公路、市区南北出口建成通车，原曲仁矿棚户区改造基本建成，曲江大森林温泉世界度假村正式开业，市第四污水处理厂已通水运行，大广高速公路、韶关电厂“上大压小”等项目建设加快推进，乐昌张滩闸坝枢纽改造工程、韶关市鑫金汇建材家居广场等项目相继开工建设。

【鼓励和引导民间投资】 韶关市加强重大项目面向民间投资招标试点工作。6月26日上午，副市长王青西率市发改局、交通局、人防办有关负责人和部分民营企业家组成的代表团参加广东省2014年重大项目面向民间投资招标推介会。本届推介会共推出重大项目97项，总投资2120亿元，涵盖基础设施、市政公用事业、社会事业、商贸流通、金融服务等领域。其中，韶关市推出南雄至乐昌（雄乐）高速乐昌段、韶关至新丰高速翁源段、韶关至新丰高速新丰段、韶关西河全民健身广场地下商业综合体（兼顾人防）共4个项目，总投资125亿元。会上，市交通运输局和广东鸿高建设集团有限公司就始兴至阳山（始阳）高速公路项目进行现场签约。

【做好项目综合审批服务】 韶关市全面实行备案制，推行并联审批，全年办理项目立项（包括审批、备案）123项，其中审批政府投资项目74项，备案企业投资项目49项，提前办结率100%；办理节能登记77项，节能审查意见16项；依法对工程建设项目招标事项进行核准、批复、复函共118项，其中核准事项64项，批复事项32项，复函事项22项；核发收费许可证57项。

【争取上级资金再创新高】 市发改局立足新常态，加强项目包装策划，加强同上级部门沟通汇报，争取国家、省在资金和项目上的支持。跟踪国家、省重大政策，全年争取国家、省资金16.4亿元，其中生态功能区生态补偿资金4.49亿元、资源枯竭城市转移支付资金3.86亿元、保障性安居工程中央预算内资金3.5亿元。

【重大项目前期工作取得重大突破】国电粤华浈江煤矸石综合利用发电项目、国电（始兴）羊角山风力发电、华润（新丰）金竹风力发电、国家成品油储备基地扩建项目、汕昆高速公路韶关段、武深高速公路韶关段、北江乌石至三水河口航道扩能升级工程、国道G323线乳源上围至沙坪段改建工程等8个项目获国家、省发改委批准建设。成功获得省政府批准韶关新增煤耗240万吨，主要用于华电南雄“上大压小”热电联产项目和国电粤华浈江煤矸石综合利用发电项目，华电南雄“上大压小”热电联产项目列入2014年度广东省火电建设规划，并获国家能源局批准开展前期工作。韶冶整体搬迁项目开展征地拆迁工作。韶关机场改扩建项目签署建设与运营合作协议。曲江（台泥）公司与韶关市签订市区生活垃圾处理合作意向书。南水水库供水工程项目可行性研究报告通过省发改委组织的专家评审。

【培育战略性新兴产业】 比亚迪电动叉车、韶能生物质发电项目第二台机组建成投产。乳源东阳光生物制药一期试产，莞韶产业园生物医药科技园加紧建设，2014年制药工业增加值增长34.1%。新丰稀土分离项目建设进展顺利，稀土产业园项目前期工作有序推进。

【推动商贸物流业加快发展】 成品油物流基地获得国家批准建设，义乌国际小商品城、鑫金汇建材家居广场、华南大宗农产品物流交易中心等商贸流通项目加快建设，粤北国际物流中心、新雪域农产品（冷链）物流园等项目前期工作有序推进。

【加快城市转型步伐】 组织粤东西北地区振兴发展股权基金申报工作，协调争取省发改委同意《粤东西北振兴发展股权基金韶关市项目总体方案》，落实首批基金3亿元放款，助力芙蓉新区建设。新区起步区5条骨干道路建成，8条骨干道路、综合客运枢纽站和连接新老城区的芙蓉隧道开工建设，交通路网骨架初步形成。韶关实验学校（一期）建成开学，华师附中项目签署合作协议，商贸市场、医院、文体场馆、公园、垃圾中转站等生活配套设施全面启动。芙蓉新区重点项目建设完成投资超30亿元，较2013年增加12.7亿元。

【体制改革释放新活力】 落实市委、市政府交办的年度重点改革任务，投资管理体制改革等改革取得初步成效。推动投资管理体制改革。优化审批服务流程，对符合《广东省企业投资项目管理分类改革目录（暂行）》备案条件的企业投资项目，一律实行备案制，所有备案项目的规划、国土、环保等手续实行并联审批，项目办理时间总体缩短50%。推进社会信用体系建设，编制《韶关市社会信用体系建设规划（2014—2020年）》。推进价格改革。落实清费减负价费政策，规范价格和收费政策，适时放开19项、取消4项、下放4项非行政许可事权。做好县级公立医院价格改革工作，指导第二批取消药品加成收入的试点县（市）县级公立医院做好医疗服务价格调整工作。完成实行阶梯水价的前期准备工作。

【主体功能区建设】 贯彻落实国家、省主体功能区规划，坚持绿色低碳发展，推进生态文明建设。2014年8月，韶关市成功入选国家生态文明先行示范区，国务院有关部门将在规划编制、政策实施、项目安排、体制创新等方面对先行示范建设地区予以支持。组织开展国家生态保护与建设示范区申报工作。组织编制《韶关市主体功能区规划实施纲要》，优化国土空间布局，明确各县（市、区）功能划分、发展定位。启动国家主体功能区建设试点示范工作，组织乐昌市、南雄市、仁化县、始兴县、乳源县编制试点示范方案。

【做好节能减排工作】 配合落实《韶

关市节能减排财政政策综合示范总体实施方案》。实施节能示范工程，支持企业节能改造。加强清洁能源综合利用开发，促进生物质能发电项目发挥产能，加快推进风电等清洁能源项目前期工作。继续推进新能源汽车示范应用。全年新增 LNG 公交车 100 辆、CNG 出租车 380 辆、纯电动出租车 50 辆，截至 2014 年底累计示范应用新能源汽车 791 辆，其中 LNG 公交车 217 辆、CNG 出租车 469 辆、纯电动出租车 100 辆、纯电动公交车 5 辆。

【社会事业取得新进步】 做好社会民生工作，促进社会和谐稳定。编制下达《韶关市 2014 年社会发展计划》，会同市教育局编制下达《2014 年市直普通中小学招生计划》。争取 1.8 亿元资金支持农林水项目、中等职业教育基础能力建设、重大疾病防治设施建设、人口和计划生育服务体系建设以及乡镇卫生院建设等社会事业项目建设。做好国民经济动员工作。推进成品油动员保障基地和物流基地建设，韶关国储石化有限公司取得国家商务部颁发的成品油批发许可证，储备基地二期扩建项目经国家发改委批准，华南地区国家（韶关）成品油动员保障基地通过国家经济动员办公室批复。

（李剑虹）

附：领导班子成员名单

局　长：胡书臣

副局长：钟沛东

何国开（2014.10—）

罗伟强（2014.10—）

刘剑城　阳火成

肖荣忠（2014.6—）

朱保良（2014.10—）

纪检组长：谭春雨（—2014.10）

吴海岩（2014.10—）

总经济师：巫锦国

物价管理

【概况】 原韶关市物价局为市政府工作部门。局机关行政编制 30 名，其中局长 1 名、副局长 3 名，正科级领导职数 7 名、副科级领导职数 7 名。后勤服务人员数 3 名。内设办公室、综合法制科、收费管理科、价格管理科、价格调控基金管理科、市场价格监管科、价格检查局等 7 个科室。下属单位有韶关市价格认证中心（正科级）1 个事业单位。2014 年 6 月 23 日，《中共韶关市委韶关市人民政府关于印发 <韶关市人民政府职能转变和机构改革方案> 的通知》明确“不再保留市物价局，将其职责整合划入市发展和改革局”。2014 年 7 月 28 日，《韶关市人民政府办公室关于印发韶关市发展和改革局主要职责内设机构和人员编制规定的通知》，原市物价局职责整合划入到市发展和改革局。2014 年，原市物价局发挥价格杠杆作用，依法治价管费，保持价格总水平的基本稳定，促进韶关经济社会发展。

2014 年 7 月 24 日，市长艾学峰带领部分市政府领导、县（市、区）政府领导以及市有关部门负责人到曲仁矿棚户区改造工程项目现场听取项目建设情况的汇报（市发改局　供）

【实现市政府年度 CPI 调控目标】 围绕市政府确定年度 CPI 涨幅在 3.5% 左右的调控目标，贯彻落实各项稳定物价的政策，采取有效措施，把握价格政策出台的时机和节奏，保持价格总水平基本稳定，2014 年韶关市 CPI 涨幅累计上涨 2.1%。

【落实国家涉农价格】 落实稻谷收购价格政策，将 2014 年早籼三等稻谷最低收购价由每 50 公斤 132 元提高到 135 元；晚籼三等稻谷由 135 元提高到 138 元，价格升幅分别提高 2.27% 和 2.22%。落实烟叶收购价格政策，将 2014 年烤烟收购价格同比平均提高 5%。制定韶关市 2013—2014 年榨季甘蔗收购价格（糖蔗二类田头收购价 445 元/吨），并实行两次结算。

【落实国家价费政策】 韶关市降低 5 个部门 27 项考试收费标准；从 2014 年 1 月 1 日起 2 年内，堤围防护费征收标准下调 20%，并对月营业额 2 万元以下的中小微企业和不能按营业额计征的个体工商户及月营业额 2 万元以下的个体工商户实行免征；继续执行省级产业转移园行政事业性收费优惠政策，免缴劳动合同文本费、村镇基础设施配套费、专利纠纷案件处理费 3 项行政事业性收费，凡收费标准省规定浮动幅度的，一律按低限标准收费；免征 39 项国家和省定涉企行政事业性收费省级收入；从2014年9月1日起，降低广东省燃煤发电企业的标杆上网电价每千瓦时0.012元（含税）。

【放开管理事权】 从2014年4月1日起，非公立医疗机构提供的医疗服务价格实行市场调节价，凡符合医保定点相关规定的非公立医疗机构执行与公立医院相同的支付政策。医疗保险经办机构应按照医保付费方式改革的要求，与定点非公立医疗机构通过谈判确定具体付费方式和标准。放开桑（鲜）茧收购价格和干茧供应价格，两碱外工业盐供应价格，宾馆、饭店和招待所代办电信服务费标准3个定价项目；同时试行放开“新建房屋白蚁防治费（机关、事业单位收取的除外）收费标准”定价项目，实行市场调节，由经营者自主定价。自2014年8月1日起，放开专利代理服务、报关服务、自愿性产品认证、质量（环境）体系认证、航危天气预报服务、煤炭地质勘探、金银饰品委托检验、回国人员科研启动基金评审、涉外收养服务、红十字卫生救护培训等10项服务收费标准，其标准由供需双方依据服务质量、成本和市场供求状况协商确定。

【下放取消管理事权】 下放民爆器材的销售价格及流通费用标准（由省属民爆器材经营企业销售以及省内生产企业直销给用户的民爆器材销售价格，生产企业的运送、配送服务及省属民爆器材经营企业的配送服务除外）、政府民政部门（省民政部门除外）主办的社会福利机构服务价格、非营利性民办社会福利机构服务价格3个定价项目管理权限，授权市、县人民政府定价。取消省级救灾化肥的入库和出库价格、违章车辆拖车费标准、机动车强制保养及服务价格、出租车挂靠综合服务费标准4个定价项目。

【规范价格和收费行为】 韶关市配合做好乐昌、翁源、新丰等3个县级公立医院医改综合试点县的医改工作，审定县级公立医院医疗服务价格调整方案。加强游览参观点价格管理，将丹霞景区和卧龙景区“分票制”整合为“一票制”，门票价格统一调整为200元/人·次（不分节假日，含景区内交通费；2天内有效），并从2014年9月1日起实施；制定南华寺公交旅游专线票价。规范教育收费行为，明确韶关市中小学代购教辅材料收费政策，制定广东韶关实验中学和实验小学的收费项目和试行收费标准及依法调整韶关市行之学校收费标准。制定市区配备电梯公租房租金标准和经适房销售价格，及老年人、学生等特殊群体“岭南通·韶州通”IC特种卡工本费（每张15元）。在省的范围内制定韶关市普通公路、城市道路救援服务收费。开展行政事业性收费年审工作，严格核发收费许可证。会同市住建局出台《韶关市物业服务收费管理实施细则》，于2014年8月1日起实施。规范出租汽车的收费管理，制定市区出租汽车经济承包经营服务收费项目和标准。

【做好价调基金征管工作】 加大价格调节基金的征管力度，2014年全市征收价格调节基金总额6852.8万元。组织发放2014年市区低收入群众春节、中秋节、国庆节临时价格补贴，累计发放金额277.46万元。会同市财政部门开展对2012、2013年省级价格调节基金扶持韶关市“三项建设”项目的落实情况进行监督检查。协调市地方税务部门改进和完善韶关市价格调节基金征收三方对账平台管理系统。对受价调基金扶持的平价商店进行考核。协调市人保公司对韶关市政策性蔬菜种植参保受灾企业开展理赔工作，全年理赔4家，理赔69.7公顷，赔付金额138412.8元。

【加强价格监督检查】 开展节日市场价格巡查和客运票价检查；开展涉企收费部门（建设、交通、环保、工商、消防、农信社等部门的行政事业性收费单位、相关协会及关联性中介机构）的涉企收费政策执行情况的检查。全市查处价格违法案件12宗，查处价格违法所得金额425.81万元，实行经济制裁金额426.26万元。

【开展价格成本与监测认证工作】 针对价格成本与价格监测没有机构和人员但工作职能存在的实际，在市物价局职责整合划入市发改局后，为不使工作脱节，将该两项职能采用政府购买服务方式委托市价格认证中心承担。开展农产品成本常规调查；对丹霞山景区、韶关市自来水公司、韶关市行之实验学校前3年的运营情况进行成本监审。对18大类339个品种商品和服务价格实施监测。接受委托和受理刑事、民事、行政案件价格鉴证，涉税房屋、公务用车定点维修价格认证，维护国家和当事人的合法权益。

（李孟良）

附：原物价局领导班子成员名单

局　长：刘伟聪（—2014.10）

副局长：何国开（—2014.10）

罗伟强（—2014.10）

朱保良（—2014.10）

纪检组长：吴海岩（—2014.10）

统　计

【概况】 韶关市统计局（以下简称市统计局）是市人民政府工作部门，是负责全市统计工作规划，组织实施统计调查，提供统计资料，实行统计监督的职能机构。2014年，内设办公室、法制科、综合核算科、工业统计科、能源统计科、农村统计科、社会和服务业统计科、投资统计科等8个职能科室。有局长1名，副局长2名，纪检组长1名，科长7名，副科长3名。下属1个正科级事业单位—韶关市统计普查中心（加挂韶关市社情民意调查中心、韶关市统计数据管理中心牌子）。市统计局行政编制30人，实有27人，其中工勤人员2人。统计普查中心事业编制9人，实有5人。2014年，全市统计部门学习贯彻习近平总书记系列重要讲话精神，围绕市委、市政府中心工作，提高统计能力，在统计服务、经济普查、统计改革、部门联动、依法统计等方面取得新的成效。

【统计服务】 市统计局加强经济运行监测。落实市委、市政府的决策，制定《2014年经济增长实施方案》并推动落实。定期、及时向市领导汇报经济增长目标完成进展情况。主动加强与各经济部门的沟通联系。多次以市政府名义牵头召开行业发展分析会、“稳增长促回升”会议，为全年经济增长逐季回升发挥统计职能作用。加强统计分析研判。围绕经济运行中存在的突出问题和党政领导的关注点，及时提供有效的统计信息和分析，促进相关工作措施落实。加强统计宣传。编印《统计应知应会》，发送市县有关领导，介绍最新的统计方法制度；在《韶关日报》刊发《27项指标细数全面建成小康社会距离》，让百姓直接感受全面小康社会的水准和韶关全面建成小康社会的实现状况。

【新增企业申报统计】 市统计局完善基本单位名录库、做好月度企业联网直报调查单位审核确认；与经信、住建、商务等行业主管部门共同抓新增“四上企业”的申报和纳入统计工作，定期通报各县（市、区）新增企业情况，全年新纳入统计的“四上企业”（指规模以上工业企业、资质等级建筑业企业、限额以上批零住餐企业、规模以上服务业企业）283家，提高统计的全面性、准确性、及时性。

【统计执法培训】 市统计局联合经信、发改、住建、农业、科技等部门，分别举办全市工业、贸易、农业、能源、投资、企业科技创新等统计业务培训班，提高部门统计业务水平。开展整治“一套表”联网直报中违法违规、不规范报送行为专项行动和统计执法大检查，消除极少数冒名报送、指令报送等统计弄虚作假行为。全市共检查486个企业，查处统计违法案件5宗，进一步净化统计工作环境。完善GDP、工业、投资等主要指标数据质量评估办法，提高主要指标间的匹配性、协调性，保障统计数据质量。

【统计创新】 市统计局加强城镇化统计，实施韶关中心城区统计制度，建立并实施韶关市芙蓉新区统计年报制度。推进统计联网直报领域延伸，实施范围已覆盖工业、商贸流通业、建筑业、服务业和房地产业等行业单位，全市纳入一套表联网直报平台的企业达1605家。统计改革：开展投资统计改革试点。在乳源县开展固定资产投资统计方法制度改革试点，为2015年全面铺开投资统计改革提供经验。

【第三次全国经济普查】 基本完成韶关市第三次全国经济普查各项工作，摸清市各类单位基本情况，查清二、三产业发展规模及布局等状况，根据普查结果，韶关市法人单位1.84万个、产业活动单位2.49万个、个体户13.75万户。市经济普查工作通过国家的检验。2014年1月5日，国家统计局局长马建堂亲临韶关市武江区督导普查现场登记工作，对韶关市经济普查工作给予肯定；6月23日，韶关市三个普查小区通过国务院经普办实地检查。根据经济普查数据核算，2013年全市GDP总量1015亿元，比快报数多0.5%，准确反映韶关市的经济总量和结构。 （卓悦灵）

国家统计局局长马建堂（左二）在武江区前进建材城全程见证对某个体商户的普查登记（童铜韶 摄）

附：领导班子成员名单

局长、党组书记：杨水养

副局长、党组成员：谭 军

纪检组长、党组成员：翁文生

副局长、党组成员：李春城

审 计

【概况】 韶关市审计局，为韶关市人民政府工作部门，其职责为对经济责任、预算执行、财政决算和财政资金使用效益、关系国计民生的社会保障、医疗卫生、教育、政府重大投资、农业等重点资金的审计。内设办公室（计算机审计室）、法规审理科、经济责任审计办公室、财税金融审计科、行政事业审计科、农业与资源环保审计科、经贸外资审计科、固定资产投资审计科等8个科室。机关行政编制42名，其中：局长1名、副局长3名，纪检组长1名，总审计师1名；正副科级领导职数18名。后勤服务人员数5名。2014年，韶关市审计局围绕市委、市政府以及省审计厅的各项决策部署，依法履行审计职责，创新审计方式方法，加大审计力度，重点对公共资金、国有资产、国有资源、领导干部经济责任履行情况进行审计，初步实现审计工作的全覆盖。2014年，市审计局共完成61个审计项目，查出主要问题金额176093万元；提出审计建议161条，被采纳154条；提交专题或综合性报告和信息简报71篇，被批示采用36篇。荣获国家级表彰2项，分别是：全国审计机关先进集体、审计署全国政府性债务审计公务员集体嘉奖；荣获韶关市文明单位称号。市十三届人大常委会第十六次会议对审计工作报告给予肯定，在2014年5月市人大代表测评“一府两院”各部门2013年工作中，市审计局满意率排名第一。市委、市政府主要领导对审计工作给予肯定。

【财政预算执行审计】 通过对市本级预算执行审计和其他财政收支情况审计，促进财政部门完善预算管理、财政收支管理制度，使财政预算编制更加科学和细化。对市林业局、原市人口和计划生育局、原市卫生局、市交通运输局及市教育局等5个部门的预算执行情况及项目经费进行绩效审计。通过审计提出深化财政改革，完善财税管理机制；加强国有企业监管，保障国有资产安全等审计建议。代政府向市人大常委会作《关于2013年度市本级预算执行和其他财政收支的审计工作报告》，市人大常委会对审计工作给予肯定。同时市审计局关注县域经济安全，开展翁源县财政决算审计；关注专项资金的使用效率，对浈江水果产业专项资金进行审计。

【财政存量资金审计调查】 为进一步激活财政存量资金，管好用好财政资金，提高财政资金使用效益，对市本级截至2013年年末的财政存量资金管理情况进行审计调查，摸清市财政结余情况和市直11个预算单位结余情况，查找出项目资金沉淀和闲置、项目经费预算执行不到位等财政存量资金管理存在的问题。通过审计提出及时清理结余结转资金，盘活财政存量资金；加强国库资金管理，增强预算编制的完整性和精细化程度；加快预算管理和执行进度，提高财政资金使用效益；建立财政存量资金动态管理机制等意见和建议。

【税收征管审计】 对韶关市地方税务系统2013年度的税收征管情况进行审计，摸清2013年税收完成情况，发现部分农贸市场经营单位未按规定申请办理税务登记，未按规定申请办理单税种税收减免备案手续，未按规定及时申报缴纳房产税，电力行业纳税管理不规范，建设项目未及时申报缴纳营业税等问题。通过审计提出加强税收征管工作，强化协税护税机制，加大建安工程税收控管，完善涉税信息共享交换工作等审计建议和意见。对韶关市地方税务局2013年度市本级契税征管情况进行审计调查，摸清2013年契税收入完成情况，发现未制定细化的契税征收管理制度，未实现契税税源实时交换和共享，部分企业未在规定期限内及时申报缴纳契税，房地产开发企业契税管理中存在的问题等，提出加快建立契税征管制度，搭建契税税源共享系统，做好对房地产企业监管，加大对企业违法违规的处理等审计建议和意见。

【企业纳税专项审计调查】 市审计局组织对韶关旭日国际有限公司等7家企业（其中：房地产企业3家、建安企业2家、工业企业1家、外资企业1家）纳税情况进行专项审计调查。通过审计调查发现上述企业在股权转让、销售商品房、收取工程款等应税行为中，未依法申报缴纳税款，应补交各项税款3368.36万元，并依法移交税务部门处理。通过审计提出韶关市地方税务局等部门应强化重点企业税源监管，进一步加强对税务专管员的管理，确保税款应收尽收的意见和建议。

【土地出让收支及耕地保护情况审计】 从8月中旬开始到10月末，国家审计署开展全国土地出让金收支和耕地保护情况审计。其中，2008年～2013年6年间，地方政府土地出让金将成为审计重点之一。此次审计是继社保审计、地方政府债务审计之后的第三次大规模全国性审计，也是首次全国范围内进行土地出让金收支审计。审计内容涉及土地规划、计划、审批、征收、供应和利用等土地管理的全部环节。其中，土地出让收入的征收、支出、资金管理备受关注，与土地资金相关的财政专户、收入过渡户管理、坐支土地出让收入等都是审计关注的重点。具体审计工作由各省（区）当地（审计署）特派办牵头，审计组成员则由特派办和各地审计部门抽调的工作人员组成，审计直接对象是各市县政府，审计方式为异地交叉审计。根据审计署的统一组织安排，8月中旬至10月，韶关市组织全市审计机关43名审计业务人员参加广州市、阳江市两地2013年土地出让收支及耕地保护情况审计。按审计署的要求完成各项工作任务。在全国土地出让金审计过程中，在完成规定动作的基础上，重点关注决策和审批环节，及重大违法违规问题和经济犯罪案件线索。工程项目审计重点关注项目建设预决算及实施等各个环节，及存在的违纪违法等问题。

【党政交办的项目审计】 围绕党政工作中心，市审计局完成政府交办的17项任务。围绕政府投资项目管理，开展对韶阳楼工程项目、市人防办基建工程项目、市社会福利院老人综合服务大楼项目超概（预）算情况、市中心业余体校综合楼项目超概（预）算情况、黄岗至十里亭道路（北出口）扩（改）建工程拆迁情况、赣韶铁路韶关段征拆经费使用情况、广乐高速公路征地拆迁资金、核实莞韶产业园甘棠片区移交资产及投入情况专题调查、广东韶关明星学校项目用地征收情况、东环线东郊建材厂征收补偿问题等审计。围绕政府机构改革，开展对市港务局、港务货运管理中心移交前清产核资专项审计，口岸管理服务中心财政财务收支审计。围绕社会和谐稳定，开展对浈江环卫资金审计。通过审计提出审计意见和建议。

【经济责任审计】 市审计局联合市纪委、市委组织部制定出台《韶关市市管领导干部经济责任审计轮审办法》，重点加强对党委和政府部门掌握重要经济决策权、执行权、管理权和监督权等“强势”部门单位或关键岗位，以及管理重点项目、分配及使用重点资金的部门和单位领导干部的审计。市审计局完成经济责任审计项目20个，查出主要问题金额达20841万元。开展对翁源、从化书记、县长（市长）经济责任同步审计，从化书记、市长经济责任同步审采取异地交叉审的方式。

【民生项目及公益基金审计】 对韶关市2013年城镇保障性安居工程（包括廉租住房、公共租赁住房、经济适用住房、限价商品住房和各类棚户区改造）的投资、建设、分配、运营等情况进行审计。对韶关市本级2014年“广东扶贫济困日”活动捐赠资金募集、拨付和管理情况的审计，并通过《韶关日报》向社会进行公告。对韶关市本级2013年就业专项资金使用管理情况进行专项审计调查，重点抽查市本级职业介绍、职业（创业）培训、社会保险补贴、小额贷款贴息、扶持公共就业服务等就业专项资金，摸清基本情况，对审计调查发现的主要问题进行原因分析，并提出审计调查建议。对2012—2013年韶关市本级体育彩票公益金管理使用情况进行审计，摸清体彩公益金使用情况，揭示存在问题。

【审计反腐倡廉】 加大对违法违纪问题的揭露和查处力度，发挥审计监督的震慑力，促进廉政建设。在市本级预算执行审计中，对违规行为的财政、交通、教育、卫生等30个部门直接揭露并点名道姓；对市本级各单位落实中央八项规定及相关条例的情况进行审计监督，重点对会议费、公务卡消费与报销、楼堂馆所建设、出国经费使用等情况进行审计调查；与财政部门联合开展贯彻执行中央“八项规定”严肃财经纪律和“小金库”专项整治工作，对行政单位会议费及“三公”经费管理使用情况进行重点检查；建立与纪检部门的协作机制，对审计过程中发现的问题线索移交纪检监察等相关部门。2014年，市审计局向市纪委移送事项7项，市纪委已经立案2起，处理4人。

【审计工作创新】 审计工作改革创新力度加大。注重对审计结果的深加工，从宏观、全局的角度提出审计意见和建议，实现审计国家治理功能。创新审计整改模式，加大对审计整改跟踪检查和督查力度。市领导对市审计局提交的审计报告做出重要批示23次。跟踪检查2013年度市领导对审计报告作重要批示的审计结果整改落实情况。审计广度不断拓展。加大工程预决算的审计力度，共完成11个项目，占全年项目的18%。审计深度不断加深，力度加大，加大外购审计服务比例，解决审计力量不足的问题。2014年外聘人员参与的审计项目19个，占全年任务的31.15%，其中整体外包项目有5个，占8.2%。外购取得一定成效。

（徐望雄）

附：领导班子成员名单

局　长：凌振伟

副局长：李贵堂（—2014.8）

　　　　李秋月　陈大川

　　　　毛考清（2014.9—）

纪检组长：徐进平

总审计师：钟定鸿

工商行政管理

【概况】 韶关市工商行政管理局下辖浈江、武江和曲江等3个区局，乐昌和南雄等2个县级市局，仁化、始兴、翁源、新丰和乳源等5个县局，58个基层工商所，市局机关设办公室、人事教育科、财务科、监察室（与机关党委办公室合署办公）、法规科、经济检查科（与消费者权益保护科合署办公，并加挂打击传销办公室牌子）、登记注册科、外商投资企业登记管理科、企业监督管理科、市场合同管理科、商标广告管理科等11个科室，经检支队和开发区分局等2个直属行政单位，机关服务中心和消费者权益保护委员会（加挂12315投诉举报中心牌子）等2个事业单位。2014年，全市工商系统以改革为主旋律，凝聚力量，攻坚克难，服务韶关振兴发展，各项工作取得新的成绩。推进基层规范化建设，完成58个工商所考核验收工作。完成干部配备和职能调整，对9个县区局班子成员进行调整和补缺，理顺40多名抽（借）调人员编制。参与行政审批制度改革，推进“两法衔接”工作。完成流通领域食品安全监管职能交接，应对工商体制改革。推进扶贫双到工作，在全省工商系统扶贫双到培训班上作经验介绍。韶关市工商局被评为2014年度全国工商行政管理系统政务信息工作先进单位；参与全省工商系统“红盾清廉”微电影、微视频、微动漫征集活动，摄制《为民务实清廉》宣传片，分别获得一、二、三等奖；组队参加2014年全市干部职工体育运动会获得6个团体奖项和“优秀组织奖”；乐昌市工商局驻当地行政服务中心窗口被评为季度“文明窗口”，连续三年荣获年度“优胜窗口”称号；新丰县工商局梅坑工商所被市总工会授予“粤北女职工文明岗”荣誉称号；仁化县个私协会被评为“韶关市社会组织党建工作示范点”。

【工商登记制度改革】 市工商局制定实施《韶关市商事登记制度改革方案》《韶关市市场主体住所工商登记实施办法（暂行）》等文件，执行工商登记制度改革。3月1日，韶关市新工商登记制度与省工商局和珠三角地区同步实施；5月26日，启动工商登记“先照后证”改革。6月10日，全市正式实施放宽住所登记条件限制《实施办法》；10月，结合韶关实际，贯彻《企业信息公示暂行条例》，完成21737户各类市场主体公示工作，推进“宽进严管”。全系统安排专项资金443万元，支持工商登记制度改革。至2014年年底，全市各类市场主体123706户，同比增加10365户；注册资金875.8亿元，同比增加164亿元。新登记各类市场主体16139户，其中，新登记企业2696户，同比增长45.65%。引导个体工商户转型升级为企业111户，注册资金9417万元。登记家庭农场129户。做好“网上登记，双向快递”服务，受理2732笔网上登记注册业务。开展股权出质登记203宗、抵押登记319宗，帮助小微企业担保融资70.74亿元。韶关市商事制度改革与珠三角同步实施的做法得到省委商事制度改革督导组的高度评价。市长艾学峰在韶关市工商局呈送的商事制度改革情况汇报上批示并给予肯定。

【两建工作】 市工商局继续履行全市“两建”（建设信用体系，建设市场监管体系）工作统筹协调职责，会同市编办、市监察局制定2013年度市场准入体系建设工作考核标准。制定市场准入体系建设工作专责小组2014年全面深化改革重要举措分工实施方案。在全省2013年“两建”工作考评中，韶关市获得第九名。抓好市场监管体系制度建设，推动公共资源交易制度进一步完善，为政府节约开支逾3.84亿元。牵头对市“12345”投诉举报平台进行升级改造建设，于2014年12月1日正式运行，全市16个职能部门的17条热线并入12345投诉举报平台。

【市场主体监督管理】 市工商局加强企业信用体系建设，发挥消协、个私协作用，引导和鼓励经营户诚信经营。开展“守合同重信用企业”评选活动，向省工商局推荐的企业有5户被评为工商总局2012—2013年度“守合同重信用”公示企业。加强合同格式条款规范监管，查处利用合同格式侵害消费者合法权益的案件31宗。开展查处无照经营、红盾护农、红盾网剑、打击侵犯知识产权和制售假冒伪劣商品等专项行动，加大反不正当竞争和商标专用权保护、广告市场监管力度。全年查处违反不正当竞争法规的案件16宗（其中查处互联网领域违反不正当竞争法规案件3宗，实现互联网领域办案零的突破）、商标案件70宗、广告案件138宗。加强安全生产监管、打私、“扫黄打非”“禁毒”、流通领域电动自行车监管、禽流感和登革热防控、平安市场创建等工作。全市工商系统查处各类经济违法案件1260宗。

【新商标法宣传】 市工商局做好新《商标法》宣传指导工作，深入大型超市、商场企业，对企业相应的标识、包装、广告等进行摸排清查，对新商标法的修改内容进行宣传解释，并现场指导。“3·15”消费者权益保护日活动和“4·26”知识产权日联合执法专项行动期间，利用各级电视台媒体、悬挂横幅条幅宣传标语、发放宣传资料等形式开展新商标法宣传活动，提升企业经营者的商标注册意识和保护意识，韶关市有效注册商标数达到5784件。

【违规广告整治】 市工商局规范广告市场，依托国家广告数据中心平台对市、县主要媒体广告进行全方位、全天候、全覆盖监测，监测各类广告26983条次，发现涉嫌违法广告285条次，违法率为1.06%。联合开展整治互联网重点领域广告专项行动，要求市属媒体韶关家园网、韶关民声网、韶关新闻网等主要网站自查清理发布的广告及信息，组织开设网站的企业主体签订《自觉抵制互联网重点领域虚假违法广告承诺书》。执行韶关市广告监管联席会议制度，强化部门配合，加大整治合力。

【打击传销工作】 市工商局联合制定《韶关市创建无传销城市工作方案》，力争用3年时间实现全市80%以上的县级以上城市无传销活动的目标。保持打击传销高压态势，规范直销，查处传销案件5宗、直销违法案件6宗。查处的“智富商城”网络传销案件，成为广东省开展打击整治传销集中行动中成功侦破的第一宗网络传销案。

2014年3月3日，韶关市工商局颁发第一份新版营业执照，意味着工商登记制度改革在韶关全面推开（文军　摄）

对为传销组织提供法律服务的两个律师事务所处罚成功结案，引起国家工商总局和司法部的高度关注和支持。

（胡海英）

附：领导班子成员名单

局　长：欧新全

副局长：张向阳　容　江　雷能福　黄少洲

纪检组长：陈邦建

经检支队长：杨炳祥

质量技术监督

【概况】　韶关市质量技术监督局（以下简称市质监局）内设办公室、政策法规科、质量科、食品生产监管科（2014 年 3 月划转至市食药监局）、标准化科、计量科、特种设备安全监察科、计划财务科、人事教育科、监察室、机关党委办公室、共计 11 个内设机构，以及稽查分局 1 个直属行政单位。下辖曲江、乐昌、南雄、始兴、仁化、新丰、翁源、乳源 8 个县（市、区）级质监局以及市质量计量监督检测所、市特种设备检测所 2 个直属事业单位。市局加挂“韶关市人民政府打击生产和销售假冒伪劣商品违法行为办公室”牌子。

【特种设备安全监察】　市质监局加强特种设备安全监察，开展各类特种设备专项整治行动，全年共出动检查人员 2758 人次，检查特种设备 3825 台套，立案查处特种设备违法违规案件 15 宗；排查一般隐患设备 603 台、重大隐患设备 312 台，整改率为 99.67%。推动电梯安全监管体制改革各项内容有效落实。至 2014 年底，全市 4622 台在用电梯已全部确定使用管理责任单位，1622 台投保电梯事故责任保险，1921 台由电梯制造厂家或其授权单位进行维保，电梯安全保障水平进一步提高，实现特种设备安全“零事故”的目标。

【质检行政执法】　质监局围绕民生热点问题开展“质检利剑”行动，深入开展农资产品、建材、儿童用品等专项执法行动，查处各类质量违法行为。全年共出动执法人员 6768 人次，立案 70 宗，涉案货值 41.36 万元。发挥市打假办的牵头作用，推动各打假职能部门落实打假责任制。各部门全年共出动执法人员 8 万多人次，查处制假售假案件 586 宗，涉案货值 1644 万元，捣毁制假窝点 22 个；移送公安案件 79 宗，刑拘 47 人，逮捕 40 人，判刑 11 人，遏制制假售假违法行为。

【质量管理与监督】　质监局落实产品质量监督抽查工作，全年共对 241 家企业的 340 批次产品进行监督抽查，合格率 97.06%，不合格产品生产企业的后处理率达 100%。对产品抽查不合格企业进行集体约谈，帮助企业分析产品不合格原因，推动企业主体责任落实；召开拖拉机、水泥等行业产品质量监管会议，防止行业性问题发生，从源头上把好产品质量关。

【质量强市与名牌带动战略】　提请市政府印发《韶关市建设质量强市 2014—2015 年行动计划》，明确 2015 年质量强市工作目标。指导企业开展名牌创建工作，共申报广东省名牌产品（工业类）5 个（其中 2 个为新增）。会同相关部门联合开展“争创名牌和质量强企”培训班、“质量安全知识进校园”等一系列宣传活动，推动全社会质量意识进一步提高。仁化白毛茶获准实施国家地理标志产品保护，始兴石斛申报国家地理标志产品保护已通过省局初审。全市通过国家总局审查的国家地理标志产品保护产品已达 14 个，在全省名列前茅。地理标志产品保护工作的经济效益和社会效益明显，得到市委副书记、市长艾学峰和市委常委、政法委书记张志才的批示肯定；中国质量万里行杂志社、南方网、《大公报》等媒体先后专访局地理标志产品保护工作。地标产品作为“韶关名片”和“文化品牌”的作用日益凸显。

【技术标准战略】　质监局加大对实施技术标准战略的宣传力度，紧抓重点区域、行业和骨干企业推进标准化项目的实施，逐步形成政府组织推动、社会参与、企业主体落实的局面。推动旅游服务业先进标准体系建设，推进东阳光南岭国家森林公园、丹霞山旅游标准化试点工作，协助和指导相关单位建立、健全旅游服务先进标准体系，完善服务措施，提升景区整体服务水平。推进农业标准化示范区建设，乳源油茶、曲江粉葛、翁源糖蔗 3 个示范区通过验收，全市系统已建成国家级、省级农业标准化示范区 15 个。

【计量监督管理】　质监局结合韶关经济社会发展实际，提请市政府印发《韶关市贯彻落实国务院计量发展规划（2013—2020 年）实施方案》，明确到 2020 年全市计量发展目标，将计量工作纳入到韶关经济工作全局当中。加强技术机构能力建设，办理社会公用计量标准建设行政许可 14 项、计量检定员证 37 个。推动企业计量管理能力的提升，完成 7 家企业二级计量保证体系和 31 家企业三级计量保证体系的确认和发证工作。与市公安局建立机动车安检机构监管联动机制，定期联合开展现场检查，督促安检机构规范运作。落实集贸市场与基层医疗卫生单位强检计量器具免费检定工作，对 23632 台（件）在用强检计量器具进行免费检定，免收检定费用 122 万元。开展民生计量专项监督检查，保障群众合法权益。

【公共检测平台建设】　质监局结合韶关产业发展需求，推进“国家铅锌及建筑钢材产品质量监督检验中心（广东）”建设。省政府支持的 1000 万元检验设备采购专项资金已落实，已完成设备采购的技术论证，即将进入招投标阶段；纳入 2014 年市级财政预算的 1000 万元专项资金也启动采购程序。

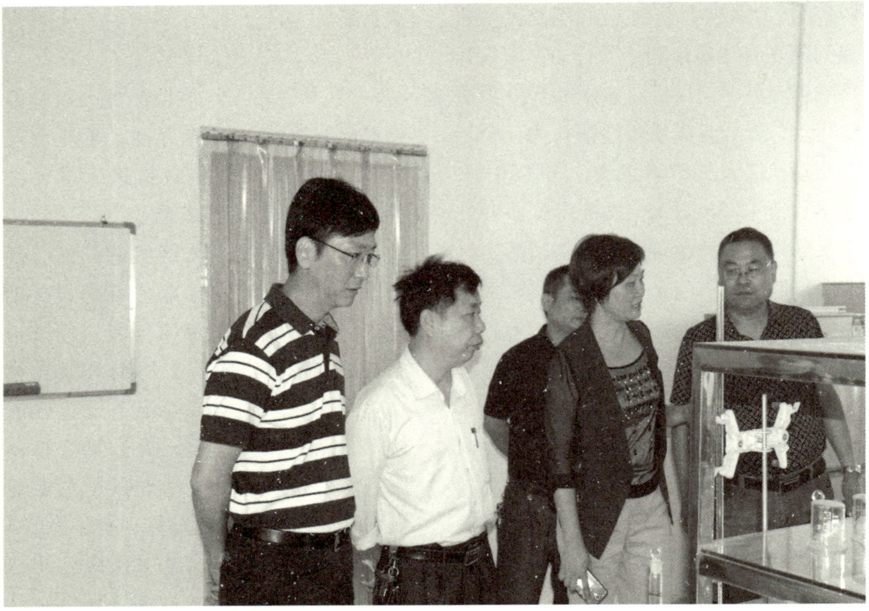

10月15日，市质监局局长车万里（左一）陪同《中国质量万里行》广东站站长宋德奇（右一）到曲江区采访报道马坝油黏米地理标志产品保护工作，曲江区副区长卢春燕（右二）陪同调研（陈先伟　摄）

检测大楼建设进展顺利，实验室一期装修工程正在进行，二期装修工程即将开展招投标工作。南雄日用精细化工产品省级检验站已完成实验室资质认定评审工作，并通过申报国家服务业发展引导资金项目，争取到发改委300万元建设资金。（柯　敏）

附：领导班子成员名单

局党组书记、局长：车万里

局党组成员、调研员：洪楚衡

局党组成员、副局长：何天池

黄善智　蔡美华

局党组成员、纪检组长：王武生

海　关

【概况】　韶关海关于1987年9月经国务院批准成立，并依照《中华人民共和国海关法》和其他有关法律、行政法规，监管进出境运输工具、货物和其他物品，征收关税和其他税、费，查缉走私，编制海关统计和办理其他海关业务。为正处级单位，人员编制48人，现有在编干部职工43人，关内设办公室、人事政工科、综合业务科、车场监管科、加工贸易监管科、稽查科6个科室。韶关海关缉私分局（正处级）于1999年6月成立，局内设办公室、侦查科、法制科3个科室，人员编制为25人，现有干警8人。韶关海关关区面积1.85万平方公里，辖下企业370家，现有南郊港澳进出境货运车辆检查场、码头监管点和铁路口岸装卸点等3个监管现场。由于辖下的企业不多且分散，同时因地处内陆，与边境口岸间交通运输路程较远，形成转关路线长的特点，业务主要集中在陆路、铁路转关运输货物监管和加工贸易监管，而税源商品则主要是铁矿砂。

【税收征管】　为完成全年税收目标，韶关海关注重从源头抓起，加强对税源商品的跟踪分析，坚持“以质为主、量质并进”，及时掌握税收进度，做到科学调控、适时入库，确保应收尽收。2014年，该关共监管进出口货物776.38万吨，同比增长0.17%；但鉴于该关主税源商品铁矿砂价格较上年同期下降超过30%，因此监管进出口货物出现量增值跌的现象，同期监管进出口货值12.20亿美元，下降16.42%，受价格因素影响，该关税收直接减少约2亿元人民币，全年税收入库9.01亿元，同比下降19.5%。

【通关监管】　韶关海关以提高关员业务素质为切入点，完善制度，强化物流监控，对监管岗位职责进行重新梳理，形成“日监控，周核查，月清理”的机制。规范和健全卡口放行和过磅环节的登记制度，统一规范作业流程。对货运监管场所进行对照检查，改善监管场所设施，完成口岸高风险排查专项工作。优化查验管理，推行分类分级布控查验，提高查验效能。1月至12月进出口查验率3.08%（剔除双A类企业），查获率16.67%，简易案件处罚1宗，移送缉私立案3宗，执法评估多项指标全年均处于绿色区间，监管质量良好。

【促进加工贸易发展】　韶关海关贯彻落实改革措施，促进加工贸易实现新发展。着力贯彻落实简政放权，取消对加工贸易手册设立、外发加工、深加工结转、余料结转、核销等业务的行政许可，提高办事效率。落实促进内销征税便利化措施，支持企业扩大内销，开征近3年来本关区最大一笔内销征税税单，税款达170万多元，1月至12月，内销征税2253万元，同比增长达64%。推动本关预归类服务工作，结合关区实际开展服务情况调研，进一步了解企业生产经营情况，摸清关区预归类服务企业的底数，并对部分已签订预归类服务协议的加工贸易企业进行回访，提升服务质量。

【缉私工作】　韶关海关结合山区工作实际，保持打私的高压态势，突出打击重点，提高情报研判能力，各部门共同参与，开展“绿风”“绿篱”专项行动。推进大情报体系建设，依托各类信息平台，加强对海关、缉私和公安业务信息以及社会信息资源的整合应用，组织开展全员搜集、全员研判，提高缉私查发能力。加强与市、区、镇党政的联系配合，建立关区反走私综合治理长效机制，发挥地方政府的反走私基础作用。强化与地方政法委、外经局及公检法等部门的沟通协调，形成打、防、控、管相结合的反走私闭合链条。加强反走私宣传和相关法制宣传，扩大海关打私的声势和影响，发挥“阻吓”作用，并引导企业和广大群众守法自律。

【海关工作对接韶关市发展大局】　韶关海关在研究地方经济发展需求的基础上，分别就再生塑料资源行业发展、红酒保税仓项目、口岸建设、物流发展等课题主动向地方政府提交专题报告和建议，获得书记郑振涛、市长艾学峰多次批示肯定。为支持县域经济发展，该关先后与外经贸发展活跃度较高的乳源县、革命老区南雄市签订合作机制，形成更加紧密的联系配合关系。

【支持韶关外贸稳定增长】　韶关海关及时掌握韶关地区外贸形势，细化分析指标，突出分析重点，为地方领导及有关部门提供决策支持。研究市场、价格、汇率、产业结构对韶关外贸的影响，做好形势预测，对各种发展方向制定预案，并在广州海关领导的关心指导和各兄弟部门的支持帮助下，扭转韶关市外贸连续11个月跌势的局面，于年前顺利填补外贸缺口，帮助韶关市实现外贸总值23.5亿美元，比2013年增长0.3亿美元，同比上升1.3%，帮助政府胜利打赢外贸翻身仗。

【推动新港码头复航】　以北江航道改造为契机，通过调研撰写《关于韶关口岸建设的推进情况建议》，对盘活水路、打造北江经济带，“重振韶关历史物流重镇”提出规划建议。在韶关海关的推动下，韶关市调整工作思路，市委书记亲自对韶关物流现状和发展趋势开展调研，并将振兴粤北物流作为韶关今后发展的重点。在各方的努力下，新港码头港澳航线已于9月3日顺利复航，并于9月24日产生首份出口报关单；9月30日，韶关新港码头重新启动后的首票货物——出口的14个集装箱炉渣成功通关运抵香港，此举标志着韶关市水路口岸进出口业务正式全面恢复，使韶关市的开放型物流服务能力进一步提升。

【促成首家公用型保税仓库启用】　韶关海关以保税物流为节点，拓展保税仓库的功能，推动韶关保税物流业务的发展。支持韶关市率先发展保税监管场所，做好韶关旭日国际集团公司自用型备料仓库转为公用型保税仓库的申报及获批工作。该仓已于9月28日正式启用，10月29日成功开通第一本电子账册，11月11日首批保税货物进仓，这是韶关地区当前唯一的公用型保税仓，它的启用将为粤北地区国内企业、外商提供进口货物保税仓储、转口贸易、物流配送等服务，为韶关市外贸经济发展提供更多的政策优惠和更优的投资环境。（高　华）

2014年8月14日，在南雄市人民政府会议室，韶关海关与南雄市人民政府签订建立紧密合作机制仪式（雷凯菁　摄）

附：领导班子成员名单

关　长：林　武

副关长、缉私分局局长：何国星

副关长：周建华　蓝　燊

出入境检验检疫

【概况】　韶关出入境检验检疫局组建于1999年11月，为中央驻韶单位，隶属于广东出入境检验检疫局，内设10个科室和1个事业单位，在编干部职工42人，负责韶关辖区的进出口商品检验、鉴定、认证和监督管理；进出境动植物检疫；出入境卫生检疫和进出口食品安全监管等职能。拥有通过国家计量认证和认可委员会认可的综合检测实验室，内设粤北玩具检测中心、化学检测实验室、食品检验实验室、临床检验实验室、植物检验实验室、动物检验实验室6个专业实验室。2014年，韶关出入境检验检疫局贯彻落实国家质检总局和广东局及的工作部署，深入开展党的群众路线教育实践活动，坚持“抓质量、保安全、促发展、强质检”方针，按照当好“三个表率”（在改革创新上作表率、在服务大局上作表率、在改进作风上作表率）、服务“两个率先”（率先实现全面小康，率先基本实现社会主义现代化）的要求，推进业务综合改革，各项工作取得实效。

【严把检验检疫关】 2014年1—12月，韶关局共完成出入境货物检验检疫3.1299万批、5.1099亿美元，同比分别下降1.53%和下降16.92%。其中：出境货物检验检疫3.0147万批、4.5821亿美元，同比分别下降2.01%和下降13.93%；入境货物检验检疫0.1152万批、0.5279亿美元，同比分别增长13.16%和下降36.17%。签发检验检疫证单33550份，同比增加0.53%。签发产地证3655份，金额12967.01万美元，同比分别增长18.71%和11.45%。

【实施检验检疫监管新模式】 注重提高企业质量主体意识，落实事中、事后监管措施，对符合监管要求的企业实行出口工业产品"合格假定"，直通放行新模式。实行风险管理。排查收集上报5条风险信息，并提出具体整改和防范措施。对企业开展信用评级管理，建立600余家企业信用评级管理档案，其中9家企业符合检验检疫A级条件。

【参与质检改革探索】 局长褚观洪参加广东局《深化质检改革重点问题研究》课题组，开展"质量安全监管改革的基本思路"研讨。结合行政执法实例，专题撰写《从一起案件探讨完善进出境动植物检疫法律制度的紧迫性》在广东局《政策研究》刊发。

【通关减免便利化措施】 1至10月共减免检验费291万元。为35家符合要求的企业实施出境报检、通关无纸化。落实广东、深圳、珠海检验检疫局出境货物直通放行便利措施，至今已放行4300批货物，减少费用65万元。推进"三个一"通关模式（一次申报、一次查验、一次放行）和"智检口岸"建设。在广东局通关处指导下，配合韶关市政府制定"三个一"通关模式协作方案，以韶关新港为起点推进"三个一"，并启动运行"智检口岸"系统。

【加强风险监管】 规范企业监管和产品抽查，防范质量安全事故。制定年度监管计划，对重点企业产品实施监督抽样，落实进出口农产品和动植物源性食品的安全风险监控，抽检96个样品，检测422个监控项目，检测结果无超标。落实目录外商品监督抽查，选择流通领域进口玩具为抽查目标，抽取22件检测相关数据。发挥认证监管作用。利用评审和监督检查，帮助出口企业建立和完善质量管理体系、食品安全卫生控制体系，提高自检自控及检测能力，指导企业申报出口免验资质，提升企业产品质量和品牌效益。

【落实口岸疫情疫病防控措施】 成立韶关口岸埃博拉出血热疫情防控专责小组，做好口岸埃博拉出血热疫情防控。严防境外登革热传入，对来自登革热流行国家和地区的交通工具、货物和集装箱进行预防性灭蚊虫处理，对发现异常的入境货柜车司机进行体温测试。完成法定传染病监测体检171人次，在法定体检过程中，检出丙型肝炎2例、乙型肝炎2例。

【落实动植物疫情监测】 2014年，首次从西班牙入境货物木包装中截获松材线虫；开展外来有害生物监测，广东局技术中心杂草专家到韶关局协助开展杂草监测，发现白苋、长芒苋、西部苋，其中白苋为广东首次发现外来检疫性杂草。2014年1—10月，从拟出境的蔬菜、食用菌和木家具中检出不合格产品4批6种次2.99万美元；进境不合格产品（木板材）2批次2.68万美元；从进境木板材、木质包装及集装箱中检出有害生物32批23种43种次，同比增长187%。

【严把进出口产品安全】 为保证香港《食物内除害剂残余规例》实施后辖区供港蔬菜的质量安全，市检验检疫局重点加强对各备案蔬菜基地的日常监管，农药使用管理和产品抽检，环境监测，确保供港食品的质量安全。按规程提高检出率，出口深加工食品批次不合格检出率达4.1%，检出不合格出口食品4批。严把进出境危化品、敏感工业品质量安全，2014年新增松节油、油漆等危化品出口检验业务。严格按照出口危险化学品及其包装检验规程和要求实施检验，确保质量和安全。

【配合地方政府开展检验检疫】 紧密与地方政府的沟通联系，建立畅顺工作联系协作机制。局长褚观洪先后5次深入始兴、翁源、新丰等地现场办公帮助三个山区县招商引资，扩大特色产品出口。对韶关地区饲料中重金属和禁用兽药开展安全风险监测，通报一起重金属严重超标检测结果。配合林业部门，开展松材线虫防控工作。开展打击进出口假冒伪劣专项行动；协助韶关市食品药品监督管理局连续查处运输非法进境冷冻肉制品10批，共350吨。

【服务地方政府重点项目建设】 韶关新港码头是2014年韶关市委、市政府促外贸稳增长、加快经济发展的重点项目之一。提前完成办公室环境、网络设施、视频监控等基础建设，广东局副局长丁汉东亲临口岸检查指导，并参加9月初复航仪式。

【支持产业转移园区发展】 为园区进出口企业提出便捷服务新措施。东莞石龙（始兴）产业转移园是获省批准的粤北（始兴）塑料再生资源产业基地，局领导主动走访管委会和园区企业，助园区重点企业通过进口可用作原料的固体废物国内收货人注册登记备案现场审核。

【帮助企业成功申报出口免验企业】 3月，韶关万达企业取得"国家免验"资格，成为广东省首家获此殊荣的港资企业，广东局党组书记、局长詹思明为企业颁证。针对出口企业提出的新要求，韶关局在上报"广东检验检疫事业改革发展'金点子'"中提出相应建议。6月，广东、深圳、珠海局出台《关于进一步扩大出境货物直通放行范围的通知》，在异地报关出口的散装货物均可以享受“直通放行”新措施，仅韶关旭日集团有限公司年节省运行费用达150万元。主动上门为重点出口企业解决九城自助报检系统实际操作满足不了企业报检批量的问题；利用产地证关税优惠政策，帮助大型国企韶铸集团开拓东盟等新兴市场，扩大产品出口。全年韶关出口企业获得进口国关税优惠达168万美元。

【扶持中小微企业发展】 采取“一厂一策”等方式，帮助建立质量管理体系和产品质量安全控制体系，指导企业通过种养殖出口基地备案审核，力促竹木制品、水产品，三七、石斛等中草药特色产品进入外贸市场。优化服务新措施，根据企业需要开展主动服务、上门服务、全程服务、免费服务等活动，并提出检务窗口服务7条新承诺。加强政策法规宣讲，帮助企业应对贸易技术壁垒。

【提升检验检疫履职能力】 持续提升实验室检测能力。2014年，新开展玩具油漆和材质中19个元素的检测。全年参加能力验证8项，实验室比对1项，所有项目全部合格。深化与韶关学院“检学研”作用，联合向韶关市申报《韶关地区饲料中风险元素本底的初步研究》科研课题。完善实验室基础设施建设。2014年投入20万元，改善实验室安全设施。 （邬　伟）

附：领导班子组成名单

局　长：褚观洪

副局长：魏大波

纪检组长：陈伟隆

副局长：钱先锋（—2014.4）

2014年3月28日下午，韶关检验检疫局局长褚观洪（右二）陪同广东检验检疫局局长詹思明（左三）出席万达工业（始兴）有限公司获得“出口免验”资格颁证仪式，为万达颁发“出口免验”证书（韶关市检验检疫局　供）

国土资源

【概况】 2014年，全市国土资源系统服务“稳增长、促改革、调结构、惠民生”工作大局，探索国土资源保障韶关经济社会发展的新措施、新路子，完成年度工作目标任务，各项工作取得新成效。开展新一轮扶贫“双到”工作，投入扶贫资金448.27万元，实施15个帮扶项目并取得预期成效，市国土资源局荣获2014年度广东省团结民族进步模范集体荣誉。

【保障发展用地】 市国土局主动做好用地服务，用好增量。省下达韶关市新增建设用地计划指标709.27公顷，申报增减挂钩周转指标180公顷。共上报50宗批次用地，1宗单独选址项目，共获得71宗批次用地批复（含往年上报数），涉及新增建设用地740.3公顷。完成森林资源有形市场等多个项目的选址和规划审查，323线改线项目、仁深高速和汕昆高速韶关段的用地预审；完成中烟物流基地、新雪域农产品（冷链）物流园等项目的规划修改，以及芙蓉新城133.3公顷、韶钢40公顷新增建设用地规模分配方案编制工作。进一步盘活用地存量，城乡建设增减挂钩申请归还周转指标226.8公顷，完成应归还指标任务。全市呈报“三旧”改造（旧城镇、旧厂房、旧村庄改造）项目涉及旧村庄用地报批的项目24个，面积156.6公顷，取得省政府批复项目22宗，面积152.3公顷；实施完善历史用地手续项目9个，面积55.16公顷，取得批复项目2个面积1.78公顷。

【土地市场供地】 市本级供地273.2199公顷，其中划拨供地2宗，面积1.1985公顷；协议出让（包括划拨补办出让和“三旧”改造项目协议出让）27宗，出让面积38.0554公顷，出让金18861万元；公开招拍挂出让土地74宗，出让面积233.966公顷，出让金265148万元。市政府出台《韶关市国有划拨土地收储管理暂行办法》，规范国有划拨土地的收储管理。指导各地深入推进节约集约示范县（市）创建活动，印发《韶关市国土资源局加强建设用地供后开发利用全程监管工作方案》，加大建设用地供后监管力度；探索工业用地建造多层厂房和开发地下空间的鼓励机制和管理工作机制，提高工业用地利用效率。在全市范围内开展以清理批而未供和闲置土地为主要内容的节约集约用地专项清理，全市共清理出疑似闲置土地35宗，涉及土地面积112.22公顷。

【矿政管理和地灾防治】　探索建立市级矿产督察员制度，加强韶关市矿产资源管理工作。制定《韶关市国土资源局矿业权会审办法》，进一步规范矿业权（探矿权和采矿权）的设置和出让。配合做好大宝山矿区及周边环境综合整治工作，已促成大宝山矿和翁源铁龙铁矿就资源整合相关事宜进行三轮协商，对铁龙铁矿资产评估工作已完成。指导8个县（市、区）完成县级矿产资源总体规划的编制报批。各县（市、区）完成地质灾害隐患点搬迁和治理比例不低于上年10%的任务目标。乳源必背、浈江黄岗、曲江马坝3个中央财政支持的地质灾害隐患点治理项目进度加快，效果良好。全市消除地质灾害隐患点70个，新增地质灾害隐患点8个；获得省级地质灾害防治专项资金共8个项目478万元。

【耕地保护】　落实耕地保护目标责任制，修订并出台《韶关市各县（市、区）人民政府耕地保护目标责任考核办法》，耕地占补平衡审查，做到占优补优、占水田补水田、占水浇地补水浇地，确保耕地占补数量、质量平衡。2013年度耕地保护目标责任履行情况通过省的莅韶考核检查；建立全市性基本农田保护经济补偿制度，向省申请2013年度基本农田保护经济补偿省级补助资金8795.38万元，督促和指导各地做好2012年度和2013年度省级补助资金的发放和使用工作；建立全市土地复垦季报告制度，做好灾毁基本农田的垦复工作，争取灾毁基本农田垦复省级补助资金1532万元；推进高标准基本农田建设工作，向省申请2014年度高标准基本农田建设省级补助资金3.9699亿元，2012年度项目工程建设全面完成，2013年度建设任务完成96%，2014年度建设任务完成59%。

【国土资源执法监察】　市国土局下发《韶关市土地矿产卫片执法监督检查警示约谈工作暂行办法》。全市违法用地占用耕地面积占新增建设用地占用耕地面积比例为7.12%，违法用地案件全部得到查处。2014年，卫片执法监督检查工作通过省级检查验收，获省政府通报表扬。全市矿产卫片违法图斑均已处理到位；大宝山周边铁龙区域非采行为打击查处效果明显，市公安机关刑拘7人，市监察机关对9名相关责任人给予党纪政纪处分；协助大宝山矿业公司完成矿区实时视频网络监控系统建设，组织开展全市探矿权专项整治行动。配合市“拆违”办完成567宗涉嫌违法建筑的认定，涉及建筑面积约14万平方米。

【地籍管理】　市国土局推进市辖两区农村宅基地调查统计及数据库建设，完成市辖浈江、武江两区宅基地调查统计及数据库建设工作，涉及10个镇96个村委755个村小组，农村居民约24.4万人，宅基地68376宗，宅基地面积502.8公顷。启动各县（市、区）农村宅基地调查统计及数据库建设的试点工作。完成年度土地变更调查工作，其成果通过省级核验并已申报国家确认。共完成土地登记1455宗，其中国有土地使用权登记1167宗，集体土地使用权登记25宗，土地使用权抵押登记98宗，土地使用权注销登记58宗，土地使用权抵押注销登记104宗，更正登记3宗。

【测绘地理信息】　市国土局加快数字韶关地理空间框架的推广应用，数字仁化、曲江、南雄、翁源已完成，乐昌、始兴、乳源、新丰等及市级平台系统升级扩容建设正加快实施。深化国土资源“一张图”、电子政务和综合监管平台应用。先后与市城管局、市环保局、丹霞山管委会等15个市级单位沟通联系，并已签订数据共建共享协议。完成基本农田数据库、耕地储备指标数据库建设以及国家2000坐标系转换工作。完成浈江、武江、仁化、乐昌、曲江等5个县（市、区）的“一村一镇一地图”工程建设和10个县（市、区）及全市共11幅地图的编制。（莫新生）

附：领导班子成员名单

局　长：王碧安

副局长：叶富明　文武宏　张东灵　杨锦华

纪检组长：蒋林龙

执法监察支队长：杨淑华

食品药品监管

【概况】　韶关市食品药品监督管理局为市人民政府工作部门，设12个内设机构：办公室、政策法规科（行政审批科）、综合协调科（应急管理办公室）、食品生产安全监管科、食品流通安全监管科、食品餐饮安全监管科、药品安全监管科、药品流通监管科、医疗器械安全监管科、保健食品化妆品监管科、监察室（人事科）、稽查局，下辖市食品药品检验所（参公管理事业单位）。市食品药品监督管理局机关行政编制31名，行政专项执法编制22名，后勤服务人员数6名。2014年，韶关市食品药品监督管理局围绕市委、市政府工作重点，推进机构改革，结合监管职能深入开展党的群众路线教育实践活动，开展食品药品专项整治工作，强化日常监管和专项检查，加强队伍作风建设，不断提升食品药品安全保障水平和服务发展能力，实现全年无重大食品药品安全事故发生。

【食品药品监管体制改革】　该局抓紧各项改革措施的落实，推进全市食药监机构改革，如期完成各项改革任务。新组建浈江、武江两个区食品药品监督管理局，实现10个县（市、区）监管机构全覆盖。按照区域管理的要求，新设立43个乡镇食品药品监管所。抓好乡镇派出机构规范化建设。印发《韶关市乡镇食品药品监督管理所规范化建设标准》，同时选取新韶、龙归、白土、樟市、黄坑、廊田、桂头等乡镇作为规范化建设试点。10月，在曲江召开全市食品药品监管所建设工作会议。充实监督管理队伍。争取市委、市政府的重视，在省下达的编制数上再增加21名编制，全市食品药品监管系统编制达到453名。与市人社局联合出台《关于全市食品药品监管系统选调招录工作人员条件的通知》，2014年全系统招录公务员74名。

【开展食品药品安全专项整治】 市食品药品监管局开展“四品一械”（即药品、食品、保健食品、化妆品、医疗器械）抽检工作。2014年全市食品抽检1225批次，检验合格1109批次，合格率90.5%。药品全年评价性抽检合格率99.43%。开展专项整治，组织开展食品安全“三打两整治”（打击制售假酒、打击非法销售加工“病死猪肉”及其制品和保健食品打“四非”三项专项行动以及开展婴幼儿配方乳粉质量安全和农产品质量安全两项专项整治工作）、农村食品市场‘四打击四规范”〔严厉打击无证无照行为，规范食品生产经营者的主体资格；严厉打击销售，使用无合法来源食品和原料违法行为，规范食品生产经营者的采购活动；严厉打击生产经营者侵权仿冒和“五无”（无生产厂家、无生产日期、无保质期、无食品生产许可证、无食品标签）食品违法行为，规范食品包装标签标识管理；严厉打击生产经营“两超一非”（超范围超限量使用食品添加剂和在食品中违法添加非食用物质）等伪劣食品行为，规范食品生产经营过程〕、儿童食品和校园及其周边食品安全、“食用油”“大桶水”“病死猪肉”“山泉水”专项整治行动等一系列专项行动。全系统出动执法人员5000余人次，检查各类食品药品企业2000家次，纠正各类不规范操作4500余项次。严查违法药品（医疗器械、保健食品）广告，跟踪广告865条（次），发现违法药品、保健食品、医疗器械广告12宗，移送工商部门查处。

【查处制售假劣食品药品】 市食品药品监管局与市公安局联合成立“联合执法办公室”，加大对食品药品违法案件的查办。该局先后成功查处走私冻肉案以及生产销售假冒“红牛”保健食品案，截获走私冻肉近300多吨。2014年，全市共查处案件346宗，涉案金额249万元，移交司法机关案件56宗，罚没收入金额153万元。

【落实省市共建食品药品工作】 韶关市落实省市共建合作备忘录的有关部署，出台省市共建2014年工作项目。乐昌市、曲江区通过省级餐饮服务食品安全示范街考评，全市44家学校食堂通过省级食品安全示范学校食堂验收，新增餐饮示范单位16家、“阳光厨房”50家，文明诚信药店10家，保健食品经营企业安全示范点31个。创建文明餐桌示范街3条、文明餐桌示范单位200家。开设食品药品行业道德讲堂试点10家。全市餐饮服务量化分级率达到85.0%，市区达到95.3%。开展始兴、南雄、曲江、乐昌等四个县（市、区）创建药品安全示范县的现场检查，并予以通报。落实《广东省食品药品监督管理局关于食品药品违法违规企业“黑名单”管理规定（试行)》，把公开范围扩大到市政府网站。

【食品医药产业投资推介】 市食品药品监管局组织开展医药产业投资推介系列活动，邀请省内多家有实力的药企及有关行业协会来韶关市进行实地考察，洽谈投资项目。广东青云山药业于2014年6月通过新版GMP认证，江西赣州禾绿康健生物技术有限公司已经完成投资6000万元。制药工业增加值增长34.1%，居全市七大支柱产业之首。及时成立餐饮业经济运行工作领导小组，制订工作计划，分析餐饮业增加值增长回落的原因，研究工作对策，促进全市餐饮业发展。全市餐饮业实现全年营业收入59.17亿元，增长率11.3%。

【加强应急管理和投诉举报处理】 市食品药品监管局完善应急管理体系，拟定《韶关市食品药品监督管理局食品药品安全事件应急预案》。会同市卫计局开展2014年度食品安全风险监测工作。12月组织开展食品安全应急演练，提高全市系统应对紧急突发事件的处理能力。建立健全举报投诉平台和有奖举报制度，制定《韶关市食品药品监督管理局投诉举报工作制度（征求意见稿）》和《韶关市食品药品监督管理局关于办理常见一般投诉举报事项的工作规范》；开通全省统一的投诉举报热线12331。

【推进简政放权】 市食品药品监管局清理行政职权，推进简政放权，共下放审批事项6项，取消审批事项2项，仅保留10项行政审批及备案项目，将权力下放到基层，做到应放尽放，确保地方能够履行食品药品安全监管责任。该局行政审批事项网上办事深度达到三级，服务事项网上办理率达80%以上，全程网上办结率达60%以上。

【食品药品安全宣传教育】 在全市范围内开展食品药品安全宣传活动，共举办大型宣传活动19次、系列活动98次、检验检测机构开放日活动3次，设置咨询点246个，发放各类宣传用品69000册（份），现场接受咨询群众15000余人，在全市各级新闻共播发食品宣传新闻稿件近150篇（次），举办10期食品安全警示教育暨食品生产通用卫生规范培训班。开展食品药品科普知识进社区、进学校、进企业等活动，在新设立的43个乡镇监管所、中小学校设立食品药品宣传栏共136个。

（侯大伟）

附：领导班子成员名单

局长、党组书记：胡德宁（2014.6—）

副局长：叶新年　江金兰　陈海明　李丽冰

纪检组长：廖卫华

安全生产监督管理

【概况】 韶关市安全生产监督管理局为市政府主管全市安全生产的职能部

门。内设10个职能科（室），分别是：办公室、综合法规科、规划科技科、监管一科、监管二科、监管三科、职业健康监督管理科、人事监察科、执法监察科（执法监察支队）、安全生产应急救援指挥中心办公室。机关行政编制22人，行政执法专项编制19人。2014年，全市安全生产形势总体平稳，共发生工矿商贸企业、交通、火灾事故876起，比上年增长106.60%；死亡108人、受伤137人、直接经济损失3334.92万元，分别增长3.85%、下降2.14%和增长1.41%。其中：生产经营性道路交通事故118起，死亡94人，分别增长0.85%和8.05%，直接经济损失334.21万元，下降12.56%；工矿商贸企业事故14起，与上年持平，死亡14人，下降17.65%，直接经济损失1040万元，下降16.7%；消防火灾事故744起、增长153.92%，死亡0人，直接经济损失1960.71万元。2014年亿元地区生产总值生产安全事故死亡率0.080；工矿商贸企业就业人员10万人生产安全事故死亡率1.538；道路交通万车死亡率3.9。

【非煤矿山安全监管】　做好尾矿库的综合治理工作。市安监局非常重视非法尾矿库的专项整治工作。对排查出的26座尾矿库进行整改，其中5座（中央财政扶持）完成闭库治理工程，并通过验收组的验收；15座尾砂已清走或复垦复绿，消除势能，已由当地政府批准销库，不再纳入尾矿库管理；3座已进行尾砂清除或复垦复绿工作，隐患治理工作已接近尾声，年内可以完成治理工程；3座进行闭库设计。开展非煤矿山整顿关闭工作。市政府对关闭矿山工作高度重视，通过大量深入细致的工作，截至11月底，2014年实际关闭矿山5家，共有16家矿山按照关闭标准实施关闭（16家关闭矿山企业均已由当地县级人民政府发出关闭公告），超额完成省下达的关闭矿山任务进度。做好行政许可和“三同时”（同时设计，同时施工，同时投产使用工作）。2014年1—11月，共颁发安全生产许可证41个（其中：新发3个，延期7个，变更3个，换发28个），办理安全设施建设项目“三同时”的8家，其中：安全评价报告备案2家；委托组织尾矿库闭设计审查及批复2家；组织尾矿库闭库验收5家。做好地下矿山安全避险“六大系统”和淘汰落后设备与工艺存在问题的整改工作。2014年8—9月，配合省局的检查组对市的6家地下矿山的安全避险“六大系统”和淘汰落后设备与工艺进行检查。韶关市的6家地下矿山共存在22个问题，其中安全避险“六大系统”11个，落后设备与工艺11个。市安监局要求各县（市、区）安监局依照通报的问题下达整改指令，责令矿山企业限期整改；对逾期未能整改的，一律依法责令停产停业整顿，督促矿山企业做好隐患整改工作的落实。

【非煤矿山安全规定学习宣传】　做好“双十条”和《非煤矿山外包工程安全管理暂行规定》宣贯和地下矿山矿长谈心对话工作。市安监局组织全市非煤矿山企业进行学习和宣贯。要求矿山企业按照“双十条”和《非煤矿山外包工程安全管理暂行规定》的规定对照查找矿山中存在的问题，对查找发现的问题要及时落实整改。8月28日至9月26日，市安监局组织开展全市21家金属非金属地下矿山矿长谈心对话活动，内容主要是宣讲近两年来习近平、李克强等中央领导关于安全生产的一系列重要讲话和指示批示精神、国家和省对金属非金属矿山企业的一系列要求以及“双十条”等法律法规。

【工贸规模以下企业安全生产标准化】4月23日，组织召开全市工贸行业标准化工作会议：通报各县（市、区）开展安全生产标准化工作情况以及评审单位在韶关开展业务服务的情况；全年，各县（市、区）对工贸规模以下小微企业的安全生产标准化推广工作已全面展开。全市共有11家企业二级以上标准化达标，294家企业三级标准化达标，达标率为100%。

【开展冶金等工贸行业专项检查整治】2014年，市安监局先后开展对冶金企业冶炼炉特种设备及陶瓷、冶金水煤气使用安全生产行政执法监察联合行动。行动检查全市规模以上冶金企业20家：查处安全隐患112项；已整改隐患107项；检查全市陶瓷企业3家：查处安全隐患18项；已整改隐患15项。开展工贸行业企业有限空间作业和粉尘爆炸危险性企业安全生产专项检查治理，摸底发现全市存在粉尘爆炸危险性企业32家：查处安全隐患136项；已整改隐患122项。并聘请专家对全市涉氨制冷企业液氨使用安全的隐患问题进行拉网式检查，发现全市涉氨制冷企业7家：查处安全隐患36项；已整改隐患31项。

【开展重点工程安全监管】　9月22日，市安监局联合市公安局、市交通运输局及业主单位对广乐高速公路开通前进行安全检查，指出高速公路沿线的安全设施和标志标示不完善、施工收尾工作现场比较凌乱。9月28日，市安监局联合有关部门对大广高速新丰段虎背隧道施工进行检查，检查存在安全隐患6项，并责令限期整改。8月28日，市安监局联合市教育局、市食药局、市气象局等单位对广东韶关实验中学开学前的安全进行全面检查和评估，共查处安全隐患4项，并下发限期整改指令1份。8月下旬由市安监局、市公安局、市住房和城乡建设局、市经信局和市气象局有关领导和专家组成对8县（市、区）的防雷减灾工作进行检查。

【较大以上生产安全瞒报事故调查】市安监局组织京珠高速公路乳源段“4·17”较大道路交通事故、京珠高速公路翁源段“5·11”较大道路交通事故、南雄市“5·14”较大道路交通事故、乐昌市“6·29”较大道路交通事故、广乐高速公路浈江特大桥“4·18”高空坠落瞒报事故、翁源县“11·24”较大道路交通事故的调查。前5起事故均已结案，翁源县“11·24”较大道路交通事故进行事故调查中。

【危险化学品建设项目安全审查】 通过聘请专家等方式，严格审查项目的安全设施设计，做好项目的竣工验收。对项目存在安全条件不足，安全设备设施不齐全或达不到规范要求的，坚决不予通过。共完成32个项目安全审查工作，其中，安全条件审查22项，安全设施设计审查20项，试生产备案19项，竣工验收24项，完成化工项目“三同时”审查10项，新核发危险化学品安全生产许可证16家。

【危险化学品企业安全许可行政审批】 市安监局通过聘请专家等方式，把好企业换证的安全条件审查，对存在的隐患问题，下达整改指令书和复查意见书，未整改完成，不予换证，共完成加油站换证86座，经营单位13家，生产企业延期换证7家，新发证16家，非药品类易制毒备案16家，烟花爆竹批发企业换证3家。

【危险化学品重点县（市）和重点企业的安全监管】 市安监局重视重点县和重点企业安全生产攻坚工作，制订《韶关市危险化学品重点县（市、区）和重点企业安全生产攻坚工作方案》，成立攻坚工作领导小组，督促企业加强安全生产基础工作，强化安全监管措施，落实企业安全生产主体责任，确保重点县和重点企业在各项硬件和软件上全面达标。制订执法检查计划，完成行政执法任务。截至11月底，韶关市共有危险化学品生产经营企业322家，检查企业255家，检查次数达到348次，检查发现安全隐患问题342处。

【危险化学品企业安全生产标准化】 截至11月30日，全市应达标企业共189家，实际达标165家，达标率87.3%。其中，危险化学品生产企业56家，已达标38家，达标率67.9%，未达标企业多为上年年底或2014年年初新发证企业；经营企业（含加油站）应达标125家，实际达标120家，达标率96%，3座油站、2座油库因改造未达标；烟花爆竹批发企业9家，已达标8家，达标率88.9%，南雄市烟花爆竹仓库因正在搬迁未达标。

【推进建设项目职业卫生“三同时”】 市安监局要求各县（市、区）在工作中既要抓好新项目的审查，做好职业病危害的前期预防工作，又要抓好已开工建设项目存在问题的补救工作，从源头上控制和减少职业病危害。2014年以来全市完成建设项目职业卫生“三同时”评审工作的项目19个，其中职业病危害预评价审核16个、职业病危害防护设施设计1个、职业病危害防护设施竣工验收2个；完成用人单位职业病危害现状评价报告备案64个。

【职业卫生专项治理】 市安监局推进职业卫生示范企业创建工作。组织开展全市五类行业粉尘危害专项治理工作。经排查，市五类行业企业共15家，其中水泥制造企业7家，陶瓷生产企业3家，船舶修造企业5家，从业人员总数为3406人，接触粉尘人数约1271人，暂未发现职业病、疑似职业病。通过开展本次专项治理，市五类行业企业职业卫生管理情况得到明显改善。市已有5家企业的职业卫生管理工作通过市示范创建工作小组的全面考核验收。2014年以来，市安监局共检查存在职业病危害的用人单位69家，发现问题207项，其中当场整改187项，责令限期整改20项，罚款共1万元。经复查，责令限期整改的企业基本完成整改，职业卫生管理工作和现场职业卫生条件基本符合国家相关法律法规、标准和要求。

【职业病危害项目申报】 2014年1月5日，全市各县（市、区）上报的可能存在职业病危害的用人单位底数为1040家，按照国家安监总局《职业病危害风险分类管理目录（2012年版）》，市安监局对这些用人单位实施分类常态化管理，建立和完善职业病危害管理档案，截止至12月2日，市已完成申报的企业有972家，申报率达93.5%。

【开展工作场所职业卫生监管评价】 市根据实际，制定《韶关市工作场所职业卫生监管工作季度评价实施方案》，并于每个季度针对机构队伍建设、建设项目职业卫生“三同时”和职业病危害现状评价等9个大项对全市10个县（市、区）进行综合评价。

【加强《中华人民共和国职业病防治法》宣传】 4月25日至5月1日，开展全市“职业病防治法宣传周”活动，本次活动向企业派发职业卫生法律法规和标准汇编共1140本、个人劳动防护用品7450份，现场接受职业卫生管理及职业病防控等咨询3800多人次；组织市级培训班1期、县级培训班3期，参加培训企业共382家，接受培训人数共1147人。

【完善应急预案体系】 2014年，市安监局先后对非煤矿山、工商贸企业、危化运输、危险化学品、烟花爆竹等5项应急预案进行修订完善，并以市安委会的名义予以发布。加强企业预案的编制和备案工作，截至11月10日，综合应用平台共收录企业预案共903家，基本覆盖全市各行各业，形成较为完整的应急预案体系。

【开展应急管理工作专项检查】 通过采取查阅资料、勘察现场的形式，开展两次全市应急管理工作检查，共检查10个县（市、区）安监部门和78家生产经营企业，纠正基层安监部门和企业对应急管理工作的一些不正确的认识，解决基层安监部门和企业在应急管理工作中遇到的疑难问题。

【开展专项应急演练活动】 1月24

日，市安监局开展韶关市管道燃气管网泄漏爆燃事故应急救援演练，12月3日，市安监局在山子背国兴石场开展非煤矿山应急救援演练活动，这两次演练不但检验市对生产安全事故的快速反应和应急能力，还进一步检验各职能部门、有关单位在事故救援中的综合协调、指挥调度等能力。

【应急预案的信息通信建设】 做好应急管理基础数据填报工作。截至11月，共收集、汇总、填报应急机构、应急专家、重大危险源等各类基础数据3000余项10万余字，确保数据库的正确性和完整性。做好应急值守和信息报告工作。市安监局安装专线电话，并配备值班手机，确保24小时有人接听举报和投诉电话，建立接听登记、办理制度。截至11月10日，共接收投诉15起，已全部答复处理，确保事事有回音、件件有落实。

【应急管理培训与宣传教育】 11月11日至25日，市安监局在10个县（市、区）分别举办一次为期一天的培训班，此次培训班学员人数共计757人，学习《中华人民共和国突发事件应对法》《生产安全事故报告和调查处理条例》等法律知识和各项业务知识。

【实施“八打八治”专项行动】 市安监局印发《关于印发〈韶关市安全生产委员会关于集中开展“八打八治”打非治违专项行动工作方案〉的通知》，成立韶关市“八打八治”（非煤矿山、危险化学品、油气管道、三场所一企业、交通运输、建筑施工、消防、海洋渔业等八大重点行业领域的治理）打非治违专项行动领导小组，负责协调全市专项行动。9月26日—28日，市安监局联合国土资源局、环保局对浈江、武江、乳源地区进行大检查。通过抽查丽珠集团利民制药厂、韶关市兴亚表面活剂有限公司、韶关市合力化工气体有限公司等几家企业，发现部分企业的隐患排查治理制度不完善，教育培训制度落实不到位，职业病危害防护措施不足，已督促相关单位进行整改。开展全市非煤矿山安全生产大检查，通过检查，对大宝矿区周边的非法开采行为进行打击和整治；对15座无证非法尾矿库进行关闭销库，对8座无证尾矿库下发限期整改通知，关闭5家矿山企业，对群众举报乐昌市铅锌矿存在的隐患进行停产整治。

【开展“四不两直”专项行动】 市安监局开展“四不两直”（不发通知、不打招呼、不听汇报、不搞陪同接待，直奔基层、直插现场）暗查暗访专项行动。在专项行动中，全市抽查重点行业生产经营单位（危险化学品、非煤矿山、冶金行业及工矿商贸事故多发行业）。指导各县（市、区）安监局开展专项行动，打击安全生产领域的各类违法行为，对安全生产事故隐患予以排查整改。截至11月3日，全市共派出暗访组47个，参加暗访238人次，检查单位136家，发现隐患197个，其中重大隐患1个，责令停产整顿7家，提请取缔关闭3家。

【安全生产执法检查】 开展企业主要负责人、安全管理人员及特种作业人员持证上岗专项执法监察行动。在各种专项行动中抽查13个企业720个安全管理人员及特种作业人员持证上岗情况，共有210人需近期年审，新招的203人需培训持证上岗。开展矿山安全生产执法检查。2014年1—11月，市安监局共对66处矿山企业进行执法检查，检查发现隐患167处，下达执法指令45份（其中责令整改通知书44份，停产整改通知书1份），全市立案查处9家，罚款金额103.42万元。开展“打非治违”专项行动。截至11月，全市共查处一般事故隐患3197处，已监督整改2940处，按期整改率为98.8%。市安监局在各县（市、区）范围内开展烟花爆竹专项联合执法行动，共出动执法人员39人次，查获并销毁非法经营的烟花爆竹600多盒。

【安全生产宣传】 开展安全生产咨询日活动。6月16日，市安委会和曲江区安委会在韶关市曲江区白土工业园新纺织有限公司厂区内举行大型的安全生产宣传咨询日活动，市政府领导出席此次活动并发表讲话，此次活动共发放安全生产宣传资料1000余份，展出宣传展板30多块，接待咨询群众500余人。开展新安全生产法培训工

2014年1月24日，韶关市安全生产委员会举办在浈江区东河健身广场举办“韶关市管道燃气管网泄露爆燃事故应急救援演练”（曾罗益　摄）

作。11月24日、25日，12月17日，市安监局分别举办三次为期一天的培训班，此次培训班主要是对新修订的安全生产法进行培训，各县（市、区）安监局及市安委会成员单位监管人员、执法人员、有关企业负责人、安全管理人员等300余人参加此次的培训班。

（冯　媛）

附：领导班子成员名单

局　长：王　刚

副局长：洪益林

纪检组长：尹恒春

副局长：郭　葳　许立夫

执法支队支队长：毛亦全

国有资产管理

【概况】　韶关市人民政府国有资产监督管理委员会（简称韶关市国资委）于2006年6月13日经市编委批准设立，早期与韶关市经贸局合署办公。2007年3月19日，韶关市委批准设立韶关市国资委党委和纪律检查委员会，履行市委和市纪委规定的职责。2007年5月18日，韶关市国资委单独设置为市政府特设机构，列入市政府工作部门序列。2007年8月31日，韶关市机构编制委员会正式下文确定韶关市国资委的职能配置、内设机构和人员编制规定（“三定方案”）。根据三定方案，市政府授权市国资委代表市政府履行出资人职责，实行管资产与管人、管事（不包括公共管理职能所涉及的事）相结合。2014年，市国资委机关行政编制20名，后勤服务人员3名，设办公室、改革发展科、产权管理科、考核统评科（审计与监事会办公室）和人事科（监察室）五个内设机构。2014年，市国资委监管的国有企业工业总产值340674万元，工业增加值159926万元；企业利润总额为35755万元，上缴国资收益合计1314.08万元。

【组建国有投资公司】　4月9日，市国资委指导并批复市工贸资产经营有限公司出资组建成立韶关市国投资产开发有限公司。国投公司作为工贸公司的全资子公司，4月24日正式挂牌运作。2014年5月26日，在韶关市一建公司七楼，常务副市长陈波、市国资委主任刘德泉为国投公司揭牌。

【优化重组国有资产】　4月25日，市国资委批复同意由韶关市第一建筑工程公司兼并韶关市水利水电建设公司。11月，一建公司对水利水电公司的兼并及后续改革工作基本完成。

【韶运集团股权转让】　7月24日，市国资委完成广东省韶关市汽运集团有限公司不纳入整合范围资产的剥离工作，由工贸公司接收；7月30日，韶运集团的股权在南方产权交易中心公开挂牌转让；9月29日，正式签订韶运集团股权转让协议，广东省汽车运输集团有限公司、粤运交通技术服务（广州）有限公司以及新公司的管理层联合收购韶关市金叶发展公司和韶运集团工会所持有的65.972%股权。

【公汽公司改制】　7月25日，市政府批复同意韶关市公共汽车公司改制；9月29日，公汽公司职工代表大会通过《韶关市公共汽车公司改制方案》及《韶关市公共汽车公司职工安置方案》；2014年10月11日完成工商变更登记工作，改制后的公司名称为：韶关市公共汽车有限公司，建立健全董事会、监事会、经营班子，明确工作职责及分工。

【100辆新能源公交车投入使用】　市国资委资助市公汽公司增购100辆LNG新能源公交车。9月1日，首批50辆LNG新能源公交车投入使用，实现市区公交车全面空调化；12月19日，第二批50台公交车上路运行。

【混合所有制招商】　9月28日，市国资委组织韶铸集团、韶运集团、新宇公司、力士通公司、东南控股公司等5家企业6个项目，参加省国资委举办的混合所有制招商推介会，其中韶运集团与省汽运集团合作项目、东南控股与东莞汇富集团项目进行现场签约。

【消雪岭华侨茶场危房改造】　市国资委组织工贸公司及茶场制订消雪岭华侨茶场危房改造方案，完成立项申报、地块清表、BT模式招标等工作。12月26日，消雪岭华侨茶场危房改造工程正式开工建设。

【韶铸集团大型高端铸锻件生产基地技术改造】　韶铸集团大型高端铸锻件（韶关）生产基地技术改造项目计划总投资3.46亿元，截至2014年上半年累计完成投资1.85亿元。2014年投资1000万元，用于扩大冷辗扩加工能力设备的购入。

【韶运集团乐昌站迁建】　乐昌汽车客运站选址乐昌乐梅大桥东面，客运站占地面积约14000平方米，按省客运站等级验收要求规划设计为二级汽车客运站场，站房建筑面积约3100平方米，2013年底完成站房、附属用房及修理车间主体框架建设，2014年进行站房主体建设装饰装修工作。

【退出企业党组织移交】　市国资委对国资系统退出企业党组织关系和管理情况进行调研形成报告上报市政府，市政府同意由市财政从市国资委所属企业国资收益中安排移交管理经费，协调浈江区、武江区和乐昌市做好退出企业党组织党员的移交工作，共移交韶关油泵油嘴厂等24家转制企业1387名党员到属地管理。　（向敦蔚）

附：领导班子成员名单

党委书记、主任：刘德泉

党委副书记：张新安

党委委员、副主任：柳　刚　李春雷

党委委员、纪委书记：王若丹

工　　业

综　述

【概况】　2014年，市经信局围绕“绿色转型、振兴发展”，实施“工业强市”战略，加大协调服务力度，全市工业经济逆势前行，运行态势总体良好。全市规模以上工业增加值完成348亿元，同比增长13%，比全国、全省平均增速分别高4.7个、4.6个百分点，在全省21个地级市中排名第9位。工业投资全年累计完成284.6亿元，同比增长20.2%，占全社会固定资产投资达38.1%。

【项目引进建设提速】　全年承接产业转移项目418个，项目引进资金总额340.05亿元，同比增长9.77%。全市新开工建设工业项目（含新建、技改、配套类）452个，全年完成投资总额204.48亿元，同比增长40%；续建工业项目（含新建、技改、配套类）201个，全年完成投资总额77.01亿元，同比增长21%。2014年新建工业企业竣工投产项目55个，实现工业产值44.8亿元。

【转型升级步伐加快】　实施新一轮工业企业技术改造，全市工业技改投资累计完成78亿元，同比增长92.1%，增幅创历史新高。成功争取国家和省级技改创新类专项资金5537万元，同比增长19.1%。建成一批企业技术创新平台，全市省级以上工程技术研发中心达13家、企业技术中心达10家。着力培育扶持企业壮大规模、增强实力，全市新增规模以上工业企业77户，新增主营业务收入10亿元以上企业3户。

【园区持续扩能增效】　4个省级产业园区基础设施和项目建设步伐加快，并成功争取到省级产业园基础设施建设、产业集聚发展、招商选资奖励和企业创新奖励资金总计5.045亿元。4个园区全年累计完成固定资产投资128.8亿元，同比增长57.4%；实现规上工业增加值90.75亿元，同比增长27.7%，较全市规上工业增速高14.7个百分点，占全市工业比重26.08%，同比提高3.1个百分点。

【民营经济增势强劲】　截至2014年年底，全市登记在册私营企业1.25万户、同比增长18.13%，注册资金347亿元、同比增长39.4%。民营经济增加值完成593.55亿元，同比增长11.5%，占全市GDP比重达53.4%，比上年提升1个百分点；规上民营工业增加值完成139.93亿元，同比增长25%，比全市规模以上工业增加值增速高出12个百分点。推进“助保贷”工程，139家企业先后累计贷款9.68亿元，到期回收率达100%，成功争取省级“中小企业信贷风险补偿基金”专项支持3000万元。

【绿色低碳发展显成效】　全市剩余的50万吨落后水泥产能淘汰完毕，提前一年完成省下达韶关市“十二五”淘汰任务。组织实施28项节能技改项目，预计节约30.19万吨标煤；完成8.2万千瓦电机能效改造任务，预计节约1.35万吨标煤；组织乳源经济技术开发区实施园区循环化改造项目。全年争取省级节能类专项资金4565万元，同比增长2.5倍。完成国家节能减排财政综合政策示范城市要求单位GDP能耗下降4.76%的年度目标任务。

【工业信息化建设稳步推进】　工信部将韶关市列入“基于云计算的电子政务公共平台建设和应用”试点示范市。全市1家企业被列入全国互联网与工业融合创新试点企业，2家企业被列入国家、省“两化”融合管理体系贯标试点企业。通信基础设施新增投资完成5.54亿元，光纤接入用户新增7.57万户，WLAN热点新增232个；免费无线WiFi公交车线路试点建设推进。组建韶关市电子商务行业协会，韶关（鹏洲）国际电子商务孵化港、黄沙坪电子商务产业园等电商公共服务平台建设步伐加快。启动大数据管理工作，组织开展企业情况综合工作，完成省下达采集注册4500家企业数据的目标任务。（邹　胜　欧晓琴）

附：领导班子成员名单

局　长：朱裕华

副局长：王保全　张世揆　黄　玉　陈汉城

纪检组长：黄镇伟

钢铁、有色金属、机械工业

【钢铁工业】　2014年，韶关市钢铁工业实现工业增加值47.51亿元，同比增长23%，工业增加值占全市七大支柱工业的比重达22.47%，是韶关市经济发展的重点支柱产业之一。钢铁工业主要产品产量成品钢材688.86万吨，同比增长4%。韶关市钢铁工业的龙头企业——宝钢集团广东韶关钢铁有限公司前身是广东省韶关钢铁集团有限公司产能650万吨，立足钢铁业，工、科、贸并举，多元化经营，真正从价值形态上运营国有资产，是广东省重要的钢铁生产基地、国家高新技术企业和中国重要的船板钢、工程机械和水电站用高强度钢板、建筑结构用钢板、桥梁板、锅炉和压力容器用钢板生产基地。板材、线材、棒材、优特钢棒材等产品，主要在珠三角、华东地区及广东邻近省销售，部分出口。韶钢合金钢、优质钢棒材轧机改建工程在2012年开始动工，项目进展顺利，项目内容主要为新建直径20—80毫米汽车用合金钢棒材生产线，直径70—180毫米优质钢棒材主产线各1套，可年产合金钢棒材53万吨、优质钢棒材62万吨，这是中国钢铁史上采用长流程工艺生产低成本、高质量汽车长型材的重要建设项目，有效改变中国珠三角地区合金钢、优质钢棒材使用量大但缺乏生产企业的历史格局，对促进广东省乃至中国南方地区汽车工业发展意义重大。2014年，韶钢累计完成工业总产值214亿元，同比增长4.5%，累计完成工业增加值29.49亿元，同比增长9.4%。

【有色金属工业】　2014年，有色金属工业完成工业增加值29.34亿元，同比下降0.9%，是韶关经济发展的七大支柱工业之一，工业增加值占支柱工业的13.88%。全年生产十种有色金属26.7万吨，有色金属选矿产品含金属量18.4万吨。有色金属工业以韶关冶炼厂、丹霞冶炼厂和凡口铅锌矿为主体，其中，韶关冶炼厂始主要生产铅、锌及其合金、化工制品，综合回收锗、金、银、镉、铟等多种稀贵金属和硫酸，年生产能力35万吨，其中锌23万吨、铅12万吨，是中国南方重要的铅锌生产基地和出口基地。为实现企业的长远发展，韶关冶炼厂抓紧实施异地搬迁升级改造，2014年韶关冶炼厂累计完成工业总产值24亿元，同比增长8.1%，累计完成工业增加值2.39亿元，同比增长7.4%。丹霞冶炼厂隶属于深圳市中金岭南有色金属股份有限公司，是国内首家大规模采用锌氧压浸出工艺并综合回收镓锗等稀贵金属的锌冶炼企业，主要产品有锌锭、硫黄、电镓、二氧化锗等（设计产能为锌锭100000吨/年，硫黄45000吨/年，电镓30吨/年，粗二氧化锗20吨/年）。2014年，丹霞冶炼厂累计完成工业总产值17.66亿元，同比增长18.2%，累计完成工业增加值2亿元，同比增长34.5%。凡口铅锌矿2009年开始形成日处理铅锌矿石5500吨、年产18万吨铅锌金属量的生产能力，凡口铅锌矿的采选工艺和装备处在国内先进水平，采矿采用的大直径深孔采矿法、盘区机械化中深孔采矿法、全尾砂充填、泡沫砂浆充填等工艺都具有国内外先进技术水平。选矿采用的高碱快速浮选电位调控优化工艺和新四产品选矿工艺是目前具有世界先进水平的选矿工艺。

【机械工业】　2014年，全市机械工业实现工业增加值24.1亿元，同比增长19.8%，是韶关经济发展的七大支柱工业之一，工业增加值占支柱工业的11.4%。机械生产企业中，韶铸集团作为中南区域最大的铸锻件专业生产企业，年产单重100吨以下的铸钢件7万吨、单重25公斤以下的铸铁件6万吨、单重4000公斤以下锻件15000吨，12000万套精锻件，并专业生产各种破碎机、吊钩总成等设备，国内铸钢件市场占有率约5%，在行业中仍然位居前列，产品出口美国、日本、韩国等国以及欧洲、东南亚等地区，年出口额为4000多万美元。2014年，累计完成工业总产值9.8亿元，同比增长2.9%，累计完成工业增加值2.22亿元，同比增长2.8%。韶关液压件厂有限公司从德国、日本、美国进口深孔镗滚机床、斜身自动车床、内孔珩磨机床、加工中心等精密先进的专业生产设备，建立具有国际先进水平的AGC、AWC等高端伺服油缸检测平台，能自行设计、制造缸径直径20—2000毫米，行程达20M各类液压缸，2014年累计完成工业总产值3.1亿元，同比增长8%，累计完成工业增加值0.69亿元，同比增长8%。韶关宏大齿轮有限公司广东韶能集团股份有限公司（深圳上市公司）控股90.12%，拥有齿轮加工、检测、热处理及锻造设备共计1168台（套），其中数控CNC设备300多台（套），主要产品为汽车变速箱及其零部件、离合器零部件、工程机械零件、工业减速机齿轮、农机齿轮、螺伞齿轮等。自2002年开始，先后为美国伊顿（EATON）、约翰迪尔（JOHNDEERE）、卡特彼勒（CATERPILLAR）等公司提供零部件配套。2014年累计完成工业总产值3.78亿元，同比增长10.6%，累计完成工业增加值1.15亿元，同比增长10.4%。（钟全球　谭桃华）

【重点监测工业】　2014年，市经信局继续实施市领导班子和市直部门挂点联系工业企业制度，落实好省“重点企业直通车”服务制度，跟踪落实市直部门挂点联系30户重点监测工业企业工作。2014年，这30户重点监测工业企业累计完成工业增加值173亿元，同比增长5.3%，总量占全市工业增加值的49.74%。重点监测工业企业名单：宝钢集团广东韶关钢铁有限公司、中金岭南集团韶关冶炼厂、中金岭南集团凡口铅锌矿、中金岭南丹霞冶炼厂、广东省韶铸集团有限公司、华粤煤矸石电力有限公司、韶关卷烟厂、中健行集团有限公司、韶关市坪石发电厂有限公司（B厂）、乐昌市铅锌矿有限责任公司、韶关新宇建设机械有限公司、乳源东阳光实业有限公司、曲江县娃哈哈饮料有限公司、至卓飞高线路板有限公司、韶关市众力发电设备有限公司、韶关旭日国际有限公司、韶能集团、始兴建溢集团、丽珠集团利民制药厂、广东金亿合金制品有限公司、韶关市兴亚洗涤用品有限责任公司、广东省大宝山矿业有限公司、韶关市液压件厂、韶关发电厂、始兴建滔集团、仁化银海有色金属综合回收有限公司、始兴县万达有限公司、广东省明华机械有限公司韶关分公司、韶关市正星车轮有限公司、广东电网公司韶关供电局。

电力供应

【概况】 韶关供电局是广东电网有限责任公司直属的大二型企业，担负着韶关三区七县（市）的电网规划建设和电力供应任务。2014年，韶关供电局内设机构共有24个，其中行政职能部门11个，党群部门2个，二级机构11个，管理县级供电企业8个。截至2014年12月底，全局职工1259人。韶关供电局形成以500千伏变电站为龙头、220千伏变电站为主干、110千伏变电站为骨架的大型供电网络，2014年供电量105.14亿千瓦时，同比增长7.31%，售电量100.82亿千瓦时，同比增长9.63%；当年电费回收率99.98%；全口径线损率4.11%；完成电网投资4.67亿元，新增110千伏及以上变电容量29.3万千伏安，新建35千伏及以上线路54.56千米。全口径用户年平均停电时间2.59小时，同比下降1.93小时；全口径综合电压合格率99.933%，同比上升0.613个百分点。截至2014年12月25日，韶关局供电量首次突破100亿千瓦时，最大负荷达到159.6万千瓦。2014年，韶关供电局主要围绕安全生产、客户服务、电网建设、经营管理、农电发展、队伍建设等方面不断深化拓展，取得不错成绩。截至2014年12月31日，电网连续安全稳定运行突破5623天，南雄配网工程获“南方电网公司2014年度基建优质工程”和“2014年度省电力优质工程”称号，乳源、始兴配网工程获“广东电网公司样板工程”称号。2014年，市委、市政府对韶关供电局为韶关电力事业发展和重点项目建设做出的努力和贡献进行来函表扬。韶关供电局完成芙蓉新城、棚户区改造、莞韶产业园以及市政道路改扩建的输配电线路迁改、电缆管线建设等工作，为全市重大发展平台和重点项目建设提供支持。

【抗寒流保供电】 2014年春节假期刚过，冷空气袭击，韶关市出现持续低温和冻雨天气，导致北部高寒山区供电线路出现覆冰情况。韶关北部高寒山区电网从2月8日起开始出现轻微覆冰，到13日15条线路出现覆冰，覆冰最厚达到9毫米。到14日，韶关供电局已经累计派出300多人、100多台车进行巡线观冰护线，对融冰设备进行调试。14日对大梅线覆冰线路进行方式融冰，采用大负荷电流产生的热量对导线进行融冰3小时后，导线覆冰全部脱落，15日线路覆冰开始逐渐消融。2月15日上午10时，中央电视台新闻频道《新闻直播间》对“粤北输电线路覆冰加剧，供电人员加强巡线除冰维护电网”给予新闻报道。中央人民广播电台、中新社、南方日报、广州日报等多家主流媒体从12日起到15日进行集中关注和报道。

【韶赣铁路牵引站接入系统工程投产】 韶关供电局投资建设的110千伏韶赣铁路茨菇塘、南雄、始兴牵引站接入系统工程，是韶赣铁路的配套用电工程，该工程可有效解决韶赣铁路的供电问题，于2013年12月完成全部施工，并于2014年1月投产送电。

【输电科研项目获国家专利】 韶关地处南岭山脉南部，以山地丘陵地貌为主，输电线路杆塔基础多位于山区斜坡地形，地质灾害严重威胁杆塔基础的安全。输电线路杆塔基础的安全靠人工定期巡视检查，但人工定期巡视只能发现杆塔基础失稳的宏观前兆，不能对其失稳过程进行实时监控而错过最佳加固时机。开发山区输电铁塔基础安全监测的无线遥测预警系统，可以有效监控输电线路基础失稳发展过程和降低塔基维护费用。输电管理所设立的《基于无线遥测预警技术的输电铁塔基础安全监测系统研究》项目已取得国家实用新型专利三项，成功应用于三座输电线路铁塔基础。

【开展用电节能宣传周活动】 6月13日上午，韶关供电局联合韶关市经信局在风度名城广场开展节能宣传周活动，韶关电视台、韶关日报社等主流媒体在现场进行采访报道。活动期间发放《节能绿色行动》《节约用电与安全用电》等宣传小册子1000多册，“高温季节用电节电金点子”“家电下乡节电妙招”等内容受到市民欢迎，工作人员在活动现场解答市民前来咨询的节能用电等相关问题。

【配合市第四污水处理厂建设迁改电力线路】 韶关市第四污水处理厂工程是韶关市重点工程，需要韶关供电局迁改10千伏供电线路。沐溪站10千伏F20甘棠线西联沙场支线#5—#9杆在市区第四污水处理厂建设的红线范围内，市供电局优化施工图设计、施工复测和施工停电的各个实施环节时间，于7月5日完成线路的迁改工程。

【支援海南文昌抗灾复电】 7月18日，受台风“威马逊”影响，海南电网损毁较为严重。23日，韶关供电局抽调712名抢修人员，121台抢修车辆，12台吊车组成海南抗灾复电抢修队到海南文昌市锦山镇、湖山乡、罗豆农场开展抢修复电工作。经过9天的鏖战，完成7条共164.63千米的10千伏线路、132个低压台区共190.4千米低压线路抢修复电工作，完成支援海南文昌电网抗灾抢修复电任务。韶关供电局获南方电网公司先进集体称号，该局党员抢险突击队获广东电网公司集体三等功，海南省文昌市委、市政府向该局赠送“救灾重建铁军点亮万家灯火”的锦旗。

【220千伏坦界输变电工程开工建设】 11月7日，220千伏坦界输变电工程在项目所在地曲江区白土镇举行简单的开工仪式。该项目坐落在曲江区白土镇，项目主要包括220千伏坦界变电站和巡维中心新建工程、对侧变电站保护改造工程以及配套输电线路工程。投产后能改善曲江区域电网架构，能彻底解决白土工业园日益增长的用

电问题，提高该区域电网的供电能力，改善电网网架结构，为韶关经济和社会发展提供电力保障。

【电力科普展厅被评定为电力科普教育基地】 韶关供电局电力科普展厅被中国电机工程学会评定为电力科普教育基地。示范期为2015—2019年，授牌仪式在11月18日“2014年中国电机工程学会年会”开幕式上举行。韶关供电局电力科普展厅于2009年建成并对外开放，占地250平方米，模拟展示电力生产、应用原理和普及电力知识。展厅以“万家灯火，南网情深”“科学用电，绿色生活”为主题，划分为电力风采、绿色生活、时光隧道、互动体验四个展区。分别展示精致的电力生产过程、科学用电音像演示、韶关供电的发展历程、科普互动产品，是韶关青少年电力科普教育的重要场所。

【220千伏曲马乙线工程完工投运】 12月2日，220千伏曲马乙线工程顺利投产。随着产业转移政策的不断推进，韶关社会经济得到持续发展。其中位于东北部南雄地区的精细化工产业园、始兴的生态经济以及曲江的矿冶等产业都具有相当规模，在建的韶赣铁路韶关境内3个牵引站也均需接入韶关东北部电网，该地区用电负荷有较大增长。韶关供电局投资建设曲江至马坝第二回220千伏输电线路启动投运，满足韶关东北部负荷日益增长的需要，完善韶关中部220千伏双回路环网结构，提高向东北部电网供电的能力和供电可靠性，进一步缓解韶关北部电网电力南送的压力。

【110千伏雄全线解口环网工程获省电力优质工程奖】 110千伏南雄变电站F19雄全线、F21新城Ⅱ线、110千伏全安变电站F18城西线、F19雄全线环网工程荣获广东省电力行业协会2014年度“广东省电力优质工程奖”，这是韶关供电局基建配网工程首次获得该荣誉，同时这也是该工程继获得南方电网公司2014年度基建“优质工程”称号之后的又一殊荣。该线路工程是针对南雄城区负荷不断发展所投资建设的项目，架设双回绝缘导线1.996千米，更换导线2.817千米；组立杆塔67基，敷设电缆1.692千米。

【110千伏铜锣输变电工程启动投产】 110千伏铜锣输变电工程是韶关市重点基础设施建设项目之一，项目总投资为7050万元，于2013年冬正式动工建设，工程主变规模为2×31.5兆伏安。该变电站位于翁源县坝仔镇，坝仔镇是翁源较大的一个乡镇，电力基础设施非常薄弱，随着经济的不断发展，城镇规模逐步扩大，城乡建设及居民生产生活用电需求量不断增长，电力供应能力已不能满足当地的用电需求，每逢雷雨天或用电高峰期都会出现停电现象。韶关供电局投资建设110千伏铜锣输变电工程，并于12月29日顺利投产送电。该工程的建成投运，为当地企业以及群众安全用电、正常用电提供保障，对加快地方经济发展将会发挥重要作用。　（赵湘敏）

附：领导班子成员名单

局　长：刘伟辉

党委书记：叶秋云

副局长：邓永保　潘　斌　黄　韬

纪检书记：何　胜

工会主席：吴文光

2014年3月，韶关地区被暴雨袭击，韶关供电局派出人员到一线快速抢修复电，图为技术人员紧急抢修受损电力线路（张鑫　摄）

东莞（韶关）产业转移工业园

【概况】 东莞（韶关）产业转移工业园（简称莞韶产业园）是东莞、韶关两市政府贯彻落实广东省委、省政府“双转移”发展战略，于2008年联手共建的产业园区。园区主体部分位于韶关市区西南部，是在原省认定的中山三角（浈江）产业转移工业园、韶关工业园区和曲江经济开发区的基础上整合而成。分为浈江片区、沐溪—阳山—甘棠片区和曲江片区，首期开发建设面积9.37平方公里。

【韶关学院——莞韶产业园异地务工青年教育服务中心成立】 2014年1月17日上午，韶关学院新兴产业研究院第一届理事会暨“韶关学院——莞韶产业园异地务工青年教育服务中心”揭牌仪式在莞韶园举行。韶关学院党委书记曾峥，校长刘荣万，副校长徐剑、王羽梅等校领导以及莞韶园产业园常务副主任李敦华等参加会议及揭牌仪式。会上还讨论研究院今后的建设和发展问题。韶关学院党委书记曾峥表示，今后要不断完善韶关研究院的建设，推动研究院的发展，推进与莞韶园的深度合作。

【副省长刘志庚到莞韶产业园调研】

3月18日，副省长刘志庚到莞韶产业园调研，现场考察浈江片区比亚迪电动叉车项目。市委书记、市人大常委会主任郑振涛，市委副书记、市长艾学峰，以及市领导王检养、邹永松等陪同考察或参加座谈会。座谈会上，市委常委、副市长、东莞韶关对口帮扶指挥部总指挥王检养介绍产业园区扩能增效的情况。新一轮对口帮扶工作启动以来，东莞、韶关两市就确立“一园一城七组团”的总体部署，其中“一园”即莞韶园，主要解决扩能增效问题；“一城”即莞韶城，主要解决城市扩容提质及产城融合问题；“七组团”指东莞7个镇（街）与韶关7个县（市）结对帮扶，主要解决韶关整体发展问题，并把县（市）园区开发作为主要任务。刘志庚高度赞扬韶关市委、市政府对省委、省政府“抓产业园、交通道路建设”的部署认识到位、行动迅速、成效显著，尤其是在对口帮扶工作上两市迅速对接，领导、资金、项目、工作人员都快速到位，措施得力，实现良好的开局。他要求韶关要进一步强化机遇意识、主体意识、责任意识，加强产业园区基础设施配套建设，高速公路要直接连接产业园区；要强化园区产业项目的引进和聚集建设，提高履约率，并强化环保设施建设，守住环保底线。

【韶关市圆融小额贷款有限公司开业】

3月28日，韶关市首家政策性小贷公司—韶关市圆融小额贷款有限公司在莞韶园举行开业庆典。韶关市政协副主席林嘉、莞韶园主任陈仲球出席庆典发表讲话，并为圆融小贷公司揭牌。莞韶园管委会、市经信局、市金融局、省再担保、各金融部门、企业负责人共60余人出席开业庆典。韶关市圆融小额贷款公司是省委、省政府和市委、市政府及工业园区管委会为构建良好的工业园区金融生态环境，进一步完善工业园区中小企业的金融服务平台，缓解工业园区内中小企业的短期融资难，支持企业转型升级、做大做强而设立的政策性小额贷款公司。公司注册资本5000万元，经营范围是为中小企业提供小额贷款、财务咨询以及自有资金投资。该公司的开业运行标志着园区金融服务平台建设的进一步完善，对园区企业发展具有里程碑的意义。

【省科技厅一行到莞韶园调研】 4月3日，省科技厅领导黄宁生、叶景图、龚国平一行在韶关市委常委、副市长王检养、许志新的陪同下，到莞韶园调研。调研组先后参观东莞韶关对口帮扶指挥部指挥中心、莞韶园规划展示厅，考察粤商特种材料创新园、韶关液压件厂有限公司，并与韶关市党政领导班子座谈。韶关市委书记、市人大常委会主任郑振涛，市委常委、副市长王检养，副市长兰茵、许志新，莞韶园管委会主任陈仲球等参加座谈。座谈会上，双方共同见证广东粤商高新科技股份有限公司与东莞（韶关）产业转移工业园管委会签署项目投资协议。

【郑振涛检查指导对口帮扶工作】 5月5日，市委书记郑振涛在市委常委、市委秘书长孔云龙等的陪同下，到东莞韶关对口帮扶指挥部检查指导工作。市委常委、副市长、东莞韶关对口帮扶指挥部总指挥王检养，副市长许志新，莞韶产业园管委会主任陈仲球等领导，以及对口帮扶指挥部、莞韶产业园管委会的有关负责人陪同调研并参加座谈会。座谈会上，对口帮扶指挥部汇报征地拆迁、项目建设、招商引资、七组团建设等工作进展情况。8月，莞韶城一期已完成征地333.33公顷，迁坟127座；智慧广场正在清点丈量；百旺西路开展征地拆迁。莞韶城一期计划建成现代产业服务集聚区，其中，黄沙坪电子商务产业园的基础设施建设开始实施。招商引资新引进项目12个，其中亿元项目8个，总投资35亿元；到6月中旬有8家企业开工建设，其中以纯服装项目已进场，粤商高科、智慧广场等项目将于近期开工。七组团的指挥部人员都已到位；7个投资公司已注册成立；招商引资签约项目8个，投资11亿元。

【徐少华到园区考察】 2月21—22日，省委常委、常务副省长徐少华和省有关部门负责人一起，到韶关市考察对口帮扶、新区建设、铁路建设等工作情况，在徐建华、郑振涛、艾学峰、王检养、孔云龙、王青西、许志新等东莞、韶关两地市领导以及东莞韶关对口帮扶指挥部、芙蓉新区管委会有关负责人陪同下察看莞韶产业转移工业园、芙蓉新区、赣韶铁路有关项目。在东莞韶关对口帮扶工作汇报会上，王检养着重汇报对口帮扶工作的工作思路、具体规划和招商引资策略。在听取汇报的基础上，徐少华肯定东莞韶关对口帮扶工作开局。徐少华表示，东莞、韶关两市贯彻落实省的工作部署，结合实际确立对口帮扶工作思路、任务和机制，做到思想重视、领导到位，规划清晰、机制到位，企业参与、项目到位，作风扎实、措施到位，对口帮扶工作起步快、开局好。

【第三次莞韶联席会议在韶关市举行】

5月22日下午，东莞韶关对口帮扶工作第三次联席会议暨招商项目签约仪式在韶关市举行。韶关市委书记郑振涛、市长艾学峰，东莞市委书记徐建华、市长袁宝成出席会议并分别讲话。莞韶两地党政领导一行先后参观考察比亚迪电动叉车厂、东莞韶关对口帮扶工作指挥中心、粤商高科特种材料创新园、莞韶城一期、莞韶产业园甘棠片区和莞韶智慧广场。两地领导对新一轮对口帮扶工作启动以来所取得的成绩表示肯定。在随后举行的两地第三次联席会议暨招商项目签约仪式上，市委常委、副市长、东莞韶关对口帮扶指挥部总指挥王检养介绍第二次联席会议以来的对口帮扶工作和签约项目情况。副市长、东莞韶关对口帮扶指挥部副总指挥许志新主持签约仪式。签约项目共有39个，投资金额132.4亿元。

【胡春华在莞韶园调研】 6月18日，省委书记胡春华在常务副省长徐少华等省领导和省直有关部门负责人的陪同下，到莞韶产业园调研，韶关市委书记郑振涛，市长艾学峰，东莞韶关对口帮扶指挥部总指挥王检养，以及韶关、东莞两市有关领导陪同调研。胡春华一行先后考察东莞韶关对口帮扶指挥中心，粤商高科和莞韶城项目，中机重工、韶关比亚迪汽车等企业，考察莞韶园甘棠片区的招商项目建设现场。胡春华在考察中重点检查项目的推进和落实情况，肯定韶关经济社会发展和韶关、东莞对口帮扶工作取得的成效。他强调，粤东西北地区加快发展，最终要落实到项目建设上，对口帮扶的成效也要用项目说话。抓好项目建设，是粤东西北地区加快发展的“牛鼻子”。要加大招商引资力度，发挥对口帮扶的作用，引进优质项目，着力推进产业园区建设。要集中力量抓好项目建设，推动项目尽快开工，加快项目建设进度，力争早日投产。在项目建设中，要注意守住环保底线。韶关、东莞要密切配合做好对口帮扶工作，在项目建设中，加强政府引导，用好市场机制，抓好项目对接和落实，实现优势互补，共同发展。 （刘旭宇）

附：领导班子成员名单

管委会主任：陈仲球（—2014.8）
许志新（2014.8—）
常务副主任：李敦华（—2014.6）
赖香全（2014.9—）
纪委书记：吴岳朋（—2014.10）
钟晓云（2014.10—）
副主任：赖香全（—2014.8）
熊菁华
吴岳朋（2014.10—）

6月18日，省委书记胡春华到东莞韶关产业园调研（童铜韶 摄）

农·林·水·气象

农　业

【市委农办机构调整】　根据韶关市机构编制委员会2014年5月19日下发的《关于调整市农业局（市委农办）有关机构编制事项的通知》，韶关市农业局（市委农办）的机构编制调整为：整合市农业局（市委农办）有关农村工作综合协调、农村改革、新农村建设指导、扶贫开发、老区建设等职责，由市委农办统一承担。市委农办仍在市农业局挂牌，不单设财政账号，业务相对独立运作。市扶贫办（市老区建设办）设在市委农办。调整后，市委农办主要负责全市农村工作的组织领导和统筹协调、决策服务等工作，承担市扶贫开发领导小组日常工作，市农业局主要负责农业产业和农村经济发展等工作。将市农业局（市委农办）原综合协调科、新农村建设指导科调整为市委农办的内设机构。调整后，市委农办设3个科室：综合协调科、新农村建设指导科（农村改革科）、扶贫开发科（老区工作科）。市委农办行政编制16名（2009年市委农办划入市农业局8名，市扶贫办现有8名），其中：主任1名（正处级）、副主任2名（副处级，其中1名兼任市扶贫办主任）；正科级领导职数5名（含市扶贫办副主任2名）、副科级领导职数2名。后勤服务人员数2名。

【市农业局机构简介】　机构调整后，市农业局行政编制53名，内设机构14个，其中处级领导职数为：局长1名、副局长3名（其中1名兼任市畜牧兽医局局长）、总畜牧兽医师1名；正科级领导职数16名（含市畜牧兽医局副局长2名）、副科级领导职数13名。后勤服务人员数6名。市农业局下属单位现共有9个，其中1个广东省渔政总队韶关支队为副处级执法单位，下属事业单位为8个：韶关市水产管理局保留为公益一类的副处级单位；韶关市动物卫生监督所保留为行政类的正科级单位；韶关市农产品质量安全监督检验测试中心保留为公益一类的正科级单位；韶关市植保植检与种子管理站，为正科级公益一类事业单位；韶关市农业教育与信息中心，加挂韶关市农民科技教育培训工作站牌子，为正科级公益二类事业单位；韶关市农业科技推广中心，加挂广东省（韶关）区域性农业试验中心、韶关市农业科学研究所、韶关市农业机械化技术推广站牌子，为正科级公益二类事业单位，；韶关市水产研究所，加挂广东省（韶关）区域性水产试验中心、韶关市水生动物救护和良种推广中心、韶关市渔业资源增殖站牌子，为正科级公益二类事业单位；韶关市畜牧研究所加挂韶关市畜禽良种繁殖场、广东省（韶关）区域性农业试验中心畜牧业分中心牌子，为正科级公益二类事业单位。　（人事科）

【农业概况】　2014年，韶关市各级农业部门贯彻中央、省市的各项强农、惠农、富农政策，开展“三农”各项工作，全市农业农村经济持续健康发展。2014年，全市农业增加值增长4.3%，农村居民人均可支配收入增长10.2%。市扶贫办获得国务院扶贫开发领导小组授予的全国社会扶贫先进集体。

【强农惠农政策】　完成2014年种粮补贴面积的统计核报工作，2014年享受种粮补贴政策的水稻面积15.2070万公顷（享受种粮直补、农资综合直补、中央财政农作物良种补贴三项补贴），石灰岩地区玉米、番薯面积5839.57公顷（享受种粮直补、农资综合直补两项补贴），玉米6644.712公顷、小麦218.026公顷（享受良种补贴）。全面落实2012年能繁母猪（共计219030头）的补贴兑现工作，及时核发省、市、县级补贴资金，其中下拨市级配套资金439.268万元（20元/头，市直40元/头）。2014年，全市共有147880头母猪参保，全市累计能繁母猪的参保量达1029698头次。全市共争取中央农机购置补贴资金3145万元，申请补贴机具7809台，受益农户9800多户。

（办公室）

【粮食生产】　2014年，韶关市继续按照粮食稳定增产行动意见有关要求，狠抓各项重点措施的落实，推动粮食生产稳定发展。全市粮食播种面积15.705万公顷，总产88.57万吨，面积比上年减少24.93公顷，产量增加2.51万吨，超额完成省下达市15.673万公顷和85.73万吨的粮食考评指标。韶关市大宗粮食作物主要包括水稻、薯类、玉米和大豆。2014年，水稻种植面积12.357万公顷，总产76.32万吨，面积比上年减少600.87万公顷，总产增加2.88万吨；玉米面积1.111万公顷，总产4.42万吨，面积比上年增加33.6公顷，总产减少0.3万吨；薯类1.247万公顷，总产4.93万吨，面积比上年增加505公顷，总产减少0.07万吨；大豆面积0.882万公顷，总产2.66万吨，面积和总产基本与上年持平。

【经济作物生产】　韶关市大宗经济作物主要有蔬菜、烟叶、花生、油菜籽、果用瓜、甘蔗等。蔬菜：2014年，韶关市蔬菜种植面积8.99万公顷，产量

205.76 万吨，产值 733167.94 万元，分别比上年增加 4850.33 公顷、13 万吨和 54033.87 万元，增幅为 5.7%、6.74% 和 7.96%。烟叶：有南雄、始兴、乐昌、乳源四个县（市）约 30 个乡镇种植黄烟。2014 年，全市烟叶种植面积 1.353 万公顷、亩产 165 公斤、总产 3.36 万吨，产值 78612.82 万元，分别比上年减少 359.4 公顷、增加 2 公斤、减少 0.05 万吨和减少 1401.4 万元。油料作物：韶关市油料作物包括花生、油菜籽和芝麻。2014 年，油料作物面积和产量持续增加，实现“七连增”。全市油料种植面积 4.5653 万公顷，产量 13.91 万吨，比上年面积增加 836.33 公顷，产量增加 0.51 万吨。其中花生种植面积 3.9693 万公顷，产量 13.21 万吨，比上年面积增加 897.33 公顷，产量增加 0.52 万吨。2014 年，继续在南雄市雄州镇和仁化县董塘镇分别开展花生万亩高产创建活动，示范面积超过两万亩，主要示范推广种植仲恺花 1 号和汕油 199 号，两个示范片均取得预期效果，南雄万亩高产创建示范片平均产量 310.97 公斤（干果），比非示范片平均亩产增产 92.97 公斤；仁化万亩高产创建示范片平均产量 329.14 公斤（干果），比非示范片平均亩产增产 67.14 公斤。甘蔗：其中翁源县种植面积最大，是甘蔗主产区。韶关市甘蔗种植品种主要包括果蔗和糖蔗。2014 年，甘蔗面积 5221.87 公顷，产量 55.91 万吨，分别比上年面积减少 154.73 公顷和产量增加 0.47 万吨。其中糖蔗 2697.2 公顷，产量 22.09 万吨；果蔗 2524.67 公顷，产量 33.82 万吨。果用瓜：韶关市果用瓜种植品种主要有西瓜、甜瓜、草莓和小西红柿等，品种较少。近几年果用瓜种植面积和产量稳步增加，品质有所提高，是发展较快的经济作物之一。2014 年果用瓜种植面积 6422.2 公顷，总产 19.47 万吨，产值 27236.07 万元，分别比上年增加 121.93 公顷、0.81 万吨和 2052.47 万元。

【园艺作物生产】 韶关市主要园艺作物包括蔬菜、水果、茶叶和花卉。其中蔬菜、水果、茶叶是传统栽培作物，花卉是近几年发展较快的园艺作物。水果：韶关市水果栽培历史悠久，品种资源丰富。品种包括李、柑、橘、橙、柚子、柿子、梨、白果、阳桃、板栗、葡萄、大果枇杷、青梅、黑奈李、杨梅等。其中，翁源三华李、九仙桃、始兴枇杷、杨梅、南雄白果、乐昌九峰奈李、仁化金果沙田柚等水果是驰名省内外的名优水果。2014 年，全市水果种植面积 3.4847 万公顷，总产量 46.23 万吨，比上年增加 1808.87 公顷和 3.17 万吨。其中柑、李子、橘、柚子种植面积较大，分别为 1.0308 万公顷、0.9333 万公顷、0.4295 万公顷和 0.2513 公顷，总产量分别为 14.76 万吨、11.39 万吨、5.92 万吨和 3.45 万吨。花卉：韶关市花卉生产以盆栽植物、鲜切花、苗木为主，品种主要是兰花、茶花、桂花、樱花、菊花等。2014 年，花卉种植面积 51.69 万公顷，面积比上年增加 12313.33 万公顷。全年生产盆栽观赏植物 1624.41 万盆，鲜切花 27237 万枝，观赏苗木 35.57 万株，合计产值 53857.02 万元。茶叶：2014 年茶叶种植面积 3457.4 公顷，总产量 0.39 万吨，比上年增加 185.27 公顷和 0.03 万吨。韶关市茶叶生产以绿茶为主，另有少量青茶和红茶，2014 年绿茶产量为 0.26 万吨。其中，乐昌、仁化白毛茶，曲江罗坑红茶、翁源珠江源红茶等品质优异，色、香、味俱佳，驰名省内外。

【农业科技推广应用】 韶关市推广保护性栽培技术，提高种植业的科技含量。2014 年，发展设施蔬菜 1.312 万公顷，水稻薄膜育秧 4.8407 万公顷，地膜花生、地膜黄烟等地膜覆盖 2.1333 万公顷。同时，推进抛秧、规范化栽培，病虫害综合防治，测土配方施肥等实用技术。其中：水稻抛秧 10.3867 万公顷，秸秆覆盖 1.57 万公顷，秸秆还田 7.6 万公顷，测土配方施肥 13.7 万公顷次。良种的使用也更加普及，除优质稻保持在 10 万公顷水平外，优质专用玉米 0.9333 万公顷，“双低”油菜籽 4446.67 公顷，脱毒薯类 2993.33 公顷。通过推广应用农业高效实用技术，促进农作物的增产增效，提高农作物种植效益。

【农作物病虫害防治】 全市农作物病虫草害发生面积 186.67 万公顷次，防治面积达 178 万公顷次，总损失率控制在 3.8 以下。其中，全市水稻病虫发生面积 80 万公顷次，防治面积 76.67 万公顷次，防治效果总体达到 95% 以上，为害损失率降到 3.7% 以下；蔬菜病虫总体偏重发生，发生面积 45.33 万公顷次；花生病虫总体中等发生，发生面积 11.33 万公顷次；果树病虫偏重发生，发生面积 24.67 万公顷次；玉米病虫中等发生，发生面积 2.2 万公顷次；农田鼠害中等发生，发生面积 12.67 万公顷次，均得到有效防治。

（种植业科）

【农产品品牌创建】 2014 年，韶关按照“宏观指导，统筹协调，重点培育，整体推进”的思路，以促进经济结构性调整、提高综合实力和市场竞争力为目标，建立以企业为主体、政府推动、社会有关各方参与服务的三位一体工作机制，突出品牌主体培育和优势产业带动。通过加强扶持、培育、激励、引导等综合措施，农产品品牌创建工作取得明显成效，广东智成食品股份有限公司“知晟”牌丝毛乌骨鸡等 8 个企业单位产品获广东省名牌产品（农业类）称号，全市获广东省名牌产品（农业类）称号的农产品增加到 22 个。在广东省首届十大名牌系列农产品评选活动中，广东金友集团有限公司的金友牌美香粘、始兴县古塘实业开发有限公司的古印牌古塘板鸭 2 个产品分别被授予“广东名米”“广东名鸭”称号。（市场信息科）

【农产品质量安全检测】 2014 年，各级农业部门按照中央和省、市关于加强农产品质量安全工作的部署和要求，进一步建立健全农产品质量安全监管体系，推进农产品质量安全检测体系建设，完善农产品质量安全管理制度机制，保障农产品质量安全。全市农产质量安全状况总体较好，未发生重大农产品质量安全事件。2014年，全市开展蔬菜农药残留定性检测21865个样品，合格率98.4%；开展猪尿盐酸克伦特罗和莱克多巴胺兽药残留定性检测22960个样品，合格率100%；抽检禽类产品60个，合格率100%，抽检水产品76个，合格率98.7%，抽检生鲜乳样品12个，合格率100%，抽检饲料及饲料添加剂63个样品，未检出违禁物质。

【建立农产品安全质量配套队伍设置】 市辖各县（市、区）级农业部门全部设立农产品质量安全监管股（办），配备1—2名专职工作人员。全市99个涉农乡镇全部加挂乡镇农产品质量安全监管公共服务机构牌子，乡镇农产品质量安全监管机构覆盖率100%，市、县、镇三级农产品质量安全监管体系基本形成。市、县两级检测中心（站）开展国家检测体系项目建设，市农产品质量安全监督检验测试中心实验室进行升级改造，添置液相质谱联用仪、液相色谱仪、气相色谱仪、多参数水质测试仪、微波消解仪、超纯水系统等一批尖端仪器设备，新的检测综合大楼基本建成。8个县（市、区）级农产品检测站（因武江、浈江无检测机构除外）在原来定性检测的基础上，具备基本的定量检测能力，检测条件及能力得到较大提升。南雄珠玑、乐昌坪石、曲江大塘、仁化周田、翁源坝仔和乳源桂头等6个乡镇基层农产品质量安全检测站配备检测仪器和设备，已具备农产品快速检测能力。

【建立农产品质量安全监管制度】 建立韶关市农业局农产品质量安全黑名单制度，规定在本市区域内从事食用农产品生产的农业龙头企业、农民专业合作社、家庭农场、种养大户和农业投入品生产、经营的企业，因农产品或农业投入品质量安全问题存在九种行为或情形的，将被列入“黑名单”。制定农产品质量安全监管工作责任制和责任追究制，强化各级农业部门农产品质量安全监管工作职责，明确责任追究办法，农产品质量安全监管责任得到全面落实。

（农产品质量安全监管科）

【农资打假整治】 韶关市农业局落实农资打假责任制，把农资打假工作列入重要议事日程，制定年度《农资打假工作实施方案》，把农资打假工作逐项分解落实到各业务科室，贯穿于各有关行政工作中，明确各科室（单位）的工作职责，确保工作的落实。在2014年全市农资打假专项整治行动中，全市共印发各类宣传资料12.15万份，出动执法检查人员19233人次，检查农资经营单位5737家次，整顿市场434个次，查处违法违规案件116起，其中立案查处95宗，查获、没收假冒伪劣农资23026公斤（391台件），其中：不合格农药3692公斤，不合格种子（种苗）709公斤，不合格肥料18611公斤，总货值达17.81万元。

（法规科）

【农业产业化组织】 至2014年年底，全市共有各类农业产业化组织2769家。按组织类型划分，农业龙头企业带动型141家，中介组织带动型2492家，其中规模以上的专业合作经济组织867家；按产业类型划分，种植业1995家，畜牧业315家，水产类76家，林业185家，其他198家。经济组织拥有固定资产总值384864万元，其中龙头企业固定资产330530万元，带动农户数43万户，其中订单带动农户数24万户，经济组织种植生产基地面积为9万公顷，牲畜饲养量为213万头，禽类饲养量为2037万只，养殖水面面积为4666.67公顷。

【农业龙头企业】 2014年，韶关市各级政府和农业部门继续加强对农业产业化工作的指导，发展、培育一大批农业龙头企业，推进农业产业化经营。2014年，市政府认定的市级农业龙头企业106家（新增16家），其中国家级重点农业龙头企业1家（实现零的突破）、省级重点农业龙头企业22家（新增5家）；以种养业为主营业务的企业58家，以农、林产品加工为主的企业34家，以农产品生产流通为主营业务的企业13家，冷链物流企业1家覆盖范围包括粮食、蚕桑、糖业、养殖业、茶叶、兰花、烟草等领域。106家龙头企业2013年年销售收入达82.3亿元，其中年销售收入超4亿元的企业有6家，比上年增1家，占5.7%；年销售收入1亿—4亿元的企业10家，比上年减少2家，占9.4%；年销售收入5000万元—10000万元的企业19家，与上年持平，占17.9%；年销售收入3000万元—5000万元的9家，比上年减少2家，占8.5%；年销售收入1000万元—3000万元的58家，比上年增加14家，占54.7%；年销售收入1000万元以下的有4家，比上年增3家，占3.8%。106家龙头企业上缴税金5.9亿元，带动农户25.1万户，带动农户户均增收5970元。

【农民专业合作社】 2014年，各级农业部门履行职责，坚持“因地制宜、彰显特色、壮大发展”的原则，贯彻落实有关法律法规，强化指导服务，加大政策扶持，狠抓示范带动，推进韶关市农民专业合作社快速发展，提升全市农业产业化水平。到2014年底止，全市依法在工商部门登记注册的农民专业合作社2497家（新增342家），成员68554人，出资总额13.9亿元，统一组织销售农产品总量62.7万吨，产值达15.8亿元，其中，通过“农超对接”销售的金额达34337.6万元，通过“农校对接”销售的金额达3526万元。成员通过本组织生产经营获得的户均纯收入1.2万元，辐射带动非成员农户19.7万户，占全市农户总数的37.3%。截至2014年年底，全市拥有市级示范社128家，省级示范社70家（2010年评定数），国家级示范社24家。

【家庭农场】 2014年，按照《农业部关于促进家庭农场发展的指导意见》《广东省农业厅关于促进广东省家庭农场发展的意见》精神，韶关市鼓励各县（市、区）发展家庭农场，截至2014年年底，韶关市在工商部门登记注册的家庭农场有129家。（经管科）

【农业科技成果】 2014年，韶关市开展科学技术的研究与推广应用，取得较为显著的成绩。2014年韶关市按照引进“实用、优质、高效”新品种、新技术和“试验、示范、推广”的工作原则，全市共引进水稻、蔬菜、花生、玉米、果树、家禽等新品种102个，应用新技术76项。韶关学院《华南地区规模猪场环境控制技术的推广应用》获广东省农业技术推广奖二等奖，获得市科学技术进步奖的共19个单位。其中：“白玉菇菌种选育与工厂化生产技术研究”等5个项目获韶关市科学技术进步奖一等奖，“良种鲫鱼引进选育技术研究及其推广应用”等7个项目获韶关市科学技术进步奖二等奖，“农业综合开发科技推广技术集成与应用”等7个项目获韶关市科学技术进步奖三等奖。

【示范片超级稻亩产创新纪录】 韶关市农业科技推广中心和乐昌市农业技术推广总站承担的百亩超级杂交稻“Y两优900”的高产攻关示范项目，通过集中育秧、培育壮秧、科学施肥、开展病虫害统防统治等技术措施，示范片超级稻亩产取得突破，每亩干谷达882.84公斤，创广东省单季稻亩产新纪录。

【基层农技推广体系改革与建设】 连续三年实施基层农技推广体系改革与建设补助项目。2014年，全市项目资金共1202万元，选聘技术指导员625人、遴选科技示范户4918户、遴选示范基地31个。利用省级配套资金224.4万元，完成乡镇基层农技站条件建设，基层农技推广体系条件建设项目实施完成。“两个覆盖”项目实施成效显著，机制得以完善，基层农技站条件建设得以改善，基层农技人员队伍建设得以稳定，基层农技人员知识得以更新，指导服务能力得以提升，农民增收、农业增效得以保障。

【农业转基因安全生物管理】 加强农业转基因生产经营销售环节的监管，2014年，出动执法人员50人次，组成4个联合检查小组，分赴各县（市、区）开展农业转基因农产品标识检查及农产品和农资产品打假专项联合行动，检查80多家农资经营门店、仓库5个；蔬菜生产基地4个，畜禽养殖场2个，水产养殖场1个，农产品批发市场1个，农贸市场2个，依法打击各种违法生存经营假冒伪劣农资的行为，确保农业生存安全，农产品的质量安全。（科教科）

农　机

【农机建设】 2014年，申请中央财政农机购置补贴资金3070.0万元，补贴机具7809台，受益农户9800多户，拉动农户在农业机械化上的直接投资达7000多万元，支持农业和农村经济的发展，促进农业装备的更新换代和转型升级。全市农机总动力达163.7万千瓦，同比上年增长12.1%。农作物综合机械化水平41.68%，其中水稻种植机耕率96.5%；机收率78.2%。园艺经济作物生产、畜牧水产养殖、农产品加工机械化等关键环节机械化技术实现新突破。至2014年，全市农机合作社56个，其中仁化县霞丰农机农民专业合作社和武江区龙归镇为民农机服务专业合作社被评为“国家级农机示范合作社”。年度合作社服务农户42069户，作业服务面积1.5379万公顷，其中跨区作业面积3713.67公顷，订单作业面积4908.4公顷。

【农机安全管理】 至2014年，全市纳入农机安全监理的拖拉机和联合收割机共计60503台。年初，省、市、县三级分别签订农机安全生产责任书，建立主要领导负责的农机安全生产责任制。开展农机“安全生产月”宣传法律法规、安全生产知识。联合全市公安交警集中时间开展执法检查督查、排查治理安全隐患，重点对拖拉机道路交通安全整治，促进农机“三率”水平提高。开展创先争优活动，发挥典型模范作用，2014年曲江区被评为“全国农机安全示范区”。（农机办）

畜　牧　业

【概况】 2014年，全市生猪饲养量269.42万头，其中：出栏167.16万头，存栏102.26万头，分别比上年同期增长0.5%、3.8%和-4.4%；家禽饲养量2410.87万只，其中：出栏1738.71万只，存栏672.16万只，分别增长-6.7%、-9.5%和1.5%；山羊饲养量5.53万只，其中：出栏2.68万只，存栏2.85万只，分别增长1%、1.5%和0.5%；禽蛋产量10116吨，增长4.2%；肉类总产量15.2万吨，增长0.9%。全市畜牧业生产整体运行良好，继续保持稳定持续发展的态势。全市饲料工业产量达60.4万吨，总产值19.3亿元，与上年相比基本持平。全市33名考生参考，6名考生取得执业兽医师资格，12名考生取得执业助理兽医师资格。

【畜禽规模化养殖】 2014年，全市规模养殖户达2862户。其中：生猪养殖1927户，占全市出栏总量的70.3%；肉禽养殖户679户，占全市出栏总量的41.8%；山羊饲养户175户，占全市出栏总量的75.4%。规模养殖已成为韶关市畜禽产品“保供给、促稳定”的主要力量。全市拥有“省级重点养猪场”16个，“省级重点家禽养殖场”4个；被农业部授予“国家级畜禽养殖标准化示范场”9个（其中：生猪养殖场8个、肉鸡场1个）。2014年，全市共申报9个、中央资金共投入740万元的生猪标准化规模场（小区）建设项目。从2007年至2014年，全市标准化规模养殖场建设项目总量达164个。

【农业源养殖污染减排】 2014年，全市共启动和完成377个规模化养殖企业的养殖污染减排工程项目。经国家环保部的最终核查核算：全市共有345家养殖企业（共计生猪年出栏量70.06万头、肉鸡27.8万只）通过减排核算认定，全市共削减化学需氧量2633吨、氨氮513吨。2012—2014年的三年间，全市累计共有449家养殖企业（共计生猪年出栏量107.4万头、肉鸡712.5万只）通过国家减排核算认定，全市累计削减化学需氧量约5264吨、氨氮约912吨。按照省农业厅、省环保厅《关于印发广东省"十二五"农业源主要污染物总量减排实施方案的通知》中，全市化学需氧量削减2100吨、氨氮300吨的任务计算，韶关市已经提前并超额完成全市"十二五"期间农业源污染减排任务的250%和304%。 （畜牧科）

【重大动物疫病防控】 全市春、秋季实施重大动物疫病强制免疫，猪口蹄疫329.67万头次，猪瘟330.1万头次，猪蓝耳病328.53万头次，禽流感2550.6万羽次，鸡新城疫2294.5万羽次，牛口蹄疫21.55万头次，羊口蹄疫8.34万头次。全市没有发生重大动物疫病区域性流行。全市动物疫情监测，血清学监测H5亚型禽流感7815份、H7N9禽流感1560份，鸡新城疫5223份、口蹄疫4320份、高致病性猪蓝耳病2319份、猪瘟3305份、布鲁氏菌病1922份、牛结核变态反应115头；病原学监测H5亚型禽流感1093份、H7N9禽流感5801份，鸡新城疫724份、口蹄疫205份、高致病性猪蓝耳病192份、猪瘟428份。动物卫生监督。产地检疫牛羊3.145万头，猪211.59万头，禽498.76万羽；屠宰检疫生猪89.64万头和菜牛0.34万头；"瘦肉精"猪尿抽检10.06万份；无害化处理病死畜禽产品7.54吨。

【兽药监督管理】 监督检查1家兽药GMP生产企业和152家兽药GSP经营企业执行GMP、GSP管理规范情况，抓兽用处方药和非处方药的规范管理，抽检兽药产品10个、兽药残留产品24个，打击制售假劣兽药违法行为。

【兽禽屠宰管理】 按照国务院和省、市体制改革要求，市农业局5月从市经信局承接畜禽屠宰监管职能。新组织验收和审核通过屠宰企业1家。全市有生猪屠宰场（点）35家，取得生猪定点屠宰证书的定点屠宰场（点）24家，无家禽集中屠宰场。全市猪、牛屠宰量分别为68.4万头和0.4万头；屠宰环节病害猪无害化处理1008头。市区（武江和浈江）重新组建屠宰打私队武江和浈江各4人。联合执法，严厉打击私屠滥宰和贩卖病死、注水、有毒有害肉品的违法行为。 （兽医科）

水产业

【概况】 2014年，韶关市水产品产量80281吨，同比增长3.79%；渔业总产值87290.83万元，同比增长9.48%；水产养殖面积20381公顷；渔业专业从业人员23404人，人年均纯收入8184元。2014年，全市捕捞机动渔船775艘，主机总功率9200千瓦；江河捕捞产量2813吨，占全市水产品总产量的3.5%。

【苗种成鱼繁育养殖】 2014年，全市共繁殖鱼苗1.51亿尾，其中罗非鱼苗8648万尾，各类鱼种7361吨。池塘养殖，主要以四大家鱼为主，池塘养殖面积9266公顷，产量59249吨，平均单产426.3公斤/亩。水库养殖，养殖面积11051公顷，产量17277吨，平均单产104.2公斤/亩；水库银鱼捕捞产量156吨。

【发展山区特色渔业】 推进生态健康光渔业：全市推进生态健康渔业水通过8万亩；推进鱼类养殖业发展，养殖户增至500户，养殖品种有金针鱼、黑颈龟、平胸龟等6个品种，扩大江河鱼类养殖规模，2014年全市江河鱼类增养殖面积达5.5万亩。

【水生动物疫病防控】 水产苗种产地检疫：检疫鱼苗7478.5万尾，签发检疫证136张；水产养殖病害监测：设基层测报点9个，测报养殖品种包括草鱼、鲢鱼、鳙鱼、鲤鱼、鲫鱼、鲮鱼、罗非鱼等7个，监测养殖面积累计近663.27公顷。 （水产管理局）

附：领导班子成员名单：

局　长：黄国坚

副局长：廖文卫（分管水产业务工作）

李卫星（分管人事、后勤工作）

渔政管理

【渔政管理】 全年共出动渔政船213天次，出动船艇341艘次，车辆1031车次，出动执法人员2887人次，检查渔船4065艘次，处罚无证捕捞案件74宗，罚款19.6万元，遏制及震慑各种非法捕捞行为，维护韶关捕捞业的正常生产秩序。同时，配合市水产局，落实工作分工和职责，有序水产品质量安全执法检查工作，2014年共出动执法人员517人次，47车次，检查单位或个人203家。检查中未发现有单位或个人的违规行为。开展农资打假行动，检查鱼药门店2个，饲料市场1个，没有发现生产、销售、使用假冒伪劣农资产品和违禁药品的违法行为。加强对受保护的水生野生动物经营、养殖管理，全年共出动138车次，人员657人次，检查场所370个，年审水生野生动物驯养繁殖许可证65本、水生野生动物经营利用许可证27本。

【渔业安全管理】 2014年，韶关市抓好渔民、渔船的安全生产管理工作，结合安全教育和事故案例进行渔业船员培训，全面签订安全生产责任书，并且对船东互保进行全面覆盖，为渔民群众的生命财产安全提供强有力的保障，纳入保险范围人员达 1508 人。通过利用高新科技手段，结合渔船 IC 卡管理系统使用，加大对渔业船舶的抽检力度，全市共有 785 艘渔船，全部完成船检，及船员培训工作。

【休渔放生】 韶关市的休渔放生工作，通过多年探索和开拓创新，“政府引导、社会参与”的全民公益放生活动也得到各地肯定和推广，成为韶关市生态文明建设的特色品牌，休渔放生活动实现科学化、规范化、常态化。2014 年，共举办承办大型主题放生活动 5 场次，受理网络委托 210 宗，进行网络委托集中放生 6 场次，市民、游客自发开展的放生活动 42 场次，累计参与放流人数达到 6218 人次，放流四大家鱼以及三角鲂、光倒刺鲃等各种北江经济、名优鱼类共 968 万余尾。

【柴油补助资金发放】 韶关市按照上级主管部门的要求，全面部署，开展 2014 年渔业柴油补助工作，对渔业柴油补助对象申请资格申请、受理、审核、数据录入、公示、汇总上报等各阶段的工作都进行监督，确保渔业柴油补助工作开展。全市共发放 105 万元柴油补助资金，保障广大渔民的合法权益。

【渔业资源环境监测】 2014 年，韶关市率先在全省建立互联网络渔业资源监测统计系统，更加快捷方便的收集各个采集点的数据并加以统计分析。通过网络收集各监测船的数据，对渔业数据统计分析，及时掌握江河渔业资源的基本状况及变动趋势、各类作业渔船的生产情况、主要经济种类和放生鱼类渔获率及其种群生物学参数，为加强渔业资源的保护，科学评估增殖放流的效果和效益提供依据。到 2014 年年底，共收集捕捞日志 160 份。

（市渔政支队）

附：广东省渔政总队韶关支队班子成员名单

支队长：李成忠

政　委：邱成标

副支队长：梁正芳

扶贫开发

【帮扶成效】 2014 年是实施新一轮扶贫开发“双到”工作的第二年。两年来，韶关市各地、各单位贯彻落实省委、省政府和市委、市政府的扶贫开发“双到”工作部署，围绕贫困户稳定脱贫和贫困村面貌明显改变两大目标，进一步加大工作力度，加快工作进展，取得明显成效。到 2014 年年底，全市 310 个重点帮扶村累计落实帮扶资金 14.63 亿元，平均每村 470 多万元，实施到村帮扶项目 6665 个。310 个重点帮扶村中有劳动能力的贫困户年人均纯收入达 7186 元，比上年增长 42%；村集体经济收入平均达 6.84 万元，比上年增长 67%，村集体收入可全部达到 3 万元以上，其中达 5 万元以上的有 281 个。韶关市新一轮扶贫开发“双到”工作得到省委、省政府和省有关部门的肯定，8 月 26—27 日，省委、省政府在韶关市召开全省扶贫开发“双到”工作现场会。

【坚持“三个结合”战略推动扶贫】 坚持将扶贫开发与振兴粤东西北战略结合，助推韶关经济社会上新台阶。韶关市从战略的高度和要求出发，对扶贫工作实行顶层设计，与经济社会发展同步部署、高位推进。市、县（市、区）分别制订新一轮扶贫开发“双到”工作实施方案，出台资金管理、产业帮扶等一系列配套文件。实施“一票否决制”，落实党政“一把手”负责制和帮扶单位主要领导负总责制度，做到一级抓一级，层层抓落实。坚持将扶贫开发与县域经济发展结合，促进全市均衡协调发展。根据各县（市、区）经济社会发展不平衡的实际，把握扶贫开发在加快县域经济发展中的地位和作用，以扶贫攻坚推进县域经济发展的重点工作。各县（市、区）立足资源优势，调整产业结构，通过区域开发带动产业提速，通过产业发展带动农民增收。万亩果、万亩菜、万亩桑、万亩蔗等规模化优质特色种养基地遍布全市，产业发展成为广大农民增收的重要来源。坚持将扶贫开发与新农村建设结合，促进新型城镇化。完善扶贫规划与城镇化规划统筹协调机制，对“两不具备”贫困村庄进行整体搬迁，对旧村庄进行改造，使搬迁户和村庄改造户群众享受城镇的基本公共服务；结合住房困难户住房改造，对有条件的，按新农村建设要求进行统一规划，实行整村推进。如乳源县推进“整村推进安居工程”“特色产业致富工程”“瑶族特色名片工程”“宜居宜业夯实工程”四大工程，打造乳桂线涵盖 5 个镇 25 个行政村幸福安居示范片，总投资 4.4 亿元。始兴县编制出台《始兴县创建幸福村居示范片建设规划方案》《始兴县引进社会资金建设新农村试点工作方案》，筹措 110 多万元，打造农村城镇化的“总甫新村”和“涝洲水新村”。

【坚持“三个精准”实在扶贫】 精准定位重点区域，把“农业弱县、工业小县、财政穷县”仍然突出的新丰县、乐昌市、南雄市、乳源瑶族自治县等 4 个省定扶贫开发重点县及翁源县作为重点扶持区域。精准确定贫困对象，做好贫困人口识别和建档立卡。通过进村入户反复调查核实、层层把关核准，把边远地区、广大山区、民族地区为主的 310 个相对贫困村及面上总共 34990 户相对贫困户作为重点帮扶对象。精准导制，抓住夯实产业扶贫和农民增收这一造血基础，选准扶贫措施和突破口，实行“一村一策”“一户一法”，分类指导，梯次推进。如在发展产业上，山区以高山蔬菜和林下经济为主，平原区以近郊规模化种养为主，丘陵区以特色水果为主等。

【坚持“三个着力”着眼扶贫成效】着力扶持产业发展。抓住“产业发展”这一“牛鼻子”，把扶贫产业落实到产业园区、产业基地、龙头企业、专业合作社、市场，增强发展内生动力。通过“龙头企业+基地+农户”“合作社+基地+农户”“龙头企业+合作社+基地+农户”等形式，培育富民产业，带动贫困户增收，逐步形成稳定的收入来源。310个重点帮扶村中绝大部分有农业龙头企业、农民专业合作社和生产基地、大户带动；100%的重点帮扶村已成立合作社并正常运作，涌现一大批“蔬菜村”“马蹄村”“枇杷村”“蜜桃村”“茶叶村”“蚕桑村”等专业村。参与产业化经营的贫困户达到60%以上。着力扶持基础设施。推动基础设施向面上覆盖，向基层延伸，解决出行难、饮水难、用电难、通讯难等问题，改善贫困地区基本生产生活条件和生态环境。对重点帮扶村村道建设、饮水工程等实行优先立项，行业资金给予重点倾斜。所有贫困村都实现通路、通水、通电、通讯等全覆盖并日益完善。着力扶持民生改善。始终坚持把“安居”作为政府的实事工程、民心工程，让贫困户住得起房子，在良好的环境中生活。始终把就业作为民生之本，从贫困户富余劳力就业入手，解决“人往哪里去、钱从哪里来”的问题，实施授之以鱼与教之以渔并举开展转移就业培训。始终坚持抓好教育这一民生之基，分群众教育之忧，解孩子上学之难，通过落实助学扶贫等一系列措施，确保每一个贫困户子女不因贫困辍学。始终高度重视文化建设，在310个重点帮扶村中推进文体项目建设。始终落实好社会保障，贫困村低保参保率、“五保”参保率、医疗保险参保率、养老保险参保率等全部达到100%。

【落实四项措施推进扶贫】狠抓重点突破促全面提质。坚持增收作为检验帮扶成效的主要标准，作为扶贫攻坚行动的第一目标，通过加大资源和力量整合力度，选准和实施“造血功能”，提升“四项收入”水平。狠抓示范工程促平衡推进。加大统筹力度，增加资金投入，高标准抓好乳源县乳桂线幸福安居工程、南雄始兴中药材扶贫产业、新丰种养扶贫产业、京珠北高山蔬菜产业长廊等四个市级示范片区建设，采取点、线、面结合促进面上扶贫工作平衡发展。狠抓机制创新，促难题破解。坚持从韶关市工作实际出发，针对贫困村、贫困户缺乏资金的情况，实行“政府统筹、资源整合、资金捆绑、部门共建”，协调捆绑各类扶贫资源，扩大小额信贷、互助金试点，创新资源配置模式，大幅增加扶贫资金整合力度；按区域化、规模化的标准要求，针对不同区域和不同气候、土壤条件，创新产业统筹模式，做到全镇、全县、全市一盘棋，提高产业整体效益和农民收入；针对贫困村、贫困户农产品销售信息不灵、渠道不畅的情况，加快推进10个东莞·韶关农产品直供门店建设，创新产业经营方式，进一步推进韶关市农民专业合作社、农业龙头企业、农产品生产基地与珠三角大型农产品交易市场建立长期合作关系，实现韶关市农产品和东莞市场的对接；探索政策保障长效机制、财政投入长效机制、产业开发长效机制、教育培训长效机制、社会帮扶长效机制、考核激励长效机制等，创新扶贫工作思路，确保长期有效实施精准扶贫。狠抓督促检查促责任落实。结合群众路线教育实践活动，进一步将各级党政领导带头深入联系村和联系户的工作方法制度化，强化“一把手”抓“第一行动”的责任；健全驻村帮扶制度，强化对驻村工作的管理；健全扶贫开发项目资金“专户、专账、专人”管理制度和公示、公告、报账等制度，强化资金监管；强化各级、各帮扶单位的协调与配合，完善市、县与省直帮扶单位、东莞市定期联席会议制度，进一步加强韶莞两市对口帮扶工作机制；坚持把督查考核作为保障扶贫开发抓实见效的主要手段，健全督查考核机制，形成省、东莞、市、县、镇、村六方联动，合力推进扶贫开发“双到”工作的格局。

【不具备生活条件贫困村庄搬迁安置情况】2011年全省实施不具备生产生活条件（下称“两不具备”）贫困村庄搬迁安置工作以来，韶关市抓住实施扶贫开发“双到”工作的有利契机，坚持“政府主导、群众自愿”原则，多措并举，抓好“两不具备”贫困村庄搬迁安置工作。2011—2014年，全市已完成“两不具备”贫困村庄搬迁196个、5805户，提早一年完成省下达韶关市2011—2015年4800户的搬迁任务。仅2014年，全市累计完成投资24842.05万元，完成搬迁安置贫困村庄57条、2110户，分别占年度计划的102%和107%。

【不具备生活条件贫困村庄搬迁安置的主要做法】依照程序认定扶持对象，做到公开、公平、公正。韶关市各县（市、区）在核查认定“两不具备”贫困村庄搬迁对象中，坚持深入调研，摸清各村居住状况，并按照分类实施、先易后难、示范带动的原则，制定各村搬迁改造方案。通过农户自愿、村委会核定、村内公示、乡镇审核、县级复核等程序，确认“两不具备”贫困村庄搬迁对象，保障村民的知情权、参与权和监督权。强化用地规划，盘活农村用地资源。各地做好“两不具备”贫困村庄搬迁安置用地保障工作。合理布局村庄改造搬迁用地，做好地质灾害危险性评估工作。优先安排用地指标，加快办理用地手续。盘活农村建设用地资源，执行“一户一宅”政策，保障农民权益。强化机制保障，解决搬迁群众出路。为使搬迁村民“搬得出、稳住得、能致富”，各地坚持从实际出发，制定发展规划，促进搬迁村民脱贫致富。加强技能培训，为劳动力创业或外出务工创造条件，劳动部门优先推荐搬迁户劳动力转移就业，确保所有有意愿务工的劳动力实现就近就业。发展特色经济，培育主导产业，促进产业增收。完善保障体系，对符合条件的搬迁户优先列入低保对象或五保对象，做到应保尽保，同时动员和组织他们参加合作医疗、新农保等，解除他们的后顾之忧。加强资金管理，确保专款专用。各地按照财政扶持资金管理办法的要求，规范搬迁农户档案管理，强化补助资金的使用和管理，确保资金及时、规范地拨付。

【革命老区新农村建设】　韶关市各地坚持把老区建设作为一项重要的政治任务来抓，以扶贫开发“双到”工作为契机，不断加强基础设施建设，改善革命老区群众的生产生活条件，促进革命老区社会主义新农村建设。2014年，全市共投入帮扶资金4.03亿元，其中省、市挂钩扶贫单位支持9692万元，中央和省市政府及省老区基金会投入1.1645亿元，行业扶贫1.5591亿元，社会扶贫3387万元。主要项目包括乡村道路硬化工程、修复水毁公路、桥梁、人行便桥、机耕路、农田水利设施维修、群众饮水工程、修复部分革命历史遗址和烈士纪念碑、建设农村文化室和配套设施、部分新农村的公共设施以及教育、文化、卫生等有关项目。给老区发放烈士后裔助学金37万元。　　（市扶贫办）

附：领导班子成员名单

市委农办党组书记、市农业局局长、市委农办主任：沈河民

市委农办副主任：刘世冬　骆少明

市农业局副局长、党组副书记：刘志福

市农业局纪检组长、党组成员：彭德才

市农业局副局长：陈少梦

市农业局副局长、党组成员、市畜牧兽医局局长：肖盛华

林　业

【概况】　韶关拥有丰富的森林资源和独特的森林生态系统，素有“南岭生物基因库”和“珠江三角洲生态屏障”之称，是广东重要的生态屏障。至2014年年末，全市林业用地面积达142万公顷，活立木蓄积量达8475.3万立方米，森林覆盖率达74.38%，主要指标均居全省首位。现有林业类自然保护区22个，其中国家级3个，省级10个，市级3个，县级6个，总面积21.68万公顷；有森林公园54个，其中国家级4个，省级6个，市级9个，县级及以下35个，总面积7.78万公顷。全市10个县（市、区）均已成功创建“省林业生态县”，2个县被全国绿化委员会授予“全国绿化模范县”称号。韶关市以贯彻落实新一轮绿化广东大行动为契机，以“百项工程兴韶关”、交通主干道及“三边”（景区边、江边、城镇边）绿化为抓手，正在全力创建“广东绿色生态第一市”。

【交通主干道及“三边”森林景观改造项目】　9月30日，启动交通主干道及“三边”森林景观改造项目，拟通过人工造林、补植套种、抚育提升等措施，对全市交通主干道沿线两侧及重要景区、主要流域、城镇周边（“三边”）山体森林景观实施改造，在提升区域森林景观质量的同时，推进森林进城、围城建设，使市民享受到更优质的森林资源。加快美丽韶关建设步伐。该项目总投资1.03亿元，建设总任务6353.33公顷，2014年年底完成全部的造林备耕任务。

【造林绿化】　完成造林作业面积2.74万公顷，其中：人工造林0.90万公顷，迹地更新1.33万公顷，低产林改造0.51万公顷。占造林任务2.45万公顷的111%；完成森林碳汇造林面积1.65万公顷，占任务的100%。各地把乡村绿化美化与春季造林、村庄整治、扶贫开发、农房改造等工作紧密结合，在田边地头、路边河旁、房前屋后造林绿化。通过营造乡村林带、生态片林、小绿地、小公园、林网及四旁绿化，不断提高村民的居住环境。全市共完成乡村绿化美化示范点建设147个，占任务143个的102%。

【全民义务植树】　3月18日，郑振涛、艾学峰、李飞等市四套班子及韶关军分区、武警韶关市支队领导带领市直机关单位领导班子成员共450多人，到浈江区韶关国家森林公园黄岗山参加市区全民义务植树活动。当天，共种植2000多棵苗木，品种有樟树、阴香等乡土珍贵阔叶树种。2014年，全市实际参加义务植树人数为143.99万人次，尽责率达到87.97%；累计义务植树共592.14万株。

【生态景观林带建设】　2014年，省下达的生态景观林带建设任务建设里程为367.8公里，其中：高速公路、铁路任务里程67.8公里；沿江任务里程300公里。全年完成沿江生态景观林带建设任务里程300公里，而高速公路生态景观林带建设任务，除乐昌于上年提前完成8.5公里外，其余59.3公里规划在广乐高速公路两边种植的任务，因在年初春季造林时高速公路尚在施工建设中而暂时无法种植，省林业厅已经批复同意延期实施。

【森林公园（湿地公园）建设】　全市新建森林公园32个、湿地公园1个。为调动森林公园建设的积极性，确保森林公园建设任务完成，各级政府部门加大投入力度，出台各项优惠政策和奖励措施，其中投入资金较大的有南雄主田樱花森林公园投入8000万元、观音山森林公园投入2000多万元，始兴县万景森林公园投入6000万元。为推进森林公园（湿地公园）建设，11月25日，全市森林公园建设工作现场会在南雄市举行。市委常委、市政府党组副书记张志才，市林业局局长，市、县（市、区）分管森林公园工作负责人等参加现场会。

【生态公益林管理】　韶关市完成省下达的生态公益林扩面界定工作，全市生态公益林面积扩大6.67万公顷；规范生态公益林效益补偿资金发放，将

省级以上生态公益林补偿资金15512.89万元通过银信账户及时发放到林农手中，未出现截留、滞留、提留、克扣、挪用等情况；推广政策性森林保险。与中华联合财产保险公司广东省公司签订政策性森林保险合同，督促各地落实本级财政配套资金，全市生态公益林共承保56.2万公顷，承保率100%。

【封山育林】 根据“统一规划、因地制宜、以封为主、封育结合、封造并举”的原则，落实封山育林面积87万公顷，占林业用地的61.3%，全市配备护林人员4265人，基本实现森林资源管护全覆盖。7月至8月，以听汇报、查资料、看现场等方式，组织开展封山育林工作专项检查，在全市抽查20个乡镇、40个村和60个封山育林点，组织20场护林及封山育林管护常识测验。

【国家森林公园建设】 市林业局完成黄岗山、莲花山、芙蓉山林道与防火线维修175公里，完成莲花山鹤冲村段绿道建设2公里，听涛广场改造500平方米，古栈道至浈江中学林区公路硬底化1.82公里（路宽4.5米）。对韶关国家森林公园（莲花山）景区内329杆路灯线杆进行报警编号，并绘制详细编号位置示意图，方便市民游客在休闲、健身遇到紧急情况时能快速准确报出求助地点。

【林木采伐管理】 加强对各县（市、区）木材生产计划执行的检查监督工作，对各地的采伐证办理情况进行网上实时监督。全年共核发采伐证4217份，采伐蓄积105.7万立方米。执行林木采伐与更新“一本账”管理制度，要求各县（市、区）对没有完成更新造林任务的林农和单位停止采伐申请。加大对全市采伐伐区的监督检查工作力度，抽调有关技术人员组成两个工作组对随机抽中的两个县和一个市属场的上年采伐伐区执行情况进行核查，对检查情况进行通报。受检查单位对通报中指出的问题提出整改意见，确保各项采伐源头管理制度的落实。

【林地保护管理】 市林业局贯彻落实《广东省占用征收林地定额管理暂行办法》，加强与发改、国土、交通、规划等部门的沟通协调，对需要征占用林地的国家、省、市重点工程，提早介入，主动服务，严格工程征占用林地的审核管理。全市共上报并经省林业厅审核同意使用林地项目共75宗，面积480公顷，缴纳森林植被恢复费3134.4万元。制定《韶关市林业生态红线划定工作方案》。在全市范围内开展为期两个月的非法侵占林地清理排查专项行动，共清理排查非法占用林地项目73宗，面积29.45公顷。

【木材经营加工及运输管理】 组织各县（市、区）开展木材运输巡查工作，按照工作方案要求，强化执法培训，规范执法行为，着力提高木材运输履职能力和执法水平，严防发生公路三乱现象。配合省厅拓宽资金来源渠道，落实必要的工作经费，配备必需的交通工具和执法验证设备，组织开展木材运输巡查工作。全市共出动执法人员9000多人次，巡查路程累计超过10万公里，查验车辆2500多辆，木材1万多立方米；查处违规运输车辆160多车次，没收木材900立方米，罚款20多万元，木材折价款60多万元。组织人员对浈江、武江等木材经营加工单位台账等情况进行核查，应对全市停止核发木材经营加工许可证后出现的新问题和新情况，确保木材经营加工企业依法经营。

【森林防火】 落实森林防火行政首长责任制，着力构建“政府主导，全民防火，齐抓共管”的森林防火机制。市、县、镇、村层层签订森林防火责任书，落实责任，形成县领导包镇、镇领导包村、村干部包片的防火工作责任机制。落实经营者责任，县（市、区）林业局与经营单位分别签订森林防火责任书，明确责任义务。加大森林防火宣传力度，重点抓好春节、元宵、清明、“五一”、中秋、国庆及重阳等重大节日宣传工作，通过群众喜闻乐见的形式扩大宣传效果。强化野外火源管理，开展火灾隐患排查，加强检查监督，采取分片挂钩督查的措施，由局领导成员分别县（市、区）开展防火督查。加大巡查管护力度。加强护林员队伍建设，下发《韶关市护林员管理指导性意见》，明确护林员管理考核工作。抓好山火扑救和火案查处工作。2014年，全市森林火灾受害率为0.22‰，远低于省0.5‰控制指标。

【山林权属争议调处】 市林业局以构建平安和谐林区为目标，推进跨区域山林纠纷联调机制建设，深入开展涉林权属纠纷突出问题专项治理工作，化解一批涉林权属纠纷突出矛盾，维护林区秩序的和谐稳定。全市共调处解决林权争议案件188宗，涉及面积约0.53万公顷，处理山林纠纷信访案件153宗，914人次，劝阻群众集体上访和化解群体性苗头事件49起773人次，挽回经济损失500多万元。

【林业普法学习宣传】 市林业局印制林业法律法规宣传资料10000多份，参加市普法办组织的“送法下乡”到县城、进学校等普法活动。通过派发宣传资料、张贴普法画报、现场咨询等形式，与林农零距离接触，把林业的法律法规送到林农的手中，并解释林农对林业政策的疑问。对从事行政执法工作的人员，组织专门的行政执法知识学习培训和考试。组织各县（市、区）林业法制机构及执法骨干参加省林业厅举办的“林业行政执法文书制作培训班”。

【打击涉林违法犯罪】 韶关市打击各类破坏森林资源的违法犯罪活动。先后组织开展“打击盗伐滥伐林木”和“天网”“利剑”等专项行动，共侦破、查处各类森林案件1547起，收缴非法木材8880立方米、保护野生动物1126只（头、条），处理违法人员2296人（次）。

【林下经济】 韶关市完成种植（改造）良种油茶0.67万公顷，占任务的116%，发展林下种植、养殖、采集业和森林旅游等林下经济面积4万公顷，占任务的100%。会同有关科研院所编制《韶关市南岭茶叶产业带总体发展规划（2014—2020年）》《韶关市南岭茶叶产业带示范项目实施方案（2014—2016年）》《韶关市南岭茶叶产业带示范项目2014年实施方案》，争取到省财政支持茶叶产业发展专项资金1500万，加快茶叶产业和林下经济的发展。

【林业科技】 2014年，全市林业科技成果显著，韶关市林科所的《油茶优良无性系采穗圃营造及芽苗砧嫁接技术示范推广》、粤北华南虎自然保护区管理处的《华南虎性激素变化规律分析与应用研究》在2014年韶关市科技进步表彰活动中，荣获市科技进步奖一等奖；仁化县奥达胶合板有限公司的《竹胶合板低碳生产技术研究与应用》荣获市科技进步奖二等奖。7月，省林业厅、韶关市林业局、省林学会、省林科院、韶关市林科所、曲江区林业局在韶关市曲江区樟市镇联合举办“送林业科技下乡暨林业科技特派员服务基层活动”。向基层发放珍贵阔叶树种苗木、优良乡土阔叶树种苗木和林业新产品，并派发《广东省经济林主要树种栽培技术》《南方主要珍贵树种栽培技术》等书籍、资料9000多份。针对珍贵树种、优良乡土阔叶树种培育，油茶、竹子栽培管理及森林认证等问题，有关林业专家、林业科技特派员在现场开展技术咨询服务，为广大林农解答在生产栽种遇到的实际问题。

【野生动物保护管理】 韶关市在“世界湿地日”“鸟节、爱鸟周”“野生动物宣传月”等期间开展宣传活动，加大保护野生动植物的宣传力度。各地森林分局会同森林派出所对辖区内的酒楼、餐馆进行清理检查，共出动280人次，检查各类酒店餐馆280家，检查各类农贸市场25个，清理未办理野生动物经营利用准许证明的酒店、餐馆12间，清理涉及野生动物违规广告的酒店、餐馆8家。震慑违法犯罪分子，维护野生动物经营利用市场秩序。

【华南虎驯养繁育基地建设】 韶关市完成第二繁育区工程建设，使华南虎饲养场所扩大1/3，满足当下的华南虎驯养繁育工作需求；完成第一繁育区围网围墙维修改造，改造更新的围网与围墙更加牢固，安全管理得到进一步提高；完成华南虎繁育基地实验室工程建设，并配置部分仪器设备，为开展华南虎繁育研究工作提供必要的实验场所；吸引香港吴氏保护野生动物基金捐款43.5万元建设院士专家工作站；9月，从上海引进3只华南虎种源，其中1头雄虎，2头雌虎，形成繁育计划2组配对的良好体系。

【涉林企业喜获荣誉】 仁化县奥达胶合板有限公司申报的奥达华林王竹编胶合板产品和鸿伟木业（仁化）有限公司申报的鸿伟刨花板产品荣获广东省名牌产品（农业类）荣誉称号，还被市人民政府授予争创名牌产品先进企业。韶关市明弘生态开发有限公司、韶关市友丰生态园林开发有限公司、始兴县华洲木业有限公司、仁化县鑫宇生态开发有限公司等四家林业企业被省林业厅评定为“省级林业龙头企业”。至2014年年底，全市共有14家林业企业被认定为“省级林业龙头企业” （张少雷）

11月25日，全市森林公园建设工作现场会在南雄市举行。市委常委、市政府党组副书记张志才（前排中），市林业局局长邓阳秋（前排左二），市、县（市、区）分管森林公园工作相关负责人等参加会议（黄恒超 摄）

附：领导班子成员名单

局　长：邓阳秋

副局长：李秋祥　赵东灿　赵克生

纪检组长：李　军

总工程师：黄继丰

党组成员：邹文军　梁家禄

水　利

【概况】 2014年，韶关市水利局围绕“发展”和“民生”两大主题，突出抓好“服务经济、服务基层、服务民生”的工作重点，坚持防汛与抗旱两手抓、水资源开发利用与节约保护并重、水利建设与管理并举的工作理念。防御5月中下旬两次严重的洪涝灾害。南水供水工程及旧堤改造加固工程均取得新进展，水利建设、管理等各项工作取得新突破。全年共完成水利水电建设投资9.3亿元，争取省级以上补助资金8.7亿元。韶关水资源分区划分为浈江、武江（中下游）、北江上游、滃江、连江（连江中游支流黄洞河、大潭河）、新丰江（上游）、桃江和章江（长江流域）八个四级水资源分区，水力资源丰富。2014年全市年降水量为1451.3毫米，折合年降水总量为294.83亿立方米，比上年少15.1%，比多年均值少4.7%，属平水年。

【防汛抗旱】 2014年，全市全年降雨量时空分布不均，降雨主要集中在5月、6月、8月，降雨量分别为373.2毫米、238毫米、182.6毫米，约占全年降雨57%，地段主要集中在始兴、翁源、曲江、乐昌、南雄、仁化。受强降雨影响，全年汛期韶关市共有10个县（市、区）75个镇受灾，农作物受灾1.36万公顷，倒塌房屋600间，受灾人口13万人，转移人口4304人，死亡1人，直接经济损失2.42亿元，其中水利设施直接经济损失0.69亿元。全市水利系统干部职工奋勇抗灾，迅速行动，共投入250.11万元救灾资金，减淹耕地1413.33公顷、减少受灾人口6280人；投入抢险救灾人数5154人次（其中部队官兵32人次，机动抢险队员608人次），运输设备390班次，机械设备147台班，解救被洪水围困群众1845人，避免人员伤亡41次781人，减灾效益0.19亿元。2014年7月，全市普遍高温少雨，始兴、南雄、仁化、乐昌、翁源、武江等地开始出现旱情苗头。全市蓄水总量154169万立方米，略低于上年同期，其中大中型水库蓄水133876万立方米，约占正常库容的69%。市三防办做好水库用水调度、旱情监测复核，做好防旱抗旱工作。

【南水水库供水工程】 南水水库供水工程是广东省“十二五”规划建设的重大民生水利工程，为解决韶关市区存在的供水安全、水源单一和水量不足等问题提供条件。项目建成投产后，可以确保韶关市区及周边农村130万人饮用水安全，同时满足产业转移园区、芙蓉新城及重大工业项目的用水需求，对韶关城区扩容提质，建设粤北区域中心城市，确保韶关经济社会实现跨越发展具有十分重大的意义。2014年上半年，市水务局协助完成南水水库供水工程15个专题报告的报批工作，并上报省水利厅。5月6日，项目可行性研究报告也通过省水利厅技术审查。

【小岛片区旧堤改造加固工程】 韶关市小岛片区旧堤改造加固工程位于市区小岛，堤线布置范围为韶关市区武江左岸和浈江右岸，工程总布置长度7.558公里，其中：武江左岸第一污水厂出水口下游至海关段约5.398公里，浈江右岸风采桥至海关段约2.162公里。项目估算总投资21379万元。建成后是集防御洪水、保障安全和美化环境为一体的为民工程。已完成项目的工程地质勘查、测量、建议书编制及项目可行性研究编制工作。

【水库除险加固工程】 韶关市列入规划的一般小（2）型病险水库除险加固项目共39宗（其中列入2014年度投资计划26宗，2015年度投资计划13宗），工程总投资4895万元。39宗项目共到位资金3547万元，累计完成投资3135万元。列入2014年度投资计划的26宗项目，批复概算投资3164万元。26宗项目已全部完工，其中全面完工22宗，主体完工4宗。26宗项目共到位资金2468万元，累计完成投资2485万元。

【中小河流治理】 中小河流治理是列入“百项工程兴韶关”之一的治理工程，韶关市被列入《全国2013—2015年中小河流治理实施方案》的中小河流治理项目共34个，涉及10个县（市、区），其中乐昌市7宗、南雄市4宗、仁化县4宗、乳源县4宗、始兴县3宗、翁源县5宗、新丰县1宗、曲江区3宗、武江区1宗、浈江区2宗，项目总治理河长约268公里，总投资估算约8.84亿元，实施完成后可保护人口约35万人，保护耕地约2.73万公顷。截至年底，34宗已全部完成初设报告批复，14宗积在建项目累计完成投资1.2亿元，1宗已建设完成。

【中小型灌区改造工程】 全市共有6宗中型灌区、63宗小型灌区改造项目被列入2011、2012年度建设计划，其中2011年度计划的13宗小型灌区改造工程已完成建设任务，2012年度计划的50宗小型灌区已完成施工招投标工作，已动工33宗；乐昌市廊北、南雄市横江2宗中型灌区改造工程分别完成形象进度的75%、60%；翁源岩庄灌区已完成建设任务的40%，始兴凉口灌区已完成建设任务的30%，南雄市瀑布灌区改造工程已开工建设，曲江区小坑灌区已完成工程初步设计报告编制工作。

【小农水重点县项目】 韶关市10个县（市、区）均已被列入小农水重点县项目工程建设范围，分别是乳源县列为中央第二批重点县，南雄市列为中央第三批重点县，始兴县列为省级第一批重点县、乐昌市列为中央第四批重点县，曲江区、浈江区、翁源县和仁化县列为中央第五批重点县，新丰县、武江区列为中央第六批重点县。乳源县三年建设任务已全面完成，正在进行竣工验收资料整理工作；南雄市三年建设任务也已基本完成，始兴县、乐昌市、仁化县2013年度项目已开工建设，进展顺利；翁源县已完成2013年度项目初步设计报告批复工作，即将开工建设；曲江区正开展初步设计报告编制工作；浈江区也已开展设计招投标前期工作。

【安居工程建设】 安居工程是政府的一项“德政工程”，是为解决水库移民住房问题的有效措施。为推进安居工程建设，韶关市水务局按照“一村一策、整村推进”的方式，分类指导安居工程建设。截至2014年12月底，全市共完成15031户62098人的住房建设任务，占应进行住房改造的水库移民人数（66092人）的93.4%。其中2014年度韶关市大中型水库移民完成住房改造251户，移民2898人。

【水库移民文化与信息服务站建设】为贯彻省委、省政府《关于加快我省水利改革发展的决定》精神和实施“文化强省”的战略，全面实施全省水库移民“利益相关者零距离末端监督”工程，确保2015年前在全市大中型水库移民50人以上的行政村或100人以上的部分移民自然村建立文化与信息服务站，实现水库移民资金项目创新管理，进一步落实移民知情权、参与权和监督权。韶关市加强水库移民文化信息建设，全市大中型水库移民村文化与信息服务站建设内容包括1个市级信息管理中心、10个县级信息管理中心、153个村级文化与信息服务站。截至2014年年底共完成市及6个县级（南雄、乳源、乐昌、武江、曲江、翁源）信息管理中心建设，完成全市150个移民村文化与信息服务站建设并开展采集录入工作。该项目累计完成投资777.38万元，占总投资的79%。

【小水电站增效扩容改造工程】为进一步发展农村水电，水利部已对韶关市小水电增效扩容改造工程进行批复，共批复123宗，改造后装机21.837万千瓦，其中新增发电装机2.936万千瓦，总投资4.0295亿元，申请上级补助1.9898亿元。截至2014年年底，安排财政投资1.2785亿元，技改电站已基本完成招投标工作并开工，5宗电站已完工，50宗在动工，其余正在进行设备生产。

【水资源监督考核】2014年，韶关市采取措施实施最严格水资源管理制度。按照水资源开发利用控制、用水效率控制、水功能区限制纳污三条红线控制目标，加强水资源保护和提升用水效率水平，建设节水型社会。2014年，韶关市在全省最严格水资源管理制度的中期考核中取得90.5分，在全省排名第5，等次为优秀。

【水法宣传活动】组织开展世界水日、中国水周、水土保持法施行三周年及12月4日国家宪法日暨全国法制宣传日宣传活动。市水务局共出动宣传车18台天，悬挂横幅6条，出版墙报2期次，发送手机短信23万条次，电视台播放水法宣传广告21条次，报纸刊登宣传文章1篇，举办现场宣传和咨询服务活动3场，派送宣传资料7500份，收到良好的宣传效果。

【出台河道采砂管理文件】在河道采砂管理工作中，以市政府令第116号发布实施《韶关市河道管理办法》；以韶关市区采砂管理工作领导小组名义出台《韶关市河砂采销管理协税护税实施办法》，印发到市直有关单位、各县（市、区）人民政府；与市交通运输局联合出台《韶关段武深、汕昆高速公路建设河砂开采经营实施方案》，印发到仁化县、始兴县人民政府。

【水政管理】落实执法巡查制度，加强日常巡查，2014年，市水务局水政支队共出动执法人员6300人次，出动执法车辆2500台次，船只200船次，立案查处水事违法案件16宗，制止违法采砂的其他水事违法行为52宗，共计征收水规费7500万元。在取水许可和水资源论证工作中，全年共新发取水许可证30套，变更取水许可证99套，延续取水许可证302套，全市保有的有效取水许可证数2279套。全年共完成21宗水资源论证审批项目，其中包括3宗水资源论证报告。

【地表水资源分析】2014年，全市地表水资源量为170.32亿立方米，折合年径流深为926.4毫米，比上年偏少17.5%，比多年均值少5.3%。在各县（市、区）中（详见2014年韶关市行政分区地表水资源量表），地表水资源量乳源县最多为26.52亿立方米，占全市总量的15.6%；新丰县第二21.38亿立方米，占全市总量的12.6%；浈江区最少4.56亿立方米，仅占全市总量的2.7%。与多年均值比较，除新丰偏多1.4%外，其余各行政分区均偏少，其中武江区偏少16.0%，翁源县偏少14.6%，其余各县（市、区）与多年均值比较偏少值为0.7%—12.6%。单位面积地表水资源量乳源最多119.08万立方米/平方千米，新丰县次之107.60万立方米/平方千米，南雄市最少为72.94万立方米/平方千米。

【地下水资源分析】2014年，全市地下水资源量41.09亿立方米（不含深层地下水），比上年偏少20.0%，比多年均值偏少6.7%。在各县（市、区）中（详见2014年韶关市行政分区地下水资源量表），新丰县地下水资源量为6.55亿立方米，居全市首位，占全市总量的15.9%；仁化县地下水资源量5.90亿立方米，居第二位，占全市总量的14.4%；浈江区最少，只有1.12亿立方米，仅占全市总量的2.7%。与多年均值比较，除乳源县偏多8.9%，新丰县偏多2.7%外，其余各行政分区均偏少，其中仁化县偏少14.2%，翁源县偏少12.9%，浈江区偏少13.8%，其余各县（市、区）与多年均值比较偏少值为4.6%—12.9%。从单位面积地下水资源量看，新丰县最大32.96万立方米/平方千米，仁化县次之26.76万立方米/平方千米，南雄市最小为19.75万立方米/平方千米。2014年全市蓄水动态，共统计36宗大中型水库，全市大、中型水库年末蓄水量为14.915亿立方米。其中大型水库年末蓄水量为10.565亿立方米，占70.8%；中型水库年末蓄水量为4.350亿立方米，占29.2%。

【全市供水量分析】2014年，韶关市供用水量22.607亿立方米，其中地表水源占93.2%，地下水源占4.1%，其他水源占2.6%。总用水中：农业用水占68.3%，工业用水占21.3%，城镇公共用水占2.7%，居民生活用水占7.1%，生态环境用水占0.8%。全市用水消耗量为10.13亿立方米。全市水资源利用率为13.3%，比上年有所增加。在各县（市、区）中，按供水量大小排列，前三位是南雄、乐昌、仁化，供水量分别占全市总供水量的15.6%、13.1%、12.0%，其余各县（市、区）供水量占全市总供水量的比例均低于12.0%。从各县（市、区）的水源结构显示：曲江、翁源和始兴地下水源供水量占总供水量的比重分别为7.9%、7.6%、7.2%，比其他县（市、区）大得多；各县（市、区）其它水源（雨水利用）供水量占总供水量的比重仅为2.6%，各县（市、区）仍然以地表水供水为主，除乳源地表水供水占总供水量比例为88.0%外，其余县（市、区）地表水供水比例均超过90%。

【全市用水量分析】 2014年，全市总用水量22.607亿立方米，比上年略有增加。用水结构是：生产用水占总用水量的92.1%，居民生活用水占7.1%，生态环境用水占0.8%。其中农田灌溉用水、林渔牧畜用水、工业用水、城镇公共用水分别占生产用水量的66.8%、7.4%、23.1%、2.7%，本年除工业用水、生态环境用水有所减少外，其余各行业用水量均比上年有所增加，其中农田灌溉用水增加最多，较上年增加0.908亿立方米，林渔牧畜用水增加0.21亿立方米。在各县（市、区）中，用水量前三位的是南雄、乐昌、仁化，其用水量分别占全市总用水量的15.6%、13.1%和12.0%。工业用水量中，曲江区占全市工业总用水量的19.3%，其余县（市、区）占80.7%；农田灌溉用水中，南雄是大户，其农田灌溉用水量达24520万立方米，占全市农田灌溉总用水量的17.7%。2014年，全市人均综合用水量777立方米，万元国内生产总值用水量203立方米，万元工业增加值用水量118立方米（含火电），农田实灌亩均用水量718立方米，城镇居民生活人均生活用水量179升/日，农村居民生活人均用水量120升/日。除城镇居民人均用水量低于全省均值外，其余用水指标均高于全省均值，说明韶关市用水水平低于全省平均水平，用水效益不高。在各县（市、区）中，人均综合用水量仁化最大1316立方米，始兴次之1128立方米，浈江区最小349立方米，其余县（市、区）人均综合用水量为486—1074立方米。万元GDP用水量始兴最大376立方米，浈江区最小76立方米，其余县（市、区）为75—317立方米。

【河流水库水质达标评价】 依据国家《地表水环境质量标准》（GB3838—2002）、《地表水资源质量评价技术规程》（SL395—2007）对韶关市境内江河湖库水体水质进行评价达标分析。从2014年全年来看河流水质总体情况较好，水库水质总体状况一般。根据《广东省水功能区划》，本年度共对16个（对有二级区的一级区只计二级区个数）河流水功能区进行评价，其中，水质达标的功能区有12个，达标率为75.0%；对11个水库水功能区进行评价，9个水库达标，2个水库不达标，达标率为81.8%。（周贤宝　李华峰）

附：领导班子成员名单

党组书记、局长：曾宪波

党组成员、副局长：袁辅星　彭爱华　欧智贤

党组成员、纪检组长：李国荣

图为2014年4月28日水利部移民开发局领导在乐昌峡移民办进行新建水库农村移民人口核定工作的会谈。图片中间为水利部移民开发局巡视员黄凯，左二为省水库移民工作局副局长王胜端，右一韶关市水务局党组成员、纪检组长李国荣（市水务局　供）

2014 年韶关市行政分区地表水资源量

表 2

名　称	计算面积（平方千米）	地表水资源量（亿立方米）	占全市比例（%）	多年平均地表水资源量（亿立方米）	与多年平均值比较（%）	单位面积地表水资源量（万立方米/平方千米）
曲江区	1618	14. 53	8. 5	15. 37	-5. 5	89. 80
武江区	689	5. 55	3. 3	6. 61	-16. 0	80. 55
浈江区	567	4. 56	2. 7	5. 22	-12. 6	80. 42
乐昌	2421	21. 33	12. 5	22. 10	-3. 5	88. 10
南雄	2361	17. 22	10. 1	18. 73	-8. 1	72. 94
始兴	2152	18. 19	10. 7	19. 14	-5. 0	84. 53
仁化	2205	21. 65	12. 7	21. 80	-0. 7	98. 19
乳源	2227	26. 52	15. 6	27. 29	-2. 8	119. 08
翁源	2158	19. 30	11. 3	22. 60	-14. 6	89. 43
新丰	1987	21. 38	12. 6	21. 08	1. 4	107. 60
全市	18385	170. 23	100. 0	179. 93	-5. 4	92. 59

2014 年韶关市行政分区地下水资源量

表 3

名　称	计算面积（平方千米）	地下水资源量（亿立方米）	占全市比例（%）	多年平均地下水资源量（亿立方米）	与多年平均比较（%）	单位面积地下水资源量（万立方米/平方千米）
曲江区	1618	3. 18	7. 7	3. 65	-12. 9	19. 65
武江区	689	1. 36	3. 3	1. 56	-12. 8	19. 74
浈江区	567	1. 12	2. 7	1. 30	-13. 8	19. 75
乐昌	2421	4. 99	12. 1	5. 43	-8. 1	20. 61
南雄	2361	4. 31	10. 5	4. 52	-4. 6	18. 25
始兴	2152	3. 86	9. 4	4. 29	-10. 0	17. 94
仁化	2205	5. 90	14. 4	6. 88	-14. 2	26. 76
乳源	2227	5. 60	13. 6	5. 14	8. 9	25. 15
翁源	2158	4. 22	10. 3	4. 90	-13. 9	19. 56
新丰	1987	6. 55	15. 9	6. 38	2. 7	32. 96
全市	18385	41. 09	100. 0	44. 05	-6. 7	22. 35

2014 年韶关市行政分区水库蓄水动态

表 4　　　　单位：万立方米

行政分区	水库宗数		大型水库蓄水量		大型水库年蓄水变量	中型水库蓄水量		中型水库年蓄水变量	合计	
	大型	中型	上年末	当年末		上年末	当年末		年末蓄水量	年蓄水变量
曲江区	2	2	10900	9963	-937	7500	5600	-1900	15563	-2837
武江区	1	1	5131	4953	-178	400	200	-200	5153	-378
浈江区		3	—	—	—	7000	6700	-300	6700	-300

续表4

行政分区	水库宗数		大型水库蓄水量		大型水库年蓄水变量	中型水库蓄水量		中型水库年蓄水变量	合计	
	大型	中型	上年末	当年末		上年末	当年末		年末蓄水量	年蓄水变量
乐昌	1	2	17800	16300	—	1300	2300	1000	18600	1000
南雄	—	6	—	—	—	8100	6100	-2000	6100	-2000
始兴	—	3	—	—	—	3700	2000	-1700	2000	-1700
仁化	1	3	13500	13136	-364	6500	5400	-1100	18536	-1464
乳源	1	4	76200	61300	-14900	11000	11600	600	72900	-14300
翁源	—	5	—	—	—	4000	3000	-1000	3000	-1000
新丰	—	1	—	—	—	700	600	-100	600	-100
全市	6	30	123531	105652	-17879	50200	43500	-6700	149152	-24579

2014 年韶关市行政分区供水量

表5　　单位：万立方米

行政分区	总供水量	占全市比例（%）	地表水量				地下水量	占总供水量比例（%）	其他供水量	占总供水量比例（%）
			蓄水量	引水量	提水量	占总供水量比例（%）				
曲江区	24980	11.0	12020	3930	7050	92.1	1980	7.9	0	0.0
武江区	14890	6.6	2340	3110	8130	91.2	810	5.4	500	3.4
浈江区	14030	6.2	4500	2200	6980	97.5	340	2.4	10	0.1
乐昌	29540	13.1	19130	2110	6100	92.6	900	3.0	1300	4.4
南雄	35180	15.6	21500	8550	4830	99.1	200	0.6	100	0.3
始兴	23820	10.5	6550	4690	10300	90.4	1710	7.2	570	2.4
仁化	27080	12.0	13710	8740	3430	95.6	600	2.2	600	2.2
乳源	16650	7.4	10070	2380	2200	88.0	300	1.8	1700	10.2
翁源	23640	10.5	13300	7000	1540	92.4	1800	7.6	0	0.0
新丰	16260	7.2	3640	4270	6740	90.1	610	3.8	1000	6.2
全市	226070	100.0	106760	46980	57300	93.4	9250	4.1	5780	2.6

2014 年韶关市行政分区用水量

表6　　单位：万立方米

行政分区	生产用水量					居民生活	占总用水量比例（%）	生态环境	占总用水量比例（%）	总用水量	占全市比例（%）
	农田灌溉	林牧渔畜	工业	城镇公用	占总用水量比例（%）						
曲江区	12190	960	9290	620	92.3	1720	1160	560	6.9	200	0.8
武江区	3980	980	7090	670	85.4	1890	1640	250	12.7	280	1.9
浈江区	6770	1570	2050	810	79.8	2450	2180	270	17.5	380	2.7
乐昌	21080	1690	4230	310	92.5	2100	1260	840	7.1	130	0.4
南雄	24520	3240	4860	550	94.3	1780	980	800	5.1	230	0.7

续表 6

行政分区	生产用水量					居民生活	占总用水量比例（%）	生态环境	占总用水量比例（%）	总用水量	占全市比例（%）
	农田灌溉	林牧渔畜	工业	城镇公用	占总用水量比例（%）						
始兴	17830	790	3420	480	94.5	1170	530	640	4.9	130	0.5
仁化	15660	1840	7330	840	94.8	1160	530	630	4.3	250	0.9
乳源	11980	740	2240	540	93.1	960	500	460	5.8	190	1.1
翁源	16300	2120	3170	350	92.8	1610	690	920	6.8	90	0.4
新丰	8610	1540	4460	400	92.3	1210	730	480	7.4	40	0.2
全市	138920	15470	48140	5570	92.1	16050	10200	5850	7.1	1920	0.8

2014 年韶关市各行政分区主要用水指标

表 7

行政分区	人均 GDP（元）	人均综合用水量（立方米）	万元 GDP 用水量（立方米）	万元工业增加值用水量（立方米）		农田实灌亩均用水量（立方米）	居民生活人均用水量（升/日）	
				含火电	不含火电		城镇	农村
曲江区	49131	801	163	111	107	878	178	115
武江区	65243	486	75	81	81	754	180	121
浈江区	45918	349	76	90	90	958	178	110
乐昌	24952	722	290	150	147	633	172	110
南雄	33906	1074	317	138	138	784	181	122
始兴	30019	1128	376	143	143	877	179	135
仁化	45578	1316	289	180	190	899	185	136
乳源	34200	912	267	81	81	763	175	121
翁源	23204	694	299	117	117	624	171	109
新丰	29321	767	262	146	146	820	190	123
全市	38212	777	203	118	117	768	179	119

水文监测

【概况】　广东省水文局韶关水文分局是广东省水文局的派出机构，正处级行政类事业单位。内设办公室、计财审计科、技术科、水情科和水质科 5 个职能科室，下辖韶关水文测报中心、连县水文站、英德水文站、坪石水文站、新韶水文站，负责辖区内的水量水质监测、水情预报等方面业务。管辖韶关和清远两个行政区域内的 27 个水文站（含 14 个巡测站），其中 5 个国家级水文站、5 个省级水文站；4 个水位站（含 1 个巡测站）；366 个雨量站，其中基本站 234 个，中小河流水文监测站 120 个，专用站 12 个；6 个蒸发站；47 个大中型水库水雨情监测站；17 个冰冻灾害站；8 个土壤墒情站；47 个水质常规监测断面。其中雨量、水位、冰冻灾害、土壤墒情观测站点已基本实现自动测报。犁市（二）站、凤凰山站、高道站、乐昌（二）站、英德（二）站、西河桥站、东河桥站及韶关（二）站已安装固定式 HDCP，实现在线自动测流。还配备雷达测速枪、水文测船、冲锋舟、GPSRTD（RTK）、全站仪、数字水准仪、水深测量仪等辅助测量设备，使生产效率得到提高。站网建设覆盖辖区大江大河、城乡防洪重点区域和主要供水水源地的监测网络，能够满足地方政府以及各涉水部门解决“洪、涝、旱、污”等水问题对水文技术服务支撑能力的需求。

【水文信息服务抗洪救灾】　2014 年 5 月 20 日 20 时至 5 月 24 日 20 时，阳山县太平镇白莲片区遭遇特大暴雨，累计雨量达529.5毫米，由于白莲片区是一个四面环山的天然盆地，暴雨造成山洪暴发，形成一个长5公里、宽1.5公里、面积约7平方公里、积水近3200万立方米的“石峖湖”，白莲片区3个行政村3456人口受困。灾情发生后，国家防总、省市领导、省防总十分重视抗洪抢险工作。韶关水文分局于5月29日接到省局指令，迅速派出由连县水文站黄国庆站长带领的抢测队于当天赶赴灾区待令，省水文局督导组陈芷菁、李鹏和由分局副局长周艏带领的分局支援组亦于当天在灾区集结、制订水文监测方案，迅速开展工作，为抗洪救灾决策提供及时准确的水文信息支持。

【测站管理改革】 为推进测站管理改革，开展针对列入水文序列27个水文站的功能定位、社会经济产出效益、设站目的等，通过测验新手段、新仪器应用的可行性分析，提出优化测验方案、工作量精简建议，报省水文局审批。经省水文局批复，27个水文站中只有3站为常年驻测站；3站为驻巡测站；21站为全年巡测站。其中5站通过固定式ADCP应用推进测验工作量的精简改革；8站通过优化测验方案推进测验工作量的精简改革；14站通过走航式ADCP和测速枪应用推进测验工作量的精简改革，达到解放生产力的目的，也为水文管理深化改革创造很好的主体条件。

【水环境监测】 韶关水质监测分中心建筑面积1300平方米，设有化学分析室、生化室、样品室、监测业务室等。至年底，有常规监测断面47个，监测项目32个，认证项目51个。中心配备先进仪器设备。中心具有国家级计量认证合格证书，并于2012年通过计量认证复查换证。2014年，韶关水文分局履行职责，完成辖区水功能区水文水环境监测任务，监测数据和分析。评价结果准确、可靠、客观、公正，为韶关市在全省最严格水资源管理制度实施工作的考核中取得好成绩，发挥应有的作用。

【服务水资源管理工作】 自实行最严格的水资源管理制度以来，韶关水文分局发挥水文水资源监测的技术优势，服务当地水资源管理需求。2014年，完成《韶关市2013年水资源公报》《韶关市2013年地下水通报》《2014年韶关市水务信息季报》《2014年韶关市水资源质量月报》《韶关市饮用水源地及省市界水质水量断面监测报告》《韶关市水功能区划修编（一期）》《北江流域水源地概况报告》《韶关市重点入河排污口监测报告》《北江流域水功能区水质和水量监测评价报告》《2013年北江流域水资源状况报告》等编制工作。在水资源服务工作中，以“公平、公正、可靠”的监测资料为依托，履行“技术裁判员”职责，为韶关市建立适应本地社会经济可持续发展的现代水资源管理体系及落实最严格水资源管理“三条红线”考核制度提供技术支撑，对促进韶关市水资源的统一管理、优化配置和有效保护具有重要的现实意义。

【服务地方经济建设】 韶关水文分局2014年拓展服务领域，为当地水利部门、城市综合管理局、广东省武江监狱、乳源东阳光有限公司等政府相关部门及当地企业提供河道采砂评估、水文分析计算、水资源论证、防洪评价等技术服务工作。承担完成的服务项目有：《韶关市城市暴雨强度公式编制》《江湾大桥桥址设计洪水位推算》；完成武江区江湾镇、乐昌市、南雄市境内多个河段河砂查勘测量评估工作；《广东省武江监狱取水工程》《乳源东阳光氟有限公司年产2万吨R32和2万吨R125新型环保制冷剂建设项目》《中核韶关金宏铀业有限责任公司741－9、741－10矿生活取水工程》多个建设项目水资源论证工作；为韶关市芙蓉新城规划、市区内涝治理、市区城市综合治理提供水文技术服务。

【水文工程建设】 广东省中小河流水文监测系统建设项目是水利部下达的中小河流治理国家级水文监测系统的重点建设项目，分两期实施。2011年实施方案项目中韶关水文分局辖区改建8个水文站、16个水位站、120个雨量站，改造升级“韶关水文遥测系统信息查询系统”和“韶关市降水分析系统”等项目，建设资金由中央财政和省级财政配套共投入1461万元；2012－2013年实施方案项目中辖区新建33个水文站，项目概算为5494万元，其中土建工程概算为3258万元；信息化系统升级改造775万元，由中央和省两级财政投资。截至2014年年底，已基本完成2011年实施方案的16个水位站的土建施工建设、8个水文站的改建，120个雨量站的安装任务。2012—2013年实施方案的33个水文站（其中5站为原站改建）建设，8站完成土建施工，在建13站，其余7站将进场施工。广东省中小河流水文监测系统建设项目完成后，韶关水文分局辖区内站点纳入国家、省级管理的水文（位）站将达到143站（含大中型水库47站），站网密度为235平方公里/站，雨量站366站，站网密度为92平方公里/站，将进一步提高中小河流水文监测能力。

【水文信息科研开发】 通过抓自主创新，进一步提高水文信息对防汛减灾工作的指导作用。利用气象预报公共产品提高中小河流洪水预警预报预见期的创新工作，高级工程师刘敏于2014年着手研究气象预报信息和单位线模型耦合技术，探讨水文气象耦合的洪水预报方法。已完成韶关市降水预报的网格细化，并能获取中国、日本气象预报数值与单位线结合进行延长期预报，建立洪水预报模型。这项技术还需要时间在实际预报作业中检验，力争3年内完成项目研究，逐步完善预报模型。这项技术成功后将解决水文预报作业的两个难题，一是程序化、自动化的预报模型解决人工预报作业的效率问题；二是通过延长降雨预见期，达到延长洪水预报预见期的目的。高级工程师张端尧完成“广东省相关图洪水预报方案建模系统”的修编，共完成15个站点、29个预报方案编制，为进一步提高水文信息对防汛减灾工作的指导作用，提供现代化技术保障。（刘　静）

附：领导班子成员名单

局　长：谢建强

副局长：周　艏　杨创鹏

总工程师：韩学军

韶关水环境监测分中心水质监测站点一览表

表8

监测站点	分布地址	监测频次（次）	监测项目
小古菉	始兴县马市镇小古菉村	6	pH、电导率、六价铬、总氮、铜、铅、镉、硫化物、砷、硒、汞、粪大肠菌群、氨氮、高锰酸盐指数、阴离子表面活性剂、溶解性总固体、总硬度、挥发酚、总磷、氰化物、五日生化需氧量、溶解氧、叶绿素、硫酸盐、氟化物、硝酸盐氮、氯化物、锌、铁、锰、透明度、水温
新韶水文站	韶关市浈江区新韶镇黄金村	12	
沙口	英德市沙口镇	4	
英德	清远市英德市英城镇观洲坝	6	
仁化	仁化县丹霞镇水南村	4	
坪石	乐昌市坪石镇灵石坝村	6	
乐昌	乐昌市乐城镇张滩村	12	
龙归	韶关市武江区龙归镇	12	
滃江	翁源县官渡镇河唇刘屋村	12	
连州	连州市连州镇	4	
阳山	阳山县阳城镇	12	
高道	英德市西牛镇高道	12	
长江镇	仁化县长江镇	2	
周田	仁化县周田镇司土坝村	4	
百家洞	乐昌市坪石镇百家洞村	2	
马茺	南雄市界址镇马茺村	2	
十里亭	韶关市十里亭	12	
九公里	韶关市市区九公里	4	
白土	曲江县白土镇白土北江大桥下游3公里	4	
大坑口	韶关市曲江区大坑口镇	12	
下榕角	韶关市翁源县官渡镇下榕角村	2	
南雄	韶关市南雄市三洲桥	6	
三溪	韶关市乐昌市三溪镇	6	
古市	韶关市南雄市古市镇浈江大桥	6	
金牛农庄人行桥	韶关市丹霞镇夏富管理区牛鼻组	6	
小坑新田面电站	曲江小坑水库上游	4	
杨溪村桥	韶关市乳源桂头镇杨溪村	4	
锦江水库	韶关市仁化县锦江水库	6	
南水水库水文班码头	乳源县城	4	
南水水库龙南码头	乳源县城	4	
长湖水库大坝	英德市大站镇	4	
瀑布水库	南雄市主田镇	4	
小坑水库	韶关市曲江区小坑镇	12	

续表 8

监测站点	分布地址	监测频次（次）	监测项目
苍村水库	韶关市曲江区苍村水库	4	
花山水库	始兴县沈所镇	4	
赤石迳水库	仁化县董塘镇	4	
跃进水库	翁源县跃进水库	4	
白水礤水库	新丰县白水礤水库	4	
茶坑水库	清远市阳山县大崀镇茶坑村	4	
孟州坝水库	韶关市曲江区白土镇	4	
白石窑水库	英德市白石窑水库	4	
潭岭水库	清远市连州市潭岭镇	4	
西牛潭水库	韶关市浈江区	2	
沐溪水库	韶关市区	2	
大宝山	韶关曲江区沙溪镇坝心蕉子河船肚	2	
韶关钢铁厂	韶关钢铁厂排污口	2	
韶关冶炼厂	韶关冶炼厂排污口	2	

气　象

【概况】　韶关市气象局始建于1950年9月1日，为中央直属正处级事业单位。内设办公室（人事科、监察审计科与党组纪检组合署）、财务科、业务科、行政执法办公室（政策法规科）4个正科级职能机构；直属气象台（市气象预警信号发布中心）、气象服务中心、市防雷设施检测所、财务核算中心（后勤服务中心）、韶关气象雷达站5个正科级事业单位；代管韶关市防雷减灾管理中心（韶关市人工影响天气中心、韶关市专业气象预报服务中心合署）、韶关市突发事件预警信息发布中心2个正科级地方气象事业机构；下辖8个县（市、区）气象局（台）。2014年，全市在职气象职工162人，其中研究生4人，本科生124人；高级工程师6人，工程师59人。2014年，韶关气象部门立足气象防灾减灾，重点围绕重大灾害性天气加强公共气象服务和预警信息发布工作，着力提升气象预报、预测、预警和服务能力，保障公众生命财产安全。年内，韶关市气象局各项工作任务完成出色，有6人次被中国气象局授予2013年度“全国质量优秀测报员”，乳源县气象局被广东省气象局评为“2013年度观测与网络先进集体”、陈建文等3位被广东省气象局评为“2013年度观测与网络先进个人”。韶关市气象局行政服务窗口分别获得2013年12月和2014年第二季度“文明窗口”称号，陈琼获2013年“最佳标准化个人”称号。韶关市气象局团支部荣获“广东省五四红旗团支部”称号。始兴县气象局被韶关市精神文明建设委会员授予2012—2013年度韶关市精神文明单位称号。

【气候特点】　2014年，韶关市气候特点：气温偏高、降水和日照均正常；年内主要的天气过程有强冷空气、雷雨大风、冰雹和强降水等。全市年平均气温20.6℃，偏高0.5℃，年内极端最高气温为38—39.6℃，极端最低气温为－3.8—0℃。全市年平均降水量1455毫米，偏少1成，降水时间分布极不均匀，5月最多388毫米，10月最少2.7毫米；空间分布新丰最多1725毫米，始兴最少1227毫米。全市各地年平均总日照时数为1714小时，较常年平均值偏多1成。2014年，韶关市气象灾害属于中等年景。全年除5月发生几次局部中等洪涝灾害，全市没有发生大范围气象灾害。年内各种气象灾害造成全市3人死亡，其中雷电灾害2人死亡。

【2月暖冷天气交替】　2月，气温变化波动剧烈。1—6日，全市平均气温17.8℃，较常年同期偏高7.8℃，创有气象记录以来最高值；7—21日，全市日平均气温5.5℃、较常年同期偏低6.5℃，7日凌晨，随着强冷空气南下影响，气温降至零度以下，乐昌、乳源、南雄、仁化等地开始出现雾凇，到中午出现“棉花雪”，小雪、雨夹雪和冰冻天气连续维持6天；22—28日，气温回升明显，全市平均气温15.6℃，较常年同期偏高2.3℃。

【“5·11”强降水】　5月11日，受西南暖湿气流和低压槽的影响，新丰县出现中到大雨、局部暴雨。全县受灾人口2000人，粮食作物受灾面积30.9公顷，公路中断5条次，桥梁损坏1座，堤防损坏180米，水圳150米。直接经济损失179万元，水利设施经济损失50万元。

【“5·17”强降水】 5月17日，受弱冷空气和西南暖湿气流共同影响，曲江、武江、浈江、乳源、仁化、始兴中南部等普降暴雨到大暴雨。5月16日20时到17日20时，全市共有15个测站录得100—250毫米的大暴雨，51个测站录得50—100毫米的暴雨，最大雨量出现在曲江区樟市站213.7毫米。此次暴雨洪灾造成曲江区樟市、马坝、白土、乌石、枫湾等镇农作物受灾面积791.2公顷，受影响人口9568人，转移人口57人，造成直接经济损失1076万元，其中水利设施经济损失446.3万元。乌石镇乌石村委老巫村1村民在清理堵塞公路乔涵时被洪水冲走溺亡。仁化县各镇（街）遭受不同程度的灾害，全县受灾人员355人，倒塌1间闲置房屋，粮食作物受灾45.3公顷，粮食作物26公顷，灌溉水渠塌方20米，周田镇灵溪河堤损坏30米，大坑底水库消力池损坏一处侧墙。直接经济损失44.7万元，其中水利设施直接经济损失26万元。

【“5·18”强降水】 5月17日夜间到18日白天，受西南暖湿气流和弱冷空气共同影响，乐昌市出现持续性强降水，局部大暴雨，并伴有雷暴天气。秀水、梅花两镇录得100毫米以上的大暴雨降水。此次受灾乡镇有4个（秀水、梅花、乐城、长来），农作物受灾面积1002公顷，受灾人口2714人，转移人口586人，倒塌房屋4间，直接经济损失1976.8万元，其中水利设施直接经济损失115万元。

【“5·21”强降水】 5月21—24日，受高空槽和西南暖湿气流的共同影响，韶关市出现暴雨到大暴雨的强降水过程。21日8时至24日8时 全市共有6个气象站录得250毫米以上的累积雨量，其中曲江罗坑水库录得全市最大雨量308.1毫米；有54个站录得100—250毫米的累积降水，有74个站录得50—100毫米的降水；有134个站录得50毫米以上的雨量。强降雨造成翁源7镇1场受灾，受灾人口22093人，转移人口550人，倒塌房屋57间，农作物受灾面积1677.3公顷，全县直接经济损失2493万元，其中水利工程损失696万元。曲江樟市、罗坑、白土、乌石、沙溪、小坑6镇农作物受灾面积178.5公顷，受灾人口88人，造成直接经济损失136.6万元，其中水利设施经济损失64.6万元。新丰受灾人口18890人，房屋倒塌63间，转移人口101人，受灾村委38个，农作物受灾面积94.9公顷，其中粮食作物受灾面积为66.9公顷，公路中断22条次，供电中断2条次，桥梁损坏8座，冲毁塘坝1座，堤坝损坏490米，损坏陂头23座，损坏水圳3600米。直接经济损失824.7万元，水利设施经济损失271.5万元。

【“6·3”强降水】 6月3日，受低层切变线和弱冷空气的影响，新丰、翁源南部、乳源普降暴雨，局部大暴雨。从6月2日20时到3日20时，上述地区共有8个测站录得100—250毫米的大暴雨，22个测站录得50—100毫米的暴雨，最大雨量出现在新丰县云天海酒店站194.1毫米。受强降水影响，新丰县出现洪涝灾害，全县受灾人口3982人，房屋倒塌50间，转移人口291人，受灾村委47个，农作物受灾面积472.7公顷，其中粮食作物受灾面积为348公顷，公路中断21条次，桥梁损坏7座，冲毁塘坝2座，堤坝损坏900米，损坏陂头27座，损坏水圳5562米。直接经济损失1357万元，水利设施经济损失404万元。

【干旱天气】 2014年，韶关市干旱主要发生在两个时段，一个时段是7月中旬至8月上旬的双夏用水高峰期的农业旱情；另一个时段是10月上旬至11月上旬前期的局部人畜饮水困难旱情。从7月下旬后期至8月上旬，全市各地降水量持续偏少，全市平均降水量104.3毫米，较常年同期偏少一半多。翁源、始兴、南雄、乐昌、仁化、武江、曲江等地出现干旱，最严重时造成全市受旱面积4400公顷，其中轻旱3920公顷、重旱480公顷。10月，全市平均降水量3毫米，不足常年平均值的一成，南雄最多仅12毫米，仁化、翁源、新丰、乳源降水不足2毫米，曲江区则滴水不下。乐昌市、浈江区和南雄市局部出现人畜饮水困难和农业用水紧张，最严重时共有饮水困难人口6920人、大牲畜4000头，作物受旱面积606.7公顷。两次旱情共造成直接损失约2161万元。

【雷电灾害】 2014年，全市收到54宗雷击灾害报告，同比增加23宗，农村雷灾事故1宗，2宗雷击伤人事件，2人死亡，直接经济损失148.83万元，间接经济损失达211.65万元。7月31日下午15时左右，乐昌市乐城出现短时雷雨大风、强降水天气，在广乐高速公路T6标湾弓乐昌服务区工地作业的农民工罗甫政（男性，乳源桂头人，63岁）遭遇雷击当场身亡。9月5日下午，曲江区大塘镇其田村委会盘古皇村突遇雷雨天气袭击，导致该村一名从野外劳作骑摩托车回家的徐姓妇女途中遭遇雷击当场身亡。

【气象服务社会】 年内，韶关市气象局密切关注天气变化，做好强降水天气过程的提前预报、及时预警和实况跟踪监测。在整个汛期过程中，无全区性的致洪性暴雨出现，但局地强降水仍然频发。市气象局第一时间面向社会公众发布暴雨等预警信号239次；面向政府及防灾部门发布决策服务材料47期；通过决策短信平台发送预报预警短信共323条，共525048人次。5月，下发《关于做好新建、在建建设工程汛期灾害性天气预警信息服务工作的通知》，要求各县（市、区）气象部门建立新建、在建建设工程建设单位、施工单位负责人联系台账，免费为建设单位负责人、施工单位负责人提供雷雨大风、暴雨等灾害性天气预警信息服务，推进预警信息进工地进工棚，保障户外工作人员人身安全。

【“直通式”气象为农服务】 推进“直通式”气象为农服务，为农业增产增收提供保障。6月，市气象局与市农业局联合下发《关于联合开展气象为农服务的通知》，通过共同推进“农业气象服务站网建设、信息资源共享制度、气象为农服务信息联合发布、面向新型农业经营主体的直通式气象服务、农业气象研究、试验和成果推广”等五项措施，做好农民专业合作社、农业龙头企业及家庭农场、种养大户等新型农业经营主体的气象服务工作。联合各县（市、区）农业部门结合本地农业特色产业制订服务方案，建立联合会商制度，为大棚蔬菜、黄烟、兰花等种植大户提供前期天气形势分析、未来10天天气预测、农业生产建议等气象为农服务信息。

【韶关“平安山区”气象保障工程项目建设】　韶关市推进韶关“平安山区”气象保障工程项目建设。完成投资7296.97万元，占计划总投资65%。已完成乳源探测基地建设；完成南雄、仁化、乐昌新基地气象观测场建设；新丰突发事件预警信息发布中心正在装修阶段中；完成仁化南岭生态气象中心项目的工程预算及预算审核，进行公开招投标；乐昌、南雄、翁源、始兴气象探测基地业务技术用房、附属工程等基础设施建设前期规划、项目立项等工作已基本完成，其中翁源新气象探测基地已开工建设。已完成“12121”应急气象电话平台升级工作。

【做好防雷社会管理工作】　市气象局做好大型建设工程、重点工程、爆炸和火灾危险环境场所的防雷安全管理工作。5月，联合莞韶园管委会开展园内企业防雷安全专项普查，及时要求相关单位或责任人对存在的防雷安全隐患进行整改，为企业把好安全生产关。7月，根据韶关市安全生产委员会要求，制定《2014年度韶关市气象灾害防御暨防雷安全设施“三同时”检查工作方案》，并联合公安、住建、安监、经信等部门对全市各地气象灾害防御建设情况以及建（构）筑物防雷装置的有关情况进行全面检查，获得省级联合检查组的肯定。加强防雷科技服务工作，理顺防雷安全管理、行政许可及技术服务之间的关系，推进气象窗口网上办事大厅建设，围绕市县工业园区新建项目、棚户区改造、重点工程项目及易燃易爆场所加强技术服务，获得较好社会反响。

【启动深化气象管理体制改革工作】
按照省委省政府、广东省气象局的部署和安排，市气象局启动深化气象管理体制改革工作，牵头制订《韶关市全面深化气象管理体制改革实施方案》，于11月30日由韶关市人民政府印发。该方案明确，改革自2014年11月开始，至2018年12月结束，共有五大类53项具体任务，分两个阶段推进。第一阶段重点完成38项与韶关市气象现代化相适应的基础性体制机制改革措施和基础设施建设；第二阶段重点完成15项巩固发展成果的改革措施，形成与全面建成小康社会、基本实现现代化目标相适应的气象管理体制，为实现韶关绿色转型、振兴发展的目标提供支撑。

【人工增雨作业】　9月以来，韶关市降水明显偏少，10月全市平均降水仅3毫米，高火险天气持续，部分地区出现较为严重的秋旱。韶关市气象部门密切监视天气变化，在开展干旱天气及森林火险预报预警服务工作的同时，伺机开展人工增雨作业，以减轻干旱天气的影响。11月6日—8日，韶关市气象部门先后开展人工增雨作业，共投入作业人员77人次，作业11次，共发射增雨火箭弹42枚。在有利天气条件和人工增雨共同作用下，韶关各地出现明显降水过程，局部出现大到暴雨，山塘、水库的蓄水量有所增加，全市旱情得到有效缓解。此次人工增雨作业获韶关市委常委张志才批示肯定“组织严密、措施有力，效果显著”。（吴在明）

附：领导班子成员名单

党组书记、局长：李国毅（2014.11—）
党组副书记、副局长：李国毅（主持全面工作）（—2014.11）
党组成员、纪检组组长：
谢力罗（—2014.12）
饶纲伟（2014.12—）
党组成员、副局长：
谢力罗（2014.12—）
饶纲伟（—2014.12）
曾运东（2014.11—）

3月23日为世界气象日。图为市气象局开放日当天，市民咨询气象专家情况（卢美兰　摄）

商业·贸易

商贸管理

【概况】 2014年，全市商贸流通业继续保持平稳较快增长态势，规模不断扩大，基础设施和商贸服务体系逐步完善，多元化、多业态、多功能的商贸流通格局逐渐形成。2014年，全市消费平稳增长及物价保持稳定，全市完成社会消费品零售总额522.7亿元，增长11%，增速在全省21个地市中排名第14位。（陈晟平）

【燃料经营业概况】 韶关主要燃料为煤炭和成品油。2014年，《煤炭经营许可证》取消，煤炭经营企业无须办理经营许可证，这是政府深化行政体制改革，简政放权的又一项有力举措。韶关市主要用煤单位为坪石发电厂有限公司B厂、广东省韶关粤江发电有限责任公司、仁化县华粤煤矸石电力有限公司、宝钢集团广东韶关钢铁有限公司等，煤炭消耗量占全市总消耗量一半以上。韶关市现有成品油零售经营企业232家，全部为陆上加油站，其中：中石化91座，中石油22座，中油碧辟7座，其余为民营油站共112座；按地理位置分类：高速公路23座，中心城区106座，国、省、县乡道103座。有批发企业5家，库容分别为4.9万立方米和0.55万立方米油库2座，分布在韶关市区和乐昌市梅花镇。批发企业及油库均隶属中石化韶关石油分公司。

【成品油经营】 中石化、中石油在韶关经营成品油零售企业数量占全市的60%，成品油经营量占80%以上，韶关市销售成品油来源主要是中石化、中石油两大石油公司。2014年，全市成品油销量83.78万吨，同比增长8.1%，其中：柴油55.63万吨，同比增长4.96%，汽油28.15万吨，同比增长14.90%。

【煤炭经营】 2014年度，全市煤炭消耗量约959.4万吨，比上年下降2.2%。近两年来，由于煤炭供应较为充足，各用煤大企业均通过自营渠道调运煤炭，电煤订货合同总量能满足发电企业用煤需求，基本上不需要从市场采购，用煤数量及价格比较稳定。煤炭市场的放开，使经营企业竞争更加激烈。（王彩丽）

【产业转移】 韶关市围绕省委、省政府产业园扩能增效工作部署，着力加强与东莞市的对接合作，发挥对口帮扶双方组建的投资开发公司的作用，推进园区招商引资、项目建设。探索和创新园区管理模式，出台《广东韶关工业园区管理体制改革方案（试行）》，提升园区管理服务效能。发展电子商务、信息咨询、法律服务、劳动培训以及物流、金融、商贸等现代服务业，加强园区配套建设。全市产业转移工业园建设发展速度加快，产业承载能力持续增强，产业规模不断扩大，聚集效应基本形成，招商引资势头持续向好，项目质量进一步提升。截至2014年，四个省级产业转移工业园共签订入园协议项目580个，投资额635.42亿元，入园建设项目446个，已经建成项目298个，实际到位资金248.53亿元。2014年，共完成固定资产投资128.8亿元，同比增长57.4%；其中完成工业项目固定资产投资103.94亿元，同比增长35.81%。规模以上工业企业211家，实现产值355亿元，规上工业增加值90.75亿元，同比增长27.7%，产业转移园区工业增加值占全市规模以上工业增加值比重26.08%。（李小娟）

【批发零售业】 批发零售业上接生产、下连消费，是国民经济的重要先导产业之一，是第三产业的重要组成部分。2014年，全市批发零售业实现商品销售额832.28亿元，同比增长15.9%。其中：批发业实现商品销售额334.11亿元，同比增长20.5%；零售业实现商品销售额498.17亿元，同比增长13.0%。全市批发零售业增加值102.4亿元，增长9.6%。在限额以上批发和零售额中，粮油、食品类增长19.9%，饮料类增长12.2%，肉禽蛋类增长11.7%，服装、鞋帽针纺织品类增长20.0%，家用电器和音像通信器材类增长15.4%，金银珠宝类增长8.8%，中西药品类增长26.6%，汽车类增长11.5%，石油及制品类增长5.5%。全市批发零售业企业围绕全市经济发展目标，采取措施，开拓城乡市场，促进消费增长，如：中石化韶关石油分公司、韶关市大润发商业有限公司、广东东明股份有限公司等重点批发零售企业，为完成全市社会消费品零售总额的增长做出贡献。2014年，全市新增限额以上商贸企业94家，其中：批发业31家；零售业43家。为韶关市限额以上批发零售业注入新的动力。

【现代物流业】 2014年，全市运输仓储邮政业增加值69.29亿元，增长11.5%。口岸通关物流量703.8万吨，同比增长5.71%。物流企业迅速成长。至2014年，全市拥有交通运输、仓储和邮政企业1400多家，物流经营主体200多家。重点物流企业有松山物流、泰丰物流、乳峰物流、雪印实业等。全市有经营许可证的快递企业16家，下属分支机构57余家，从业人员近2000人，拥有EMS、顺丰等20多个快递品牌。电子商务初见成效。拥有韶乐购、U购网、型商网等综合性电子商务平台及韶关邮政网商创业园、昆仑采购电子商务云平台、玻璃商城、丹霞山旅游、翁源兰花等行业电子商务公共服务平台。2014年10月，韶关市电子商务行业协会正式成立，协会成员有61家。口岸通关环境不断优化。有对外开放铁路口岸2个、公路口岸2个和港口口岸1个，是省内二类口岸齐全的地级市之一。2014年，取得韶关新港码头港澳航线复航、设立首个海关特殊监管场所“韶关旭日公用型保税仓库”、成功试行“三个一”通关模式等重要成果。东环线商贸区建设初具规模。该片区已有鑫金汇建材五金商贸物流城、新雪域农产品（冷链）物流园、莱斯华南商贸城等项目。鑫金汇一期工程已开盘，新雪域项目已完成清表并顺利摘牌，其他储备用地的征地拆迁和招商引资工作也在进行中。

【连锁经营行业】 韶关市提高连锁经营的规模化和规范化水平，扩大连锁经营的范围和领域，推动连锁经营向更大范围更深层次发展，逐步提高连锁经营在流通业的比重，引导和鼓励企业向乡镇连锁延伸。在继续巩固餐饮、百货连锁超市成果的基础上，向石油、烟草、金属、燃料、住宿等多种行业拓展，提高连锁经营的总体规模和水平。连锁企业以规范化管理、规模化经营和标准化服务为核心，提高连锁企业经营管理水平及核心竞争力；探索连锁经营与电子商务相结合的模式，降低成本、提高效率、拓展市场和创新经营模式，转变经济发展方式，提高市场竞争力。2014年，以韶关大润发商业有限公司、韶关益华百货有限公司、广东东明股份有限公司、韶关市苏宁电器有限公司、国美电器有限公司韶关分公司为龙头的连锁企业，继续成为推动商贸流通业发展的主要力量，为韶关市消费品市场的繁荣注入动力，不仅带动全市消费品市场的繁荣和经济的发展，而且对周边的赣南、湘南产生很大的吸引力。

【拍卖业】 2014年，韶关市现有拍卖业10家，A级企业3个，从业人员102人，其中具有拍卖行业从业证书人员54人，拍卖师23人。全年举办拍卖会146场次，交易额2.45亿元。全市拍卖行业保持平稳发展，但拍卖企业总体规模偏小，资源渠道狭窄，综合竞争力不强。拍卖委托部门主要以法院、政府部门、金融资产机构为主，拍卖额为1.89亿元，占拍卖总额的77.1%；拍卖标的物以房地产为主，拍卖额为1.55亿元，占拍卖总额的63.3%。拍卖业务对规范公有财务和罚没品的处置、盘活资产、防止国有资产流失、增加财政收入及地方经济发展发挥着积极的作用。 （陈晟平）

粮　食

【概况】 韶关市粮食局是韶关市发展和改革局管理的副处级参公管理事业单位，编制25名，领导班子设1正（由市发改局领导兼任）4副（副处级），内设办公室、调控财会科、监督管理科、规划储运科、法规科（军粮供应办公室）共5个职能机构，下辖韶关市直属粮食储备库、韶关市军粮供应中心2个独立法人代表资格的企事业单位。2014年，韶关市粮食工作坚持以保障全市粮食安全为核心，加强和改善粮食宏观调控，保证市场供给，推进粮食仓储设施建设和储备模式改革，强化粮食流通监督检查和依法管理，抓好粮食部门自身建设，确保全市粮食总量平衡和粮食安全，为全市经济社会持续稳定发展提供坚实的粮食安全保障。

【粮食宏观调控】 全市粮食系统针对粮食市场情况及时研究提出政策措施建议，当好党委政府的参谋助手。加强市场粮油价格的监测工作，全市共设置粮油价格监测点36个，每周采集好当地粮食动态价格信息，市粮食局及时对相关信息进行分析，准确上报有关价格信息和监测数据。做好社会粮油供需平衡调查工作，为政府粮食宏观调控和行业指导提供可靠依据。

【做好节日期间粮油供应工作】 组织到市区各大超市、粮油交易市场、粮食加工企业巡查节日粮油市场供应和加工工作情况，听取相关企业人员关于节日期间粮油供应各项准备措施的汇报，详细了解市场粮油销售价格和销量、供货渠道及粮源的组织与投放等情况。要求各类粮食企业贯彻有关工作要求，重视节日粮油市场供应，组织货源，丰富供应品种，确保节日期间粮油市场供应不断档、不脱销，保障节日期间粮油市场供应平稳有序。

【加强粮食产销合作】 市粮食局指导涉粮企业做好采购东北地区2013年新产粳稻和玉米的申报工作，指导企业申请参加国家政策性粮油竞价销售；组织韶关市涉粮企业参加鄂粤粮食购销合作洽谈会暨湖北粮油精品展示推介会；组织参加江西上饶“中国网上粮食市场稻价交易会”，与上饶市粮食局共同签订《粮食产销对接战略合作协议》，建立起长期稳定的粮食产销合作关系。

【不断完善粮食应急保障机制】 4月中旬，市粮食局召开全市粮食应急工作座谈会，进一步明确各粮食应急网点要履行职责，确保作用发挥。5月下旬，举办全市粮食应急管理工作培训班，市应急办领导应邀作题为《新形势下如何加强粮食应急管理工作的思考》的讲课，南雄市粮食局召开专题会议对粮食应急会议进行部署，不断提高预防和处置突发事件的粮食应急工作能力。

【粮食收购工作】 市粮食局贯彻落实国家粮食收购政策，组织开展粮食收购工作，2014年全市国有粮食企业累计收购稻谷79995吨，粮食收购量是本年度轮换任务的108.50%，其中：仁化、翁源县完成收购量比任务数分别多3019吨、2463吨，为各级储备粮的轮换补库和企业的经营发展打下基础。

【落实粮食安全责任制】 市粮食局组织对《韶关市粮食安全责任考核办法》进行修订，报市政府审定印发执行。督促各县（市、区）政府落实粮食安全责任制，将届中对各县（市、区）政府的考核结果通报全市，促进各县（市、区）政府和有关部门进一步重视和做好粮食安全保障工作，确保粮食安全责任落到实处。在省里组织对21个地级以上市和顺德区政府粮食安全责任届中考核中，韶关市综合总评分荣获全省第三名。其中，粮食安全责任考核中的粮食播种面积、粮食总产量、粮食储备量（原粮）、粮食风险基金等重要指标均超额完成省下达韶关市的考评指标。组织开展落实粮食安全保障工作情况及政策措施建设、推进粮食工作创新发展、韶关市粮食流通产业化发展等多项调研工作，报经市政府批准出台《关于加快发展全市粮食流通产业实施意见》，更好地助推韶关市粮食流通产业发展，夯实粮食安全保障基础。

【粮食仓库基础设施建设】 根据“粮安工程”建设规划，市粮食局组织对全市全社会粮食仓库现状进行全面清查。经清查，全市粮食仓库总占地面积79.36公顷，总有效仓容423397吨，储粮业务已占用仓容376934吨；未储粮仓容87704吨，其中完好仓容11042吨，死角仓仓容13952吨，需维修仓仓容39075吨，待拆除、待报废仓容23635吨。推动县（市）地方粮库建设，翁源县5.3万吨仓容直属粮油应急储备物流基地建设、始兴县5万吨仓容新粮库建设、乐昌市坪石1.2万吨仓容直属粮库建设有序推进；曲江区、乳源县、乐昌市、南雄市等地也在推进在原有库区内加建和扩建新粮仓项目。推广应用机械通风、环流熏蒸、“双低”密闭储粮等先进技术，提高科学储粮水平。全市目前装备机械通风的仓容37万吨，占总有效仓容88%；装备环流熏蒸系统的仓容23万吨，占总有效仓容54.3%；实施“双低”储粮技术达16万吨以上，占储粮总数的80%，确保各级储备粮的储存安全。市直属粮库对有关仓房进行气密性技术改造，在成品粮仓安装低温设备，曲江区增建过磅亭等，进一步完善储粮配套设施。

【市级储备粮油社会代储改革】 市粮食局开展市级储备粮的社会代储改革试点。将市本级成品粮油储备的20%，通过招标试行社会代储，开韶关市市本级储备在广州华南粮食交易中心竞价承储的先河，为市级储备粮轮换经营进行有益的探索，减轻市政府在粮食储备方面的负担。探索“国企储存，私企轮换，费用包干”的市级成品粮储备轮换模式，5月中旬在华南粮食交易中心进行一年期市级成品粮轮换补贴公开竞价，推进储备粮轮换改革尝试，进一步降低储备成本。

【开展粮油库存专项检查】 根据国家和省粮食库存检查工作的统一部署，市粮食局抓好粮食库存检查工作。在企业自查的基础上，由市粮食局牵头，按照“统一抽调、混合编组、集中培训、综合交叉、本地回避”的原则从各地各单位抽调40多名人员组成8个检查组，对全市纳入检查范围的全部粮食库存进行逐库、逐仓全面检查，做到“有库（点）必到、有粮必查、有账必核、查必彻底”。同时，市粮食局会同市发改、财政、农发行等部门派出专人对各检查组进行督导，确保检查工作到位。检查结果表明，全市粮食库存品种清、性质明、数量准，储备规模到位、质量总体良好、管理比较规范，达到“让政府心中有数、让群众感到放心”的目的。

【开展粮食收购检查】 市粮食局开展遵守“五要五不准”（要敞开收购，随时收购，不准折腾农民；要公平定等，准确计量，不准克扣农民；要依质论价，优质优价，不准坑害农民；要现款结算，不打白条，不准算计农民；要优质服务，排忧解难，不准怠慢农民）粮食收购守则执行情况专项检查。夏粮收购期间，全市共组织开展粮食收购检查31次，出动检查人员169人次，检查各类粮食收购主体38个（其中政策性粮食委托收储库点23个），指导粮食收购主体依法经营，自觉履行义务，主动纠正违法行为，同时查处无粮食收购资格擅自从事粮食收购活动的事件2起，规范粮食收购市场秩序。

【开展粮食行业安全检查】 市粮食局开展粮食行业安全生产和消防安全工作检查，重点对粮食设施安全、药剂安全、作业安全、消防安全及预防粉尘爆炸等关键环节实施检查，排查和消除存在的一些安全隐患，并对库区防汛防潮和防范次生地质灾害情况进行检查。乳源、南雄、曲江联合当地消防中队开展消防安全应急演练。全市系统安全生产继续保持零事故的良好势头。开展“转圈粮”专项整治行动，经检查未发现存在突出问题。开展粮食质量与原粮卫生调查、品质测报，实施各级储备粮出入库质量检测备案，强化粮食质量安全监控。加强对市级成品粮油的日常监管，确保成品粮油的储存安全。

【军粮供应管理】 市粮食局加强“统一采购、统一加工、统一包装、统一配送”环节的工作力度，进一步推进韶关市军供粮源市级统筹工作，其中食用植物油的统配供应量已占协议量90%以上，增强部队粮油的供应保障能力。把好军供粮油质量关，军供粮油采购实行“一批一检一报告”制度，质量合格率100%，并在全省率先与驻军后勤部门制定邀请军粮质量监督员管理暂行办法。举办全市军粮供应业务培训班，加大政策、法规、业务、保密等一系列知识的培训，适应军粮供应信息化管理系统升级工作需要。组织开展全市军粮财务专项检查工作。开展“粮油服务进军营，餐桌节约促强军”活动，与驻韶关部队联合举办“3·15”维护消费者权益日活动、“八

2014年6月18日，韶关市粮食局联合南雄市人民政府在南雄市三影塔广场举办2014年粮食安全·粮食政策法规宣传月活动（刘志平　摄）

一”军地座谈会，邀请部队人员参观了解韶关市储备粮管理、军粮加工流程、应急保障体系建设以及质量管理等方面工作，深入走访部队机关、连队食堂，与部队后勤部、保障部官兵就军粮供应情况进行座谈，相互交换军粮供应粮油质量、服务水平、应急保障情况，共同建立起军地协作机制。市军粮供应中心推进主食产业化、走军民融合式保障之路工作，完成主食产业化和开展合作等多种经营活动的可行性研究，形成调研报告，并注册成功韶关军供品牌“韶粮”商标。2014年，市军粮供应中心被国家人社部、国家粮食局评为全国粮食系统先进集体。

【粮食政策法规宣传】　市粮食局组织全市粮食系统开展《粮食流通管理条例》颁布10周年和《广东省粮食安全保障条例》施行5周年、世界粮食日及全国爱粮节粮宣传周活动。市粮食局5月联合南雄市政府在南雄市共同举办“粮安民康幸福圆梦——2014粮食安全·粮食政策法规宣传月暨韶关·南雄食品安全宣传周‘放心粮油’宣传日”活动，10月配合省粮食局、省农业厅、团省委、省妇联联合在韶关学院举办世界粮食日及全国爱粮节粮宣传周广东分会场现场宣传活动。始兴、乐昌、乳源、新丰等县（市）也开展相关活动，通过悬挂宣传横幅，发放粮食政策法规资料、食品安全宣传单、爱粮节粮广告，现场解答市民咨询等多种形式，增强广大人民群众对粮食的认识和粮食法规政策的了解，营造“依法收购和守法经营”“人人爱惜粮食”的良好氛围。

【粮食统计调查】　开展社会粮食、食用植物油及油料供需平衡调查，完成各类粮食流通统计报表数据汇总和分析报告撰写工作，编制2014年度粮食供需平衡计划，为准确、全面掌握粮油资源的实际数量、品种和结构，及时采取措施调控市场提供重要的参考依据。开展城镇居民粮油消费调查工作，将省下达韶关市50户城镇居民粮油消费调查户数分配到韶关市人口较多的市辖三区、乐昌市、南雄市、始兴县开展调查，做好调查后的汇总、分析等工作，确保调查数据的真实性。加强对管辖区域内粮食经营企业和转化用粮企业的统计监督，督促各粮食经营企业配备统计人员，设置原始记录，建立统计台账，进一步引导企业自觉履行应尽的义务，依法统计、依法经营。（邵芳彩）

附：领导班子成员名单

党组书记、局长：

胡书臣（—2014.10）

钟沛东（2014.10—）

党组成员、副局长：王忠建　曾玉丰

林伟新

党组成员、纪检组长：朱必聪

供销合作

【概况】　2014年年底，韶关市供销合作社系统有1个地级社——韶关市供销合作联社，有8个县级社——曲江、仁化、始兴、南雄、乳源、乐昌、翁源、新丰县（市、区）供销合作社。年内，全市供销社系统实现销售总额11.76亿元，同比增长5.48%，完成年度计划的102.3%，其中农资销售5.39亿元，同比增长8.55%，完成年度计划的107.82%；日用消费品销售3.35亿元，同比增长11.53%，完成年度计划的111.80%；农产品加工与销售1.95亿元，同比增长24%，完成年度计划的138.95%；再生资源回收与利用0.49亿元，同比增长7.77%，完成年度计划的159.32%。社会贡献总额2094万元，同比增长8.43%，完成年度计划的130.85%。

【供销社房屋资产管理】　改进资产监管手段。启用新的资产管理软件，着手修改和完善社有房屋土地管理制度，提高监管水平和运营质量。推进社有资产的优化配置。修订市供销合作社社有全资企业员工薪酬方案。完成土产总公司站南路一公里仓库改扩建工程竣工验收、房产证办理、场地移交等手续，并按规定程序组织公开拍卖。与市政府物业管理中心沟通协调，获得金城小区2336.5平方米的房屋作为“百年东街”项目茶厂、工业品、日杂公司被拆迁房屋的异地实物补偿。

【基层供销组织建设】 市供销社抓好翁源县供销合作社"一县一社"管理模式经验总结，在南雄市供销合作社和曲江区供销合作社开展综合改革试点并成功推广。成立领导小组，加强对南雄市供销合作社和曲江区供销合作社两个省供销合作社的综合改革试点工作的指导。制定《韶关市供销合作社综合改革实施方案》，明确深化改革的时间表和路线图。推进基层中心社和农民专业合作社、社区（农村）综合服务社的建设。推动省、市、县、乡（镇）供销社共建基层中心社（综合服务体）。年内，完成对南雄邓坊、水口，曲江沙溪、大塘、白土等基层社社有资产的初步查堪工作。年内，全市供销社系统组建中心社8家，农民专业合作社5家。

【"新网工程"建设】 抓好始兴县供销合作社和翁源县供销合作社的省市县共建新网工程试点工作。年内，始兴县供销合作社农资公司与广东省天禾农资韶关配送有限公司签订共建协议。推进"农超对接"，重点做好新增连锁网点的建设。年内，全市供销合作社系统新建连锁网点10个。

【农业供销服务】 年内，全市供销系统农资销售24.35万吨。其中，化肥销售23.71万吨，农药0.54万吨，农膜989吨，销售优质水稻种子81吨。依托直属企业广东天禾农资韶关配送有限公司及各县（市、区）供销社农资公司深入田间地头，推广农业新技术，开展农业科技免费咨询及测土配方活动，指导农民选好肥、用好肥。年内，开展农业社会化服务活动100场，参与人数5000多人次。

【行业管理】 市供销社配合工商、公安、安监、农业等部门，加强农资、烟花爆竹、再生资源等行业管理，规范市场经营秩序，维护消费者权益。针对私炮抬头现象，韶关市烟花爆竹行业协会向市安委会，提交《关于构建安全有序的烟花爆竹经营市场的建议》。年内，收缴和销毁非法烟花爆竹16917件，价值154.6万元。推进韶关市农业生产资料批发市场、韶关市日用消费品批发市场和韶关市再生资源集散交易中心三大经营服务综合平台建设。 （赵受义）

附：领导班子成员名单

党委书记、理事会主任：

王　刚（—2014.9）

龚水石（2014.9—）

党委副书记、理事会副主任：朱熹华

党委委员、理事会副主任：龚荣洲

梁镜华　张　剑

纪委书记、监事会主任：朱超前

韶关市供销社农业社会化服务现场会（黄始强　摄）

烟草专卖

【概况】 韶关市烟草专卖局与广东烟草韶关市有限公司合署办公，实行两块牌子、一套人马的管理体制，是韶关市对全市烟草市场实行专卖专营集中统一管理和烟叶生产经营、卷烟经营的机构。下辖曲江、乐昌、始兴、乳源、仁化、翁源、新丰、南雄8个县（市、区）烟草专卖局（分公司），南雄烟科所行政关系隶属韶关市局（公司），共有员工1440人。2014年，全市烟草商业系统共完成销售收入37.86亿元，实现税利总额8.2亿元、利润3.8亿元。2014年，韶关烟草荣获"2012—2013年度广东省纳税信用等级评定A级纳税人""2013年度韶关市模范纳税户"等荣誉称号，是全省烟叶工商交接等级质量监督检查工作先进单位、全省烟草职业技能鉴定优秀考点，并有多名员工荣获全国、全省行业荣誉称号。

【烟叶工作稳步有效推进】 以现代烟草农业为统领，稳定规模，优化结构，依靠当地政府和广大烟农，促进烟叶各项工作有序开展。2014年，全市种植烟叶0.99万公顷，收购烟叶41.53万担，烟叶生产收购计划严格落实。全市新建烟叶生产基础设施项目1470项，申请行业补贴资金5526万元，其中新建密集式烤房1238座、烤房加热设备更换105套、农机具116台（套）、新建机耕路11条，开展土地整理工作。2014年，全省现代烟草农业生产观摩现场会暨生产技术研讨会在南雄、始兴召开，韶关市现代烟草农业建设成果获得与会领导的肯定。始兴马市、南雄湖口烟农专业合作社，南雄乌迳基地单元和古市烟叶工作站等创优工作有序进行，基层烟站建设

2014年5月8日，全省现代烟草农业建设推进现场会暨生产技术研讨会在韶关南雄、始兴召开。图为工作人员向广东省局（公司）副总经理何传国（右二）、烟叶管理处处长郑荣豪（右三），韶关市局（公司）局长、总经理杨伟平（右一）等与会领导介绍优质烟叶生产技术（吴雄辉　摄）

稳步开展。

【卷烟经济运行稳中有升】　坚持稳产量、促销量、调结构、控库存、守红线、增税利，卷烟经济运行总体实现稳中有升。2014年，全市销售卷烟11.6万箱，实现含税卷烟销售收入31.33亿元；单箱销售收入27021元/箱，同比增加1580元/箱，增幅6.21%；销售毛利6.63亿元，同比增加4605万元，增幅7.46%。组织货源，增加适销对路卷烟的有效供给。开展品牌培育，重点品牌、低焦油品牌培育不断深化，“双喜”品牌培育成效显著。2014年，省公司在韶关市召开全省现代终端建设现场推进会，韶关市探索的终端建设模式获参会人员的肯定。全年建成现代终端1432户，占全市客户的13.23%，网上订货比例大幅提升。推进物流非法人实体化建设，强化精益物流建设。

【卷烟市场秩序更加规范稳定】　坚持协、打、管、督，强化联合打假、加强大要案侦破、突出专项整治、深化两法衔接，制假售假得到有效遏制，“两烟”市场更加规范有序。强化联合监管，加强“四不定”市场检查，推进信息共享和案件移交机制，做好零售点合理布局工作。集中力量加强非烟整治，完善非烟防控体系。2014年，全市共出动专卖执法人员4.02万人次，检查卷烟经营户25.83万户次，清理无证户140户，共查处涉烟案件1109宗，查获涉案卷烟1361.53万支，涉案烟叶、烟丝287.27吨，案件总值2143.66万元；破获“8·20”国标、“8·5”省标及“8·28”“11·20”等重大网络案件，累计捣毁非法生产加工烟丝窝点、仓储点19个，刑拘17人，批捕19人。　（赖晓媛）

附：领导班子成员名单

局长、总经理：杨伟平

副局长：彭志忠　肖少明　赵明夫

副总经理：李茂军　赵天顺

盐　业

【概况】　广东省盐业集团韶关有限公司（广东省韶关市盐务局）隶属于广东省盐业集团有限公司（广东省盐务局），是广东省国资委监管的有限责任公司（国有独资）。公司（盐务局）既是全市食盐专营的经营主体，又是依法行使盐业行政管理职能的部门，担负着国有资产保值增值的经济责任和供应合格加碘食盐、消除碘缺乏病的社会责任。在岗员工78人，公司机构设置：下设4个职能部门，分别为综合事务部（重大事项监督办公室）、财务管理部、食盐产销部（加挂盐政法规科牌子、直管配送中心、质检站）、市场营销部；直属单位设4个经营部门，分别为市区经营部（市区分公司、马坝分公司）、南片区经营部（翁源分公司、新丰分公司）、北片区经营部（乐昌分公司、坪石分公司、乳源分公司）、东片区经营部（南雄分公司、始兴分公司、仁化分公司）。盐务局下辖曲江、翁源、新丰、乳源、南雄、始兴、仁化分局和乐昌市盐务局。销售网络覆盖全市三区七县（市），负责1.86万平方公里，300多万人口的食用盐、生产用盐、农牧盐供应任务和国家储备盐管理。2014年，公司履行企业职责，在供应合格的加碘食盐、防治碘缺乏病、应对突发事件、维护市场秩序等方面做大量工作，经济效益提高。2014年，公司荣获广东省盐业集团有限公司2014年度“碘盐覆盖率达标奖”，被韶关市国家税务局、韶关市地方税务局评为2012—2013年度广东省纳税信用等级评定“A级纳税人”称号。

【2014经营指标完成情况】　盐业公司主营产品销售方面：实现各类盐的销售27788吨，同比下降5704吨，下降17.02%，其中：小包装食盐销售10337吨，同比增加8吨。多品种盐的销售8704吨，占小包装销售84.20%，其中低钠盐销售4740吨，占小包装销售45.86%，澳洲湖盐的销售26.23吨，完成全年任务的32.79%；食品加工用盐销售3029吨，同比下降141吨，下降3.66%。非盐产品销售方面：销售酒类产品251.32万元，比上年减少

8万元，占年度计划的58.45%；销售奶粉产品63.6万元（4322罐），完成年度计划的36.02%。主营业务收入5691.14万元，同比增加177.56万元，升幅3.22%；其他业务收入101.79万元；企业实现利润总额725.35万元，同比增加24.59万元，增幅3.51%；净利润566.24万元，同比增加53.16万元。

【食盐专营】 由市盐务局承担盐业行政管理和执法职能，贯彻执行国家有关盐业法规、规章、政策及盐业九项行政管理职能，履行好盐业市场管理职能，抓好食盐安全管理工作，打击涉盐违法行为。坚持食盐专营，加强食盐计划管理，执行食盐价格政策。会同市政府有关职能部门开展协同执法，共同管好食盐市场。加强盐政队伍建设，继续开展区域联防、片区联防和三省联防机制，打击各类涉盐违法活动，确保食盐的安全供应。2014年，出动车辆503台次，检查市场1540个，饭店、商店、学校饭堂、工厂饭堂、农户共计23195间，查处盐业违法案件85宗，查没违法盐产品2.2吨，打击涉盐违法行为，维护食盐市场管理秩序，净化盐业市场环境。落实“一证两书”制度，建立和完善“食品加工用盐客户档案”并通过客户档案平台进行动态监管，查处违法购买使用食品加工用盐的行为。

【食盐安全宣传】 盐业公司开展2014年“3·15”消费者日和“5·15”防治碘缺乏病日宣传活动，配合直属各分局结合当地实际，因地制宜，联合卫生局、疾控中心、食品药品监督局等部门，通过悬挂横幅、展示图片、发放资料、真假碘盐识别和现场咨询等形式，开展宣传活动。发放各类宣传资料10000多份。市、各县开展活动情况作为新闻在当地电视上播报，取到很好的宣传效果。联合卫生计生委、疾病防治控制中心、教育局开展“2014—2017年韶关市小学校开展碘缺乏病健康教育”活动，韶关市浈江区、武江区、曲江区、始兴县发放27961份学生作业记录簿作为宣传活动资料。

【碘盐质量监管】 盐业公司始终将“让消费者吃上放心食盐”作为质量管理工作重点，结合国家食用盐碘含量新标准的贯彻实施，开展“改革增效年”活动，强化产品质量管理，进一步巩固食盐安全保障。构建质量监管体系，建立食盐安全责任制，层层签订食盐安全责任书，落实一把手负总责、分管领导亲自抓、专门机构具体实施的责任制，把人民群众吃上合格碘盐作为政治任务来抓，把社会责任落到实处。向社会公众郑重承诺，确保产品质量稳定，给市民提供安全、绿色的放心盐，保障食盐市场安全供应。碘盐覆盖率98.65%，碘盐合格率98.25%，合格碘盐食用率96.92%，保持较高水平。

【推广食用低钠盐】 为预防和控制高血压等疾病，全面提升市民健康水平，2012年市政府已批准把“推广食用低钠盐”列为政府部门为民办实事项目之一，并作为政府文件下发，明确要求食用低钠盐的市场占有率达到20%以上。盐业公司（盐务局）根据文件要求协同市经信局、卫生局、疾控中心做好这项民生工程。结合市政府对推广低钠盐的倡导和支持的推动作用，在确保普通碘盐正常供应的基础上，借“广东省减盐行动”的东风，倡导“少吃盐，吃好盐，健康用盐”理念，开展多次多形式“推广食用低钠盐，预防控制高血压，保护心脑血管”为主题的现场公益宣传活动，推广食用低钠盐，低钠盐已得到消费者的接受和认可。

【粤盐品牌体系建设】 按照省集团公司《关于加快缘味馆门店建设的通知》的标准要求，韶关“缘味馆”南雄、仁化、始兴分店建成营业，传播韶关盐业营销信息和“粤盐”品牌的宣传推广。加大食盐专柜在市、县（区）各大超市、经销商和各分公司营业厅推广。为适应市场不同阶层对产品的需求，辅以中高端食盐新产品宣传资料、海报在“3·15”“5·15”等各类公益宣传活动期间的投放。借助省集团公司制作的澳洲湖盐电视广告片、广东盐业公益形象广告，提升韶关盐业和“粤盐”产品品牌影响力。

【实施客户经理制】 根据省集团公司

2014年12月16日广盐连锁“缘味馆”韶关市南雄环城东路分店开业活动现场（孙学蔚 摄）

制定《关于实施客户经理制的指导意见》和《客户服务管理考评办法》，印发《客户经理制工作手册》的要求，盐业公司成立韶关盐业客户服务体系建设领导小组，铺开实施客户经理制。通过完善客户档案资料管理，建立健全销售管理制度，实行客户分类管理。按照区域指定专门客户经理管理跟踪不同类型客户，加强重要客户服务。加大一线市场情况摸查，开拓潜在市场，进一步提升食盐零售终端服务水平与掌控能力。

【非盐经济】 按照省集团公司工作部署，推进多元产品营销工作。盐业公司在开展非盐经济工作中，注重提升员工转变思想，更新观念，开拓创新，加快产业转型升级和省集团公司彭海斌董事长提出“抛弃幻想、背水一战”等重要性的认识，利用好现有营销网络资源、国企专营品牌、员工人脉资源等优势，结合客户经理制实施，以有效的市场营销方式，开拓非盐产品市场。召开新品推介暨迎春订货会，采取多种形式做好产品宣传。根据市场变化和不同的销售季节及时调整市场策略，制定营销方案。2014 年，非盐任务的完成取得全省盐业第十名。

（林　柯）

附：领导班子成员名单

党总支书记、总经理、局长：赖志伟

监事组组长、纪检监察专员：曾浩贤

副总经理、副局长、工会主席：欧志辉

副总经理、副局长：潘志华

对外贸易

【概况】 2014 年 7 月，根据《中共韶关市委、韶关市人民政府关于印发〈韶关市人民政府职能转变和机构改革方案〉的通知》，设立韶关市商务局，为市人民政府工作部门。将原市对外贸易经济合作局职责、市经济和信息化局的商贸流通管理、经济协作相关职责划入市商务局。韶关市商务局加挂韶关市口岸局牌子，在口岸协调和管理上，以市口岸局名义行使职权。市商务局（市口岸局）设 13 个内设机构，分别为办公室、综合科（开发区管理科）、外资管理科、市场建设与管理科、贸易发展科、服务贸易与商贸服务业科、机电与科技产业科（市机电产品进出口办公室）、电子商务科、商务交流科、口岸管理科、公平贸易科（政策法规科）、人事科（监察室）、市投资促进局。2014 年，全市商务发展总体保持平稳，商贸流通、外贸进出口、利用外资、口岸建设等方面取得长足发展。2014 年，全市对外贸易保持平稳增长，全年实现外贸进出口总值 23.5 亿美元，增长 1.6%。其中进口 11.3 亿美元，下降 18.9%；出口 12.2 亿美元，同比增长 32.6%。出口总值和增幅创历史新高，实现贸易顺差 9000 万美元。

2014 年 12 月 19 日“韶关盐业 2015 年沱牌舍得酒品鉴会暨迎春订货会”活动现场（麦锦华　摄）

【进出口贸易方式结构】 一般贸易出口 5.97 亿美元，同比增长 66.74%，占全市出口总值的 48.9%；加工贸易出口 6.2 亿美元，同比增长 10.32%，占全市出口总值的 51%。一般贸易进口 9.3 亿美元，占全市进口总值的 82.3%；加工贸易进口 2 亿美元，增长 10.79%，占全市进口总值的 17.7%。

【进出口主体结构】 “三资”企业、私营企业、集体企业出口均保持增长，国有企业出口有所下降。全市“三资”企业出口 6.43 亿美元，增长 4.62%，占全市出口总值的 52.69%；私营企业出口 2.91 亿美元，增长 50.99%，占全市出口总值的 23.87%；国有企业出口 7447 万美元，下降 5.1%，占全市出口总值的 6.1%；集体企业出口 2183 万美元，增长 6.49%，占全市出口总值的 1.79%。进口以国有企业为主，国有企业、“三资”企业进口下降，私营企业增长迅速。2014 年，国有企业进口 8.78 亿美元，下降 22.31%，占全市进口总值的 77.52%；“三资”企业进口 1.7 亿美元，下降 11.14%，占全市进口总值的 15.01%；私营企业进口 8323 万美元，增长 16.44%，占全市进口总值的 7.4%。

【进出口商品结构】 出口产品以机电产品为主，传统劳动密集型产品出口大幅增长，机电产品、高新技术产品、玩具等产品均有不同程度增长。其中，机电产品出口 5.34 亿美元，增长 41.29%，占全市出口总值的 43.78%；玩具出口 2.75 亿美元，增长 16.41%，占全市出口总值的22.56%；高新技术产品出口1.32亿美元，增长54.7%，占全市出口总值的10.81%；服装出口7809万美元，增长141.32%，占全市出口总值的6.41%；塑料制品出口2739万美元，增长47.02%，占全市出口总值的2.25%。进口商品以铁矿砂为主，铁矿砂、煤进口呈现下滑态势，初级形状的塑料进口略有增长。2014年，铁矿砂及其精矿进口7.4亿美元，下降25.98%，占全市进口总值的65.32%；煤进口1.26亿美元，下降0.91%，占全市进口总值的11.47%；初级形状的塑料进口4603万美元，增长8.69%，占全市进口总值的4.06%。

【进出口市场结构】 对美国、欧盟、日本出口保持较快增长。2014年，全市对美国出口2.4亿美元，增长27.21%，占全市出口总值的19.64%；对欧盟出口1.95亿美元，增长78.35%，占全市出口总值的16.02%；对日本出口3534万美元，增长19.88%，占全市出口总值的2.9%。进口以大洋洲、亚洲地区为主，对澳大利亚、巴西进口略有增长，对欧盟进口下滑幅度较大。2014年，全市对澳大利亚进口62807万美元，增长6.49%，占全市进口总值的55.44%；对巴西进口9593万美元，增长2.51%，占全市进口总值的8.47%；对欧盟进口3836万美元，下降73.4%，占全市进口总值的3.39%。

【服务贸易发展势头良好】 2014年，全市服务贸易总额达1.467亿美元，其中出口5518.97万美元，占服务贸易总额的37.63%；进口9148.57万美元，占服务贸易总额的62.37%。承接服务外包（含离岸和在岸）合同金额586.12万美元，超额完成省商务厅下达韶关市的目标任务（100万美元），位居粤东西北地区第一。

【出台支持外贸稳定增长实施细则】 7月中旬，韶关市结合实际情况，出台《韶关市支持外贸稳定增长实施细则》。该实施细则包含扩大进口、促进外贸出口、培育外贸综合服务企业、加快建设跨境电子商务平台、推进外贸转型升级、优化外贸环境、加快财税金融扶持力度和部门联动促进外贸稳增长7个部分，21条具体措施，更加注重扩大进口、培育外贸新业态、优化外贸发展环境。实施细则实施1个月，即显现成效，7月，韶关市出口1亿美元，同比增长18.6%，1至7月，出口5.1亿美元，同比增长2.9%，实现增长。

【促进外贸结构优化】 市商务局举办多场政策宣传活动，帮助外贸企业了解最新的外贸政策及更多的新型外贸服务，深挖进出口潜力。组织企业参加广交会、海博会、外贸转型现场会等具有影响力的展会，推动企业“走出去”，拓展新兴市场，促进外贸结构优化提升。引导和鼓励企业用好、用活、用足外贸扶持资金，拓展进出口业务。2014年，韶关市共申请省促进投保出口信用保险、重要物资贴息、省稳增长调结构等专项资金近550万元。

【加快培育外贸新业态】 市商务局帮促韶关市盈创贸易有限公司成功申报广东省外贸综合服务企业培育对象，争取省专项扶持资金500万元。促成广东汇富控股有限公司与韶关市盈创贸易有限公司合作，联合成立外贸新业态企业——韶关市汇凯进出口有限公司，新公司为韶关市外贸进出口企业提供物流、报关、信保、融资、收汇和退税服务。

2014年韶关市外贸进出口情况表

表9 单位：万美元

指　　标	累计	比上年同期±%
进　出　口　总　额	235246	1.55
一、出口总额	121952	32.58
按主要贸易方式分	—	—
一般贸易	59728	66.74
来料加工	7825	-21.42
进料加工	52395	13.39
按主要经济类型分	—	—
国有企业	7447	-5.1
“三资”企业	64254	4.62
集体企业	2183	6.49
私营企业	29110	50.99
按主要国家（地区）分	—	—

续表 9

指　　标	累计	比上年同期±%
香　　港	36666	-2.55
日　　本	3534	19.88
美　　国	23954	27.21
欧　　盟	19531	78.35
按主要商品分	—	—
机电产品	53393	41.29
高新技术产品	13182	54.7
服　　装	7809	141.32
塑料制品	2739	47.02
玩　　具	27512	16.41
二、进口总额	113294	-18.88
按主要贸易方式分	—	—
一般贸易	93290	-20.47
来料加工	5857	-14.52
进料加工	11693	4.37
按主要经济类型分	—	—
国有企业	87830	-22.31
“三资”企业	17005	-11.14
集体企业	1	-75
私营企业	8323	16.44
按主要国家（地区）分	—	—
澳大利亚	62807	6.49
巴　　西	9593	2.51
台　　湾	4245	30.21
欧　　盟	3836	-73.40
按主要商品分	—	—
铁矿砂及其精矿	74035	-25.98
煤	12565	-0.91

吸收外来投资

【概况】 2014 年，全市新批设立外商直接投资项目 88 个，同比增长 27.54%；合同吸收外资金额 2.89 亿美元，同比下降 18.99%。实际吸收外资金额 1.91 亿美元，同比增长 0.67%。

【外资产业结构】 2014 年，韶关市第一产业实际使用外资 3754 万美元，增长 149.8%，增长迅速；第二产业实际使用外资 10425 万美元，增长 17.0%，占总量的 54.8%；第三产业实际使用外资 4884 万美元，下降 42.8%，其中科学研究、技术服务和地质勘查业、租赁和商务服务业、住宿餐饮业、批发零售业使用外资金额增长较快，但房地产业、水利环境和公共设施管理业下降幅度较大，拉低第三产业在三次产业中的占比。

【投资来源地】 2014 年，韶关市外商投资来源中，芬兰（2086 万美元）(1784 万美元)。

【完善招商引资政策】 市商务局重新起草《韶关市加强招商引资工作的实施意见》；联合莞韶园共同制定并出台

《东莞（韶关）产业转移工业园（韶关工业园区）工业企业收费优惠和财政扶持办法》《东莞（韶关）产业转移工业园招商引资引荐人奖励办法》等招商政策；落实国家和省的各项外贸扶持政策，于7月出台《韶关市支持外贸稳定增长实施细则》，效果明显。

2014年韶关市吸收外商直接投资情况表

表10　　金额单位：万美元

	地方名称	新批项目个数		合同吸收外资		实际吸收外资	
		本年数	同比±%	本年数	同比±%	本年数	同比±%
	韶关市	88	27.54	28916	-18.99	19061	0.67
1	浈江区	1	-50.00	655	-79.42	665	-61.34
2	武江区	6	200.00	3425	7.10	2731	58.50
3	曲江区	1	-75.00	3242	1.44	2039	-8.19
4	乐昌市	21	110.00	3440	7.77	1710	-0.58
5	南雄市	21	31.25	3675	14.84	2465	11.04
6	仁化县	2	-71.43	3425	7.27	1712	-0.52
7	始兴县	10	-28.57	1153	-63.81	1730	25.73
8	翁源县	10	100.00	648	-79.69	1710	-0.58
9	新丰县			33369	5.61	1251	12.91
10	乳源瑶族自治县	9	125.00	2042	-36.29	2041	-8.19
11	广东韶关工业园	4	100.00	3482	9.39	1007	-14.88

对外及港澳台经济合作

【概况】　2014年，市商务局加强与重点商界组织、行业协会、知名企业的沟通和联系，先后拜访香港贸发局、香港中华厂商会等一批重要行业机构，加强与港、澳、台的沟通和了解。并由市招商办在香港举办的机械装备推介会上做推介，取得良好效果。组织相关县（市、区）及市直单位，参加“第十八届中国国际投资贸易洽谈会”“2014年，中国加工贸易博览会”“广东21世纪海上丝绸之路国际博览会”等展会。

【拓展对外及港澳台劳务输出】　市商务局进一步加强与广东南粤集团人力资源有限公司的合作，双方在畅通劳务输出供求信息渠道、人员培训、政策宣讲和服务引导等方面进行交流与合作。市商务局主动联系韶关市劳务中介机构，宣讲相关政策，推动他们与南粤公司开展输出澳门家政劳务合作，建立常态化合作机制。2014年4月至7月，广东南粤集团人力资源有限公司首次在韶关市招聘赴澳门从事家政工作人员，韶关市对外劳务输出工作取得实质性突破。

【韶关市经贸代表团访问德国和斯洛伐克】　9月14至21日，韶关市经贸代表团访问德国弗莱堡市和斯洛伐克科希策市。访问德国期间，代表团一行拜会弗莱堡市经济—旅游—会展促进署中国事务部，并就两市经贸合作进行洽谈。访问斯洛伐克期间，代表团一行拜会科希策市投资贸易部部长马雷克先生，就两市企业贸易合作、友城交流进行洽谈，并与科希策市总商会、斯洛伐克进出口银行和科希策市包装贸易有限公司开展对接。

【艾学峰率团赴欧洲开展健康产业合作】　12月8日至17日，市长艾学峰率团赴英国、瑞士和意大利考察，主要目的是借助欧洲投资和先进理念、技术、管理经验，发展韶关健康产业。在英国，艾学峰率团与伯明翰市政府、剑桥市政府就如何推进健康产业合作进行对接，考察伯明翰医学院、剑桥生物科技园，明确下一步推进合作的渠道。艾学峰一行还拜访中国外专局驻英国办事处，就引进欧洲健康产业人才与开展国际合作求得支持。在瑞士，艾学峰率团先后参观瑞士国际生物抗衰老中心和瑞士康仁医院，就引进瑞士高端医疗服务作沟通商谈。在日内瓦，艾学峰等人拜访世界卫生组织总部，向该组织总干事陈冯富珍简要介绍韶关发展健康产业的意向。在意大利，艾学峰一行就做好韶关承办2015年意大利米兰世博会中国馆广东活动周，推介韶关城市形象、企业品牌，以及韶关健康产业发展的前景进行调研，并与有关方面作交流。

对外招商

【与省外经贸厅签署合作备忘录】 1月17日，市长艾学峰与广东省对外贸易经济合作厅厅长郭元强分别代表双方，就共同推动韶关市开放型经济发展签署合作备忘录。合作备忘录明确厅、市“七个共同”的合作内容，即共同推动招商引资提高效能，共同推动对外贸易转型升级，共同推动服务贸易发展，共同推动园区载体建设，共同推动口岸建设，共同推动对外经济合作转变，共同推动外经贸队伍能力建设。

【参加中国加工贸易产品博览会】 6月18日至21日，韶关市组团参加在东莞市广东现代国际展览中心举行的中国加工贸易产品博览会（以下简称“加博会”）。在本届加博会上，韶关市共组织韶能集团广东绿洲纸模包装制品、乐昌市绿茗茶叶有限公司、乳源南岭好山好水化妆品有限公司等11家企业参展。展出展品近百件，展品主要以家电产品、食品、农产品为主。其中乳源南岭智能家用机械有限公司的智能坐便器被选入加博会精品馆，这是韶关市企业产品首次入选精品馆。与往年加博会不同的是，韶关成功在主功能区申请4个标准摊位（36平方米），首次设立“韶关馆”，开展招商推介和产品展示。此次加博会韶关馆共接待拜访客商和采购商3000多人次，共派发招商宣传册600余份；韶关参展11家的企业分别收到来自北京、广州、深圳、东莞等地的合作意向，意向交易金额达1.16亿元。

【参加省第八届区洽会】 8月13日上午，市长艾学峰率团参加广东省第八届区域发展经济技术合作洽谈会（下简称“区洽会”）。在本届区洽会上，韶关市申报的合作项目有14个，项目意向合同金额58.01亿元。其中，新丰县人民政府与东莞鸿发集团有限公司合作的泰丰物流有限公司，曲江区人民政府与广东丝源集团有限公司合作的广东韶关丝源养生园两个项目在区洽会开幕大会上现场签约。区洽会期间，市长艾学峰、副市长许志新率韶关市参会代表拜访来自全国26个省（区、市）部分参会的广东商会会长，推介韶关的投资环境，组织发动更多的企业家到韶关投资兴业。

【参加全省加工贸易企业梯度转移对接会】 11月14日，全省加工贸易企业梯度转移对接会在广州召开，市商务局在会上作交流发言，介绍韶关招商引资的主要优势以及承接珠三角地区加工贸易企业梯度转移的经验做法。市商务局与东莞企业广东权众实业投资集团有限公司在会上进行对接签约，签署《加工贸易企业梯度转移对接服务承诺书》。本次对接会共有68位企业代表参会，市商务局洽谈代表与企业代表进行自由对接洽谈，发放《投资指南》与《重点项目》等资料。2014年以来，韶关市与珠三角地区加工贸易对接成交项目有4个（含实际承接项目3个及意向转移项目1个），项目合计金额达3600万美元。

【组团参加2014年中国（杭州）国际电子商务博览会】 10月30日—11月2日，韶关市商务局、市电子商务行业协会及电商企业有关负责人组团参加中国（杭州）国际电子商务博览会。展会召开期间，韶关团一行5人参观杭州建华文化创意产业园，先后考察迪凯网络、炫动电子商务、琼楼服饰、北卡贸易等入园网商企业，并与园区部分电商企业进行交流座谈。通过园区负责人对入园网商企业及配套企业的发展情况和经营情况的了解，以及入驻园区企业的扶持发展政策的具体介绍，为韶关市下一步制定《韶关市电子商务发展的扶持政策》起到很好的借鉴作用。

口　岸

【概况】 2014年，韶关市口岸物流通关总量为703.8万吨，同比增长5.71%。交通工具为12.2万辆次，同比增长1.64%；进出集装箱1.02万个，其中车检场公路运输出口标箱4671个，“铁海联运”班列进出口标箱5480个。口岸部门采取网上报关、预约通关、“一门式”办公及“铁海联运”等模式，提高通关能力。

【推进韶关港口岸码头建设】 韶关港选址工作稳步推进，2014年3月，韶关商务局（口岸局）及韶关海关对韶关市口岸资源、物流状况以及物流服务的具体需求进行初步摸底，并进行初步选址规划研究，完成《韶关港水运口岸规划选址研究工作计划书》。正在走政府采购程序。

【新港码头港澳航线复航】 9月3日，新港码头港澳航线正式开通，韶关新港码头作为广东省北江流域最北端的外贸进出口口岸，于1998年启用，但由于北江航道运载能力和枯水期的严重影响，韶关新港码头口岸两度停运，制约韶关市经贸发展。为此，韶关市政府成立韶关新港码头重启工作领导小组，经过多方努力，推进此项工作，新港码头得以顺利复航，为韶关进出口货物增添一条新的通道。

【设立韶关市首个海关特殊监管区】 韶关市首个海关特殊监管场所“韶关旭日公用型保税仓库”于2014年9月28日正式启用，这标志着韶关市结束无海关特殊监管场所的历史，外贸经济发展驶入快车道。该海关特殊监管场所向韶关市外贸企业提供具有转口贸易、缓税、简单加工和增值服务、物流配送、商品展示等功能的保税仓储服务，开创韶关口岸保税功能的先河。

【推行“三个一”通关模式】 市商务局将推行“三个一”（一次申报，一次查验，一次放行）通关模式列为2014年为民办实事项目，予以重点落实。“三个一”通关模式实施，企业进出口通关手续变得更简便，作业流程更优化，减少重复作业，节约企业通关成本，提高口岸通关效率和关检执法效能。（陈晟平）

附：领导班子成员名单

党组书记、局长：郭先桂

党组成员、副局长：李季平　丁　冰

党组成员、纪检组长：王卫军

9月3日，副市长许志新在韶关新港码头港澳航线复航仪式上致辞（黄芳平　摄）

财税·金融·保险

财　政

【概况】　2014年，韶关市财政局机关行政编制93名，局领导7名，内设科室19个，分别为：办公室、法规税政科、预算科（地方债务管理科）、国库科、综合科、行政政法科（市统发公资办公室）、教科文科、工贸发展科、农业科（农村财务管理办公室）、经济建设科、社会保障科、外经金融科、会计科、绩效评价科、监督检查办公室、人事科、监察室、行政事业资产管理科、政府采购监督管理科。下属单位8个，分别为：工业园区财政分局、非税收入征收管理局、国库支付中心、票据监管中心、财政数据中心、投资评审中心、会计人员考试教育中心、政府物业管理中心。年内，韶关市财政工作抓增收节支，推改革发展，超额完成市十三届人大四次会议通过的财政预算收入增长11%的目标任务。市财政局牵头组织的韶关市基本公共服务均等化考核获省优秀等次。

【地方公共预算收支完成良好】　2014年，来源于韶关的财政总收入达到236.1亿元，同比下降3.61%。其中上划中央收入完成71.4亿元，增长9.45%；上划省收入完成16.9亿元，增长9.24%。上划中、省收入均完成全年考核任务。全市地方公共财政预算收入完成82亿元，增长14.4%，完成年初预算的102.31%。全市财政总收入完成250.8亿元，财政总支出完成200.7亿元，收支相抵，滚存结余50.8亿元，净结余1.5亿元。市级地方公共财政预算收入完成32.7亿元，增长11%，完成年初预算100.34%。市级财政总收入完成94.3亿元。市级财政总支出完成64.6亿元，总收支相抵，滚存结余29.7亿元，净结余3300万元，全年实现收支平衡，略有结余。

【政府性基金预算收支】　2014年，全市政府性基金预算总收入完成77.3亿元，其中全市政府性基金预算收入完成52.6亿元，完成年初预算的145.2%。全市政府性基金预算总支出完成59.5亿元，完成年初预算的136.81%，收支相抵，年终结余17.8亿元。全市政府性基金预算收支均完成年初预算任务。2014年，市级政府性基金预算总收入完成43.1亿元，其中政府性基金预算收入完成36.8亿元，完成年初预算的239.37%。市级政府性基金预算总支出完成38亿元，其中政府性基金预算支出完成36.7亿元，完成年初预算的202.08%。收支相抵，年终结余5.1亿元。市级政府性基金预算收支均完成年初预算任务。

【国有资本经营预算收支完成良好】　2014年，市级国有资本经营预算收入完成1325万元，完成年初预算的120.45%；市级国有资本经营预算支出完成1100万元，完成年初预算的100%，年终结余225万元。市级国有资本经营预算收支均完成年初预算任务。

【社会保险基金预算收支完成良好】　2014年，全市社会保险基金收入完成54.9亿元，增长29.22%，完成年初预算的118.77%；全市社会保险基金支出完成48.4亿元，增长14.31%，完成年初预算的105.51%，当年结余6.5亿元。全市社会保险基金收支均完成年初的预算任务。2014年，市级社会保险基金收入完成34.9亿元，增长54.72%，完成年初预算的121.7%；市级社会保险基金支出完成27.8亿元，增长13.85%，完成年初预算的103.43%，当年结余7.1亿元。市级社会保险基金收支均完成年初预算任务。

【财政收支管理平稳运行】　2014年，市财政预算执行呈现收支稳步增长，进度均衡合理，突出民生保障，科学统筹安排的特点。主要突出抓好六个方面：财政收入平稳增长。全市地方财政收入完成82亿元，增长14.4%，超额完成增长11%的目标任务，比全国、全省平均水平分别高5.82个和0.51个百分点；收入质量持续改善。全市税收收入增长15.67%，地方税收占地方公共财政预算收入的比重达65.98%。全市地方公共财政预算收入增量的70.95%来源于税收，比上年同期提高17.2个百分点，非税收入占比下降；县级财力持续增强。县级地方公共财政预算收入达到49.3亿元，占全市总量的60.1%，地方公共财政预算收入平均增长16.53%，高于全市2.33个百分点。2014年，有8个县（市、区）跨越新台阶，其中曲江收入超过7亿元，乐昌、仁化超过6亿元，南雄、乳源超过5亿元，浈江、武江超过4亿元，新丰超过3亿元；强化财政资金监管。重点检查专项资金项目1484项，资金总额21.6亿元。受理工程审核1065项，总金额69.2亿元。盘活各类沉淀资金5亿多元，统筹用于政府性项目建设；支出结构更趋合理。全市用于保障和改善民生事业资金达141.1亿元，增长19.82%，占财政支出比重达71.79%；严格控制一般性支出，贯彻落实中央八项规定，执行差旅费、接待费、会议费管理办法，全年市直单位会议费和“三公”经费支出同比下降27.5%。

【财政调控经济积极有效】 2014年，韶关市统筹安排逾43亿元支持经济增长，并研究制定《关于财政支持稳定经济增长的政策措施》，多方面调控经济增长。筹集财政资金8.5亿元，重点加大对芙蓉新城开发、城区基础设施和四大出口等基础设施的投入，以财政资金投入带动社会固定资产投资平稳增长；筹集财政资金7.8亿元，重点加大对莞韶产业园区的建设、产业发展、科学技术、商业服务业、“助保贷”金融业务等扶持力度。投入3亿元充实东韶公司股本资金；支持稳定外贸增长，加大投入力度，支持外贸企业做强做大出口市场，建设外贸综合服务平台和项目；减轻企业负担，落实国家结构性减税政策，推进营改增改革试点，落实对企业的税费优惠政策。全年为企业减负1.5亿元；紧抓省促进粤东西北地区振兴发展、完善省级财政一般性转移支付等机遇，会同有关部门争取上级各类扶持资金80亿元；落实财政生态补偿机制，支持韶关市开展国家生态文明先行示范区建设，获得节能减排资金4.5亿元，推进节能减排财政政策综合示范城市和资源枯竭城市建设。

【财政民生投入保障有力】 落实民生保障资金，2014年全市社保总支出51.9亿元，其中底线民生财政总支出6.1亿元，提高底线民生保障水平。加大教育投入力度，推进教育强市工作，韶关市成为粤东西北地区首个省教育强县（市、区）100%覆盖的城市。拨付市级配套义务教育经费。落实义务教育阶段家庭困难学生、中职学校农村家庭困难学生生活补助及残疾学生免学费补助。完善民生保障政策，落实城乡居民低保、城乡居民养老、集中供养和散居孤儿基本生活保障、医疗救助、残疾人生活和重度残疾人护理补贴等5项提高补助标准政策。安排就业再就业资金，完善社会保障体系，提高城乡居民社会养老保险标准、企业退休人员养老保险待遇。支持棚户区建设，筹集资金7.3亿元，重点推进原曲仁矿棚户区改造和市属国企棚户区改造，其中曲江矿棚户区改造基本完成。落实“三农”政策，全市拨付种粮补贴资金1.3亿元，获扶贫开发专项资金1.2亿元，支持农村饮水安全工程，推进农村人居环境综合整治工程。落实民生实事资金，全年共投入省10件民生实事22.3亿元，同比增长13.59%。

2014年9月2日，在市财政局7楼会议室，市财政局召开2015年市级部门预算编制及财政支出项目绩效现场评议会（林楠彬 摄）

【财政体制机制改革稳步推进】 深化预算管理改革，建立健全口径预算管理机制，进一步强化预算约束，提高公共资源配置效率。推进预算公开，建立征询部门意见机制。推进财政支出绩效评价，扩大绩效目标管理和绩效评价覆盖面，158个单位纳入绩效评审范围，申报项目482个，资金总额8.97亿元。选取500万元以上项目委托中介重点评价，组织开展绩效支出现场评议会。建立财政大数据处理系统，完成第一期财政大数据一体化工作，为部门预算编制、执行和监督提供信息化支持，提高财政信息化水平。建立偿债准备金制度，加大地方政府性债务监督检查力度，化解存量债务。推进莞韶园区财政体制改革，完成园区财政分局职能和人员划转。做好市农发办、市农财办、市小汽车定编办的职能、编制和人员的划转接收工作。

【财政廉政建设得到加强】 结合党的群众路线教育实践活动，财政局抓好部门自身建设：一是牵头开展全市性“四风”专项整治，牵头组织市直党政机关停止新建楼堂馆所专项整治，办公用房和公务用车清理清退工作，以及清理“吃空饷”问题、控制“三公”经费预算只减不增等“四风”专项整治行动。二是组织开展好纪律教育学习月活动，开展政风行风评议活动，整治庸懒散拖。全局列出59项整改清单，共整改完成59项。领导干部带头遵守八项规定，遵守局公务接待、差旅开支、公务用车等管理规定，全年开支下降57%。三是加强廉政教育。在全局开展读谦书、看廉片、“六五”普法、保密教育等廉政文化活动，举办12期“道德讲堂”。组织党员干部深入省廉政教育基地、韶关监狱实地参观。四是加强队伍管理，选拔中层干部15名，安排11名干部交流轮岗。采取以会代训、专题辅导等形式开展26场次干部学习培训。安排6个课题举办乡镇财政所所长培训。五是加强干部监管，制订《韶关市财政局工作人员问责暂行办法》，全体党员干部签订不出入私人会所廉政承诺书。汇编《韶关市财政局制度汇编（2014）》，切实用制管人、管事、管物。六是开展帮扶工作，局关工委帮扶韶师附小基础设施改建180万元。深入乳源县一六镇东粉村对口帮扶点、南雄百顺综治联系点和翁源县官渡镇计生工作挂扶点指导工作。局计生、注协、综治维稳、妇女、工会、党建等工作顺利开展。　　　　（杨文乐　胡莹莹）

附：领导班子成员名单

党组书记、局长：孙江平

党组成员、副局长：胡敏倩　陈树川　谢运洪　胡列峰

党组成员、纪检组长：张　毅

党组成员、总会计师：肖少康

国家税务

【概况】 韶关市国家税务局成立于1994年9月28日，是韶关市主管税收工作的职能部门之一，主要职能是贯彻执行国家各项税收法律法规，结合本地实际拟定具体的实施办法，组织各项国家税收收入，并对税收政策执行情况进行监督检查，促进本地经济发展。截至2014年底，全系统现有干部职工1028人，其中全系统大专以上学历在职人员达到93.9%。2014年，市国税局贯彻市委、市政府和省局的工作部署，“强基础，补短板”，打造“务实发展、站位提升、改革创新、服务主动、作风优良、文化繁荣”的韶关国税，完成省局和市委、市政府下达的各项工作任务。全年共为各级稽查局配备专职纪检监察员10名，在全市范围内选拔9名正科级领导干部，19名副科级领导干部，12名科级非领导职务。2014年，市国税局直属分局分别荣获“广东省三八红旗集体”和“广东省巾帼文明岗”荣誉称号，武江区国税局荣获“广东省文明单位”，6个基层分局荣获“广东省青年文明号集体”。

【税收收入稳步增长创新高】 全市国税系统全年累计完成税收收入93亿元，同比增长6.6%，增收5.7亿元，税收收入再创新高，跃升90亿元新台阶，税收收入及国内税收收入的总量连续五年实现较快增长，年度税收收入的总量也连续五年刷新韶关国税成立以来的新高度，近五年年平均增长率达到11.7%，税收收入总体呈现良好发展势头。详见图1。

动下保持两位数增长，其中：省级收入完成3.27亿元，同比增长28.4%；市县级收入完成13.56亿元，同比增长11.4%；市本级收入完成5.24亿元，同比增长10.8%。

【企业所得税和车购税增长】 从全市国税国内税收各税种收入的完成情况看，国内增值税和国内消费税收入全年总体增幅相对较为平稳，分别增长8.1%和8.9%，企业所得税和车辆购置税发展势头较好，收入增速较快，分别增长23.7%和20.2%。

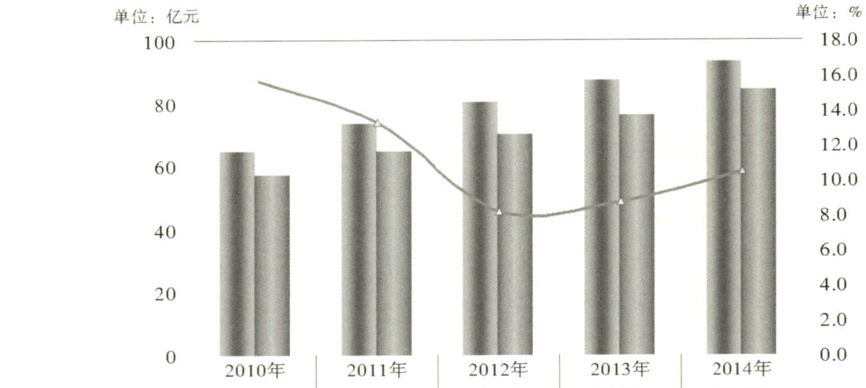

	2010年	2011年	2012年	2013年	2014年
税收收入	64.64	73.74	80.6	87.28	93.01
其中：国内税收	57.09	64.70	69.99	76.13	84.11
国内税收增长率%	15.7	13.3	8.2	8.8	10.5

图1　近五年韶关市国税税收收入完成情况及增长率

【地方级收入较快增长】 2014年，各级次收入均实现增长，中央级收入受海关代征税收下降拖累，本年收入76.17亿元，增幅仅为5.0%，按计划考核口径计算（剔除海关代征），同比增长则上升至9.5%；地方级收入在营改增扩围及企业所得税大幅增长的拉

【绝大多数考核单位收入实现增长】 2014年，除一个考核单位税收出现下滑外，全市12个考核单位中有11个实现增收，6个考核单位税收增速超过两

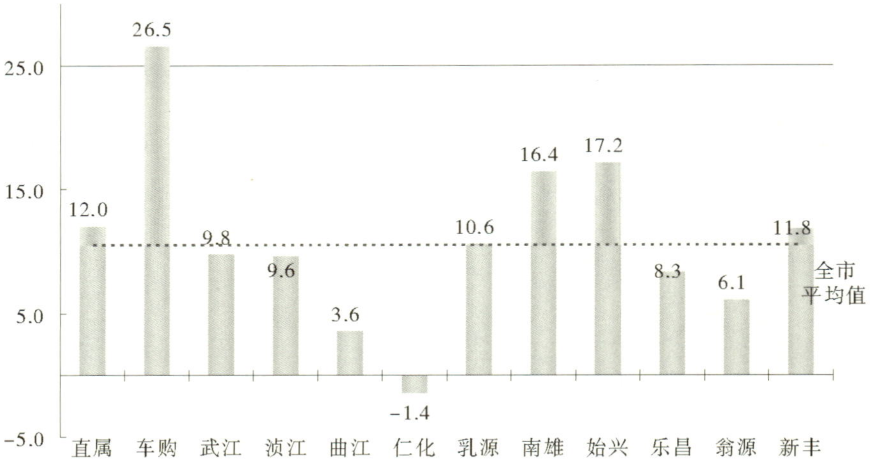

图2　2014年度各考核单位国内税收增减情况

位数字。其中：车购税分局以26.5%的增速独占鳌头，其余超过全市平均水平的单位分别为始兴县局、南雄市局、直属分局、新丰县局和乳源县局，同比分别增长17.2%、16.4%、12.0%、11.8%和10.6%。详见图2：

【亿元大户再添新丁】 2014年，全市国税入库税收超亿元企业总数达到6户，上年超亿元的韶关卷烟厂、韶钢松山、中金岭南凡口矿和坪石发电B厂继续入围，新增的企业为韶关供电局、广东烟草韶关市公司2户企业，以上6户企业的经济性质均为国有或国有控股企业，入库税收合计占全市国内税收收入比重的48.6%。

【"营改增"试点扩围工作完成】 2014年，市国税局完成铁路运输、邮政服务业、电信业"营改增"试点扩围工作，逐步完善"营改增"试点行业管理，累计为营改增纳税人减税1.1亿元，新旧税制平稳过渡，税收征管井然有序，涉税风险有效防控，改革红利不断释放，促进韶关市经济转型升级。

【金税三期优化版完成试点运行】 10月1日，市国税局启动金税三期优化版试点运行工作。市国税局按"分步实施、稳妥推进"的原则，分"前期准备、优化实施、双轨试运行"三个阶段推进工作，实现全市国税系统所有实际发生的业务进行全功能的双轨试运行，为2015年1月金税三期工程优化版正式上线运行打下坚实基础。

【税收优惠政策进一步落实】 市国税局落实各项税收优惠政策，加强落实小微企业优惠政策的方式方法，从政策宣传、备案管理、优化服务等多个方面确保优惠政策落到实处，累计为小微企业减免税额915万元。落实出口退税政策，办理出口退（免）税6.9亿元，同比增加9000万，增长15%。

【风险管理工作凸显成效】 市国税局建立风险管理机制，做好总局定点联系企业和省市列名大企业风险管理，成立5个风险团队，开展全流程风险管理工作，促成乳源县局与东阳光科集团签订全市首例税收遵从协议，提高企业风险防控和税法遵从能力。加强大企业集约化管理，开展大企业税收风险管理工作，全年实现税收收入2456万元。以过程管理、督办督查为落脚点，加强跨境税源的风险监控管理工作，完成非居民企业税收收入3600万元，同比增长248%。

4月25日，市局在韶关国税门户网站举办首期"在线访谈"，介绍市局开展"便民办税春风行动"的各项便民举措（戴善娟　摄）

【依法行政深入推进】 市国税局推行税收执法责任制，推进依法行政示范单位创建活动。落实税务行政审批事项目录清单，公布71项审批事项。开展税务稽查，全年查补税款1.3亿元，同比增长70%，增收5533万元。开展打击发票违法犯罪活动，做到查税必查票、查账必查票、查案必查票。开展涉税违法案件的查处工作，确保查处到位。

【首推邮政代开普通发票试点工作】 市国税局在全省首推邮政代开普通发票试点，山区有"新税所"。这一举措解决村民开发票要到路途遥远而又难行的国税分局，村民在自己家门口的邮政所就可以办理代开发票事务。这是韶关市国税局代开发票工作的又一便民新举措。在"便民办税春风行动"期间，市国税部门探索便民利民服务措施，于2014年5月在广东省率先启动偏远乡镇邮政部门代开普通发票代征税款试点工作，开启全省零散税收社会化管理新模式。到8月，翁源县5个邮政网点均可办理代开发票业务。市国税局委托邮政代开试点工作的推行，体现利民、便民的服务宗旨。经过近3个月的试点摸索，这一便民举措很快推广到边远乡镇，为山区纳税人提供更大便利。由于成效突出，受到省国税局领导的肯定，先后两次被南方日报进行宣传。

【协税护税机制不断完善】 市国税局建立起"政府领导、国税主管，部门配合，社会参与"的零散税源社会化管理网络，在全市成立11个协税护税机构，实现涉税信息的交换、传递和利用，促进税收收入的增长。结合本地经济特色，根据不同行业的特点，通过"以电控税""以标控税""以药控税"等方法，委托水利、林业、邮政储蓄网点等部门进行代开普通发票、代征税款，各项代征入库税款合计1810万元。

【“便民办税春风行动”推行】 市国税局开展清理行政审批清单、提高办税服务效率、推行首问责任制、减轻纳税人办税负担、公开纳税人信用状况清单、公开执法权力清单等六大重点工作，在全市国税系统范围内推行“同城通办”“免填单”服务；在市区、县城及部分农村分局增配21台自助办税终端；与农行、农信社等单位合作新建8个24小时自助办税服务区；在全市范围内共建11间纳税人学校，培训纳税人2200多人次；加强12366纳税服务热线建设，提供语音服务总量3133次；联合地税局在全市范围内开展2012—2013年度纳税信用等级评定工作，纳税服务工作卓有成效。

【《全国县级税务机关纳税服务规范》落实】 市国税局落实《全国县级税务机关纳税服务规范》，确保规范中9大类212小类1120个办税流程全部“落地”，实现“服务一把尺子，办税一个标准”。由于服务高效，在2014年国家税务总局和省国税局委托第三方进行的满意度调查中，市国税局和乐昌市国税局满意度分数分别在全省地级市国税局和县级市国税局评比排名中位居第一。

【办税服务厅综合管理系统上线运行】 全市共9个县（市、区）国税局办税服务厅共90个服务窗口纳入综合管理系统管理范围，实现与省、市、县（区）国税局综合管理系统的对接和相关数据的准确传送。

【税收宣传工作取得新突破】 市国税局开展第23个税收宣传月活动，利用报纸、电视台、电台等主流媒体以及门户网站、微博、微信等新兴媒体，开展税收宣传，营造依法诚信纳税的良好社会环境。2014年，市国税局在中央人民广播电台、新华网、中国税务报、南方日报、广东电视台新闻栏目等省级以上媒体刊登专题和新闻报道达到19篇。

【税收辅助决策功能凸显】 2014年，市国税局开展税源深度调研分析工作，撰写多篇调研上报市委、市政府，得到市长艾学峰等市领导的高度评价和重要批示，2014年第46次市政府常务会议将市国税局《从国税视角看我市工业园区发展存在的问题与不足》调研报告作为重要议题，为各级领导和有关部门提供决策参考。

【全市国税系统各文化展厅落成并对外开放】 5月底，市国税局文化展厅建成并对外开放，全年接待系统内外近600人次参观，受到省国税局副局长潘伟景和市宣传部长柳琛子等领导的高度评价。11月底，全市9个县级局文化展厅项目全部竣工并对外开放，发挥文化展厅内修干部素质、外树国税良好形象的作用。市国税局以“正和”为品牌抓好国税文化体系建设，落实“文化展厅、文化走廊、文化手册”3大重点项目，营造浓厚的文化氛围。

（戴善娟）

附：领导班子成员名单

党组书记、局长：陈佳发

党组成员、副局长：郭俊明　朱戴伟　高　海

党组成员、纪检组长：罗　强（2014.2—）

党组成员、总经济师：张锦标　朱伟波（2014.2—）

地方税务

【概况】 2014年，韶关市地方税务局围绕“两转两确保”（转观念、转作风，确保收入任务完成、确保队伍平安）工作基调，坚持以组织收入为中心，突出抓好“三个重点”（规范执法、强化管理、优化服务），各项工作均取得新的成效，实现税收收入与社会经济协调发展，为推进韶关社会经济科学发展做出积极贡献。

【税费收入实现稳定增长】 2014年，全市地税全年累计入库各项税费收入116.5亿元，同比增收10.9亿元、增长10.4%。其中，税收收入65.5亿元，同比增收8.5亿元、增长14.9%，高于全省平均水平（12.1%）2.8个百分点，完成年度计划任务的105.9%；

韶关市地税局“12366”管理中心被省妇联评为“省巾帼文明岗”挂牌仪式（市地税局　供）

中央级收入8.2亿元，增长11.9%；省级共享收入13.8亿元，增长5.5%；市县级收入40.6亿元，增长17.2%，完成年度计划的107.1%。八项规费收入51.1亿元，同比增收2.6亿元、增长5.4%；其中，社保费收入42.9亿元，同比增收2.3亿元、增长5.7%。

【费金收入征管实现新突破】 抓好各项规费（金）征管工作，完成社保费的地税、社保、财政三方协同办公系统上线，实现社保基金的信息共享、准确对账和安全运行。与人社部门协同推进社保法执法检查和社保费扩面征缴工作，重点规范全市350余户外来投资企业和缴交个体养老保险企业的参保。局还配合开展堤围费征收标准调整、工会经费扩面、残疾人就业保障金追缴等工作。

【依法行政水平】 地税局开展执法督察，坚持做好每季一通报的执法责任制考核工作，对检查发现的薄弱环节及存在问题共17项予以限期整改。实行行政审批清单制度，正式向社会公布韶关市地税局保留的6项行政审批项目内容。加强税收优惠政策落实，强化小微企业的清理及认定工作，对执行7年的全市土地使用税税额标准进行调研，形成调研意见及调整方案向市政府报告。一年来，全市共对4个省级产业园区和6个省级开发区的纳税企业实施税收优惠及减免1.5亿元，土地使用税、房产税困难性减免等累计1100多万元。

【征管创新取得新成效】 韶关市信息管税水平不断提升，组织并完成“金税三期”系统各项上线准备及测试工作。进一步优化和完善车船税税警监管一体化系统的功能及流程，税警管控模式得到全面深化。推进社会综合治税，建立健全协税护税工作机制，全年共从各协税护税成员单位获取涉税信息863万条，通过分析利用追缴入库税款3.3亿元，占税收总量的5.4%。发挥征管稽查联动作用，推进“以评促收”工作。一年来，各级征管部门共下派纳税评估任务1100多户次，重点对990户企业开展纳税评估，入库各项税收2.1亿元，占税收总量的3.2%。

【纳税服务上新水平】 韶关市落实“两个减负”，全市42个办税服务厅全部推行免填单、一次性告知、绿色通道等便民举措，纳税人的平均办税时间和等候时间大幅缩短。全市投入使用自助办税终端37台，受理业务量占比为15.4%；共设立“7×24小时”办税服务厅9个，投放终端18台，建设数量和覆盖率均超过省局要求。创新税收宣传形式。在第23个全国税宣月中，局拍摄三集税宣微电影在韶关电视台中播出，让百姓在娱乐中增进对地税工作的了解和对税收政策的理解，获得省局税宣创新项目的工作表扬。 （邹长江）

附：领导班子成员名单

党组书记、局长：王中高

党组成员、调研员：苏韶娟

党组成员、纪检组长：陈红光

党组成员、副局长：欧阳坚　赖燕华　彭峰彪

党组成员、总会计师：黄伟明

中国人民银行韶关市中心支行

【概况】 2014年，中国人民银行韶关市中心支行（以下简称市人民银行）进一步强化“大金融”“大监管”工作意识，围绕“强素质、提效率，严管理、树形象，勇创新、争一流”的工作目标，按照稳中求进、改革创新的工作要求，坚持“金融发展惠及民生”的服务理念，支持地方经济发展，推动辖区金融改革创新，推进跨境人民币结算业务，进一步提升金融服务效能，各项工作取得明显成效。全年获得41个分行级以上集体（个人）荣誉。

【加大金融支持实体经济力度】 市人民银行主动宣传和解读货币政策，引导金融机构将信贷资金更多投向实体经济，特别是“三农”、小微企业和民生领域。推广跨境人民币结算业务，落实外债项下简政放权工作，进一步促进贸易投资便利化。向人民银行广州分行申请支农再贷款和再贴现额度10.66亿元和4亿元，引导金融机构加

2014年12月19日，中心支行组织举办韶关金融支持莞韶园发展现场会（人行　供）

大对中小微企业和涉农企业的信贷支持。制定《金融支持韶关振兴发展的实施意见》，明确金融支持韶关振兴发展的总体思路、基本原则和工作措施。与工商银行韶关分行、韶关市区农村信用联社签订《运用货币信贷政策工具支持粤东西北地区振兴发展股权基金项目协议》，发挥股权基金作用，推进园区建设和大项目建设。加强金融分析和研究，为地方经济金融发展献言献策，《关于进一步提升金融支持韶关“新型城镇化”成效的报告》《韶关市实施国库存款资源管理，撬动经济金融快速发展的思考和建议》等多篇研究报告得到韶关市政府领导批示。2014年年末，全市各项存款余额1394.2亿元，同比增长11.02%；各项贷款余额671.16亿元，同比增长15.44%。其中，涉农贷款余额244.6亿元，比年初增长26.96%；小微企业贷款余额206.94亿元，比年初增长28.83%。

【推动普惠金融发展】 市人民银行在辖区内相继推动设立中小企业贷款风险补偿基金、创业带动就业小额担保贷款担保基金、妇女创业小额担保贷款担保基金、贫困村信贷风险补偿基金等，对金融机构贷款风险进行补偿，从根本上解决金融机构后顾之忧，以杠杆的作用撬动金融机构资金流向小微企业、涉农企业和弱势群体。完善韶关市中小微企业融资绿道平台功能。2014年年末，107家企业通过平台获得贷款共计6.18亿元。推进农村支付服务环境建设，探索建立集十余项金融服务功能于一体的农村金融综合服务站，拓展农村金融服务的广度与深度。2014年年末，全市共挂牌成立36个农村金融服务综合站。畅通小面额现金投放渠道，将小面额人民币主办网点、主办银行制度推广到全辖所有银行网点，推进银行网点ATM机10元券取现工作。2014年年末，共有231个银行网点实现ATM机10元券取现功能。

【维护辖区金融稳定】 市人民银行优化辖区金融生态环境，配合人民银行广州分行与韶关市政府合作共建广东省金融生态示范市工作。探索与地方政府开展金融生态共建活动，创新建立乳源县游溪镇农村金融教育体系试点。深入开展银行业综合评估和同业业务规范督查，推进金融机构稳健现场性评估，促进金融机构稳健经营。加强对农行“三农”事业部及农信社改革跟踪监测，推动农信社新一轮产权和经营机制改革。探索毗邻金融合作模式，形成韶关、赣州、郴州金融稳定协调合作的工作思路，仁化支行与湖南省郴州市汝城支行先行试点，在广东省内开启跨省毗邻支行金融协作的先例。开展“两建”工作，发挥金融监管协调合作机制作用，加强全市系统性金融风险监测、评估工作，与市金融工作局联合开展对小额贷款公司和融资性担保公司的检查，促进规范经营，维护辖区金融稳定。

【支付服务环境优化】 市人民银行进一步推动金融IC卡业务创新发展，金融IC卡小额快速支付拓展至百年东街大部分商户，武广高铁停车场金融IC卡应用项目正式上线。金融IC卡在数字旅游、智慧公交方面的应用被市政府纳入2014年部门为民办实事项目，金融IC卡综合服务平台建设被列入韶关智慧城市建设项目，韶关被人民银行总行选定为全国金融IC卡在公共服务领域应用试点城市。成功完成中央银行会计核算数据集中系统（ACS）上线推广工作，提升支付清算服务水平。

【继续推动社会信用体系建设】 市人民银行依托农户征信系统，建立健全信息采集、信用评价、信息应用和激励约束机制，建立农户信用档案，推进农村信用体系建设。2014年年末，韶关全辖累计采集并录入广东省农户信用信息系统的农户档案20800户。推广动产融资登记公示系统和应收账款融资服务平台，缓解中小企业融资难矛盾。2014年年末，全市应收账款质押贷款余额35.3亿元，其中，中小企业贷款余额24.9亿元。培育信用服务市场需求，做好信用产品的应用指导和查询服务工作，配合韶关市发改局做好韶关市社会信用体系建设规划制订工作，推动社会信用体系建设。加强征信市场监管，完善征信信息主体权益保护机制，保护信息主体合法权益。

【国库服务能力提升】 适应地方经济发展需求，市人民银行设立国家金库广东韶关工业园区支库，为地方经济发展起到促进作用。进一步强化风险防范意识，完善风险管理制度，确保国库资金安全。2014年，累计完成地方公共财政预算收入81.98亿元，同比增长14.2%。加快国库业务电子化建设步伐，上线运行国库业务标准化指引系统及国库业务监管评价系统，推动韶关地税部门全面上线国库TIPS系统，实现POS机刷卡扣税直缴入库业务，提升国库履职效率。（邝　辉）

附：领导班子组成人员名单

党委书记、行长、局长：万里滨

副行长、副局长：关艳芬（副局长职务，2014.10—）

副行长、副局长：刘卫东（副局长职务，—2014.10）

副行长：吴敏强（—2014.5）

工会主任：李　青

副行长：万剑韬（2014.8—）

纪委书记：王义平（2014.8—）

银行监管

【概况】 截至2014年年底，韶关银监分局8个科室和4个监管办事处，在职干部员工56人。2014年，韶关银监分局围绕全年工作任务部署，以维护辖区经济金融稳定运行为核心，以提高监管绩效为目标，开展各项工作。截至2014年年末，辖内银行业金融机构各项存款（含财政性存款）余额

1393.24亿元，比2013年年末（下同）增加137.48亿元，增长10.95%；各项贷款余额671.38亿元，增加90.11亿元，增长15.50%。商业性存贷款比例50.74%，上升2.39个百分点。累计实现净利润18.40亿元，增长10.68%。年内，分局全体干部员工齐心协力、团结进取，各项工作均继续取得进步。

【发展普惠金融】　银监分局结合地方经济发展的特点，研究制定《韶关银监分局推进辖内基础金融服务“村村通”工作方案》，推进“村村通”工程。引导227个农信社网点推进标准化网点建设，设立简易便民服务网点和流动服务网点332个，在始兴、翁源等农信社开设5家农村金融服务站，创新“种植乐”“养殖宝”“卡贷宝”“金叶宝”“金雨露”等信贷品牌，满足农村金融服务需求。2014年3月，邮储银行韶关市分行在南雄帽子峰镇上龙村设立广东省邮储系统的首个农村金融服务站，将金融服务进一步延伸到偏僻农村，填补农村金融服务空白。

【缓解小微企业贷款难问题】　银监分局督促辖内银行机构设立小微企业专营中心，鼓励辖内银行机构针对小微企业融资难题开展林权抵押贷款、物流车队贷、专利权抵押贷款等业务创新，同时加强对小微企业金融服务数据的收集与监测，对全市银行业金融机构小微企业的贷款“两个不低于”目标完成情况进行监测和督促。截至2014年年末，韶关辖内银行业小微企业贷款余额255.88亿元，占各项贷款余额的38.11%；小微企业贷款比年初增加57.77亿元，增量高于上年同期13.66亿元，小微企业贷款比年初增长29.16%，增速高于各项贷款平均增速13.66个百分点，实现“两个不低于”目标。

【保护金融消费者权益】　按照银监会统一部署，银监分局在辖内开展送金融知识进万家活动，通过送戏下乡、播放宣传片、开展专题讲座、设置咨询台、赠送《银行业金融知识读本》系列丛书、微信互动、在门户网站新开辟“青少年金融教育”专栏等多种形式对银行卡使用、银行理财、代销产品、电子银行、自助设备、个人贷款、非法集资、防范诈骗等金融知识进行宣传，为社会公众营造一种学金融、懂金融、用金融的良好氛围。通过现场检查、明察暗访等手段，督导各银行业金融机构执行《商业银行服务价格管理办法》，坚持按价格目标规范收费，执行“七不准、四公开”规定，对检查中发现的违规收费问题，加大处罚力度，做到处罚问责“零容忍”。

2014年12月19日，韶关银监分局在韶关分局六楼会议室召开基础金融服务“村村通”工作推进会议（银监分局供）

【督导银行合理信贷】　在信贷规模偏紧，地区议价能力较低的情况下，银监分局督导辖内银行机构坚持有扶有控的原则，用好增量，盘活存量，加强创新服务，为韶关经济重点领域与薄弱环节提供金融支持，保持合理信贷增速，支持区域经济发展。截至2014年12月末，辖区银行业各项贷款余额671.38亿元，较年初增加90.11亿元，增长15.50%。分局督导辖内银行机构重点扶持小微企业、“三农”、水利、能源、棚户区改造、城市基础设施建设等国家重点建设项目，以及外贸增长、企业“走出去”、居民购买首套自住房合理需求等。

【创新监管手段】　银监分局不断思考更贴合韶关银行业发展实际的监管思路与方法，以提高监管效率。实施联动监管，4月29日，分局前往内蒙古与乌海银监分局召开第二次联动监管座谈会议；梳理高管和业务准入事项，明确高管和业务准入流程，加强对高管人员履职情况的审查与考核；取消部分行政审批事项，根据市场、业务量、客源等多方面因素的实际情况，引导各银行合理铺设网点与自助银行。

【推进翁源联社改制农商行】　银监分局支持法人机构转型发展，推进翁源联社改制农商行。银监分局加强与地方政府、人民银行、金融工作局以及翁源联社的沟通与协调，着力加快推进翁源农信社改制农商行工作。督促翁源农商行筹建工作小组对筹建验收小组发现的问题逐项进行整改和说明，并形成初审意见报告上报。3月18日，分局收到银监会关于翁源农商行筹建批复文件，已于8月12日召开创立大会，并及时向广东银监局申报开业请示。截至12月26日，已经完成对翁源农商行拟任高管人员任职资格考试及谈话，受理开业申请。

【支持金融新机构发展】 银监分局对广发行设立的辖区内第一家社区支行，在简化工作环节的同时，从材料的准备、报送，到选址建设工作进行全方位的辅导；为支持东莞银行及时快速进入韶关市场，抓住发展机遇，分局加强对其的督促与指导，自1月22日开业以来，该行各项业务发展良好，在东莞银行各地区新增机构中业务增速排名中名列第一；对新设的外资银行汇丰银行韶关支行，通过对其开业一周年的各项业务现场检查，指出该行在业务风险管理方面的不足，督导该行根据监管意见进一步完善风险防范机制，经营日趋稳健。

【防控重点领域风险】 银监分局通过召开联络员会议、日常走访、约见谈话等多种方式相结合传达监管意见与要求，要求辖内各银行机构防范重点领域风险；加强对房地产行业的数据统计与风险研判工作，及时向房地产行业集中度过高的银行作出风险提示；召开地方政府融资平台贷款监管座谈会，督促做好平台贷款存量确认工作，逐步降低平台贷款余额，建立风险评级预警体系。通过及时预警、有效防控，韶关银行机构风险控制良好，也为韶关银行业的进一步发展营造良好的氛围。银监分局督导韶关银行业做好案件风险排查和案防工作评估，派出检查组对各机构的案防和安全防范制度落实情况进行现场检查，强化案防措施的落实；通过与各银行机构主要负责人签订案防责任书、建立案件风险排查季报制度、案防责任双线问责制度，强化案防责任落实。银监分局配合政府部门处理其他地方金融事务，组织银行机构对非法集资情况进行排查；5月24日，与市金融局、人民银行联合组织开展防范和打击非法集资户外宣传活动；与市金融局联合开展对小额贷款公司，融资担保公司的现场检查。 （黄 瑞）

附：领导班子成员名单

党委书记、局长：

卢英建（—2014.11）

周 宏（2014.11—）

党委委员、副局长：何明亮

党委委员、副局长：周海鹏

党委委员、纪委书记：王晓红

副调研员：卢英建（2014.11—）

主要银行简介

【中国工商银行韶关分行】 2014年年末，中国工商银行股份有限公司韶关分行在职干部员工793人，下辖16个内设部门、14个一级支行、44个营业网点（覆盖三区七县）。本外币各项存款余额249.25亿，比年初增长13.61亿；表内外全口径信贷资产余额142亿，比年初净增22.33亿，表内方面，本外币各项贷款余额130.59亿，较年初净增14.32亿，表外信贷资产余额11.57亿，比年初净增8.01亿；不良贷款率低于系统平均水平，全年实现安全运营无事故、无案件的“双零”目标。

加强对实体经济的信贷支持 落实国务院相关部署，加大信贷投放力度，调整信贷投放结构，支持地区经济转型升级。优先支持小微企业发展，通过“小企业网贷通”“小企业购建贷”等特色产品，做大小企业业务，小企业贷款客户达到277户，贷款余额25.21亿元，比年初增加6.04亿元，处于市场领先水平；创新投资银行业务，支持大型项目发展。创新开展全省首笔韶能集团收购大洑潭股权1.9亿元置换型并购贷款业务、全省首笔韶关电厂“直接融资租赁”（13.1亿）、东阳光4.8亿元的结构化证券投资等创新型大项目投行业务。全年累计表外运作15.08亿，比上年增加10.06亿，增长200%；发展票据业务，通过为供应链客户融资，推动地区产业集聚。实现票据累贴39.51亿元，增幅40.27%，累计办理再贴现3.49亿元，保持领先的市场占有率。

金融服务效率提高 不断强化柜员业务技能培训和考核，以考带练和以赛带练相结合，在韶关市银行业公会第三届“银行杯”业务技能比赛中，荣获团体第一名。通过柜员业务效率提升、“免填单”运营改革、运营标准

2014年9月15日，工行韶关分行走进松山学院举办大型金融知识讲座（肖伯鹏 摄）

化改革、精益六西格玛项目推广、网点排队策略优化等系列措施，客户平均排队等候时间降至7.22分钟，比上年下降109.14%，客户满意度提升至98.82%，比上年提高1.28个百分点；网点建设便民。推进ATM进厂区、进社区、进学校、进军营，全年新设离行式自助银行14个，离行式自助银行总量达到38个，ATM、CDM等自助设备新增24台，达到180台。实现全部网点WIFI上网覆盖，增加平板电脑体验设备覆盖，推广工行“融e购”电商平台、“融e联”社交媒体等新产品，引领互联网金融新潮流；推进全功能网点建设，将公司贷款业务和个人贷款业务由一级支行下沉到部分网点，满足客户就近办理信贷业务的需求。

金融惠民举措落实　《中国工商银行服务价目表》（2014年版），加大对各类客户收费减免力度，取消10项收费项目，降低7项收费标准、下调11项收费项目、对109项服务实行免费，特别是免收小微企业融资服务费，体现国有大行讲政治、顾大局的责任担当；开展金融知识宣传活动，通过户外、网点宣讲，宣传反假币、反洗钱、网络安全、银行基础产品等方面知识，同时深入韶关学院、松山学院举办大型讲座，传播金融安全知识；加强电话诈骗阻截，通过培训识别电话诈骗特征，要求前台人员在为客户办理汇款时保持高度敏感，柜员机巡视人员注意客户可疑操作等，识别并成功阻截8起电信诈骗，为客户挽回损失41.13万元。　　（邓文强）

附：领导班子成员名单

党委书记、行长：王　海

党委委员、副行长：邓付全　朱丽娜　钟　明　梁公侠　韩德龙

纪委书记、工委会主任：刘志县

【中国银行股份有限公司韶关分行】

中国银行股份有限公司韶关分行（以下简称中国银行韶关分行）是中国银行股份有限公司在广东省境内设立的二级分行。拥有在职员工506人。设立机构网点26家。2014年，实现营业净收入4.4亿元，本外币各项存款余额128亿元，本外币各项贷款余额65亿元。

支持重点行业项目的发展　中国银行韶关分行结合韶关市产业结构调整和重点项目建设的资金需要，继续强力支持交通、有色金属、装备制造、新能源、新材料、精细化工等重点行业的发展，累计向韶关保利、韶关碧桂园、顺宏、韶能、东阳光、广乐高速等企业提供授信支持8亿元。

2014年5月20日，中行韶关分行与韶关市科技局签署科技金融战略合作协议，双方发挥各自优势，开展深度合作，支持韶关市科技型企业发展

（中行韶关分行　供）

支持实体经济发展　中国银行韶关分行落实中小企业信贷工厂模式，实施人员、产品、功能下沉网点，所有网点具备受理、叙做中小微企业授信业务能力。围绕机械制造、化工材料、物流、农林养殖、农副产品加工、专业市场等产业集群，依托林权通宝、风险补偿基金通宝、科技通宝等专为中小企业服务的融资平台，通过产品和服务搭配，全面对接中小企业融资需求，累计投放授信超过100亿元，支持韶关市实体经济发展。其中，向中小微企业提供授信支持32亿元，占总投放31%。

跨境业务合作　中国银行韶关分行利用供应链服务平台，加强海外行跨境联动，通过融易达、融信达、票据贴现、理财融资通、内保外贷、全球供应链融资、特色跨境单证组合、海外发债等金融服务方案，助力集团客户及产业园区企业进出口贸易发展，提供低成本融资支持。其中人民币跨境结算业务量40亿元，国际结算业务量10亿美元，市场份额均保持领先地位。

完善服务质量　中国银行韶关分行完善渠道设施，改造智能化网点3家，升级自助设备21台，有47家自助银行（含服务点）、158台自助设备为市民提供24小时金融服务。充实网点力量，临柜服务人员占全行人数69%，网均13人，达到中行系统先进水平。创新金融服务，搭建园区企业IC卡、社保卡、银医互联、缴税一户通、校园一卡通、代收代缴非税业务等民生项目服务平台，发放市民社保卡22万张。分行通过优化业务处理流程、改造营业设施、加强员工培训、增加服务窗口、送服务上门等措施，服务效率得到明显提升，客户评价满意率为

98%。（李　蔚）

附：领导班子成员名单
党委书记、行长：彭佐宇
党委委员、纪委书记：胡家骥
党委委员、副行长：刘　凯
党委委员、副行长：申建国

【中国农业银行股份有限公司韶关分行】　2014年年末，中国农业银行股份有限公司韶关分行在岗员工987人，内设15个部门，辖属15个经营单位（7个县域支行、4个城区支行、分行营业部、3个特色支行），下辖46个营业网点。2014年，该行荣获第七届“全国农行精神文明建设工作先进单位”称号，2名员工分别荣获总行“五一”劳动奖章和综合管理先进个人称号。

经营概况　2014年，该行以“加快发展、优化结构、夯实基础、严控风险”为主线，推动业务稳健发展。至年末，该行本外币各项存款余额224.3亿元，同比增长7.92%；本外币各项贷款余额111.45亿元，同比增长13.7%。存贷款增幅在四大国有银行中均位列第一。组织开展风险排查、专项治理、合规文化宣讲、员工行为“网格式”管理等，强化内部管理。年末，不良贷款余额及不良率保持“双降”。全年实现安全运营无事故、无案件“双零”目标，内控评价保持“一类行”。4个单位获评2014年总行、省行级“平安农行”。

助力地方经济发展　银行紧跟韶关发展大局，加大信贷支持力度，近三年累计发放信贷资金226亿元。2014年，在交通设施、电力供电、旅游业、支持产业转型升级、城市扩容领域累计投放贷款42亿元。发挥小企业、个人贷款、汽车分期等专营金融服务机构优势，新设家装分期中心，服务实体经济，支持中小微企业发展和个人消费升级。年末，个人贷款规模54亿元，比年初增加10.3亿元。贸易融资业务实现一级支行全覆盖，全年累计办理各类表内外贸易融资28.7亿元。

服务“三农”　银行推进三农金融事业部改革，支持农（林）业龙头企业、新型农业主体及城镇化建设等，加大普惠金融力度。年末，“三农”县域存款、贷款余额分别为81.27亿元、42.75亿元，分别比年初增加4.89亿元、7.18亿元。拓宽县域服务渠道，累计发放惠农卡10.5万张，“惠农通”工程服务点444个，建成10个农村金融综合服务站。

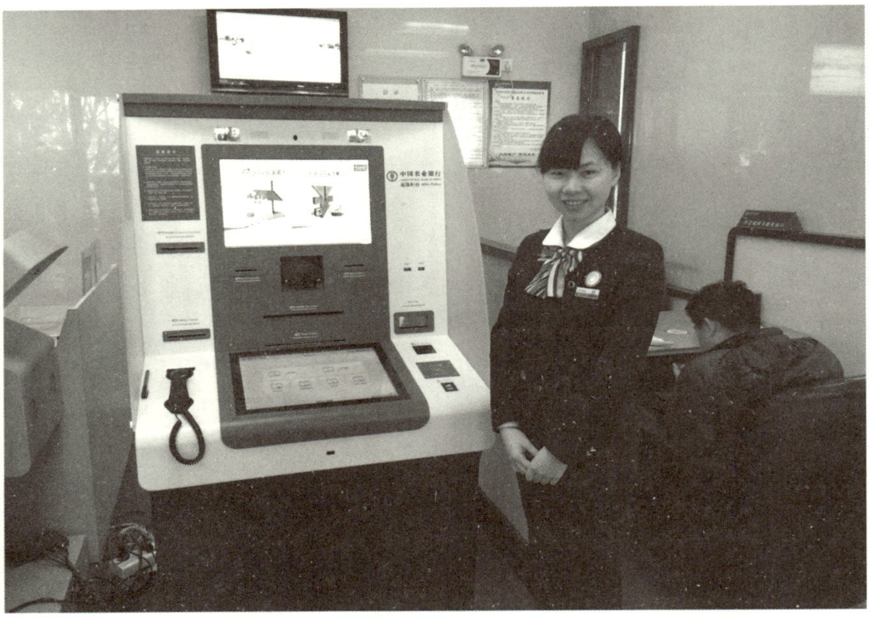

12月，农行韶关分行首台“超级柜台”顺利上线，为市民提供更加智能、高效、便捷的金融服务（赖玮欣　摄影）

优化综合金融服务　近3年在网点渠道建设方面银行共投入资金7300多万元。ATM、POS机等自助设备达2300多台，自助银行44个，全辖网点铺设免费无线WiFi网络，金融服务辐射面扩大。组建私人银行服务团队，成立员工个人理财工作室，推出信用卡短信银行等特色业务、漂亮升级妈妈信用卡等新颖卡种及丰富的贵金属等理财产品；巩固网点标准化服务，其中碧桂园支行作为标杆在全省推广，客户服务体验全面提升。开展“6+1”金融服务活动，着力解决服务群众“最后一公里”问题。与丹霞山合作开展自助售票系统项目，提升韶关旅游城市形象。

“超级柜台”上线　12月，农行韶关分行首台“超级柜台”北江支行营业部成功上线。成为该行创新金融服务的一个重要举措。超级柜台是运用智能化的客户识别、触摸技术、视频传输等技术，由客户在营销服务人员引导见证下使用，通过技术手段将业务处理指令发送至后台作业中心，由中心多个团队进行并发专业化集中处理，搭建“网点现场引导、客户发起交易、后台专业处理”的流程实时协同模式。囊括个人开卡/激活、网银签约、电话银行、掌上银行、个人结售汇、西联收发汇、个人外汇汇款、理财、基金、转账、挂失、收费等业务种类共55项产品。当年韶关地区4个网点陆续上线“超级柜台”。

（农行韶关分行）

附：领导班子成员名单
党委书记、行长：朱和东
党委副书记、纪委书记、副行长：
钟　杰（—2014.8）
党委委员、副行长：
廖晓云（—2014.9）
黄雄飞　陈垂富
黄思伟（2014.7—）
党委委员、行长助理：
胡　杰（2014.7—）
工会主席：林常青

【中国建设银行股份有限公司韶关市分行】 中国建设银行股份有限公司韶关市分行成立于1954年10月，前身为中国人民建设银行韶关市分行，1996年3月26日，正式更名为中国建设银行韶关市分行，2004年9月17日，更名为中国建设银行股份有限公司韶关市分行。截至2014年12月31日，内设8个部门及工会，辖属31个营业网点，其中分行营业部1个，市区支行19个，县支行8个，分理处3个，拥有自助银行14个。全行在岗员工670人。

业务发展 建行韶关市分行坚持科学发展观，贯彻落实人民银行、银监会的各项方针政策，围绕省分行“三个确保、两个领先”总体工作目标，注重风险监控，经营管理取得良好成效。2014年，实现税前利润4.3亿元。一般性存款时点余额207亿元，其中：企业存款时点余额100亿元；个人存款时点余额107亿元。各项贷款累计投放33亿元，其中：公司贷款投放26亿元；个人贷款投放7亿元。

支持地方经济建设 建行韶关市分行结合区域加快新型工业化和城镇化建设，开创绿色转型决策，参与和支持地方经济建设与发展，累计投放城镇化建设贷款3.25亿元。调整优化小微企业客户信贷业务流程，创新推出小微企业“信用贷—结算透”和小微企业“信用贷—创业贷”业务，满足无抵质押小企业客户融资需求，累计投放小企业贷款24.88亿元。与政府携手推进“助保贷”业务，投放助保贷贷款8.252亿元。落实省委省政府振兴粤东西北地区发展重大战略，投放广东（人保）粤东西北振兴发展股权基金3亿元。债券融资业务领域实现零的突破，承销宝钢集团广东韶关钢铁有限公司短期融资券10亿元及中期票据10亿元。

践行“以客户为中心”服务理念 开展客户排队等候时间超长治理活动，通过电子渠道服务宣传、客流高峰期增开窗口、疏导分流客户使用自助设备等措施，实现客户排队等候时间不超过30分钟。11月3日，客户刘女士想用留存的8万余枚硬币购买代步车辆，辖属南城支行耗时10小时将其清点完毕，受到客户好评。完善渠道建设，2014年，新增自助银行6个、存取款一体机20台、ATM7台，更换前台自助设备17台。

打击违法交易 2014年，成功堵截不法分子利用假身份证开户、电信诈骗、假冒领取社保卡、破坏自助设备等案件50余起，堵截涉案金额25.7万元，协助公安机关打掉传销团伙案件5起，抓获犯罪嫌疑人13人。成立反洗钱中心，上收网点反洗钱的部分数据处理工作，实施反洗钱集中处理、关联交易集中作业。

“手拉手爱心体验之旅”亲子活动 1月25日，组织来自市区富裕家庭的孩子与对口扶贫点仁化县烟竹村的同龄孩子结成对子，活动主题：交一个“手拉手”好朋友，给小伙伴送上一份礼物，帮小伙伴做一件好事，向小伙伴学一种新知识，写一张友情卡。

荣获荣誉称号 女职工工作受到韶关市总工会和韶关市总工会女职工委员会表彰，2014年3月，分行营业部被评为2013年度粤北女职工文明岗、曲江支行王秀英被评为2013年度粤北建功立业女能手。2014年7月，被韶关市国家税务局和韶关市地方税务局联合授予2012—2013年度广东省纳税信用等级A级纳税人荣誉称号，继2012年获此荣誉称号后，再次成为韶关市金融系统唯一获此荣誉称号单位。

小微企业“助保贷” 业务现场经验交流会 8月29日，广东省建行中小企业客户部在韶关召开小微企业“助保贷”业务现场经验交流会，针对部分准备开展“助保贷”业务的地区进行现场交流。韶关市分行、韶关市经信局、部分企业代表就“助保贷”业务推进发展进行经验介绍和讨论。省中小企业局、省融资再担保公司、东莞、佛山、珠海、肇庆、惠州、揭阳、云浮、顺德、天河、开发区10个地区政府部门，省分行相关部门，相关地区建行领导及代表参加经验交流会。 （何敏嘉）

附：领导班子成员名单

行长、党委书记：程劲松

副行长：李国荣（—2014.6）

副行长：陈 镔（2014.7—）

风险主管：王飞舟

副行长：郑卫东

纪委书记、工会主席、副行长：刘超良

【广发银行股份有限公司韶关分行】 广发银行股份有限公司韶关分行内设办公室、公司银行部、个人银行部、信贷管理部、计划财务部（兼运营部），在职员工77人，下辖2个网点，即营业部、曲江支行，和3家离行式自助银行（风度名城自助银行、浪琴居自助银行、沙洲尾自助银行）。2014年，广发银行股份有限公司韶关分行围绕“两卡一中心”（信用卡、生意人卡、小企业金融中心），发展小微金融、消费金融，结构调整和业务转型效果逐步显现，期末各项存款余额10.93亿元，同比增加4.52亿元，增长70.51%。各项贷款余额14.09亿元，同比增加5.98亿元，增长73.74%。营业收入7716万元，增长36.4%。

深化改革 以激发内生动力、强化服务营销为重点，建立完善绩效考核体系，覆盖前、中、后台全体员工。开设业务大讲堂，推行全员定期培训机制。加强人力资源管理，以行内公开竞聘和社会招聘方式选拔干部，调动全行员工的积极性。在此基础上，加强产品和服务的协同配套建设，8月申请在曲江支行设立小企业金融中心，并于11月通过总行的现场验收，曲江支行向小企业金融特色支行转型，大型客户全部上收分行公司银行部集中管理。10月向总行申请开办五项外汇业务获得批准。

业务发展 支持和服务中小企业，重点发展“两卡一中心”，围绕目标行业和核心企业上下游、专业市场、商会、协会等，利用敞口、利率、结算、代发工资、现金管理等综合手段，以“好融通”“快融通”等中小企业标准化信贷产品解决企业融资难问题，批量获客能力持续增强。在个人银行部组建POS团队、理财团队，加强专业营销和线上线下的营销，针对性弥补网点少、服务覆盖面窄的不足。注重公、私联动，交叉营销和阵地营销。全年净增对公小微企业有效授信61户，净增代发工资达标企业21户，带动对公存款和个人客户数量快速增加。小企业一般贷款余额已占对公贷款的50%以上。专门针对小微企业和个体工商户的“生意人卡”新增451张，增长200.04%，广发信用卡新增激活卡9886张，完成年度计划的171.81%。

金融服务便民　顺应金融网络化趋势和广大群众对银行服务便利性、快捷性及个性化的需求，加强电子银行服务和自助银行服务，在市区及周边县、市加大POS机铺设力度，新增POS机478台，更换6台自助柜员机。11月12日，韶关市首家社区支行（碧桂园凤凰城）的筹建申请获得韶关银监分局的批准。该支行主要定位于服务社区居民，筹建工作已经启动。加强消费者权益保护，开展“送金融知识下乡”“金融知识进万家”等系列宣传活动。（张昊天）

附：领导班子成员名单

党委书记、行长：苏　阳（—2014.4）

梁志辉（2014.4—）

党委成员、纪委书记、副行长：陈涵明

党委委员、副行长：黄伟渊

【中国农业发展银行韶关市分行】

2014年，农发行韶关市分行围绕韶关市政府发展战略，着力支持粮食安全体制建设，着力推进新农村和新型城镇化建设，扩大信贷支农力度，进一步发挥政策性金融的骨干和支柱作用。2014年，农发行韶关市分行作为“政府的银行”，信贷资源全部投放于政府指定领域和主导项目，社会效益良好，自身也实现保本微利。

支持粮油收储。保障地方粮食安全是农发行的重要职责。2014年，农发行韶关市分行累计发放中央、省、市和县级储备粮油贷款1.89亿元，支持完成增储、轮换粮食储备6.6万吨及食用油储备800吨；争取政策，核销国有粮食企业不良贷款本息6688万元，减轻政府和企业的负担；支持粮食仓储设施建设2个，共计对10万吨建仓项目授信8500万元；支持乳源启动最低收购价预案，发放政府调控贷款850万元，保护农民利益；做好粮食风险基金和支农资金代理拨付工作，累计拨付资金2.3亿元，无差错无拖延；加强物质库存和信贷资金监管，使轮换价差低于全省平均水平，遏制轮换亏损，为财政节省资金，为企业增加效益，为韶关粮食安全和粮食市场稳定发挥积极作用。

推动新农村建设和新型城镇化建设　农发行是建设社会主义新农村的银行。2014年，农发行韶关市分行支持南雄农民安置工程建设，授信1亿元；支持芙蓉新区、韶塘教育片区、曲江、乐昌和仁化等地土地储备项目，发放贷款3.72亿元，收储土地330万平方米，增强政府对土地市场的调控能力；支持新鸿达和武江甘棠等农村基础设施建设，授信11.2亿元，累计发放贷款9.1亿元，修建道路49公里，推动芙蓉新城路网全面动工，推进芙蓉新区起步区、莞韶产业转移园、武江甘棠工业园和浈江工业园基础设施建设，进一步改善周边农村生产生活条件。

与市政府合作推进韶关城乡一体化发展　2014年11月12日上午，韶关市人民政府与中国农业发展银行广东省分行签订《共同推进韶关市城乡发展一体化合作框架协议书》，在符合政策范围和满足贷款条件下，农发行广东省分行5年内向市政府授信50亿元，支持政府主导的涉农项目，进一步强化政策性金融职能，推进韶关城乡一体化发展。市委副书记、市长艾学峰，市委常委、常务副市长陈波，农发行广东省分行行长曾绍姿、副行长杨绿等参加此次签约仪式。

（古小芳　陈　超）

2014年11月12日上午，韶关市人民政府与中国农业发展银行广东省分行签订《共同推进韶关市城乡发展一体化合作框架协议书》。市委副书记、市长艾学峰，市委常委、常务副市长陈波，农发行广东省分行行长曾绍姿、副行长杨绿等参加此次签约仪式。（林忠亮　摄）

附：领导班子成员名单

党委书记、行长：朱伟民（—2014.8）

雷　明（2014.8—）

党委委员、副行长、纪委书记：陈伟雄

党委委员、副行长：古小芳

【韶关市农村信用社】 2014年，韶关市农村信用社（以下简称韶关农信社）辖内县级以上联社10个，共有169个机构网点；在岗员工约2000人。截至2014年年末，全市农信社各项存款余额300多亿元，各项贷款余额200多亿元，各项存款、贷款余额位居全市金融机构首位。

金融服务质量提升　提升网点服务水平。韶关市区联社北门分社在2014年11月正式推行韶关地区首家“夜市银行”延时营业服务；新丰等联社推进标杆网点建设工作，各联社继续加大对营业网点的改造升级力度。推广应用在2014年2月11日启用的“广东农信”新标志，提升品牌形象。扩大自助设备覆盖面。全市农信社累计安装ATM（CRS）191台，比年初新增27台；布放粤信通POS机、银行卡助农取款点等自助便民设备。为当地财政、社保等资金提供代管、代发等服务。加大金融知识宣传力度，2014年共开展送金融知识下乡等户外宣传活动91次，派发宣传资料近10万份，接受咨询达4.5万人次。

支持“三农”和中小微企业发展　韶关农信社创新信贷服务模式。新丰、仁化、始兴联社“三农”贷款专营中心，韶关市区、曲江、始兴联社小企业专营中心运作良好，为“三农”、小微企业提供专业服务。创新信贷产品。开办政银保贷款业务，已对4家农民专业合作社完成贷款审批。继续抓好创业带动就业小额担保贷款业务，累计发放贷款超过5000多万元，扶持1000多户再就业人员创业。创新推出“生意宝”“超值宝”、个人车位贷款、仓储式质押授信等业务品种，继续推广“红色创业贷款”“妇女创业贷款”“养殖宝”等产品。支持“三农”和中小微企业发展。加大对现代农业、绿色生态旅游、节能减排等领域的信贷支持力度，全年实现涉农贷款、中小微企业贷款“两个不低于”目标。推进普惠金融建设。全年在金融服务空白行政村拓展粤信通POS商户56户，建成金融综合服务站76个、设立助农取款点337个，成立“三农”贷款或小企业贷款专营中心12个、布放ATM（CRS）191台，自助服务终端146台，推动基础金融服务向村一级延伸。

发展新兴业务　韶关农信社全面上线影像事后监督系统。开通粤信通POS业务。上线二代支付系统。投产上线乳源联社国土网拍业务系统。继续推广地税POS等业务。继续发展银行卡以及电子银行业务。珠江平安卡及福农卡存量217万张，卡贷保业务开户数为9000多户。

推进转型升级工作　翁源联社已于8月召开翁源县农村商业银行创立大会。铺开流程银行改革工作。2014年，仁化、乐昌、曲江和乳源联社4家联社的流程银行改造工作启动。至此，辖内9家联社已全面推行流程银行管理模式。

加强进村入户服务　2014年，全市农信社推进农村金融综合服务站等普惠金融建设，解决金融服务最后“一公里”难题。派员工上门为重病、瘫痪在床或腿脚不便的客户办理存折（卡）挂失（解挂）等业务，服务人次达到267人次。（陈倩华）

附：领导班子成员名单

理事长：邱爱昌

主　任：何宗志

副主任：颜云天

【中国邮政储蓄银行股份有限公司韶关市分行】 2014年，中国邮政储蓄银行股份有限公司韶关市分行在职干部员工490人（含省行交流干部1人），内设11个部门，下辖城区支行以及曲江、南雄、乐昌、乳源、始兴、翁源、新丰、仁化县（市、区）9个一级支行，全市共有94个全国联网营业网点。拥有包含本外币存款、国内国际汇兑、银行卡、理财、基金、小额贷款、小企业贷款、商务贷款、公司授信、票据贴现、网上银行等在内的全功能产品和服务体系。为城乡居民、“三农”和中小企业客户搭建便捷优质的服务平台。2014年，按照全行“深化改革、加快转型、强化管理”的工作总体要求，结合实际，秉承“效益、效率、风险”相平衡的发展理念，以合规为前提，以把控实质性风险为方向，以提升人员专业技能及稳健推进低风险业务为主要抓手，完成防范风险、提升能力、转型升级等任务，总体风险可控，业务整体稳健运行。

业务发展　2014年，人民币各项

6月25日下午，市人力资源和社会保障局与市邮政储蓄银行签署框架协议。（市邮储银行　供）

存款比年初新增22.83亿元，人民币各项贷款净增1.54亿元，各项新业务有较大的发展。公司业务开展精准营销，重点对城镇化建设资金、涉农资金归集项目、百万以上重点营销项目加以跟进，促进余额增长，重点区域专业市场贷款投放600万元。公积金全年归集55家单位，全市机构业务覆盖率达100%。成功营销开立以村委征地款、非税、医疗等项目的虚拟账簿，带动余额增长8709万元。推广新业务发展，培育业务增长点，做好意向客户的维护，城乡居保补贴、新农保县级补贴、征地款项目、财政优抚项目等县级项目取得实效。

优化布局提升服务　做好辖内自营网点布局优化工作，提升网点服务形象。完成始兴县马市支行迁址并调整为多功能支行，提高网点市场竞争能力；南雄市雄州支行原址装修整治，重新规划功能分区，改善网点服务环境。修订服务检查标准，开展多角度的检查，包括明察、暗访、录像抽查；开展营业网点服务水平专项整改工作，落实网点月度服务评比方案。强化柜面业务操作管理，并推进冠字号码查询、分类贴标及自助设备10元券取现等工作。

推进小额贷款业务　坚持助力新农保全覆盖，提供小额贷款带动大农业，配置专职人员，提升团队能力。按要求指定人员做好“传、帮、带”等工作，打造小贷专业队伍，培养专业人才，推进小额贷款业务恢复性发展；与韶关市农业局共同签署“三农”金融服务战略合作协议，与人社局、财政局等政府部门签订合作协议。借力人社新政策，加快推进再就业小额担保贷款业务，6月25日下午，市人力资源和社会保障局与市邮政储蓄银行签署框架协议。双方合作开展创业带动就业小额担保贷款业务，进一步加大韶关市小额担保贷款发放力度，惠及广大城乡创业者。借助与农业局、团委、妇联、再就业局等“三农”走访、举办创富大赛等政府合作资源作为邮储贷款产品的平台，与对应政府部门对接。2014年6月通过优化贷款结构，对贷款期限和贷款额度进行调整。再就业、流水贷小额创新产品通过几个月的试行已初见成效，截至2014年12月31日，共发放再就业小额担保贷款业务130笔，合计1163万元。

持续惠民利民　按政府金融局要求深化服务，新增8个农村金融综合服务站，并继续推进辖内基础金融服务“村村通”工程。促进社保IC卡提速发卡，全年发卡36.81万张，是2013年发卡的5.2倍，便民惠民。助农取款服务持续发展，服务点个数325个（已面签），2014年全年发生助农取款交易2600笔，交易金额115万元。信用卡年新增发卡3787张，个人网银新增14419户，手机银行新增12682户，电子银行新增客户14810户人次，电子银行交易182.85万笔，26.26亿元。通过开展中石油优惠促销活动，推广“悦享美食”活动及各类特惠商户优惠活动、电子银行“手拉手”活动、电子银行“亿路有你”优惠活动，服务电子银行新增客户24098户人次，促成电子银行交易183.44万笔。

（林敏怡）

附：班子成员名单

党委书记、行长：林　海

纪委书记、副行长、工会主席：

赵宏春　奚琼霞

行长助理：李　刚

【汇丰银行（中国）有限公司韶关支行】　汇丰银行（中国）有限公司韶关支行和汇丰银行（中国）有限公司韶关曲江支行是汇丰银行（中国）有限公司广州分行下设的异地支行，分别位于浈江区和曲江区，共有在职员工17人。支行内设4个部门，即工商业务部、零售银行及财富管理部、营运部及合规部。2014年度，汇丰韶关继续秉承汇丰中国审慎经营的理念，在不断提升自身抗风险能力的同时，贯彻落实各监管机构的工作部署，从而使自身发展能够融入韶关当地市场，在确保汇丰韶关各项业务发展的同时，支持韶关经济的发展。

监管机构拜访　2014年10月27日，汇丰银行（中国）有限公司常务总监、总行驻粤办公室总监林洵亲临韶关，与韶关支行行长丘哲、韶关曲江支行行长莫瑞超一同拜访中国人民银行韶关中心支行的副行长关艳芬、韶关银监分局的局长卢英建和副局长何明亮，并汇报两间支行业务发展情况和下阶段工作计划，也就他们对汇丰韶关支行长期以来工作上的支持表示感谢。随后林总监还来到韶关支行和韶关曲江支行，对两间支行的工作进行了解与指导。

工商业务调研　2014年11月11日，汇丰中国总行工商业务部调研小组亲临韶关支行，对汇丰韶关在韶关辖区内的工商业务进行深入的调研。在调研期间，总行工商业务部的同事了解各部门同事的工作状况，同时与韶关支行、韶关曲江支行的工商业务部的同事进行深入交谈，了解两家支行工商业务部的发展情况。

（罗　斌）

附：领导班子成员名单

韶关支行行长：丘　哲

韶关曲江支行行长：莫瑞超

【交通银行股份有限公司韶关分行】

截至2014年年末，交通银行韶关分行共有在编员工48人，交通银行韶关分行在韶关市共有营业网点一个，离行式自助银行三个，离行式自助单机两台。2014年，获得公积金归集、市级非税收入代缴、市级国库集中支付、商品房预售资金等业务办理资格。

经营成效　截至2014年末，交通银行韶关分行人民币各项存款时点余额11.49亿元，较年初增加1.76亿元，年化日均余额8.06亿元，较年初增加6.39亿元；人民币各项贷款时点余额6.25亿元，年化日均4.9亿元；实现存贷比54.4%。

“财智校园”项目上线　与韶关学院医学院合作，承办“财智校园”项目，为韶关学院医学院发放金融IC校园联名卡5800多张，代扣学费3100户，成为行业典范。

开通代扣代缴同城清算业务　对接韶关市统一收付平台，打通各类费用缴纳渠道。2014年12月，交通银行韶关分行正式在韶关开展公用事业代收及同城清算业务，实现水费、电费、燃气费、通讯费、物业费、有线电视费、税费、社保等费用的代扣代缴，并成为韶关市首家开通手机银行、网上银行等自助缴费渠道的银行。

药品交易平台搭建顺利　交通银行韶关分行与韶关学院医学院附属医院、韶关市妇幼保健院、核工业四一九医院、韶关康平手足外科医院、广东省韶关市华生药业有限公司等完成签约并上线。

成功与房地产建立合作关系　交通银行韶关分行与韶关市碧桂园、保利、恒大城等12个大中型楼盘建立合作关系，房贷业务发展迅速，2014年新增投放金额1.17亿元。　（谢　茵）

附：领导班子成员名单
党委书记、行长：高　延
党委委员、副行长：陈君华
党委委员、行长助理：高健鹏

【东亚银行（中国）有限公司韶关支行】　东亚银行（中国）有限公司韶关支行是东亚银行（中国）有限公司广州分行下设的异地支行，位于韶关市浈江区站南路63号信德·万汇广场A幢1层1－8、10、12号铺，于2013年10月16日正式对外营业。总行东亚银行有限公司（简称“东亚银行”）于1918年在香港成立，是香港最大的独立本地银行。在海外地区，东亚银行在东南亚、英国和美国设有据点。东亚银行于香港联合交易所上市，为恒生指数成分股之一。东亚银行（中国）有限公司（简称“东亚中国”）是东亚银行的全资子公司，于2007年4月2日在上海正式对外营业，致力于在中国内地为客户提供个人、企业及其他银行服务。

经营范围　经营范围包括：吸收公众存款；发放短期、中期和长期贷款；办理票据承兑与贴现；买卖政府债券、金融债券，买卖股票以外的其他外币有价证券；提供信用证服务及担保；办理国内外结算；买卖、代理买卖外汇；代理保险；从事同业拆借；从事银行卡业务；提供保管箱业务；提供资信调查和咨询服务。个人银行服务产品包括私人银行、显卓理财、优惠理财、个人贷款、两地通。其中，个人贷款根据贷款用途分为住房按揭、装修贷、个人汽车消费贷、投资经营贷、个人日常消费贷。两地通服务包括商旅通、留学通、投资通，为港澳个人客户提供跨地域的金融服务及增值服务。企业银行服务产品包括公司贷款、贸易融资、供应链金融、中小企业服务。

移动金融　为提高电子银行市场竞争力，韶关支行于2014年9月推出手机银行、微信银行。在传统商业银行进军移动金融领域的背景下，韶关支行与时俱进，成为率先布局这一领域的外资银行。

宣传活动　为维护金融市场安全、稳定、和谐，韶关支行通过发放宣传资料、播放电视短片、微信平台宣传、人口密集特定场所户外宣传等开展金融知识宣传活动，活动主题有“百姓风险防范周”、“3·15”金融消费者权益日“反洗钱宣传月”、“金融知识进社区、高校”等，宣传反洗钱、征信、金融产品风险防范、假币识别等金融知识。　（刘　蕊）

附：领导班子成员名单
支行行长：周均贤

【东莞银行韶关分行】　东莞银行韶关分行（以下简称“韶关分行”）于2014年1月22日正式开业，是东莞银行股份有限公司开设的第九家异地分行。营业办公地址位于韶关市武江区怡华路1号志兴华苑一至四层。

金融服务　韶关分行开业以来，作为支持韶关地区社会经济发展、构建和谐韶关的金融生力军，始终坚持“服务地方、服务中小企业、服务市民”的市场定位，秉承“以客户为中心”的服务理念，为韶关广大企业和市民提供全方位、特色化的专业金融服务。以东莞、韶关两市深入经济合作为契机，围绕莞韶园区建设，通过中标工程授信等拳头产品为新城基础设施项目及莞韶园区企业提供融资配

董事长廖玉林（左一）与行长汤文龙（右一）进行揭牌仪式（东莞银行韶关分行　供）

套服务，助力中小企业发展；在服务园区建设和中小企业的同时，凸显该行理财产品种类丰富、收益能力高的优势，发展个人业务。该行还致力便民服务，经过努力，取得韶关地区的非税代收系统、国库集中收付代理银行资格，为广大企业和市民提供代收代付的便利服务。截至2014年12月底，韶关分行各项存款14.1亿元，各项贷款9.1亿元。

爱心帮扶社会 在稳健发展的同时，东莞银行韶关分行履行社会责任，投身公益事业，关注和资助社会教育、公益事业的发展。在韶关开业之初东莞银行捐赠200万元成立“东莞银行（韶关）教育基金”，为当地贫困学生提供教育支持，履行社会责任，回归社会。2014年9月，启动首笔基金20万元资助40名韶关市贫困学生圆大学梦；11月，东莞银行爱心志愿服务总队远赴乐昌市沙坪镇山坪小学援建东莞银行图书室，扶持当地教育事业发展。（饶丽华）

附：领导班子成员名单

韶关分行行长：汤文龙

保　　险

【中国人民财产保险股份有限公司韶关市分公司】 中国人民财产保险股份有限公司韶关市分公司（以下简称“人保财险韶关市分公司”）成立于1979年，是中国人民财产保险股份有限公司在韶关设立的分支机构，总部驻韶关市浈江区风采路17号，是韶关市最大的国有财产保险公司，市政府战略合作伙伴。经营范围涵盖机动车辆险、企业财产险、家庭财产险、货运险、信用险、责任险、意外险、健康险、农险等业务。分公司本部内设8个部门，在三区七县设立12个经营单位，在册人员323人。

经营业绩 人保财险韶关市分公司秉承“忠诚服务，笃守信誉”的宗旨，遵循“主动、迅速、准确、合理”理赔原则，为社会各界各种风险提供保险服务，2014年，实现保费收入5.03亿元，同比增长16.25%，其中车险保费收入3.49亿元，同比增长17.54%；非车险保费收入1.53亿元，同比增速为13.4%，在韶关13家财产险公司中保费占比53%，排名第一。

承接社会保险服务 2014年，人保财险韶关市分公司紧贴民生需求，发挥保险机构经济补偿和社会管理功能，承接韶关市政府2014年8项为民办实事之一政策性水稻种植保险项目，承保全市水稻早、晚造合计15.194万公顷，为广大农户提供风险保障超过9亿元；承接韶关市区超标电动车上牌登记服务项目，配合市交警大队，为近7万台超标电动车提供办理入户、上牌登记及购买保险服务；统保全市校园方责任保险，惠及全市2000多所中小学校，60万名中、小学生；中标2014年“韶关市本级行政事业单位、社会团体公务用车定点投保项目”，为全市80%以上的行政、事业单位和社会团体提供优质车辆保险服务；承保韶关乐昌峡水电枢纽工程项目，保险金额超过14.9亿元，该工程是韶关北江上游关键性防洪控制工程，对促进粤北山区经济平稳发展，保障韶关市防洪安全起重要作用。

“保险产品创新实验区”会议召开 8月13日上午，中国人民财产保险股份有限公司全国系统“保险产品创新实验区”会议在韶关召开，中国人保财险监事会主席王乐枢，市委常委、常务副市长陈波出席大会开幕式。人保公司与韶关市一直以来保持着良好的合作关系，2012年韶关市政府与人保财险广东分公司签署战略合作协议，全方位推进双方在各个层次的系列合作。市政府连续将“水稻保险、自然灾害公众责任险、政策性森林保险、校园方责任保险、政银保合作”等5项工作纳入政府工作报告为民办实事的项目，经过双方共同努力，完成这些惠民工程，其中自然灾害公众责任险是广东省首个统保市，在2013年抗灾救灾中，其功能作用得到省领导的肯定。此次人保财险的领导、专家齐聚韶关召开“保险产品创新实验区”大会，是人保财险创新发展的一件喜

2014年8月13日，中国人民财产保险股份有限公司“保险产品创新实验区”全国系统会议在韶关市荷花园酒店会议室召开，参加会议的主要领导有，人保财险广东省分公司党委书记、总经理郭文革（右一），韶关市委常委、常务副市长陈波（右二），中国人保财险监事会主席、党委副书记、纪委书记王乐枢（正中）（刘斌　摄）

事，必将为韶关加快建设粤北区域中心城市带来新的契机。（陈　畅）

附：领导班子成员名单
总经理、党委书记：李劲松
副总经理、工会主席：余文峰
副总经理、纪委书记：黄文健

【中国人寿保险股份有限公司韶关分公司】　中国人寿保险股份有限公司韶关分公司向个人及团体提供人寿、年金、健康和意外伤害保险产品，涵盖生存、养老、疾病、医疗、身故、残疾等多种保障范围，全面满足客户在人身保险领域的保险保障和投资理财需求。公司下设8个县区综合性支公司、43个营销网点，2014年员工及从业人员规模超过2100人。

业务发展　2014年，实现总保费收入8.87亿元，较2013年度增长1700万元，市场份额为40.98%，位居韶关寿险行业榜首。业务结构持续优化，期交产品及保障型产品占比稳步上升，其中主要期交产品保费收入创历史新高，同比增长19.24%。

客户服务　2014年，通过推广官方微信及“e宝账”客户端、推行电子凭证替代纸质凭证，进一步优化服务流程，提高运营效率；通过推进信息化建设，实现客服中心无线网络全覆盖；通过向VIP客户赠阅《特别文摘》，举办“健康养生国寿大讲堂”、“牵手国寿、健康无忧”第四届少儿绘画比赛、“6·16”客户节等客户服务活动，有效提升客户满意度。

合规经营　2014年，全市系统年度给付各类保险金约6.01万人次，其中满期给付、生存金、死亡给付、伤残给付及赔款等累计支付近2.8亿元；公司强化诚信经营管理，注重提升合规经营意识，严肃治理销售误导行为，切实保障保险客户权益，荣获韶关市“2014年度诚信单位”荣誉称号，为年度保险行业唯一获奖单位。

社保补充医疗保险　自2008年起，韶关分公司连续多年承办韶关市社保城镇职工、居民补充医疗保险业务。截至2014年，累计承保人数已近70万人，赔付金额达到1.16亿元，全市近20万城镇居民和职工在该项目中受益。

城乡居民大病保险　2013年12月，韶关分公司与保险同业组成保险“联合体”共同承保韶关市城乡居民大病医疗保险项目，保障服务覆盖韶关市229万城乡居民。2014年，韶关市城乡居民大病保险共发生大病赔付2.39万人次，赔付金额7839.76万元。

银龄安康行动　2014年4月，省民政厅、省老龄办联合中国人寿在广东省启动“银龄安康行动”，在全省开展老年人意外伤害综合保险。韶关市“银龄安康行动”于2014年10月启动，在各级民政系统、老龄办的大力支持与配合下，韶关分公司共承保7.7万名老人的意外保险，全市老年人意外保险覆盖率达到17%。

生育关怀行动　2008年，中国计生协和中国人寿总公司签署了战略合作协议，在全国范围内推广计生家庭意外伤害综合保险，这是“生育关怀行动”的一项具体举措。韶关分公司与市计生协同年启动该项工作。截至2014年，韶关分公司已为全市超过53万人次的计生家庭人口提供保险保障和服务。

农村金融综合服务站　2014年7月起，韶关分公司在市金融局、人民银行及南雄市、翁源县各级政府、县人民银行的组织领导下，联合相关金融保险单位，先后在翁源县沙坪村、南雄市邓坊镇、古市镇等近20个乡镇共建乡村金融综合服务平台。以农村小额人身保险、银+保“安心贷”、银龄安康项目及计生家庭人身意外伤害综合保险四款服务为抓手，立足农村金融综合服务站平台，开展服务“三农”惠民保险宣传，推进农村保险保障工作。（罗　琳）

附：领导班子成员名单
副总经理（主持工作）：叶洪刚
总经理：喻荣清（—2014.5）
副总经理：张　辉　黄国维
总经理助理：黄国璘

【信诚人寿保险有限公司韶关中心支公司】　信诚人寿保险有限公司（简称“信诚人寿”）成立于2000年，由中国中信有限公司和英国保诚集团股份有限公司合资组建，双方各占50%的股份。总部设在北京，公司的注册资本为23.6亿元。秉承“聆听所至，信诚所在”的经营理念，开业以来，信诚人寿在产品开发、业务发展、渠道建

2014年7月8日，组织参加“爱无疆，责任在行”保险宣传环城游，图为参加人员合影（韶关信诚人寿　供）

设、内部管理、保险营销员培训方面开展一系列卓有成效的工作，迅速建立和完善内控和公司治理机制，并以优异的市场表现、杰出的专业化运作活跃在中国寿险市场。信诚人寿保险有限公司韶关中心支公司是信诚人寿保险有限公司下设的地市中心支公司，经中国保监会正式批准后于2012年1月5日正式挂牌营业成为信诚在全国第47个城市的运营机构。2014年，总体实现保费收入365.61万元，同比增长51%。银保渠道实现保费收入208.84万，同比增长34%，构成两个稳定的区域经理团队；营销渠道实现保费收入152.94万，同比增长78%。

“传家”实现财富代代相传　信诚人寿年内推出高净值客户专属高端子品牌——“传家”，以“传缔荣耀，信承致远”为口号，以保险的资产保全功能为基础，联合中信信托为客户打造具有独立性、保密性以及个性化的金融产品，寓意为高净值人群提供稳固的金融保障，实现家族财富的代代相传。

服务创新　信诚坚持以“市场导向”和“客户导向”为指导，秉承创新求变和勇于超越的精神。业务流程改革八大服务支持功能、电子投保服务、个人网上服务新增续期缴费功能，多项人性化服务的陆续上线，彰显着信诚立志成为中国最好的保险及理财方案的提供者的决心。

开拓新渠道　随着韶关信诚银保业务快速增长，客户的服务需求也逐步增强。本着服务至上的原则，信诚韶关营业部于2014年10月正式设立银保客户服务经理岗位，为信诚的客户提供更周全的服务，保障持续率，促使公司业务发展。客户服务经理在提供服务的同时，为客户提供专业的保险保障规划建议，转移客户风险，给公司带来二次开发业绩，客户和公司双赢。

保险宣传　信诚人寿保险有限公司韶关中心支公司于2014年7月8日，组织参加“爱无疆，责任在行”保险宣传环城游，向社会普及保险知识。公司制定系列宣传方案，结合活动主题要求，设计海报、展架等在营业场所及客户接待区域张贴、摆放；并结合当地自身实际，部署策划开展“面对面”宣传活动。开展保险宣传日的传播工作，倾听客户的需求和感受，普及保险知识，并通过公益活动展示保险行业履行社会责任、服务民生的形象。

爱心奉献　9月，韶关中心支公司组织部门内外勤参加无偿献血活动，为有需要的人献出鲜血。信诚人寿参与2014年6月30日“广东扶贫济困日”活动，奉献爱心，履行广东保险业社会责任、提升保险行业形象水平的重要契机，捐赠金额3万元，为帮助广东省城乡贫困人口、弱势群体尽快脱贫致富做出一份贡献　（关菁华）

打击非法证券活动现场会议（广发证券韶关营业部　供）

附：领导班子成员名单

负责人：朱　丽

银保部经理：高永红

营销部经理：苟高寒

证　券

【广发证券韶关解放路营业部】　广发证券（股票代码：000776）前身是1991年成立的广东发展银行证券部，是国内首批综合类证券公司。2010年2月在深圳证券交易所成功上市，2004年12月获得创新试点资格。2014年公司第四度被评为A类AA级证券公司，系行业目前的最高评级。公司营业网点遍布全国各主要经济区域，截至2014年12月31日，公司有证券营业部249个，数量位列全国第三。自1994年开始，公司主要经营指标已连续20年稳居国内十大券商行列。公司旗下拥有五家全资子公司，控股广发基金管理有限公司，并持股广东金融高新区股权交易中心有限公司和易方达基金管理有限公司，间接全资持有广发金融交易（英国）有限公司（伦敦金属交易所LME第一类交易会员）和广发证券（加拿大）有限公司。韶关地区共有四家营业部，分别位于浈江区解放路、武江区怡华路路、曲江区府前中路及南雄市新城区。其中，浈江区的韶关解放路营业部作为一级营业部，统一管理协调韶关地区证券业务发展。截至2014年12月31日，韶关营业部报表资产总额10亿。经营业务包括沪深A股、B股；沪港通；股份转让市场、新三板业务；证券投资基金（包括场内场外、ETF、LOF等）；债券（国债、企业债）。

经营情况　截至2014年12月31日，公司注册资本59.19亿元，合并报表资产总额2401.00亿元，归属于母公司股东的所有者权益396.11亿元；

2014年，合并报表实现营业收入133.95亿元，实现利润总额66.49亿元，实现归属于母公司股东的净利润为50.23亿元。资本实力及盈利能力在国内证券行业持续领先，总市值居国内上市证券公司前列。

创新业务　融资融券：2012年成为第一批试点券商以来，韶关市营业部融资融券规模日益扩大。随着市场行情的逐渐升温，以及对融资融券的深入认识，截至2014年年底，韶关市营业部融资融券余额已达到6.7亿；"融易通"股票质押式回购融资网上申购新股业务：根据新股发行量身设计的融资业务，专门用于新股申购；约定购回式证券交易业务及股权质押融资业务；期货中间介绍业务（IB）：包括商品期货、股指期货等创新型金融衍生产品，以及期权衍生品等；资产管理类业务：集合资产管理、定向资产管理业务及集合信托计划；现金管理类产品："多添利""多添富"集合资产管理计划、金快线现金管理，以及"现金增利"集合计划等。

特色项目　专职客户经理服务：营业部配备专职客户经理，为客户提供投资咨询服务；信息资讯服务：广发网资讯分析服务、场内IPTV实时股评服务、VIP资讯短信、实时行情点评；金管家服务体系：将客户服务、信息资讯服务与投资活动、咨询活动结合，由专职分析师、财富顾问组建的服务团队直接管理服务，为客户量身打造的专业管理平台。金管家"睿组合"投资资讯服务。

投资理财服务　当前辖区营业部抓住券商经纪业务转型的契机，加强自身人才队伍建设和储备，率先转变经纪业务同质化、被动式的服务模式，树立以客户中心，通过主动提供差异化的投资顾问服务，让客户资产在专业、贴心服务下实现保值增值。营业部已经组建成一支高素质的、极具进取心和专业精神的投资顾问团队，具有强大的研究分析能力，善于抓住市场的脉搏，为投资者的投资理财提供及时贴心的服务。（张　磊）

附：领导班子成员名单
总经理：钟国文

【海通证券韶关文化街营业部】　海通证券股份有限公司成立于1988年，是国内成立最早、综合实力最强的大型券商之一，业务范围涵盖经纪、投行、并购、资产管理、融资融券、基金、期货和PE投资等全方位金融服务。海通证券于2007年在上海证券交易所挂牌上市（600837）并完成定向增发，总资产和净资产位居行业第二位。公司于2012年4月27日在香港联合交易所成功上市。海通证券股份有限公司韶关文化街证券营业部于2011年11月正式入驻韶关，位于浈江区文化街大哥大楼。营业部地处市区商业步行街，周边银行等配套设施成熟，交通便利。营业部面积300平方米，设有柜台业务办理处、咨询投诉接待处、投资者教育专区，并有证券市场教育视频滚动播放，为客户提供快捷的资讯信息与优质的专业服务。全体员工拥有大专及以上学历，大多毕业于知名院校的金融或经济类专业，具有良好的知识储备和丰富的从业经验。

传统经纪业务　为客户提供A股开户，证券投资基金开户、认（申）购、赎回，三板开户、确权、交易等。

创新类业务　海通证券创新业务始终走在市场前列，首批获得融资融券、约定购回式证券交易、券商柜台市场、保险资金管理、合伙企业独立托管、期货资产管理等创新业务资格，并在多项创新业务中处于行业领先地位。还有多种证券资产管理业务，适合不同投资需求的客户，包括定向业务、集合业务（赢财鑫升系列等产品）、专项业务、QDII业务等。2014年，海通证券开通沪港通、快融宝等新业务，满足客户不同需求。

特色服务　作为国内最早成立的知名券商之一，海通证券在历经二十余年的市场历练后，已经形成专业、稳健的服务特色。营业部有优秀的投资顾问每日进行资讯汇总，为客户发送最及时的行情资讯和市场热点信息；客户还可享受到专业营销经理一对一的服务；营业部不定期举办各类投资讲座，方便客户了解最新业务资讯及投资策略。感恩于客户的信任与支持，海通证券顺应投资者多元化需求，推出综合服务产品"海通证券彩虹俱乐部"。彩虹俱乐部为客户提供一个专业财富管理中心和贴心服务平台，旨在帮助客户实现资产价值最大化。

（郑筱丽）

附：领导班子成员名单
总经理：邓紫薇

海通证券公司员工工作场景（市海通证券　供）

旅游·服务业

旅游管理

【概况】 2014年，市旅游局把握市开创绿色转型、振兴发展新局面的部署，围绕“美丽中国之旅·智慧旅游年”宣传主题，以建设国家旅游产业集聚区为重心，推动旅游产业加快发展，旅游产业呈现健康稳步发展势头，各项旅游经济指标再创新高，实现年初制订的主要预期目标。全市接待游客2803.34万人次，同比增长15.03%；旅游收入225.11亿元，同比增长20.25%；来韶过夜游客人数1219.12万人次，占旅游总人数的43%，旅游业增加值101.3亿元，占GDP的9.11%、占第三产业增加值19.59%。

【旅游规划有新进展】 韶关市与北京巅峰智业集团签订战略合作协议，着手编制《韶关市旅游产业发展规划》和乡村旅游、智慧旅游、旅游交通标识、旅游人才等专项规划；开展红色旅游项目策划和规划工作，争取中国老区建设促进会支持，形成《韶关市红色旅游规划项目建议书》。

【项目招商建设有新突破】 韶关市开展旅游用地调研，完善旅游招商储备项目库，搭建涉旅企业融资平台，抓好重点项目建设和督导。2014年，局负责跟踪旅游重点建设项目有两块，一是“百项工程兴韶关”涉旅项目，二是2014年市重点旅游建设项目，共10项26个。项目总投资485.86亿元，年度计划总投资50.67亿元，实际完成投资额52.8041亿元，占年度计划的104.21%。3月11日，总投资20亿元的阿公岩影业基地及旅游综合开发项目正式签约，落户始兴县。

【旅游配套设施得到新完善】 韶关市推动旅游交通基础设施建设，指导完善旅游景区景点停车场的布局和建设，统筹全市旅游标识牌规划设置，完成“百年东街”新旅游标识牌设置工作；完善自助游、自驾游的交通引导服务系统，新修订印制《韶关市自驾游示意图》。

【旅游节庆活动树新品牌】 韶关市整合资源，加强节庆策划。2月27日，2014年，韶关旅游节庆活动新闻发布会暨“满眼春光”韶关旅游大会启动仪式在广州琶洲展览馆举行。举行2014“满眼春光”韶关旅游大会之乐昌九峰桃花旅游节、佛光普照“南华诞”等8个旅游节庆活动；开展旅游节庆进校园活动，与韶关学院共同举办韶关学院首届大学旅游文化节；成功举办第七届徒步穿越丹霞山、乳源十月朝旅游文化节、南雄银杏旅游文化节、韶关旅游欢乐美食节等金秋嘉年华旅游节庆系统活动，全年共举办各类旅游节庆活动41个。

【联合旅游营销出新亮点】 韶关市整合全市旅游资源，加大旅游宣传力度，策划和推进联合营销工作。1月22日在丽宫举行的联合营销工作会议暨联合营销签约仪式，发动各县（市、区）及旅游企业参与联合营销活动。全年共形成4个旅游企业联合营销组团，分别是丹霞山、丽宫温泉、韶关中旅组团，合同金额约280万元；丹霞山、丽宫温泉、大峡谷、韶关广之旅组团，合同金额约240万元；丹霞山、南岭国家森林公园、广东中旅，合同金额约220万元；丹霞山、曹溪温泉、韶关中旅，合同金额约80万元。4个营销组团共推广旅游线路17条，总合同金额约820万元。

【旅游市场宣传有新拓展】 韶关发挥现有旅游联盟的作用，继续扩大旅游联盟，加强区域联动合作，共同开拓客源市场，实现资源共享，优势互补。11月25日，北京国旅总社韶关旅游专列成行，在韶关进行两天一晚的游览。

【智慧旅游城市建设上新平台】 5月，成立韶关市旅游信息服务中心，建好韶关旅游数据中心，促进全市旅游行业信息交流，完善旅游信息采集工作，协助各县（市、区）旅游局做好信息采集、报送及其他信息化建设工作。市旅游信息服务中心成立“韶关旅游信息员”队伍，并派驻到各县、区旅游局工作，加快推进智慧旅游建设。

【旅游行业管理有新成效】 市旅游局抓好旅行社管理服务，开展旅游市场秩序整治工作，优化旅游服务环境。开展旅游市场秩序专项整治活动，共出动检查人员218人次，检查企业76家，检查导游人员10人。

【旅游品牌创建上新台阶】 旅游局加强对景区创A级旅游区的指导，全年评定银山户外养生景区、云天海温泉原始森林度假村2家国家AAAA级旅游景区，马坝人遗址景区、始兴县铜钟寨景区和南雄市帽子峰林场3家国家AAA级旅游景区。

【旅游创文活动展新风貌】 韶关市开展学雷锋活动和星级饭店文明餐桌行动，推报韶关市莱斯大酒店有限公司等4家单位创建市文明单位，市广之旅等3家旅游企业创建市文明示范窗口。9月2日，在图书馆八楼报告厅承办市道德讲堂总堂2014年16期总第30讲，局全体干部职工以及旅游企业代表共80人参加活动。

【全市主要旅行社旅游饭店】 截至2014年年底，全市共有旅行社56家，其中，国际组团社3家，国内旅行社53家。截至2014年年底，全市共有星级饭店57家（5星1家，4星4家，3星44家，2星7家，1星1家）。

景区建设和开发情况

【概况】 截至2014年年底，全市已建成收费景点34个，其中国家AAAAA级旅游景区1个（丹霞山），国家AAAA级旅游景区9个（曹溪温泉度假村、广东大峡谷、丽宫国际旅游度假区、古佛洞天景区、云门寺佛教文化生态保护区、南岭国家森林公园、珠玑巷—梅关古道景区、韶关市银山户外运动养生景区、新丰云天海温泉原始森林度假村景区），国家AAA级旅游景区9个，不收费景点和农家乐、乡村游等特色景点30多个，旅游景区、景点基本上覆盖生态、文化、民俗、宗教等各方面。

【大南岭建设项目】 该项目包括南岭国家森林公园温泉酒店、会议中心、温泉中心、景区公路栈道、游乐中心、冬虫夏草养殖基地、食品开发加工基地等。项目建设期限为2010—2015年，总投资5亿元。年度计划投资1亿元建设，实际完成投资额19395万元，完成年度计划的193.95%。

【丹霞山南门古洋水乡度假区项目】 项目建设一座五星级标准的国际知名品牌酒店，多座三、四星级标准酒店群和一个旅游风情街区，组成集国际会议、观光娱乐、购物度假于一体的一流旅游服务中心，设计年接待能力达300万人次。总投资60亿元，年度计划投资4亿元，年度实际完成投资4900万元。项目前期准备工作已经落实，控制性详细规划已经通过专家评审，项目征地拆迁工作已经启动，完成征地133.33公顷。

【曲江区小坑锦绣南华城·大森林温泉世界旅游度假区】 该项目以温泉为核心，休闲养生为目的，整合小坑森林、泉溪、峡谷、禅乐、田园、动植物等资源，建成具有国际品质、中国温泉文化生态休闲养生度假旅游目的地。项目总投资11.2亿元，年度计划投资3亿元，年度实际完成投资额50000万元，完成年度投资计划166.67%。2014年10月26日，一期温泉酒店试营业。

2014年韶关市金秋旅游嘉年华活动，图为美食活动现场（黄 欢 摄）

【南雄市竹博园生态旅游区项目】 该项目投资兴建一个以历史悠久的珠玑古巷风情，包涵丰富的竹子文化、恐龙文化、农家生活情趣特色，集住、吃、玩、赏、娱、购于一体的综合性旅游景区。主要由“园林度假休闲园区”“体育运动休闲园区”“农家乐休闲园区”“水上世界休闲园区”等四大园区组成。项目总投资20亿元，年度计划投资1亿元，年度实际完成投资11256万元。

【宝能丹霞山国际旅游度假项目】 该项目拟打造成为融生态保护、观光游览、主题乐园、文化旅游、会议度假、休闲健身、商业购物、社区生活为一体，集山地休闲小镇风情和生态人文旅游于一身的大型综合性文化旅游度假区。项目总投资40亿元，总占地面积为约1306.67公顷，规划建设用地425公顷，主要建设“一河二镇三园”：一河是丹霞内情大运河；二镇是客家小镇、哈休特小镇；三园是乐龄养生园、人文体验园、山地运动园。2014年计划投资5亿元，年度实际完成投资50000万元。

【广东丹霞山博士生态园实业有限公司项目】 项目建设内容主要为环山栈道、生态茶园、度假酒店、风情木屋等。项目总投资3亿元，年度计划投资1亿元，年度实际完成投资10040万元。

【新丰县云髻山旭日旅游总体开发项目】 项目总投资13亿元，年度计划投资3亿元，年度实际完成投资36020万元。25栋古建筑在建设中；正着手启动景区配套设施改造升级及温泉山庄重建规划的前期工作。

【始兴县深渡水生态旅游开发项目】 该项目总投资6亿元，建设内容主要有万景樱花谷公园、米椎王森林公园、古樟树林公园、瀑布栈道、万景国际温泉度假酒店、游客服务中心等。年度计划投资1.2亿元，年度实际完成投资额13205万元。

【乳源县银山南岭温泉度假村综合开发项目】 该项目投资建设大型温泉度假区，项目总投资21.7亿元，年度计划投资5亿元，年度实际完成投资额55375万元。已完成用地审批（其中8公顷已办理土地证）、环境影响审批、完成酒店主体工程及内部装修和码头建设，正在进行酒店周围绿化、挡土墙建设和修建走道等。 （邓礼军）

附：市旅游局领导班子成员名单

党组书记、局长：文清年

党组成员、纪检组长：江仁瑞

党组成员、副局长：卢东华

陈仲耀（—2014.10）

丹霞山

【概况】 韶关市丹霞山管理委员会（韶关市环丹霞山旅游产业园管理委员会），与广东韶关丹霞山国家级自然保护区管理局合署办公，为市政府直属事业单位，正处级，公益一类。负责丹霞山风景名胜区的保护、开发、利用和管理工作，内设党政办公室、国土规划建设环保科、文物宗教旅游发展科、农林与社会事业管理局、综合执法局、自然保护区与地质公园科技管理科6个部门。机构人员编制35人，2009年8月被批准为参照公务员管理事业单位。2014年4月，成立韶关市公安局森林分局丹霞山警务工作组。2014年，丹霞山管委会推进环丹旅游产业园建设，进一步完善景区基础设施建设，加大宣传推介力度和提升服务质量等，各项工作成效显著。2014年，丹霞山共接待游客284万人次，实现旅游总收入61758万元。

【环丹霞山旅游产业园建设】 建立环丹霞山旅游产业园项目联席会议制度、联合会审制度以及丹霞山管委会领导挂点联系环丹项目制度，跟踪落实项目进展情况。古洋水乡度假区、宝能生态旅游度假区、梦幻丹霞、北门山水广场、博士生态园等一批环丹项目进展顺利。完成观光小火车、水上游览、自行车观光体验、韶石景区等项目前期研究策划工作，正着手项目规划变更申报及立项等工作。完成丹霞山北门水山入口广场规划编制及审查工作，古洋水乡度假区项目控制性详细规划专家评审及报批工作，梦幻丹霞项目规划编制及专家评审工作和自行车观光体验项目规划编制工作。完成北门水山入口山水广场项目、红锦湾温泉度假村项目、宝能现代农业生态园、宝能物流项目、仁化县旅游度假接待中心等项目选址及规划前置审查工作。做好环丹产业园村民建房审核工作。会同仁化县相关部门，做好景区村民建房审核工作，完成46户村民建房审核。

【宣传营销】 利用央视等主流媒体进行宣传，发挥景区官网的作用，启动并推广丹霞山微信公众账号，利用社会化媒体，多角度、多层次的开展内外宣传工作。组织完成远方网采编行者、央视以及微电影摄制组等对丹霞山的拍摄。启动第二届“我心中的丹霞山”全球华文华人散文大赛和2014丹霞山旅游达人邀请赛，推出“春天花花”“丹霞山美景”“美食倾情大放送”，策划和组织开展首届丹霞山亲子旅游节，组织筹备第七届徒步穿越丹霞山、粤湘赣围棋书画艺术节等活动。联合丹霞山经营公司、水上丹霞等开展广州南站站内灯箱广告，深圳北站户外灯箱广告，北京南站、北京机场LED整体旅游形象宣传工作。制作《丹霞山手绘地图》，印制丹霞山中英对照画册等。

【基础设施建设】 完成外山门进山公路改造项目可行性研究和道路设计方案编制和项目立项工作。完成丹霞山景观大道瑶山至牛鼻3.3公里道路建设项目道路规划设计和招投标工作。完成长老峰山顶步道改造项目规划设计和招投标工作，组织施工。对长老峰景区上山步道、仿生栏杆与观日亭平台路面进行维修与更新。共更换更新已破损的地质植被解说牌、导游图、提示牌30余块，新制作临时标识牌18块、景区交通标识牌26块。

【景区遗产地保护管理】 确定分类保护和更新改造相结合的山林管理原则，做好林农和林木承包者的政策解析和安抚工作。加强对丹霞山范围内森林和野生动植物资源的保护管理。将丹霞山景区纳入市拆除“两违”（违法用地和违法建设行为）工作，加强与属地政府的沟通、协调工作，建立健全工作机制，不定期开展巡查，共同打击“两违”行为。2014年，在巡查中共发现“两违”行为31宗，协助浈江区政府对景区内违法建设强拆行动1宗。整治景区“六乱”（乱搭乱建、乱堆乱放、乱设摊点、乱拉乱挂、乱贴乱写乱画、乱扔乱吐），联合整治非法营运、无证驾驶等违法行为。开展丹霞山国家重点文保单位的保护规划专项资金申报工作。获得2014年国家重点文物保护专项补助资金50万元用于开展丹霞山摩崖石刻保护规划编制工作。完成《广东丹霞山国家级自然保护区总体规划》招标工作，并启动编制工作。理顺丹霞山环境监测工作机制。

【科研科普】 打造丹霞山高校教学实习实践基地，拓展合作高校的范围，支持开展中美丹霞地貌对比研究、韶关学院丹霞山动物资源普查等科研项目。面向全国招募科普志愿者，举办3场“中国丹霞进校园”科普活动，持续推进中国丹霞进校园、丹霞山公园科普讲座等科普活动。与昆仑山世界地质公园、河北承德丹霞地貌地质公园、澳大利亚帕奴鲁鲁世界自然遗产缔结友好姊妹公园。

【旅游安全生产】 对景区各主干道及旅游步道定期开展巡查，在危险区域设置警示牌，保障游客的安全。落实各项安全防范措施。及时对景区内的消防设施进行检查和更新，进一步完善应急工作预案，健全安全隐患报告制度。利用视频实时监控系统，实现对景区各个票站及游客、车辆与渡船密集区域、游览关键部位的24小时实时监控，确保游客的安全。维持良好的旅游秩序。做好景区森林防火工作。与景区内企业、单位签订森林防火责任书，加大值班巡山力度和宣传力度，严格火源管理。2014年，丹霞山全年未发生一起安全责任事故，为游客创造一个和谐、安全、有序的旅游环境。

【门票调价】 按照门票调价的程序，做好丹霞山门票调价各项工作。经过市物价局审批，同意将丹霞山景区和卧龙冈景区分票制整合为一票制。门票价格由原来平日160元/人·次（1天内有效），节假日180元/人·次（1天内有效）统一调整为200元/人．次（不分节假日，2天内有效）。调定后门票价格从2014年9月1日起执行，按照一次调整、分步实施的原则，分三年执行到位。韶关市民休闲、锻炼门票价格按之前规定执行，即30元/人·次。

【“盛世丹霞”杯首届全国山地自行车邀请赛】 2014年12月21日，2014年，中国丹霞山“盛世丹霞”杯首届全国山地自行车邀请赛在丹霞山古洋山地自行车训练基地举行。邀请赛由国家体育总局自行车击剑运动管理中心、中国自行车运动协会、市政府主办，市体育局、市旅游局、市丹霞山管理委员会和仁化县人民政府承办。来自广东、香港、湖南、江西、广西、河南、河北、福建和韶关本地的900多名运动员参加。举办此次邀请赛对打造丹霞山户外旅游全国品牌，推动韶关体育产业发展和户外旅游品牌建设，宣传推介韶关旅游资源具有重要的推动作用。 （彭僖华）

附：领导班子成员名单

党委书记、管委会主任、管理局局长：
陈　波（—2014.6）
许　红（2014.6—2014.10）
柳琛子（2014.10—）
党委副书记、管委会副主任：邱代胜
党委委员、管委会副主任：王明志（—2014.10）
管委会副主任：侯荣丰
党委委员、管委会副主任：邓勇成
党委委员、纪委书记：黄德贵
党委委员、管委会副主任：段平波（2014.12—）

2014年12月21日，中国丹霞山“盛世丹霞”杯首届全国山地自行车邀请赛在丹霞山古洋国家级山地自行车训练基地举行来自全国各地的900多名运动员参加（刘加青　摄）

餐饮业

【概况】 2014年，韶关市餐旅烹饪协会坚持探索，发挥“行业代表、行业协调、行业自律、行业服务”的基本职能，本着为社会、政府、会员和企业服务的宗旨，开展工作，在实际工作中积累经验，在探索中前进、在开拓中进取，不断寻求发展机遇，为协会的发展打下良好的基础。

【参加第24届中国厨师节】 5月30日至6月1日，为期三天的第24届中国厨师节在山东烟台国际博览中心展开，此次厨师节以“弘扬饮食文化，推动厨艺交流，倡导绿色餐饮，服务经济发展”为主题，吸引全国各地餐饮企业，中国名厨经典菜展评、厨艺绝技表演、鲁菜至尊大师传承展示等活动在厨师节上呈现。韶关协会派7人前往山东烟台观摩，观看全国各地的厨师厨艺，开阔眼界，增长见识。

【参加海峡两岸首届（宁化）客家小吃节】 10月13日，海峡两岸首届（宁化）客家小吃节在福建宁化客家美食文化城举行，两岸客家美食共同展示、同台竞技。韶关市餐旅烹饪协会应邀13人参加此次活动。此次客家小吃节，除推出客家小吃展览和土特产展销之外，还举办海峡两岸客家小吃联谊会，韶关与来自台湾、广东大埔、福建福州和三明等地的嘉宾和小吃参展业主共商客家小吃发展大计，探讨两岸客家小吃节的举办机制和联谊会章程，共同弘扬客家美食文化。

【参加第八届“中国·南华野生菌美食文化节”】 8月9日，第八届“中国·南华野生菌美食文化节”在南华龙泉广场开幕。韶关市餐旅烹饪协会组队参加此次活动，并与当地餐饮同行进行业务交流。在为期7天的第八届“中国·南华野生菌美食文化节”期间，围绕“魅力菌王国，美食扬天下”这一主题，突出“美食、旅游、商贸”三大板块，开展野生菌菌王选拔赛、特色美食展示等，来自各地的人们品尝野生菌食宴、体验菌乡风情，感受“野生菌王国”“中国野生菌之乡”“中国野生菌美食县”的魅力。

【参加2014年广东省餐饮行业职业技能竞赛】 为进一步加快培养高技能人才，满足广东经济建设发展对技能人才的需求，9月20日，2014年广东省餐饮行业职业技能竞赛在广州市旅游商务职业学校举行，本次大赛为期1天，共有来自广东省内近20家单位代表队的67名选手参赛。竞赛内容包括专业理论知识考试和实操两部分。南雄食为先大酒楼和龙腾鱼庄获团体优胜奖。通过竞赛相互交流学习，取长补短，展示技能，推进餐饮业和旅游服务业的发展。

【参加韶关首届城市庙会】 韶关首届城市庙会暨百年东街开业活动从5月1日持续到7日。游艺活动和文艺表演吸引广大市民、游客云集百年东街，共同欢度“五一”国际劳动节。市政协主席李飞、市委常委宣传部部长许红出席活动。香港陈嘉辉龙狮总会218米巨龙醒狮以及荷花桩舞狮表演为东街庙会助阵；汇聚韶关三区五县两市的地方特色美食。为配合此次活动，韶关协会发动会员参加，在人员缺乏的情况下，南雄食为先及市区10个会员单位响应，全程参加活动。

【韶关旅游金秋嘉年华暨韶关旅游欢乐美食节】 “春华秋实 金满韶关”韶关旅游金秋嘉年华－韶关旅游欢乐美食节起动仪式于2014年12月30日晚在南郊万汇广场举行。

本次旅游欢乐美食节从2014年12月30日到2015年1月4日为期6天，在南郊万汇广场举行。韶关旅游欢乐美食节作为韶关金秋旅游嘉年华的重要一环，备受韶关本地与珠三角、红三角餐饮商家青睐。此次活动韶关市餐饮协会邀请江西、湖南和顺德等地同行参加，还派出15家会员企业参与。美食节现场更设有“家庭厨艺大比拼”、“市民厨艺互动”专场活动，让市民一展厨艺。

2014 韶关金秋旅游食嘉年华－韶关旅游欢乐美食节上一位厨师精心雕刻食品（市餐饮协会　供）

【协会荣誉】 2014年5月，省农业厅牵头在全省开展“广东十大名牌系列农产品评选推介”活动，评选推介“米、猪、鸡、鸭、鹅、果、茶、菜、鱼、虾”广东十大名牌系列农产品。古塘板鸭凭借传统的手工工艺制作、外形美观、皮薄骨脆、瘦肉甘香、回味悠长等特点荣获“广东十大名鸭”荣誉称号。韶关协会副会长、金凤凰食府总经理贾少华荣获为2014年度“中国梦，梦圆韶关”先进人物韶关十大女企业家称号；常务副会长蔡懂华被评为“中国梦，梦圆韶关”先进人物民营企业家优秀奖；副会长王福贵被评为“中国梦，梦圆韶关”先进人物创业人物优秀奖。

【协会助人为乐行善举】 8月20日下午，在韶关乐昌2岁的小嘉嘉被滚烫猪油烫伤，全身烫伤的面积达到60%的不幸遭遇引起社会各界的广泛关注。9月5日，韶关餐旅烹饪协会在协会微信群里向会员发起爱心捐款倡议，得到爱心企业和会员的踊跃参与，共筹得善款39200元，韶关友谊之船团体和潮州海鲜菜馆员工也伸出爱心之手，分别捐款8000元和3360元，总计50560元。9月7日，韶关餐旅烹饪协会会长陈树源、秘书长陈汉忠等代表协会到市粤北人民医院慰问并探望不幸烫伤的女孩。市餐旅烹饪协会常务副会长、潮州海鲜菜馆董事长陈汉忠2014年10月患急性胰腺炎在粤北人民医院重症科治疗，在ICU近一个月时间，每天的费用都在2万左右。协会知道情况后，倡议副会长和常务副会长为他捐款，共捐人民币40多万元，体现协会大家庭的温暖。

【开展交流考察活动】 2014年，协会与各地同行交流互访，协会先后接待深圳市饮食服务行业协会、梅州餐饮协会、东莞市餐饮行业协会、江西南康烹饪协会、湖南衡阳餐饮协会等同行的到访，和同行们开展厨艺交流活动。本着促进提高韶关市餐饮水平的发展，提升餐饮业整体水平的原则，为推动烹饪行业的发展，提升菜品质量，向同行学习取经，扩大新丰餐饮的知名度。10月29日、30日，新丰县烹饪协会首次组织近20名会员赴南雄等地考察交流。在交流过程中，同行们先后参观食为先大酒楼、曲江区的经律论文化旅游小镇等地，对南雄的地方特色菜和创新菜进行学习和现场探讨，交流烹制菜品的心得与技巧。通过活动的开展，会员们交流一些工作上、管理上的问题，共同分享在参观过程中学习到的优秀管理理念，了解该地区餐饮企业、餐饮文化的发展，认识自身的不足与差距。协会派出部分会员单位代表参加江门、中山、湛江等地餐饮行业协会成立周年志庆等系列活动，使韶关餐饮酒店业不断加强与省内外同行的交流，及时将相关活动的信息转达到各会员企业，让会员单位能够在外出交流中不断学习吸收优秀的经验。（李　勇）

2014 韶关金秋旅游食嘉年华－韶关旅游欢乐美食节上领导和获奖厨师合影（市餐饮协会　供）

交　　通

交通管理

【概况】　至2014年年末，全市公路通车里程16048公里，公路密度87.7公里/百平方公里，通车里程比上年增加775公里。按技术等级分，等级公路15626公里，其中高速公路453公里、一级公路211公里、二级公路819公里、三级公路1419公里、四级公路12724公里，等外公路422公里。按行政等级分，高速公路453公里，国道440公里，省道1222公里，县道1850公里，乡道7763公里，村道及专用公路4320公里，公路桥梁2302座/145089延米（含高速公路）。全市内河航道维护里程386公里（其中等级航道256公里），泊位23个，泊位年通过能力530万吨。全市营运车辆11311辆，其中营运客车1089辆，营运货车10222辆。全市等级道路客运站16个，其中一级客运站1个，二级客运站8个。通镇农村客运班线102条，902个行政村开通农村客运班车。全市出租汽车拥有量为908辆，全市公交车辆500辆（其中2014年投放新能源LNG公交车6辆），市区公交线路47条。全市营运船舶790艘。铁路通车里程475公里，铁路密度2.56公里/百平方公里。（谢艳文）

【大广高速建设】　大广高速在韶关市新丰县境内全长38千米，总投资约为48.03亿元。2014年全年完成投资15.733亿元，占年度计划投资（15亿元）104%，项目自开工建设至今累计完成投资34.864亿元，占总投资的72.5%。需征地约299.2公顷，房屋拆迁总面积9000多平方米，现已全部完成，项目建设进展顺利。（梁伟云）

【运输生产增长】　2014年，公路客运量5032万人次，客运周转量26亿人次公里；公路货运量1.28亿吨，货运周转量221亿吨公里，同比增长31%。水路货运量4454万吨，货运周转量108亿吨公里，同比增长15%。港口吞吐量58万吨。（廖声星）

【交通运输综合行政执法】　加大执法力度，开展交通综合执法工作。加强运输市场监管，组织开展打击非法营运、出租车服务质量巩固提升年活动、客运危货运输安全生产专项整治、驾培市场整治等专项行动。加强路政、水运执法巡查，开展全市普通干线公路路域环境综合整治行动及水路运输“打非治违”行动。继续开展全市治超专项行动，优化治超网络布局。根据治超情况变化，韶关市申请从2014年10月起撤销省道249线K17治超点，2014年12月省交通运输厅批复新增X315线马坝至大塘流动巡查路段；乐广高速、韶赣高速固定治超站建设正在推进中。2014年，全市交通综合执法机构共出动执法人员71970人次，出动执法车（船）20829辆次，检查车辆20.7万次，立案查处违章车辆9414台，比上年增加23.9%；查处违章案件9607宗，比上年增加24.6%。（王小兰）

【出租车服务质量巩固提升年活动】　2014年，开展出租车服务质量巩固提升年活动，不断提高出租车行业服务质量和监管水平。加大对出租车违法行为的整治力度。强化与公安、物价等部门的联动执法，开展打击非法营运和异地出租车营运专项行动，对违法违规行为立查立处。11月，交通、公安联手合力在市区范围内集中开展为期一个月的打击非法营运车辆专项整治行动，重点查处非营车辆。加强行业文明创建，重点抓好从业资格管理、营运服务规范的贯彻落实，通过开展“爱心送考”、安全文明出租车企业和驾驶员、质量信誉考核等活动，营造诚信服务的良好氛围。加大对举报投诉的办理力度，对投诉情况及时调查核实，特别针对春运等时期投诉量激增的情况，采取约谈企业、停班学习、短信提醒等措施，确保投诉举报受理及时、惩处及时、反馈及时。加强与出租车公司、市道协的沟通协调，每月召开联席会议，不定期共同巡查，形成管理合力。发挥行业自律作用，制定并实施《韶关市出租车行业诚信自律公约》，发挥行业团体在市场管理中的自律作用，市道路运输行业协会自行聘请行业自律监督员，加强出租车市场巡查，对违章三次以上的驾驶员，由市道协组织停班学习重新考试上岗。通过行政处罚与行业自律的有机结合，提高管理成效。全年查处出租车违章974起，行政处罚235宗，现场教育纠正739起，停班学习96人次。（李　郁）

【交通安全生产管理】　2014年，韶关市交通运输部门以“平安交通”建设为着力点，树立安全生产“红线”意识，始终把人民生命安全放在首位，强化源头监管，突出重点领域，开展安全隐患排查、“道路客运安全年”、“汛期安全生产大检查”、“八打八治”、企业安全生产标准化建设、“安全生产月”及安全生产大检查等活动，建立完善安全生产和应急管理专家库，发挥专家在安全生产监督检查中的作用。强化应急管理，进一步修订完善《出租汽车群体性突发事件应急处置预案》，应急处置“10·30”出租车司机罢工事件，及时研究应急措施，严防事态恶化。2014 年，全市共发生道路运输事故 15 起，死亡 16 人，受伤 6 人。工程建设事故 1 起，港口营运未发生事故。安全生产形势总体稳定、趋于好转。（钟　敏）

【完善交通发展规划】　韶关市高速公路网规划（2014—2030 年）》获得市政府批复，至 2030 年，规划将形成“四纵五横一环”的高速公路网络布局，高速公路通车里程达到 1112 多公里。委托开展《韶关市交通综合运输体系规划》编制工作。启动综合交通运输“十三五”发展规划编制工作。开展《韶关港总体规划》报批工作。参与省道网规划调整方案制定工作。（廖声星）

城市公共交通

【概况】　至 2014 年年底，全市共有出租汽车企业 16 家，出租汽车 908 辆（含纯电动出租车 100 台），其中：市区有出租汽车 670 辆（含曲江区出租汽车 100 辆）；全市公交车辆 500 辆，线路 69 条（含城乡公交）。主城区公交车 376 辆，线路 44 条，其中：韶关市公共汽车有限公司有公交线路 36 条，公交车 318 辆；韶运集团有 4 条公交线路，公交车 36 辆，韶关市汽车运输有限公司 4 条线路，公交车辆 22 辆；2014 年市区公交客运量 6410.5 万人次，比 2013 年增长 4.47%；南雄市公共汽车有限公司 4 条公交线路，公交车辆 20 台。（傅悦舟）

【公交及配套服务更新改造】　报废并更新 LNG 新能源公交车 96 辆，投放 4 辆新能源公交车投入 38 路车运营。共完新建候车亭 1 座，简易站牌 4 个，港湾式站台站点 7 个，并结合市政道路改造调整站点 17 个站，为更好的方便群众出行，开通韶关电视台开往市行政服务中心 37 路公交线和韶关火车东站至曲江区南华寺的公交旅游专线。完成迁移公交候车亭 3 座，迁移公交站牌 12 个。

（潘伟飞　傅悦舟）

【推广应用全省公交一卡通】　按照省交通运输厅的统一部署，继续建设可全省联网使用的岭南通·韶州通公交 IC 卡收费系统。截至 2014 年年底，发行岭南通·韶州通公交 IC 卡 275999 张，2014 年使用岭南通·韶州通公交 IC 卡乘车 2849.9 万人次。（傅悦舟）

公路交通运输

【概况】　截至 2014 年年底，全市共有道路运输营运客车（不含公交车和出租车）1089 辆、36914 客位，分别比上年减少 4.8%、减少 9.8%，营运货车 10222 辆、116502 吨位，分别比上年增加 5.5%、增加 10.3%。道路客货运输业户 9601 户，从业人员 51447 人，汽车维修业户 2274 户，汽车综合性能检测站 9 个，机动车驾驶员培训业户 15 户。道路客运线路 358 条，道路客运等级站 16 个，其中一级站 1 个，二级站 8 个，三级站 1 个。

【道路农村客运】　全市道路客运业户 25 户，其中班车业户 21 户，拥有 100 辆客车的业户 2 户。客运班车 940 辆，旅游客车 149 辆；高级车 495 辆，中级车 562 辆。客运从业人员 12857 人。客运站日均发 3756 班次，日均客运量 42184 人次。跨省客运线路 105 条，跨市线路 108 条，跨县线路 43 条，县内线路 102 条，全市道路客运线路日均发送 3533 班次。至 2014 年底，全市 99 个乡镇全部通客运班车，通镇客运线路 102 条；902 个行政村中开通班车，农村客运车辆 465 辆，客位 11197 个；乡镇客运站（候车亭）996 座，其中等级客运站 6 座。

【道路货运】　道路货运业户 9601 户，其中危险品运输 14 户，普通货物运输 9587 户，从业人员 10930 人。营运载货车辆 10222 辆（个体车 5490 辆）、116502 吨位（个体 39328 吨位），其中普通载货汽车 6693 辆，专用货物运输车 706 辆（危险货运运输车 305 辆）；栏板货车 3655 辆，厢式车 3333 辆，罐车 398 辆；大型车 4813 辆（重型车 4217 辆），中型车 512 辆，小型车 3410 辆。（傅悦舟）

【机动车维修与检测】　全市有一类汽车维修业户 26 户，二类汽车维修业户 188 户，三类汽车维修业户 993 户，摩托车维修业户 619 户。全年完成维修量 3005617 辆次，其中整车修理 20808 辆次，总成修理 38799 辆次，二级维护 243222 辆次，专项修理 2577775 辆次，维修救援 120013 辆次。汽车综合性能检测站 9 个，全年检测车辆 29116 辆次，其中维修竣工检测 14435 辆次，等级评定检测 9697 辆次，维修质量监督检测 3 辆次。

【机动车驾驶员培训】　全市机动车驾驶员培训机构共 13 家，其中一级机动车驾驶员培训机构 4 家，二级机动车培训机构 9 家，机动车教练场经营业户 1 家。2014 年，机动车驾驶培训教学备案车辆共 1146 辆，教练员 1243 人。全年共完成机动车驾驶员培训共 44108 人。继续推广应用驾驶员培训计时 IC 卡系统，全市 1146 台教练车全部安装 IC 卡计时管理设备。

【道路运输管理】　市交通局开展道路运输企业、机动车维修企业（一、二类）、驾驶员培训机构、出租小汽车企业质量信誉考核工作，全市共考核客货运输企业 68 家、驾培企业 13 家，机动车维修企业 151 家，出租汽车企业 13 家。发放 2013 年公交车、出租汽车和农村客运、水路客运燃油补贴 3602 万元。

【道路运输从业资格无纸化考试】　2014 年，韶关市参加道路运输从业资格培训并无纸化考试合格 3123 人。其中，道路货物运输从业人员 2195 人，道路旅客运输从业人员 198 人，出租汽车从业人员 393 人，道路危险货物运输从业人员 194 人，道路危险货物运输装卸管理人员 13 人，道路危险货物运输押运人员 130 人。（傅悦舟）

【治理超限超载】 采取固定治超与流动治超、源头治超同步推进的治超模式，开展车辆超限超载治理工作。在固定治超工作中，梅花治超站全年检测车辆 155610 台次，查处违章车辆 6004 台次（其中超限 5476 台次，运政违章 528 台次），卸载转运货物 18616.505 吨，罚款 1445.75 万元。检测车辆数、查处违章数、罚款数和卸载转运货物数分别是 2013 年的 121.8%，148.7%，181.15%，164.53%，超限违章率 3.52%。流动治超，全市共有 12 个治超流动巡查路段，其中市区 4 个。创新治超方式，改变以往“守株待兔”的查车方式，执法人员主动出击，在流动治超路段、各稽查站和重点工地路段实行错时执法，查处在下班后或夜间行驶的超限超载车辆。全市共检查流动治超车辆 49810 辆，查处超限车辆 1843 辆（比上年增加 8.2%），卸载转运货物 37748.2 吨，超限违章率 3.7%。其中查处超限车辆 479 辆（比上年增加 11.4%），卸货转运货物 9215.5 吨。源头管理。深入货场、企业核查运输企业运输状况，进一步落实企业治超主体责任，加强对在外地超限超载的韶关市籍车辆的管理。市区已建立 29 家源头单位车辆和货物吞吐档案，核查源头运输车辆 533 台，整改非法改装车辆 97 台。

【路域环境综合整治专项行动】 2014 年，交通执法局联合市公安局、公路局等 12 个单位通过分阶段、分类别的办法，综合运用“先易后难”“教育疏导与行政强制相结合”的原则，实施普通干线公路路域环境综合整治工作，保护路产路权，制止公路违法行为，保障公路安全畅通，改善交通环境。2014 年，共摸查违法行为 1396 宗，更换标志标线和交通安全设施 19010.11 平方米，补种绿化景观 1772 平方米，整治货物集散地 3 处，整治治安交通秩序 255 处，整治路外卫生摊点 34 处，拆除非公路标志 14 块/848.4 平方米，拆除地面构筑物 19 处/2261.55 平方米，恢复平面交叉道口 9 处/59 米，拆除管线 1321 米，加水点 17 处，乱堆乱放 61 处。（朱意明）

【道路客运危货运输安全整治】 韶关市树立“底线”和“红线”意识，以创建“平安交通”为主线，促进企业规范管理，落实安全生产主体责任，查堵安全生产工作的薄弱环节，严密防控道路客运和危险品货物运输安全生产事故隐患。加强道路危货运输源头安全监管，检查企业安全生产制度落实情况、从业人员资质、安全学习培训、应急演练、维护保养情况、GPS 定位系统安装、使用和维护、危险货物运输车辆标志喷涂和标志灯安装等情况。重新核查道路危险货物运输企业经营范围。加强联网联控动态监管，督促企业落实长途客运班车凌晨 2 点至 5 点停车休息制度，通过 GPS 监控平台，抽查辖区长途客运在该时间段运行情况。排查重点营运车辆接入联网联控系统情况，对全市“两客一危”（指大客车、大型旅游客车以及危险品车）车辆安装 GPS 和接入系统情况进行梳理排查，对不符合要求的一律责令停运整改。（周启方）

【韶关粤运】 2014 年，韶关市粤运汽车运输有限公司全年完成客运量 2977 万人次，同比减少 6.18%；客运周转量 151109 万人公里，同比减少 1.25%；客运收入 34472.06 万元，同比增长 2.69%；交纳税金 2842.17 万元，同比减少 2.07%；职工年人均收入 46242.40 元，同比增长 22.74%；2014 年投资 103.84 万元改造和建设客运站场；投资 5265.07 万元，更新和新增营运客车 103 辆，更新出租小汽车 240 辆；投入资金 5578.8 万元，安装车载视频监控、站场监控及 GPS 行车记录仪。截至 2014 年年底，拥有营运客车 805 辆，出租小汽车 350 辆，教练车 165 辆。强化安全生产管理，实现安全生产，每百万车公里责任事故频率 0.03 宗，伤人率 0.01 人，死亡率 0.03 人，经济损失率 3884 元/百万车公里，全部优于考核指标。（余丽芳）

【韶关市汽车运输有限公司】 2014 年，韶关市汽车运输有限公司加强生产经营管理，加大安全生产管理力度，提升服务质量，实现经济效益稳步发展。全年完成客运量 611.34 万人次，同比增长 1.0%；客运周转量 29063.84 万人公里，同比增长 1.2%；营运收入 3816.6 万元，同比增长 1.3%；交纳税金 137 万元；全年更新和新增营运客车 35 辆。截至 2014 年年底，拥有营运客车 184 辆，出租车 180 辆，所有营运车辆均安装 GPS 行车记录仪和车载视频监控。2014 年每百万公里责任事故频率 0.001，伤人率 0.0003，死亡率 0.0001，经济损失率 125 元/百万车公里。全部考核指标均低于考核标准。

（林智彝）

【新丰县汽车运输有限公司】 2014 年，新丰县汽车运输有限公司以抓好安全行车和驾驶员信誉考核为重点，加大从业人员培训力度，规范客运行业操作流程，不断提升服务质量，企业质量信誉考核连续 8 年获得 AAA 的好成绩。至 2014 年年底，该公司有营运客车 84 辆，其中市际 45 班线辆，县际班线 9 辆，县内 32 辆，合计座位 3032 个。安全行车 1012.7 万公里，与上年同期对比上升 0.78%；完成客运量 119.7 万人次，同比增长 1.2%；完成客运周转量 15143 万人公里，同比增长 1.1%。四项考核指标均低于考核标准。（陈敏锐）

地方公路建设与管理

【通自然村公路硬底化建设】 2014 年，全市完成通自然村公路路面硬化

530.38 公里，完成投资约 1.591 亿元，其中：浈江区 10.41 公里、武江区 4.46 公里、曲江区 28.73 公里、乳源县 70.13 公里、乐昌市 93.31 公里、仁化县 57.34 公里、南雄市 136.22 公里、始兴县 26.4 公里、翁源县 50.05 公里、新丰县 43.33 公里。

【公路桥梁渡口渡船改造与新建】 2014 年，全市完成农村公路新改建（含危桥、水毁桥）桥梁 20 座/678.722 延米，另外在建 8 座/995.38 延米，完成投资约 3380 万元。2014 年，全市渡口渡船更新改造原计划共 9 个项目，后期调整为 8 个项目，分别是仁化县 2 座渡口改造（原计划 3 座），曲江区 3 艘渡船更新、浈江区 3 艘渡船更新。至 2014 年 12 月 31 日，2 座渡口改造项目完成 1 座，6 艘渡船完成 4 艘。项目完成率为 63%。

【县道路面大修】 2014 年，县道（部分乡道）路面大修计划完成 60 公里，至 12 月底累计完成 60.43 公里，完成投资 4830 万元。其中：市重点项目 X318 线大修工程本年度完成铺筑砼路面 12.2 公里，累计 32.2 公里，现进行附属工程建设；X315 线改建项目第一期 6.23 公里（韶钢至大塘方向）本年度完成铺筑砼路面 4.43 公里，累计完成 6.23 公里。

【农村公路养护】 市交通局以开展农村公路管养年活动为抓手，加大对县、乡、村道的养护力度，列养率 100%。大部分县道公路路况基本稳定，路面整洁，路肩平整、密实，边坡稳定、平顺，水沟畅通，路面无明显病害，公路里程碑、防护设施基本齐全，并设置安全、指示标志。2014 年，县道年末优良路面率 92.04%，平均优良路面率 90.5%。乡道列养率 100%，年末良好路面率 80.4%，平均良好路面率 79.9%。全市共创建农村公路养护示范镇 18 个，创建示范路 600.899 公里。

【工程项目竣工验收】 2012 年以前完工的路面大修、桥梁建设项目竣工验收工作，截止至 12 月底通过市、县级竣工验收的有：浈江区 2 座桥梁项目；曲江区 2 座桥梁项目和 129.93 公里通自然村公路路面硬化建设项目；南雄市 17 座桥梁和 5 个大修项目；仁化县 3 座桥梁和 2 个大修项目；始兴县 1 座桥梁和 79.942 公里通自然村公路路面硬化建设项目；翁源县 323.98 公里通自然村公路路面硬化建设项目；乳源县 73.34 公里通自然村公路路面硬化建设项目；新丰县 244.62 公里通自然村公路路面硬化建设项目。

【农村公路绩效考核】 年终考核出先进县公路站 3 个：始兴县地方公路管理站、仁化县地方公路管理站、乐昌市地方公路管理站。工程管理工作先进单位 3 个：仁化县地方公路管理站、始兴县地方公路管理站、曲江区地方公路管理站。路政管理工作先进单位 3 个：浈江区地方公路管理站路政所、南雄市地方公路管理站路政所、始兴县地方公路管理站路政所。农村公路养护管理工作先进单位 3 个：南雄市地方公路管理站、乳源县地方公路管理站、乐昌市地方公路管理站。标兵道班 3 个：南雄站全安道班、南雄站新龙道班、始兴站顿岗养护中心。先进道班 19 个，先进个人 13 人，养护之星 13 人。

【农村公路水毁抢修】 韶关市因强降雨影响，中断交通的农村公路共 30 条/35 处，坍塌方 9.67 万立方米/437 处，水毁路基 2.51 万立方米/29.28 公里，水毁挡墙 2.76 万立方米/266 处，水毁桥梁 9 座/202.6 延米，累计水毁损失 2179.12 万元，已全部抢通，县道水毁修复工作基本完成。2013 年，救灾复产重建家园工作任务完成 19 条县道抢修复、7 座桥梁加固修复、桥梁重建 20 座，省、市安排水毁抢修复资金计划 9490.51 万元，已基本到位。

【农村公路指路牌设置】 2014 年，是韶关市在乡、村公路上设立交通指路牌的收官之年，各站能按照相关要求对指路牌进行查漏补缺，全市地方公路共设置指路牌 375 块，其中：浈江完成设置 61 块，曲江完成设置 73 块，翁源完成设置 136 块，南雄完成设置 35 块，始兴完成设置 5 块，乳源完成设置 19 块，乐昌完成设置 46 块，完成上级下达的任务。三年来，共完成指路牌设置 4286 块。（惠艳莉）

【交通工程质量监督】 2014 年，市交通局共受理质量监督登记项目 35 个，累计投资约 2.0 亿。其中：国省道建设项目 5 个，县乡道建设项目 30 个。完成质量鉴定项目 238 个，其中：农村公路质量鉴定项目 221 个，里程共 224.83 千米，水毁质量鉴定项目 6 个，县道质量鉴定项目 5 个，路面大修项目 3 个，共 48.75 千米，桥梁 2 座；国省道质量鉴定项目 2 个，路面大修项目 1 个，28.0 千米，桥梁 1 座。加大对在建项目违规行为的查处力度，全年共发出监督通知书 32 份。组织开展全市水毁项目的专项监督检查。完成“平安工地”第一、二阶段考核工作。编写农村公路培训资料，为各县（市、区）县级质量监督小组提供业务指导。

【交通工程安全监督】 安全监督工作按照“全覆盖、零容忍、严执法、重实效”的要求，韶关市开展日常安全生产检查 30 多次，完成 3 次节前专项大检查。参与全市“八打八治”打非治违、防坍塌以及交通工程建设市场等专项大检查工作。全年共排查安全生产隐患 123 起，整改率达到 100%。

【公路工程造价管理】 2014 年韶关市共完成造价审查项目 40 个，其中概算、预算审查 20 项，竣工决算 6 个，招标清单审查 14 项，审查总金额 128915.11 万元，核减不合理金额 2926.78 万元。招标工程量清单预算核备工作稳步推行，遏制招标清单编制不规范，建设单位随意调整批复工程量、随意定控制价的现象。材料价格信息管理更趋完善并取得新突破，韶关市公路地方材料信息价在《广东交通造价》和省造价站网站上发布。

【公路工程试验检测改制管理】 因机构改革，检测中心已于2013年12月30日正式脱离，试验检测工作由原来的行业管理、试验检测双重工作任务，转化为单一的行业管理。2014年，组织开展韶关市国省道、县道等重点项目的工地试验室考核管理工作，累计考核工地试验室5个。结合专项打假活动，开展韶关市国省道、县道等重点项目原材料专项检查工作。加大检测单位、监理单位母体工地实验室的考核工作，对于履约不到位的从业单位限期整改。组织开展2014年韶关市四家检测机构水泥和钢筋比对试验。

（熊　霞）

水路交通运输

【港口概况】 韶关港岸线2079米，已建成泊位61个，其中正常使用泊位数23个，堆场102519平方米，堆场容积445000吨，年货物通过能力570万吨。2014年，韶关港年吞吐量为46.80万吨，同比下降11.36%。

【港口企业】 港口企业6家，无危险品港口经营，均为民营港口企业。共有港口从业职工356人。港口装卸设备：吊机6台、铲车9台、输送机4台，吊机最大起重能力40吨。

【航运能力】 2014年，韶关市共有航运企业15家。建造船舶60艘、109522载重吨。全市营运船舶共计808艘、685918.54载重吨、582客位、210780.49千瓦，其中货运船舶790艘、685918.5载重吨、209815.1千瓦。同比上年，船舶数量和载重吨分别增长2%、35%。

（杨　娟）

附：领导班子成员名单

党组书记、局长：谢天友

党组成员、副局长：童志跃　唐明强　谭建强

副局长兼邮政管理局长：肖　军

党组成员、纪检组长：王　镒

党组成员、副局长：罗缵锦（2014.4.18—）

党组成员、市交通战备办公室主任：张铁南（2014.12.4—）

国省道公路建设与管理

【概况】 韶关市公路局是业务上受省公路局指导的市政府直属正处级事业单位，依据公路法负责韶关市辖区内省养公路（不含地方公路）的改造建设、养护、管理和全市所辖汽车养路规费以及由省、市公路局控股的非经营性过路费征收。公路事业经费按照省养路费地方切块包干资金管理办法，纳入地方财政核拨。2014年，市公路局在以深入开展党的群众路线教育实践活动为契机，加快市区出口道路和芙蓉新城市政道路代建工作，提升国省道公路路面质量和服务水平，以作风建设的新成效确保各项工作落到实处，完成年初确定的各项工作任务。年末，全局拥有公路总里程1572.1公里，其中国道421.58公里，省道1121.48公里，县乡道29.05公里；其中一级路167.12公里，二级路673.2公里，三级及以下731.7公里。

乐广高速乌石北江特大桥（谢天友　摄）

【国省道公路建设项目】 2014年，市公路局立足韶关实际，加大项目前期工作力度，争取上级资金支持，申报并获得批复项目18个，建设里程351.45公里，建设总投资15.8亿元。分别是：2个公路升级改造项目和16个公路路面改造工程项目。全年共争取上级补助资金到位4.9亿元，其中：中央补助0.8亿元，省级配套资金4.1亿元。S246线仁化长江至岭田村段、省道S345线乐昌佛坳至廊田段等2个路面改造工程已完成路面主体工作。省道S253线曲江区韶关发电厂至水打赖段已完成砼路面16.82公里（占工作量的97%），省道S253线武江区社主至曲江区石堡段已完成沥青路面下面层20.5公里、上面层14.5公里（占工作量的80%）。省道S251线曲江小坑至翁源交界段已完成沥青路面2.68公里、20座涵洞、5.3公里双边基层（占工作量的30%），省道S251线曲江交界至翁源连新段已完成砼路面8.5公里双边基层、3公里单边路面、13座涵洞、3座桥梁单边桥面铺装（占工作量的25%）。省道S246线仁化线河塘至浈江区犁市段已完成9座涵洞、多锤头破碎8.73公里（调平层1300立方米）、6.7公里单边基层、2.9公里单边路面（占工程量的15%）。国道

G106 线翁源大宝山隧道至凉桥段（9 公里）、国道 G323 线南雄小梅关至头塘铺段（26.55 公里）等 16 个项目（共 265.43 公里）；国道 G323 线乳源县上围至坪溪段（26.1 公里）施工图已上报待批；省道 S244 线南雄塘面至始兴马市段（34.7 公里）、省道 S246 线仁化县狮井至河塘段（27.7 公里）、省道 S344 线始兴司前至横坑口段（28.7 公里）等 3 个项目已完成专家评审工作，12 月底前完成施工图上报工作；国道 G105 线新丰县城至徐坑段（20.34 公里）、国道 G323 线始兴县城段（7.3 公里）等 2 项处于设计招标公示阶段，争取 12 月底前完成施工图上报审批工作。

【市区出口道路建设】 市区南出口道路：韶南大道延长段—百旺大桥至韶冶段，长 2.4 公里，双向六车道城市主干道标准设计，路基宽 50 米，沥青砼路面；省道 248 线韶关冶炼厂至曲江转溪段，长 8.9 公里，路基宽 28 米，沥青砼路面，按一级公路结合城市道路双向六车道标准建设。两个项目道路主体工程已完工，全线顺利通车。市区北出口道路：广乐高速公路北连接线犁市互通黄岗至十里亭路段改（扩）建工程，主线长 3760 米，采用双向六车道城市主干道标准设计，路基宽 30 米。该项目道路主体工程已建成通车，黄岗铁道口改造工程方案已确定并已开始施工，年底可完成铁轨铺筑。市区西出口道路：芙蓉北路改扩建工程，全长 3050 米，宽 30 米，城市主干道标准，双向 4 车道，沥青混凝土路面。该项目 3 月开工建设，主要进行道路南侧排水工程的施工，已完成雨水管渠的 70%，完成投资 2800 万元，占总投资的 30%。

【芙蓉新城市政道路】 四十三号路建设工程：全长 444 米，宽 30 米，城市次干道标准，双向 4 车道，沥青混凝土路面结构，已全面完工。三十二号路（二期）工程：全长 950 米，宽 40 米，城市主干道标准，双向 4 车道，沥青混凝土路面结构，年底可全面完工。南华路工程：全长 2557 米，宽 40 米，城市主干道标准，双向 6 车道，沥青混凝土路面结构，计划工期 18 个月。该项目于 2 月开工建设，已完成路基工程的 70%，雨、污水管道敷设 60%，完成工程价款约 2500 万元，占合同总价的 26.5%。韶关实验中学周边道路建设工程：全长 1629 米（其中：20 号路长 598.552 米，22 号路长 429.039 米，40 号路长 601.721 米）双向四车道，沥青混凝土路面结构。该项目于 5 月开工建设，已完成路基工程，正在排水工程及砂砾垫层的施工。滨江路（第一标段）工程：道路全长 1626 米，城市主干道标准，双向七/八车道，沥青混凝土路面结构，计划工期 18 个月。已完成大部分路基工程，全部桥涵（景观桥、一座中桥、一座大箱涵）、顶管工程等均在施工中。百旺路扩建工程：全长 4726 米，城市主干道标准，双向四车道，沥青混凝土路面结构，该项目于 5 月中旬开工建设，计划工期 18 个月。工程进展受征地拆迁影响较大，路基、桥涵、排水工程正在施工。滨江路（第二标段）工程：道路全长 1287 米，城市主干道标准，双向七车道，沥青混凝土路面结构，计划工期 18 个月。该项目于 12 月 2 日开工建设。十六号路（二期）工程：长 437 米，宽 40 米，生活性主干道，双向四车道，沥青混凝土路面结构，计划工期 150 天。该路段于 2014 年 8 月完成招投标工作后开工，由于征地拆迁工作滞后，只完成部分清表工作。芙蓉新城 5 号路、8 号路、12 号路等 8 条市政道路项目包、35 号路、滨江路延长线、新白线一期工程等项目正在推进前期工作。

芙蓉新城滨江路二期工程开工仪式（市公路局　供）

【其他代建公路项目】 群康路建设工程：全长 922 米，按城市支路标准建设，双向四车道，沥青混凝土路面结构，全线道路宽度 24 米（供电局路段为 20 米），计划工期 300 天。该工程于 2014 年 10 月 30 日完成招标，正开展施工准备工作。花拉寨黄浪水桥建设工程，该工程桥长 96.66 米，引道长 88.34 米，荷载等级为公路 I 级（城 A 级），2014 年 7 月开工，已完成工程量占工程总量的 20%。沐溪大道（阳山段）改造工程，长 3.815 公里，城市交通性主干路，红线宽度 28 米，双向 6 车道。经市政府批准调整工程规模后于 10 月 17 日正式动工，正进行雨水管的埋设工作。

【公路日常养护管理】 市公路局加强小修保养工作，合理安排生产计划，督促养护单位落实预防性养护，加强日常巡查，及时修复水毁痕迹，管养路段全年路况基本保持稳定。探索山区公路养护管理模式，在省道342线南雄段试点推行小修保养私人承包制。从效果看，承包路段路况稳定，路容路貌整洁，排水顺畅。这一做法对破解当前一线养护工人紧缺的困难有一定启示作用。重点抓好危桥整治工作，督促养护单位对管养桥梁进行全面检查，发现病害及时处治，确保桥梁技术状况保持稳定。完成S244线马市大桥抢险工程和S244线康溪2#桥改建工程；G106线李屋大桥、狗耳岭中桥、凉桥中桥等3座危桥加固维修工程已开工，预计春运前可完工。抓好渡口安全渡运工作。犁市、乌石两渡口全年实现安全渡运，共安全航行732小时，安全渡运9862航次，渡运各种机动车辆29863辆，船舶完好率100%；2014年，市公路局已上报重点渡口码头大中修计划。重视抓好春运保通工作。及早准备，在容易发生冰冻灾害的路段设置防滑等警示标志，就近备足材料、机械，施工路段做好安全保障措施，落实春运期间值班制度，保障春运期间管辖公路的安全畅通。

【路政管理】　市公路局研究便民、惠民措施，路政许可进一步提速增效。2014年，共办理许可19宗，全部按规定时间完成审批。推进路域环境整治工作。组织对管辖的普通干线公路路域环境进行调查摸底，参与市政府牵头、多部门联动的综合整治行动，拆除公路沿线违法建筑物、棚房、乱摆乱放摊位190处，共计25003平方米；擅自设置的灯箱广告牌24块，面积190平方米；广告牌8块，广告标语14条。打击公路违法行为，部分路段路域环境脏、乱、差、堵的现象有所改观。完成路政视频信息服务系统试点设置安装，加强对重点路段的路况进行实时信息收集，进一步完善重点路段、桥梁和隧道等的信息资料，着力以信息化引领提升公路服务水平。完成国省道与农村交叉口指示标志增设工作，全市增设指示标志牌504块。

【年票收费管理】　截至2014年12月25日，全市累计完成收费额19616.86万元，其中：年票统收13769.86万元，次票收费636.34万元，高速代收次票收费5210.66万元。改革收费模式，取消现金和存折缴费模式，采用深发展银行、韶关中行两套信用卡划账系统加上转账付款模式，提高收费效率。修改、完善《车辆年票退费操作指南》和《简化年票收费业务手续实施办法》，规范、简化年票收费手续，更好便民服务。跟进做好广乐高速公路代收次票工作，确保年票次票代收与广乐高速公路开通基本同步实施。

（马德才）

附：领导班子名单

党委书记、局长：黄　锋

党委委员、副局长：谭宝龙　胡道元

彭必泉（—2014.8）

温领鸣

党委委员、纪委书记：林卫东

党委委员、总工程师：夏建广

航　道

【概况】　广东省韶关航道局（简称韶关航道局）是隶属于广东省航道局的正处级参照公务员管理单位。根据省航道局的授权和分级管理原则，韶关航道局在辖区航道范围内，依照国家和省的航道管理法规和规定。办公地址在韶关市浈江区韶南大道北2号。内设科室有办公室（与人事教育科合署办公）、航道管理科、计划财务科，下属单位有浈江航标与测绘所、武江航标与测绘所。韶关市江河众多，现有大小河流379条，河道总长15315千米，主要通航河流有北江、浈江、武江、龙归（南水）河、锦江、滃江、新丰江、墨江、黄坑河、加昌水等16条，航道里程共698千米，其中航道维护里程386千米，定级为Ⅶ级以上的航道里程为256千米，共有水利枢纽9座，跨河桥梁38座。2014年，广东省韶关航道局全年完成石坝维修工程量3451立方米，疏浚工程量11652立方米，航标维护工程量达到90422座·天，航标维护正常率、航道水深年保

2014年11月12日，在北江白芒河段，船员进行交通标志（航标）维护（陈少龙　摄）

证率实现100%双达标，航标质量达到上级要求，辖区航道通航条件改善，开展建管养各项工作，确保辖区航道安全畅通。

【航道规划】　北江千吨级改造项目有序开展。加强与各级部门的沟通请示，推进航道等级提升进程。通过多方努力，北江（乌石—韶关）级航道扩能升级项目由中铁建港航局集团勘察设计院有限公司开展项目工可编制工作，已完成内审；该项目的用地预审及社会风险评估等工作也正在开展。北江中游航道整治工程韶关站房工程已全部完成并已通过地方建设部门验收。

【航道行政执法】　航道行政审批和现场监管力度加大。韶关航道局实现"一站式管理、一个窗口对外"，提高工作效率，减少办事人员的工作办事时间，履行航道行政审批职责，行政许可过程中实行多级审核审查程序，各项行政许可符合规定要求，确保审查程序合法，未发生越权审批行为。2014年，行政审批数量为9宗，航道行政巡查4192公里，现场监管施工项目58次。全年未发生违章审批或超期限审批现象，航道行政监管、行政审批工作规范、有序。

【航道法规学习】　2014年12月28日，第十二届全国人大常委会第十二次会议通过《中华人民共和国航道法》（简称《航道法》），自2015年3月1日起施行。全法共七章，四十八条。韶关航道局制定《宣贯航道法实施方案》，组织干部职工参加广东省航道系统航道法宣贯知识竞赛。　（潘文辉）

附：领导班子成员名单

党组书记：张发柱

局　长：季　强

副局长：杨向东

副局长兼纪检组组长、工会主席：魏学升

海　事

【概况】　韶关海事局成立于2000年11月，为广东海事局驻韶的分支机构，是韶关市水上交通安全监督管理主管机关，负责韶关水上安全监督、防止船舶污染、船舶和水上设施检验等工作。韶关海事局设有6个内设机构，分别为办公室、财务会计处、指挥中心（搜救中心办公室）、船舶监督处（船员管理处）、船舶检验处、党群工作部（纪检监察处）；2个处室办事机构，分别是政务中心、海巡执法支队；2个派出机构，分别是韶关浈武江海事处、韶关曲江海事处，在编干部职工47人，办公地点在韶关市浈江区北江中路44号。2014年7月，韶关海事局荣获广东海事局党组先锋工程多项表彰，其中局党总支获评广东海事局"先进基层党组织"，"绿色造船"荣获"党员品牌工程"。局财务处获评2014年度韶关市"巾帼文明岗"，在广东海事局2013年度目标考核中韶关海事局获评优秀等次。韶关海事局在广东海事局"综治维稳"考评中评为优秀等次，并获得2013—2014年度维稳综治考核优秀单位荣誉称号。

【通航管理】　韶关海事局开展辖区"特别危险水域和突出危险行为"评估工作，使安全监管对象和采取的监管措施更具针对性和有效性。2014年，辖区未发生水上交通事故。全年共审核水上水下活动12宗，巡航5593海里，巡逻25750公里，发送预警信息3700余条。联合乡镇政府和旅游船公司定期举办搜救演练，出台《韶关海事局水上突发事件应急反应预案》，搜救机制更加健全，搜救能力不断提高。开展"平安交通"创建、"打非治违""北江流域岁末年初水上交通安全集中检查行动"等专项活动，集中打击整治各类违法行为，进一步规范水上交通安全秩序。

【船舶管理】　2014年，韶关海事局共实施船舶所有权登记657次、新设立抵押权105次、核定船名211艘次、审

2014年10月21日上午，广东海事局党组副书记、纪检组组长张性平（右二），韶关市委常委、市纪委黎增丰书记（左二），韶关市直属机关工委姚远通书记（左一），韶关海事局局长胡小忠（右一）出席在韶关海事局机关举行的广东海事局廉政火炬传递活动东线第七站启动仪式（郑敏生　摄）

查船舶识别号 86 次。进行船舶航次签证和短期定期签证 8275 艘次，实施船舶安全检查 532 艘次。配合市政府做好新港口岸开通的相关工作，为港澳线顺利复航做出贡献。结合“航运公司管理系统”的运用，开展航运公司安全与防污染监督现场检查 20 次，发现整改安全与防污染缺陷 57 项。

【船员管理】 2014 年，韶关海事局实施船员培训监督检查 21 次，船员服务机构监督检查 1 次；启动创建“绿色船员保障基地”活动，进一步提高内河一类船员培训质量。全年组织船员考试 22 期，参加考试 838 人。签发适任证书、服务簿、基本安全培训合格证等各类船员证书 667 本，进行最低安全配员登记 233 次。

【船舶检验】 韶关海事局深化“绿色造船”品牌建设，推进“船检·船厂·船公司”定期沟通机制，落实“三级检验”制度，试点建立船检视频协同办公系统，提高检验发证速度，提升辖区造船品质，将韶关打造为“内河中小型散货船建造集散地”。全年共检验船舶 929 艘次，其中建造检验 45 艘次，营运检验 727 艘次，客渡船 87 艘次，总吨 411701，额定功率 177512.79 千瓦。检验船用产品 55 批次，审查图纸 36 批次。全年组织 2 期船厂焊工考试培训班，80 人参加考试。局审图和建造检验业务权限从 1600 总吨及以下扩大到 3000 总吨及以下的内河船舶。

【危险品与防污染管理】 韶关海事局全年签发《船舶油污应急计划》68 份，《船舶垃圾管理计划》68 份、《油类记录簿》66 份、《垃圾记录簿》66 份。 （李成军）

附：领导班子成员名单

局　长：胡小忠

副局长：神小龙　赖少流

韶关火车东站

【概况】 广深铁路股份有限公司韶关东站，简称韶关东站，是广深铁路股份有限公司广州车务段管内唯一的一等区段站，车站站型为双向纵列式一站二场，韶关东场中心里程为京广线 K2048 +248 米，韶关直通场的中心里程 K2051 +630 米。南与马坝站，北与黄岗站、赣韶线的腊石坝站相接，主要办理粤北地区、赣南地区大部分的客运业务；列车中转技术作业（机车换挂、列检、商检作业等）；部分直通、区段、摘挂货物列车的解编。韶关东站现有职工 571 人，设运转、客运 2 个车间和 1 个综合后勤班组。

【强化管理】 车站对台账、规章、文电、预案、应急处理预案、各项管理制度和办法进行的清理、完善和补强，建立管理制度和办法，规范和统一台账的设置，使车站的各项管理工作得到提升，职工标准化作业和服务意识得到加强，达到内实外美。结合岗位实际，修订和完善“三书一卡”。开展标准化车站创建工作，补强车站基本制度和管理办法，严格落实定置管理，规范岗位作业行为。建立联控互控机制，客运与运转车间建立联控互控机制，对旅客乘降组织、上水作业、行包装卸作业实行与运转外勤签认，确保作业的安全和旅客的安全。

【运输效益】 韶关东站办理营业的旅客列车共 62 对 124 列，其中直通营业旅客列车 44 对 88 列，管内营业旅客列车 18 对 36 列。2014 年，全年各项任务指标完成为：发送旅客 343.6 万人，比 2013 年增加 8.2 万人；客运进款完成 2.933 亿元，比 2013 年增加 0.038 亿元。

【温情服务】 为提升客运服务质量，车站将“安全出行，方便出行，温馨出行”这“三个出行”常态化，在进站大厅设置以韶关风情为特色的“风采温馨服务台”，为旅客提供引导帮扶、服务咨询、温馨寻人、电话预约、失物招领、爱心接力等多项服务，让旅客畅享服务，情满旅途。同时做好重点旅客服务，开设无障碍旅客专窗，军人、学生重点窗，设置爱心候车区、哺乳专区，对有需要的旅客实现购票、候车、乘降等各环节“一条龙”服务。

2014 年 9 月 30 日赣韶铁路开通运营，副省长徐少华在广铁集团董事长武勇陪同下乘坐首趟列车考察赣韶铁路（罗春辉　摄）

还对新职人员进行专门的礼仪培训教育，规范服务行为，从而提高服务质量。

【安全标准线建设】　按照“内实外美”的标准，对作业标准及日常安全管理进行修订，站场设施设备和生产办公环境进行改造。重点从管理制度修订和执行检查、定制化管理、安全基础管理、职工标准化等方面进一步加强建设力度。由各车间主任、书记亲自组织管理人员、作业人员对日常安全管理及作业标准进行修订、站场设施设备改造等工作进行落实。通过广铁集团运输处2014年的安全风险评估。车站的生产环境、定置化管理、安全基础管理、职工标准化作业有明显的进步。

【赣韶铁路开通运营】　赣韶铁路2009年3月正式施工，2014年9月30日正式开通运营，全长177.876千米，东起京九铁路南康站，经江西省赣州市南康区、大余县和广东韶关的南雄市、始兴县、仁化县、浈江区，至京广铁路韶关东站，是中国东西走向的一条重要铁路通道，为国家I级单线电气化铁路（预留双线条件），时速为160千米（预留200公里条件）。其中，韶关境内共有117千米，客运共线铁路，设南雄、始兴、丹霞山三个客运站。赣韶铁路连接京九、京广两大南北铁路运输大动脉，是京广铁路和京九铁路的东西走向连接线。完善华南地区铁路网布局，从根本上改善粤北、赣南地区的运输条件，结束南雄市、始兴县、仁化县3县市不通铁路的历史，打通长三角、珠三角、粤赣地区间客货运输“大通道”。赣韶铁路开通初期，开行6对列车，其中新增广州至赣州旅客列车1对，改经由旅客列车2对，开行快运货物班列2对，开行普通货物列车1对。　（罗春辉）

附：领导班子成员名单
站　长：李德周
党总支书记：罗源兴

武广高铁韶关站远景

工会主席：陈智慧

武广高铁韶关站

【概况】　武广韶关站位于韶关市武江区西联镇赤水村，是武广高铁进入广东的第一站，是武广铁路客运专线相关工程的重要组成部分，隶属广州铁路（集团）公司广州南站管辖，于2009年12月26日与武广高铁（京广高铁武广段）一并建成投入使用。现为一等站。建筑总面积近35000平方米，总投资1.5亿元，是一座具有岭南建筑特色的现代化车站。距离韶关中心城区约16公里。车站毗邻韶关大道，背倚芙蓉山，东临北江，环境优美，整体外观宏大，站房外形设计取自古代关驿的城门形象，石材墙体与玻璃幕墙的结合为车站平添山水情怀。韶关站建有站台2座，4个站台面，共有6条股道。站房建筑面积15820平方米。业务办理：客运方面，办理旅客乘降、中铁快运。韶关站公共汽车站位于韶关站出站口左边，旅客可乘坐公共汽车前往韶关市区，出站口左边设出租车停靠上落点。

【运营情况】　韶关高铁站的建成，标志着韶关市进入广州一小时经济圈，使得城市与城市之间的文化、经济、科技等方面都有更大的交流、联系、发展。韶关站办理营业列车达120列/日，其中上行67趟，下行53趟，其中备有列车10趟，日均输送旅客达5500多人次。2014年，韶关站共发送旅客423.79万人，同比2013年的增长14%。

【安全生产情况】　韶关站结合本站工作实际，不断优化旅客乘降流程，研判安全风险源，强化管理，营造起车站安全生产标准化氛围，发展出具自身特色的企业文化氛围，创建起“九个一”安全屏障工程，逐步实现职工由被动执行变为内在涵养使然的行为。让员工学会做人、做事，成为敢于担当、乐于奉献的人，在日常生产作业中“上标准岗、干标准活、行标准事、做标准人”，实现整个车间运输安全工作的持续稳定。完成全年节假日旅客运输高峰、调图过渡等重点工作，妥善解决列车大面积晚点及旅客换乘组织等突发状况，保持高铁站旅客运输工作的长久安全稳定。

【强降雨天气导致列车晚点】　5月以来，强降雨天气已多次影响韶关往各方向的列车运行。5月23日，受暴雨影响，武广高铁韶关至英德西区间雨量超警戒值。铁路部门因此采取区段列车限速运行措施，导致武广高铁部分列车有不同程度晚点。上午清远琶江口站以北至韶关大坑口站以南区间出现暴雨，来往列车受此影响出现不同程度的晚点现象。武广高铁英德西至清远间雨量超警戒值，为确保安全，铁路部门于19时08分临时封锁该区间。受此影响，部分高铁动车组出现不同程度晚点。6月21日，韶关地区继续受到暴雨天气侵袭，武广高铁韶关至广州北区间的出现暴雨天气，致使铁路运输再受影响，为确保安全，铁路部门采取列车限速措施，导致京广高铁多趟列车出现不同程度晚点。

（唐　维）

附：领导班子成员名单

站　长：江建强

党总支书记：林贵源

副站长：袁志明、钟志斌

邮政·电信

邮政管理

【概况】 韶关市邮政管理局于2012年9月14日正式批准成立，是广东省邮政管理局和韶关市人民政府双重管理的中央国家行政机关直属机构，设立办公室、普遍服务科（机要通信科）、市场监管科，编制为10人，主要职责是贯彻执行国家邮政法律法规、方针政策和邮政服务标准；研究拟订本地区邮政发展规划；监督管理本地区邮政市场以及邮政普遍服务和机要通信等特殊服务的实施；负责行业安全生产监管、统计等工作；保障邮政通信与信息安全。

【邮政网点基本情况】 2014年，全市邮政服务网点136处，其中设在农村的网点111处，平均服务农村人口2.3万人，建设村邮站1200个，行政村通邮率达100%。2014年，国家和省级专项补助资金909.54万元，用于全市邮政基本服务均等化项目、邮政机要通信和普遍服务基础设施建设项目。

【快递行业基本情况】 截至2014年12月底，韶关市共有已获得快递业务经营许可的法人企业16家（其中，国有快递企业1家，民营企业15家），许可分支机构57家。全市快递从业人员2000多人，快递业务员1209人，其中初级业务员592人，中级业务员27人，持证人员占比48.9%。2014年，全市邮政企业和快递企业业务总量累计完成3.23亿元，同比增长11.59%，邮政行业业务收入累计完成3.57亿元，同比增长13.28%。其中，快递业务量累计完成549.51万件；快递业务收入累计完成8986.22万元，同比增长21.09%。“双十一”期间，全市快递行业运行平稳，寄递渠道安全畅通，重要节点未发生大范围快件积压、爆仓现象。11月11日至16日，全市规模以上快递企业收寄快件达12万件，投递快件超过53万件，快件处理量突破65万件；日均处理快件量近11万件，同比增长47.3%，是日常处理量的223%。

【协同推进空白乡镇补建】 空白乡镇邮政局所补建工作是一项民生工程，有助于改善农村邮政基础设施条件，增强农村邮政普遍服务保障能力。全年全市空白乡镇局所补建任务9个，居全省之首。市邮管局推进补建工作，12月底全面完成“双百”（竣工率、运营率100%）任务。

【邮政普遍服务均等化】 市邮管局重点对2013年度省级邮政基本公共服务均等化资金项目建设完成情况进行核查，共核查网点整治项目13个，信报箱补建项目24个合计6700户。2014年，度获批省级邮政基本公共服务均等化专项资金307.7万元，用于7000个信报箱补建和8个营业网点改造。12月，市邮管局联合市财政局下发韶关市《关于下达2014年度广东省邮政基本公共服务均等化专项资金的通知》，要求邮政企业按规定展开建设工作。

【邮政服务质量监管】 市邮管局全年对辖区内全部邮政普遍服务营业场所基础信息开展实地核查，对市邮政公司60个网点存在的77项问题专门下发整治通报，责令企业逐一整改。深入乡镇开展检查监督活动，范围覆盖全市各县区，全年共计出动检查495人次，下发检查通报6份，责令整改通知书2份。对全市机要通信保密安全运行管理和服务规范落实情况开展检查，检查覆盖率达100%。部署开展机要邮件传递时限测试，《人民日报》投递情况调查，及时收集、整理并反馈相关信息。健全制度，长效开展“扫黄打非”行动。市邮管局加入韶关市“扫黄打非”工作领导小组成员单位，开展行动共计检查邮政快递场所155个，封堵非法出版物的传播，保障寄递渠道安全。发挥监督员作用。截至12月底，全市邮政特邀监督员共开展社会监督活动597人次，反馈监督报告617份，走访用户597人，提出建议和意见35条，履行监督职责。

【行业安全执法检查】 市邮政管理局开展安全生产现场及收寄验视专项检查，对各快递企业及部分邮政网点进行专项检查。出动检查396人次，检查企业共155家，对28件企业违法违规行为下达责令整改通知，并对执法检查情况进行通报。加强联合执法，与国安成立“邮路安全监管领导小组及办公室”及“韶关市寄递渠道治安管理协调小组”。对全市各寄递企业进行联合安全检查，共检查16个分拣分拨处理场地，对存在的安全隐患下发整改通知书29份。加强市场经营许可备案工作，共对3家企业进行行政处罚，其中违规委托无证加盟商经营1起，未按期提交年度报告1起，设立分支机构未备案1起。

【韶关市主要领导调研快递物流业】 市委市政府主要领导关注快递业，于9月23日、10月31日先后对全市快递物流业进行调研。领导们对快递产业与电子商务等上游级相关产业融合发展、拉动经济增长的发展方向给予肯定，并强调电子商务、快递产业园区的规划建设要考虑当前韶关市产业结构布局与优势，统筹谋划推进，就解决快递行业用地难，用工难，投递难等问题提出初步解决意见，快递园区享受工业用地政策、降低入驻成本、快递配送车辆通行和临时停靠便利的管理政策等给予指导意见，并将快递业发展纳入下年全市整体工作谋划。

【开展诚信体系建设】 2014年，韶关市邮政管理局在全市邮政行业开展诚信体系建设。全年共开展6次诚信教育培训，帮助企业完善各项管理工作。利用企信通短信平台，开展“寄递安全每日学”。坚持每个工作日将寄递安全、文明作业等知识发送至企业负责人、管理人员及一线业务员，营造诚信经营、安全生产的氛围。全年接收短信人员7万多人次，提高安全培训的实效性，受到企业人员的欢迎。制作“韶关市邮政行业安全警示教育片”。全年共下发学习光盘100张，解决快递企业无多媒体培训视频的问题。实施分级分类监管，体现诚信体系建设工作实效。按照一企一档原则，建立健全企业诚信档案，实现辖区企业诚信档案全覆盖，对企业信用进行动态管理。制定《快递企业诚信体系建设日常问题登记表》，结合企业自查情况对企业诚信管理进行逐一核对并考核评分，邮政企业、16家快递企业及其分支机构纳入考核范围。召开诚信体系考核通报会议，对全市快递企业考核评比情况进行通报，并在网站媒体上予以公布。通过向社会公布企业诚信体系建设考核，大部分企业都能配合整改，形成同业对标的良好氛围。各企业在规范经营、安全生产管理、服务质量等方面都有提升。广东省邮政速递物流有限公司韶关市分公司开展诚信体系建设，推广“11183”电话揽收服务活动。经韶关市消费者委员会评选，该公司荣获2014年度“诚信单位”荣誉称号。

【邮政法行政执法协调机制建立】 为进一步贯彻实施邮政法和《广东省快递市场管理办法》等邮政行业法律法规，保证寄递渠道联合执法监管到位，促进邮政行业发展，韶关市邮政管理局与市相关部门进行沟通协调，建立行政执法协调机制。2014年4月，韶关市邮政局协同相关部门正式联合发文《关于建立〈邮政法〉行政执法协调机制的意见》，成立行政执法协调工作组，成员单位包括韶关市法制局、市国家保密局、市发改局、市公安局等15个部门，市邮政管理局主要负责人担任工作组组长。

【落实信报箱专项验收】 为推进城镇信报箱建设，不断提高住宅楼房信报箱的覆盖率，韶关市人民政府办公室于2011年下发《关于加快推进韶关市城镇居民住宅小区信报箱群（间）建设工作的通知》，明确信报箱建设工程的具体要求，但县级以下地区信报箱建设基本未得到落实。针对全市信报箱建设工作中存在的问题，2014年4月，韶关市邮政管理局联合韶关市住房和城乡建设局、市城乡规划局联合下发《关于进一步加强全市住宅楼房信报箱规划建设验收工作的通知》，要求相关部门要执行信报箱设置的有关规定，确保城镇住宅信报箱覆盖这一民生工程落到实处。凡城镇新建、改建、扩建的住宅小区、住宅建筑工程，应将信报箱工程纳入建筑工程统一规划、设计、施工和验收，并与建筑工程同时投入使用。信报箱验收不合格的，不得交付使用，建设单位要进行整改，重新组织验收。市邮管局按照有关法律法规要求，履行好验收职能，同时推动已建住宅楼房的信报箱补建，推进本市信报箱建设管理工作。

【江明发到韶关调研】 2014年12月28—29日，省邮政管理局局长江明发到韶关调研邮政业发展工作，与快递企业和协会代表召开座谈会，实地调研邮政、快递企业分拨中心和服务网点，同时看望韶关市邮政管理局干部员工，听取工作汇报，对韶关市邮政管理局工作给予肯定，希望市邮管局引导行业发展，保障行业安全，创新监管手段，做好“十三五”规划编制衔接。在快递业座谈会上，江明发局长就快递企业目前面临的用工难、通行难、仓储用地难、价格战、转型升级等问题给予明确回应，要求地面局要以问题为导向，帮助企业解决问题，通过政府引导、企业动脑，发展个性化、差异化服务，做好安全保障，行业发展将必迎来无限前景。

【申诉化解矛盾纠纷】 2014年，市邮管局以“源头治理、过程管控、纠纷化解”为原则，通过信息通报、会议等形式，汇总分析申诉纠纷，查找原因、反馈信息，促进相关企业加强内部管理，提升服务质量，杜绝、减少和预防纠纷发生。经过该局对快递企业服务质量的有效监督，全年申诉全部妥善处理，为消费者挽回经济损失近2万元。2014年5月至12月，全市实际受理申诉184件。申诉中涉及邮政服务问题的6件，占总申诉量的3.26%；涉及快递业务问题的有178件，占总申诉量的96.74%。进口快件（市区跟县域）共111件，占实际受理量的60.33%；出口（市区和县域）共64件，占实际受理量的34.78%；其他共9件。经处理，确认有效申诉（确定企业责任的）129件，占实际受理申诉量的70.11%。有效申诉中涉及邮政服务问题的2件，占有效申诉量的1.55%；涉及快递业务问题的127件，占有效申诉量的98.45%。

【邮政快递服务满意度调查】 2014年11月，市邮管局开展为期40天的2014“你邮我说·信达天下”韶关市邮政快递行业服务质量满意度问卷调查活动。此次调查活动由韶关民声网协办，主要采取线上和线下活动形式开展，线上活动以网络及微信形式为主，线下活动以设点及派发宣传单张为辅，起到全面覆盖宣传的效果。调查结合行业自身特点，精心设置问卷选项。根据投票结果显示，81%的客户对邮件、物品寄递质量及安全满意。客户对邮政、快递企业服务质量评价较高的是顺丰、中国邮政、EMS。

【快递业务员职业技能鉴定考试】 为提升快递企业从业人员的整体素质和技能水平，满足快递企业对职业技能鉴定的需求，市邮管局在3月、8月、10月和12月组织4次初级快递业务员职业技能鉴定考试，在5月和10月组织2次中级快递业务员职鉴考试。全市共有134人参加，104人通过，通过率为77.6%。 （王　丹）

附：领导班子成员名单

局长、党组书记、市交通运输局副局长：肖　军

副局长、党组成员、纪检组长：张和荣

邮政企业

【概况】 广东省邮政公司韶关市分公司（以下简称韶关邮政）原名为韶关市邮政局。韶关邮政位于韶关市浈江区风采路3号，是一家肩负着全市邮政通信建设、运营与管理的现代服务企业，下辖市营业局、曲江、乐昌、南雄、仁化、始兴、乳源、翁源和新丰9个县（市、区）邮政局及商函广告局（下挂名址信息中心）、集邮公司、电子商务局、报刊发行局、机要通信局、邮区中心局、投递局等7个直属单位。韶关邮政在做好普遍服务的基础上，不断加快邮政发展能力的建设，创新业务项目，搭建服务民生平台，致力于当地便民惠农和文化旅游发展事业。2014年，完成各项既定目标，发展基础进一步打牢，员工思想状态稳定，精神面貌良好，韶关邮政事业呈现崭新的发展局面。

【郑振涛调研韶关邮政】 10月31日，韶关市委书记、市人大常委会主任郑振涛调研韶关市邮政发展情况，对韶关邮政服务民生、助力电子商务及物流业发展给予肯定。郑振涛表示，韶关邮政在切入当地经济民生热点、建立电商仓储物流中心、为电商企业提供“仓储＋物流＋金融”服务等方面做出努力，要继续发挥邮政企业在经济发展中的优势作用，促进韶关市电子商务、物流业的快速发展。

【成立电子商务行业协会】 为韶关市电商业务发展搭建一个沟通交流的平台，更为邮政电商业务的合作发展赢得先机。10月28日，广东省韶关市电子商务行业协会成立，由韶关邮政担任会长单位。这是韶关市繁荣和发展市场环境，加快和优化韶关市经济建设的一项重大举措，对韶关市电子商务产业的发展有着重大意义。过去的几年中，韶关市市电子商务在工业、农业、商贸流通、交通运输、金融、旅游和城乡消费等领域的应用不断拓展，已形成与实体经济融合发展的态势。得到市商务局、市经信局的支持，并对韶关电子商务的发展提出希望：发挥协会作为政府和电子商务企事业单位之间的桥梁纽带作用，对内引导企业规范经营行为，维护行业竞争秩序，对外维护行业的合法权益，为普及和深化电子商务应用，推进韶关电子商务的创新、健康、有序发展。

2014年12月，广东省邮政管理局局长江明发（右）调研韶关邮政业发展（王　丹　摄）

【成功开发代开税票业务】 邮政公司响应国税总局在全国开展的“便民办税春风行动”及党的群众路线教育实践活动，开发代开税票新业务。翁源局作为试点单位，已在铁龙、龙仙、官渡、翁城、周陂等5个邮政所开通代开税票业务。武江区、仁化县有序推进该项目。

【启动邮亭志愿者服务站】 7月23日，韶关邮政与韶关市文明办联手合作，利用韶关市区12个邮政报刊亭开启便民利民志愿服务。志愿者服务点是结合韶关市精神文明建设的相关要求，把握邮政报刊亭这个基本阵地与载体，发挥“百年邮政”的作用，致力于打造成“大众文化传播、公益宣传、联系群众、旅游城市形象展示、便民利民”于一体的街头便民利民志愿服务点，形成一股团结互助、平等友爱、共同进步的社会氛围和人际关系。

【网点建设优化成效显著】 韶关邮政持续提升网点服务能力，加强网点优化布局，满足服务人民群众的需要。持续推进网点整治。2014年，先后完成翁源翁城、乳源大桥、市区工业东和翁源坝仔支局、南雄珠玑临时、市区龙归临时等营业厅整治。推进空白乡镇网点补建工作。仁化石塘、南雄主田、乳源游溪、市区重阳、始兴城

南空白乡镇局所补建基本完成。邮政公司先后完成南雄局百顺、江头、湖口、新龙、大塘，乐昌局云岩、秀水、三溪，乳源局必背、一六，始兴局石人嶂、新丰局黄礤等12个均等化项目建设。

【网运投递服务提升】 韶关邮政开展普通邮件分拣封发品质提升活动。活动的开展进一步促进邮件分拣封发管理水平，提升分拣封发环节的质量和效率。同时开展网运、投递服务质量检查活动。进一步加强网运、投递服务质量管理，保障邮政普通服务和竞争性业务服务质量，支撑邮政业务健康发展。持续开展创“星级”服务窗口和“星级”投递部“回头看”活动，开展“用户是亲人”“打造不排队银行”等活动，不断提高营业窗口和投递的服务质量和服务水平；加强服务质量考核奖惩制度，每半年对质量监督检查员履职情况进行考核，通报全区各单位服务质量指标完成情况；开展节假日期间营业、投递服务质量检查和营业窗口邮件收寄验视远程监控专项检查，确保节日期间邮政通信质量；贯彻落实国内普通邮件业务档案及查验赔偿管理专项检查活动，开展自查自纠，全区自查率达100%，及时发现和解决业务管理中存在的质量问题，提高邮政售后服务质量。

（柯月华）

附：领导班子成员名单

党组副书记、副总经理（主持工作）：何建军

党组成员、副总经理、工会主席：黄海斌

党组成员、副总经理：陈志雄

电 信

【概况】 中国电信股份有限公司韶关分公司（以下简称韶关电信）是中国电信在韶关的本地网企业。下辖城区、曲江、乐昌、南雄、翁源、新丰、仁化、始兴、乳源9个县级分公司，全市有108个营销服务中心，企业员工1300多名，服务网点遍布全市所有城乡，拥有全市规模最大宽带互联网络和技术领先的移动通信网络，具备为全市客户提供跨地域、全业务的综合信息服务能力和客户服务渠道体系。旗下拥有“天翼领航”“天翼e家”“天翼飞Young”等著名客户品牌以及“号码百事通”“翼支付”等多个知名产品品牌，为全市120多万电信客户提供优质、便捷、高效的综合信息服务。2014年，韶关电信贯彻落实集团公司“一去两化新三者”的总体要求，深化企业改革，加快互联网化转型，推进企业有效益规模发展，企业经营发展取得历史性突破，实现经营收入和税前利润完成预算在全省排名双双第一。加大困难员工帮扶力度，发放济难解困资金30.8万元，帮助困难员工153人。严打严防侵害企业利益的违法行为，破获通信案件12宗，案发率同比下降57.14%，直接经济损失同比下降70.74%，为近十年来最低。

10月28日，在电子商务行业协会成立大会上参会领导嘉宾合影（柯月华　摄）

【企业改革促生活力】 2014年，韶关电信把握“变革创新、开放合作、提质增效”三大关键，推进划小承包经营，激发企业内生动力和活力。围绕“I' m Boss”建立划小核算体系，下放经营权、自主用人权、考核与分配权。强化承包人责任目标考核，考核结果与薪酬收入挂钩，实现责权利的高度统一，调动承包人和基层员工的积极性、主动性和创造性。周田营销服务中心荣获中国电信集团公司“农村渠道优秀运营团队”称号，莫志华荣获“全省小CEO兵法竞赛”一等奖。

【推进划小承包经营】 2014年，韶关电信在全省率先完成装维划小和县级分公司综合维护划小改制，通过四层级“装维划小月结单”精确管控，以及调整装维人员工作内容，提升装维工作价值，降低客户抱怨率。传统维护逐步向客户感知提升、主动节能减排、降本增效及维护服务产品销售迈进。开展VIP客户划小承包，客户关怀由传统方式向互联网化思维转变取得成效，中高端拍照用户保有率、户均收入保有率均高于全省平均水平。是年，韶关电信在省公司“天翼尊享服务”技能竞赛中获铜奖。

【优化组织机构和绩效的管理】 2014年，韶关电信对城区分公司及网运机构优化调整，缩短管理链条。调整客户服务调度中心装维工单集中预约工

作职责，实现全市人工及自动集中预约的统一管理。优化调整政企客户运营管理职责，提高政企客户整体运营效率。优化调整业务支持中心管理职责，强化业务稽核管理。优化调整移动网络站址管理相关职责，降低移动网络站址运营成本。优化绩效管理，发挥绩效导向作用。优化季度、年度组织绩效考核体系，突出收入+利润考核。修订组织绩效管理办法，把GS工作、内部满意度评价纳入绩效管理，实现对企业内组织和员工的努力方向、绩效表现和能力发展的管理。建立县级分公司经营班子组织绩效考核问责制，完善经理人员考核评价体系，强化经营目标和关键任务的组织管理。

【倒三角服务支撑】 2014年，韶关电信聚焦划小工作，服务基层员工，建立“倒三角”服务支撑体系，形成常态化机制。梳理部门、中心可提供服务清单和权利清单，通过服务显性化和简政放权提高工作效率，全年为基层服务835项次，下放生产单位权限68项。组织本部经理人员挂点支撑37个营服中心，落实每月蹲点一周，以及公司班子成员分别包挂各县级分公司，协调前后端工作，工作模式由“指挥式”向“服务支撑式”转变。坚持文化引领，开展“走基层、传经验、赛业绩”划小专题宣传活动，提炼企业文化案例14个，为推进划小承包、全面深化改革提供文化保障和精神动力。

【服务质量提升】 2014年，韶关电信开展服务提升活动，围绕省公司“接访一次现场客户、聆听一次10000号投诉、组织一次服务攻坚”等“九个一”服务要求，以“微服务小创新”为抓手，以“参与”文化为重点，横向覆盖前后端，纵向渗透全体员工，推进“总经理服务日、服务体验季、服务分享月”三大主题活动，形成全员参与服务运营，关注服务的文化氛围。建立媒体监督及行业监管机制，及时收集处理用户反映问题，参与“3·15”维权活动、“民声热线”上线等活动，获得社会各界好评。加强服务预警工作，提出服务建议58个，解决各类服务隐患，用户抱怨率同比下降28%，工信部百万用户申诉率同比下降50%。未发生“三强”事件，用户信息安全无事故发生。是年，韶关电信获韶关市2014年度诚信单位称号。

【企业投资管理水平提升】 2014年，韶关电信以经营效益为核心，强化精细管理，提质增效，促进企业良性发展。实现营改增平稳过渡。统筹优化投资与成本投入，压缩销售费用，发挥市场在资源配置中的决定性作用，实施投资划小；制定相应的后评估考核机制，自建与合作有序结合，通过规模连片建设模式，降低端口造价。运用三维电子地图，整体规划、投资管理水平有提升。

【加快推进网络简化与网络转型升级】 2014年，韶关电信深化网络集约化运营，完成接入维护中心和网络操作维护中心合并。提升宽带预处理能力，集中预约减员增效，宽带故障二次预处理减少装维工作量10%。加快推进网络简化，完成58个局点TDM退网，73套NEC老旧传输设备退网，实现降本增效。坚持自主研发和技术创新，成功开发光路误码检测系统、DSLAM端口自动核查系统、资源随手拍等工具，实现对全区光网络设备、光缆告警自动监控、自动派单以及严障的自动录入，光宽故障率从实施前的3.29%下降到1.2%。是年，韶关电信网络操作维护中心获2014年韶关市工人先锋号称号。

【提升运营管理效率】 韶关电信梳理规章制度及管理流程，建立健全各类管控制度50项。持续推进企业信息化建设，完成MBOSS系统优化调整及MSS系统上线。严格工作账号管理，清理一批不合规账号及IP地址，防范企业运营风险。加强工程建设管理，落实三级飞行检查，确保工程质量与安全生产。开展“跑冒滴漏”专项稽核。提高财务支撑、财务运营分析水平，建立成本投入和产出的评价体系和通报机制。 （白三军）

附：领导班子成员名单

总经理：郭益平

副总经理：丁兆鹏

高　骞（2014.1—2014.10）

王　辉

黎　燕（2014.4—）

中国移动韶关分公司

【概况】 中国移动通信集团广东有限公司韶关分公司（以下简称韶关移动）是中国移动通信集团广东有限公司驻韶关分支机构，现有职能部门7个，中心6个，下辖市区、曲江、乐昌、翁源、南雄、仁化、乳源、始兴、新丰9个分公司。2014年，移动深入落实广东移动“转型升级、再造优势，开创企业发展新局面”的要求，紧抓“韶关4G元年”的历史机遇，发挥转型驱动作用，推动企业由语音经营向流量经营转型，由传统通信企业向面向移动互联网的信息通信企业转型，由单一移动业务经营向全业务融合经营转型。发挥4G引领作用和多网协同效应，再造网络优势，通过网络优势构筑新的市场优势和服务优势；推动企业组织机制变革，再造管理新优势。2014年，韶关移动共有51个先进集体和136名个人获得国家、集团、省及广东公司以上表彰。其中，《降低NGBOSS上线后基础业务操作类问题的咨询占比》获全国优秀QC成果，11个单位荣获“广东省优秀QC管理小组”，5个单位荣获“广东省巾帼文明岗”，2个单位获“广东省安全文化示范企业”，1个单位荣获“广东省青年文明号”。

【推动韶关迈入4G新时代】 2014年，是韶关全市迈入高速移动互联网（4G）的第一年，韶关移动围绕“又快又好建设4G网络，确保网络核心竞争力”总目标，提出四个先行、四个保证（“四个先行”：勘查先行、协调先行、传输先行、改造先行；“四个保证”：选址保证、工艺保证、产品保证、数据保证）的总体建设思路策略，并做到各项工作提前有序开展、早建设早投产、提进度不忘保质量。全年，分公司共计新建基站近2000个，其中4G基站近1500个，无线网总体建设规模同比增长233%，覆盖率达到96.37%，4G网络实现县城以上城区连续覆盖、乡镇100%到达、数据热点100%覆盖，率先推动韶关全市正式迈入高速移动互联网的新时代。

【推进地方信息化建设】 2014年，韶关移动按照省公司“做全业务领域有力竞争者”的战略定位，围绕强能力、拓规模、提效益，聚焦家宽和专线两大市场，持续做好全业务的深度运营。在宽带建设方面，持续提升体系化运营能力，提升网络的覆盖能力，以连片覆盖为指导思想，打造有移动特色的家宽产品体系，通过手机宽带、自由宽带、融合宽带等产品组合，实现对客户保有和增值的目标，新增产能提升37.5%，自有宽带规模近6万户。在教育方面，韶关移动与韶关学院签署信息化建设战略合作协议，双方在教育信息化、校园信息服务、教育科研成果转化、管理和技术交流等领域展开合作，并通过“4G＋WLAN”方式在校园内开展“无线数字校园”基础建设，建立和完善无线校园业务支撑平台，共同打造“无线数字校园”。重要集团方面实现ICT项目，完成市气象局移动OA、移动MAS机，住建局视频监控、农行等金融行业的电路租用、电路扩容以及县市政务系统的升级改造等项目的建设，进一步提升ICT产品的竞争力和影响力。借助强大的资源优势和对新技术在当地的融合，助力地方信息化建设。

【提升客户服务水平】 2014年韶关移动围绕集团公司“客户为根，服务为本”的经营理念，和省公司“打造服务优势”的要求，聚焦服务领先锻造优质服务能力，着眼客户保有提升客户经营水平，持续建设高效、低成本的服务营销体系。推进协同服务、实现精细化、一体化的服务运营管理，建立服务质量矩阵，推进总经理质量分析会制度，落实服务质量责任落实管理办法，组建7个专项小组，持续开展服务优改，推动36个热点问题整改和优化，对影响客户感知的关键领域进行重点改善，集团、流量、促销、提醒满意度、投诉管理100%达标。提升中高端服务，2014年针对VIP及中高端客户提供VIP手机维修优惠、手机免费贴膜/清洗等新增服务，并开展电影鉴赏、“移动4G，羽您同行”羽毛球活动比赛等中高端专属活动，全年服务宣传100%覆盖VIP及中高端客户群体，VIP及贵宾卡客户保有率达到95%以上。通过开展社会监督员项目、服务质量座谈会、“民生热线”等服务提升活动，致力为用户提供便利、实惠的服务，让用户的移动互联新生活更多彩多姿。公司2014年荣获“广东省用户满意服务明星班组”荣誉称号。

【持续巩固市场经营优势】 面对日趋激烈的市场环境，韶关移动坚持“客户为本”“流量为王”和“渠道为赢”定位，持续优化营销策略，完成从3G到4G，从语音经营到流量经营的跨越。3月16日，4G网络在韶关正式商用放号，11月韶关地区4G客户突破10万大关。韶关移动坚持以流量产品发展和保有客户，紧抓新春营销和秋季校园营销契机，持续扩大集群网客户规模，集群用户规模突破100万户，开展“集团驻地”关怀服务，拍照集团保有率99%以上，整体市场份额稳中有升。客户价值有效提升，流量发展实现价值突破，成立终端流量运营团队，围绕“终端拉动流量、产品撬动价值、4G培育未来”的主线，促进流量运营的健康发展。流量价值有效提升，发展融合套餐、高价值流量标套、年包产品，实现流量产品转型，4G客户近20万，带动流量增长122%。

【强力开展信息安全整治】 2014年，韶关移动开展信息安全攻坚行动，梳理检查短信群发端口71个，网络单元87个，系统和网站96个，服务器和网络设备923台，监测整改1987个信息安全高危漏洞。4月11日，韶关移动利用技术手段发现韶州医院通过“伪基站”发送短信，并联合市公安刑侦、网侦部门共同抓获2名涉案人员，缴获伪基站设备一套，并协助完成首个伪基站判例；6月18日，韶关移动协助韶关市公安局技术侦察支队，一个涉案26宗的通信盗窃犯罪团伙，挽回经济损失48万元，在全市起到良好的示范警示作用。

【全力践行社会责任】 2014年，韶关移动投入到第二批的帮扶点始兴县顿岗镇宝溪村，扶贫开发“双到”工作以来，为宝溪村的各项建设争取、整合各方资源，争取各方面资金共400多万元，推进宝溪村的扶贫开发各项工作。通过抓好村集体经济收入、产业扶持、基础设施建设、抓好民生工程等扶贫项目建设，使村容村貌有所改观，人民群众生活水平有一定提高。在公益活动方面，组建韶关移动彩虹使者志愿者团队设置3个职能队（即蓝色关爱队、绿色环保队、红色公益队），志愿者达到359人，通过开展“低碳出行”“关爱留守儿童”、无偿献血、爱心募捐等志愿服务，向社会各行业展示韶关移动的优秀企业文化和服务文化，获得更多社会认同，促进企业与社会的共同成长。 （包振华）

附：领导班子成员名单

总经理：周忠坤

副总经理：欧勇健　邱芬娣　林　纲

工会主席：欧勇健

中国联通

【概况】 2014年是韶关联通五年发展战略规划的开局之年和创新引领年，在4G牌照发放、“营改增”和“营销费用压降”政策实施等内外部环境发生深刻变化的情况下，韶关联通全体干部员工贯彻移动宽带领先与一体化创新战略，以五年战略规划为牵引，以五种精神为指引，勇于担当，敢于作为，实施“六个创新引领”，推进“十六项重点改革任务”，构建面向移动互联网的差异化竞争力，各项工作取得新的成效。2014年的工作中，各一线经营单位能够围绕经营目标，超任务完成沃店建设任务和星级渠道建设任务，渠道结构得到优化，渠道规模及产能总体保持稳定。

【客户经营取得新成绩】 2014年，韶关联通移动宽带发展初见成效，出账用户规模显著提升，移动宽带收入同比提升16%。集团大客户推进名单制达产，成功拓展几十家整体转网，其中校园市场完成主营收入完成率为113.67%，收入同增长比114.22%。存量经营打造全生命周期黏性保有体系，移网老用户收入保有率提升，年度大服务与存量经营综合考核在全省靠前。

【营销模式转型取得新成效】 韶关联通推进营销转型、开展全渠道互联网化、沃盟终端订购会、核心十八及TOP二十乡镇渠道建设、名单制厂园拓展、教育信息化拓展等工作，提升公司在社会渠道、自有营业厅、集团客户营销层面的基础实力，实现移动宽带业务收入增长，沃盟平台推广完成率排名全省靠前。

【基础设施项目助推联通业务】 韶关联通抓住韶关市政府重点打造整个韶关旅游大交通网及强化重大交通基础设施项目建设的机遇，争取旅游平台建设项目，借助大平台优势，实现旅游产业的互联、资源整合、数据共享，参与到景区、酒店、企业的信息化建设中，实现整个行业的控盘。在教育信息化方面，重点针对提交较成熟的区县进行重点突破，通过以“教育信息网”为突破口，锁定全市中小学和幼儿园，做好班班通和平安校园的项目；在大中职校市场推进校园WiFi手机一卡通，通过校企合作及校园一卡通等模式，开展校园整体转网和战略签约，实现名单制战略院校用户市场份额提升。在厂园方面，借助莞韶工业园的转移热潮，以厂园WiFi、一卡通、视频监控等厂园信息化项目为抓手，丰富统谈统购模式和实现方式，打造涵盖专线、固话、移网、ICT项目的一揽子专业智慧厂园通信解决方案，以实现名单制厂园渗透率提升的目标。

【超卓网络取得新进展】 以超卓网络为目标，韶关联通攻坚克难，3G补强建设难点、热点站点58个；通过传输分组网建设，实现市区、曲江及翁源城区3G网基站接入速率从7.2M提升至21M，并新建东环、北环波分，扩建南环波分，解决带宽资源容量不足的瓶颈。4G聚焦高价值区域覆盖，市区核心商圈覆盖率达100%，网络质量超越友商。开展“强网”行动，网络健壮性、安全性有效提高，2014年平均断站次数同比下降28.12%，3G网络咨询投诉率同比下降72%，2G网络质量第三方评测为优。

【联通新办公大楼搬迁启用】 2014年，韶关联通完成机关本部新办公大楼的搬迁启用，随着公司的不断发展与壮大，原来位于　的办公场所经韶关联通　年的经营发展，目前已不能满足日常生产经营的需要，为进一步改善员工办公环境，历经近4个月的设计装修，于6月20日正式揭牌投入使用，新办公大楼位于　。韶关联通自主建设的第一家县级分公司生产管理楼—乳源生产管理办公楼也已完工投入使用，整体办公环境得到提升。

（王　璇）

附：领导班子成员名单

总经理：肖　舟

副总经理：陈灵军　罗晓良　张后明

中国联通韶关市分公司新办公大楼合影（中国联通韶关分公司　供）

无线电管理

【无线电管理】 2014年，韶关市无线电管理办公室围绕“管好频率、管好台站、维护秩序、保障安全”的工作核心，从服务企业和回答百姓关心的热点问题着手，发挥韶关市无线电协会的桥梁作用，与韶关电视台、环保局、三大电信运营商通力合作，拍摄制作以移动通信基站电磁辐射为内容的科普宣传片，并在韶关电视台成功播放8次，回答百姓关心的移动通信基站电磁辐射热点问题，消除百姓疑虑，安抚民心，稳定社区，产生极佳的社会效益。为推动4G网络建设，促进信息消费，采取科普和建设并举方式，推进4G网络建设进程，及时核发无线电台执照2980份，维护用频企业的合法权益，促进信息消费。

（秦卫平）

城乡建设·环保

住房和城乡建设

【概况】 2014年，韶关市住建系统以省政府促进粤东西北地级市城区扩容提质为契机，推动芙蓉新城建设，以保障性住房建设和原曲仁矿棚户区改造试点项目为抓手，把脉粤北中心城市城镇化，协助开展违章违建整治行动，开展各项制度改革，为韶关市城乡建设工作保驾护航。

【保障性安居工程建设】 2014年，省下达韶关市住房保障工作目标任务为开工建设保障性住房、棚户区改造住房共6797套，其中：公共租赁住房484套、城市棚户区改造2247户、国有工矿棚户区改造3986户、华侨农场危房改造80户，基本建成保障性住房、棚户区改造住房共7212套。经分解确定，新开工项目35个，基本建成项目21个。全年，韶关市开工保障性住房共7332套，基本建成7509套，均超额完成责任目标。根据《广东省住房保障工作目标责任考核办法》文件精神，2014年，经过省考核组考核住房保障目标责任完成情况，韶关市再次被评为优秀等级。韶关市全年共对符合条件的31户廉租房住户及54户公租房住户分配保障性住房。韶关市完成2014年中央及省住房保障补助资金申请。中央财政城镇保障性安居工程（公共租赁住房和城市棚户区改造）专项资金3803万元已到位并分配到县（市、区）。国有工矿棚户区改造中央预算内资金及保障性住房项目配套基础设施建设资金正补充完善申报资料。

【原曲仁矿棚户区改造试点】 截至12月31日，韶关市首期工程社主、丝茅坪、田螺冲安置点的主体工程及室内外装饰装修全部完成。供水、供电、绿化、小区道路以及排污、排水等附属工程也进入收尾阶段。红尾坑安置点处于主体工程施工阶段。二期工程田螺冲安置点A地块建成120栋，小区道路、给排水等附属设施项目施工正在进行；B地块按BT模式建设，共计开工159栋。4号地开工52栋，其中基础施工34栋，主体结构施工18栋；5号地61栋全部开工，主体结构施工61栋（封顶51栋、装修阶段36栋）；6号地58栋全部开工，其中基础施工2栋，主体结构施工56栋（封顶50栋、装修阶段31栋）。移民队和平八一安置点建成281栋，里群安置点正进行主体施工。9月至12月，组织完成丝茅坪、社主（红尾坑）、云顶、富仁、格顶及田螺冲矿区共7000多住户的选房工作。

【朱小丹赴韶关调研棚户区改造】 8月20日，省长朱小丹率省有关部门负责人在韶关实地调研棚户区改造进展情况，研究加快推进全省棚户区改造工作。副省长许瑞生参加调研并主持座谈会。在调研中，朱小丹肯定韶关原曲仁矿棚户区改造试点工作。他指出，棚户区改造既是改善民生的迫切要求，也是拉动合理投资稳增长的重大举措。省委、省政府重视棚户区改造工作，把棚户区改造作为保障性住房建设的突出任务，纳入2014年省的十件民生实事之一，摆在十分重要的位置加以推进，取得积极进展。当前，国家出台一系列支持棚户区改造的优惠政策，正是广东省推进棚户区改造的机遇。朱小丹要求各市必须抓住机遇，进一步转变工作作风，完成好棚户区改造任务。

【市区棚户区改造】 韶关市住建局牵头制定《韶关市区棚户区改造实施方案》，并由市政府成立韶关市区棚户区改造工作指挥部，在市住建局下设办公室。9月，动员开展棚户区改造各项前期准备工作。组织两区政府各辖区镇（办）、居委人员，与市工贸资产公司、房管所及住房保障中心等单位一起做好入户调查工作，了解住户的安置意愿。开展市区棚户区改造的宣传工作，除发放宣传资料外，还在《韶关日报》整版刊登政策解读，在各主要生活区张贴宣传资料，扩大宣传影响。确定改造安置点，明确以浈江区田螺冲、芙蓉新城滨江地带及南华路旁地块作为改造安置地点，在入户调查时一并由住户自由选择。开展建设用地报批、土地招拍挂以及开发代理权公开招标等前期工作。经借鉴其他城市经验，引入共有产权模式，做好配套政策措施起草前期准备工作。截至2014年年底，完成浈江区田螺冲（一期）、芙蓉新城滨江地带（二期）两个安置点的立项，其中二期已完成勘探等工作。

【公房管理】 全年韶关市公房累计应收4843.54万元，累计完成租金收入为4809.90万元，完成率为99.31%；廉租房租金收缴方面，市区有738户符合条件的住户申请办理低保证或低收入证明，累计应收数为85.07万元，累计完成租金收入为84.88万元，完成率为99.77%；全年提交法院诉讼追缴欠租并结案的有6宗，共收回欠租17.87万元。为配合旧城改造、道路扩建工程，根据城市规划，韶关市全年共拆迁改造公房住户244户，建筑面积14236.68平方米。所辖公房住宅共9624户，全年签发更新合同5299户，更名换签合同56户，暂改非合同期满续签全年共71宗。通过社会程序申请获准安置住房困难户42户。接管移交朝阳新村13宗非住宅公房，建筑面积3012.85平方米，年增加租金收入51万元。成功拍租空置非住宅74宗，挂牌拍卖的非住宅公房44宗，成交3宗，成交价9910万元。韶关市完成公房维修工程1096宗，共362万元，完成廉租房维修工程项目4宗，维修金额10.54万元，完成白蚁防治工程94宗，面积5386.3平方米，金额3.23万元。

【工程造价管理】 韶关市全年完成合同价款登记备案的项目69个，其中招标项目44个，建筑面积104.53万平方米，造价21.73亿元；非招标项目25个，建筑面积49.67万平方米；合计登记备案建筑面积约154.207万平方米，工程造价约30.77亿元。在政策宣传贯彻方面，韶关市住建局组织各县、市（区）住建部门贯彻落实国家《建设工程工程量清单计价规范》，开展《建设工程合同价款与预（结）算备案制度》工作。组织学习住建部《建筑工程施工发包与承包计价管理办法》和《广东省建设工程概算编制办法（2014）》。韶关市住建局组织开展“全国建设工程造价员资格考试”及全国建设工程造价员执证人员继续教育和验证工作。为全市850名在职从业人员进行继续教育和验证工作，组织206名从业人员进行从业资格考试。

【建筑市场建设】 全年市辖区发放建筑工程施工许可证66宗，建筑面积157.72万平方米，工程总造价32.11亿元；房屋建筑工程和市政工程备案68宗，建筑面积167.4万平方米，工程造价24.47亿元。全年全市新增20家建筑业企业，其中：8家施工企业，7家劳务企业，4家商品混凝土生产企业，1家混凝土预制管桩企业。有4家施工企业资质从原来三级企业升为二级企业，有16家施工企业进行资质增项。通过资质升级和增项，扩大企业承接工程的范围，增强企业综合竞争实力。

【工程质量管理】 根据住建部《工程质量治理两年行动方案》，2014年，韶关市执行《房屋建筑和市政基础设施工程质量监督管理规定》，采取巡视作业面，对施工质量、重要部位的实体质量进行监督抽查的方式，检查钢筋和模板工程、混凝土实体强度、混凝土构件的尺寸、楼板厚度以及钢筋保护层厚度。通过检查和抽查，掌握施工现场的施工动态，发现施工现场的质量隐患，及时处理和解决质量通病问题。全年监督巡查、抽查共计超过600人次。市区在监工程210项，总面积约为919万平方米，造价约为181亿元；其中新报监工程项目71项，建筑面积116万平方米，工程造价24.4亿元，受监率100%。办理竣工验收工程55项，建筑面积约126.62万平方米，工程造价约21.39亿元。办理分户验收住宅工程共计32项，住宅分户验收覆盖率达100%。工程实体质量监督检查53项工程，回弹检测砼强度322个构件，合格率达100%，抽查混凝土搅拌站6家，单位工程原材料监督抽查39项工程，其中钢筋原材监督抽查67组，其中2组不合格，合格率达97%；水泥、砂、石原材监督抽查28组，全部合格。在检查、巡查中共计发出质量整改通知书150份。2014年，韶关市住建局重点开展对保障性住房项目地监督巡查和抽查。全市在建保障性住房工程质量管理全部处于受控状态，工程结构主体质量较好。在监共13个保障性安居工程（12个项目为棚户区改造工程，1个为公租房），总建筑规模92.39万平方米，其中棚户区改造占91.30万平方米；总投资额约14.50亿元，其中棚户区改造占14.35亿元；住房共计10860套，其中棚户区改造占10728套。

【质量检测】 全年共完成混凝土抗压20032组，砂浆抗压2333组，钢筋原材3039组，钢筋原材复检121组，钢筋焊接性能3962组，钢筋焊接性能复检76组，水泥物理性能290组，混凝土抗渗735组，混凝土配比238组，砂浆配比101组，砂子物理性能201组，石子物理性能116组，蒸压加气砌块278组，饰面砖黏结强度857组，饰面砖粘结强度（复检）91组，基桩钻芯法检测强度2760组，回弹法检测强度326份，钢筋保护层厚度418份，后锚固件抗拔29组，门窗物理性能150组，中空露点69组，挤塑板导热系数120组，玻璃光学153组，脚手架扣件45组，安全帽48组，沉降观测2982点/次，桩静载549根，压板433点，复合地基55点，基桩抽芯17440.48米。开发新检测项目，引进大吨位静载设备，基桩静载实验能力从800吨提高到1700吨。并自行开发设计一套高吨位基桩抗拔试验装置，最大抗拔力达到400吨。

【施工安全管理】 2014年，市区受监工程233项，总面积1011.48万平方米，工程造价167.4亿元；现受监工程193项，总面积909.8万平方米，工程造价142.3亿元；全年共发出动态扣分通知书419份、整改通知书510份、巡查记录155份、停用通知书78份、全面停工通知书1份；共收到并审阅施工安全监理周报4160份；共办理起重机械产权备案登记267台，安装告知239台，使用登记342台，拆卸告知384台。

【建设领域节能减排】 南枫碧水花城（三期）住宅小区作为韶关市国家级低碳绿色住区示范项目，获得省住建厅批准为省级示范项目。南枫碧水花城二期（21.76万平方米）和金色江湾B地块二期（6.74万平方米）共计28.5万平方米作为韶关市2014年绿色建筑示范项目，取得广东省2014年第八批绿色建筑设计评价标识。韶关市完成既有建筑节能改造项目：原东南轴承厂旧厂区建筑修复再利用（第一期）工程（共25栋，3.42万平方米）、韶关市特殊教育学校（行政楼、智障楼、聋教楼）改造项目。完成《韶关市芙蓉新区（起步区）绿色低碳总体规划》《韶关市芙蓉新区绿色城区指标体系研究》及《韶关芙蓉新区（起步区）绿色控制性规划导则》3个规划编制工作。完成46栋国家机关办公建筑和7

栋大型公共建筑基本信息和能耗统计、公示。市区办理建筑节能设计审查备案工程项目70个，建筑面积220.25万平方米；新开工项目全部通过节能设计审查，节能备案率100%；全市新墙材应用比例达到81%，其中市区新墙材应用比例达到99%；市区新型墙体专项基金征收项目54个，征收金额1557.6万元，征收率100%。全年全市完成散装水泥供应量431.77万吨，同比上年增加172.53万吨；完成预拌混凝土使用量381万立方，同比上年增加20万立方；完成预拌砂浆使用量3.4万吨；征收市区散装水泥专项资金项目57个，征收资金97.48万元，征收率为100%。

【加装电梯管理】 全年市区申报加装电梯的243台，竣工并拿到特种设备使用登记证的共计61台，已发规划许可证的30台，其余152台正在办理中，全年超额完成韶关市既有住宅加装20台电梯的工作任务。自2013年开始实行财政补助政策以来，共有43台享受财政补助，财政补助共计拨款165.538万元。其中，享受2013年财政补助标准的有33台，共拨款131.538万元；享受2014年补助标准有10台，共拨款34万元。另外11台正在办理补助公示中。

【住房公积金管理】 全年全市累计缴存住房公积金158.11亿元，其中市级76.05亿元，同比增长17.64%。全市182953人缴存住房公积金23.7亿元，其中市级10.6亿元，同比增长10.18%。资金余额为26.34亿元。全年全市累计支取住房公积金96.81亿元，其中市级49.36亿元，同比增长24.88%；全市当年支取19.29亿元，其中市级9.8亿元，同比增长14.07%。住房公积金中心为全市41429户职工累计发放住房公积金委托贷款51.07亿元（其中市31.23亿元），同比增长28.09%；2014年为全市4553户家庭发放住房公积金委托贷款11.2亿元（其中市级5.86亿元），同比增长19%；贷款余额为34.96亿元。上缴用于补充城市廉租住房（或公共租赁住房）建设资金达8843.66万元，同比增长20.7%。

【房地产市场监管】 2014年，韶关市调整市区普通住房价格标准，将市区普通住房单价标准调整为5100元，以促进商品房消费。起草《商品住宅专项维修资金管理办法》，拟向多家银行开放住宅专项维修资金托管业务。对普通商品房标准进行调整，明确2014年8月1日起审批的商品房预售许可项目，普通商品住宅按住宅小区建筑容积率在1.0以上、单套建筑面积在144平方米以下（含144平方米）的标准认定。实行商品房销售价格备案一房一标价制度，从2014年8月1日起暂停执行《关于采取措施稳定新建住房价格的通知》，“加强商品房预售价格备案管理”关于商品房预售价格备案限制涨幅的规定。开展新版《商品房买卖合同示范文本》宣贯工作。规范销售行为，营造和谐的市场环境，维护购房消费者合法权益。全年审核批准21家房地产开发企业、21家物业管理公司的资质申请；完成69宗商品房预售许可证的审核发放；截至2014年12月底，市区（不含曲江区）住宅专项维修资金归集额为4.27亿元，1至12月审核使用支出235.66万元。全市完成房地产开发投资119.42亿元，同比下降3.4%；施工面积1439.7万平方米，同比增加20.1%；竣工面积211.1万平方米，同比下降5.7%；销售面积365.35万平方米，同比增长5.2%；销售额154.8亿元，同比增长0.6%；商品房平均售价4237.03元/平方米；商品房待售面积119.5万平方米，同比下降3.9%。

【房地产登记】 2014年，韶关市共办理房屋权属登记35812宗，面积539.62万平方米，金额137.74亿元，商品房网上签约9410宗，二手房成交收件4448宗，抵押注销登记3767宗；司法查封登记883宗；配合纪委、检察和住房保障及各类房屋查询64033宗。全市36个商品房预售楼盘及预售款的使用已全部纳入监督管理范围。预售合同登记备案8572份，面积103.68万平方米，预售款审批746宗，金额47.38亿元，在建工程7宗，面积17.22万平方米。协助财税部门做好房地产税费征收工作，全年累计行政性、事业性收费共1643万元，代征土地出让金158万元，协助市地税局征收契税1.482亿元，营业税及附加2290万元，土地增值税289万元。

【房地产登记信息技术】 2014年，韶关市制定《韶关市房地产交易登记中心房地产交易权属登记数据与房地产GIS项目相关成果数据整合对接应用方案》，对系统楼盘表进行升级，实现房地产交易和权属登记数据与GIS项目成果数据在内、外网系统相应环节的整合对接，初步实现“地—楼—房”一体化。完成测绘成果子系统与房地产交易与权属登记一体化管理信息系统的关联，实现测绘成果数据的实时传送和引用，并已趋稳定和完善。市区房地产地理信息系统（第一阶段）项目的各子系统均已开发完毕，作为项目数据生产环节的主要内容的测绘相关各业务系统已部署试运行。为区县开展电子档案工作提供指引和标准，也为今后的数据统一和利用奠定基础，韶关市住建局指导各县、（市）区设计制定《韶关市县（市、区）级房地产登记机构房地产电子档案实施方案》。乳源、曲江、乐昌等地均已开展电子档案的加工整理工作。

【房屋测绘管理】 全年，韶关市共完成各项棚户区改造项目、保障性住房小区、商住小区及各类房屋登记测绘业务一万余宗，测绘房屋建筑面积近400万平方米，实现事业收入500多万元，超额完成年初的指标任务。市房产测绘部门贯彻实施2014年8月1日起施行的《测绘资质管理规定》和《测绘资质分级标准》，面对新的更高要求，不断增强人员技术力量，完善测量仪器设备及各项软硬件设施，在年底前通过复审换证审核，取得新的测绘资质证书。并指导乐昌市房管局、始兴县房管所、乳源县房管所和仁化县房管所申办，并先后取得测绘资质证书，实现依法依规开展房产测绘工作。

【建设工程招投标管理】 全年，市区建设工程进场交易共131项，同比上年减少49项，下降27.2%；交易金额35.6亿元，同比上年减少19亿元，下降34.9%。其中：公开招标工程共120项，中标金额35.3亿元；邀请招标工程共4项，中标金额1545.19万元；进场竞争性发包工程共7项，发包金额1757万元。

【招投标制度改革】 2014年，为促进全市有形建筑市场的发展。在工程建设招投标制度改革方面，韶关市修订《韶关市房屋建筑和市政基础设施工程施工招标文件示范文本》，出台新的招标制度。制定全市范围内推行建设工程交易网上报名、资格候审制度，制定对投资额较小的政府投资项目实行网上竞价交易办法，制定通过摇珠方式确定工程建设招标代理单位的制度，

【宜居城乡建设】 韶关市完成年度韶关市宜居社区申报评审工作。市宜居办组织全市19个社区通过市宜居社区评审及申报省级宜居社区。新增曲江区马坝镇中华社区、浈江区十里亭镇碧桂园西区社区、武江区新华街道惠民西社区和武江区新华街道工业中社区等为宜居社区。截至2014年12月31日，韶关全市共创建市宜居社区30个，宜居示范村庄18个，宜居示范城镇9个。荣获省级宜居环境范例奖2次，创建全国特色景观旅游名镇3个，创建全国特色景观旅游名村1个。

【农村危旧住房改造】 从2014年起，广东省农村低收入住房困难户改造建设纳入以农村危房改造为重点的泥砖房改造，由省住房和城乡建设厅牵头组织实施。韶关市各级住房和城乡建设部门和扶贫办于8月底前完成工作任务交接。

【新型城镇化】 韶关市出台《促进韶关市城区扩容提质五年行动纲要》，指导各县（市、区）推进农村生活垃圾无害化处理设施建设工作。至2014年底，纳入省住建厅考核范围的五县两市一区（曲江区、乐昌市、南雄市、仁化县、始兴县、翁源县、新丰县、乳源县）的生活垃圾无害化填埋场、89个建制镇的生活垃圾转运站、12611个自然村的生活垃圾收集点均告建成，完成“一县一场、一镇一站、一村一点”任务目标。12月3日，韶关市在南雄市召开推进新型城镇化进程现场会，学习贯彻中央和全省城镇化工作会议精神，检查总结市委十一届四次全会部署推进新型城镇化以来的工作情况，分析新型城镇化发展面临的新形势新任务，对韶关市加快新型城镇化发展进行再动员、再部署，有利于加快建设粤北地区中心城市。

（章　程）

2014年8月11日，建设中的原曲仁矿棚户区改造项目二期工程（市住建局　供）

附：领导班子成员名单

局　长：梁韶灵

副局长：何平良　郭春元　张　蘋

总工程师：陈志新

纪检组长：曾光明

城乡规划

【概况】 韶关市城乡规划局成立于2001年，为韶关市人民政府主管城乡规划的工作部门。2014年，韶关市城乡规划局行政编制38名，正科级领导职数9名，副科级领导职数8名。设办公室（监察室）、规划编制科、综合审批科、用地规划管理科、建设工程管理科、村镇规划管理科、规划监察科7个内设机构以及浈江分局、武江分局2个派出机构（2014年6月批准设立），下辖韶关市城市建设档案馆、韶关市城乡规划市政设计研究院、韶关市测绘院和韶关市规划信息中心4个单位。2014年，市城乡规划局围绕中心、服务大局，科学编制城乡建设各类规划，严格城乡规划实施和管理。城乡规划局完成上饶路东侧仿古街地块、塘湾片区地块、鑫金汇、新雪域等20多宗出让地块规划条件，出具芙蓉新城43号路等100条道路规划设计条件及预选址意见。办理建设工程规划条件核实73宗，验收建筑面积152.95万平方米。组织城乡规划项目专家评审会15次、阶段性成果汇报会10余次、规划项目协调会20余次。完成规划展示馆沙盘和展板改造，接待参观1245人次。推进规划信息公开，受理并答复网络问政帖子46条，主动公开政府信息71条，发布其他信息485条。

【两区城乡规划分局成立】 2014年6月9日，市机构编制委员会同意设立市城乡规划局浈江分局、武江分局。2014年12月19日正式挂牌成立，为市城乡规划局派出机构。主要职责是负责辖区内城乡规划法律法规的宣传咨询，村庄规划的编制、实施和指导监督，私房报建的规划管理，规划建成区外集体建设用地和一般国有土地的规划管理。市城乡规划局浈江分局、武江分局各核定行政编制5名，各配局长1名、副局长1名。

【规划编制】 城乡规划局编制完成《芙蓉新区产业发展规划》《芙蓉新区环保规划》《芙蓉新区基础设施发展专项规划》《芙蓉新城绿地系统与水系专项规划》《芙蓉新城市政设施专项规划》《韶关市城市总体规划（2006—2020）实施评估》《韶关市城市总体规划与土地利用总体规划协调专项规划》。组织编制《韶关东环线沿线地区控制性详细规划》《应急避护场所建设专项规划》。编制完成韶冶三旧改造规划、粤北国际物流园总规、莞韶扩园总规调整、轴承厂旧厂区修复利用改造规划、桂头镇总体规划调整、里群棚户区改造修规、田螺冲山地公园修规、沙洲尾河滨公园修规、武江区重阳温泉总体概念规划、浈江花坪镇总体规划、曲江区大塘镇重点地段控规等。

【重点项目基础测绘】 城乡规划局完成市政府重点项目大坡河整治工程9.8公里的测量工作；完成东环线二期曲江段房屋建筑面积测量约0.05平方公里；完成工业路内涝整治及供电工程项目范围内约1.08平方公里的地形图测量工作；完成韶关市三大出口环境综合整治项目整治区域内约0.16平方公里的建筑立面测绘及相关服务工作；完成芙蓉新城控规内的下胡村、芙蓉村、车头村、西联行政村范围内建筑及建筑物附属物面积测量工作；完成芙蓉隧道南北孔的道路测量工作。

【规范性文件】 《韶关市区私房建设规划管理办法（试行）》已通过市政府常务会议审议。城乡规划局组织起草《韶关市修建性详细规划审批流程优化方案》《韶关市修建性详细规划技术标准》《韶关市城乡规划公示制度》《韶关市城市规划公建配套指引》《韶关市日照管理规定》《韶关市停车配套标准规定》《韶关市修建性详细规划调整管理制度》，均已形成初稿。

【审批制度改革】 城乡规划局完成韶关市城乡规划电子报批系统开发建设“城市规划管理辅助决策系统（城市三维GIS）”和城乡规划管理信息系统深化升级，实现城乡规划电子报批。同时，取消核换建设工程规划许可证正本，大幅缩减行政许可审批时限。是年，受理行政许可事项600宗，办结638宗（含上年度年底受理业务），提前办结率100%。

【市政服务】 城乡规划局完成丹霞山新山门—瑶塘停车场段旅游专线公路、东环路一期燃气管线规划、G323至广乐北连接线良村互通工程、S248线韶关市区过境段黄金村大桥至韶关钢铁厂公路通讯管沟工程（黄金村大桥－大学路段）规划设计及施工图设计、韶关市芙蓉北路（西出口）改扩建工程道路照明工程等。

【城建档案管理】 城乡规划局签订建设工程档案责任书105宗；验收工程竣工项目档案72个，档案2422卷，出具《建设工程竣工档案验收认可证》67份；接收审核工程竣工项目纸质档案81个，档案2811卷；接收审核工程竣工项目电子档案51个，光盘131张。接待档案查阅利用453人次、710卷，档案借阅84人次、220卷。档案馆馆藏档案总量达46451卷，同比增长8.8%，其中纸质档案44850卷，声像档案1601卷。

【美丽乡村建设】 美丽乡村是指生态、经济、社会、文化与政治协调发展，符合科学规划布局美、村容整洁环境美、创业增收生活美、乡风文明身心美且宜居、宜业、宜游的可持续发展的建制村。2014年，城乡规划局编制完成《韶关市广富新街及升平路历史文化街区保护规划》《韶关市区镇村协调发展与规划研究》《韶关市区村庄安置点选址规划》；组织启动1个历史古村落保护规划、2个市级中心镇控制性详细规划和10个美丽（特色）村庄规划的编制工作。

2014年12月19日，韶关市城乡规划局浈江分局挂牌成立（罗晨辉　摄）

【开设城乡规划建设图片展览室】 2014年11月18日，韶关市城乡规划建设图片展览室正式开展。展览室设在韶关市城市建设档案馆六楼，占地68平方米，设21个板块，收集整理图片420张，展览内容长达62米。内容主要包括规划成果展示、韶城规划建设风貌今昔对比、领导关怀和规划人风采四大部分。其中，规划成果展示主要介绍芙蓉新区和芙蓉新城的规划建设情况；韶城规划建设风貌今昔对比，展示道路、桥梁、公共设施和城市面貌的发展变化；领导关怀主要反映省市领导心系规划，关心支持规划工作；规划人风采则以规划局系统工作人员工作纪实和组织开展文体活动的图片反映全体规划人精神风貌。

（赵　艳）

附：领导班子成员名单

局　长：许险峰

纪检组长：徐建华

副局长：冯建国　吕　泱

郑大彬（—2014.6）

总规划师：吕　泱（—2014.6）

郑大彬（2014.6—）

城市综合管理

【概况】 根据《中共韶关市委、韶关市人民政府关于印发〈韶关市人民政府机构改革方案〉的通知》，2009年设立韶关市城市综合管理局，为市人民政府工作部门，于2010年2月8日正式挂牌。直属单位有韶关市城市管理行政执法局、市自来水公司、市园林管理局、韶关市房屋征收管理中心、韶关市城市照明管理中心、韶关市市政设施管理中心、韶关港华燃气有限公司。2014年，韶关城管局各项工作取得实足的进步，完成第四污水处理厂建成、拆除整治违建、整治城市乱象、公益自行车添新车、绿灯美化亮化、供水和供燃气管网改造安全等工作。

【城市管理行政执法】 韶关市组织行政执法人员大培训，提升执法队员素质；拆除乱拉挂2468多宗，拆除无手续、违章设置的广告牌251块，面积共计4572平方米。依法强拆市辖三区各类违法建筑141宗、面积6.50万平方米，遏制违法建筑的蔓延势头，维护城市规划的严肃性。

【市政设施管养】 韶关市在维护好市区184条、总长161.68公里、面积418.45万平方米主次干道的同时，维修道路沥青路面2.3万平方米，水泥路面0.9万平方米，人行道1.6万平方米；沥青灌缝43.2千米；清疏下水道渠（含林桥坑）559.4公里，清疏雨水井、污水井1.3万座，维修更换井环井盖、雨水格栅约247件/套，更换“四防”装置近674个，冲洗“四防”装置1.8万个。

【园林绿化】 韶关市城管局在做好市区7个公园（含河滨公园）总面积345万平方米、120万平方米公共绿地（不含公园面积）以及5.9万棵行道树管养的同时，还完成以下工作：完成国家园林城市复查迎检工作任务；完成武江区检察院西侧园林苗圃15.33公顷场地的杂草清理和土地平整工作，铺设简易道路527平方米，安装水管198米，挖排水沟3442米，建65米深水井一口，建水塔52立方米，种植胸径20厘米的樟树280株，并完成栾树、银杏、梧桐的招标工作；完成韶南大道中间分车带绿化管养服务项目、市区常态摆花工程中的工业路、北江路分车带花卉种植及养护服务项目和绿地垃圾清运服务等16个项目的招标工作并组织实施；完成市区公园白蚁防治试点工作，以芙蓉山国家矿山公园为试点，试点面积1.20万平方米。

【城市路灯管理】 韶关城管局在维护好市区3.6万盏路灯、7.3千米景观灯的同时，共修复路灯线路合计近12万米，更换各类灯泡4.9万多个、镇流器近787只，改造彩虹管、数码管及霓虹管6000多米，更换各类景观灯饰共1642个，灯饰亮灯率和设施安全率分别达到98%和99%，超过国家住建部颁发的道路照明各项标准。根据《广东省推广使用LED照明产品实施方案》精神，推进城区LED路灯改造项目的实施工作。已完成64条主次干道路段、共10万余盏LED灯具的更换工作。

【供水管理】 韶关城管局在维护好969.54公里DN80以上供水主管的同时，1至9月实现优质安全供水5050万立方米，新敷设管径DN80以上的供水主管9.8公里，“一户一表”改造工程完成工程施工12835户，累计共完成改造80112户。代收污水处理费2650万元、垃圾处理费876万元。抢修不同管径管道1700多次，确保市区供水管网的安全。

【管道燃气】 韶关城管局在做好420公里地下管网的管养工作同时，全年投入4100万元，完成旧管网改造23千米、新敷设地下管网50千米；消除阀门井密闭空间56个，燃气管道穿越密闭空间12处；发展各类用户2.2万户，现有各类用户近8万户，实现销气量2550万立方，减少二氧化碳排放近11万吨、减少二氧化硫排放近1163吨，减少废渣排放11141吨；入户安全检查5.5万次，消除安全隐患8173个，全年实现平稳、安全供气。

【打击“两违”工作】 2014年4月底，市委召开常委会议，听取违法建筑查控工作的情况汇报，研究解决工作中的问题。7月9日，市政府在曲江区召开全市违法建筑查控工作现场会，市政府主要领导和各区政府签订责任书，在全市范围内推进违法建筑查控工作。市辖三区全年共拆除各类违法建筑141宗6.50万平方米，落实“五停”［停止进行供水、供电、供应管道燃气及提供电信（包括固定电话、宽带等）、有线电视服务］措施780宗，查处违法违纪案件5宗、涉及9人。其中，浈江区拆除各类违法建筑40宗8529平方米，落实“五停”措施51宗；武江区拆除各类违法建筑30宗

11978，落实“五停”措施4宗；曲江区拆除各类违法建筑71宗44478平方米，落实“五停”措施725宗，查处违法违纪案件5宗、涉及9人。

【市政项目前期工作推进】 2014年，韶关城管局共完成37项市政项目前期工作，总投资约19.2亿元；正在开展市政项目前期工作共25项，总投资约21亿元；储备项目共31项，总投资约20亿，为市领导科学、高效、有序、规范决策提供依据。

【韶关市第四污水处理厂建成】 市第四污水处理厂位于武江区甘棠村，总设计规模13万立方米/天，分两期建设。一期设计规模5万立方米/天，服务范围包括小阳山片区、武江科技园区、沐溪工业园区、西联行政文化中心。该厂是韶关市完成“十二五”时期减排任务的重点项目，能否按期在2014年底前建成投产，直接关系到全市会否被环保部实施环保限批，是直接影响全市经济社会发展大局的关键性工程。在确保安全和质量的前提下，韶关城管局抢抓进度。经过170天的建设，市区第四污水处理厂于12月5日正式开始试通水，完成年度任务。

【“数字城管”指挥中心初显成效】 2014年，韶关城管局发挥“数字城管监督指挥中心”的作用，多次召开点评会，对案件的处置情况予以点评，科学监管市容市貌，形成“网格化”巡查、“点评会”问责的新常态机制。全年共处置上报的市容市貌案件1.24万余件，提高工作效率10多倍。

【创文巩卫促进户外基础设施整治改造】 2014年，创文巩园工作先后进入攻坚阶段，城管局坚持创文巩园同抓落实，开展创建工作。对市区北出口及市辖两区各主次干道户外广告进行集中整治，对不规范设置、破损、残旧的户外广告招牌、灯箱、横幅实施统一拆除，特别是加大对北出口的户外广告整治。对西联立交桥、韶关大道中桥、东堤南路、河滨公园、金康桥、沿江路、五里亭大道、十里亭大道等护栏、防撞栏刷漆翻新共16618.41平方米；围墙翻新1614.71平方米，翻新市区三江六岸铁凳145张。完善城市无障碍设施建设。在上年普查的基础上，严格按照国家标准，对建成区主干道、商业街、人行道口、公交站点等地的步行道无障碍设施共9800平方米进行改造完善。

2014年12月5日建成投入使用的韶关市第四污水处理厂全貌（市城管局　供）

【巩固园林城市复查工作完成】 韶关市城管局制定《韶关市城市综合管理局迎接国家园林城市复查工作方案》以及《韶关市城市综合管理局迎接国家园林城市复查材料编制任务分解表》，定期召开专题会议，加强协调、统筹调度，加大资料的搜集、汇总、整编，对照国家园林城市标准，做好单位内部协调，与相关单位沟通，确保各项工作落实到位，完成巩园复查工作。

【生活设施惠民项目】 韶关市政府承诺2014年建设一批小公园、小广场、小运动场、小停车场、小菜市场等“五小”惠民项目。建成12个项目：武江北结核医院北侧绿化带空地、武江北路绿地小公园改造、西桥公园北侧局部绿地改造、林桥坑二期绿化工程、武江北光栅测控研究所及东侧绿地、风采桥东侧桥底绿化项目、沿江路与芙蓉东路三角地块小游园、棚户区小肉菜市场、教育路康乐幼儿园西侧绿地、林桥坑二期街心游园项目、林桥盈翠项目和林桥映翠项目。

【推进市区饮用水取水点调整优化工程】 该工程2014年3月完成项目建议书编制、征求意见和编制修改；7月进行立项审批，8月完成BT方案编制和工程招标挂网公告，10月工程开标，11月开展工程规划、勘察、设计。工程管道敷设完成五里亭大桥至河畔茗居路段，并开始实施城市花园到西河——水厂泵房路段的工程，泵房双回路改造已基本完成。

【武江北路截污管网工程完成】 为解决武江北片区污水排放问题，市政府决定对武江北路截污管工程进行建设。根据韶关市人民政府关于实施武江北路截污管工程项目的通告文件，本工程位于韶关市武江区西河镇朝阳村，截污管主干管敷设在武江北路南侧人行道外2.5米处，起点位于城市花园污水管排出口处，终点接入凯旋华府前已建成的DN800污水管，总长约730米。工程建设范围内需拆除迁移的违章建筑（含临时建筑）管线及不符合规划建设要求的构筑物、广告、招牌。10月15日开始施工，开挖沟槽土方，浇筑管道基础，安装钢筋混凝土排水管，于2014年12月底完工。

【靖村排水渠截污工程（十里亭片区截污管网工程）推进】 靖村排水渠截污工程因配合市环保局申请省环保专项补助资金，变更为“韶关市十里亭饮用水源地环境整治工程”。该项目于2014年7月底完成立项，采用BT模式建设，现已完成BT招标文件编制及挂网、整体施工方案编制等工作，

（高　涛　何志华）

附：领导班子成员名单

党工委书记、局长：周伟源

副局长：肖润良　潘国忠

龚水石（—2014.9）

王灯红　范韶旭

纪工委书记：张广礼

副局长：葛晓起

芙蓉新区建设

【概况】 韶关芙蓉新区管理委员会为市人民政府派出机构，主要职责是根据市委、市政府授权或委托依法行使芙蓉新区规划、建设和发展等职能；并根据市委、市政府授权，管理韶关市新鸿达城市投资经营有限公司及其下属公司，负责新区开发建设效能监察工作。韶关芙蓉新区管委会组织机构：机构编制20名，其中主任1名（由副市长兼任），副主任3名；内设党政办公室、规划建设局、招商发展局、社会工作局4个副处级职能部门。2014年年底有在职干部15人。2014年，芙蓉新区管委会贯彻落实省市关于加快中心城区扩容提质的决策部署，坚持“五个优先”（规划优先、安置优先、公建优先、产业优先、生态优先）发展思路，探索以公建民生项目和行政中心共同引领新区发展的新路子，重点抓好市政道路、农民安置、公共配套和房屋拆迁工作，得到省委、省政府主要领导的肯定。起步区芙蓉新城片区64个项目中，有40个项目动工建设，全年在建项目完成投资约33亿元，占年度投资计划的110%。

【专项规划编制】 芙蓉新区基础设施、产业发展、环境保护等3个专项规划完成编制，芙蓉新城及江湾片区控制性详细规划、市政基础设施规划、水系规划和绿地规划经市规划委员会会议审议通过。

图为市城市照明管理组织实施LED照明灯具改造（城管局　供）

【安置新村建设】 赤水新村于2014年4月21日通过竣工验收，2014年年底约有80%村民入住。芙蓉新村、西联新村分别开工建设121栋和120栋，其中芙蓉新村有53栋、西联新村有32栋封顶，分别完成工程量的56%和33%；车头新村主体工程开工；下胡新村开展土方工程。

【路网工程建设】 全面铺开新城路网建设，在建主干道路11条，其中32号路基本建成；滨江路（一标、二标）、南华路、32号路、芙蓉大道、40号路等骨干道路基本具备临时通车条件。

【融资保障工作】 开展粤东西北振兴发展股权基金申报工作，成功落实9亿元基金规模，完成3亿元基金放款。全年融资24.6亿元。

【公建项目建设】 武广客运专线韶关综合客运枢纽项目于2014年12月2日开工建设；市民文化活动中心完成初步设计；广东韶关实验学校一期完工并于当年9月开学；华师附中韶关分校项目签订合作协议；原东南轴承厂修复再利用工程（一期）完工，市行政服务中心等11个市直单位进驻办公；盆景山公园、综合商贸市场开展施工招标，水系、滨江公园、儿童主题公园等项目开展前期工作；三甲医院项目进行多次招商对接；南华路垃圾中转站完成规划选点；重点项目高压电线迁改工作基本完成。

【产业项目建设】 全年共举办各类招商座谈和对接会20多场次。中保财险、农信社、中海投资公司和宝马汽车4S店、捷豹路虎汽车4S店项目落户新城；按五星级标准建设的碧桂园太阳城凤凰酒店于12月30日开业运营，保利商业综合体开展前期工作，恒大酒店动工建设；保利、恒大、碧桂园等地产社区推进，建成住房约1.3万套，三大居住片区初具规模。

【征地拆迁工作】 牵头优化完善新城房屋拆迁补偿政策，制定规范化的拆迁补偿清册；协调武江区及市直相关单位实施芙蓉新城路网工程建设房屋拆迁工作大会战，从市区镇村四级共抽调150余人参与路网项目拆迁工作，路网及其他重点项目完成拆迁730多户，交地约113.33公顷，基本完成原西联农场困难职工搬迁和清表交地工作。

【芙蓉隧道开工建设】 2014年11月18日，韶关芙蓉新区加快芙蓉隧道工程建设动员大会在芙蓉隧道出口工地举行，标志着芙蓉隧道正式开工建设。副市长、芙蓉新区管委会主任王青西及有关单位负责人出席动员大会。芙蓉隧道工程位于武江区芙蓉山矿山公园西侧，穿越芙蓉山，线路全长2.29千米，总体呈北南走向，按城市主干线双向六车道设计，北接老城区工业西路，南接芙蓉新城芙蓉大道，是连接新老城区的交通纽带。隧道建成后，新老城区通行时间将缩短至5分钟，对加速新老城区融合互通、促进城区扩容提质具有重要作用。

【韶关综合客运枢纽项目开工建设】 2014年12月2日，芙蓉新区武广客运专线韶关综合客运枢纽站一期工程举行开工仪式。副市长、芙蓉新区管委会主任王青西出席开工仪式。武广客运专线韶关综合客运枢纽位于韶关芙蓉新城内，与武广高铁韶关站衔接，是国家交通部和省交通厅“十二五”时期重点项目，按国家一级客运站标准进行建设。项目总占地约14.6公顷，总投资约9.8亿元，其中，一期建安工程费约5.4亿元。项目建设内容包括长途客运站房及其生产生活附属用房、旅游集散中心及配套附属用房、换乘设施、站前广场、停车场等。

【韶关实验学校首期项目建设完工】 韶关市目前最大的民办学校——韶关实验学校、广东韶关实验中学、实验小学于2014年9月正式开学，现有专任教师123人，在校生2000多人，其中小学一至六年级680多人，七、八年级900多人，高一年级430多人。该校是经教育行政部门批准、按省一级学校以上标准兴建的直属韶关市教育局管理的全寄宿制民办公助学校，是韶关市办学体制改革试点单位，学校占地约20公顷，办学规模180个教学班，总投资5.6亿元，可容纳小学、初中和高中师生近万人。截至8月底，第一期项目已建设完成，教学楼、宿舍、饭堂等配套设施均已到位。8月26日，市环境监测中心站对课室、办公室、宿舍等地的空气进行抽样检测，结果显示，甲醛、苯、甲苯、二甲苯的含量均低于最低检出限，检测结果合格。

芙蓉新城鸟瞰图（市芙蓉新区管委会 供）

【韶关市与华师大签署教育项目合作协议】 2014年10月21日，韶关市人民政府与华南师范大学举行项目合作协议签字仪式。市委书记、市人大常委会主任郑振涛，华南师范大学党委书记胡社军等见证项目签约。市长艾学峰、华南师范大学校长刘鸣代表双方签署《原华南师范学院韶关分院土地处置和华南师范大学附属（韶关）中学建设项目合作框架协议书》《创办华南师范大学附属韶关中学协议书》。根据协议约定，韶关市政府将与华南师范大学在芙蓉新区共建公办完全中学，预计办学规模为普通高中60个班、初中24个班，力争经5年的建设将本学校打造为省内知名、区域有影响的一流学校。

【省领导调研视察新区工作】 2014年6月18日，中共中央政治局委员、省委书记胡春华到芙蓉新区调研并检查推进工作，实地察看赤水新村、市民文化活动中心、路网、学校等项目建设情况；2014年7月26日，省委副书记、省长朱小丹到芙蓉新区检查推进工作，实地察看路网、赤水新村等项目建设情况；2014年2月22日，省委常委、常务副省长徐少华到芙蓉新区调研，实地察看韶关实验学校、电网迁改等项目建设情况。（邓联军）

附：领导班子成员名单
主　任：王青西（兼）
党组书记：王青西（兼，2014.6—）
　　　　　钟裕荣（兼，—2014.5）
常务副主任：李　宏
副主任：阮龙德　宋卫红
　　　　冯建国（兼，—2014.9）
纪检组长：朱观洪（2014.10—）
　　　　　陈荣中（—2014.10）

环境保护

【概况】 韶关市环境保护局为韶关市人民政府组成部门，正处级单位。2014 年，韶关市环境保护局行政编制 24 名、行政执法专项编制 20 名。设办公室、环境综合管理科（核与辐射管理科）、综合审批科、污染物排放总量控制科、宣传教育科、法规与科技科、人事科（监察室）、环境监察分局、环境应急管理办公室（环境应急指挥中心）9 个职能科（室）以及韶关市环境保护局浈江分局（韶关市环境保护局浈江环境监察分局）、韶关市环境保护局武江分局（韶关市环境保护局武江环境监察分局）2 个派出机构。下设韶关市环境监测中心站、韶关市环境保护科学技术研究所（韶关市环境技术中心）、韶关市环境信息中心、韶关市城镇污水处理管理中心等 4 个直属事业单位。2014 年，该局坚持以科学发展观为指导，推动环境综合治理，改善环境质量，确保环境安全。经省核定，韶关市在 2013 年度广东省环境保护责任考核中得 81.30 分，获得良好档次。

【主要污染物减排】 以创建国家节能减排财政政策综合示范城市为契机，建立健全减排工作机制，加大奖惩扶持和督办力度，市政府出台《韶关市“十二五”农业源污染减排工作奖罚办法》《韶关市“十二五”农业源污染减排工作扶持办法》。加快减排工程建设，按时完成国家责任书项目——韶关市第四污水处理厂建设、启动 16 个中心镇污水处理厂设施建设并部分完成，完成 377 个畜禽养殖场减排工程和 4 个有机肥加工厂建设。电力、水泥、钢铁脱硫脱硝设施建成投入运行，完成省下达的年度减排任务。全市（含各县、市、区）共有 871 家企业单位缴纳排污费，缴交总额为 7377.188 万元。

【生态保护】 围绕打造全国生态文明建设示范市目标、实现绿色转型、生态发展，改善城乡生态环境质量，构筑广东重要的生态屏障。加强饮用水源保护，划定乡镇级饮用水源保护区；建设农村生活垃圾收运处理体系，提升城乡生活污水处理能力；推进规模化畜禽养殖场污染减排；加强矿区生态修复，防治矿区环境污染；深入开展农村环境综合整治和生态示范创建活动。

【大气污染防治】 编制《韶关市大气污染防治实施方案（2014—2017 年）》《韶关市环境空气重污染应急预案（试行）》。建立大气污染防治工作联络工作机制，深入开展大气污染防治工作。完成电力、钢铁、水泥行业大气治理项目工程，开展禁燃区内锅炉淘汰或改燃清洁能源。完成 124 家加油站油气回收治理工程和所有加油站国Ⅴ汽油升级供应；淘汰“黄标车”及老旧车 10736 辆。市区空气质量优良率 78.6%，完成省下达的年度大气污染防治目标任务。

【建设项目环境保护管理】 市环保局把好环保审批关，简化审批程序，缩短审批时限，提高行政效率。全年共办理各类新建项目环评审批 280 个，项目环评审批否决 3 个。建设项目环保设施竣工“三同时”（同时设计、同时施工、同时投产使用）验收办理 124 个，同比增加 17%。办理许可证 175 份。办理广东省危险废物转移许可审核事项 166 个；办理在用机动车排气检测机构委托证书 10 个；办理汽车环保标志 86724 份。

【南粤水更清】 市环保局按照《南粤水更清行动计划（2013—2020 年）》开展水污染防治工作，制定行动计划实施方案。加强饮用水源保护、推进城镇生活污水处理设施和配套管网建设、重点污染源达标整改和企业强制清洁生产，加强农村环境综合整治，推进水污染防治工作。经省环保厅核定，韶关市 2013 年度南粤水更清行动计划实施情况评估工作得 87.4 分，实现“一年新进展”阶段性目标。全市 9 个集中式饮用水源地水质达标率为 100%，1 个跨市河流交接断面水质达标率为 100%，6 个省控断面达标率为 100%。

【重金属污染防治】 市环保局推进大宝山矿区及周边地区环境综合整治工

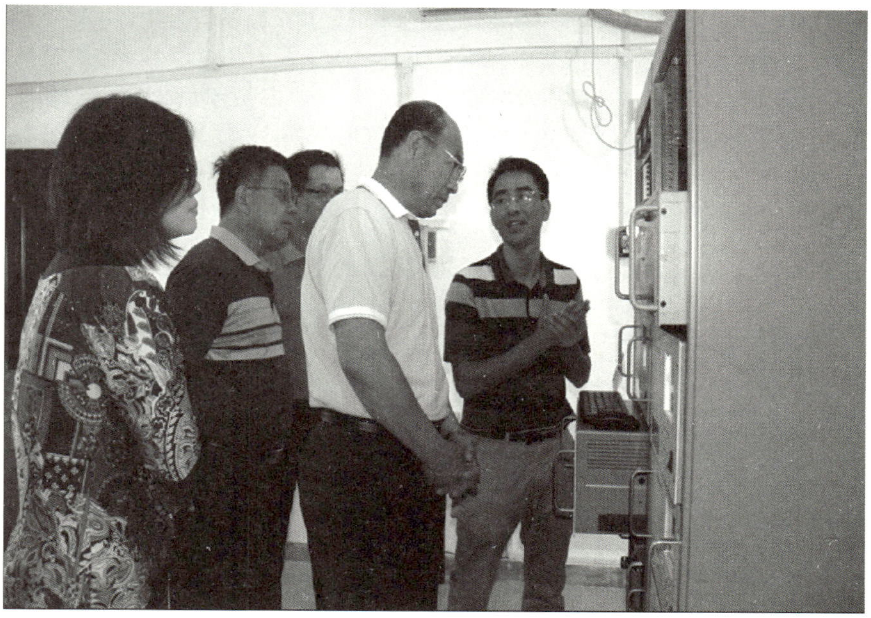

2014 年 7 月 17 日，环保部总工程师万本太（右二）到韶关调研，图为现场查看广东南岭空气自动监测背景站测仪器的运行情况（欧阳群丽 摄）

作，省环保厅印发的《大宝山矿区及周边地区环境综合整治工作方案》确定的34项重点整治工程中，已按进度要求完成20项，已动工14项。推动落实仁化县董塘镇环境综合整治工作。印发《韶关仁化县董塘镇环境综合整治实施方案》，确定17个治理工程。

【环境监督管理】 2014年该局共出动执法人员2185人次，检查各类企业744家次，下达整改通知19份。其中，组织执法检查人员1103人次，开展元旦春节期间专项巡查、3月“环境安全月”大排查、百日安全大检查、汛期安全大检查、高考夜间噪声巡查、整治企业违法排污保障群众健康环保专项行动、国控重点污染源自动监控专项执法检查等各项环保专项行动，共检查相关企业321家次，责令限期改正、整改企业10家。根据企业废水、废气、噪声等违法情况，共立案21宗，下达环境行政处罚决定75宗，结案19宗，累计罚没款金额102.2万元。全年，该局受理群众反映各类环境信访件647宗，比上年同期下降12.7%，共办结599件，办结率92.6%。其中，来信135件，12369环境信访投诉热线电话321件，来访36批共51人，网络问政155件。

【环境应急处置】 该局进一步完善环境应急预警体系建设，及时应对突发事件。6月16日，韶关坪乳路大桥段一辆装有30吨敌敌畏农药车辆侧翻，造成部分农药外流事件；同月26日，南雄市湖口镇岗围村，一辆载有57.48吨的氢氧化钠槽罐车发生交通事故，造成部分烧碱泄漏事件。由于及时、科学、妥善开展应急处置工作，两起事件没有造成污染的扩散和升级。

【环保宣传】 召开纪念“6·5”世界环境日座谈会，发布《2013年度韶关市环境状况公报》，印制《防护PM2.5科普知识》《黄标车管理宣传资料》等环保宣传资料，发放给广大市民。在《韶关日报》刊登环保新闻30篇。发表题为《提高公民意识，保护身边环境》《驱散雾霾守护蓝天》《整治畜禽养殖场让乡村环境更优美》等整版专题报道。在韶关电视台进行为期一个月的新环保法宣传，并在韶关日报进行新环保法的解读和宣传。编印10期《生态韶关》，及时反映韶关市各地、各单位在开展生态文明建设和环境保护工作中的做法和经验。

【水环境质量】 2014年，主要江河水系水质状况总体良好，水环境质量与上年相比无显著变化，除苍村水库和南水水库断面为Ⅰ类水质，官渡、古市、丹霞山、马坝河出口断面为Ⅲ类水质外，其余断面均为Ⅱ类水质（水温、总氮、粪大肠菌群不参与评价），全市17个市控以上断面水质均达到所属功能类别水质标准，达标率为100%。市区饮用水源地水质达标率为100%，其中十里亭断面水质为Ⅱ类，达标水量6984.13万立方米、苍村水库断面水质为Ⅰ类，达标水量1826.0万立方米。饮用水水源地水质达标率、跨市河流交界断面水质达标率均为100%。

【大气环境质量】 2014年，韶关市区城市空气中二氧化硫、二氧化氮、可吸入颗粒物年均浓度分别为0.033毫克/立方米、0.031毫克/立方米、0.066毫克/立方米，均优于国家二级标准，全年空气污染指数优、良天数为271天，优良率78.6%。市区降尘年均浓度为2.84吨/平方公里·月。全年降水pH年平均值为4.94，酸雨频率为37.5%，与上年相比下降19.6个百分点，降水质量整体比上年有所好转。

【声环境质量】 2014年，市区道路交通噪声年均值为67.2分贝，其声环境质量处于好等级；市区区域环境噪声年均值为55.7分贝，其声环境质量处于一般等级；各功能区域噪声基本符合标准要求。 （刘艳忠）

附：领导班子成员名单
局　长：高冬瑞
副局长：谭启源　张　彬　魏　宁
纪检组组长：方贵平
总工程师：招文锐

2014年韶关市区饮用水源水质状况

表11

监测断面	监测年份	年取水量（万立方米）	年达标水量（万立方米）	水质达标率（%）	水质类别	年均值超标项目	年均值超标项目浓度（毫克/升）	污染指数
十里亭	2014	6984.13	6984.13	100	Ⅱ	—	—	0.13
苍村水库	2014	1826.0	1826.0	100	Ⅰ	—	—	0.12

2013 年、2014 年韶关市区大气监测结果统计

表 12

市县名称	监测项目	测点名称	年平均		超标率（%）	
			2013	2014	2013	2014
韶关市区	二氧化硫	市八中	0.042	0.039	0	0
		碧湖山庄	0.028	0.023	0	0
		园林处	0.037	0.039	0.6	0.3
		韶关学院	0.030	0.039	0	0
		曲江监测站	0.037	0.033	0	0
		市区统计	0.035	0.033	0.1	0
韶关市区	二氧化氮	市八中	0.045	0.039	0	4.3
		碧湖山庄	0.026	0.022	0	0.3
		园林处	0.036	0.030	0	1.9
		韶关学院	0.022	0.022	0	0
		曲江监测站	0.041	0.042	0	3.1
		市区统计	0.034	0.031	0	1.4
	可吸入颗粒物	市八中	0.063	0.073	5.5	6.9
		碧湖山庄	0.076	0.066	5.3	3.9
		园林处	0.065	0.068	4.9	3.6
		韶关学院	0.060	0.053	1.7	1.4
		曲江监测站	0.070	0.074	3.4	4.7
		市区统计	0.067	0.066	4.1	3.4
	降尘（吨/平方公里·月）	市八中	2.64	3.10	0	0
		碧湖山庄	2.46	2.82	0	0
		园林处	2.61	2.81	0	0
		韶关学院	2.36	3.00	0	0
		曲江监测站	1.91	2.48	0	0
		市区统计	2.40	2.84	0	0

2013 年、2014 年韶关市区降水质量统计

表 13

监测站名称	2013 年				2014 年			
	样品个数	酸雨频率（%）	降水 pH 值		样品个数	酸雨频率（%）	降水 pH 值	
			范围	平均			范围	平均
韶关市	84	57.1	3.72—7.58	4.70	80	37.5	3.64—7.64	4.94

韶关市区道路交通噪声监测统计

表 14

行政区	测点数（个）	总路长（公里）	平均路宽（米）	平均车流量（辆/小时）	等效声级	达标率%	大于 70dB 路段		声级范围（分贝）
							路长（公里）	（%）	
韶关市区	55	74.2	19.8	2042	67.2	80.0	7.15	9.6	62.3—73.5

韶关市区区域环境噪声功能区统计

表 15

功能区	网格大小（米）	网格数（个）	覆盖面积（平方公里）	等效声级（分贝）	超标率（%）
1 类区	500×500	42	10.50	51.8	0
2 类区	500×500	136	34.00	55.2	2.3
3 类区	500×500	69	17.25	59.4	0
韶关市区	500×500	247	61.75	55.7	1.2

韶关市宜居城乡建设创宜居社区全面完成，图为2014年创建的南枫碧水花园宜居社区

2014年12月29日，即将竣工交付入住的原曲仁矿棚户区项目第三期工程

韶关市住房和城乡建设局

ZHUFANGHECHENGXIANGJIANSHEJU

2015年，韶关市围绕芙蓉新城建设中心工作，全面推进三旧改造、棚户区改造等工作，积极落实莞韶对口帮扶工作，着力加快绿色转型振兴发展。韶关乐广高速公路和赣韶铁路建成运营，新港码头港澳航线复航，环城高速公路建成贯通。芙蓉新城路网全面动工，安置新村建设全面铺开，市民文化活动中心、综合客运枢纽扎实推进。拆除违法建筑52万平方米，城乡建设更加有序。跻身国家生态文明先行示范区行列，国家节能减排财政综合政策示范城市建设有序推进，生态建设和节能减排成效明显。完成造林2.75万公顷，森林碳汇造林1.65万公顷。

全年全市完成地区生产总值1111.5亿元，完成固定资产投资746.74亿元。开工保障性住房7596套，基本建成7495套。全年全市累计缴存住房公积金158.11亿元，为全市4308户家庭发放住房公积金委托贷款11.2亿元。完成全市89个镇的生活垃圾转运站、12611个自然村的生活垃圾收集点的建设任务。完成26个宜居社区创建工作。

2014年7月29日，省住建厅厅长王芃（左三）到韶关市调研芙蓉新城建设情况

2014年7月18日，市委常委、常务副市长陈波（前排左三）带队视察原曲仁矿棚户区项目建设进度

2014年8月19日，市住建局局长梁韶灵（左）向省住建厅副厅长陈英松（右）介绍东岗岭保障性住房小区情况

2014年10月14日，市住建局局长梁韶灵（左二）在预拌砂浆推广使用现场观摩活动上进行动员

2014年12月1日，原曲仁矿棚户区云顶矿分房仪式

韶关市经济和信息化局

SHAOGUANSHIJINGJIHEXINXIHUAJU

2014年，市经信局围绕“绿色转型、振兴发展”，实施“工业强市”战略，加大协调服务力度，全市工业经济逆势前行，运行态势总体良好。全市规模以上工业增加值完成348亿元，同比增长13%，分别比全国、全省平均增速分别高4.7个、4.6个百分点，在全省21个地级市中排名第9位。工业投资全年累计完成284.6亿元，同比增长20.2%，占全社会固定资产投资达38.1%。

2014年5月9日，莞韶两地工业化领域合作框架协议签订仪式

1 3 4
2

1、2014年10月2日，省经信委纪检组长吴泰国（右二）带队到韶关市开展专项重点工作督导

2、2014年7月2日，韶关市与百度（中国）签署战略合作协议

3、2014年3月12日，局长朱裕华（右二）率队调研仁化中达锌业

4、2014年10月2日，省经信委纪检组长吴泰国（左列三）带队到韶关市开展专项重点工作督导

2014年全市共新建森林（湿地）公园33个，森林进城、围城工程成效显著

韶关市林业局

2014年，韶关林业工作在市委、市政府的正确领导和省林业厅的关心支持下，继续以“新一轮绿化广东大行动”为契机，凝心聚力，乘势而为，全年共完成春季造林27373.33公顷，占计划任务24466.67公顷的111%。完成森林碳汇造林16500公顷；建设沿江生态景观林带300公里；实施封山面积87万公顷；完成中幼林抚育4.33万公顷；建成乡村绿化美化示范点147个。至2014年末，全市林业用地面积达142万公顷，活立木蓄积量达8475.3万立方米，森林覆盖率达74.38%，这些反映森林资源状况的主要指标均居全省首位。

2014年全市实施封山面积87万公顷，并基本建立起布局合理、类型齐全、管理高效的封山育林管护体系。图为始兴县的封山育林点。（黄履通　摄）

9月17日，市委书记郑振涛（前排左二）到翁源县和浈江区调研碳汇造林情况，并和护林员亲切交谈。市领导孔云龙、贝抗胜，市林业局局长邓阳秋等陪同调研。（童铜韶　摄）

11月25日，全市森林公园建设工作现场会在南雄市举行。市委常委、市政府党组副书记张志才（前排中），市林业局局长邓阳秋（前排左二），市、县（市、区）分管森林公园工作相关负责人等参加会议。（黄恒超　摄）

韶关市工商行政管理局

SHAOGUANSHIGONGSHANGXINGZHENGGUANLIJU

2014年2月26日，市工商行政管理局与市食品药品监督管理局在市工商局二楼举行流通环节食品监管职能交接仪式

2014年4月25日，全国工商系统先进事迹巡回报告会在韶关举行

2014年12月23日，市工商行政管理局局长欧新全（左二）深入开发区检查指导创文巩卫工作

市工商行政管理局参加“林语阳光杯”干部职工体育运动会获得体操比赛亚军

2014年3月15日，在西河全民健身广场举行大型“3·15”宣传咨询活动，韶关市政协主席李飞(后)在活动会场致辞

2014年3月10日，召开韶关市工商系统党风廉政建设工作会议

抓质量　保安全　促发展　强质检

韶关市质量技术监督局
SHAOGUANSHIZHILIANGJISHUJIANDUJU

2014年2月24日，市长艾学峰（左二）、副市长许志新（右二）、副秘书长欧阳全（左一）、局长车万里（右一）在韶关分会场收听收看全省质量工作电视电话会议

2015年1月19日，副市长许志新（右二）带队深入企业督导特种设备安全监察工作，局长车万里（左一）陪同检查

韶关市质量技术监督局肩负产品质量诚信体系建设、产品质量安全监督、特种设备安全监察、执法打假、计量、标准化、认证监督管理等职能。2014年，市质监局继续严把特种设备、重点产品质量“两个安全”关，连续多年保持“零事故”；全市通过国家质检总局审查的地理标志保护产品达14个，年产值逾20亿元；全市共有广东省名牌产品18个，1家企业获得广东省政府质量奖，推动本地产业的质量提升；开展惠民强企工作，为全市176家集贸市场与218个基层医疗卫生单位免费检定计量器具23632台/件，免收检定费122万多元；免征涉企行政事业收费1112.29万元，惠及全市7958家企业，有效减轻企业负担，优化经济发展环境；“国家铅锌及建筑钢材产品质量监督检验中心（广东）”检测大楼建设进展顺利，并争取到省政府支持1000万元检验设备采购专项资金；“广东省质量监督日用精细化工产品检验站（韶关）”顺利通过省质监局资质认证，并争取到国家发改委300万元服务业重点领域建设项目专项资金补助，有望于2015年完成建设。公共检测服务平台的建设，将为韶关市经济发展提供强劲的技术支撑。

2014年1月23日，副市长兰茵（右）到市质计所调研

2014年12月23日，省质监局副局长邱庄胜（左二）到市质监局调研指导工作

2014年2月20日，市质监局党的群众路线教育实践活动动员部署会议召开

2014年11月6日，局长车万里（右）就质量强市和地理标志产品保护工作接受南方网记者专访

韶关市民政局局长龙勇文（右三）验收市政府民生工程项目

韶关市民政局局长龙勇文（右二）到灾区核查灾情

韶关市民政局

SHAOGUANSHIMINZHENGJU

2014年，韶关市民政工作在构建和谐社会落实民权、改善民生、为民排忧解难等方面发挥了积极的职能作用，多项工作取得新突破，各项业务协调发展。全市城乡低保月人均补差水平分别达到336元、150元，分别比2013年增加93元、40元；城乡月人均低保标准分别达到395元、235元，分别比2013年增加74元、37元。2014年，韶关慈善总会募集捐款2494.49万元，为社会公益事业共支出善款2421.56万元。抗击“2・10”冰冻灾害、“5・15”洪灾和7至8月多次风雹和洪涝灾害，争取中央、省、市三级救灾资金566.26万元，应急救灾，重建家园。

民政工作成效显著。2014年，浈江区风采街道老东门社区、乐昌市乐城街大昌社区被民政部命名为“全国减灾综合示范社区”。始兴县澄江镇敬老院被民政部授予“全国农村五保供养工作先进单位”称号。乐昌市乐城街道大昌社区被民政部命名表彰为“全国和谐社区建设示范单位”。全市共600个村委会被省民政厅命名表彰为广东省村务公开民主管理示范单位，占全市村委会的50%。

2014年11月4日，韶关市启动创建第十届全国、全省双拥模范城工作。

韶关市民政局局长龙勇文（后右三）到新丰梅坑调研扶贫双到工作

市委副书记陈向新（前右二）、市委副秘书长文火玉（前右一）、市民政局局长龙勇文（前左二）慰问韶关舰官兵

韶关483万福彩公益金　助圆2436名学子读书梦

“感谢你们对我们贫困学生的关心和支持，让我们和其他同学一样有机会在学校学习，有同样的机会追求自己的理想和目标。你们就是我们的阳光，给予我们温暖，是你们让我们把感恩诠释得更加透彻……感谢你们让我们圆了读书梦。”这是在韶关历年受福彩资助的数千名学生感谢信中的一段话，让我们看到了福彩公益金在助学路上的真情奉献。

从2007年开始，韶关福彩中心以“一切为了孩子，帮助贫困学生改善生活条件”为出发点，启动“福彩爱心助学子”活动，对在读和新入学的韶关大、中、小学生进行资助，8年来投入福彩公益金483万元，资助2436名贫困学生圆了读书梦，用爱心托起了明天的希望，唤起了公民的社会责任。

韶关贫困学生领取福彩助学金

韶关第六届“福彩百万爱心助学”资助金发放仪式上，困难大学生领取福彩资助金

韶关福彩投入7000万　助养老建设显成果

“不曾知道你的名字，不曾见过你的样子，但你是社会里的一份子，这温暖能给你坚持。这轻盈的彩票纸，是我们传递爱给你的方式，让爱长出了双翅，在身边陪你一辈子。”这动听的歌词让我们看到了福利彩票的温暖，福彩集点滴光热为弱者燃起了光明和希望。2004年以来，韶关市累计投入养老事业建设的福彩公益金近7000万元，改善当地老年人生活、居住环境。2014年，韶关将养老管理服务摆到更加突出的位置，从市本级福彩公益金安排480万元投入养老服务。

福彩公益金资建市福利院二号楼

福彩公益金资建市福利院三号楼

公益金资建樟市镇敬老院风貌

韶关市卫生和计划生育局

SHAOGUANSHI WEISHENGHEJIHUASHENGYUJU

5月13日，省卫计委主任陈元胜（左三）深入曲江区樟市镇五星村调研卫计工作，与当地村委干部、村计生专干进行深入交谈 （赖继平 摄）

省卫计委副主任廖新波（左二）在市卫计局领导陪同下到市中医院督查韶关市《中医药条例》落实情况

韶关市卫生和计划生育局成立于2013年12月9日，由原韶关市卫生局和原韶关市人口和计划生育局撤并而成。机构合并，人员编制不变，卫生计生职能进行了有效的整合。内设15个科室，分别是办公室、医政科、基层指导科、妇幼健康服务科、政策法规科（市医改办）、中医科、监察室（人事科）、科技宣教科、规划财务科、信息统计与考核评价科、计划生育家庭发展科、干部健康服务科、疾病控制科、综合监督科、流动人口服务管理科。承担全市计划生育、医疗卫生系统、疾病控制、公共卫生、妇幼健康、基层指导、流动人口管理、卫生计生监督执法、医药卫生体制改革等部门工作职能。

5月12日，市委副书记陈向新（前排左二）在市政府副秘书长邓彩虹、市卫计局副局长李高龙和曲江区领导的陪同下到樟市镇五星村调研卫生计生工作

7月7日，韶关市委、市政府召开2014年全市人口计生工作推进会

7月1日，副市长、市公安局局长李安平率领市政府办、市公安局、市卫计局、市妇联等单位领导，深入乐昌市梅花镇计生办和服务所及鹧鸪塘村委会等地，专题调研督导当地计生工作

韶关市法制局

SHAOGUANSHIFAZHIJU

2015年4月28日，广东省政府法制办公室主任王学成（左二）、党组书记李柏阳（左一）到韶关市翁源县调研法制工作

2015年3月9日，韶关市委常委、市政府党组副书记、市委政法委书记张志才（后左三）率领考评组对浈江区政府2014年度依法行政工作进行实地考评

2013年9月27日，副市长、市公安局局长李安平出席全市依法行政工作电视电话会议

2014年10月30日，市法制局在南雄市召开韶关市2014年度县（市、区）依法行政考评工作暨培训会议

韶关市法制局负责督促指导全市依法行政工作、制定和审查政府规范性文件、行政复议、代理市政府行政和民事诉讼、行政执法监督以及政府法律顾问事务等工作，内设办公室、规范性文件审查科、行政复议科、行政执法监督科、法律事务科5个科室。

2014年，该局在市委、市政府领导和省法制办的指导下，深入贯彻落实党的十八大，十八届三中、四中全会和省委十一届四次全会精神，按照《韶关市法治政府建设规划（2011—2015年）》的目标要求，围绕中心、服务大局，认真履行法制工作职责，着力推进依法行政和法治政府建设，政府规制建设质量不断提高，行政复议工作有序开展，行政执法行为不断规范，政府法律顾问作用日益突显。全年共办理省、市两级政府及其部门意见函117件，制定市政府规范性文件11件、合法性审查部门规范性文件16件、备案审查县（市、区）政府规范性文件16件，办理行政复议案件94宗，代理市政府行政、民事应诉案件9宗，较好地发挥了政府法律事务中的参谋助手、法律顾问作用，为促进韶关市融入珠三角和绿色转型振兴发展提供了法制保障。在2013、2014年度全省依法行政考评中韶关市均获得“良好”等次。

韶关市人民政府金融工作局

SHAOGUANSHIRENMINZHENGFU JINRONGGONGZUOJU

2014年1月22日，东莞银行韶关分行开业

2014年2月13日，召开2014年全市金融工作会议

2014年，韶关市人民政府金融工作局以“推动粤东西北地区金融跨越发展”为目标，深化金融改革，推动金融创新，扩大金融开放，激发金融活力，稳步推进各项金融工作发展。截至2014年末，全市金融业增加值为48.56亿元，金融业增加值占地区生产总值的4.37%，占第三产业比重为9.39%。全市各项存款余额1394.2亿元，同比增长11.02%；贷款余额671.16亿元，同比增长15.44%；贷存比48.14%，同比提高1.84个百分点。全市证券交易额2036.45亿元，同比增长92.87%。全市保险业金融机构保费总收入31.12亿元，同比增长28.07%。

2014年，东莞银行韶关分行、东北证券韶关营业部、国信证券韶关营业部、前海人寿韶关分公司、珠江人寿韶关分公司等5家银行、证券保险公司落户韶关，新增曲江宝银小额贷款公司、浈江海岸小额贷款公司、益恒通融资性担保公司等3家地方非金融机构，韶关市金融市场得到进一步丰富完善。民营企业仁化鸿伟（亚洲）控股有限公司在香港联交所创业板上市，30家中小企业在区域股权交易中心挂牌，为韶关市中小企业探索了新的融资渠道。

1、2014年4月28日，粤北地区“新三板”挂牌业务培训班成功举办

2、2014年11月12日，韶关市政府与农发行广东省分行在荷花园酒店会议室签订战略合作协议 （廖政 摄）

3、2014年11月27日，韶关、东莞两市金融局在韶关市荷花园酒店会议室签订金融合作协议 （廖政 摄）

1 2
3

韶关市供销合作联社

SHAOGUANSHI GONGXIAOHEZUOLIANSHE

2014年7月24日，组织收听收看中华全国供销合作总社成立60周年纪念电视电话会议。市政府副秘书长沈河民（中），市供销社党委书记、理事会主任王刚（左一），及韶关市供销社班子成员、科长以上干部，各县（市区）供销社班子成员参加会议

2014年10月16日，市供销社召开第三届理事会第六次全体会议，龚水石（后排右）当选为理事会主任

韶关市供销合作联社是全市供销合作社的联合组织和领导机构。由主管农业和农村工作的市政府领导分管，为市政府直属事业单位，正处级。内设办公室、财务审计科、合作发展科、资产管理科、人事监察科。其基本职能：1、拟订并组织实施供销合作社发展规划、体制改革方案；2、承担政府授权的组织、协调、管理重要农业生产资料、再生资源及其他商品的经营；3、监督、管理和运营本级社有资产，依法行使出资人职能，研究制订并组织实施社有企业人事、财务、资产的管理制度；4、指导供销合作社系统组织建设及资产管理，依法维护供销社的合法权益；5、参与构建新型农业社会化服务体系、推动农业产业化经营和农村现代流通服务网络建设，指导发展专业合作社和消费合作社；6、组织、协调所属农资企业开展化肥储备工作。

在市委市政府的正确领导下，韶关市供销合作联社坚持为农服务宗旨，围绕新农村现代流通服务网络工程建设，积极推进改革发展，现已成为全市最大的合作经济组织，不仅有健全的组织管理体制，还有遍布全市农村、贯通城乡的经营服务网络。是全市农业社会化体系的重要组成部分，是农业生产资料和农村日用消费品流通的重要渠道。2014年，全市供销合作社系统实现销售总额11.76亿元，同比增长5.48%，其中农资销售5.39亿元、同比增长8.55%，日用消费品销售3.35亿元、同比增长11.53%，农产品加工与销售1.94亿元、同比增长24%，再生资源回收与利用0.49亿元、同比增长7.77%。社会贡献总额0.21亿元，同比增长8.43%。

2014年10月17日，省供销社副主任陈容秋（后右三）、科技工业处处长罗昌熙（后右四）到韶关调研，并听取南雄市供销社综合改革试点情况汇报。韶关市供销社党委书记、理事会主任龚水石（后右二）、理事会副主任龚荣洲（后右一）陪同

2014年市供销社承诺“为民办实事”项目：开展农业社会化服务活动100场的工作现场

www.gdsgcoop.com

中国邮政 CHINA POST

GUANGDONGSHENGYOUZHENGGONGSI
SHAOGUANSHIFENGONGSI

广东省邮政公司韶关市分公司

2014年，广东省邮政公司韶关市分公司（以下简称韶关邮政）在市委、市政府的正确指导和大力支持下，在做好普遍服务的基础上，不断加快邮政发展能力的建设，创新业务项目，积极搭建服务民生平台，致力于当地便民惠农和文化旅游发展事业，展现韶关邮政良好的社会形象。

一、积极延伸金融服务，切入经济民生。结合企业发展实际，深入推进农村地区普惠金融发展，着力推动基础金融服务向行政村延伸，打通农村基础金融服务“最后一公里”。通过在市区和县城城区城乡结合部、部分重点乡镇设置简易网点、布放CRS、设立助农取款服务点等方式，做到与当地经济、民生紧密结合。

二、成功开发代开税票业务。韶关邮政积极响应国税总局在全国开展的“便民办税春风行动”及党的群众路线教育实践活动，开发了代开税票新业务，更好地服务于地方经济的发展，体现了邮政企业的社会责任感，提升了邮政的品牌形象和服务能力，使邮政公共服务平台服务种类更加丰富，真正起到便民、利民的作用。

三、大力助推电商发展。韶关邮政主动把握机遇，充分挖掘电子商务在释放消费潜力、激发行业活力和增加大众创业、就业机会等方面的重要作用，大力实施韶关邮政电子商务“十百千”工程，同时牵头成立韶关市电子商务行业协会，由韶关邮政担任会长单位。协会的成立，得到了市商务局和民政局等政府部门的支持，为韶关市电商业务发展搭建了一个沟通交流的平台，构建有利于大众创业、万众创新蓬勃发展的平台，助推韶关市电子商务行业发展。

四、启动邮亭志愿者服务站。7月23日，韶关邮政与韶关市文明办联手合作，利用韶关市区12个邮政报刊亭开启便民利民志愿服务。充分发挥“百年邮政”的作用，致力于打造成“大众文化传播、公益宣传、联系群众、旅游城市形象展示、便民利民”于一体的街头便民利民志愿服务点，形成一股团结互助、平等友爱、共同进步的社会氛围和人际关系。

中国邮政储蓄银行股份有限公司韶关市分行

ZHONGGUOYOUZHENGCHUXUYINHANGGU FENYOUXIANGONGSISHAOGUANSHIFENHANG

“最美小额信贷员”巡讲大会（韶关站）

创业带动就业小额担保贷款业务合作协议签约仪式

中国邮政储蓄银行股份有限公司韶关市分行于2007年11月正式挂牌成立，内设11个部门，下辖1个直属支行（城区支行）及曲江、南雄、乐昌、乳源、始兴、翁源、新丰、仁化8个县（市、区）一级支行，共有94个全国联网营业网点，市邮储分行持续为城乡居民、“三农”和中小企业客户搭建便捷优质的服务平台，2014年按照全行“深化改革、加快转型、强化管理”的工作总体要求，结合实际，秉承“效益、效率、风险”相平衡的发展理念，以合规为前提，以把控实质性风险为方向，以提升人员专业技能及稳健推进低风险业务为主要抓手，较好完成了防范风险、提升能力、转型升级等任务。

“邮储银行杯”中国青年涉农产业创业创富大会

市邮储分行举办运动会

市邮储分行进行银行业务法规政策宣传现场

省委常委、常务副省长徐少华（中）等领导班子与韶关市残疾孩子共度除夕

2015年4月10日，省残联理事长张永安（右二）到市残疾人康复中心调研，看望残疾孩子

韶关市残疾人联合会

SHAOGUANSHICANJIRENLIANHEHUI

市残联在市委、市政府领导下，进一步加强残疾人社会保障体系和服务体系建设，筹集资金近亿元，建成一批残疾人服务重点工程。主要有市残疾人康复中心，粤北残疾人（始兴）就业培训中心和特殊教育学校等。曲江、新丰、仁化、翁源和南雄分别建成5个县级残疾人康复中心。2014年，全市共发放残疾人补助金额3020万元，14496名贫困残疾人领取了残疾人生活津贴、17720名重度残疾人领取了重度残疾人护理补贴。

通过两大体系的建设，残疾人在康复、就业和教育等方面的权益得到较好的保障。全市共有47643名残疾人得到不同程度的康复，其中6岁以下残疾儿童在康复机构享受到免费而优质的服务。韶关市成功创建全省残疾人维权工作达标市。

市残联举办第24届全国助残日活动

市残疾人康复中心大楼

专业 诚信 责任 进取

粤北人民醫院

（汕头大学医学院附属粤北人民医院）

YUEBEI PEOPLE'S HOSPITAL

地　　址：韶关市惠民南路133号
邮　　编：512025
联系电话：0751-8101207
急诊电话：0751-8120120
医院网址：http://www.ybyy.net/

医院微信公众号二维码

粤北人民医院鸟瞰图

粤北人民医院创建于1886年，现开放床位3200张。医院是粤北地区规模最大、综合实力最强的三级甲等综合性医院。医院位列“中国地级市医院竞争力排行榜”十五强，获得全国百姓放心百佳示范医院、中国100家最具公信力地级市医院、全国改革创新医院、广东省群众满意的医疗卫生机构、广东省先进集体、广东省文明单位等荣誉称号。医院是国家全科医生临床培养基地、国家住院医师规范化培训基地、卫生部电子病历试点医院、卫生部脑卒中筛查与防治基地、国家药物临床试验机构。现有职工近3000人，主任医师等高级职称人员330人，博士硕士300多人。2014年出院病人10万人次，门诊病人100多万人次。

2014年，医院在全国首家开通微信全流程就诊平台，扫面医院微信二维码，关注粤北人民医院微信公众号，即可在微信上实现挂号、缴费、查看检查结果、在线咨询诊疗等功能，极大地便利了群众。

宽敞明亮的新门诊大厅，设置齐全的自助设备

全院各科设立传心达意墙等医患沟通平台

患者在扫描粤北人民医院微信二维码

韶关市疾病预防控制中心

SHAOGUANSHI JIBINGYUFANGKONGZHIZHONGXIN

5月6日，省疾控中心副主任、首席科学家杨杏芬和日本专家在曲江区进行居民膳食与健康状况调查

10月25日，副市长兰茵、市卫计局领导和疾控中心主任刘国生与专家一起处置翁源铁龙镇食源性致病事件

10月8日，市疾控中心召开全市登革热防控工作会议

1月14日，市卫计局局长刘文程到市疾控中心调研

市疾控中心大楼全景

8月14日，突发公共卫生事件应急演练在市疾控中心举办

韶关市中心血站
SHAOGUANSHIZHONGXINXUEZHAN

2015年7月17日，副市长王伟阳（前左二）、市卫计局局长刘文程（前左一）一行来市中心血站开展无偿献血工作调研

2014年12月5日，市委常委、市委宣传部部长柳琛子（左四）等领导出席“国际志愿者日”活动后到风采楼献血车慰问献血者

韶关市中心血站始建于1966年，前身为广东省血液中心，是经市机构编制委员会批准，直属韶关市卫计局领导的不以营利为目的的公益一类事业单位（副处级）。中心血站担负着全市三区七县（市）50多家医疗机构临床用血的采集、制备、检验、贮存、供应及临床输血技术的研究和推广任务，年总采血量为10.07吨。

韶关市中心血站现址位于市芙蓉北路四路6号，总用地面积10179平方米，建筑面积8902平方米。中心血站目前有在编人员63人，卫技人员占职工总数的70%，内设8个科室，拥有一大批先进设备，保障了日益增长的业务发展需求。

1998年《中华人民共和国献血法》实施至今，全市临床用血一直保持100%来源于无偿献血。韶关市中心血站严格按照卫生部“一法两规”的要求，建立和运行了血站质量管理体系，严把质量关。从未发生因血液质量而引发的医疗事故和纠纷，最大限度地保证了韶关市医疗临床用血需求和安全。由于无偿献血工作成效显著，韶关市先后3次荣获“全国无偿献血先进市”荣誉称号，3次荣获“广东省无偿献血先进城市奖”。

2015年6月14日，韶关市在西河全民健身广场举办庆祝第12个“世界献血者日”活动

市中心血站办公楼

2014年8月16日，驻韶某部队官兵献血

韶关市职业病防治院

SHAOGUANSHIZHIYEBINGFANGZHIYUAN

粤北工伤康复中心
韶关市职业卫生检测中心

韶关市第二人民医院

韶关市职业病防治中心大楼（门诊、体检中心、住院部）

韶关市残疾人康复中心大楼（肩负全市残疾患儿的康教和康复治疗）

韶关市职业卫生检测中心综合楼

韶关市职业病防治院（韶关市第二人民医院、韶关市职业卫生监测中心、粤北工伤康复中心），是粤北地区唯一的职业病防治专业机构。医院总部位于韶关市武江区建设路11号，总占地面积近120亩，建筑面积2.5万平方米，业务用房建筑面积近1.8万平方米；开放病床415张；在职员工450人，卫生技术人员占80%，中、高级专业技术人员120余人。

医院于2009年、2011年分别托管了武江区惠民、新华两个社区卫生服务中心，2014年托管了市残疾人康复中心。现医院业务分为职业卫生、临床医疗、社区卫生、残疾人康复（含康教）四大部分，具有大专科、小综合属性。主要业务科室有职业卫生科、放射卫生科、职业健康监护科、职业病康复科、中医、内科、外科、妇产科；特色专科有康复医学科、儿童康复科、中医治未病中心。

医院突出专科、拓展创新、平衡发展。职业卫生服务遍及全省，在珠三角地区具有较大影响力，职业卫生服务能力处全省前列。2014年出院病人6166人次，门诊量133385人次。全年新增固定资产1000多万元，残疾人康复中心全面启用。

医院交通便利、环境优美、绿树成荫、空气清新，加上有一支医术过硬、服务优质的医疗团队，是广大患者治疗、康复、养护的最佳选择。

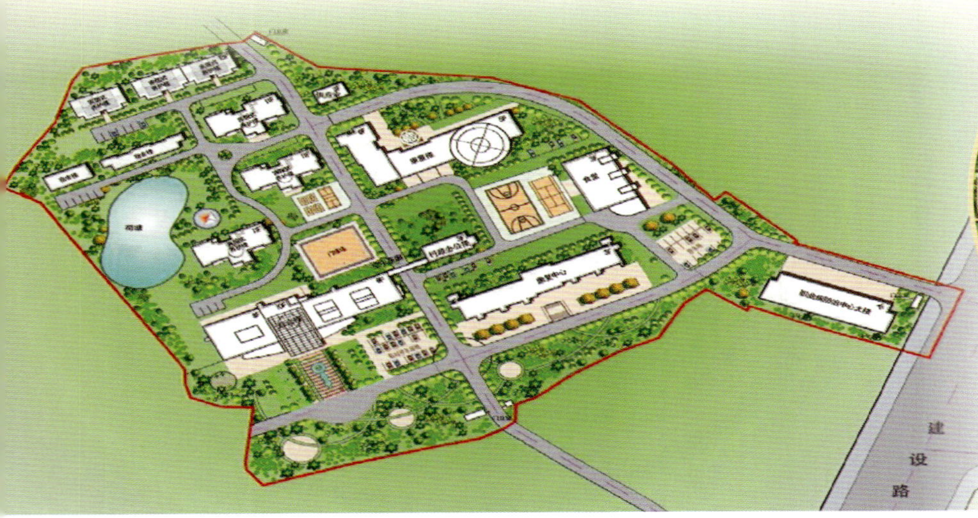

院内康复中心环境优美、绿荫成道、空气清新

韶关市职业病防治院 建设路11号 院区全景规划图

宝钢集团 BAOGANGJITUAN GUANGDONGSHAOGUANGANGTIEYOUXIANGONGSI 广东韶关钢铁有限公司

宝钢集团广东韶关钢铁有限公司（简称：韶钢）始建于1966年8月22日，前身是广东省韶关钢铁集团有限公司，2011年8月，宝钢集团与广东省国资委签订股权划转协议，其中宝钢集团有限公司持股51%，广东恒健投资控股有限公司持股49%，韶钢成为宝钢集团控股子公司，2012年4月，宝钢集团广东韶关钢铁有限公司挂牌成立。

韶钢目前具备年产钢650万吨能力，现有全资和控股子公司26个，在岗员工约1.3万人。2014年12月止，公司总资产208亿元，营业收入达209亿元，上缴各项利税7.65亿元。主要产品包括中厚板材、工业用材和建筑用材、优特棒等四大系列多种规格钢材产品，是广东省重要钢铁生产基地及中国重要的船板钢、工程机械和水电站用高强钢板、建筑结构用钢板、桥梁板、锅炉和压力容器用钢板生产基地，主要销往珠三角、华东地区及广东邻近省，部分出口。

目前，韶钢正在加强融合、变革管理，打造成为华南地区最具竞争力的钢铁企业，成为宝钢高端棒材生产基地。

宽板轧机

线材轧机

大棒轧机

韶关旭日国际有限公司

Shao Guan Early Light International Co.,Ltd

韶关旭日鸟瞰图

韶关旭日国际有限公司隶属于香港旭日国际集团旗下。香港旭日国际集团拥有雄厚的经济实力，在香港、深圳和韶关设有分公司。深圳分公司创立于1985年，位于深圳龙岗区平湖镇，因业务拓展需要，旭日国际集团选址韶关创建韶关旭日国际有限公司，此公司的建立为旭日集团的发展谱写下新的宏伟篇章。旭日国际集团计划在韶关逐步向多元化发展，除将建设成国内最大的玩具工业城外，还在仁化地区地区建造大型的葡萄园及葡萄酒厂，且现正与政府洽谈旅游置业项目。

韶关旭日国际有限公司筹建于2004年7月，是韶关市政府招商引资的重点项目之一，目前也

TEL：0751-8828888 8179888
FAX：0751-8828222 8828333

生产区
生产区
宿舍休闲区

是粤北地区规模最大的企业，地处韶关市西郊六公里，总投资20亿元，占地面积约260公顷，预计年总产值超20亿元，计划总用工量达5万-8万人。主要生产塑胶、合金、毛绒玩具产品，是一个集设计、开发和生产于一体的综合型玩具工业城，产品全部出口远销欧美等国家和地区。

公司坚持以人为本的管理方式，除提供良好的食宿环境外，还建有医务室为员工的身体健康"保驾护航"。公司内各种娱乐设施齐全，建有图书阅览室、娱乐室、歌舞厅、投影厅、篮球场、羽毛球场、乒乓球场、网吧以及健身器材等，娱乐室内设有桌球、瑜伽、拉丁舞、卡拉OK室等生活娱乐配套设施。公司还会不定期组织放映电影，举办球赛等各类文娱活动，这些活动不仅丰富员工的业余生活，陶冶员工的情操，增强企业的凝聚力，同时也使员工在企业倍感家的温暖。

公司设有完善的培训、晋升机制，每位员工进厂后，公司将安排其进行岗前、安全等培训。还设有定期培训及个性化培训制度，并将根据每位员工的自身情况制定相应的培训计划，使其自身素质得到提高。

旭日国际集团能够得以快速持续的发展，正是由于每一位旭日人都具有勇于挑战、勇于克服、知难而进的企业精神。旭日公司的每一员都将团结协作，同心协力，与旭日共成长，为旭日的鸿图伟业贡献更大的力量！

万通城项目日景鸟瞰图

公司本着求实、进取、创新、发展的观念，进军商业地产，致力打造韶关市首个城市综合体——“万通城”，项目位处韶关市核心区域，涵盖大型的商业中心、银行金融中心、优质写字楼、商务公寓、五星级酒店、高端住宅等，总建筑面积达到68万平方米，引领韶关商住项目的风向标，意欲打造成为韶关的地标建筑——城市综合体“粤北之星”。

粤北之星——万通城项目

保利地产 | 和者筑善

保利大都会 助力芙蓉新城腾飞

POLY METROPLIS

保利大都會

省十二五规划立项，使韶关市迎来新的机遇，芙蓉新城将承载韶关实现“打造粤北乃至粤湘赣交界地区中心城市”这一宏伟抱负。2013年，总投资超百亿元的保利芙蓉新城项目正式奠基动工。保利大都会，韶关新城市化战略的标杆性项目，肩负“推动韶关进步、提升韶关形象、提高城市活力”的使命和责任，是韶关城市梦想的重要平台。

2015年3月，保利地产以3980万元竞得芙蓉新城盆景山公园项目设计、施工总承包（BT），值得说明的是，本工程属公益项目，保利地产以捐赠名义承担了约1000万元建设费，这充分体现了保利地产作为央企的社会责任心。

2015年5月8日，保利盆景山公园盛大奠基，标志着这一引人注目的生态工程进入实质性建设阶段，2016年初，盆景山公园将会以全新的面貌呈现在韶关市民眼前。

至此，保利大都会已掀起韶关城市发展的新高潮，正一步步地助力芙蓉新城腾飞。未来芙蓉新城将在保利大都会的擎动下，发展成为韶关金融商务中心、行政办公中心、旅游会展中心、文化体育中心和商业居住中心。下面，且来看看，保利大都会所蕴含的能带动城市发展的强大魅力！

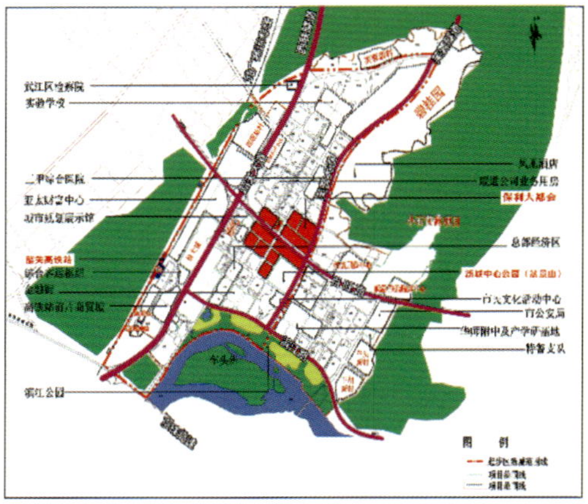

300亩盆景山公园 创建城市中央公园

每一座城市都有一座中央公园。保利盆景山公园，占地307亩，建筑面积约21万平方。公园规划利用山体自然资源与人文景观相结合，将新岭南风格融入韶关本土元素，充分打造山、水、园等多重景观。廊园、象草迷宫、栖鸟荷塘等景观皆精心雕琢，除了主题景区，公园内还设置了儿童、老年活动休闲区。保利盆景山公园将成为韶关最大的城市中央公园，是市民日常休闲、锻炼身体、观光游览的最佳场所。

盆景山中央公园

160万方城市综合体 缔造新城核心生活主场

保利大都会，总建筑面积160万平方米，涵盖高端住宅、甲级写字楼、高端商务酒店、旗舰商业、特色风情商业街等多种业态，是集公园生活、商务办公、时尚购物、休闲娱乐为一体的全新理念、高品质城市综合体。未来，保利大都会将刷新韶关城市人居高度，以标杆者的姿态，引领韶关城市和市民生活的巨变。

10万方旗舰商业 改写韶关商业格局

保利大都会邀请世界知名商家，联手打造韶关最大的城央购物中心，航母级商业配套，5万方 ShoppingMall，5万方岭南风情商业街，涵盖购物、娱乐、休闲、文化、教育、美食等多种业态，荟萃城市繁华、时尚与绚丽。这不仅填补了芙蓉新城商业空白，更重塑韶关商业价值，开创传统与新兴结合的商业模式，让韶关为之骄傲。

17万方国际化商务区 领跑城市未来

保利大都会执掌绝版央心，引领城市发展新格局，倾力打造囊括甲级写字楼、酒店式公寓、星级酒店、企业办公区等业态的国际化商务区。旗舰商务区进驻芙蓉新城，将带动新城的经济发展，进而加速城市化发展。未来，芙蓉新城将在保利大都会的擎动下，发展成为韶关核心CBD。

保利商业中心

鑫金汇财富中心

鑫金汇财富中心按照“产城融合”理念，结合城市扩容提质要求，打造商家大市场、旅游集散地、城市新地标。

“双百”工程

项目位于韶关东环线商贸物流产业带（规划30平方公里）黄金村浈江南岸地块，规划总用地面积近100公顷，总投资概算约100亿元，总商用建筑面积超过100万平方米。

分三期建设

一期为建材家居广场，二期为五金机电城，三期为城市高端综合体，配套建设五星级酒店、甲级写字楼、大卖场、美食街、影都、市民休闲广场等。

打造三大平台

分别为专业市场交易平台、电子商务交易平台、仓储物流平台，打造一站式智能型商贸物流园，构建现代商业模式，实现商品大进大出、线上线下充分联动。

四年建成运营

一期45万平方米于2014年6月动工建设，于2015年6月全部封顶，目前招商率近80%，计划12月前开业运营；二期2015年下半年启动建设，于2016年10月全面建成运营；三期计划2016年下半年启动建设，争取2017年年底基本建成。

2014年9月16日，鑫金汇集团与战略伙伴签约现场

采用连廊中庭式设计，实现栋栋相连、层层相通，有效杜绝商业死角

鑫金汇财富中心总规划图

广东韶能集团股份有限公司

guang dong shao neng ji tuan gu fen you xian gong si

广东韶能集团股份有限公司（下称“公司”）是一家以能源为主的上市公司，以电力为主业，兼有新能源、汽车零部件、纸及纸制品、贸易产业于一体的综合性集团企业。公司成立于1993年6月，注册地为广东省韶关市。1996年8月30日在深圳证券交易所挂牌上市，股票简称“韶能股份”，股票代码“000601”。

经过20多年的发展壮大，公司资产规模不断增加，资产质量持续提高，资产盈利能力不断增强，经营基础不断夯实。截至2014年12月31日，公司电力总装机97万千瓦，其中水电装机67万千瓦，生物质发电和综合利用发电装机30万千瓦。资产总额达86亿元，利润总额、净利润、权益净利润等指标的增长速度大大快于营业收入增长速度，其中权益净利润指标连续四年保持快速增长，实现了从每年不到1亿、到突破2亿的四连增。

公司的发展战略一直致力于清洁能源和可再生能源的投资开发。在继续做强做大做优水电业务的同时，抓住契机适度发展生物质能发电，重点发展天然气的开发利用等能源项目，争取用3至5年的时间，实现公司经营规模快速扩张，经营业绩稳步较快增长的目标。

公司旗下的珠玑纸业有限公司（以下简称“珠玑纸业”）引进世界先进水平的全自动化生产设备，采用先进工艺，正在建设年产2.5万吨本色生活用纸生产线，所产的“韶能本色”纯天然竹纤维生活用纸健康环保、抑菌亲肤。公司规划在“十三五”期间，继续扩大本色生活用纸产能规模，届时将达15万吨。通过转型升级和延伸产业，积极发展环保纸制品，逐步走出一条推动纸业和实现绿色崛起的新路，打造100亿元产值的纸制品航母。

韶能大厦

韶能生物质发电项目开工仪式

韶能本色生活用纸参加深交会展示

韶能集团青年志愿者服务队在开展学雷锋志愿服务活动

韶能集团开展青年演讲比赛

2014年11月25日，全国人大环资委副主任罗清泉（左二）一行到公司调研

公司机关办公大楼

广东省大宝山矿业有限公司
GUANGDONGSHENGDABAOSHANKUANGYEYOUXIANGONGSI

广东省大宝山矿业有限公司1958年5月建矿，1966年10月建成投产，为广东省广晟资产经营有限公司旗下一级企业集团，现位于广东省韶关市曲江区沙溪镇境内，占地面积9490平方米，毗邻106国道、京珠高速公路沙溪出口，是一家具备生产能力成品铁矿石65万吨/年、铜精矿3600吨/年（金属量）、硫精矿38万吨/年的国有独资多金属矿采选企业，旗下有子公司广东省南方特种铜材有限公司和韶关市广宝化工有限公司。2012年，企业被列为全国首批40家、广东省唯一一家“矿产资源综合利用示范基地”，矿山资源丰富，目前已探明的铁矿资源保有储量267多万吨，铜硫矿资源保有储量7281多万吨，钨钼资源前景更好，达到大型矿床级别规模，伴生矿石资源的综合开发利用价值十分可观，发展前景良好。

公司露天采场全貌

华电国际
HUADIAN POWER INTERNATIONAL

韶关市坪石发电厂有限公司（B厂）

SHAOGUANSHIPINGSHIFADIANCHANGYOUXIANGONGSI(BCHANG)

公司全景

汽机房

生产现场

韶关市坪石发电厂有限公司（B厂）（下称公司），1992年11月成立，位于广东省韶关乐昌市坪石镇。公司原为港资企业，2010年5月21日，被中国华电集团下属的最大上市公司华电国际电力股份有限公司（下称华电国际）100%股权收购，成为华电国际全资子公司，是华电集团在广东省投资运营的第一个火电项目。

公司分三期建设，一期工程2台6万千瓦机组于2000年正式投产发电，于2009年4月响应国家节能减排政策已全部关停，二期工程1台12.5万千瓦机组于2003年12月正式投产发电，三期工程2台30万千瓦循环流化床机组分别于2009年11月、2010年11月正式投产发电，目前公司在运机组容量为72.5万千瓦。

自华电接管后，公司积极响应国家环保新政策要求，不断加大环保技改力度。2012年度完成三期工程脱硫系统改造，2013年度完成三期工程脱硝系统改造，2014年度完成二期工程脱硫、脱硝系统改造。改造后，环保设施运行稳定，自2012年公司连续4年获得广东省“环保诚信企业”荣誉称号。

2014年度，公司完成发电量35.84亿千瓦小时，利用小时完成4943小时，工业产值完成15.54亿元，工业增加值6.38亿元，税收完成13190万元，实现利润9901万元，连续安全生产1686天，为地方经济发展做出了较好贡献。

近几年来，公司不断夯实安全生产基础，全力加强节能环保，全面开展精益管理，效益及相对竞争力逐年提升，企业取得较好成绩。公司先后获得广东省节能先进单位、韶关市节能先进集体、广东省清洁生产企业、韶关市A级纳税人、华电集团燃料管理达标企业、华电集团四星级发电企业、华电集团文明单位、华电集团安全生产先进单位、华电国际先进企业等一系列荣誉称号，为华电在粤树立了优秀的企业形象。

广东恒州路桥建设有限公司

GUANGDONG HENGZHOU ROAD AND BRIDGE CONSTRUCTION CO., LTD.

广东恒州路桥建设有限公司成立于2010年8月，拥有房屋建筑工程施工总承包二级、市政公用工程施工总承包二级。公司还通过了ISO 9001质量管理体系、ISO 14001环境管理体系、OHSMS 18001职业健康安全管理体系。目前，公司是集建筑施工、市政施工为一体的具有综合生产能力的建筑企业。公司成立以来，先后承建了多个市政道路工程项目，并以优良的工程质量获得了社会的好评。

多年来，公司培养和储备了一大批具有较高专业水平的施工技术人才和实践经验丰富的管理人才，现有162人，现有高级职称专业技术人员4余人，中级职称专业技术人员近31人，一级建造师2人，二级建造师15人，拥有多种各类型大中型机械设备多台。公司还积极参与社会公益事业，多次为扶贫济困、助老助残捐款，受到政府多次表彰，为构建和谐社会事业做出了应有的贡献，并连续多年被评为“广东省守合同重信用企业”“韶关市信誉AAA级企业”。

公司秉承“开拓、高效、创新、发展”的企业精神，坚持以“诚信服务、科技创新、精益求精、争创一流”的企业宗旨，不断提升公司品牌，立足韶关、拓展粤北、辐射华南地区，力争将公司建设成为特色鲜明、管理先进、实力雄厚、效益良好的现代化施工企业。

① 沥青搅拌站
② 沥青混凝土摊铺机作业
③ 韶关市芙蓉新城三十二号路（二期）和四十三号道路工程
④ 韶关大道立交桥
⑤ 恒州大厦

韶关市武江建筑工程有限公司

SHAOGUANSHIWUJIANG JIANZHUGONGCHENGYOUXIANGONGSI

韶关市武江建筑工程有限公司是一家主项资质为房屋建筑工程施工总承包贰级、市政公用工程施工总承包贰级的建筑施工企业，并具有土石方工程专业承包、建筑幕墙工程专业承包、城市及道路照明工程专业承包、钢结构工程专业承包、建筑装修装饰工程专业承包三级施工资质，是一家经过合并、重组、改制后逐步发展而成的民营股份制建筑企业，企业建立始于1979年7月，经韶关市建委批准成立的韶关市郊区建筑公司，而后于1985年12月与成立于1980年的韶关市武江区建筑工程公司合并重组为韶关市武江区建筑工程公司，2003年4月经企业改制为韶关市武江建筑工程有限公司。

公司注册资金2000万元，现有职工1000余人，有职称的工程技术、经济管理人员100多人，其中：高、中级职称人员30多人、初级职称人员100多人；一、二级建造师30多人、小型项目负责人8人，造价师2人，造价员10人；公司本部设有完善的管理机构，下属设5个分公司和16个施工队；公司2004年起就通过了ISO 9001、ISO 14001、ISO 18001管理体系认证并持续有效，完全可满足公司资质范围内的施工管理要求。

公司技术力量雄厚，管理完善，施工设备齐全，经过多年发展，业绩显著，近年承建过获得省建设工程金匠奖、省市优良样板工程及省市双优样板工地的代表项目有嘉晖大厦、武江国税、桂花苑二期、嘉晖商厦、荣华花园、富华苑、志诚公寓、向阳大厦、武江区政府办公楼、志诚大厦，江滨华庭等，承建大型花园式住宅小区有南枫花园、江湾名庭、芙蓉小区、金福园、志兴名苑、金贝苑、芙蓉新苑、晖景园、国际花园、雍华豪庭、雅居蓝湾、田家炳中学教学实验楼等，工程涵盖本公司已有资质、遍及韶关市三区八县及周边地区。

公司信誉良好，近年来被先后授予“建筑企业信誉AAA级”、“优秀民营企业”、“连续十九年守合同、重信用企业”等多项荣誉，在社会上享有一定知名度。

荣誉
RONGYU

韶关市林源建筑工程有限公司

SHAOGUANSHI LINYUANJIANZHUGONGCHENGYOUXIANGONGSI

公司荣誉 GONGSI RONGYU

韶关市林源建筑工程有限公司成立于2010年5月27日，公司注册资金为1120万元，经营范围包含房屋建筑工程施工、市政公用工程施工总承包叁级；土石方工程、建筑装修装饰工程、钢结构工程专业承包叁级。公司现有职工150人，其中一级建造师2人、二级建造师21人，有职称的工程技术人员20人，施工现场管理人员30人、中级技术工人77人，各专业技术人员配备齐全，公司内设总经理室、副经理室、综合办公室（人事部）、经营部、财务部、项目财务部、工程部、物资供应部、资料室、预结算部、后勤部等部门齐全，并拥有一大批先进的机械设备，有各种起重机、挖掘机、装载机、推土机、压路机、提升架、混凝土搅拌机、柴油发电机等施工机械和检测试验设备，施工设备齐全。

公司秉承“精心施工、持续改进、优质高效、顾客满意”的服务宗旨，坚持“质量为先、信誉为重、管理为本、服务为诚”的经营观念，积极对外承接工程业务。公司坚定以市场为导向，以服务为宗旨，以创新为手段，以质量为企业的生命线的主导思想，更新观念，培训员工，强化管理，更好地参与社会建设，真诚与社会企业界朋友携手合作，为建筑行业锦上添花。

左图：韶关科艺创意工业有限公司仓储工程开工前的图纸会审会议

右图：韶关科艺创意工业有限公司仓储工程北立面新貌

左图：韶关科艺创意工业有限公司仓储工程施工现场材料检测

右图：韶关科艺创意工业有限公司仓储工程仓储钢梁采用25T吊车吊装

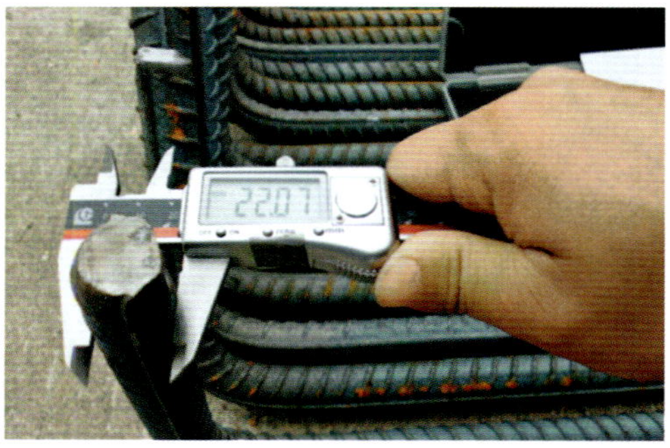

中金岭南丹霞冶炼厂

ZHONGJINLINGNANDANXIAYELIANCHANG

中金岭南丹霞冶炼厂系国有控股上市公司深圳市中金岭南有色金属股份有限公司直属企业之一，成立于2007年3月，工程总投资18亿元，是国内首家采用氧压浸出湿法炼锌工艺专利技术的大型锌冶炼企业，项目采用的氧压浸出釜、立式砂磨机、3.2平方米大极板电解技术及全自动剥锌机组均为当今世界领先的先进设备技术。项目实现了高度的自动化、信息化控制，提高了资源的综合利用水平，属国家鼓励的环保型清洁生产工艺项目。2009年9月锌锭试生产，2011年锌锭生产达到10万吨/年的设计规模。公司目前在职员工900余人，其中，高级职称以上人员41人，中级职称人员75人。公司主产品有锌锭、硫磺、硫酸、硫酸锌等，其中，“丹霞”牌锌锭在上海有色金属交易所挂牌交易。

国家环保部核查组莅临丹霞冶炼厂检查工作

通过不断管理创新和技术创新，近年来工厂发展取得了长足的进步，先后通过ISO 9001:2008质量管理体系认证、ISO 14001:2004环境管理体系认证、OHSAS 18001:2007职业健康安全管理体系认证。先后荣获“广东省五一劳动奖状”、“广东省现代产业500强项目”、“全国安康杯竞赛优胜单位”、“广东省十项工程劳动竞赛模范集体”等殊荣。

工厂获得三标一体化管理体系认证证书

中金岭南公司在丹霞冶炼厂举行中金岭南公司丹霞冶炼厂镓锗铟铜综合回收技改工程评审会

广东鸿源众力发电设备有限公司
GUANGDONGHONGYUANZHONGLIFADIANSHEBEIYOUXIANGONGSI

广东鸿源众力发电设备有限公司（简称：“鸿源众力”）是一家电气机械装备制造企业，具有50多年设计、制造水轮发电机组成套设备历史。公司注册资本1.1亿元，年工业总产值和年销售收入超2亿元、纳税超千万元。是广东鸿源机电股份有限公司属下的一家独立法人、独立核算、自主生产经营的骨干子公司。

鸿源众力是国家高新技术企业、中国水电设备分会理事单位、国内行业“八大企业”之一、广东省水电设备制造业龙头企业、广东省装备制造业100重点培育企业、广东省现代产业500强、韶关市重点企业、广东省诚信示范单位、广东省信息化示范企业、广东省雇主责任示范企业、广东省模范劳动关系和谐企业。

在韶关首届机械装备展览会上，公司董事长、总经理何育强（前左一）陪同中国入世首席谈判代表龙永图（前左二）、韶关市领导参观公司产品展览

2014年完成销售23560多万元，同比增长37.39%；实现利润3060多万元，同比增长60.06%；上交税费1339万元，同比增长6.88%；完成工业生产总值29600多万元，同比增长12.28%；完成水轮发电机组32台套，在制机组100多台套,创下了机组产品当年设计制造数量最多的新纪录。

2014年共签订水电产品销售合同2.5亿元，同比增长38%。其中销售金额较大的合同有：四川上石盘电站、福建玉山电站、辽宁石桥电站、湖北熊渡电站、广东泉水电站、非洲安哥拉电站等，6个电站机组销售金额7300多万元。其中非洲安哥拉电站是公司产品多年后再次打进非洲市场，具有深远的经营战略意义。

2014年期间，公司自主研发新产品获得国家专利6项、《37MW高转速轴流转桨式水轮发电机组研发制造项目》获韶关市科技进步一等奖，并被认定为广东省高新技术产品；《大型低水头水轮发电机组研发制造项目》被立项为“广东省重点建设项目”；公司获得国家安全生产标准化企业认定、职业健康安全管理体系认证、环境管理体系认证、广东省著名商标、广东省出口产品质量许可证、欧盟出口产品质量许可证。

全国第二大水轮机转轮直径7.2米灯泡贯流式水轮发电机组转子安装在柴家峡电站

公司产品有各种系列、各种型号水轮机、发电机，其中大型低水头贯流式水轮发电机组是主要核心竞争力和主导产品。韶关市委、市政府将公司产品列为大力扶持发展项目，公司投资8亿元，在省级莞韶产业园建设一个大型水轮发电机组研发制造基地，年产能将达150万千瓦，单机容量达30万千瓦，产值超10亿元。

众力产品具有较强竞争力，拥有广阔的市场。公司1998年通过国家质量认证中心的ISO9001质量体系认证，产品被中国电器工业协会连续8年推介为“质量可信产品”。50多年来，公司先后向国内、外用户提供了大、中型机组3000多台套，销往全国近30个省、市、自治区，遍布1300多个水电站。在我国四大河流——长江、黄河、珠江、黑龙江都安装有众力产品。产品还出口土耳其、阿尔巴尼亚、缅甸、越南、老挝、巴基斯坦、尼泊尔、安哥拉等多个国家。

（谢建军撰文/图片提供）

工人们安装缅甸KK水电站水轮发电机组定子

车间生产现场

两台新引进的德国卧式加工中心

公司法人代表：何育强　公司地址：广东省韶关市浈江区十里亭　电话：0751-8852942　8853521　传真：0751-8852943　网站：www.sgzhongli.com

首批“国家级放心酒示范店”——

广东省韶关市新粤北酒业有限公司

GUANG DONG SHENG SHAO GUAN SHI XIN YUE BEI JIU YE YOU XIAN GONG SI

公司法人代表

广东省韶关市新粤北酒业有限公司（以下简称新粤北酒业公司）是广东省粤北地区专营中外名酒的专业公司，公司成立于1999年，人员是由当年国营韶关地区糖烟酒总公司的部分职工组建而成，至今经营了16年。

新粤北酒业公司自成立以来，从小做到大，从原来的几十平方米门店扩大到现在的1000多平方米门店和2000多平方米的仓库。位于韶关市中山路的总店也从原来的一间门面发展到七间，员工营销队伍由几人发展到50人。同时陆续增开多间具有独立法人的公司，包括：韶关市新粤北经营部、韶关市新粤北商行、韶关市新粤北土特产商行、韶关市新粤北有限公司烟酒专卖行、韶关市众仁是（北京同仁堂韶关专柜）等企业。新粤北酒业属下更包括了国酒茅台专卖店、五粮液专卖店、马爹利专卖店及烟草专卖店。从而逐渐成为粤北地区最具规模、最具影响力的酒类销售行业。

公司坚持“诚信经营、保证质量、提升服务”的理念，得到广大顾客的好评。2011年，公司总经理蔡懂华获得“广东酒业风云人物”荣誉称号，公司获得中国酒类流通协会颁发的“杰出贡献奖”荣誉称号；2012年获得中国酒类流通协会颁发的“全国优秀营销商”及“最具影响力企业”荣誉称号；2015年，公司获得国家商务部、中国酒类流通协会颁发的首批“国家级放心酒示范店”荣誉称号，成为韶关市唯一一家获此殊荣的酒类经营企业。

地址：韶关市浈江区中山路新粤北酒业（小岛饭店侧）　传真：8915433　Email: xyb@sgxyb.com

广发证券股份有限公司
GF SECURITIES CO.,LTD.
韶关营业部

"5·15"宣传现场

广发证券投资策略报告会

韶关港华燃气有限公司
SHAOGUANGANGHUARANQIYOUXIANGONGSI

韶关港华燃气有限公司（简称"韶关港华"）成立于2006年，是香港中华煤气集团成员单位——港华燃气有限公司的全资子公司。

中华煤气于1862年成立，已有153年悠久历史，是香港第一家公用事业机构。港华燃气是中华煤气在内地之燃气业务品牌。目前港华集团属下的城市管道燃气项目已超126个，遍布全国23个省/直辖市。

公司拥有韶关市区管道燃气30年特许经营权，为主要从事管道燃气的统一经营、开发、建设及天然气技术开发应用新领域为一体的专业化燃气品牌企业。公司总部位于韶关南郊四公里韶华路，下设客户服务中心3个，LNG（液化天然气）气站2座，天然气门站1座。截至2014年底，公司资产规模达2.2亿元，管网长度达485公里，已发展居民用户超过10万户，工商业用户480多家，近年来，公司业务飞速发展，年上交税费达千万元，年减排SO_2近10万吨，减排$CO_2$1020吨，减排废渣9800多吨，为韶关市节能减排做出卓越贡献。

2014年4月2日，总经理丰克强荣获年度安全生产个人

2014年6月25日，总经理丰克强（左一）接受客户赠送的牌匾

2014年6月30日，公司开展扶贫捐款活动

2014年11月1日，圆满完成全市旧管网改造

韶关市史志办公室 SHAOGUANSHI SHIZHIBANGONGSHI

2014年5月16日，市史志办召开全市史志工作会议。市史志办主任丁伟志（后排中），副主任殷南光（后排右），副主任杨维国（后排左）及各县、市（区）部门主要领导出席会议。（邓培雄　摄）

2014年9月3日，市史志办主任丁伟志（右四）到扶贫驻点村翁源县坝仔镇礼岭村扶贫慰问，并给考上大学的学生颁发奖学金。（邓培雄　摄）

2014年，市史志办按围绕年初工作计划，履行“以史鉴今、资政育人”的职责，以深入开展党的群众路线教育实践活动为契机，着力于完成全市党史二卷的出版发行、确保党史大事记付梓印刷、做好申苏申老的工作、协助筹备“纪念仁化暴动87周年暨红军过境粤北80周年学术研讨会”、撰写《改革开放实录》文稿、做好《朱德在韶关》的资料收集和编辑工作，深入开展党史理论研究；开展地方志资源开发利用、推进地方志资料年报工作、编纂《广东地方志纪事》韶关部分、出版发行《韶关年鉴（2014）》、完善地情网站等主要工作，驻村扶贫取得实效，完成年初的工作任务，取得可喜的成绩。

2014年2月24日，在开展党的群众路线教育实践活动中，市史志办组织本办人员观看《基石》教育片，结合工作实际，踊跃发言，与会人员集体讨论了如何在史志工作中更好地践行群众路线，提出了许多意见建议。（邓培雄　摄）

韶关市卫生监督所 SHAOGUANSHIWEISHENGJIANDUSUO

韶关市卫生监督所是韶关市卫生和计划生育局下属的行政执法机构，是参照公务员法管理的副处级公益一类事业单位。现有科室8个，主要工作职责涵盖公共场所卫生、学校卫生、生活饮用水卫生、医疗机构、采供血机构监督和传染病防制、职业卫生和放射诊疗机构监督，实施卫生许可、预防性卫生监督、重大活动公共卫生保障等涉及到人民群众公共健康安全的各项卫生监督工作。过去的一年，市卫生监督所干部职工团结拼搏、抢抓机遇、创新机制、强化监管，卫生监督体系建设快速发展，公共卫生监督、医疗卫生监督、学校和生活饮用水卫生监督有力有效，职业、放射卫生监管能力显著提升，卫生监督执法水平明显提高，人民群众健康权益得到有力保障。全年共出动卫生监督员6346人次，检查各类监管对象2320户次，查处无证经营单位13户，引导办证户数444户，作出行政处罚41宗，警告26户次，共结案罚款5.89万元。2014年，韶关市卫生监督信息化建设、行政执法、计划生育监督执法承接准备工作等得到了省卫计委和省卫生监督所的高度评价，获得了2014年度全省卫生监督信息报告工作先进单位的荣誉称号。韶关市卫生监督工作呈现出好的态势，卫生监督事业步入健康发展新阶段。优异的成绩充分展现了卫生监督队伍是一支团结优秀的队伍，是保障韶关人民群众健康的坚强盾牌。

2014年3月28日，召开全市卫生监督工作会议

2014年10月16日，韶关市“医疗机构卫生监督现场技能演练和突发传染病疫情卫生监督应急处置”活动顺利开展

2014年12月23日，涉水问题产品检查

教　育

教育管理

【概况】 韶关市教育局为市人民政府工作部门。市教育局机关行政编制30名。其中：局长1名、副局长3名；正科级领导职数8名、副科级领导职数7名。后勤服务人员数5名。内设机构8个：办公室、基础教育科、职业与成人教育科、德育体育卫生艺术教育科、教育督导室（韶关市人民政府教育督导室）、基建财务科、人事科和监察室。2014年，全市教育工作者完成年度各项工作任务，取得可喜成绩，得到上级领导和社会各界的肯定和评价。2014年8月，韶关成功创建为省教育强市，成为粤东西北地区首个省教育强县（市、区）100%覆盖的省教育强市。截至2014年底，全市有省教育强镇（街）81个、覆盖率为91%，有50%的县（市）已接受国家义务教育发展基本均衡县（市）省级督导验收，始兴县通过义务教育发展基本均衡县国家认定。市教育局被中央文明委评为“全国未成年人思想道德建设工作先进单位”。截至2014年9月，全市有幼儿园458所，在园幼儿112750人，教师5491人，3—5周岁幼儿学前三年毛入园率97.4%，农村学前三年毛入园率87.4%；小学184所，在校生210459人，教师12990人，小学阶段毛入学率104.14%；初中129所（含九年一贯制学校47所），在校生96761人，教师8529人，初中阶段毛入学率121.31%；普通高中25所，在校生63917人，教师4389人；中等职业学校22所，在校生27892人，教师1662人；特殊教育学校8所，在校生1319人（含随班就读生），教师114人；高等院校3所，在校生39737人。

（卢　升）

【教育经费收支情况】 2014年，教育经费总收入53.13亿元，比上年增加7.89亿元，增长17.44%。其中：国家财政性教育经费44.50亿元、比上年增加6.32亿元、增长16.54%；民办学校举办者投入1.35亿元、比上年增加1.11亿元、增长476.32%；捐赠收入0.19亿元、比上年减少0.02亿元、增长-11.33%；事业收入6.73亿元、比上年增加0.38亿元、增长6.08%；其他教育经费0.36亿元、比上年增加0.1亿元、增长38.25%。教育经费总支出52.13亿元，比上年增加7.32亿元，增长16.33%。

【基本建设投入】 2014年，全市中小学校基建计划投资5.32亿元，实际完成投资5.30亿元，其中建安工程4.11亿元、设备购置0.90亿元、其他0.31亿元。本年新增校舍建筑面积43万平方米，新增固定资产价值4.53亿元。

（胡定安）

【教师队伍建设】 2014年，继续落实《韶关市人民政府关于实施“强师工程”建设高素质专业化教师队伍的意见》和《韶关市创新人才引进培养工程》要求，实施“强师工程”，加强教师队伍建设。全市招聘教师463名，其中，有273名教师到农村任教，有154名大学生享受农村从教上岗退费政策。韶关会同东莞、珠海三市共安排90名优秀教师分别到乐昌、南雄、乳源、新丰支教，其中韶关市派出教师43名。全市认定中小学教师资格5307人。制定《韶关市教育局高层次学历提升助学奖励暂行办法》，自2013年来有34名教师取得硕士研究生学位，1人取得博士研究生学位，发放助学金27万元。全市1300名在职幼儿园教师参加幼儿园学历培训，2014年有599人取得中等师范学前教育毕业证，447人获得幼儿教师资格证书。2014年，山区教师津贴人均水平从500元提高至700元，山区教师队伍进一步稳定。有2名教师被评为全国模范教师，2名教师被评为全国优秀教师，南雄市黎灿学校被评为全国先进集体。评选韶关市第二批名校长15名，名教师29名，韶关市第二批学科带头人157名；表彰韶关市优秀教师、韶关市优秀乡村教师各100名，韶关市优秀班主任50名。

【教师培训】 开展教师、校长培训工作。幼儿园、小学、初中、中等职业学校教师全员培训14353人，高中教师职务培训4539人，共计18893人；701名班主任教师参加校园安全事件的危机管理培训；组织98名教育领导干部到北京大学学习，60名幼儿园园长到北京师范大学培训，9名市、县局长参加教育部局长教育信息化专题培训，10名局长参加全省县（市、区）教育局长培训班学习；19人赴港参加第一期“红三角”教育管理干部培训；组织100名优秀乡村教师、校长参加市级培训；250名教师参加小学语文、数学、英语骨干教师培训；组织由5名外教执教的英语语言村教师培训，参训人数100人；组织100名英语教师到香港圣保禄学校培训；组织523名教师参加教育技术中级培训；470名新教师参加任职培训；继续开展韶关市第五期百千万人才工程培训；遴选出43名校长、106名骨干教师到市级校长、教师工作室跟岗培训；有60名教师、

10名校长确定为省级骨干教师、校长培养对象；有150名农村教师顶岗置换培训；推荐45名中小学（幼儿园）校长（园长）分别参加省第三期京苏粤优秀中青年校长高级研修班，省内外挂职锻炼培训班，高中校长任职班、提高班、高研班，小学校长高研班，幼儿园园长高研班，第18、19期革命老区农村小学校长培训等培训；推荐133名中小学（幼儿园）骨干教师分别参加省京苏粤浙中小学卓越教师高端研修、中小学书法课骨干教师培训、“翰墨薪传工程”书法骨干教师培训、欠发达地区幼儿园骨干教师培训等；选派11名教师参加广东省特殊儿童随班就读培训班；组织350名教师参加“国培计划”各项目培训，40名教师参加教育部乐高1401期小学、幼儿园骨干教师培训，100名教师参加教育部—中国移动中小学教师信息技术能力培训项目培训，400名教师参加2014乐高“技术教育创新人才培养计划”培训项目培训；组织16名初级中学中层干部到东莞市跟岗学习；继续实施“教师成长伙伴计划”、开展“送教下乡”活动、到名校跟岗学习。实施《构建城乡学校“互助共同体”素质提升工程》现有城乡互助共同体73个，支援学校77所，受援学校80所，覆盖全市各县（市、区）和市直学校。

（朱俊英）

【学校德育创新】 培育和践行社会主义核心价值观。召开全市中小学“弘扬雷锋精神 践行社会主义核心价值观”交流会，举办校园宣讲报告会138场，参与学生20万人。成立学校志愿者协会、义工队等志愿服务组织400多个，开展“道德模范人物进校园宣讲”活动20场，参与活动师生2万人次。继续实施名班主任培养系列工程。组织实施第二批市中小学名班主任培养，建立市中小学名班主任工作室15个，周期内培养学员200人。开展农村留守儿童关爱活动。实施特殊群体儿童关爱活动，以村（社区）、留守少年儿童监护人、代理监护人和代理家长为主体，建立健全家庭监护网络，重点加强对留守少年儿童日常生活和安全监护。市教育局荣获“全国未成年人思想道德建设工作先进单位”称号。

【举办市中学生野外露营活动】 组织全市1000名品学优良中学生参加野外露营活动，内容包括野炊厨艺大比拼、集体互动游戏、篝火晚会、才艺展示等，加强学生的团队合作、诚信友善、感恩励志、生态环保等方面的教育，深化学生对社会主义核心价值观的理解和认识。

【学校体育工作有新进展】 参加省各项体育竞赛，荣获优异成绩。参加省中职学校定向运动锦标赛获团体总分第一名。参加省体育传统项目学校田径锦标赛，获高中组团体总分第二名；初中组团体总分第五名。参加省中学生篮球锦标赛，女队获第二名、男队获第八名。参加省体育传统项目学校武术锦标赛，获团体总分第二名。参加省健美操锦标赛，获初中组有氧健身操自选动作《有氧轻器械》第三名，小学组花球舞蹈啦啦操第二名。参加省中学生毽球锦标赛获甲组团体总分第四名、乙组团体总分第六名。参加省中学生乒乓球锦标赛获甲组团体总分第五名。9名体育教师参加2014年广东省第七届中小学体育教学比赛，取得优异成绩，全部获省一等奖；报送的教学录像课例获省二等奖9节、省三等奖9节。成功举办韶关市第十四届运动会（学校体育组）暨韶关市第十九届中小学生“英东杯”体育竞赛。项目包括毽球、乒乓球、田径、健美操、篮球、排球、足球等，全市参与竞赛的运动员达2061人。共决出团体奖112个、金牌368枚，涌现出一大批体育拔尖苗子。

【学校艺术教育】 印发《韶关市艺术教育特色学校创建实施方案》，评估和审定24所学校为艺术特色学校。举办韶关市第十九届中小学（幼儿园）“英东杯”文艺竞赛。来自全市学校近60个节目（含合唱、合奏、独奏）近1600人参加竞赛，这次竞赛共评选出一等奖16个、二等奖25个、三等奖19个。全市310名学生参加美术类竞赛，共评出小学组绘画一等奖9个、二等奖12个、三等奖18个；中学组绘画一等奖12个、二等奖21个、三等奖28个；小学组摄影一等奖4个、二等奖11个、三等奖21个；中学组摄影一等奖8个、二等奖14个、三等奖24个；小学组书法一等奖7个、二等奖18个、三等奖33个；中学组书法一等奖13个、二等奖18个、三等奖33个。

【学校卫生工作有新成绩】 开展省食品安全示范学校食堂创建工作，与市卫生局、市食品药品监督管理局推行“阳光厨房”“卫生工作考核细则”等试点工作。

（成克秋）

【教育教学科研】 在课题立项与结题方面，2014年评审通过市级教育科研课题结题233项，通过市级教育科研立项课题343项。组织教师申报省级教育科研课题，其中获得省教育厅科研处2013年度教育科研课题9项，获得省教育研究院教育研究课题49项。获得省教育科学“十二五”规划2014年度教育信息技术研究项目2项。在成果评审与推广应用方面，组织评选韶关市中小学教育教学成果奖，评定出二等奖9项，三等奖22项。出版发行《韶关市中小学教师教育教学优秀教改实验结题报告集萃（2009年—2012年）》。出版《韶关教育》6期，发表文章约120篇。在论文参评方面，组织全市校长、教师参加省教育学会校长论坛活动，有50位校长获得奖励，其中一等奖7人，二等奖23人，三等奖20人。一大批教师获得国家、省、市论文评比活动奖励。

【教学质量情况】 继续推进“两项工

程”（韶关市普通高中学校高考体制工程和韶关市义务教育阶段学校科研改薄工程），开展各种教学研究、交流研讨和教师培训活动。坚持开展“送教下乡”活动。2014年，市教研室组织的市级学科教研活动累计280次，参与活动的教师有近万人次，其中“送教下乡”64科次，受益教师近5000人次。2014年高考，韶关市一本率达7.01%，本科率达37.2%，总上线率达89.12%，各批次上线率名列广东省山区市前列。

【与东莞教学合作交流】 根据东莞、韶关两市人民政府联合制订的《东莞韶关对口帮扶总体方案》和东莞、韶关两市教育局签订的《东莞韶关教育合作交流协议》以及2014年1月20日莞韶两市制定的《东莞韶关两市教育对口帮扶方案》，2014年两市教研室牵头实施促进教学与教研交流、师资培训和校际结对帮扶等活动。9月12日，中学政治学科在韶关市第二中学组织两市骨干教师和教研员开展合作教研、同台竞技、互相切磋活动。11月24日至28日，全市小学英语学科选派56名骨干教师赴东莞市莞城中心小学跟岗培训学习一周时间。12月17日，在东莞市虎门镇召开莞韶两地10所义务教育阶段的中小学结对帮扶的工作会议。这些学校分别是乐昌市的沙坪中学和沙坪中心小学、仁化县的董塘中学和董塘中心小学、乳源县的一六中学和一六中心小学、新丰县的沙田中学和马头中心小学、翁源县的仙鹤学校和龙仙中心小学。 （梁伟光）

【教育信息化】 贯彻国家《教育信息化十年发展规划（2011—2020）》《广东省教育信息化“十二五”发展规划》等文件精神，制定《韶关市教育信息化“十三五”发展规划》，印发《韶关市数字化校园建设标准》和《韶关市中小学信息化应用指导意见》等指导性文件。联合市经信局、财政局等八部门制定《韶关市人民政府关于以教育信息化促进义务教育均衡发展的意见》，同时出台扶持薄弱学校发展相关政策，争取到市财政对各县（市、区）教育信息化建设工作进行奖补。向市政府申报建设“韶教云”项目，对接广东省“粤教云”平台，面向全市学校师生提供信息化服务。

【教育装备】 全市各级教育装备部门借助国家义务教育发展基本均衡县评估、创建教育强县（区、镇）的契机，以规范化学校建设为切入点，按照装备建设标准和要求，深入学校调查，制定建设方案，加强检查监管，提升基础教育办学水平。2014年，全市中小学校装备和教育信息化工程建设全年投入资金超过1.3亿元。全市新增计算机室72间、计算机5549台、校园网络41套、实现“班班通”班数1853个、多媒体专用教室125间、其他功能场室150间，常规教学仪器838万元。

【信息教育竞赛成绩】 组织全市师生参加全国和全省举办的各项教育信息化评比活动取得佳绩：第十八届全国、全省教师多媒体教育软件比赛：获全国一等奖4件，全国二等奖3件，全国三等奖1件，省一等奖12件，省二等奖14件，省三等奖8件，韶关市教育局获组织工作表扬单位。在第十五届全国、全省中小学电脑制作活动中，获省一等奖25名，省二等奖29名，省三等奖45名，韶关市教育局获组织工作先进表扬单位。在参加广东省第十一届中小学电脑机器人竞赛活动中，获一等奖7个、二等奖1个、三等奖5个，总成绩列全省第二名。在省教育厅举办的“中国移动同步课堂杯”远程资源征集应用与评比活动：韶关市总成绩位居全省第二名，市教育局获得省最佳组织奖。2014年广东省青少年信息学（计算机）奥林匹克竞赛决赛：获二等奖1名，获市团体第五名。2014年全国青少年信息学奥林匹克联赛：获全国一等奖2名，二等奖8名。获省一等奖2名，二等奖10名。

【助学工作】 执行党和政府资助贫困学生政策，做好政策宣传、业务培训、资格审定、发放标准、资金管理等工作，严格把关，落到实处，完成各项学生资助任务。全市筹集社会资金和利用各级政府补助资金，资助从学前幼儿教育到大学教育各年龄段学生近13.8万人次，资助金额超过1亿元。 （谭均汉）

【成功建成广东省教育强市】 2014年6月，韶关市接受省教育强市督导验收；8月20日，省政府发文《广东省人民政府关于授予韶关市广东省教育强市称号的批复》，同意授予韶关市广东省教育强市称号，韶关市成为全省粤东西北地区首个省教育强县（市、区）全覆盖的省教育强市。9月11日，韶关市召开创建广东省教育强市工作总结暨推进国家义务教育发展基本均衡县创建工作动员会。市领导艾学峰、陈波、徐紫玲、邓建华，省教育厅副厅长朱超华，市政府副秘书长黄宣剑等领导出席会议，各县（市、区）分管领导和市教育“创强”工作领导小组成员单位、市直学校负责人参加会议。截至2014年年底，全市成功创建省教育强镇（街）81个，省教育强镇（街）覆盖率达到91%，武江、仁化、浈江、乳源、曲江、始兴、新丰等7个县（市、区）实现省教育强镇100%覆盖；10个县（市、区）全部创建成为省教育强县（市、区）。2014年，韶关市乐昌、南雄、翁源、新丰等4县（市）接受省教育强县（市）督导验收暨国家义务教育发展基本均衡县（市）省级督导。12月，始兴县接受并通过国家义务教育发展基本均衡县督导组实地督导，成为韶关市首个国家义务教育发展基本均衡县。 （刘　炬）

【各类考试】 2014年，全市组织实施共十大类、17场考试，考生人数达15.6万多人次，参与考试管理的工作人员1.5万多人次。2014年，全市普通高考实考考生21873人，其中普通类实考考生20972人，“3＋证书”高职类实考考生865人。2014年，全市成人高考共6364人，其中报考专科升本科的有1182人，高中起点本科173人，高中起点专科的有5009人。2014年，全市自学考试9839人次，报考18911科次。上半年毕业考生有254人，其中本科236人，专科18人；下半年毕业考生有110人，其中本科89人，专科21人。2014年，全市九年级报名参加中考人数为28238人，八年级报名参加中考人数为32250人。2014年，硕士研究生入学考试全市共有913名考生参加考试。2014年，全国计算机等级考试上半年考生人数3684人，下半年考生人数2785人。全国英语等级考试上半年考生人数381人，下半年考生人数396人。2014年，全市各类考试都确保试卷安全保密万无一失、考务操作规范统一、考风考纪保持良好，完成各项任务，实现“平安考试”的目标。招生录取工作贯彻“阳光工程”要求，维护公平公正，着力提升服务质量和水平，人民群众满意度进一步提高。

【高考成绩】 全市普通高考共有19115名考生被各类高校录取，占实考总人数的87.53%。其中，普通类录取韶关市考生18611人，占实考考生人数的88.74%；“3＋证书”高职类录取504人，占实考考生人数的58.27%。第一批本科院校录取1637人，占实考人数的7.81%；第二批共录取6132人，占实考人数的29.24%。其中，第二批本科A线录取3012人，第二批本科B线录取3120人；第三批共录取10842人，占实考人数的51.7%。其中，A线录取5329人，B线录取5513人。 （陈雪莲）

【教育工会】 教师节举办全市“中国梦·育人美”的演讲比赛［浈江区教育工会、翁源县教育工会荣获县（市、区）组一等奖，韶州师范分院工会，韶关市特殊教育学校工会荣获市直学校组一等奖］；开展“立德树人·立教圆梦”师德征文活动；联合韶州师范分院工会举行“努力践行‘三育人’（教书育人、管理育人、服务育人）要求，争当‘四有’（理想信念、有道德情操、有扎实知识、有仁爱之心）好教师”专题征文比赛。表彰教师职业道德学习积极分子150名，韶关市中等职业技术学校旅游教研组获“广东省巾帼文明示范岗”称号。开展创建“六有”教工之家建设活动，广东北江中学工会获“广东省教工之家建设的示范基地”牌匾，乐昌市教育工会委员会被授予广东省教科文卫工会模范职工之家；浈江区教育工会委员会教工幼儿园工会被授予广东省教科文卫工会模范职工小家，乐昌小学工会等10所学校被评为韶关教育系统“先进教工之家”。杨意义、谢际华被授予广东省教科文卫工会优秀工会工作者；黎明强、梁玉广被授予广东省教科文卫工会优秀工会积极分子；黄明秀、佘少辉被授予广东省教科文卫工会优秀职工之友。韶关学院韶州师范分院院长吴奇峰等17名教师荣获韶关教育系统“模范职工之友”。举办市直学校教职工第二届羽毛球赛（韶钢一中工会荣获冠军）；联合北中、市一中和韶钢三所学校工会联合举办教职工乒乓球赛。 （梁茂发）

基础教育

【概况】 2014年，全市有幼儿园458所（乡镇中心幼儿园88所），其中公办133所、民办325所；义务教育阶段学校313所（小学184所，初级中学129所），普通高中学校25所（完全中学9所，独立高中16所），其中省一级普通高中学校22所（含国家级示范性普通高中学校11所）。小学在校生210459人，学龄人口入学率为100%，毛入学率为104.14%；初中在校生96761人，学龄人口入学率为99.64%，毛入学率为121.31%；普通高中在校生63917人，户籍人口毛入学率为96.73%，比2013年提高1.65个百分点。

【学前教育】 2014年，韶关市有省一级幼儿园11所，市一级幼儿园101所，规范化幼儿园253所，优质幼儿园（市一级幼儿园以上）的比例达到25.99%。全市在园幼儿110696人，3—5周岁幼儿学前三年毛入园率为97.4%，其中农村学前三年毛入园率为87.4%，首次超过85%，发展形势喜人。2014年争取学前教育类中央奖补资金1882万元（其中扶持城市学前教育发展1401万元，扶持民办幼儿园发展481万元），将学前教育专项资金由上年的100万元增加到2014年的300万元，同时加大师资培训力度，拨出30万元专门用于市级学前教育师资培训工作。继续开展教师说课、论文评比、课例评选活动，并组织优秀者送省参评。其中论文获省一等奖1名，二等奖15名，三等奖3名。在“广东幼教青年教师说课大赛”中，韶关市获一等奖3名，二等奖5名，优胜奖5名。2014年3月至8月，举办“韶关市第四届幼儿教师基本功竞赛”。决赛于8月25日至26日在始兴县青少年宫举行，经过各县（市、区）初赛选拔出来的39位优秀幼儿教师参加决赛，近300名工作在一线的韶关市各县（市、区）镇村幼儿教师现场观摩比赛，活动影响大，效果好。

【义务教育改革】 2014年，全市有义务教育标准化学校311所，比上年新增5所，覆盖率达99.4%。印发《韶关市九年一贯制学区管理模式试点工作方案》，在市直学校、武江区城区部分学校、乳源县城区部分学校开展为期1年的“九年一贯制学区管理试点工作”。试点初中学校2014年起不再采取义务教育阶段第二次划片招生模式，而采取试行初中与小学纵向衔接、对口招生的模式，探索中小衔接的实施新路径，彻底改变实施多年的义务教育阶段学生在升初中时再次划片招生的模式，减轻家长负担，简化招生环节，减少择校现象。

【随迁子女入学】 2014年秋季，安排

异地务工人员随迁子女 5.2004 万人（含本市各县区农民异地务工人员子女 1.6899 万人及外省市异地务工人员随迁子女 3.5105 万人）就读，其中 0.3156 万人（占全市义务教育阶段异地务工人员随迁子女总数的 6.07%）自主选择民办学校就读外，其余的 4.8848 万人（占全市义务教育阶段异地务工人员随迁子女总数的 93.93%）全部安排进入公办学校免费就读（其中，小学安排学位 3.7101 万个，初中安排学位 1.1747 万个）。落实双拥政策。2014 年安排随军子女 391 人入学，其中入读幼儿园 122 人，入读义务教育学校 230 人，入读高中阶段学校 39 人。

【城乡学校互助共同体建设】 为期三年的新一轮“城乡学校互助共同体”建设工作收官。全市构建互助共同体 79 个，参与学校 156 所，其中支援学校 76 所，受援学校 80 所。2012—2014 年，受援学校外派挂职教师 154 人，支援学校接收挂职教师 152 人，组织上示范课 1074 节，听课 8254 人；听课评课 1571 节，参与 9236 人；报告讲座 271 场次，参与 13279 人次；共同教研活动 643 场次，参与 9974 人次；开展团队活动 198 次，参与学生 13137 人次；基层党组织共同活动 170 场次，参与 3543 人次，帮扶困难党员 91 人；同时支援学校向受援学校捐款计 157892 元，捐物折值 667042 元。

【异地务工人员子女参加中考情况】 进一步做好异地务工人员子女教育工作。制订《健全异地务工人员子女教育配套政策实施方案》，进一步推进异地务工人员子女教育工作。2014 年，韶关市中考报名人数 28239 人，其中本市户籍中考报考人数为 26686 人，外省市户籍在本市借考人数 1553 人（含本省跨市随迁子女 771 人，外省随迁子女 782 人）。全市普通高中秋季招生人数 21006 人，其中本市跨县随迁子女 1167 人（不含市直高中学校），本省跨市随迁子女 622 人，外省随迁子女 417 人；中职学校招生人数 7845 人，其中本市跨县随迁子女 1139 人，本省跨市随迁子女 821 人，外省随迁子女 478 人；技工学校招生人数 10488 人，其中本市跨县随迁子女 124 人，本省跨市随迁子女 141 人，外省随迁子女 105 人。高中阶段招生新生共录取随迁子女 5014 人，占当年招生总数的 12.7%（含本市跨县、本省跨市、外省随迁子女）。

【市田家炳中学、韶钢一中开展“免试直升实验”】 韶关市 2014 年在市田家炳中学、韶钢一中这两所完全中学开展“免试直升实验”工作，其中市田家炳中学免试直升实验范围由上年的面向本校扩大到面向市辖三区的所有学校，根据在校三年综合评价情况获得直升资格的学生无须参加当年的升中考，直接进入普通高中学校学习，彻底打破以考试为主要依据的招生模式，推进义务教育均衡发展。

【开展“指标到校”工作】 2014 年，韶关市推行“指标到校”工作，要求各省一级普通高中学校按不低于 30% 的比例落实“指标到校”工作。全市 22 所省一级普通高中按要求全面开展，各校“指标到校”分配比例基本达到省的要求，其中市田家炳中学的指标到校分配比例达到 49.61%。全市有 5812 个省一级以上普通高中学校招生指标直接分配到初中学校，“指标到校”比例达到 33.42%。韶关市的第一所民办普通高中韶关实验中学面向全市招生。2014 年，招收高一学生 500 人，其中公办生 150 人，民办生 350 人。

【特殊教育】 2014 年，全市特殊教育学校 7 所，专任教师 105 人，义务教育阶段残疾儿童少年在校生 1321 人，其中：普通学校随班就读 886 人，特殊教育学校 397 人，特教班 38 人。残疾儿童少年入学率为 93.95%，“三残”儿童入学率为 96.17%。韶关市特殊教育学校完成异地改建工作，实现秋季顺利开学，完成第一个培智班的招生工作，实现韶关市综合性特殊教育学校“零的突破”。推进翁源等地的特殊教育学校建设，基本完成预定目标。根据全省特殊教育工作会议精神，制发《韶关市落实〈广东省特殊教育提升计划（2014—2016 年）〉实施意见》。　（苏才念）

职业与成人教育

【概况】 2014 年，全市有中等职业学校（含韶关学院韶州师范分院中职部和韶关学院医学院中职部）21 所，其中公办 14 所，民办 7 所。全市现有国家级重点中等职业学校 3 所，省级重点中等职业学校 4 所，市级重点民办中等职业学校 3 所，省级实训中心 5 个，省级中等职业学校重点建设专业（点）6 个。

【争取中等职业教育民办教育专项资金】 2014 年，韶关市中等职业学校创造条件，争取中央和省财政专项经费支持。组织 5 所中职学校申报省中等职业教育竞争性分配资金，全部通过省的评审，共获得省专项资金 1350 万元；乳源县申报创建国家农村职业教育和成人教育示范县专项补助资金，获得专项补助资金 200 万元；韶关市通过省的评审获得省级民办教育专项补助资金 150 万元；争取中央和省中等职业教育“以奖代补”专项补助资金，共获得 580 万元。为进一步提高韶关市职业教育和民办教育办学水平和教育教学质量提供经费保障。

【中职招生制度改革】 为引导初中毕业生有效分流，坚持春秋两季招生制度。2014 年，全市中职教育招生共 9100 人，超额完成省下达的招生任务。2014 年，根据市教育局、市人社局、市监察局、市纠风办联合印发的《关于重申我市中等职业学校技工院校招生工作纪律的通知》精神，配合有关部门加强对全市中职学校招生工作的检查监督，打击和纠正各种不正当争夺生源的行为，确保全市中等职业学校招生工作在“阳光”下进行。2014年，乳源中职正式实施“三二分段”中高职衔接。使韶关市实行“三二分段”中高职衔接工作的中职学校达到4所，新增在校学生达到497人。各校参加“三+证书”高考人数1015人，已被各高职院校录取556人，录取率54.78%人。

【重视中职学生技能培养】 全面改革人才培养模式，创新办学模式，探索联合办学、校企合作、工学交替、半工半读模式以及“零学费入学、零距离上岗”的“双零”培养模式，让更多农村的孩子接受中职教育。进一步重视学生技能培养培训，2014年，韶关市组织24个学生代表队和3个教师代表队参加省教育厅举办的2014年全省中等职业学校师生技能大赛，取得优异成绩。其中，学生组获得一等奖1个，二等奖18个，三等奖37个，优秀奖37个；有4个参赛项目的指导老师分别获得一、二、三等奖和优秀奖；教师组获得一等奖1个，二等奖2个，三等奖2个，优秀奖3个。组织开展全市中等职业学校学生技能竞赛。连续第19年举办全市中等职业学校学生技能竞赛，有14所学校选派代表队参加竞赛，参赛学生达到300多人。通过竞赛活动，进一步激发学生的专业兴趣，同时，选拔出有关专业的优秀选手备战2015年广东省中等职业学校学生技能大赛。

【成人教育】 根据教育部《面向21世纪教育振兴行动计划》的要求，韶关市结合自身的实际，发展农家书屋，着力抓好乡镇成人文化技术学校基础能力建设，提高乡镇成人培训的数量和质量。2014年，根据《广东省乡镇成人文化技术学校评估方案》有关要求，经过组织评估验收并按规定公示，始兴县太平镇、南雄市全安镇等2所乡镇成人文化技术学校通过市级示范性乡镇成人文化学校的评估验收，使全市省、市级示范性乡镇成人文化技术学校达到75所，占全市乡镇成人文化技术学校总数的77.32%。同时，以各地乡镇成人文化技术学校为依托，开展面向农村、面向社区的各项培训，为推广农业先进生产技术、普及农科知识、婚育政策以及宣传国家惠民惠农政策，发挥积极作用。

【莞韶教育对口帮扶】 2014年5月21日，《东莞韶关教育合作交流框架协议》在韶关市签订，莞韶两市教育部门联合制订《东莞韶关两市2014年教育对口帮扶工作计划》，明确2014年教育对口帮扶工作内容和时间表。同时，始兴县中等职业学校、新丰县中等职业学校、曲江职业技术学校、市中等职业技术学校分别与东莞电子科技学校和东莞理工学校签订联合办学协议，实行“1.5+1.5”的招生办学模式，并在教师交流、中层以上干部挂职锻炼等方面进行深度合作，使韶关市职业学校的管理水平和办学实力得到提高。9月，始兴县中等职业学校“东莞理工学校班”成立，目标是培育技能型、实用性技术人才，为两地经济社会发展服务。2014年12月，东莞韶关两市中等职业学校校长论坛在韶关市中等职业技术学校举行，两地中职学校校长就学校管理、教书育人、顶岗实习等方面的经验和做法展开交流，为今后东莞韶关两市职业教育的深度合作交流打下基础。

民办教育

【民办学校机构】 全市现有民办教育机构466个，其中民办幼儿园311所，民办中小学8所，民办中职学校7所，民办非学历教育机构74个。民办教育已经成为韶关市教育事业的重要组成部分。全市民办中等职业学校7所，总资产8255万元，教学设备总值3312万元，专任教师315人，在校生7589人。民办教育义务学校8所，总资产31364万元，教学设备总值3362万元，专任教师764人，在校生8642人。民办幼儿园311所，总资产49951万元，教学设备总值10341万元，专任教师3812人，在校生65774人。民办非学历教育机构74个，总资产3242万元，教学设备价值68018万元，专任教师671人，在校生21252人。

【民办学校清理整顿】 2014年，韶关市按照“谁审批、谁管理”的原则，根据《民办教育促进法》的有关规定，依法对民办教育机构进行年度检查，敦促学校及时修订学校章程，规范学校管理。对在检查中发现的、群众反映的、民办学校存在办学行为不规范的问题，及时调查、处理、纠正，促进民办教育健康发展。2014年，韶关市开展新一轮民办文化教育类培训机构的清理整顿工作。全市共清查68个民办文化教育类培训机构，发现存在违规办学行为的18个，发出书面通知书，要求其限期整改的13个；责令停办并取缔5个。

高等教育

【概况】 2014年，全市现有普通高等教育学校2所，普通高等教育招生11205人，在校生33675人，毕业生8547人。教职工2131人，专任教师1801人，其中教授108人，副高以上职称769人。学校占地面积223.2公顷，仪器设备总值20400万元。

【普通高等教育】 2014年，韶关学院全日制本、专科在校生2.1万人，在编在岗教职工1859人，其中专任教师926人，正高级职称人员99人，副高级职称人员288人，博士121人、硕士657人，有享受国务院特殊津贴专家2人（其中1人为享受国务院政府特殊津贴人员初定人选），广东省“扬帆计划”4人，省级教学名师5人，广东省高校“千百十工程”省级培养对象8人、校级培养对象67人，韶关市专业技术拔尖人才20人。广东松山职业技术学院2014年招生3027人，在校大专学生8713多人，现有教职员工518人，研究生学历或硕士学位以上126人，副高以上职称的专任教师90人，广东省技术能手3人，广东省高等学校国内中青年教师访问学者7人，广东省“千百十”工程校级培养对象14人

【成人高等教育】　韶关市广播电视大学校园占地面积13162.5平方米；校舍建筑面积12000平方米。教职工41人，其中高级职称9人，中级职称24人，初级职称4人。开设有37个大专、本科专业。招生对象以在职干部、职工为主，兼招部分社会青年和应届高中毕业生。2014年招生1241人，其中本科483人，专科758人；在校生达2969人。毕业生1200人，其中专科800，本科400人。同时举办各类培训班，培训学生达1000多人次。

（柯艳君）

附：领导班子成员名单

工委书记、局长：邓小杰

工委副书记、副局长：王淑辉（—2014.10）

纪工委书记：叶　文

副局长：朱伙新　林炜东　曾楚清

高等院校简介

【韶关学院】　学院位于韶关市浈江区大学路，是省属公办全日制综合性普通本科大学。学校前身是创办于1958年的省属韶关师范专科学校，先后与韶关大学、韶关教育学院合并，2000年3月升格为本科院校。校本部有大塘（主校区）、韩家山、黄田坝3个校区，另有校外独立法人二级学院—韶州师范分院、医学院2个校区，校园占地面积167.4公顷（全校179.6公顷）。校本部校舍总建筑面积58.25万平方米，固定资产总值11.5亿多元，教学科研仪器设备资产总值1.36亿元，图书馆纸质藏书181万册。有省级实验教学示范中心8个，校级实验教学示范中心17个，专业实验室近40个。设有17个二级学院，2个教学部（中心），2个校外二级学院。设有韶文化研究院、动物疫病研究室等35个科研机构。开设本科专业62个，专科专业53个，涵盖11个大学科门类，形成多学科综合发展办学格局，有省级特色重点学科1个，校级重点学科6个、重点扶持学科6个、扶持学科7个；国家级特色专业1个，省级特色专业4个；省级专业综合改革试点项目3项。面向全国21个省（市、区）和港澳地区招生。校本部全日制本、专科在校生2.1万人（全校2.8万人），在编在岗教职工1859人，其中专任教师926人，正高级职称人员99人，副高级职称人员288人，博士121人、硕士657人，有享受国务院特殊津贴专家2人（其中1人为享受国务院政府特殊津贴人员初定人选），广东省“扬帆计划”4人，省级教学名师5人，广东省高校“千百十工程”省级培养对象8人、校级培养对象67人，韶关市专业技术拔尖人才20人。市“万家国企低碳行动”年度考核，被国家三部委授予“全国首批节约型公共机构示范单位”称号。

党建科学化水平不断提升　完成党委书记调整和中层领导干部届满考核及换届工作，新一届中层班子平均年龄45.9岁，副高级以上职称干部占71.3%，研究生以上学历或硕士以上学位占63.2%，干部队伍结构进一步优化。做好党员发展和管理工作，累计发展党员615人。原创歌曲《清风轻拂我的面》获得第二届全国高校廉政文化作品大赛表演艺术类一等奖。获得广东省高校校园文化建设优秀成果一等奖1项、三等奖2项。加大学校中心工作宣传力度，在校园网发布新闻1625篇，省教育厅网站刊发学校新闻稿40多篇，在省市媒体发稿100多篇。《韶关学院报》作品获2013年高校校报好新闻全国三等奖4项，省级一等奖1项、二等奖7项、三等奖3项，位居全省同类院校前列。

“创新强校工程”成效显著　学院把“创新强校工程”作为学校改革和发展的引领性工程来抓，组织编制、实施《“创新强校工程”2014—2016年建设规划》《协同机制创新改革与实践工作方案》，确定今后3年十大重点发展领域，统筹规划全校3年的建设项目，学校报送的规划和方案围均被省教育厅评为良好等级。“粤北生猪生产及疫病防控协同创新发展中心”“信息科学与技术协同育人中心”分别被认定为省首批协同创新发展中心、省首批协同育人中心。组织各类省级“创新强校工程”年度项目申报，81个项目获得立项。获得2014年度中央财政支持地方高校发展专项资金项目4项，专项资金400万元。在2014年省教育厅组织的“创新强校工程”考核中获得76.11分，在全省35所一般性本科院校中排名第一，获得省“创新强校工程”专项资金2108万元。

师资队伍结构进一步优化　学院深入推进人才强校战略，加强人才引进、培育力度，引进教授2人、博士2人、硕士43人。新增返聘、外聘教师129人。选派18人参加国内外进修培训，12人考取博士、硕士。7人晋升正高级职称，10人晋升副高级职称。新增“千百十人才培养工程”省级培养对象1人、校级培养对象7人，“优秀青年教师培养计划”3人；4人入选省“扬帆计划”。遴选推荐285人次入选省、市各类专家库。1人被确定为享受国务院政府特殊津贴人员初定人选，1人获第七届广东省高等学校教学名师奖。

教学质量工程建设成效突出　学院以协同创新引领应用型人才培养模式改革，构建并实施具有学校特色的校校、校所、校企、校地、国际协同“五位一体”协同育人模式，出台2014级本科人才培养方案指导意见，实施本科专业结构调整优化计划，启动土木工程学院筹建工作。确定校级大学生创新创业训练计划项目186项，获得国家级20项、省级67项。与广东城市职业学院联合开展四年制应用型本科人才培养项目、与广东科贸职业技术学院联合开展三二分段专升本应用

型人才培养项目获得批准。获得省级质量工程项目38项，省级教改项目18项，教学成果二等奖2项。《新编大学基础英语》系列教材入选教育部第二批“十二五”普通高等教育本科国家级规划教材书目。成立教师教学发展中心，制订并实施“双师型教师”管理实施方案与优秀教师培训计划。开展迎接本科审核评估准备工作。

科研工作有新成效 健全科研目标管理激励机制，教师获得自然科学基金项目19项，其中国家自然科学基金项目（含子项目）2项、省级17项，获得经费275万元；获得哲学社会科学类纵向课题64项，其中国家级项目1项、省部级25项，获得经费163万元。获得省科学技术进步三等奖2项、省优秀社科成果三等奖1项；1项省科技项目通过省科技厅科技项目成果鉴定。获得第二届韶关市哲学社会科学奖20多项，其中一等奖3项。

重点平台建设有新成果 学院新增省级实验教学示范中心建设项目1项、省级大学生校外实践教学基地3个、省级教师教学发展中心1个、省级教学团队4个、省级试点学院1个。申报广东省中小学教师发展中心获得立项，获得专项建设经费1000万元。

服务地方工作面不断拓宽 学院支持校地、校企双向协同发展，不断健全服务地方工作体系，深化“韶关学院－莞韶工业园”合作模式培育，与广东鑫金汇投资集团有限公司等单位签署战略合作协议。以石斛、食药用菌工厂化栽培、网络平台、环保等研发团队为龙头，打造品牌和宣传重点，带动其他学科（专业）团队深入地方、企业开展各类合作。获得各类横向研究合作项目64项，协议经费613万多元，2014年获得的纵向、横向科研经费总量突破1000万元。新规划出版“韶文化研究丛书”6部专著，建成“韶关特色文化资源网站”，加强韶文化研究。

教育国际化工作深入推进 学院深化对外交流合作，新增姐妹学校4所，与13个国家（地区）建立出国交流项目。推进留学生与对外办学工作，来校留学生达165人次，出国交流学生达84人。2个中外合作办学项目顺利开展，招收新生82人。学校与澳大利亚联邦大学的合作项目被澳方评为优秀等级，又有1名学生成为国际金钥匙协会成员。学校被省教育厅、省侨办授予“广东省中华文化传承基地”称号。与港澳台地区的交流合作不断深化，接待港澳台地区10个交流团体500人次到学校开展交流活动。

立德树人水平进一步提升 学院以践行社会主义核心价值观教育为主线，进一步加强和改进师生思想政治教育工作，推进“青年马克思主义培养工程”，强化思想政治引领。学生工作获得3项省级表彰，心理健康与咨询中心被确定为“广东省粤北地区高校心理健康教育区域中心”，1名学生获评为广东省励志成长成才优秀学生典型。成立学生资助工作领导小组，助学管理体系进一步健全，学生奖助贷、医保工作扎实有效。服务西部社会实践团队连续4年中标全国大中专学生暑期“三下乡”社会实践活动重点团队，2014年有3支团队中标，为历年之最。学校获得“全国社会实践优秀团队”“社会实践专项活动优秀组织奖”。成功中标省级团建创新重点项目1项。西部计划项目办被评为“全国大学生志愿服务西部计划优秀等次项目办”。加强志愿者服务工作，校红十字会荣获“广东省造血干细胞捐献志愿服务先进集体”；校青年志愿者指导中心被团省委认定为社会公益“重点培育社会组织”。2014年，学校团建工作荣获国家级表彰10项（集体7项，个人3项），省级表彰63项（集体11项，个人52项）。推进“13500”校园文化品牌工程，打造省高校校园文化建设优秀成果和省大学生主题教育活动项目，校园文化建设成果丰硕，“校园文化艺术节”荣获广东省十佳大学生优秀校园文化艺术品牌项目，获得广东省高校校园文化建设优秀成果一等奖1项、三等奖2项。

人才培养质量稳步提高 2010级本科生四级英语通过率达66.73%。2014届毕业生有218人考取硕士研究生，录取率达4.26%，创历史新高。有2435人到党政机关、事业单位就业，2014年毕业生初次就业率95.96%，高

2014年12月23日下午，广东省副省长陈云贤率领省政府副秘书长林积、省教育厅厅长罗伟其一行，在韶关市领导的陪同下莅临韶关学院调研指导工作。图为副省长陈云贤（二排右3）一行考察学校“教师教育综合技能训练中心”。（陈显昶　摄）

出省高校毕业生初次就业率1.35个百分点，位居全省同类院校第一，就业工作在省级督查中被评为优秀等级。学生在全国、省级各类竞赛中取得好成绩，获得省级以上奖项192项，其中全国一等奖5项。

学术文化不断发展　学院承办广东省高校心理健康教育韶关区域中心工作调研会、张九龄与韶文化研讨会等多场省、市学术研讨会。学报荣获“全国高校优秀社科期刊”“全国高校社科期刊特色栏目”“全国地方高校名刊”“全国地方高校学报名栏”“全国地方高校学报特殊贡献奖”等称号。3人获全国高校“优秀主编”称号，1人获全国高校“优秀编辑学论文奖”称号。

办学条件进一步改善　学院组织启动北区新学生公寓、西区教学实验综合楼、西区运动场基建工程，以及北区化学与环境工程学院实验楼改造工程。投资676万元完成学生公寓修缮等18项修缮绿化工程，新增绿化面积2.25万平方米。投入1480万元开展中央、省级等各类教学、科研项目的设备购置工作。新增各类固定资产5190万元。投入286.26万元购置纸质图书5.96万册、引进数据库10个。收集整理和归档案卷2869卷、877件，新建目录数据4220条，录入电子档案目录44562条。校园网总出口带宽由3600M扩容到5600M。

（戚鹏宇　邹　云）

附：领导班子成员名单

党委书记：邹永松

党委副书记、校长：刘荣万

党委副书记、纪委书记：林添海

党委副书记：胡少平

党委委员、副校长：徐　剑　王羽梅　姚红光

【韶关学院医学院】　韶关学院医学院前身是国家级重点中专——广东省韶关卫生学校，始建于1914年，最初为英国基督教循道公会创办的教会学校（循理护校）。1951年，循理护校由市人民政府接管。1952年，循理护校、省第三医士学校、省第六卫生学校合并为“广东省韶关卫生学校”。1994年被评为首批国家级重点卫校。1995年原“韶关市护士学校”合并于韶关卫生学校。2002年升格为韶关学院医学院，成为具有独立法人资格的韶关学院校外二级学院，同时保留中专部。

学院概况　学院有新华南和西郊（中专部）两个校区，占地面积共计7.8万平方米，建筑面积8万多平方米，学院教学、科研、生活、文体等各种设施较为齐全，图书馆上架藏书20万册。拥有1间直属附属医院，2间非直属附属医院，教学、实习医院112所。学院现有在职教职工350人，专职教师210人，其中教授、副教授等高级职称85人。开设有临床医学、护理学、医学检验技术3个本科专业；临床医学、护理、助产、医学检验技术、药学、口腔医学、中医学、中医骨伤等8个专科专业。中专部开设护理、药剂、农村医学、护理（美容护理）、助产、医学检验技术和医学影像技术等7个专业。截至2014年年底，全日制在校生9319人，其中在校本、专科生4127人，中专生5192人。另有成人继续教育学生1600余人。

教学设备改善　学院加强实验实训中心建设，已建成“香港道德会实验大楼”“霍宗杰实验大楼”“香港道德会临床医学实训中心”“香港道德会影像实训中心”“香港道德会网络中心”，改善教学条件，提升学院服务学生、服务地方、服务社会的能力。

学术科研　学院教师主持获得广东省自然科学基金、广东省医学科研基金、广东省中医药局科研课题、韶关市科技计划项目等各级课题共180项；发表学术论文231篇，其中SCI收录3篇，核心期刊62篇；编写或参编教材、学术专著41本。荣获韶关市科技进步奖二等奖4项，三等奖13项，韶关学院教学成果奖二等奖2项，其他各类学术奖励9项。

人才培养　学院注重对外交流与合作，与韩国、新加坡等多个国家（地区）的院校和医疗卫生机构建立友好合作关系，促进教学、科研发展和毕业生就业。学院紧抓实训、实习环节，开展专业技能竞赛活动，提高学生实践能力，多次获得广东省卫生职业教育协会组织的护理技能操作比赛特等奖、一等奖，获得全国高等医学院校大学生临床技能竞赛（华南赛区）三等奖。学院每年举办毕业生供需见

5月15日，韶关医学院院长李祥福在广东省侨办与香港道德会会长何腾先生（居中）签订捐赠协议（捐300万元予韶关医学院）

面会，每年超过160家来自全省及港澳地区的医药卫生机构（单位）来校招聘毕业生。学院本、专科毕业生就业率达99.2%，中专毕业生就业率95%以上。

香港同胞支持学院发展　香港道德会和霍宗杰先生在多个方面支持韶关医学院的建设。2014年，香港道德会在上年捐赠300万元的基础上，又捐赠300万元给韶关医学院购买教学设备，捐赠韶关学院医学院教学设备签约仪式5月15日在广州举行。霍宗杰先生在2013年捐赠250万元给中专部用于购买教学设备、图书的基础上，2014年又捐赠300万元给中专部学生宿舍改造。

韶关学院医学院香港道德会实验大楼正式启用　10月23日上午，香港道德会永远会长霍宗杰、省侨办副主任林琳等一行莅临韶关学院医学院，参加香港道德会实验大楼、香港道德会永远会长霍宗杰实验大楼暨霍启恩学生宿舍修葺项目的揭幕仪式，市政协主席李飞、副市长兰茵出席仪式。位于韶关学院新华南教学区的香港道德会实验大楼楼高5层，建筑面积4000平方米，内设有解剖学实验室、生命科学展示馆、机能学实验室等实验室34间，经过升级改造，整幢实验大楼面貌焕然一新，教学设施设备更加先进、齐全，教学服务能力跃上一个新台阶。位于西郊教学区的香港道德会永远会长霍宗杰实验大楼和霍启恩学生宿舍改善教学区的办学环境。

（胡健文）

附：领导班子成员名单

党委书记、院长：李祥福

党委副书记、纪委书记：林伟成

党委委员、副院长：钟初森

王江桥　邱锦辉

【韶关学院韶州师范分院】　韶关学院韶州师范分院是韶关学院的校外二级学院，其前身是广东省重点师范学校——广东韶州师范学校，始建于1903年，2000年12月升格为普通高等学校。学校占地面积47729平方米，校舍建筑总面积41177平方米，运动场地面积11100平方米，学校设备总值6935万元，其中教学仪器设备产值1881万元，学校图书馆藏书19.8万册。学校以全日制大专教育为主，面向全省招生，另设有中职部。韶师是粤北地区唯一一所既承担大专层次小学、幼儿教师培养任务，又承担小学、幼儿园教师继续教育培训任务的普通高等师范专科院校。2014年，被评为“韶关市2012—2013年度精神文明建设先进单位”；邱云兰教授编著的《当代班级管理艺术论》获韶关市第二届哲学社会科学优秀成果三等奖；副教授李城获“2014年韶关市优秀教师”称号；钟雪梅获“2014年韶关市基础教育名教师”称号；韶师教育系学生在2014年11月21日—23日举办的“广东省2014年首届中高职院校学前教育专业学生技能大赛”中，分别获“综合能力一等奖”“综合能力二等奖”“综合能力三等奖”和“幼儿活动设计说课展示”最佳表现奖。

师资队伍　2014年，学校有教职工147人，其中专任教师128人，正高职称2人，副高职称50人，博士1人，硕士研究生40人，韶关市十佳校长1人。主讲教师全部取得高校教师资格，学校定期选派教师开展专业考察、培训和进修，以调整、更新、完善教师的知识结构。

办学规模　韶师设有6个职能部门和9个教学系，开设本科专业1个，大专专业12个。全日制在校学生3485人；成人函授学生485人。办学形式有全日制本科、大专教育，三年制中职教育，两年制本科“相沟通班”，三年制本专科函授，小学幼儿教师继续教育以及劳动力转移等各种培训，形成中职、大专、本科一体化的办学模式。

教学体系　2014年，根据专业的分布实际，学校完成《教育类专业技能训练暨实践教学手册》《非教育类专业技能训练暨实践教学手册》的修订，做好本科学位评审工作，形成由课程体系、实践教学体系、教学管理体系和教学质量监控体系组成的较为完善的教学体系。

学术活动　2014年11月1日，广东省现场统计学会2014年年会在韶师召开。参加会议的有中国科学院数学与系统科学研究所的陈敏研究员、孙六权教授和广东省21所高校的近100名现场统计学的专家学者。2014年12月18日，韶关市陶行知研究会年会在韶师召开。广东省陶行知研究会名誉会长、韶关市陶行知研究会名誉会长李治元等近80人出席会议。2014年6月和12月，华南师范大学袁爱玲教授和杨宁教授应邀到韶师作关于学前教育的学术讲座，参加学术报告会的有韶关学院教育学相关专家学者和韶关市幼儿园一线教师。　（蒋春容）

附：领导班子成员名单

党委书记、院长：吴奇峰

党副书记、纪检书记：许晓梅

党委委员、副院长：张　萍　王泽胜

叶逢福

学校地址：韶关市浈江区峰前路23号

【广东松山职业技术学院】　广东松山职业技术学院（简称“松山职院”）前身为韶钢职工大学，创办于1976年。2000年6月，经广东省人民政府批准转制为省属全日制普通高等职业技术院校，是韶关地区唯一一所高等职业技术院校。2014年12月，省编制办发文明确学院为省教育厅直属管理的事业单位。学院地处韶关市南郊，邻近京珠高速公路，紧靠广韶公路，毗邻粤北名胜南华寺，占地面积43.7万平方米。馆藏纸质图书57.21万册，电子图书4953GB；自行设计的校园网布有9000多个有线信息点，数据中心数字资源最大存储容量40T。

专业设置　学院现有机械工程系、电气工程系、经济管理系、计算机系、外语系、基础教学部、思想政治理论课教学部及实习工厂八个教学系部。先后开设专业32个，50个专业方向。其中，机电设备维修与管理、营销与策划专业为中央支持高职院校提升专业服务产业发展能力项目重点建设专业，电气自动化技术专业为省高职高专教育示范性专业，电子信息工程技术、物流管理专业为省高职教育重点建设专业，数控技术、软件技术专业为首批省级高职院校重点培育专业。

学院人数 全日制在校大专学生8750人。教职员工518人，其中，副高以上职称专任教师90人，研究生学历或硕士学位以上126人，广东省技术能手3人，广东省高等学校国内中青年教师访问学者7人，广东省高校“千百十工程”校级培养对象14人，并聘请以全国人大代表、全国技术专家、能工巧匠罗东元为代表的一批优秀企业技术人才为客座教授。

学院实训与职业技能培训基地良性发展 校内实训基地初具规模，设施先进、功能齐全，初步形成国家、省级、院级三级实训基地体系，能满足不同专业实践性教学的要求，实验实训课程开出率一直保持在百分之百。学院现有实训基地9个，下属实验室、实训室、计算机室共73个，实验、实训场所建筑面积78804平方米。其中，电子电工与自动化技术实训基地、数控技术专业先进制造技术实训基地为中央财政扶持的职业教育实训基地，电子信息工程技术实训基地、机电维修实训基地、软件技术实训基地、数控技术实训基地、模具与快速成型实训基地为省级高等职业教育实训基地；计算机IT实训基地、经济管理类专业模拟及仿真实训基地、外语多功能技能实训中心、机电设备维修与管理高技能人才培养基地、数控技术高技能人才培养基地为省级高等职业教育专项资金支持高技能人才培养基地建设项目。学院校企合作蓬勃发展。在韶关和珠三角地区设有87个实训基地。其中，在宝钢集团韶关钢铁有限公司设有30个实习实训教学点，利用韶钢丰富的人力资源及生产设施，满足学生专业技能实训和生产性顶岗实习需要。学院设有职业技能鉴定所和全国计算机高新技术考试站等5个职业技能鉴定机构，可进行49个工种的技能鉴定，是韶钢职工专业理论和专业技能培训的重要基地。

移交省教育厅管理工作顺利完成 学院移交工作自2011年9月正式启动，经过三年的努力，2014年6月20日，韶钢和省教育厅签署《广东松山职业技术学院移交备忘录》；2014年12月29日，省编制办发文明确学院为省教育厅直属管理的事业单位，办学体制得以理顺，办学经费有根本保障。

人才队伍建设取得新成效 加强领导干部队伍建设。完善考核评价机制和干部选拔任用机制，强化领导干部联系群众制度，着力创建学习型领导班子，提升领导干部的谋划能力、协调能力、办学治校能力和管理水平。加强管理队伍建设。对照《广东省普通高等学校机构编制标准》，逐步完善党政管理人员队伍建设，建立符合科学发展观要求的管理队伍考核体系，打造“学习型、开拓型、复合式型”管理团队。加强师资队伍建设。推进人才工作体制机制创新，稳定师资队伍。开展师德师风建设月活动，弘扬“无私奉献、为人师表、敬业爱生、严谨治学”的高尚师德风范。2014年，学院引进硕士16人，1人晋升正高职称，1人晋升副高职称，5人取得中级职称；新增“广东省技术能手”1人；完成省第七批千百十工程7名校级培养对象的考核工作，6名教师被列为第八批千百十工程校级培养对象；选派5名中青年教师作国内青年访问学者；1名教师被列为广东省高等学校优秀青年教师培养对象；2名骨干教师赴德国参加IHK证书班培训；选派骨干教师参与省培、国培项目培训20多人次，专业考察交流、实验室建设培训50多人次；21名教师在全国、广东省各类教学、职业技能比赛中获奖。

教育教学改革项目稳步推进 2014年，学院电子信息工程技术、物流管理两个专业被确定为省级高职教育重点专业建设项目，其中，物流管理专业获得省财政专项支持资金150万元。同年，学院共有10个项目获省级以上教科研项目立项，10个2012年度省质量工程项目（含大学生创新创业训练计划项目9项，大学生实践教学基地建设项目1项）通过省教育厅验收，17个院级课题项目和教研教改项目结题，19个教研教改项目在校内立项，3个项目获得国家实用新型专利权，1个项目获得2014年度全国机械职业教育实践性教学成果二等奖；教师主编教材4部，公开发表论文105篇，其中核心论文10篇，五大检索论

广东松山职业技术学院掠影

文2篇。

实习实训基地建设得到进一步优化　进一步充实实验、实训硬件资源，以省专项扶持资金项目的建设为牵引，推动学院的实习实训基地建设。2014年，学院软件技术专业实训基地、模具设计与制造专业的模具与快速成型省级实训基地获得2014年省级高等职业教育实训基地建设立项，并获得省财政专项支持资金200万元；新增校外实训基地13个。

学生职业能力培养得到进一步加强　2014年，学院推进现代学徒制人才培养试点，中高职衔接试点以及校企合作订单培养。全年共完成16次职业技能鉴定考试（不包含计算机高新技术考试），1613名学生参加考试，1512人次取得职业资格证书，通过率为93.74%。参考人数、通过人数、通过率均比上年有所提高。英语、计算机两门统考科目均取得好成绩，在全省高校中排名靠前。2014年6月，学院2519名学生参加省高校计算机应用水平考试，2448人通过考试，合格率达97.2%，平均分79.7，比省平均分61.02高出18.05分；2816名学生参加英语应用能力A级考试，1760人通过考试，合格率达62.5%，平均分60.6，比省平均通过率58.91%高出3.59%，比省平均分60.08高出0.52分。22名学生在广东省各类职业技能大赛中获奖；7名学生在全国职业技能大赛中获奖，其中一等奖1项。

招生与就业工作再创佳绩　生源质量进一步提高，录取人数、新生报到人数、在校生人数均创历史新高。2014级新生报到人数3081人，新生报到率稳中略有提升，在校生人数达到8750人。就业工作取得佳绩。针对2012级学生进行就业指导课教学，举办28期GYB创业培训班，培训学员1542人；开展12期SYB创业培训，200名毕业生先后接受创业培训；23个专业2729名毕业生的整体就业率达到99.12%（18名毕业生办理暂缓就业、31名毕业生参加专插本学习）；2014年新增教育部就业监测系统周报上报工作受到广东省教育厅通报表扬。

校园文化建设再结硕果　实施大学生素质拓展计划和文明修身工程，以提升学生综合素质和专业实践技能为主体，以大学生创新创业教育、科技文化艺术节活动、“三下乡”社会实践活动为载体，推进校园文化建设，塑造大学精神，培育优良校风、学风，构建良好的育人环境。2014年，学院荣获全国高校节能宣传作品征集活动、广东省大中学生法律知识网络竞赛活动“优秀组织奖”以及2014年广东省学生“青春与梦想”微作品大赛最佳组织奖；学院大学生心理健康教育与咨询中心被评为2014年广东省高校学生工作优秀团队；学院申报的《广东松山职业技术学院推进社会主义核心价值体系教育“1+5”建设工程》项目获得广东高校校园文化建设优秀成果评选二等奖；“点滴汇源，爱满松山”项目荣获广东省第三届高校学生事务管理精品项目；心理健康教育刊物《馨语》《馨报》荣获广东省首届高校心理健康教育刊物评比三等奖；1件教师作品在第十届全国法制漫画动画微电影作品征集活动中获优秀奖；1名教师、2名学生荣获“广东省大中专学生志愿者‘三下乡’社会实践活动先进个人”称号；2项学生作品入围2014年广东省大学生科技创新重点培育项目名单；20余名学生在省市厅级文艺活动中获奖。《以“红色文化节”推动基层党组织生活创新》获评2013年广东省高校优秀“书记项目”项目。

（郑春玲　刘　静）

附：领导班子成员名单

党委书记：陈坚中（－2014.4）

　　　　　谢琼杰（2014.4－）

院　长：曾向昌

副院长：廖彩志

副院长、工会主席：龚洪强

【韶关市广播电视大学】　广东省韶关市广播电视大学位于韶关市西河松山山麓，武江河畔，创办于1980年，是韶关市政府所属的一所采用现代化教育手段进行多媒体远程教学的新型开放大学。1997年，被省高教厅评定为广东省电大系统“先进学校”。学校实行党委领导下的校长负责制，下设学校办公室、党委办公室、教务处、信息处、招生办公室、教学处、总务处、培训处。学校下辖8个县（市、区）电大分校。学校创建以来，始终坚持正确的办学方向，面向韶关，面向粤北山区，实行多层次、多形式办学。2014年学校共开设有27个大专、本科

韶关广播电视大学师生看望福利院老人

专业。科类较为齐全，学制两年。

学校特色　电大是没有围墙的学校，其教学信息通过网络平台和国家提供的卫星电视系统覆盖全国。学校采用系统运作的教学管理模式，以适合从业人员学习需求的专业和课程为内容，以整合优化的学习资源为基础，以天网、地网、人网合一的学习环境为支撑，以学习者自主学习为主要方式，以严格而有弹性的过程管理为保障，培养留得住、用得上的应用型高等专门人才。电大采用“宽进严出”的招生政策，即：根据教育部规定，中央电大本科教育招生对象为具有国民教育系列高等专科毕业及以上学历者；专科教育招生对象为普通高中、技工学校和中等专业学校毕业者。符合以上条件的学生均可到当地电大试点电大报名，经资格审查合格后即可免试入学和注册学习有关课程。学生注册后必须按照各专业培养方案完成各教学环节的学习任务，通过中央电大统一组织的形成性考核和课程考试，取得规定的学分，达到毕业要求后，方可取得毕业证。

师资建设　2014 年，学校共有教职工 40 人。其中，高级职称有 7 人，中级职称有 20 人，初级职称有 8 人。学校拥有一批具有高、中级职称、政治思想、业务素质较好的专、兼职教师队伍，学校的专职教师有多年的教学经验，同时开展教研活动。

人才培养　2014 年，在校生已达 2969 多人。学校举办各类培训班，培训学生达 3000 多人次。他们当中有不少人被提拔到各级领导岗位，或成各条战线的业务或技术骨干，为韶关的经济发展做出应有的贡献。电大毕业生的良好素质和表现，深得社会各界人士的好评。

教学基础设施建设　学校校园占地面积 131630 平方米。其中，绿化用地面积 4230 平方米，运动场地面积 1350 平方米。校舍建筑面积 12000 平方米，有园林小区、办公楼、教学楼、电教楼、实验楼。学校拥有多媒体教学设施和教学实验手段。共计有主干网速每秒 110 兆比特、接入主机 280 余台的计算机校园网，闭路电视播放系统，卫星和 VBI、IP 接收装置，演播室、录制室 1 个，语音、理工和财会模拟等实验室 6 个，多媒体计算机房 4 个，多媒体阅览室 1 个，多功能电教学室 10 个。为学生提供电话、电子邮件、电子公告板、触摸屏信息查询服务。电教、实验器材总值近 400 万元。学校固定资产达 1369 万元，其中教学、科研仪器设备资产值 556 万元，信息化设备资产值 1.5 万元。初具规模的各项设施不仅可以满足本校教学的需要，而且已经作为“韶关市成人高等、中专教育实验中心”向全市大、中专学校开放。（何　玲）

附：领导班子成员名单

副校长：张吉初

纪委书记：张水旺

副校长：张朝平

部分中学简介

【广东北江中学】　广东北江中学创办于 1939 年，1953 年经国务院批准，由省教育厅确定为广东省首批七所重点中学之一，2008 年 4 月被广东省教育厅批准为第一批“广东省国家级示范性普通高中”，2014 年，被中共广东省委、省政府第五次授予“广东省文明单位”称号。

学校现有面积约 17 万平方米，建筑面积 5.9 万平方米，校园绿化率达 99%。学校拥有设施先进的教学楼、实验楼、电教楼、美育楼、体育馆等教学场所；全校共装配电脑近 900 台，所有的教室都建有多媒体双向电视网络，配备电视电脑一体机；建有广播电视监控系统、课堂录播系统、考试评卷系统、3 间探究室、8 间功能教室、7 间多媒体网络教室、2 间学生电子阅览室、千兆光纤的校园网络；图书馆面积 1640 平方米，藏书 16.3 万册，电子图书 13.6 万册，阅览室 5 间，近 500 个座位；田径运动场总面积达 1.76 万平方米。

学校现有 60 个高中教学班，学生 3286 人；在职教职工 276 人，其中专任教师 210 人（高级教师 107 人，一级教师 82 人，二级教师 21 人）。学校拥有一批在省内外具有一定影响的“名师”，其中全国名校长 1 人，韶关市名校长 2 人，广东省特级教师 5 人，广东省名教师 1 人，广东省南粤优秀教师 7 人，韶关市名教师 5 人，韶关市教书育人优秀教师 16 人，韶关市学科带头人 30 人。

竞赛成绩第二届广东省青少年虚拟机器人竞赛现场总决赛北江中学选手参加高中组虚拟 3D 搜救项目，一共获得 3 个一等奖、4 个二等奖。在第十九届全国青少年信息学奥林匹克联赛中，在黄叶亭、钟良锋指导教师的带领下，学校参赛学生取得优异成绩，获奖情况如下：提高组 2 个一等奖，5 个二等奖，2 个三等奖；普及组 8 个二等奖。2014 年广东省高中学生数学竞赛成绩已揭晓，学校获奖情况通报如下：省一等奖 4 个，省二等奖 10 个；省三等奖 12 个。第十二届“全国中小学信息技术创新与实践活动（NOC）”决赛学校 3 位学生在教师蓝凌的带领下，参加综合能力实践高中组项目的比赛，三位学生均获一等奖，其中刘俊杰冠军、黄尔舜季军、段昊成第四名，在一等奖 5 个名额中占据三席，创造新的全国纪录，教师蓝凌获赛会颁发“优秀指导老师”。每个项目一等奖的前三名，有资格参加恩欧希教育信息化发明创新奖的竞争，此奖是经国家科学技术部批准、国家科学技术奖励工作办公室面向广大师生及教育工作者设立的以促进“自主创新”为目的的重要奖项，是 NOC 活动的最高奖项，学校两位展现自主创新精神，获此殊荣。7 月 15 日，学校在指导老师蓝凌的指导下参加广东省第十一届中小学电脑虚拟机器人竞赛取得佳绩：智能校车项目获得省一等奖，3D 搜救项目获得省三等奖。广东省第二十届重点中学信息学邀请赛（GDKOI’2014），学校选手们在教师黄叶亭、钟良锋的带领下取得很好的成绩，二等奖2个，三等奖5个。广东省青少年信息学奥林匹克竞赛决赛在教师黄叶亭、钟良锋的指导下，北江中学选手们获奖情况如下：市团体第五名；高中组：二等奖1名，三等奖2名；初中组：三等奖5名。2014年广东省体育传统项目学校田径锦标赛北江中学田径队夺得团体总分第二、金牌3枚、银牌2枚、铜牌4枚，为韶关市、为学校争得荣誉。

【韶关市第一中学】 韶关市一中是广东省人民政府确认的16所省重点中学之一，首批广东省一级学校，国家级示范性普通高中学校。

学校现有60个教学班，在校学生人数3386人。有教职员235人，专任教师205人，其中硕士27人，高级教师81人，高级教师占专任教师人数的39.5%。学校有广东省基础教育系统首届名校长1人，国家级骨干教师培养对象4人，省级名教师培养对象及学科骨干教师5人，全国优秀教师6人，省级优秀教师12人，现有3位在职广东省特级教师。

学校新校区占地21.6公顷，校舍建筑面积92250平方米，绿化面积13.41万平方米，植被覆盖率62%。校园主要由教学区、运动区、生活区共19栋建筑物构成。教学区由三栋各自独立的教学楼、图书馆、艺术楼、实验楼、信息中心、办公楼及体育馆组成。运动区有环形400米8跑道标准田径运动场，13个篮球场，15个羽毛球场，5个排球场，2个网球场，可满足多种训练、锻炼需求。生活区由六栋学生宿舍及二栋学生餐厅组成，宿舍按年级管理，每个年级男女生各1栋，相对独立；每间宿舍住宿6人，6栋宿舍可容纳3000多人。

2014年，学校办学取得可喜成果，高三年级1066位学生参加高考，一本上线人数238人；二本A线以上上线人数646人；二本B线以上上线人数900人，专科以上上线人数1060人。高考夺得全市文科总分状元，8人次获全市总分和单科状元，3人跻身高分层，学校在韶关市一类学校综合评分中获最高分，被评为韶关市高考优胜学校，教育科研先进单位。

学校现正在推行三大改革，不断提升办学水平。一是探索以年级组为实体的学校管理新模式。扩大各年级管理自主权，以调动年级教师的积极性，激活各年级在教育教学管理上的创造力。二是建立新课程标准下的教师工作评价新机制。一方面完善以高考、竞赛奖励为核心的教师激励机制；另一方面面向全体，全面考核，将绩效工资改革、岗位设置改革和学校实际结合起来，将考核细化到各个工作环节，激活教职工队伍。三是改革教学方式，推行学案制教学。通过学案制教学，改变传统教学模式，打造高效课堂；搭建校本教研平台，促进教师专业发展；深入推进素质教育，把学生培养成具有实践能力、创新能力、分析问题和解决问题能力的现代社会所需要的高素质人才。

【韶关市田家炳中学】 韶关市田家炳中学创建于1992年，是由香港著名实业家田家炳先生捐资，政府兴办的市直公办重点完全中学，1998年被评为市一级学校，2000年晋升为广东省一级学校，2012年荣膺“广东省国家级示范性普通高中”。学校先后荣获省“文明单位”“安全文明校园”“普通高中教学水平优秀学校”“依法治校示范校”“书香校园”“体育特色学校”、省“青少年科学教育特色学校”、“学陶师陶先进集体”、省“教育系统关心下一代工作先进单位”等称号，还被田家炳誉为“全国160余所田家炳中学中最突出的龙头中学”。学校分为校本部（高中部）、初中部两个校区，共有72个教学班，学生总数为3550人。

田中人秉承“心怀大志、自强不息；克勤克俭，富而不奢；与人为善，大爱无疆；温文尔雅，谦逊内敛”的田家炳精神，确立“克己奉公、仁者爱人”的办学理念系统，坚持走“内涵发展、特色发展”之路，实施“强师兴校”“质量强校”“人才壮校”工程，推进素质教育。高考、中考捷报频传，一批学生考取清华、北大等全国知名高校。2014年的中考、高考成绩在保持稳中有进的基础上，也实现历史性的突破。中考上省重点分数线以上83人，上市重点分数线的有149位同学，列市公办学校第一；高考重本上线人数共61人，本科上线共411人（上线率64.1%），专科上线人数共660人（上线率为98.4%）。在体育、

2014年8月，韶关市获得“广东省教育强市”称号（市教育局　供）

艺术、电脑制作等领域均硕果累累。2014年学校还被授予“2014－2016年度韶关市艺术特色学校”荣誉称号。

田中坚持以教师发展为本，全面促进教师的专业发展。学校一直致力于建设一支温文尔雅的教师队伍。学校共有239位专任教师，其中有特级教师2人、高级教师132人，占专任教师比例为56%，高级职称教师所占比例名列全省、韶关市各中学之首，市拔尖人才1人，市高层次人才2人，市首席教师1人，市教学能手1人，市政协委员1人，武江区政协委员2人，第一、第二批市名教师3人，第一批、第二批市学科带头人32人，具有研究生学历教师41人。全国师德先进个人、全国“三八红旗手”、国家英语、化学“园丁奖”、省市党代表、省优秀班主任、南粤优秀教师、南粤优秀教育工作者、南粤教坛新秀、省市级教育专家、名教师培养对象等一大批先进称号获得者。

田中重视基础设施建设，提高办学水平。学校以惠民南校区新实验楼的验收和设施设备的安装、沙洲校区“数字化校园”建设工程为契机，不断推进校园硬件、软件建设，为教育教学发展提供支撑。高中部新实验楼基建工程经过两年多的施工周期，现已竣工。初中部数字化校园建设100套配套设施和33套多媒体平台的更换改造工作，信息中心改造、录播室建设等工程基本完工并将投入使用。首期投资五百多万元的“数字化校园”示范校建成。

田中注重培育办学特色，打造属于自己的特色品牌。学校开展中小学电脑制作活动，成立以广东省电脑制作活动优秀指导教师朱静萍为领头人物的朱静萍工作室（该工作室已升格为首批市级名师工作室），形成电脑制作活动骨干教师的合作共同体。

【韶关市中等职业技术学校】　韶关市中等职业技术学校于2008年9月由韶关市职业高级中学、铁一中、经贸学校、艺校、体校合并而成，是直属韶关市教育局的一所国家级重点中等职业技术学校，广东省示范性中等职业技术学校，“国家中等职业教育改革发展示范校”建设学校，也是韶关市职业与成人教育师资培训中心和国家职业技能鉴定所，韶关市旅游行业岗位培训基地。

学校占地面积16.73公顷，校舍建筑面积10.5万平方米。主要开设机电类、信息类、经贸类、旅游类、艺术类五大板块教育课程，有计算机应用、数控、汽修、电子商务、市场营销、旅游服务与管理、工艺美术、会计、文秘等20多个专业，其中，电子与信息技术专业于2003年2月被评定为省重点建设专业；计算机网络技术于2012年被评定为省重点建设专业；电子与信息技术、计算机网络技术和旅游服务与管理三个重点建设专业分别在2009年、2011年被批准为广东省中等职业学校课程改革试点专业。

学校现有学生3000多人，教职员工252人，其中专任教师201人（文化课教师85人，专业教师116人，比例为1：1.36），高级教师78人，双师型教师86人。

学校在办学思想上坚持“以服务为宗旨、以就业为导向、以能力为本位、面向社会、面向市场”的方针，以培养实用型、技能型人才为根本，构建有职教特色的教育教学环境，制定具有职教特色的校园文化建设方案，确定“德技树人、德技立身”的职业教育理念。推进企业文化、车间文化走进校园、走进实训室；进一步强化实训中心功能，发挥学校各类实训、培训基地的作用。“韶关市第九职业技能鉴定所”建设无纸化技能鉴定考试平台，继续开展全市中职学校的职业技能鉴定工作，两年内在学校参加鉴定考证的人数近五千人。

2011年，学校经评估批准成为粤北地区唯一一所省示范性中等职业学校；学校随即抢抓机遇，立即启动国家级示范性中等职业学校的申报工作。经教育部、人力资源和社会保障部、财政部组织专家复核，2013年4月，学校获批正式成为“国家中等职业教育改革发展示范学校”第三批立项建设学校，是粤北地区唯一一所进入“国家中职示范校”建设队伍的中职院校。经过2年的创建，学校现正进入冲刺阶段，迎接中央检查组的验收检查。

技能竞赛是中职学校的“高考”。五校合并后，学校重视学生技能竞赛，不断加强软硬件建设，因此在近五年竞赛中屡出佳绩：在省技能竞赛中，学校共获得个人一等奖1名，二等奖11名，三等奖21名，团体三等奖1个；在市技能竞赛中，共获得团体一等奖3项和二等奖10项，个人一等奖30个，二等奖39个，三等奖38个。

学校在集团化办学方面作一些有益的尝试，2010年以学为主体组建韶关职业教育集团；学校基本构筑起“以校为本、校办企业、校企结合、教产联合、校校联办”的规模化、集团化、连锁化的办学模式：建立起汽车驾驶培训基地；深化“校企合作”的办学模式改革，与韶关市力维金属构件有限公司、新丰云天海温泉森林度假村、东莞农村商业银行成功达成合作协议，对学生实行“订单式”“双元制”教学；试行工学结合，走“教厂结合”的新路子，与加工企业合作，为学生的实训创造条件；利用国家级重点职中的品牌资源，与多间学校进行联合办学，并在翁源、新丰、始兴和甘肃康乐县设立分校区，实现优质资源共享。

其他中等职业学校、高等职业学院中职部一览表

表 16

序号	学校名称	属性	学校等级	隶属情况
1	韶关市中等职业技术学校	公办	国家重点	市属
2	韶关学院医学院	公办	市属	—
3	韶关学院韶州师范分院	公办	市属	—
4	韶关市建筑成人中等专业学校	公办	市属	—
5	韶关市贸易中等专业学校	公办	市属	—
6	广东省韶关农业学校	公办	市属	—
7	韶关市北江中等职业学校	民办	市属	—
8	韶关市浈江中等职业学校	民办	市属	—
9	韶关市振华中等职业学校	民办	市属	—
10	韶关市育威中等职业学校	民办	市属	—
11	韶关市曲江职业技术学校	公办	国家重点	区属
12	乐昌市中等职业技术学校	公办	国家重点	县属
13	仁化县中等职业学校	公办	省重	县属
14	南雄市中等职业学校	公办	省重	县属
15	始兴县中等职业学校	公办	省重	县属
16	乳源瑶族自治县中等职业技术学校	公办	省重	县属
17	翁源县中等职业技术学校	公办	县属	—
18	新丰县中等职业技术学校	公办	县属	—

科　　技

科技管理

【概况】　2014年，全市深入实施创新驱动发展战略，增创科技发展新优势，主要是突出“八个新”。一是产业发展平台建设有新突破。成功推动特种材料创新园、紧固件产业园落户韶关，探索“三链”（产业链、创新链、资金链）融合的创新发展之路，以打造产业生态环境和科技服务平台为切入点，带动传统产业转型升级。二是争取国家和省支持取得新成绩。组织推荐企事业单位申报国家和省科技计划项目，累计为本市承担单位争取到科技经费4000多万元。三是促进科技与金融深度融合有新进步。组建广东省科技金融综合服务中心韶关分中心，为科技型企业融资提供重要支撑。四是莞韶对口科技合作迈出新步伐。莞韶科技部门频繁互访互动，凝练莞韶科技合作项目。五是创新平台建设有新进展。新建工程中心等创新平台，助力企业自主创新。六是科技成果转化有新亮点。表彰获得2013年度韶关市科技进步奖项目76项。七是产学研合作有新气象。组织省内外高校、科研院所与本市企业对接合作，达成一批产学研合作项目。加快新型科研院所建设，新型研发机构数量排在山区市前列。八是科技项目监管有新力度。配合完成省财政厅开展广东省2011—2013年科技类财政专项资金第三方绩效评价工作，协助全市参与第三方绩效评价的26个省专项项目完成自评材料申报和现场评价等工作，获得省绩效评价组的好评。

【出台科技政策文件】　2014年，经前期调研和充分研究论证，并在征求意见的基础上，出台《韶关市贯彻落实〈中共广东省委、广东省人民政府关于全面深化科技体制改革加快创新驱动发展的决定〉的实施意见》。该文件是指导韶关当前和今后一个时期科技创新的纲领性文件，主旨精神是突出市场化和企业主体，体现由市场配置创新资源的改革精神；突出探索多主体协同创新；突出促进“三链融合”在韶关市的实践；突出凝练重大科技专项，注重发挥科技支撑引领作用。

【科技计划】　全年争取到国家2014年度中小企业发展专项资金科技创新、科技服务和引导基金项目4项，分别是韶关市磊信机械制造有限公司承担的“智能低噪声垂直循环立体停车库研究与产业化”项目，南雄市汇源化工科技有限公司承担的“硫氰酸铵新工艺合成高纯度甲叉二硫氰酸酯”项目，韶关市西马克重工有限公司承担的“全自动液压PLC控制拼板机”项目，广东利生源生物饲料有限公司承担的“生态健康型发酵功能性微生物饲料”项目；国家农业科技成果转化基金1项，韶关市星河生物科技有限公司承担的“珍稀食用菌白玉菇工厂化生产技术集成与示范”项目；国家2014年科技富民强县专项行动计划项目1项，乳源瑶族自治县水库生态健康名优鱼产业化养殖项目，2014年度国家星火计划1项，韶关市可利鲜生物科技有限公司承担的“珍稀龟鳖类养殖新品种的仿生态养殖技术示范与推广”项目；省级2013年度科技项目立项共30多项，为韶关市承担单位争取到科技经费4000多万元。组织实施2014年度市级科技计划项目35项，涉及产学研结合引导及与中科院合作交流专项、专利技术实施计划项目、科技企业创业园专项及科技创新资金项目，共下拨经费341万元。

【创新载体建设】　市科技局依托中国广州分析测试中心搭建“特种材料分析检测中心”，实施机械装备故障预警服务平台项目，开创以科技创新支撑产业发展新模式。年内，市科技局组织广东丹霞农机有限公司等3家企业组建市级工程技术研究开发中心，依托韶关飞翔自动变速箱有限公司组建“韶关市商用车自动变速器工程技术研究开发中心”，依托广东丹霞农机有限公司组建“韶关市丘陵农业机械工程技术研究开发中心”，依托广东金友集团有限公司组建“韶关市稻米高值化工程技术研究开发中心”。做好省级工程技术研究中心的培育工作，新增省级工程技术研发中心2家，分别是依托新丰杰力电工材料有限公司组建“广东省电子电工绝缘保护材料工程技术研究中心”，依托韶关金苹果饲料有限公司组建“广东省猪用饲料工程技术研究中心”。截至2014年年底，全市有工程技术研究开发中心41家，涉及光机电一体化、新材料、生物技术、医药等行业。

【韶关市科技金融综合服务中心】　由市科技局联合市政府金融工作局共同组织，由韶关市普杰信息技术有限公司联合韶关市粤商科技创新园有限公司于2014年11月组建韶关市科技金融综合服务中心，同年12月获省科技厅批准设立“广东省科技金融综合服务中心韶关分中心”，同时获得300万元的省科技计划项目立项支持。采取“政府引导与市场化运作相结合、公益服务与增值服务相促进”的运作模式，为各类科技型中小微企业提供融资、股权投资、科技项目咨询与申报、产权交易、战略发展决策咨询等多层次、全方位、专业化金融服务的核心机构。中心位于韶关高新技术产业开发区

（武江区沐溪大道168号）的协同创新大楼，内设一站式服务大厅、多功能路演会议室，同时搭建“网上综合服务平台”（www. sg168. com）。

【金融扶持中小微企业】 5月20日，市科技局与中国银行韶关分行就如何探索科技资源和金融资源相结合的创新机制，培育有活力的科技型企业金融服务市场，实现科技、银行和企业多方共赢，促进高新技术产业、战略性新兴产业和科技型中小微企业健康可持续发展，防范和化解金融风险，实现科技、经济、社会协调发展等方面进行座谈交流。双方本着优势互补、共促发展的原则，在科技发展、战略性新兴产业尤其是中小微企业科技创新等领域达成全面合作意向，并正式签署科技金融战略合作协议。在协议的框架下，双方联合向全市科技型中小微企业推行“科技通宝”金融创新产品。8月，市科技局深入飞翔自动变速箱公司、富洋粉末公司等企业了解产融需求，帮助具有发展潜力的优质中小微企业对接金融，已成功为3家科技型企业取得融资。

【科技成果获奖】 韶关市3个项目荣获2014年度省科学技术奖一、二、三等奖。其中，乳源东阳光精箔有限公司参与完成的“车辆及电子工业用铝镁合金等温挤压、压铸与控轧关键技术及产业化”项目荣获一等奖、韶铸集团参与完成的“铸造行业综合节能减排的技术应用与示范”项目荣获二等奖、韶关市星河生物科技有限公司完成的“珍稀食用菌白玉菇工厂化生产技术集成创新与示范”项目荣获三等奖。“车辆及电子工业用铝镁合金等温挤压、压铸与控轧关键技术及产业化”项目简介：该项目针对中国铝、镁加工产业转型升级中亟待解决的若干技术问题，在高品质汽车钎焊箔热控轧方面形成核心技术和装备，并实现产业化。项目整体生产技术达到国际先进水平，提高中国钎焊箔产品的制造水平和民族企业的自主创新能力，项目成果可辐射、移植到高档印刷版基、5000系深冲铝板等其他高精尖铝板带箔产品上。“铸造行业综合节能减排的技术应用与示范”项目简介：通过对铸造领域综合节能减排的理论和关键技术进行研究，应用先进生产工艺（或过程）、先进技术、先进设备以及集成创新，实现污染综合治理和废弃物的综合利用；建设铸造综合节能减排技术示范工程，并在铸造行业示范与推广。项目实施过程中，课题组提出“铸件成品率与单位产品能耗关系（简化）模型”“铸造技术节能措施贡献率分析模型”，以及一整套显性与隐性相结合的综合节能减排技术路线和方案，在相关企业中得到推广和应用。2009—2012年期间，共节能7.7万吨标准煤，取得显著的铸造节能减排效益。

【全市科技工作表彰会议】 2014年7月29日，市委、市政府在市委会议中心四楼会议室召开全市科技工作会议，总结部署全市科技工作。市委书记、市人大常委会主任郑振涛出席会议并讲话，市委副书记、市长艾学峰主持会议，副市长兰茵宣读市政府表彰通报并作科技工作报告，市科技局局长张才明作2013年度市科技进步奖评审工作报告，韶铸集团总工程师徐尔灵作为获奖代表发言。会议表彰76项获得2013年度韶关市科技进步奖的项目，其中一等奖10项、二等奖24项、三等奖42项，达到国际先进和国内领先水平的有15项，达到国内先进水平的有38项。获奖工农业项目新增产值15亿多元，新增税利3亿多元，节支2亿元；其中23个工业项目，2013年度新增产值8亿多元，新增税利2亿多元，增收节支7000万元；农业21个项目，2013年度新增产值6亿元，新增税利1亿多元，增收节支1亿多元。

【农业科技】 年内，组织申报国家科技富民强县专项1项、国家农业科技成果转化项目1项、国家星火计划项目2项、省级专业镇和农业领域项目申报各2项、市级农业领域创新资金项目14项，组织国家农业科技园区培育和农村科技特派员制度建立工作，跟踪指导农业领域科技项目实施，组织已到期的省、市科技项目验收。3月21日，省生产力促进中心党委书记陈金德率专业镇技术创新支援中心、科技人才交流中心负责人一行6人到韶关调研科技服务、专业镇创新发展及科技金融服务工作并召开专题座谈会，市科技局副局长刘光浩以及市科技局农村科技科负责人参加座谈会并陪同调研。4月16—17日，省科技情报研究所副所长张伟良率该所产业与区域研究中心、广东科技杂志社等部门负责人到韶关开展专业镇建设、特色产业发展专题调研，市科技局副局长翟成洪及市科技局农村科技科相关人员陪同调研。11月4—5日，茂名市科技局党组书记、副局长余其同率队到韶关调研农业科技园区建设情况。市科技局副局长翟成洪和相关科室工作人员陪同参观金果农业生态园有限公司沙田柚种植基地和水肥仓库、车八岭农业科技有限公司铁皮石斛种苗基地、翁源粤台农业合作试验区，并就两市农业科技发展进行深入交流。

【产学研合作稳步推进】 年内，市科技局主动邀请国务院特殊津贴专家、教授级高工、中国设备管理协会首席润滑专家周洪澍以及北京大学东莞光电研究院、省农科院桑业与农产品加工研究所等高校、科研院所专家教授前来本市授课，邀请省农科院、仲恺农业工程学院、华南农大等专家到始兴古塘、乐昌梅花百臻、广东雪印等企业调研指导。协助武汉科技大学与宝钢集团广东韶关钢铁有限公司对接，针对本地企业开展计算机科学技术、软件工程、机械工程、化学工程、工业管理、项目管理和物流工程等7个专业方向工程硕士在职研究生培养。会同市委组织部、市人社局等单位赴南雄精细化工园、富然农科、东阳光铝、昆仑科技、翁源信达、广东金友等企业调研企业人才情况，指导企业引进创新创业团队，组建博士后科研工作站、博士后创新实践基地等。促进"紧固件产业园"入驻韶关并于11月19日在广州签订合作协议。全市新增省部企业科技特派员9名。9月29日，省委、省政府在东莞召开全省新型研发机构建设工作现场会议，韶关有2家新型研发机构（中科院广化所韶关育成中心、韶关市华工高新技术产业研究院）参加现场成果展览。

【莞韶科技对口帮扶】　2014年，韶关市开展莞韶科技对口帮扶工作。成立莞韶科技对口帮扶领导小组，市科技局产学研结合科负责日常工作。东莞市科技局率8家研究机构赴韶开展科技帮扶，韶关市科技局组织企业赴东莞寻找对接合作，双方形成LED在菇类栽培的应用、光电控制在养猪场的应用、AMT变速箱示范推广等一批莞韶科技合作项目。

【LED照明产品推广应用】　截至2014年12月底，全市已完成近90%的公共照明领域LED照明产品的改造任务，共约安装LED照明产品4.1万盏（套）。室内公共照明LED推广应用逐步推进，全市机关事业单位、餐饮旅游业、大型商场、住宅小区、国有企业等共推广应用LED室内照明产品约4.5万盏（套）。其中，市府办、市科技局、市编办、市教育局、市外事侨务局、市法制局、市供电局、市信息中心、仁化县地税局以及北江中学、市一中、田家炳中学、中医院和平分院等部分机关、事业单位共改造安装LED室内照明产品1万多盏，节电率超过50%，示范效果良好。

【黄宁生一行到韶关调研】　4月3日，省科技厅厅长黄宁生、副厅长叶景图、龚国平率省工业技术研究院、省粤科金融集团有限公司、广东粤商高新科技股份有限公司、省测试分析研究所负责人等一行到韶关市调研科技工作，召开省市联动座谈会，并出席广东粤商高新科技股份有限公司与韶关高新区管委会签署"粤商特种材料创新园"项目投资协议书仪式。市委书记、市人大常委会主任郑振涛，市委常委、副市长王检养，副市长兰茵、许志新，韶关高新区管委会主任陈仲球以及市科技局局长张才明等领导参加座谈。黄宁生希望通过广东粤商高新科技股份有限公司的进入，实施"粤商特种材料创新园"项目，在山区探索出一条"三资融合"（土地资本、金融资本、产业资本）的帮扶路子，打造产业转型升级新平台；强调科技工作要更加围绕市委、市政府的中心工作，扭住党委政府这个"牛鼻子"，集中精力，加强省市联动，用两三年的时间争取在服务主导产业、支柱产业创新发展等方面有新的突破。市委书记、市人大常委会主任郑振涛对省科技厅长期支持韶关发展表示感谢，希望省科技厅在机械装备制造业、特种材料产业等方面提供技术支撑和智力支持，共同将韶关资源优势、基础优势转化为经济优势。

【签订第六个五年科技经济合作协议】　8月12日下午，市政府与中国科学院广州分院、广东省科学院（以下简称"两院"）召开第六个五年科技经济合作协议签订座谈会，总结韶关市与"两院"在2009—2013年期间的合作成果，商讨今后双方科技经济合作领域和双方签订第六个五年科技经济合作协议。"两院"党组书记郭俊，市委副书记、市长艾学峰，副市长兰茵出席会议。市科技局局长张才明作《2009—2013年科韶合作工作总结》，与会专家分别就韶关地区产学研结合工作以及科韶合作情况进行探讨。兰茵代表市政府与中国科学院广州分院、广东省科学院签订《科技经济合作协议书》。

知识产权

【概况】　2014年，全市知识产权工作围绕市委、市政府中心工作，贯彻落实新修订的《广东省专利奖励办法》，抓好知识产权宣传培训、执法保护等方面工作，全社会知识产权意识明显增强，企业专利工作面貌焕然一新，全市专利申请的数量和质量明显提升，结构进一步优化，发挥专利制度激励和保护创新的作用，支撑韶关市创新驱动发展。主要体现在：年初提出各县（市、区）年度专利申请量建议指标，适时公布专利申请和授权情况；对年度专利工作取得明显成效的县（市、区）知识产权管理部门，给予表彰。2014年，全市专利申请2354件，同比增长4%；发明和实用新型专利申请量占专利申请总量54.9%；授权量1584件，同比增长10%；专利申请量授权量连续10年居山区市首位。

【激励制度】　根据市政府办有关文件精神及相关法律、法规，市知识产权局对《韶关市专利申请费用资助办法》进行修订，并于2010年6月7日正式发布。重新修订的《韶关市专利申请资助管理办法》，在原有的资助、奖励政策基础上，增加对获得企业产品目标市场所在国或地区，如韩国等国家及香港、澳门两个地区授权发明专利的资助。各县（市、区）也相继出台促进专利申请工作的资助与激励政策。如：乐昌市出台《关于加强知识产权管理工作的意见》，曲江区政府出台《曲江区专利申请资助实施细则（暂行）》，调动发明人的积极性。

【知识产权执法】　8月22日，市知识产权局会同市公安局经侦支队执法人员，在市区开展查处"带过滤功能的花洒"假冒专利案件专项执法行动。执法人员对市区卫浴经营商家进行执法检查，在武江区某经营单位发现销售"带过滤功能的花洒"假冒专利产品的违法行为，执法人员现场暂扣相关涉嫌假冒专利商品，督促其进行整改，并对经营商家进行保护知识产权的宣传教育。

【知识产权试点示范】　2014年，武江

区被列为“国家知识产权强县工程试点区”，金悦通电子（翁源）有限公司被列为广东省知识产权优势企业，乳源东阳光公司专利获第十六届中国专利优秀奖。截至2014年年底，全市拥有国家级知识产权试点县（区）2个、省级知识产权试点县（区）4个、省级知识产权优势企业11家、省级知识产权试点事业单位2个、省级中小学知识产权教育试点（示范）学校10所；省知识产权战略试点企业1家；广东东阳光铝业股份有限公司被列为广东省知识产权示范企业及全国企事业知识产权试点单位。

【专利技术产业化】 2014年，乳源东阳光金箔有限公司的“一种电解电容器高压阳极用铝箔的制造方法”项目获得省专利技术实施计划重点项目。韶关金苹果饲料有限公司的“具有提高免疫力和除臭效果的饲料添加剂在仔猪料中的应用”项目、金悦通电子（翁源）有限公司的“万能塞孔底板的研究与应用”项目、新丰杰力电工材料有限公司的“热剥离丙烯酸酯压敏胶粘带产业化”项目获得市专利技术实施计划重点项目。

【知识产权宣传培训】 4月22日上午，由市政府知识产权办公会议办公室牵头，市知识产权局、工商局、文广新局联合在市知识产权局会议室召开保护知识产权宣传周活动工作会议。会议研究部署全市知识产权宣传周活动相关工作，确定宣传周活动“保护、运用、发展”的活动主题。市知识产权局、工商局、文广新局等有关部门负责人参加会议。在“4·26”知识产权宣传周活动期间，通过“4·26”世界知识产权日专项行动，联合市工商局、文广新局、公安局、质监局、药监局等有关部门在市区广场开展侵犯知识产权和制售假冒伪劣商品专项宣传活动，利用韶关电台、电视台、韶关日报、韶关家园网等媒体宣传知识产权保护，对执法专项活动进行跟踪报道，及时报道打击成果和典型案件，向社会展示专利保护的重大成果，达到对公众进行专利标识、出版物的鉴定、商标使用的宣传教育的目的，提高公众的知识产权保护意识。2014年，全市共举办3期知识产权管理及实务等内容的培训班。培训对象为全市企事业单位代表、各县（市、区）知识产权管理部门等有关人员，培训人数230多人。培训班邀请省有关知识产权专家授课，结合案例为大家讲解专利申请、企业专利运用、企业应对知识产权纠纷等方面的知识。

【严小宜到韶关调研】 10月28日至29日，省知识产权局纪检组长、监察专员严小宜一行4人到韶关调研。28日下午，调研组听取市知识产权局局长张才明作工作汇报。严小宜对市知识产权局开展党的群众路线教育实践活动工作取得的成效表示肯定，指出韶关知识产权工作有特点、有亮点、有成效，落实建设知识产权强省部署，全市知识产权创造能力不断提升，专利申请量和授权量稳定增长，知识产权中介服务机构建设不断完善，专利数据库建设稳步推进。当日下午和次日上午调研组到韶关金苹果饲料有限公司和韶关贝瑞过滤科技有限公司、仁化县富然农科有限公司调研和奥达胶合板有限公司调研，详细了解企业知识产权创造和运用情况，指导企业开展知识产权工作，运用知识产权推动企业创新发展。

高新技术产业

【概况】 2014年，全市高新技术产业发展加快，高新技术企业培育力度不断加大，规模效应、集聚程度和竞争优势有所增强，高新技术企业所得税优惠、企业研究开发费加计扣除等一系列税收优惠政策得到贯彻落实。发展高新技术产业已成为韶关市推进产业转型升级、构建现代产业体系的重要途径，提升经济发展水平、实现新型工业化的必然选择。

【高新技术产品】 2014年，全市高新技术产品生产保持增长，装备制造业引领高新技术产品生产。高新技术产品新增23件，液压油缸、铝箔、有色金属材料等三大特色产业基地产值达111亿元。

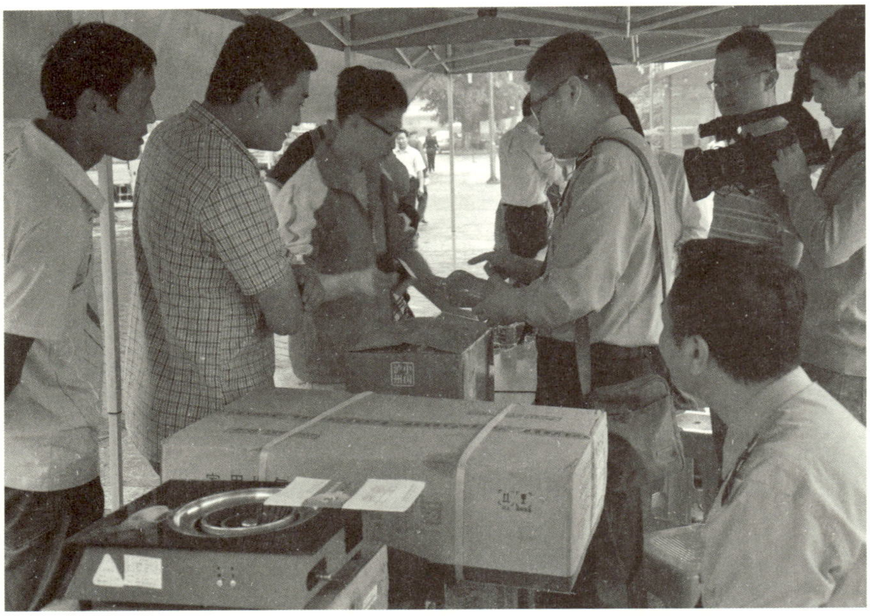

2014年4月26日是第14个世界知识产权日。4月25日上午，市政府知识产权办公会议办公室牵头，市知识产权局、工商局、文广新局联合在市区西河全民健身广场开展以专利、商标、版权为主的知识产权宣传活动（刘锡禧 摄）

【工程技术研究开发中心建设】　工程技术研究开发中心是企业技术创新体系的重要组成部分，是技术创新的载体，是新产品研发的摇篮。2014年，新增韶关飞翔自动变速箱有限公司等3家韶关市工程技术研究开发中心、新丰杰力电工材料有限公司等2家广东省工程技术研究中心。截至2014年年底，全市共有各级工程中心41家，其中省级工程中心13家。

【高新技术企业】　2014年，市科技局共组织15家企业申请高新技术企业认定（复审），其中12家通过认定（复审）。自2008年以来，全市共有44家高新技术企业通过认定。2014年，新增国家火炬计划重点高新技术企业（韶关东南轴承有限公司）1家。截止2014年底，全市高新技术企业存量为29家。经认定的高新技术企业在有效期可享受企业所得税按15%的税率征收的优惠。

地震监测

【地震台站建设】　年初，协调市国土资源局对全市6个地震监测台（站）的环境保护范围进行测绘定位，下一步将正式列入国土资源规划并在地图上标示。仁化地下水位观测站（粤04#）参加2014年全省地震观测资料质量评比会，总评获得优秀。

【创建地震安全示范社区】　该项工作被列入2014年部门为民办实事项目之一。为推动该项工作开展，市科技局（地震局）专门邀请省地震局领导和专家就如何开展创建工作进行专门授课和指导，在工作经费紧张的情况下，投入经费18.7万元支持创建工作。2014年11月10日，创建工作取得显著成效。浈江区启明北社区、武江区新华南社区、始兴县城东社区怡园小区、乐昌市大昌社区、仁化县水南社区富凯小区、新丰县回龙社区共6个社区被省地震局认定为“广东省地震安全示范社区”，浈江区启明北社区、武江区新华南社区、始兴县城东社区怡园小区等3个社区荣获中国地震局授予的“国家地震安全示范社区”称号。

【应急避难】　群测群防工作富有成效，已建成中山公园、西河全民健身广场、启明路全民健身广场、韶关学院等4个市级地震应急避难场所，全市共108个镇（街）、1421个行政村均配有防震减灾助理员。5月12日下午，市一中初中部举办地震应急疏散演练活动，1000多名师生参与演练。8月15日，仁化县科技局（地震局）组织富凯华城小区开展地震应急救援综合演练。

【防震减灾科普宣传教育及应急演练】5月7日下午，应96318部队的邀请，结合“5·12”防灾减灾日和防灾减灾宣传周系列活动，在防震减灾宣传工作“进学校、进社区、进企业、进农村、进机关”，在“五进”的基础上拓展到“六进”，即“进军营”，同时，邀请省地震局副局长钟贻军来到现场为部队官兵作防震减灾科普知识专题讲座和训练指导。5月10日，在市电视台新闻综合频道《科技正能量》栏目播放题为《从河源地震说开去》的防震减灾科普知识宣传专题片15分钟。5月12日上午，市科技局（地震局）在市中山公园开展防灾减灾集中宣传活动，向公众发放防震减灾宣传资料2000多分，展出防灾减灾宣传图片50幅等。5月17日，市电视台新闻综合频道《科技正能量栏目》播放“防灾减灾宣传周”系列宣传活动专题节目。2014年，市科技局（地震局）累计在韶关日报、韶关电视台、省地震局官网、市政府信息网、局信息网等媒体投送新闻稿件和拍摄新闻视频共33次，其中一些节目入选《2014年第三届平安中国防灾宣导千城大行动集锦》。市科技局（地震局）组织参与“第三届平安中国防灾宣导千城大行动”活动，协调“平安中国”防灾系列公益活动组委会在市一中初中部、市五中、曲江区马坝中学、乐昌市职业高级中学、启明路、西河全民健身广场等地播放防震减灾故事片《飞跃地心》共6场，受到学生和群众的热烈欢迎，被组委会授予“优秀组织奖”。　（刘锡禧）

附：领导班子成员名单

局　长：张才明

副局长：刘光浩　唐国驹　翟成洪

纪检组长：杨晓红

科学技术研究

【核工业二九〇研究所】　核工业二九〇研究所（以下简称“二九〇所”）隶属于中国核工业集团公司，是一所集地质科研、地质调查、水文地质调查、环境地质调查、遥感地质调查、地球物理勘查、地球化学勘查、地质灾害评估与治理、矿产开发、工程勘察、工程物探、环境评价、环境监测、分析测试、测绘、遥感信息技术应用为一体的多学科地质调查与科研机构，是承担国家放射性矿产资源勘查任务的重点单位之一。现有职工274人，其中，在职职工174人，离退休人员100人；在职专业技术人员141人，管理人员28人；研究员级高工8人，高级工程师18人，中级职称46人，享受国务院政府津贴4人。办公地位于韶关市武江区科技工业园广前路。

科研能力及成果　2014年，二九〇所承担地质、生产中科研项目14项，取得较好的科研生产成果，由中核集团地矿事业部组织验收的7个项目，均评为优秀项目，完成上级下达的各项任务。

资质情况　2003年，通过ISO 9001质量体系认证，拥有固体矿产勘查甲级；水文地质、工程地质、环境地质调查甲级；地质钻探甲级；区域调查、地球物理勘查、遥感地质调查、分析测试乙级；测绘乙级；地质灾害评估、勘察与设计乙级；地球化学勘查丙级和地基基础工程检测等14个相关资质证书，是国家二级档案管理单位和国家二级保密资格认证单位，具备承担相应等级武器装备科研生产项目能力。

科研技术服务　利用科技人才和技术装备方面的优势，开展技术开发和技术服务，加强与地方有关部门的合作，主动参与地方经济建设，在遥感信息开发利用、国土资源调查、矿产开发、地质灾害评估、环境评价和监测、各类样品分析测试、工程勘察、工程物探等方面承接大量的项目，取得较好的经济效益和社会效益。

生产经营　按照“三条主线、三大突破”的“十二五”时期改革发展总体思路，加强技术创新与市场开拓，创新发展，取得良好的经营业绩，提升研究所的综合实力。

（罗媛媛　沈荣福）

附：领导班子成员名单

所　长：朱　捌

党委书记：王树忠

纪委书记、副所长：陈中华

总工程师：黄国龙

【光栅测量控制技术研究所】　韶关市光栅测量控制技术研究所成立于1983年12月2日，位于韶关市武江北路248号，占地面积约5000平方米，人员编制23人，所内设机构4个，分别为办公室、精密测试研究室、光电系统研究室、自动控制研究室。是一所长期专业从事研究开发光、机、电一体化的光栅光学精密系统，数显技术，微电脑光栅测控系统等高新科技产品事业研究机构，隶属于韶关市科技局，本所拥有一批长期在科研第一线从事科研开发工作，由国家级专家、高级工程师、工程师组成的科学研究技术队伍。拥有属于自己的科研基地，实验大楼以及机械加工车间等科研开发和批量生产的研究设备和设施。

科研项目　1983年以来，韶关市光栅测量控制技术研究所共承担汽车安全技术性能自动检测系统；摩托车安全技术性能自动检测系统；汽车综合技术性能自动检测系统；获得汽车底盘测功机、汽车转向轮转角仪、汽车灯光检测仪、声级数字显示仪、烟度数字显示仪、HC/CO数字显示仪、汽车制动试验台、汽车侧滑试验台、汽车车速表试验台、汽车轴重试验台、摩托车轮偏试验台、摩托车前照灯检测仪、摩托车制动试验台、摩托车轮重试验台、摩托车车速表试验台、平板制动试验台等15项计量器具制造许可证，专业生产系列机动车检测设备、RFID射频自动控制浅坑式动态重量检测管理系统、动态失重称控制系统、旋转蒸发仪XZ60－56、轴环光栅控制系统切纸机、耐久测试台系统、滑台式紧密同步自动冲剪系统等科研产品及成果。拥有计量认证合格证书，是国家二级保密科研资格认证单位。

研发创新　本所开发“多通道机动车检测系统”研究项目，该系统是研究所开发的一套全新机动车安全技术性能检测系统。本系统具有可根据国家最新标准对机动车的安全技术要求对废气、车速、灯光、声级、侧滑、轴重、制动等项目进行全自动检测，以及对测量数据存档、调档、检索、删除、打印报表等一系列技术检测和数据管理功能。本系统设有多通道检测数据传输通道，各数据通道互不干扰，可容许多台车同时在线检测，提高检测线工作效率。本系统与主控微机之间的数据传输，采用数字量传输方式进行数据通信。使系统具有抗干扰能力强、数据一致性好，检测数据与主机接收到的检测结果绝对一致的优点。检测系统采用高亮度LED数码管和LED点阵指示灯箱，引导检测人员进行操作。并在检测现场实时显示测量结果，使检测过程具有高透明度。本系统可以在车辆登陆时输入不同车型的测量标准，系统根据标准自动判别检测结果合格是否。使系统可适应所有车型的检测与判别。　（唐谭荣）

附：领导班子成员名单

支部书记：唐谭荣

主　任：翁素丽

【农业科学研究所】　2014年，由市农业科技推广中心和乐昌市农业技术推广总站共同承担实施的百亩超级稻Y两优900高产攻关示范项目通过广东省农业厅科教处组织的专家验收组实割验收。9月10日，广东省农业厅科教处组织广东省农业厅种子总站、省农科院、华南农业大学、仲恺农业工程学院专家组成的验收组对中心在乐

核工业二九〇研究所野外工作场景（二九〇研究所　供）

昌梅花镇梅花村百亩高产示范区进行实割验收。专家组根据省验收方法，抽取3块田共2.34亩（0.156公顷）进行实割。测定结果为：平均湿谷亩产1158.81公斤，平均晒干率76.71%，折合每亩干谷882.84公斤，创下广东省单季稻亩产新纪录。

（市农业科技推广中心）

【林业科学研究所】　韶关市林业科学研究所成立于1962年，位于韶关市沐溪大道8号，是广东省认定的第一批非营利性的科研机构，现隶属于韶关市林业局，正科级事业单位。全所在职人员72人，拥有林业专业人员39人，其中：高级职称1人，中级职称20人。主要承担林业科研项目试验示范、珍贵良种苗木引种繁育、林业技术推广、林业技能培训等林业技术活动。2014年，韶关市林科所主要围绕开展山子背基地珍贵树种繁育、良种油茶繁育基地建设、优良乡土阔叶树种良种选育和高效栽培技术研究示范等重点项目的实施、林业技术推广、林业技能培训以及造林监理工作进行。

林业科研　2014年，韶关市林科所共承担的科研项目8项。重点以发展良种油茶项目、优良乡土阔叶树种选育、示范推广以及珍贵树种引种繁育。其中，《油茶优良无性系采穗圃营建及芽苗砧嫁接技术》项目通过广东省油茶良种专家团队的科技鉴定和韶关市科技进步奖申报工作，并获得韶关市2014年度科技进步一等奖。

林业技术推广　市林科所承办林业技术推广活动，通过接受咨询、发放技术资料、现场指导等方式，为基层林业工作者和广大林农进行油茶专题培训、乡土树种栽培技术指导等工作。

珍贵树种繁育中心建设　韶关市林科所珍贵树种繁育基地建设项目是“2012年百项工程兴韶关”涉林重点项目之一，位于韶关市山子背，与韶关市中心苗圃合并兴建，林科所进一步扩大苗圃建设规模，总体规划67公顷。其中，珍贵树种标本园20公顷，优良乡土阔叶树示范林20公顷，中心苗圃基地8公顷。已种植40多个品种的珍贵树种苗木160万株。中心苗圃培育以优良乡土阔叶树为主的20多个品种的苗木120万株，2014年出圃良种苗木60万株。2014年，市林科所完成培育50万株无纺布营养袋大苗。

林业技能培训　2014年，事业单位机构改革，韶关市林科所与韶关市林干校整合合并，市林科所担负起林业技能培训职责，利用林业技术力量，结合韶关市林业生态建设和林业经济发展的需要，面向农村，建设“农民田间学校”，实行校企合作和工学结合，以乡镇林业站业务骨干、农村青年、林业经营者、中职学生为对象，开设林业规划设计、林业职业技能绿化、油茶良种种植推广、造林工程监理等多个林业专业技能培训课目。

造林监理　韶关市林科所成为具有造林规划设计、监理资质资格部门，对韶关市“三山”67公顷造林、“乐昌市石漠化综合治理林业工程”667公顷进行造林监理工作。完成浈江区2014年造林工程森林植被恢复工程56.07公顷、乡村绿化美化工程10个示范点、森林碳汇重点生态工程203.73公顷、武广高铁生态景观林带2.4公里约9.73公顷的造林规划、监理工作。

（谭景成）

附：领导班子成员名单

所　长：黄立军

党总支书记：赖书文

副所长：刘介东、钟灼坤

【水产研究所】　2014年，共进行7个项目的科学研究，取得可喜的成果。其中，“龟类繁养”项目：黄缘闭壳龟人工繁殖取得突破，2014年7月，成功孵化出龟苗，初步掌握黄缘闭壳龟亲龟培育、龟苗孵化、养殖技术等；初步掌握黄喉拟水龟的生物学、养殖技术；继续进行的桂华鲮、长臀鮠等珍稀鱼类人工繁殖试验使得人工繁殖理论、技术与实践均得到进一步深入和丰富；“良种鲫鱼引进选育技术研究及其推广应用”项目获得2014年韶关市科技进步二等奖，经过四年多的实施，培育出新一代的鲫鱼良种，并推广养殖，产生显著的社会经济效益。

应用推广　水产研究所开展鱼类良种选育、苗种繁育及推广养殖工作，累计生产优良苗种约1000万尾，为韶关市名优特色鱼类养殖提供苗种保障。继续接待韶关学院、韶关技师学院、

2014年5月，市林科所工作人员在乐昌市石漠化综合治理林业工程进行监理工作（姚为锋　摄）

广州大学等院校的学生进入基地住所实习。根据产业养殖需求，派出专家参加政府或有关部门组织的决策论证会、技术咨询会等。设立鱼病诊所，为渔农提供鱼病防治咨询、养殖技术咨询等相关服务。

资源增殖　本年度，水产研究所配合渔政部门、水电站管理部门，开展光倒刺鲃、倒刺鲃、赤眼鳟、三角鲂及鲫鱼等种类的增殖放流工作，共增殖放流名优鱼类苗种约150万尾，促进鱼类资源的保护及修复。

基地建设　2014年，水产研究所在基地建设上再投入资金约20万元，更新排灌设施，并进行鱼塘标准化建设，初步建成一个占地43.33公顷、水面13.33公顷，供水、供电、供热、供气设施设备齐备，通信系统等配套完善，集科研、示范、推广与成果转化为一体的现代化程度较高的水产研发基地。（罗钦洪）

附：领导班子成员名单

所　长：钟良明（—2014.4）

　　　　刘志军（2014.5—）

副所长：谷平华　赵海澜

【畜牧研究所】　韶关市畜牧研究所成立于1978年，隶属于韶关市农业局，是畜牧科研公益二类事业单位，是粤农〔2001〕233号文批准设立的16个广东省区域性农业试验中心之一。2014年核定编制人员为33人，事业单位分类改革后，现有在职人员13人，其中高中级职称3人，研究生1名。2014年主要工作重点：进行地方猪的保种与开发利用，科研基地的节能减排设施的建设。

地方猪种保护与开发利用　畜牧研究所继续引进梅花种猪，推进地方猪种的保护与开发利用工作。通过完善猪场生产管理方案，加强猪场工作人员的管理和生产各个环节的工作落实，种猪数量、窝产活仔数、综合成活率和猪肉品质都得到提高和改善。种猪数量由年初的20多头增加到近50头，窝产活仔数由9.12头增加到9.39头，综合成活率达到87%。同时通过调整饲料配方和改变饲养方式，采取粗料喂养和种植青料及放养办法，梅花猪的肉质有较大的改善。

基地管理实行分管制　韶关市畜牧研究所杉木湾科研基地是粤北现代农业示范园区畜牧养殖基地。于2014年1月开始，科研基地实行分管制，优良种猪与梅花猪分场饲养，单位集中管理梅花猪保种场，优良种猪繁育场承租给韶关市佳和农业生态有限公司进行生产和管理。科研基地现已达到年出栏18000头种猪、肉猪生产规模，已形成设备先进、品种优良、防疫体系健全、产品质量安全、生态环境良好的现代化示范园区。

课题研究　2014年，畜牧研究所加强与科研院校的合作，继续进行地方猪种梅花猪的保护开发、优良种猪的品种改良科研工作。独立开展《新丹系种猪的培育技术研究》《梅花猪保种场建设与品种资源的保护开发》《韶关市畜牧研究所杉木湾种猪基地扩建》等多个课题的研究，并形成技术总结和论文，提高单位的科研能力，还与韶关学院联合开展《梅花猪的呼吸道病的防控应用》和《粤北生猪生产及疫病防控协同创新发展中心实施建设方案》课题，这些课题得到省农业厅、省科技厅、市农业局、市财政局等部门的支持。

良种良法推广　畜牧研究所成立技术推广室，技术人员定期或不定期对全市养殖户进行技术传授、生产情况随访等工作，并提供栏舍设计、种源、营养、技术人员培训等方面的扶持，通过把改良后的优良种猪、先进技术推广到社会生产中去，促进韶关现代养猪业的发展。

科研基地节能减排设施　畜牧研究所在原有1000立方米沼气工程的基础上，加建500立方米沼气工程、560立方米生化好氧池、1000立方米堆肥场、3600立方米的沼液储存池、1780平方米土工膜池及配套设施等，并种植大面积的牧草。猪场实行干清粪，猪粪自用或外卖给附近的农户或科研基地，用于果树、农田用肥，沼液经管道全部上山用于林地用肥，沼气用于生活用能（用来煮饭、烧水、炒菜、洗澡等），实现猪—沼—果（牧）的生态养殖模式。（钟　澜）

附：领导班子成员名单

所　长：陈细浩

副所长：任永钦（—2014.3）

2014年8月，韶关市水产研究所杉木湾基地拍摄到的黄缘闭壳龟龟苗破壳时照片（钟良明　摄）

【矿产应用研究所】　广东省矿产应用研究所原名地质部第九实验室，始建于1964年，是全国地矿系统唯一从事放射性矿产综合利用评价和放射性检测的专业实验室、国土资源部放射性矿产资源监督检测中心、国土资源部放射性与稀有稀散矿产综合利用重点实验室、广东省矿产应用研究所微量司法鉴定所，现隶属于广东省地质局，正处级事业单位。韶关现址分设科研区（芙蓉东路108号）和职工生活区（新华南路19号），两区分隔2公里，占地2.66公顷。2014年，职工人数169人，其中退休职工94人（高级职称44人，占46.81%），在职职工75人（其中硕士8人，本科52人，大专3人，大专以上学历占84%；各类专业技术人员57人，正高职称2人，高级职称8人，中级职称21人）。

业务范围及资质　业务范围为矿产的可选性评价、矿产资源综合利用研究、选矿工艺试验、冶金工艺试验、岩矿测试、岩矿鉴定、岩土试验、放射性检测、放射性环境地质调查与研究、水工环地质调查、地质灾害危险性评估与治理、工程勘查、环境影响评价、工程物探、微量物证鉴定等多个领域，具有地质勘查资质证书（地质实验测试：甲级）、国家级计量认证证书、ISO 9000质量体系认证证书以及微量司法鉴定许可证。

一种新型捕收剂通过专利初审　《微细粒钽矿利用新技术研究》为国土资源公益性行业科研专项，2014年继续开展微细粒钽矿单矿物选矿技术攻关，将微细粒钽矿单矿物选矿新技术应用于自然样品的选矿实际中，并完成自然样品微细粒钽矿全流程试验，完成项目报告书的编写，准备成果验收工作。该项目在试验中探索出一种新型捕收剂——“一种微细粒斑岩型钽矿选矿复合捕收剂”通过国家发明专利初审。

铷等稀有金属矿选冶试验研究项目通过验收　《甘肃省瓜州县国宝山铷等稀有金属矿选冶试验研究》经过8个月的技术攻关，初步解决钾、钠长石的分离难题。通过采用科学的工艺流程，获得含铷的白云母精矿和钾长石精矿，铷的选矿回收率71.59%；获得99.988%的氯化铷产品，铷的冶金回收率89.37%；铷的综合回收率为63.98%。专家认为，该选冶工艺技术可行，经济合理，可作为该矿床评价的技术依据。

动力触探检测任务创历史新高　完成韶关市原曲仁矿和平八一队棚户区改造、芙蓉新城安置房和韶关市莞韶工业园内采石场等多个建筑工程场地放射性环境测量、土壤氡检测和室内环境污染物检测，全年完成动力触探检测12300个点、土壤氡浓度检测4500个点，创历史新高，为地方经济建设和发展提供技术支撑，也从放射性角度为项目现场施工安全防护提供依据。

实验测试工作获好评　完成实验测试工作10728批次，测试样品68897个。为各地勘单位、环境监测部门及矿业公司提供分析测试、选冶及岩矿鉴定服务，包括为广东1∶5万隘子、坝仔、翁城、翁源县、连平县幅区调查，珠江三角洲及周边地区控热地质构造调查研究，广东省惠东县神泉镇桃美矿区建筑用花岗岩矿资源储量核实，大宝山矿铜多金属矿接替资源勘查，广东省梅州市应急水源地调查，凡口铅锌矿详查，粤北工业污染废水铊治理检测，韶关地热温泉水评价检测等项目提供技术支撑，赢得社会各界的好评。被省地质局评为“2013年度实验测试工作先进集体”。

科研项目申报获成功　申报2015年国土资源部公益性行业科研专项项目——《难选冶铀钼矿中铀钼回收与分离关键技术研究》，该项目实施方案获得评审专家的一致认可，通过项目实施方案评审。该项目将于2015年开始，预计2017年完成。该项目的实施，将解决中国难选冶铀钼矿中铀、钼分离的技术难题，同时为国内外类似矿石的研究利用提供技术支撑，具有巨大经济效益和社会效益。

部重点实验室建设步伐加快　从专业的设置、实验室场所的规划、仪器设备购置、人才的引进和培训、管理体系的建立和完善等方面推动部重点实验室的建设。至2014年，投入资金600万元，完成办公楼装修和化学检测室、选矿研究室、冶金研究室、物理检测室标准化、现代化实验场地建设，树立新形象；购置包括电感耦合等离子体质谱仪、反渗透（RO）等

2014年11月20日，市长艾学峰（左二）视察市畜牧研究所杉木湾科研基地节能减排工作（谢光明　摄）

大型仪器42台套仪器设备等，提升检测能力。与广东光鼎矿业股份有限公司、湖南柿竹园有色金属公司等企业建立产学研合作关系，并签订合作协议，开展稀有稀散矿产综合利用研究。

科技发展基金管理办法出台并实施　制定《广东省矿产应用研究所科技发展基金管理办法》，从经营性内设机构中按比例提取一部分资金作为单位科技发展基金，主要资助科技项目的前期研究、测试方法和技术攻关、单位内部科研项目和单位依托下的国土资源部重点实验室的开放式基金项目，用于鼓励科技人员自由探索，发挥自主创新能力，优先支持新兴、交叉学科、重点学科及重点实验室所在的学科，鼓励跨部门的合作研究，同时强调课题的创新性。组织开放基金项目的申报和评审，共收集6个科技发展基金项目的申请，3个项目通过立项。

部重点实验室2014年度学术委员会会议召开　新聘任广东省大宝山矿业有限公司科研所所长黎国进、中南大学资源加工与生物工程学院副教授贺治国两位学术委员会委员，听取国土资源部放射性与稀有稀散矿产综合利用重点实验室2014年度建设工作汇报，评审2015年度开放课题，并就实验室今后的发展思路进行研讨。

所庆五十周年　通过制作横幅和宣传专栏及内部专刊、参观新实验室、召开退休和在职职工座谈会、合影等形式，开展庆祝建所50周年活动。座谈会上，何平所长总结该所五十年以来广大职工工作和生活的点滴以及取得的辉煌成就，并向退休职工汇报该所近几年的科研工作状况，希望退休职工常回单位走走，发挥传帮带作用。老同志们谈感想、谈看法、谈过去到现在的巨大变化，肯定该所近年来在建设国土资源部重点实验室上的努力和成就，希望年青一代继续发扬“三光荣”传统以及本所“勇攻难关，敢创新路”的矿研人精神，再创辉煌。

（林杜莲）

附：领导班子成员名单

所　长：何　平

党委书记：梁冠杰

副所长：许正繁

纪委书记、工会主席：陈国祥

总工程师：李亚平

2014年12月30日，国土资源部放射性与稀有稀散矿产综合利用重点实验室2014年度学术委员会会议在广东省矿产应用研究所科研区三楼会议室召开（市矿研所　供）

文　化

综　述

【概况】　韶关市文化广电新闻出版局成立于2005年3月，是根据《中共广东省委办公厅、广东省政府办公厅转发〈省委宣传部、省编办、省财政厅、省文化厅、省广电局、省新闻出版局、省政府法制办关于在全省建立文化市综合执法机构的实施方案〉的通知》和《关于韶关市组建市文化广电新闻出版局等问题的批复》文件精神，将原市文化局、广播电视局、新闻出版办三个行政管理部门调整归并组建而成，加挂市版权局牌子，并于2005年3月31日正式挂牌。韶关市文化广电新闻出版局是韶关市人民政府主管文化、广播电视、新闻出版、版权等方面的职能部门。内设机构有：办公室、人事科（监察室）、社会文化科、艺术科、文化市场与产业科、文物科、广播电视管理科、新闻出版管理科、非物质文化遗产科。直属机构有：韶关市文化市场综合执法大队。下属单位有：韶关市文化馆、韶关市图书馆、韶关市博物馆。2014年，市文化广电新闻出版局推进文化建设，各项工作取得明显成效。群众文化活动丰富多彩，文化遗产保护卓有成效，文化服务水平显著提升，文艺创作取得较好成绩，文化市场管理规范有序，文化产业发展步伐加快。

文化管理

【著作权知识产权保护宣传】　开展“4·26”保护著作权宣传周活动。集中销毁非法出版物8000余册；在市区西河全民健身广场开展著作权、知识产权宣传活动，现场向市民派发宣传资料3000多份，并接受市民关于著作权、知识产权保护方面的咨询。

【推进技术监管服务平台建设】　按照省文化厅要求，开展全国文化市场技术监管与服务平台推广应用工作，推进前期培训和基础存量数据录入工作，推进平台与市政府网上办事大厅的整合，规范行政审批与执法工作。市文化市场技术监管与服务平台已正式上线，市、县文化市场存量数据已基本录入完毕，市县文化审批部门正加紧存量数据的档案完善工作。

【集中开展网吧专项整治】　开展为期3个月的网吧专项整治行动。整治期间，执法人员对网吧进行高密度巡查，并加班加点在学生课余时间及晚间、周末等重点时段对网吧进行突击检查，依法严厉查处一批违规经营的网吧，规范网吧行业经营秩序。

【深入开展文化市场“打黄打非”】　按照省、市“扫黄打非”办的要求和部署，开展扫黄打非专项行动。元旦春节前后，联合市公安局对各县（市、区）50多家歌舞娱乐场所进行检查，严查涉黄涉毒及营利陪侍等违规经营行为。6月，集中开展对印刷复制企业的专项检查，从源头上查处印制各类非法出版物的违规经营行为。8月，结合暑期文化市场专项整治工作的开展，集中执法力量检查整治校园周边文化市场，重点查缴危害未成年人身心健康的色情淫秽、暴力凶杀漫画、小说、电子出版物、游戏软件以及盗版教辅读物等，保护未成年人的身心健康，维护未成年的合法权益。

【推进平安文化市场创建工作】　深入贯彻落实省、市关于创建平安文化市场的工作部署，加强文化经营单位消防安全检查与安全生产工作。按照省文化厅、市安委办要求开展文化市场清剿火患战役、印刷复制企业消防安全专项检查、“安全生产月”等平安创建活动，组织召开全市加强网吧整治暨创建平安文化市场工作会议，剖析文化市场监管工作形势，部署文化市场“创平”工作，确定文化市场“创平”示范点，并对加强网吧行业监管提出工作要求。

【健全完善文化市场长效监管机制】建立“错时执法机制”，针对网吧经营者在休息时间及节假日心怀侥幸违规接纳未成年人的情况，执法人员牺牲休息时间开展对网吧的突击检查，有效遏制网吧在这些重点时段违规经营行为；建立“分片包干责任制”，针对执法人手相对短缺的现状，为每一名执法人员就近划分一块责任区，要求执法人员加强对责任区内的文化经营场所的巡查，提醒督促文化经营单位守法经营，发现违规行为及时制止并依法处理；落实投诉举报跟进制度，保障12318文化市场投诉举报电话随时畅通，迅速处理群众投诉举报。

【加强广播电视管理】　及时传达、贯彻国家广电总局、省广电局关于加强“元旦”“春节”“两会”等重要播出保障期间广播电视安全播出管理工作的一系列工作部署和要求，结合韶关市广电实际，组织、部署全市广播电视管理部门和播出机构的广播电视安全播出工作。通过全市上下共同努力，完成韶关市元旦、春节、两会、“五一”、国庆期间广播电视安全播出（传输）。

文化惠民

【广播影视惠民工程】 组织实施韶关市2014年度农村电影放映工作，完成省下达的农村公益电影放映任务。全市农村公益电影放映14436场，观众达106万多人次。启动韶关市2014年省节目无线覆盖第二期工程建设，工程涵盖12个发射站点建设和改造。各地正在逐步实施基础配套工程建设和信号链路的搭建。推进县镇多厅数字影院全覆盖工程建设。南雄市、乐昌市、浈江区等县的多厅数字影院完成“以奖代补”资金项目申报并通过省专家组的验收。乳源多厅数字影院于12月正式营业。

【各级公共图书馆、博物馆、文化馆免费开放】 根据中央和省关于公共图书馆、美术馆、文化馆免费开放的部署要求，韶关市各级公共图书馆、博物馆、文化馆加大力度，继续实施免费开放，使越来越多的人走进公共文化机构，尽情享受文化的魅力，公共文化资源的社会效益成倍放大。2014年，市博物馆接待参观总人数53万多人次，市图书馆接待读者21万人次。

【文艺辅导员进社区】 市文化馆组织人员深入到工厂、乡村、社区、军营和警营等10个社区文化辅导点开展文艺培训和辅导。共举行5期免费的舞蹈、编剧等培训，培训720多人次。

【开展文化志愿服务基层行活动】 为更广泛开展文化志愿进基层服务活动，强化文化志愿者队伍的建设和管理，满足基层群众高雅文化艺术的需求，提升当地文化活动水平，韶关市组织文化志愿者分队，整合优秀文艺资源，以“大舞台”“大讲台”“大展台”3种形式，为群众开展文化服务。同时，面向老人、残疾人、幼儿、外来工等特殊群体开展文化志愿服务活动。如协调各区组织民间艺术团、夕阳红民乐队、广场舞队、老年体协舞蹈队、广场健身舞队等社区文艺演出活动；排演群众喜爱的山歌、喜剧及舞蹈，使演出内容丰富多彩；组织10支社区业余队伍，为外来务工人员演出以“关注外来工生活”为主题综合性歌舞晚会；组织民间艺术团志愿者参加“公民道德宣传日”文艺演出。这些演出活动，弘扬“奉献、友爱、互助、进步”的志愿精神，使文化志愿服务成为韶关的新风尚。

【开展基层文化馆站服务效能提升工作】 为推进基层文化馆站达标升级，提升基层馆站服务效能，满足广大人民群众基本文化权益，市文广新局落实《广东省文化厅关于开展“基层文化馆站服务效能提升计划”的通知》精神，要求各县（市、区）文广新局从2014年至2015年开展“基层文化馆站服务效能提升”工作，3月13日至17日，省文化厅开展“基层文化馆站服务效能提升计划”巡回指导工作小组到韶关市检查指导各地文化馆和图书馆，并把存在问题列入《巡回指导工作小组意见表》。各地针对存在的问题进行整改，服务效能得到提升。

采茶小戏《阿三戏公爷》赴省参加珍稀剧种会演（市文化局　供）

文学艺术创作

【参加省第六届群众音乐舞蹈花会获奖】 12月8日，广东省第六届群众音乐舞蹈花会总决赛在肇庆市举行。韶关市选送的3个节目全部获奖，共获得一个金奖二个铜奖。其中乳源瑶族自治县的小组唱《歌姆》获金奖，乐昌市的舞蹈《村头来了县剧团》、新丰县的独唱《弯弯的新丰江》获铜奖。广东省音乐舞蹈花会每三年举办一届。全省21个地级以上市及顺德区、省直有关单位共23支代表队、123个节目、1500多名演职人员参赛和展演。活动包括7场比赛、5场展演、2场专家点评会。

【省群众业余文艺作品评选中韶关三件作品获奖】 为推动全省群众文艺创作的繁荣，省文化厅组织2013年度全省群众文艺作品评选，韶关市选送的作品共获得一等奖1个，三等奖2个，其中，乳源瑶族自治县文化馆盘桂青创作的民族音乐《恩情》获一等奖，韶关市文化馆吴达明创作的小戏《女儿的泪》，始兴县文广新局谢宗生、杨简森创作的采茶表演唱《绿色的呼唤》获三等奖。本次评选共收到由各市文化广电新闻出版局推荐的音乐、舞蹈、小戏、小品、曲艺五个类别参评作品544件。经有关专家评审，评出获奖作品 212 件，其中一等奖 42 件、二等奖 65 件、三等奖 105 件。

【山歌《两岸共铸中华魂》获银奖】 10 月 31 日，翁源县的山歌对唱《两岸共铸中华魂》参加由广东省文化厅、广东省侨联、东莞市政府联合主办的“开心广场百姓舞台 2014 客家山歌邀请赛”获银奖。本次赛事以共有 68 个地区 126 个节目 1000 多人报名参加初赛，经过大赛专家小组的筛选，从中评选出 23 个节目 200 多人进入决赛。

【省美术作品展中韶关作品获奖】 韶关选送作品参加中国梦·南粤心——第十二届广东省艺术节优秀美术作品展，本次活动设金奖 4 个，银奖 12 个，铜奖 23 个，全省入选作品 208 件。其中韶关选送的朱广新的油画《鹊叫声声》获铜奖，沈惠博的中国画《苍山翠色》、邓伟华的油画《微寒》为本届美展入选作品。

【2013 年度全市群众文艺作品评选获奖作品】 1 月，2013 年度韶关市群众文艺作品评选结果揭晓，共有 28 件作品分获一、二、三等奖。获奖作品是经各县（市、区）初评之后选送市参评的，这些作品无论在题材和形式上都较往年呈现出多样化，作品整体质量有所提高。其中，翁源县文化馆许全武的小品《悔》和新丰县文化馆谢利婷的歌曲《春天的邀请》获一等奖。乐昌市文化馆欧伦彬的小品《“逃生”之后》、乳源瑶族自治县文化馆盘桂青的歌曲《恩情》和始兴县文化馆杨简森、谢宗生的小戏《村官》等 8 件作品获二等奖。18 件作品获三等奖。韶关市群众文艺作品评选活动每年举办一次，其中的部分优秀作品还将选送参加全省群众文艺作品评选活动。

【《扛山人》在省首届客家新民歌歌会中获奖】 9 月 29 日，“中国梦·客乡情”——广东省首届客家新民歌歌会暨颁奖晚会在东莞举行。乐昌市选送的原创音乐作品《扛山人》从 1000 千多首参赛作品中脱颖而出，取得全省第六名。由乐昌市文化馆创作的《扛山人》，以原有客家山歌号子、高腔山歌为创作元素，准确地展示客家人实现“客家梦”的愿望，唱出客家人新时期的心声。该作品在“中国梦．客乡情”广东省首届客家新民歌征集比赛中，获得“最佳歌曲奖”“最佳作词奖”“最佳作曲奖”“优秀辅导奖”“最佳组织奖”共五项奖项。

群众文化活动

【第四届韶关市小戏小品（曲艺）调演】 1 月 1 日至 4 日，“第四届韶关市小戏小品（曲艺）调演”在市区中山公园文化广场举行，从全市 50 多个剧目中选调的 19 个粤北采茶戏、乐昌花鼓戏等地方戏曲小戏、小品、曲艺等新排演舞台剧目参加演出，调演活动演出四场，观看演出的群众达近万人次。本次活动，通过群众喜闻乐见的粤北采茶小戏小品、曲艺等表演形式，讴歌当代生活，反映民风民意、民情民生，唱响时代主旋律，歌颂社会新风尚，营造健康向上、团结奋进、欢乐祥和的社会氛围，满足广大人民群众的精神文化需求，涌现出一批优秀的舞台艺术剧（节）目和演艺创作人才。活动评出剧目一、二、三等奖，其中一等奖舞台剧目作品 5 个。

【“我们的节日”——韶关市文化广场大型迎春游园活动】 1 月 31 日至 2 月 2 日（初一至初三），“我们的节日——韶关市文化广场大型迎春游园活动”在中山公园文化广场举行，活动包括“我们的节日——欢度春节”文化广场演出、“广场趣味游园”活动、“迎新春贺新年有奖猜谜”、“迎新春贺新年电影放映”。

【元旦、春节“五一”文艺演出】 5 月 1 日至 3 日，“2014 韶关‘五一’文化广场文艺演出活动”在中山公园文化广场举行。活动展示社区群众文艺队伍的文艺活动成果，让社区群众在自娱自乐中参与节日文化活动，有 200 多名社区业余文艺志愿者参加表演，观看演出节目的群众 3 万多人。元旦、春节期间组织演出队伍开展送戏下乡（园区、部队、社区）活动，受到群众欢迎。两节期间，全市各县（市、区）共送戏下乡 52 场。

【第三届韶关市健身舞大赛】 9 月 8 日，第三届韶关市健身舞大赛在中山公园文化广场举行。15 支社区健身舞队，1000 多名表演者参加本次活动。活动进一步掀起中老年人参与广场舞活动的热潮，促进韶关市社区广场舞的深入开展。

【“唱响中国梦——2014 年韶关市‘百歌颂中华’歌咏活动”】 6 月 28 日，市委宣传部、市文广新局和直属机关工委等单位在中山公园文化广场联合举办“唱响中国梦——2014 年韶关市‘百歌颂中华’歌咏活动”。市直属机关、事业单位中共韶关市委老干局合唱团、韶关学院韶师分院合唱队、韶关市总工会合唱团和乳源群众歌咏队等 15 个队伍参加比赛和演唱，参加活动人数 1000 多人。9 月 18 日至 23 日，韶关市组织乳源瑶族合唱团创作的歌曲《绿色情愫》和《歌山瑶》参加广东省第十一届“百歌颂中华”歌咏决赛，荣获银奖。韶关市荣获组织工作奖。

【“我们的中国梦”——广东省优秀舞台艺术作品韶关巡演】 组织舞台文艺精品分别到各县（市、区）基层免费为群众演出。5 个专业演出团体在基层进行 7 场大型演出，观众 6000 多人次，受到人民群众欢迎。

【协助 2014 年广东省群众文艺精品巡演到韶关】 7 月和 9 月，协助省委宣传部、省文化厅组织“2014 年广东省群众文艺精品巡演”，分别在新丰县、仁化县、曲江区、乳源瑶族自治县和乐昌市演出 7 场，五华县木偶剧团等专业演出团体的演出丰富韶关市广大群众对文艺观赏的需求。广东省群众文艺精品巡演由省委宣传部、省文化厅主办，活动旨在展示广东省的文艺创作成果，丰富基层群众的精神文化生活。

【文艺创作培训】　10月28日至29日，省文化馆、市文广新局联合在乳源瑶族自治县举办“2014年韶关片区小戏小品创作培训班”，来自韶关、清远市文化系统文艺创作骨干，以及机关单位、农村基层、社会文化机构的140余名群众文艺创作爱好者参加培训。11月26日至28日，由省文化馆主办，翁源县文化馆承办，涂志伟美术馆、翁山诗书画院协办的2014年广东省群文美术书法摄影创作培训班活动在韶关翁源县举行，来自全省近150人参加培训班。创作培训班围绕习近平总书记“人民是文艺创作的源头活水”的主题，学习总书记习近平在文艺创作座谈会上的讲话精神，交流近年全省群众美术书法摄影工作经验及有关省特聘创作员事宜。在三天的培训班里不仅在涂志伟美术馆开设涂志伟的“中外美术创作比较”专题讲座、在翁山诗书画院举办刘国玉的“诗书画印一体中国传统文化的一大特色”专题讲座，还组织全体学员学习和体验不同的书画创作实践，交流创作经验，增进感情。

【一批单位和个人获省宣传文化工作先进】　1月23日，省委宣传部、省文化厅、省新闻出版广电局等单位联合表彰一批近年来在广东省基层宣传文化工作中做出突出贡献的先进单位和先进工作者。韶关市2个单位和5位个人分别获得先进单位和先进工作者称号。获得先进的2家单位分别是曲江区采茶艺术中心和浈江区东河街道文化服务中心。获得先进的5位个人分别是乐昌市委宣传部新闻秘书罗吉、南雄市广播电视台副台长朱志军、仁化县文化馆馆员刘彩霞、翁源县江尾文化站站长蓝俊才、新丰县回龙镇宣传委员郑得意。

【韶关乳源瑶族自治县文体旅游局荣获“全国文化系统先进集体”】　12月18日，文化部、人力资源和社会保障部在北京举行活动，表彰98个“全国文化先进单位”、150个“全国文化系统先进集体”、252名“全国文化系统先进工作者”和6名“全国文化系统劳动模范”。韶关市有一个单位和一名个人获表彰，其中乳源瑶族自治县文体旅游局被授予“全国文化系统先进集体”荣誉称号，南雄市文化广电新闻出版局肖丽琼被授予“全国文化系统先进工作者”荣誉称号。

文化遗产保护

【概况】　截至2014年12月，韶关有国家级非物质文化遗产名录5项，省级13项；国家级重点文物保护单位9处，省级36处；国家级历史文化名村1个，省级4个；省级古村落16个。

【矿山公园博物馆重新免费开放】　市文广新局、市博物馆与矿山公园管委办、矿山公园博物馆临时管理人员就矿山公园博物馆的移交工作进行多次沟通。对矿山博物馆内现存标本、实物和设施设备进行登记、造册。对讲解员进行多次上岗前培训。7月初，矿山公园博物馆已重新免费向社会开放，受到广大观众的欢迎。

【开展韶关市第一次全国可移动文物普查工作】　按期完成韶关市第一次全国可移动文物普查国有文物收藏单位调查工作，发放并回收调查表2879份，基本摸清全市国有单位可移动文物的收藏概况、数量分布、保存现状等情况。进行可移动文物认定、数据采集等工作。韶关市藏品总数为32656件。在南雄市举办韶关市可移动文物普查摄影培训班，全市约50名普查人员接受省文物专家的培训工作。

【乳源瑶族自治县成功申报中国民间文化艺术之乡】　12月19日，文化部公布2014—2016年度“中国民间文化艺术之乡”名单，乳源瑶族自治县获命名为中国民间文化艺术之乡，这是乳源获得“全国文化信息资源共享工程示范县”后，第二次获文化部命名的国家级文化品牌称号。近年来，乳源瑶族自治县采取多种举措开展创建“中国民间文化艺术之乡”工作，建立过山瑶反面刺绣博物馆、传习（培训）基地和传习所，开展一系列展览传习活动，实现这一民间技艺校园常态化教学；成立瑶绣协会，创办瑶绣艺术节等活动品牌和名片，打造获得“世界最长的瑶族反面刺绣”称号的“瑶岭长歌——乳源过山瑶历史文化百米刺绣长卷”艺术精品，并先后推动过山瑶反面刺绣参展上海世博会、深圳文博会、第二届中国非物质文化遗产博览会、全国少数民族非物质文化遗产展示周等活动。

【韶关市非物质文化遗产宣传展示活动】　6月14日是全国第九个文化遗产日，由市文广局主办，韶关市非物质文化遗产保护中心、粤北采茶戏保护传承中心、韶关市文化馆承办的韶关市“全国第九个文化遗产日非物质文化遗产粤北采茶戏展演”活动在市中山公园中心舞台举行。活动以粤北采茶戏载歌载舞的表演形式和优美动听的唱腔及通俗易懂的剧情，让广大群众更立体、生动地了解这独特的地方戏种，社会反响热烈，得到观众的喜爱和肯定。各县（市、区）也利用非物质文化遗产日把韶关市九峰山歌、九峰龙凤呈祥队、舞龙舞狮、龙皇宫出行、鹤蚌舞等珍贵的非物质文化遗产项目展示给广大市民欣赏，让祖先留传下来的文化遗产得以发扬光大，传承发展，让市民们深入了解韶关市非物质文化遗产，感受到人人都是文化遗产主人的氛围。

【第四批市级非物质文化遗产项目代表性传承人】　为加强非物质文化遗产

传承人队伍建设，有效保护和传承非物质文化遗产，韶关市人民政府批准南雄《珠玑巷人南迁传说》（民间文学类）传承人黄家庆、《乐昌渔鼓》（曲艺类）传承人邓显根、《乳源瑶族服饰》（传统民俗类）传承人赵浅妹为韶关市第四批市级非物质文化遗产项目代表性传承人。

【博物馆展览】　全市共有市级博物馆1个，县级博物馆8个。2014年，全市各级公共博物馆加强队伍、业务建设，发挥“收藏、展示、研究、保护、教育”功能，加大免费开放力度，充实完善馆内展览陈列和改善基础设施，不断提升各级博物馆展览服务水平。韶关市博物馆现为国家二级博物馆、韶关市爱国主义教育基地，韶关市著名旅游景点。2014年，全年市博物馆共举办陈列展览12场次，接待观众53万，免费讲解2300多场次。全年馆共举办“迎春书画作品展”“东莞市博物馆馆藏印章拓片展”等各类陈列展览12场次，接待观众53万人，免费讲解2300多场次。

【2014年广东省藏品保护与管理论坛在韶关市举办】　2014年11月5日至7日，由东莞市博物馆、韶关市博物馆共同举办的“2014年广东省藏品保护与管理论坛”活动在韶关市召开，有来自韶关、深圳、佛山、河源、高州、云浮、东莞等12家文博单位参加此次会议。此次会议是为传播和研讨文物保护相关知识，以“交流、研讨、传播、合作”来共同促进文博事业的繁荣发展，成为加强和拓宽兄弟单位之间沟通的桥梁。活动是以“藏品保护与管理”作为主题，通过演讲以及与会代表讨论形式来畅谈藏品保护与管理相关知识，寻求科学规范的藏品管理办法以及解决工作中遇到的问题。会场气氛热烈，通过讨论，与会者进一步明确藏品管理与保护相关问题，寻找到解决自身工作中的问题，提升对藏品保护与管理水平。

图　书

【概况】　全市各级公共图书馆不断创新发展思路，以“读者第一，服务至上”为基本宗旨，夯实基础，不断改善服务环境和服务质量，提升服务能力和水平，取得明显成效。全市共有9家图书馆。其中，韶关市图书馆、曲江区图书馆、乳源县图书馆、乐昌市图书馆、南雄市图书馆为国家二级公共图书馆。始兴县图书馆、仁化县图书馆、翁源县图书馆、新丰县图书馆为国家三级公共图书馆。2014年，市图书馆全年共接待读者21万人次。书刊文献外借册次14.3万册次。2014年，市图书馆全年共组织文化共享工程少儿影视活动20场次，开展文化共享视频讲座6场次，参加读者约8000人次。

【充实地方文献馆藏】　市图书馆通过多种渠道、多种方式，采集本地的历史文献，通过对粤北地方文化、地方名人著作等地方文献的采集、征集，充实地方文献馆藏，2014年征集地方文献图书共37种109册，接受赠书共77种121册。配合开展第四届廉洁读书月活动，开设有1200册图书的廉洁图书专柜，引导和组织读者阅读相关图书。

【专题图书阅读推介活动】　2014年，市图书馆开展专题图书阅读推介活动，通过网站和宣传栏开展专题图书推介，开展“迎新春”民俗文化专题图书推荐、“沈石溪动物小说”专题图书推介、“中国经典散文图书”专题图书推介、“4·23”世界读书日专题：国学经典系列图书推介等专题图书推介，共宣传图书700多册次，为读者提供更多的阅读盛宴，受到读者欢迎，形成良好的阅读氛围。

【公益文化展览活动】　2014年，市图书馆发挥公共文化设施的作用，开展“2014年粤北首届收藏品鉴定活动”“李安然书法作品展”“江山万里——张大千艺术展”“ChiFra中法艺术交流展”“莞韶文化书画展”等多场公益文化展览活动，进一步丰富图书馆的服务内涵。

【推出“手机移动阅读平台”】　在“4·23”世界读书日系列活动中推出“手机移动阅读平台”和公共账号让智能手机及iPad用户免费订制个性化的阅读资源。该项推广活动使市图书馆的服务向更深更广的领域发展，打破图书传统载体及服务的时间性和地域性的限制深受读者好评。

【韶关市“4·23”世界读书日全民阅读活动】　4月23日，是联合国确定的第19个“世界读书日”，市委宣传部、市文广新局联合在市图书馆举行韶关市“4·23”世界读书日全民阅读活动暨“安全知识进校园”中小学生科普图书捐赠仪式，14家爱心捐赠单位代表向全市中小学生赠送《安全自救手册》和《预防犯罪手册》。为翁源坝子镇礼岭村学校捐书活动，依托市图书馆捐赠换书中心为农村学校捐赠1.3万册图书，让贫困地区学生阅读新书，感受快乐。还有“名家品读”讲座、国学经典系列图书专题、“网络书香·全国数字阅读推广活动”、手机图书馆阅读平台推广活动、秀出你的精彩——广东省首届少儿电子书创作等。“4·23”世界读书日系列活动给韶关市广大读者提供一个相互交流读书心得和体会的平台，推广阅读文化，进一步推动韶关市全民读书热潮。

【韶关市古籍保护】　为进一步推动韶关市古籍普查工作的开展，在广东省古籍保护中心的支持下，3月举办古籍文献普查登记目录编制培训班，来自韶关学院、仁化、曲江图书馆古籍工作人员参加培训。7月，广东省古籍保护中心和市图书馆联合在市图书馆一楼展厅举办“中华古籍保护计划”成果展览读者体验日活动。本次展览活动以“让古籍里的文字活起来”为主题，展览分“古籍版本鉴定、鉴赏”“中国古代雕版印刷术体验”“古籍文献装帧技术体验”以及“古籍文献修复技术演示”等四项内容。在展览大厅外还设有“古籍知识有奖问答”，由专家回答观众的疑难问题。

【自制刊物《决策参考》】 《决策参考》是由韶关市图书馆编辑的以宏观经济政治信息为主的一份信息刊物，刊物以“开发信息资源，服务社会经济”为宗旨，对馆藏报刊信息源进行有重点的深层次开发，为各级领导和决策机关提供信息服务。2014 年，共编印 12 期，刊物采集信息量超过 56 万字。

【韶关市图书馆花城社区分馆启用】 7 月 4 日，韶关市图书馆花城社区分馆正式启动。花城社区图书分馆是市图书馆与新华街道办事处以合作办馆的模式建成，设在新华街道社区活动中心一层，面积约 550 平方米，阅览座位 80 个，由市图书馆提供文献资源，进行业务指导、人员培训，社区提供水电设施、场地、人员、设备和维持经费。该馆首期藏书量约 6000 册，内容涉及面广，有文史、艺术、哲学、经济、科普、少儿读物等，书籍一年多次轮换。同时，向分馆开放市图书馆自有知识产权的馆藏数字化资源以及“全国文化信息资源共享工程”的软件和数据。社区分馆的建立，就近满足周边 3 个社区 8000 多居民的阅读需求，让大家平等享受公共文化资源，从而提高广大市民的文化生活质量，推动形成全民阅读的良好风尚。

【“送文化、送图书下乡”流动图书馆活动】 10 月 21 日，举行“送文化、送图书下乡”设立流动图书馆活动。共为翁源县坝仔镇礼岭村送去书刊 2600 余册，内容涉及政治、历史、文学、科普、医学、农业等方面，同时配备阅读桌、阅读椅、报刊架等设备。

（张　健）

附：领导班子成员名单

党组书记、局长：何正平

党组成员、纪检组长：梁韶春

党组成员、副局长：黎阳升　温军燕
　　梁成斌（2014. 5—）

党组成员、文化市场综合执法大队大队长：包其华

1 月 1 日至 4 日，“第四届韶关市小戏小品（曲艺）调演”在市区中山公园文化广场举行，图为正在演出的小品（市文广新局　供）

广播·影视

【概况】 韶关市广播电视台挂牌成立于 2005 年 2 月，由韶关人民广播电台、韶关电视台、韶关有线电视台（已归属省广电网络股份公司）及部分高山台站组成。根据《韶关市市直事业单位分类改革方案和有关配套政策》通知，韶关市广播电视台为公益二类正处级事业单位。其主要任务是：负责制定并组织实施广播电视事业和产业发展规划，负责转播和传输中央、省、广播电视节目和本地广播电视节目的制作、播出，开展广播电视安全播出和设备设施的安全防范工作，开展融合新媒体、新技术、打造全媒体平台及广播电视覆盖工程建设等工作。韶关市广播电视台设台长（党委书记）1 名、副台长 4 名、纪委书记 1 名；内设机构有 14 个：办公室、人事监察科、总编室、财务科、技术科、新闻中心、广播中心、电视中心、韶关民声网、产业发展中心、七二二台、微波中心、无线发射台、广播电视转播台。其中，广播中心与电视中心为副处级、其余为正科级单位。在职员工 386 人（退休 105 人），具有专业技术职称人员 230 人，其中，正高级 2 人、副高级 9 人、中级 105 人、初级 114 人；具有大专以上学历人员 293 人，其中，在职研究生 11 人；全台中共党员人数 241 人。韶关市广播电视台正朝着建设区域中心城市全媒体、现代化传媒平台目标，阔步前进。

【广播电台主要节目介绍】 韶关市广播电视台自办频道（率）有新闻综合频道、经济生活频道、综合广播频率与交通旅游频率，同时设有新媒体网站及平面媒体《韶关广播电视周报》（《韶城一周》）。自办电视节目栏目 9 个，其中，新闻综合频道 5 个栏目，日均时长 40 分钟；经济生活频道有 4 个栏目及《民生调查》《第一品牌》等众多子栏目，日均时长 67 分钟。电视

自办节目日均总时长107分钟。自办广播节目栏目36个，其中，综合广播频率有《韶关新闻》《整点新闻》《民生新闻》等20个，日均时长494分钟；交通旅游广播频率有《快乐早出发》《德哥开SHOW》《寻味千百度》等16个，日均时长557分钟。广播自办节目日均总时长1051分钟。

【韶关民声网】　韶关民声网成立于2009年，韶关民声网（www.sgmsw.cn）是韶关最具影响力和公信力的新闻综合门户网站，是韶关市政府对外宣传的一个重要窗口，拥有最具影响力的“韶关论坛”和韶关地区唯一的“网络问政”平台，独家享有图文直播和视频直播频道；是韶关地区最具公信力和影响力的新闻综合门户网站。韶关民声网设有新闻、社区、商业、旅游、体育、公益、视频、视听等20多个专业频道。专享韶关广播电视台的视音频节目的直播与点播，是韶关2家拥有新闻发布权的网站之一，是韶关独家取得“信息网络传播视听节目许可证”的网站，成立3年来，韶关民声网以丰富的资讯内容和强大的互动功能受到网民热捧。以新闻立足，集文字、音频、视频三种新闻表现形式于一体，成为韶关最全面、最权威的区域新闻总汇；以“网络问政”扩大公信力，2010年起，网络问政已纳入政府的绩效考核，已成为市委、市政府听民声、纳民意及解决经济、社会、民生等实际问题的有效平台；以论坛扩大影响力，汇聚韶关各阶层最活跃的户外团体，摄影、骑行、登山、公益慈善、公益放生、市民心声、韶城纪事等栏目不定期举行各类活动，每年大小活动几百场，反映民众心声、忠实记录韶关的大事小情，凝聚广大网友的向心力。网站注册用户达48万人，日均发帖量达到3万张以上，每天登陆人数超过5万，日点击率达45万以上，当天最高点击率达60万。

【《韶关广播电视周报》】　《韶关广播电视周报》（《韶城一周》）创办于1986年，是经国家新闻出版署批准的报纸，全国统一刊号CN44－0181/09，由韶关广播电视台主办，是南方声屏报韶关分社。报纸四开28版，彩色印刷，铜版纸包装，逢周四出版，全国公开发行。开设有《韶城关注》《韶城热点》《韶城民生》《韶城声音》《韶城拍案》《韶城风采》《宜居韶关》《车行天下》《财富生活》《健康养生》《影视聚焦》等，具有覆盖面广、阅读周期长、内容丰富多彩、生动活泼、可读性强的特点，深受韶关市民喜爱。

【电视台工作成绩喜人】　2014年，韶关市广播电视台始终坚持正确的舆论导向，服从服务于市委市政府工作大局，弘扬主旋律；始终坚持“以学习助台、以创新兴台、以产业旺台、以能力办台”的治台理念，锐意改革，勇于创新，新闻宣传、事业建设、产业发展等各项工作，收获显著成效。一大批节目、栏目、项目获得国家和省市奖励：经济生活频道《民生关注》栏目连续三年荣获“全国城市台电视民生栏目品牌20强”大奖；新闻综合频道《以案说法》栏目被广东省依法治市办列为“2014年度法治惠民实事工程”项目；韶关网报中心4篇通讯作品获“全国城市广播电视报优秀作品评选”一等奖；新闻综合频道赵佳主持的《第一新闻》，获得客家地区广播电视播音主持作品奖电视主持类一等奖；综合广播邓丽的特别节目《广乐高速通了!》获2014年度客家地区广播电视播音主持作品奖广播主持类一等奖；在2014年度省广播电视技术中心目标考核中，韶关广播电视台微波站考核为“一级微波站”，大岗山微波站考核为“二级微波站”。2014年2月，韶关广播电视台广播中心新闻部被韶关团市委授予市级“青年文明号”称号。韶关市广播电视台经济生活频道《民生关注》栏目，继2012年首获全国城市电视台民生栏目品牌20强殊荣后，至2014年，连续三年，再次荣获此项殊荣。

【广播电视改版新节目开播】　2014年1月1日，改版后的韶关市电视台新闻综合频道、经济生活频道、电台综合广播、交通旅游广播正式开播，推出《第一新闻》《以案说法》《石头剪刀布》《发现特产》《浈武聚焦》《民生调查》《生活麻辣烫》《第一品牌》《韶关好生活》《妈妈我来了》等全新栏目。自办节目时长大幅提升，节目质量、宣传效果明显提高。2014年2月，韶关广播电视台新闻综合频道与各个县台合办的栏目《县市区连线》开播。本栏目对各地经济社会发展以及人民群众奋发向上、共建小康社会的精神风貌进行宣传报道，成为全市各县（区）扩大自身宣传的重要阵地。2014年8月1日，韶关市广播电视台经济生活频道与韶关市消防局联合拍摄的大型人物专题片《迟到的婚礼》正式播出。

【艾学峰视察韶关市广播电视台】　2014年2月24日，中共韶关市委副书记、市长艾学峰到韶关市广播电视台视察。在电视中心，艾学峰听取台党委书记、台长巫育明对韶关广电改革的情况汇报并与有关人员进行座谈。艾学峰表示“广电发展前景很好”并寄语年轻人大有可为。艾学峰还在中心演播厅观看珠海台有关两违拆建的节目《阳光政务》，并要求将该节目修改后，在市政府会议上播放，以增强官员的担当意识。

【莞韶广电交流】　2014年3月6日，东莞广播电视台与韶关广播电视台召开深化合作座谈会。韶关广播电视台台长巫育明就近年来广电相关发展及改革情况做介绍，并提出与东莞广电台初步合作框架，希望学习东莞广电台在管理上的先进理念，重视发挥人才潜力和引进人才，进一步深化产业合作，增加收入效益。东莞广电台负责人也希望能与韶关台在人才、机制上有更多的交流和合作，从而达到优势互补，整合资源，共同发展的目标。

【省情中心领导到韶关广电台调研】 2014年3月13日，广东省省情调研中心主任冯胜平、主任助理王建国一行到韶关台考察。韶关广播电视台台长巫育明介绍该台基本情况和面临的问题。冯胜平介绍省情中心大致情况。他表示，韶关有丰富文化底蕴和独具优势的生态特色，发展文化产业具有前景。寻根文化特别在弘扬中国佛教禅宗六祖慧能文化方面大有文章可做。他认为，地市级媒体不具覆盖优势，要扬长避短，与网络嫁接。

【唐汇西到韶关广电台调研】 2014年4月18日，中宣部副巡视员唐汇西到韶关就加强和改进新闻宣传工作开展专题调研。韶关市委常委、宣传部部长许红陪同调研。唐汇西一行先后到韶关民声网、市广播电视台广播中心、电视中心参观、座谈，详细了解韶关近年来传统媒体和网络媒体的发展情况。

【首届城市庙会举行】 2014年5月1日，韶关市广播电视台网报中心与韶关市金财公司、韶关民声网合办“百年东街首届城市庙会”在百年东街举行，游艺活动以及文艺表演吸引广大市民、游客云集百年东街，共同欢度“五一”劳动节。市政协主席李飞，市委常委、宣传部部长许红出席活动。韶关首届城市庙会从5月1日开始，共持续7日，从早上9时到晚上9时，舞龙舞狮表演、极限运动比赛、隔岸裸眼3D巨幕等精彩节目轮番上演，让市民充分享受城市庙会文化氛围。百年东街项目以建设打造华南旅游又一财富新地标为主题的中外游客接待基地，已有百年历史的南洋骑楼为建筑风格的多个特色商业组团，其项目包括多个主题文化广场、特色瀑布酒店、国内外大型主题餐饮、休闲商业水街、大型购物商场、滨江广场绿化长廊、沿江地下车道和停车带等。开业后的百年东街将再现东堤北路过去百年商业的繁荣，再续东街百年的兴旺，成为韶关继丹霞山、南华寺之后又一城市旅游新地标和新的城市对外形象窗口。

【陈波上线“民声热线”】 2014年7月23日，韶关市委常委、常务副市长陈波走进韶关市广播电视台综合广播“民声热线”直播室，上线接听老百姓的热线电话。在1个小时的节目里，陈波副市长倾听市民来电，对群众反映的问题一一解答。

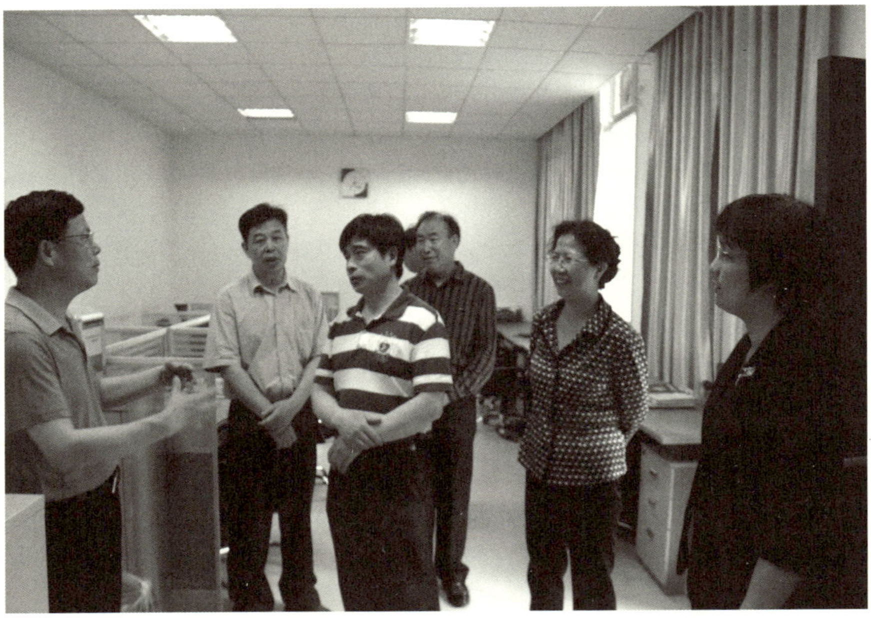

中宣部副巡视员唐汇西（左三）在新闻中心右一为许红（张海华　摄）

【广播电视转播覆盖面增加】 2014年7月，韶关广播电视台综合广播频率与韶关公交公司签订战略合作协议，届时，韶关市区所有公交车载广播都将全天转播韶关综合广播节目。2014年8月，广东省广播电视无线覆盖工程开始实施，项目完成后，韶关市广播电视台大岗山台发射台电视节目将增加至6套，广播节目增加至3套。

【柳琛子到广播电视台调研】 2014年10月14日，韶关市委常委、市委宣传部部长柳琛子到韶关市广播电视台调研。柳琛子一行，实地参观考察新闻中心、电视中心制作播出区、广播中心直播室、民声网网络舆情室。调研期间，专门召开座谈会，听取工作汇报。她充分的肯定广电台全面深化改革各项工作取得的成绩，勉励大家尤其是领导班子、中层干部要坚定发展信心。柳琛子强调抢抓机遇，传统媒体跟新媒体结合，撬动社会资本，搞活广播电视产业。

【创新项目申报答辩会举行】 2014年11月7日，韶关市广播电视台在电视中心演播厅举行首次创新项目发展战略项目申报答辩会。省、市专家对申报项目逐一打分点评。评委们认为，韶关广电台提出创新项目发展战略，特别是开放性的征集创新项目，打破广电创新的格局，这些申报项目围绕广电传统优势，具有一定的可操作性，评委们希望市广电台通过这次活动不断积累经验，服务民生，服务大局，推动韶关广电事业发展。

【全媒体异地采访活动成功举办】 2014年10月21日至11月6日，韶关广播电视台新闻综合频道组织“建设大商贸，促进大发展”大型全媒体异地采访活动。来自全广播电视、网站和韶关日报的精干采编人员先后到临沂、温州、常州、顺德、清远等地采访。制作播出新闻、专题作品近30篇。（杨新亭）

附：领导班子成员名单
台　长：巫育明
纪委书记：刘习专
副台长：胡韶贤　佟　虎　张维平
　　　　庞小珑（2014.6—）

韶关日报

【概况】　《韶关日报》是中共韶关市委主管、主办的机关报，自1984年1月1日创刊以来，始终坚持政治家办报的原则，围绕中心，服务大局，关注民生，成为粤北地区发行量最大，最具权威的综合性报纸。韶关日报社内设机构有：新闻采访中心、新闻编辑中心、副刊中心、县区域新闻中心、新媒体发展中心、办公室、编委办、经营办、财务部、监察室、发行部、广告部等；在职员工108人。按照构建现代传播体系思路，韶关日报社已建成以《韶关日报》为主体，以《韶关日报·数字报》《韶关日报·大周末》《韶风》及韶关新闻网、韶关文明网为拓展平台的多方位传播体系，在市区打造100多个户外阅报栏，形成采编与经营“两分离”，优势互补，互相促进，共同发展的新格局。

【日报精品化建设】　韶关日报社秉承“有品位、有特色、有看头”的办报理念和“本土化、民生化、精品化”的实现途径，围绕市委、市政府中心工作和战略部署，强化新闻报道力度，通过抓重点、打品牌、强服务，弘扬主旋律，传播正能量，发挥好新闻媒体的舆论引导作用，为推进全市经济社会发展创造条件。2014年，重点开展“我市加快实施省振兴粤东西北计划”等多项重大主题报道，推出一批“接地气”、现场感强的生动稿件。在关注民生方面，做好“热点关注”“消费热线”“读者来信”和“百姓生活”栏目，及时反映群众关注的热点问题，服务好百姓。在经济报道方面，及时准确解读本地经济政策，加强本土经济报道，及时反映全市重大经济活动和经济工作亮点，推介进驻韶关的知名企业和行业。《韶关日报·大周末》创刊后，体现出都市化、杂志式风格，地方特色显著，可读性、服务性增强，对全市“两会”、广东高速、韶赣铁路开通等重大事项进行专题报道，做到有亮点、有特色、有深度，打造出有影响力的新闻品牌。

【经营创新】　韶关日报社探索报业经营发展新模式、新途径，结合实际，创新经营，在全国传统媒体广告经营下滑的情况下，仍保持经营工作平稳发展。自2013年，实行广告代理模式后，针对新形势下传统媒体面临的挑战，进行探索，拓展发展平台，增加新的经济增长点。2014年8月，报社重新接回广告经营业务，调整发展思路，启动新的经营管理模式，配强广告经营人员，完善新的工作机制，调动积极性，实现全年经营目标。正探索传统媒体与新媒体融合、媒体单位与实体企业合作新路径，加大与商家战略合作，先后与鑫金汇、电广公司等开展战略合作，举办摄影大赛、看房团、读者联谊会、岁末特惠购车节等活动。在巩固稳定原有老客户的基础上，加强联动，加强服务，拓展新的固定专版客户，新增一批一次性专版专栏业务，取得较好业绩。发行工作变单一为多元，进行韶关特产物流配送业务的尝试，初步实现由报纸经营向报业经营的转变。　　（姚彦珊）

附：领导班子成员名单
社长、总编辑：刘炎生
副社长：周国庆　李宇强　张　波
副总编辑：赖玉平　曾明娟　李仲超

档　案

【概况】　韶关市档案局与韶关市档案馆为局馆合一体制，一套人马两块牌子，是韶关市政府直属正处级事业单位。市档案局主要履行档案行政管理职能，市档案馆是韶关市综合性国家档案馆，集中统一管理全市档案的文化事业机构，是全市经济建设、政治建设、社会建设、文化建设、生态建设和科学研究等各方面工作利用档案资料的中心。韶关市档案局（馆）内设机构6个，即办公室、监督指导科、技术培训科、编辑出版科、档案管理科、政府信息公开查阅中心。定编24人，其中参公管理22人，工勤2人。现有在职人员22名，其中：局（馆）长1名、副局（馆）长3名、副调研员2人、正科级干部7人、副科级干部7人。全市设有档案行政管理部门11个、国家综合档案馆11个、专业档案馆1个。2014年，市档案局（馆）围绕中心，服务大局，履行档案行政管理和保管利用双重职能，突出重点，整体推进，全年档案工作取得新成效。

【做好重大公务活动声像档案及开发利用】　2014年，韶关市档案局做好中央和省领导在韶视察工作时的声像档案收集整理工作，同时做好市主要领导重大公务活动的摄录、整理、归档工作，全市档案局（馆）依托馆藏档案，为档案资政服务提供便利，开展编研工作。收集中央政治局委员、省委书记胡春华到韶关调研等重要政务活动照片2800多张；根据馆藏珍贵照片编辑整理2013年和2014年上半年《市委书记郑振涛公务活动影集》两册。全年参与市委领导重要公务活动248批次，归档照片2800多张。坚持每天做好《韶关新闻》录制工作，全年录制358集。完成《2014年韶关大事记》编写、整理、存档，《2014年市委书记郑振涛同志公务活动信息》收集整理工作，以及2014年4期《韶关档案》杂志编辑、出版工作。

【做好重点项目档案工作】　2014年，市档案局继续加强全市重点建设项目档案的行政监管和技术咨询服务，指导湾头水利枢纽工程档案整理业务，推进该项档案管理工作，湾头水利枢纽工程项目档案管理工作于4月23日通过省重点项目档案专项验收组验收；与广东省档案局、省交通运输厅、省南粤交通投资建设有限公司联合组成项目档案专项验收组，于12月3日对广东省重点工程、省首条由政府出资建设还贷非经营性高速公路——韶关市曲江至南雄公路项目档案进行专项验收，验收结果为优良。

【指导民生档案工作】 2014年，韶关市档案局与有关部门联合开展涉及民生档案各项业务监督、指导工作，包括新农村建设档案、婚姻档案、社保档案、棚户区改造档案、户籍档案、信访档案、学籍档案、劳动人事争议仲裁档案等，推进民生档案规范化管理。为保证棚户区改造项目档案质量，11月5日，市档案局会同市城建档案馆组成检查组，对市重点民生工程项目曲仁矿棚户区改造项目二期工程之田螺冲A地块工程项目档案工作进行专项指导。

【推进档案业务规范化建设】 韶关市档案局开展全市档案业务规范化建设工作。指导始兴县林业局、市公安局松山分局、浈江区社保局等单位做好档案升级达标工作，并成功晋升为省特级档案综合管理单位；指导中石化韶关分公司、市技师学院加强档案规范化管理；加强各县（市、区）档案馆的指导力度，督促各县档案馆做好业务基础工作；依法对市直15个单位档案工作开展督导，提出督导意见并通报督导情况；加大档案业务人员培训，于2014年6月在市委党校举办第64期档案工作人员岗位培训班，培训学员176人，提高档案从业人员业务素质。

【清理档案行政审批项目】 市档案局配合市委、市政府、市编办，继续做好行政审批清理后续管理工作，完成《韶关市人民政府2014年决定保留的行政审批项目目录》《韶关市人民政府决定取消调整和下放管理层级的行政审批项目目录》中韶关市档案局修订部分工作。

【档案新馆建设】 市档案新馆建设纳入市政府文化“三馆”建设范围，已多次修改、细化设计方案，新馆正待动工兴建；市政府召开全市档案馆舍建设工作推进会，对市、县两级档案馆舍建设，提出明确要求。

【档案资源体系建设】 2014年，全市接收各门类档案28257卷，27342件，其中文书档案8766卷，27342件，声像光盘档案209卷，实物档案858件，照片档案5721张，其他专门档案19491卷。市档案馆接收《人民日报》《中国档案报》《韶关日报》等各类报纸杂志1000多份，资料245册；对已进馆的23家市属破产企业档案优先整理，全年整理6072卷，超额完成市政府交办的为民办实事任务。同时，完成《韶关市档案馆收集档案范围实施细则》的修订工作。

【加强档案网络安全管理】 市档案局审查挂网信息图片，全年审查更新图片、新闻11则，档案信息网站阅览量近29万人次；经多方评估，邀请韶关学院设计团队为市档案信息网进行升级改造，确保网站及上网信息安全；强化服务，做好档案管理软件推广和维护，全年维护各机关单位档案软件250多次，电话咨询指导300多次，为市公安局、韶关日报社等单位新装和升级档案管理软件18套。

【做好档案实体安全保密管理】 市档案局加强档案实体安全保管，除做好库房温湿度的测量、登记、调节与控制工作以及落实库房定期巡查和馆藏档案的翻检工作之外，市档案馆还新购置NAS数据存储器1台，存储2.4TB的馆藏纸质档案数字化与声像档案信息化的数据，以加强数据安全管理工作；更新查档目录数据库主机，更换会议中心二楼库房空调4台，添置新抽湿机4部，改善档案保管条件。同时，通过档案岗位培训班、会议宣讲等方式开展档案保密安全教育，强化档案从业人员档案保密意识。

【档案信息化建设】 2014年，档案信息化建设有新突破。馆藏档案目录数据化进展快速，市档案馆全年录入目录17万多条，超额完成2014年的工作任务；对早期录入系统的机读目录进行再次清查校对，确保建立准确的目录数据库；按照国家和省档案信息化建设的要求，做好县（市、区）局已完成的馆藏档案目录数据移交市级档案馆备份保管工作。做好纸质档案目录的数字化工作，市档案馆全年完成1216卷民国档案的扫描。加强馆藏档案全文数字化工作，市档案馆全年完成1549卷、28266件。抓好电子文件收集整理工作，全年接收非涉密电子文件2928份。

【档案查阅利用服务】 全市各级档案部门坚持“档案服务民生”的理念，把查阅利用服务作为档案工作重中之重。全年，市档案馆接待查阅档案资料217人次，调阅档案资料545卷，复印1195张，接待来电、来函、网站查档130多人次。对单位和个人解决房产、户籍、低保、工龄、婚姻等问题起到重要作用，受到群众好评。

【做好政府公开信息】 市档案馆贯彻落实政府信息公开条例，做好政府信息的接收、保管及公开等工作，全年接收42个单位的政府信息公开目录249份，政府信息公开文件3475份。2014年，政府信息公开平台网站在线查阅32万多人次，广受社会欢迎。

【做好档案宣传展览】 2014年，全市档案局（馆）利用各种媒体、各种渠道，开展档案宣传工作，全年在《中国档案报》《广东档案》《粤档信息》《韶关日报》《韶关年鉴》《平安韶关》《韶关调研》等报刊杂志及中国档案网刊登文稿150多篇、新闻图片30多张。市档案馆整理馆藏档案资源，举办韶关市公务活动礼品展，多角度展示韶关发展历程；举办韶关档案人摄影作品展，做好“6·9”国际档案日宣传工作，宣传档案人精神和风貌。曲江档案馆举办“记忆·2014·档案视觉中的曲江”固定陈列展，展出馆藏照片122幅、实物及资料一批。市档案馆开展爱国主义教育和学生教育实践活动，接待300多人次参观。

（华一元　罗　雯）

附：领导班子成员名单

局（馆）长：卢中强

副局（馆）长：张福志　申爱平　黄　平

党史·地方志

【概况】　2001年4月，由于市机关机构改革，韶关市史志办公室由市委党史研究室和市政府地方志编纂办公室合并组建而成，为市委参照公务员法管理的直属事业单位，负责中共韶关地方史的研究，组织编写、出版和开发利用党的地方史；依法行使地方志综合志书和综合年鉴的组织编纂、管理、开发利用工作。单位定编14人，其中领导职数3人，非领导职数1人，正副科级8人，科员和工勤各1人，实有13人；内设综合、党史、方志、年鉴4个科。2014年，市史志办按围绕年初工作计划，履行“以史鉴今、资政育人”的职责，以深入开展党的群众路线教育实践活动为契机，着力于完成全市党史二卷的出版发行、确保党史三卷大事记付梓印刷、开展地方志资源开发利用项目、推进地方志资料年报工作、出版发行《韶关年鉴(2014)》、完善地情网站等各项工作，完成年初的工作任务，取得可喜的成绩。

【完成全市党史二卷的出版发行】　完成《中国共产党韶关历史》第二卷(1949—1978)的出版发行。县（市、区）中曲江、乳源完成出版发行，新丰、翁源完成终稿的审核并入厂付印，南雄、始兴完成审阅工作。2013年11月，由韶关市史志办公室、清远市史志办公室合撰的《中国共产党韶关历史》第二卷（1949—1978）正式由中共党史出版社出版发行。这是继《中国共产党北江地方史》之后的又一部中国共产党韶关历史文献。全书采用32开本印刷，共31万字，21页黑白图片。该书全面反映1949年10月中华人民共和国成立到1978年12月中共十一届三中全会召开这29年间，韶关地区（包括现韶关市属辖浈江区、武江区、曲江区、乐昌市、南雄市、仁化县、始兴县、翁源县、新丰县、乳源瑶族自治县和清远市属辖的清新县、英德市、连州市、佛冈县、连山壮族瑶族自治县、连南瑶族自治县、阳山县）政治、经济和社会发展的历史。该书的出版发行，对韶关市和清远市的广大党员干部尤其是领导干部正确认识韶关的历史，汲取社会主义革命和建设中的经验和教训，带领广大干部群众取得新的胜利有重要的资政作用。同时，也为广大人民群众和学术界人士了解或研究中国共产党韶关历史和经济社会发展进程提供详细的基础资料。

【编纂党史大事记】　根据中央和省委党史部门关于新形势下党史工作的要求和韶关市党史工作的规划，为配合韶关地方党史第三卷的编写工作，市史志办编写出版《中国共产党韶关历史大事记（1979. 1—2002. 12）》。该书反映韶关23年来的政治、经济和社会发展等方面发生的大事，展示在改革开放中所取得的成就，以及从中发现在社会主义建设过程中所出现的失误和应吸取的教训。市本级的大事记书稿几经审改，已定稿并交付印刷，即将出版发行。同时，开展党史三卷的资料收集工作，督促指导各县（市、区）史志办启动党史三卷。

【做好申苏申老工作】　申苏申老就是申报苏区和革命老区工作。申苏申老工作是2014年市委、市府摆上议事日程的重要工作之一。为做好这项工作，市史志办安排人员配合有关部门组织材料的搜集和整理。2月，市史志办主要领导赴梅州参观学习申苏先进经验，撰写调研报告。4月底，市史志办领导与仁化县（市、区）史志办主任赴北京向中央党史研究室等单位汇报韶关市申苏工作的计划，其间3次赴省委党史研究室汇报韶关市的申苏计划情况，得到中央及省委党史研究室领导的肯定支持，申苏工作取得初步成效。11月，市申苏申老工作领导小组正式成立，市史志办领导亲自参与邀请专家、收集资料、组织材料等申苏申老的部分工作。

【协助筹备红色革命研讨会】　市史志办做好“弘扬苏区精神，促进改革发展——纪念仁化暴动87周年暨红军过境粤北80周年学术研讨会”的协调工作。2014年10月，“纪念仁化暴动87周年暨红军过境粤北80周年学术研讨会”在仁化举办。为研讨会的召开，市史志办做好邀请专家、资料的搜集、会务组的协调等的各方面工作，专程赶赴中央党史研究室争取专家学者的支持，多次往返省委党史研究室汇报研讨会筹备情况。在多方努力下，研讨会得以顺利召开，取得预期效果。撰写专题文章“红军长征经过仁化的主要活动”“红色铁流过粤北”“从粤北山区飞出来的雄鹰——红军早期领导人李任予”“红军长征发生在粤北九峰的史事”“红色铁流过粤北九峰”等。

【《改革开放实录》文稿的撰写】　做好《改革开放实录》课题研究的材料收集和题目、文稿的编撰工作，先后完成“改革开放初期乐昌工业发展回眸”“曲江县贯彻执行中共中央〔1980〕75号文件情况”“踏着时代节拍，铸就林业辉煌”“九五”期间韶关的农村农业经济发展成就与存在问题及解决办法”“武江区农村集体经济股份制改革探索”等约3万字文稿的撰写并上报省委党史研究室。

【开展党史宣传活动】　继续做好《朱德在韶关》的资料收集和编辑工作，并撰写“朱德运筹帷幄”“朱德在犁铺头”等研究论文。“东纵北撤后的隐蔽斗争”“浅谈二十世纪六十年代韶关工业调整与恢复和发展”“勇当抗日战争的排头兵——我党率领粤北军民抗击日寇英勇事迹追忆”“历史证明党的成就源于群众的支持”等撰写，这些稿件在《红广角》《红色的故事》《广州日报》《韶风》《韶关日报》刊登。与完成省委宣传部对韶关省级爱国主义教育基地和省国防教育基地的复查工作的汇报材料拟写工作。为纪念中央红军长征80周年，井冈山干部行政学院派出调研组到韶关调研红军长征沿线城市社会经济发展状况，党史科协助调研组的工作，为调研组提供红军长征过粤北的史料文稿。

【开展全市地方志资料年报工作】 韶关市年报工作在2013年全面启动后，2014年度进入全面开展阶段。2014年，市史志办和各县（市、区）史志办争取党委和政府的重视支持，争取各编纂单位的配合，开展资料年报工作，取得阶段性的成果。韶关市直已有90多个单位上报2012年度年报资料，有70多个单位上报2013年年报资料，分别完成总进度的90%和70%，其中有5个单位完成2001—2011年度年报资料。市史志办对这些资料进行整理和审查，并按照档案管理要求进行装订，以利长期保存。各县（市、区）的年报工作都取得实质性的进展，其中仁化县、武江区和曲江区成绩突出。

【地方志资源开发利用组织实施】 在跟进2013年仁化古塔古祠古堡、宣传开发曲江罗坑茶资源和南雄名胜古迹资源开发利用等3个项目进度的同时，2014年，韶关市新丰历史地理（学生读本）、中国历史文化名村—石塘、乳源瑶族传统村寨调查3个项目立项获批。在此基础上，韶关市按照《广东省地方志资源开发利用项目管理办法（试行）》的要求，要求各县（市、区）对给予立项的项目组织实施，力争按时、高质量完成项目，务求对挖掘和传承优秀传统文化、服务经济社会发展发挥作用。3个项目进展顺利。照片征集、资料征集、初稿撰写都已完成60%，如期完成项目所确定的任务。

【编纂《广东地方志纪事》韶关部分】 2014年是广东省开展新方志编修工作30周年，遵照省地方志办的工作部署，韶关市编纂《广东省地方志纪事》（韶关部分）约3万字。2014年5月，《纪事》稿已上报省编辑部。《广东地方志纪事》一书在2014年底可出版发行。

【年鉴编纂质量提高】 《韶关年鉴（2014）》的编纂工作主要有三个特点：合理调整篇目，力求突出特色。年初对编目及组稿分工在上年的基础上进行调整，以求编排更为合理，突出韶关特色；尽早着手，确保及时完成任务。3月中旬，以市委、市府名义下发《韶关年鉴编纂实施方案》。4月，及时催促各单位完成组稿；分工明确，加强学习。编纂人员克服尽职尽责，合理分工。3月初，编纂人员参加省里的年鉴培训，实时提高编纂水平和增强主人翁责任意识。编纂人员字斟句酌编辑，编纂质量有所提升。按时完成年鉴任务。在10月底完成《韶关年鉴（2014）》编纂，由方志出版社出版发行。全书共32个类目、224个分目和1789个条目，共计1125千字，彩页86页。同时，8月中旬完成《广东年鉴（2014）》（韶关部分）的组稿任务。

【地情网站建设】 2014年10月，根据省政府地方志办的精神，市、县两级史志系统地情网站进行全面升级改版，当前正在改版升级中。各级地情网站信息管理员及时上传地情网站栏目内容，上传新的资料及书籍，指导各县（市、区）史志办完善地情网站。2014年，韶关市本级地情网新上传3本《韶关年鉴（2014）》《韶关革命人物》及“韶关革命史图片展”等书籍栏目内容，更新上传史志动态、出版动态、韶关风情、政府信息公开、影音视频、图说韶关等6个文章栏目内容。同时，指导仁化等县（市、区）地情网站的建设。各县（市、区）网站也逐步完善。翁源、乐昌、武江、浈江等地情网站建设有较大的发展，各栏目设置科学合理，首页展示图文并茂，页面编排合理，年鉴、地方志书及时、完整上传，乐昌市、新丰县、翁源县、武江区、仁化县地情网站与当地政务网站链接，增加社会知晓度、社会影响面，扩大宣传范围，增强网站服务社会的功能，始兴县地情网站有较大的进步。 （朱彩云）

图为全市史志系统人员组织编纂的书籍（邓培雄　摄）

附：领导班子成员名单

主　任：丁伟志

副主任：殷南光（—2014.5）

　　　　杨维国

卫生・体育

卫生管理

【概况】 2014年，韶关市有医疗卫生机构661家，其中，医院57家，卫生院103家，门诊部22家。固定资产26.10亿元，业务用房面积1219248平方米。医疗机构床位数15285张，比上年增加555张，增长3.77%，每千常住人口拥有病床5.25张。卫生人员总数22674人，比上年增长0.64%，其中，卫生技术人员17536人，占人员总数的77.34%，比上年增长2.38%。中级以上职称人员4846人、大专以上学历人员10938人。执业（助理）医师6596人，注册护士7103人。每千常住人口卫技人员6.03人，执业（助理）医师2.27人，注册护士2.44人。2014年，韶关市拥有村卫生站1534个，其中村办1371个，占89.37%，联合办3个，占0.20%，私人办56个，占3.65%，乡镇卫生院下设64个，占4.17%，其他40个，占2.61%。村卫生站拥有执业（助理）医师272人，注册护士46人，乡村医生和卫生员1394人，其中乡村医生1352人。

完成2013年度高层次人才享受“安家费补助”“聘期工资外津贴”等待遇的申报、审核工作。全年市直卫生系统共有168名高层次人才享受聘期工资外津贴共49.61万元。完成2014年局直属事业单位公开招聘工作。2014年，组织公开招聘考试1次共推出58个招聘岗位，引进博士研究生2人，硕士研究生77人，完成年度人才引进计划。

【卫生应急】 加强卫生应急、疾控机构能力建设。制定《2014年韶关市疾病预防控制工作要点》和《2014年韶关市卫生应急工作要点》；完成各地疾控中心实验室能力调研，针对各地情况开展现场培训指导。加强应急值守和物资储备，建设突发公共卫生事件应急视频指挥平台，加强专业技术培训和演练，分别组织举办韶关市区传染病及突发公共卫生事件报告和处置工作培训班、韶关市突发事件公共卫生风险评估技术培训班、2014年粤北地区传染病防控技术培训班、埃博拉出血热疫情防控技术培训班。于8月14日举办一次突发公共卫生事件应急演练。11月25日，组织粤北二院、市疾控中心等单位开展埃博拉应急演练，查找并改进演练中存在问题，全体参演人员在流调思路、评判案例、实际操作、有效控制等方面的能力得到锻炼和提高。全市报告突发公共卫生事件（含未分级）29起，各县（市、区）疾控中心均能在接到疫情报告后及时到现场调查，查找事件原因，落实有效措施，事件在短时间内得到控制，并在核实后2小时内进行网络报告，处置完成后及时上报调查处置报告。

【卫生综合监督】 5月，出台《韶关市2014年卫生计生监督重点检查计划》，对全市公共场所、医疗机构监管、职业卫生、放射卫生、生活饮用水、涉及饮用水卫生安全产品、学校卫生、传染病防治、妇幼保健计划生育技术服务、打两非等7个大项41个子项监督工作进行统一布局。完成食品安全综合协调职责移交工作，协助市食药监局做好移交后的各项后续工作。制订2014年市级食品安全风险监测方案，举办韶关市食源性疾病监测技术培训班，对市妇幼保健院和曲江区人民医院实行入院培训；组织市疾控中心开展“食品安全风险监测媒体体验日”活动；组织市疾控中心完成3宗食物中毒事件的流行病学调查工作。

【创平安医院工作】 全市医疗卫生单位共增加建成社会治安视频监控系统2500多个，实行24小时监控，建成覆盖全系统的一张“安全网”，技术防范能力提高。各医疗卫生单位加强消防设施工程投入。加强医疗特种物品、设备的管理，特种设备、放射源、易燃易爆、危险化学物品制定有严格的管理使用制度，做到专人保管，危险化学物品及毒麻药物实行专柜双锁两人保管制度，按规定严格管理和使用。高压氧舱、X线机、放疗设备等特殊设备，以及医院电梯、高压容器、中心供氧等设备做到按时申请有关部门进行验审，管理资料齐全。使用人员实行准入制度，医护人员和特殊医疗设备操作人员均做到持证上岗，无证人员不准单独上班。规范医疗行为，提高医疗质量。各医院落实各项医疗核心制度，把三级查房制度，首诊负责制度、疑难病例讨论制度、手术分级制度、会诊制度、交接班制度等落实情况作为医疗护理质量检查的重点，加强日常检查，发现问题及时进行整改，落实医疗护理缺陷、医疗纠纷、医疗事故和输液反应等报告制度，防患于未然，最大限度减少医疗纠纷和医疗差错，杜绝医疗事故的发生。2014年申请的医疗事故鉴定的纠纷案例中，没有一例属于医疗事故。全市医疗纠纷数量与上年同期相比下降57%，涉及“医闹”的重大医疗纠纷下降79.4%。

【基本公共卫生服务】 全市无甲类传染病报告。法定传染病报告发病数22898例，较上年同期上升30.73%（与全省情况一样，主要是手足口病发次率上升）。其中，乙类传染病7131例，较上年同期下降2.65%，丙类传染病15767例，较上年同期上升54.71%；报告死亡数63例。

医药卫生体制改革

【基本药物制度实施】 开展实施基本药物制度进展情况监测，配合公立医院改革，加强对各级医院特别是县级公立医院改革试点县县级医院基本药物使用情况的监测，全年韶关市各级医院基本药物使用率三级医院为32%；二级医院为49%；基层医疗机构100%使用基本药物。

【持续开展平价医疗服务】 全年，韶关市平价医院平价服务门诊93万人次、住院6万人次，人均费用与当地同期、同级别、同类型医院比较门诊与住院分别下降12元和119元，全市因开设平价医院减少费用门诊1113万元、住院751万元；全市平价诊室服务患者22万人次，与普通诊室相比人均就诊费用下降77元，全市减免费用1681万元；全市共有2333个基层医疗机构储备16224个平价药包，已提供12434个平价药包。

【开展地贫防控宣传活动】 围绕“世界地贫日”主题，开展地贫防控宣传活动。发动广播、电视、报纸、网络等媒体，以新闻、公益广告、科普知识问答等形式开展宣传报道。同时组织各级医疗保健机构开展“世界地贫日”义诊宣传咨询活动，各地开展地贫防治知识现场活动近20场，派发手册20000余张、粘贴海报近1000张。

【组织开展妇幼健康服务年活动】 活动内容包括：妇幼健康优质服务创建活动；妇幼健康服务机构规范化建设；妇幼健康服务技能竞赛活动；推进爱婴医院复核；服务百姓健康行动。做好政策宣传，普及健康知识，营造良好社会氛围。启用新版出生医学证明、母婴保健技术服务职业许可证、母婴保健技术考核合格证书。深入开展孕前优生健康检查工作，提高育龄群众优生健康知识知晓率，提高目标人群的覆盖率。协助粤北医院通过人类辅助生殖技术（夫精人工授精项目）审核。

【孕前优生优质服务】 开展孕前优生健康检查工作。2014年，全市投入孕检配套资金368.82万元，共开展孕检19169人，10个县（市、区）均完成省下达的工作任务。免费孕前优生检查室间质评，省质评合格率超过80%，国质评合格率100%。继续推进创国家计划生育优质服务单位工作，全市已有5个全国优质服务县（市、区）；妇幼健康技能得到提升。开展全员岗位技能大练兵活动，选派8名优秀的妇幼、计生能手参加全省妇幼健康技能竞赛，获得团体三等奖和个人二等奖1人、个人三等奖1人、个人优秀奖3人的好成绩。

【中医药能力服务水平提升】 通过实施全市中医药服务能力提升工程，韶关市8家社区卫生服务中心开展中医药服务、设有中医科、中药房、理疗科，中药饮片、中医适宜技术都达到89%（其中，惠民、车站社区卫生服务中心达到要求）；乡镇卫生院90个，其中设立中医科、中药房的79个，占54%；配备中医类别医师比例达到10.3%；应用中药饮片或中医非药物疗法，开展常见病多发病基本医疗和预防保健服务的村卫生室达到52%。以中医、中西医为主的村卫生站（室）占43%、社区卫生服务站占53%；中医类别执业（助理）医师达25%的乡镇卫生院占35.3%、社区卫生服务中心占80%；开展中医适宜技术，达到12—15项以上的乡镇卫生院占65.8%，基层中医药服务体系建设不断加强，基层中医药服务能力不断提高。

【公立医院改革试点工作】 将韶关市县级公立医院改革分两批进行，在管理体制、运行机制、补偿机制、人事分配、药品供应、服务监管改革等方面进行指导督促。第一批试点南雄、始兴、仁化、乳源试点改革已基本完成，第二批乐昌、翁源、新丰也已逐步完成相关政策制度制订、医疗服务价格调整等基础性工作，改革工作正在稳步推进。

农村卫生工作

【启动“建设群众满意乡镇卫生院”工作】 8月，韶关市按照国家、省关于“建设群众满意乡镇卫生院”指导意见，正式启动全市的“建设群众满意乡镇卫生院”工作，并印发实施方案，对活动的原则、目标、内容、标准和流程等进行明确。要求每县（市、区）至少推荐1家乡镇卫生院参加评选，争取在第1周期第1年内，每个县（市、区）都有1家乡镇卫生院被评议为“群众满意乡镇卫生院”。

【开展全市乡村医生培训】 7月，在韶关学院医学院举办全市乡村医生培训班。采取全脱产集中免费培训方式培训乡村医生220名，为期15天，培训内容涵盖内科外科等基础医学知识、相关法律、法规、医改形势下农村卫生新政策、新要求等。

【申报基层医疗机构规范化建设项目】 按照国家、省基层医疗卫生机构规范化建设标准，上报14家乡镇卫生院、2间社区卫生服务中心、24间村卫生站申请中央拉动内需项目，计划进行新建或改扩建。

【开展社区调研和交叉检查工作】 4月下旬，对全市社区卫生服务中心进行调研。9月下旬，开展全市10个社区卫生服务中心交叉检查工作。

【启动家庭医生式服务试点工作】 3月，在浈江区太平社区开始家庭医生式服务试点工作，该社区已制定试点方案、组建服务团队，并按计划推进各项工作。转发省关于“家庭医生式”服务试点工作的配套文件。11月下旬，组织开展“家庭医生式”服务培训班。

【做好农村已离岗接生员和赤脚医生生活困难补助发放】 组织各县（市、区）完成已离岗接生员和赤脚医生生活困难补助人员补报工作。截至5月底，全市共有10年以上（工龄）3064人通过省审核，另有10年以下（工龄）377人符合韶关市补助条件。符合补助条件人员情况全部录入省信息系统。2013年、2014年，市级配套经费999万元全部落实到位。

【对村卫生站合法经营情况进行督导检查】 市卫计局对全市村卫生站合法经营情况进行检查，重点查处不具备资质擅自开展诊疗活动、超范围行医、私自承包（外包）等违法违规行为。通过督导检查，进一步规范韶关市村卫生站管理和经营行为。

计划生育

【人口计生】 2014年度，全市人口计生工作总体水平呈稳步发展态势。2014年度，全市常住人口290.89万人，常住人口出生32808人，出生率为11.75‰，自然增长率为5.55‰，政策生育率为91.13%，其中一孩出生19671人，一孩率为59.96%，二孩出生12176人，二孩率为37.11%，政策外多孩出生457人，政策外多孩率为1.39%。比省下达的常住人口出生率指标12.50‰、自然增长率指标6.20‰分别低0.75和0.65个百分点。完成省下达的计划任务目标。加大力度依法征收社会抚养费，维护生育政策的严肃性。财政、卫计两家组织工作组进行专项督查，全市征收总额同比大幅度提高。

【全市计划生育考核达标】 2014年，韶关市人口计生目标管理责任制考核达标，成绩较好，被省评为表扬单位。其中，武江区2014年度人口计生目标管理责任制考核达标，成绩显著，被省评为先进单位；仁化县、南雄市、新丰县等3个县（市）2014年度人口计生目标管理责任制考核达标，成绩较好，被省评为表扬单位；其余县（市、区）2014年度人口计生目标管理责任制考核达标。

【“单独两孩”政策实施】 做好“单独两孩”政策实施和审批工作。根据《关于做好全市“单独两孩”政策实施工作的通知》文件精神，从3月27日省颁布新条例，实施“单独两孩”政策，及时通过网站、工作群转发省、市文件，组织召开工作会议，及时传达省市文件精神，起草并出台韶关市“单独两孩”工作流程及申请表，严格界定独生子女身份，督促基层计划生育工作机构开辟补办再生育审批的“绿色通道”，做到快接、快审、快批。2014年年底，全市已受理审批单独两孩再生育申请2879宗，通过审核并办结的有2810宗。在日常工作中，及时答复群众电话网络关于“单独两孩”政策实施等咨询，共回复群众网络问政咨询48份、群众来电30多宗。

【综合治理工作有新成效】 强化计划生育兼职单位职责，保障“有证先办，无证缓办”和兼职单位互通人口信息制度落实。建立流动人口计划生育“市内一盘棋”管理服务机制，开展流动人口计划生育服务管理专项活动，加强对外出对象长效措施落实和查环查孕工作检查，查验流动人口计划生育证明22469人，新建信息卡5624个；为16154人发放流动人口计划生育证明；为流动人口提供免费的计划生育技术服务；提交通报信息6660条，接收通报信息13362条，已反馈13355条，反馈率为99.95%；经省计划生育领导小组办公室组织人员通过信息评估、实地督导、交叉检查等方式进行复核与评估，韶关市最终得分为95.65分，在全省22个地级市排第15名。

【计划生育奖励】 做好农村部分计划生育家庭奖励、“节育奖”、计划生育家庭特别扶助和城镇独生子女父母计划生育奖励工作。2014年全市共有7749人领取农村部分计划生育家庭奖励，兑现奖励金976万元；共有35005人领取农村“节育奖”，兑现奖励金2144万元；共有777人领取计划生育家庭特别扶助金，兑现扶助金124万元；共有20819人领取城镇独生子女父母计划生育奖励金，兑现奖励金2085万元。2014年上述四项奖励，全市合计64350人，合计投入奖励金5329万元。2014年有2074人享受农村独生子女和纯二女结扎户子女初中毕业升学加分优惠，让实行计划生育的家庭得到实惠。

【卫生计生宣传】 韶关市在地市以上新闻舆论刊物上刊播卫生计生宣传报道稿件551篇次，其中在国家级刊物发表稿件70篇。单是《中国人口报》上发表稿件57篇，位列全省第一，受省通报表扬。在省级刊物发表稿件67篇，在市级发稿414篇。其中在《韶关日报》刊登卫生计生方面的稿件102篇，编发健康生活相关宣传专版50期。韶关广播电视台新闻中心（电视类）开设《卫生与计生》宣传专栏24期。韶关广播电视台（广播类）开设《卫生与计生》宣传专栏24期。新建市卫生计生网站，开设科室子站15个，设立：政务公开、工作动态等宣传栏目10多个，链接18个局直属单位网站，将“办事指南、表格下载，网上咨询、网上申请、网上查询、审批公告”等公之于众，“一站式”全程服务。市卫计局自2009年以来开设的韶关市人口计生网站，刊登人口新闻200多篇，县（市、区）工作动态300多篇。该网站开设人口计生宣传栏目10多个，网民点击该网站人数已超过30万人次.2014年，市卫计局组织开展大型卫生计生专题宣传活动5次。如春节前慰问卫计系统工作人员及计生特殊困难家庭的“春风送温暖”行动、“单独两孩”新政策咨询活动、“7·

11”世界人口日宣传服务活动等。

【集中整治“两非”专项行动】 2014年8月至11月中旬，韶关市各地开展集中整治“两非”专项行动。各级党政领导重视，有关部门支持，各地人口计生部门牵头，相关部门配合；多次召开会议，研究部署任务，解决存在问题；采取有效措施，制发文件规定，建立运作机制；组织专案组和督查组，深入各地医疗卫生窗口，开展查案、督导双向行动，全市严打“两非”工作取得突破性进展。市卫计局联合公安、食品药品监管等相关部门组成工作组，查处“两非”案件。截至9月29日，全市各地查找育龄妇女孕情消失9起，立案9宗，结案的有7宗，正在查实的有2宗，其中武江区正在查处跨省（湖南省宜章县1宗、湖南省汝城县2宗）移送“两非”案件线索，自查案情1宗已结案；曲江区、始兴县办结各1宗；南雄市办结案件2宗，其中跨省线索（江西省全南县）案件1宗，自查结案1宗；翁源县查处孕情消失2宗、仁化县1宗，均已结案；乐昌市查处非法终止妊娠1宗，已结案；浈江区查处非法出售药物1宗已结案。查处为他人进行“两非”及非法出售终止妊娠药物9件个案中有9人受处罚，其中进行胎儿性别鉴定的3人，引产的3人，非法出售药物的1人，非法行医的2人，罚款合计为72900元。

【举报“两非”有奖制度落实】 建立《韶关市集中整治“两非”专项行动工作日志》，有经常性工作备忘录。建立“举报两非重奖”制度以来，局两次分别印发4000多块广告牌到各医疗卫生窗口、村（居）民委员会等地张贴。印发《韶关市举报“两非”奖励办法》，重申“举报两非奖励1万元”规定。南雄市、始兴县等地，将举报“两非”每件奖励标准提高到2万元。8月至10月，局印发《韶关市举报“两非”奖励办法》单张，在大型宣传活动上发放。局争取市财政专项经费10万元，在主流媒体《韶关日报》、韶关市广播中心、韶关市电视中心刊播《韶关市举报“两非”奖励办法》。2014年登记举报“两非”嫌疑案件48件次，立案查处7件，核实并兑现奖励举报人5人，兑现奖励金额7万元。历年累计，全市已兑现奖励举报人20多人，兑现奖励金额20多万元，全部由县级财政负担。

【卫计舆情监测与应对】 市、县两级建立卫生计生舆情监测与应对机制，市、县局分别成立卫生计生舆情监测与应对机制工作领导小组，全市配备舆情监测员15人。舆情监测与应对机制渐趋完善，全市举办舆情监测培训班11期次，实施每日舆情监测手段，并纳入年度考核，年内即时监测到南雄市和乳源县等地发生的卫生计生舆情共24宗，及时处理24宗，办结率达100%。全市实现“三无”：无上级催办舆情案件，无重大舆情事件发生，无遗留舆情案件存在。 （李俊国）

附：领导班子成员名单

工委书记、局长：刘文程

工委副书记、副局长：郭伟强
石卫芳

工委委员、纪工委书记：叶东生

工委委员、副局长：李高龙　刘建军
李四根

市属医疗机构

【粤北人民医院】 粤北人民医院创建于1886年，是粤北地区规模最大、综合实力最强的三级甲等综合性医院。医院占地面积90200平方米，建筑面积215548.9平方米。医院是“国家全科医生临床培养基地”“国家卫生部脑卒中筛查与防治基地”“国家药物临床试验机构”“卫生部电子病历试点医院”“广东省红十字会贫困先天性心脏病救治定点医院”“汕头大学医学院博士后流站科研基地”。医院先后荣获“全国百姓放心百佳示范医院”“全国改革创新医院”“中国医院信息化先进单位”“全国综合医院中医药工作示范单位”“全国药事管理优秀奖”“医院信息化创新医疗服务模式十佳医院”“全国敬老文明号”“全国模范职工之家”“广东省群众满意的医疗卫生机构”“广东省文明单位”“广东省联合培养研究生示范基地”“广东省优质护理服务示范单位”等荣誉称号。

2014年，医院现有职工2650人，其中专业技术人员2100人，主任医师等高级职称人员330人，主治医师等中级职称人员537人；有博士32人，硕士268人；博士研究生导师1人，硕士研究生导师11人，韶关市专业技术拔尖人才3名。

医院编制床位2500张，开放床位3000张。2014年医院服务能力进一步增强，服务总量持续增长。全年诊疗出院病人97699人次，增长12.94%；服务门诊病人1080087人次，增长11.29%。手术量5.24万人次，增长18.9%。

医院综合实力及各专科诊疗技术在粤北地区居领先地位。医院拥有省级临床重点专科19个，占全院临床医技科室总数的42%，另拥有14个韶关市重点专科和特色专科，专科建设水平迈进省内同级医院先进前列，形成强大的规模与技术优势。医院固定资产总值9.7亿元，2014年共投入6628万元购置CT、MR等先进设备，整体设备配置省内领先。

全国首家开通微信全流程就诊平台，变革传统的医疗服务模式。用户关注粤北人民医院微信公众号后，在手机上即可实现预约挂号、缴费、查看候诊通知和检验检查结果、在线咨询诊疗等医疗体验。2014年，该院微信公众号有关注用户3.5万人，使用微信就诊人次5万多。医院还推出一系列便民惠民措施，利用医院信息化发展助力智慧医疗。全国首家创新开展微信在线诊疗服务，患者通过手机就能看病，接受医生的专业诊断和健康指导。推出“全时空”门诊服务。可直接预约及挂号到医生名下，满足病人在任何时间就诊不同级别医师的需求。在全国首家开通微信企业号，创新内部管理模式，突破传统办公模式的时空限制，提升工作效率。

2014年，医院共有109项科研获各级立项，资助经费达264.5万元。其中国家自然科学基金1项，资助经费65万元；国家863计划课题子课题1项，资助经费10万元；省科技重大项目1项，资助经费150万元；全国临床医药研究专项基金1项，资助经费2.5万元。全院共有14项科研成果获韶关市科学技术进步奖，第20次遥居韶关市各行业各单位之首。全院发表论文219篇，其中SCI发表论文3篇。

医院作为国家全科医生规范化基地，接收全市医生转岗培训和进修医生130余人。完成各医学院校300人的临床带教任务和221名护生的实习任务，承担汕头大学医学院2011级临床本科55人的临床核心模块教学。主办国家级和省、市级继续教育项目39项，1万余人次参加学习。医院被获批为韶关市唯一的国家第一批住院医师规范化培训基地，20个专业通过申报获批为临床住院医师规范化培训基地，培训容量为327人。

医院参与政府组织的各类大型活动医疗保障工作和义诊咨询活动，多次深入城镇乡村为群众送医送药。做好对基层医院的对口帮扶工作，与40多家基层医院建立双向转诊协作关系。

2014年，医院荣获“全国百姓放心百佳示范医院”“中国100家最具公信力地级市医院”“广东省文明单位”等荣誉称号，被确定为“广东省贫困先天性心脏病救治定点医院”和“韶关市首批培育和践行社会主义核心价值观示范点”。（张碧琳）

附：领导班子成员名单

院长、党委副书记：徐　新

党委书记：梁光明

党委委员、副院长：许红雁

副院长：贝抗胜

党委委员、纪委书记：高凌俊

党委委员、副院长：马绍椿

副院长：孟志华

【韶关市第一人民医院】　韶关市第一人民医院是一所集医疗、教学、科研、预防保健、指导基层等任务于一体的三级甲等综合医院。是广东医学院附属医院，广东省高等医学院校教学医院，广东医学院硕士研究生联合培养基地，广东医学院、南方医科大学、海南医学院、赣南医学院等10所高等医学院校教学基地，第二军医大学长海医院骨科博士协作培养工作点；台北医学大学附属双和医院友好合作医院。医院是广东省“百家文明医院”；全国百姓放心百佳优质示范医院；广东省先进单位；广东省精神文明建设先进单位；韶关市精神文明先进单位；广东省优质护理示范医院；广东省电子病历试点医院；国家卫计委流感监测哨点医院；广东省药械安全性监测哨点医院；韶关市首批医保定点单位和“遵守劳动保障法律法规A级守法诚信单位”。

2014年，广东省卫计委组织对全省130家二级以上公立医院群众满意度第三方测评，韶关市第一人民医院在全省三级综合医院中排第七名，是本市唯一进入前十名的医院。

医院有“血液净化”“心血管疾病”“骨科”3个市立研究所。

医院内设机构68个，其中临床医技科室54个，职能科室14个。床位定编820张。

2014年医院职工总人数为1518人，其中离退休职工336人，在职在编职工675人，聘用人员507人（其中卫生专技人员343人，行政人员43人，安保及保洁人员121人），返聘专家19人。卫技人员984人，其中高级职称173人，中级职称268人，初级职称543人。

医院有硕士研究生导师7人，市专业技术拔尖人才2人，享受国务院政府特殊津贴专家1人。

骨科、呼吸内科、临床护理、病理科是广东省重点专科；重症医学科、妇科是广东省重点建设专科；普通外科、神经内科是韶关市重点专科；泌尿外科、神经外科、耳鼻喉科是韶关市重点特色专科。

骨科、呼吸内科、消化内科、神经内科、普通外科、神经外科、心胸外科、耳鼻喉科、妇产科、重症医学科、病理科，以及临床护理等专业技术水平与学术水平处于全省市级医院前列，在本市处于领先地位。

医院氩氦刀冷冻治疗肿瘤新技术，通过省卫计委评审，成为粤北地区唯一获得准入资质的医院；消化内镜诊疗技术、妇科腹腔镜内镜诊疗技术、普外科腹腔镜诊疗技术等11项内镜诊疗四级手术获得省卫计委的准入资质，成为韶关市获得内镜诊疗技术四级手术最多的医院之一；医院高压氧诊疗技术获得广东省卫计委的准入资质；医院取得省卫计委颁发的第二批广东省癌痛规范化治疗示范病房；医院通过韶关市卫计局组织的爱婴医院复评。

2014年，应用新技术、开展新项目共计15项，其中：自体甲状旁腺移植治疗尿毒症继发甲状旁腺功能亢进、乳腺癌根治术并乳房Ⅰ期再造、超声引导氩氦刀靶向冷冻治疗实体肿瘤、脊髓空洞症蛛网膜下腔分流术、脊内动脉海绵窦瘘带膜支架植入栓塞术、经多裂肌间隙微创置钉技术行腰椎退行性病手术、三位一体综合治疗糖尿病足病、无痛分娩、司迈等离子电切系统行前列腺剜除术等项目处于省内先进水平，并填补粤北地区的空白。

2014年，接收164人来院实习；带教韶关学院医学院见习学生300人；完成广东医学院成人本科护理专业67人的教学任务（其中2013级40人，2014级27人）。2名硕士研究生学习期满，通过论文答辩获得硕士学位。举办一期社区全科医师转岗培训，共培训全科医师骨干20人；接收62名基层医院医技人员来院进修培训（其中医技人员46人，护士16人）。

2014年，完成继续医学教育项目25项。其中：国家级项目7项，省级项目8项，市级项目10项，分别授予Ⅰ类学分89分，Ⅱ类学分27分；共有医务人员10730人次参加学习培训。

2014年，获得广东省科技进步一等奖1项；获得韶关市科技进步三等奖9项；2014年，科研立项47项；获得科研基金26万元；2014年，医务人员在全国各类核心期刊发表学术论文共98篇。

2014年，门诊诊疗总人数492，200人次，同比增长4.75%；出院总人数32，267人次，同比增长5.47%；2014年，业务总收入3.48亿元，同比增长8.89%。

2014年获得的主要荣誉：医院被评为市医疗保险定点医疗机构先进单位；医院被市浈江区武装部评为先进基层武装部；院团委被共青团韶关市委评为韶关市五四红旗团委；麻醉科被共青团韶关市委评为韶关市五四红旗团支部；急诊科获得市区院前急救工作先进单位三等奖。（王　胜）

附：领导班子成员名单

院长、党委副书记：全　红

党委书记：张建波

党委委员、副院长：邱卫东

张莉玲　李文虎

党委委员、纪委书记：毛彤灵

副院长：王永东

【韶关市铁路医院】　韶关市铁路医院是国家二级甲等综合医院、韶关市卫计局直属医院、国家卫计委中华健康快车白内障治疗中心、韶关市120网络急救医院、湖南省长沙医学院临床实习医院、卫生部国际紧急救援中心网络医院、国家级爱婴医院，广铁集团医疗保险、韶关市城乡居民医疗保险、韶关市新型农村合作医疗、中国人寿保险、中国泰康人寿保险、中国平安保险定点医院。

2014年11月15日，中华健康快车白内障治疗中心综合大楼全面启用，医院面貌焕然一新，环境优美，并且配备一批先进医疗设备，有：飞利浦16层螺旋CT机、西门子S2000彩超诊断仪、美国通用DR、西门子GE四维彩超诊断仪、美国爱尔康白内障超声乳化仪、日本拓普康眼科手术显微镜、德国蔡司眼科手术显微镜、日本拓普康自动验光仪、日本拓普康非接触性眼压计、日本拓普康裂隙灯检查仪、贝克曼全自动生化仪、登士柏牙科种植机等。

2014年，医院启用新院徽，以"心形"、健康快乐"鸟"及韶关市铁路医院的英文首写字母"S"为设计元素。两颗为医患而生的"心"：爱心、用心，体现医院对患者的关爱与呵护，也体现医院的经营理念：用爱感动世界，用心经营健康。两颗心相结合形成"+"，传达医院的行业属性。健康"鸟"象征健康、希望、自由，代表医院对民众的承诺。标志中暗含"1"代表医院为民提供一流的技术、一流的服务，一流环境的奋斗目标。医院还建立自己的微信平台，开通无线网络，强化内外网站建设。

2014年，随综合大楼搬迁，医院成立独立重病监护室（ICU），设有病床18张，拥有中央监护系统等全套先进仪器，病房配备中央空调、洁净消毒系统，十万级、万级层流病房，每床配备多功能吊塔，提供中央供氧、中央负压吸引、中央压缩空气等先进设施，现已成为医院重点科室。

2014年，医院各专科建设：韶关市十二五规划粤北区域医疗服务中心重点专科——眼科借助广东狮子会、广州怀仁堂慈善机构，为上千名贫困白内障患者实施免费手术，使他们重见光明；参与国际奥比斯项目，为40岁以上门诊病人进行全面眼科检查、为韶关市浈江区10所小学学生进行视力筛查；开展"全国爱眼日"活动、多次下乡开展义诊等，均取得的很好的成效。已获"中华医学会糖尿病学分会糖尿病教育管理认证单位"称号的糖尿病专科护士长在全国糖尿病管理年会上被授予"全国模范教育者"称号。糖尿病患者健康档案建档数已增加至570份，专科开展糖尿病宣传、教育，备受关注，糖尿病专科组织的各项活动借助新闻宣传5次，取得良好的社会效益。消化内科特色专科不断发展。2014年，胃镜、无痛胃镜数量都较上年有明显提高。在重点、特色专科的带动下，其他专科也在持续发展，急诊科连续第五年在韶关市120急救年度年终考评中获得第一名。2014年，全年门急诊总诊次、出院人数、床位使用率、病人满意率持续上升。（李毅玲）

附：领导班子成员名单

党委书记：姚广飞

院　长：全　红（—2014.9.5）

钟义春（2014.12.22—）

副院长：钟　军　廖清华

【粤北第二人民医院】　粤北第二人民医院始建于1972年7月1日，是一所集医、教、研为一体的非营利性以传染病防治为特色的大专科小综合园林式医疗单位，是广东省中山大学附属第三医院肝病诊疗协作单位，重点专科技术达省内先进水平。医院也是韶关市法定的治疗病毒性肝炎、肺结核等传染病的地级市医疗单位。负责承担实施韶关市结核病防治规划工作任务。2014年，根据韶机编〔2013〕59号文件：整合粤北第二人民医院、韶关市结核病防治所（韶关市呼吸系统疾病防治院），组建粤北第二人民医院（韶关市结核病防治所）精神，到韶关市事业单位登记管理局办理注销韶关市结核病防治所（韶关市呼吸系统疾病防治院）登记。

医院位于武江区沐溪大道13号，单位占地18.8万平方米，建筑面积3.6万平方米（其中医疗用房面积2.7万平方米）。医院设有内科、内儿科、外科、感染科、肺科、呼吸内科、中医康复（痛症）科等7个住院科室，设有风度分院门诊、院部门诊、西河门诊、结防门诊等4个门诊部。主要功能是诊治病毒性肝炎、肺结核、伤寒、副伤寒、非典、艾滋病、甲型H1N1流感等各类传染病。2014年，医院在职人员422人，其中，专业技术人员266人，占全院人员的63%。专业技术人员中正高级职称6人，副高级职称43人，中级职称73人，初级职称144人。引进人才23人。

2014年，医院固定资产累计3484万元。医院加大对设备和设施的投入，共投入818万元，添置1套彩超探头、1台美国ST20H呼吸机、1台上肢关节功能恢复器和1台下肢关节功能恢复器、6台心电图监护仪、1台心电图机、1套双水平呼吸治疗仪、1张牵引床等先进医疗设备及其配套设施。

2014年，开设病床412张，开设诊疗科目有内科、普通外科、神经外科、骨科、泌尿外科、胸外科、妇科、儿科、眼科、耳鼻咽喉科、口腔科、传染科、结核病科、麻醉科、医学检验科、医学影像科、中医科。

2014年，门诊诊疗116963人次，同比减幅5.2%。入院9714人次，同比增幅16.92%。出院9717人次，同比增幅16.72%。

2014年，全院总收入1.1亿元，创历史新高，同比增加1452万元，增幅16.53%。其中，业务收入1.01亿元，同比增加1396万元，增幅15.98%。

2014年，韶关市结核病防治规划工作：全市可疑症状初诊登记8415例，发现登记活动性肺结核1692人，其中初治（新发）涂阳856人，分别完成年度任务的104.06%、95.01%，涂阳登记率达31.18/10万，涂阳病人发现率达77.95%。各单位均完成或超额完成年度肺结核病人发现工作任务。新登记涂阳肺结核病人密切接触者共3196人，其中家属2376人、非家属820人，全部进行筛查，筛查率100%，发现涂阳肺结核病1例（翁源）。仁化县、南雄市结核病耐药监测点已经按时在6月1日启动耐药监测工作，截至12月31日已经纳入监测涂阳病人共52例，收送标本进行药物敏感试验36例。网络直报在校学生肺结核病人56例、教师7例，其中55例已经在当地结防机构落实管治、4例拒绝到当地结防机构登记治疗、4例转回韶关以外的原籍治疗。对出现病例的学校都进行防控干预工作，落实防控措施，共筛查密切接触的同学和教师共6264人，没有后续再次发现肺结核病例。2014年，按照《韶关市百千万志愿者结核病防治知识传播活动工作方案（2014—2015年）》组织开展活动。全市志愿者共627人，其中新增志愿者227人。332名志愿者参加2014年120次结核病防治知识传播行动，传播覆盖人群近3万人。90%志愿者年龄在18—49岁之间，并具有高中、大学以上文化程度，传播行动形式以现场、网络、讲座为主。在4月11日，全省会议上表彰2013年“百千万志愿者结核病防治传播行动”优秀志愿宣传员，粤北二院李德昌、彭裕强和曲江区梁洁梅荣获“广东省优秀结核病防治志愿宣传员”称号。

2014年，院领导重视安全生产工作，全年未发生一起安全生产事故。开展义诊活动，为百姓健康服务。配合完成市卫计局指派的卫生保健任务。开展无偿献血工作，共参与无偿献血总量有11500毫升57.5人次，实际完成献血率159.7%，比上级任务指标7200毫升36人次，实际超出4300毫升21.5人次，超34.7%，超计划完成上级规定的献血任务。

2014年，医院有7项科研课题通过韶关市卫生局评审。医院主任朱先女主持的科研项目“乙肝携带者（AsC）20年转归预测”，荣获2013年度韶关市科学技术进步奖三等奖。

（彭裕强）

附：领导班子成员名单：

党总支书记、院长：麦力强

副院长：周伟华　梁小文　李德昌　陈红玲

【粤北第三人民医院】　粤北第三人民医院是一所集医疗、防治、康复、科研、教学功能为一体的二级甲等精神专科医院。位于乐昌市武江江畔，始建于1958年，担负着全市精神疾病住院治疗、重性精神病管治、老年病和心身疾病康复治疗、心理障碍的心理咨询和心理治疗、法医精神病司法鉴定以及美沙酮维持治疗门诊等工作任务，是全市精神病社区防治网点的技术指导中心。

医院定编床位400张，占地总面积3万平方米，建筑总面积3.35万平方米，业务用房面积2.11万平方米。2014年医院在职职工280人，其中专技人员200人，占职工总人数的71%，正高职称3人，副高职称23人，中级职称60人。2014年全院总住院日304238个，同比增长24.48%；入院病人2206人次，同比增长17.2%；病床使用率为208%；门诊量44901人次，同比增长7.7%。

2014年3月，为进一步满足人民群众对精神卫生服务需求，医院对现有医疗资源、人员进行优化配置，增设第四科90张病床，进一步提高医院服务能力。8月经公开招标，医院投资97万多元，在不替换医院现有信息系统的基础上对系统、数据库进行无缝升级改造，实现电子病历、护理病历、LIS系统，系统的启用标志着医院医疗数字信息化水平迈上一个崭新的台阶，病历靠医生手写时代已成为历史。

根据韶关市卫生和计划生育局《关于接收安置市医疗器械维修站资产及分流人员的通知》精神，原韶关市医疗器械维修站整合并入医院，拟在该址上建立韶关市心理卫生中心，经过调研、论证、报批等环节，于11月开始进行装修阶段，填补韶关市的心理卫生专业服务机构的空白，满足全市人民日益增长的心理卫生服务需求。

贯彻执行卫生部《重性精神疾病管理治疗工作规范》《国家重性精神疾病基本数据收集分析系统》《韶关市重性精神疾病防治项目实施方案》等文件精神，在各级地方政府的支持下，不断提高网点建设质量，2014年8月19—20日，与市卫计局在韶关市区联合举办韶关市“国家严重精神障碍信息管理系统二期”培训班，培训人次144人。加强督促在管重性精神病人的管治、随访管理。截至11月30日，市各县（市、区）录入系统的重性精神病人数达18915人，患者检出率为

6.45‰，此检出率达到国家标准。国家卫计委疾控局副局长王斌率团到医院开展调研重性精神疾病防治工作，省卫计委副主任陈祝生、副市长兰茵及市卫计局局长刘文程随同调研。调研期间，调研组一行实地考察韶关市重性精神疾病管理治疗方面的情况，并进行座谈。调研组肯定韶关市在重性精神疾病管理治疗工作方面所做的工作和取得的成绩，指出必须加大对基层医疗机构精防医生的培训力度，提高基层医疗机构医生的诊治和管理水平，与时俱进，以发展的眼光开展重性精神疾病管理治疗工作。

2014年，医院被韶关市精神文明建设委员会授予“韶关市文明单位”称号；被韶关市人力资源和社会保障局授予2013年度韶关市医疗保险定点医疗机构先进单位；被乐昌市总工会授予乐昌市2013年度工会先进单位；医院精神三科被韶关市妇女联合会评为2014年度韶关市“巾帼文明岗”称号。（李俊华）

附：领导班子成员名单：

党总支书记、院长：邝乐平

副院长：杨炳全　梁军林　张程桢

【韶关市妇幼保健院】　韶关市妇幼保健院建于1952年，是集医疗、保健、科研、教学、全市妇幼保健工作指导于一体，技术力量雄厚，设备先进，全市唯一的妇女儿童专科医院，是韶关市新生儿急救中心。医院在职职工483人，其中卫技人员占85%，正高职称10人，副高级职称55人，编制床位350张，正式开放病床270张。医院分临床与保健两部分，临床部分设生殖医学中心、新生儿急救中心、遗传与产前诊断中心、新生儿疾病筛查中心、乳腺病防治中心、儿童脑康复科、妇科、产科、儿（内）科、五官科、检验科、病理科、功能科、放射科、麻醉科、药剂科等10多个科室，保健部分设儿童保健、妇女保健及体检中心等专科。

医院占地面积5228平方米，业务用房面积12317.7平方米，其中租用业务用房有3353平方米。医院整体布局合理，医院设备先进，现有固定资产6378万元。至2014年，拥有10万元以上设备76台，1万元以上设备269台。2014年门诊人次38.8余人次，住院病人同比增长11.76%；住院床日同比增长13.48%；手术人次同比增长13.95%，全年业务收入同比增长12.86%；药品收入占业务收入比为21.26%。2014年，全院收到病人赠送锦旗31（面）；表扬信14（封）；拒收红包40（个），拒收累计已知金额13000元。医疗服务满意率达98%，重症抢救成功率达97.8%。全年无医疗事故发生、无重大医疗纠纷发生。

韶关市妇幼保健院专科特色突出。生殖医学中心是全市医学重点专科，是粤北地区唯一通过国家卫生部准入评审允许开展“试管婴儿”技术的医院，2014年中心夫精人工授精（AIH）、体外受精-胚胎移植及卵胞浆内单精子注射（IVF-ET/ICSI）技术通过国家卫计委专家组及省卫计委自2010年运行后的第二次现场校验（每两年一次校验）。门诊人次同期增长17.91%，完成试管婴儿692个周期，临床妊娠率54.78%，夫精人工授精199周期，临床妊娠率8.70%。遗传产前诊断中心是市内唯一经省卫生厅批准筹建的产前诊断中心，2014年通过广东省卫计委现场校验（每三年一次校验）。新生儿疾病筛查中心负责全市所有医院分娩的新生儿疾病筛查、诊断和免费治疗工作，减轻家庭和社会的负担，围绕优生优育不断拓展业务，完成的全市新生儿疾病筛查40559例，筛查率达98.6%，筛出先天性甲低患儿17例，累计已达163例，均予以免费治疗。产前（唐氏）筛查达7312人次，增长34.24%，羊水染色体578例、脐血染色体31例、绒毛染色体4例，诊断需淘汰的染色体异常儿有14例；羊水地贫基因产前诊断122例、脐血地贫基因诊断22例，成功阻止26例重型地贫患儿出生。2014年，配合省级地贫防治工作，给予地贫产前诊断服务对象补助130余人次，金额达23.1万余元，为提高本地区出生人口素质做出应有的贡献。新生儿急救中心是新生儿的“120”，负责全市急危重症新生儿的转运和救治，多年来成功转运和救治大量急危重症新生儿，开展的多项技术填补韶关市空白；乳腺病防治中心是省妇幼安康工程乳腺癌防治定点单位，有无创检查的钼靶X机及粤北地区首创的麦默通乳腺微创手术系统；妇科具备开展各类妇科疾病治疗手术，实现三镜合一；产科、儿科业务功能齐全、富有特色，广受欢迎，在全市及周边市县享有盛誉；儿童脑康复科是全市规模最大、康复项目最多、康复设备最全的科室，开展脑损伤儿童语言及肢体综合康复训练项目。

韶关市妇幼保健院发挥全市妇幼保健工作业务技术指导中心作用，加强全市妇幼保健工作的指导，做好妇女、儿童防病治病、健康保健，妇幼二个系统管理始终保持在95%以上。做好“两癌”筛查网络建立和筛查知识普及工作，把检查与治疗密切结合。医院加强婚前医学检查工作，2014年（3+1报表）浈江、武江的婚检率维持在60.40%，全市19项保健指标处于全省中上水平。

韶关市妇幼保健院重视医院质量管理，持续开展基础医疗与护理质量工作，收集病人意见，落实医疗服务整改措施。强化医院急诊急救管理，2014年重症抢救成功率达97.8%。医院重视科技兴院工作，2014年开展新技术新项目共有17项，有8项科研获市卫计局立项，有6项市科技局立项，二项获科技三等奖，二项获市科技局资助共10000元。

2014年获得的荣誉有：中国妇幼保健协会贡献奖、遗传与产前诊断中心荣获广东省地贫防控项目2012—2013年度先进集体。（李锦昌）

附：领导班子成员名单

院长、党总支书记：龚小倩

副院长：饶世萍　邹王葵　林祥副

【韶关市职业病防治院】 韶关市职业病防治院暨韶关市第二人民医院、韶关市职业卫生监测中心，成立于1986年2月，是一所以防为主防治结合的专科医院，位于韶关市武江区建设路11号，全院总占地面积近8公顷，建筑面积2.5万平方米，业务用房建筑面积近1.8万平方米；开放病床415张；在职职工450人，卫生技术人员占80%，中、高级专业技术人员104人。

医院主要业务分为职业卫生、临床医疗、社区卫生、残疾人康复四大部分；主要业务科室有职业卫生科、质量控制科（理化实验室）、监测科、职业健康监护科、放射卫生科；设置有内科、外科、妇产科、中医科、五官科、检验科、放射科、仪检科、药剂科、手术室；儿童康复科、康复医学科、残疾人康复中心（特教部）及惠民、新华社区卫生服务中心等20多个业务科室。

2014年，全院业务收入7306万元，住院病人数6166人次，门诊量133385人次。2014年，医院新增固定资产250万元，其中有数字化X射线摄影系统（DR）1台、乐蓓尔分娩镇痛仪1台、微波消解萃取仪1台、盆底神经肌肉刺激治疗仪2台等一批医疗设备。医院突出专科、拓展创新、平衡发展，各方面成绩显著。加大职业病防治法宣传力度，加强质控及理化实验室的管理，树立职业卫生品牌。2014年，签订职业病危害评价协议165份，完成企业生产环境监测432家，全市放射工作人员培训119人次。完成86家单位共14282人次的职业健康体检，收治职业病及工伤康复病人1550人次，肺泡灌洗治疗105人次，职业性铅超标78人次，全部治愈出院。

加强突发性事件应对能力，配合政府参与本地区的血铅事件及中毒事件的应急处理，2014年10月底，翁源铁龙林场和曲江乌石出现血铅超标事件，医院配合政府相关部门，及时做好各类数据的检测、统计及汇报和相关的应急处置工作。

不断提升临床医疗服务水平。妇产科开展无痛分娩、无痛人流、产后盆底康复治疗及各种妇科诊疗项目等，加强产科质量的监控和出生医学证明发放管理，全年无孕产妇死亡及新生儿死亡，2014年产妇分娩量1205人次。外科在韶关市率先成功开展经尿道前列腺等离子剜除术，剜除术式是当前疗效最佳的微创术式，在市内处于领先水平。开展老年人康复，为晚期癌症、各种疾病终末期患者提供临终关怀服务。2014年，开展“关爱老人、构建和谐”活动，得到社会的一致好评。

规范社区卫生工作，有序开展社区公共卫生服务。做好武江区惠民、新华社区卫生服务中心的托管工作，完善居民健康档案，两中心建档202410份，建档率为99.7%。完成好计划免疫接种任务，2014年为辖区儿童接种疫苗5.6万余人次，抓好慢性病管理工作等各项公共卫生服务，定期开展健康知识讲座及义诊活动，让健康教育进社区、进家庭；为辖区居民提供便捷的基本医疗服务，实行国家基本药物零差价销售，使辖区居民享受到社区卫生服务带来的实惠。

发展康复医疗服务，托管市残疾人康复中心。2014年7月，医院正式托管残疾人康复中心，共建“医疗+康复+教育”新模式。中心特教部主要为本地区0—6岁以下符合条件的残疾儿童提供免费康复服务，现收训患儿143人。儿童康复科对残疾儿童进行医疗介入，为患者进行康复评定、物理治疗、运动治疗、作业治疗等系统的康复医学服务。在残疾人康复中心启用的当天，医院与三九脑科医院举行技术协作授牌仪式，三九脑科医院为医院康复医学的发展提供技术保障。

在西堤中路18号院区开设中医特色门诊，针对城市居民处亚健康人群众多的现象，开展调整亚健康状态、美体护肤、汗蒸、经络养生保健等一系列治未病项目，疗效显著。

医院重视精神文明及医院文化建设。2014年，妇产科被评为市级“巾帼文明岗”称号；康复科“把病人当作家人照顾”的护理理念受得韶关日报的采访报道；90后志愿者医生谢定坤为白血病患者成功捐献造血干细胞，是韶关市第二例造血干细胞成功捐献者，该行动得到市红十字会的授奖和社会的赞誉。 （邓有生）

附：领导班子成员名单
党总支书记、院长：曹光誉
副院长：郭　锐
　　　　冯　青（兼工会主席）
　　　　刘荣军

【韶关市公民无偿献血委员会办公室】 市中心血站始建于1966年，前身为广东省血液中心，是经市编委批准的、直属市卫计局领导的公益一类事业单位（副处级），担负着全市无偿献血和所有医疗机构的临床供血任务。2013年，与市公民无偿献血委员会办公室联合组建市中心血站（市公民无偿献血委员会办公室）。市中心血站（市公民无偿献血委员会办公室）本部位于市芙蓉北路四路6号，总用地面积为10179平方米，建筑面积8902平方米。在市区设立3个固定献血屋和3处流动采血点，并分别在各县（市）设立采血站，构建较为完善的献血服务网络；参与管理韶关市无偿献血者联谊会、韶关市红十字会无偿献血志愿者服务队共两个志愿社团组织，推动韶关市无偿献血工作健康发展。

2014年，在编在岗职工数63人，其中卫技人员45人，医生16人，护士21人，医护比1∶1.37；中级以上职称数25人，大学专科以上人数53人。设有办公室、财务科、宣教科、质管科、献血服务科、成分科、检验科、供血服务科等8个科室。2014年，市中心血站固定总资产数3414万元，拥有全自动酶免分析系统、全自动样本处理系统等万元以上设备122台，设备总价值达2123万元。

2014年，全年采集无偿献血达

32238 人（以每人次 200 毫升计共 46454 人次），采血量达 929 万毫升，同比增长 2.4%；成分献血 1950 单位，采血量是 78 万毫升，同比增长 1.5%；基本保障全市临床用血需要，确保血液质量安全。年采供血总量首次突破 10 吨，跃进全国中型血站行列。

自 1998 年《中华人民共和国献血法》实施起至今，全市临床用血一直保持 100% 来源于无偿献血。市中心血站按照卫生部“一法两规”的要求，建立和运行血站质量管理体系，严把质量关，保证韶关市医疗临床用血需求和安全。由于无偿献血工作成效显著，韶关市连续五次被国家、省授予“无偿献血先进城市”称号。（郭健生）

附：领导班子成员名单

党总支书记、站长、献血办主任：张天弼

党总支委员、副站长、献血办副主任：邓光辉

副站长：杨绍明　刘智敏

【韶关市中医院】　韶关市中医院始建于 1964 年，是韶关市唯一一所地市级三级甲等中医医院，服务范围涵盖韶关市七县三区。总占地面积 28403 平方米，业务用房总建筑面积 29264.53 平方米，编制病床 489 张，开放病床 505 张，由院本部、和平分院、十里亭分院、新华门诊和中药加工场组成，在职员工 583 人，卫生技术人员 522 人，高级职称 66 人，中级职称 134 人，省名中医 2 名，市名中医 5 名。2014 年门诊人数 18 万人次，出院病人数 13074 人次，业务总收入 1.09 亿元。医院设内科、外科、妇产科、儿科、骨伤科、康复科、针灸科、推拿科、肛肠科、耳鼻喉科、眼科、皮肤科、老年病科、麻醉科、急诊科、重症医学科、预防保健科、感染性疾病科等 18 个临床科室，门诊部设有 30 多个专科、专病门诊，并设置“治未病中心”。辅助科室配置有药学部、检验科、放射科、功能检查科、手术室、病理科、输血科、营养科，配套设施健全，是一所集医疗、教学、科研、康复、预防保健功能于一体，各临床学科较为齐全，具有鲜明中医药特色优势的现代化综合性中医医院，是广州中医药大学的教学医院和非直属附属医院创建单位，广东省首批中医住院医师培训基地、全科医生规范化培养基地，广东省中医名院创建单位。

医院设备先进，拥有一批现代仪器设备，并配置齐备的中医诊疗设备。围绕医院发展的总体规划，医院正不断完善基础设施建设和科室配置建设，促进医院的科学发展。

医院的骨伤科、康复科、肛肠科、老年病科、针灸科是省重点中医专科建设科室，技术力量较强，在中医手法正骨、骨关节疾病、中风康复、肿瘤中医治疗、椎间盘突出症、各种痛症的诊治方面独树一帜，开展射频热凝靶点消融术治疗颈、腰椎间盘突出症。外科开展钬激光治疗泌尿系结石，是粤北地区首家开展此类技术的医院。在市民中建立良好声誉，返聘有一批退休中医专家及省、市名中医坐诊，在社会上有较强的影响力。

医院设置和平分院和十里亭分院，方便民众就近诊治，设有内科、外科、妇产科、康复科、老年病科、针灸科、推拿科住院部，并开设各类专科门诊。通过不断加强医院管理，使医院医疗质量和服务水平稳步提高，两个文明建设效益显著。医院在传承中医药文化，加强医院内涵建设，立足于发挥中医特色的基础上，发挥中医“简、廉、验”的优势。不断提高医院的竞争力和影响力，促进医院的可持续发展。

（容兆宇）

附：领导班子成员名单

党总支书记、院长：陈　龙

副院长：黄　荣　黄献民　李　胜

【韶关市第三人民医院】　建于 1966 年的韶关市第三人民医院，位于韶关市曲江区马坝韶钢东区，占地面积 8 万平方米，建筑面积 3.1 万平方米，是一所专科齐全、设备先进、技术精良、服务优质，集医疗、教学、科研、预防、保健、康复、养老为一体的国家二级甲等综合性医院；是广东省高等医学院校教学医院，同时也是全国多家高等院校的教学基地；是国家级爱婴医院、广东省省直工伤保险定点医疗机构、韶关市基本医疗保险定点医疗机构、韶关市无烟医院等。2013 年 7 月前隶属宝钢集团广东韶关钢铁有限公司，2013 年 11 月更名为韶关市第三人民医院，2014 年 1 月正式纳入市卫生和计划生育局直属医院管理运作。

医院开放床位 536 张。学科设置齐全，共设有 29 个临床医技科室。现有职工 351 人，专业技术人员 265 人，其中高级职称 25 人，中级职称 76 人。

医院拥有荷兰飞利浦数字减影血管造影机（DSA）、磁共振成像系统、GE 螺旋 CT、加拿大数字 X 线摄影机（DR）、飞利浦 IU22 三维立体彩超、日本富士能电子胃肠镜、胶囊内镜、高压氧治疗舱等万元以上的诊疗设备近 250 台（套）。

医院重视自身内涵建设，骨科和泌尿外科是韶关市特色专科。医院已形成心血管介入、骨科、泌尿外科、恶性肿瘤微创治疗、重症监护、精神科、老年保健中心（养老）等专业品牌。2014 年，各科开展的新项目有：外一科开展自动痔疮套扎术；外三科开展腰椎后路减压 + 钉棒系统内固定 + 椎间盘切除 + 椎间 Cage 植骨融合术和 MIPPO 技术治疗肱骨近端骨折等；妇产科开展腹腔镜下子宫腺肌瘤、腺肌症的治疗；胃镜室开展黏膜染色技术和术中肠镜检查定位；CT 室开展 MRI 肩关节 T1、T2 脂肪抑制序列扫描（对肩袖损伤的研究），鼻咽部 MRI 增强扫描（针对鼻咽癌），HRCT 扫描肺 GGO 结节、间质性病变的研究。

2014 年，全年门（急）诊总人次 18.82 万人次，出院病人 10177 人次，各类手术 4884 例次，各类体检 2.08 万人次。

附：领导班子成员名单

院长：汤达鹏

副院长：袁志坚　罗永明　余　钜

【韶关市慢性病防治院】　韶关市慢性病防治院（韶关市皮肤病医院、韶关市性病防治中心）是韶关市卫计局直属医疗事业单位，负责全市皮肤病、性病/艾滋病、麻风病的防治、监测、培训、宣教及对市内各级皮肤性病防治专业机构的业务督导。2014年，医院的医疗业务与防治工作稳步发展。

医院现有在职职工82人，卫生技术人员65人，卫生技术人员占在职职工总数的79.27%，其中具有高级职称的有15人，中级职称22人，初级职称28人；具有硕士研究生学历4人。2014年业务总收入比2013年增长12.36%。医院业务收入以门诊为主，2014年诊病人次80003人，同比增长5.71%。床位编制50张，开放床位30张。

皮肤科临床医疗技术力量雄厚，对各种常见皮肤病如湿疹、荨麻疹、带状疱疹、手足癣、银屑病、白癜风、痤疮、玫瑰糠疹及疑难、危重皮肤病如系统性红斑狼疮、天疱疮、红皮病、关节病性银屑病、重症药疹、皮肌炎等积累丰富的诊疗经验，治疗效果显著。

皮肤科配套检查、检验项目齐全，可进行皮肤病理及院外皮肤病理会诊；进行各种过敏源检测（包括点刺试验、特异性IgE检测试验、斑贴试验、自体血清皮肤试验）及免疫、生化、真菌、细菌培养等检测项目，对皮肤病的确诊及病因筛查起到至关重要的作用。

皮肤科治疗手段多，方法独到，设备先进，如拥有不同类型的大型紫外线光疗机，光动力治疗仪，308准分子激光机，半导体激光治疗仪，二氧化碳激光机，聚焦超声治疗系统等先进设备；药浴（包括淀粉、中草药）；开展冷冻（包括喷射、接触等）、电灼、脱敏、皮损局部封闭、穴位注射、自血疗法等治疗手段。皮肤科除可提供国内外各种最新的皮肤科专用药物外，自行研制20余种院内特色制剂。这些药疗效显著，价格低廉，使用方便，深受患者喜爱。

医院不断加强全市性病、麻风病的监测管理和防治工作，性病漏报率下降，报病符合率明显提高；1999年全市以县（市）为单位，已全部实现基本消灭麻风病的目标，麻风病防治工作转入监测、康复阶段。截止到2014年年底，全市麻风病现症病例6例，患病率为0.2/10万；韶西医院共有麻风康复者25人。2013年和2014年被评为省麻风防治先进单位。

附：领导班子成员名单

院长：欧阳烈

副院长：刘昱君　梅册芳　邓扬盛

【韶关市口腔医院】　韶关市口腔医院是韶关市卫生局直属口腔医疗专科医院。位于武江区惠民北路33号，工作用房占地面积166.45平方米，建筑面积1375.83平方米。拥有一大批先进口腔医疗设备。院内设有口腔内外科、牙周黏膜病科、正畸科、修复科、口腔综合科、种植室、特诊室、X光照片室、技工室、消毒供应室等。在武江、浈江区设有2个口腔门诊部。开展的业务有：补牙，拔牙，种植牙，牙髓病、根尖周病、牙周黏膜病、口腔颌面疾病及外伤、颞颌关节病、牙槽外科和颌面部手术治疗，活动义齿、隐形义齿、高频铸造、玻璃瓷牙、烤瓷牙的修复，活动、固定正畸等医疗服务项目。承担着韶关市口腔疾病的预防、治疗、教学及科研任务，为韶关学院医学院口腔专业的教学实习基地。

2014年，在职职工75人（含临聘人员26人），正高职称1人，副高职称2人，中级职称20人，退休人员35人。

2014年，门诊人次达71814人次，医疗质量和医疗水平不断提高，全年未发生医疗事故、医疗差错和医疗纠纷。主动做好牙防工作，到市区幼儿园和小学免费为学生口腔健康检查、涂氟和窝沟封闭工作。

附：领导班子成员名单

院长、党支部书记：张　泳

副院长：阳冬青　蔡顺鑫

【韶关市应急救护指挥中心】　市应急救护指挥中心主要负责指挥、组织、协调全市重大传染病等突发公共卫生事件的医疗救治和本地“120”呼救的受理、院前急救指挥和调度，开展韶关市区120网络医院和各县（市、区）医疗急救队伍院前急救专业技能规范化培训等工作。现有工作人员13名，9人为调度员。

2014年，市应急救护指挥中心进一步完善调度业务工作制度和流程，每月多次组织调度员学习调度业务知识，做到及时、准确、公平、合理派车，全年未出现因调度失误、病家投诉的现象、未出现误派车。“120”接到报警呼救电话78020次，其中有效受理27172次，有效派车10434次，救治病人12968人。调度员平均派车时间为45.11秒，平均调度时间为32.67秒，平均摘机时间为1秒；10家急救站平均院内响应时间为1分55秒。指挥中心参与指挥抢救、现场处置并按时上报重大突发事件25起；收集、质控、完善、装订、上架院前急救病历9043份。

市卫计局接连发出2014年韶关市区和县（市）级院前急救技能培训通知，培训工作由市应急救护指挥中心承办，培训专业理论和技能课程围绕全国急救技能大赛标准进行，累计参与培训的市区医院急救人员近200人、各县（市）医院急救人员近300人。应邀对供电、消防等特种单位500多人次进行医疗急救知识培训。

12月30日，市应急救护指挥中心制定演练方案，模拟各种外伤的医疗救援工作，在武江、浈江、曲江三区组织开展10场实地应急演练，粤北人民医院、市第一人民医院等10家医院50多名急救人员参加演练。

市文明委于2月正式授予市应急救护指挥中心“文明示范窗口”，市妇

联年底考核通过市应急救护指挥中心调度室为“巾帼文明岗”。（奉振辉）

附：领导班子成员名单

主　任：奉振辉

副主任：蒋　源

【韶关市健康教育所】　2014年，市健康教育工作以提高群众健康素养为目的，以创建全国文明城市和创建健康促进医院、无烟单位为载体，深入开展形式多样、多层次的健康教育与健康促进活动。

做好公共卫生健康教育宣传。做好H7N9禽流感防控宣传。制作防控禽流感宣传栏3个，印制宣传折页5万份。强化登革热防控宣传，报刊登载防控登革热科普文章56篇，防控登革热宣传栏2期112版，印刷宣传画报1万份、宣传折页15万份。加强其他传染病的防控宣传。专题出版有关埃博拉出血热防控科普专题2期，刊登防控科普宣传文章12篇。开展重点疾病（艾滋病、结核病、麻风病）核心信息以及育龄妇女艾滋病相关知识知晓情况调查，回收有效问卷300份。

创新媒体健康教育传播。报刊开辟《卫生与健康》科普征文栏目，刊登健康科普文章160多篇。在韶关广播电台综合台和交通台开设《健康人生》卫生科普栏目，全年累计播放健康科普稿件达12万多字。抓好主街道和公共场所等健康教育宣传，2014年更新宣传栏达200多版次。利用新媒体开展健康教育宣传，开通“韶关健教”微信公众号。

以创建工作为契机，着力提高居民健康素养水平。以创建全国文明城市工作为契机，加强公共场所禁烟工作。在市区开展六类场所（医院、校园、机关、餐厅、酒店、出租车）无烟环境创建工作。以创建省级无烟单位工作为契机，营造公共场所禁烟良好氛围。全市已申报省级无烟单位有248家。以创建健康促进县和健康促进医院为契机，着力提高大众健康素养水平。韶关市的乐昌市和局直属粤北人民医院、市一医院、市中医院、粤北二院、市妇幼保健院和市铁路医院分别被定为广东省中央补助地方健康促进县和健康促进医院示范项目。

抓好基层健教队伍业务培训。举办“全市学校结核防控培训班”“卫计系统创建无烟单位培训班”，累计培训学员达200人次，开展大型健康知识咨询现场活动5次，咨询人次约8000人次。组织到社区开展健康知识讲座8场次，受惠人数达近1000人次。

廖新波（左二）在市卫生计生局局长陪同下到市中医院督查韶关市《中医药条例》落实情况（市卫计局　供）

做好控烟履约工作。加大控烟宣传力度。刊登吸烟危害健康及戒烟专题科普文章25篇，印制宣传画2万份、宣传折页10万份，发放控烟宣传声像光盘100套。完善控烟宣传硬件设施建设，在公共场所及有关单位的大厅、人行步梯、洗手间、电梯、会议室和办公室等处张贴明显的禁烟标志和禁烟警示牌，合理设置吸烟区。开展明察暗访督导，向全市下发暗访通报，督促存在问题的整改落实。不断完善控烟长效机制建设。医疗卫生单位建立控烟工作制度和奖罚制度，设立控烟日常巡查员，对在室内吸烟者及时劝阻。市汽车东站和西站成立控烟志愿者，负责对在候车大厅、售票厅等公共场所吸烟者进行劝导。（张智卫）

附：领导班子成员名单

所　长：冼家乐

公共卫生与疾病预防

【概况】　韶关市疾病预防控制中心是在原来韶关市卫生防疫站基础上、撤并原武江、浈江、北江3个区防疫站，于2001年8月组建的直属韶关市卫生局的副处级卫生事业单位，加挂韶关市卫生检验中心牌子，是全市疾病预防控制、卫生监测检验和卫生学评价的技术中心。中心内设办公室、人事科、财务科、质量控制管理科、流行病科、寄生虫病防治科、免疫规划管理科、公共卫生科、消毒杀虫科、防治门诊部、微生物检验科、理化检验科等18个科室。有在职人员77人，其中大专以上学历59人，获得高级职称16人，中级职称18人。2014年，韶关市疾病预防控制中心坚持以公众健康服务为中心，不断进取，开拓创新，突出重点，科学防控，完成各项工作任务，疾控工作软硬实力得到较大提升。

【重大传染病应急处理】　全市无甲类

传染病报告。法定传染病报告发病数23977例，较上年同期上升29.43%（23997/18525），其中乙类传染病7983例，较上年同期下降2.97%（7983/8227），丙类传染病15994例，较上年同期上升55.31%（15994/10298）；报告死亡数66例（其中艾滋病34例、肝炎14例、肺结核12例、手足口病4例、新生儿破伤风1例、梅毒1例）。开展外环境禽流感病毒监测，加强流感、不明原因肺炎监测，以做好早期预警。做好应急值守和物资储备，加强技术培训与宣教，协调工商、农业、林业等相关部门，共同做好疫情联防联控工作。韶关市未发现人感染H7N9禽流感病例。加强手足口病防控工作。全市累计报告手足口病12504例，较上年同期上升101.51%；报告重症病例6例，较上年同期上升20%；报告死亡病例4例，较上年同期上升100%。全市累计报告手足口病聚集性病例疫情10起，均未分级，10起暴发疫情均无重症病例和死亡病例报告。完成流感、发热肺炎等专项监测任务。全市共报告流感病例1554例，较上年同期（473例）上升228.54%；累计报告流感样病例聚集性疫情18起，发病398人，无重症及死亡病例；全年共监测发热肺炎540人（次），占门诊病例总数的0.25%，无不明原因肺炎病例。开展登革热蚊媒控制，清理蚊虫滋生地，并及时进行蚊媒控制效果评估。2014年，全市累计报告登革热病例32例，其中临床诊断病例17例，实验室确诊病例15例；本地病例3例，分布在武江区；省内输入病例29例；无重症及死亡病例。中心成立埃博拉出血热防控领导小组，密切关注和跟踪疫情发展，及时组织专家研判疫情态势，调整防控策略，及时发布预警，对韶关市5名埃博拉出血热疫区归国人员进行健康监测和信息管理。

【突发公共卫生事件应急处理】 2014年，全市在“突发公共卫生事件管理信息系统”上报告突发公共卫生事件4起，包括2起流感暴发疫情、1起食源性疾病和1起水污染事件，均得到及时有效地处置，事件波及24645人，发病774人，无死亡病例，防控成效明显。2014年8月，中心采取现场操作和书面答题相结合的形式，组织开展“2014年韶关市突发公共卫生事件应急演练”。各县（市、区）疾控中心参演人员均能按照要求，在规定时间内完成任务，做到思路清晰、处置得当、要点突出，体现较好的卫生应急能力。

【免疫接种】 通过强化免疫、查漏补种、疫点处置、加强免疫监测、规范冷链管理及异常反应处理等措施，脊灰疫苗、麻疹疫苗的有效接种率均保持在95%以上，麻疹疫苗接种及时率达到90%，继续维持韶关市麻疹发病率低水平及无脊灰状态。全市128家预防接种门诊常规免疫接种工作运转正常。2014年，全市共接种一类疫苗963674剂次，二类疫苗384732剂次，合计1328406剂次，单苗接种率达99%以上。9—11月，全市含麻疹成分疫苗补种率为97%（18173/18736）。共发现“零剂次”儿童（包括常规免疫对象）2324人。全市各县（市、区）报告接种率均达到95%的标准。现场接种率快速评估调查519人，完成含麻疹成分疫苗免疫规划程序514人，接种率为99.04%。

【免疫传染病防控】 韶关市报告麻疹病例35例，居全省第18位；报告发病率1.21/10万，居全省第16位；AFP（急性弛缓性麻痹）病例11例，其中本市病例10例，外省病例1例；流行性腮腺炎399例，较上年同期（1057例）下降62.25%；报告15岁以下乙肝病例14例，较上年同期（23例）下降39.13%；新生儿破伤风5例，较上年同期（2例）增加150.00%；风疹病例54例，较上年同期（19例）增加184.21%；百日咳2例，未发现白喉、流脑、乙脑等病例。全市疑似预防接种异常反应监测48小时内报告率、48小时内调查率、3日内调查表报告率均为100%。全市共报告疑似预防接种异常反应病例181例（其中143例为一般反应，36例为异常反应，2例为偶合症）。全年报告免疫相关疾病突发公共卫生事件2起，其中风疹暴发疫情（发病23例）、水痘暴发疫情（发病25例）各1起，均发生在南雄市。各项防控措施得到落实，疫情均得到有效控制。

【寄生虫病与地方病防治】 2014年11月，韶关市10个县（市、区）通过省疾控中心消除疟疾考核组考核，全市实现消除疟疾的目标。翁源县资料完整，数据翔实，在实现消除疟疾考核工作中起到示范表率作用。做好消灭血吸虫病后的监测工作，巩固消灭血吸虫病的成果，血吸虫病原疫区曲江区、仁化和翁源县继续按省的监测方案要求，巩固消灭血吸虫病的成果，全市未发现活钉螺和新感染的血吸虫病人。推进碘缺乏病防控，碘盐监测结果显示全市各项指标值进一步提高，以县为单位，碘盐监测指标达到国家碘缺乏病消除标准的比例达98.3%，碘盐监测率达98.3%，达到国家碘缺乏病消除标准。

【慢性病防控】 2014年，全市纳入管理高血压患者207238人，规范管理人数164910人，规范管理率79.58%；纳入管理糖尿病人数54963人，规范管理人数44030人，规范管理率80.11%。全市共报告死亡病例12066例，比上年同期（10637例）增加13.43%。其中以武江区最高为2662例，其次南雄为2619例，仁化县最低226例。韶关市全人群死因监测地区为南雄市、武江区、翁源县、始兴县和乐昌市。完成南雄市及曲江区慢性病及其危险因素监测的现场调查。结合“全民健康生活方式日”“全国高血压日”“联合国糖尿病日”等健康宣传主题日，开展经常性的宣传活动，营造舆论环境；加强对已建设的健康支持性环境的维护与动态管理，研制推广适宜健康支持性技术和工具，并开展项目绩效评估。

【消毒与病媒生物控制】 全市共监测医疗机构705间，监测覆盖率为85.95%，合格率为90.91%；共监测托幼机构124间，监测覆盖率为142.53%，合格率为75.95%；鼠密度监测，主要为褐家鼠和黄胸鼠，平均捕获率为0.39%，较上年同期（0.33%）上升18.18%，提示城区鼠密度有所上升；蚊密度监测，平均密度为11.1只/灯，较上年同期（13.3只/灯）下降16.5%，但白纹伊蚊比重（4.16%）上升。4—10月，市区诱蚊诱卵指数各月均较上年同期有较大幅度的上升，各月诱蚊诱卵指数均显著超过5的控制值，提示韶关市城区一旦有登革热病原的入侵极易引起传播。各地在9月17日—10月29日期间开展布雷图指数调查123个点次，其中44个点次的BI指数超过控制标准；蝇密度监测，平均密度为0.84只/笼，较上年同期（1.04只/笼）下降19.23%，家蝇、市蝇为优势种；蟑螂密度监测，密度和侵害率分别为0.08只/盒和3.90%，密度和侵害率高峰均出现在8月，优势种群为德国小蠊和美洲大蠊。

【公共卫生检测】 全年共监测省级食品安全风险监测样品40类1570份；市级食品安全风险监测样品9类650份，合格率89.54%，其中乐昌市、翁源县合格率最高，武江区合格率最低；大宝山矿区及周边地区重金属污染健康防护监测共抽检大米、蔬菜及井水样品79份，合格率92.65%。做好哨点医院食源性疾病主动监测，提高症状报告质量，做好数据的分析利用，建立信息预警机制。曲江区疾控中心完成哨点医院（曲江人民医院）的培训、督导、资料录入指导等工作，对韶关市食源性疾病监测工作顺利开展起到推动作用。全市共监测旅业、公共浴室、文化娱乐场所、商场、美容美发等各类公共场所1143户，合格987户，合格率86.35%。完成生活饮用水监测876份，合格520户，合格率59.36%。其中，农村饮用水共监测596份，合格246户，合格率41.62%，不合格项目主要为微生物指标。

【学校卫生检测】 在全市监测点学校开展学校因病缺勤监测工作。加强学校因病缺勤监测信息网络直报工作的技术督导。举办广东省儿童青少年健康监测网络系统使用技能培训班。乳源县作为实施农村义务教育学生营养改善计划工作的试点，做好基础摸底和资料收集工作。

【行业健康体检】 完成2014年全国学生体质健康调查工作（韶关片区）血红蛋白项目检测，共调查学生949人。2014年，共完成食品从业人员体检19642人、公共场从业人员体检17799人，合计37441人。查出职业禁忌人员129人。其中肺部异常3人、肠道检查异常3人、转氨酶异常123人，对检查合格及异常复检合格的人员全部发放健康合格证明。

【检验与质控】 全年各类检测报告及时率达100%，未发生实验室安全事故，客户投诉率为零，检测人员上岗持证率100%，实现2014年质量目标的要求。各级疾控中心对检测能力、仪器设备、检测人员情况进行自查，在中心检验技术骨干的支持下，相关实验人员熟练掌握气相色谱仪的使用，增强水质检测能力，为今后完成农村生活饮用水水质检测任务打下坚实的基础。（温劲翠）

附：领导班子成员名单
中心主任：刘国生（2014.6－）
中心副主任：倪秀峰　邓俊兴
胡国超　林裕端

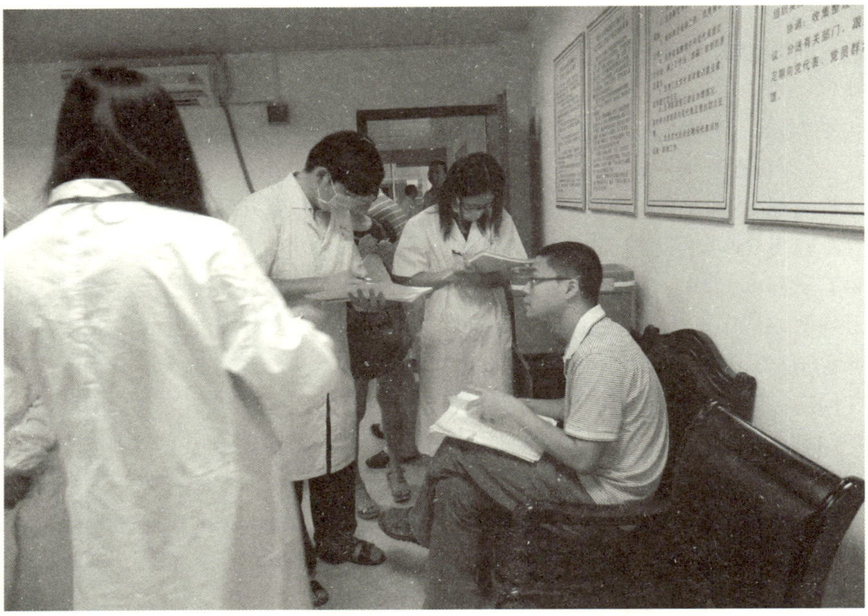

2014年，韶关市突发公共卫生应急演练（韶关市疾控中心　供）

爱国卫生

【概况】 韶关市爱国卫生运动委员会（简称市爱卫会）是负责组织领导、统筹协调全市爱国卫生和防治疾病工作的机构。设市爱卫会主任1名，副主任3名。市爱卫会下设办公室（简称市爱卫办），是市爱卫会的常设办事机构，承担着委员会的具体工作，负责爱国卫生工作日常的组织协调、综合调研和督导检查，是参公管理副处级事业单位，挂靠市卫计局；单位定编8名，领导班子3名，其中，主任1名，副主任2名；内设公共卫生科、综合科。2014年，市爱卫会抓好爱国卫生组织建设，建立健全城市卫生管理督查督办机制；开展爱国卫生运动，组织实施以农村为重点的新一轮城乡环境卫生整洁行动；推进卫生城镇、卫生村创建和巩固工作。

【开展爱国卫生运动】 3月中旬，市爱卫办组织开展以“远离病媒侵害，你我同享健康”为主题的韶关市第26个爱国卫生月活动，并将活动方案印发到各级各部门，对“爱卫月”活动进行具体部署，明确工作任务和具体要求。爱卫办联合浈江、武江区爱卫办在启明路健身广场设立中心宣传点，宣传病媒生物防制、食品卫生、控烟、卫生保健等方面知识，接受群众的咨询和情况反映，为居民解答有关问题，派送除“四害”药物，举办健康教育图片展示，倡导卫生防病意识。“爱卫月”期间，各县（市、区）、市直各单位开展爱国卫生运动，开展环境卫生整治和病媒生物防制行动，主要治理城乡接合部、背街小巷和集贸市场的脏、乱、差现象，清理主要街道店外店及占道经营，取得阶段性成效，达到以月促年的目的；市爱卫办集中组织开展城乡环境卫生整洁行动。通过将爱卫工作与创文活动有机结合，先后制定《关于全力做好全国文明城市测评迎检工作的通知》《关于强化创文测评迎检期间环卫保洁路段责任落实的通知》等有关文件通知，在城乡范围内开展环境卫生集中活动，重点整治学校周边、车站广场、建筑工地、农贸市场及周边、城中村、城乡接合部、背街小巷、“五小六乱”等，城乡环境卫生整体水平不断提升。制定实施“周五公共卫生活动日”制度，每周五的下午是卫生整治行动时间，市直机关、企事业单位按照责任包干区域，自行组织人员进行环卫大扫除，发挥党员干部“韶关是我家，卫生清洁靠大家”的模范表率作用。5月，韶关市部分县发生强降水而引发洪涝灾害，为做好抗洪救灾防病工作，市爱卫办组织开展以大搞环境卫生，预防传染病发生，保障人民群众健康为主题的爱国卫生运动，组织人员深入灾区指导，动员群众大搞环境卫生，清除卫生死角及做好消毒杀虫工作。结合元旦、春节等节假日，动员组织开展城乡环境卫生整治行动，不断提升城乡环境卫生整体水平。

【开展病媒生物防制】 市爱卫会制订年度计划以及相关工作方案等，对病媒生物防制工作目标任务、措施等作具体部署。4月5日，召开全市病媒生物防制工作会议，部署除“四害”工作，并对市直及浈江、武江、曲江区街道办（镇）、社区居（村）委干部职工负责病媒生物防制工作人员进行培训。6月4日，对教育系统进行病媒生物培训，进一步提高工作人员科学防治能力。7月29日—30日，市鼠害与卫生虫害防制协会举办培训班，对全市除四害专业队伍进行知识培训。市爱卫办借助电视、广播、报刊等新闻媒体，印制宣传资料，宣传普及病媒生物防制知识，提高群众防蚊灭蚊除害防病能力。分别在4月的“爱卫月”春季灭鼠、6月中旬至7月中旬的灭蚊行动月、中秋国庆期间、7月的青岛啤酒节、夏季灭蚊、秋季等时段，组织开展投药灭鼠灭蝇、灭蚊、灭蟑行动。在登革热防控期间，更是每周一次药物消杀统一行动，最大限度的灭杀成蚊，登革热防控取得实效。

【登革热防控】 市委、市政府高度重视，成立以分管副市长为组长、市辖三区政府、市委宣传部、市卫计、市食药等38个重点责任单位为成员的市登革热防控工作领导小组，统筹组织协调登革热防控工作，具体由市爱卫办负责组织抓落实。市爱卫会制订《韶关市登革热疫情防控工作方案》，明确职责分工，一级抓一级，任务落实到部门，落实到基层。市爱卫办制定《韶关市开展“灭蚊行动月”活动实施方案》，将6月23日至7月23日定为全市集中开展“灭蚊行动月”。通过市爱卫会的组织协调发动，各地、各单位通过宣传防蚊灭蚊和卫生防病知识，组织干部职工、居民群众开展大搞环境卫生，疏通沟渠，填平坑洼，翻盆倒罐，清除各类积水，清理维护“四防”装置等工作。市爱卫会制定《韶关市开展预防登革热为重点的爱国卫生工作方案》，明确提出9月至11月为全市登革热防控集中整治时间。10月8日，韶关市组织开展“全省以防蚊灭蚊为重点的爱国卫生行动日”行动。行动日当天，全市统一大搞环境卫生，清除卫生死角，翻盆倒罐，清除积水，填平坑洼，并开展统一烟熏灭蚊和投药灭蚊。抓好登革热疫情点的环境卫生整治和督促药物消杀工作。市委、市政府制定《市领导包干督办登革热防控工作方案》，由10位市主要领导对各县（市、区）防控工作进行分片包干督办，确保登革热防控各项措施落到实处。10月8日，市长艾学峰携市创文办、市卫计局、市疾控中心、市爱卫办主要负责人督查金芙蓉大厦居民区登革热疫点处置情况以及周边环境卫生和消杀情况。副市长兰茵带队到粤北第二人民医院督查登革热应急处置情况并到西联考场路及上背庙村督查城乡接合部环境卫生整治及消杀情况。市爱卫办组织检查组对各县（市、区）和市直30多个部门单位进行病媒生物防制专项检查。在登革热防控期间，市爱卫办加大灭蚊防蚊督导检查力度，特别是在国庆节前后，协同市创文办，抽调市旅游局、市住建局等部门，对全市宾馆、酒店、旅游景区等防控工作进行专项督导，发现问题，及时整改促进各单位落实登革热防控工作。全市爱卫部门共开展督查193次，控制“四害”密度。

【进农村改厕和卫生村镇创建工作】 加强对新丰县巩固省卫生县城和翁源创建国家卫生县城工作指导。4月，市爱卫会组织检查组对新丰县巩固省卫生县城工作进行市级检查。6月，省爱卫会对新丰县巩卫进行暗访。12月，通过省级复查并被省爱卫会授予“广东省卫生县城”称号。推进翁源县创建国家卫生县城工作进程；翁源县江尾镇成功创建为“灭鼠先进镇”。开展创建卫生村活动。10月11日，市爱卫会在翁源县召开全市创建卫生村镇工作座谈会，推广翁源县创建卫生村镇工作经验，同时对下一段创建卫生村镇和城乡环境卫生整洁行动工作进行部署。2014 年，全市共创建省市卫生村 85 个，其中“广东省卫生村”21 个，“韶关市卫生村”64 个。配合开展全省农村环境卫生监测工作，按要求在 10 月 1 日至 4 日在规定的时间内如期完成监测任务。2014 年，全市新建农村卫生厕所 15235 户，全市农村卫生厕所普及率达 92.69%，无害化卫生厕所普及率为 85.25%，农村自来水受益率 89.45%。　　（陈洁莹）

附：领导班子成员名单：
主　任：彭有莲
副主任：蓝荣彪　谭国权

卫生监督与执法

【概况】　韶关市卫生监督所（简称市卫监所）是韶关市卫生和计生局下属的执法机构，是依照公务员法管理的公益一类副处级事业单位。现有干部职工 37 人（编制 44 人），其中卫生监督员 30 名；监督车辆 9 辆。下设办公室、受理发证科、公共卫生科、医疗机构监督科、职业卫生科、学校卫生和生活饮用水监督科、稽查科、宣教信息科八个科室。2014 年，市卫生监督所以强化能力建设为基础，以“文明执法，诚实服务，为民办事”为卫生监督工作的出发点和落脚点，围绕市委、市政府中心工作，依法履职，强化监管，全所以“管理上层次，服务上水平，工作创一流”为目标，抓好卫生监督内涵和能力建设，持续改进服务质量，提高服务水平，开创卫生监督工作新局面。全年，市卫生监督所出动卫生监督员 6346 人次，检查各类监管对象 2320 户次，查处无证经营单位 13 户，引导办证户数 444 户，做出行政处罚 41 宗，警告 26 户次，结案罚款 5.892 万元。2014 年，市卫生监督所信息化建设、行政执法、计划生育监督执法衔接准备工作等得到省卫计委和省卫生监督所的高度评价，获得 2014 年度全省卫生监督信息报告工作先进单位的荣誉称号。

【创建国家文明城市和巩固国家卫生城市】　市卫监所把“创文、巩卫”与日常业务工作有机结合，以巩固国家卫生城市、创建国家文明城市工作为重点，夯实公共卫生监督管理基础，加大对公共场所的监管力度。在全市“五小”行业开展地毯式的卫生监督工作。对建成区的农贸市场、城中村、和小街小巷内的小旅业、小发廊进行卫生整治。要求小旅业洗消间、布草间必须配备完善。共出动监督员 780 人次，监督车辆 147 车次，引导办证 79 间，通过国家明检和暗访。

【卫生行政许可】　市卫监所继续实行“首问负责、限时办结、服务承诺、责任追究”制度，提高卫生行政审批效率，对符合条件的申请资料，第一时间送达各个责任科室，使岗位责任更加明晰，审批程序更加顺畅，工作效能提高。全年共办理各种卫生行政许可事项 1261 件，协助局完成母婴保健技术考核 300 余人次，接受各类电话咨询 5000 余宗，报送好人好事 4 篇，在各级审批人员的支持下，提前预约上门服务 446 次，提前办结率达到 100%。

【卫生监督协管】　2 月 28 日，市卫监所召开韶关市卫生监督协管工作会议，总结全市卫生监督协管工作，乐昌、始兴被评为市卫生监督协管先进单位而获得表彰，浈江区、武江区卫生监督协管工作取得进步而受到表扬，对卫生监督协管工作开展缓慢的个别单位进行不点名批评。加大督导力度，通过边检查边解答边辅导的方式，共对八县（市、区）卫生协管工作共计 18 个单位进行稽查，现市各县（市、区）乡镇卫生协管工作已基本建立卫生监督协管服务网。至 6 月底，全市七县三区均已开展卫生监督协管员培训、考核，参加人数 301 人。

【公共场所卫生监督审查】　市卫监所把“预防监督”与“日常监督”相结合，按照《我市各类公共场所卫生许可基本要求》统一标准进行许可审查，审核标准高、发放要求严。2014 年度，共发放审核公共场所卫生许可证 666 间，新办共 496 间、复核 177 间、变更 56 间、不予许可 25 间。对新、改、扩建的 65 间公共场所单位进行建设项目

10 月 11 日，韶关市召开全市创建卫生村镇工作座谈会（市爱卫办　供）

设计卫生审查，对62间公共场所单位进行建设项目竣工验收卫生审查。对辖区内公共场所进行巡回监督检查，全年共检查3192户次，对经营网点进行卫生监督户均2.31次，监督覆盖率达100%。检查中共书写检查笔录897份，发出限期整改意见书530份。

【公共场所量化分级管理】 市卫监所坚持“重点单位重点监管，薄弱环节强化监督”的工作思路，进一步统一评分标准与要求，对1016间公共场所单位实施卫生监督量化分级管理。评出A级单位18间、B级单位117间和C级单位881间。通过公共场所卫生信誉等级的评定，调动公共场所单位完善卫生设施，落实卫生管理的积极性，提高公共场所单位对卫生工作的自律性。

【公共场所卫生监督重点监督检查】 市卫监所完成本年度公共场所重点监督检查工作。共抽检56家公共场所（含各区、县），累计抽检各种公共场所用品用具及空气样品共211份。同时，对被抽检单位进行重点监督检查。随机抽查167名从业人员，156名从业人员持有合格健康证明，持证率达93.41%。

【公共卫生突发危害健康事故的预防管理】 市卫监所对全市1366间公共场所进行多次全面的监督检查，发出整改意见书862份。通过检查促使辖区内各类公共场所单位进一步建立健全卫生管理制度、完善突发公共卫生事件应急预案，完善卫生设施，从措施上消除突发公共卫生事件隐患，辖区内2014年未突发公共卫生事件。

【医疗机构日常监督管理】 市卫监所按照整顿与规范并重的原则，围绕“监督、规范、查处、取缔”的工作思想，把集中整顿和日常监督结合起来，重拳打击非法行医行为。完成对149家医疗机构执业许可证年度校验和换、发证的现场审查工作；完成7家医疗机构母婴保健技术服务许可证年度换证现场审查工作。对辖区内182家医疗机构开展巡回卫生监督，监督覆盖率达100%，并对69家存在不良执业行为的医疗机构进行记分处理。血液安全监管。2014年2月底，对乐昌市同路单采血浆有限公司开展血液安全监督工作，重点检查采血浆技术操作规范的执行情况，打击非法采浆行为。传染病防控卫生监督工作：拟定《韶关市卫生监督所埃博拉疫情防控卫生监督应急预案》，出台《韶关市医疗机构口腔诊疗消毒隔离卫生监督检查指引》，并于10月中旬在乐昌市开展全市传染病疫情应急处置卫生监督现场演练活动。整治非法医疗广告工作。建立医疗广告专项监管档案，及时收集整理市区发布医疗广告医疗机构信息。2014年，向相关医疗机构下发涉及医疗广告卫生监督意见书9份，并对3家违规发布医疗广告的医疗机构依法做出行政处罚，并作医疗机构不良执业行为计分处理。

【医疗机构专项卫生监督】 市卫监所开展医疗机构口腔诊疗消毒管理专项监督检查。拟定《韶关市医疗机构口腔诊疗消毒管理专项监督检查工作方案》，在全市范围内开展医疗机构口腔诊疗消毒管理专项监督检查工作。专项行动共查口腔诊疗医疗机构31家，对15家口腔诊疗医疗机构存在不良执业行为的医疗机构作记分处理，并下发《卫生监督意见书》限期整改。联合市疾控中心对11家口腔诊疗医疗机构使用的消毒器械进行监督抽检，合格率达100%。开展医疗机构医疗废物集中处置专项行动工作。结合日常监管工作，开展对辖区内医疗机构医疗废物集中处置专项卫生监督检查，期间共查医疗机构142家，对38家在医疗废物管理工作中存在不规范行为的医疗机构作记分处理，下发《卫生监督意见书》限期整改，并对3家逾期未改的医疗机构做出行政处罚。开展个体诊所登革热疫情防控专项检查工作。重点检查市区91家个体诊所，主要针对传染病报告制度落实情况、医护人员防护措施等内容进行监督检查。针对检查中发现的问题，及时下发《卫生监督意见书》并督促落实。开展医疗机构医疗美容专项整治工作。于2014年上半年在辖区内开展医疗美容服务专项整治工作，重点检查医疗机构医疗美容科目设置、执业范围、人员资质、医疗美容广告发布、执业行为等内容。辖区内核准的医疗美容服务机构有4家，专项行动未发现不良执业行为。开展集中整治“两非”行动。在市卫计局统一领导下，联合有关部门，在7—9月参与集中整治“两非”专项行动，按职能分工，完成各项工作任务。进一步整顿医疗秩序打击非法行医专项行动。行动中查处违法行医案件15宗，罚没金额2.25万元，其中取缔、捣毁非法“诊所”3家。对75家存在不良执业行为的医疗机构作记分处理。开展打击买卖医疗机构执业许可证和出租承包科室专项行动。2014年12月下旬，重点开展打击民营医疗机构非法买卖、转让、租借医疗机构执业许可证行为、医疗机构“出租承包”科室行为。

【学校卫生监督管理】 市卫监所建立并完善市区学校卫生监督档案，开展辖区被监督单位调查研究工作。指导档案室建立并完善市区的学校卫生监督档案共85户。对学校、集中式供水、二次供水单位的卫生监督档案进行查漏补缺。组织卫生监督员熟悉、了解各类被监督单位基本情况，探索工作新思路，熟悉学校卫生、生活饮用水监督工作制度和程序。开展对辖区学校专项卫生监督检查。对辖区内的大、中、小学校进行卫生监督，共出动卫生监督员432人次，车辆124车次，监督大中小、技工学校152户次。针对存在的问题，卫生监督员当场下达《卫生监督意见书》，提出指导性整改意见，要求限期整改。制定实施方案，学校卫生监督量化分级工作2014年在韶关市区全面铺开，2014年已对韶关市区45间学校进行卫生监督量化评级，共评出A级单位10间，B级单位33间、C级单位2间。学校卫生监督量化分级管理工作逐步进入常态化和规范化管理轨道。开展对市区幼儿园卫生监督工作。重点检查内容：幼儿学习及生活环境、传染病防控、医疗机构和保健室、生活饮用水、公共场所等卫生监督，以及是否建立突发公共卫生事件处置预案。共检查22户次，出动卫生监督员88人次。对市区5间考场进行检查，加强对考场的饮用水卫生监督检查和监测工作；对两次考试共10个考场进行专项保障卫生监督，确保各项考试的顺利进行。

【生活饮用水卫生监督管理】　市卫监所开展对辖区集中式供水、二次供水单位卫生监督、监测工作。制定《2014年饮用水卫生专项工作方案》，对纳入国家饮用水卫生检测网络的集中式供水、二次供水、城市自建供水，会同市疾病预防控制中心进行每季度监督监测，包括现场快速检测。其中市政供水出厂水及末梢水水样共127份；检验结果出厂水合格率100%，末梢水合格率100%，检验城市二次供水水样56份，合格率96.43%；检验城市自建供水4份；检验结果已及时上报国家卫生监督、监测系统。对辖区内的6间市政水厂、5间乡镇水厂、104户二次供水单位进行卫生监督监管，按时把市区的生活饮用水单位卫生监督监测数据统计上报。开展《2014年饮用水卫生宣传周》活动。2014年5月，开展“韶关市2014年饮用水卫生宣传周”活动。其间，共出动卫生监督员32人次，分别进行饮用水卫生宣传周活动、开展饮用水安全进社区学校等咨询活动，共张贴标语、悬挂横幅、发放饮用水卫生宣传资料共130余份（条）。

【涉水产品卫生执法检查】　从2014年3月开始，市卫监所开展强化全市涉水产品专项执法行动。出动监督员184人次，执法车辆58辆次，对市区销售净水器、饮水机等涉水产品销售单位进行清理排查，共检查涉水产品销售单位32户次，集中式供水单位10户次，二次供水单位49户次，共检查132种涉水产品。2014年立案查处涉水产品销售单位8户，共罚款5200元，8宗处罚均已结案。

【放射卫生监督管理】　出台《韶关市放射诊疗专项整治工作方案》，完成放射诊疗机构专项整治工作，放射诊疗许可证持证率达97%以上，放射诊疗机构日常性监督覆盖率达100%，于11月26日，通过省放射诊疗专项整治督导组的检查。举办各类放射培训班3期，培训被监管对象209人次。完成全市的放射诊疗机构调查摸底情况，编写《韶关市各地放射诊疗专项整治工作季度进度表》，并下发至各县（市、区）卫生监督所。监督检查各类型放射诊疗机构51家，完成预防性卫生监督13家，新申请25家，定期校验26家，查处限期未予整改的放射诊疗机构10家，对其中的3家给予书面警告行政处罚，对6家给予罚款行政处罚（共计罚款17100元）。排查市区口腔牙科卫生站或私人诊所127户。成立韶关市放射卫生技术评审组，进一步规范市放射卫生建设项目审查工作流程。加大对放射卫生技术服务机构的监管力度。

【职业卫生监督管理】　对辖区内的9间职业健康检查机构进行监督检查。对市辖的职业病诊断机构进行专项检查，督促其整改职业卫生日常工作中存在的问题。对35间医疗机构的疑似职业病、职业病报告情况进行重点监督检查。

【卫生监督稽查】　制订年度稽查工作计划，开展全年的稽查工作，完成年初制定的年度稽查工作目标任务，完成对本所全年及下属8个县（市、区）卫生监督所稽查工作。完成全市卫计监督执法稽查专项整治工作，对市卫监所2013年至今已办结的43宗卫生行政执法案件和8个县（市、区）185份卫生监督文书进行自查和分析。开展每年一次对七县一区的稽查专项检查，开展两次对全所一线科室卫生监督员的执法行为和着装风纪进行稽查。在全省综合监督会议上作经验交流。评查评议各县（市、区）一般程序案卷共52份，根据评查结果制作课件，并在4月初对各县（市、区）监督所监督员进行业务培训，共计90人次。全年一般程序行政处罚8宗，其中监督检查发现并处罚5宗，受理投诉19宗（其中立案查处3宗、当场取缔2宗），所有案件均是涉及医疗卫生。

（戴甲文）

附：领导班子成员名单

所　长：梁方武

副所长：陈晓平　朱逸明

　　　　冯珍素（挂职）

体育管理

【概况】　韶关市体育局是主管体育工作的市人民政府工作部门。体育局与体育总会一个机构，两块牌子。市体育局编制21名，局机关共设办公室、群众体育科、竞技体育科、体育经济科、人事科（监察室）5个科室。3个直属单位分别是：市体育彩票管理中心、市中心业余体校、市体育场馆管理中心。2014年，体育工作贯彻《全民健身条例》和《广东省加快转变体育发展方式意见》，各项工作有序开展。柔道运动员邓丽娟参加亚洲青少年柔道锦标赛获第三名；激流回旋运动员曾祥林参加全国青少年激流回旋锦标赛获得第三名。优秀体育运动员有：邓丽娟、曾祥林、马丽芸、张琳、肖剑、杨嘉麒、杨晓翠、谭美云、侯晓兰等。

群众体育

【体育场地设施建设】　2014年，市体育局与市财政局联合印发《韶关市体育场馆设施向社会开放资助方案（2014年—2016年）》。推进机关事业单位体育场地设施向社会开放工作，完成25万平方米体育场地设施向公众开放和20个乡镇农民体育健身工程建设任务，指导和资助贫困村体育场地设施建设。

【全民健身活动】 韶关市举办元旦环城跑、龙狮闹元宵、全国百城和千村健身气功展示和科普讲座活动、龙舟赛、羽林争霸2014红牛城市羽毛球赛、8月8日全民健身日、“林语阳光杯”干部职工体育运动会、广东省第二届“体彩杯”（韶关·环南水湖）自行车公开赛、第四届野外露营、第七届徒步穿越丹霞山、第三届丹霞山绿道快乐骑行等活动。全市经常参加体育锻炼人口达49.1%。

【社会体育指导员队伍】 韶关市有社会体育指导员8091人，其中国家级25人、一级289人、二级1146人、三级6631人。全市有77个乡镇（街道）建立社会体育指导员服务站。举办社会体育指导员培训班12期，培训1014人。韶关市每万人拥有社会体育指导员28名，排在全省前列。

【开展国民体质监测】 2014年，韶关市体育局建立体质测定与运动健身指导站，成立体质测定与运动健身指导协会，开展体质测定、科学健身指导服务。3—5月，开展6—69岁人群问卷和抽测工作，完成2000多人的入户问卷调查和抽测工作。7—8月，开展第四次全国国民体质监测工作。韶关市作为全国定点城市，承接人幼儿、成年、老年3个年龄段，总样本量2880的监测人数。

【参加省以上比赛】 8月12—15日，市太极拳协会参加由广东省社会体育中心在广州市举行的2014年广东省传统武术项目锦标赛，获得一等奖20个、二等奖17个；8月20—22日，市武术协会健身气功队代表韶关市参加由广东省体育局在清远市举行的2014年广东省健身气功站点联赛，获得一等奖2个、二等奖4个、三等奖1个；9月20—21日，市体育舞蹈协会参加由广东省社会体育中心在清远市举行的2014年广东省体育舞蹈公开赛，获得个人项目一等奖23个、二等奖18个、三等奖21个；9月22—26日，曲江区老年人体协代表广东省参加由中国老年人体育协会在四川德阳市举行的2014年全国老年人太极拳（剑）交流活动，获得优胜奖7个；10月，市武术协会健身气功队代表广东参加由国家体育总局在广州市举行的2014年首届海峡两岸暨粤港澳地区健身气功比赛，获得一等奖5个、二等奖9个；11月6—17日，市老年人体育协会组队代表韶关市参加由省老干局、省体育局、省老年人体协主办的“广东省第八届老年人运动会”，共参加7个大项，27个小项的比赛，取得集体一等奖4个、二等奖5个、三等奖3个，个人项目二等奖6个、二等奖10个、三等奖14个，团体总分第七名，为韶关市争得荣誉。12月13日，市公安局广播体操队代表韶关市参加由广东省体育局、广东省总工会在肇庆举办的广东省百万职工第九套广播体操比赛，荣获“一等奖”“体育道德风尚奖”“优秀组织奖”。

【体育“创先”工作】 2014年，韶关市一批单位获得广东省第十五届“体育节”活动优秀组织奖、优秀报道奖和先进单位荣誉称号。曲江区体育局、浈江区体育局、始兴县体育局获优秀组织奖；韶关市广播电视台获优秀报道奖；韶关市排舞协会、韶关市万佳和房地产开发有限公司获先进单位。

竞技体育

【业余训练重点班工作】 韶关市体育局开展2014年业余训练重点班检查工作，共命名29个业余训练重点班，覆盖全市10个县（市、区）。落实业余训练重点班各项扶持政策，对符合条件的31个重点班发放2013年训练补助19.5万元。

【青少年体育俱乐部工作】 韶关市精英青少年体育俱乐部申报为省级青少年体育俱乐部。截至2014年，韶关市有4家国家级青少年体育俱乐部（山鹰青少年体育俱乐部、时代青少年体

2014年6月14日，韶关市第十四届运动会竞技体育组柔道比赛在韶关市曲江区体育馆举行（朱春明 摄）

育俱乐部、曲江区益康青少年体育俱乐部、乐昌市现代青少年体育俱乐部）、8家省级青少年体育俱乐部（金福园青少年体育俱乐部、第二中学青少年体育俱乐部、第十三中学青少年体育俱乐部、曲江一中青少年体育俱乐部、始兴县青少年体育俱乐部、仁化丹霞旭日青少年体育俱乐部、星辰青少年体育俱乐部、精英青少年体育俱乐部）。

【参加省青少年锦标赛】 2014年5月至11月，380名运动员参加2014年广东省青少年武术套路、射击、田径、举重、赛艇、皮划艇、乒乓球、羽毛球、摔跤、柔道、跆拳道、击剑、曲棍球、手球、足球、静水回旋等16个项目锦标赛，获得金牌3枚、银牌6枚、铜牌4枚，总分592分（按比赛系统计分），团体总分在全省22个参赛单位排名第13位。

【运动人才队伍培养】 2014年，市体育局向省体工队输送优秀运动员1人，向省体校输送优秀运动员2人。审批二级运动员42人。2014年，市中心业余体校教练张永强、林德祥被评为田径高级教练员。市中心业余体校教练张丽、李竹青被评为举重中级教练员。全市有高级教练员3人，中级教练员10人，初级教练员3人。开展2014年首届韶关市武术套路、跆拳道项目教练员、裁判员培训工作。40人参加培训。

【举办韶关市第十四届运动会】 8月14日，由韶关市人民政府主办，市体育局与市教育局联合承办的原市运会与市中小学生运动会合并举办的韶关市第十四届运动会在韶关市体育馆开幕。此次市运会于10月30日在韶关市体育馆闭幕。来自10个县（市、区）、5家中省驻韶企业、8所学校的23个代表团4661名运动员参加竞技体育组、学校体育组、成年组、老年组4个组别，30个大项、360个小项的比赛。曲江区代表团、始兴县代表团、浈江区代表团、仁化县代表团、南雄市代表团、新丰县代表团分别获得代表团总分前六名。

体育产业

【户外运动基地建设】 市体育局贯彻落实国务院《关于加快发展体育产业，促进体育消费的若干意见》，做好韶关市体育产业发展规划，落实政府扶持政策。继续组织开展徒步穿越丹霞山、野外露营、环南水湖自行车赛、丹霞山全国山地自行车邀请赛等具有韶关特色的户外系列活动，提升韶关的知名度，促进体育产业和相关产业的发展。加强韶关户外运动网站的建设，为户外运动爱好者提高赛事宣传、活动召集、户外指南、快乐共享等平台服务，提升韶关市户外运动服务水平。

【体育彩票工作】 全市贯彻落实《广东省体育彩票转变发展方式工作方案》，市体育局与市财政局联合制定并下发《韶关市体育彩票三级管理改革实施方案》《关于各县市区体育彩票三级管理改革工作实施方案的批复》，规范体彩销售管理。2014年，全市体育彩票总销量为3.24亿元，完成年度总销售任务（2.57亿）的120%，比上年同期总销量增长23.67%。

【第六次全国体育场地普查数据韶关调查结果】 12月25日，《第六次全国体育场地普查数据公报》正式发布。全市场地总数为4483个。标准场地4386个，非标准场地97个。按系统分，体育系统121个，占2.7%；教育系统2084个，占46.49%；其他系统2278个，占50.81%。按区域分，三城区1419个，占31.65%；七县3064个，占68.35%。场地总面积为690.06万平方米。按区域分，三城区253.87万平方米；七县436.19万平方米。人均体育场地面积为2.39平方米。其中，三城区人均场地面积为2.5平方米，七县人均场地面积为2.32平方米。

（余丽芬）

附：领导班子成员名单

局　长：何著东

副局长：林钟强　宋启龙　林　静

副调研员：陈惠萍

体育总会主席：何著东

体育总会副主席：林钟强　宋启龙　林　静

2013—2015年韶关市省级体育传统项目学校名单

表17

体育项目	学校名称
田径	北江中学、乳源中学、仁化中学、南雄市第一中学
毽球	韶关市第四中学
篮球	韶关市第一中学
足球	韶关市第五中学
定向越野	韶关市中等职业技术学校

2014年韶关市向省输送高水平运动员名单

表18

序号	姓名	性别	项目	输入单位	输出单位	原教练
1	黄江涛	男	举重	省体工队	韶关市	李竹青
2	曾祥林	男	激流回旋	省体校	始兴县	吴晓勇
3	陈伟聪	男	激流回旋	省体校	仁化县	吴晓勇

2014年韶关市运动员参加省以上正式比赛获奖运动员名单

表19

序号	姓名	性别	比赛名称	项目	小项	名次	单位	教练
1	邓丽娟	女	亚洲青少年柔道锦标赛	柔道	甲组女子70公斤	第三名	乳源县	金　杨
2	赵秀云	女	全国青少年举重锦标赛	举重	甲组女子58公斤总成绩	第一名	曲江区	胡永军
3	曾祥林	男	全国青少年激流回旋锦标赛	激流回旋		第三名	始兴县	吴晓勇
4	黄燕珍	女	全国曲棍球锦标赛	曲棍球	女子曲棍球	第五名	曲江区	张永强
5	黄江涛	男	全国青少年举重锦标赛	举重		第七名	新丰县	李竹青
6	赵秀云	女	广东省青少年举重锦标赛	举重	甲组女子58公斤总成绩	第一名	曲江区	胡永军
7	刘永龙	男	广东省青少年举重锦标赛	举重	丙组男子48公斤总成绩	第一名	曲江区	胡永军
8	黎子贤	男	广东省青少年射击锦标赛	射击	25米手枪速射8秒6秒各30发	第一名	浈江区	赵集川
9	刘裕程	男	广东省青少年举重锦标赛	举重	乙组男子52公斤总成绩	第二名	新丰县	彭　峰
10	张维顺	男	广东省青少年举重锦标赛	举重	乙组男子52公斤总成绩	第二名	始兴县	彭　峰
11	曾祥林	男	广东省青少年皮划艇锦标赛	皮划艇	单人皮艇单位综合排名赛	第二名	始兴县	吴晓勇
12	曾祥林	男	广东省青少年皮划艇锦标赛	皮划艇	单人皮艇团队成绩	第二名	始兴县	吴晓勇
13	陈林峰	男	广东省青少年田径锦标赛	田径	甲组男子1500米	第二名	南雄市	许冬灵
14	黄静君	女	广东省青少年田径锦标赛	田径	甲组女子1500米	第二名	南雄市	许冬灵
15	李健辉 邹旺华 李泽麟	男	广东省青少年皮划艇锦标赛	皮划艇	8千米皮艇团体对抗赛	第三名	仁化县	吴晓勇
16	凌兴旺 温嘉源	男	广东省青少年赛艇锦标赛	赛艇	2千米单人双桨	第三名	始兴县 曲江区	吴晓勇
17	张帮茂	男	广东省青少年田径锦标赛	田径	乙组男子跳高	第三名	曲江区	尹科成

社　会　生　活

民　　政

【概况】　2014年，市民政局机关内设科室有：办公室、救灾救济科、基层政权和社区建设科、军休退伍安置科、区划地名科、优抚科、人事监察科、社会事务科、社会福利科、老龄工作办公室、社会组织管理局共11个科（室），核定行政编制36人。本局下属单位有：韶关军用供应站、韶关市福利彩票发行中心、韶关市殡仪馆、韶关市救助服务站、韶关复退军人医院、韶关市红星综合厂、韶关市五祖路军休所、韶关市惠民北路军休所、韶关市工业东路军休所、韶关市社会福利院共10个。2014年，全市民政工作在构建和谐社会、落实民权、改善民主、为民排忧解难等方面发挥各项职能作用，各项业务协调发展。底线民生保障标准大幅提高；社会救助工作实现新提升；救灾减灾工作迈上新台阶；福利慈善事业取得新发展；优抚安置实现新突破；社会事务管理呈现新面貌。　（唐焕威）

【防灾救灾工作】　为应对自然灾害，韶关市和各县（市、区）均建立《自然灾害救灾应急预案》，并针对自然灾害来得急、影响大的特点，韶关市本级在2014年对预案进行修改，预案明确规定特大自然灾害的等级划分、各部门职责、灾情响应机制的基本程序，以及紧急救援行动、转移安置等事项。开展“5·12”防灾减灾日活动，民政局联合市减灾委、应急办等12个部门开展大型防灾减灾科普知识宣传活动，普及灾害中自救互救知识，提高全民防灾意识。市浈江区风采街道老东门社区、乐昌市乐城街大昌社区被民政部命名为“全国减灾综合示范社区”。2014年间，市连续遭受的“2·10”冰冻灾害、“5·15”洪灾和7至8月多次风雹和洪涝灾害。全市受灾人口144983人次，因灾死亡1人，紧急转移安置3336人，农作物受灾面积10450.7公顷，房屋倒塌419间，全倒户143户，直接经济损失2.3亿元。灾害发生后，市民政局下拨救灾物资，并争取中央、省、市三级救灾资金566.26万元，安置灾民，保障灾民基本生活，跟进落实好全倒户、应急救助对象、过渡期救助对象、因灾死亡失踪人员的核查工作，因灾全倒户完成重建家园工作。开展春荒救济工作，争取上级财政冬春自然灾害救助金394万元，共计全市入冬前发放折款约462万元的大米、棉被、食用油方便面与冬季防寒物资一批，确保灾民安全度春荒。

（唐焕威　李　健）

【低保对象扶助】　2014年年底，全市共有低保对象37559户、76309人，其中城镇低保对象9351户、15957人，农村低保对象28208户、60352人。全年累计支出低保资金18006.90万元，其中城镇6632.12万元、农村11374.78万元。低保金实行社会化发放，及时、安全、足额发放到低保户手中。2014年中共韶关市委、市政府推进底线民生保障工作，最低生活保障工作取得进步。全市城乡低保月人均补差水平达到336元、150元，比2013年分别增加93元、40元；城乡月人均低保标准达到395元、235元，比2013年分别增加74元、37元。出台《韶关市民政局关于印发〈查纠城乡低保错保漏保问题专项整治方案〉的通知》，由市民政局牵头，各县（市、区）、乡镇（街道）以及市直相关单位共同参与、齐抓共管。结合粤民函〔2014〕1037号文精神，在全市范围内开展低保、五保入户大普查活动，逐户核查在册低保、五保对象，经入户调查核实，对不再符合保障条件该清退的一律清退，对符合条件而未入保的对象依程序核实认定纳入保障。共复核低保对象81231人，经复核不再符合条件退出低保6489人，新增低保对象772人，纠正错保35人、漏保15人，经过核查使全市最低生活保障工作做到应保尽保，错保的纠错，提高制度化，规范化管理水平。2014年，低保对象作为医疗救助主要群体开展扶持，全市城乡低保对象享受医疗救助比例达到70%以上，人均年救助标准达934元以上。为市区低收入群众发放一次性生活补贴，其中为市区低收入群众发放春节、中秋、国庆物价补贴共277.46万元，为市级下放低保户发放慰问金共147.52万元。

（班　冰　唐焕威）

【五保供养】　截至2014年年底，全市共有五保对象6661人，其中分散供养对象4903人、集中供养对象1758人。落实省、市政府民生实事，加大五保供养工作力度，使五保供养水平和管理服务质量有提高。出台《关于提高韶关底线民生保障水平的实施方案》《关于印发2014年韶关市城乡低保最低月标准及农村五保供养最低年标准的通知》，五保集中、分散供养标准分别提高到人月均524.4元、514.5元，较2013年分别增加68.4元、72.5元；集中供养率达26.4%，全年支出五保资金4192万元。2014年，对农村五保对象实行基本医疗费用（包括门诊、住院）全额救助，开展“暖心行动”，全市3376名失能、半失能的五保对象得到党员和村干部在生活照料、住院护理方面的对口帮扶。春节期间，各级领导和民间人士开展对五保户的慰问活动，使他们深感党和政府带来的温暖和关怀。

【敬老院建设】 全市敬老院事业单位法人登记工作走在全省前列，至2014年11月20日，全市符合条件的92间乡镇农村敬老院已全部完成事业单位法人登记工作，登记率达100%，完成省下达的任务。全市3间区域性敬老院纳入广东省2013—2014年度养老服务体系建设项目，2014年已获省资助首批建设资金1966万元。另外投入160万元市级福彩公益金，加强8家敬老院的基础设施建设，使全市敬老院的础设施得到进一步的改善。2014年度，始兴县澄江镇敬老院被民政部授予“全国农村五保供养工作先进单位”称号。2014年11月21日，组织开展全市敬老院管理人员专业培训，重点对敬老院管理人员的职业道德、安全教育、生活照料、基础护理、太阳能热水器安全使用方面作系统培训。经过培训，进一步提高敬老院工作人员的业务水平、提升业务技能。

（胡海波　唐焕威）

【慈善事业】 韶关慈善总会自2006年成立后，10个县（市、区）也先后成立慈善会。2014年，韶关慈善总会通过各种渠道，采取多种形式。开展各项社会慈善宣传活动，募集基金。募集资金来源：在全市范围内开展“广东扶贫济困日”活动，动员市直各单位、中省驻韶企事业单位、大中厂矿、驻韶部队、学校等各方面的捐款共2097万元；云南鲁甸地震接收全市各级捐款共10.35万元；开展“慈善一日捐”活动，共接群众捐款182.02万元；通过捐赠者定向到各个项目的专项资金200.03万元；总会成立的专项基金会接收捐款4.79万元；接收爱心人士捐款0.3万元。全年共计募集捐款2494.49万元。2014年，韶关慈善总会为社会公益事业共支出善款2421.56万元。救助本市的特殊困难群体和个人，包括助医济困、助学济困、赈灾济困、扶老助残等，以及给予相关社会公益性机构进行救助活动，包括教育机构、医疗机构、敬老院机构等下拨救助金12.27万元；为云南鲁甸地震捐款10.35万元；根据捐赠者意愿定向捐赠下拨177.4万元；根据“广东扶贫济困日”活动精神，下拨扶贫救助资金2221.54万元到各县（市、区）扶贫点。

（董秋培　唐焕威）

【流浪人员救助管理】 2014年，韶关市各级救助机构本着关注和改善民生，服务特殊困难群体宗旨，坚持“自愿求助，无偿救助”原则，按照国家、省的有关规定和要求，组织实施市政府《韶关市城市生活无着的流浪乞讨人员救助管理实施办法》，完善健全流浪乞讨人员救助管理措施，创新方式方法，做好做实救助管理工作。做好日常救助工作。全市救助机构热情为进站求助人员提供人性化服务，为他们解决食宿，给予医疗治病，购买返乡车票，以及护送回家。开展主动救助。全市救助机构创新救助举措，主动走上街头，巡查流浪人员聚集的桥梁涵洞、商业街区等公共场所，及时发现和施予援手，引导、劝导他们进入救助机构接受救助，派发食品、药品和御寒衣物。民政、公安、城管、卫生等多部门联动，配合韶关市各级党委政府重要活动和国庆、元旦、春节等重大节日开展集中救助行动，以及开展“暑热送清凉和寒冬送温暖”专项救助行动，保障流浪人员温暖过冬，安全度夏，未发生饿死、冻死现象。2014年，全市共救助各类流浪人员7433人次，并将214名危重病人、精神病患者送往医疗机构救治，共支出救助专项资金419万元，救助管理工作得到受助亲属赞誉和社会认可。加大流浪未成年人救助保护力度。全市救助机构开展“接送流浪孩子回家”“接送流浪孩子回校园”专项行动，共计护送338个流浪儿童返乡，使他们回归家庭，融入社会。为流浪儿童营造宽畅、明亮、设施齐全的生活娱乐场所，为维护社会和谐稳定，建设幸福韶关，加快完善救助保护设施设备，新建的韶关市流浪未成年人救助保护中心，已于2014年年底完成主体工程框架和封顶。

（李祥安　唐焕威）

【医疗救助】 为解决困难群众治病难问题，全市进一步开展救助工作。各县（市、区）均出台当地开展医疗救助“一站式”结算服务工作的实施方案，方案内容涵盖救助对象、定点医疗机构、救助内容和标准、结算服务程序、不列入救助情况、相关部门责任等六个方面，保证即时结算工作规范、有序进行。对全市在户籍所在地市、县（市、区）内定点医疗机构就医的救助对象，基本医疗保险政策范围内医疗费用的自付部分，农村五保户、城镇“三无”人员实行基本医疗费用（含门诊、住院）全额救助。2014年，全市实施医疗救助共5157人次，合计支出医疗救助金共1209.56万元，人均水平为2578.52元。其中城乡低保对象基本医疗救助比例达到70%以上，人均年救助标准不低于934元。在各县（市、区）确定当地定点医院的基础上，2014年3月，市民政局联合市财政局、卫生计生局、人社局下发《关于确定城乡困难群众医疗救助和优抚医疗费“一站式”结算服务市级定点医疗机构的通知》，确定粤北人民医院、韶关市第一人民医院、粤北第二人民医院、韶关市妇幼保健院、韶关市中医院、核工业四一九医院、韶关市复退军人医院等7家市级医院为韶关市城乡困难群众医疗救助和优抚医疗费“一站式”结算服务医院，4月底，组织医疗救助“一站式”即时结算相关人员，在曲江区党校进行业务培训，确保全市实现医疗救助“一站式”即时结算服务全覆盖的顺利实施。

（班　冰　唐焕威）

【村（居）委换届选举】 韶关市共有村委会1202个，城镇居委会221个。抓好全市村委会和社区居委会“两委”

换届选举，各级党委、政府及时成立换届选举领导机构，出台选举方案，落实工作经费，宣传发动，加强重点、难点村整治，处理换届选举中的来信来访，确保换届选举工作完成。韶关市共选出新一届村（社区）“两委”干部6238人，其中村5225人、社区1013人，女干部2027人，占32.5%，每个村委会均有1名以上女成员，村（社区）书记、主任“一肩挑”为1323人，比例达到93%，比上届的91.6%提高1.4%，比省提出的80%的要求高出13个百分点。村、社区“两委”交叉任职3948人，比例达到92%，比上届的89.2%提高2.8%，比省提出的80%的要求高出12个百分点。2014年，村（社区）“两委”换届选举达到“三个确保”，即确保换届平稳顺利、不出大问题、不出恶性事件；确保“一肩挑”和“交叉任职”比例分别达到85%和83%以上；确保班子文化程度有所提高、总体年龄有所下降的目标要求。全市村（居）“两委”干部中，45岁以下的青壮年2769人，占比44.4%，高中（中专）以上学历3768人，占比60.4%，使“两委”干部的文化素质和工作能力有较大的提高。（达　丽　唐焕威）

【农村社区建设】 2014年，按照省民政厅关于实施“强居促和谐、强村促稳定”计划的要求，全市共有24个村委会列入计划，配套下拨市级福利彩票公益金80万元，在列入计划的村委会内建立公共服务站，配置复印机、传真机等办公设备，设立党员活动室、文化图书室、计生服务室、警务室等各种服务功能室。各县（市、区）从实际出发，按照创建标准，逐步推进村委会“双强双促”创建工作的落实。2014年，推进村务公开、民主管理示范创建工作，成立以市委常委、市纪委书记任组长，市直10多个部门组成的韶关市村务公开领导小组，各县（市、区）也设立县级村务公开领导（协调）小组，全市共600个村委会被省民政厅命名表彰为广东省村务公开民主管理示范单位，占全市村委会的50%。2014年，完成120个村、22个社区村（居）务公开民主管理示范创建工作。（达　丽　唐焕威）

【城镇社区建设】 韶关市配套市级福彩公益金20万，完成4个社区“双强双促”创建工作。使社区的各项服务设施和服务功能有进一步的改善和加强。根据社区居委会工作人员工资低的实际，市民政局提出增加社区工作人员工资的意见报市政府，经市领导同意，从2014年1月起，市辖浈江区、武江区社区居委会工作人员每人增加300元/月。6月，会同市住房和城乡建设局、市城乡规划局、市国土资源局，对房地产开发商提供的30间社区用房进行调查摸底，调查摸底后，及时召集相关人员召开座谈会，研究分析开发商所提供社区用房存在的问题及建议，提出下一步的工作思路。2014年，在全市开展创建和谐社区活动，乐昌市乐城街道大昌社区被民政部命名表彰为“全国和谐社区建设示范单位”。（达　丽　唐焕威）

【抚恤优待工作】 截至2014年年底，全市享受定恤定补优待的优抚对象18264人（户）。其中享受定恤的烈属147人；因公牺牲军人家属35人；病故军人家属84人；在乡老复员军人1187人；带病回乡退伍军人531人；部分参战涉核军队退役人员5784人；60周岁以上农村籍退役人员5737人；部分烈士子女385人；直接参与铀矿开采退役人员828人；“五老”人员（老游击队员、老通讯员、老堡垒员、老党员、老苏区干部）629人；享受国家伤残抚恤金的革命残疾人员790人；享受义务兵家属优待的军属2127户。市委、市政府关注优抚对象的生活，从2014年10月1日起，再次提高重点优抚对象抚恤补助标准。其中，残疾军人残疾抚恤金标准在原来基础上提高15%；烈属、因公牺牲军人遗属、病故军人遗属的定期抚恤金标准均提高10%以上；在乡复员军人、回乡务农抗战老战士、红军失散人员、带病回乡退伍军人、参战涉核退役人员、老烈士子女人员、60周岁以上农村籍退役人员、“五老人员”的定期生活补助标准均提高10%以上。提高标准后，烈属农村标准每月1186元，城镇标准每月1667元；因公牺牲军人家属农村标准每月1143元，城镇标准每月1459元；病故军人家属农村标准每月1110元，城镇标准每月1391元；在乡复员军人标准每月890元；回乡务农抗战老战士标准每月898元；红军失散人员标准每月1583元；带病回乡退伍军人标准每月512元；参战涉核退役人员标准每月450元；老烈士子女人员标准每月200元；60周岁以上农村籍退役人员标准每服一年义务兵役每人每月补助15元；“五老人员”标准每月335元。2014年，全市共支出优抚对象保障资金5829万元，抚恤优待面达100%。2014年，韶关市从韶关复退军人医院抽调医务人员组成工作组，从8月开始，到全市各县（市、区）和清远市开展“关爱功臣、送医送药”活动。2014年，全市先后派出医护技术人员138人/次，为各类重点优抚对象诊治疾病（开出处方送药）3286人，进行体格检查3298人，测量血压3288人，心理咨询2886人，赠送拐杖98件（条），免费发放药品及其他开支共约39万元，为解决重点优抚对象医疗难问题发挥作用。（欧阳杰　唐焕威）

【创建第十届全国、全省双拥模范城工作启动】 2014年11月4日，韶关市创建第十届全国、全省双拥模范城（县）动员大会在市委会议中心举行，创建工作正式拉开序幕。市四套班子主要领导出席会议，市双拥工作领导小组成员单位、市直及中省驻韶副处级以上单位主要领导，各县（市、区）党委或政府主要负责人、双拥工作分管领导、武装部长、民政局长、双拥科（股）长等近130人参加会议。市委书记、市人大常委会主任郑振涛讲话中指出：2015年是第十届全国、全省双拥模范城创建年，全市人民要树立“一盘棋”思想，围绕本市争创全国双拥模范城三连冠和全省双拥模范城五连冠的目标，落实领导责任，细化、量化各项指标任务，突出工作重点，加强人、财、物保障，确保实现创建目标。

【物资实惠拥军】 2014年，在春节、“八一”期间，全市各级党委、政府及有关部门和单位，开展拥军优属活动，主动为部队和优抚对象排忧解难，进一步密切军民情谊。由市领导带队，组成多个慰问团，分别慰问驻韶部队、驻粤部队和驻湘某部队，送去慰问金和慰问信，全市共走访优抚对象2000多户。韶关市委、市政府于春节前召开党政军企迎春座谈会，各县（市、区）也分别召开军民迎春座谈会、“八一”建军节文艺晚会、优抚对象座谈会等各种形式的座谈会268次，参加人员2万多人。进一步做好科技拥军工作。帮助部队培养合格的科技人才和军地两用人才，2014年5月举办第十二期军地两用人才培训班。驻韶部队共有8个单位，217名战士参加培训。培训专业设有电子商务、电工、烹饪和制冷设备维修四个方面的内容。本期培训受到战士们的好评，取得较好的效果。

【举办“幸福双拥·缘定韶关”军地青年联谊】 2014年8月23日，韶关市双拥办、韶关市民政局、韶关军分区政治部举办“幸福双拥·缘定韶关”2014年军地青年联谊活动，为军地青年搭起一座相识之桥、沟通之桥、友谊之桥、爱情之桥、婚姻之桥，来自全市各级机关、企事业单位的单身女青年和驻韶部队的单身青年军官共140多人参加活动。通过举办军地联谊活动，不但增进军民团结和友谊，同时为广大官兵解决后顾之忧。

（欧阳杰　唐焕威）

【军休干部管理服务】 韶关市共有军休所3个、服务站1个、服务点7个。全市现有军休干部108人，无军籍退休退职职工112人。其中，2014年接收伤残退休干部2人，无军籍退休退职职工13人，完成上级分配的安置任务。落实军休干部的“两个待遇”，利用春节、“八一”建军节和建党九十三周年纪念日等，集中组织学习党史和中共十八届四中全会精神，利用节假日等时间走访慰问老干部，对生病住院的老干部，局领导都亲自到医院看望。2014年，军休所的设施有较大的改观，惠民路军休所重新装修党员活动室，五祖路军休所添置一批健身器材。为丰富军休干部的晚年精神文化生活，经常组织军休干部开展文娱活动，如扑克、象棋、麻将、游园、门球赛等活动，提高军休干部身心健康水平。军休所工作人员坚持全心全意为军休干部服务的宗旨，军休所的建设不断提高，2014年工业东路军休所所长刘玉萍被民政部、解放军总政治部评为“全国军休工作先进个人”。

（陈捌宝　唐焕威）

【退伍军人安置】 2014年，全市共接收退伍士兵952人，其中城镇290人，农村662人，转业三级士官23人（已全部安置完毕）。2014年，继续实施以自谋职业为中心的城镇退役士兵安置政策，对自主就业的发放一次性补助金，全年全市共发放退役士兵自主就业一次性经济补助金1939万元，实现安置工作率100%，取得较好成绩。为提高退役士兵的就业技能，组织退役士兵免费参加职业教育和技能培训，并确保有意愿的退役士兵100%参加教育培训。2014年，全市参加就业培训的退役士兵905人，就业率达到100%，此次培训深受退役士兵的好评。

（赵海峰　唐焕威）

【社会福利工作】 2014年，市政府以投资主体多元化、服务对象大众化、服务方式多样化、服务队伍专业化为工作目标，坚持政府投入为主渠道，鼓励社会力量参与，逐步形成以国有社会福利机构为龙头，社区福利服务为依托，其他形式的社会福利机构为补充的发展格局，促进全市城市福利事业的蓬勃发展。2014年，按照《韶关市孤儿基本生活费发放实施办法》规定，福利机构集中供养孤儿标准每人每月提高到1150元、散居孤儿每人每月提高到700元，惠及孤儿1089人，全市全年共发放孤儿基本生活费1124.3万元。春节期间，对市福利院、红星综合厂的孤寡老人、残疾职工和弃婴、残童进行慰问，共发放慰问金14.5万元。截至2014年年底，全市现有养老服务机构178个，其中社会福利院11所［市级1所，10个县（市、区）各1所］、乡镇敬老院93间、集体和民办养老服务中心14所，共有机构养老床位11232张，在院老人8424人，孤残儿童、弃婴686人。为推进福利机构服务体系建设，2014年申报4个农村养老服务建设“幸福计划”示范点，1个城市居家养老服务示范点和60个中央福彩公益金资助农村养老幸福院项目。举办全市首届养老护理员国家职业技能培训鉴定班，97名养老机构护理人员参加培训。经鉴定，26人具备初级护理员资格，31人具备中级护理员资格。（李义华　唐焕威）

【地区边界区划查验考评】 2014年，韶关市行政区划无调整变化。完成“广韶线”第三轮联合检查工作。市民政局履行牵头单位职责，主动与广州市民政局协调制定联检方案，召开联席会议部署联检工作任务。经过5个月的工作，完成广州与韶关市行政区域界线、南雄市与始兴县等6条县级行政区域共34459公里的界线联合检查任务，所检边界线及两侧地形、地貌、地物没有明显变化，界线实地位置清晰易辨，界桩完好无损，界桩方位物齐全。通过联检，巩固勘界成果，消除纠纷隐患，维护边界附近地区的稳定。完成曲江区松山街道办事处行政管辖范围边界线勘定工作。开展2014年全省平安边界建设考评工作。按照广东省社会治安综合治理委员会印发的《2014年度各地级以上市创建平安广东暨综治工作考评方案》《2014年度各地级以上市创建平安广东暨综治工作考评标准》，开展平安边界的考核工作。开展边界纠纷隐患排查工作。按照省民政厅的有关要求，对省、市、县、镇四级纠纷隐患进行排查，对个别存在可能发生的边界纠纷问题进行现场查验，把问题解决在苗头状态，确保界线平安。（刘慧芳　唐焕威）

【地名服务普查】　加强对地名标志设置与维护的指导督促，以及道路、建筑物、住宅小区命名更名等服务工作。全年审核批准20个建筑物和住宅小区命名。批准包括曲江区在内的城区22条道路和7座桥梁命名以及16条道路更名工作。启动全国地名普查准备工作。成立以分管副市长为组长，相关市直单位分管领导为成员的韶关市第二次全国地名普查领导小组和办公室，制定《韶关市第二次地名普查工作实施方案》，并落实工作经费，组织开展集中宣传活动，印刷和派发地名普查宣传资料，接受电视台、报社等新闻媒体的采访，宣传第二次全国地名普查工作的重大意义和工作要求，取得阶段性有成果。（刘慧芳　唐焕威）

【社工人才建设和服务】　2014年，全市各级民政部门围绕打造一支规模宏大、结构合理、素质优良的社会工作人才队伍的总体目标，在开展学习培训、抓好试点工作、总结典型经验、培育社工机构、发展社工队伍等方面取得新进展，推动全市社会工作人才队伍建设。2014年，为不断提升全市专业社会工作人才的数量和质量，全市以做好社会工作职业水平考试为突破口，由市委组织部、市民政局和市社工委专门召开全市性的考试动员会并联合发文，要求全市各单位组织符合报考条件的人员报考，并规定单位要统一报销考生的考务费、资料费、培训费。2014年，全市共有2127人报考，经过5天培训班的考前辅导培训，其中359人通过全国社会工作者职业水平考试。全市社工持证人数共954人。按照市委市政府《关于加强社会工作人才队伍建设的实施办法》，在市社会福利院、韶关复退军人医院开展社会工作人才队伍建设试点的基础上，在民政局其他直属各单位增设社工机构和设置社工岗位，不断扩大和完善全市社会工作人才队伍建设和服务。继续开展政府购买社会工作服务试点工作，一年来，共为社区居民提供服务16302人次，其中，留守儿童个案96个、长者个案服务15个、残疾低保户26个、青少年走进社区教育活动20次、长者公众教育宣传活动12次、长者小组活动6次、残疾低保小组活动3次。（李义华　唐焕威）

【殡葬改革】　2014年是韶关市殡葬事业发展“十二五”规划承前启后的一年。全市在加强和创新管理，保障和改善民生，促进殡葬改革和殡葬管理方面取得显著成效。2014年，贯彻落实中央、省两办《关于党员干部带头推动殡葬改革的意见》精神，召开殡葬改革推进会，提出推进殡葬改革的政策措施。利用清明节有利时机，开展“殡改宣传月”活动，通过电台、电视、报刊宣传殡葬改革的意义，使火化率基本保持稳定，火化遗体18774具（其中，户籍地遗体16507具），比2013年增加558具。生态和节地安葬进一步推广，火化设备节能减排改造进程加快，南雄市、仁化县殡仪馆各有4台火化机加装尾气处理装置。树葬、骨灰寄存等不占或少占土地的骨灰处理方式已被越来越多的人所接受。全市153处公益性骨灰存放设施中，入葬（放）率由原来不足5%，上升至10%，骨灰入葬（放）量超过2000份。

【惠民殡葬服务】　2014年，全市减免低收入群体殡葬基本服务1697宗，免除总金额达178万元，平均每宗殡葬基本服务免费标准约为1050元。殡葬基本服务均等化全覆盖试点工作进程提速，乳源县、乐昌市已做好均等化全覆盖方案提交当地政府审议。殡葬服务水平有新提升。开展第二批党的群众路线教育实践活动以来，各殡葬服务单位深入开展行风建设，殡葬活动在阳光下运行，社会满意度得到提高。韶关市殡仪馆首次开展“殡仪馆开放日”活动，人大代表、政协委员、居委会工作人员、民营企业家代表、普通市民以及市纪委、纠风办领导等60多人参加活动，取得良好效果，扩大社会影响。该馆的经验做法得到省厅领导的肯定，并在省民政厅召开的会议上作经验介绍。文明低碳祭扫。各县（市、区）加强组织领导，做好文明祭扫和安全保障工作，开展免费树葬活动，部分县（市、区）正在提请当地政府实施骨灰树葬奖励补贴政策。

【殡葬设施建设】　全市投入资金2049万元，对9家殡仪馆陈旧设施设备进行更新改造，安装164个视频监控摄像探头，加强各殡仪馆自身的安全防范能力。2014年，韶关市殡仪馆被广东省等级殡仪馆认定委员会授予“省一级殡仪馆”称号。全市11座经营性公墓在民政、国土、物价、工商联合年检中均被评为合格等次。公益性骨灰存放设施建设取得较大进展，组织实施省“长青计划”，新建公益性生态公墓4座，公益性骨灰楼（堂）6间，骨灰树葬区4个。

（李祥安　蓝师武　唐焕威）

【婚姻登记管理】　2014年，全市婚姻登记管理工作开展婚姻登记机关等级创建活动。曲江区民政局婚姻登记处完成国家AAA级婚姻登记机关评定申报工作。乐昌市民政局婚姻登记处和翁源县民政局婚姻登记处完成2014年度省级福彩公益金国家等级婚姻登记机关建设项目资金的申报工作。2014年度，全市依法办理结婚登记共29924对，其中涉港澳台、华侨、外国人结婚登记146对。本年度，在民政部门办理协议离婚登记总数7456对，其中办理内地离婚登记7442对，涉港澳台、华侨、外国人离婚登记14对。

（唐焕威　陈贞玉）

【收养登记】　2014年，全市民政部门按照《中华人民共和国收养法》的规定要求，发挥职能部门作用，以一切为孩子和保护收养当事人的合法权益为宗旨，做到依法登记，规范管理，优质服务，促进收养工作的健康发展。2014年，全市各级民政部门共办理收养登记194宗（其中国内公民134宗，香港同胞10宗，），使弃婴、孤儿得以回归家庭、回归社会，体现“一切为了孩子”的收养工作宗旨。

（李义华　唐焕威）

【老龄工作概况】　2001年机构改革后，老龄工作由劳动部门划出归民政部门管理。韶关市（县、区）设老龄工作办公室，村（居）委会成立老年人协会。2010年4月12日，韶关市人民政府办公室《关于印发韶关市民政局主要职责内设机构人员编制规定的通知》将“韶关市老龄工作委员会办公室”改为“韶关市老龄工作办公室”（简称市老龄办），为正科级行政机构，设在市民政局，核定行政编制3名。2014年，全市户籍人口328万人，其中：60周岁以上的老年人45.5万人，占总户籍人口数的14%。

【关爱老人送温暖】　2014年，市老龄办创新老龄工作的形式和内容，促进老龄工作向前发展。开展“春节”和“敬老月”敬老活动，慰问走访敬老院、困难老人。“敬老月”期间，市老龄办共慰问10间敬老院，为每间敬老院送上1.5万元慰问金，慰问困难老人60人，给每位老人送上500元慰问金。举办“韶关市2014年喜迎国庆重阳节老年文艺会演”活动，营造敬老爱老的社会氛围。10月24日，市民政局、老龄办、国寿韶关分公司联合召开全市“银龄安康行动”启动会。截至2014年12月31日，全市共有48962人参保，覆盖面为11.02%，全市60周岁以上的低保、五保、80周岁以上老人等困难群体共43187人全部由政府、慈善、集体经济及爱心企业出资购买。2014年，共为80周岁以上的困难老人发放政府高龄津贴共280.87万元，惠及老年人共9704人。

【老年文化社会体育活动】　韶关市老年人体育协会，组队参加广东省第八届老年人运动会。共组织乒乓球、象棋、太极拳、柔力球、健身球、健身秧歌、门球等7个项目参加比赛，取得：集体一等奖4个、二等奖5个、三等奖3个；个人一等奖6个、二等奖9个、三等奖15个；获得总分543.1分，位居全省第七名，被大会组委会评为“第八届老年人运动会代表团总分二等奖”，被大会组委会授予“第八届老年人运动会组织奖”。组队参加省内外交流活动，7月16日至19日，组织2个队、20人，参加在福建长汀举行的粤、湘、赣、闽四省六市门球赛，取得两个银奖。8月14日至17日，组队参加在广州市举行的广东省传统武术锦标赛，参赛运动员8人，参加2个大项37个小项的比赛，取得20个一等奖，17个二等奖。参与省委老干局的重点课题调研；完成省老龄办开展《广东省老年人优待办法》贯彻情况的检查和赴广东江南医院医养结合的学习考察任务。由市老龄办组织报送的乐昌市民政局老龄办龚锦伟撰写的《浅谈敬老文化和代际的关系》，获得“首届全国敬老文化论坛”论文优秀奖。乐昌市的黄常理、南雄的肖丙凤、始兴的饶丽梅、乳源的赵月秀、武江的林石凤获得第六届“全国孝亲敬老之星”称号。

（李秀珍　唐焕威）

【福利彩票发行】　韶关市福利彩票发行中心成立于1987年，主要职能是负责韶关地区的福利彩票销售管理工作，为政府筹集福彩公益金，发展社会福利和社会公益事业。2014年，韶关共有福利彩票投注站250个、视频彩票销售厅4个。2014年，全市累计销售福利彩票3.4774亿元，同比增长1696万元，完成销售任务的105%，筹集福彩公益金1.1亿元，为市本级筹集3000多万元。其中，电脑票2.43亿元，同比增长6.2%；刮刮乐2937万元，增长17.87%；视频彩票7509万元，创下韶关福利彩票发行以来的历史新高。2014年，投放到全市福利院、敬老院、社区建设、基本医疗救助、残疾人事业、救助事业、老龄建设等公益项目的福利资金达2390万元，为社会福利事业的发展和构建和谐韶关发挥积极的作用。（侯贵明　唐焕威）

【社会组织工作】　截至2014年年底，全市在民政部门依法登记注册的社会组织共计1508家，其中社会团体891家，民办非企业单位617家；市本级社会组织423家（其中社会团体316家、民办非企业单位107家）；县（市、区）级社会组织共1085家（其中社会团体575家、民办非企业单位510家）。2014年，市委十一届五次全会和2014年政府工作报告中明确提出“建立社会组织孵化基地，规范发展社会组织”，市社会组织管理局配合市社工委开展系列相关的选址工作。6月，经市政府同意，确定将浈江区西堤横路1号（原司法局办公楼）4—6层作为韶关市社会组织孵化基地使用，市财政确定给予一定的管理费用。2014年，推进社会组织的党建工作，市老人联谊会、市浈江中等职业学校、市清远商会先后分别成立独立党支部。全市社会组织已成立的党支部共有41个，带动其他社会组织党建工作。开展社会组织的评估活动，已有市浙江商会等8家社会组织提交申报材料，待评估经费落实后，将正式开展考评各项工作。通过等级评估，让获得3A等级以上的社会组织优先承接政府职能转移和购买服务，并对社会组织的依法办会、规范运作、能力建设及诚信自律等方面将起到示范引领的作用，进而促进社会组织健康有序发展。2014年12月24日成立韶关市社会组织总会，总会的成立将发挥社会组织总会人才聚集、联系广泛的组织优势，开展建章立制和培训等工作，开展公益实践和创先争优活动，加强理事会能力建设，促进总会会员之间交流联系，为社会组织提供优质服务，团结各界力量，推动社会组织健康发展，开创韶关市社会组织发展和管理工作的新局面。　　　　（唐焕威　李志娟）

附：领导班子成员名单
局　长：龙勇文
副局长：张占斌　胡建文　张瑞兰
　　　　赖启新
纪检书记：王淑军
党组成员、调研员：杨伟亮
调研员：魏灼姐

人力资源和社会保障

【概况】　韶关市人力资源和社会保障局（简称市人社局）设20个内设科室，下属事业单位有22个。2014年，韶关市人社局坚持“民生为本、人才优先”，促进充分就业，健全社会保障体系，深化人事制度和工资收入分配制度改革，构建和谐劳动关系。农村劳动力培训转移就业工作连续六年获得全省“双转移”考核优秀等次。

【就业政策】　制定落实《关于进一步加强就业专项资金使用管理有关问题的通知》及6个配套政策文件，开展就业困难人员认定工作试点，规范职业中介、创业培训（实训）、市级创业带动就业孵化基地等定点机构认定工作，与市邮政储蓄银行和市农信社签订框架合作协议，进一步放宽贷款额度、贴息范围。全市全年发放各项补贴1177.72万元，惠及15957人；发放小额担保贷款266笔2269万元，惠及266人；认定就业困难人员2020人。组织创业培训7719人，成功创业1777人，带动就业4183人。培训家庭服务业从业人员3110人，新增就业2472人。认定韶恒农副产品专业合作社、嘉昶实业有限公司和鹏洲电子商务孵化港3家市级创业孵化基地。

【公共就业服务】　开展“春风行动”“南粤春暖”“高校毕业生专场招聘会”等专项招聘活动，全市举办公共就业人才服务专项活动396场，累计提供岗位286302个，达成就业意向59272人，派发各类宣传资料25万多份。全市发放就业失业登记证73859本，其中市本级发放30838本。登记招聘单位1486家，登记招聘信息5028条，登记空岗110770个，登记求职人数69034人，电话职介服务1263人次。向莞韶产业园区、东莞大岭山（南雄）产业园输送韶关市户籍农村劳动力4435人。市四大省级产业转移园区共吸纳劳动力65339人，其中本省劳动力48134人。就业形势保持总体稳定，全市实现城镇新增就业5.18万人，城镇失业人员再就业4.06万人，就业困难人员实现就业0.31万人，新增转移就业劳动力4.7万人，转移劳动力技能培训1.84万人，城镇登记失业率2.42%。

【社会保险法执法检查】　落实省政府办公厅《关于开展社会保险法执法检查工作的通知》要求，市政府召开社会保险执法检查工作动员会、工作推进会和工作督导会，将社会保险法执法检查工作列入重点督办事项，组织5个督导工作组到各县（市、区）对社保法执法检查工作进行实地督查、督办和考核验收。全市企业上报自查摸底调查表7458户，占应上报户数的86%。市县组成50支社会保险法执法检查专项小组，集中力量重点对432家用工量大、参保率低的企业实地进行社会保险法执法检查，对违反规定的行为要求限期整改，逾期不整改的下发整改指令。全市检查用工企业3843家，下达整改指令书1728份。通过开展执法检查，社会保险覆盖面明显扩大，基本养老保险参保人数（含离退休人员）同比增加3.91万人，企业职工基本养老保险征缴收入同比增加25222万元。

【社会保险惠及城乡】　市人社局大规模集中式宣传社保政策，印发52万多份海报资料，发送90多万条公益短信，在韶关电视台播放六期社保政策宣讲专题节目，在《韶关日报》刊登14期社保政策解读专版，对4400家企业负责人或人力资源部门主管进行社会保险法律法规培训，通过市及各县（市、区）就业平台、招聘会等开展社保政策咨询活动，累计接待咨询人数12万人次，提高广大群众的政策知晓度。月人均养老金达1743.98元，增幅17.02%，14万多名退休人员受益；城乡居保基础养老金的标准从原来的每人每月65元提高到80元，增幅25%，28.8万人受益。首次启动实施城乡居民大病医疗保险制度，惠及全市229.26万群众，2014年减轻23601位大病患者的负担。实施城乡居民基本医疗保险和城乡居民基本养老保险，实现城乡制度一体化。从2014年6月1日起将企业职工基本养老保险单位缴费比例19.5%调降为18%，缴费基数下限与全省统一。完善城乡居民基本养老保险制度，形成多缴费多补贴的激励机制。城乡居民基本医疗保险实行总额控制付费制度，推行医保医师制度，将对定点医疗机构的医保监管延伸至医务人员。社会保障卡基本实现户籍全覆盖。启用二代社保卡，加快城乡一体化医保信息平台建设，乡镇卫生院实现实时联网结算。社会保险覆盖面进一步扩大，2014年年底，全市参加城镇职工基本养老保险（含离退休）65.78万人，同比增长6.3%，其中参加企业职工养老保险44.02万人，同比增长7.2%。参加城镇职工基本医疗保险52.01万人，同比增长4.2%。参加失业保险28.33万人，同比增长1.1%。参加工伤保险41.19万人，同比增长2.9%。参加生育保险18.15万人，同比增长7.3%。城镇职工基本养老、医疗、失业、工伤、生育“五项”基金全年征集收入40.33亿元，同比增长6.4%，待遇支出46.15亿元，同比增长19%。

【人才服务】　完成《韶关市农村实用

技术人才职称评审办法》修订。扩大高层次人才服务专区服务范围，更新人才实名信息库信息。实施2014年离校未就业高校毕业生就业促进计划，将9544名高校毕业生录入信息管理系统，实现就业8859人，就业率为92.8%。组织9家企事业单位参加“2014年全省招聘急需紧缺人才华南师范大学专场洽谈会”，接待154人，意向接收100人。组织12家医院参加“广东省2015届高校毕业生就业供需见面会医科类专场”，接待452人，意向接收86人。办理人才公寓入住资格审核10人。制定出台《关于韶关市进一步落实劳动力技能培训政策的实施意见》，推进劳动力技能晋升培训工作。开展职业技能竞赛，获得省级奖项12个，2人被评为“广东省技术能手”，1人获得全国第二名。全年组织各类人事考试49项，3.71万人参加。组织技能鉴定32299人次，其中：高级工以上7679人次。新增韶钢等3家博士后创新实践基地。

【技工教育】 全市有技工院校10所，其中部省属5所（十六冶技校停招），市属5所（市交通技校停办），其中技师学院3所，国家重点、高级技工学校3所，省重点技校2所，省一类技校2所。技工院校开设的15个行业196个专业（工种）以国家职业标准为基础，以技能培训训练为主，与产业转型升级接轨，适应市场需求。全日制在校生规模达4.24万人，在职教职员工1464人。当年实现招生11452人，其中市属技校招生6101人，省属技校招生5351人。技工院校毕业人数1.3万人，毕业生初次就业率达到98.5%以上。技工院校与企业建立分校、教学点及实训基地53个，与企业达成合作项目28个。校企合作为企业培养（训）学生3828人，其中全日制学生培养1954人，非全日制学生培训1649人，技能提升培训225人。

【机关事业单位人事管理】 开展县以上机关和乡镇两个批次公务员招录工作，强化面向基层招考的导向。首批县以上机关招录职位440个，参加笔试考生8100多人。第二批分类招录粤东西北地区乡镇公务员共设置职位377个，参加笔试的考生8500多人。组织开展公务员培训6大项20个班次，培训公务员21845人次。办理调任4人，转任172人。办理公务员登记419人，参公登记124人。向市政府报请、任免副处以上领导干部116名，其中任职61名，免职55名。出台《关于加强事业单位公开招聘监管工作的意见》，首次组织乐昌、始兴、新丰、仁化四个县（市）参加全省乡镇事业单位专项公开招聘，共招聘卫生、教育和其他岗位共191名工作人员，其中：卫生类95名、教育类75名、通用类21名。报名1406人。

【军转干部安置与服务】 完成2014年度74名军转干部及随调家属接收安置，其中：正团职干部5人，副团职干部12人，营职以下（含专业技术）军转干部50人，自主择业军转干部3人，随调家属4人。提高企业军转干部待遇。从2014年1月起，企业军转干部解困生活补助标准人均月增150元。

【工资收入分配制度改革】 进一步规范和提高县区津贴补贴水平，缩小行政区域间的收入差距，逐步将全市区域间的公职人员收入水平差距控制在1.5倍以内。完善工资指导价位制度，发布2014年韶关市人力资源市场工资指导价位，涉及271个职位（工种）。完善工资指导线制度，制定韶关市2014年企业工资指导线，其中企业调整工资的指导基准线为9%，上线（警戒线）为14%，下线为3%。在往年建筑业、住宿和餐饮业、金融业，增加制造业、批发和零售业的基础上，增加交通运输、仓储和邮政业工资指导线。

【劳动关系】 全市在岗职工人数67.8万人，签订劳动合同63.1万份，合同签订率93%。已建工会企业的工资集体协商签订率达到84%，涉及企业12348户。4695户企业实行劳动合同网上备案，涉及职工人数11.2万人，备案合同签订率98.8%。参加创建和谐劳动关系示范区工程的企业达到60%，符合创建标准的示范点达到45%。规范劳务派遣用工管理，探索建立劳务派遣单位经营情况年度报告制度。开展2013年度劳动年审工作。审查用人单位报送的书面材料4633户，涉及劳动者13.88万人。建立行政执法与刑事司法“两法”衔接，落实建设领域施工企业工人工资保证金制度，全市缴存保证金1.3亿元。开展“社会矛盾化解年”和“化解处置劳资纠纷攻坚年”工作，个案化解领导包案62宗，已调处化解61宗，结案率达98.38%。开展巡回调解解决劳动人事争议，走访各类用人单位近120多次，涉及劳动者200多人，让更多纠纷在诉前调解成功，维护劳动者合法权益。受理举报投诉案件572宗，结案率98.5%。受理劳动人事争议案件1489宗，法定审限内限时结案率100%，劳动关系保持总体稳定。（吕小辉　蔡春林）

附：领导班子成员名单
局　长：温新才（—2014.4）
　　　　黄庆忠（2014.12—）
副局长：刘晓佳（—2014.12）
　　　　安森雨　郭兴华
　　　　梁玉英（—2014.8）
　　　　罗任群
纪委书记：陈志宏
党委副书记：李永强（—2014.8）
党委委员：唐小萍

民族宗教

【全市民族基本情况】 韶关是粤北重镇，历史上也是少数民族重要聚居地之一。唐代，已有瑶族先民聚居；明代，“民稀瑶夥”，形成“南岭无山不有瑶”的大分散、小聚居的分布局面。全市有瑶族、畲族等43个少数民族成分，少数民族人口约5.5万人，占全市总人口的1.7%。全市辖一个自治县——乳源瑶族自治县；一个民族乡——始兴县深渡水瑶族乡。始兴、武江、曲江、仁化、乐昌、南雄、翁源等县（市、区）是少数民族人口较多地区，全市散居少数民族人口3.1万人，占全市少数民族总人口的56.4%。（赵伟明）

【配合市人大和市政协开展专题调研】 4月，市民宗局配合韶关市人大调研组赴曲江区罗坑镇开展《广东省散居少数民族权益保障条例》实施情况调研。调研组对散居少数民族地区存在的贫困问题、山林纠纷问题等给予高度重视，并就如何进一步贯彻实施《广东省散居少数民族权益保障条例》，加快散居少数民族地区发展建言献策。8月，配合市政协委员到乳源瑶族自治县开展少数民族地区教育发展情况调研，并提交《关于我市少数民族地区教育发展情况的报告》。

【评选推荐民族团结进步模范】 乳源瑶族自治县人民政府被评为国务院第六次全国民族团结进步模范集体，始兴县深渡水瑶族乡人民政府、韶关学院体育学院、韶关市国土资源局、韶关市民族宗教局等4个单位和乐昌市五山镇沙田村党支部书记邓永福、曲江区罗坑镇党委副书记张金明、始兴县沈所镇党委书记朱慧芳、乳源瑶族自治县民族宗教局局长赵天聪、韶关市民族宗教局副局长赵才金等5人被评为广东省民族团结进步模范集体和模范个人。

【组织参加第五届广东省少数民族传统体育运动会】 由广东省民族宗教事务委员会和广东省体育局联合主办、惠州市人民政府承办的第五届广东省少数民族传统体育运动会于9月在惠州市举行。韶关市有来自18个民族的182名运动员参加全部13个竞赛项目和竞技类表演项目的比赛，共获得11金11银15铜，团体总分排名第三的成绩，并获得大会颁发的体育道德风尚奖和优秀组织奖。10月，韶关市召开参加第五届广东省少数民族传统体育运动会总结表彰会议，对获奖运动员和教练员进行表彰。

【开展民族团结进步宣传月活动】 市民宗局邀请全国人大民族委员会副主任委员吴仕民为中共韶关市委中心组理论学习（扩大）会议暨第四期韶关学习论坛作题为《中华复兴与民族工作》的专题报告并传达中央民族工作会议精神。市长艾学峰、市政协副主席李飞等市委中心组成员，市中院、市检察院、市直及中省驻韶有关单位等相关负责人参加会议。（梁妙珍）

【全市宗教基本情况】 韶关市有佛教、道教、天主教、基督教四个宗教。现有宗教团体9个（其中市级宗教团体4个），宗教活动场所共53处，其中“寺观教堂”39处，“固定宗教活动处所”14处，宗教院校2所。至2014年底，全市共有宗教教职人员550人（其中佛教僧尼504人，道教乾道、坤道22人，天主教神父、修女3人，基督教牧师、长老、传道21人），宗教教徒4万多人。（赵伟明）

【加强宗教活动场所管理和安全工作】 引导全市佛、道教界倡导文明敬香，建设生态寺庙、宫观活动。继续落实中央十部门关于治理佛道教管理乱象的意见，加强全市宗教活动场所规范化管理，杜绝非法投资新建或承包寺观、借教敛财等突出问题。指导南雄市大雄禅寺举办重建开光十周年暨三圣殿落成开光庆典，确保活动有序、安全。

【协调解决宗教重点、难点问题】 市民宗局落实市人大《关于印发〈我市宗教活动场所管理情况的调研报告〉的通知》精神，从事务管理、财务监督、宗教团体建设、落实宗教房产问题等四个方面进一步加强宗教场所管理。推动云门寺佛教文化生态保护区建设工作，逐步解决保护区建设遇到的林地纠纷、搬迁等问题。推动市佛教协会“韶关佛教文化交流中心”项目，市政府批复同意并有偿划拨项目用地6350平方米。按政策与丹霞山管委会制定宗教人士门票优惠办法。开展制止和处理乱建大型露天宗教造像工作，依法对某度假村项目违规设置露天宗教造像进行治理。

【组织宗教界开展慈善公益活动】 市民宗局发动全市宗教界为“6·30”扶贫济困日暨“宗教慈善周”活动捐款59.3万元，定向用于支持少数民族地区基础设施建设等扶贫事业。组织全市宗教界开展植树护林活动，投入资金232万元在宗教场所周边植树22000棵。引进省基督教两会及沙面堂举办扶贫助学活动，为乐昌市26名家境困难的学生捐赠12.658万元。

【加大宗教人士培养力度】 市民宗局推荐31名宗教教职人员分别担任省基督教两会、省道教协会、省佛教协会有关职务。选派3名优秀宗教教职人员参加省委统战部宗教人士学习班。6月24日，韶关市民族宗教局举办2014年全市宗教界政策法规培训班，邀请省民族宗教委政法处处长罗龙前来授课。各县（市、区）民族宗教局局长、各全市性宗教团体副秘书长以上负责人和各宗教活动场所负责人近70人参加培训。（龙　晖）

附：领导班子成员名单

局　长：赵卫东

副局长：赵才金　向志强　江卫华

城乡居民收入与消费

【概况】 国家统计局韶关调查队是经国务院批准，由原国家统计局韶关市城市社会经济调查队、国家统计局韶关市企业调查队合并组建而成。1985年，国家统计局根据经济社会的发展和统计工作的需要，在韶关设立韶关市城市抽样调查队，1989年更名为韶关市城市社会经济调查队。1998年，又设立国家统计局韶关市企业调查队。2007年10月16日，国家统计局广东调查总队下发《关于设立国家统计局韶关调查队的通知》，“决定撤销韶关市城市社会经济调查队、韶关市企业调查队；设立国家统计局韶关调查队，韶关调查队为正处级机构。”内设机构7个，编制数25名。国家统计局韶关调查队既是国家统计局直属的统计调查机构，也是韶关市委、市政府的一支重要统计力量，韶关调查队和统计局的数据共同构成完整的统计数据体系。2014年，国家统计局韶关调查队完成城乡一体化住户调查、居民消费价格调查等工作。

【居民消费价格温和上涨】　全年市区居民消费价格总水平上涨2.1%，涨幅比上年（上涨1.9%）扩大0.2个百分点，其中：消费品价格上涨2.2%，服务项目价格上涨1.8%，非食品价格上涨1.3%，食品价格上涨3.4%。从类别上看，居民消费的八大类商品（服务）价格累计同比呈现“六升二降”的格局，其中：娱乐教育文化用品及服务类上涨1.4%，食品类上涨3.4%，居住类上涨0.8%，医疗保健和个人用品类上涨1.5%，衣着类上涨5.7%，烟酒类下降1.0%，家庭设备用品及维修服务类上涨1.6%，交通和通信类下降0.2%。

【实施城乡一体化住户调查改革】　经国务院批准，根据国家统计局和省住户办的统一部署，韶关调查队从2012年12月起正式开展国家点城乡一体化住户调查工作，从2013年12月起正式开展分市县城乡一体化住户调查工作。从2014年开始，正式对外发布韶关市全体居民人均可支配收入以及分城乡的城镇常住居民人均可支配收入和农村常住居民人均可支配收入。在城乡一体化住户调查正式实施后，原有住户调查方案终止执行。城乡一体化住户调查改革是国家统计局继统计“四大工程”建设之后又一次统计制度的重大变革。城镇住户与农村住户调查正式实现统一调查方案、统一抽样方法、统一指标口径、统一数据处理程序。此次调查改革将统计农村居民人均纯收入改为统计农村居民人均可支配收入，设置农村、城镇和全体居民可支配收入指标，旨在建立城乡可比的、以可支配收入指标为核心的居民收支指标体系。城乡居民收支数据涉及社会公众切身利益，是制定各项社会补偿款及罚款的重要参考依据，如最低工资标准、最低生活保障线、征兵补助、工伤补偿、超生人口社会抚养费等，备受社会大众关注。

【城乡居民收支情况】　2014年，韶关市全体居民人均可支配收入16622.7元，比上年增长10.0%，扣除价格影响因素，实际增长7.7%，其中，按常住地分，城镇居民人均可支配收入21583.3元，比上年增长9.3%，扣除价格影响因素，实际增长7.1%；农村居民人均可支配收入10532.2元，比上年增长10.2%，扣除价格影响因素，实际增长7.9%，城乡居民收入差距继续缩小。

【城乡居民消费情况】　2014年，韶关市全体居民人均消费性支出12221元，其中，城镇居民人均消费性支出15224元，农村居民人均消费性支出8826元。全体居民人均消费性支出中，全体居民人均食品烟酒消费4802元，人均衣着消费601元，人均居住消费2182元，人均生活用品及服务消费703元，人均交通通信消费1475元，人均教育文化娱乐消费1504元，人均医疗保健消费702元，人均其他用品及服务消费252元。

【城乡居民耐用消费品拥有量情况】
2014年，韶关市城乡居民耐用消费品拥有量情况：平均每百户拥有家用汽车14辆、摩托车86辆、助力车（电动车）20辆、洗衣机73台、电冰箱89台、微波炉31台、彩色电视机116台、空调95台、热水器86台（其中太阳能热水器16台）、消毒碗柜47台、洗碗机1台、固定电话56台、移动电话237台、计算机51台（其中接入互联网的39台）、摄像机2台、照相机20台、中高档乐器3台、健身器材2台、组合音响18台。　（关韶光　雷明平）

附：领导班子成员名单
队　长：杨应满
党组书记：赖国扬
副队长：刘巧玲　陈利红

【新农村建设】　2014年，韶关市按照省委、省政府关于推进新农村建设的一系列部署和要求，以名镇名村示范村建设、创建幸福村居示范片、推进省级新农村示范片建设等项目为抓手，开展农村人居环境综合整治，全市农村宜居水平显著提高，农村公共民生服务水平快速提升，农民群众幸福感明显增强。全市完成以“完善农村基础设施、实施农村环境和景观综合整治、发掘和拓展各地资源禀赋、整合提升特色优势”为创建内容的名镇2个，分别为生态山水名镇——曲江区小坑镇、特色农业和生态旅游名镇——翁源县江尾镇；名村20个，分别为曲江区小坑镇上洞、始兴县马市镇丰山、翁源县江尾镇联明、乳源县一六镇高元、新丰县梅坑镇小正等行政村；示范村50个，分别为曲江区小坑镇曹角湾、翁源龙仙镇围子、仁化县董塘镇新塘、始兴县深渡水乡坪田等自然村。完成市级幸福村居示范片3个，分别为曲江区小坑镇、始兴县太平镇和马市镇、乐昌市北乡镇。完成3687户农村低收入住房困难户住房改造和2110户“两不具备”贫困村庄农户搬迁安置。南雄市坪田镇原中央苏区幸福村居示范片和乳源县五彩瑶乡省级新农村连片示范工程正在动工兴建。各地不断加大对农村公共民生事业的投入力度，着力推进农村卫生医疗、文化教育、社会保障、交通通讯、健身娱乐等民生工程建设，构建新型农村基本公共服务体系，农村发展活力不断增强，农民群众更加安居乐业。2014 年，全市建成镇级便民服务中心 79 个、村级便民服务站 721 个；建成通自然村公路 530 公里；建成 20 个乡镇农民健身工程；农村居民卫生厕所普及率达 92.7%；新型农村合作医疗参合率100%；全市 90% 以上的乡镇实施乡村“清洁美”工程。

【名镇名村示范村建设】 2014 年，韶关市第三批名镇名村示范村建设项目完成 2 个名镇、20 个名村、50 个示范村的创建任务。到 2014 年 12 月底，全市共投入资金 21701.2 万元，完成道路硬化改造 37.4 公里，建设供排水工程 30.1 公里，改造和新建房屋 8.7 万平方米，绿化 2.25 万平方米，新建污水处理设施 2391 平方米、排污渠道 1.15 公里，新建垃圾收集点 510 个，修建篮球场或休闲广场 31 个，安装宣传栏 32 个，安装路灯 872 盏。项目建设取得显著成效，其中名镇建设彰显特色品位。曲江区小坑镇依托青山绿水、林茂泉丰的优势，推进生态山水名镇建设，建成具有中国禅律文化特色的休闲、养生、旅游、度假胜地，并与小坑水库景区、曹角湾等古村落连成一片，成为韶关市一条新的休闲观光和生态旅游热线。翁源县江尾镇以建设湖心坝客家围、蒽茅岭八卦围、九仙桃产业园区、六坝公路兰花旅游长廊为重点，打造独具特色的特色农业和生态旅游名镇，实现特色产业发展和新农村建设的互促双赢。名村示范村面貌焕然一新，通过推进村庄环境整治和基础设施建设，建成一批主题突出、风格各异、富有特色的宜居村庄。

【乳源县“五彩瑶乡”省级新农村连片示范建设工程】 韶关市 2014 年申报建设的“五彩瑶乡”省级新农村示范片位于乳源县东北部，规划建设 8 个主体村、辐射带动周边 49 个示范村。示范片将通过实施宜居村庄建设、环境卫生改善、农业产业提升、旅游产业提升和文明素质提升五大重点工程，在两年内建设成为经济发展、环境优美、文化繁荣、社会和谐、人人幸福的“五彩瑶乡”，打造成宜居、宜业、宜游的省级新农村示范片和粤北农业观光休闲旅游示范窗口。到 2014 年年底，示范片已实施宜居村庄建设项目 21 个，投入资金 7285 万元，完成雕子塘村、高元村、乌石岭新村、木笼新村四个主体村以及瑶乐居、塘窝头安置新村、塘头安置新村和埗理坑新村等辐射带动村的楼房主体工程建设、示范片内高标准基本农田建设和村民理事会筹建工作，启动云门山旅游度假区建设、县城周边生态景观林带种植、示范片详规调研和征集村民意见等工作。

（市农业局新农村建设指导科）

消费者委员会

【概况】 2014 年，韶关市消委会履行各项消法职能，实践落实年主题内容，致力营造良好的消费环境，拉动消费需求，增强消费信心，促进经济发展和社会稳定。

【消费投诉调解】 2014 年，韶关市消费者委员会推进 12315“五进”（进商场、进超市、进市场、进企业、进景区）规范化建设，新增“消费维权服务站”11 个。与市中级人民法院建立诉调对接工作机制，着手与市仲裁委员会联合成立消费争议仲裁中心。韶关市各级消委会共接待来电来访 4600 多人次，受理消费纠纷投诉 421 宗，调解结案率 100%，调解成功率达 92.6%，涉案金额 164.3 万元，为消费者挽回经济损失 99.7 万元。全市各级消委会和市 12315 中心共受理咨询、投诉、举报 10865 件，为消费者挽回经济损失 154.01 万元。案件中因为欺诈行为得到加倍赔偿为 0 件；支持消费者起诉 0 件；提供案件后政府罚没款 5000 元；二次以上投诉 0 件；不予受理 29 件；表扬信 0 件；锦旗 3 面；受理总信件中进出口商品 0 件。从投诉的类型上看，商品消费投诉有 258 宗，占 61%；服务消费投诉有 163 宗，占 39%。消费行为多集中在节假日期间，消费热点表现在家用电子电器、房屋及建材类、食品等方面，其中以家用电子电器类的投诉居多，占投诉总数的 27.6%；房屋及建材类占 7.6%；食品类占 5.2%；服务消费类投诉多体现在电信服务及生活、社会服务类，其中电信服务类有 62 宗，占 14.7%；生活、社会服务类有 37 宗，占 8.8%。从投诉性质上看，属商品与服务的质量问题的投诉占 47.7%，质量问题的突出导致消费购买商品或接受服务时出现多种不可预见的缺陷与故障，如售后服务无法跟上，不能给予消费者合理满意的处理，消费投诉将无法避免。部分商家利用节假消费旺季或展销活动售卖劣质商品，以降价、买赠等手段损害消费者利益；其次是合同侵权类投诉，占 13.5%，多为一些房地产、汽车、通讯服务行业的格式合同条款对消费者的权益造成损害；再有就是售后服务，占比 8%，主要为家用电器、家具等耐用商品的售后保修问题产生的纠纷。

【消费年主题宣传】 3 月 15 日，在全民健身广场举行年主题为“新消法、新权益、新责任”的“3·15”国际消费者权益日宣传、咨询活动。市政府副秘书长沈河民主持活动开幕仪式，市政协主席李飞在市消委会会长、市工商局局长欧新全等领导的陪同下亲临现场参加活动、指导工作，并作重要讲话；市消委会各委员单位参加活动。现场活动通过开展文艺会演、假冒伪劣商品展示、消费维权知识有奖问答、向群众提供法律法规咨询、现场受理消费者投诉及立即查办假冒伪劣商品等不法行为等各种形式，向广大消费者传播科学的消费理念和消费安全知识，提高消费者的法律意识和维权意识，倡导企业诚实守信经营，重视产品、商品质量，重视企业信誉，重视消费者权益，呼吁维护消费者合法权益是全社会的共同责任，营造出浓厚、和谐的“3·15”节日氛围。活动现场向群众派发《图说新消法》《消费维权指南》《韶关日报》的“3·15专刊”等法律法规宣传资料4500多份，现场受理消费投诉21宗。

【新消费法宣传】 为宣传新《中华人民共和国消费者权益保护法》，传播消费维权知识，营造科学消费、安全消费的社会氛围，增强广学子及青年消费者的维权意识，引导他们参与消费维权工作，韶关市消委会在市各大中专院校学生中举办“新消法新权益新责任”主题系列宣传活动，活动形式主要为校际消费年主题征文比赛与“315杯”校际辩论赛。征文比赛共收到作品2000余篇，校际辩论赛前后共进行10轮比赛。6月21日，举办校际辩论赛决赛，现场邀请市消委会会长欧新全等领导为辩论赛优胜者和征文比赛获奖作品颁奖，并以问答互动的形式在颁奖现场进行新消法知识宣传。举办新消费者权益保护法视频培训，加强新消法宣传，编印2万份知识问答有奖卡派发给群众。

【消费在线咨询】 市消委会与韶关广播电台合作开设“天天3·15”维权在线版专栏节目，市消委会、市工商局、市质量技术监督局、市食品药品监督局等18个单位将排期轮流参加维权在线版的上线直播，坚持“贴近生活、贴近实际、贴近群众”的原则，结合新消法宣传本部门在消费维权工作上的职能与成绩，为广大消费者在健康、科学消费以及理性依法维权方面给予指引教育，在线解答消费者咨询，受理消费者投诉，营造全市关注消费维权的良好氛围。

【消费监督体验点评】 由市消委会倡导开展的2014年度“诚信单位”评选活动评出154家经营户，授予“2014年度诚信单位”称号。评选活动的方式步骤：首先由企业、个体户自愿报名参加，企业、个体户所在地基层消委会、行业协会、韶关民声网负责初审资质并推荐申报，由政府职能部门、相关行业协会、韶关民声网网络问政平台审查当年是否有违法违规记录和重大投诉，最后由市消委会常委会审核产生。开展洗衣洗涤行业和旅游服务行业的消费体验活动，通过发布公告向社会公开招募消费体验志愿者，对韶关市的洗衣洗涤行业及旅游服务行业分别进行暗访体验，对行业内存在的消费侵害行为及各种违规行为进行收集点评，并向社会公布。

（罗智毅）

关心下一代工作

【概况】 2014年，韶关市各级关工组织从更大视角，以更新的理念，推进全市关心下一代工作，各项工作按照年初制定的计划，取得明显的成效。2014年，乳源瑶族自治县关工委执行主任盘才万被评为全国离退休干部先进个人，韶关市关工委被评为全省离退休干部先进集体。2014年，郑振涛、艾学峰、李飞、陈向新、张志才、许红等6位市领导先后对关工委的工作做出批示，坚定市关工委做好工作的信心，鼓舞全市各级关工委组织和参与关心下一代工作的5万多名“五老”（老干部、老战士、老专家、老教师、老模范）成员，决心把全市关工工作做得更好。

【加强社会主义核心价值观教育】 3月18日，韶关市关工委、教育局、文明办在始兴县召开全市中小学“弘扬雷锋精神，践行社会主义核心价值观”活动经验交流会，总结交流全市中小学培育和践行社会主义核心价值观成功经验。韶关市及有关县关工委组织关工委讲师团、艺术团深入学校、乡镇、村社区宣传社会主义核心价值观，共50场，观众达22770人。乐昌市关工委开展培育和践行社会主义核心价值观教育活动，有30多所学校开展这项活动，6万多名中小学生受到教育。上半年，广东省关工委在全省征集50位成绩突出的“五老”和50位事迹感人的青少年故事，韶关市关工委推荐的乳源瑶族自治县关工委执行主任盘才万、南雄市一中退休高级教师周才华、仁化县关工委副主任杨卫红3位“五老”故事和始兴县顿岗中学学生华妃嫦、市十中学生涂海霞2个青少年故事入选。与韶关电台合作，开设《孩子教育成长空间》专栏专题讲座。重点对中等职业学校和非公有制企业开展“励志成才与传统国学、引导修身立志”的讲座，收到良好效果。

【开展“中国梦”主题教育活动】 韶关市教育局关工系统开展宣讲、征文、演讲、绘画、摄影、微电影展示、动漫设计等活动，组织学生深入生产一线、深入社区、深入企业，参加生产劳动、爱心公益活动、科技创造活动、志愿服务、勤工俭学等活动，引导学生在“中国梦”主题教育活动体验中自主感悟，践行社会主义核心价值观。上半年，广东省关工委在全省开展“大手牵小手，共筑中国梦”书画创作活动，韶关市关工委围绕“山河壮丽，文化绚丽，生活靓丽，心灵美丽”活动主题，组织各级关工组织开展创作活动，推荐100多幅作品参加评选，共有26人获奖，其中二等奖2名，三等奖5名，优秀奖19名。韶关市关工委荣获“优秀工作组织奖”称号。韶关市关工委艺术团进行“中国梦”为主题的文艺创作，深入市区、新丰、乳源等地学校进行爱心演出，全年演出10场次，观众达1.7万多人，深受师生的赞扬。仁化县关工委艺术团全年演出达19场次。曲江区关工委关爱艺术团一年来创作新节目30个，演出13场次，观众达2万多人。

【开展“朝阳读书”活动】 韶关市关工委和教育部门多年来重视“朝阳读书”活动，把它作为关工工作重点加以谋划和实施，方式推陈出新，成果喜人，“朝阳读书”活动已成为韶关市中小学办学特色及内涵发展建设的重要品牌。2014年，韶关市教育部门鼓励各地各校挖掘本土文化资源编写地方读本，全市中小学编写地方读本3500多套。曲江区关工委与区教育局关工委在中小学开展各种主题活动，编写《为善三字经》小册子，让学生熟记，推动学校“朝阳读书”活动的开展。南雄市关工委把“朝阳读书”活动延伸到社区、家庭，每年寒暑假，都会发出“读好书，过快乐寒（暑）假”的倡议书，并利用“农家书屋”引导青少年做“四有”（有理想、有道德、有文化、有纪律）新人。

【开展青少年普法教育活动】 关工委组织“五老”成员及讲师团到中小学及大中专院校开展以“关爱明天、普法先行”为主题的普法教育宣讲活动，营造良好的学法、知法、守法、用法氛围。韶关市青少年法制教育工作逐步趋于规范，在学校、社区、单位成效明显，青少年犯罪率下降，青少年的法律素质提高，促进社会治安秩序的稳定及文明程度的提升。8月4日，由中国关工委、司法部和中央综治办共同举办的第二届“关爱明天、普法先行”——青少年普法教育活动总结大会在北京举行。韶关市关工委、南雄市第一小学被授予全国青少年普法教育优秀组织奖。韶关市关工委副主任曾成恩等5位人员被评为全国青少年普法教育先进个人，始兴县实验小学、曲江区第一小学被评为全国“零犯罪学校”。仁化县一年来“五老”人员和法制副校长开展宣讲活动达20多场次，教育面达11000多人次。翁源县关工委编印《法制教育资料汇编》100多份，发到各中小学、司法所，由学校法制副校长为学生上普法辅导课，龙仙一小是全省青少年法制教育试点学校之一。

【开展农村创业青年培训】 韶关市关工委继续抓好农村创业青年培训工作。2014年，虽因省培训经费没有及时到位，但曲江、仁化、新丰、浈江等4个地区垫资办培训班，韶关市关工委在市委党校举办的全市农村创业青年培训提高班。2014年，全市举办农村创业青年培训班共5期，参加培训学员共494人。至2014年，韶关市先后举办农村创业青年培训班117期，培训创业青年8970人（次），其中提高班20期，学员1067人（次）。完成推荐命名农村创业青年培训示范基地工作。2014年9月，广东省关工委命名全省首批25个农村创业青年培训示范基地。其中韶关市乐昌市昌盛香芋生产流通专业合作社和曲江区火山粉葛培训基地位列其中。韶关市从各个县（市、区）推荐的单位中挑选10个单位为“韶关市关工委农村创业青年培训示范基地”。成立农村创业青年联谊会。为推进农业集约化、专业化、产业化发展，交流、学习创业信息和经验，增进友谊，按照省关工委的要求，韶关市及部分县（市、区）在2014年陆续成立农村创业青年联谊会。全市已成立的有新丰、浈江、翁源、曲江、武江等县（区）。韶关市关工委在12月16日成立市关工委农村创业青年联谊会。

【非公有制企业中组建关工组织】 在非公有制企业中成立关工组织有利于企业的发展，有利于青年职工的健康成长，对增强企业的凝聚力，提高职工素质有着重要意义。2013年，全市成立关工组织44家；2014年，计划成立关工组织67家，到年底已成立62家，占计划92.5%。领导重视。县（市、区）关工委和工商联关工委从2013年下半年起，把非公企业加快建立关工组织工作列入议事日程。调查摸底。县（市、区）关工委和工商联关工委对本县（市、区）非公企业进行调查，把符合条件建立关工组织的单位列入组建名单，做出三年建成计划，成熟一个建立一个，注重工作实效。各相关企业成立关工组织后，发挥组织优势，开展各项关工工作。如新丰、仁化、南雄、浈江和市的几家企业关工组织在青年职工中开展学法律、学技术、资助贫困学生等关爱活动，显现关工组织的作用。召开经验交流会。韶关市关工委在10月15日召开全市非公有制企业关工工作情况汇报会，交流2013年以来韶关市在非公有制企业中建立关工组织和开展相关活动的情况以及经验做法，提出各地要按计划加快全市非公有制企业建立关工组织并开展关工活动，发挥其应有作用的要求。

【开展创建“五好”关工委活动】 创建“五好”（领导班子建设好、“五老”队伍作用好、场地建设功能好、活动经常效果好、积极探索创新好）关工组织是加强关工工作的重要举措，一年来，各地关工委继续开展创建“五好”基层关工委活动，推动基层关工工作制度化、经常化。仁化县关工委专门召开创建“五好”关工委工作汇报会，通过创建活动，进一步健全各项工作制度，使关工工作运作更为正常；团结协作，“五老”队伍的作用得到发挥；关工工作形式多样，活动常态化。新丰、始兴、乳源、翁源、乐昌、南雄、浈江、曲江等地都能以点带面，推动“五好”关工委创建活动。

【开展调查研究工作】 上半年，韶关市关工委领导先后到韶钢、韶冶、韶铸、大宝山矿、韶关发电厂、丹霞冶炼厂、凡口铅锌矿等国有企业以及韶关学院调研关工工作，指导国有企业和学校关工委发挥优势，充实健全关工委领导班子，建立健全必要的工作制度，开展关爱活动，注意发挥“五老”人员的作用，把培育和践行社会主义核心价值观融入企业和学校关心下一代工作，加强企业的青年职工和大学生的教育，关心企业职工和教职员工子女的成长，做到关工委工作与企业生产经营活动和学校工作同时安排、共同发展。下半年，韶关市关工委领导先后到全市10个县（市、区）关工委调研关工工作。检查各地关工组织开展创建“五好”关工委活动、开展“朝阳读书”活动、开展培育和践行社会主义核心价值观教育、在非公企业建立关工组织情况、农村创业青年培训等工作，促进关工工作的开展。

【开展“五老”的“十个一”活动】 一年来，韶关市各级关工组织，主动配合各职能部门开展对青少年的关爱活动，为青少年的健康成长营造良好的社会环境。全市关工组织和“五老”为青少年作各类辅导报告2946次，撰写有教育意义的文章6500篇，为营造良好育人环境提建议12604条，为保护青少年的合法权益3043件，为青少年教育问题作专题调查1360次，与青少年谈心7871次，为青少年传授科学技术2517项，帮教失足青少年1171人，为15041名贫困学生提供资助款781.2293万元，为青少年做其他好事和实事54649件。

【开展扶贫助学活动】 韶关市关工委和有关县（市、区）关工委协助深圳（香港）德昌电机技术学院招收贫困生。4月，韶关市新丰、乐昌、仁化、始兴、乳源、曲江6个县（市、区）110名初中毕业贫困生参加深圳（香港）德昌电机技术学院招生考试，被录取58名。韶关市关工委在市政府支持下安排20万元“爱心扶贫助学金”，拨给各县（市、区）关工委，资助158名贫困学生。各县（市、区）关工委和企业、单位都做好扶贫助学工作，取得成效。如新丰县关工委筹集资金105.38万元，资助贫困学生394人。乐昌市关工委筹集资金63万元，资助贫困学生367人。宝钢集团韶钢关工委扶贫助学125人，资助资金21万元。韶关市地税局关工委到翁源县官渡镇河边村开展帮扶活动，为25名贫困学生送上每人300元慰问金。

【做好关工宣传】 宣传工作是各级关工委工作的重要组成部分。一年来，韶关市关工委编印《韶关关工动态》7期，印发4420份。2014年，向《中国火炬》《秋光．关心下一代》《老人报》《广州文摘报》《韶关日报》《韶关老干》等报纸杂志及韶关电台发稿，被采用近百篇，扩大关工工作的影响。做好2015年《中国火炬》《秋光·关心下一代》报刊征订发行工作，全市订阅《中国火炬》407份，《秋光·关心下一代》663份。韶关市教育局、凡口矿订阅“两刊”数量位于市直和驻韶中省单位的前列。南雄市订阅“两刊”数量位于10个县（市、区）前列。（温祖娟　肖志雄）

附：领导班子成员（部分）名单

主　任：陈向新

第二主任：肖怀跃

执行主任：邓苏夏

常务副主任：肖汉谋

常务副主任兼秘书长：肖志雄

副主任：曾成恩

5月27日，中国关心下一代工作委员会常务副主任武韬（右一）、中国关工委办公室主任陈江旗（左一）一行到韶关市检查指导关工委工作（温祖娟　供）

重 点 企 业

中、省驻韶关企业

【宝钢集团广东韶关钢铁有限公司】
宝钢集团广东韶关钢铁有限公司（简称“韶钢”），前身是广东省韶关钢铁集团有限公司，始建于1966年8月22日。2011年8月22日，宝钢和广东省国资委签订股权划转协议，韶钢在分离办社会的基础上由宝钢集团直接持股51%。2012年4月18日，宝钢集团广东韶关钢铁有限公司挂牌成立。韶钢占地面积9.8平方公里，截至2014年年底，在册合同工13228人。

韶钢年产钢能力650万吨，立足钢铁业，工、科、贸并举，多元化经营，着重从价值形态上运营国有资产，是广东省重要的钢铁生产基地、国家高新技术企业，及中国重要的船板钢、工程机械和水电站用高强钢板、建筑结构用高建板、桥梁板、锅炉和压力容器用钢板生产基地。板材、线材、优特钢棒材等产品，主要在珠三角、华东地区及广东邻近省销售，部分出口。

企业效益　2014年，韶钢全年产铁618万吨、钢628万吨、钢材615万吨、烧结矿888万吨、焦炭193万吨，发电14.2亿千瓦时。2014年，韶钢实现营业收入210亿元，利润亏损11.8亿元。年末总资产214亿元，净资产40.2亿元。

管理能力持续改善　2014年，精简组织体系，整合优化技术研究中心、招标中心、原料采购中心等10个厂部级单位，组织机构由2013年12月的34个整合优化为32个（不含子公司）。“五制配套”（作业长制、计划值管理、设备点检定修制、标准化作业和自主管理）已成雏形，2014年6月，主体生产单元五厂三部（炼铁厂、炼钢厂、炼轧厂、板材厂、特棒厂、制造管理部、设备管理部、能源环保部）的管理架构搭建完成，与宝钢股份全面对接。设备状态趋于稳定，单项维修费同比降低约36.38%；吨钢备件消耗资金减少6.5元，高炉综合休风率累计为1.29%（目标值为1.5%），同比降低0.21%。加大公开招标和电子投标比例，公开招标按项目数计算占比73.05%，同比提高46.82%；电子投标按项目数计算占比76.87%，同比提高54.71%。

优化薪酬分配　完善人事机制构建多元薪酬体系，对钢铁主业单元的职位体系和宽幅工资进行切换，建立起绩效管理机制、员工成长积分机制，引导员工把对薪酬增长的期望转化为改进绩效的动力。2014年2月，对中层管理人员进行2013年度绩效评价，评价结果：优秀25人、称职84人、不称职15人，共提拔使用10人，诫勉谈话5人，不称职人员退出领导岗位。引进紧缺人才15人；选聘首席工程师11人。

营销体系改革　整合采购、销售模块，成立新营销中心，营销体系统一协同管理及决策。培育优质供应商和渠道，与实力强、讲诚信的供应商建立战略合作伙伴关系，实行长期稳定的合作。建立采购策略、计划、价格、供应商管理、现货采购等公开的信息化管理平台，推进阳光采购。优化物流体系，对物流车队及业务管理进行优化整合，车队由原来的55个整合至32个，具备日发运2.5万吨物资的汽车运力规模，厂内钢材库待装时间由原来的25.6小时缩短至17.4小时，效率提升32%。2014年，同比物流增量145万吨，剔除环境因素的影响，降低物流成本3165万元。

强化财务管理控制　重点完善存货管控体系，降低库存资金占用、拓展融资渠道，加大直接融资比例，降低融资成本、加强资产管理，规范资产处置，提高资产运营效率，年度实

韶关钢铁特棒厂大棒轧机生产线（韶钢　供）

现经营活动现金净流入20亿元，2014年完成中期票据和短期融资券共40亿元的注册，成功发行10亿元短期融资券和10亿元中期票据。

基建技改工程建设　固定资产总投资10.98亿元，完成全年计划的92.46%。建成投产的主要项目：新焦炉工程、炼钢部坯料优化之2号板坯连铸机技术改造、板材部3450毫米生产线超快速冷却系统改造、6号炉维修工程、炼轧厂棒二线控轧控冷工艺改造、环境在线监测系统改造、环保整治类工程等。

特钢产品研发和认证　借助宝钢集团特钢协同经营平台，成立结构钢、齿轮钢、轴承钢产研销小组，开发新牌号37个，研发产品销量5855吨。新签订32个牌号产品技术协议；通过二方认证17家，通过纳铁福、日进等汽车用钢核心产品供应商的工厂认证。

多元产业经营　2014年，多元产业六大板块13家子公司实现营业收入16.3亿元、利润1.2亿元，利润超过预算进度目标32%，比上年同期分别增加1.1亿元、0.6亿元。　（陈春华）

附：领导班子成员名单

董事、董事长、党委委员：赵　昆

董事、副董事长、党委书记：

李世平（2014.12—）

董事、党委书记：

余子权（—2014.12）

董事、总经理、党委委员：

傅建国（2014.12—）

王三武（—2014.12）

党委副书记、纪委书记：

蔡建群（2014.5—）

谢琼杰（—2014.5）

副总经理、党委委员：张永生

朱　宏

党委委员：刘　意

党委副书记、工会主席、职工董事：寿耀明

副总经理、党委委员：冯国辉

总会计师、党委委员：赖晓敏

总经理助理：王少杰（2014.3—）

蔡建群（—2014.5）

刘建荣（挂职2014.12—）

董事会秘书：旷高峰（2014.6—）

【中金岭南韶关冶炼厂】　隶属于深圳市中金岭南有色金属股份有限公司，始建于1966年，是中国首家采用ISP工艺的大型铅锌冶炼企业。工厂主产品有电铅、精锌、电银、精镉、精铟、锗锭、铅锌系列合金近30种，注册商标为“南华”牌。主产品电铅、精锌、白银已在伦敦金属交易所注册，铅锭、镉锭获国家金质奖，锌锭获国家银质奖并为国家免检产品，铅锭、锌锭获省名优产品荣誉称号。工厂先后通过ISO 9001质量管理体系认证、ISO 10012测量管理体系认证，连续十多年被广东省工商管理部门评为“重合同、守信用”单位。2014年，韶关冶炼厂完成铅锌总产量13.83万吨、工业硫酸14.73万吨、白银30.58吨，实现工业总产值24.04亿元。

过渡性生产　按照《韶关冶炼厂二粗炼系统过渡性复产实施方案》要求，在确保安全、环保的前提下，量化组织生产。建立原料（精矿点、寻源矿山）大数据库，加强预混配料。优化工艺参数，精心操作，有计划降低杂料、氧化物料库存，提高产品产量，整个生产系统平稳有序运行。加大有价金属综合回收力度，最大限度做到危险固废减量化，并综合利用。发挥ISP工艺优势，推进丹冶高银渣进流程试验。完成年度小修工作，为下一年度过渡性生产期间的环保、安全、生产奠定好的基础。

安全环保　坚持以安全环保为核心的生产组织管理模式，构筑安全环保的“铜墙铁壁”。全年安全环保形势稳定受控，无重伤以上生产安全事故，做到“六无三减少”；工业废水零排放，废气稳定达标排放，固废妥善处置，工农关系融洽。关口前移，开展“进车间、进班组、进工序、进台车”活动，各级领导深入生产一线班组“结对子”，提高班组安全环保自主管理水平。制订、实施“八打八治”专项方案，加大安全环保巡查力度，防控安全环保风险。开展防汛、防雷电、防火、防煤气泄漏等专项应急演练，提高应急反应能力。配合省市环保部门预警监测，废气有组织和无组织排放达标，环境敏感点空气质量稳定。通过由省监管组对韶冶二粗炼系统过渡性复产第六、第七、第八、第九次环境风险季度评估。工厂获广东省环保诚信企业（绿牌）、韶关市“工作场所职业卫生管理示范企业”荣誉称号。

企业管理　以标杆管理为契机，预算、技术、设备、营销等专业管理得到加强，管理水平持续提升，管理效率明显提高，全年可控成本（费用）比预算降低572万元。落实上级公司“标杆管理进流程”要求，对标先进企业，重点抓好课题推进、效益评审、交流培训等工作，在降本增效、流程再造、提高效率等方面取得实际成效，多个课题获公司优秀课题奖。建章立制，规范管理，对进厂取样、验收、采购、工程管理、门卫等关键岗位、敏感岗位、对外窗口岗位的业务人员实行轮岗，规避风险。强化预警监督，多次开展取样验收、工程签证、工程预决算、采购等专项后督察，确保企业持续健康发展。

深化改革　按照中金岭南公司总体部署，制定工厂改革总体目标，重点推进内部机构、人力资源、薪酬分配、科技体制、营销体系、监督机制、党建工作等领域改革。实施机构改革及人员定岗分流，精简机构、理顺职能、实现流程再造，减少中层以上管理人员职位，分流人员。改革绩效评估机制，用关键绩效指标（KPI）考核方案替代原经济责任制考核方案，对车间的考核按成本费用、内部运营、安全环保、综合管理四个维度进行，对部室的考核按成本费用、内部运营、综合管理三个维度进行，突显绩效、责任、执行力，调动员工的积极性和创造性。

整体搬迁升级改造　经过各方3年多时间的艰辛努力，韶冶新厂建设各项前期准备工作基本完成，整体搬迁和“三旧”改造有新起色。经省环保厅认可、省主要领导同意，新厂厂址选得到确认。根据省政府“韶冶搬迁项目协调会”及省环保厅“韶冶搬迁项目环境风险防控专题会”要求，委托专业机构编制环境风险防控报告，完成新厂项目环评报告书修改，并在始兴县、仁化县政府网站完成第三次公示。项目环评报告书已于9月网上报送国家环境保护部审批。新厂征地工作全面启动，用地取得韶关市国土局用地预审意见，并已拨付部分征地款。推进新厂建设项目用地征地、初步设计勘察和土方量复核等相关工作。着眼新厂人才储备，挑选多名生产技能操作骨干到丹霞冶炼厂脱产培训。

“三旧”改造　完成《韶关冶炼厂改造单元地块规划》批前公示。做好韶冶“三旧”改造分期规划编制及项目分期开发的准备工作。配合市有关部门和广晟公司，做好土地收储方案、土地公开招拍挂等工作。　（侯晓思）

附：领导班子成员名单

厂　长：郑金华

党委书记：饶东辉

副厂长：杨立新　曾令成　王远文

龙红卫（—2014.8）

纪委书记、工会主席：郭福清

【中金岭南公司凡口铅锌矿】　2014年，深圳市中金岭南有色金属股份有限公司凡口铅锌矿（下称“凡口铅锌矿”）围绕中金岭南公司“战略、文化、管理”三大主题，按照公司的整体工作部署，科学分析、超前谋划、统筹兼顾、积极应对，在稳定产能、保障安全、深化改革、加快创新和增收节支等方面取得新成绩，在科学发展的道路上迈出坚实的步伐，全年生产铅锌金属量17.01万吨，生产高铁硫精矿69.75万吨，完成中金岭南公司下达的生产任务。

安全管理严抓实干　始终坚持“安全第一，生命至尊”的工作理念，坚持以一万分的去杜绝万分之一可能发生的事故，打造本质安全型矿山。铺开安全生产标准化班组、岗位达标工作，对员工进行应知应会培训，夯实矿山管理基础，提升员工技能素质，促进安标化的落实。加强各级领导分级派班、跟班管理，强化安全管理过程的执行力。加强矿山职业卫生管理，防控职业病的发生。2014年，凡口铅锌矿全年安全生产保持总体平稳态势，实现安全生产，粉尘合格率为93.6%。但6月9日驻矿施工单位广东十六冶建设有限公司矿山建设第一工程处发生1起工亡事故，死亡1人，驻矿施工单位发生8起工伤事故，轻伤2人，千人负伤率为1.5‰。

环保管理稳中求稳　2014年，凡口铅锌矿进一步强化环保意识，深入对环保风险、危害因素的辨识、分析和排查，开展清洁生产审核和环境管理体系审核，推进环境监测站实验室能力认定工作，编制环境事故风险评估报告，完善环境事故应急制度，提高环保管理水平。全年共投入资金2000多万元，完成碎矿工段布袋除尘器排气筒加高、新南风井除尘系统建设、危险废物暂存库建设、环境空气质量及重金属自动监测站建设等环保治理项目，尾矿库清污分流及生态恢复、废石堆场整治工程、矿山公园建设、废水“零排放”等项目正在加紧进行中。

全年环保设施运行正常，污染物达标排放，环保态势良好。6月，荣获2013年广东省“环保诚信企业”（绿牌）称号。7月，被授予广东省“生态文明宣传爱心奖”。11月，再次荣获“广东省清洁生产企业”称号。

创新管理深入推进　2014年，由于井下优质资源逐年减少，出窿矿石品位逐年下降，在各种不利因素面前，凡口铅锌矿采取一系列有效措施，确保安全生产的顺利进行。严格执行生产计划，重点组织好重、难点采场的作业，协调好生产过程的各个环节；推行井下机械化作业，提高机械化采矿作业的产能。全年台车采矿完成49.51万吨，VCR法完成46.22万吨；组织品位相对较高矿块的回采，加强贫损监管力度；采取激励措施，在采矿VCR法凿岩、台车凿岩、铲出矿、充填等生产关键环节开展劳动竞赛，提高劳动效率，加快采出充循环，促进产能提升；加班加点，集中全部力量做好本年度的生产工作，同时兼顾好2015年的生产衔接。通过以上一系列的措施，扭转矿山上半年生产下行趋势，9月生产出现回升态势，并逐渐转向平稳运行。

成本控制精益求精　按照公司降本增效的规定，矿山落实各项降本增效具体措施，严格控制备品、备件、材料、物资等的采购；重视市场调研，降低采购成本；推行招投标和物资验收，严把质量关。加大进口备件国产化力度，取得较好成效。各生产单位进一步严格和规范管理，推行修旧利废；严控差旅费、办公费、公务接待费等非生产性支出；实施技术挖潜，不断探索新的效益增长点。全年实际生产成本7.95亿元，比公司预算节约3700万元。

技术创新持续推进　2014年，凡口铅锌矿以技术创新为先导，不断推动工艺、装备的改进和产品结构优化调整，促进效益的提升。选矿厂升级改造工程可行性报告通过专家评审；9月启动铅锌、硫等微细粒金属回收工作，在选矿厂投入200万元进行技改；选矿加酸改造在2013年试验成功的基础上，进一步优化锌尾浓缩搅拌加酸工艺，稳定生产，实现自动控制，减轻操作人员的劳动强度，降低硫酸单耗。

资源开发合理布局　2014年，凡口铅锌矿重视资源开发工作，强化地质找矿、资源整合、多边合作、综合利用等工作，取得明显效果。加强深边部及近外围地质找矿，全年共探获黄铁铅锌矿51层次，累计见矿厚度159.64米，单孔最大见矿厚度31.9米，单层最大见矿厚度17.91米。在毗邻采区的狮岭南东南部新发现sh277a矿体，其铅锌金属资源量约为7.0万吨，潜在经济价值达7.7亿元；开展尾矿资源稀贵金属回收，实现资源循环利用与生态保护并举；通过多边合作方式，与广东省地质局合作，做好乐昌找矿项目的现场地质和技术管理，圈定坑子和上黄沙两个多金属异常区；配合中金岭南公司参与内蒙古、云南、哈密、蒙古国等有关矿山的前期地质调查或项目评价工作，为公司决策提供参考。

深化改革进展顺利　2014年，凡口铅锌矿不断创新管理，改革工作不断向纵深发展。在相关岗位实施承包制、大工种制和一专多能岗位合并制；优化班组长聘用、考核机制；启动百万元激励创新工作，共收到100份申报项目；9月启动“合理化建议工作”，收到789条建议；继续开展标杆管理工作，全部完成年度结题计划。

重点项目有序推进　2014年，凡口矿抓好重点工程建设，把好工程质量关，做到完成一项验收一项，确保整体工作有序推进。

4月19日，由仁化县安全生产监督管理局组织的尾矿库扩容并库工程验收进行现场核查，经过专家和韶关市、仁化县安监局有关负责人现场察看、资料核查与疑问质询，形成专家意见，同意该项目通过验收。尾矿库扩容并库工程由长沙有色冶金设计研究院有限公司设计，广东十六冶建设有限公司负责施工，工程监理由湖南华楚工程建设咨询监理有限公司承担。工程2010年7月1日开工，主要工程项目包括1号坝、2号坝加高，排洪系统改造、公路改造和管理房、供电系统、安全在线监测、环保在线监测建设等，工程于2012年10月顺利完工，2013年5月开始进行试运行。

5月9日，凡口矿金属非金属矿山安全标准化系统通过广东省技术中心组织的评审。2007年7月，凡口矿在全国率先启动创建“安全标准化系统”，2009年6月初步完成文件系统编辑工作，2011年3月委托广州元景安全评价公司对系统进行外部考评，同年5月被广东省安监局认定为金属非金属矿山三级安全标准化企业。

7月4日，《凡口矿选矿厂技术升级改造工程可行性研究报告》通过专家组评审。凡口矿选矿厂工艺流程复杂，产品品种多，资源优势未得到充分发挥，无法适应未来选矿厂大型化、自动化的要求，同时部分厂房设施存在不同程度的安全隐患，每年的维护费用较高，进行升级改造势在必行。

历时7年多凡口矿帷幕注浆工程12月13日通过验收，该工程于2007年8月8日开工，2014年2月14日完成所有的野外施工任务，共施工钻孔278个，形成帷幕墙1698米。帷幕墙堵水率达68%以上，达到设计要求。

和谐矿山　2014年，在降本增效压力较大的情况下，矿党政竭诚尽力，保障和改善民生，为基层员工带来实惠。继续做好安康工改制工作，2014年以来，共有805名仁化县安康公司员工被招收为凡口矿合同制员工；持续改善员工住房条件，60户员工乔迁新居；为岗薪制人员增加岗位补贴，同时提高班组长的待遇；开展帮贫助困工作，2014年发放各类困难补助和慰问金81.2万元；关爱员工身体健康，定期为全矿员工进行体检，同时强化职业病防治工作；全年共组织150名员工及家属到江西宜春疗养，促进员工身心健康。矿维稳风险控制小组进一步加强工作的主动性，科学辨识维稳风险，逐级落实维稳责任，精心部署，重点防控，耐心劝导，做大量艰苦细致的工作，维护好矿山的和谐稳定。（张秋利）

附：领导班子成员名单

中金岭南公司总裁助理兼矿长：

姚　曙（—2014.8）

党委书记：骆建辉

党委副书记、纪委书记、工会主席：

蔡　文（2014年8月7日起主持凡口铅锌矿行政全面工作）

副矿长：蔡江松　邓拥军　张卫民

陈坤锐　梁成石

【广东韶关瑶岭矿业有限公司】　位于韶关市曲江区境内，由原瑶岭钨矿改制组建的股份制企业。原瑶岭钨矿于1919年开始开采，1951年1月收归国有，属中央直属企业。2000年下放广东省管理，2003年经上级主管公司批准改制为股份制企业，2003年3月经广东省韶关市工商行政管理局批准注册成立，现属上市公司广晟有色金属股份有限公司旗下的国有企业。公司按照现代企业制度设置董事会、监事会、经营班子和党委、纪委、工会，下设6个部和3个分公司，分别为综合部、生产技术部、安全环保部、贸易经营部、财务部、审计部和采矿、选矿、电力分公司。年末员工379人，有一支素质高、专业性强的矿山管理队伍。

主要产品　公司是一个采选联合企业，生产、生活设施完善。矿山开采方式为地下开采，平窿—盲斜井联合开拓，采矿方法为浅孔留矿法，最低主平窿标高450米。现采矿最大垂深500米。设计生产规模为32.6万吨/年、选矿合格矿处理量为375吨/日。选矿工艺为手选与重选，回收黑钨矿精矿及少量白钨精矿、锡精矿。年产钨精矿能力有450—600吨左右。小水电装机容量为2940千瓦，具有530万—900万千瓦/年的年发电能力。主要产品有黑钨精矿、白钨精矿、铋钼矿，水电等。

生产经营　在中共十八大精神指引下，以提高经济效益为中心，以改革发展为动力，抓好安全、环保、生产和经营，搞好矿山各项建设，降低生产成本，提高经济效益和增加员工收入。重点抓好生产工艺技术和设备管理，加强企业内控管理。钨精矿价格大幅下跌，营业收入大幅减少，2014年实现营业收入3679万元，利税总额1295万元，利润总额769万元，税后净利润575万元。全年向国家缴纳税金6395万元。公司2014年完成工业总产值5179万元，工业增加值4453万元，资产总额8005万元。

环保安全　公司完善环保档案，按要求上报污染物月度、年度排放数据，及时办理排污许可证年审、变更工作，完成省环保厅要求的环境整改的相关工作；督促各生产单位做好环保工作，公司实现环保达标；编制完成突发环境风险应急预案，并通过市环保技术中心的评审，区环保局已经出具备案证明；完成对公司的清洁生产审核报告修正工作，通过省环保厅的公示。公司开展“安全生产月”活动，组织季度、专项、现场日常安全检查；开展安全知识竞赛活动；抓好安全生产规章制度落实；做好安全隐患整改和改善安全生产环保作业条件；贯彻落实矿领导带班下井制度、采场蹲点制度；签订安全生产环保责任书；做好新招员工的公司级岗前安全培训；调整劳动防护用品发放标准；建立和健全安全生产责任制度、档案、操作规程；完成职业卫生评价；完善生产安全应急预案。

建设与发展　450中段中区深部矿床开拓工程进入施工阶段；开展东区146线详勘；130区深部开拓，433、398中段进入生探和采准；完善班级安全管理，做好“安全标准化持续改进”工作，淘汰部分落后设备和工艺；基本完成钨锡分选、钼铋分选工艺流程改造。完成定向增发工作，公司迎来新的发展机遇。公司持续发展有资源保证。自2007年开展探矿工作以来，累计投入资金4000多万元，探获资源储量（WO3）金属量11000吨，相当于一个中型矿山的储量规模。公司持续发展配套工程完善。坪山尾矿库二期排洪系统工程竣工，解决今后20年的选矿尾矿库排尾库容；安全标准化建设持续改进；有完善的井下运输、提升、溜矿、供电、供风、供水、通风、排水等八大系统，有完善的细选精选的选矿生产工艺流程；井下六大系统和尾矿库在线监测系统建成使用，为公司未来的发展奠定有良好基础。

企业文化　公司注重公司文化建设。“瑶岭是我家，发展靠大家”的责任核心价值观，成为公司员工的共识，公司继承和发扬“勤奋、求实、奉献、创新”的优良传统，形成矿山岩石般坚强、厚重的品格，造就公司鲜明的矿山企业特色。公司经营班子务实、精干、高效和奖罚分明，民主管理，正确决策；在用人方面做到“人尽其才、才尽其用，高效率、高效益、合理性的人力资源配置”，公司务实、好学、上进、文明、规范、勤工、节约、高效的良好工作生活环境已形成。公司定期出版《瑶岭矿业公司报》和办好宣传栏。加强公司信息收集和定期报送，提升公司在行业内的形象。争取上级部门和当地政府对公司发展的支持，解决公司在治安、税收、环保、电力供应等方面的许多问题。公司领导常与周边村镇沟通，促进矿区周围的工农关系和谐发展。　（陈曲安）

2014年11月25日，全国人大环资委副主任罗清泉（左起二）一行到公司调研

附：领导班子成员名单

董事长、总经理：刘广云（2014.11—）

党委书记、总工程师：郑揭东

副总经理、纪委书记、工会主席：张清伟

副总经理：梁仁建（—2014.2）

副总经理：刘小毛

【广东省大宝山矿业有限公司】　广东省大宝山矿业有限公司1958年5月建矿，1966年10月建成投产，为广东省广晟资产经营有限公司旗下一级企业集团，现位于广东省韶关市曲江区沙溪镇境内，占地面积9.49平方公里，毗邻106国道、京珠高速公路沙溪出口，是一家具备生产能力成品铁矿石65万吨/年、铜精矿3600吨/年（金属量）、硫精矿38万吨/年的国有独资多金属矿采选企业，旗下有子公司广东省南方特种铜材有限公司和韶关市广宝化工有限公司。2012年，企业被列为全国首批40家、广东省唯一一家“矿产资源综合利用示范基地”，矿山资源丰富，已探明的铁矿资源保有储量267.41多万吨，铜硫矿资源保有储量7281.59多万吨，堆存低品位副产矿372万吨，钨钼资源前景更好，达到大型矿床级别规模，伴生矿石资源的综合开发利用价值十分可观，发展前景良好。

生产经营指标全面完成　2014年，公司把握“盘活资源、综合利用，强化管理、创新机制，转型升级、加快发展”工作总体思路，适应经济发展新常态，应对市场波动和各种风险挑战，保持生产经营稳定。全年产成品铁矿石46.08万吨、资源综合利用成品矿10.15万吨、硫精矿38万吨、铜金量3623.39吨、硫酸10.05万吨、PC铜产品7956吨；销售成品铁矿石50.27万吨、铜金量3744.73吨、硫精矿38万吨、硫酸7.67万吨、PC铜7750.2吨。实现营业总收入9.3亿元，实现利润总额1615万元。

矿山生产平稳有序 通过加大采场回收矿配矿力度，优化资源利用效率，提高产品成品率和主要技经指标。实施中铜二期选硫流程改造，高铁硫选矿回收率从50%提高到近80%，每年可增加回收磁硫铁矿60000吨。生产探矿新探明铁矿资源58万吨。完成铜硫工业指标调整和大宝山铜多金属接替资源勘查项目野外勘查任务。

矿山投资建设有新进展 启动7000吨/年铜硫技改项目。清污分流工程实现全线竣工。3#坝二期加高工程如期竣工。李屋拦泥库污水处理厂二期扩建工程、李屋溪应急坝工程均已完成项目立项、环评和设计等前期工作。资源综合利用开发研究工作取得成效，完成铁选厂细粒级高硫铁尾矿回收选矿试验和铜硫钨综合回收工业试验，为铁选厂二期建设、铜硫尾矿资源综合利用项目建设提供重要依据。

降本增效取得新成效 开展挖潜增效工作，全年降低费用680万元。主产品可变成本同比下降5%的目标得以实现。加强采购管理，采购总额比上年降低1100多万元。强化物资管理，出台物资管理细则、零配件更换管理办法和废旧物资处理办法，通过竞标处理废旧物资493吨，回收金额111万元。

安全环保总体平稳 加大安全生产责任追究力度，出台《安全生产问责制度》，深化安全环保风险抵押金制度。加大“反三违”工作力度，制定安全生产“反三违”专项行动方案。加强对外包施工单位及外委工程的安全管理。强化采空区安全管理，设立月度专题会制度，建立微震系统平台，提高采空区治理能力。挂牌督办的环境综合整治工作推进。完成矿山复垦绿化面积13万平方米。投资200万元对铜选厂破碎工段粉尘进行彻底治理，解决粉尘浓度大的问题。

保障和改善民生 按国家政策规定制定和落实各项津贴、补贴制度，实行安全生产工作岗位津贴，提高班组长补贴标准。加强员工培训工作，全年参与各类培训达2210人次。改造矿区生活饮用水管网和道路灯光亮化工程。推进工矿棚户区改造工作。坚持常态化开展送温暖和金秋助学活动，加大帮困救助力度，促进企业和谐建设。 （蔡浩双）

附：领导班子成员名单

董事长、党委书记：刘瑞弟

党委副书记、纪委书记、工会主席：巫建平

副总经理：黄建华　李灼超

刘　聪　李保云

【广东省韶关市粤江发电有限责任公司】 是广东省粤电集团有限公司下属大型骨干发电企业之一。现有两台330兆瓦机组在运，两台600兆瓦“上大压小”燃煤机组工程建设进入调试阶段，计划2015年上半年投入商业运行。

生产经营管理 2014年是韶关发电厂抢抓机遇、保盈增效、加快推进新机组建设的关键之年。全厂上下围绕“保盈利促发展”的目标，狠抓安全生产、强化经营管理、严控基建工期，超额完成年度经营目标任务。截至2014年12月31日，连续安全生产天数累计达3059天，完成上网电量29.34亿千瓦时，同比增加1.04亿千瓦时；供电标煤耗333.1克/千瓦时，同比下降6.72克/千瓦时。

节能降耗 2014年韶关发电厂实施多项重大节能改造：对10号机进行汽轮机通流改造、一次风机高压变频改造、锅炉无烟煤改烧烟煤、汽轮机冷端换热系统改造、机组保温整治、增引合一改造；对11号机进行空预器改造、增引合一改造。2014年共节约标煤1.97万吨，“十二五”期间累计节约标煤8.11万吨，完成总任务的124%，提前一年超额完成。2014年7月，在广东省万家企业节能考核汇总及评价中，韶关发电厂被评为超额完成等级（最高等级）。

环境保护 2014年韶关发电厂机组电除尘改造及脱硝工程全面完成，重大危险源氨站投运。全厂环保指标合格，污染物排放达标可控，全年电除尘效率99.8%。2014年6月，韶关发电厂连续6年获“广东省环保诚信企业”称号。

企业文化建设 开展“发展教育激励”三位一体党员管理体系建设，着力完善基层党建工作体制机制；完善企业文化体系，开展“提炼韶电文化因子，构建有韶电特色的子文化体系”活动；开展对外宣传，提升企业整体形象。2014年韶关发电厂被广东省国资委推荐为第四届“全国文明单位”候选企业。

2014年是韶关发电厂“基建管理年”，两台600兆瓦新机组工程建设全

建设中的韶关发电厂全景照片（梁赐斌　摄）

践行中国优秀传统文化——公司员工前往韶关市曲江区枫湾镇敬老院开展慰问活动（省五建 供）

面进入施工高峰期。截至 2015 年 1 月 31 日，新机组项目共完成工程里程碑节点 24 个，实现基建连续安全生产 1401 天。（吴群声 邹海峰 陶花艳）

附：领导班子成员名单

厂长、党委书记：何健康

党委副书记：黄世平

副厂长：曾令雄 民高云峰 梅锦龙

【广东省第五建筑工程有限公司】 始建于 1951 年 8 月，具有国家房屋建筑工程施工总承包一级、市政公用工程施工总承包一级、钢结构工程专业承包一级、建筑装修装饰工程专业承包一级资质，通过 ISO 9001 质量管理体系、ISO 14001 环境管理体系和 GB/T 28001 职业健康安全管理体系等三大管理体系认证。2014 年，签订工程施工承包合同造价总额为 12.55 亿元，履约率为 98%；产值 11.29 亿元，同比增长 12.12%；全员劳动生产率为 198727 元/人·年，同比增长 10.22%；经营性收入为 1871 万元，同比增长 2%；上缴税收 4539 万元，同比降低 4.3%。全年未发生重大质量事故和安全责任死亡事故。被广东省工商行政管理局授予“连续二十七年守合同重信用企业”称号。

企业文化建设 以员工需求为出发点，确立建设幸福企业的目标。通过推广传统文化学习，创建学习型企业，发挥企业文化的凝聚力功能，培育员工的团队精神，把员工个人目标同化于企业目标，使每个员工对企业都有忠诚感，具有团队的荣誉感，把企业铸造成一个特别能战斗的集体，企业的软实力和核心竞争力得到提升。

加强内部管理 执行 QES 管理体系，基础管理不断完善。健全优化法人治理结构，董事会、监事会在企业发展中更好地发挥战略决策和监督管理职能。开展管理质量评审和效能监察，发现问题及时纠正，发现漏洞及时弥补，防范运营风险。

提高队伍素质 为满足公司发展对人才的需求，制定科学的人才战略规划，提高人才队伍建设，加快实施人才战略，注重人才的引进和培养。优先引进、培养紧缺人才；创新人才使用机制，控制人才流失，确保人才队伍稳定；建立人才库，加强后备人才储备，优化人力资源，合理进行人力调配，为企业可持续发展提供人才保障。

创优品牌树立形象 以争创优质工程为目标，提高质量管理水平，打造精品工程，提升企业形象。对工程质量进行全方位的监控，以过程精品确保结果精品。2014 年，肇庆市景丰联围防汛调度中心工程获得“肇庆市优良样板工程奖”；始兴山水名城一期 1、2、3、4 号楼工程和韶关市第二技师学院一体化教学大楼工程分别获得韶关市“安全生产、文明施工示范工地奖”；韶关卷烟厂片烟仓库及生产指挥中心（1#片烟仓库）工程，通过广东省“安全生产、文明施工示范工地”初审。（邓彩珍）

附：领导班子成员名单

董事长、党委书记：林　松

副董事长：伍小彝

董事、总经理：朱新魁

董事、副总经理：彭穗平　吕清坤

董事、党委副书记、副总经理：欧阳早榕

董事：詹剑波

副总经理：赵道志　刘卫红　刘汉强（2014.6—）

【广东省地质局第三地质大队】 广东省地质局第三地质大队（广东省韶关地质灾害应急抢险技术中心），2013 年 3 月由原广东省地质局七〇五地质大队和七〇六地质大队整合组建而成，正处级事业单位。2014 年，有在职职工 305 人，各类专业技术人员 176 人，其中中高级专业技术职称 82 人，拥有各类先进设备仪器 511 台套。队伍主要开展地质找矿、地质灾害评估与治理、工程勘察施工、测量等业务。在韶关、惠州、东莞、清远等地设有基地和分支机构。

资质管理 持有固体矿产勘查、区域地质调查、地质钻（坑）探、地质灾害危险性评估、工程勘察专业类岩土工程甲级，地基与基础工程专业承包壹级，液体矿产勘查、水工环地质调查、地球物理勘查、地球化学勘查、遥感地质调查、测绘、地质灾害治理、勘查和设计乙级资质证书。通过质量、环境、职业健康与安全三标一体化管理体系认证。

地质找矿 全年开展 7 个财政性矿产资源勘查项目和 2 个国土资源大调查项目。其中，在大宝山矿接替资源勘查项目中，开展物探、勘探线剖面地质测量、地质填图等工作，完成钻孔 8 个，进尺 6437.83 米，新增资源量达中型矿床规模；翁源县丘屋 XX 多金属矿预查项目，经对发现的矿化体进行追索和槽探揭露以及资料整理综合研究，发现 XX 矿体 2 条，矿床远景规模达小型以上。编制 5 个项目立项申请书，其中，广东省仁化县胡坑铜多金属矿普查申报 2014 年省地质勘查基金项目获批准实施。开展 20 个商业性矿产资源勘查项目，完成储量核实报告 9 份。

环境地质　与市国土资源局签署《韶关市突发性地质灾害应急处置合作协议》，发挥地灾防治技术支撑队伍作用。全年完成始兴县太平镇总甫、刘张家山、司前李屋等 3 处地热田勘查，大亚湾区地质灾害隐患排查，武江区重阳镇妙联村委会观音山村后地质灾害勘查项目，开展广东中烟公司烟草物流基地、韶关市芙蓉新城某地块等 16 个地质灾害危险性评估项目。

工程地质　开展工程勘察、施工、测量、检测业务，延伸地质工作产业链。全年承接勘察项目 473 个，施工项目 54 个，包括东莞（韶关）产业转移园甘棠片区项目勘察、广东北江中学新建综合楼及附属工程超前钻勘察、东莞市搜于特服装股份有限公司总部建设项目基坑支护工程与土方挖运工程、大亚湾妈祖庙三村边坡挡土墙维修工程等项目，其中 3 个项目分别获东莞市优秀工程勘察项目一、二等奖和省地质学会科学技术二等奖。

主题活动　以践行社会主义核心价值观为主题，组织开展系列活动。开展第 45 个世界地球日主题宣传活动，宣传国土资源国情国策，普及地学知识；开展地质三队道德规范征集评选工作，经过层层推选和党委研究，确定为“爱队、敬业、求实、奋斗”；举办“秀出自信、秀出风采”女职工演讲比赛和“中国梦、地质梦、我的梦”职工征文演讲比赛；组建志愿者服务队，开展关爱孤寡老人、爱心义务献血、地质行业知识宣讲等公益志愿服务活动；组织“地质青年心向党，爱国红歌大家唱”五四歌唱比赛活动；汇编规章制度，组织学习竞赛活动，开展法纪教育；优选 4 名职工进行先进人物和事迹宣讲活动，激励全体职工爱岗敬业、勇于奉献，传递正能量。

附：领导班子成员名单

大队长、党委副书记：罗高雄

党委书记、副大队长：邢丽云

副大队长：赖啸宇　石建国

纪委书记、工会主席：刘秀华

【广东省有色金属地质局九三二队】

为正处级事业单位，隶属广东省有色金属地质局，是一支为国家矿产资源勘查开发和地方经济社会发展服务的地质勘查队伍。队内设 8 个管理科室和 10 个下属二级单位。在韶关市新华北路、西联小阳山、工业西路、广州、珠海、新疆等地设有基地和办事处。

2014 年，继成功延续固体矿产地质勘查、液体矿产地质勘查、水工环地质调查、地球物理勘查、地球化学勘查、地质钻（坑）探 6 个地质勘查甲级证书后，地质灾害危险性评估和地质灾害治理工程设计资质由乙级升为甲级，测绘丙级资质升为乙级，是全省地质勘查甲级资质最多的地勘单位。曾获中国有色金属工业总公司“‘八五’重大找矿成果奖”以及地矿部“科研成果奖”“科技成果奖”“地质找矿奖”。

地质勘查　2014 年共开展地质勘查项目 13 项。在凡口铅锌矿接替资源勘查项目中，2014 年，地面及井下完成探矿钻孔 320 个，总进尺 33896 米；深部探矿孔于 2014 年 12 月 12 日终孔，孔深已达 2276.84 米，再次刷新广东省小口径钻探钻进历史记录。成功申请红岭钨矿接替资源勘查项目，并完成钻孔 15 个点，进尺 5800 米。参与梅子窝钨矿、棉土窝钨矿等矿山接替资源勘查项目。成功申报韶关市芹村铅锌多金属矿预查和阳山县浦沟铅锌多金属矿普查两个省地质勘查基金项目。承担乐昌市笔架山钼多金属矿详查、仁化县嶂背矿区铜多金属矿普查等多个商业性矿权经营项目。

环境地质　2014 年，先后完成韶关市曲江区马坝镇马鞍山山顶危岩崩塌地质灾害应急处理（二期）、韶关市新雪域项目地块地质灾害勘查、原广播电视台地块地质灾害勘查、曲江区 2014 年度 7 个地质灾害隐患点的测量和治理设计以及广东省储备物资管理局乐昌 733 处、353 处油库扩建工程的地质灾害危险性评估工作。承担韶关

2014 年 1 月 23 日，九三二队对韶关市曲江区马坝镇马鞍山山顶进行危岩崩塌地质灾害应急处理为韶关市民撑起安全“保护伞”（黄义佳　摄）

市曲江区沙溪镇民采历史遗留矿山尾矿重金属污染综合治理工程水文地质勘查、广东省大中型矿山水文地质环境调查评价—钻探及试验、凡口铅锌矿新增采区环评水文地质勘查报告和凡口铅锌矿新增采区详细水文地质勘查报告的编制工作。

工程地质　全年施工完成韶钢亚公山住宅项目详细勘察、广西桂中治旱乐滩水库引水灌区二期工程地下水勘查、南雄市顺雄珠玑项目 A、B－2 地块工程地质勘察、韶关市鑫新汇建材家居广场一、二期建设工程地质勘察、丹霞冶炼厂中和置换浓密池桩基础等项目。

队伍建设　九三二队实施人才强队战略，继续做好人才引进、岗位调整、职工教育培训及职称申报工作。安全工作常抓不懈，全年无任何安全事故。加强小区治安管理，维护小区稳定和谐。推进“三旧”改造、棚户区改造进程，为职工改善办公住房环境。健全完善帮困救助机制，做好职工健康体检、走访慰问等工作，促进队伍和谐稳定发展。

文化建设　开展群众性文化体育活动。组织全队职工“元旦”拔河比赛；选送作品参加省总工会开展的女工巧手制作大赛；选送书法作品参加省有色局举办的书画、摄影大赛；参加粤西北片区男子篮球选拔赛；参加省有色局第二届职工运动会和第二届地质勘查技术人员技能大赛和演讲比赛，并取得优异成绩。2014 年，九三二队团委被评为广东省有色金属地质局先进团委，多位团员被评为“韶关市优秀团干”“韶关市优秀团员”“广东省有色金属地质局优秀团员”“广东省地质局优秀团干”等荣誉称号。

（黄伟娟）

附：领导班子成员名单

队长（法人代表）：蒋祖浩

党委书记：罗　颢

副队长：邓新成

副队长：肖永忠

纪委书记、工会主席：何万明

【中国中铁五局集团第四工程有限公司】　（原铁道部第五工程局第四工程处），是“中国中铁”（601390）旗下的国有综合性一级大型施工企业，成立于 1964 年 10 月，2000 年 6 月实现公司制改造。公司是以公路、铁路、桥梁、市政工程施工为主的施工企业，具有 3 个施工总承包一级，3 个专业承包一级等资质。在 50 多年的创业历程中，公司先后参建 58 条铁路干线、复线和客运专线，担负施工 57 条高速公路、12 项市政工程、18 条城轨工程，曾胜利完成坦桑尼亚、赞比亚、伊拉克、尼泊尔、利比亚等国外铁路、公路建设项目的援建任务。正承担非洲贝宁共和国 GP 公路，斯里兰卡南部铁路等项目施工。在长期施工实践中，公司积淀深厚的文化底蕴，弘扬“勇于跨越，追求卓越”的企业精神，遵循“依靠科技、规范管理、持续改进、顾客满意”的质量方针，通过三标体系认证，是国家级计量合格企业和广东省 AAA 级信用等级企业。2014 年，公司推进“深化改革，防控风险，夯实基础，全面提升”中心工作。全公司上下以高度的责任感和使命感，团结一心，攻坚克难，组织开展工作，企业生产经营实现持续发展、稳中求进的良好势头。

企业效益　2014 年，公司完成新签合同额 35 亿元；企业营业收入 45.6 亿元。

企业管理　2014 年，公司通过调整优化项目施工组织，狠抓项目精细化管理，加强经济运行督导，取得较好成效。全公司始终以全面提升为目标，深入开展项目精细化管理，强化工程项目施工组织管理和过程管控，生产经营实现稳步增强。参建的贵广、贵开、杭长、兰新、西宁站改、宁天城际等项目按期开通运营。建立运行安全生产管理体系、技术管理体系、施工组织调度管理体系，梳理项目标准化管理、集约化管理“五化”，建立后台管理成本集约化系统和精细化管理标准体系，推进成本信息化上线运行工作，强化前后台协同管控和各层级经营目标和绩效考核。定期开展经济活动分析，同步策划和考核项目二次经营，管理提升效果明显。施工组织有序推进。先后制定《2014 年重点工作推进方案》《精细化管理实施方案》，由公司党政主要领导带队，对在建项目的施工组织、人员、设备的动态管理、精细化管理等方面进行推进，强化施工组织推动；同时，制定《公司施工生产组织与调度工作管理指

沪昆项目壁板坡隧道（中铁五局四公司　摄）

南》，并进行督导，助推施工生产。公司加强安全质量管理，完善安全生产应急预案管理、环境职业健康管理、项目质量管理和安全生产费用管理制度、安全标准工地申报评选办法等4个办法，修订安全质量稽查管理、安全教育培训、安全质量检查、安全事故处理、质量事故处理、安全质量管理激励考核等6个制度，加大事故处理和问责力度。开展"四保一创"、安全生产月、安全教育培训、群众安全生产监督员、青年安全监督岗等安全生产活动，强化安全生产管理策划、安全风险辨识评估，落实安全卡控措施和包保责任制，与项目班子薪酬绩效挂钩考核等措施，助推施工生产安全，单位工程一次验收合格率100%。全年新引进大学毕业生73人，选送322人次参加各类培训，70人参加作业队长、砼搅拌站长竞聘，113人通过局中评会评审，4人通过高级职称评审，14人通过技师评审，新增一级建造师4人，注册其他类工程师29人，141人参加一级建造师考试。科技建设不断加强。《硬质岩层深桩旋挖钻施工技术研究》《使用32米移动模架施工铁路道岔连续梁施工技术研究》《高速铁路隧道特长单口（〉7千米）掘进控制测量技术研究》《大连地铁西安路站施工技术研究》等成果，通过中国中铁成果评定；钢结构分公司研制的40米/160吨架桥机被确认为架桥机自动化程度、安全监控先进技术成果，80吨通用门式起重机，16吨桥式起重机，20吨电动单梁起重机获国家特种设备制造资质，是广东省首家获此资质的企业。全年新增省部级工法2项，实用性专利1项，中国中铁科技成果1项。

企业文化　公司始终坚持"勇于跨越、追求卓越"的企业精神，坚持"立人本、促和谐、树新风"的发展方针和"铸魂、育人、塑形"的文化品牌，弘扬"五种风气"，增强"六种意识"，倡导"六提倡六反对"的企业文化核心内容，不断充实和完善文化构架，被广大员工所接受，并内化于心、外化于形，提升企业的文化底蕴。公司住房公积金移交地方管理。

（刘　维）

附：领导班子成员名单

党委书记、董事长：安保成

总经理党委副书记：李枝元

纪委书记党委副书记：张习亭

工会主席副总经理：廖祖华

副总经理：彭宇峰

副总经理总经济师：张顺强

总会计师总法律顾问：李传鸿

总工程师：董显苇

副总经理：闫明超　蒋　思　肖琼朝
　　　　　廖令军　周尚荣　陈延安

【广东中烟工业有限责任公司韶关卷烟厂】　前身为成立于1950年6月1日的民生卷烟厂，1964年民生卷烟厂更名为韶关卷烟厂，2006年取消韶关卷烟厂法人资格，更名为广东卷烟总厂韶关卷烟厂，2006年更名为广东中烟工业公司韶关卷烟厂，2007年改制更名为广东中烟工业有限责任公司韶关卷烟厂。企业占地面积约15万平方米，拥有4800千克/小时的制丝线1条，拥有3000千克/小时的制丝小线1条，拥有1500千克/小时的梗丝线1条，额定生产能力570千克/小时的二氧化碳膨胀烟丝生产线1条，卷接包机组15套（其中软包机组7套，硬包机组8套），设备年生产能力为301亿支（60.2万箱）。截至2014年年底，共有从业人员749人。2014年6月，广东中烟工业有限责任公司韶关卷烟厂被中国安全生产协会评为"安全生产标准化一级企业（烟草）"。2014年6月，广东中烟工业有限责任公司韶关卷烟厂被广东省扶贫开发领导小组评为"广东省扶贫济困红棉杯铜杯"。

卷烟生产　所产卷烟品牌全部为"双喜"系列。全年生产卷烟215亿支（43万大箱），其中"双喜（硬经典）"73.56亿支（14.71万箱）、"双喜（软经典）"19.31亿支（3.86万箱）、"双喜（硬01）"12.91亿支（2.58万箱）、"双喜（软01）"20.77亿支（4.15万箱）、"双喜（软国际）"22.18亿支（4.44万箱）、"双喜（硬世纪经典）"3.06亿支（0.61万箱）、"双喜（硬蓝红玫王）"11.55亿支（2.31万箱）、"双喜（软蓝红玫王）"34.93亿支（6.99万箱）、"双喜（硬红玫王）"16.73亿支（3.35万箱）。全年平均耗用烟叶6.71千克/万支，嘴棒1674支/万支，盘纸595米/万

7月20日，韶关卷烟厂厂长张卓研（左一）陪同市委书记郑振涛（右一）到生产车间调研（孙杰平　摄）

支，水0.05吨/万支，电4.88千瓦时/万支，卷烟生产综合能耗1.55千克标煤/万支，万元产值综合能耗为5.49千克标煤。全年节约烟叶540吨。

技术改造　基础设施、技术改造项目资金共投入达1.4亿元。2014年8月，成立技改办小组，专门负责厂区仓库及生产物流指挥中心建设以及制丝线及配套工程技术改造两大建设项目；完成以下技术改造：ZJ17VE70喂丝机改造为改进型的VE80流化床式喂丝机，PROTOS70滤棒接收装置改造，卷接机组短烟丝回收装置改造，卷接包车间新购1套YF27B滤棒发射机，卷接包车间新购1套ZL26（改进型）滤棒成型机组，韶关卷烟厂高压双回路改造工程等。

经济指标增长　2014年，完成卷烟产量43万箱，同比增长2.38%；产值61.30亿元，同比增长5.89%；税金实现数35.43亿元，同比增长7.67%；税金入库数35.63亿元，同比增长9.13%。

生产制造水平提高　加大夺标创优执行力度，落实计划停机改善，11月单日产量创造2065大箱的历史新高，4次获得公司月度台时产量第一名。推进技术进步，夯实工艺装备基础。完成25毫米滤嘴设备改造，生产设备完好率100%。落实有力举措，服务公司大局，CO_2膨胀烟丝生产线除保障企业生产外，还为品牌转移、联合生产提供膨化烟丝约392.14吨、加香增塑剂64.1吨。

成立精益攻关课题　创新使用条码扫描技术辨别牌号纸箱，降低回收纸箱差错率，科学运用全流程FMEA分析，控制1588条潜在差错；质量指标整体受控：收到市场质量投诉1宗（1盒），卷烟顾客投诉率为0.001ppm，同比下降99.17%，位居公司第一，达到行业先进水平。

节能降耗成效显著　通过导入动态化监控管理，科学运用能源信息系统，强化季节性能源管控力度，降低综合消耗，全厂万支卷烟全部综合耗能为1.54千克标煤/万支，完成2014年年度节能目标；运用质量内建原则，强化工艺基础研究，加大27个叶耗重点工序的管控力度，落实26个计量点的有效监控，实现烟叶耗用由结果分析向过程分析的创新转变，全年节约烟叶540吨。

创新企业管理　发挥对标工作、精益专项课题和QC小组的作用，对照2014年前三季度行业创优、对标19项指标评价标准，有17项指标得到优化，优化率达89%；以VSM价值流、大数据、现场寻宝为途径，建立全员改善项目和合理化建议采纳数据库，全员实施率76%，形成专项精益攻关课题28个，在公司精益、管理创新成果发布会上，获得一等奖1个、二等奖3个、三等奖1个和精益推进奖第一名，取得直接经济效益1200多万元；在行业质量体系交叉评价审核中，获得检查小组对工艺过程控制的充分肯定；清洁生产企业年度自评达到国家“AAAA级”水平。

加强员工队伍建设　先后开展各类岗位345人参与的技能竞赛，两名员工获得高级技师申报资格；以实施“TWI方法”为基础，建立优质人才培养机制，结合“师带徒”结对项目，加强人员队伍建设。

安全责任落实到位　推进安全生产标准化岗位达标试点工作，初步完成69个试点岗位的编制和危险源辨识的自评，以“安全生产月”“119消防月”活动为载体，以安全签约为依托，提升员工安全意识，结合“危险源辨识”、“我为精益安全献计策”等班组安全活动，持续开展各类安全检查，强化技改施工现场的安全监管，全年未发生任何安全责任事故。实现公司“七个为零”、厂部“八个不发生”的安全管理目标。

信息化建设　完善优化MES系统的光纤链路、通信接口规范、名称一致性；6月，IT运维管理体系上线运行，通过400电话处理397宗运维申请。

人力资源管理　完成培训177项，3666人次。备战技能鉴定，组织内训师近20人培训超600学时，通过技师鉴定8人，通过高级技师鉴定1人。完成14个工种共347人的技术比武。48名员工走上内训师讲台，完成生产操作类、业务管理类等内部培训61项。参加外部、网络、户外拓展培训班70多个，830人次。

企业文化建设　组织团员青年开展“问计于青年”活动、“金点子征集”活动，发挥团员青年的聪明才智。组织团员青年参加公司组织的“青春飞扬、喜悦我秀—青年创意比赛”活动，获得三等奖。召开职工代表大会讨论重大事项，全年厂务公开事项562项。公司热心公益，捐赠190万，员工自发捐赠7.52万元用于韶关市扶贫开发工作。组织90名员工无偿献血17820毫升。　（朱志平）

附：领导班子成员名单

厂长、党委书记：张卓研

调研员、副厂长：陈绮婷

副厂长：何维贵　谢乐机

党委副书记、工会主席、纪委书记：刘泉忠（—2014年1月）

【中金岭南丹霞冶炼厂】　丹霞冶炼厂系国有控股上市公司（股票代码：000060）深圳市中金岭南有色金属股份有限公司直属企业之一，建于2007年3月，工程总投资18亿元，是中国首家采用氧压浸出湿法炼锌工艺专利技术的大型锌冶炼企业，锌锭生产规模10万吨/年。在职员工930人，其中，高级职称以上人员41人，中级职称人员75人，技师5人。主产品有锌锭、硫黄、硫酸、硫酸锌等，其中，“丹霞”牌锌锭在上海有色金属交易所挂牌交易。工厂先后通过ISO 9001：2008质量管理体系认证、ISO 14001：2004环境管理体系认证、OHSAS 18001：2007职业健康安全管理体系认证。2014年，丹冶厂生产锌锭11万吨，达计划产量100.2%，硫黄2万吨，硫酸3.3万吨，硫酸锌7059吨，完成预期控亏目标。

安全环保形势稳定：宣贯新安全

生产法和环境保护法，推进企业环境在线监测及信息公开工作，实现国控调度平台及省综合管理平台监测数据上传，并通过废水、锅炉废气自动监测数据有效性审核。开展职业卫生现场检测和员工职业健康体检，完善职业病防护设施，健全职业病危害事故应急预案，提高工厂职业卫生管理水平，并荣获“韶关市工作场所职业卫生管理示范企业”。

科技水平提升：硫浮选、硫热滤系统开展技术攻关和设备改造，使熔硫投矿量达到约80吨/班，硫精矿平衡率达到85%；污水处理站改扩建项目投入运行，污水处理能力由原来120立方米/小时提高至300立方米/小时；硫酸锌结晶扩能项目投入运行后，生产能力达1100吨/月。

企业管控能力提升：标杆管理工作进展顺利，开展标杆管理知识培训、课题辅导及交流分析会，完成47项课题结题。将“三标一体化”（安全、质量、环境三个标准）贯标工作融入企业管理，完善管理制度，修订出台物资采购、产品销售、检验化验及工程建设等各项管理制度20余项。开展管理人员、班组长等各项培训，增强广大员工效益观念和成本意识，提升人才队伍素质。组织人员参加“韶关市职工焊接技能比赛”，并取得优异成绩（荣获团体三等奖，3人进入前10名）。

（陈铁雄）

附：领导班子成员名单

厂　长：刘野平

党委书记：江晓武

纪委书记、工会主席：李良生

副厂长：吴　涛　狄国勋　关永华　周　平

【广东省储备粮管理总公司韶关直属库】　成立于2004年9月1日，隶属广东省储备粮管理总公司，非独立核算单位。库区总占地面积10.12万平方米，首期主要建设的生产设施有9栋24米跨共5.4万吨平房仓。现有员工21人。2014年，该库被广东省储备粮管理总公司党委评为2012—2013年度先进党支部。该库李智深被授予“全国粮食系统劳动模范”荣誉称号。

2014年，经济效益再创历史新高，实现年度经营总收入648万元，同比增长9%，获得总公司系统年度绩效考核和经济增长第二名，而且实现连续6年盈利。

粮库库坚持以科学发展观为指导，以实现“两个确保”为根本，以打造“粤储粮人”品牌为抓手，抓好企业管理制度化、规范化建设、员工队伍建设和企业文化建设，践行“规范储粮保安全，创新管理增效益”管理理念，仓储管理水平明显提升，储粮安全基础牢固。仓储管理向绿色储粮推进，粮库建设向“智慧”粮库发展。开展科学储粮项目研究10项，在《粮食储藏》等相关刊物上发表论文5篇；小发明和小改造项目共计12项，直接创收36万元。自主设计通风风机和环流风机联体自动系统，采用微电脑自动控制设备，实现精准通风和环流，填补系统内机械通风及环流一体化自动控制的技术空白。综合粮情新系统升级为全天候自动采集仓内害虫、氧气、二氧化碳、磷化氢、仓温、仓湿、粮温等粮情信息，实现害虫、气体检测、温湿的智能化管理，是国内先进的新型“四合一”技术。

粮库正抓住国家新增储备规模的机遇，利用库区预留空地启动二期扩建工程，建设单体仓容1.275万吨高大浅园仓4个，增加仓容5.1万吨，每年增加收入600多万元。根据国家新能源发展规划有关要求，利用粮库的现有资源和专业技术条件，引进某公司在粮仓仓顶开发光伏发电项目，增加粮库收入，改善仓储条件，推进绿色粮库建设。　（麦毅莎）

省粮食储备库正门远景（麦毅莎　摄）

附：领导班子成员名单

主　任：侯传忠

副主任：刘大忠

【中国石化销售有限公司广东韶关石油分公司】　（以下简称中石化韶关分公司）系中国石化下属销售分公司，于2000年8月16日注册成立，公司性质为股份有限公司分公司（国有控股），覆盖韶关辖区七县（市）三区，现有9个职能管理部门，下设5个经营管理部，有职工850人。

主要产品　中石化韶关分公司主营汽油、柴油、润滑油、燃气等，兼营加油站便利店、餐饮、汽服、电子商务等非油品业务，拥有86座在营加油站，加气站3座，2座在营油库，现

9月27日，中石化韶关分公司广乐高速三对油站投入经营，图为一六服务区加油站（付天豪　摄）

库容4.65万立方米。其中拥有大学及以上学历职工280人，拥有各类专业技术职称人才70人，拥有中级及以上职业技能等级的职工301人。

企业效益　2014年，中石化韶关分公司共销售成品油62万吨，同比增长9.97%，非油品销售实现营业额5337万元，实现营业收入46亿元，向当地政府缴税总额5368万元，在全国中国石化系统内地市公司综合竞争力中排名第31位，同比上升14位。(2013年在全国中国石化系统内地市公司综合竞争力中排名第45位)，发展进步能力排名39位，同比上升66名(2013年排名第105名)

广乐高速三对服务区加油站顺利投营　2014年9月27日，中石化韶关分公司一六、乐昌、梅花北3对服务区油站全部正式投营，仅用3天时间顺利完成3对服务区油站的报建、新建及投营任务，用15天时间完成全部油站经营证照的办理，3对高速服务区加油站成功与广乐高速同步投营。2014年11月12日，中石化韶关分公司西郊、韶长两座加气站同时正式投营，为广大韶关出租车司机提供便利。

油品升级有序推进　中石化韶关分公司筹备粤四汽油置换国五汽油工作，通过专门聘请专业队伍清罐、反复检验置换油品质量、发挥媒体客户舆论监督作用。2014年7月1日，实施油品升级。

“情暖驿站”公益活动　2012—2015年，中石化韶关分公司与团市委联合开展“情暖驿站，满爱回家”大型公益活动，其中乳源城区、始兴丹凤2座油站为摩骑客户提供免费加满油服务，其余13座油站则提供“6+X”便民服务，从而进一步履行社会责任，保障春运油品平稳供应，关爱春运返乡人员。油站“家文化”中石化韶关分公司开展“家文化”建设，为油站设立文娱活动室、党团活动室、“探亲房”、小菜园、小养殖场等，丰富员工业余文化生活。

（付天豪　黄俊婷）

附：领导班子成员名单

经　理：夏育云

党委书记：吴小聪

副经理：张万军　周　炜

市属重点企业

【广东韶能集团股份有限公司】　广东韶能集团股份有限公司（下称公司）是以清洁、可再生能源的投资开发与经营为主营业务的上市公司，也是韶关地区优势企业集团之一。公司于1996年8月30日在深圳证券交易所挂牌上市，股票简称“韶能股份”，股票代码“000601”。

截止2014年12月31日，公司总股本为10.81亿，资产总额近90亿元；电力总装机约100万千瓦，其中水电装机约70万千瓦，生物质发电和综合利用发电装机30万千瓦。可再生能源和清洁能源固定资产原值占总固定资产原值比例达80%以上。

大洑潭公司发电量和效益创历史新高　位于湖南怀化市的公司下属全资企业辰溪大洑潭公司秉承“度电必争，滴水不让”的生产经营理念，切实抓住流域降雨充沛的利好时机，精细化管理，确保了安全高效生产，发电量和效益再创历史新高。

生物质能发电发挥了应有效能和效益　公司下属全资企业韶关市区生物质能发电厂两台机组2014年全部投入商业运行。由于设备完好率和运转率高，燃料供应充足，除设备定期维护外，机组大多是超负荷运行，电厂效益得到有效发挥，超额完成年度目标。

综合利用发电企业产能与效益同步增长　公司和两家综合利用发电企业抓住全年煤炭价格低位运行的有利时机，积极协调电网公司，开足马力多发电和有效上网，实现了产能与效益的同步增长。

加强与国网的合作经努力，从2014年7月起，公司下属企业耒阳综合利用发电厂从上地方网转为上国网，保障了上网的可靠性和稳定性，确保了产能和效益的发挥。

“韶能本色”实现绿色崛起　无漂白、不添加增白剂的“本色竹纤维”生活用纸为公司首创，由公司下属全资企业珠玑公司生产。产品2014年6月实现面市。现正着力提升“韶能本色”本土品牌的知名度，培育成公司新的经营增长点。

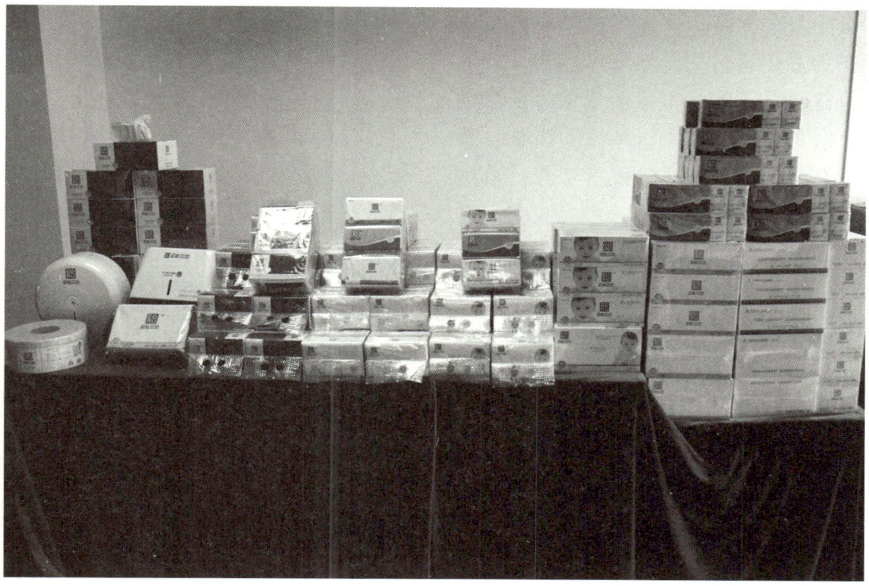

“韶能本色”竹纤维生活用纸系列产品（韶能）

新能源业务拓展取得实质性突破

2014年3月，随着购并重组合同的签订和新能源公司的组建，公司在新能源业务拓展上取得了实质性突破，在发展燃气业务方面迈出第一步。

贸易业务保持良好的发展态势

2014年，公司下属贸易公司抓住机遇积极拓展风险可控新业务，经营业绩稳步提升，营业收入创历史最好水平，与2013年同比有较大幅度的增长。

（邓　佳）

附：广东韶能集团股份有限公司领导班子成员名单

董事长、党委书记：陈来泉

副董事长、总经理、党委副书记：肖南贵

监事会主席、党委副书记、纪委书记：廖树养

副总经理：刘　虹（女）

钟跃元

邱啟华　罗德强　欧德全

【广东力士通机械股份有限公司】　前身是韶关工程机械厂，始建于1940年。1979年起，制造汽车起重机等工程机械、特种车辆；1992年，改制为股份制企业。是中国较早研制清障车，高空作业车及国家在广东省唯一定点研制、生产汽车起重机的专业化企业。公司地处韶关市浈江区南郊六公里，离京珠高速公路韶关北出口处不到15公里，距韶关火车站只有6公里，交通便利。

力士通机械以工程机械生产为主业，同时向多元化发展，现有一个生产基地和多个经济实体。通过技术创新、制度创新、管理创新，在引进、消化、吸收国内外先进技术的同时，以科技为先导，自主创新、联合开发，采用CAD/CAM技术，不断研制高新技术产品，产品种类已有11大类56个系列130多个品种。其中高空作业车、轮胎起重机、混凝土车载泵等产品，在国内同行业中具有较强的优势，位居行业前茅，有多项产品填补国内空白。产品销往全国20多个省市、自治区。

2006年6月，力士通机械由韶关市西联整体搬迁至韶关市浈江区南郊六公里，注册资金1.3亿元，总资产1.6亿元；占地21万平方米，生产厂房、仓库面积达3.2万平方米。拥有金属切削、镗孔、拉缸及冲压、数控切割等先进设备300多台，具备中小型工程机械、特种汽车和液压油缸生产能力。主要产品有粤工牌QY系列8—40吨汽车起重机、GKZ（S）系列10—25米高空作业车、HBC系列混凝土车载泵车、JYD系列3—30吨清障车、总质量20—50吨系列半挂车、QLY3—12轮胎起重机、Φ40—Φ600规格的液压油缸，以及山鹰牌GQ系列Φ20—Φ60规格的钢筋切断机和TDY75型油冷式电动滚筒等工程机械、特种车辆和建筑机械。

公司持有特种设备制造许可证，并一贯坚持“品质为先，顾客满意”的宗旨，所生产的产品均已上国家产品公告及车辆环保目录，并通过中国强制性产品认证（“3C”认证）和ISO 9001：2000质量管理体系认证，获得证书。2004年，取得特种设备安装改造维修许可证。所生产和改造维修的产品以优良的性能和稳定的质量得到社会各领域的认同。

力士通机械不断开发新产品和开展新业务，除生产工程机械、建筑机械、液压油缸外，还经营液压配件、机电、家电产品、机床设备供应、机电产品进出口业务及房地产开发等业务。同时也可根据顾客要求，提供专项产品设计订制、来底盘改装专用车和工程机械部件设计制作、整机安装调试，及其大、中、小型维修业务等。

【广东省韶铸集团有限公司】　广东省韶铸集团有限公司（以下简称韶铸）位于韶关市浈江区十里亭，是中国最大的铸锻件专业生产企业之一，中国机械工业500强企业，综合实力名列国内同行前茅，被评为中国机械工业具影响力的品牌。

公司始建于1969年，2002年由韶关市工业资产经营有限公司、中国东方资产管理公司、中国华融资产管理公司三家国企股东组成有限责任公司，在岗职工2072人，下设铸钢分厂、铸钢二分厂、热精锻分厂、锻造分厂、韶关金宝铸造有限公司（中港合资）、韶关市金属回收有限公司等分（子）公司。主要生产铸钢件、铸铁件、锻钢件、精锻件（轴承毛坯）、破碎机等，覆盖发电设备、船舶制造业、海工机械、冶金机械、汽车零部件、陶瓷机械、矿山工程机械、桥梁装备、锻压机械、起重设备、轴承、集装箱

制造、制冷设备等行业，“宇航”牌吊钩在行业中享有较高的声誉，“双拳牌破碎机”被评为“广东省名牌产品”，“韶铸”被评为“广东省著名商标”，产品销往全国29个省（市）区，出口美国、英国、法国、德国、日本、韩国、马来西亚、印尼、泰国、新加坡等国。

2014年，实现工业总产值9.91亿元，工业增加值1.84亿元，出口交货值3188万美元。被评为“第二届中国铸造行业综合百强企业”、“第二届中国铸造行业铸钢分行业排头兵企业（第1名）”、“第六届中国铸造协会先进会员单位”，现为中国铸造标准技术委员会副主任委员、全国铸造标准技术委员会铸钢分技术委员会主任委员、全国锻压标准化技术委员会委员、中国铸造协会铸钢工作委员会主任委员、中国铸造协会常务理事单位、广东省铸造行业协会副会长单位。

热精锻分厂、蔡国强获全国表彰 2014年3月26日，中国人力资源和社会保障部、中国机械工业联合会在北京京西宾馆召开全国机械工业先进集体、劳动模范和先进工作者表彰大会，广东省韶铸集团有限公司热精锻分厂、广东省韶铸集团有限公司铸钢分厂电炉班班长蔡国强，分别被授予“全国机械工业先进集体”、“全国机械工业劳动模范”荣誉称号。

全国机械工业先进集体、劳动模范和先进工作者评选活动五年举办一次，此次为第二次。热精锻分厂近年在自主创新、关键性技术攻关、企业效益和发展上取得显著成效，在全国百家受表彰企业中，属韶关市唯一榜上有名企业，广东省仅有7家。蔡国强为工人技师，曾先后多次荣获韶关市表彰。

获中国工信部认可铸造行业准入资质 2014年，韶铸根据中国工业和信息化部2013年5月颁发的《铸造行业准入条件》，组织申报。2015年1月29日，中国工业和信息化部发布公告，韶铸入榜第二批符合《铸造行业准入条件》企业名单。

自主创新，技改投资逾千万元 2014年，获国家专利2项。与华南理工大学等联合承担的广东省科技厅重大专项“铸造行业综合节能减排的技术应用与示范”项目，获“广东省科学技术奖”二等奖、中国机械工程学会第四届“绿色制造科学技术进步奖”二等奖及广东省机械工程学会科学进步特等奖，“节能型空调压缩机关键部件—轴承及气缸（灰铁类）系列产品的开发与产业化”获“韶关市科学进步奖”一等奖（连续5年获一等奖）。技术改造立项36项，开工31项，完工18项，验收10项，技改投资支付共计1677万元。主要项目有韶关金宝铸造有限公司和铸钢分厂中频炉、热精锻分厂冷碾扩以及锻造分厂加热炉项目等。

韶关华德铸造有限公司中止经营 韶关华德铸造有限公司为韶铸控股的中德合资企业，因生产经营期限到期，2014年6月起中止经营。

连续24年评为“守合同重信用企业” 2014年6月，韶铸被广东省工商总局评为“2013年度守合同重信用企业”，自1990年开始，连续24年获此认定。同时被国家工商总局评为“2012－2013年度守合同重信用企业”。

工会换届选举 2014年7月9日，韶铸工会召开第九次会员代表大会，选举周菊秋为工会主席，杨友云为工会副主席，同时选举产生第九届工委会、经费审查委员会和女工委员会。

华南理工大学教学基地在韶铸揭牌 2014年9月10日，“华南理工大学教学实习基地”、“华南理工大学机械与汽车工程学院研究生培养基地”在韶铸揭牌。华南理工大学与韶铸旨在共同打造高水平专业人才培养基地，同时开展产学研合作，建设科技创新基地。（朱　健）

华南理工大学教学基地在韶铸揭牌（韶铸　供）

附：广东省韶铸集团有限公司领导班子成员名单

党委书记、董事长：沐清潞
总经理：单贺华
党委副书记、副总经理：周　健（—2014.4）
周菊秋
纪委书记：周　健（—2014.4）
周菊秋（2014.5—）
副总经理：张　静　杨国华　张太荣
总工程师：徐尔灵
总经理助理：刘啟平
廖春惠（2014.3—）

【韶关东南轴承有限公司】 前身为韶关轴承总厂，是国家重点轴承生产企业，是全国品种规格最齐全，年生产量最大的汽车轮毂轴承专业生产厂家。韶关东南轴承有限公司位于韶关市西联经济开发区内，京广铁路、京广高速公路、106国道从侧而过，距广州白云国际机场仅180公里，交通便利。公司成立于1966年，现有员工988人，其中各类专业技术人员160人。厂区占地面积48万平方米，韶关东南轴承有限公司，建筑面积4万平方米。东南轴承技术力量雄厚，加工设备精良，生产工艺先进，测试手段完备，自1996年起，先后通过中国华信技术检验公司（VTI）和美国工厂互惠研究协会（FMRC）以及何兰认可委员会（RVA）的ISO 9001质量体系认证。2003年通过德国莱茵公司（TUV）ISO/TS 16949：2002质量体系认证。韶关东南轴承有限公司生产的IB牌产品主要有：第一代双列角触汽车轮毂轴承，第二、三代带法阑盘汽车轮毂轴承，汽车用张紧轮轴承，空调机轴承，离合器轴承等，已形成800万套的上述汽车轴承生产能力。除此之外，公司还生产带座外球面轴承，深沟球轴承，也可按客户要求生产各种非标轴承。产品质量稳定，使用寿命长，技术指标跨入国际同类产品先进行列，多次获得国家，省市科技进步奖。

东南轴承的产品已成功进入德国、意大利、法国等国家以及国内主机配套市场，80%的产品出口德国、意大利、法国、英国、美国、加拿大、日本、新加坡、阿联酋、巴西、阿根廷等40多个国家地区。IB品牌在国内外轴承市场、汽车零配件市场享有良好的声誉。公司生产的汽车轴承广泛适用于奔驰、宝马、雷诺、大众、奥迪、桑塔纳、欧宝、丰田、菲亚特、沃尔沃等国际名牌轿车和夏利、富康、捷达、长安、羚羊、赛马、赛豹、奇瑞、华普、上汽通用五菱等国内名牌轿车。东南轴承组建专业化的“广东省轿车轮毂轴承工程技术研究开发中心”；为推动公司向更高技术发展发挥重大作用。2014年度，企业年产轴承670万套，年产值16801万元，出口创汇1522万美元，利税1681万元。

韶关东南轴承有限公司办公地址远景（韶关东南轴承有限公司　供）

【丽珠集团利民制药厂】 是丽珠医药集团股份有限公司下属的集医药生产、科研、开发为一体的中外合资企业，是国家中药现代化工程技术研究中心的中试基地和国家中药现代化工程技术研究中心的注射剂研究所，多年来被评为韶关市模范纳税户。主要生产大容量注射剂、小容量注射剂、片剂、胶囊剂、颗粒剂、原料药等100多个品种，是丽珠集团重要的大容量注射剂、小容量注射剂、中药提取、原料药生产基地。从2000年以来，共投入5000多万元进行技术改造，该厂的大容量注射剂车间、小容量注射剂车间、固体制剂车间、原料药车间、中药提取车间均已通过国家药品GMP论证。

利民制药厂科研、技术力量雄厚，仪器、设备先进，设有独立的医药研究所和实验动物房。该厂坚持以市场为导向，以开发高新技术产品为企业的发展方向，先后研制开发复方氨基酸注射液系列产品和防治心脑血管病药物系列产品，质量、技术指标均居国内先进水平。属国家中药保护品种的药品有参芪扶正注射液、丽珠血栓通注射液。属国内首创、独创的品种有参芪扶正注射液、桂利嗪、磷酸川芎嗪、阿魏酸钠、复方阿魏钠阿司匹林胶囊等。1999年投入市场的国家中药二类新药“参芪扶正注射液”，为国家首创的纯中药澄明大输液，具有益气扶正的功效，科技含量高，市场前景十分广阔，被评为国家重点新产品、广东省优秀新产品、广东省名牌产品。

【广东鸿源众力发电设备有限公司】（原韶关水轮机厂）是一家电气机械装备制造企业，具有50多年生产水轮发电机组成套设备历史。公司注册资本1.1亿元，年工业总产值超2亿元、纳税超千万元。是广东鸿源机电股份有限公司属下的一家独立法人、独立核算、自主生产经营的骨干子公司。

鸿源众力是国家高新技术企业、中国水电设备分会理事单位、国内行业“八大企业”之一、广东省水电设备制造业龙头企业、广东省现代产业500强、广东省装备制造业100重点培育企业、广东省诚信示范单位、广东省信息化示范企业。

鸿源众力位于韶关市十里亭，处于韶关市交通枢纽中心，交通便利。距韶关火车东站只有5公里，有市内2路专线车直达公司门口。公司环境优美，设备设施先进，拥有先进的管理技术，2003年投资350多万元建成“众力ERP信息管理系统”，实现经营、设计、工艺、生产、采购、仓管、财务、人事的全方位计算机管理。

鸿源众力现有员工近800人，员工队伍素质和技术具有较高水平，大专以上学历或中级职称以上专业技术人员230多人，占企业职工人数30%以上，研究开发人员占职工人数11%，其中有中、高级工程师60多人。工人中有75%以上的人拥有中、高级以上技术岗位证书。

鸿源众力是华南地区技术、装备力量最雄厚的企业，是广东省行业龙头企业。公司占地面积23.46万平方米，拥有11座占地面积6000—12000平方米厂房。拥有设备700多台套，其中主要重型大型设备有：12.5米、8米、7米数控立车；14米、10米、9.3米数控卧车；Φ250、四坐标联动数控镗床、多台数控加工中心、数控龙门刨床；Φ100、Φ80摇臂钻、800吨油压机、800吨冲床、100吨和75吨吊车、高精度万能圆磨床、数控电火花切割机、3米数控测长仪、11×7米大型燃油退火炉等一批高、精、尖设备。

鸿源众力年产能力30万千瓦，能自行设计制造水头3—600米、转轮直径0.42—7.20米、单机容量125—50000千瓦的轴流式、混流式、冲击式、斜击式、轴伸贯流式和灯泡贯流式等水轮发电机组及其配套的球阀、蝴蝶阀、液压闸阀、可控硅磁装置、电站继电保护、电站电力控制设备等配套设备。

公司产品以生产低水头灯泡贯流式机组为主，以常规机组为辅，产品被中国电器工业协会授予“质量可信产品推介”证书。公司是国内最早开发、生产灯泡式贯流机组产品的厂家之一，产品技术与生产能力处于国内先进水平，被认定为广东省高新技术产品和广东省著名商标产品，成为企业的核心竞争力和企业主导产品，历年累计生产数量名列行业第一。公司产品屡次创新全国纪录。1997年，制造出2台全国第一大水轮机转轮直径为5.8米灯泡式贯流机组，安装在广东韶关孟洲坝水电站。2005年，又制造出2台国内最大水轮机转轮直径6.4米灯泡式贯流机组，安装在广西东笋水电站。2008年，公司先后制造出4台国内第二大水轮机转轮直径7.2米灯泡式贯流机组，安装在甘肃黄河柴家峡水电站，这是甘肃电网第一座灯泡贯流式机组电站。2010年，安装在越南塞珊水电站机组，也是越南国内第一座灯泡贯流式机组电站。

鸿源众力大型低水头灯泡贯流式水轮发电机组研发、生产规划，已被韶关市委、市政府列入为扶持发展的项目。为扩大产能，满足市场旺盛需求，公司正落实《韶关市装备制造业调整和振兴规划》，计划投资超8亿元，在省级莞韶产业园（浈江区片）建设一个大型低水头灯泡贯流式水轮发电机组研发、生产基地。增加16米立车和250T吊车等一批大型重型设备，年产能将超150万千瓦，单机容量达30万千瓦，产值超10亿元，上交国家税费超6000万元进口轴承。公司1998年通过国家质量认证中心的ISO 9001质量体系认证。产品被中国电器工业协会连续6年推选为“质量可信推介产品”，连续五年通过中国质量中心“产品AAA中国质量信用企业”的认证。50多年来，公司先后向国内、外用户提供大、中型机组3000多台套。产品销往全国近30个省、市、自治区，遍布1000多个水电站，在我国的四大河流——长江、黄河、珠江、黑龙江都安装有众力机组产品。产品出口土耳其、阿尔巴尼亚、缅甸、越南、菲律宾、尼泊尔、几内亚等多个国家。

近年来，鸿源众力先后荣获“广东省优秀企业”“中国电器工业水电设备分会先进企业”“韶关市重合同守信用单位”“韶关市争创名牌先进单位”“韶关市优秀高新技术企业”“韶关市模范纳税企业”“韶关市AAA级守法用工单位”“韶关市园林单位”等称号。

（钟全球　谭桄华）

【工贸资产经营有限公司】 韶关市工贸资产经营有限公司（简称工贸公司）是韶关市直国有企业，按照“大国资、大改革、大发展、大集团”的要求，改革创新、开拓进取，统筹规划公司国有资源，综合利用，做强做大。公司下辖全资企业4家，投资参股企业10家，监管国有企业5家，代管集体企业13家；系统总资产20.2亿元，净资产11.6亿元，土地使用权总面积906万平方米，在岗职工人数283人。2014年，工贸公司以推动企业转型升级为重点，以强化企业内部管理，提升企业员工素质为举措，努力在投资重点领域和关键环节开拓新的经济增长点，推进企业改革发展，规范国有资产监督管理，有效开展企业党建、信访维稳、安全生产工作。截至12月底，实现总收入17.28亿元，比2013年（下同）增长33.23%；实现利润4047.8万元，增长51.26%；净利润963.8万元，增长181.57%；上缴税利9376.58万元，增长11.72%；上缴国资收益1314万元。

推进项目　2014年，工贸公司利用土地资源综合利用开发，推进多个重点投资项目。韶关市国投资产开发有限公司（简称国投公司）竞拍取得市群康路北侧、浈江南路东侧两个地块和市一棉仓库地块的开发权，三个项目总投资约为1.3亿元，为政府解决保障性住房168套；韶关市第一建筑工程公司（简称一建公司）实现了首宗自营项目—曲仁矿棚户区改造项目二期工程之田螺冲工程一标段，拉开正式自营的序幕，并与湖南省建筑工程集团总公司共同竞拍取得武广客运专线韶关综合客运枢纽工程建设权，标的总投资4.76亿元；完成西河汽车站“三旧”改造项目申报、产品定位、概念性设计方案的招标工作。

积极整合　年内，工贸公司对下属企业生产和管理布局做了四方面的调整。4月，出资1000万元组建市国投公司，负责工贸公司土地资源整合开发，已有六地块面积约41835平方米纳入开发计划；同月，重组整合市一建公司和市水利水电建设公司，把房屋建筑业务、水利水电建设业务统一整合到一建公司，重组后两个企业营业收入和上缴税利分别增长了34.58%和11.33%；10月，与韶运集团顺利签订了资产转让协议，全面完成韶运集团四家子公司的接收管理工作，并组建了新的领导班子对四家企业统一经营、统一核算、统一管理，当年实现扭亏为盈；年底前，完成对武江粮所、金属材料公司、物管小组三个部门的工作合并管理，并开始筹建市工贸物业服务公司，对工贸公司物业进行集中管理。

扶持发展　工贸公司努力为企业排忧解难，积极为企业发展提供资金扶持，一是为韶关汽车修理厂有限公司、韶关市交通技工学校、韶关市开关设备厂等六家企业解决退休职工医保费、职工安置费等各类专项资金6815万多元。二是帮助一建公司、广东省韶铸集团有限公司、韶关市公共汽车公司、广东省力士通机械股份有限公司、韶关新宇建设机械有限公司等企业筹措流动资金近5000万元。三是为一建公司、国投公司融资约2.3亿元，为企业拓展市场起到关键的扶持作用。

配合工作　一是组织30人成立工贸系统摸底调查小组对韶关市国有企业棚户区住户进行调查摸底，落实市政府棚改政策；二是落实市政府对四大出口建筑物进行美化的要求，投资约70万元完成市区北出口钢窗厂四栋居民楼外墙粉刷翻新工程；三是落实市政府指示，出资10万元帮助解决韶关卷烟厂仓库区道路堵塞问题；四是捐款30万元扶贫济困，承担国有企业应尽的社会责任。　　　（黄雨先）

附：领导班子成员名单

党委书记：高仁辉（2014.5—）

董事长：高仁辉（2014.6—）

总经理：高仁辉

副董事长、副总经理：王伟阳

党委委员、纪委书记、监事会主席：刘光宏

党委委员、副总经理：卢少新

林东军

重点民营企业

【韶关市北江纺织有限公司】　是2002年成立的民营企业，主要生产各种高档牛仔布、色织布和服装系列产品，公司位于东莞（韶关）产业转移园曲江片区，总占地面积14.65万平方米，资产总值3.24亿元，分设A、B两个厂区。现有员工1300多人，工程技术等管理人员近100多人。公司先后在设备技术改造和信息化建设方面投入资金5亿元，已经建成生产车间、仓库、办公室及员工宿舍共10.72万平方米，完成浆染、织布、丝光后整理、制衣、洗水等多条生产线的产业链建设。另外分别在美国、法国、孟加拉等国家和中国香港、广州、上海，福建等地建立近20个销售机构，营销网络遍布全球。经过10多年的建设，公司已经发展成为广东省粤北地区规模最大、最具活力的牛仔布生产经营企业。

公司现拥有国内外最先进的各类型纺织服装设备500多台套和各种信息化数据处理及在线监控等智能化生产经营管理系统，已经形成年生产各种中、高档牛仔布、色织布5000万米，浆染各类棉纱线6000万米，丝光后整理各类布匹6000万米，各类牛仔休闲服装280万件/套的综合能力。北江纺织历经10多年的发展，已形成规模化贸易生产，实现设备技术升级和产业扩张，强化企业的市场拓展能力。中国纺织联合会全国纺织服装行业“综合竞争力500强企业”北江纺织排名第177位。公司被国家工业和信息化信部确立为“棉纺织企业两化融合集成管控示范单位”；被工信部、广东省经信委认定为《两化融合管理体系贯标试点企业》；公司的“基于镭射技术的牛仔裤在线定制生产”项目作为全国14家入选项目之一进入《国家工业和信息化部首批两化融合创新试点企业》序列。公司近年来先后被认定为“广东省现代产业500强项目”单位；“广东省优势民营企业300家示范企业”和“广东省制造业500强企业”。

北江纺织注重公司的社会责任，先后获得“广东省模范劳动关系和谐企业”“广东省就业先进企业”“广东省诚信示范企业”“广东省民营科技企业”“韶关市出口创汇超2000万美元民营企业”“纳税超2000万优秀民营企业”称号。公司先后拿出100多万元帮扶困难户和贫困学生，被授予“大爱无疆扶贫济困”模范单位。公司董事长顾光荣被中华全国总工会、全国工商联合会授予“全国关爱员工优秀民营企业家”称号。

2014年，北江纺织年生产总值6亿元，出口创汇2500万美元，上缴各类税收2100多万元，实现利润810万元，增加就业岗位180人，同比增长30%以上。

北江纺织有限公司大门口（北江纺织有限公司　供）

【广东丹霞生物制药有限公司】 创建于2008年，是一家专业研发、生产和销售血液制品的生产企业，公司坐落在韶关市沐溪工业园区，占地面积30万平方米，建筑面积10万平方米。公司注册资金3000万元，总投资达2亿元，主要生产设备均为进口产品，年处理血浆能力可达400吨。总公司现有员工180余人，专业技术人员占56%。丹霞生物成立以来，始终秉承“以质量为生命，做安全放心药”的企业理念，重视企业文化建设和员工素质的提高，组建一支懂管理、善经营、熟悉GMP法规、精于生产操作的优秀团队，建立和完善三级质量管理体系和三级风险管理体系，职责分明，层层落实，对药品生产全过程进行全面和全员参与的质量管理，在质量文件体系建立过程中，强调文件的合法性、合理性和可操作性；提高风险防范意识、掌握风险的识别、分析、评估、控制，采取措施将风险降低至可接受的水平，确保药品安全有效。

公司于2009年获得《药品生产许可证》，建成符合新版GMP标准的生产厂房，经国家食品药品监督管理局GMP认证和现场检查，于2013年年初获得药品GMP证书，并于2013年3月31日正式投产，生产的人血白蛋白产品已正式投放国内市场。

2014年，丹霞生物制药有限公司有从业人员180人，产值12045万元，销售收入4605万元，上缴税金445万元，完成乙肝免疫GMP检查，静丙的临床和报审工作。

【广东韶配动力机械有限公司】 是有50多年专业研发、生产、销售各类发动机轴瓦、衬套、止推片、活塞环、表面处理的高新技术企业和广东省民营科技企业。并于上世纪90年代全套引进奥地利Miba公司轴瓦机加工自动生产线、三元电镀自动生产线以及检测试验设备。现又新引进多条国际先进的轴瓦机加工自动生产线。拥有进口及国产各类生产与检测试验设备300余台。所生产的产品地用于轿车、轻型车、中型车、重型车、船舶、发电机组及军用发动机等领域，成为国内多家主机厂及机型指定的配套产品。

公司与上海交大、武汉理工、北京机械研究总院进行产学研合作，成立了滑动轴承研发中心，倡导技术领先，并在轴瓦行业内率先通过ISO/TS 16949：2002质量管理体系认证。

2014年，公司生产经营情况总体正常，全年完成工业总产值6800万元，同比增长5.1%；实现工业增加值1400万元，同比增长5.3%；缴税500万元，同比增长10.6%。

【韶关市起重机厂有限责任公司】 前身是韶关起重机厂，始建于1976年，是一家专业生产汽车起重机等工程机械、特种车辆的国有企业。2002年12月转制重组成立为有限责任公司，是国家定点专用汽车改装厂之一，有着丰富的汽车改装经历。公司于2007年搬迁到韶关市曲江区马坝镇转溪并建成投产。发展至2013年年底，公司规模发展迅速，注册资金1000万元，占地面积约11万平方米，建筑面积近2万平方米，主要生产设备200多台套，营业收入为1.44亿元，总资产为9927.13万元，资产状况良好，银行信誉良好（A+级），2009—2013年连续五年公司获得广发银行韶关分行黄金客户牌匾。公司现有员工281人，大专以上学历的科技人员54人，占总人数的19.2%。

现已发展为研发、制造、销售、维修服务为一体的多元化经营企业，现有“工程起重机”“专用车”两大系列30多个品种，已形成年产5000多辆各类型专用汽车生产能力，在国内有一定的知名度。产品全部列入国家车辆生产企业及产品公告，并通过国家3C认证，随车起重机获得国家质监总局颁发的特种设备制造许可证，汽车起重机特种设备制造许可证正在办理之中。

公司是国家高新技术企业，广东省民营科技企业，2012年被广东省认定为第一批重点创新帮扶高成长性中小企业（民营企业）200家中专精特新企业之一，是韶关市重型装备保障维修成员单位之一，2009年组建韶关市随车起重机工程技术研究开发中心，为企业产品研发与创新以及将来发展奠定基础。近年来，公司坚持走产、学、研结合的道路，技术开发投入每年不断递增，并与华南理工大学、湖南大学、韶关学院等高等院校合作，不断加强和提高技术创新工作，保证产品的技术开发和不断更新换代。公司现已形成系列随车起重机、自卸汽车等专用汽车的技术开发、生产制造、产品销售和售后服务为一体的民营科技型企业。

公司一贯秉承“以科技创新为导向，以用户满意为宗旨，以完善服务

广东丹霞生物制药有限公司门口（广东丹霞生物制药有限公司　供）

韶关市起重机厂有限责任公司大楼门口图（韶关市起重机厂有限责任公司 供）

为信念”的经营理念。坚持“以人为本、优质高效、客户满意、持续改进”的质量管理方针，按 ISO 9001 质量体系运行，用韶液牌、韶起牌一流产品立足市场，诚信用户。

公司建立较为完善的营销信息网络，并与华菱、陕汽、欧曼、江淮、一汽、二汽、柳汽、重汽、红岩等大型汽车集团公司建立的合作伙伴关系，成为各大厂家改装自卸等华南地区专用汽车改装基地之一，公司产品行销全国 20 多个省、市、自治区，凭着在专用汽车行业多年经验及国际先进技术的应用，生产出高质量的系列产品。

企业是国家定点专用汽车改装厂之一，是广东省生产中大吨位重型随车起重机产品龙头企业，是广东省生产自卸汽车产品龙头企业。公司 SQ1600、SQ2800、SQ3200 型随车起重机产品技术水平在国内处于领先，2010—2013 年连续四年自卸汽车产销量在广东省同行企业内排名第一。

2014 年，该公司实现销售收入 1.14 亿元，净利润 156.05 万元。

【广东五联木业集团有限公司】 成立于 2002 年 5 月 15 日，注册资本 1 亿元，是一个股份制民营企业，是一个管理规范、技术先进，以生产高质量人造板的公司。企业坐落于广东省韶关市曲江区白土工业园，占地面积 400 多亩，是以三剩物和次小薪材为原料（国家重点鼓励发展）的资源综合利用生产企业。公司现有员工 300 多人，其中管理人员 34 人。公司现有一条年产 30 万立方米进口高档环保刨花板生产线项目。该生产线是引进国际上最先进的、由德国迪芬巴赫公司提供的全套高档环保刨花板生产线，电气设备方面由德国西门子提供技术支持。

生产线于 2013 年 10 月正式投产，由于公司采用世界一流的和设备最先进的工艺，所生产的刨花板除外观色泽淡雅、质量优良之外，还符合国际环保标准，并且可根据市场需求生产特种规格板材，故此产品上市之后，深受用户欢迎，产销两旺。由于企业产品质量一流，国内著名品牌欧派、索菲亚、联邦、皇朝均与公司签订合作协议，并且大量使用于高端家具。

公司一直秉承“以人为本，用户至上”的经营理念，外抓市场，内抓管理，视产品质量为企业的生命，不断强化质量管理工作，提高产品的市场竞争力。企业通过 ISO 9001—2008 国际质量管理体系、ISO 14001—2004 国际环境管理体系认证及 CARB（美国加州认证）、绿居材、中国环境标志产品（全国刨花板行业唯一一家）、FSC（森林认证）等证书。并先后被国家、省市区各级部门评为“守合同重信用单位”“模范纳税户”“广东省诚信示范企业”“广东省名牌产品”“广东省民营科技型企业”“广东省农业龙头企业”“广东省林业龙头企业”“国家重点林业龙头企业”等荣誉称号。2014 年，公司通过完善企业管理，通过公司严格的质量控制体系的层层把关，产品质量均达到国家规定的各项标准，产品质量稳定性，最终赢得广大消费者的普遍欢迎和一致好评。2014 年，产量 21.2 万立方米，销售收入 2.11 亿元、产值 2.31 亿元、利润 1333.27 万元。

【广东粤佳太阳能有限公司】 是一家专业生产家用型太阳能热水器的企业，生产厂房达 2 万多平方米，太阳能热水器年生产能力达 20 万台，是广东省家用太阳能热水器的主要生产企业之一。

2010—2012 年，公司生产的“粤佳”牌太阳能热水器连续三年中标国家财政部、商务部太阳能热水器家电下乡产品，2010 年通过国家高新技术认证。公司产品从选材、生产工艺、质量管理等各方面严格把关，公司的安装队伍取得中华人民共和国劳动和社会保障部“太阳能利用工”的安装资质。

公司多年致力于农村市场的开发，“粤佳”牌太阳能热水器在新农村建设的推广使用，得到广东省政府以及各级市、县政府和社会各界的支持和认可，得到广大农村用户的欢迎。

2014 年产值 1460 万元，销售收入 1054 万元，税收 55.8 万元，净利润 10.9 万元。

【韶关市正星车轮有限公司】 始建于 2000 年，项目投资 13 亿元，是一家专业生产汽车车轮、挂车及挂车配件、精密铸造及精加工的民营科技企业。下设富迪精密铸造、金鑫物流、阿联酋迪拜分公司、广州黄埔分公司、正

韶关市正星车轮有限公司集团办公大楼门口（韶关市正星车轮有限公司集团　供）

星国际商务酒店等机构，经营涉及先进机械制造、物流运输、国际贸易、酒店餐饮等领域。正星公司总部地处韶关市。厂区占地面积12万平方米，公司员工1200人，拥有高工职称工程师12人，中初级职称技术人员80人。配置有1250吨液压机，自动埋弧焊机、强力旋压机等先进的加工生产设备，以及先进的检测设备仪器和全套流畅的钢车轮生产线；研发型钢、无内胎车轮等涉及多种车型100多个品种的钢车轮，积累钢车轮产品制造关键设备开发设计、试验、制造等方面丰富的经验，拥有11项发明专利，具有强大的研发实力。已发展成为广汽日野、挂车厂等多家汽车生产厂家配套的战略合作伙伴。产品销售辐射全国出口至欧美、东南亚等30多个国家和地区，形成维修、配套、外贸三大市场协调发展的营销网络体系。

2006年，通过ISO 9001：2000国际质量体系认证；2006年，获得广东省民营科技企业资格；2007年，开始导入国际汽车行业TS 16949标准认证体系。为正星公司注册自主品牌为广东省著名商标。

2014年，正星公司产值6.08亿元，销售收入3.9亿元，税金980万元，出口创汇1977万美元。（邓彩雄）

重点港澳台资、外资企业

【至卓飞高线路板（曲江）有限公司】　是亚太地区最大的线路板制造商之一——至卓飞高线路板（香港）有限公司投资兴建的大型高新技术企业，位于曲江工业城，专业生产印制线路板PCB，注册资本9900万美元。公司占地面积13.33公顷，厂房占地面积13万平方米，总体规划5000人，现有员工2500多人。公司是一家以高技术生产PCB的印制线路板厂商，主要生产4至10层线路板，将着力于生产4层及8至16层线路板，月产能将达到150万平方英尺，是韶关市电子信息产业的龙头企业。产品大部分销往欧美、日本、新加坡、马来西亚、泰国、等国家和中国香港地区。2014年，公司营业收入5.18亿元，纳税2492.71万元。

【韶关旭日国际有限公司】　是由香港旭日国际集团投资20亿元兴办的一家大型外商独资企业，是韶关规模最大的玩具制造企业。成立于2004年，位于韶关市西郊六公里，占地面积约260公顷。分三期工程建设，预计年总产值超20亿元，计划总用工量达5万—8万人。公司生产规模不断扩大，公司现有员工2万多人。主要生产电子、塑料、合金、毛绒玩具产品，是一个集设计、开发和生产于一体的综合型玩具工业城，产品全部出口远销欧美各地。该公司坚持以人为本的管理方式，除提供良好工作环境外，还设有医务室、图书阅览室、棋乐室、篮球场、羽毛球场、乒乓球场、网吧、台球室、卡拉OK室等生活娱乐配套设施，并不定期组织放映电影，举办球赛等各类文娱活动。2014年该公司营业收入19.4亿元，纳税5620万元。

【乳源东阳光精箔有限公司】　系广东东阳光铝业股份有限公司与日本三井公司、日本株式会社UACJ合资设立的中日合资企业，为国家高新技术企业，先后通过ISO 9001质量管理体系、ISO 14000环境管理体系、OHSAS 18000职业健康安全管理体系及AAAA标准化管理体系认证。2013年10月获得“广东省政府质量奖”荣誉。主要产品有电子光箔、汽车钎焊箔等铝加工当中最尖端的产品。公司年产设计能力为15万吨铝板、带、箔；通过和日本三井物产、株式会社UACJ等世界名企的合作，依托公司完善的产业链优势，中日携手倾力打造世界一流的铝加工企业。2014年度，完成产量94332吨，实现产值20.58亿元，创造利润8526万，上缴税收5985万元。

【金悦通电子（翁源）有限公司】　是香港金悦通集团投资的一家大型港资企业，位于韶关市翁源县翁城工业园内，注册资本1672万美元，占地面积26.67公顷，有员工620多人。公司主要生产和销售高密度互联线路板（HDI）、盲埋孔线路板及树脂塞孔线路板，产品用于计算机、通讯、电子、汽车和医疗等行业。公司拥有全套先进微机自动化控制的 PCB 生产、检测研发设备，拥有一批高素质的管理、生产和研发团队，自 2008 年投产以来，已先后通过 TS 16949、ISO 14001 及 UL 等国际认证，并取得多项专利成果和获得国家级高新技术企业证书。公司生活配套设施齐全，设有网吧、医疗室、KTV 室以及灯光篮球场、羽毛球场等设施。2014 年，公司营业总额为 2.4 亿元，纳税总额为 2401 万元。

【日本电产（韶关）有限公司】 成立于 2010 年 9 月，属中外合资企业，公司总投资 1250 万美元，注册资本 500 万美元，现有员工 1500 人。公司主要生产开发大容量光磁盘驱动器及其部件（超精密马达）、新型电子元器件（新型机电元件、小型超精密无刷马达）、高性能风机马达及其零部件。产品内外销售。公司 2014 年累计投入约 1500 万元进行技术升级改造。实施“机器代人”工程，实现生产设备的自动化、智能化，提高企业的生产效益。生产总值由 2013 年的 5.2 亿元，提升至 2014 年的 6.3 亿元，同比增长 21.15%；纳税总额由 2013 年的 2711 万元提升至 2014 年的 3802 万元，同比增长 40.2%，增额为 1091 万元。为始兴地区生产总值、工业增加值和财税收入等做出积极贡献。

【韶关市韶瑞重工有限公司】 是由世界最大的矿山机械设备供应商芬兰美卓公司于 2013 年股权并购韶关市韶瑞重工公司而成立的中外合资企业。公司前身是坐落于浈江区十里亭的韶瑞机械制造有限公司，始建于 1992 年，2002 年 10 月在武江科技工业园落户并于 2004 年年底建成正式投产，是一家集研发、加工、制造、销售及售后服务为一体的专业矿山机械设备制造商。美卓集团的加入，为韶瑞重工投入数亿资金，进一步提升技术和管理水平，并依托美卓集团全球销售网络推广韶瑞重工的产品和品牌。公司目前在全球 20 多个国家及地区设立分公司，在全国各主要城市设有销售公司及服务网点。2014 年，公司实现产值 34702 万元，同比增长 31.3%，纳税总额达到 2658.2 万元。

【建滔积层板（韶关）有限公司】 是香港建滔化工集团于 2002 年在始兴县设立的独资企业。总投资为 5.5 亿元，主要生产电子行业所需的基础材料—纸基覆铜面板及电木板。公司拥有 4 条覆铜面板生产线，主要设备全部从日本、美国引进，自动化程度高。年产量可达 1200 万张，按 1.2 平方/张的产值可达 6 亿元，现有员工 200 多人，是现今全球最大的覆铜面板生产基地之一。公司拥有国际先进的技术和设备，加之丰富的管理经验，质量稳定、客户信赖，产品内销各知名电路板厂，外销东南亚、美国、加拿大、英国、法国、西班牙等国家，终端客户包括索尼、三星、高信、荣信、康佳、飞利浦、长虹、夏普、LG、TCL、HP 等。2014 年公司营业收入 5.16 亿元，纳税 1021 万元。

【万达工业（始兴）有限公司】 成立于 2001 年，隶属于香港美昌集团，投资总额 3500 万美元，注册资本 1700 万美元。公司现有职员工 4000 多人，用地面积 25 万多平方米，绿化面积达 40%，拥有现代化花园式厂房 11 幢，职工宿舍 8 幢，建筑面积 13 万多平方米。公司主要按照真车的内外观设计和体积大小，缩小比例生产合金模型车，拥有 Maisto（美驰图）、Bburago（比美高）、MuscleMachines 及 Polistil 等品牌，是业界少数拥有多个知名品牌的国际企业。2014 年，荣获中华人民共和国海关 A 类企业和“中国质量诚信企业”荣誉称号，并被评为始兴县“诚信守法示范企业先进单位”。

公司产品以出口为主，销售市场覆盖全球 140 多个国家及地区。

【韶关科艺创意工业有限公司】 是香港上市企业——星光集团有限公司的下属企业，是一家以设计、生产高端创意多功能儿童图书、纸艺精品和包装彩盒的大型港资企业，产品以出口为主。公司占地面积近 13.33 公顷，第一、二期厂房、员工楼、食堂、人工湖都已经投入使用，配套建设娱乐中心、培训中心和小超市等，2012 年年底，完成兴建的占地面积 11670 平方米的大型物流中心已经正式启用，拥有员工 1500 人。2007 年至今，每年均获得市开发区颁发的外贸先进企业、优秀纳税企业、先进出口创汇企业和先进生产企业等多项嘉奖，同年被韶关市委授予“诚信守法示范企业”称号。公司力求不断创新发展，开发电子贺卡、木精品等多项业务模块，更为新产品的开发，投资一批如 3D 打印机的高新、先进设备。公司为第 41 届在上海举办的世博会上量身定制的 4D 纪念图书《魅上海》获得被誉为全球印刷界“奥斯卡”之称的“美国印制大奖”之最高荣誉奖 BennyAward 金奖；获得第五届“省长杯”优良工业设计奖。2014 年全年销售收入 19978 万元，纳税 395 万元。

【鸿伟木业（仁化）有限公司】 是鸿伟（亚洲）控股有限公司在广东韶关投资的外商独资刨花板专业生产企业，创建于 2003 年 5 月，注册资金为 2.5 亿港币。公司专业于生产刨花板和配套贴面深加工，坚持走“高质量、环保健康型刨花板”道路。2013 年，公司从德国迪芬巴赫公司引进国际最先进的 2.7432 米宽度连续压机生产线和工艺技术，代表当今世界上最先进的刨花板生产工艺技术与装备水平，是华南区域最大的单条连续压机生产线，产品规格几乎覆盖市场上所有的规格，能满足国内外市场对高端刨花板的需求。获得中国建材绿色环保产品、首批国家林业重点龙头企业、广东省名牌产品、广东省优势传统企业转型升级示范企业等一系列荣誉称号。2014年产值3.47亿元，税收337万元。

【韶关丸仁电子有限公司】 由日本丸仁株式会社在韶关的独资企业。公司成立于1999年10月，投资总额393万美元，注册资本358万美元，于2001年10月正式投产。公司现有厂房面积1.43万平方米，职工宿舍面积8000平方米，可容纳职工2500人，拥有员工近800人。公司于2003年和2007年先后通过SGS认证的质量管理体系和环境管理体系，并推行“9S”管理模式。公司下设接插件部、细线同轴部和一般接插件部，主要生产索尼、东芝、佳能、理光、NEC、夏普、富士通、柯尼卡美能达等客户的USB线及各种连接线。2014年，出口总额达2200万美元，纳税总额394万元。 （郑梅英）

县（市、区）概况

浈 江 区

【概况】 浈江区位于广东省韶关市东北部，武江、北江以东，东、南接曲江区，西临武江区、乐昌市，北连仁化县，是韶关市辖三区之一，为韶关市政治、经济、文化和信息中心。2014年，下辖乐园、新韶、十里亭、犁市、花坪5个镇，有车站、东河、风采3个街道办事处，曲仁、田螺冲2个办事处。行政区域面积572.1平方公里，年末常住人口40.2万元，户籍总人口34.66万人，其中非农业人口27.87万人，农业人口6.79万人，人口自然增长率5.27%。

浈江区交通便利，韶关火车站和汽车客运总站坐落境内中心地段；区内曲江桥、东河桥、北江大桥、百旺大桥、黄金村大桥和京广铁路大桥等10多座大桥贯通东西南北；京珠高速公路、国道106线、国道323线、省道246线、省道248线、韶赣公路组成连接省内公路交通网络；京广铁路、赣韶铁路贯穿全境。

浈江区属亚热带季风气候，常用耕地面积6579.92公顷，园地面积319.41公顷，林地面积36407.08公顷，森林覆盖率60.32%，活立木蓄积量194.45万立方米，林木绿化率为60.63%。旅游服务业迅猛发展，风光秀丽，人文景观有古楼风采、风度长街、中山伟迹、北江丽影、韶阳楼雄姿等，山水景观有韶关国家森林公园、皇岗山、帽峰山、金沙生态园、银山高尔夫球场等，是游客和市民游览、休闲娱乐好去处。区内有韶关市首家五星级酒店莱斯大酒店和碧桂园凤凰城大酒店、风度华美达广场酒店、小岛饭店等星级酒店，百年东街是韶关市最繁华商业中心，信德万汇广场在辖区站南批发街落成，吸引烟酒、日杂、服装、餐厅等销售、餐饮业进驻，促进辖区经济繁荣。形成“吃、住、购、娱、乐”旅游服务产业链。

2014年，浈江区完成地区生产总值186.86亿元，同比增长6.8%，其中第一、二、三产业增加值分别增长4.0%、－0.7%、9.5%，三大产业比例调整为3.1∶20.7∶76.2；全年固定资产投资完成89.02亿元，同比增长0.2%；地方公共财政预算收入4.16亿元，同比增长15.1%，其中地税部门收入增长20.47%，国税部门收入增长14.44%；全年公共财政预算支出8.6623亿元，同比增长12.87%；全年社会消费品零售总额194.55亿元，同比增长10.6%；城镇居民人均可支配收入28001元，同比增长9%；农民人均纯收入12332元，同比增长10%。累计投入2.6亿元，5件民生实事推进。

【第三产业蓬勃发展】 2014年，浈江区新增12家限上商贸企业，其中，中金岭南商贸有限公司净增销售额20.4亿元，拉动批发业限上企业销售额同比增长19.2%。韶关市义乌小商品批发商贸城、鑫金汇建材家居广场项目开盘销售，新雪域农产品（冷链）物流园项目列入省重点建设项目，莱斯家居广场进展顺利，十里亭片区和东环片区黄金商业圈初步形成，城乡商业氛围浓厚。现代旅游业有序推进，实施犁市当铺修缮工程，成功举办“2014浈江樱花文化节”。发展建筑房地产业，云峰诗意、和廷苑等新楼盘开盘，碧桂园、锦绣御水豪庭、金港商贸城等项目实施，全年完成建筑业产值96亿元，商品房销售面积87.68万平方米。

【重点项目及招商引资】 2014年，浈江区重点项目29个，完成投资52.2亿元，其中产业园基础设施、碧桂园房地产等10个重点项目超额完成年度投资任务。征收土地268.67公顷，征收房屋40万平方米，确保棚户区改造、

9月16日，浈江区人民政府与东环商贸城进驻项目签订服务协议仪式在位于浈江黄金村的鑫金汇建材家居广场隆重举行（浈江区　供）

国电粤华煤矸石电厂、广东中烟物流、东环商贸园区等重点项目推进。围绕机械制造、有色金属冶炼、木业加工、电力、商贸物流等优势产业。全年合同吸收外资655万美元，实际吸收外资68万美元，外贸进出口总额7462万美元；引进内联项目15个，合同引进资金27.34亿元；内联实际到位资金16.61亿元，同比增长2.77%。

【新型城镇化进程提速】 2014年，浈江区启动5个镇村庄规划，拟定新韶镇东联洋村、大陂陈屋村等5个村整村搬迁方案，东环线“整村搬迁、农民变市民”城乡融合模式推进。完善产业园生活配套服务区和道路水电通信管网等基础设施建设，“产城融合”助推犁市镇和花坪镇融入工业新城。碧桂园社区申报创建省级宜居社区，皇岗山舜帝森林公园项目实施。全年完成“三旧”改造面积17万平方米，汽修厂、生物制药厂等5个“三旧”项目启动实施。广乐高速公路浈江段、赣韶铁路浈江段全线通车，浈江北出口（省道248线十里亭大转盘至产业园路口段）、南出口（百旺大桥至转溪段）改扩建通车，五里亭国道323线至广乐高速坳背出口连接线建设推进，东环线一期及新汽车客运东站等项目建设如火如荼。“两违”整治成效明显，组织开展45次专项整治行动，依法拆除各类违法建筑229宗，面积约13.04万平方米。

【教育工作成绩优异】 2014年12月，在第十五届广东省中小学电脑制作活动中，浈江区多所学校取得优异成绩，获4项一等奖，10项二等奖，17项三等奖，3项优秀奖。其中，市二中获4项省一等奖、5项省二等奖、1项省三等奖；市十三中获3项省二等奖、9项省三等奖、1项省优秀奖；执信小学获1项省二等项、2项省三等奖；花坪实验学校获1项省二等奖；南枫小学获4项省三等奖；莲花中学获1项省三等奖；曲仁中学获1项省优秀奖；市四中获1项省优秀奖。浈江区教育局获得区（县）级“组织工作先进单位”称号（全省有9个单位获得）；韶关市第十三中学获得校级“组织工作先进单位”称号（全省有10所学校获得），该校教师杨晓燕获“组织工作优秀个人称号”（全省有25人获得）。

【南韶村社区获全国科普示范社区】 2014年，浈江区车站街道南韶村社区荣获“全国科普示范社区”称号，成为全区唯一获此殊荣的社区。南韶村社区定期为居民播放科普电教片，利用“科技活动周”“科普日”等各种纪念日，集中力量组织科普志愿者开展各类科普知识咨询、放映科普电视片、发放科普知识资料等活动。社区内建有科普图书室和电子阅览室，备有3000多册各类科学教育读本，供居民阅读浏览，实现教育资源共享。社区每年刊出科普宣传栏6期，其内容涵盖公民道德建设、普法知识、就业和劳动保障政策等知识，帮助群众更好地学习掌握社会科学知识。社区还组织开展“科普知识进社区”活动，举办“读书交流活动”“法律知识宣传”“消防知识宣传”等知识答题活动及各类健康教育讲座，吸引广大社区居民踊跃参与，取得良好效果。

【碧桂园社区获省级儿童友好示范社区】 2014年5月31日，十里亭镇碧桂园西区社区举行“广东省儿童友好示范社区”揭牌仪式，韶关市妇联和浈江区有关领导出席仪式并一同揭牌。十里亭镇碧桂园西区社区依托韶关碧桂园物业开辟室内外活动场地，设有电子阅读室、绘画室、棋艺室、乒乓球室及滑梯、跷跷板、旋转台等室外儿童游乐设施。社区还结合儿童身心发展需要，开展丰富多彩的主题活动，如在节假日举办舞蹈、书法、绘画、手工制作、棋艺、球类、计算机等兴趣活动。

【明弘生态农业园获巾帼种养示范基地】 浈江区明弘生态农业园获得韶关市巾帼种养示范基地称号。该生态园投入种植树木面积达366.67公顷，其中优质松木种植面积233.33公顷，沙田柚、油桃、九仙桃、奈李和杨梅等多个品种果树种植面积133.33公顷，聘请由华南农业大学教授及专家组成的专业科研小组，结合塘肚山的特殊地理条件，系统地对相关农业产品进行专业种养殖技术研究，该生态园在果树种植中推广使用山坡地“滴灌、喷灌节水技术系统”，该项目于2012年投入使用，并成为“韶关市节水灌溉示范推广基地”。

明弘生态园（浈江区　供）

【乡村公路养护管理办公室挂牌成立】 2014年8月11日，浈江区农村公路养护管理办公室首先在犁市镇正式挂牌成立，标志着农村公路路况良好、路产完整及路权得到保护，掀起全民爱路护路新高潮，促进农村经济社会发展和服务新农村环境建设。自2005年以来，全区完成建设投资4330万元，改建农村公路约132公里，解决乡镇47个行政村村民“通路难”问题。经过前期区农村公路养护管理工作领导小组督导各乡镇筹建，各镇乡村公路养护管理办公室陆续挂牌成立，展开乡村公路日常养护和管理。

【东环商贸城招商项目签约】 2014年9月16日上午，韶关现代商贸业发展论坛暨东环商贸城招商项目签约仪式在位于浈江区黄金村323国道旁的韶关鑫金汇建材家居广场举行。中国建材市场协会会长周治洲，市委副书记、市长艾学峰，市政协副主席贝抗胜、林嘉，浈江区及市相关部门领导，省内外新闻媒体记者和来宾见证签约仪式。著名经济学家、香港中文大学讲座教授郎咸平应邀到场作专题报告。中国建材市场协会授予广东鑫金汇投资发展集团有限公司“中国建材家居企业100强”牌匾。

【东郊客运枢纽中心站开工奠基】 2014年11月，韶关东郊客运枢纽中心站开工奠基仪式暨鑫金汇战略合作伙伴峰会在鑫金汇家居建材广场举行。韶关东郊客运枢纽中心站作为全市一个新的交通枢纽中心，可通过国道323线、韶赣高速等高等级公路对外辐射，可通过东联大道、浈江路等城市主干道连通韶关新老城区。该项目位于韶关市城市东部，总占地5.33公顷，总建筑面积4200多平方米，估算总投资2.3亿元，按一级客运站标准建设，设计生产能力日均发送旅客1万人次，日发班次289班。韶关东郊客运枢纽中心站2017年正式投入运营。

【何万松获评全国公安机关爱民模范】 2014年10月，市公安局浈江分局太平派出所副所长何万松获评“全国公安机关爱民模范”。公安部在北京举行全国公安机关爱民模范先进事迹报告会，何万松在人民大会堂受到习近平等中央领导接见。浈江分局太平派出所副所长何万松，从警42年来，一直都在基层派出所工作，其间在水上派出所工作10年。何万松从水中救人无数，先后打捞处理尸体就达200多具，被群众称之为三江“守护神”。2013年11月，何万松还荣获第二届“韶关市十佳卫士”荣誉称号；2014年4月，被评为广东省第四届“人民满意公务员”。

【新韶镇】 位于浈江区东北部，东邻曲江区大塘镇，南至市区韶瑶路与车站等街道相连，西接浈江区东河街道辖区，北与仁化县大桥镇相接。辖区总面积106平方公里，耕地面积985.27公顷，林业面积8750.3公顷。下辖12个村委会，1个社区居委会，总人口2.5万人，其中农业人口1.54万人。2014年，农村经济总收入8.76亿元，其中农业总收入2.45亿元，农村人均纯收入10101.11元，地方财政收入1091万元，辖区主体经济以农庄、农家乐为主体的餐饮服务业，打造以城郊镇为地域优势的绿色观光农业、生态旅游和假日休闲业。

【乐园镇】 位于韶关市北江河畔，浈江区南面城郊接合部，东与新韶镇接壤，南与武江区西河镇、韶关冶炼厂交接，西与北江河为界，北与车站办事处相连。辖区总面积24平方公里，耕地面积168公顷，林业面积2199.9公顷。下辖7个村委会和3个社区居委会，总人口6.74万人。全镇有5所学校，在校学生7990人。2014年，农村人均收入14763元，工业产值446137万元，农业产值16.67亿元，地方财政收入404万元。辖区主体经济以汽车销售、家私零售、餐饮及工业为主，土特产有粉葛、淮山、黄皮。

【十里亭镇】 位于韶关市北郊十里亭，北与犁市镇五四新村相接，东与长坝交界，面临浈、武两江。辖区总面积53.7平方公里，耕地面积305公顷，林业面积5053.7公顷。下辖6个村委会，49个村民小组，5个社区居委会，总人口7.1万人，其中农业人口1.29万人。全镇有初级中学1所，九年一贯制学校1所，中心小学1所，完全小学2所，教学点3个，幼儿园3所，市示范性成人文化技术学校1所，义务教育标准化学校及规范化幼儿园覆盖率达100%，有初中学生579人，小学生2760人，在园幼儿773人。2014年，辖区主体经济有水稻、蔬菜、水果、花卉种植为主的农业与工业、第三产业并重。地方财政收入380万元，农村人均收入1.16万元。镇内煤矿资源丰富，特有无花果等名优特产。

【犁市镇】 位于韶关市北郊13千米，东邻仁化县、南接十里亭镇，北挨乐昌市、西连乳源县。2014年，辖区总面积305平方公里，耕地面积275公顷，林业面积26053.9公顷。总人口4.6万人，其中农业人口3.02万人，农村人均收入0.08万元，下辖15个村委会和1个社区居委会。全镇有高级中学1所、初级中学1所、小学1所，在校学生3314人。土特产有香瓜、花生油、原野蜜等。

【花坪镇】 位于韶关市浈江区北部，北纬24°55′20″—25°06′00″和东经113°29′00″—113°34′23″之间，东面与仁化县相连，北面与乐昌市相接，南面和西面与犁市镇接壤，地势东北高，西南低，属丘陵地带，气候属亚热带气候条件。辖区总面积76.5平方公里，常用耕地面积325公顷，林业面积7335.7公顷。下辖5个村委会、1个居委会，总人口7784人。全镇有学校1所、教学点2个，在校学生1246人，2014年，辖区以科技发展为动力，以资源为依托，加大招商引资工作力度，促进全镇经济和各项事业发展。全镇工业总产值6597万元，农业总产值

3909万元，地方财政收入698万元，农村人均收入8319元。镇内矿产资源有煤炭，特有优质米等名优特产。

【东河街道办事处】 位于韶关市区东北部，东起新韶镇，南靠东河南韶路，西与风采街道隔岸相望，北与十里亭镇隔江相望。辖区总面积4.2平方公里，林业面积254.9公顷。下辖6个社区居委会，总人口3.2万人，地方财政收入219万元。2014年，该街道办有高级中学1所、初级中学1所、2个教学点，在校学生8500人。特有茶叶等名优特产。

【车站街道办事处】 位于韶关市东南面，东邻浈江区新韶镇，南联乐园镇，西临浈江与风采街道办隔江相邻，北与东河街道办对接。辖区总面积4.2平方公里，林业面积241公顷，下辖8个社区居委会，总人口4.8万人，其中常住人口4.2万人，非常住人口0.6万人。2014年，该办事处有技校1所、中学2所、小学4所、幼儿园8所。主要经济产业以第三产业商贸、批发、零售、物流为主。

【风采街道办事处】 位于韶关市浈江区中部，东临浈江与东河街道隔江相邻，南濒浈江、武江汇合处，西临武江与武江区隔江相望，北与十里亭镇五里亭接壤。辖区总面积3.02平方公里，下辖19个社区居委会，总人口7.2万人。2014年，该街道办有大学1所、中学3所、小学5所、幼儿园5所。主要经济产业以服务业为主。

【曲仁办事处】 位于韶关市浈江区东北部，南与武江监狱茶园相接，北与仁化县董塘镇江头村接壤。辖区总面积90平方公里，下辖7大居民区16个居委会，总人口2.98万人。2014年，该办事处有中学2所、小学4所，在校学生3400人。辖区经济主要依附企业闲置厂房场地、土地及其他资源实施招商引资，盘活资源和资产，培育新经济增长点。

【田螺冲办事处】 位于韶关市东郊六公里，东起花拉寨山脚，南至禾叶冲，西连黄金村，北接323国道，丘陵地带，东北高，西南低。辖区总面积约1.3平方公里，总人口7533人，2014年，辖区主体经济以煤矿开采、经营为主。2004年，原煤矿企业关闭实行属地化管理后，辖区经济主要依附原企业闲置厂房场地、土地及其他资源实施招商引资、盘活资源和资产、培育新经济增长点。（刘姣妹）

附：领导班子成员名单

中共韶关市浈江区委员会

书　记：吴玉环（—2014.9）
　　　　刘清生（2014.9—）
副书记：张德清　翁良方
区委常委、纪委书记：
　　　　何益文（—2014.1）
　　　　黄胜文（2014.1—2014.3）
　　　　梁　敏（2014.3—）
区委常委、常务副区长：庄　强
区委常委：叶东升　陈东成
区委常委、政法委书记：张广晖
区委常委、组织部长：谭雪华（女）
区委常委、办公室主任：黄德乔（女）
区委常委、宣传部长：刘　锋（2014.5—）
区委常委、人武部政委：胡克标（—2014.4）
　　　　刘　奔（2014.4—）

韶关市浈江区人大常委会

主　任：吴玉环（—2014.9）
副主任：刘　文　黄远辉
　　　　何永兰（女）　王剑兰（女）
　　　　马瑞华　朱明远

韶关市浈江区人民政府

区　长：张德清
副区长：庄　强　刘　锋（—2014.5）
　　　　黄祖平　陈良素
　　　　宋宇林　杨　雄
　　　　张玉花（女）
党组副书记：叶东升　庄　强
　　　　麦锦祥

政协韶关市浈江区委员会

主　席：何友权（—2014.1）
　　　　何益文（2014.1—）
副主席：杨松生（—2014.1）
　　　　麦桥悠　周耀成
　　　　朱必凤　林　瑜
　　　　卢界群（2014.1—）
　　　　何绍福

武　江　区

【概况】 韶关市武江区位于韶关市西北部，俗称西河。2014年，武江区辖2个街道、5个镇。土地面积682平方千米。年末户籍人口26.67万人，常住人口30.61万人。人口自然增长率5.60‰。2014年，武江区耕地面积1.12万公顷，粮食播种面积0.50万公顷，粮食产量2.62万吨。林地面积4.98万公顷，森林覆盖率71.54%，活立木蓄积量399.98万立方米。重要矿产资源有煤、铁、铅锌、锡、钨、金、银、石灰石、高岭土、宝石等20多种。土特产有龙归淮山、重阳花生、重阳丝毛姜、江湾木耳、江湾香菇等。人文景观有唐朝宰相张九龄家族墓，宋朝尚书余靖墓，芙蓉古刹，文武阁塔，南昌起义军朱德部队旧址，八路军驻韶关办事处遗址，抗战时期中共广东省委遗址，中共南方工委交通站南岸旧址等。

【经济发展稳中有进】 全年实现地区生产总值204.76亿元，突破200亿元大关，增长10.2%；完成区级公共财政预算收入4亿元，增长18.8%；城镇居民人均可支配收入增长9.1%，农民人均纯收入增长9.9%。重点项目稳步推进。全年实施重点项目55项，完成投资53.1亿元，占全区固定资产投资的60.6%。全年完成固定资产总投资87.6亿元，增长44.5%，增速位居全市首位。工业经济平稳增长。全年实现规模以上工业增加值88.84亿元，增长8.6%。五大支柱产业完成工业增加值76.8亿元，增长8.6%。加大民营企业服务力度，全年民营企业完成工业增加值11.9亿元，增长9.2%。打造园区工业经济，武江科技园完成工业增加值7.6亿元，增长26.1%。全区规模以上工业企业已达50家，其中亿元以上企业3家。全年建安企业完成增加值12亿元，增长13%。第三产业稳中向好。全年实现增加值94.51亿元，增长11.2%。房地产业稳步发展，商品房销售额累计完成41.8亿元。全区新增限上商贸企业10家，社会消费品零售总额完成89.5亿元，增长11.1%。重点抓专业市场和星级酒店的培育。光华五金机电城开业，前进建材城等保持良好发展势头，新建成汇展酒店、碧桂园太阳城酒店。“西河商圈”呈现专业市场、酒店商务、商贸金融、大型商场集聚发展态势。现代农业稳步发展。全年农业实现产值5.8亿元，增长3.9%。现代农业发展取得新成效，养牛、石斛、食用菌等特色种养初具规模。全区专业合作社达55家，新建科技示范生产基地1个，新增农业生产基地3个，新培育国家级农业龙头企业1家、市级龙头企业2家，新培育家庭农场5家。

【新区建设亮点纷呈】 加大新城开发建设的工作力度。芙蓉新城完成路网交地53.33公顷，保利商业综合体、品牌汽车4S店等重点项目交地约66.67公顷，确保新城11个新建项目用地。苗圃基地片区完成交地近40公顷。沐溪－阳山片区完成莞韶城一期等项目交地近400公顷。至此，起步区约333.33公顷土地已基本完成征收，市委、市政府重点建设的6条主干道基本贯通，莞韶城一期等重点项目建设用地得到保障。新城城市功能显现雏形。为使新城主体功能尽快形成，区配合市加快推进城市配套项目建设。12个市直行政单位已进驻新城，新城路网、管网建设铺开，三馆、滨江公园等文体设施加速推进，太阳城酒店开始营业，新城排洪水系、综合客运枢纽站等基础设施建设已经启动，新城教育、医疗、文化、金融、通信等公共服务配套陆续完善。

【园区建设势头趋好】 围绕产城融合目标，着力推进甘棠工业园和莞韶城现代产业服务区建设。甘棠工业园已签约企业41家，24家企业挂牌成交，飞翔、莱雅等19家企业已动工建设。莞韶城一期开发建设突飞猛进，首期50栋电子商务楼建设已经完成，园区路网等基础设施不断完善。园区已签约企业43家，其中涂料及配套企业25个，其他产业类型汽车变速箱、生物农药、新能源、智能机器人、仿真产品、机械制造、家具制造、食品加工等项目18个。总投资约25亿元，预计年产值约52亿元，预计年税收5亿元。

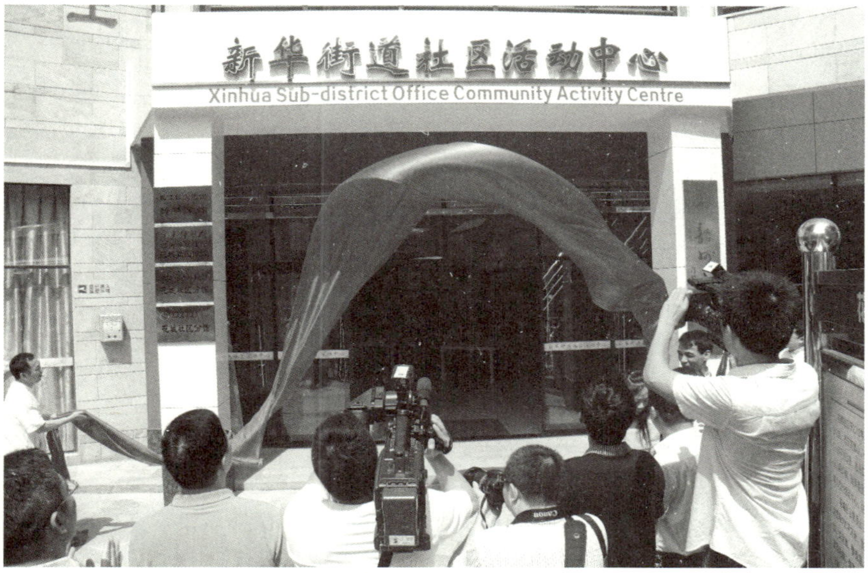

2014年7月4日，武江区新华街道社区活动中心在花城社区启动（武江区　供）

【安置工作有序铺开】 安置新村建设加快推进。赤水新村228套房屋已交付使用；芙蓉新村、西联新村已分别开工建设楼房117栋、115栋，2015年可建成房屋1228套并启动搬迁；车头新村基本完成土地平整，即将实施主体建设，计划建设房屋530套；下胡新村已完成选址。

【城乡一体统筹推进】 开展打击“两违”工作，全年拆除大小违法建筑140宗，合计面积约3.7万平方米。开展“巩卫创文”，整治城市“六乱”，城区环境持续改善。推进恒熙华城、楼上楼等城市“三旧改造”项目，老城区品质逐步提升。配合市政项目建设，市区排涝工程、群康路等如期开工，通往新城的芙蓉隧道加快建设，奥园一期施工顺利，芙蓉北路、上饶路等项目完成交地。棚户区改造取得突破，完成龙归社主安置小区建设和房屋分配工作。

【农业农村基础建设】 2014年，投入“三农”建设资金1925万元，夯实农业农村发展基础。成功申报农田水利重点县建设项目，新修大型农田水利设施5宗，建设高标准农田1000公顷，完成300人以上自然村公路硬底化任务。开展名镇名村建设，新建成2个名村5个示范村。扶贫“双到”工作取得实效，全区共落实帮扶资金1632万元，新增帮扶项目51个，4个贫困村的集体收入达到8万元以上，贫困户年人均纯收入达到6500元以上。

【生态环境建设】 实施植树造林工作，全年完成植树造林面积1200公顷，新增生态公益林5333.33公顷，建设森林公园1个，建设乡村美化绿化示范村10个。节能减排工作有序推进，全区GDP能耗平稳下降。

【社会事业协调发展】 坚持民生优先，社会事业投入持续加大，2014年各类民生支出达5亿多元，占公共财政预算支出的64.3%。区政府承诺为民办的10件实事基本完成。社会保障水平不断提高，全年共发放低保资金1065万元，支出五保供养金73.4万元。狠抓社保扩面征缴，完成城乡居民社会养老保险和医疗保险参保任务。全区就业形势稳定，城镇登记失业率为2.8%。科技工作继续走在全市前列，新成立2家市级工程技术研发中心，申报国家知识产权强县（区）工程示范试点区。“普九”成果得到巩固，小学适龄儿童入学率和小升初入读率均达到100%。文化惠民工程推进，“三下乡”和文物普查活动开展。推进农村基本公共服务均等化进程，龙归全民健身广场建成使用，龙归和江湾卫生院业务大楼完工，农村家庭医生服务试点工作启动。落实各项计生奖扶政策，计划生育率达91.0%。成立食品药品监管机构，整合食品药品监管职能。推进“平安武江”建设，安全生产、防火防汛以及登革热等重大疫情的防控工作到位，维护武江和谐稳定的发展大局。

【财税保障能力不断增强】　全年税收保持平稳增长，财政质量进一步优化。完成国税收入5466万元，增长13.7%；地税收入2.4亿元，增长29.9%；非税收入占财政收入比重下降4.5%。加大税收征管工作清理整顿，重点加强房屋租赁税和耕地占用税征管工作，全年实现房屋租赁税收1476万元，增长41.9%，完成新增耕地占用税3420万元。坚持依法理财，规范国有资产经营和监管，提高资产使用和经营效益。在保运转、保工资、保民生的基础上，强化财政预算编制，优化支出结构，加大公共服务保障力度，全年公共财政预算支出完成7.9亿元，增长3.2%。

【政府自身建设】　自觉接受区人大及其常委会和区政协的法律监督、工作监督和民主监督，全年办理人大建议10件，办理政协提案30件，答复率和满意率均为100%。完成事业单位分类改革。推进政府职能转变和机构改革，取消、调整行政审批63项，精简率达41%。网上办事大厅武江分厅建成并投入使用，区、镇（街）、村（居）三级服务平台建设推进。成立公共资源交易中心，建立统一规范的公共资源交易监管体系。

【十件民生实事全面推进】　2014年，武江区十件民生实事推进。修建市第五中学学生宿舍楼；修建镇泰小学运动场塑胶跑道；升级改造龙归卫生院综合大楼；重建重阳大沙洲桥、陀村桥，已于2014年6月通车；投资114万元重建江湾围坪寺前桥；开展龙归万亩高标准基本农田建设；整治沐溪水库水源地环境；建设龙归镇全民健身广场；投入140多万元建设花城社区公共服务站示范点，并于7月4日正式启动；开展芙蓉市场片区内涝整治。

【荣膺国家知识产权强县（区）工程示范试点区】　2014年8月，武江区被确定为国家知识产权强县（区）工程示范试点区，这是该区继2006年被广东省知识产权局列为韶关市第一个知识产权试点区，2008年通过省的评价考核后获得的又一殊荣。武江区先后出台多项政策措施，发挥知识产权在自主创新中的引领、激励和保护作用，推进具有自主知识产业的形成与发展，促进产业转型升级，提升产业发展的竞争力和经济发展后劲。及时地做好辖区企业和个人专利申请补助工作及相关奖励工作。专利申请量从2007年的59件上升到2013年的371件，增长528%。2013年，全区专利申请量371件，其中：发明专利86件、实用新型260件；发放专利补助20.01万元，专利奖励24万元。

【推进“平安小区”建设】　武江区将小区划分为单位小区、全封闭物业小区、开放式小区和城中村小区等四大类，针对不同类别采取不同的管理模式。对于单位小区，由所属单位明确专人管理；对于全封闭物业小区，则实行专业物业管理；而开放式小区和城中村小区，则以村（居）民自治的方式，实行自治化管理。该区在公安系统已安装视频探头500多个，并在9个派出所建立监控平台；辖区单位、各小区和大型场所等也自建视频监控系统100多个，视频探头数1500多个。这些分布广泛的电子眼“天网”，在社会治安中发挥作用，社区“两抢一盗”案件与上年同期相比下降明显。武江区已建立“六好”平安和谐社区服务平台，各街道、社区已具备社区综合服务窗口，及时快速为小区居民提供计划生育、民政事务、残疾人事业、老龄咨询服务、下岗再就业登记、法律援助以及各种技能培训等综合服务。惠民街道、新华街道“爱心超市”运行更有成效，已有4300多户、12000多人次得到帮助。成立社工服务站，社工服务站已服务困境家庭7个，组建各类小组6个，正式介入青少年服务个案5个，开展社区活动16次，服务1500多人次。建立“街道—社区—物管企业”“三级网络”物业纠纷调处机制。开展社区网格化管理，推动社区管理精细化和自治化。新华、惠民两个街道先后有25个社区获得“省六好平安和谐社区”称号，其中新华街惠民西社区被国家民政部授予“全国平安和谐社区建设示范社区”称号。

【交通主干道森林景观带改造】　武江区组织人员加快推进交通主干道森林景观带改造项目备耕工作，为提升交通主干道两侧的森林和景观质量打下基础。该区加快规划沿京港澳高速公路、广乐高速公路一公里可视范围种植乡土阔叶树。此项改造工程项目分布于龙归镇、重阳镇、西联镇，面积共计369.53公顷，其中补植套种266.93公顷，抚育提升46.53公顷，人工造林56.07公顷。截至2014年底，已完成林地清理约133.33公顷，打穴33.33公顷。

【武江区东岗太阳城小学奠基开工】　在芙蓉新城举行东岗太阳城小学动工仪式。2014年9月6日命名揭牌。武江区东岗太阳城小学预计将规划24个教学班，教学设备先进，包括综合馆、学生宿舍、操场、篮球场、排球场、羽毛球场、自然科学园地等。校园建设面积近2万平方米。新校园建设有序推进。东岗太阳城小学的入驻为社区广大业主提供优质的教育资源，同时也提高新城的教育资源覆盖率，提升全区的教育水平。武江区东岗太阳城小学是碧桂园与东岗小学携手联办的小学，直属武江区教育局管理，同时享有东岗小学强大师资资源的支持。这是武江区“教育创强”的又一重大举措。

【西河镇】　位于武江区东北部，总面积63平方千米。全镇总户数6190户，年末户籍人口17127人，其中农业人口10058人。辖红星、向阳、前进、朝阳、塘湾、马屋、下坑、田心、黄塱、什石园、糖寮、山蕉、村头、大村14个村委会。2014年，西河镇财政收入774.71万元，比上年增长34%；农业产值1.03亿元，农村人均纯收入达到16196元，增长10%。耕地面积1048.6公顷，粮食播种面积493.1公顷，粮食产量4928吨。林地面积3800公顷，森林覆盖率23.9%。在远郊村，主要发展特色种养殖业，种植作物水稻、蔬菜、花生等。有下坑、塘湾、黄塱、什石园蔬菜良种和新技术示范基地，养殖产品主要是鱼、猪、家禽；白芒片的优质鱼养殖、黄塱肉猪养殖等，均分别形成相当规模的产业基地。全镇有九年一贯制学校1所，小学4所，幼儿园3所，教学点2个，在校学生3063人；文化站1个。全镇参加农村合作医疗人数12603人，覆盖面67%。土特产有甜玉米。主要旅游景点有田心村张九龄公园。

2014年5月19日，国道323线朝阳段项目拆迁回迁安置房第一批抽签选房仪式在武江区西河镇朝阳村举行，42套近6000平方米的安置房成功分配到户。国道323线朝阳段项目拆迁回迁户将安置于武江北路的城市花园——金城小区。该小区于2011年11月奠基动工，2012年年底封顶，已全面竣工，水、电设施齐全，共有3栋28层主体建筑，有378套住宅房屋，面积120平方米至185平方米不等。该小区设置有大型地下停车场、生活百货商业门店、社区管理用房、体育室、文化室等，绿化率达30%以上，85%的住宅为临江景户，是韶关市首个采用高层电梯洋房作为城市建设及农村征地拆迁安置的小区。

【西联镇】　位于武江区的中部，西联镇总面积69平方千米。辖西联、芙蓉、车头、下胡、赤水、阳山、沐溪、甘棠8个行政村。至2014年年底，户籍总数为5379户，总人口17589人，其中农业人口14282人。2014年，全镇财政收入870万元，比上年增长32%。全年农业产值2294.48万元，农村人均纯收入达到17465元，比上年增长10%。耕地面积458.2公顷。粮食播种面积177.2公顷，粮食产量893吨。林地面积214.6公顷。主要发展产业有养鱼、养猪、养鸡等。全镇有初中1所，小学5所，幼儿园8所，在校学生2688人；有文化站1个。全镇参加农村合作医疗（城镇医疗保险）人数12177人，覆盖面94%。土特产有草莓、葡萄等。主要旅游景点有沐溪水库、芙蓉仙洞、石背窝水库等。

【龙归镇】　位于武江区的中西部，总面积237平方千米。辖续源、山前、奇石、龙归、坳头、冲下、龙安、留村、社主、马渡、寺前、后坪、盘村、凤田、方田共15个村委会和龙归街1个社区居委会，总户数8772户。年末户籍人口38010人，农业人口32641人，外来人口640人。2014年全镇生产总值70856万元，比上年增长10%。镇财政收入1706.01万元，比上年增长36.4%。全年农业产值45327.66万元，农村人均纯收入达到11383元，比上年增长10%。工业产值25528万元。耕地面积2798.8公顷。粮食播种面积3054.5公顷，粮食产量17776吨。林地面积22666.7公顷，森林覆盖率73%。主要经济来源有：种植生姜、淮山、莲藕、兹姑、茶树菇、竹笋，养生猪、鸡、乌龟等。全镇有初中1所，小学1所，幼儿园4所，教学点6个，在校学生3183人；有文化站1个，广播站1个。全镇参加医疗保险人数29640人，覆盖面98.2%。土特产有生姜、淮山、莲藕、兹姑、粉葛、竹笋。主要旅游景点有九归禅寺、三皇石。主产优质稻米、经济作物、蔬菜、优质水果，畜牧和水产业具有一定规模。龙归镇自然资源十分丰富，土地、山林、矿产、水力等资源丰富。工业以小水电、矿产开采与冶炼、金属加工业为主。龙归镇有著名的“九子石”、文武阁、董村寺、三皇石等名胜古迹。

龙归社主安置小区477户棚改户将入住新房　2014年10月29日，根据原曲仁矿棚户区改造工作安排，龙归社主安置小区抽签选房工作在红尾坑居委会开展，有477户棚改户选到新房。龙归社主安置小区是原曲仁矿棚户区改造首期工程安置点之一，该项目规划占地面积约2.77万平方米，共建安置楼18栋，全部为框架六层结构，共484套，总建筑面积4万多平方米。户型分别为两房两厅和三房两厅，房屋面积在65—95平方米之间。其中，符合条件报名选房的有477套。选房采用“四轮三批次二抽签”的操作办法，并请韶关市公证处现场公正，抽签选房过程全程录像。

龙归镇健身广场投入使用　龙归镇健身广场修建完成，并已投入使用，这是武江区2014年承诺为民办十件实事之一。该广场建有篮球场1个、羽毛球场4个、乒乓球台6张、照明灯光柱6个、健身路径1条共16件套，场地总面积约达3000平方米。因场地靠近河边，在河堤上加装长达160米、高为1.2米的护栏，保障村民安全。龙归健身广场的修建，给村民提供锻炼身体的公共场所，为满足和丰富群众体育生活提供基础设施保障。

【重阳镇】　位于武江区西北位置。区域面积82平方千米，辖水口、黄岸、重阳、九联、大夫前、青暖、万侯、妙联8个村民委员会、1个社区居民委员会。总户数3917户，年末户籍总人口19336人，其中农业户籍人口18372人。2014年，全镇生产总值19020.75万元，比上年增长5%。镇财政收入562.7万元，比上年增长13%。城镇居民人均可支配收入10867元，增长8.7%。全年农业产值14316.8万元，农村人均收入达到9337元，比上年增长9.2%。耕地面积1828.08公顷。粮食播种面积811.5公顷，粮食产量5195吨。林地面积5000公顷，森林覆盖率95%。主要经济来源有种西瓜、果树，养猪、牛、羊、鸡、鱼等。全镇有九年一贯制学校1所，幼儿园1所，教学点1个，在校学生956人；有文化站、广播站各1个。全镇参加医疗保险人数12553人，覆盖面69.9%，全年住院和门诊医疗补贴12533人次，310多万元。土特产有西瓜、丝茅姜、笋。矿产资源有铅、锌、砒、钨、钼、铁、锰、铝等有色金属，并有天然温泉及多个地下石涯溶洞。镇内有重阳寨龙头寨、黄泥岭新石器时代遗址，九头寨、水口村秦朝遗址。市级文物保护单位有李子园炮楼、青水塘炮楼，区级不可移动文物保护单位26处。革命遗址有中共南委韶关交通站南岸村旧址、重阳农协会暖水欧屋旧址、西水农村暴动遗址等七处。纪念设施有重阳革命烈士纪念碑。

重阳镇为民修建两座桥梁　2014年，重阳镇修建陀村、大夫前村修建两座桥梁，这两座桥都是在2013年“8·15”洪灾中被冲毁的。陀村桥是连接九联村、大夫前村和乳源县桂头镇的主要通道，大夫前桥则是大夫前村村民出行、上学的重要道路。武江区重阳镇重视这一民生问题，把修桥作为头等大事来抓，筹集资金200多万元，修建陀村桥和大夫前桥，两桥均为长48米、宽5.5米，已在2014年6月通车。重阳镇还抓好防汛工作，在桥的上游修建一条数百米长的防洪河堤，提高新桥的安全性，修复防护堤500多米，疏通河道，修建排洪渠，切实为村民办实事、解难题。

【江湾镇】　位于武江区西南部。总面积213平方千米。总户数1657户，年末户籍人口7344人，农业人口6646人，外来人口150人。辖锅溪、围坪、梁屋、湖洋、胡屋、瑶族6个村委会和江湾社区居委会，下设46个村民小组和6个居民小组。2014年，全镇生产总值23208万元，比上年增长10%。镇财政收入913万元，比上年增长16.5%。城镇居民人均可支配收入30596，增长11.1%。全年农业产值4403万元，农村人均纯收入达到11512元，比上年增长10.1%。工业产值10261万元。耕地面积858.9公顷。粮食播种面积550公顷，粮食产量2942吨。林地面积22667公顷，森林覆盖率95%。主要发展产业有水产、养猪业、无公害蔬菜、柑橘等。全镇有初中1所，小学1所，幼儿园1所，在校学生329人；有文化站、广播站各1个。全镇参加医疗保险人数5400人，覆盖面81.9%；全年住院和门诊医疗补贴160人次，20多万元。土特产有木耳、香菇、山蜜、灵芝。矿产资源有钨矿、硫铁矿、铜矿、铅锌矿、稀土矿、萤石矿等多种矿藏，且有多个天然温泉，水质优良，温度在60摄氏度以上。境内有乳曲边人民联防办事处江湾老街旧址、围坪革命烈士纪念碑、胡屋革命烈士纪念碑等。有区级不可移动文物11处。

江湾镇举行寺前桥建设开工仪式　2014年8月18日，江湾镇围坪村举行寺前桥新建工程开工仪式。寺前桥在2013年“8·15”特大洪灾中被摧毁，严重影响寺前村民生产生活。为解决人民群众切身利益，在落实党的群众路线教育实践活动中，武江区委、区政府将江湾镇寺前桥新建工程列为区政府2014年为民办实事之一。区、镇本着经济适用、方便通行的原则，决定在寺前村与X318线之间江湾河上建一座寺前桥，桥梁全长54.25米，桥面宽4.5米，采用3×16.0装配式钢筋混凝土空心板桥设计，设计荷载为公路—Ⅱ级，总投资114万元。

【新华街道】　位于武江区东部，辖区东起武江桥，西至西郊6千米，南至百旺大桥，北至工业路，以及曲仁红尾坑矿宿舍区。管辖面积为12.04平方千米，辖乳韶、工业西、工业中、芙蓉北、沙洲、金洲、芙蓉东、惠民东、惠民西、五祖路、工业东、武江南、新华南、红尾坑、花城、利民16个社区居委会，总户数45817户，年末户籍总人口为96253人。全街有初中2所，小学5所，幼儿园24所，在校学生9641人；有文化站1个。全街参加医疗保险人数26188人，全年住院和门诊医疗补贴64人次，14.59万元。主要旅游景点有芙蓉山国家矿山公园。2014年，获得市政府颁发的“韶关市计划生育工作先进单位”等荣誉称号。

新华街道社区活动中心竣工启用　新华街道社区活动中心建设是武江区政府2014年十大民生工程之一。该工程于2014年7月4日正式启投入使用。活动中心位于武江区新华街道芙蓉东路178号碧水花城8栋附一层，面积达近1000平方米。该项目建设投入装饰经费60多万元，配备各类设施、设备价值80多万元，共计投入经费140多万元。活动中心设有书画厅、综合活动厅、图书储藏区、阅览区、科普展示区、绿色网吧，藏书量达6000册，能满足居民的阅读需求。绿色网吧可链接韶关学院图书馆、中山大学图书馆数据库，支撑力量可靠、稳定。活动中心具备书画教学、创作、图书借阅、网络畅游、数据检索、科普展示、知识讲座、社区影院、会议、培训等社区各类活动功能。

【惠民街道】　位于武江区东部。辖区东起武江北路，西至建设路（天子岭新村），南起工业大道，北至五里亭大桥西侧与塘湾村毗邻，管辖面积为6.2平方千米。全街总户数28650户，年末户籍人口71037人，外来人口6808人。辖沙湖、沐阳东、冷水坑、侨新、幸福、群康、群立、新华北、黄田坝、武江北、惠民北、新村和东岗岭13个社区居委会。街道有高中1所，初中1所，小学4所，幼儿园16所，在校学生10564人；有文化站1个。参加医疗保险人数20897人，覆盖面98%。2014年获得的荣誉称号有：中国人口计生协会“人口和计划生育基层群众自治示范村居”（惠民街黄田坝社区）、广东省宜居社区（惠民街侨新社区）、韶关市非公有制经济组织党建工作“示范点”、韶关市人口与计划生育先进单位、韶关市妇女之家（惠民街沙湖社区）、韶关市文明社区（惠民街沙湖社区）。（董素梅）

附：领导班子成员名单

中共韶关市武江区委员会

区委书记：王德雄

副书记：黄建华　张　雯（女）

区委常委、纪委书记：曹　锯（女）

区委常委、常务副区长：曾清兰

区委常委：彭　波

区委常委、政法委书记：曾文辉

区委常委、组织部部长：周小明

区委常委、办公室主任：孙理鸣

区委常委、宣传部部长：郑伟平

区委常委、人武部政委：顾　健

韶关市武江区人大常委会

主　任：王德雄

副主任：王　敏（女）　戴兴辉

杨乐华　李学源

陈　雪（女）　王韶林

韶关市武江区人民政府

区　长：黄建华（2014.1—）

常务副区长：曾清兰

副区长、代理区长：

黄建华（—2014.1）

副区长：游加慧

陈岳峰（—2014.5）

黄　真

薛　青（女，—2014.1）

邹有胜

刘拥军（2014.5—）

王敏雯（女，2014.5—）

政协韶关市武江区委员会

主　席：陈坤明

副主席：李松发　何　岚

刘素云（女）　罗元月

谭浩托　吴广英（女）

曲　江　区

【概况】　曲江区地处粤北中部、北江上游，傍依五岭南麓、汇集浈武二水，东临始兴，西至乳源，南接翁源、英德，北毗浈江、武江、仁化。因境内江流回曲，故名曲江。2014年，辖9个镇、1个街道、85个行政村、22个居委会。行政区域面积1620.77平方千米。年末户籍人口31.35万人，常住人口31.19万人。人口自然增长率7.03‰。区政府机关驻马坝镇，距韶关市行政中心15公里，距广州183公里。

曲江历史悠久，是13万年前人类祖先“马坝人”繁衍生息之地，又是“石峡文化”的发祥地，是中华民族的摇篮之一。曲江于汉武帝元鼎六年前111年置县，距今已有2124年的历史。钟灵毓秀的曲江，曾孕育南北朝陈朝开国大将军侯安都、盛唐名将张九龄、北宋名臣余靖等一批历史名人。

地理位置优越，自古有“湘赣粤交通之咽喉”之称，如今是珠三角地区资本扩散和产业转移的连绵区，是泛珠三角经济辐射内地的战略通道。水陆交通便利，京广铁路、京珠高速公路、106国道和北江纵观南北，京珠高速公路在曲江设有沙溪站和韶关南站两个出入口。曲江区政府距韶关武广铁路快线车站12公里。

曲江自然资源丰富，“十五”时期曾经是全国100个水电农村电气化县之一、全国100个重点产煤县之一和全省重点林业县之一。曲江被誉为“黑色金属之乡”和“有色金属之乡”，其中铁矿储量在1亿吨以上、占广东省总储量的1/8，铜矿储量名列全省第一，锑矿储量居全省第二，钨矿的储量居全省第三位。

曲江旅游资源丰富，境内有被誉为佛教“南宗祖庭”的千年古刹南华禅寺，寺内藏有六祖真身、唐代千佛袈裟、北宋木雕罗汉、历代皇帝圣旨等文物；有史前期古人类“马坝人”遗址和“石峡文化”遗址；有返璞归真、山光水色交融的小坑国家森林公园、罗坑国家级自然保护区和沙溪省级自然保护区；有“广东十佳温泉”之一的曹溪温泉假日度假村、枫湾生态温泉度假村、小坑大森林温泉度假村和曲江“经律论文化旅游小镇”等

2014年2月14日，曲江区召开党的群众路线教育实践活动动员部署会（区委组织部　供）

多个休闲度假基地。

曲江工业基础雄厚，境内有韶关钢铁厂、大宝山矿、韶关发电厂等多家省属工业企业，产业相互配套，形成冶金、电力、机械、建材、化工、轻工、食品等门类比较齐全的工业体系。

【经济实力迈上新台阶】 2014年，曲江区实现生产总值157.83亿元，比增11.1%，其中，一、二、三产业增加值分别为15.22亿元、91.43亿元和51.17亿元，分别比增4.4%、13.9%和7.5%，一、二、三产业增加值占国内生产总值的比重分别为8.4%、62.3%和29.3%。完成全社会固定资产投资131亿元，同比增长14.1%。实现财政总收入16.77亿元，同比增长9.85%，其中，地方公共财政预算收入7.53亿元，同比增长15.2%。城乡居民人均收入1.62万元，同比增长7.3%。社会消费品零售总额49.71亿元，同比增长9.5%。接待游客403.29万人次，实现旅游收入24.83亿元。节能减排工作取得实效，万元GDP能耗、化学需氧量和二氧化硫排放量等控制指标完成省、市下达的目标任务，全区经济社会保持平稳较快发展。

【产业发展增添新后劲】 工业经济提速增效，全区完成工业增加值82.42亿元，同比增长14.1%。培育规上企业，全区新增规上企业9家。“两大园区”（即莞韶华南钢铁深加工科技产业园和曲江经济开发区）新征用地293.33公顷，实现工业总产值和工业增加值分别为85亿元和22.72亿元，分别同比增长32%和32.2%，首次超过莞韶产业园本部，居4片区首位。园区一批道路、管网、排污等基础设施开工建设，园区承载能力进一步提升。

项目建设扎实推进 全区共签订招商引资合同37宗，合同投资总额52.99亿元，同比增长21%。与省食品行业协会、制造业协会合作共建专业园区，在上海国际食品博览会成功举办招商推介会，与6个食品企业签订投资协议。广乐高速竣工通车，大森林温泉世界度假村正式营业，韶关发电厂“上大压小”燃煤机组工程（2×600MW）2台机组分别在2014年4月、5月建成并投入运行。台泥（韶关）水泥、大宝山铜硫开发、韶钢技改、大南华等重点项目建设扎实推进。

特色农业持续发展 加强农业品牌建设，全区新获国家地理保护标志产品3个，有机食品认证7个、绿色食品认证4个、无公害农产品认证27个。一批大型农业项目落户曲江区，现代农业示范园区建设取得新成效。

【绿色宜居呈现新气象】 城市建设有序推进 启动实施影剧院周边旧城改造、韶钢生活区环保搬迁和府前中路以南、曲江一小周边、上门村改造、城北新城等一批城市建设项目。建成一批城乡路灯节能减排工程，完成省道248线韶冶至转溪段绿化美化亮化工程。完成城区部分道路、街、巷、桥梁的命名更名工作，更新规范城区主干道交通标志线（牌）设置和道路指示牌，建成城乡候车亭53个。

城乡管理不断加强 打击违法用地和违法建设行为，依法强制拆除马坝镇廻龙塘、东华围等地75宗违法建筑，打击“两违”工作取得新成效。持续开展城区大货车和三轮摩托车专项整治，城区公共秩序逐步好转。实行城区环卫作业市场化运作，加大对城区“五小”“六乱”行业和占道经营现象整治力度。推进“大清洁，乡村美”工程，投资2000多万元建成城镇垃圾中转站12个、村级垃圾收集点1182个，城乡生活垃圾得到妥善收运和处置。

生态环境持续改善 完成新一轮绿化广东大行动年度造林绿化工作任务。开展马坝河、梅花河污染整治，推进沙溪民采遗留矿山重金属污染综合治理工程。完成投资928万元的大塘生活污水处理厂建设。枫湾镇被确定为广东省农村环境综合整治示范镇。

【创新发展释放新活力】 政府机构改革稳步推进 整合区工商局、质监局、安监局，组建区市场监督管理局；整合区农业局、林业局，组建区农业局；组建区食品药品监督管理局，完成与经信、农业、工商、质监等相关部门的职能转移交接；将区城管局由在区住建局挂牌调整为独立设置；将区科技局、知识产权局、地震局职责整合，划入区经信局。启动实施财政预决算公开制度，提升预决算管理水平。创新投融资管理体制，政府融资能力明显提升。执行政府接待和“三公”经费管理规定，“三公”经费支出同比压缩24.39%。

事业单位改革取得实效 撤销整合设置过于分散、规模过小、职责相近、重复设置的事业单位，相应核减职责任务萎缩或有大量空编的事业单位的编制。通过机构撤并整合，全区事业单位压减32.9%，核减事业编制90名。

【民生民利保障更加有力】 2014年，全区民生支出10.15亿元，占公共财政预算支出的72.15%。社会保障和就业支出2.56亿元，比增23.28%。城乡居民社会养老保险实现全覆盖，发放城乡居民养老保险、基本医疗保险和职工社保基本“五险”待遇达2.65亿元，发放各类惠农补贴3600多万元，发放城乡低保、五保资金和贫困残疾人生活津贴、重度残疾人护理费及大病医疗救助3000多万元。投入240万元用于灾毁农田修复建设。投入295万元建造64套保障房。完成“5·17”抗灾复产重建家园工作。

【城乡基础设施日臻完善】 完成第二批名村、示范村创建工作。投入2000多万元完成2012年度1200公顷高标准基本农田建设工程。投资2亿多元实施一批民生水利项目，演山水厂扩建工程稳步推进，18宗农村饮水安全工程加快建设。投资1900多万元的江畔桥建成通车，投资1400多万元完成马鞍山绿道建设项目和马鞍山西侧地质灾害隐患点治理工程。完成国道106

线和省道248线、253线以及县道312线、315线、353线、317线等路段改造工程。连接韶关主城区的东环线二期、新白线、曲江大道和营顶至邓屋公路4条道路前期工作有序推进。投资近1.5亿元的狮岩路、建设北路、环山北路、梅花中路和环城路等城市道路和桥梁工程前期工作已基本完成。

【社会各项事业加快发展】 落实教师待遇保障和农村教师岗位激励政策，启动“全国义务教育发展基本均衡区”创建工作，投资约4500万元在城北动工兴建余靖小学。完成城区医疗资源整合，医疗服务和管理水平明显提升。加大计划生育工作力度，计划生育“翻身仗”取得实效。发展旅游产业，举办一批旅游节庆活动，马坝人遗址成功创建成为国家AAA级旅游景区。全民体育健身活动蓬勃开展，各类运动竞赛获得好成绩。重视扶贫开发工作，新一轮扶贫开发“双到”工作取得实效。“双拥”工作不断加强，连续8次获得省双拥模范县（区）。曲江区被国务院批准列入全国第一批开展供销合作社综合改革试点单位，创建全国白内障无障碍区。通过全国文化先进县、市、区复查和国家二级综合档案馆创建工作考评。

【政府形象提升】 机关干部作风明显转变　落实中央“八项规定”，以党的群众路线教育实践活动为契机，区政府和各职能部门整治“四风”突出问题，群众反映强烈的“四风”问题得到有效解决，政府机关工作作风明显转变。

社会管理创新扎实有效　建成“平安曲江”视频监控系统，启动政法网二期工程建设。重视群众来信来访、网络问政和民声热线工作，开展领导干部接访下访工作，解决群众反映的热点难点问题。打击各类刑事犯罪，加强食品药品监管，从严落实安全生产“一岗双责”制度，群众安全感明显提升。配合完成国家土地出让收支和耕地保护审计工作，规范土地出让收支管理和耕地保护工作。

政府行政效能有效提升　自觉接受区人大及其常委会监督，主动加强与区政协的联系，听取各民主党派、人民团体和各界人士意见。办理区人大代表建议21件，政协提案33件，办复率100%。压减行政审批事项，取消和减少行政审批事项310项，压减52%。推进网上办事大厅建设和镇村网上办事站、便民服务中心建设。推进政务公开和信息公开。贯彻落实党风廉政建设责任制，开展反腐倡廉工作，加大查案办案力度，查处一批案件，政府廉政建设得到加强。

2014年7月1日，曲江区举办建党93周年纪念晚会（曲江区委组织部　供）

【党的建设进一步加强】 完成村（社区）“两委”换届，完成整顿转化软弱涣散党组织38个，基层组织建设稳步推进。贯彻落实干部任用条例，创新干部教育培训和监督管理，干部队伍素质不断提升。严格执行中央“八项规定”，干部作风建设不断优化。推进“转职能、转方式、转作风”工作，执纪监督责任进一步强化。落实党风廉政建设责任制，坚持有案必查、有腐必惩，全年立案查处各类违纪案件76宗78人，其中涉及副科级以上干部12人，通过办案追缴违纪金额500多万元，挽回经济损失2100多万元。

【村（社区）“两委”换届】 2013年12月3日，曲江区启动村、社区“两委”换届选举工作，于2014年1月21日在率先全市完成9个镇的村、社区“两委”换届选举工作，依法依规依程序选举产生新一届村、社区“两委”班子。村（社区）“两委”干部交叉任职和书记主任“一肩挑”比例同比提高1.3和1个百分点，实现市委提出的确保换届的平稳顺利、确保“一肩挑”和“交叉任职”比例达到85%和83%以上、确保“两委”班子实现“一升一降”和整体综合素质提高以及区委提出的零投诉、零上访、零违纪的工作目标，完成市委和区委下达的目标任务。

【2014年广东·韶关曲江（罗坑）首届茶文化节】 5月9日，“2014年广东·韶关曲江（罗坑）首届茶文化节”开幕式在罗坑镇政府举行。当日上午，上千名来自全国各地的嘉宾和当地瑶胞，共同汇聚罗坑，观瑶族歌舞，品罗坑红茶。开幕式上，广东省茶业行业协会副会长、华南农业大学茶学系教授王登良表示，作为茶叶名镇，罗坑镇坐拥罗坑自然保护区林海之巅的千年古茶树群落，采摘于500—1200米高海拔的优质茶叶经过精工“铸造”，

有原始森林特有的芬芳，色红味醇，堪称茶中神奇。罗坑茶文化节从9日持续至11日，其间还举办罗坑风光与茶文化摄影展、茶产业经贸洽谈及订货会、雪花岩创新红茶发布会、“猴采红之约”篝火晚会、客家美食长桌宴、茶艺茶道展示、罗坑茶及罗坑土特产展销会等系列活动。

【曲江撤县设区十周年系列庆祝活动】 2004年8月3日，经国务院批复同意调整韶关市部分行政区划，曲江区正式挂牌成立，撤县设区标志着曲江结束2100多年的县级建制历史，进入一个与粤北区域中心城市——韶关市融为一体的城市化发展历史新时期。2014年7月31日，曲江撤县设区十周年成果摄影展在区文化馆的展览馆进行。此次10周年成果摄影图片展，由领导关怀篇、人文历史篇、自然生态篇、十年硕果篇等四个部分组成，展出的200多幅图片，浓缩曲江撤县设区10年来走过的奋斗历程，展示曲江在改革发展中取得的辉煌成就，描绘充满希望的发展蓝图。曲江区还举办撤县设区10周年文艺演出、征文比赛、“走进曲江、结缘曲江”主题旅游等系列庆祝活动。

【曲江“经律论文化旅游小镇”开园】 10月26日，“经律论文化旅游小镇开园仪式暨翡翠观音圣像瞻礼祈福盛典”在广东韶关曲江区开幕。盛典活动规模空前，包括“观音圣像瞻礼祈福盛典”“经律论文化旅游小镇与禅在人间研讨会”“书法名家艺术笔会”“‘瞻礼祈福’大型原生态歌舞表演”等。宗教界高僧大德、文化艺术界名流、外国驻华使节、新闻媒体及社会各界知名人士近千人出席此项活动。经律论文化旅游小镇位于曲江区小坑镇小坑国家森林公园内，距广州约200公里，景区占地面积约17公顷，内集禅修、温泉、度假、养生为一体，利用既有优质地热温泉资源、优美清凉山景，完整诠释韶关山水自然之美，突出以“禅文化”为特色的核心理念。小镇建筑单体设计主要采用东南亚建筑风格，主要由自在楼、温泉馆、温泉中心、度假酒店、禅宗文化国际交流中心、中青旅国际青年公寓等七大单体建筑，以及祈福广场、云水禅境等组成。小镇还拥有一尊被誉为世界之最的翡翠观音圣像，高5.3米，宽3.8米，厚2.7米，由一整块重逾百吨的翡翠原石雕琢而成，展现中国高超的玉雕水平，堪称盛世宝尊。

【曲江（广东）食品专业园招商推介会】 11月14日，曲江区与广东省食品行业协会联合在2014年中国（上海）国际食品博览会上举行曲江（广东）食品专业园招商推介会，并作为食博会的系列活动之一。国家工信部消费品工业司、中国食品协会、广东省经信委等有关部门领导以及省内外一批食品企业代表、客商近400人参加推介会。韶关市委常委、曲江区委书记黄劲东代表市委、市政府出席推介会并致辞。曲江区有10多家食品生产企业参会，其中娃哈哈、王老吉、康师傅、雪花岩、猴采红、天井红等企业参展产品受到国内外客商的一致青睐。

【余靖小学举行奠基仪式】 11月28日上午，曲江区在城北余靖小学建设工地举行余靖小学奠基仪式。黄劲东、伍海艳、赵玉民、卢春燕、梁文华等市、区领导和区直党政机关、企事业相关单位主要负责人以及区教育局股级以上干部、城区中小学校长参加奠基仪式。奠基仪式上，市委常委、区委书记黄劲东，副区长卢春燕和施工方代表分别作发言。黄劲东在发言中指出，实施余靖小学新建工程，是优化学校布局、推动教育公平、加快义务教育均衡发展，惠及千家万户、造福子孙后代的民心工程，是事关长远发展的千秋伟业，更是建设幸福曲江、和谐曲江的一项重大举措。

按规划，余靖小学将按照《广东省义务教育标准化学校标准》兴建。该校占地30095.66平方米，容纳36个教学班1800名学生。建设内容包括教学楼、实验楼、风雨操场、运动场、校门、绿化等，总建筑面积约24000平方米。

【成功创建省级餐饮服务食品安全示范街】 12月4日，广东省食品药品监督局餐饮监管处处长吴有声率省餐饮服务食品安全示范街考评组一行3人，对曲江南华景区省级餐饮服务食品安全示范街创建工作进行考核验收。考评组采取实地抽查、现场比对的方式，对南华景区餐饮单位经营场所环境卫生、各项管理制度落实、从业人员培训、食品加工布局流程等情况作检查。随后，听取曲江区示范街创建工作汇报。考评组对曲江区在创建南华景区餐饮服务食品安全示范工作给予肯定并指出曲江区创建示范街经验值得推广。

【马坝镇】 马坝镇位于韶关市区南部、曲江区中部，是曲江区政治、经济、文化和信息中心，属省级中心镇，是曲江区人民政府驻地。辖区总面积188.86平方公里，其中耕地面积为1305.13公顷，山林面积966.67公顷。下辖16个村委会、8个社区居委会，总人口16.9万人。2014年，全镇农业增加值完成2.85亿元、工业增加值完成8.16亿元。马坝镇交通发达，京广铁路、京港澳高速公路、韶赣高速公路、国道106线、省道248线、广乐高速公路、北江航道穿境而过。境内的矿产资源主要有石灰岩、煤炭、陶瓷土、石英砂、稀土、温泉等品种，其中已开发的有陶瓷土、曹溪温泉和南华温泉等。盛产水稻、玉米、豆类、蔬菜、水果、水产品等，传统土特产有马坝油黏、南华草菇、莲藕、荸荠等。

【沙溪镇】 沙溪镇位于曲江区东南面，距离曲江区人民政府11公里。辖区总面积210平方公里，其中耕地面积900公顷，其中水田853.33公顷，山林面积16313.3公顷。下辖7个村委会、1个居委会。2014年，全镇实现工农业生产总值16038万元、农业总产值8765万元、农民人均纯收入12678元。沙溪镇交通便利，广韶公路和106国道贯穿全镇，京港澳高速公路从南面穿过并在镇内设有出入口，连接京广铁路的大宝山矿专用铁路贯穿镇境西部，广乐高速公路在境内经过。沙溪镇是市级水资源保护区、市森林生态示范镇。特产有华子山酸笋、沙溪粉，沙溪冬笋和沙溪香菇更是粤北特产，远近闻名。

【乌石镇】 乌石镇位于曲江区南部，镇人民政府驻地距曲江区人民政府15公里。辖区总面积118.6平方公里，其中山林面积7333.33公顷，耕地面积1107.27公顷。下辖6个村委会、2个居委会，总户数7072户，总人口18511人。镇内水陆交通十分便利，京广铁路、广乐高速公路（在建）、省道S253线公路和北江河由北至南贯穿乌石全境，并设有广乐高速乌石互通，镇内设有火车货运站，火车年货物中转量180万吨，拥有年货物吞吐量100万吨的水运码头3个。镇内主要有石灰石、高镁石、白云石等矿产资源，其中石灰石储量8亿多吨。可开发的水利资源约1万千瓦。土特产有西洋菜、红瓜子等。

【樟市镇】 樟市镇地处曲江区西南端，镇人民政府驻地距城区马坝22公里，武广铁路及广乐高速纵贯南北。全镇总面积225.59平方公里，下辖11个村委会、2个居委会，总人口28784人，境内有瑶族村委一个，人口584人。2014年，全镇实现经济总收入9.29亿元，其中，农业总产值7.42亿元，工业总产值4552万元，农民人均纯收入12152元。镇内自然资源丰富，主要有矿产、林业、水力、农业等资源。矿产资源主要有煤、铁、瓷土、铅锌矿等。樟市盛产优质谷、柑橙柚类水果、优质蔬菜及生猪等，是优质谷白马牌马坝油黏米的主要产地，消雪岭柑橙柚已成为粤北著名农产品品牌之一。特色菜肴主要由蒸猪红和黄豆腐。

【罗坑镇】 罗坑镇位于曲江区西南部，镇政府驻地距曲江区人民政府45公里。辖区总面积218平方公里，其中山林面积2.13万公顷，生态公益林1.87万公顷，镇域内林木茂密，有多种国家重点保护的珍稀动植物。下辖5个村委会、1个居委会，共有10533人，有1个瑶族村，瑶族人口1226人。境内有广东省罗坑鳄蜥国家级自然保护区，是目前中国野生鳄蜥分布较集中、数量最多、栖息环境最好的地区。境内最高山岭船底顶海拔1587米，是韶关市区第一高峰，广东省第二高峰。境内矿产有金、银、铝、锡、锌、稀土、温泉等。特产有罗坑茶、冬菇、木耳、蜂蜜、野生灵芝、胡须鸡等。

【白土镇】 白土镇位于曲江区西南部，镇政府驻地距曲江区人民政府8公里。辖区总面积139.05平方公里，其中山林面积106平方公里，林区活立木蓄积量10.21万立方米。下辖11个村委会、1个居委会，全镇总人口约2.5万人。2014年，全镇实现国民生产总值达4.1亿元，农业人均年纯收入达11254元。武广客运专线途经全镇9个村，广乐高速公路在白土镇设有出入口。境内矿产有煤矿、铁矿、稀土、钨矿、河沙、石灰石等。特产有由坪腐竹、河边草菇、龙皇洞沙田柚、竹笋、莲藕、生姜等。

【大塘镇】 大塘镇位于曲江区东北部，镇政府驻地距曲江区人民政府13公里。辖区总面积172.8平方公里，其中耕地2866.67公顷，山地12266.67公顷。下辖15个村委会、1个社区居委会，全镇总人口34990人。2014年，全镇社会总产值达4.16亿元，其中，农业增加值2.76亿元，工业增加值4748万元，第三产业增加值9200万元，农村人均纯收入12021元。镇境与韶关市教育功能区相连，距市区中心11公里，毗邻韶钢集团，韶赣高速公路、赣韶铁路、106国道从北向南贯穿全镇，具有较强的聚集优势、交通优势和区位优势。境内矿产有铀矿、煤矿、铁矿、石灰石等。特产有粉葛、莲藕、火龙果等。

【枫湾镇】 枫湾镇位于韶关市曲江区东北部，距城区马坝34公里。辖区面积196.91平方公里，其中耕地面积1133.33公顷，林地面积1.82万公顷。下辖9个村委、1个居委会，全镇总人口1.8万人。交通便利，镇区西行11公里与106国道连接，韶瑶公路贯穿全镇，乡村干道实现硬底化。枫湾镇山清水秀，环境优美，素有“小桂林”之称。旅游资源丰富，骑马石岩洞、茶园山竹海、高山杜鹃等特色生态景观吸引众多旅游爱好者。特产有茶园山毛竹、白水蜜桃等。

【小坑镇】 小坑镇位于韶关市曲江区东北部。辖区面积164平方公里，其中耕地面积312.53公顷，山林面积1.43万公顷，其中国有林地4000公顷、农村集体林地1万公顷。下辖5个村委会，1个居委会，总户数1833户、常住人口5977人，其中农业人口5076人。S251和S344省道贯通全镇，交通便利。小坑水力资源丰富，有大小溪（河）7条。镇内矿产资源丰富，有广东省内少有的含氡温矿泉，还有萤石矿、钨矿、稀土矿等矿产资源。

【松山街道办】 松山街道办位于韶关市南郊，辖区总面积约10平方公里，下设4个居委会，现有居民12875户，总人口4.5万人，均在马坝镇行政区域范围内（因未启动土地勘测定界工作），且全部为城市居民人口，公共基础设施比较完善，学校、医院、市场、邮电通讯、交通、供电及社区服务设施比较齐全。松山街道办事处是因承接驻区国有企业（宝钢集团广东韶关钢铁有限公司）剥离办社会职能而设立的。为区人民政府派出机构，正科级建制。 （邝　静）

附：领导班子成员名单

中共韶关市曲江区委员会

书　记：黄劲东

副书记：范国文　黄健庭

常　委：伍海艳（女）
杨新军（—2014.4）
罗永东　刘小文　陈来安
朱鹏志（—2014.10）
唐继华
文浩培　文建勇（2014.4—）

韶关市曲江区人大常委会

主　任：黄劲东

副主任：李小平　朱福昭
廖年娇（女）　赵玉民
陈实盟　黄云波

韶关市曲江区人民政府

区　长：范国文

副区长：卢春燕（女）　卜师带
沈建图　钟秋华　陈夏广

政协韶关市曲江区委员会

主　席：杨绍凯

副主席：王锡穗　林　英　释传正
刘求华　钟树梅（女）
梁文华

乐昌市

【概况】　先秦，属百粤之地，秦属南海郡。1949年10月6日，乐昌解放，成立乐昌县人民政府。1950年1月起，属北江专署，1952年11月起，属粤北行政公署，1956年，属韶关专员公署，1957年，韶关地区成立隶属韶关地区。1983年，以市管县，乐昌隶属韶关市。1994年4月28日，国务院批准乐昌撤县设市，为驻韶关市代管的县级市。乐昌市位于广东省北部，北与湖南省宜章县、汝城县交界，是粤、湘、桂、赣四省（区）交汇中心，素有“广东北大门”之称。2014年，辖16个镇，1个街道，2个办事处。土地面积2419.28平方千米。年末，户籍人口51.68万人，常住人口40.89万人。人口自然增长率5.54‰。

乐昌距离韶关市区50公里，距离广州250公里，京广铁路、武广高铁、京港澳高速公路、广乐高速公路、国道107线、省道248线纵贯境内。乐昌境内山高林密，山峦重叠。山地占72%，丘陵占13.5%，盆地平原占14.5%。全市耕地面积1.93万公顷，粮食播种面积2.26万公顷，粮食产量16.81万吨。林地面积17.2万公顷，森林覆盖率72.8%，是广东省重点林业县（市）、林业生态县（市）。乐昌矿产资源丰富，锑和萤石矿储量分别居广东省的第一、第二位，煤炭蕴藏量1.41亿吨。土特产有北乡马蹄、张溪香芋、乐昌佗红、乐昌峡香米、黄圃板栗、梅花猪、禾花鱼及奈李、油桃、水晶梨、黑布朗等优质水果，其中，张溪香芋、北乡马蹄、沿溪山茶获得国家地理标志产品保护认证。乐昌是“中国观赏石之乡”，主要有青花石、墨石、蜡石、彩硅石等。主要旅游景点有金鸡岭、古佛洞天风景名胜区、白水寨生态园、7011旅游区、后洞森林公园、十二渡水生态旅游区、九峰农家乐、龙山温泉、西石岩寺等。

2014年，全市实现地区生产总值103.89亿元，比上年增长6.2%。其中：第一产业增加值20.43亿元，增长4.4%；第二产业增加值35.13亿元，增长4.7%；工业增加值28亿元，增长4.2%；第三产业增加值48.33亿元，增长8.2%；人均地区生产总值25479元，增长5.4%。规模以上工业总产值74.18亿元，增长3.6%。农林牧渔业总产值32.18亿元，增长4.2%。固定资产投资88.37亿元，增长13%。社会消费品零售总额48.77亿元，增长12.1%。外贸进出口额3026万美元，增长15.8%；实际利用外资1710万美元，下降0.6%。地方公共财政预算收入6.06亿元，增长15.1%。城镇居民人均可支配收入18758元，增长8.8%；农村居民人均纯收入10436元，增长9.2%。

【工业经济提质增效】　全市完成工业增加值28亿元，增长4.2%。深入开展“暖企行动”，为华电坪B、东方锆业等重点企业排忧解难。绿地能源等项目顺利推进，昌龙塑料等项目建成投产。市铁矿、市针织厂等企业改制工作有序推进。扶持南方水泥、汇力水泥等企业技改创新。淘汰落后产能企业2家。培育壮大企业规模，全年规下转规上企业8家，全市规上企业达52家。安捷铁路轨枕有限公司入选广东省第三批高成长性中小企业。

【现代农业态势良好】　全年实现农业总产值32.18亿元，增长4.2%；农民人均纯收入10372元，增长12%；农机总动力达21.9万千瓦，增长6.3%。粮食高产创建活动成果丰硕，梅花超级稻亩产882.84公斤，创粤单产最高纪录。完成政策性水稻玉米涉农保险推广工作。新型农业经营主体快速发展，新增农民专业合作社101家、农业龙头企业5家。新农村建设开展，打造2个名村、5个示范村。新一轮扶贫开发“双到”工作成效明显。全年投入帮扶资金1.79亿元，贫困村、贫困户脱贫致富步伐加快。

【第三产业势头强劲】　全年接待游客291.31万人次，旅游收入18.36亿元，分别增长14.1%和12.4%。金融支撑作用日益凸显，全市年末金融机构存款余额121.28亿元，增长8.4%；贷款余额56.74亿元，增长23.1%；全年新增限上企业11家；社会消费品零售总额48.77亿元，增长12.1%。

【招商引资有新成效】　坚持务实招商、理性招商，探索以厂招商、以商招商、产业招商新模式。全年实际到位资金18.21亿元。完成外贸进出口总额3026万美元，增长15.8%，引进合同外资3440万美元，实际利用外资1710万美元。

【城乡基础设施日趋完善】　完成固定资产投资88.37亿元，增长13%。全市34个重点项目完成年度投资49.66亿元，超额完成年度目标任务。广乐高速公路建成通车，实现南北贯通。武广高铁乐昌东站建设进入站场围蔽施工阶段。高标准基本农田建设推进，建成高标准农田4866.67公顷。

【民生保障能力不断加强】 落实就业扶持政策，新增城镇就业4584人，新增农村转移就业6934人，城镇登记失业率2.3%。完成城乡社会救助服务窗口建设，启用医疗救助“一站式”结算服务系统。完成城乡医保一体化建设。启动原坪石矿棚户区一期改造工程，完成农村低收入困难户住房改造490户，建成保障性住房646套。建成7个农村幸福院，市老干部活动中心大楼投入使用。

【社会事业蓬勃发展】 科技创新成果丰硕，获韶关市科技进步奖6项。创建省教育强镇工作推进。成功创建“广东省文明城市”。完成有线数字电视整体转换工作。启动“原中央苏区县”申报工作。启动市人民医院住院大楼改扩建工程，加强乡镇卫生院基础设施建设，落实“单独二孩”政策。建成6个镇级农民体育健身工程。

【广东省省长朱小丹到廊田镇考察】 8月27日，广东省委副书记、省长朱小丹，广东省委副书记马兴瑞率领全省21个地级市的市长，在乐昌市领导的陪同下到廊田镇白山村委会参观省扶贫开发“双到”考察点。东莞驻韶关扶贫工作组组长、韶关市委副秘书长李惠明，乐昌市委书记李维员等市领导及廊田镇党委书记朱长林参加活动。

【广乐高速公路建成通车】 9月27日，广乐高速公路建成通车，这是乐昌境内第二条高速公路，解决乐昌城区无高速公路的问题。设有乐昌、梅花北、坪石西的等3个出入站。韶关至乐昌50.3公里，乐昌至坪石51.8公里，使乐昌到广州的距离，由原来的4个小时，缩短为2个小时；乐昌到湖南的距离，也由原来的2个小时，缩短为40分钟。对乐昌的地理位置，对乐昌的经济发展，有改善和促进作用。

【澳门特别行政区全国人大代表到乐昌视察】 6月4日，以全国人大常委会委员、澳门特别行政区立法会主席贺一诚为团长的澳门特别行政区全国人大代表视察团，在全国人大常委会办公厅联络局局长张朴、中央政府驻澳门联络办秘书长崔国潮，以及广东省、韶关市和乐昌市有关领导的陪同下，到乐昌市沙坪镇和云岩镇调研石漠化综合治理、农村饮水及蔬菜发展情况。视察团对云岩镇发展特色蔬菜经济模式给予好评，并对沙坪镇在解决饮水问题及石漠化综合治理方面取得的成绩给予肯定，表示将沙坪的问题和困难带给有关部门，促进问题的彻底解决。

【乐昌产业园一日签约两大项目】 6月4日，乐昌市产业转移工业园举行签约仪式，深圳聚鑫旅游用品有限公司和广州中援盾环保科技有限公司正式入园。深圳市聚鑫旅游用品有限公司是一家集产品开发、生产和销售为一体的大型民营企业，经过17年的产品开发和市场运作，已拥有户外用品、腰带织带、纱线三大产业，营销网络覆盖中国、美国、加拿大等30多个国家和地区。此次签约计划投资6亿元，将其扩建项目转移至乐昌产业园。建成后年产值2亿元，年创税700万元以上。广州中援盾环保科技有限公司是国家民政部紧急救援促进中心深圳分中心理事单位。此次签约计划投资1.6亿元，在乐昌产业园建设废弃物处理、提炼回收为主的集资源综合利用、循环经济为一体的节能环保产业项目。项目建成后年产值4.9亿元，年创税1000万元以上。

【杨伟时视察薛岳故居】 4月24日至25日，省文化厅副厅长杨伟时、省文物局局长龙家有在乐昌市有关领导陪同下，到乐昌视察薛岳故居维修工作。抗日名将薛岳故居包括薛氏家祠、薛岳家居、伯陵堂，分别位于乐昌市九峰镇小坪石村和乐城西石岩寺旁两地六处，均由薛岳出资兴建。2011年2月，薛岳故居被省文化厅列为第六批文物保护单位。2013年，薛岳故居启动维修工程，整个工程计划分四期进行。杨伟时一行先后到薛岳家居、伯陵堂等地，仔细询问施工进度及建筑构件的保护情况，对维修情况进行全面了解，并要求各有关部门要把修缮工程做实做好，在修缮过程中，要按照不改变文物原状的修缮原则进行，尽可能真实完整地保存建筑的历史风

图为薛岳故居（邓培雄　摄）

貌和建筑特色，保留有价值的历史信息。

【乐城街道办事处】 是乐昌市政府于2003年7月28日撤销原乐城、河南两镇合并成立的乐昌市第一个街道办事处，位于乐昌市区，是乐昌市人民政府所在地，是乐昌市政治、经济、文化中心，辖有11个居民委员会、1个生活管理区、16个村民委员会，167个自然村。所辖范围东与廊田镇相邻，南与长来镇相连，西与乳源县交界，北与北乡镇相接，地理位置十分优越。全街道建城区面积12.2平方公里，总面积187.78平方公里，耕地面积1400公顷，山林面积15000公顷，总人口18万人，驻城机关、企事业单位200多个。2014年，乐城街道农业总产值为28616万元，工业总产值为3509万元。

【长来镇】 位于乐昌市南面，东邻廊田镇，南与乳源瑶族自治县桂头镇交界，西、北与乐城办事处接壤，距县城7公里，属粤北山区丘陵平原地带，处乐昌盆地南部，全镇总面积116.5平方公里，其中山岭6000公顷，耕地1493公顷（水田1133公顷）。全镇下辖12个村委会，70个村民小组，总户数5893户，总人口23571人。全镇现有中心小学1所，有前溪和和村2个分教点，中心幼儿园1所，民办幼儿园2所，中学1间，小学教职工109人，小学生1557人，中学教职工76人，中学生545人。2014年，该镇工农业总产值44376万元，财政总收入1193万元，农村经济总收入42844万元，农民人均收入10262元。该镇有粤佳生态猪场、意和水泥厂、功利水泥厂等民营企业38家。特产有前溪村香芋、大棚西瓜、草莓、无公害蔬菜、安口“松子鸡”“松子鸡”鸡蛋、灵口地膜西瓜、和村无公害蔬菜、鸡蛋糍粑等。

【北乡镇】 位于乐城北面，全镇总面积93.6平方公里，其中山岭面积7266.67公顷，水田面积1113.33公顷。下辖8个行政村（其中1个瑶族村），85个自然村，现有农户4569户，15382人，其中瑶族592人。东、西、北三面都是山脉，中部和南部属乐昌盆地，土地肥沃，雨量适中，光照时间长，是以农业为主的镇。2014年，全镇农业生产总值32691万元，农村工业总产值4084万元，农村人均收入10944元。2014年，全镇累计生产经营单位（工矿企业、个体工商户、农民专业合作社等）187家。辖区内景点有：灵君仙庙、聚贤农庄、水牛坳水库。地方特产有北乡腊味、马蹄，北乡素有“马蹄之乡”美称，马蹄已成为北乡具有一定生产规模农业主导项目，是北乡镇特色农业产业，也是农村经济支柱产业，占农民总收入70%。2009年5月，北乡马蹄被国家评定原产地理标志保护产品，2011年3月获得绿色食品认证。

【廊田镇】 位于乐昌市东部，距市区13公里，省道S345线和S247线贯穿全镇，与仁化县、浈江区、乐昌市乐城街道、五山镇、长来镇、北乡镇等毗邻，素有“粤北粮仓”之美称，是粤北地区2省2县7镇的农产品流通集散地。全镇总面积147平方公里，林地面积约10000公顷，耕地面积2338公顷。辖17个建制村和1个社区，196个村民小组，共169个自然村，9490户家庭，合计35373人。2014年，完成一般财政预算收入1686万元，农民人均纯收入10719元。廊田镇有九年一贯制学校1所，教学点7个，幼儿园3所（公办乡镇中心幼儿园1所，民办幼儿园2所），成人文化技术学校1所，现有中小学生3175人。廊田镇境内生态旅游资源丰富，拥有龙王潭、灵君仙、灵金仙、龙山旅游度假村、白水寨、东洛水库等自然生态景区。地方特产有廊田大米、奈李、鹦嘴桃、水蜜桃、砂糖橘、蜜橘等。

【五山镇】 位于乐昌市东北部，东部与仁化县红山镇交界，南部与廊田镇相邻，西部与九峰、北乡镇连接，北部与湖南省汝城县毗邻，全镇平均海拔380米，省道247线南北贯通，距乐昌市区33公里。镇辖区面积186平方公里，耕地635公顷（水田514.7公顷），林业用地15989.2公顷，其中生态公益林13515.9公顷，森林覆盖率90%，是以林业为主的镇，属乐昌四大林区之一。镇政府下辖11个村委会，共128个村小组，人口19937人，沙田村的长老坑和赤水村散居着瑶族人口。全镇通电、通邮、通水泥路，有镇通建制村水泥公路105.8公里。全镇有中心学校1所，镇级幼儿园1所，村教学点4个。农村合作医疗覆盖全镇，现有镇级卫生院1个，村级卫生站13个。五山镇沙田村龙王潭、大乐村白水寨、石下村梯田是乐昌市乃至粤北地区的生态旅游休闲景点。五山辖区矿产资源丰富，主要有萤石矿、钨矿、石英矿、稀土矿、钾长石矿等，其中小山萤石矿贮量在广东省名列前茅。五山毛竹资源丰富，毛竹经济已构成五山农村稳定的经济收入来源，是五山支柱产业。地方特产有茶叶、冬菇、生姜、竹笋。2014年，五山镇农业与农村工作呈良好的发展态势，全镇农村经济总收入2.76亿元，农村居民人均纯收入10518元。

【九峰镇】 位于乐昌市中部，是林区中心镇，距乐昌市区31公里，省道248线贯穿于此。东北面与湖南省宜章县、汝城县交界，西与两江镇毗邻，南与北乡、大源两镇相连。境内群峰叠嶂，已有五指、向日、马蹄、青云、紫微、云祖、太乙、羊角、三星九座山峰而得名。全镇辖12个建制村和1个社区，171个自然村，总人口22110人，总面积192平方公里，其中耕地2644公顷，林地面积15868公顷，森林覆盖率83%。九峰素有“粤北水果之乡”之称，被广东省人民政府评为水果专业镇，主要以种果、种树为主，种菜、养殖相结合，多种经营，全面发展经济。2014年，全镇种植柰李1670公顷、桃子600公顷、柑橘1670公顷、水晶梨260公顷、其他杂果100

公顷，种植反季节蔬菜100公顷，形成“山上种树、山腰种果、山下种菜”的立体农业格局。2014年，全镇完成地区生产总值2.9亿元，其中农业总产值2.1亿元，工业总产值5000万元，第三产业总产值2800万元。九峰山歌《啦打》被列入省级非物质文化遗产保护项目，境内的景点有抗日名将薛岳故居（广东省文化厅第六批文物保护单位）、九峰杨东山十二渡水生态自然保护区等。九峰利用环境优美、风景秀丽、花果连片的生态自然优势，发展第三产业，吸引省内外及港澳地区众多游客游览观光，形成“春赏花、夏秋摘果、冬戏雪”的旅游格局。

【两江镇】 位于乐昌市中部，东与九峰镇相邻，南与大源镇交界，西与庆云镇接壤，北与白石镇相接。交通便利，通讯发达，S248线、Y691线横贯全镇。村村实现“四通”（通车、通电、通电话、通电视），农业服务信息网络化，移动通讯覆盖全镇。全镇总面积133.91平方公里，其中耕地面积781公顷、林地面积12000公顷，是乐昌四大林区之一。下辖7个村委会，101个村小组，总户数5861户，14142人。2014年，全镇农村经济总收入1.87亿元，农业生产总值19989万元，农民人均纯收入10586元。两江镇具有丰富的森林水利资源，山川和河流积域面积广，为兴建小水电站形成天然的有利条件，素有“粤北小水电之乡”的美称。建制以来，两江镇共兴建23座小水电站，总装机容量20975千瓦时。两江镇以集体林权制度改革工作为契机，以特有的山地优势，打造以“赏花、摘果、游山、玩水”为主线的生态休闲旅游路线，创建“生态、和谐、宜居”新两江，提高生态品质，发展具有山区特色的生态、休闲的“农家乐”项目，为打造观光、休闲的生态旅游业奠定基础，2014年仅“桃花节”期间，两江镇共接待旅客约2300人次，带动的休闲农业收入约25万元。

【大源镇】 位于乐昌市中部，东与北乡、九峰、两江三镇相连，南与乐城街道办事处毗邻，西与梅花镇交界，北与坪石、庆云两镇接壤，武江河、京广铁路、广乐高速公路贯穿境内。全镇总面积282.2平方公里，辖9个村委会，1个林场，共有78个村小组，352个自然村。大源镇自然资源条件优越，是广东省重点林区之一，是乐昌市最大的林业镇，盛产杉木和其他用材林木。全镇有林面积2.8万公顷，耕地面积453公顷，土质深厚松软肥沃，有机质含量高，雨量充沛，适宜种植亚热带、温带作物。境内气候温和，山高林密，群峰重叠。群众以耕山营林为主，同时种植水稻、茶叶、水果等作物。主要土特产有茶叶、蜂蜜等。大源镇矿产资源丰富，有钨矿、铁矿、萤石矿等重金属矿产。大源镇内有设施完备的小学，卫生院和科技文化中心、公安、交通、供电、电信等职能部门。境内有“燕子岩”溶洞、“大瑶山隧道”、“乐昌峡”库区，以及大源群峰重叠、山高谷深的山、水、洞谐和秀色，还有湖洞革命老区的光荣事迹与江南果茶蜂蜜生产基地，是观光休闲旅游的好地方。2014年，大源镇以生态林业促进林业良性循环发展，以发展特色农业增加农民收入，全镇经济和社会各项事业取得快速发展。全镇国民生产总值2.27亿元，农村人均收入11287元。

【坪石镇】 位于广东省北部、岭南山脉的南麓、武江的上游，北与湖南相邻，是乐昌市北部地区的经济、文化、金融中心，同时也是一个旅游城镇。历史上曾被誉为广东八大重镇之一，素有“广东北大门、岭南第一镇”之称，境内有著名的AAA旅游风景名胜区金鸡岭。全镇土地总面积267.6平方公里，其中城区面积7.4平方公里。全镇辖25个村委会，4个居委会。2014年，全镇总人口12.7万人，其中常住人口10.9万人，日均流动人口上万人。坪石镇地处交通要道，是广东北部的重要交通枢纽，京珠高速公路、广乐高速公路、107国道、省道248、249线在镇内交汇，京广铁路自北向南纵贯全镇，镇内有3个火车站，其中坪石火车站年客流量达306万多人（次），货物周转量达142.3万吨。坪石镇内拥有完全小学5间，初级中学3间，普通高中1间，高质量幼儿园8所，建有2所中心幼儿园，医院2间，4家银行共5个网点，镇内建有省际商贸市场和6个农贸市场。2014年，全镇GDP实现35.1亿元，镇财政收入2689万元，城镇居民人均收入18526元，农民人均纯收入10587元。

【三溪镇】 地处乐昌市西北部，东西北三面与湖南省的宜章县交界，南面与坪石镇接壤。距离坪石火车站37公里，距离乐昌市130公里。该镇地貌属丘陵盆地，红色砂页岩风化强，形成“海星”状的丘陵。武江河在三溪境内沿着“海星”状丘陵弯曲迂回，河道呈“之”字形，长达25公里，从三溪墟后山山顶向东北方向俯视，酷似三条溪水流经境内而得名。三溪镇自然资源条件丰富，全镇总面积113.3平方公里，山林面积近6000公顷，耕地面积597.73公顷，森林覆盖率达72.8%。水力资源丰富，建有水电站2座，装机容量共1890千瓦，发电量500万千瓦时。锰、煤矿产资源蕴藏量高，土质深厚肥沃，保水性能好，有机质含量丰富，境内水利设施条件好，安装农用水泵121台，全镇80%的水田可旱涝保收。下辖8个村委会，92个自然村，农业总人口12405人，是个以农业为主的镇。三溪镇有中心学校1所，幼儿园1所，村小学1所，教师队伍有62人，在校生570名。

【梅花镇】 地处乐昌市西北部，境内交通发达，省道1947线、坪乳公路、京港海岸高速、即将开通的乐梅公路及广乐高速公路贯穿境内，是“梅寮四地”政治、经济、文化中心。全镇共辖17个行政村，1个居民委员会，至2014年，户籍人口56666人。全镇总面积197.77平方公里，耕地面积

1853.3公顷。2014年，实现工农业总产值4.2亿元，其中工业总产值为1.05亿元，农业总产值为3.15亿元；农村人均收入达8400元。镇内旅游资源丰富，有著名的黄巢石，莲花潭，与丹霞地貌相似的铁罗岭姐妹石、万古金城，以及九仙杯，仙人岩等古迹，有具有市级文物保护单位的韩泷祠；有分别坐落于镇坪溪村、大坪村的金山温泉、大坪温泉，有品尝梅花特产——梅花猪、子姜辣椒等的农家乐，有“红色革命老区”的大坪村委和“游击革命老区”的流山、大富村委，“韶关市爱国主义教育基地”红七军革命烈士纪念园等“红色旅游”景点。地方特产有梅花猪、子姜辣椒、黄烟、无公害绿色蔬菜（青瓜、茄子、辣椒、西兰花等）、紫心薯、香花梨（沙梨）等。

【秀水镇】 秀水镇位于乐昌市西北部，西部与湖南省宜章县关溪乡、栗源镇相邻，北部、东部、南部分别与梅花、云岩、沙坪接壤，为典型石灰岩地区，矿产资源贮量丰富，主要有烟煤、白煤、萤石矿等。全镇总面积54.42平方公里，共有耕地628.7公顷，其中水田355.2公顷，旱地273.5公顷。镇政府下辖10个村委会，77个自然村，总人口1.87万人。2014年，全镇工农业总产值22976万元，其中农业产值14956万元，工业产值8020万元。2014年，秀水镇成功开展农业试验、示范工作，种植太子参约3.3公顷，油茶约73.3公顷，光皮树约7.73公顷。地方特产有鹰嘴桃、黑布朗、玫瑰皇后、水晶梨、油桃等。

【沙坪镇】 位于乐昌市西南部，东、南两面与乳源县交界，西面与湖南省的宜章县关溪乡、白沙乡毗邻，背北连接秀水、云岩镇，到乐昌市区公路里程约60公里。全镇总面积146平方公里，辖区有雷家窝、沙坪、马子坪、关山、山坪、柘洞、茶园7个村委会和1个八宝山林场，86个自然村，146个村小组。总人口20830人，其中党员471人。全镇耕地面积965.3公顷，其中望天水田73.3公顷，其余为石花地。沙坪镇属石灰岩地貌，有“七分石头三分土，食水用水贵如油”之称，自然条件极为恶劣，2008年被列为石漠化综合治理镇。沙坪镇天气属于亚热带季风气候，其特点是气候温暖，春秋过度快，雨热同季，雨量充沛。年降水量1200毫米，四季分明。2014年，沙坪镇农业生产总值1.97亿元，农村工业总产值2217万元，农村经济总收入20460万元，固定资产投资6215万元，全镇财政一般预算收入536万元。村集体经济总收入91万元，平均达13万元，年末农村存款11140万元，农村人均收入8798元。

【云岩镇】 地处乐昌市西南部，距乐昌市区50公里，东南部与乳源瑶族自治县大桥镇交界，西南部与沙坪镇相连，西接秀水镇，北部与梅花镇接壤。云岩镇是典型的石灰岩高寒山区，属亚热带湿润性气候，平均海拔680米，东部、南部最高海拔850米，西南、北部的平均海拔为400米，昼夜温差大，年平均气温16.4℃。京港澳（G4）高速公路和省道坪乳公路（S249）及县道X357线经过境内。全镇辖9个行政村，总人口1.6万人，总面积66平方公里，其中耕地面积680公顷。境内富有钨、锡、砷、铁、煤、石灰石等矿产资源，农村经济收入主要靠外出务工和传统种养业，农业种植以水稻、黄烟、辣椒、玉米、青瓜、茄子为主，云岩特产如雪莲果、红衣花生、紫心红薯、黑美人西瓜等正在逐年扩大种植规模。近年来，云岩镇实施农业产业结构调整和打造特色农业，促进农民增收，农业农村稳步发展。2014年，全镇财政收入766.5万元，实现农村经济总收入16491万元，农民人均纯收入9724元。

【黄圃镇】 位于乐昌市北部，距乐昌市区97公里，东与白石镇相连，南邻庆云镇，西、北两面与湖南省宜章县的赤石乡、杨梅山镇两个乡镇交接，距京珠高速坪石出口27公里。黄圃镇地属盆地丘陵，土壤由红色砂页岩石风化而成，呈红色或紫红色，表土容易流失，山脊土壤浅薄。全镇总面积79.97平方公里，其中耕地面积800公顷、林地面积4800公顷。镇政府下辖10个行政村、1个居委会。镇总人口1.8万余人，以发展第一产业农村经济为主。2014年，全镇实现地区生产总值2.42亿元；镇财政总收入758万元，农民人均纯收入10219元。黄圃镇旅游资源非常丰富，有东村碧水洞、应山村的“四古”即古村、古桥、古庙、古亭及黄圃“三白虎”即白虎嶂（又称白虎岭）、白虎砦和白虎仙，其中白虎砦石墙建于唐朝末期，距今有1000多年的历史。地方特产有黄烟、板栗西瓜、香（蜜）瓜、金银花、水晶梨、油茶等。

【庆云镇】 地处粤北山区，狮子山下，属石灰岩乡镇。庆云镇总面积为90.24平方公里，人口1.26万，辖土佳寮、五里冲、下黄、永乐、金坪、袄田、广田、湾雷8个村委会，106个自然村，全镇地势东高西低，地貌以石灰岩见多。武广客运专线、省道S248从境内穿越，镇村公路全部水泥硬化，交通便利。全镇以农业为主，林业为辅，锑矿为补。庆云镇种植出的油茶、香瓜、西瓜等水果香甜可口、回味无穷；庆云镇出产的高山云雾绿茶于1998年获广东省农博会食品奖，2009年获广东省无公害绿色食品奖；庆云镇生产的锑矿，含矿量高，矿质纯，远销日本及东南亚；庆云镇“华航丝苗”优质稻，是产量高、口感好、品质优、抗病性强的“生态米”。庆云镇内旅游资源丰富，“蔚岭关”于1987年被列为广东省市县级文物保护单位，“李氏贞节牌坊”1987年被列入广东省市县级第二批文物保护单位、“凑云仙”相传为李闯王及其军师宋献策隐居地，“为公石”“宜乐古道”“云梯”七大古迹、古址远近闻名，吸引着众多游客前来参观，户昌山古村被评为“广东省第三批古村落”。庆云镇有中学1所，中心小学1所，村小4所，幼儿园2所，教师队伍有120余人，镇文化中心1处。2014年全镇财政收入864.9万元，农民人均纯收入9695元。

【白石镇】 地处广东省最北端，位于南岭山脉以南，距乐昌市区约69公里。东邻两江镇，南连庆云镇，西接黄圃镇，北与湖南省宜章县的赤石乡、里田乡、汝城县的文明乡交界。镇辖区总面积79.3平方公里，耕地面积1292公顷。全镇辖9个行政村，90个村民小组，总人口16574人。全镇平均海拔高度580米，属亚热带湿润性气候。境内交通便捷，有白石至黄圃、白石至里田、白石至两江3条公路，所有行政村和自然村全部完成路面水泥硬化，形成1小时至坪石上高速、走铁路，20分钟至湖南里田上厦蓉高速的现代交通网络。农村经济收入靠外出务工、种植黄烟、辣椒、板栗、水晶梨为主，是乐昌传统烟区。白石特产有板栗、水晶梨、紫心红薯等。全镇有中心学校一所，成人职业教育学校一所，幼儿园一所。在校学生1199人，在校教职工92人。白石著名的旅游点有铜鼓岩、云祖仙等。

【坪石办事处】 坪石办事处全称乐昌市人民政府坪石办事处，为乐昌市人民政府派出机构，是省属企业原坪石矿务局破产关停后，为使矿区各项社会职能实行属地管理而设立，于2004年9月挂牌运作，行政级别为正科级。坪石办事处地处乐昌西北，辖区分别与乐昌坪石镇、梅花镇、秀水镇接壤，总面积约10平方公里。办事处机关驻地位于乐昌坪石镇坪南路1号，内设有党政办公室、经济发展办公室、社会事务办公室、计划生育办公室和维护稳定及社会治安综合治理办公室。附设原企业离退休人员管理分中心、便民服务中心和城镇居民医疗保险办公室、城镇居民社会养老保险办公室。办事处下辖南岭居民区、关春居民区、八字岭居民区、河西居民区、新村居民区，人口约1.2万。区内驻有乐昌市三益水泥股份有限公司、乐昌市南岭水泥厂等多家民营企业；还有广东省煤炭工业总公司坪石留守处、乐昌市关春中学、乐昌市坪石镇卫生院等省、市企事业单位。

【梅田办事处】 梅田办事处机关驻地位于乐昌市坪石镇群众路97号，是乐昌市人民政府派出机构，管辖坪石河西生活区，是省属企业原梅田矿务局于2000年关闭破产后，从湖南宜章、临武返迁广东境内，经省、韶关、乐昌各级政府批准设置的正科级派出机构。梅田办事处内设机构有党政办公室、经济发展办公室、社会事务办公室、计划生育办公室、维护稳定及社会治安综合治理办公室。附设机构有原企业离退休人员管理分中心、城镇居民医疗保险办公室、城镇居民社会养老保险办公室。梅田办事处下设5个居民区：坪东、坪西、坪北、坪中、坪梅居民区，其中坪梅居民区主要管辖具有本市户籍的异地居住人员。辖区总户数7513户、总人口19433人。

（钟　明　张春玲）

附：领导班子成员名单

中共乐昌市委员会

书　记：李维员（—2014.9）
陈向新（2014.9—）

副书记：罗海俊（女）（—2014.12）
陈洁平
陈宏宇（2014.12—）

市委常委、纪委书记：
莫剑锋（—2014.9）
刘　峰（2014.9—）

市委常委、常务副市长：李华伟

市委常委、宣传部部长：华健生

市委常委、武装部部长：张建国

市委常委、政法委书记：邓伟荣

市委常委、组织部部长：
邹福英（女）（—2014.9）
陈继平（2014.9—）

市委常委：叶惠明（挂职）

市委常委、坪石镇党委书记：
欧阳晓冬（—2014.5）

市委常委、市委办公室主任：
黎海华（—2014.9）
宋在军（2014.9—）

乐昌市人大常委会

主　任：李维员（—2014.9）

副主任：沈家华　肖同义
周素岚（女）　杨剑云（女）
孔少川　许新华

乐昌市人民政府

市　长：罗海俊（女）（—2014.9）

副市长：陈宏宇（代市长、2014.9—）
李华伟　肖　景　邱才郁
邓洪炜　邓少华　张盛福

政协乐昌市委员会

主　席：陈志刚

副主席：邓细优　黎跃飞　周越成
朱作华　朱兰高
钟　祥（—2014.5）
陈建明

南　雄　市

【概况】 南雄市地处广东省东北部、大庾岭南麓。南雄设县制始于唐光宅元年（684年），取名为浈昌县。北宋开宝四年（971年）改为南雄州，“南雄”之名由此始。民国始（1912年）废州置县为南雄县，1996年6月撤县设市（县级），由韶关市代管。2010年10月1日起，为广东省第一批财政省直管县之一。2014年，辖17个镇1个街道办事处。土地面积2326.18平方千米，年末户籍人口47.89万人，常住人口32.77万人，人口自然增长率7.4‰。

南雄是古代中原与岭南交往的重要通道，史称“居五岭之首，为江广之冲”“枕楚跨粤，为南北咽喉”，历来为兵家必争之地。是古代岭南政治、经济、文化的重要郡都，是粤赣边境的商贸重镇，古有“岭南第一州”之称。是珠三角地区居民的“七百年前桑梓”“广府文化”的发祥地。

南雄有光荣而悠久革命斗争历史，是广东省重点革命老区县之一，是中国工农红军长征经过地。孙中山两次北伐，均以南雄为前哨。土地革命时期，1927年12月成立中共南雄县委，1928年2月全县农民武装暴动，建立南雄县苏维埃政府，南雄属中央苏区县之一，1932年7月，毛泽东与朱德在南雄水口指挥水口战役。中央红军长征后，项英、陈毅等以南雄油山为中心，坚持艰苦卓绝的三年游击战争。抗日战争时期，中共广东省委机关曾驻南雄黎口瑶坑。解放战争时期，南雄是中共五岭地委驻地和粤赣湘边区解放总队所在地。南雄有耕地总资源4.34万公顷，粮食播种面积3.59万公顷，粮食产量21.21万吨。林地面积15.33万公顷，森林覆盖率65.97%，林木蓄积量870万立方米。主要农作物有水稻、烟草、花生、大豆。主要特产有黄烟、银杏（白果）、板鸭、香菇、冬笋、金友米、腐竹等。主要矿产资源有钨矿、铀矿、稀土矿、萤矿、石灰石、花岗石等。主要河流有浈江、凌江。

主要旅游景点有梅关古道、珠玑古巷、三影古塔、古生物恐龙化石群、钟鼓岩、青嶂山、孔江湿地公园、莲开净寺、大雄禅寺、苍石寨、帽子峰森林公园、坪田古银杏群落以及省级古村落等。有张九龄、苏东坡、陈毅等名人遗迹。南雄是全国“国际型优质烤烟生产基地”，是中国黄烟之乡、中国银杏之乡、中国恐龙之乡、中国特色竹乡、国家可持续发展实验区、中央苏区县。

2014年，南雄市被授予“中国姓氏文化名都”称号。南雄市黎灿学校被授予“全国教育系统先进集体”称号。

【经济社会发展状况】 2014年，南雄市生产总值113.4亿元，比上年增长11.3%。其中；第一产业增加值为24.3亿元，增长4.2%；第二产业增加值为43.6亿元，增长15.2%；工业增加值34.84亿元，增长18.8%；第三产业增加值为45.5亿元，增长11.3%。人均地区生产总值34688元，增长11.7%。规模以上工业总产值120.48亿元，增长26.8%。农林牧渔业总产值39.43亿元，增长4%。固定资产投资91.84亿元，增长17.3%。社会消费品零售总额39.7亿元，增长11.6%。外贸出口总额3949万美元，增长3%。实际利用外资2465万美元，增长12.1%。地方公共财政预算收入5.58亿元，增长17.3%。城镇居民人均可支配收入18630元，增长9.5%。农村居民人均可支配收入10015.1元，增长10.2%。

9月30日，途经南雄市的赣韶铁路开通运营，图为南雄站正门远景（南雄市史志办　供）

【南雄通火车】 9月30日，途经南雄赣韶铁路开通运营，赣韶铁路东起江西赣州南康站，西至韶关东站，全长179公里，设计时速为160公里，为单线、电气化、国家Ⅰ级客货运共线铁路，该项目2009年8月动工。其中经过南雄段35公里，途经珠玑、雄州、全安、古市4个镇（街道）。赣韶铁路南雄火车站距市区约2公里左右，南雄火车站可容纳旅客约600人，总建筑面积16130平方米。南雄通火车开创南雄铁路新纪元，改善交通环境，对南雄经济发展将产生巨大拉动作用。

【黎灿学校被评为全国教育系统先进集体】 9月9日，人力资源社会保障部、教育部授予南雄市黎灿学校“全国教育系统先进集体”荣誉称号。黎灿学校是由香港热心人士黎灿先生个人捐资490多万元，由南雄市委、市政府及社会各界投资1500万元兴建。学校于1999年9月1日启用，已初具现代化教育规模。广东省一级学校。校园面积5万平方米，建筑总面积1.4万平方米，学校有48个教学班，在校学生2700余人，拥有一支119多人较高素质教师队伍。学校建有40个教学室、4个运动场、1个教学园，各类功能室齐全，设备完善，各教室全部安装多媒体投影仪或电子白板。近5年来，教师参加县市级以上各类学科竞赛获奖298个，教师有83人次荣获市县级以上“优秀教师”荣誉称号。学校组建篮球、乒乓球、田径、跆拳道、舞蹈、小提琴、象棋等20多个兴趣小组。学校所获集体荣誉达90多个，师生在县市级以上各类竞赛中获奖超过600余人次。先后培养校长5名、省骨干教师5名、县学科带头人18名、省名班主任1名、韶关市名校长1名。学校打造现代化新型校园、构建现代化科研模式、推进现代化育人工程、营造特色发展共同体，成为粤北山区教育一张名片。

【举办首届姓氏文化旅游节】 传承中华姓氏文化，打造寻根旅游品牌。11月28日，南雄首届姓氏文化旅游节在广府人发祥地——广东南雄市珠玑古巷开幕。现场3000多名来自海内外、珠三角等地珠玑后裔共享“吾家珠玑”这一独具地方特色文化盛宴。开幕仪式，中国营销协会授予南雄“中国姓氏文化名都”殊荣，举行授牌仪式。参加首届姓氏文化旅游节活动嘉宾观看大型采茶歌舞情景剧《风雨珠玑情》和姓氏节主题歌《美丽南雄我的家》大合唱表演。“古巷悠悠广府源，驿道长长历史远。若问君自何处来，寻根珠玑说因缘”。珠玑古巷是古代中华民族拓展南疆的一个中转地，又是当今数千万广府人及海外华侨的发祥地和祖居地，在岭南人文发展史上有着十分重大的影响，有着“广东第一巷”之称。随着历史的发展变迁，如今拥有175个姓氏的珠玑巷后裔繁衍数千万人，遍布海内外，珠玑一脉，根深叶茂，源远流长。姓氏文化旅游节组织策划姓氏源流图片展、书法展和制作2014年中国·广东·南雄“首届姓氏文化旅游节”活动纪念邮折。特邀著名诗人、词作家郑南，著名作曲家宁林莅临南雄创作南雄形象歌《美丽南雄我的家》。

【大雄禅寺重建开光十周年庆典】 10月15日，由南雄大雄禅寺与深圳弘法寺共同主办大雄禅寺重建开光十周年暨三圣殿落成佛像开光庆典。庆典活动受到当地政府和佛教界人士支持，邀请柬埔寨、泰国等国的僧王、法师大德及贵宾亲赴现场，近万信众共同见证三圣殿落成。投资近5000万元三圣殿殿高39.8米、建筑面积逾千平方米。殿内供奉着三尊高22.8米、近200吨重铜铸佛像。柬埔寨第四僧王、波莱波廊寺方丈都彭长老，泰国副僧王帕·蓬玛西提长老，斯里兰卡斯里兰卡岗嘎拉玛皇家寺庙负责人阿瑟基法师分别率三国代表团诵经祈福，随后向大雄禅寺方丈印彻法师赠送礼物，法师们瞻仰大雄禅寺三圣佛像。

【开展“寻找百名长寿老人”公益活动】 营造尊老敬老、孝爱和睦的文明。此次公益活动由南雄市文明办、南雄市老龄办联合举办。自5月启动“寻找百名长寿老人”活动以来，经5个月寻找探访，活动小组从100名健在长寿老人中评选出12名长寿之星。其中最长寿的是老人谢初俚，现年113岁，居住在雄州街道幸福社区银兴花园。获得长寿之星还有现年107岁谢桥秀，现年102岁何鸥进、周五妹、赖五妹，现年101岁何船卜、施花纳，现年100岁阮德华、石祥霭夫妻俩，吴华燕，现年99岁张长、廖换好。主办方向88位长寿老人颁发南雄市2014年长寿老人证书和长寿匾额，向12位在南雄常住最长寿健康老人颁发南雄市2014年长寿老人证书和寿星匾。

【簕过村被认定为省级古村落】 2月，水口镇簕过村被省文联、省民协认定为“第四批广东省古村落（客家地区）”。至此，南雄市已有5个村认定为“省级古村落”。簕过村始建于南宋皇宝祐元年（1253年），距今有761年历史。是南雄久负盛名书香之村，明清以来兴学重教，人才辈出，因其学堂多、书院多、私塾多、读书人多，有“簕过书房”美誉。该村历来提倡尊崇“以忠事君、以孝事亲、以廉为吏、以学立身”族规家风。其中有古代书房，宗祠等多处古建筑。建筑结构牢固，风格独特，具有较高历史文物价值。该村是南雄著名革命老区村。是1932年水口战役重要战场，村中百姓为革命战争做出突出贡献，有名有姓烈士达23名。

【南雄阳普医疗科技有限公司被认定为国家级高新技术企业】 9月，公司被认定为国家级高新技术企业。这是南雄市首家被认定国家级高新技术企业，标志着南雄高新技术企业实现零突破。公司位于南雄工业园区。以生产医用化学品为主，曾获得国家发明专利1项，自主研发5项国家实用新型专利，实现15项科技成果转化。公司研发血清分离胶和血液促凝剂，填补国内空白。

【金友贡米评为广东名米】 5月，由广东省农业厅、科技厅、林业厅、海洋与渔业局、质监局、食品药品监管局等九大机构联合举办广东省十大名牌系列农产品评选推介活动，广东金友集团有限公司生产“金友贡米（美香粘）”被授予“广东名米”称号。该公司位于雄州街道城南路20号，主要从事粮食生产、收购、储藏、加工、

2014年11月28日，南雄市姓氏文化旅游节开幕式（南雄市史志办　供）

销售、科研综合性公司。通过“公司＋基地＋农户＋市场”经营模式，生产“金友牌”优质米先后荣获“1996年中国名优食品博览会金奖”“1999年中国国际农业博览会名牌产品”。

【雄州街道】 位于市境中南部，浈江和凌江的汇合处。辖区总面积96.93平方公里。林地面积2774公顷，耕地面积2210公顷。地处南雄市政治、经济、文化中心。下辖13个村、7个社区，总户数39796户，总人口93664人，街道有小学13所。2014年，街道农村经济总收入97128万元，农民人均所得8399元。旅游景点有三影塔、广州会馆、瑶坑省委旧址、莲花净寺、古生物恐龙化石群。主要特产有腊鸭、黄烟。

【乌迳镇】 位于市境东部，辖区总面积157.01平方公里。林地面积8067公顷，耕地面积3222公顷。下辖21个村、1个居委会，总户数15143户，总人口44446人，镇有初级中学1所，小学15所。2014年，全镇农村经济总收入74637万元，农民人均所得9730元。旅游景点有新田古村落、观音山、孔江湿地公园。矿产资源有稀土矿、花岗石。主要特产有黄烟、朝天椒。

【珠玑镇】 位于市境东北部，辖区总面积197.52平方公里。林地面积11336公顷，耕地面积2121公顷。下辖22个村、1个居委会，总户数14634户，总人口44372人，镇有初级中学1所，中心小学1所，村小学教学点12个。2014年，全镇农村经济总收入66765万元，农民人均所得9511元。旅游景点有珠玑古巷、梅关古道、钟鼓岩、大雄禅寺。矿产资源有稀土矿、石灰石。主要特产有黄烟、腐竹、梅岭板栗。

【湖口镇】 位于市境东部，辖区总面积73.64平方公里。林地面积1545公顷，耕地面积2427公顷。下辖12个村、1个居委会，总户数11102户，总人口35111人，镇有初级中学1所，完全小学8所。2014年，全镇农村经济总收入62887万元，农民人均所得9318元。旅游景点有罗佛寨。主要特产有黄烟。

【油山镇】 位于市境东北部，辖区总面积146.62平方公里。林地面积8582公顷，耕地面积3319公顷。下辖17个村、1个居委会，总户数10293户，总人口32483人，镇有初级中学1所，中心小学1所，村小学教学点16个。2014年，全镇农村经济总收入34239万元，农民人均所得10146元。矿产资源有稀土矿、花岗石。主要特产有黄烟、香菇、腊鸭。

图为晾晒南雄腊鸭场景（南雄市史志办　供）

【全安镇】 位于市境西北部，辖区总面积199.44平方公里。林地面积14061公顷，耕地面积2015公顷。下辖13个村、1个居委会，总户数8760户，总人口27458人，全镇有初级中学1所，小学9所，村小学教学点5个。2014年，全镇农村经济总收入41701万元，农民人均所得8854元。旅游景点有苍石寨、杨历岩。矿产资源有稀土矿。主要特产有田七、三仁花生。

【黄坑镇】 位于市境东部，辖区总面积58.26平方公里。林地面积1223公顷，耕地面积1898公顷。下辖10个村、1个居委会，总户数8498户，总人口25115人，镇有完全中学1所，中心小学1所，村小学教学点6个。2014年，全镇农村经济总收入59625万元，农民人均所得9605元。旅游景点有溪塘古村落。主要特产有黄烟。

【水口镇】 位于市境东南部，辖区总面积106.79平方公里。林地面积6029公顷，耕地面积1794公顷。下辖13个村、1个居委会，总户数8260户，总人口24439人，镇现有1所九年一贯制学校，1所非完全小学，1个教学点，3所幼儿园。2014年，全镇农村经济总收入35531万元，农民人均所得8856元。旅游景点有篛过古村落、水口战役公园。主要特产有黄烟、沙葛、李。

【南亩镇】 位于市境东南部，辖区总面积111.26平方公里。林地面积8657公顷，耕地面积904公顷。下辖11个村、1个居委会，总户数5084户，总人口16687人，镇现有1所九年一贯制学校，非完全小学1所，教学点1个。幼儿园3所。2014年，全镇农村经济总收入25590万元，农民人均所得10034元。旅游景点有鱼鲜古村落、邓坑古银杏群落。矿产资源有稀土矿。主要特产有山茶油、荞头、茶叶、凉果。

【江头镇】 位于市境南部，辖区总面积132.29平方公里。林地面积10560公顷，耕地面积955公顷。下辖9个村、1个居委会，总户数4068户，总人口12370人，镇有初级中学1所，中心小学所，村小学2所。2014年，全镇农村经济总收入16163万元，农民人均所得9909元。旅游景点有青嶂山。矿产资源有稀土矿、莹矿石。主要特产有毛竹、竹笋。

【主田镇】 位于市境南部，辖区总面积165.66平方公里。林地面积12922公顷，耕地面积1248公顷。下辖8个村、1个居委会，总户数4555户，总人口14390人，镇有中心小学1所，村小学教学点7个。2014年，全镇农村经济总收入26449万元，农民人均所得9597元。矿产资源有稀土矿、钨矿。主要特产有黄烟。

【古市镇】 位于市境西南部，辖区总面积98.62平方公里。林地面积5613公顷，耕地面积1695公顷。下辖8个村、1个居委会，总户数6206户，总人口20821人，镇有中心小学1所，村小学教学点7个。2014年，全镇农村经济总收入35462万元，农民人均所得9690元。矿产资源有稀土矿、陶土。主要特产有黄烟。

【百顺镇】 位于市境北部，辖区总面积191.41平方公里。林地面积17451公顷，耕地面积759公顷。下辖9个村、1个居委会，总户数3780户，总人口12926人，镇有初级中学1所，小学9所。2014年，全镇农村经济总收入14163万元，农民人均所得8085元。矿产资源有稀土矿、铀矿。旅游景点有黄屋古城。主要特产有毛竹、竹笋、罗汉果。

【澜河镇】 位于市境北部，辖区总面积139.25平方公里。林地面积12976公顷，耕地面积558公顷。下辖6个村、1个居委会，总户数3052户，总人口10265人，镇有九年一贯制学校1所，完全小学1所。2014年，全镇农村经济总收入40067万元，农民人均所得8543元。矿产资源有稀土矿、铀矿。主要特产有毛竹、竹笋。

【帽子峰镇】 位于市境北部，辖区总面积97.21平方公里。林地面积8190公顷，耕地面积809公顷。下辖5个村、1个居委会，总户数2966户，总人口9546人，镇有九年一贯制学校1所，村小学教学点4个。2014年，全镇农村经济总收入13016万元，农民人均所得8948元。旅游景点有帽子峰森林公园。主要特产有毛竹、竹笋。

【坪田镇】 位于市境东南部，辖区总面积138.26平方公里。林地面积9546公顷，耕地面积1778公顷。下辖14个村、1个居委会，总户数6974户，总人口23402人，镇有初级中学1所，完全小学2所，村小学教学点2个。2014年，全镇农村经济总收入28653万元，农民人均所得8709元。旅游景点有古银杏群落。矿产资源有稀土矿、莹矿石、铀矿。主要特产有白果、黄烟、山茶油、香菇、荞头。

【界址镇】 位于市境东部，辖区总面积56.38平方公里。林地面积4044公顷，耕地面积1080公顷。下辖8个村、1个居委会，总户数4345户，总人口14824人，镇有初级中学1所，小学8所。2014年，全镇农村经济总收入15432万元，农民人均所得7646元。矿产资源有稀土矿。主要特产有荞头、朝天椒、鱼干。

【邓坊镇】 位于市境东北部，辖区总面积118.04平方公里。林地面积7390公顷，耕地面积1240公顷。下辖9个村、1个居委会，总户数5643户，总人口16552人，镇有初级中学1所，小学8所。2014年，全镇农村经济总收入30516万元，农民人均所得8126元。主要特产有黄烟、香菇、甜玉米、三华李。 （谢　平）

附：领导班子成员名单

中共南雄市委员会

书　记：刘清生（—2014.9）
　　　　曾凤保（2014.12—）
副书记：曾凤保（—2014.12）
　　　　丘德周
市委常委、市纪委书记：谢志铎
市委常委、政法委书记：刘发龙
市委常委、常务副市长：何人平
市委常委、市委办主任：黄德群
市委常委、组织部长：叶济熊
市委常委、宣传部长：卜小燕
市委常委、武装部政委：
　　　　毛利群（—2014.4）
　　　　李霄山（2014.4—）
市委常委、统战部长：朱海兵
市委常委：霍永健（2014.1—挂任）

南雄市人大常委会

主　任：刘清生（—2014.9）
代主任：罗勇新（2014.10—）
副主任：罗勇新　陈玉英　刘宏伟
　　　　李　冰　陈培兰　张宗财

南雄市人民政府

市　长：曾凤保（2014.1—）
常务副市长：何人平
副市长：罗战勇　刘悦明　吕道宏
　　　　马细妹　袁元桃

政协南雄市委员会

主　席：何万飞
副主席：周济辉　刘发雄　赖华焜
　　　　刘卫忠　陈尚妹　刘光团

仁化县

【概况】 仁化县位于广东省韶关市北部。2014年辖1个街道10个镇。行政区域面积2223.22平方公里。年末户籍人口23.69万人，常住人口20.58万人。人口自然增长率7.69‰。南朝齐（479—502年），始置仁化县，南朝梁至唐垂拱三年（502—687年）撤销仁化县，唐垂拱四年（688年）复置，北宋开宝五年仁化县并入乐昌县，宋真宗咸平五年（1002年）恢复建置。1949年10月16日，仁化县人民政府成立，1958年11月7日，仁化县并入广东省韶关市，为市辖郊区，1961年1月17日，仁化县从韶关市划出，恢复县建置，1983年6月，韶关地市合并，仁化县属韶关市管辖。2004年7月，韶关地区部分行政区划调整，原曲江黄坑镇、周田镇、大桥镇划归仁化县管辖。2013年7月1日起，仁化县为广东省第三批财政省直管县之一。

仁化县地处南岭山脉南麓，地势总体北部及东南部高，中部低；地貌类型以中低山、丘陵为主，北部及东南部主要为中低山及丘陵，中部以丘陵为主。境内最高点北部万时山海拔1559.3米，最低点南部长坝一带海拔61.5米。全县处中亚热带南沿，具有明显的季风气候特点，2014年，年平均气温20.1℃，年降雨总量1516.0毫米，无霜期294天。境内土地、森林、矿产、水力、旅游等资源丰富。全县有耕地面积2.14万公顷，粮食播种面积1.69万公顷，粮食产量10.43万吨；林地面积17.36万公顷，森林覆盖率78.26%，活立木蓄积量0.1139亿立方米，竹林面积2.08万公顷。北江支流锦江斜贯全境，水力资源蕴藏量约16万千瓦。矿产资源主要有铅、锌、钨、铁、铜、铀、硅、磷、水晶、花岗岩、稀土等50余种。境内的凡口铅锌矿是全国最大的铅锌生产基地。境内旅游资源有世界自然遗产、世界地质公园、国家级重点风景名胜区、国家AAAAA级景区、国家级自然保护区、世界地理学“丹霞地貌”命名地丹霞山，仁化县丹霞源国家水利风景区，“中国历史文化名村”“最具红色景观村落”“广东省最美古村落”“广东旅游名村”石塘村，“广东省古村落”“广东省最美古村落”“广东旅游名村”夏富村，“广东省古村落”恩村，南越王赵佗所筑之城口古秦城，建于唐代至清朝时期的古塔、庙宇、会馆，“全国重点文物保护单位”“广东省爱国主义教育基地”“广东省中共党史教育基地”“仁化县廉政教育基地”石塘双峰寨，高坪省级森林自然保护区，万时山南国高山草原，丹霞山灵溪河森林旅游度假公园，丹霞山博士生态园，丹霞山中华性文化博物馆，温泉等。民间文化有列入省级非物质文化遗产名录的“石塘月姐歌”“仁化土法造纸技艺”“石塘堆花米酒酿造技艺”，列入市级非物质文化遗产名录的“梅花龙”“闹春牛”及县级非物质文化遗产“仁化八音”等。土特产有茶叶、沙田柚、香菇、灵芝、竹笋干、白菜干、木耳、贡柑、马蹄、板鸭、丹霞山茶油、“农民头”牌辣椒酱、丹霞铁皮石斛、仁化土纸等，其中“长坝沙田柚”“仁化白毛茶”为地理标志产品，“丹霞岩红”（“丹霞岩红·红茶”为中国绿色食品A级产品）、“丹霞玉芽”为全国名优茶产品。仁化是中国“有色金属”之乡，“古塔之乡”，素有广东省“毛竹之乡”“白毛茶之乡”“贡柑之乡”美誉。

2014年，仁化县被确定为“全国县级文明城市提名城市”，成为韶关市唯一获该项殊荣的县（市、区）；荣膺“广东省摄影之乡”，成为全省第一个获该项殊荣的山区县（市、区）；“仁化白毛茶”成为继“长坝沙田柚”后，获批的第2个国家地理标志保护产品；仁化县第三次全国经济普查领导小组办公室获“第三次全国经济普查工作先进集体”。

【经济社会发展状况】 2014年，全县生产总值89.9亿元，比上年增长10.6%。其中，第一产业增加值17.4亿元，增长5.3%；第二产业增加值37.7亿元，增长-0.8%；工业增加值34亿元，比上年增长-1.5%；第三产业增加值34.8亿元，增长20.6%。人均地区生产总值46722元，增长12.5%。规模以上工业总产值77.6亿元，比上年增长13%。农林牧渔业总产值27.8亿元，增长4.9%。固定资产投资50.7亿元，增长23.2%。社会消费品零售总额22.9亿元，增长11.1%。外贸出口额1043万美元，增长37.6%；实际利用外资1721万美元，与上年持平。地方财政一般预算收入6.1亿元，比上年增长16.1%。城镇居民人均可支配收入19318元，比上年增长8.6%；农民人均可支配收入11277元，比上年增长9.5%。城乡居民储蓄存款余额53.2亿元，比上年增长11.8%。高中阶段教育毛入学率96%；九年义务教育保留率小学97%，初中96%。参加城镇职工基本养老保险42272人，参加城镇职工基本医疗保险23135人，参加城乡养老保险70766人，参加城乡医疗保险172028人。新增城镇就业人数3269人，转移农村富余劳动力5643人。支出低保金1821.7万元、“五保”供养金260.4万元。

【休闲旅游项目加快建设】 2014年，仁化县宝能国际旅游度假一期、丹霞山北门水上入口综合服务区、丹霞山博士生态园等环丹霞山生态旅游产业园项目主体工程基本建成，丹霞旅游电子商务平台投入使用。举办金柚节、贡柑节、“梦里古居”摄影赛、“浓墨重彩写丹霞”书画展等旅游节庆活动。仁化县被评为“广东摄影之乡”。全县接待游客614万人次，旅游收入34.8亿元，均比上年增长12.3%。

【现代农业项目扎实推进】 2014年，全县实施现代农业项目有砂田柚示范基地、山茶油综合开发、石斛种植基地等25个。播种农作物4.046万公顷，砂田柚、贡柑等优质水果种植4000公顷。完成小（二）型水库除险加固8宗、小型灌区改造5宗、田间工程2宗。培育农业龙头企业20家，农民专业合作社220家，“三品认证”35个。“仁化白毛茶”通过国家地理标志保护产品认定。

【城镇基础设施建设进展顺利】 2014年，仁化县县城自来水增容扩建工程建成使用。十六冶棚户区改造项目全面动工。丹霞新城二期、盛世铭庭、晖景一品城等房地产项目建设加快。新田家炳小学、县城至丹霞山绿道一期工程启动兴建。丹霞山火车站及火车站广场已投入使用，赣韶铁路如期通车运营。韶赣高速公路周田出入口环境改善工程推进。省道246线康溪至长江段改造工程全线贯通，完成武深高速公路仁化段先行段30公顷征地拆迁工作。县生活垃圾填埋场及镇（村）垃圾收运站（点）建成使用，建成董塘、长江镇污水处理厂。城南森林公园二期及广场建成使用。

【城乡面貌明显改观】 2014年，全县完成10个镇总体规划和35个名村示范村建设规划。周田、董塘、丹霞街道等3个城乡建设用地增减挂钩试点项目得到推进。全县办理土地登记899宗，涉及面积80.95公顷。启动国、省道和乡镇严控区环境综合整治工作，加大严控区规划建设和卫生保洁巡查管理力度。全县立案查处“两违”案件68宗，依法拆除违法建筑32宗。丹霞街道办、黄坑镇列入省农村环境连片综合整治示范点，城口镇上寨村被评为市卫生村。周田、大桥、黄坑镇农村电网改造工作稳步实施。

【扶贫“双到”成效明显】 全年全县投入贫困村扶贫资金3438.7万元，实施帮扶项目315个。28个省定贫困村集体生产经营性收入平均7.1万元，3039户有劳动能力贫困户人均收入7097元。完成农村低收入困难户住房改造160户和“两不具备”贫困村搬迁安置工程117户。闻韶漂塘，红山烟竹、中山等新村建设步伐加快。

【生态文明建设稳步推进】 2014年，仁化县完成碳汇造林1620公顷，建设生态景观林带22.5公里，绿化植树示范村23个。建立高标准封山育林示范基地533.33公顷。新增生态公益林6000公顷，全县森林覆盖率达78.2%。仁化县被列入国家生态文明建设先行示范区建设范围。

【九件民生实事基本完成】 2014年，仁化县实现政策性水稻种植保险全覆盖，开通县城至丹霞山火车站公交路线，建成并运行城乡生活垃圾收运处置体系，完成高标准农田建设1913.33公顷和城镇公厕提升改造，基本完成城乡公交候车亭美化改造主体工程，全县10镇各建成1所公办幼儿园，高坪灌区一期改造、仁化新华文化广场正加快建设。

【社会各项事业均衡发展】 2014年，仁化县普通高考综合排名连续第5年位列全市八县（市、区）第一。深化医疗卫生体制改革，仁化县被评为重性精神病管理工作省先进单位，并连续10年被评为结核病防治工作市先进单位。开展优秀传统文化进农村、进机关、进校园活动，建成镇村电子阅览室23个，举办文化“三下乡”活动1409场次。高分通过创建全国文明县城提名资格测评验收。丹霞街道新城社区成功创建为全国科普示范社区。各类突发公共事件得到及时处置，产品质量、食品药品安全有效监管。安全生产“一岗双责”责任制得到落实。县人武部连续第14次被省军区评为标兵人武部。完成全国第三次经济普查工作，仁化县第三次全国经济普查领导小组办公室被评为全国先进集体。

【提速提效优化发展环境】 2014年，仁化县建成并运行政府OA电子办公系统，优化办事流程，加大简政放权力度，取消或转移行政审批事项59项。建立公共资源交易中心和公共资源交易管理办公室，加强市场交易监管，逐步完善市场监管体系和社会信用体系建设，开展事业单位分类改革。办理人大代表建议65件、政协提案40件。推进“平安创建”工作，创建“平安细胞”工程16个，建立“便民服务中心”11个，基本完成社会治安视频监控系统二类点建设。落实信访维稳工作责任制，协调处理网络问政、民声热线反映问题896个。各挂点单位累计走访企业1639次，受理和解决“企忧”事项125宗。向119户信用户发放金融扶贫信贷750万元。

【循环经济产业园项目稳步推进】 加快建设新庄大道北延工程和新庄安置新村，引进企业20家，总投资18亿元，志成冠军、博世铝业等10家企业建成投产。实施鑫海仁丹、鸿伟木业等企业技改项目。全年新增“三上”企业31家，其中“规上”工业企业12家。全县完成工业增加值40.4亿元，比上年增长6.6%，其中“规上”工业增加值30.5亿元，比上年增长6.5%。

【纪念“仁化暴动”学术研讨会在仁化召开】 2014年10月20日，“弘扬苏区精神，促进改革发展——纪念仁化暴动87周年暨红军长征过境粤北80周年学术研讨会”在仁化县城锦城宾馆3楼会议室召开。学术研讨会由中共中央党史研究室宣传教育局、中共广东省委党史研究室、中共韶关市委、广东中共党史学会、广东中共党史人物研究会联合主办，中共仁化县委、仁化县人民政府承办，具有规格高，专家学者多，研究领域广，学术成果丰特点。与会专家学者就仁化暴动和红军长征过境粤北的历史地位和意义，仁化暴动与粤北湘南暴动，仁化苏区与井冈山革命根据地、中央苏区的关系，革命人物在仁化的活动及历史贡献等进行深入探讨和研究，共收到论文102篇。有中共中央党史研究室、中央文献研究室、中共中央党校、解放军军事科学院、国防大学、总后勤部后勤学院、中国社科院和北京，重庆、江西、内蒙古、四川、福建、湖南、广西、陕西、安徽等省、市、自治区党史军史专家学者、研究人员，朱德、陈毅、阮啸仙等老一辈无产阶级革命家的后代代表，以及《光明日报》、《南方日报》、《羊城晚报》、广东卫视、《红广角》杂志、《源流》杂志、《韶关日报》、韶关电视台等媒体记者，共计160余人参加会议。

【获批“全国县级文明城市”提名】 2014年10月13日，中央文明办在江苏省张家港市召开全国县级文明城市创建工作现场会。会上，仁化县被中央文明办确定为“全国县级文明城市提名城市”，成为韶关市唯一获得该项殊荣的县（市、区）。

【获授“广东摄影之乡”称号】 2014年10月17日，在广东省第25届摄影展览颁奖仪式上，仁化县获授“广东摄影之乡”称号，成为全省第一个获得该项殊荣山区县（市、区）。

【赣韶铁路丹霞山站建成】 2014年8月18日，赣韶铁路丹霞山站建成。该站位于仁化县周田镇境内，距离仁化县城15公里，距丹霞山10公里，是仁化县和丹霞山对外接洽的第一站。站房建筑层数为地上2层、局部3层，建筑高度为18.75米，建筑总面积约6000平方米。火车站大楼、站前中心广场、公共停车场、公交和的士站、景观绿化区等功能配套设施融合仁化人文历史和丹霞特色。该站属于四级支线车站，其日均客流量为1000人，旅游高峰期间日均客流量为2000人。赣韶铁路丹霞山站通车运营，对优化和完善仁化交通运输结构，改善投资环境，促进旅游资源开发，带动老区经济进一步发展，提高老区人民生活水平，构建和谐社会起到推动作用。

【丹霞街道】 位于县境中南部，四周与黄坑、闻韶、扶溪、仁化林场、董塘、大桥、周田及浈江区接壤。街道办事处驻水南社区，丹霞大道仁桥东路1号，是县城所在地。国道106线、省道246线、省道342线贯穿全境，锦江贯穿全街道，交通便利。辖区面积288.13平方公里，山地面积21268.71公顷；常用耕地面积2748.14公顷，其中水田1133公顷。下辖村委会13个，居委会（社区）4个，总户数17214户，总人口61399人。2014年，街道有高级中学1所（2910人），完全中学1所（高中部1444人，初中部1273人），九年一贯制学校2所（初中部1104人，小学部1624人），中等职业学校1所（1089人），小学3所（3078人），特殊教育学校1所（14人），幼儿园12所（其中公办幼儿园2所），在园幼儿2584人；有文化站1个。2014年，街道工业总产值91503万元，农业总产值56300万元，农民人均收入12107元。域内旅游资源丰富，有世界自然遗产、世界地质公园、国家AAAAA级风景名胜区、中国红石公园丹霞山，丹霞源国家水利风景区，瑶前晒谷岭古人类遗址，省级文物保护单位明代文峰塔，“广东省古村落”、“广东省最美古村落”“广东旅游名村”夏富村，等等。企业有仁化县泰和元有限公司、广东银海有色金属渣业集团有限公司、鸿伟木业（仁化）有限公司、广东富然农科有限公司等规模以上工业、重点服务业、限额以上贸易业、资质建筑业与房地产业82家。土特产有丹霞沙田柚、丹霞铁皮石斛、七彩番薯、丹霞红皮香芋、“农民头”牌辣椒酱等，其中以丹霞沙田柚闻名。

【董塘镇】 位于县境西南部，东连县城，南接浈江区、花坪镇，西与石塘镇、乐昌市廊田镇为邻，北与红山镇交界，属省级中心镇。镇政府驻董塘镇凡塘路30号，距县城12公里。省道246线贯穿全境，董塘河与锦江相接，交通便利。辖区面积243.34平方公里，山地17086.12公顷；常用耕地面积3405.81公顷，其中水田1879公顷。下辖村委会17个，居委会（社区）3个，总户数9685户，总人口42617人。全镇有初级中学1所、小学10所、幼儿园9所，在校学生4784人。2014年，全镇工业总产值245648万元，农业总产值42324万元，农民人均收入11702元。矿产资源丰富，有煤炭、铅锌、石灰石等。企业有中金岭南凡口铅锌矿、丹霞冶炼厂、华粤煤矸石发电厂等10余家。土特产有花生、淮山、甘蔗等，其中以花生闻名。

【石塘镇】 位于县境西部，东连董塘镇，南接韶关浈江区花坪镇，西与乐昌市廊田镇为邻，北与红山镇交界，属平原镇。镇政府驻石塘村，距县城19公里。省道345线贯穿全境，董塘澌溪河与石塘河相接，交通便利。辖区面积77.92平方公里，山地5174.41公顷；常用耕地面积1634.37公顷，其中水田1077.23公顷。下辖村委会6个，居委会（社区）1个，总户数3438户，总人口13098人。全镇有初级中学1所、小学1所、幼儿园1所，

2014年1月19日，“广东·仁化首届石塘堆花米酒旅游文化节”在中国历史文化名村石塘开幕。图为省级非物质文化遗产项目“月姐歌”在石塘堆花米酒展览馆前助兴庆祝（仁化县史志办　供）

在校学生900人。2014年，全镇工业总产值1940万元，农业总产值11955万元，农民人均收入10189元。域内旅游、农业资源丰富，其中旅游资源有列入第一批中国传统村落名录的“中国历史文化名村”“最具红色景观村落”“广东省最美古村落”“广东旅游名村”石塘古村，“全国重点文物保护单位”“广东省爱国主义教育基地”“广东省中共党史教育基地”“仁化县廉政教育基地”石塘双峰寨，农业资源有甜竹笋、贡柑等。企业有大水坝电站、双峰寨生态肉牛养殖基地等2家。土特产有石塘堆花米酒、马蹄、甜竹笋、扣肉、咕噜肉等，其中以石塘堆花米酒闻名。

【红山镇】 位于县境西北部，东连城口镇，南接董塘、石塘镇，西与乐昌廊田镇、五山镇为邻，北与湖南汝城县大坪交界，属山区镇。镇政府驻红山墟镇内，距县城52公里。县道335线公路贯穿全境，交通便利。辖区面积169.64平方公里，山地面积14985.71公顷；常用耕地面积1188.4公顷，其中水田632.4公顷。下辖村委会8个，居委会（社区）1个，总户数2876户，总人口10246人。全镇有学校1所、幼儿园1所，在校学生613人。2014年，全镇工业总产值1.09亿元，农业总产值6231万元，农民人均收入11222元。域内森林、旅游、水利等资源丰富，有高坪自然保护区、温泉、红山白毛茶等。企业有广东丹霞天雄茶叶有限公司、仁化县红山镇富农茶叶专业合作社等30家。土特产有粉辣椒、烟熏肉、水库鱼等，其中以红山白毛茶、烟熏肉闻名。

【城口镇】 位于县境北部，东连长江镇和扶溪镇，南接丹霞街道，西与红山镇为邻，北与湖南省汝城县三江口镇交界，属山区镇。镇政府驻城口镇城群村委会（墟镇内），距县城38公里。国道106线公路贯穿全境，城口东河河流与城口西河相接，交通便利。辖区面积266.89平方公里，山地24278.73公顷；常用耕地面积1434.9公顷，其中水田800公顷。下辖村委会7个，居委会（社区）1个，总户数2501户，总人口10413人。全镇有义务教育九年一贯制学校1所、小学教学点3个、幼儿园2所，在校学生817人。2014年，全镇（街道）工业总产值9125万元，农业总产值23353万元，农民人均收入11802元。域内竹林、水利、矿藏、旅游资源丰富，有竹林、水利、矿藏及“广东省古村落”恩村，南越王赵佗所筑隘口之“古秦城”等。企业有仁化县岭田萤石矿有限公司、广东省仁化县利源水电有限公司、仁化县建源石业有限公司等19家。土特产有板鸭、香菇、冬笋等，其中以“古秦城”板鸭闻名。

【长江镇】 位于仁化县东北部，南距仁化县城49公里。地处粤赣湘三省五县交界处，东与江西省内良乡、河洞乡接壤，东南与南雄市百顺镇相接，西南与扶溪镇、城口镇毗邻，西北与湖南省汝城县三江口镇、热水镇相依，北与江西省崇义县聂都乡、乐洞乡相连，属省级中心镇，镇政府驻地在沙坪村委会。镇内交通便利，经省道246线与县城接连，经县道336线至城口镇与国道106线相连。锦江河贯穿全境。辖区面积300.64平方公里，其中耕地面积3101.26公顷，山林面积25630.03公顷。下辖16个村委会和1个社区居委会。2014年，总户数7328户家庭，总人口26523人。镇内有初级中学1所，学生784人；小学8所（其中：中心小学1所，完全小学3所，教学点4个），学生1663人；幼儿园6所（其中公办1所，私立5所），在园幼儿1246人（含混龄班144人）；文化站1个，广播站1个。资源丰富，山林面积、木材蓄积量均居全县首位，活立木蓄积量130.88万立方米，毛竹8275.9公顷，是全县最大毛竹基地。全镇有小水电站72座，总装机容量27194万千瓦。矿藏资源丰富，有铀、钨、铜、硅石、钾长石、辉绿石、花岗石等，其中铀分布面最广，储量最多，为中国最大铀矿之一。旅游资丰富，镇内有全省第三高峰——万时山（海拔1559米），风景秀丽、蔚为壮观的万亩竹林，保留完好的古塔、会馆等自然景观和人文景观。土特产有玉扣纸、浒松腊鸭、冬笋、白糖饼、香菇等，其中以玉扣纸、浒松腊鸭、白糖饼闻名。2014年，全镇实现地区生产总值81150万元，比上年增长11.2%；农业总产值26323万元，比上年增长5.1%；工业总产值27113万元，比上年增长8.8%；农民人均纯收入达11195元，比上年增长11.2%；镇属电站发电量3214.44万千瓦小时，总收入1698.13万元。

【扶溪镇】 位于仁化县境东北部，东连南雄市百顺镇，南接闻韶镇，西与丹霞街道、县城为邻，北与长江镇、城口镇交界，属山区镇。镇政府驻紫岭村委会，距县城37公里。省道342线贯穿全境，扶溪河与锦江河相接，交通便利。辖区面积187.9平方公里，山地15942.50公顷；常用耕地面积1927.43公顷，其中水田930公顷。下辖村委会9个，居委会1个，总户数3972户，总人口13344人。全镇有初级中学1所、小学1所（其中，中心小学1所，完全小学1所，教学点3个、幼儿园1所），在校学生867人；有文化站1个，广播站1个。2014年，全镇工业总产值6596万元，农业总产值19268.5万元，农民人均收入11256元。域内物产资源丰富，有铀、铁、钨、硅石、花岗石等。境内存有石拱桥、石坎路、古亭、寺庙、宝塔、碉楼、明清古建筑群体和土法造纸遗址等历史人文和旅游资源，其中，明代水口白塔（又名水口塔、双水塔）是省重点文物保护单位，唐代南台庙（龙母庙）是旅游和历史考察景观，蛇离梯田具有深度开发前景，扶溪八音、花灯、火狮、火龙、禾斋、板凳舞等民俗文化极具挖掘潜力。企业有温氏养猪场、中小型水电站（28个）等29家。土特产有优质稻米、板鸭、砂糖橘、贡柑、冬笋、香菇、重桶纸等，其中以优质稻米、板鸭、砂糖橘、贡柑、重桶纸闻名。

【闻韶镇】 位于仁化县东部，东连南雄市百顺镇，南接黄坑镇，西与丹霞街道办事处为邻，北与扶溪镇交界，属山区镇，距县城32公里。省道342线贯穿全境，4条河流与北江相接，交通便利。辖区面积85.78平方公里，山地7527.13公顷；常用耕地面积702.55公顷，其中水田4539公顷。下辖村委会5个，居委会（社区）1个，总户数1306户，总人口6295人。有初级中学、小学各1所，在校学生524人。2014年，全镇工业总产值2776万元，农业总产值97781万元，农民人均收入9847元。矿产资源丰富，有金、银、铜、磁铁、稀土、翡绿岩、黄蜡石、温泉等；旅游资源有人文景观省级文物保护单位北宋华林寺塔，山寨、古围、围寨式古村、古盐关、石拱桥、庙宇等。有竹制品加工厂3家，竹炭厂1家。土特产有罗汉果、冬笋、番薯、优质米，其中以罗汉果闻名。

【黄坑镇】 位于县境东南部，东接南雄市、始兴县，南临周田镇，西与世界自然遗产、世界地质公园丹霞山相连，北与闻韶镇相邻，属仁化县山区镇。镇政府驻黄坑镇府门路1号，距县城15公里。县道320线贯穿全境紧接国道106线，黄坑河与浈江河相接，交通便利。辖区面积164.94平方公里，山地13324.92公顷；常用耕地面积1752.41公顷，其中水田1245公顷。下辖村委会7个，居委会（社区）1个，总户数2921户，总人口14724人。全镇有初级中学1所、小学1所、幼儿园1所，在校学生789人。2014年，全镇工业总产值4521万元，农业总产值13732万元，农民人均收入11766元。域内矿产资源丰富，有硅矿、稀土矿等。企业有小水电站、贡柑打蜡加工厂等37家。土特产有贡柑、砂糖桔、花生等，其中以贡柑闻名。

【周田镇】 位于仁化县境南部，东连始兴县，南接曲江区，西与丹霞山为邻，北与黄坑镇交界，属省级中心镇。镇政府驻地位于平甫村委会，距县城17公里。具有优越的交通和区位优势，赣韶铁路、韶赣高速公路、国道106线、国道323线穿镇而过，并分别设有“丹霞”高速公路出入口和“丹霞山”火车站，即将兴建的深湘高速公路也从境内经过。境内浈江河自西向东横贯全镇（其间有黄坑河、灵溪河2条支流），从而形成相当便利的水陆交通网络，成为粤北地区交通枢纽重镇。辖区面积296.12平方公里，山地24438.03公顷；常用耕地面积2162.21公顷，其中水田1441公顷。下辖村委会15个，居委会（社区）1个，总户数8083户，总人口27465人。全镇有初级中学1所、小学1所、幼儿园2所（其中私立1所），在校学生2683人。2014年，全镇工业总产值30557万元，农业总产值39703万元，农民人均收入11490元。域内矿产资源丰富，有铅、锌、钨等多种有色金属和水晶矿。企业有广东志成冠军电气器材科技有限公司、盈保电业（仁化）有限公司、广东富然农科有限公司等35家。土特产有灵溪香菇、平甫奈李、荷包豆、花生、西瓜、柑橘、粉葛、淮山等，其中以灵溪香菇、平甫奈李闻名。

【大桥镇】 位于县境南部，距县城24公里，与韶关市东郊相连，北部和东部与周田镇相接，南部与曲江区相连，西邻浈江区。镇政府驻大桥墟，距县城24公里。国道106线、323线贯穿全境，浈江从北至南、锦江从西至东流经辖区在大桥交汇，交通便利。辖区面积132.8平方公里，常用耕地面积1328.57公顷。下辖村委会6个，居委会（社区）1个，总户数2791户，总人口10824人。全镇有初级中学1所、小学1所、幼儿园1所，在校学生823人，其中中学180人、小学429人、幼儿园214人。2014年，全镇农业总产值20920万元，农民人均收入11411元。域内旅游资源丰富，有景点“五马归槽”“韶石山”等。企业有“韶石山庄”“金果山庄”等2家“丹霞仁家”星级农家乐。土特产有砂田柚、柑橘、西瓜等，其中以砂田柚闻名。

（徐诚林　谢嘉文）

附：领导班子成员名单

中共仁化县委员会

书　记：刘　锋

副书记：王晓梅（女）　黄令遥

县委常委、纪委书记：张朝盛

县委常委、政法委书记：李秀荣

县委常委、常务副县长：区毅明

县委常委、县委办主任：谢庆伟

县委常委、开发区主任、周田镇党委书记：邱志坚

县委常委、宣传部长：赖小红（女）

县委常委、武装部政委：黄飞跃

县委常委、组织部长：李湘柱

县委常委（挂职）、产业帮扶总指挥：何庆华

仁化县人大常委会

主　任：刘　锋

副主任：张云勃
赖绍奇（—2014.2）
张元展（—2014.7）
邓田庭　马小荣（女）
连福强
廖兰英（女）（2014.2—）

仁化县人民政府

县　长：王晓梅（女）

副县长：区毅明　黄付养
李志贞（女）
刘建发（—2014.6）
张元展（2014.7—）
杨　云　丘光强

政协仁化县委员会

主　席：廖志常

副主席：马志忠　曹杰权　张标兵
包伟红（女）　彭俊余
邓诗勤

始　兴　县

【始兴县】 位于广东省北部，韶关市东部，距离韶关市60公里。置县于三国吴永安六年（263年），有1700多年的历史。始兴是盛唐名相张九龄、明朝户部尚书谭大初、抗日名将张发奎和破解庞加莱猜想数学家朱熹平的故

乡。1958年12月并入南雄县，1960年10月恢复始兴县；1968年2月改为始兴县革命委员会，1980年12月恢复为始兴县人民政府。2014年，辖9个镇1个乡，113个村委会，14个居委会。土地面积2174.12平方公里，年末户籍人口25.13万人，常住人口25.13万人，人口自然增长率6.18‰。

2014年，始兴县有耕地面积2.18万公顷，粮食播种面积1.42万公顷，粮食产量8.8万吨。林地面积17.29万公顷，森林覆盖率76.5%，活立木蓄积量1312.5万立方米。主要矿产资源有：钨、锡、铋、铜、铅、锌、黄金等8种有色金属；石英、萤石、绿柱石、钾长石、瓷土、石灰石等6种非金属。主要土特产有香菇、木耳、灵芝、冬笋、蜂蜜、西瓜、马蹄、莲藕、柑橘、枇杷、杨梅、三华李、茶油、茶叶、澄江娘酒、旺满堂清化粉、古塘腊肉、古塘板鸭、腊肠、鱼干、花生饼、老朋友辣酱、生姜、火龙果等。植物资源主要有松、杉、樟、枫、竹、酸枣、苦楝等，单是车八岭世界生物圈国家级自然保护区就有1928种，南山保护区（省级）有1039种。主要种植业有水稻、花生、蚕桑、黄烟、芋头、番薯、辣椒、金银花、石斛等。主要养殖业有猪、牛、鱼、瑶乡土鸡、鸭、龟、黑山羊、竹鼠、兔等。水资源主要有大小河流220多条，其中，集雨面积100平方公里以上的有浈江、墨江、清化河、罗坝河、澄江河、沈所河6条；集雨面积50—100平方公里的有8条；集雨面积50平方公里以下的有206条。主要特色文化有吹打乐、舞狮、龟蚌舞、清化《亚妹舞》、瑶族舞、舞火龙、划龙舟、雕根、奇石等。

始兴县是恐龙之乡、枇杷之乡、杨梅之乡、围楼文化之乡、温泉之乡等。

始兴县主要旅游景点有车八岭世界生物圈国家级自然保护区，全国重点文物保护单位岭南第一围——满堂客家大围，粤北民俗第一村——东湖坪客家民俗文化村，中共广东省委旧址——红围，沈所铜钟寨国家AAA级旅游景区，深渡水瑶乡景区，刘张家山温泉度假村及深渡水樱花谷景区等。2014年11月20日，被评为“中国最具魅力自驾游目的地”，县普法办评为“全国‘六五’普法中期先进单位”，沈所镇铜钟寨成功创建为全县首个国家AAA级旅游景区，隘子成功创建为省级生态示范镇，始兴县被评为省第二批城乡居民社会养老保险示范县，澄江敬老院被评为“全国农村五保供养工作先进单位”，东湖坪等6个村被评为广东省首批传统村落，长围村围屋消防安全工程被列入全国百项文物消防安全工程试点，沈所镇被认定为国家级标准化气象灾害防御镇，深渡水瑶族乡被评为省民族团结进步模范集体，罗坝镇淋头村成功创建为优秀省级“妇女之家”示范点等。

【经济保持平稳增长】 2014年，全县生产总值69.90亿元，比上年增长11%。其中：第一产业增加值16.13亿元，增长4.4%；第二产业增加值25.50亿元，增长16.3%；工业增加值23.57亿元，增长17.9%；第三产业增加值28.28亿元，增长10.1%；人均地区生产总值30800元，增长9.7%。规模以上工业总产值20.31亿元，增长19.8%；农林牧渔业总产值25.79亿元，增长4.2%。固定资产投资57.17亿元，增长22.5%。社会消费品零售总额14.51亿元，增长12.2%。外贸出口总额1.49亿美元；实际利用外贸1149万美元，增长3.6%。地方公共财政预算收入3.59亿元，增长18.9%。城镇居民人均可支配收入1.81万元，增长9.6%；农村居民人均收入1.08万元，增长10.6%。

【重点项目建设】 固定资产投资完成57.17亿元，增长22.5%。项目征地拆迁，完成征地140公顷，拆迁6万平方米。37个重点项目建设，完成投资36.5亿元。产业园区完成二期征地86.7公顷，平整土地60公顷。新动工建设项目9个，新投产企业7家。韶冶环保搬迁项目正式落户始兴并已完成征地61公顷。有色金属深加工配套园区前期工作已启动。东莞塘夏始兴帮扶合作全面铺开，成立注册资本1亿元的“塘兴公司”，启动共建园区建设。

【交通能源建设】 赣韶铁路始兴段于2014年9月30日顺利通车，结束始兴县没有铁路的历史。连接珠三角的最近通道——武深高速始兴段已完成测详勘工作，始兴南连接线前期工作进展顺利。省道244线贤丰至周所段、343线贤丰至县城段改建工程开工建设。始兴县首个风电项目——羊角山风力发电项目已获省批复。

【农业基础设施】 省级小型农田水利重点县项目、田间工程和凉口灌区等11宗中小型灌区进展顺利。农业综合开发项目通过省级验收，治理农田面积666.7公顷。完成高标准基本农田建设3733公顷，工程质量和进度在全市各县（市、区）排名第一。

【旅游项目建设】 环丹霞山文化生态产业项目前期工作有序推进，生态湿地公园一期工程已动工建设，幸福里土特产一条街建成试业，深渡水樱花谷景区基本完成一期工程。出台实施星级农家乐发展的扶持政策，新增星级农家乐7家。旅游再添新名片，被评为中国最具魅力自驾游目的地，铜钟寨成功创建为始兴县首个国家AAA级旅游景区。

【城乡建设】 城区道路继续延伸，火车站站前路和沿江南路基本完成，金润大桥完成桥体建设，山水大桥已动工建设。城区“三旧”改造、天元二期、美景园、幸福里等商住小区建设步伐加快。新农村建设加快，第二批8个示范村已通过市级验收。农村路网基本完善，新的罗坝大桥建设进展顺利，完成30公里自然村公路硬底化，建成41.6公里乡镇生态示范路等。

【生态环境建设】　完成碳汇造林1733公顷，生态景观林带抚育16.2公里，新增生态公益林面积7940公顷，建成县镇级森林公园3个，乡村绿化美化建设示范点6个。隘子成功创建为省级生态示范镇，新增省级卫生村4个。继续实施乡村清洁美工程，城南镇和沈所镇农村环境连片整治有序推进，澄江镇和隘子镇农村环境整治工程基本完成。重点加强畜禽养殖污染治理，完成32家规模养殖场减排任务。

【民生保障】　全县民生投入7.58亿元，占公共财政预算支出的66%。城乡社保、医保实现并轨和全覆盖，被评为省第二批城乡居民社会养老保险示范县。新一轮扶贫开发“双到”工作落实帮扶资金1.6亿元，完成“两不具备”（不具备生产条件和生活条件）贫困村搬迁户747户、农村低收入困难户住房改造313户。新增就业岗位2504个，城镇失业人员再就业1903人，城镇登记失业率控制在2.31%以内。城镇居民人均可支配收入1.81万元，增长9.6%；农村居民人均纯收入1.08万元，增长10.6%。澄江敬老院被评为全国农村五保供养工作先进单位。建成粤北残疾人就业培训中心，提高贫困残疾人生活津贴和重度残疾人护理标准。建成廉租房24套，城市棚户区改造住房60套。启动县城供水管网改扩建工程，初步缓解供水压力不足问题。

【社会事业】　推进公立医院改革，推广平价医疗服务。义务教育成为全市首个通过国家督导验收的县。高考成绩有提升，在全市综合排名第二名。在全省率先开展村史编修工作，35个村基本完成村史编修。东湖坪等6个村被评为省首批传统村落，长围村围屋消防安全工程被列入“全国百项文物消防安全工程试点”。沈所被认定为“国家级标准化气象灾害防御镇”，深渡水瑶族乡被评为“省民族团结进步模范集体”，罗坝淋头村成功创建为优秀省级“妇女之家”示范点。启动省“双拥模范县”创建工作，实现连续60年无责任退兵。

【社会治理】　落实安全生产“一岗双责”（一个岗位，岗位外二个责任），开展“打非治违”（打击非法违法生产经营活动行为）专项治理，安全生产保持稳定。打击制假售假违法行为，食品药品安全监管得到加强。扩大社会治安视频监控覆盖面，推进“六大专项”（涉毒、涉黄赌、涉食药假、涉电信诈骗和银行卡犯罪、涉车、涉枪）打击活动。开展“社会矛盾化解年”活动，抓好综治维稳工作。

【政府职能转变】　推进行政审批制度改革，保留审批事项287项，行政审批事项对比上年压降36.2%。县政府工作部门精减至20个。成立公共资源交易“一委一办一中心”（公共资源交易管理委员会、办公室、交易中心），规范公共资源交易活动。

【政风行风改进】　落实政府系统党风廉政建设责任制，严格执行中央八项规定和六项禁令。开展党的群众路线教育实践活动，开展18项专项整治、建章立制，反对“四风”（形式主义、官僚主义、享乐主义、奢靡之风），“三公”［因公出国（境）、公务车购置及运行、公务接待费］经费实现只减不增，精简文山会海、清理办公用房取得成效。继续推进电子政务网络、无纸化办公和网上办事分厅建设，推行网上审批和上网办事，完成县镇村三级政务服务体系建设。

【法制建设】　普及无纸化学法考试，县普法办被评为“全国‘六五’普法中期先进单位”。接受人大监督和政协民主监督，办理人大代表建议46件、政协委员提案18件、办复率100%。加强工程招标、政府采购、国有资产处置、土地招拍挂等重点领域的监管、强化行政监察和审计监督，加强财政资金绩效评估，严肃查处违规行为。

【太平镇】　位于始兴县中北部，是始兴县城所在地，全县政治、经济、文化的中心，省中心镇。辖区总面积283.3平方公里，山林面积22130公顷，耕地面积1358.62公顷。下辖18个村委会、6个居委会，总户数21344户，总人口6.5万人。全镇有初级中学1所，在校学生680人；小学2所、教学点1个，在校学生746人；幼儿园

2014年4月15日，县委书记范秀燎（左三）、县长杨思远（右一）参加塘兴公司挂牌仪式（始兴县史志办　供）

10所，在园儿童2900人。2014年，全镇生产总值279600万元，比上年同期增长10.8%，其中农业产值40800万元，同比增长5.5%，工业产值158900万元，同比增长17.7%，第三产业产值79900万元，同比增长11%，农民人均收入10297元，增长16%。镇内森林、水资源、水产、矿产资源丰富，有白瓷土、稀土矿、花岗岩等。特产有枇杷、杨梅、辣椒、黄烟、西瓜、花生、板鸭、马铃薯、反季节蔬菜、柑橘、大豆、茶叶、罗汉果等。

【马市镇】 位于始兴县城东部，距离县城12公里。辖区总面积277.24平方公里，山林面积14200公顷，耕地面积2764.1公顷。下辖18个村委会、1个居委会，总户数11321户，总人口38820人。全镇有初级中学1所，在校学生980人；小学有7所，在校学生1709人；幼儿园1所，在园儿童168人。2014年，全镇生产总值42964.3万元，同比增长7.8%，其中工业产值3896.8万，农业产值32041万元，第三产业产值7026.5万元。农民人均收入10385元，同比增长16%。镇内森林、水源、水产、矿产资源丰富，有铀矿、花岗岩、钾长石等；特产有黄烟、花生、柑橘、黄豆、西瓜、辣椒、萝卜等。

【顿岗镇】 位于县城东南面，距县城10公里，是广东省272个中心镇之一，镇区是始兴县的重要交通枢纽，S244线、X343线、X346线、X344线贯穿其中，连接马市、澄江、罗坝、深渡水、城南、太平镇等6个乡镇。辖区总面积91平方公里，山林面积5302公顷，耕地面积1278.62公顷。下辖11个村委会、1个社区居委会，总户数7313户，总人口25695人。村（居）民以汉族为主，少数畲族村（居）民。全镇有初级中学1所，在校学生895人；小学1所、教学点6个，在校学生1612人；幼儿园4所，在园儿童895人。2014年，全镇经济总收入38100万元，同比增长5.9%，其中农业生产总值18814万元，工业和建筑业生产总值11570万元，第三产业生产总值3102万元，其他收入总值4614万元。农村人均收入10464元，同比增长16%。镇内矿产资源主要有少量金矿、煤矿等；主要种植业有水稻、花生、黄烟、蚕桑、柑橘等；特产主要有马蹄、西瓜、莲藕、李子、柑庶等。

2014年6月17日，中共中央政治局委员、省委书记胡春华（左三）在始兴外资企业比美高调研。（始兴县史志办　供）

【城南镇】 位于始兴县南部，与县城隔河相望，辖区总面积53平方公里，有耕地1157.6公顷，林地2484公顷。下辖10个村委会、1个社区居委会、总户数4437户，总人口14599人。以汉族为主，瑶族主要分布在胆源村。全镇有初级中学1所，在校学生388人；小学2所、在校学生517人；幼儿园1所，在园人数260人。2014年，全镇工农业生产总值22928万元，其中农业总产值17793万元，工业总产值5153万元，农村人均收入10449元，同比增长6.1%、6.0%、16.0%。镇内森林资源有樟、枫、楠、酸枣、毛竹、松、杉等；矿产资源主要有铁、石墨、煤炭等；特产主要有柑橘、茶叶、杨梅、青梅、沙梨、李子、火龙果等。

【沈所镇】 位于始兴县城西南部3公里处。辖区总面积168平方公里，有耕地面积1160公顷，山林面积12913公顷。下辖11个村委会、1个社区居委会，总户数6555户，总人口19677人。以汉族为主，瑶族主要分布在瑶族村。全镇有初级中学1所，在校学生499人；小学1所，教学点2个，在校学生747人；幼儿园1所，在园儿童295人。2014年，全镇工农业生产总值25500万元，同比增长9%，其中第一、二、三产业分别为16900万元、5200万元、3400万元，农村人均纯收入6500元。镇内森林、水产资源丰富。主要种植业有：水稻、花生、豆类、柑橘、蚕桑、辣椒、蔬菜、黄烟、西瓜、香菇、生姜等。传统工艺特产有草席、扁担、竹笠等。

【澄江镇】 位于县境以东32公里处，东与江西省全南县交界，南与罗坝镇接壤，西与顿岗镇相连，北与南雄市毗邻。辖区总面积219平方公里，山林面积23933公顷，森林覆盖率85%，农业耕地面积890公顷。下辖7个村委会、1个社区居委会、116个村民小组，总户数4511户，总人口15686人。全镇有澄江学校（九年一贯制）1所，在校学生813人，中心幼儿园1所，在园儿童268人。有卫生院、邮政、超市、商贸市场等场所。2014年，全镇农业生产总值19500万元，增长6%，农村人均纯收入10177元，增长16%。镇内有稀土矿、钨矿、铅矿、锌矿、瓷土矿等；特产有澄江娘酒、野生灵芝、香菇、冬笋、柑橘、油茶等。

【罗坝镇】 位于始兴县城东南部，距离县城18公里。辖区总面积316平方公里，山林面积18700公顷，耕地面积846.7公顷。下辖12个村委会、1个居委会，总户数4929户，总人口21900人。全镇有初级中学1所，在校学生315人；小学2所、教学点1个，在校学生704人；幼儿园2所，在园儿童383人。2014年，全镇农业生产总值21453.35万元，工业产值8153万元，固定资产投入8100万元。农民人均收入10364元，同比增长16%。镇内森林、水源、水产、矿产资源丰富，有铅、锌、钨、泪等；特产有柑橘、香菇、木耳、野生灵芝、笋干、茶油、花生、芒鼠、蜂蜜、薯类、豆类等。

【深渡水瑶族乡】 位于县城中部，距县城20公里，东与刘张家山林场相接，南与司前镇毗邻，西与曲江区交界，北与顿岗镇、沈所镇接壤，境内南高北低。S244线贯穿全乡中部。辖区总面积190.4平方公里，山林面积15000公顷，耕地面积300公顷。下辖4个村委会、1个居委会、46个村民小组。总户数1628户，总人口5546人，其中，瑶族1499人，畲族516人，是始兴县少数民族乡。全乡有小学1所，在校学生121人，幼儿园1所，在园儿童50人。2014年，全乡农村经济总收入7403万元，同比增长6.8%；农村固定资产投资4500万元，农民人均纯收入9452元，同比增长16%。乡内矿产资源主要有钨、稀土等；种植业以水稻为主；特产主要有瑶乡土鸡、蜂蜜、杨梅、西瓜、柑橘、竹鼠、野生灵芝、香菇、木耳、竹笋等。

【司前镇】 位于县城南部，距县城45公里，东与江西全南县相邻，南与翁源县交界，西与隘子镇接壤，北与深渡水乡相连。辖区总面积252.9平方公里，林地面积20800公顷，耕地面积1354.67公顷，是典型的“九山半水半分田”的粤北山区乡镇。下辖9个村委会、1个居委会、75个村民小组。总户数3464户，总人口14478人。以汉族为主，少数瑶族、畲族。全镇有九年一贯制学校1所、教学点3个，在校学生1092人，幼儿园1所，在园儿童293人。2014年，全镇生产总值21012万元，增长6.48%，农村经济总收入13637万元，增长4.73%，完成固定资产投资6000多万元，农村人均纯收入10070元，增长16%。镇内矿产资源主要有钨、铀、铜、铅锌、钾长石、绿柱石、萤石、云母、瓷土等；特产主要有柑橘、西瓜、杨梅、仿原生态灵芝、蜂蜜等；种植业主要有水稻、甜玉米、苦瓜、青瓜、冬瓜、铁皮石斛、林木育苗等。

【隘子镇】 位于始兴县南部，距离韶关市67公里、始兴县城65公里。辖区总面积323.28平方公里，山林面积30062公顷，耕地面积745公顷。下辖13个村委会、1个社区居委会，总户数6207户，总人口20882人。全镇有初级中学1所，在校学生377人；小学1所、教学点9个，在校学生1002人；幼儿园3所，在园儿童1000多人。2014年，全镇生产总值29286万元，其中工业总产值2590万元，农业总产值16641万元，第三产业总产值10055万元，农民人均年收入9811元。镇内森林、水产、矿产资源丰富，有石英石、绿柱石、钾长石、钨、铜、瓷土、铁等；主要特产有旺满堂清化米粉、田菇、仙草、灵芝、香菇、笋干、木耳等。 （张忠信）

附：领导班子成员名单

中共始兴县委员会

书　记：范秀燎

副书记：杨思远　黄勤昌

常委、纪委书记：

高　忠（—2014.5）

曹胜文（2014.5—）

常委、组织部长：卢建成

常委、宣传部长：夏　娟

常委、政法委书记：卢保新

常委、县委办主任：温　鑫

常　委：高　忠　杨　军　李智波

常委、人武部部长：黄良勇

始兴县人大常委会

主　任：范秀燎

副主任：雷雨明　林应均

陈庚来（—2014.12）

肖强运　何兴昌

始兴县人民政府

县　长：杨思远

常务副县长：高　忠

副县长：刘胜春　何晓域　汤爱亮

余志强　谭晓健

周顺明（—2014.12）

政协始兴县委员会

主　席：赖　根

副主席：田　毅　廖晋雄　邓海清

蔡　军　肖长安　邓炳光

翁源县

【概况】 先秦以前。新石器时代，翁源就有人类活动。春秋时期，翁源之地属百越地；战国时期，属楚地。秦时属南海郡。

两汉、三国、两晋、南朝时期。两汉、三国、两晋及南朝宋齐时期，翁源均属浈阳县地。梁承圣三年（554年），析浈阳县地置翁源县，属东衡州始兴郡。南陈初废东衡州，翁源县改属衡州始兴郡。陈天嘉元年（560年），在翁源县地置清远郡，翁源属之。

隋、唐、五代十国时期。隋开皇九年（589年）平陈废郡，翁源隶属广州总管府。唐初，在曲江置番州，县属之。唐高祖武德四年（621年），翁源自广州析隶韶州。五代时期，翁源县属韶州。

宋、元、明、清时期。北宋宣和三年（1121年），析翁源太平乡及曲江县廉平、建福两乡置建福县（治在岑水场附近），与翁源县同属韶州管辖。南宋建炎三年（1129年），废建福县，辖地各归原建制。元至元十五年（1278年），翁源县并入曲江县。大德五年（1301年），翁源复县，改属英德路。至大元年（1308年）英德路降为州，翁源仍属。明洪武元年（1368年）翁源县易名岑水县，不久复名。明洪武二年三月转隶属韶州府。明清时期，翁源县建制未变，均属韶州府管辖。

民国时期。民国元年（1912年）至民国38年9月，翁源县先后属广东省南韶连绥靖区、南韶连道、岭南道、南韶连行政区、南韶连政务区、北区、西北区绥靖区、第二行政督察区、第三行政督察区管辖。中华人民共和国时期。1949年9月15日，翁源全县解放。翁源县初隶属北江临时人民行政委员会，先后隶属北江人民行政督察专员公署、北江区行政督察专员公署、北江区专员公曙、粤北行政公署、韶关专员公署、韶关专区革命委员会、韶关地区革命委员会、韶关地方行政公署、韶关市。

1956年12月18日，广东省人民委员会批复，将新丰县梁坝乡划归翁源县管辖，隶属第二区。1957年2月20日合区并乡，全县并为4个区、2个镇、22个乡。同年9月14日，全县撤区并乡，并为14个乡、1个镇（龙仙镇）和牛屎坜矿办事处。1958年7月3日，英德东片的渔湾、大镇、桥头、青塘、白沙5个乡并入翁源。同年10月（文件批复时间为12月14日）新丰县并入翁源县。1959年11月6日，除新丰梁坝仍属周陂外，新丰划回复县；英德东片除青塘、横石外，其余划回英德，同时连平县的陂头公社划入翁源，1962年，横石、麦塘划回英德。1967年6月，陂头公社划回连平县。

翁源县位于广东省北部、韶关市东南部，北江支流滃江上游。东与连平县相连，南与新丰县毗邻，西与英德市、曲江区交界，北与始兴县、江西省接壤。地处北纬24°07′30″—24°37′15″，东经113°18′5″—114°18′5″。总面积2175平方公里，土地面积21.72万公顷，其中耕地面积3.16万公顷。全县户籍人口40.2万人，辖7个镇、1个场，153个村委会、3个工区，18个社区居委会，1982个村小组。

翁源县域属中亚热带季风气候区，年平均气温21.0℃，最高气温38.3℃，最低气温-0.8℃，无霜期312天，年平均降雨量1346.9毫米，年平均日照1799.3小时。县内多山区丘陵地，素有“八山一水一分田”之称。

全县有林面积16.3万公顷，森林覆盖率达63.1%，活立木蓄积量891.8万立方米。滃江贯流县境，横纳6条支流。水力蕴藏量13.8万千瓦，可供开发5.8万千瓦。地下矿产资源丰富，已探明的矿产资源有煤、铁、锰、硫铁矿、黑铁矿、金、银、铜等25种。

“龙僻灵池梅岩书堂皆胜地，仙开翁水双腊如珠尽韶天”，尽可概括翁源钟灵毓秀之气象。东华禅寺地处县城东北东华山风景区内，原名东华院，建于明朝天顺年间（1457—1464年），嘉靖年间重修，民国年间被毁。1997年，万行法师在旧址重新扩建集禅修疗养、休闲观光、礼佛祈福于一体的东华禅寺。客家民居独具特色，有广东客家围屋中独一无二的，按周易八卦文化和客家文化融合的古建筑蕙岭“八卦围”；有明清时建造的，由59座客家围楼组成的湖心坝民居群；有仿如“罗盘”形状的罗盘围。生态资源丰富独特，有青云山省级自然保护区、半溪市级自然保护区等丰富农林资源和全国最大的兰花基地，以及三华李、九仙桃、蚕桑等特色农业产业基地。文化底蕴深厚，千百年来，孕育出不少名人志士，有晚唐诗人邵谒，明朝抗倭名将陈璘，当代旅美华人、全美油画家协会原主席、油画大师涂志伟等。

翁源是“中国三华李之乡”“中国九仙桃之乡”“中国兰花之乡”“全国最大的国兰生产基地”“国家级黎蒴丰产林标准化示范区”。三华李获地理标志产品保护。六里柑、九仙桃、黑皮蔗、马古塘莲等名优特产久负盛名，江尾米面、周陂冰花饼等客家小食别具特色，溪黄草茶、白糖、缫丝、户外家具等名牌产品享誉国内外。

【经济社会发展状况】 2014年，全县生产总值完成80.7亿元，比上年增长10.6%，其中第一产业20.5亿元，同比增长4.4%；第二产业30.5亿元，同比增长17.4%；第三产业29.7亿元，同比增长7.4%；三次产业结构比由2013年的27.1∶35.5∶37.4调整为25.4∶37.8∶36.8。人均生产总值2.3万元，同比增长11%；固定资产投资完成51.8亿元，同比增长21.4%；社会消费品零售总额27.34亿元，同比增长10.5%；地方公共财政预算收入3.78亿元，同比增长15.8%，外贸出口10009万美元，同比增长44.2%；实际利用外资1720万美元，同比下降25.1%；城镇登记失业率2.4%，完成控制在3.5%以内的年度目标任务；人口自然增长率为7.7‰，完成控制在10.1‰以内的年度目标任务；农村居民人均纯收入9600元，同比增长10.5%，城镇居民人均可支配收入增长9.5%，达到17700元。

【工业化步伐加快】 全县完成工业投资29.67亿元，同比增长31.6%；全年新增“规上”企业14家，累计69家，其中产值超亿元企业22家，超2亿元企业10家，实现规模以上工业20亿元，增长22.2%，排名全市第二。官渡经济开发区区委调整到翁城并更名为翁源经济开发区。产业平台不断提升，华南理工大学与华彩园区建立科技创新实习基地。赛力克进入“新三板”并成功申报国家高新技术企业；3件发明专利获得国家授权，国家发明专利授权量与专利授权总量居全市县城第一。全年新签约项目33个，其中投资额5000翁源以上13个；全年园区签约动工建设项目21个，建成投产项目14个。各专业园区建设稳步推进，华彩园区完成投资13.8亿元，完成B区“三通一平”，完成E区征地33.33

公顷，污水处理厂进入试运营，电源基地控制性详细规划通过专家评审，区域环评已获得批复，园区配套设施建设稳步推进。民营经济支撑力持续增强，创造的增加值与税收占全县总量70%以上。传统企业转型升级取得新突破，青云山制药厂通过GMP认定。举办2014年韶关翁源（厚街）招商推介会和2014年广东翁源涂料化工高峰论坛。

【城乡建设稳步推进】 县城新区基础设施建设取得重大进展，在韶关县城首个采用PPP合作开发模式，引进中国太平洋建设集团参与县城新区基础设施建设。新区南出口工程启动建设，翁江大道东段、德政路中段、八泉大道三期工程基本完成路基铺设，龙仙2号桥人行道、龙仙河东岸绿道、南龙生活垃圾填埋场等工程建设已完工、新龙仙客运站土建工程已完成，新区实验小学、医院正在加紧推进前期工作。县城市政设施建设全年完成投资2亿元。房地产项目万隆花园主体工程已基本完工，锦绣山河、金悦华府、龙湖华府动工建设；“三旧”改造项目尚城阳光花园三栋主体工程已基本完成，全年完成房地产投资10.1亿元，通报增长73%，实现房地产销售15万平方米。翁城中心商务区控制性详细规划已完成。江尾南塘湖心坝村被列为国家级传统村落。开展“两创”工作并获得“广东省文明县城工作先进县城”称号。新增省卫生村12个、市卫生村25个，连续三年派全市第一。汕昆、武深两条高速公路韶关段在县内开工奠基，前期工作进展顺利。110千伏坝子铜锣变电站建成并投入营运。4G网络技术已完工，基本实现县城全覆盖及所有镇（场）热点区域覆盖，加快LED节能产品推广应用。莞龙公路亮化和县城路灯改造随例推进。翁城、江尾两个中心镇污水处理厂已动工建设

【推进农业生态建设】 粤台园区全年完成投资1.32亿元，新增项目9个，新搭建现代化温控大棚9万平方米，流转土地133.33公顷，兰花创意园启动建设，兰花长廊配套设施建设逐步完善，玫瑰精油项目已建有育苗基地，粤台园区建设成效得到省委副书记马兴瑞高度评价，成为全省现代化农业学习的榜样。为全县2.13万公顷水稻购买保险，实现政策性水稻种植保险全覆盖。特色农业稳步发展，有效带动农民增收，农业产业化水平不断提高，全县新增农民专业合作社43家，累计347家；新增市级农业龙头企业2家，累计15家；新成立家庭农场8家；新增“三品”认证10个。筹资6000多万元实施农田水利改善工程，完成高标准基本农田建设2280公顷。生态建设初见成效，完成碳汇林建设6140公顷，扩大省级以上生态公益林面积8200公顷，青云山省级森林公园总体规划已完成，建成“乡村绿化美化”示范点20个，森林资源保护和发展目标责任制考核成绩优异，获得省政府表彰。落实环境保护目标责任制，四项主要污染物排放总量实现控制目标，重点减排工程建设达到总体要求。

【商贸旅游稳步发展】 县农信社成为韶关市首家好银监会批准筹建的农村商业银行，年末全县金融机构的各项存款余额96.7亿元，贷款余额41.7亿元，同比分别增长12.5%、29%，全县存贷比提高5.5个百分点。健全工商部门与企业双向联系制度，帮助企业办理动产抵押登记26宗、融资7935万元。全县登记市场主体9835户，增长19.5%。全县汽车销售网点增至10家，全年销售汽车1857辆。鼓励网上销售，引导扶持30家兰花经营企业实现上线经营。新增限额以上批发零售住宿餐饮企业4家，全县社会消费品零售总额27.34亿元，增长105%；住宿餐饮业营业额2.2亿元，增长10%。冷泉滩、幽兰山庄等项目建设推进。全县接待游客120.67万多人，增长15.88%；旅游总收入8.6亿元，增长16.2%。

【社会事业不断进步】 全年投入民生支出11.3亿元，占财政支出的73.3%，增长19.3%。惠民实事推进，建设保障性住房、改善农田水利基础设施、建设全县卫生信息平台、普及免费孕前优生健康检查等惠民实事如期完成，龙仙公园改造正加快推进。重视教育发展，加强教育基础建设，获得“广东省教育强县”称号。《有事就寻亚添古》新闻报道获广东省新闻一等奖，涂志伟美术馆和翁山诗书画院举办画展9次，全年参观人数22万多人次；全县举办客家山歌大赛等演出300多场；参加全市小戏、小品调演获一金一银，参加两岸山歌大赛获银奖和新秀奖。县地税局获“全国文明单位”称号。县级公立医院改革工作全面启动，县中医院通过二级中医医院评审。加大住房保障力度，建设公租房、限价房和安置房268套。加强镇、村服务平台建设，社会保障公共服务网络不断延伸。创建“全国法治先进县”。开展“社会矛盾化解年”活动，完善源头治理掌控机制，全年受理群众来信来访262宗，同比下降48.5%，群众信访事项和上级交办信访案件办结率分别为91%和94%。推行治安巡逻网格化，完善立体化治安防控体系建设，提高见警率和破案率，开展“六大专项”打击整治行动并取得全市第一名，社会大局持续稳定向好，全县社会公众安全感和满意度得到明显提升。

【举行2014年广东翁源涂料化工高峰论坛】 2014年12月27日，由翁源县政府、广东省涂料行业协会联合主办的2014年广东翁源涂料化工高峰论坛在翁源县体育馆举行，市人大常委会副主任林平杰参加论坛并致辞，国内知名专家、学者、来自全国各地涂料化工产业客商、相关科研院校、行业协会嘉宾，围绕涂料行业转型升级、人力资源创新发展开展广泛交流和对话。2014广东翁源涂料化工高峰论坛，以“新常态、新思维、新发展”为主题，重点围绕“涂料化工产业可持续

发展”，提出新常态发展环境下如何促进涂料产业健康发展。在高端对话环节，参与对话的嘉宾围绕“涂料行业人才流动性大、企业如何留住人才”“产业转移形成集约化的产业园，如何解决招工难”“如何发挥培训基地的作用”这三个话题展开激烈的对话，共同探讨如何推进涂料产业的新常态、新思维、新发展，创新企业人力资源管理新模式。

【汕昆和武深高速公路韶关段奠基仪式】 12月17日，汕（头）昆（明）、武（汉）深（圳）高速公路韶关段，在翁源县城龙仙镇举行奠基仪式。韶关副市长朱余旺以及省南粤交通投资建设有限公司代表、市直各有关单位领导、沿线县（市、区）分管领导参加奠基仪式。武深高速公路仁化至博罗段，起于韶关市仁化县城口镇，接湖南省已建成通车的炎陵至汝城（湘粤界）高速公路，经丹霞、始兴、司前、翁源、隆街、新丰、龙门，止于博罗县城西，接已建成通车的博罗至深圳高速公路，路线全长约270公里。韶关段计划于2015年全线开工，2017年年底仁化段建成通车，2018年年底全线建成通车；汕昆高速项目先行工程定于2014年年底开工，2015年上半年全线开工建设，2017年年底河源段建成通车，2018年年底全线建成通车。

汕昆高速龙川至怀集段起于河源市龙川县城东，与梅（州）河（源）高速公路相接，经东源县、连平县，韶关市翁源县，清远市英德市、清新区、阳山县，肇庆市怀集县，终于肇庆市怀集县怀城镇。

【韶关首家农商行设立】 2014年8月12日，广东省翁源县农村商业银行大会暨第一次股东大会在翁源县龙泰酒店三楼会议大厅召开，此次大会是翁源县农村信用社60多年历史上最具有里程碑和转折性意义的一件盛事，也是翁源金融改革创新、惠民利民的一件大事，标志着韶关市首家农村商业银行正式创立，成功改制的翁源县农村信用社，由此迈上向现代金融企业战略转型的新征程。会议由翁源县委常委叶有昌主持。翁源县委常委、常务副县长朱增志，广东省联社改革与战略研究部副总经理张书杰，韶关市金融局副局长潘光敏，人民银行韶关市中心支行副行长关艳芬，韶关银监分局局长卢英建，韶关市联社理事长邱爱昌以及市县有关部门负责人和翁源农商行股东参加会议。

【太平洋建设第十二集团与翁源签署合作协议】 7月2日，太平洋建设第十二集团董事局主席邓曙光携经营团队与广东省翁源县签订《翁源县新城区基础设施建设合作框架协议》，协议签订标志着翁源县正式与太平洋建设集团建立战略合作关系，从而翻开翁源县城镇化建设的新篇章。翁源县委书记朱余旺，县委常委刘祥锋，县委常委、常务副县长朱增志，副县长刘平云等主要领导参加签约仪式。根据协议，双方合作建设的项目有：翁源新城区主干道路网县城南出口、龙翔大道、翁江大道二期、滨河西路、北环路等10条，总长25000米；新城区次干道路网共11条，总长20000米；总投资约12亿元。中国太平洋建设集团始建于1995年，是一家以基础设施投资与建设为核心产业的大型企业集团，是国内一家成长速度最快的企业，是一家私有公用、私营共有的新国企。

【龙仙镇】 位于翁源县境东部，为县城所在地，属全省规划建设的中心镇之一，是全县的政治、经济、文化中心。总面积427.3平方公里，其中耕地面积5340公顷，林地面积2.8万公顷。辖34个村委会，6个社区居委会，总人口122383人，其中城镇居民43694人，农业人口78689人。境内基础设施完善，交通便利。镇距广州200公里，距深圳300公里，至广州黄埔巷220公里、至花都机场120公里，至韶关100公里；省道S341、S244穿境而过，即将动工建设的昆汕（昆明至汕头）、武深（武汉至深圳）二条高速公路贯穿全镇20个村；主要乡村道路已铺设水泥路面。镇辖中学2所，小学26所；镇级卫生院3所。工业以水电、建筑、家私、纺织等为主；农业以水稻、蔬菜、蚕桑、淮山、糖蔗、水果等为主，主要特产有三华李、鹰嘴蜜桃、马古塘莲等；风景名胜有东华山佛教旅游风景区、新建的龙湖旅游风景区，历史文化遗产——晚唐遗址滃江书堂石、青云山省级自然保护区、冷泉滩自然度假区等。2014年实现地区生产总值7.9亿元，同比增长10%；财政收入1.114亿元，同比增长16%；固定资产投资完成3012万元；农村居民年人均纯收入达9053元，同比增长10%，城镇居民年人均纯收入达17579元，同比增长10%。农村基础设施不断完善，建成村垃圾收集点50个，解决农村公路干线的垃圾清运，创建省卫生村2个、市卫生村3个和青山村、青云村、联群村、中心村、丰山村和新坪村的文化设施建设，完成通村小组公路硬底化25公里；完成农村改厕2000户，完善全镇中小学校（幼儿园）软硬件等建设按标准要求配套。城乡居民基本医疗保险工作稳步进行，覆盖率达100%，健全基层医疗卫生服务体系；做好社会事务民生资金的监管和发放，共发放农村低保生活补贴320多万元，发放救济粮食16.75吨，发放医疗救助款32万元，自然灾害及建房补助96万元；完成全镇8222人养老保险存折发放，办理新参保人员共1960人，收缴养老保险金额66万元，种粮补贴发放940万元；生态公益林补偿金发放315万元，政策性森林保险参保率达100%。

【翁城镇】 是一座历史悠久的古城。自明洪武二年（1369年）至民国28年（1939年）共570年，曾为翁源县政治、经济、文化的中心，故称翁城。翁城地处翁源县西部，韶关市南部，距韶关约60公里，区位优越，交通十分便利。京珠高速公路和106国道、省道翁英路在境内贯穿而过，京珠高速在镇内设有出入口。镇域总面积146

平方公里，其中山林面积9266.67公顷，耕地面积1353.33公顷，人均耕地面积为0.05公顷，植被7466.67公顷，森林覆盖率为67%。行政辖区内有共18个村（居）委会，包括1个瑶族村委会，1个居委会，共163个村民小组。总人口3.6万人，其中农业人口30491人。家庭总户数为7551户，劳动力16188人，墟镇外来流动人口10000多人。农业以传统种植业为主，蔬菜和果蔗种植大镇，蔬菜和果蔗种植面积达933.33公顷。2014年，农村经济总收入8.05亿元，农村人均纯收入9141元，全镇财政收入6100多万元。该镇是省规划的中心镇之一，近年来又被县委县政府规划为翁西片工业发展重镇。翁城镇作为翁源县承接珠三角产业转移的中心，工业发展势头迅猛，已初步形成以华彩工业园、广业科技产业园和园区行政金融中心服务区为主的“两园一中心”发展格局。全镇有入园企业63家，其中五羊油漆、金悦通电子、鹏辉及广业清怡食品科技等一批大型知名企业已投产，部分企业如多柏斯涂料、欧文化工、同德化工等已准备投产。形成化工涂料、电子电工、消防器材、食品原料等支柱产业的聚集，2014年实现工业产值8.7亿元。翁城镇商贸活跃，全镇商业户1600多户，市场辐射覆盖人口达20多万。建有农贸市场3个，总面积10628平方米，逢二、五、八、零日为墟日，其中，粤北地区规模最大的蔬菜批发专业市场——粤北农副产品批发市场，年交易量25万吨，年交易总额2亿元。翁城特产有：地窖酒、黑皮果蔗、蔬菜、桂湖茶。农业农村工作，突出农业基础地位，加快农村基础设施建设，稳步发展农村经济。是年水稻种植面积1305.07公顷，蔬菜种植面积2474.67公顷（含复种面积）。发展蔬菜种植业，进一步落实农村种粮直补政策，全年种粮农户5618户，受益人口25193人，发放种粮补贴191.34万元。巩固创建林业生态县成果，采取“加强领导、强化管理，政策扶持，示范带动，市场运作，科技兴林”等一系列措施，进一步理顺责、权、利的关系，构建绿色生态屏障。开展政策性森林保险和生态林款发放等工作，全年发放生态林补偿款20.4万元。开展薄弱村整治，乡村基本实现住房楼房化，道路硬底化，农村各项基础设施不断完善，全年有8户建成10立方米以下的沼气池，有13户建成20立方米以上的沼气池。全镇文体基础设施逐步完善，兴建综合性文体广场1个，设有17个村级文化室，建有农家书屋18家，藏书5.5万册，实现每个行政村均有1家农家书屋目标。全镇有业余文艺队3个，电影队1个，舞狮队1个，业余篮球队1个。加大教育投入，提高教学质量，教学点的合理布局．全镇有1所完全中学、1所中心小学、14所村小学，适龄儿童入学率达100%。完善卫生院的软件硬件建设，提高医疗卫生水平，群众看病难问题得到有效解决。村级卫生站实现“两有”目标，儿童接种率95%以上。农村合作医疗发展，全镇参加农村合作医疗共有27847人，收款90.3万元，全镇受益15573人次，总报销补偿金额达296.88万元。投入资金10多万元，开展“创建卫生镇村”和“乡村清洁美”工作。

【新江镇】 位于翁源县西部，北纬24°25′—24°36′，东经130°44′—130°52′，东至始兴的隘子、翁源的江尾，西南至翁源的翁城、官渡，北至曲江的小坑，与铁龙、韶关毗邻。全镇总面积为336.57平方公里，其中耕地面积3535.4公顷，林地面积2.83万公顷，森林覆盖率84%。辖19个村委会，1个居委会，共252个村小组。全镇户数13445户，总人口45615人，其中农业人口43436人。辖区内具有丰富的资源，工业方面有：矿产（主要有硫、铁、铅、锌、硅、高岭土等20多种）、电力、竹木加工、藤艺、纺织、建筑材料、塑料制品等行业，有两家规模较大的工业园（鹏辉、华彩）落户在新展村。全镇引进客商投资达3300万元；全镇社会消费零售额达3.52亿元。引导农民调整经济结构，发展拱棚蔬菜、反季节蔬菜、地膜花生、果蔗等经济作物。全镇已形成一定规模的蔬菜、蚕桑、糖蔗、果蔗、水果、香菇、木耳、蘑菇、畜牧、水产等商品生产基地。全镇有中学2所、完全小学1所，初级小学14所。有中心卫生院1所、分院1所、门诊1所、乡村卫生医疗站27所。有供电所1座，小水电站16座。有邮政网点1个，投递点1个；有电信网点1家，服务网点5个，电话交换机总容量8000门，固定电话用户5850户，宽带接入用户1900户，实现电话、宽带网络村村通，学校、村委楼房化。境内交通方便，106国道及京珠高速公路贯穿而过，距京珠高速公路翁城出口9公里，距京广铁路大坑口东站40公里，实现村村通水泥公路。新江气候常年温和湿润，自然资源丰富，素有“鱼米之乡”“水果之乡”称谓。2014年，全镇实现地区生产总值11.49亿元，同比增1.48亿元。工农业产值5.21亿元，其中农业总产值4.16亿元，工业总产值10523万元。财政收入4373万元，同比增长2%。农村人均纯收入8808元，同比增长11%。城镇居民人均收入6681元，同比增长12%；全镇完成固定资产投入3130万元，同比增长8%；为国家上缴税金197万元。城乡居民生活水平和生活质量逐步提高。全镇有企业1076家，其中外商投资企业4家、出资企业1072家。全镇兴建灯光球场6个，办起农家书屋19家；组建一支文艺演出队和舞蹈队，常年活跃在乡镇，文艺演出队创作、排练采茶戏《青山情》参加全县贺中秋迎国庆采茶小戏大赛，荣获金奖和两个单项奖。全年完成送戏下乡4场，送电影下乡38场，送科技下乡8次，活动覆盖率达98%。改善办学条件，提高教学质量。小学适龄儿童毛入学率达99.9%。医疗卫生基础设施不断改善，新江卫生院及村级卫生站从根本上改善医疗卫生环境，健全最低生活保障制度，全镇有453户农业户1122人享受农村低保待遇，年保障金额达100

万余元。争取上级部门资金扩建敬老院，居住及基础设施条件得到明显改观，为40多位五保老人提供舒适宽裕的生活环境。落实支农惠农政策，是年核实种粮补贴农户7741户，面积2453.33公顷，发放综合补贴357万元。

【江尾镇】 位于县域北部，是中国九仙桃之乡、广东省兰花专业镇、广东省教育强镇及城镇化建设中心镇。位于翁源县西部，北纬24°25′—24°36′，东经1130°44′—1130°52′，东至始兴的隘子、翁源的江尾，西南至翁源的翁城、官渡，北至曲江的小坑，与铁龙、韶关毗邻。全镇总面积334平方公里，其中耕地面积4800公顷，林地面积2.59万公顷。辖24个村委会、3个居委会，272个村民小组。全镇户数13445户，总人口46520人，其中农业人口41834人。辖区内具有丰富的资源，主要有硫、铁、铅、锌、硅、高岭土等矿产及小水电、竹木加工、藤艺、纺织、建筑材料、塑料制品等。基础设施完善，交通便利，镇通行政村公路全部实现水泥硬底化。江尾镇工业以钨矿、小水电、建筑、户外家私、纺织等为主。农业以水稻、蔬菜、花卉、药材、蚕桑、果蔗、糖蔗、水果为主。种植面积800公顷的十里兰花长廊及400公顷的九仙桃基地，已成为广东省独具特色的生态农业景观。江尾镇有颇具客家文化建筑特色的南塘客家群楼、蒽岭八卦围等具有500多年历史。2014年，全镇生产总产值为81074万元，同比增长11%；其中第一产业总产值53477万元，同比增长6.5%；第二产业总产值24401万元，同比增长18.3%；第三产业总产值22782万元，同比增长17.1%。财政收入6196万元，同比增长17.2%。2014年农村经济总收入7.304亿元，其中农业收入50235.93万元，工业收入20628万元，农村人均纯收入7920元，同比增加785元，增长11%，城镇居民人均收入增长9%。特色产业初具规模。兰花产业迅猛发展。全镇已形成一定规模的蔬菜、蚕桑、糖蔗、果蔗、水果、香菇、木耳、蘑菇、畜牧、水产等商品生产基地。全镇有中学2所、完全小学1所，初级小学14所。有中心卫生院1所、分院1所、门诊1所、乡村卫生医疗站27所。全镇有181位无依无靠、独立生活能力差的老人列入“五保”范围，集中供养的有56人，分散供养的有125人；帮助569户1457人办理最低生活保障；为贫困家庭800多人给予生活资助，金额20万多元；发放种粮补贴487.53万元、生态公益林补贴110多万元；农村合作医疗住院补偿3241人次，金额达875.4万元。全镇83人次进行无偿献血。继续完善居民健康信息档案，开展居民健康检查，提供基本公共卫生服务，逐步使城乡居民享受公共卫生服务均等化。

【坝仔镇】 位于翁源县东北部，毗邻始兴县、河源市和江西省，距县城20公里，省道S244线、S245线贯穿镇境；全镇总面积384平方公里，其中耕地面积3234.2公顷，山林面积3.13万公顷，森林覆盖率达83%；下辖22个村委会、2个居民委员会及1个综合场，共331个村民小组，全镇总人口为53778人，是翁源县边陲重镇。2014年，全镇实现工农业总产值6.63亿元，同比增长5.7%。其中农业总产值3.51亿元，同比增长4.5%；工业总产值1.55亿元，同比增长10.6%；完成固定资产投资3209万元，同比增长0.3%；实现农村经济总收入12.5亿元，同比增长10.5%。全镇有林地3.13万公顷，其中生态林2.53万公顷，碳汇林600公顷，基本消灭荒山。全镇有全日制初级中学1所，中心小学1所，一贯制学校1所，公立幼儿园1所，卫生院1间，敬老院2间。2014年，全镇实现农业总产值5.48亿元，增长4.4%；工业总产值1.55亿元，增长10.6%；完成固定资产投资3209万元，增长0.3%；实现农村经济总收入12.05亿元，增长10.5%；农村人均纯收入9824元，增长10.4%。该镇现有三华李、九仙桃、糖蔗、蚕桑、蔬菜、茶叶等生产基地，其中三华李、九仙桃、茶叶已形成品牌，远销省内外。还有香菇、木耳、冬笋、粤北醇酒等特产。坝仔镇特色旅游景点有：县级文化保护文物：坝仔花桥；一心村的八角塔．古井．得月楼；礼岭村的积峰塔；上洞水库、岩庄水库；胜龙名茶生产基地；七仙子生态茶场等；金鸡白水寨、辉岭温泉。

【周陂镇】 地处韶关市翁源县的中南部，距县城21公里，南与新丰县交界，土地肥沃，交通便利，气候温和，光照充足，适宜作物生长，四季宜耕，作物常青，山岭常绿，矿产资源丰富。周陂镇是传统的农业镇，种植有蔬菜、糖蔗、蚕桑、水果、花卉、黎蒴等经济作物。全镇分设18个村委会和2个社区居民委员会，人口4.3万多人，其中农业人口3.9万多人，总面积230多平方公里，耕地面积5066.67公顷，林地面积1.42万公顷。农村实现100%镇通村道路硬底化，实现固定、移动电话、宽带网络、有线电视光缆传输信号覆盖。该镇有陈家祠、鹤蚌舞、烟火戏等传统文化遗产。该镇推广特色农业新品种、新技术，初步形成糖蔗、蚕桑、蔬菜、特色水果、花卉等五大优势特色品牌，特色水果以龙田柚子、双联葡萄等为主，落户该镇的广州华力园艺是翁源县设备最先进、技术含量最高、单个规模最大的花卉基地。2014年，全镇农村经济总收入达8.33亿元，同比增长10%，其中农业收入4.26亿元，农民人均纯收入8203元，同比增长10%。加快砖厂产业“绿色转型”，争取社会资金8000多万元建起鸿贵环保砖厂。该镇是“韶关市百镇千村平安建设示范镇”和“广东省教育强镇”。有丰富的自然资源和人文景观，如双联、坤山等地的煤矿及陈村、黄河等地的铁矿等矿产资源和陈嶙宗祠（陈嶙系明朝著名的抗倭名将）、白面仙岩（喀斯特地貌）、周陂温泉等旅游资源连成一体，构成本镇一道亮丽的风景线，为周陂旅游资源的开发提供可行性保证。三礤公路、江官公路贯穿周陂全镇，礤头至新丰黄礤、陈村至新丰回龙畅通无阻，并实现水泥路面硬底化，特别是江官线升二级公路改造已全面竣工，形成四通八达的公路网络。

【官渡镇】 是粤北重镇——韶关市通往珠三角的南大门。位于县域西南部，北接江尾镇、翁城镇，东与龙仙镇、周陂镇交界，南与英德市青塘镇为邻，北江支流——翁江自西向东横穿境内。官渡镇交通区位十分优越，国道106线与省道S341线在境内交汇，南距广州196公里，北距韶关77公里，东距县城龙仙32公里，距京珠高速翁城出入口仅14公里，全镇总面积约240平方公里，下辖19个村民委员会和2个居民委员会，全镇户籍总人口48606人，其中农业人口46248人，非农业人口2358人。2014年，全镇农村经济总产值86140万元，农村人均收入8073元，国地两税收入5557万元，镇级财政收入5366万元。官渡历史悠久，人杰地灵。有明朝抗倭名将吴广（与陈嶙同一时期，官渡坪田村人）；当代著名油画作家涂志伟。坐落在官渡镇的农业龙头企业茂源糖业有限公司（原翁源糖厂）发展态势良好，年产值超亿元，带动镇及周边乡镇糖蔗产业发展，促进农民增收。该镇可开发水电资源丰富，全镇已建成投产发电的水电站有12座，装机容量近2万千瓦。该镇发挥招商引资队伍作用，抓好招商引资，发展工业经济。2014年，完成固定资产投资3050万元，全镇工业生产总值43828万元，同比减少3.8%；国地两税创税5557万元。做好农业规划布局，突出区域优势，扶强做大八大农业主导产业。全年全镇核实种粮面积2584.92公顷，共发放补贴资金376万余元，核实生态林面积5119.6公顷，发放生态林补偿款115.19万元。

【铁龙林场】 地处翁源县西部，位于北纬24°50′，东经113°68′，东邻新江镇，南与英德市交界，西北与韶关市曲江区接壤，距县城80公里，离京珠高速沙溪出口13公里，全场总面积96.5平方公里。全场下辖3个农业工区和1个社区居委会，共33个村民小组，总户数2058户，总人口5962人，其中农业人口4756人。山林面积9333.33公顷、耕地面积360公顷。铁龙林场地属中亚热带季风气候，平均气温19.4℃，年降雨量1778毫米，十分适宜于林木和农作物生长，山上林木茂密，主要有杉树、松树、毛竹以及各种阔叶林木，还盛产冬菇、木耳、竹笋、灵芝、茶叶等土特产。境内交通便利，京珠高速公路、国道106线、县道353线横贯全场，毗邻京广铁路和北江水运的韶关大坑口货运码头，地理位置十分优越，基础设施日臻完善。2014年，全场地区生产总产值为20.28亿元，增长27.57%；国、地两税收入6474万元，同比增长171.7%，全县镇（场）排名第一。农民专业合作社8个，发展种养业；农村经济总收入2.08亿元，同比增长13%；农村人平均年收入达到9304元，同比增长10%；龙化工区瑶族新村、张屋村等2个村通过省级卫生村创建考核验收，龙集水浸洞村、龙体沙岭李村和龙化奔康村等3个村通过市级卫生村创建考核验收。辖区内有中源水泥厂等规模以上企业，2014年工业总产值13.70亿元，同比减少10.45%。完成固定资产2.9亿元（其中园区2.5亿元、林场0.4亿元）；完成园区征地面积5.91公顷。全年人工造林面积39.1公顷，补种面积215.1公顷；投保商品林面积共5463.37公顷，投保金额共49170.4元，完成县下达任务数170%；调出40公顷林地实行股份造林，启动股份造林试点工作；护林防火工作考核荣获全县第一名。2014年，林场为参加城乡居民养老保险和城乡居民医疗保险人员补贴17万多元，全场参加城乡居民养老保险1891人，完成率103.3%，城乡居民医疗保险实现全覆盖；为全场低保户82户241人发放低保救济金10多万元；出台《铁龙林场户籍学生考取高校的奖励办法》，为30名考取高等院校的大学生颁发奖金2.8万元。

（钟新洪）

附：领导班子成员名单

中共翁源县委员会

书　记：颜　亮（—2014.11）

副书记：温毅麟

县委常委、常务副县长：朱增志

县委常委、政法委书记：肖伟旗

县委常委、纪委书记：刘祥锋

县委常委、组织部部长：陆伟杰

县委常委、县委办主任：陈建为

县委常委、宣传部部长：丘雪媚

县委常委、武装部部长：刘明强

县委常委：官流经济开发区工委书记：叶有昌

县委常委：王树生（2014.1—）

翁源县人大常委会

主　任：朱余旺

副主任：刘国富　彭方松　陈志峰　雷展发　张树玉　陈福环

翁源县人民政府

县　长：颜　亮

常务副县长：朱增志

副县长：包玉兰　陆伟杰　陈路生　柯建忠　邹永祥　刘平云

政协翁源县委员会

主　席：谢寿通

副主席：余小英　张朝养　涂永先　曾桓有　刘少青　李翠红

新　丰　县

【概况】 新丰县地处广东省中部偏北、韶关市南端、东江和流溪河三河水分流之处，是东江重要支流新丰江的源头。新丰属千年古县。新丰县建制前，属南海郡龙川县地。南齐永明元年（483年）置县，取“物产丰富”之意而得名新丰县，属南海郡。隋开皇十八年（598年），改新丰县为休吉县，属循州总管府辖。大业三年（607年），将休吉县并入河源县。明隆庆三年（1569年），析河源地，兼割英德、翁源两县之东南隅再复县，取“长久安宁”之意，称长宁县，属惠州府辖。清朝，长宁县一直属惠州府辖。民国3年（1914年）5月9日，因避与江西、四川两省的长宁县重名，而复名新丰县，属潮循道；民国10年（1921年）至38年（1949年9月30日止）隶属广东省第四行政督察区。1949年6月13日，新丰县解放。新中国成立初，新丰县属北江专区管辖；1951年12月29日，归东江专区管辖；1952年6月，划归粤北行政公署管辖；1958年12月14日，与翁源并县；1959年11月16日，与翁源分县，恢复新丰县建制，属韶关地区管辖；1975年1月，划归广州市管辖；1988年1月，划归韶关市管辖至今。2014年辖6个镇1个街道。土地面积2015.2平方公里。年末户籍人口25.97万人，常住人口21.20万人。人口自然增长率4.95‰。

2014年，新丰县有耕地面积1.63万公顷，粮食播种面积1.20万公顷，粮食产量5.52万吨。林地面积15.36万公顷，森林覆盖率80.47%，活立木蓄积量1012.23万立方米。重要矿产资源有稀土矿、瓷土矿、铁矿、水泥用灰岩。土特产主要有冬菇、木耳、灵芝、高山茶、笋干、番薯干、蜂蜜、木屐、汤料、花生油、山茶油、云髻山米、阿里山味梅菜、美少女西瓜、樱花蜂蜜、樱花红酒、佛手瓜系列产品、雪山铁皮石斛系列产品、云髻山酒及高浓度醇香的回龙松山米酒等。主要旅游景点有云髻山旅游区、云天海森林温泉度假村、新丰江源温泉旅游度假山庄、樱花峪、佛手瓜村等。

【经济社会发展状况】 2014年，全县生产总值69.84亿元，增长14.5%。其中：第一产业增加值10.39亿元，增长5.0%；第二产业增加值34.22亿元，增长23.5%；工业增加值31.40亿元，增长24.6%；第三产业增加值25.23亿元，增长6.9%。人均地区生产总值3.30万元，增长13.7%。规模以上工业总产值80.67亿元，增长27.3%。农林牧渔业总产值16.37亿元，增长4.4%。固定资产投资43.52亿元，增长24.1%。社会消费品零售总额18.21亿元，增长12.3%。外贸进出口总额2580万美元，增长48.4%；实际利用外资1251万美元，增长12.9%。地方公共财政预算收入3.46亿元，增长20.1%。城镇居民人均可支配收入1.78元，增长10.3%；农村居民人均可支配收入0.94万元，增长11.6%。

【工业产业集聚有新突破】 2014年，新丰县完成全部工业增加值31.40亿元，增长24.6%；规模以上工业增加值26.75亿元，增长27.9%。引进内联项目95个，合同引进资金28.93亿元，到位资金19.77亿元，增长7.2%；引进外资项目3个，合同利用外资3519万美元；外贸进出口完成2580万美元。规模以上工业企业新增8家、达61家，限上商贸企业新增11家、达32家。借东莞东城对口帮扶契机，回龙、马头工业片区基础设施及配套建设推进，稀土产业和建材产业集聚地建设启动。苏粤铜铝材厂二期、金丰达第三条生产线、长莹新材料、广兴牧业续建项目建成投产，中色南方稀土（新丰）分离厂、嘉峰陶瓷等项目动工，鸿丰水泥第三条生产线、上川食品饮料等项目推进。

【发展生态休闲旅游业】 2014年，新丰县全年接待游客157.18万人次，旅游总收入达11.4亿元，分别增长18.05%和17.34%。获“第四届广东省县（市）域旅游创新发展十强县”称号。完成“岭南生态养生度假旅游名县”三年行动计划方案编制，启动黄礤镇现代农业、观光休闲旅游园区规划编制。云天海温泉度假村被评为国家AAAA级景区，林海二号楼建成营业，日接待能力超千人；云髻山旅游开发首期20栋温泉古镇项目基本建成；温泉小镇首期正紧密对接。丰江生态农家乐园“星级农家乐”评选活动及“樱花节”“枫叶节”“佛手瓜节”等“福寿新丰”旅游文化节系列活动成功举办。

【特色农业规模发展壮大】 2014年，新丰县农业产业化、组织化进程加快，全县农业龙头企业13家，农民专业合作社新增38家、达254家，田丰现代农业种养、茶峒高山茶专业合作社申报国家级示范社。新大康弘葡萄园、喜事顺、顺发猪场等现代农业园区发展；黄礤高山茶、珍贵花卉、佛手瓜、美少女西瓜等特色农业产业化发展加快，特色农业镇品牌效益凸显；砂糖桔、霸王花、凉粉草等特色农业种植，火龙果采摘园、田丰现代农业种养基地等规模初显。

【城镇建设管理】 2014年，新丰县完成县城、回龙镇、马头镇总体规划修编，启动控制性详规编制。丰江新城开发建设启动，南区路网、起步区规划建设推进；启动丰城大道商贸街改造升级规划；人民东路南侧“三旧”改造项目动工；迎宾馆、老一中周边商贸开发项目完成前期工作；滨江国际花园完成7栋主体建设；名汇花园一期B区、丰兴明珠大厦、一号公馆进入装修阶段；碧桂园紫城房地产开发项目正加紧洽谈、筹备，横江商贸物流城等乡郊开发项目加快推进。县城污水处理管道完善工程完成8.6公里管网铺设；县城生活垃圾填埋场二期工程启动、推进；民利城市管道天然气工程完成前期工作；开展活禽市场搬迁选址论证。开展县城综合整治，完成环卫体制市场化改革，“省卫生县城”复审通过验收，“省文明县城”创建获省级先进单位。

【新农村建设有亮点】 2014年，新丰县启动农村土地承包经营权确权登记颁证试点工作；政策性水稻涉农保险参保面积1.4万公顷。强化“两违”整治，全年依法查处违法用地60宗，拆除违法建筑55处、1.18万平方米，基本建成“村收集、镇转运、县处理”的生活垃圾运营体系；推进“美丽乡村”建设，丰城街道横坑、东瓜坑，马头秀田、梅坑禾溪、黄礤茶峒和沙田龙潭等村面貌一新。

【推进重点项目建设】 2014年，新丰县全年重点项目41个，新开工项目17个，续建项目24个，动工项目36个，投（试）产企业8家。完成全县产业发展战略规划编制。完善重点项目综合协调、激励约束、督查督办机制，强化要素调度、保障，全年重点项目完成投资39.03亿元，重大项目加快推进成为跨越发展重要动力。

【完善基础设施】 2014年，大广高速（新丰段）全线施工顺利，2015年底将建成通车；武深高速（新丰段）启动先行性工程征拆；韶新高速（新丰段）正推进立项报批。沙田至腊坑段改造全线动工，遥田半陂至大埔段改建启动征拆。国道105线过境段改建工程全线动工，省道347线横江至梅坑段改造启动征拆，完成19.1公里县乡道改造、69.73公里通自然村公路硬底化、6座水毁桥梁建设，新建桥梁2座，"六路一网"（大广高速、武深高速、国道105线、省道347线、省道244线、西出口公路，地方公路网）交通大格局雏形渐显。完成1180公顷高标准基本农田建设。成功申报小型农田水利重点县；农村水电增效扩容、程洞水库除险加固等项目推进；修复2013年水毁水利设施，总投资1200万元，完成重点工程7宗，完成水库维修4宗，完成遥田自来水、黄礤拦砂坝及小型水利设施维修37宗。鲁古河水库供水及第三水厂建设前期工作推进。110千伏越堡变电站项目加紧建设。

【生态文明建设】 2014年，"广东新丰鲁古河国家湿地公园"申报成功，首获"国字号"生态品牌。种植黎蒴200公顷，完成10个240公顷优质杉推广示范点建设。完成森林碳汇林、"岭南红叶之乡"红叶示范点等营造林4333.33公顷；完成18个乡村绿化美化工程建设。加大土地、林业、矿产资源及环境巡查、监管、执法力度，推进木材加工厂规范监管、矿产资源整合开发、生态环境综合治理，加强生态保护。争取中央江河湖泊生态治理资金配额计划8000万元，省财政竞争性农村环境综合整治示范县专项资金1000万元。丰江河综合整治完成废弃矿场复绿36.67公顷，完成瓷土堆放场整治，取缔一批非法采砂场、小造纸厂；完成建筑垃圾堆放场选址。新丰江流域（三镇一街）综合整治项目完成前期工作，新丰江干流治理工程和羌坑河小流域治理工程完成可研报告编制。全县森林覆盖率80.47%，饮用水源地水质达国家Ⅱ类水标准，城市空气质量优良率100%。

新丰县马头镇"美丽乡村"创建重点村——秀田村的古树公园全貌（周静 摄）

【民生保障更加有力】 2014年，新丰县民生支出10.79亿元，占公共财政预算支出的77.57%。城镇居民人均可支配收入1.78万元，增长10.3%；农村居民人均可支配收入0.94万元，增长11.6%。城镇新增就业2879人，城镇登记失业率2.32%。城乡居民基本养老、医疗保险参保人数分别为77286人、193347人，企业职工基本养老、医疗、失业、工伤、生育保险参保人数分别为24246人、19045人、9758人、23605人、5606人。就业与再就业稳步上升，社保扩面征缴落实，保障体系日趋完善；重视人才引进和培育，提升农村教师、乡镇医务人员岗位津贴，农村教师人均津贴702元/月，惠及教师1119人；乡镇医务人员人均津贴501元/月，惠及医务人员208人。县区域性敬老院初步选址，黄礤镇应急避护中心完成建设；推进农村养老服务建设"幸福计划"，城乡低保、五保、残疾人保障等底线民生供养救助达到省市标准，城乡居民基本养老保险基础养老金标准由65元提高到80元；城镇居民低保标准由280元提高到370元，人均补差由242元提高到333元；农村村民低保标准由180元提高到230元，人均补差由110元提高到147元；五保供养标准由400元提高到491元。办理六件民生实事，新一轮扶贫"双到"工作推进，全县66个重点帮扶村全年共投入扶贫资金1.7亿元，实施村帮扶项目1331个，改造低收入住房困难户农房1200户，66个贫困村全部用上安全自来水，300人以上自然村完成道路硬底化。着力解决中低收入人群住房难问题，建成保障性住房111套。

【教科文卫事业蓬勃发展】 2014年，新丰县城第四小学完成主体建设；完成县一中教师公寓、学生宿舍，2所公立幼儿园建设；2014年高考再创佳绩，第一批本科上线人数位居全市七县（市）一区第四，本科以上上线人数位居第三，专科以上上线人数位居第三；通过“广东省教育强县”验收。梅坑镇获市级技术创新专业镇称号，黄磜镇申报省级技术创新专业镇，杰力电工被认定为省电子电工材料工程研究中心。完成第三次全国经济普查、城乡一体化住户调查。《中国共产党新丰县历史》（第二卷）完成审定；《新丰年鉴（2012—2013）》《新丰历史人物》出版发行。市运会获击剑团体第一、射击团体第三，举重、田径团体第四。成立县文化发展促进会，开播新丰综合频道。参加广东省第六届群众音乐舞蹈花会获铜奖。全年送戏下乡62场，送书下乡13次，送电影下乡1692场。人口和计划生育水平提升，全县政策生育率90.43%，常住人口出生率11.44‰，常住人口自然增长率4.95‰，出生人口性别比104.35，完成国家免费孕前优生健康检查1123人。完成县医院分院业务综合大楼主体建设、卫生监督所办公楼改建，启动县城医疗机构布局规划与调整。

【行政效能明显提升】 2014年，新丰县依法行政，执行县人大的各项决议，自觉接受人大的法律监督、政协的民主监督及社会舆论监督，全年办理人大代表建议37件、政协委员提案41件，答复率100%。围绕维护公共利益、提升施政效率，推进政府运行规范改革。制定《新丰县人民政府职能转变和机构改革方案》，初步完成事业单位分类改革。开展商事登记制度改革。取消行政审批事项243项，规范网上办事大厅运营，强化行政审批权限、时限监管，推动行政审批规范、公开、透明；推动征地拆迁、城镇规划建设管理、壮大镇村经济等系列政策规范重构；推进陶瓷土开发规范整合，倡导公平公正，推行公共资源规范交易。执行中央“八项规定”，“三公”经费、公车使用进一步规范。推进电子政务建设，建立县镇村三级便民服务平台。加大行政监察和审计监督力度，加强反腐倡廉建设，惩治和预防腐败体系不断健全。

【丰城街道】 位于新丰县中部，是县治所在地，又是全县政治、文化、经济中心。东与马头镇相邻，西与梅坑镇接壤，南与惠州市龙门县蓝田镇交界，北靠黄磜镇。辖区总面积329.6平方公里。2014年，辖7个社区和25个行政村，总人口86798人，其中农业人口34171人，占总人口的39.36%，农民人均收入11105元；非农业人口52627人，占总人口的60.64%。全街道固定资产投资约8.1亿元。其中重点项目完成6.99亿元，同比增长21%；规模以上工业总产值4.67亿元，与上年同比增长32%；规模以上工业增加值1.48亿元，同比增长43%。丰城街道旅游资源丰富。新丰江发源地云髻山位于城区北面8公里处，已开发为集旅游、观光、温泉沐浴、休闲度假于一体的旅游景区。土质以赤红壤为主。农业以种植水稻、花生、黄豆、薯类为主。2014年，丰城街道有耕地1092.47公顷，其中水田912.67公顷，旱地179.8公顷，种植水稻（早、晚造）1486.87公顷，蔬菜（含复种）1569公顷、花生303.33公顷，水果基地1447.8公顷，花卉65.2公顷，竹子种植543.33公顷，生猪存栏21468头，出栏19462头。办有司茅坪、岳城、雪山、亚婆髻等县属林场和云髻山省级自然保护区。有林地面积11836.4公顷，森林覆盖率72.5%，是县林业重点地区，建有3856.67公顷生态公益林。

【马头镇】 位于新丰县境东北部，东邻东源县，南毗龙门县，西连新丰县城，北接连平县，镇政府驻马头墟，距县城14公里。国道105、省道S1910公路交汇贯穿全镇，全镇村村通公路，各村公路都实现硬底化，交通便利。辖区总面积530.9平方公里，有山地45741.53公顷；耕地1959.93公顷，其中水田1415.47公顷。2014年，下辖30个行政村，3个居民社区，374个村民小组，总户数14325户，总人口45248人，其中，农业人口41643人。全镇有初级中学1所、小学5所、幼儿园3所、教学点7个，在校学生1232人。2014年，全镇工业总产值17.51亿元，农业总产值3.12亿元，农民人均收入1.015万元。镇内矿产资源丰富，主要矿产有铁矿、煤、稀土矿、瓷土、石灰石、铜、锡、钨等10多个品种，主要农业产品有水稻、花生、

广东新丰云髻山省级自然保护区风景（潘慧恩　摄）

甘蔗、李子、柑橘、香菇、灵芝、木耳、草菇、莲藕、西瓜等，特产有香菇、灵芝、木耳等。

【梅坑镇】 位于新丰县城的西南部，东与丰城街道办相接，南与从化、龙门县交界，西与沙田镇和回龙镇相邻，北靠黄礤镇和翁源县的礤下镇，镇政府驻梅坑社区，距县城14公里。105国道和省道347线贯穿全境，2015年12月底建成通车的大广高速通过梅坑镇大岭、利坑、徐坑、清水等村。全镇村村通公路，各村公路都实现硬底化，交通便利。辖区总面积310平方公里，山地2.4万公顷；耕地1418公顷，其中水田1062公顷。2014年，下辖20个行政村，2个社区居民委员会，246个村民小组，总户数10309户，户籍人口27850人，其中农业人口26814人。全镇有初级中学1所、小学3所、幼儿园3所、教学点8个，在校学生1138人。2014年，全镇农业总产值5.1亿元，农民人均收入9292元。境内山地广阔，森林茂密，水源充足，四季常青，全镇有林面积2.4万公顷，森林覆盖率85%，是韶关市森林生态示范镇。镇内矿产资源丰富，主要有铁矿、钼矿、铜矿、硫铁矿、水泥石灰岩、水晶、瓷土等。温泉分布广，有梅东、大岭、利坑、徐坑等多处温泉资源可供开发，辖区内有云天海温泉原始森林度假村和新丰江源温泉旅游度假山庄。主要农业产品有小白菜、红背菜、玉角、尖椒、香菇等。

【沙田镇】 位于新丰县境西部，东邻梅坑镇，南毗从化市，西连遥田、英德，北接回龙、翁源、韶关，镇政府驻沙田社区，距县城42公里。沙田镇交通以陆路为主，省道347线、新遥公路、叶东公路贯通全镇，全镇村村通公路，各村公路都实现硬底化，交通便利。实现村村通电、通邮、通电话、通广播电视，手机信号覆盖全镇。辖区总面积241.5平方公里，其中山地面积192.78平方公里，耕地32746公顷。2014年，下辖17个行政村、1个居民社区、177个村民小组，总人口23592人，其中，农业人口22504人。全镇有初级中学1所、小学11所、幼儿园2所、教学点12个，在校学生1535人。2014年，全镇农业总产值23733万元，农民人均收入9849元。全镇经济发展以农业生产为主，农民多以种植水稻、反季节蔬菜为主要经济来源。推进特色农业发展，培育发展特色经济，引导农民种植凉粉草、马蹄、霸王花、火龙果、砂糖橘等经济效益高的农作物。有丰富的水力资源和矿产资源，水力蕴藏量为0.8万千瓦，可开发量为0.73千瓦；矿产资源主要有瓷土、稀土等。

【遥田镇】 位于新丰县境西南部，东邻沙田镇，南毗从化市东明镇，西连佛冈县迳头镇，北接英德市白沙镇，镇政府驻江下村，距县城57公里。县道X361联通全境并于国道106（英德市白沙镇）连接，全镇村村通公路，各村公路都实现硬底化，交通便利。辖区总面194.9平方公里，有山地376.02公顷；耕地1466.57公顷，其中水田1090.55公顷。2014年，下辖19个行政村，1个居民社区，19个村民小组，总户数10675户，总人口36351人，其中，农业人口34915人。全镇有初级中学1所、小学6所、幼儿园2所、教学点8个，在校学生2748人。2014年，农业总产值2.695万元，农民人均收入8835元。镇内矿产资源丰富，主要矿产有稀土矿，主要农业产品有砂糖橘、凉粉草、紫薯，特产有香菇、木耳、竹笋等。

【回龙镇】 位于新丰县境西北部，东邻梅坑镇，南毗沙田镇、遥田镇，西连英德市青塘镇，北接翁源县，镇政府驻居委，距县城58公里。与106国道青塘段相距10公里，省道347线横贯境内，向北可达韶关、长沙、武汉，向南两小时可到达广州市区。全镇村村通公路，各村公路都实现硬底化，交通便利。辖区总面积161平方公里，有山地16800公顷；耕地1021公顷，其中水田815公顷。2014年，下辖17个行政村，1个居民社区，124个村民小组，总户数6510户，总人口21187人，其中，农业人口18912人。全镇有初级中学1所、小学4所、幼儿园2所、教学点10个，在校学生2153人。2014年，全镇工业总产值12亿元，农业总产值1.82亿元，农民人均收入9830元。镇内矿产资源丰富，主要矿产有铁矿、石灰石、稀土、瓷土。主要农业产品有水稻、花生、黄豆、甘蔗、马蹄、兹姑、砂糖橘。特产有灵芝、合子沙梨、龙眼、杨梅、黄皮、溪黄草、沙田柚、松山米酒、水豆腐等，特色小吃有油炸糍，其中回龙灵芝和由松山天然无污染的山泉水酿造的松山米酒，远近驰名。

【黄礤镇】 位于新丰县境北部，东邻马头镇和连平县隆街、崧岭两镇，南毗丰城街道和梅坑镇，西北连翁源县周陂，镇政府驻雪梅，距县城21公里。公路自南往北贯穿全境（在此交会），全镇村村通公路，各村公路都实现硬底化，交通便利。辖区总面积247.3平方公里，有山地21859.8公顷；耕地1006.1公顷，其中水田752公顷。2014年，下辖13个行政村，1个居民社区，170个村民小组，总户数6319户，总人口18529人，其中，农业人口17823人。全镇有初级中学1所、中心小学1所、幼儿园1所、教学点8个，在校学生836人。2014年，全镇工业总产值7.15亿元，农业总产值1.45亿元，农民人均收入10260元。镇内资源丰富，主要矿产有铁、铝、钨、煤、锰、石灰石、瓷土、稀土，主要农业产品有佛手瓜、美少女西瓜、高山茶、油茶、花卉和番薯。

（俞志高）

附：领导班子成员名单

中共新丰县委员会

书　记：陈俊林

副书记：陈景辉　马志明

县委常委、纪委书记：谢林茂

县委常委、县委办主任：曾　军

县委常委、宣传部部长：陈小同
县委常委、副县长：林小龙
县委常委，丰城街道党工委书记、人大工委主任：李翠琼（女）
县委常委、政法委书记：曾　伟
县委常委、组织部部长：胡亮亮
县委常委：黎德庆（2014.1—，挂职）
县委常委、武装部部长：
　　李光高（—2014.4）
县委常委、武装部政委：
　　唐学庆（2014.4—）

新丰县人大常委会
主　任：陈俊林
副主任：江大凡　刘冰清（女）
　　罗衍国　廖少明　李国彬
　　谭光来（—2014.9）

新丰县人民政府
县　长：陈景辉
副县长：林小龙　赖展锋　罗志方
　　吴武超　谭雪梅（女）
　　胡志彬（2014.6—）
　　潘三峰（—2014.6）

政协新丰县委员会
主　席：李德彝
副主席：郭世初　潘子英　潘允标
　　冯南燕（女）　郑　斌
　　廖保青

乳源瑶族自治县

【概况】　秦朝时即隶属南源郡，1167年8月，设置乳源乡名为县名，1952年3月与曲江县合并为曲江乳源县1953年5月，恢复乳源县；1958年12月，撤销乳源县，归入韶关郊，1963年10月1日，成立乳源瑶族自治县，隶属韶关地区。1983年以后属韶关市。2014年7月1日起，被列入广东省第四批财省府直管县之一。乳源瑶族自治县地处广东省北部和广东第一高峰山脉南缘，五岭山脉中段，骑田岭南麓，韶关市西北面。东邻韶关市浈江区、武江区、曲江区，南连清远英德市，西接清远阳山县，北与乐昌市和湖南省宜章县交界。县人民政府驻乳城镇。距韶关市区38公里。是韶关市唯一的瑶族自治县。2014年，辖乳城、桂头、大桥、大布、洛阳、东坪、游溪、必背、一六等9个镇13个居民委员会、102个村民委员会，1183个村民小组，行政区域面积2299平方公里，年末人口21.84万人，常住人口18.26万人，其中瑶族人、畲、满、回等少数民族人口共计2.31万人。人口自然增长率8.75‰。

乳源地理位置优越，介于北纬24°28′11″—25°08′58″之间，东经112°55′22″—113°27′32″，。地势由西北向东南倾斜，西部、北部峰峦环峙，属高山地带，溶蚀高原地貌显著，东、南部属丘陵地带，地形、地貌、山水、地质奇特。交通网络四通八达，早在汉朝就有连接古都长安的西京路。是广东北上与湖南南下的重要门户之一，京广铁路、京港澳高速公路、广乐高速公路、国道323线、省道（248线、249线、250线、258线）贯穿县境。

境内资源丰富，乳源蕴藏丰富的矿产、森林、动植物等，已探明矿物28种，其中金属矿13种，稀有金属矿7种，非金属矿15种。拥有耕地面积0.99万公顷，林业用地面积16万公顷，森林覆盖率77.81%，林木绿化率82%，活立木蓄积量748万立方米，是广东省重要的林业基地县之一。拥有水资源蕴藏发电量56.25万千瓦，其中可开发利用55.2万千瓦，有广东第三大人造淡水湖——南水水库。各种野生植物共计216科946属2572种，列为国家级保护树种25种，野生药用植物207种。野生动物1500多种，国家珍稀濒危和国家一、二、三级重点保护的品种有83种。地热资源开发温泉度假区有乳源温泉、车干水温泉、大桥温泉、青岗温泉、东粉温泉、凰村温泉、溪南温泉等7处，分布在乳城镇、东坪镇、大桥镇、一六镇、桂头镇、必背镇等地。

境内旅游资源得天独厚，具有丰富的自然景观和人文景观。有国内罕见广东乳源大峡谷；有海拔1902米岭南第一高峰的石坑崆和拥有0.67万多公顷原始森林的国家级自然保护区——南岭国家森林公园；有水面面积达0.37万公顷的南水湖湿地公园；有地貌奇特、人迹罕见的地下森林“通天箩”；有巧夺天工的仙人桥；有全国重点寺观，中国佛教五大禅宗之一云门宗的发祥地——千年古刹云门寺；有民风淳朴，瑶族风情的必背瑶寨和县城周边的国公岩、白石岩、双峰山、雷峰塔等景观。

2014年9月，乳源瑶族自治县第4次被国务院授予“全国民族团结进步模范集体”。11月，乳源“瑶族民歌”被列入国家级非物质文化遗产代表性项目名录（传统音乐项目）。12月，乳源瑶族自治县“过山瑶刺绣”被文化部办公厅决定命名为2014—2016年度“中国民间文化艺术之乡”。12月18日，文化部、人力资源和社会保障部授予乳源瑶族自治县文体旅游局“全国文化系统先进集体”称号。瑶族原创音乐《恩情》获广东省“五个一工程奖”。是年乳源获评“广东省旅游创新发展十强县”。

【社会经济发展状况】　2014年，全县地区生产总值完成60.74亿元（比2013年增长11.5%），其中：第一产业增加值6.98亿万元（比2013年增长4.1%）；第二产业增加值30.49亿元（比2013年增长12.6%），全部工业总产值117.2亿元；第三产业增加值23.27亿元（比2013年增长12%）。地方财政一般预算收入5.01亿元，增长15.9%；农村居民人均可支配收入9706元，增长13%。社会消费品零售总额17.34亿元。城镇居民人均可支配收入17842元。

【工业经济呈现较快增长】　实施科学招商引资工作，工业经济得到稳定，以招商引资、扶持企业和加强园区建设推动项目发展。2014年，完成固定资产投资55.8亿元，增长23.6%，其中52项重点项目完成投资30.1亿元。引进项目45个，总投资17.08亿元。实际利用外资2041万美元。新增规上企业20家，投入9000多万元，推进开发区基础设施建设，完成园区征地53.9公顷。东阳光甲烷氯化物、绿之源罐装、扬成铝材等项目建设推进。鸿峰特钢入选省重点帮扶高成长性中小企业名单。工业总产值117.2亿元，增长13.5%。其中规上工业产值97.5亿元，增长15.5%。

【农村经济保持稳定】 县委、县政府以农业增效、农民增收为目标，落实各项强农惠农富农政策，因地制宜发展生态农业，推进农业产业化发展。全县农作物播种2.19万公顷，引进农业新优品种17个，推广先进种养技术11项。新增农民专业合作社43个、家庭农场12个。实施造林补贴项目0.17万公顷、森林抚育补贴0.13万公顷。林业贴息贷款总额9967万元，贴息金额272万元。生态公益林全部投保政策性森林保险。发展造林和林下经济，社会造林2.33万公顷。建成林业专业合作组织6个、林下经济示范基地6个。冠华公司成为国家级主食加工业示范企业。农业总产值10.99亿元，增长4%。南岭、天井山、大峡谷、云门寺等景区配套设施进一步完善，银山南岭旅游度假区建设推进。2014年，接待游客315万人次，增长10%；旅游综合收入24.35亿元，增长12%。新增限上企业17家。批发零售业销售额36.4亿元，增长13.5%；社会消费品零售总额17.3亿元，增长12.4%。金融机构各项存款余额67.49亿元，增长17.95%；各项贷款余额31.63亿元，增长24.32%，存贷比46.86%。

【城乡提质效果明显】 2014年，实施“三旧”改造项目7个，建成水岸国际二期、嘉乐风景园等一批商住小区，新增商品房789套。县城滨江路全线贯通。乳城镇世行贷款建设经济综合开发示范镇项目推进。申报“五彩瑶乡”省级新农村示范片项目。建成乳桂公路沿线幸福村居示范村8个。综合治理中小河流4宗，改造小型灌区8宗，实施农村小水电扩容增效项目21个，建成高标准基本农田0.21万公顷。完成农村公路硬底化45公里。立足生态发展区定位，绿化造林0.39万公顷，碳汇造林0.17万公顷，建设生态景观林带66.67公顷，扩建生态公益林8.27万公顷，建成4个森林公园和21个乡村绿化美化工程示范点。加强城乡建设管理，依法拆除“两违”建筑1400多平方米。推行“户集中、村收集、镇转运、县处理”的农村生活垃圾处理模式。建成桂头镇污水处理厂和18家养殖场治污减排设施，削减化学需氧量426吨、氨氮40.73吨。县城区市政路灯实行合同能源管理。万元GDP能耗下降2.79%。

【推进民生实事】 实施县城区义务教育学校按照就近入学原则实行分片招生，民族实验学校完成改制，鲜明八一希望学校扩容提质项目动工建设。大桥镇通过省教育强镇督导验收。申报全省首批国家级农村职业教育和成人教育示范县。国家人口和计生政策得到落实。举办瑶族“十月朝”系列活动。县瑶族代表代表市参加第五届省民运会夺得6金6银5铜。10月31日，县中医院医教中心博爱楼落成并举行启用仪式。12月20日，县妇幼保健院迁址重建新院工作完成并举行启动仪式。中医院医教中心落成启用。12月，经省非物质文化遗产专家委员会主任会议审议，广东省文化厅同意设立“瑶族文化（乳源）生态保护实验区”。城乡居民基本养老保险、基本医疗保险参保人员分别达6.69万人和15.55万人。筹集资金1100多万元，解决300多名国有企业下岗职工社保问题。转移农村劳动力就业3312人，新增城镇职工就业2011人，城镇登记失业率为2.35%。整合帮扶资金8500万元，实施扶贫项目367个，建成“两不具备”村庄搬迁户住房465套，改建农村低收入住房困难户住房690套。平安乳源“十大工程”推进，安全生产、产品质量、食品药品有效监管，社会救助、救灾救济、应急处置得到加强，社会秩序和谐稳定。县政府重点办好8件实事、好事得到落实。

【提高底线民生社会保障财政投入】 2014年，提高对“底线民生”、社会养老、医疗保险等补助标准，着力提升社会保障水平。城镇居民最低生活保障人均补差标准由245元提高到333元，农村居民最低生活保障标准由113元提高到147元。农村五保供养标准提高到492元。集中供养的孤儿由每人每月1000元提高到1150元，散居孤儿由每人每月600元提高到700元。城乡居民社会养老保险由每人65元提高到80元。城乡居民医保财政补助标准从每人每年280元提高到每人每年320元。人均基本公共卫生服务经费标准从每人每年30元提高到每人每年35元。

【教育实践活动取得实效】 2014年，县委、县政府深入开展以为民务实清廉为主要内容的“党的群众路线教育实践活动”，围绕“为民、务实、清廉”主题，按照“照镜子、正衣冠、洗洗澡、治治病”的总要求，落实部署和进一步实施活动，制定《关于进一步完善党员干部密切联系群众制度的意见》《关于建立乡镇领导干部驻点普遍直接联系服务群众制度的实施方案》《县委重大事项决策制度》。全县9个镇、56个科级单位、451个基层党组织、10780名党员参加活动。落实中央八项规定，单位、个人梳理出问题1152条，并得到整改。全县性会议减少9.8%，压缩县级“三公”经费51.5%，清理超标办公用房3207平方米。整改政府领导班子“四风”问题14个。接受人大、政协和社会监督，办理人大代表建议33件、政协委员提案7件，处理网络问政、民生热线反映问题922个。教育活动有新举措，新风尚，新气象，工作作风、干部作风得到转变效果显著，全县社会风气有质的变化。

【新一轮机构改革启动】 政府职能部门取消行政审批事项231项。国有企业、财税管理、商事登记和教育、文化、卫生等改革推进。筹资1600多万元，建成以网上办事大厅为龙头，集行政服务中心、公共资源交易中心和效能监察系统于一体的综合性政务服务平台，办理各类审批和服务事项11万多件，打通服务群众“最后一公里”。完成新一轮政府机构改革，减少事业单位75个、编制209名。

【民族文化艺术交流】 2014年，广东省韶关市乳源瑶族自治县民族文化艺术交流团走出国门，到太平洋岛国——斐济演出，是乳源民族文化艺术团第四次出国表演。建团至2014年，依次分别到汤加、菲律宾、新西兰、英国、法国等国家表演和中国香港特别行政区、中国澳门特别行政区参加文化交流。

【乳源上广东“旅游创新发展十强县（市）”榜】 12月5日，“广东旅游竞争力评价研究中心”“广东智慧旅游发展中心”课题组在广州大学向社会发布《广东省县（市）域旅游综合竞争力研究报告（2013—2014）》，评选出广东省“旅游综合竞争力十强（市）”，乳源瑶族自治县榜上有名。

【妇幼保健院新院投入使用】 12月18日，县妇幼保健院搬迁工作完成并投入使用。新的妇幼保健院占地面积9423.7平方米，建筑面积7518.7平方米，停车位100多个。开设有妇女保健科、儿童保健科、妇科、产科、儿科、中医科、医学影像科等保健、临床医技科室等科室。

【瑶族村被命名挂牌为“中国少数民族特色村寨”】 12月23日，国家民委发布《关于命名首批中国少数民族特色村寨的通知》，韶关市乳源瑶族自治县必背镇必背村委会必背口村、韶关市乳源瑶族自治县游溪镇大寮坑村委会八一瑶族新村、韶关市乳源瑶族自治县东坪镇新村村委会东下山瑶族村，为全国首批340个村寨予以命名挂牌的“中国少数民族特色村寨”其中之一。

【乳城镇】 位于乳源的东南部，是县人民政府所在地，东临武江区龙归镇，南连武江区江湾镇，西邻东坪镇，北与游溪镇、一六镇交界。镇政府驻地侯公渡，镇境内有国道323线、省道249线和250线、县道358线贯穿，京珠高速公路在境内设有1个出入口，区位优越，交通便利。为县的三大中心镇之一，全镇总面积209平方公里（其中耕地面积0.14万公顷，林地面积1.42万公顷），森林覆盖率为83.3%。辖13个村民委员会，5个居民委员会，共216个村民小组。全镇总户数18630户，常住人口69476人，其中农业人口34510人。镇内设中学4间，中等职业技术学校1间，小学4间，特殊学校1间。镇级卫生院1间，村级卫生站20个。2014年，全镇国民经济生产总值29.91亿元，农村人均纯收入7005元。镇内历史文化遗产有泽桥山遗址、横石山遗址、文昌塔、西京古道遗址—大富桥、刘氏宗祠、宋田古戏台、宋田文塔、天德寨。景点有云门寺、桂花潭、云门峡风景区、文昌公园、金狮公园、乳源温泉、双峰山、国公岩、丽宫国际温泉旅游度假区、三王石、文秀峰、睡美人（下街岭）、燕子岩、白石岩。主要特产有蔬菜、菜干、竹笋、烤烟、巴西果、巴西果汁、香蕉李、葡萄、蜜柚、茶叶、冬菇、木耳、山羊、九仙腊味、瑶东生态猪、瑶东腊味、茶油。

3月1日，广东省韶关市乳源瑶族自治县民族文化艺术交流团到太平洋岛国新西兰演出

【桂头镇】 位于乳源境东北部，距县城约25公里，南距韶关市区29公里。镇域东与武江区重阳镇、浈江犁市镇接壤，南邻游溪镇、武江区重阳镇，西邻游溪镇、必背镇，北与乐昌市长来镇毗邻。镇境内交通线有京广铁路、武广高铁、广乐高速公路（在建并设2个出入口），是省道248线、250线交汇点，县道325、326线纵横贯穿全境。武江河经镇域由北向东南从中部流过。区位优越，交通便利，是省政府确定的268个中心镇之一。全镇总面积125平方公里，有耕地面积1806.73万公顷，森林面积7794万公顷，森林覆盖率为62%。镇辖14个村民委员会，1个居民委员会，共93个自然村。总户籍数11634户，总人口36908人，其中农业人口33036人。教育。镇域有学校20间，其中：中学1间，专任教师104人，在校生807人；小学12所，专任教师118人，在校学生2369人；幼儿园7所。全镇有中心卫生院1家，执业

医师25人、助理医师8人、卫技人员65人，设有床位33张，建有乡村卫生站16个。2014年，全镇国民经济生产总值7.21亿元，农民人均纯收入6990元。镇内历史保护文物有位于桂头镇区域（江背）背夫山由李根源立的南宋陈军名将“陈司空征北将军侯公安都墓”。主要特色农产品有杨溪砂糖橘、杨溪马蹄、杨溪杨梅、小江三华李、皇帝柑、阳陂甘蔗、均村甘蔗。

【大桥镇】 位于乳源境西北部，镇政府驻地距县城约33公里。境内石角塘为省道249线与258线交汇点，县道有325、327、357、358线贯穿，京港澳高速公路在境内设有大桥出口，区位优越，交通便利。属乳源3个中心镇之一，镇域总面积384平方公里，有耕地面积2620.86公顷、林地面积2.65万公顷，森林覆盖率为70%。辖21个村民委员会，1个居民委员会，共265个村民小组。家庭总数8775户，常住总人口40966人，其中农业人口38433人。镇设有中学1间、小学19间，镇级卫生院1间，村级卫生站26个。2014年，全镇国民经济生产总值4.39亿元，农民人均纯收入5788元。镇内景点有红豆杉公园、通天箩、南岭国家森林公园等，历史文化遗产有西京古道、观澜书院等，主要特产有石头猪、酸姜、大桥河鱼、禾花鱼等。大桥镇饮食文化独特，农家菜有禾花鱼、麻包豆腐、懒人豆腐、花生豆腐等。

【大布镇】 位于乳源南部，镇政府驻地距县城约67公里，属乳源典型石灰岩高寒山区镇、革命老区镇和生态发展镇。区位比较优越，东与武江区江湾镇、曲江区罗坑镇交界，南与英德市波罗镇相邻，西北与洛阳镇相连。交通便利，省道258线贯穿镇境。全镇总面积220平方公里，有耕地面积989公顷、林地面积1.94万公顷，森林覆盖率为75%。辖7个村民委员会，1个居民委员会，84个自然村（108个村民小组）。全镇家庭总户数2969户，总人口13053人，常住人口7536人，其中农业人口7168人。有中学、小学各1间，镇级卫生院1间，村级卫生站7个。2014年，全镇国民经济生产总值2.38亿元，农民人均纯收入5986元。镇区景点有国家AAAA级景区广东乳源大峡谷，历史遗存典型建筑有鸽英村委牛婆洞四角楼。主要土特产有番薯干、腐竹、荷兰豆、竹笋等。

【游溪镇】 位于乳源境内东北部，距县城约19公里。省道258线（乳桂线）和在建的广东高速公路贯穿全境，区位优越，交通便利。是乳源瑶族人口聚集镇之一。全镇总面积133.6平方公里，有耕地面积465.87公顷、林地面积8628公顷，森林覆盖为71.3%。辖11个村民委员会，1个居民委员会，共有74个村民小组、4个居民小组。家庭总户数3119户，总人口数11640人，其中农业人口11254人。镇内设小学4所，镇级卫生院1间，卫生站11个（其中私立卫生站5个）。2014年，全镇国民经济生产总值1.03亿元，农民人均纯收入5793元。镇内有特色村寨八一瑶族新村，主要特产有瑶家腊肉、瑶爽酒、瑶绣、江背香芋等。

【必背镇】 位于乳源境北部，距县城约54公里，县道325线贯穿全境。是乳源3个瑶族人口集居镇之一。全镇总面积147平方公里，有耕地面积0.025万公顷、林地面积1.23万公顷，森林覆盖率80.39%。辖7个村民委员会，1个居民委员会，共52个村民小组。家庭总户数2180户，常住总人口7803人，其中农业人口7478人。设有小学2所，镇级卫生院1间，村级卫生站7个。2014年，全镇国民经济生产总值5031万元，农民人均纯收入5729元。镇内景点有瑶寨景区、必背口村特色村寨、大村古瑶寨、桂坑尾村、凹背坑梯田、黄龙八景等。瑶族历史文化承传遗产有拜盘王、瑶绣、瑶药。主要特产有瑶家腊肉、瑶爽酒、瑶绣、白毛尖茶叶、公坑辣椒等。

【东坪镇】 位于乳源西北部，距县城约14公里。境内有国道323线、省道258、249线分别贯穿镇境，京港澳高速公路在境内东田村设出口，有县道358线经过，区位优越，交通便利。是乳源3个瑶族镇之一。全镇总面积359平方公里，有耕地面积348.66万公顷、林地面积3.36万公顷，森林覆盖率为92.9%。镇辖10个村民委员会，1个居民委员会，共81个村民小组。家庭户籍总数3092户，总人口12998人，常住总人口9912人，其中农业人口11676人。设小学2间。镇级卫生院1间，村级卫生站7个。2014年，全镇国民经济生产总值6416万元，农民人均纯收入5598元。镇内景点有龙溪车干水温泉，主要特产有三角鲂、方武生姜、金竹峰单丛茶。

【洛阳镇】 位于乳源西南部，镇政府驻地距县城约36公里。国道323线横穿镇境内，省道258线和县道324经过镇域东、南部，有4条镇村主干道公路。南岭国家森林公园、天井山国家森林公园处于镇域核心区域。镇域总面积558平方公里，其中耕地面积969.5公顷，林地面积3.13万公顷。森林覆盖率为90%。辖12个村民委员会，1个居民委员会，130个自然村（91个村小组，1个少数民族村小组）。家庭总户数2579户，总人口数10022人，常住总人口9883人，其中农业人口9540人。镇内设有小学4间。镇级卫生院2间。农民人均纯收入5949元。特色农业产业有九节茶、洛阳茶、柠檬、水晶梨、猕猴桃、台湾高山茶、月坪村海狸鼠和坪溪村中华鲟、三文鱼等。镇内景点有国家AAAA级旅游景区天景山仙人桥。历史文化遗产有东平山正觉寺遗址、洛阳桥、蔡襄祠、洛阳古街、陈金城故居。

【一六镇】 位于乳源境东北部，距县城约15公里，东邻韶关市武江区，南邻乳城镇，西邻东坪镇，北邻游溪镇。因逢一、六日为墟日而署名“一六”。镇政府驻地海拔90米，全镇总面积84

平方公里。有耕地 1029.4 公顷，森林覆盖率 76.3%，是一个传统的农业大镇。辖 7 个村民委员会，1 个居民委员会，共 103 个村民小组。家庭总户数 4146 户，常住总人口 17101 人，其中农业人口 16383 人。设中学、小学各 1 间，镇级卫生院 1 间，村级卫生院 9 间。2014 年，全镇实现农村经济总收入 1.13 亿元，农村人均纯收入 6766 元。境内有麻辣花生豆腐煲、辣椒拌凉菜、辣椒花鱼、阿木饭店的招牌菜——“香芋鸭”等特色菜，传统食品有用大米作原料的榨粉、糍粑、叶包粽，日本品种“田心”牌西瓜、巴西果、李果等。（赵天养）

附：领导班子成员名单

中共乳源瑶族自治县委员会

书　记：吴春腾

副书记：邓志聪　伍　文

县委常委、纪委书记：张　军

县委常委、常务副县长：林昌卫

县委常委、政法委书记：黄寿生

县委常委、组织部部长：林应良

县委常委、县人民武装部部长：吴炬光

县委常委、统战部部长：赵志敏

县委常委、县委办主任：许益云

县委常委、宣传部部长：简连英

县委常委：戴浩平（挂职，2014.—）

乳源瑶族自治县人大常委会

主　任：吴春腾

副主任：马福德（常务副主任）　许尔华　朱均玉　李荣贵　赵　雷　邱　波

乳源瑶族自治县人民政府

县委副书记、县长：邓志聪

县委常委、常务副县长：林昌卫

副县长：陈耀宇　连卫　梁丽娟　林　军　李明华

政协乳源瑶族自治县委员会

主　席：费玉海

副主席：陈松海　刘宏美　温则精　吴巧英　释明向　邓国雄

县城全景（吴世韶　摄）

人　　物

全国五一劳动简章获得者名单

黄健美，男，汉族，1965年1月出生，籍贯为广东省揭阳市，中共党员，博士研究生，1988年7月参加工作，现任宝钢集团广东韶关钢铁有限公司信息部任职。他推动企业的精细化、流程化、规范化、高效化管理，使韶钢的“两化”融合水平在广东省内位居前列，韶钢先后多次获评“全国信息化工作先进单位”“省信息化建设示范企业”。2012年，名列“广东省信息化和工业化融合示范工程行业标杆企业”榜首，2013年被授予“十二·五广东制造业信息化科技工程试点企业”。他长期奋战在技术研发第一线，主持开发韶钢“精益生产制造系统”“精细物料管理系统”“计量数据自动采集管理系统”“办公自动化系统”“设备管理系统”“智能仓储物流系统”等30多套拥有核心技术的管理信息系统，创造经济效益和社会效益，获国家计算机软件著作版权20项，探索出“韶钢信息化模式”。他团结带领IT团队，利用信息技术，在逐步实现装备大型化、自动化的韶钢，实施生产、管理流程数字化改造，建成基础自动化级、过程控制级、制造执行级、经营管理级、决策支持级的完整的企业五级计算机管理系统，主要依靠自身技术力量，实现“数字化、现代化”的新韶钢。2013年以来，他力推改革，外拓市场，仅用半年时间就完成对粤北重点国企市场的较好控制。他着眼未来提出的“粤北硅谷高科技园区”规划建设思路清晰。韶钢已被省经信委列为软件和信息服务业重点支持企业。黄健美被评为2013年全国五一劳动奖章获得者。

胡孔和，男，汉族，1975年12月出生，籍贯安徽省桐城市，政治面貌为群众，医学博士，1999年8月参加工作，现任汕头大学医学院粤北人民医药博士后。他近5年来他从未休假，平均每周工作90小时以上，近年来主刀完成各类手术近700台，治愈近1100名住院患者。很快成长为医院骨干、省显微外科学会委员。他精通骨科常见及高难度手术，带头开展多项新技术，独立熟练完成颈胸腰椎减压融合内固定手术、髋关节置换手术、关节镜下半月板缝合及交叉韧带重建术、手显微外科手术、脊柱及四肢骨折手术、骨肿瘤及骨病手术等。胡孔和是医院做显微外科手术最多、断指（肢）再植成活率最高的医生。成功修复一名车祸致骨盆多发性骨折、骶髂关节分离的外省大货车司机的重创的骨盆及肢体，保全患者的下肢活动功能。成功治愈一名上臂完全离断的患者再植断肢，为患者保住肢体。他近年来主持省科技攻关项目、汕头大学医学院博士后课题等13项。其中省科技攻关项目“OsteoMedM3钉板在颈椎单开门椎管扩大成形术中应用的生物力学及临床研究”，为国内首次报道将OsteoMedM3钉板以其整套费用约3000元的低价格完全可以代替需万元的其他小钢板，切实减轻粤北山区的广大患者的医疗负担。此外，近年来他主持的3项课题研究成果获市科技进步二等奖。在中华医学会系列杂志等医学权威和核心期刊发表论文15篇。他多次被医院评为“优秀教师”。从未收过病人的红包，从未出意料差错事故，收获众多患者的信任。近年来他获评为由患者投票产生的医院“我最信任的医务人员”。以最高票获评由医务人员投票产生的2012年和2013年度的“优秀医生”。成为全院医务人员的表率。胡孔和被评为2013年全国五一劳动奖章获得者。

广东省五一劳动奖章获得者名单

钟瑞敏，男，汉族，1967年6月出生，籍贯江西省瑞金市。中共党员。博士研究生，1992年5月参加工作。现任职韶关学院英东食品科学院院长、教授。1992年至1994年，他在中山乐百氏保健品有限公司完成“乐百氏奶”技术改造任务并作为主要完成人负责开发“反斗星营养奶”和“第一步婴儿代乳品”两项新产品。前者产值达3000多万元，并获1994年广东省科技进步奖。他1994年来韶关学院后，从一名年轻教师，成长为教学名师、全国优秀教师。自2000年起，他承担食品科学工程、食品质量与安全2个本科专业的专业建设负责人。2011年在全校高级职称教师教学竞赛中荣获第一名。2012年，他主持的《食品工艺学》获广东省精品资源共享课程建设立项。他近15年来先后承担2项国家自然科学基金项目、主持完成5项省部级科研项目、20余项市级及校企联合攻关项目，获2项广东省重大科技成果、4项发明专利和1项软件著作权获授权，在国内外公开发表科研论文60余篇，出版高校教材4部，成功转化科技应用成果6项。他在实验室和科研平台建设方面业绩突出。主要有：建立“韶关学院食品研发中试中心”，而后升格为“广东省粤北特色食品工程技术开发中心”和“粤北特色果蔬食品资源开发利用平台”；“系列旅游食品生产技术”成功应用；“高澄清度杨梅果汁工艺技术”成功应用；“生鲜食品安全质量可追溯系统”成功应用，填补韶关市区域性农产食品物流配送体系的食品安全全程监控空白；负责设计并建设韶关市绿之源包装食品有限公司年产1.5亿罐头凉茶、巴西果汁饮料产品的乳源工厂。2010年以来，还先后开发冷冻粤北特色果汁、开发冷冻肉丸、浓缩肉汤生产技术、开发固定化果醋等专利技术。协助韶关市政府提供技术和质量安全讲座、食品安全宣传咨询、QS审查、出厂检验员培训、农贸市场建立农药残留、瘦肉精快速检测站等服务。钟瑞敏被评为2013年广东省五一劳动奖章获得者。

孟　军，男，侗族，1971年8月出生，籍贯广西三江县。中共党员。本科学历，1991年12月参加工作。任职广东省北江监狱监区长。1991年从部队复员参加工作以来，始终保持军人本色，多次公务员考核被评为优秀等级及先进工作者。2次荣获个人三等功，所带领的集体分别荣获二等功、三等功和嘉奖一次。2007年，孟军担任狱政管理科科长，他亲自带领科室人员改变工作作风。经常深入三大现场，将工作前移一线。7年来，他从未休过公休假，节假日科室值班，他总是其中的一员。7年来，他将消除安全隐患为已任，先后下发隐患整改通知书48项，处理违反值班规定的警察12人次；共审批罪犯改造积极分子10845人次，表扬52584人次。记功、立功、重大立功4836人次，接收新犯15631人，往外省调犯3070人，禁闭处罚罪犯121人次等。在全省启动AB门改造中，北江监狱成为全省监狱系统AB门改造的标杆单位，他负责的此项工作受到省厅局领导的肯定。孟军主动与社会医院协调，争取支持专门建造罪犯外出就医监管病房，安装视频监控设施。更在多起突发事件的紧急关头，冲在第一线，为成功处理突发事件立下功劳。在一名心理障碍罪犯手持利器以自杀相要挟与警察对峙时，他置个人安危于不顾，上前与罪犯单独对话，稳定罪犯过激情绪，为下一步行动争取时间。在一名罪犯因病抢救无效猝死，其家属召集几十人来监狱闹访时，他仍沉着冷静、控制事态蔓延，使罪犯亲属无机可乘。维护监狱的执法形象。2013年5月，在全省特大型监狱监区领导选拔中，他被提拔为二监区监区长。在新的岗位的前三个月，他初步建立起监区规范的执勤、管理和考核模式，实现机构改革的平稳过渡。孟军被评为2013年广东省五一劳动奖章获得者。孟军被评为2013年广东省五一劳动奖章获得者。

钟智勇，男，汉族，1969年4月出生，籍贯广东省韶关市，中共党员，大专学历，1987年8月参加工作，现任职韶关市交通运输局综合行政执法局大队长。2010年8月，钟智勇任韶关市交通运输局综合行政执法局第一执法大队副大队长，负责交通综合执法。他先后部署开展打击“黑车”“克隆”出租车，班线车经营更加规范有序。在2012年“三打”行动中，一大队查获非营车69辆，比2011年增长46%，维护群众和客运企业的利益。在全市三打考核中，市交通运输局受到市表彰。2012年12月，他任执法局第三执法大队大队长、韶关市梅花治超站常务副站长，主要负责京港澳高速公路梅花治超站的治超执法，他协助站长开展工作，不断加大治超执法力度，针对近年来大吨位的超限运输车辆逐渐减少，但车货长宽高超限运输现象却越加严重，严重影响高速公路隧道、桥梁以及行车安全。在他的主导下，梅花治超站从2013年7月中旬开始，部署开展针对车辆外形尺寸超限运输的治理工作，取得显著效果。2013年，梅花治超站供检车车辆124517辆，查处超限车辆3860辆，卸载转运货物10940.69吨，超限违章率3.1%，达到省市治超目标要求。实行交通综合执法后，他边学边干，很快掌握业务。他对交通行政强制手段和相关法律文书提出许多修改建议，被上级采纳。他制定打击非法营运、源头治超工作指引，供执法人员学习掌握。他从事执法工作十多年，从来没有发生行政错案和纠纷。他作为大队领导，重视队伍建设。在梅花治超站，为过往司机送药送水，提供夜餐等服务，深得司机的好评。钟智勇被评为2013年广东省五一劳动奖章获得者。

李敋告，男，汉族，1970年10月出生，群众，大学本科学历，1996年9月参加工作。现任职新丰县人民医院内科主任。他1996年毕业于广东医学院临床系本科，毕业后分配到新丰县人民医院工作，主要从事内儿科临床工作。于2006年被聘为内儿科主任。他克服设备落后、不怕承担风险等困难，先后在内科开展：血液灌溉治疗有机磷中毒、急性心肌梗死静脉溶栓、双水平正压通气治疗呼吸衰竭等一系列较先进的医疗技术，第一个在新丰县开展血液灌流治疗急性农药及药物中毒；第一个在新丰县使用呼吸机治疗慢性阻塞性肺疾病合并呼吸衰竭，且成功撤机；第一个应用呼吸机治疗急性心力衰竭并抢救成功。引进血液灌溉治疗有机磷农药中毒以来，新丰县重症有机磷农药中毒的病死率由原来的百分之五十降低到现在的百分之十。其中，降纤酶治疗急性脑梗死，双水平正压通气治疗呼吸衰竭被评为韶关市2006年推广的新技术、新项目。他以身作则，不分工作日周末，坚持每天查房，及时了解患者的病情，借此机会向向下级医生传授各种疾病的治疗技术，发挥传、帮、带的作用。及时公正地处理医患矛盾，只要医院需要，他随叫随到。每年在全县举办的各种医疗学术会议上，传授医疗技术知识。他参与的手术多次，参加全县其他医疗单位的抢救工作，参与新丰县突发医疗公共事件的防治。2008年，用新丰县人民医院带来的呼吸机为该县妇幼保健院的一名羊水栓塞产妇救治，成功抢救该名产妇。2008年，他受聘为新丰县内科学科带头人，享受县政府津贴；2009年，被评为新丰县“爱岗敬业十大身边好人”道德模范。2011年，当选为韶关市第十三届人大代表，2013年，被评为新丰县首届“十大优秀人才”。李敋告被评为2013年广东省五一劳动奖章获得者。

肖国法，男，汉族，1953年10月出生，籍贯湖北蕲春县，政治面貌群众，初小学历，1990年1月到乐昌市自来水有限公司任职管道检修员。在城市居民的楼房，特别是陈旧楼房中，管道锈蚀、阀门漏水是常事。工作量大，节假日、严寒时，他都准时出外维修管道。维修时，他都从不在意累和苦。他都是带头干，他的苦干实干精神感动用户和与他一起工作的队友们。碰到一天要接几项维修任务，经常工作至深夜，寒冷天遇到主管裂开，阀门关不上的问题，整个维修过程只能站在冰冷刺骨的水中进行。2006年7月15日，乐昌遭遇特大洪灾，为及时快速完成抢修任务，保证全市用水，他连续一个多月没休息，与队员们战

斗在大街小巷，用铁锹铲泥，用手掏垃圾，手破脚伤，他全然不顾，领导劝他回家休息，他心急的是他人用水的问题，仍坚持工作。大家都感动地称抢修队员为“英雄”。肖国法被评为2013年广东省五一劳动奖章获得者。

李军国，男，汉族，1969年6月2日出生，籍贯湖北省武穴市，政治面貌群众，学历初中，2000年起在韶关市起重机厂有限责任公司任生产班长，焊工中级职称。他先后提出自卸车厢工艺作细化生产，优化臃肿的生产模式，实现一致性标准化生产的基础，生产效率提高2倍；倡导和引进气体保护焊接设备，改变传统电焊条的焊接工艺；改进新厂房生产工序的整体布局，制定一套比较完善的生产制造工序，解决生产现场“脏、乱、差”等管理难题；自卸车生产线做优化布局、原来的“地摊式”生产方式转化为流水线生产方式，减轻生产劳动强度；对流水生产线做进一步优化，主要针对自卸车流水线的工装、夹具及生产辅具做合理的增加和调整，在提高副车架生产效率的同时，保证副车架工艺质量及技术精度，满足标准生产一致性；对自卸汽车车厢的横加强梁做技术创新，引进冷弯成型生产线，生产出的立体凹槽横梁强度比原来平面横梁的强度增加30%以上；自卸车加强梁剪切工艺的改进，建议方案实施后制作槽钢剪切机和加强梁精简机各一台等工艺，使生产规模由劳动密集型生产转向技术密集型生产转变。李军国被评为2013年广东省五一劳动奖章获得者。　（朱彩云）

2014年度广东省“三八红旗手”

贺穗云，女，汉族，1973年5月出生，中国共产党员，大专文化，1994年7月参加公安工作，现任韶关市公安局治安管理支队基层基础大队副大队长。从警以来，就一直坚守在治安管理战线上，获得省优秀人民警察、市巾帼建功先进个人等诸多荣誉。她一心为公狠抓基础建设，立足、服务基层，制订业务台账规范制度，推行社区警务建设。她勇挑重任，屡次参加北京两会维稳、上海世博会等各项维稳任务，为维护社会稳定，贡献一分力量，得到省、市的表彰。她迎难而上，在推广应用治安信息系统时，推广韶关市治安信息系统，得到省厅领导的高度评价。因工作需要，领导希望她继续在基层基础大队工作，她毫无怨言；2014年，基层基础大队长因工作调动，在缺少大队领导的情况下，她接下暂行大队长职责，开展大队各项工作，得到领导肯定。贺穗云被评为2014年广东省“三八红旗手”。

石宜钦，女，汉族，1972年10月出生，中国共产党员，本科学历，现任中国移动通信集团广东有限公司韶关分公司财务部副总经理。她坚持改善单位内部管理、提高经济效益服务，转变思维推进降本增效，提升协同突破专业界线，创新预算优化资源配置，提升效能建立财管标准化，强化风控打造健康运营文化。她组织企业的成本管理工作，降低消耗，节约费用，提高盈利水平，优化系统思维，突破服务转型。她在部门内部优化实施《部门个人积分考评》《岗位轮岗》等人员管理制度。她整合“业务、预算、内控、审计”力量，深挖运营风险与管理低效行为，发挥监督合力，共推企业健康运营。她通过审计、内控、业务、效能监察一体化联动，建立审计问题和管理建议跟踪落实工作机制。她夯实财务基础，构建财务管理体系，进行SOX在线支撑系统、财务监控平台、物资管理平台、营销方案管理平台、员工薪酬及报账平台等多项业务系统开发和建设。同时，进行数据业务新产品内控诊断工具、价值投资模型研究、财务管理转型研究、营销方案闭环管理研究等多项财务管理探索，

为公司取得良好的管理效益。石宜钦被评为2014年广东省“三八红旗手”。

俞远珍，女，汉族，1972年12月出生，中国共产党员，本科学历，现任韶关市新丰县妇女联合会主席。她坚持“以人为本”，着力加强妇联工作，在本职岗位上取得成绩。争取县委县政府的支持，开展妇女小额担保贴息贷款工作，到2014年12月，全县发放妇女小额贷款151户，发放金额826万元；发放“香江女性创业基金”贷款34户，发放资金176万元；抓好“妇女之家”建设活动，将县“妇女之家”打造成为参与社会管理，服务社会、服务基层妇女群众的温暖之家；争取社会各界力量支持，开展助学活动，四年来争取资金近100多万元；开展单亲母亲安居房建设，四年来帮助28名单亲特困母亲建设安居房；举办致富带头人、种养技术培训班，邀请韶关学院英东生物工程学院的教授传授家禽养殖、蔬菜种植技术，进一步提升她们创业就业技能；协助卫生部门开展农村妇女免费“两癌”筛查及“粉红春天”救助活动，邀请省妇幼保健院专家教授举办健康讲座活动；举办妇女广场健身操培训班和妇女广场健身操比赛，推动全民健身运动；开展妇女报刊宣传推广工作。2012年，县妇联被省妇联评为省妇女报刊宣传推广工作二等奖和进步奖，她个人也被授予“广东省妇联宣传工作先进个人”荣誉称号、被评为“韶关市巾帼建功先进个人”；2013年，县妇联被授予“全国妇女宣传舆论阵地建设先进单位”和“广东省妇女报刊宣传推广工作二等奖”荣誉称号，并获得县直部门绩效考核一等奖。俞远珍被评为2014年广东省“三八红旗手”。

朱静萍，女，汉族，1970年8月出生，群众，本科学历，现任韶关市田家炳中学朱静萍工作室主任、韶关市教师教育技术培训执行机构主任。朱静萍是一位在韶关教育战线奋战21年的信息技术特级教师。近年被授予全国教育技术能力培训项目国家级主讲教师、英特尔未来教育全国优秀培训者、南粤优秀教师、广东省教师继续教育学会研究员，省电脑制作活动优秀指导教师、省骨干教师、韶关市拔尖人才、市高层次人才、市首批教师工作室主持人，市第一批学科带头人、市“百千万人才工程”名教师培养对象，市劳动模范，市巾帼建功先进个人等荣誉称号。2009年，主持粤北地区首个教师工作室——朱静萍工作室，尝试在课堂教学中有机结合电脑制作活动等竞赛内容，创设七步反刍教学模式。主持过4项市级课题并获市级教研成果奖，主持省级课题1项及韶关市科技计划项目1项。参与编写2本培训指导用书，撰写论文8篇，发表2篇；课件、专题学习网站、教学设计探究实验课例分别获全国暨省市一等奖。教学成绩优异，擅长学科竞赛指导。从2000年始指导学生参加各类学科竞赛获市级以上奖励1200多项（其中国家级20项，省级160多项）。近年承担国家、省、市各类教师培训工作50多期，指导青年教师参加全国及省市各类比赛获奖40多项，开设教育教学专题讲座30多场，面授骨干教师3000多人次，网络培训学科教师近2万名。朱静萍工作室对教师专业化发展和实施素质教育起到很好的示范、带头、引领和辐射作用。朱静萍被评为2014年广东省“三八红旗手”。（钟 涛）

统　计　资　料

2014 年韶关市国民经济和社会发展统计公报

韶关市统计局　韶关调查队

2015 年 3 月 16 日

2014 年，全市人民在市委、市政府的正确领导下，积极抢抓省进一步促进粤东西北地区振兴发展的重大机遇，突出“三大抓手”，着力加快我市绿色转型振兴发展，经济社会发展取得新成就。

一、综合

国民经济较快发展。初步核算，全市生产总值 1111.54 亿元，比上一年增长 9.5%。其中：第一产业增加值 142.95 亿元，增长 4.3%；第二产业增加值 451.41 亿元，增长 10.7%；第三产业增加值 517.18 亿元，增长 9.6%。三次产业结构为 12.9：40.6：46.5。按常住人口计算，人均生产总值 38318 元，增长 8.7%，按平均汇率折算为 6238 美元。分区域看：韶关市区生产总值 549.49 亿元、增长 9.2%，占全市生产总值的 48.4%，人均生产总值 5.4 万元；县域生产总值 586.69 亿元、增长 10%，占全市的 51.6%，人均生产总值 3.11 万元。现代产业中，先进制造业增加值 112.79 亿元、增长 19.5%，现代服务业增加值 188.19 亿元、增长 9.8%。第三产业中，批发和零售业增加值增长 9.6%，住宿和餐饮业增加值增长 5.1%，房地产业增加值增长 5.9%。民营经济增加值 593.55 亿元，增长 11.5%，占全市生产总值的 53.4%。

芙蓉新区建设步伐加快。芙蓉新区实现生产总值 171.3 亿元（占全市生产总值比例为 15.4%），增长 9.3%。分产业看：第一产业增加值 13.7 亿元，增长 4.1%；第二产业增加值 114.8 亿元，增长 9.4%；第三产业增加值 42.8 亿元，增长 10.9%。按常住人口计，人均生产总值 5.25 万元。分片区看：武江片生产总值 48.2 亿元，增长 14.8%（其中核心区 40.6 亿元、增长 15%，核心区中的起步区 13.3 亿元、增长 11.6%）；浈江片 42 亿元，增长 5.3%；曲江片 72 亿元，增长 7.9%；乳源片 9.1 亿元，增长 12.7%。

劳动生产率稳步提高。全年地区生产总值与全部就业人员的比率为 71736 元/人（按 2010 年不变价计），比上年提高 8.9%。

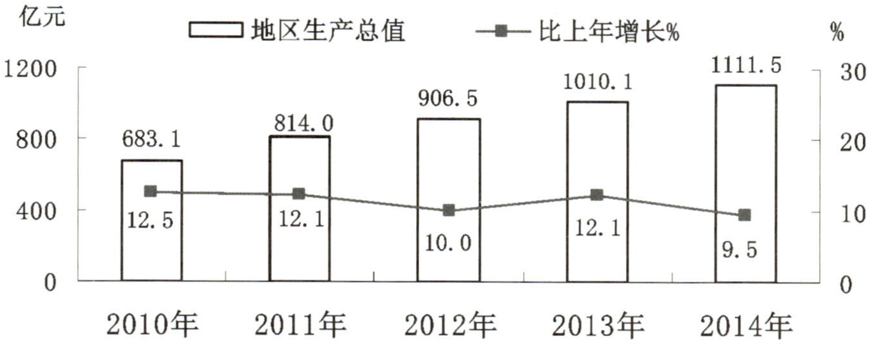

图 1　2010—2014 年地区生产总值及其增长速度

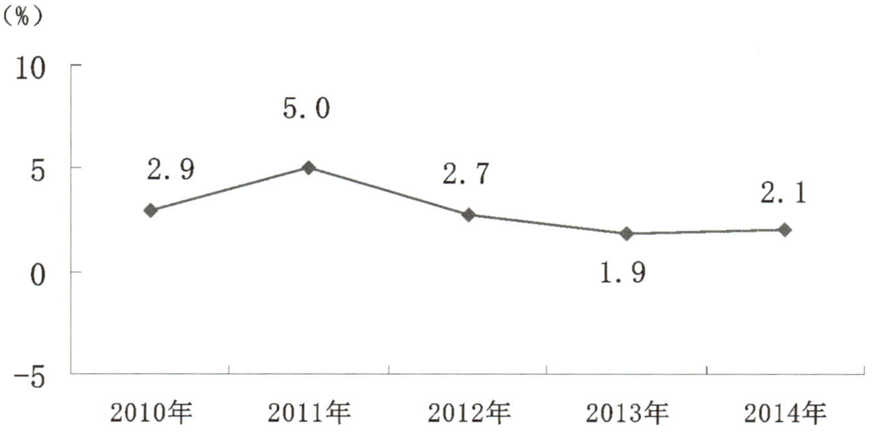

图 2　2010—2014 年市区居民消费价格比上年涨跌幅度

居民消费价格基本稳定。韶关市区居民消费价格比上年上涨2.1%。其中，消费品价格上涨2.2%，服务项目价格上涨1.8%。在八大类消费价格中，食品类价格上涨3.4%、烟酒价格下降0.1%、衣着类价格上涨5.7%、家庭设备用品及维修服务价格上涨1.6%、医疗保健和个人用品价格上涨1.5%、交通和通信价格下降0.2%、娱乐教育文化用品及服务价格上涨1.4%、居住价格上涨0.8%。全市工业品出厂价格总水平下降2.9%。

就业持续增加。年末从业人员144.13万人，增加0.35万人。其中：第一产业58.66万人，减少0.58万人；第二产业32.54万人，增加0.2万人；第三产业52.93万人，增加0.73万人。据工商部门统计，年末工商登记注册的私营企业和个体户从业人员31.67万人，增加2.63万人。全年城镇新增就业人数5.18万人，安置城镇下岗失业人员再就业4.06万人，其中就业困难人员再就业3101人。城镇登记失业率2.42%，上升0.07个百分点。

财政收入较快增长。全年地方公共财政预算收入81.98亿元，增长14.4%。其中税收收入54.09亿元，增长15.7%。地方公共财政预算支出196.57亿元，增长17.8%。其中民生支出占财政支出的比重为71.8%。

经济发展存在的主要问题：经济发展质量不够高，资源能源约束加大，污染防控形势严峻，节能减排任务艰巨，中心城区辐射带动能力不强，区域发展不平衡。

二、农业

农业发展稳定。全年农林牧渔业总产值227.2亿元，增长4%。其中：农业增长4.6%，林业增长5.5%，畜牧业增长1%，渔业增长4.3%。

全年粮食作物播种面积235.58万亩，下降0.02%；甘蔗种植面积7.83万亩，下降2.8%；油料种植面积68.48万亩，增长1.9%；烟叶种植面积20.29万亩，下降2.6%；蔬菜种植面积134.85万亩，增长5.8%。

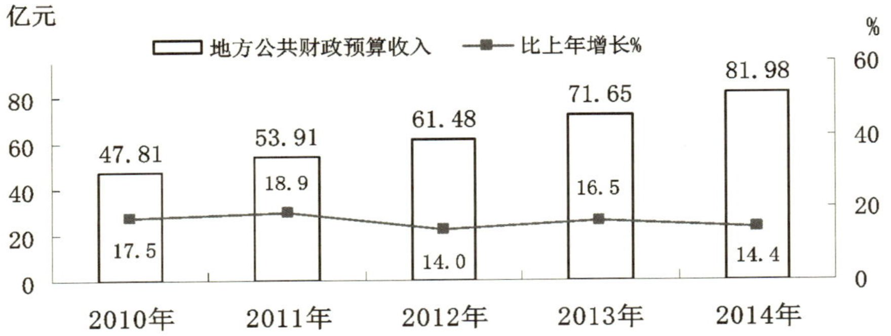

图3　2010—2014年地方公共财政预算收入及其增速

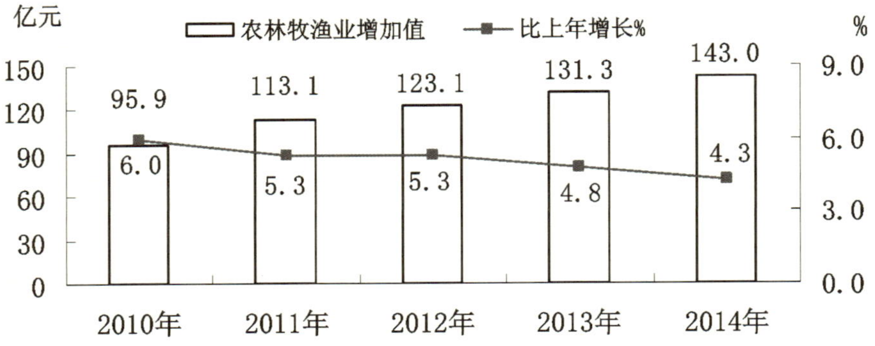

图4　2010—2014年农林牧渔业增加值及增速

2014年主要农产品产量

表20

农产品名称	计量单位	产量	比上年±%
粮食	万吨	88.57	2.9
其中：稻谷	万吨	76.32	3.9
蔬菜	万吨	205.76	6.7
甘蔗	万吨	55.91	0.8
花生	万吨	13.21	4.1
烟叶	万吨	3.36	-1.4
水果	万吨	46.23	7.4
茶叶	吨	3907	7.4
蚕茧	吨	8166	1.2
肉类	万吨	15.20	0.9
其中：猪肉	万吨	12.31	3.3
水产品	万吨	8.03	3.8

农村用电量4.8亿千瓦时，增长11.3%；化肥施用量（折纯）11.9万吨，增长1.3%。

三、工业和建筑业

工业生产快速增长。全部工业增加值374.96亿元，增长11.8%。年末规模以上工业企业623个、比上年底增加67个，规模以上工业企业增加值347.95亿元、增长13.0%。在规模以上工业中，国有及国有控股工业增加值157.72亿元，增长5.1%。股份制工业224.20亿元，增长16.2%；民营工业139.93亿元，增长25%；外商及港澳台工业54.59亿元，增长11.3%。轻工业增加值114.32亿元，增长14.1%；重工业增加值233.63亿元，增长13.2%。年末产业转移园规模以上工业企业211个，规模以上工业增加值90.75亿元，增长27.7%。

七大支柱工业增加值211.4亿元、增长11%，占规模以上工业增加值的60.8%。其中：制药工业增长34.1%，钢铁工业增长23%，机械工业增长19.8%，玩具工业增长11.3%，电力工业增长6%，烟草工业增长5.5%，有色金属工业下降0.9%。

高技术制造业增加值14.98亿元，

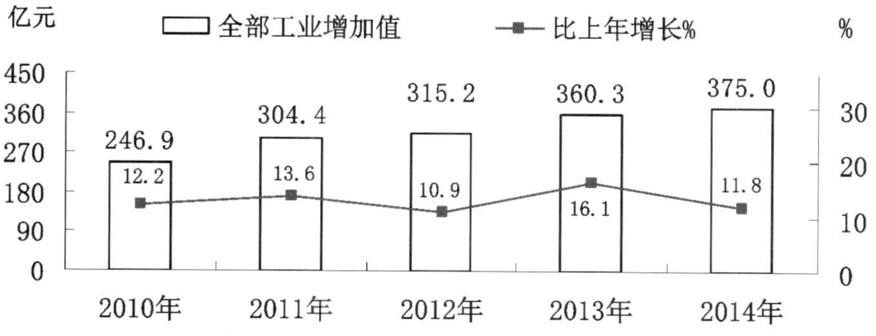

图5 2010—2014 年全部工业增加值及其增长速度

增长20.4%。

先进制造业增加值112.79亿元，增长19.5%。其中装备制造业增加值41.66亿元，增长18%。

优势传统工业增加值107亿元，增长11.1%。其中：纺织服装业增长29.2%，金属制品业增长18.6%，建筑材料业增长14.7%，家具制造业增长9.5%。

2014年规模以上工业主要产品产量

表21

产品名称	计量单位	产量	比上年±%
成品钢材	万吨	688.86	4.0
十种有色金属	万吨	26.7	-16.3
发电量	亿千瓦小时	121.22	-0.4
其中：火电	亿千瓦小时	90.92	-0.2
水电	亿千瓦小时	30.3	-1.2
水泥	万吨	787.79	25.2
滚动轴承	万套	1080	10.5
布	万米	3777.6	24.2
糖	吨	16973.5	-8.2
卷烟	亿支	215	2.4
其中：一、二类烟	亿支	14.62	-7.8
人造板	万立方米	143.48	12.2
机制纸及纸板	万吨	3.54	-4.2

全年规模以上工业企业资产贡献率13.1%，资产保值增值率108.1%，资产负债率64.4%，成本费用利润率5.3%。主营业务收入1200.38亿元，增长8.9%。利税总额142.01亿元，增长3.9%。利润总额58.34亿元、下降7.5%，其中亏损企业亏损额19.07亿元、增加1.1倍。

全年建筑业增加值76.5亿元，增长5.8%，年末资质等级建筑企业94个。完成建筑业总产值217.8亿元、增长2.1%，实现利润6.1亿元、下降33%，利税总额15.6亿元、下降8.8%，房屋施工面积1090万平方米、下降4.8%，房屋竣工面积482.9万平方米、下降14.8%。

四、固定资产投资

固定资产投资较快增长。全年完成固定资产投资746.7亿元，增长18.3%。分投资主体看：国有及国有控股经济投资271.1亿元，增长12%；外商及港澳台经济投资32.7亿元，下降23.2%；民营经济投资443亿元，增长16.6%。分产业看：第一产业完成投资47.7亿元，下降12.1%；第二产业中的工业完成投资284.6亿元，增长20.2%；第三产业完成投资414.5亿元、增长10.9%，其中房地产开发完成投资119.4亿元、下降3.4%。

重点项目建设加快。全市重点项目完成投资316.1亿元，增长1.5%，完成年度计划的106.1%。在建的市以上重点项目100个。赣韶铁路、广乐高速公路建成通车，新开工建设鑫金汇建材家居广场、市第四污水处理厂等20个项目。

芙蓉新区工业、基础设施、房地产业呈现较热的投资势头，全年完成固定资产投资119.8亿元，增长26.6%。分产业看：第一产业完成投资1.75亿元，减少69%；第二产业中的工业完成投资52.92亿元，增长24.5%；第三产业完成投资65.15亿元、增长40.3%，其中基础设施投资28亿元、增长24.4%，房地产开发18.8亿元、增长30%。分片看：武江片完成投资44.4亿元，增长69.9%（核心区41.3亿元、增长88.7%，其中起步区37.7亿元、增长1.05倍）；浈江片32.3亿元，增长8.6%；曲江片35.2亿元，增长8.6%；乳源片8亿元，增长88.1%。

全年商品房销售面积365.4万平方米、增长5.2%，其中商品住宅销售面积337万平方米、增长2.9%。商品房销售额154.8亿元、增长0.6%，其中商品住宅销售额134.3亿元、下降1.8%。年末商品房待售面积119.5万平方米，下降3.9%。

五、贸易和外经

年末限额以上批发零售企业328

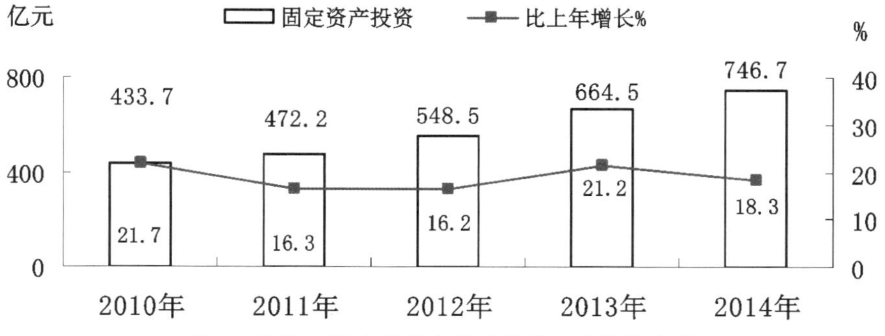

图6 2010—2014 年固定资产投资及其增长速度

个，比上年增加60个；限额以上住宿和餐饮企业185个，比上年减少1个。全年批发零售和住宿餐饮业销售额904.4亿元，增长15.4%。其中：批发零售业销售额832.3亿元，增长15.9%；住宿和餐饮业营业额72.1亿元，增长10%。全社会消费品零售额522.7亿元，增长11%。

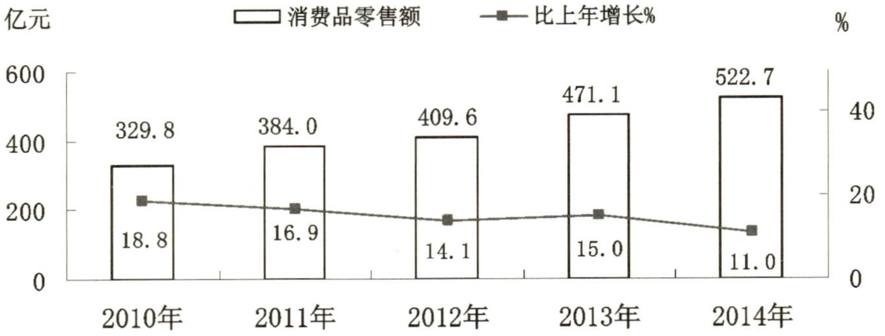

图7 2010—2014年全社会消费品零售总额及其增长速度

限额以上批发和零售业零售额中：家具类比上年增长49.8%，日用品类增长48.7%，五金、电料类增长27.5%，粮油类增长26.1%，服装、鞋帽、针纺织品类增长24.2%，汽车类增长12.4%。

全年进出口总额23.52亿美元，增长1.5%。其中：进口11.33亿美元，下降18.9%；出口12.2亿美元，增长32.6%。按贸易方式分：一般贸易出口5.97亿美元，增长66.7%；加工贸易出口6.02亿美元，增长7.2%。按经营主体分：国有企业出口下降5.1%，“三资企业”出口增长4.6%，私营企业出口增长51.0%。按出口商品分：玩具出口增长16.4%，机电产品出口增长41.3%，服装出口增长141.3%，高新技术产品出口增长54.7%。按出口市场分：对香港出口下降2.6%，对欧盟出口增长78.3%，对美国出口增长27.2%，对日本出口增长19.9%。实际利用外资1.91亿美元，增长0.7%。全年规模以上工业企业工业产品出口交货值130.09亿元，增长13.4%。全年新批外商直接投资项目88个，增长27.5%。

六、交通、邮电和旅游

全年交通运输、仓储和邮政业增加值69.29亿元，增长11.5%。

公路货运周转量221.5亿吨公里，公路旅客周转量26亿人公里。年末公路通车里程16048公里（公路密度87.2公里/百平方公里），其中高级、次高级路面公路11378公里。等级公路15626公里，其中高速公路453公里、一级公路211公里、二级公路819公里。年末实有公共汽车营运车辆500辆，其中浈江和武江369辆。公共汽车客运总量6552万人次，其中浈江和武江5235万人次。内河航道维护通航里程386公里，其中等级航道256公里，码头4个，泊位23个。港口货物吞吐量58.15万吨，增长10.1%。

全年完成邮电通信业务总量（按2010年不变价计，下同）36.13亿元，增长15.9%。其中：邮政业务（含快递）总量3.28亿元，增长13.2%；通信业务总量32.85亿元，增长16.2%。年末电话交换机总容量391.3万门，固定电话50.7万户，移动电话用户279.9万户。全市家庭宽带用户数42.57万户，手机上网用户数152.79万户，移动基站总数8146个，WLAN无线局域网2119个，AP热点4497个。

全年接待旅游者人数2803万人次、增长15%，其中入境过夜旅游者8.61万人次、增长5.3%。旅游总收入225.11亿元，增长20.3%。新增国家4A级景区2个。

七、金融和保险业

金融稳定增长。年末金融机构本外币各项存款余额1394.2亿元、增长11%，其中城乡居民本外币储蓄存款余额859.52亿元、增长9.1%。年末金融机构本外币各项贷款余额671.16亿元、增长15.4%。个人消费贷款余额164.47亿元，增长18.6%。其中：个人中长期消费贷款153.58亿元，增长20.7%；个人短期消费贷款10.89亿元，下降4.4%。东莞银行、东北证券、前海人寿进驻韶关。

全市证券金融机构交易额2036.45亿元，增长92.9%；新增开户1.43万户，增长86.9%。

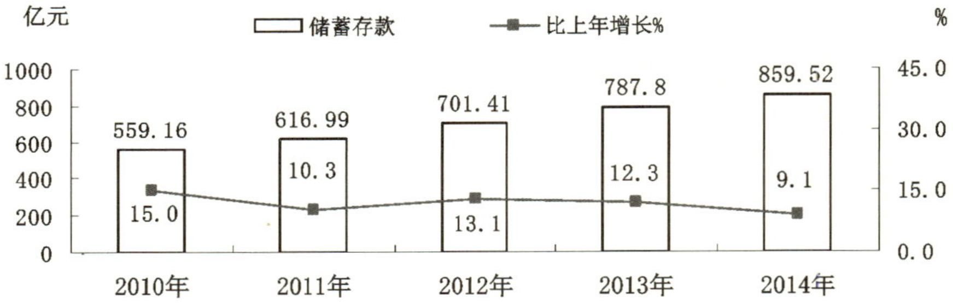

图8 2010—2014年城乡居民储蓄存款余额及其增长速度

全年保费总收入31.12亿元，增长28.1%。其中：寿险保费收入22.01亿元，增长31.1%；财产险保费收入9.11亿元、增长21.3%。财产险赔付支出4.97亿元、增长12.8%。

八、教育和科学技术

成为粤东西北地区首个省教育强县（市、区）100%全覆盖的省教育强市。年末拥有普通中学154所，技工学校8所，中等职业学校22所，小学184所，幼儿园458所。小学适龄儿童入学率100%，初中学龄人口入学率99.6%，初中毕业升学率95.8%。韶关学院授予50个专业学士学位，5062名学生获得学士学位。成人高等教育在校学生22010人，毕业生7149人，分别增长34.4%、54.3%。全年参加高等教育自学考试9839人，18911科次。

各类学校教育发展情况

表22

	学校数（所）	招生数（人）	在校学生数（人）	比上年增长（%）
全日制高等学校	2	11441	36768	0.4
技工学校	8	11452	42362	-34.8
其中：市属	4	6101	17107	-38.9
中等职业学校	22	7212	27892	-20.5
普通中学	154	52394	160678	-3.8
其中：高中	25	21006	63917	-0.3
初中	129	31388	96761	-6
小学	184	36124	210459	1.8

新增国家高新技术企业6家、省级工程技术研发中心2家，专利申请量、授权量连续10年居全省山区市首位。年末拥有省级工程技术研究开发中心13家，省市工程中心累计达到42家，其中省级重点研发中心2家。国家级高新技术企业38家，省级民营科技企业81家，省级火炬计划特色产业基地3个。全年取得科技成果67项，其中3项获省科技进步奖。全年实施“星火计划”2项。全年专利申请2354项，专利授权1584项；发明专利申请296项，发明专利授权52项。

九、文化卫生和体育

年末共有各类专业艺术表演团体2个，文化馆11个，博物馆9个，剧场、影剧院15个，公共图书馆9个。公共图书馆图书总藏量139.2万册。卫星地面接收站点528个，微波线路总长232.5公里，广播电视微波站10座，广播调频发射台13座，广播综合人口覆盖率99.96%。电视发射台8座，有线电视用户51.07万户，电视综合人口覆盖率99.93%。

年末共有医疗卫生机构661个，其中医院、卫生院160个。医疗卫生床位数1.53万张；疾病预防控制中心10个；妇幼保健院（站、所）9个。各类卫生技术人员1.75万人。其中：执业（助理）医师4457人，注册护士5812人。乡镇卫生院103个，床位2662张，卫生技术人员3119人，乡村医疗点1534个。居民碘盐监测合格率99.1%，食品安全风险监测总体合格率89.5%。农村居民卫生厕所普及率92.7%。全年无偿献血3.2万人次。

成功举办市第十四届运动会，在省第五届民运会上获团体总分第三名。全市体育场馆共4486个，建成乡镇农民体育健身工程20个，免费向社会开放25万平方米机关事业单位体育场馆。全年销售体育彩票2.76亿元，增长27.3%。

十、人民生活、社会保障与安全生产

城乡居民收入继续增加。全市城乡居民人均可支配收入16623元，增长10%。其中：城镇居民人均可支配收入21583元，增长9.3%；农村居民人均可支配收入10532元，增长10.2%。城乡居民收入比为2.05:1，差距继续缩小。居民家庭食品消费支出占消费总支出的比重（恩格尔系数）为39.3%，比上年下降0.4个百分点。

各项保障政策落到实处，民生福祉得到改善。年末参加基本养老保险（含机关、事业单位）51.4万人，参加基本医疗保险（含城乡居民基本医疗）281.4万人，参加失业保险28.3万人，参加工伤保险41.2万人，参加生育保险18.2万人。年末享受社会养老待遇的离、退休人员14.4万人。参加城乡居民社会养老保险89.3万人。养老、失业、工伤、生育、医疗（不含城乡居民基本医疗）保险基金全年征缴40.3亿元，增长6.4%。

年末拥有社会福利机构1811所（其中敬老院92所）、社会福利院11所；敬老院床位数4283张、社会福利院床位数2385张；敬老院在院人数1758人、社会福利院在院人数1789人。城乡居民享受最低生活保障7.6万人，其中城镇居民1.6万人。全年发放保障资金1.8亿元，其中城镇6632万元；发放救灾资金1535万元，救济物资折款567万元，累计救灾4.8万人次。全年销售社会福利彩票3.5亿元，筹集社会福利基金1亿元。

住房保障力度加大。开工建设保障性住房7596套，竣工1211套，政府补助低收入农民家庭改造住房3687户。

全年交通事故死亡204人，交通事故损失491.3万元；火灾事故706起，火灾事故损失1988万元。各类生产安全事故876起、增长106.6%，死亡108人、受伤137人、直接经济损失3335万元，分别增长3.9%、下降2.1%和增长1.4%。其中：生产经营性道路交通事故118起、增长0.85%，死亡94人、增长8.05%，直接经济损失334.2万元、下降12.6%；工矿商贸领域发生事故14起，与上年持平，死亡14人、直接经济损失1040万元，分别下降17.7%和16.7%；消防火灾事故774起、增长1.5倍，直接经济损失1961万元。亿元地区生产总值生产安全事故死亡率为0.08人，工矿商贸企业就业人员10万人生产安全事故死亡率为1.54人，道路交通万车死亡率为3.9人。

十一、人口、资源与环境

年末常住人口290.89万人，比上年增加1.62万人，增长0.56%。城镇人口比重为53.8%，比上年提高0.07个百分点。户籍人口329.13万人，其中非农业人口117.88万人。全年出生人口3.28万人，人口出生率11.75‰；死亡人口1.73万人，死亡率6.2‰；人口自然增长率5.55‰。已探明的矿产资源储量中：煤1.31亿吨，铁矿石3092万吨，锰矿石74万吨，铜矿石8320万吨，铅矿石9543万吨，锌矿石1.35亿吨，钨矿石1.87亿吨，钼矿石1.15亿吨，锑矿石246万吨，铋矿石1.28亿吨。

全年降雨量1455毫米，比上年减少337毫米，下降18.8%。年平均气温20.6℃，年日照时数1714小时。年末大中型水库蓄水量13.5亿立方米，下降15.4%。

年末林业用地面积141.9万公顷，森林覆盖率为74.4%，林木绿化率76.6%，活立木总蓄积量8475.3万立方米。全年完成荒山（沙、土）造林面积1.39万公顷。省级自然保护区10个，国家级3个，自然保护区面积21.7万公顷。年末城市建设用地面积96.37平方公里。其中：居住用地面积31.84平方公里，公共设施用地面积13.04平方公里，工业用地面积25.19平方公里。市区建成区绿化覆盖面积4425公顷，建成区绿化覆盖率45.9%，城区人均公园绿地面积12.4平方米。

韶关市跻身国家生态文明先行示范区行列，国家节能减排财政综合政策示范城市建设有序推进，节能减排成效明显，完成节能减排和大气污染防治年度目标任务。全年规模以上工业综合能源消耗量701.9万吨标准煤，下降1.5%。全年全社会用电量119.3亿千瓦小时，增长8.8%。其中：工业用电87.9亿千瓦小时，增长7.4%；第三产业用电13.4亿千瓦小时，增长13.6%；居民生活用电15.3亿千瓦小时，增长13.2%。

说明：

1. 本公报中各项统计数据为初步统计数，部分数据因四舍五入的原因，存在着与分项合计不等的情况。

2. 地区生产总值、增加值、产值绝对数按当年价计算，增长速度按可比价计算。

3. 从2011年起，规模以上工业统计口径由500万元调整为2000万元及以上；固定资产投资项目统计起点由计划总投资50万元提高到500万元；限额以上批发企业标准，年销售额2000万元以上；限额以上零售企业标准，年零售额500万元以上；限额以上住宿餐饮企业标准，年营业额200万元以上。

4. 现代服务业主要包括金融业、现代物流业、信息服务业、科技服务业、外包服务业、商务会展业、文化创意产业和总部经济八个产业。先进制造业包括装备制造业、钢铁冶炼及加工业、石油及化学制造业。高技术制造业包括核燃料加工业、信息化学品制造业、医药制造业、航空航天器制造业、电子通信设备制造业、计算机制造业、医疗仪器设备制造业。

5. 接待入境过夜旅游者为旅游住宿设施的接待境外人数。

（韶关市统计局　提供）

附　录

大力实施文化名城战略全面开创文化建设新局面

——在中共韶关市委十一届六次全会上的报告

（2014 年 9 月 29 日）

郑振涛

同志们：

这次全会的主题是，深入贯彻党的十八大、十八届三中全会、省委十一届三次全会和市第十一次党代会精神，根据市政协向市委提出的协商建议，研究部署推进“文化名城”战略工作，把韶关市建设成为全国文明城市和国家历史文化名城，为全面建成小康社会提供强大的精神动力和文化支撑。下面，我代表市委常委会向全会作报告。

一、认真总结，增强加快“文化名城”建设的信心

市委十届八次全会以来，韶关市贯彻广东省文化强省规划纲要精神，以建设区域文化中心为目标，推进文化强市建设。市第十一次党代会承前启后，继往开来，提出实施“文化名城”战略，全市文化建设取得突破性进展。2012 年，韶关市文化建设总体水平位列全省第 9 名，在粤东西北 12 个地市中位居第二。人文环境继续优化。开展文明创建活动，不断巩固国家卫生城市、国家园林城市创建成果，顺利通过国家卫生城市三年一复审，接受国家园林城市五年一复查；启动全国文明城市创建工作，获得“提名资格城市”称号；7 个县（市）全面开展创建广东省文明县城工作，其中 4 个县（市）获得“广东省文明县城”称号。广泛实施公民文明素质提升工程，深入开展“中国梦”“广东精神”宣传教育，持续开展道德模范暨“韶关好人”评选、“文明餐桌”“全民读书”“道德讲堂”和“风度韶城·尚德修身”全民行动等活动，深入推进道德领域突出问题专项治理。推进未成年人思想道德建设，建立未成年人思想道德建设工作联席会议制度，加强未成年人教育基地建设，新建一批乡村少年宫和未成年人心理健康辅导中心。加强文化市场监管，开展“扫黄打非”和互联网“净网”行动，规范文化市场，优化人文环境。

文化形象继续提升。依托韶文化研究院等机构，加强地方特色文化研究。建立社科研究激励机制和社科优秀成果奖励机制，鼓励社科团体和个人参与社科研究。“韶文化研究基地”被列为广东省地方特色文化研究基地，一批“韶文化”丛书在全国全省获奖，其中《韶文化漫谈》荣获全国优秀社科普及作品称号，南雄采茶戏《阿三戏公爷》入选广东省珍稀戏剧大典。加强标志性文化建筑建设，新建北伐战争纪念馆、省委机关旧址、韶阳楼、通天塔、张九龄纪念公园、涂志伟美术馆、翁山诗书画院等文化建筑。健全文艺精品创作扶持机制，推出长篇纪实《潜流》、民族音乐《盘王歌》《千年珠玑》主题曲《故园情》等一批获国家级奖励和省“五个一”工程奖的精品力作。广泛开展文化宣传交流活动，连续三年组团参加中国国际文化产业博览交易会并获优秀组织奖和展示奖；组织市属文艺协会到港澳地区及国外进行文化交流。承办广东国际旅游文化节、纪念六祖惠能圆寂 1300 周年暨广东禅宗六祖文化节系列活动、世界张氏总会第六届恳亲大会等大型文化活动。加大地方文化对外宣传力度，先后在中央电视台和港澳媒体推出《问道韶关》《重走六祖路》《魅力韶关》等一系列韶文化专题报道。加大文化遗产保护力度，现有国家级非物质文化遗产名录 5 项，省级 18 项；国家级重点文物保护单位 9 处，省级 36 处；国家级历史文化名村 1 个，省级 4 个；省级古村落 16 个，各项数据和级别在全省位居前列。

服务体系继续完善。把“公共文化基础设施建设工程”列入市“百项工程兴韶关”项目，得到有效实施。加快推进广播电视“村村通”、文化信息资源共享、农家书屋、文化场馆、县镇数字影院等文化惠民工程，启动芙蓉新区文化“三馆”建设；县级文化馆、图书馆、博物馆、数字影院，镇级文化站和村级文化室实现全覆盖，各级文化场馆、文化公园、文化广场实现免费开放；每万人口拥有“三馆一站”设施建筑面积 673 平方米，达到全面小康标准。持续开展送戏、送书、送电影下乡活动，群众精神文化生活进一步丰富。创新文化服务方式，探索试行“群众点单，政府买单”文化供给模式，增强文化惠民的针对性和实效性。开展群众文化活动，充分发挥文艺协会和社团作用，培育广场文化、企业文化、校园文化和社区文化，打造“文明和谐·舞动韶城”和“北江源·韶韵风”两大群众文化品牌，乳源瑶族“十月朝”、乐昌“千人书画大赛”等获省群众性文化活动优秀品牌项目称号。

产业发展继续提速。深入推进文化体制改革，顺利完成新华书店、电影公司、有线广电网络改革工作，激活文化主体的竞争活力。精心编制文化产业发展规划，22个文化项目纳入市“十二五”规划。加强文化产业园区和基地建设，扩大文化产业招商，引进兰花种植、科艺创意、盛怡制笔、旭日玩具等多家产值过亿的文化龙头企业。翁源兰花基地培育出1500多个品种，被誉为“中国兰花之乡”；科艺创意依托高新技术打造国际印刷品牌，2013年对外贸易额1.57亿元；盛怡制笔形成集“研发、制造、检测、配送”于一体的产业链条；罗曼水晶钢琴生产基地在南雄建成投产。小微文化企业加快发展，全市现有文化产业法人单位600多家，涵盖文化制造业、批发零售业、服务业等多个领域。加快文化与旅游融合发展，培育环丹霞山生态文化旅游、大南华、大珠玑、云髻山文化旅游、南雄樱花茶花主题公园等龙头项目。

主流阵地继续扩展。加强广播、电视、报刊等传统媒体建设，推进广播电视台和韶关日报社升级改革，韶关电视台自办栏目近20档，时长超过200分钟；韶关日报日发行量4万多份，日均读者10万余人。推进新兴媒体建设，“韶关发布”政务微博已开通，韶关民声网、韶关新闻网和各地政府公众信息网提档升级扎实推进，社会网站加快发展。推动传统媒体与新兴媒体融合发展，推进网报联合运营机制建设，实现媒体间的优势互补。成立市互联网信息工作领导小组，建立健全信息发布和新闻发言人制度，加强对新兴媒体的引导管理，进一步增强主流宣传的传播力和公信力。

人才队伍继续强化。完善人才培育和引进机制，依托“创新人才引进培养工程”“扬帆计划”“特支计划”等人才项目，实施文化体育人才发展计划。加大文化人才培训力度，抓好在职人员继续教育培训，宣传文化干部队伍业务素质不断提高。加大人才工作宣传力度，形成崇尚知识、尊重人才、激励人才的良好氛围。推进宣传文化单位内部人事制度改革，解决“双轨制”管理带来的“同工不同酬”等问题。加强社会文艺团体培育扶持，目前共有市属文艺家协会17个，文艺界各门类协会会员3300多人，其中国家级、省级会员500余人。

以上成绩的取得，增强韶关加快“文化名城”建设的信心，为实现“文化名城”战略目标奠定坚实的基础。在此，我代表市委、市政府，向全市广大文化工作者，向关心支持韶关市文化建设的各界人士表示衷心的感谢！

在肯定成绩的同时，也要清醒地看到，目前韶关市文化建设的现状与建设区域文化中心和文化名城的目标相比，与全面建成小康社会和创建全国文明城市的要求相比，与人民群众日益增长的精神文化需求相比，还存在不小差距。

一是公共文化基础设施比较薄弱。县级文化馆、博物馆达标率分别仅为33.3%和25%，6个县（市、区）未实现乡镇文化站全面达标，商住小区文化设施和城乡文化场馆、文化广场配套设施普遍不能满足群众日常文化生活需求。文化单位办公条件简陋，17个市属文艺家协会大部分没有固定办公场所。

二是公共文化服务能力亟待提高。文化惠民活动呈单向输送模式，送书、送戏、送电影下乡等与群众实际需求脱节。财政对公共文化的支出严重不足，2013年，韶关市公共文化财政支出2.48亿元，人均78.4元，实现全面小康程度52.2%，拉低全面小康实现程度1.2个百分点。韶关市要在2018年达到人均150元的全面小康标准，年均投入需增长17%。

三是文化产业总体规模偏小。韶关市文化产业起步晚、总量小、结构不合理，文化产业规模和增加值总量较小，文化产品竞争力和市场营销能力偏低。2013年，全市文化产业增加值31.3亿元，占GDP比重3.1%。韶关市文化产业增加值要在2018年达到全面小康标准的90%，年均需增长22.3%以上。

四是文化消费市场不成熟。韶关市文化产业结构不合理，创意文化产业所占比重较小，企业规模不大，服务项目单一。从供给看，市场化程度不高，可促进文化消费的文化产品和服务项目偏少、质量不高；从需求看，大众文化消费观念落后，中高档艺术消费需求量小，文化消费市场亟须抓紧培育。

五是文物保护现状堪忧。韶关市是广东省文物大市，但文物保护工作却做得不到位，文物破坏比较严重。一方面，城市开发中存在重开发轻保护现象，对历史和地域文化资源的保护和挖掘不足，造成部分文物被破坏，有的甚至彻底消失；另一方面，由于缺乏常态化维护和修缮，目前全市2760处不可移动文物中有70%的出现残损、毁坏现象，有20%的处于濒危状态。

六是文化专业人才严重缺乏。文化人才队伍层次结构、学历结构、年龄结构不合理问题突出。据统计，市图书馆、博物馆、文化馆、原市采茶剧团等单位中具有中级技术职称的仅占在职人数的33.7%，具有高级技术职称的仅占6%。高端文化人才特别是会策划懂经营的复合型管理人才和创意创新文化人才十分紧缺，制约文化事业和文化产业发展。

对此，全市要高度重视，采取有力措施，切实解决存在问题，加快实施“文化名城”战略，全面开创文化建设新局面。

二、提高认识，明确“文化名城”建设目标和任务

文化是民族的血脉，是人民的精神家园，是国家和政党的精神旗帜。习近平总书记在中央政治局第十二次集体学习时强调，提高国家文化软实力，关系“两个一百年”奋斗目标和中华民族伟大复兴中国梦的实现。要弘扬社会主义先进文化，深化文化体制改革，推动社会主义文化大发展大繁荣，增强全民族文化创造活力，推动文化事业全面繁荣、文化产业快速发展，不断丰富人民精神世界、增强人民精神力量，不断增强文化整体实力和竞争力，朝着建设社会主义文化强国的目标不断前进。

当今时代，文化的作用和影响比以往任何时候都显得广泛而深刻，文化在综合国力竞争中的地位和作用更加凸显，人民群众对高品质精神文化生活的追求更加迫切。文化越来越成为民族凝聚力和创造力的重要源泉、越来越成为综合国力竞争的重要因素、越来越成为经济社会发展的重要支撑。实践充分证明，哪里文化环境好，哪里就能聚拢人才，再造发展优势。作为广东省生态发展区，韶关市要在经济社会转型期实现振兴发展，就必须更加重视文化建设，在争夺“文化高地”上实现新突破。为此，市第十一次党代会提出，要实施“文化名城”战略：“深入挖掘文化资源，创新文化体制，繁荣文化事业，壮大文化产业，促进文化与经济深度融合，把韶关建设成为国家历史文化名城，力争成功创建全国文明城市。”市政协切实履行协商议政职能，开展文化建设调研视察，提出许多建设性意见建议，丰富“文化名城”建设的内涵；组织动员各界别人士参与文化建设，达成广泛共识，凝聚共同力量，在全市上下形成推进“文化名城”建设的良好氛围。当前，文化发展形势发生深刻变化，必须顺应形势，对实施“文化名城”战略进行再动员再部署，以进一步明确思路，调整目标，创新举措。

韶关市“文化名城”建设的总体思路是：高举中国特色社会主义伟大旗帜，按照建设社会主义文化强国的重要方针，坚持以科学发展为主题，以转变文化发展方式为主线，以生态文明建设为遵循，以构建社会主义核心价值观为根本任务，以注重社会效益为首要追求，以满足人民群众精神文化需求为出发点和落脚点，以提高城市文化软实力和城市综合竞争力为动力，坚持抓事业与抓产业并重，坚持促繁荣与强管理并重，充分挖掘历史人文、生态山水等地方特色文化资源，通过打造名山、名寺、名人、名城品牌，提升韶关文化形象，实现公民素质明显提高，促进公共文化服务体系日臻完善，文化产业形成规模，文化市场开放有序，文化品牌效应凸显，文化建设各项主要指标达到全面小康和创文要求，居全省山区市前列，形成与经济社会发展相适应的文化发展格局。

工作目标是：力争到2017年，国家历史文化名城申报成功，全国文明城市创建成功。到2019年，文化建设总体水平达到全面小康标准的97.9%，其中文化产业增加值达到93亿元，年均增长19.9%，占生产总值比重提高到4.5%，达到全面小康标准的90%；公共文化财政支出增加到5.58亿元，年均增长14.5%，达到全面小康标准。

围绕上述思路和目标，要突出做好五个方面重点工作。

（一）打造文化品牌，提升城市形象

加强文化遗产保护，树立城市文化品牌。国家历史文化名城是一种文物保护机制，对提升城市文化内涵、塑造城市形象具有重要意义。要以申报国家历史文化名城为抓手，按照“保护为主、抢救第一、合理利用、加强管理”的方针，全面开展历史文化遗产保护工作。加紧组建申报国家历史文化名城工作机构，制定申报方案，编制申报规划，全面启动申报工作。深入开展文物调查和数据库管理系统建设，修缮和保护好革命史迹、名人古迹、历史文化街区、考古遗址、宗教文物、工业遗址、古建筑、古村落、古民居等文化遗产。秉承尊重历史风貌、突出民生保障的原则，发展城市人文景观，加快完善韶阳楼、风采楼、北伐战争纪念馆等设施的功能，修复完善韶州府学宫、风采楼、斌庐、广富新街一带历史文化街区，促进历史街区文脉延续与城市功能完善相统一；推进马坝人遗址、石峡文化遗址、石塘镇双峰寨等重点文物保护单位的有效保护和开发；支持保存较完整的古民居群申报历史文化名镇名村，支持条件成熟的地区申报省级文化生态保护区。挖掘舜帝文化，规划建设舜帝祠、九成台等。加快建设全市综合性非物质文化遗产馆和广东客家文化馆，加强对拜盘王、瑶族刺绣、香火龙、粤北采茶戏、客家山歌、南雄姓氏文化节等民间非物质文化遗产的保护和发掘，推进民间艺术的传承和弘扬。发挥社科研究力量，开展文化遗产研究宣传。用3到5年时间，让韶关焕发历史文化魅力。

依托文化资源优势，树立文化旅游品牌。实施旅游文化工程，立足特色文化资源禀赋，顺应多元化的文化旅游消费需求，深入挖掘旅游文化内涵，发展参与式、体验式等新型业态，用特色文化提升旅游产品魅力。挖掘整理旅游文化资源，精心做好特色旅游文章，打造特色文化旅游品牌。重点要围绕大丹霞、大南华、大南岭、大珠玑，做好旅游产业发展规划，突出旅游文化内涵，凸显文化资源优势，建设一批旅游文化项目。培育文化旅游名村、名镇、名街，利用地方戏剧、民间歌舞等非物质文化遗产资源，开发一批特色乡村旅游文化精品。进一步规范旅游市场，实施旅游标准化，健全旅游服务标准体系，提升行业服务水平，优化旅游发展环境。加强旅游区域合作，开拓国内外旅游市场，通过开展各类文化节庆活动展示韶关城市形象。通过5至10年的努力，打响“丹霞世界自然遗产地”“禅宗文化圣地”“全国生态旅游目的地”“盛唐贤相九龄故里”“广府文化发祥地”五大文化旅游品牌，推动韶关由中国优秀旅游城市升级为旅游名城。

落实文化民生理念，树立群众文化活动品牌。牢固树立“文化民生”理念，调动群众的智慧和力量，创新文化活动内容和形式，形成全民参与、全民共享的群众文化活动局面。加强“北江源·韶韵风”“文明和谐·舞动韶城”、乳源瑶族“十月朝”、乐昌“千人书画大赛”、翁源“风雅翁山”、南雄姓氏文化节等品牌文化活动组织策划，带动全市开展送戏下乡、歌咏比赛、文艺会演和美术、书法、摄影、剪纸展览等主题的群众文化艺术娱乐活动，打造城乡群众文化活动品牌。建立村（社区）文化指导员制度，繁荣广场文化、企业文化、校园文化、社区文化和农村文化。鼓励发展书吧、文化活动中心等各类群众文化场所，扶持乡镇（街道）建立文化广场，社区（村）建立群众性特色文化团队，打造各具特色的基层群众文化活动品牌。实施社科文艺精品工程，不断推出群众喜爱、在省内乃至国内有影响的精品力作。

（二）抓住薄弱环节，夯实发展基础

完善基础设施建设，构建现代公共文化服务体系。统筹推进城乡公共文化服务均等化，构建文化设施较为完备、文化活动丰富多彩、服务方式不断创新的现代公共文化服务体系，切实保障人民群众基本文化权益。将公共文化基础设施建设纳入城乡建设总体规划，在新城开发、老城改造、住宅小区建设和新农村建设等规划中，配套建设公共文化设施。按照创建全国文明城市和建设宜居城市的要求，加快建设芙蓉新区文化“三馆”等标志性文化场馆设施，优先安排一批基层公共文化建设项目，加快城乡阅报栏、书报亭、老人文娱活动场所等便民文化设施的规划建设，精心打造一批城市文化景观和园林小品。鼓励社会组织和个人投资建设公益文化场馆，推广翁山诗书画院、涂志伟美术馆建设经验，加大对社会组织和个人投资建设公益文化场馆的帮扶力度。巩固提升广播电视“村村通”、文化信息资源共享和数字电视整体转换等文化惠民成果，探索改进农村公益电影放映方式。加快市区个性化休闲娱乐场所建设，推进市文化展览中心（市美术馆）、传媒大厦建设和西河文体中心改造工程；落实县、镇文化场馆建设标准和设备配置标准，进一步推进文化（健身）广场、村级（社区）文化活动中心、基层阅报栏的建设和管理；抓好乡镇文化站、“农家书屋”的硬件升级与管理创新，推广数字和网络技术在公共文化服务领域的广泛应用，发挥文化设施应有的功能作用，构建市、县、镇、村四级公共文化服务网络，全面建成城市“十分钟文化圈”和农村“十里文化圈”。

完善产业布局规划，构建现代文化产业体系。坚持文化大产业理念，推进文化创意与相关产业融合发展，做大做强一批优质文化产业项目，形成重大产业项目、特色文化项目、小微文化企业并驾齐驱的良好局面，实现文化产业与相关产业相互促进、共同发展。研究制订全市文化产业发展规划，培育多元共融的现代文化产业体系，培育以芙蓉新区文化组团为重点的现代都市文化、以丹霞山为代表的生态旅游文化、以南华禅寺为代表的禅宗文化、以张九龄为代表的名人文化、以珠玑古巷为代表的寻根文化、以乳源瑶族为代表的少数民族文化、以原中央苏区为代表的红色文化、以涂志伟美术馆和翁山诗书画院为代表的诗书画文化。抓好《韶关市贯彻〈广东省建设文化强省规划纲要(2011—2020年)〉实施意见》确定的文化产业项目的落实，支持环丹（生态）旅游产业园、大南华文化旅游创意园、马坝人遗址公园、曲江大森林温泉度假村、乳源文化生态保护区、翁源兰花文化创意产业园、科艺创意产业园、南雄罗曼水晶钢琴生产基地、始兴盛怡制笔产业园等重点文化产业园区和企业的建设和升级。发展以旭日国际为龙头的玩具文化产业。建立市文化创意产业项目库，储备一批基础支撑和示范带动效应强、成长空间大、经济社会效益好的重大工程项目，完善立项审批，规范项目运作，不断提升文化产业的规模效益和抵御风险能力。在市区规划建设粤北文化旅游创意产业园，建成岭南元素突出、粤北特色鲜明、文化积淀厚重，集文化、休闲、博览、艺术表演等功能于一体的复合型大型文化社区。加强文化产业招商引资工作，培育文化产业骨干企业和战略投资者，通过以商招商、以会招商、项目针对性考察等方式引进具有较强实力的企业投资重点文化产业。

完善产品交易平台，构建现代文化市场体系。完善文化市场准入和退出机制，规范市场秩序，优化市场环境，构建统一开放、竞争有序的现代文化市场体系，促进文化资源合理有效配置。培育文化市场主体，完善文化单位法人治理结构，加快公司制、股份制改造，形成符合现代企业制度要求、体现文化企业特点的资产组织形式和经营管理模式。鼓励有实力的国有文化企业跨地区、跨行业、跨所有制兼并重组，允许制作和出版、制作和播出分开。支持国有文化企业面向社会融资，建立文化无形资产评估体系，建立文化交易交流中介机构。完善社科文艺精品创作生产评价制度，充分发挥奖励扶持机制在文化产品创作生产中的示范、导向和激励作用，打造地域特色文化品牌。拓展文化消费市场，加快培育民间特色食品、工艺品、艺术品、古玩、收藏等交易消费市场，形成东堤艺术字画一条街、百年东街粤北特色小吃街等“文化专业市场”。扶持各类文化行业协会建设，培育发展文化工作室、文化中介机构和文化经纪人。引导文化消费，创新文化商业模式，扩大大众文化消费市场，引进有市场前景的优秀文体项目和演艺活动，不断提高居民文化消费水平。

（三）深挖特色资源，推动产业融合

挖掘特色人文资源，推动文化与旅游融合发展。组织专家团队对全市各类文化资源进行挖掘整理和创意开发，鼓励文化创意、演艺、工艺美术与旅游资源整合，着力开发地域特色鲜明和民族风情浓郁的旅游演艺精品和旅游商品，开发生态旅游、高端养生度假、民俗风情游、古街古村游、城市休闲游等文化旅游产品。加快发展特色文化旅游商品和特色餐饮，鼓励扶持绿色食品、传统手工艺品和旅游小商品、工艺品、纪念品等文化旅游商品的开发销售，重点开发瑶族服饰、佛教艺术纪念品、民间工艺品等特色文化旅游商品。鼓励文化企业向体育领域拓展，丰富传统节庆活动内容，支持各地依托自然人文资源举办特色体育活动，推动体育产业向规模化方向发展。

挖掘特色生态资源，推动文化与城乡建设融合发展。注重文化建设与人居环境相协调，在推进新型城镇化和新农村建设进程中融入地方特色文化元素，打造特色宜居城镇。强化文化传承与创新，在注重保护历史文化街区和历史建筑的原生态属性的基础上，提高城市公共空间、公共艺术的规划水平和设计品质，使城市成为历史底蕴厚重、时代特色鲜明的宜居空间。推进文化生态保护区建设，保持乡村原始风貌、文化特色和自然生态，保护具有历史价值、艺术韵味的传统村落和民居，建设美丽特色乡村。挖掘特色农业发展潜力，推动文化与农业有机结合，提升农产品文化附加值，培育一批休闲农业知名品牌。提升“农家乐”服务水平，建设集农耕体验、田园观光、教育展示、文化创意于一体的休闲农业创意园。

挖掘现有业态资源，推动文化与科技融合发展。加强文化创意和设计服务与装备制造业、消费品工业对接，形成“集成创新”效应。鼓励文化企业与制造企业深度合作，通过形象授权、限量复制、加盟制造、委托代理等形式，梯度开发文化衍生产品，推动文化创意和设计服务渗透到制造业产品生产、销售流通、宣传推广全过程。推动高新技术成果向文化领域的转化应用，加强对传统文化产业的技术改造，培育新兴文化产业形态。鼓励扶持舞台剧目、音乐、美术、文化遗产的数字化转化，支持开发适宜互联网、移动终端的数字文化产品。

（四）释放文化活力，增强综合素质

推进文化管理体制机制创新。按照政企分开、政事分开原则，进一步理顺党政部门与文化企事业单位关系，推动政府部门由办文化向管文化转变。健全国有文化资产管理体制，出台国有文化资产监管办法，建立党委和政府监管国有文化资产管理机构，实现管人管事管资产管导向相统一。完善互联网管理体制和工作机制，坚持党管意识形态不动摇，发挥市互联网信息办公室的牵头作用，建立健全基础管理、内容管理、行业管理以及网络违法犯罪防范和打击等工作联动机制。创新和完善政府采购、服务外包、志愿者服务等公共文化服务方式，推动公共文化服务项目外包和设施委托管理，推进各类文化设施综合利用和开放共享，提升博物馆、图书馆等公共文化设施的服务功能，扶持民办公益性文化机构加快发展。

深化国有文化单位改革。探索建立文化事业单位法人治理结构，创新公共文化场馆管理运行机制，推动公共图书馆、博物馆、文化馆、科技馆等组建理事会。完善文艺院团和《南叶》杂志转企改制后续工作，理顺相应关系。加强传统主流媒体建设，稳步推进韶关广播电视台以频道频率制改革为重点的新一轮体制机制改革。推进韶关日报社和广播电视台经营管理体制改革，把两家新闻单位的经营管理体制转制为企业化运作作为试点推进，提高我市传统主流媒体的整体实力和综合竞争力。

鼓励非公有制文化企业发展。降低社会资本进入门槛，扩大非公有制文化企业准入领域，在国家许可范围内，引导社会资本以多种形式投资文化产业，参与国有经营性文化单位转企改制，参与国有文化企业重组，参与重大文化产业项目实施和文化产业园区建设，并在投资核准、信用贷款、土地使用、税收优惠、对外贸易和申请专项资金等方面，给予与国有资本投资同等支持。培育文化非营利组织，引导和鼓励社会力量通过兴办实体、资助项目、赞助活动、提供设施等形式参与公共文化服务体系建设。加强和改进对非公文化企业服务和管理，引导投资方向，抑制无序竞争，促进其自觉履行社会责任。发展小微文化企业，鼓励他们走“专、精、特、新”路子，充分发挥他们在调整产业结构、扩大内需、增加就业等方面的积极作用，激发全民创业热情和文化创造活力。

（五）营造文化氛围，改善人文环境

培育新时代人文精神。继续创建全国文明城市，坚持把培养和提升公民素养、促进人的全面发展摆在首位，大培育和践行社会主义核心价值观，构筑新时期韶关人文精神。坚持用马克思主义中国化的最新理论成果武装全党、教育人民，深入开展中国特色社会主义理论教育，进一步巩固新形势下全市人民团结奋进的思想基础。广泛开展社会公德、职业道德、家庭美德和个人品德教育，推进文明城市、文明村镇、文明单位、文明家庭等创建活动；深入开展全民阅读活动，加强礼仪教育，弘扬乡贤文化，推动优秀传统文化进校园、进家庭，全面提升社会文明程度。以城乡社区为重点，以相互关爱、服务社会为主题，开展多形式志愿服务活动和“我推荐我评议身边好人”活动，在全社会形成“学模范、讲道德、做好人”的风尚。深化未成年人思想道德建设，培育网络文明新风，凝聚社会正能量。加强廉政文化建设，推进廉政文化“进机关、进社区、进家庭、进学校、进企业、进农村”活动，营造风清气正的干事创业氛围。繁荣发展哲学社会科学，发挥“韶文化研究基地”“人与自然和谐发展研究基地”作用，加强地方特色文化研究，每年举办社科普及周活动，推出一批指导性、实践性强的理论研究成果。

提高舆情引导水平。创新文化信息传播载体和方式，运用现代科技改造广播、电视、报纸、刊物等传统媒体，全面推进数字电视整体转换，加快网络电视、移动电视、手机电视、楼宇电视、手机报纸、电子信息传播等新文化传播业态建设。加强网络文化的建设和管理，支持网络文化产品生产，建立网上博物馆、网上图书馆，加强政府信息网、韶关民声网、韶关新闻网等本市门户网站建设，加快完善政务微博、政务微信，拓展信息文化服务新兴领域和新兴传播阵地。加强和改进党委对宣传舆论工作的领导，加强重大主题、先进典型宣传，完善新闻发布和新闻发言人制度、市级网络发言人制度、党委新闻发言人制度、政务微博联席会议制度，健全新闻预案和应急引导机制，加强舆情分析研判和热点难点问题引导，形成正面引导与依法管理相结合的网络舆论工作架构，增强舆论引导的针对性和有效性。坚守互联网“七条底线”，进一步加大依法治网力度，加强对网上有害信息、网络谣言的整治，推进网络依法规范有序运行。完善互联网管理领导体制，着力提高突发事件新闻处置和舆情引导能力。

注重文化对外交流。培育市场化、专业化的信息采集营销主体，构建符合市场规律、覆盖广泛的营销传媒，打造集新闻资讯、城市推介、娱乐服务、交流互动等功能于一体的新兴传媒力量。借助央视海外频道、网络视频和境外华文媒体等高端平台，结合各类重要会展及重大活动，以新闻信息、纪录片、微电影等形式开展主题宣传活动。支持各类协会开展境内外文化交流，通过组织策划文艺巡演、学术研讨会、文化节等形式，推动不同地域、不同门类、不同形式的文化交流，促进文化活动多元化融合。加强与中、省宣传文化单位和文化机构的沟通联系，寻找合作机会，组建以高校、企业、民间艺术团体为主体的文艺创作、人才培训、文化研究交流基地。

三、加强领导，切实保障“文化名城”战略有效实施

（一）加强组织领导，构建文化建设大格局。各级党委和政府要把“文化名城”建设列入重要议事日程，作为振兴发展的重要工作来抓，成立“文化名城”建设工作领导小组，建立“文化名城”建设联席会议制度，加强对“文化名城”建设的组织领导。各职能部门要各司其职、各负其责、加强协调，形成工作合力。要加大宣传力度，报纸、广播、电视、网络等新闻媒体要通过设立“创文大家谈”等专栏，多角度多层次宣传报道“文化名城”建设，动员社会各界广泛参与“文化名城”建设，形成大文化建设工作格局。

（二）完善产业政策配套，搭建文化发展温床。各级各部门要围绕实施“文化名城”战略，全面落实国家和省有关文化建设政策，完善文化事业、文化产业发展配套政策，在投资核准、税收优惠、土地使用、金融信贷等方面给予倾斜，推动重大文化项目实施。要逐年加大公共财政对文化建设的投入，特别是加大文化惠民的扶持力度，推进公共文化设施建设和文化遗产保护。设立文化产业发展专项资金，采取贴息、补助、奖励等形式，专门用于推进文化体制改革、扶持文化产业园区开发、培育骨干文化企业、推进文化科技创新、促进文化传播体系建设、推动文化企业“走出去”等领域的项目实施。通过招商引资、社会捐助、民办文化等多种方式，引导民间资本参与文化建设，形成政府投入和社会投入相结合的多元化文化投入格局。加强文化市场监管，开展“扫黄打非”专项行动和网络淫秽色情信息专项治理“净网”行动，为“文化名城”战略实施营造良好的发展环境。

（三）注重人才队伍建设，促进文化转型升级。要抓紧制定中长期文化人才培养规划和引进计划，全面提高宣传文化队伍整体素质。组织开展领导干部文化专题培训，提升领导干部发展文化、服务文化的能力。加强基层文化队伍建设，配齐乡镇专职宣传干事，鼓励优秀文化人才深入基层、服务基层，强化乡镇文化站人员的培养，提高基层公共文化服务水平。推进宣传文化战线优秀人才“十百千”工程，依托韶关学院的人才优势，加强文化专业人才培养，造就一批文化名家、文化领军人才、文化后备人才、“非遗”和特色文化传承人。创新人才工作机制，畅通文化人才引进绿色通道，加快引进和培育一批高端文化经营管理人才和专业技术人才，构建一支规模宏大、结构合理、适应文化发展需要的高素质人才队伍。

（四）强化督促狠抓落实，确保工作取得实效。建立和完善考核制度，将“文化名城”建设纳入各级党政领导班子政绩考核和市直机关绩效考核范围，作为评价地区经济社会发展水平和领导干部工作实绩的重要依据。市委、市政府督查督办部门要加强对“文化名城”建设工作的督促检查，特别是要对“文化名城”重点项目进行专项督查，确保重点项目顺利推进。人大、政协要加强对“文化名城”战略实施的监督检查，推动“文化名城”重点项目的落实。健全奖惩机制，对“文化名城”建设中做出突出贡献的部门和干部，予以表彰奖励；对落实不力的进行批评问责，确保“文化名城”建设工作措施落到实处。

同志们，“文化名城”建设事关全市发展大局和人民福祉，意义重大，影响深远。全市各级党组织、全体共产党员和广大人民群众要紧密地团结在以习近平同志为总书记的党中央周围，高举中国特色社会主义伟大旗帜，以邓小平理论、“三个代表”重要思想和科学发展观为指导，振奋精神，鼓足干劲，全面推进“文化名城”战略实施，不断开创韶关市文化建设新局面！

全面深化改革　推动振兴发展

——在市委十一届五次全会第一次全体会议上的讲话

（2014 年 1 月 13 日）

郑振涛

同志们：

这次全会有两个重要议题。第一个是，深入贯彻党的十八大、十八届三中全会和省委十一届三次全会精神，研究部署韶关市全面深化改革工作。市委常委会通过广泛调研、充分酝酿和集体决策，拟定《中共韶关市委关于全面深化改革的实施意见》，提出全面深化改革的指导思想、目标任务和工作重点，提交本次全会审议。第二个是，落实中央经济工作会议和省委全会精神，总结 2013 年经济工作，部署 2014 年工作任务，动员全市人民积极行动起来，实现全面深化改革的良好开局，加快全面建成小康社会进程。

一、关于全面深化改革工作

党的十八届三中全会审议通过的《中共中央关于全面深化改革若干重大问题的决定》，提出全面深化改革的指导思想、目标任务、重大原则，为全面深化改革指明方向。省委于本月 10 日至 12 日召开全会，研究部署全省全面深化改革工作和 2014 年改革的重点。学习贯彻中央和省委全会精神，是今年的一项重大政治任务，我们要把思想和行动统一到中央和省委的决策部署上来，强化改革思维，狠抓工作落实，进一步解放思想、解放和发展生产力、解放和增强社会活力。

（一）充分认识全面深化改革的重要性和紧迫性。全面深化改革是推动韶关市振兴发展的根本出路。当前韶关市发展面临的矛盾和挑战十分突出：思想观念比较落后，敢为人先、开拓进取意识不强，不敢突破条条框框的束缚，不敢尝试带有风险的创新；体制机制不适应绿色转型、振兴发展的需要，市场体系不完善，市场主体公平竞争机制不健全，既有发展速度不快的问题，又有发展质量不高的问题；社会治理跟不上形势发展的要求，治理体系不健全，治理能力比较弱，维稳压力比较大。特别是按照省委、省政府的要求，韶关市要与全省同步率先全面建成小康社会，实现这一目标任务艰巨。破解以上发展难题和风险挑战，唯有改革，别无他路。

一是坚持问题导向，树立发展意识。加快发展是解决韶关市所有问题的关键。当前，发展不足是韶关市最大的问题。我们既要增强忧患意识，全面查找问题，善于提出问题，敢于反映问题，深刻分析发展不足的现状和成因；更要坚定信心，振奋精神，科学解决问题，找准发展路径和发展措施。要坚持把强市富民作为发展导向，引导全市人民以更宽广的视野思考改革、思考发展，达成一心一意搞改革、谋发展的共识，使推动振兴发展成为全市上下的自觉行动。

二是破除思想障碍，树立改革意识。韶关现阶段的发展障碍，虽然有些来自于外在制约因素，但最根本的还是自身思想观念和体制机制不适应形势发展要求。改革是利益格局的重新调整，必须树立改革意识，强化改革愿望，使各行各业、各级各部门都能够摒弃小团体利益观念，突破条块分割的局限，打破利益固化的藩篱，共同参与到推动韶关振兴发展的改革中来，形成推动改革的强大合力。

三是拓宽全球视野，树立开放意识。扩大开放领域，走合作共赢道路，已经是全球共识。韶关发展相对滞后的一个重要原因，是经济体系开放不足，既缺乏强大的投资发展，又缺乏有力的市场竞争。形势倒逼我们必须扩大开放，既要重视引进来，营造大开放投资环境，吸引重大项目投资，又要重视走出去，参与国内国际市场竞争，打造内外联动、充满活力的开放型经济体系。

（二）准确把握全面深化改革的方向和原则。全面深化改革的总目标是完善和发展中国特色社会主义制度，推进国家治理体系和治理能力现代化。要坚持社会主义市场经济改革方向，以促进社会公平正义、增进人民福祉为出发点和落脚点，注重改革的系统性、整体性、协同性，使改革更加科学完善、更加切合实际、更加行之有效，把改革风险降至最低，效能发挥至最大，让改革红利充分释放在促进发展和惠民利民上。改革中要正确处理五种关系。一是当前利益与长远利益的关系。既要充分考虑当前，解决制约发展的突出问题，又要着眼长远，解决可持续发展问题，决不能为了一时、一地和个别群体利益而放慢、阻碍甚至放弃改革。二是整体推进与重点突破的关系。要在统筹把握的前提下，突出重点，力争在重要领域和关键环节改革上取得重大进展和突破。三是普遍性与特殊性的关系。要把中央和省的改革部署与韶关实际结合起来，根据阶段性特征谋划改革措施，探索具有韶关特点的改革发展之路。四是鼓励创新与包容失败的关系。要引导全社会形成客观对待改革的评价体系，充分尊重改革创新精神，营造良好的改革环境和创新氛围。五是改革发展与稳定的关系。改革发展稳定是一个互为促进的有机整体，要强化“一把手”抓改革发展稳定工作的责任，把改革力度、发展速度和社会承受程度结合起来，统筹推进，实现以改革促发展、以发展促和谐。

（三）突出全面深化改革的重点。胡春华同志在省委十一届三次全会第二次全体会议上强调指出，广东省今年要重点推进13项改革，即加快转变政府职能、构建公平开放透明的市场规则、激发市场主体发展活力、推动建立现代财政制度、增强科技创新机制、创新金融发展机制、深化农村综合改革、创新城镇化发展体制机制、优化对内对外开放格局、推进文化体制机制创新、加快保障和改善民生制度化建设、加强民主法治制度建设、推进生态文明制度建设，实现全面深化改革的良好开局，增创广东发展新优势。我们要按照这13项任务，结合韶关市实际，明确今年和今后一个时期的改革重点，并要强化责任，抓好落实，增强全面深化改革的针对性和有效性，以开放促改革，以改革促发展。

一是深化经济体制改革。经济体制改革的核心是，处理好政府和市场的关系，使市场在资源配置中起决定性作用和更好发挥政府作用。要针对韶关市场体系不完善、市场经济活力不足的实际，优化市场环境，实行统一的市场准入制度，推开并基本完成商事登记制度改革，推进工商注册制度便利化；放开市场准入，按照“非禁即入”原则，明确放宽市场准入领域的具体政策，拓宽社会资本投资领域和范围，促进各类营商主体公平竞争；落实国家和省扶持非公有制企业做大做强的政策措施，在资金、土地、技术、人才等方面实行与公有制企业同等政策；促进企业投资便利化，完成企业投资管理流程简化再造，企业审批事项明显压减，办理时限总体压缩50%左右；加强融资平台建设，搞活融资机制；健全集约节约用地政策，提高土地利用水平；深化国有企业改革，完善国有资产管理体制，提高国有资产运营效率和效益；保护和发展农民权益，强化对农村土地承包经营权的物权保护，选择一个县（市、区）开展农村土地承包经营权确权登记颁证试点；建立农村土地承包经营权流转机制，允许农民承包经营权在公开市场上流转和以互换方式实现农地经营规模化；完善市、区财政体制，建立政府事权与支出责任相适应的机制。

二是深化行政体制改革。行政体制改革的根本目的是，切实转变政府职能，创新行政管理方式，提高行政效率，增强政府公信力和执行力，建设法治政府和服务型政府，更好发挥社会主义市场经济体制优势。要针对韶关市行政服务效率不高，事业单位公益性不强，职能错位、缺位、越位等问题，推进新一轮政府机构改革，7月底前基本完成本轮市县政府机构改革任务。争取开展制定横向和纵向权责清单试点。要完善市直和各县（市）网上办事大厅建设，进一步简政放权，改进审批方式，建立规范高效的行政审批运行机制，实现县级以上政府审批事项比2011年减少40%以上。创新园区管理体制，赋予工业园管委会相应的经济社会管理权和自主权。加快推进富县强镇事权改革，理顺市、县（市）、镇以及市和市辖区的权责关系，推动县（市、区）、镇政府职责关系合理化、清晰化。推进公共资源交易“管办分离”，规范公共资源交易和招投标行为。

三是深化社会体制改革。社会体制改革的任务是，解决好人民最关心最直接最现实的利益问题，为社会提供多样化服务，实现发展成果更多更公平惠及全体人民。要针对韶关市基本公共服务分配不均，社保历史欠账多，社会组织体系不健全，难以承接政府转移的职能等问题，按照现代化要求，在建立健全制度体系上下功夫，加快推进市、县治理体系和治理能力建设。深化县级公立医院改革，加快实现县（市）公立医院取消以药补医，加强养老保险改革，完善住房保障制度，健全社会保障待遇正常调整机制，完善社会救济体系，促进基本公共服务均等化。发挥社会组织在社会治理中的重要作用，探索以群众工作统揽信访维稳工作的新路径，完善诉求表达与矛盾调处机制，推进信访工作机制改革，化解社会矛盾，促进社会和谐。

四是深化文化体制改革。以激发文化创造活力为目标，深化文化体制改革，增强文化软实力。完善文化管理体制，按照政企分开、政事分开原则，进一步理顺党政部门与其所属的文化企事业单位关系，推动政府部门由办文化向管文化转变。完善文化事业单位法人治理结构，推动国有经营文化单位转企改制，鼓励非公有制文化企业发展，引导社会资本投资文化产业，提高文化产业规模化、集约化、专业化水平。制定基本公共文化服务标准，推行“政府主导、社会参与、市场运作”模式，加快公共文化服务体系建设；实施“菜单式”服务，推动文化惠民项目与群众文化需求有效对接。

五是深化生态体制改革。建立系统完整的生态文明制度体系，用制度保护生态环境。从生态发展区的实际出发，制定主体功能区规划实施方案，建立国土空间保护开发制度，健全自然资源资产管理体制，实行最严格的源头保护制度、损害赔偿制度、责任追究制度，完善严格监管所有污染物排放的环境保护制度，健全市场化节能减排机制，建立交易市场机制与规则，贯彻国家和省资源性产品价格改革措施，加快建立生态补偿机制，激发生态环境保护的积极性，巩固粤北绿色生态屏障。

六是深化党的建设制度改革。加强和改善党的领导，提高党的领导水平和执政能力，确保改革取得成功。坚持和完善人民代表大会制度，推进协商民主制度化发展，落实司法体制改革任务，健全基层民主机制和群众自治机制，保障人民群众参与管理和监督的民主权利。深化干部人事制度改革，健全反腐倡廉和作风建设体制机制，营造良好的改革氛围和环境。

（四）加强全面深化改革的领导。全面深化改革是一项复杂的系统工程，各级党委必须加强对全面深化改革的领导。市委成立全面深化改革工作领导小组，负责全市全面深化改革的总体设计、统筹协调、整体推进、督促落实。要加强对改革的正面宣传和舆论引导，做好中央、省、市有关文件以及有改革方案和改革政策的宣传、解读，加深广大干部群众的认识和理解，充分汇聚理解改革、支持改革的强大正能量。要加强对全面深化改革工作的督促检查，推动各项改革工作任务落到实处。

二、关于2014年工作任务

2014年是全面深化改革的开局之年，也是“十二五”规划实施的关键一年，做好今年工作意义重大。我们要认清形势，善于抢抓机遇，敢于面对困难，勇于接受挑战。当前，发达国家经济增长动力有所增强，新兴经济体经济较快增长，国际贸易趋于活跃。国内经济发展长期向好的基本面没有变，十八届三中全会对全面深化改革做出总体部署，将进一步激活发展的动力和活力。省委、省政府高度重视粤东西北地区发展，出台一系列促进粤东西北地区振兴发展的重大政策，强化珠三角地区对粤东西北地区对口帮扶工作，由东莞市全面对口帮扶韶关市，优化我们加快发展的制度安排。但是，也必须看到，韶关市加快发展面临不少困难和压力。对照全面建成小康社会的国家指标体系和省对韶关市实现全面建成小康社会的时间要求，韶关市多项指标还存在着较大的差距，年度分解落实的任务较重。国家和省在政策设计上，对生态发展区提出更高要求，我们在环境保护、土地利用、节能降耗、治污减排等方面的工作任务更加艰巨。韶关市产业发展的瓶颈制约未能有效破解，新引进重大项目和税源型项目较少，经济增长基础不稳固，潜力不足。新旧矛盾互相交织，社会问题错综复杂，维护稳定任务繁重。

面对新形势新任务，2014年工作的总体要求是：高举中国特色社会主义伟大旗帜，全面落实党的十八届三中全会、中央经济工作会议和省委十一届三次全会精神，把全面深化改革贯穿于经济社会发展各个领域，把扩大内外开放深入到经济社会发展各个行业，建立有利于加快发展的体制机制，完善市场竞争机制，培育现代产业体系，完善城镇发展体系，创新社会治理体系，健全公共服务体系，优化生态发展机制，加强党的制度建设，为全面建成小康社会奠定坚实基础。

关于2014年的经济工作，学峰同志将作具体部署。这里，我就做好今年的重点工作，讲几点意见。

（一）以落实“三大抓手”为重点，加快经济发展步伐

一是加强交通基础设施建设。把握省加快推进重大项目建设的机遇，以建设连接南北、贯通东西的国家级交通枢纽城市为目标，加强以交通为重点的基础设施建设，全方位、立体化推进公路、铁路、机场、航道和港口码头建设，完善与铁路、公路、水路互通的综合运输网络，优化交通区位条件。加强能源设施建设，在抓好传统电源项目扩能提效改造的基础上，开发可再生能源，把韶关建设成为广东清洁能源生产基地；加强电网建设，升级改造农村电网，应用储能新技术，推广新能源汽车，建设电动汽车充电网络，提高对各类型电源的接入能力。加强水利设施建设，加快推进城乡饮水工程、防洪工程和截污管网工程建设，抓好小流域综合治理、病险水库除险加固和小型农田水利重点县建设，增强城乡供水和抵御自然灾害的能力。加强智慧城市建设，加快信息基础设施演进升级，统筹提高宽带网络普及水平和接入能力，提升城市信息化水平。

二是加强产业园区建设。抓住土地利用总体规划中期评估修编、国家和省开发区扩区、区位调整机遇，抓紧开展工业园扩园和区位调整工作，实现省级产业园县域全覆盖。加快推进莞韶园北扩工作，拓展建设用地空间，增强集聚和辐射带动力。创新园区管理体制，完善服务体系，有条件的园区要设立投资服务中心，并赋予园区相应的经济社会管理权和自主权，为入园企业提供快捷高效服务。完善园区及其所在地的功能性基础设施和生活设施建设，增强园区综合承载力。开展行业招商、产业链招商和莞韶联合招商，莞韶产业园要坚持“广东装备之都”的产业战略，创建智能制造装备基地，加快装备制造产业集聚，打造工业经济增长极；各县（市、区）产业园要按照差异化发展思路，利用现有产业基础开展招商，培育特色支柱产业，推动县域经济加快发展。

三是加强城镇体系建设。增强中心城区辐射带动作用，建立以中心城区、中心镇带动城乡一体化发展机制。按照每年有新变化，确保三年突破、五年成形的目标，加快以芙蓉新区起步区为重点的中心城区建设。加强县城和中心镇建设，提升带动农村脱贫奔小康的能力。完成城镇体系规划和村镇体系规划，提高规划建设标准，打造一批特色城镇和专业镇。完善城镇基本公共服务体系，解决进城居住、务工人员的子女就学、社会保障、户籍管理等突出问题，让进城落户的农民真正成为市民，与城镇居民享有平等权益。坚持疏堵结合，继续保持治理违法建筑高压态势，加快启动农村宅基地报建、审批工作。

（二）以调整优化产业结构为主线，推动产业转型升级

一是加快构建现代工业体系。实施分类发展策略，构建现代工业体系。以内涵挖掘和规模扩张为主，改造提升钢铁、烟草、装备制造、电力、玩具、木业等传统优势产业；以延长链条，提高附加值为重点，加快发展有色金属、新型建材、食品饮料、精细化工、家具等特色资源产业；以项目

引进为重点，培育生物医药、稀土新材料、新能源等新兴产业。支持韶钢深加工基地建设，推动韶关钢铁及深加工产业转型升级。完善帮扶企业制度，鼓励各类企业加快技术进步、提升信息化程度；支持骨干企业增资扩产和兼并重组，培育一批主营业务收入10亿元以上、成长性较好、发展潜力大的企业，力争更多项目列入2014年全省现代产业500强。落实国家和省促进中小微企业发展的政策，扶持民营经济加快发展，促进中小企业转型升级。建立健全技术创新市场导向和产学研协同创新机制，引导企业加强自主创新，完善创新创业平台，引导和支持创新要素向企业集聚，推动建立区域创新体系。围绕做大做强县域工业，推动产业进园，引导产业加快集聚，促进相关产业链延伸，打造县域特色工业品牌。

二是加快发展现代服务业。以建设“国家旅游产业集聚区”为目标，注重旅游产业规划，加强旅游业与相关行业融合发展；推进旅游重大项目和旅游网络服务平台建设，完善景区景点的基础设施和沿线交通引导服务系统，夯实旅游基础条件；发挥丹霞山和南华寺的品牌效应，以禅修祈福、乡村旅游、节庆活动等为新卖点，推出一批新的旅游线路，开发一批新的旅游产品，增强韶关旅游的吸引力。加快发展商贸流通业，完善商贸流通体系，着力打造东环线商贸物流园区。加快发展电子商务，拓展移动电子商务应用，培育网络零售平台，加快建设一批大型批发市场和乡镇商贸中心，拉动城乡有效消费。

三是加快推进农业产业化。加快国家现代农业示范区建设，围绕发展特色高效农业，推动畜禽和水产业规模化发展，推进蔬菜、水产品等重要生产基地建设，稳定发展粮食生产，扎实推进“菜篮子”工程建设，确保农业稳步发展。培育农业龙头企业、农民专业合作社、家庭农场、种养大户、现代职业农民等农业经营主体，带动农民发展生产，提高农民组织化程度，增加农民经营性收入。推进农产品流通体系建设，加强农产品质量监管，严格落实农产品市场准入制度，完善农产品质量溯源体系，确保农产品安全和有效供给。严格落实各项农业补贴政策，确保及时足额到位。探索建立农村集体资产公开交易平台，促进农村集体资产保值增值。将新一轮扶贫开发与幸福村居创建、村容村貌整治、农村“五小水利建设”、农村危房改造有机结合起来，探索产业扶贫、金融扶贫、保障扶贫、智力扶贫新路子，提升被帮扶对象的自我致富能力。

（三）以全面对口帮扶为契机，推动区域协调发展

一是加强与东莞的紧密对接。按照“一园一城七组团”的帮扶工作总体思路，加强与东莞在产业园区、新城建设、招商引资、基础设施、民生事业、改革开放等领域的合作，力争帮扶工作走在全省前列。健全两市互为配套的产业协作机制和交流平台，把东莞在技术、管理、资本、机制方面的优势，与韶关市在资源、生态、劳动力方面的优势有机结合，全面提升相互配套能力。各级各部门要做好对接工作，落实各项配套协议，为东莞开展帮扶工作提供最优质服务和有力保障。

二是提高对外开放水平。强化市场化机制和激励机制，把握粤港澳服务贸易自由化加快推进的机遇，加强对珠三角及港澳台地区乃至发达国家的招商引资工作，健全招商引资工作机制，强力推进招商引资“一把手”工程，引进高端产业、优质项目、先进技术和总部经济。畅通与全国各地的合作渠道，根据韶关市产业转型升级需要，引进有实力的上市公司，改造提升弱势产业，合作发展优势产业，整体提升产业发展水平。加强与周边地区合作，建立在基础设施、旅游资源、环境治理等方面的长效合作机制，开辟区域共融发展道路。转变外贸发展方式，打造新型外贸服务平台，鼓励有条件的企业开拓国际市场，提高对外贸易水平。

三是推进市域经济一体化发展。加强市县两级之间、各县（市、区）之间的统筹协调，建立资源合作开发、利益合理共享的发展机制，协调好各种利益关系，实现地区之间的良性互动，推动市域经济社会同步推进、协调发展。各县（市、区）要强化“全市一盘棋”思想，把本地区工作纳入全市发展大局中去考虑和谋划，把握全市发展趋势，服从全市发展需要，避免由于产业趋同而造成资源浪费和恶性竞争。科学区分县域之间的资源禀赋、区位条件和产业基础，优化生产力布局，引导各类产业向资源比较丰富、产业基础比较扎实的县域聚集。

（四）以创建全国文明城市为动力，加快文化名城建设

2014年是创建全国文明城市的验收年，要围绕创文大检之年的各项指标，深化公民思想道德建设，壮大主流思想舆论，推进文化体制机制创新，力争创文各项指标达标，推进文化名城建设。

一是培育和践行社会主义核心价值观。进一步加强公民思想道德建设，深化拓展学雷锋志愿服务活动和群众性精神文明创建活动，丰富“我们的节日”主题活动，持续推进“风度韶城、尚德修身”全民行动、文明交通行动、文明餐桌行动和网络文明传播专项行动，传播主流价值观，引领文明风尚，树好韶关形象，展示韶城魅力，全面提升公民思想素质。

二是加强舆论宣传工作。加强和改进舆论引导工作，整合新闻媒体资源，推动传统媒体和新兴媒体融合发展，弘扬主旋律，传播正能量，激发全社会团结奋进的强大力量。完善管理体制，加强互联网建设和管理，加强政务微博、政务微信等新兴舆论平台建设。推动新闻发布制度化常态化发展，建立网上新闻发布厅，形成正面引导和依法管理相结合的网络舆论工作格局。加强形势政策宣传教育，开展面向机关、社区、企业、农村和校园的宣传教育活动，提高宣教活动

覆盖面和渗透力。

三是深入推进公共文化服务体系建设。统筹市、县（市、区）、镇（街道）、村（社区）四级公共文化服务网络建设，推动文化“三馆”（图书馆、档案馆、文化馆）等综合性文化服务中心建设。出台政府购买公共文化服务目录及实施方案，支持非公有制文化企业产品和服务进入政府采购目录。实施文化惠民工程，建立群众评价和反馈机制，不断满足群众文化需求。鼓励社会力量和资本参与公共文化服务，培育文化非营利组织，形成以政府为主、社会力量参与的公共文化服务投入机制。深入推进国有经营性文化单位转企改制，扶持各类非公有制文化企业发展，引导社会资本投资文化产业；整合文化文物资源，打造韶关文化品牌，推出更多文化精品；发展旅游文化产业，推进禅宗旅游文化产业园等建设，促进旅游与文化的深度融合。

（五）以保障和改善民生为着力点，全面推进社会建设

一是加快民生事业发展。完善就业信息平台，健全就业服务体系，推动产业园区增加就业，发展服务业促进就业，鼓励创业带动就业，加强职业技能培训，促进城乡充分就业。完善全民社保体系，扩大社会保险覆盖面，提升养老保险运行质量，提高医疗保障水平。健全城乡综合性社会救助体系，保障低收入群众基本生活。巩固教育创强成果，优化教育结构，合理配置教育资源，促进教育公平；办好学前教育，均衡发展义务教育，提升高中阶段学校发展水平，探索中职技工院校与企业合作办学；加强高等教育内涵发展，全力支持韶关学院提升办学层次和迎接教育部审核性评估。完善公共卫生服务网络，健全公共卫生应急体系，推进县级公立医院改革和县级疾控机构一类改革，减轻群众看病负担。加强计生工作，进一步提升计生管理服务水平。加快棚户区改造步伐，建设公共服务配套设施。

二是培育社会组织。以工青妇等群团组织为依托，推进枢纽型组织建设，建立“韶关市社会组织孵化基地”，重点培育、优先发展行业协会商会类、科技类、公益慈善类、城乡社区服务类社会组织。坚持政社分开、管办分离，推进政府购买服务和社会组织承接服务取得新进展，提升公共服务社会化供给水平。探索建立社会组织监管体系，规范社会组织管理，完善其组织、引导、服务群众和维护群众合法权益的职能。

三是维护社会和谐稳定。完善信访工作机制和制度，推进信访涉法涉诉改革工作，建立社会稳定风险评估机制，预防和化解各类矛盾纠纷。加强社会治安综合治理，强化城乡防控体系，严厉打击违法犯罪活动，推进“平安韶关”建设。加强流动人口和特殊人群服务管理，探索城市新型社区建设新路，形成党政主导、多元共治的和谐社区建设工作格局。建立维稳工作分析研判机制，健全突发事件预警和应急处置机制，不断提升处置突发事件和应对自然灾害能力。加强食品药品监管体系建设，保障食品药品安全。强化安全生产监督管理，促进全市安全生产形势持续稳定好转。保持价格总水平基本稳定，为经济社会发展营造良好的价格环境。

（六）以创建广东绿色生态第一市为目标，建设美丽韶关

围绕创建广东绿色生态第一市，完善生态文明建设制度，保护好青山绿水；推进生态资源产业化，把生态资源产业培育成为韶关市经济发展的新增长点。

一是加强生态环境保护工作。落实新一轮绿化广东大行动，加强对重要生态功能保护区和自然保护区的保护，加快生态景观林带、森林碳汇、森林进城等生态工程建设，加强南岭山地森林及生物多样性生态功能区、自然保护区、自然遗产地、湿地公园和森林公园建设，构建以国家和省、市级为骨干，县、镇级为补充，基本覆盖全市的森林生态公园网络。建设南岭生态气象中心，加强气候和生态环境变化监测。推进宜居社区、绿道网络、城市生态系统建设，建成分布合理、植物多样、景观优美的城市绿地系统，建设森林生态城市。开展生态文明“万村绿”行动，提高农村环境美化率。加强矿山环境综合治理、水土流失治理、石漠化治理和重金属污染防治，强化土壤污染防治和受污染土壤治理修复，确保区域生态安全。

二是做好节能减排工作。以成功申报国家节能减排财政政策综合示范城市为契机，开展城市节能减排综合示范工作，强化节能减排责任目标考核，加快推进节能减排项目，完成省下达的节能减排任务。加强对重点区域、重点排污企业的监测，建立生态环境监测与安全评估技术和标准体系，严格控制废水、废渣、废气等污染物排放，建立完善的环境监控网络。推行清洁生产，加快生产工艺改进和设备更新，以技术提升减少污染物产生，从源头上控制高耗能、高污染。推广应用节能减排新技术，支持企业节能改造，淘汰落后产能，培育环保产业，促进产业转型升级。

三是健全生态保护与发展机制。坚持有效保护和合理开发相结合，强化生态环境保护责任，建立生态红线保护制度，完善绿色发展激励和补偿机制。落实生态产业发展规划，调整生态产业发展政策，依托优良的生态环境和丰富的生态资源，培育以生物质能发电、林产品精深加工、林产化工为重点的生态资源工业体系，以绿色食品、林下经济为重点的生态农业体系，以森林景观探险、乡村休闲旅游、旅游产品生产为重点的旅游产业体系。

（七）以群众路线教育实践活动为抓手，加强党的建设

一是组织开展好群众路线教育实践活动。根据中央和省委的部署，第二批党的群众路线教育实践活动即将启动。要按照“照镜子、正衣冠、洗洗澡、治治病”的总要求，以整风精神开展批评与自我批评，对作风之弊、行为之垢，进行一次大排查、大检修、

大扫除。坚持领导带头，扩大群众参与，强化问题导向，加强分类指导，集中解决形式主义、官僚主义、享乐主义和奢靡之风“四风”问题，实现思想认识上有新提高、解决突出问题上有新突破、建章立制上有新成效，以作风建设新进步推动各项改革任务落到实处。

二是加快推进民主政治建设。进一步加强各级党委对同级人大、政府、政协、司法机关以及人民团体的领导，支持人大及其常委会依法行使职权，健全“一府两院”由人大产生、对人大负责、受人大监督制度。充分发挥人民政协作为协商民主重要渠道作用，加快推进协商民主广泛多层制度化发展。贯彻落实党的民族宗教政策，巩固和发展最广泛的爱国统一战线。扩大基层民主，保障人民群众依法行使民主权利。加强党管武装工作，加强国防后备力量建设，抓好拥军优抚安置，深入开展军民共建与和谐创建活动。

三是加强领导班子和干部队伍建设。推进干部人事制度改革，深化“五好四有”创建活动，建设学习型、服务型、创新型领导班子。坚持开展“五个一”定期务虚研讨，健全对重大问题的科学民主决策机制。围绕选好主官、配强副职、配齐结构的方向，优化班子结构，增强班子合力。建立各级领导班子和领导干部全面建设小康社会评价指标体系和评价办法，发挥其对促进韶关市全面建成小康社会的导向作用。坚持党管干部原则，构建有效管用、简便易行的选人用人机制，培养选拔德才兼备、实绩突出、群众满意的优秀干部。实施创新人才引进培养工程，拓展人才引进和聚集办法，创新人才流动机制，广开进贤之路，为韶关市改革发展提供人才支撑。

四是抓好基层党组织建设。继续实施《加强村级基层组织建设五年行动计划》，落实基层党建“五大工程”，充分发挥基层党组织在推动改革发展中的战斗堡垒作用。扎实做好村、社区“两委”换届工作，把党性强、能力强、服务意识强的人选进村、社区“两委”班子，确保村、社区“两委”干部交叉任职和书记、主任“一肩挑”比例达到规定要求。加强基层服务型党组织建设，创新服务载体，继续开展“民情日记”“双联双进”活动，拓展党代表工作室（站）“一站双联三代”项目，促进基层党组织和党员干部直接联系服务群众工作常态化。

五是推进党风廉政建设。深入开展党风廉政宣传教育，筑牢党员干部的思想道德防线。加强对贯彻中央八项规定情况的监督检查，规范“三公”经费管理使用。建立跨部门的干部监督信息网络，拓宽举报渠道，及时互通干部信息。强化对领导干部特别是“一把手”的监管，严格执行领导干部民主生活会、述责述德述廉、报告个人事项等规定，让权力在阳光下运行。加强对重要领域、重点环节和损害群众利益突出问题的检查监督，严厉查办违纪违法案件。落实党风廉政建设责任制，明确党委的主体责任和纪委的监督责任，建立符合韶关实际的惩治和预防腐败体系，实现干部清正、政府清廉、政治清明。

同志们，韶关发展已经站在新的历史起点上。让我们紧密团结在以习近平同志为总书记的党中央周围，进一步解放思想，锐意进取，攻坚克难，为全面建成小康社会做出新的贡献！

2014年韶关市政府工作报告

——2014年2月18日在韶关市第十三届人民代表大会第四次会议上

韶关市市长　艾学峰

各位代表：

我代表市人民政府向大会作工作报告，请予审议，并请政协各位委员和其他列席人员提出意见。

2013年工作回顾

2013年，在省委、省政府和市委的正确领导下，在市人大及其常委会和市政协的监督支持下，市政府积极抢抓省进一步促进粤东西北地区振兴发展的重大机遇，全力推动经济社会加快发展，全面实现市十三届人大三次会议确定的主要预期目标。

经济迈上新台阶。主要经济指标增幅高于全省平均水平。全市生产总值突破1000亿元、达1010亿元，增长12.1%；人均生产总值3.5万元，增长11.3%。来源于韶关的财政总收入突破200亿元、达244.9亿元，增长33.9%；地方公共财政预算收入71.7亿元，增长16.5%。产业转型稳步推进。农业增产增收，工业较快发展，服务业稳步提升。东莞大岭山（南雄）产业园成功扩园。我市连续6年通过国家科技进步考核，连续2届被评为全国科技进步考核先进市，连续3年获得国家产学研结合工作奖，2013年获得国家技术发明二等奖，我市科技获奖创历史最好成绩。东阳光铝业公司技术中心被确认为国家级技术中心。交通银行、东亚银行在韶首家分支机构开业，汇丰银行新增一家支行。基础设施和重点项目建设加快。固定资产投资增长21.2%。乐昌峡水利枢纽工程、韶能生物质能发电项目并网发电，韶赣铁路和广乐、大广高速公路加快建设，韶关电厂“上大压小”、新丰稀土分离项目获国家核准批复。县域经济和民营经济持续较快发展，占全市经济比重均提高到51.7%。

城乡建设展现新面貌。中心城市扩容提质有序开展。城建重点工程进展顺利，项目数量和投资额均创历史新高。芙蓉新区及其管委会获准成立，芙蓉新区发展总体规划获省政府批准。赤水安置区建成，芙蓉、西联安置区启动建设。43号路建成通车，道路建设工作全面铺开。武警作战指挥中心建成并投入使用。韶关实验中学、联通、恒大、碧桂园、保利等项目建设加快。老城区四大出口与工业西片区内涝整治等市政项目以及金色江湾、万通城等一批“三旧”改造项目加快推进。全市依法拆除违法建筑面积20.7万平方米。新农村建设扎实推进。完成通自然村公路路面硬化582公里。新一轮扶贫开发开局良好。生态文明建设成效显著。我市成为国家节能减排财政政策综合示范城市。封山育林1200万亩，春季造林42.9万亩。丹霞山被列为国家生态旅游示范区。始兴县成为全省首批农村环境保护连片整治试点。市区更新投放89辆CNG出租车、50辆纯电动出租车。淘汰落后水泥产能248万吨、电池17.5万千伏安时。完成省下达的节能减排任务。

民生福祉得到新改善。人民生活水平不断提高。全市城镇居民人均可支配收入、农村居民人均纯收入、城乡居民储蓄存款余额分别增长10.4%、11.7%和12.3%。居民消费价格指数涨幅低于全国、全省平均水平。市政府公开承诺办好的10件民生实事当年投入3.2亿元，其中5件实事已经完成，另外5件实事因投资和征地拆迁量较大、需跨年实施，正按计划推进；市政府各部门（单位）承诺的54件实事基本完成。农村劳动力技能培训转移就业工作连续5年进入全省优秀行列。城镇登记失业率为2.35%。落实底线民生保障各项政策，社保、低保、五保待遇提高，住房保障力度加大。有效应对3次严重洪涝灾害，灾后复产重建家园工作全面完成。社会事业全面发展。完成教育创强工作。基本解决符合条件的异地务工人员子女完成义务教育后参加初中升学考试问题。市特殊教育学校完成搬迁新建并投入使用。省级高技能公共实训基地晋升为国家级。基层卫生医疗机构全面实行基本药物制度，县级公立医院改革试点、平价医疗服务工作有序推进。粤北医院门急诊医技综合楼、市铁路医院中华健康快车白内障治疗中心、市残疾人康复中心以及4个县级医院业务大楼建成使用。完成国家和省文化惠民工程任务。国家卫生城市复审通过，全国文明城市创建有序推进。建成22个乡镇农民健身工程。成功举办世界张氏总会第六届恳亲大会、纪念六祖惠能圆寂1300周年暨2013广东禅宗六祖文化节（韶关）系列活动。乳源“瑶族十月朝”被评为全省群众性文化活动优秀品牌。社会治理不断加强。基层综合服务管理平台进一步健全。社工人才试点和购买社工服务试点工作进展顺利。安全生产总体平稳，完成省下达的控制目标。平安韶关创建和“两建”工作取得新进展。

政府建设取得新成效。注重发挥民主党派、工商联、无党派人士和人民团体的作用，认真办理人大代表建议、政协提案，深入推进依法行政。政府职能转变和机构改革工作扎实推进。改革完善市县食品药品监督管理体制，推进市县卫生和计生部门职能转变。精减市直事业单位154个，精减率达45.4%。市级取消行政审批事项26项、下放23项、转移4项、委托2项。市县两级网上办事大厅和电子政务办公业务系统建成运行。94个乡镇建成便民服务中心。落实中央“八项规定”，着力纠正“四风”。市级考核项目大幅减少。政务公开、行政监察、审计监督、网络问政、纠风工作力度加大，严肃查处了一批违法违纪案件。

各位代表，上述成绩来之不易，这是全市人民团结奋斗的结果。在此，我代表市人民政府，向全市人民，向驻韶部队官兵，向各民主党派、人民团体、社会各界人士，向关心、支持韶关发展的港澳台同胞和海内外朋友，表示衷心的感谢！

我们也清醒地认识到存在的问题。主要是：经济总量小，人均水平低；产业支撑力不强，创新能力弱；重大项目和骨干企业少，工业投资增长不快；城镇化步伐还不够大，中心城区辐射带动力不强；资源环境承载压力加大，节能减排任务繁重；部门单位服务水平和办事效率与人民群众的期望还有差距，政务环境需要进一步优化。对此，我们将采取更有力的措施积极加以解决。

2014年工作安排

2014年政府工作的总体要求是：坚持发展这个硬道理，认真落实党的十八大和十八届二中、三中全会精神及省委、省政府、市委的决策部署，坚持稳中求进，以深化改革为统领，以扩大开放为动力，以加快新型工业化和城镇化为突破口，奋力开创绿色转型、振兴发展新局面。主要预期目标是：生产总值增长11%以上；人均生产总值增长10%；地方公共财政预算收入增长11%以上；固定资产投资增长18%；社会消费品零售总额增长14%；城镇居民人均可支配收入增长9%，农村居民人均纯收入增长10%；居民消费价格指数涨幅控制在3.5%左右；城镇登记失业率控制在3%以内；完成省下达的节能减排等各项任务。

围绕上述目标，今年突出抓好六个方面的工作：

一、加强经济建设

继续抓住经济建设这个中心和转变经济发展方式这条主线，积极破解难题，巩固和发展经济稳中向好的势头，并加强区域合作，与北江流域相关地区共同努力，打造北江经济带。

明确重点，突出三大抓手。着力扩大投资，优化资金投向，强化重大发展平台，增强经济发展动力。一要大力推进基础设施提档升级。推动韶赣铁路、广乐高速公路建成通车。重点推进大广、武深、汕昆高速公路和武广高铁乐昌东站、北江航道整治、韶关机场扩建等重大交通基础设施项目，以及南水水库供水工程、韶关电厂“上大压小”、国电粤华煤矸石发电、始兴羊角山风力发电、市区第四和第五污水处理厂、智慧城市等重大民生、能源、环保、市政、信息化基础设施建设。创新基础设施建设方式，探索引入社会资本加快湖南莽山黄沙至乐昌长来、韶关至新丰高速公路新江至六里段等高速公路项目建设。二要大力促进产业园区扩能增效。完成莞韶产业园扩园工作，积极推进北扩，加快打造“广东装备制造之都”。推进始兴产业园扩园，加快仁化、翁源、新丰、乳源产业园区的申报，实现省级产业园县域全覆盖，促进县域经济加快发展。赋予莞韶产业园市级经济社会管理权限，各县（市、区）相应扩大园区管理权限。抓住东莞对口帮扶的重大机遇，按“一园一城七组团”的思路，优化我市产业园布局和发展路径。进一步明确园区产业定位，着力引进优质项目，拓展延伸产业链，培育产业集群。加大园区基础设施、生活配套和公共服务平台建设投入，提高园区产业承接能力和竞争力。有序和谐开展土地征收，拓展园区发展空间。探索建立利益共享机制，加大合作共建力度，发挥好东韶投资开发公司作用。三要大力推进城市扩容提质。坚持以人为本，抓住农业转移人口市民化这个核心，提升城镇建设水平和服务功能，加快城乡一体化发展；注重生态保护和文化传承；健全新型城镇化体制机制，拓宽城市建设投融资渠道，鼓励社会资本参与；强化规划引领作用，着力推进经济社会、城乡建设、土地利用等规划衔接整合工作。加快推进芙蓉新区起步区城市建设。扎实推进农民安置房建设和旧村拆迁。铺开芙蓉新城市政设施、公共服务设施和水系建设。加快南华路、滨江路（一期）等18条道路以及新白线、芙蓉隧道建设，加强公交服务。完成韶关实验中学一期并推进二期建设，加快医院、韶关联通、移动服务大楼、农贸市场等建设。加快金融服务区、中央商务区、粤北亚太财富中心和恒大、碧桂园五星级酒店等项目建设，鼓励有条件的企业到新城建设总部大楼，促进新城服务产业聚集。推动碧桂园、恒大、保利、信德等地产项目在绿化、停车位等方面提供更好的人居环境，逐步营造芙蓉新城明显优于老城区的城市功能。推进老城区扩容提质。继续推进市区四大出口、东环线、上饶路、移山路、群康路建设。建设跨武江、浈江步行桥。加快工业西路等城市内涝多发区整治。完善“三旧”改造政策，加强规划引导和监管。推进棚户区和城中村改造。加强市区交通拥堵整治。推进城市网格化管理，开展户外广告、占道经营等专项整治。提高县城和中心镇的人口和产业集聚度。加强旅游城镇规划建设，完成城镇体系规划和村镇体系规划，分类指导乡镇建设，加强规模较大中心镇建设。各县（市）要结合当地实际，确定建设一个新区或者集中连片改造一个老城区，加快城镇化进程。

夯实基础，推动产业转型升级。坚持做大产业规模与提升产业水平互动并进，抓住重大项目、重大平台、重点企业、重大科技专项和信息化，促进产业提质增效升级，并做好我市全国第三次经济普查工作。一要加快新型工业化步伐。促进各类工业企业协同稳定发展。加强大型骨干企业培育，实行“一企一策”，着力培育一批主营业务收入超10亿元、50亿元、100亿元的企业，带动产业链延伸发展。落实扶持中小微企业政策措施。鼓励扶持个体户发展为企业、规下企业发展为规上企业。推进产业结构调整和产业升级。用好资源枯竭型城市可持续发展政策，优化发展资源型产业，着力提高装备制造、精细化工、氟化工、生物医药、新型建材、新材料等接续替代产业的工业占比。支持企业技术改造、加强管理和科技创新，向产业价值链的高端迈进。以管资本为主加强国有资产监管。支持企业增资扩产和兼并重组，鼓励国内外行业优势企业收购兼并我市工业企业。推进老工业基地搬迁改造，鼓励引导老城区工业企业向产业园转移。推进小水电增效扩容改造。实施质量强市、技术标准和品牌带动战略，落实企业研发费用税前扣除和高新技术企业税收优惠，进一步优化创新环境。二要加快发展现代服务业。提升壮大旅游产业。加快环丹霞山生态旅游产业园、南雄奥威斯乐园、曲江大森林温泉世界度假村、新丰云髻山景区等旅游重大项目建设，打造国家旅游产业集聚区和南岭生态旅游集散地。深化旅游体制机制改革，办好旅游宣传推介主题活动，推出一批团队、散客等旅游服务套餐和特色纪念品。加强城市整体形象营销和对外合作，发展乡村旅游和农家乐、瑶家乐。加强旅游基础建设，促进旅游和其他行业融合发展。加快发展金融业。鼓励银行业加大信贷投放，争取贷存比提高2个百分点。推进农信社改制和地方金融机构扩量提质。积极吸引金融机构落户。推动农村金融创新，抓好“政银保”项目，发展政策性涉农保险，争取成为省农村金融改革试点市。壮大商贸流通业。以抓好市区东环线商贸物流园区建设为重点，以美吉特、新雪域等项目为带动，积极引导各类专业市场集聚发展。推进粤北国际物流园、中烟韶关物流基地、粤北金属物流交易中心、龙归物流园、南雄精细化工交易中心、新丰横江商贸物流城、韶关义乌国际小商品商贸城等项目建设。加强现代物流配送和专业物流中心建设。发展总部经济，大力推动重点企业原材料采购、产品销售业务本地化。积极发展电子商务和信息服务业。以莞韶城电子商务与信息服务项目为重点，引进优势电商企业，培育本地电商龙头企业，完善面向中小企业的电子商务服务。以“粤北硅谷”项目为重点，着力引进一批信息服务企业。重视发展健康服务业。加大支持引导力度，着力培育发展中医保健、养生养老、健康体检、体育健身等健康服务产业。此外，还要规范发展物业管理、快递业等服务业。三要着力发展山区特色效益农业，促进新农村建设。推进适度规模经营，鼓励农村土地承包经营权向专业大户、家庭农场、农民合作社、农业企业流转，培育新型经营主体。提升农业产业化水平，支持做大农产品流通加工业，加快农业科技创新推广。优化农业发展载体，重点加快仁化国家现代农业示范区、粤北现代农业示范园区、粤台农业合作试验区建设。提升农业生产能力和防灾抗灾能力，推进高标准基本农田建设，强化粮食安全保障能力。开展中小河流治理、小流域综合整治、中小型灌区改造、病险水库除险加固。大力发展林业产业，壮大乡土珍贵阔叶树、油茶、竹子、花卉苗木等特色产业，大力发展茶叶、铁皮石斛、中草药等林下经济和家具制造业，拓展林业经济增长点。探索农村建设新模式，创新城乡建设用地增减挂钩政策实施机制，使之与旧村庄改造有机结合，积极引导社会资本参与扶贫开发和幸福村居创建，加强农村危旧房改造，推进“两不具备”村庄搬迁改造。稳妥推进农村土地承包经营权、宅基地的确权登记和建库工作。做好新一轮扶贫开发“双到”工作，加快革命老区、民族地区和水库移民区发展。

加强对经济工作的协调，着力破解瓶颈难题。加强项目管理，服务项目建设。深入实施“百项工程兴韶关”活动，加强重点项目调度，建立健全市领导挂点联系和项目各方联动工作机制，开展重点项目互学互评活动，严格督促问责。制订重点项目推进时间表，加强协调服务，对企业投资项目推行网上在线备案，力争更多项目获批、落地和开工。建立重大项目审批绿色通道制度，实行并联审批加承诺制的审批模式。加强土地资源统筹配置，完善土地、房屋征收政策和工作机制。重点推进韶钢技改提升、新丰稀土分离等21项现代产业工程建设。积极推进华电南雄热电冷联供、正菱集团专用汽车制造等前期预备项目，完善重大项目储备库。加强招商引资工作，提高开放水平。明确招商思路，制定实施产业链招商行动计划。开展招商引资年活动，实施招商引资“一把手”工程，加强中介招商、以商引商和莞韶联合招商，注重质量招商，着力招大引强，力争引进一批10亿元或1亿美元以上的产业项目，狠抓项目跟踪落实。完成省下达的外资外贸工作任务。加强财税金融工作，强化资金保障。强化财税运行分析和税收征管，整合各类财政扶持政策资金，提高财政资金使用绩效，集中财力办大事。完善助保贷机制。加强融资平台建设，支持企业改制上市、发行债券，努力缓解中小微企业融资困难。完善征信体系，优化信息共享、有效担保、登记公证等金融发展环境。

二、加强文化建设

实施“文化名城”战略，建立健全现代公共文化服务体系和现代文化市场体系。

加强城市主题文化建设。制定相关规划，加强城市主题文化设施及主题文化产业项目建设。加强文明城乡建设。倡导培育和践行社会主义核心价值观，推进全国文明城市创建工作，强化公民道德建设和未成年人思想道德建设，着力开展以道德讲堂、志愿服务为重点的全民修身活动，以文明交通、文明餐桌、文明上网为重点的文明引导行动。加强文化惠民工程建设。深化图书馆、博物馆、文化馆等文化事业单位改革。加快市新图书馆、新文化馆、新档案馆建设，完成县镇村三级文化设施达标年度任务。推动公共文化服务向社区、企业和农村延伸。抓好农村电影放映工程。加快实施县镇数字影院全覆盖工程。积极落实省广播电视节目无线覆盖工程。扶持促进民间文化艺术发展。加强文化遗产和文物的保护。加强历史文化街区、历史文化名村、古村落和少数民族特色村寨的规划保护利用。推进广富新街历史文化街区维修改造。加强文化产业建设。出台政府购买公共文化服务目录及实施方案，引导社会资本投资文化产业。支持小微文化企业发展，推进国有经营性文化单位转企改制，着力培育骨干文化企业。推进大南华文化创意产业园建设。规范文化市场秩序。

三、加强社会建设

以增进民生福祉、促进社会公平正义为出发点和落脚点，强化公共服务和社会管理职能。

更好保障和改善民生。健全工资支付保障制度。加强就业创业服务。促进以高校毕业生为重点的青年就业和农村转移劳动力、城镇困难人员、退役军人就业。推进社保扩面，提高社保参保率、保险待遇和经办服务水平。充分发挥住房公积金对改善居民居住条件的作用。完善保障性住房建设、分配、管理和退出机制，新开工建设保障房3341套。建设与田螺冲棚改工程配套的学校、医院、垃圾中转站、公交站等公建设施。强化社会救助，推进城乡低保、五保供养制度与城乡居民社会养老保险制度配套衔接，发展社会福利和慈善事业，加强养老、恤孤、助残工作。

提升公共服务水平。加强义务教育标准化学校建设，推进县域内城乡义务教育均衡发展。整合提质市区教育资源。加强流动人口子女教育管理。加强高中教育、学前教育和特殊教育发展。支持韶关学院提升办学层次和迎接教育部审核性评估。深化医药卫生体制改革。推进县级公立医院改革和平价医疗服务工作。完善市县镇村四级公共卫生服务体系。强化卫生应急、疾病预防控制、妇幼保健和卫生监督工作。建设粤北医院全科医生临床培训大楼。构建城乡一体化公共交通服务体系。进一步提高人口计生服务水平。建成20个乡镇农民体育健身广场，深入开展全民健身活动。推进机关事业单位的体育设施向公众开放。办好市十四届运动会，备战2014年省青少年锦标赛和第五届省少数民族传统体育运动会。

加强和创新社会治理。加强社会信用体系和市场监管体系建设。落实领导接访制度，改革涉法涉诉信访工作，加强社会风险排查化解，提升流动人口动态服务管理效能，深化社会治安综合治理，深入创建平安韶关。推进户籍制度改革，有序推进农业转移人口市民化。创新劳动关系协调机制，构建和谐劳动关系。建立健全重大决策社会稳定风险评估制度。建立健全食品药品安全监管网络。创新安全生产管理模式，落实企业主体责任，强化安全生产防控体系建设，严格事故责任追究。健全打击“违法用地、违法建筑”联动机制，坚决打击“两违”行为。推进县（市、区）应急平台建设，提高应急管理能力。加大网络社会管理，及时回应网民关切。改进住宅小区物业管理，加强业主委员会建设，健全基层综合服务管理平台，深化城乡社区建设。建立社会组织孵化基地，规范发展社会组织。争创第十届全国、全省双拥模范城。

今年，市政府将在抓好以往承诺民生实事的同时，办好8件实事：1. 提高底线民生保障水平；2. 提高城乡居民医保补助标准，每人年补助标准由280元提高到320元；3. 提高人均基本公共卫生服务经费标准，由30元提高到35元以上；4. 开展政策性水稻种植保险；5. 资助市公交公司增购100辆LNG新能源公交车；6. 建设市社会福利院老年人综合服务大楼；7. 建设一批小公园、小广场、小运动场、小停车场、小菜市场等“五小”惠民项目；8. 推进市区饮用水取水点调整优化工程和武江北路、靖村排水渠截污工程。

四、加强生态文明建设

实施主体功能区制度，划定并公布实施我市生态控制线，加强生态建设和环境保护，推动绿色、低碳、循环发展。

提升生态环境质量。积极推进“广东绿色生态第一市”建设。加强封山育林工作，加快生态景观林带、森林碳汇、森林进城围城、乡村绿化美化等重点林业工程和绿道网建设。加强自然遗产地、重要水源涵养区、石漠化地区、水土流失区、生物多样性保护区、地质灾害和荒废矿区等区域的生态保护与综合治理。新增30个森林公园和1个湿地公园。加快航空护林基地和森林远程视频监控系统建设。努力营建以乡土阔叶树种为主的混交林，提高森林质量。健全林木采伐与更新“一本账”的管理机制。

提高环境保护水平。落实省政府“十二五”后半期节能行动计划、主要污染物总量减排行动计划、大气污染防治方案，加强节能减排工作。强化节能减排目标责任和体制机制创新，强化财政资金引导作用，以奖代补、以奖促治。启动电机能效提升计划。发展绿色节能建筑，完成市区路灯LED改造。加快污水处理设施与截污管网、城乡污泥处置和规模化养殖场污染治理等节能减排项目建设。加快淘汰“黄标车”。推进韶冶整体搬迁升级改造。提高环境监管和应急处置水平。在市区开展PM2.5等项目监测工作。加强重点区域流域空气、水体、土壤污染综合治理，搞好跨省、市界水质断面污染监控。合理划定饮用水源保护区，加强饮用水源保护。加强农业面源污染防治，综合整治城乡环境。

节约集约利用资源。落实最严格的水资源管理制度以及供电与产出挂钩、差别水价、企业用地与产出挂钩等政策。加强批而未供、供而未用土地消化和低丘缓坡地综合开发利用，统筹用好建设用地地上地下空间。整顿规范矿产资源开发秩序，提高新矿权设置门槛，整合现有矿权，争取设置有利我市发展的矿权。落实生态产业发展规划，推进粤北危险废物处理处置中心、市再生资源集散交易中心建设，大力发展循环经济，提高资源回收利用水平，推进生态资源产业化。建立矿山企业生态修复保证金制度。

五、加强政府建设

市政府将牢记宗旨，努力为民、公正、依法、廉洁用权。

严格依法行政。自觉接受监督。认真落实人大及其常委会的决议决定，认真办理人大代表建议和政协委员提案。加强政府法制工作，健全政府法律顾问制度。优化执法体制，规范执法行为，加强执法监督。坚持问政于民、问计于民、问需于民，认真听取和采纳各民主党派和社会各界意见建议，推动网络问政、电视问政和网上建言献策。完善决策机制和程序，建立决策问责和纠错制度。加强政务微博、微信平台建设和政务、村务公开。

改进工作作风。贯彻落实中央“八项规定”，以开展党的群众路线教育实践活动为契机，着力强化政府作风建设，深入整治“四风”和“庸懒散拖”等行为。加强机关效能建设，强化市政府领导的领导责任、专项工作牵头部门的具体责任，鼓励创新、宽容失误、激励担当。严控各类考核检查、评比表彰活动，进一步精简会议和文件，实现三分之一以上市政府会议以电视电话会议方式召开。督促广大干部求真务实抓落实，深入基层解民忧。推动政府管理重心下移，加强乡镇（街道）建设，减轻基层负担。开展重点窗口单位和重点民生领域治理行动。强化督查督办，严格行政问责，确保政令畅通。

加强廉政建设。加强廉政风险防控，建立投资项目咨询论证制度，完善“限额设计”操作程序，严把政府投资项目立项关、概算关和建设关。实现公共资源交易“管办分离”，推进省市县三级平台互联互通。健全工程建设和政府采购网上招标、资格后审机制。加强经济责任审计和绩效审计，强化对重点部门、关键岗位、敏感环节监管。加强投资评审、内部审计、行政监察工作，严肃查处各类违法违纪案件。实行全口径预算管理，探索开展预算执行绩效跟踪工作。规范国资管理和非税收入监管。严控“三公”经费开支，严禁楼堂馆所建设。

六、全面深化改革

坚持把改革创新贯穿于政府工作的各领域各环节，推动政府职能向创造良好环境、提供优质服务、维护公平正义转变，促进市场环境、创业条件和干部作风根本好转。以解决问题为导向，认真贯彻《中共韶关市委关于全面深化改革的实施意见》，着力攻坚克难，深化重点领域和关键环节改革，力争获得更大的改革红利。结合转变政府职能，突出经济体制改革这个重点，全面完成商事登记制度改革，抓实政府机构、行政审批、事业单位分类管理、投资管理体制、公共资源交易和招投标、政府融资和债务管理、财税体制、金融发展、国有企业、社会信用、土地制度、资源价格等方面的改革，充分发挥市场在资源配置中的决定性作用，更好发挥政府作用，争创韶关营商环境、创新驱动、对外开放和产业竞争的新优势。

韶关的发展有赖于强化人才支撑。落实“人才强市”战略，全面推进“创新人才引进培养工程”，营造公平竞争、有为有位的环境。建立完善“乡贤”、专业技术人才、社工人才、企业经营管理人才信息库。加强招才引智工作，探索柔性引才新方式。继续推进市直机关干部跨部门交流。加强公务员队伍和产业工人队伍建设。着力培养视野开阔、敢于创新的企业家队伍。

各位代表，宏伟蓝图要靠实干来达成。让我们在省委、省政府和市委的正确领导下，抢抓机遇，攻坚克难，为推动韶关科学发展而努力奋斗！

2014 年韶关市人民政府规范性文件目录

表 23

序号	文件名	发文号	发文时间
1	韶关市人民政府关于收缴韶关市 2015 年车辆路桥年票费的通告	韶府〔2014〕51 号	2014 年 12 月 29 日
2	韶关市道路交通事故社会救助基金管理办法	韶府令第 117 号	2014 年 9 月 30 日
3	韶关市河道管理办法	韶府令第 116 号	2014 年 8 月 14 日
4	韶关市人民政府关于取消调整和下放一批行政审批项目的决定	韶府〔2014〕30 号	2014 年 6 月 18 日
5	韶关市人民政府关于全面推广使用国Ⅴ车用燃油的通告	韶府〔2014〕29 号	2014 年 6 月 13 日
6	关市人民政府办公室关于印发韶关市各县（市、区）人民政府耕地保护目标责任考核办法的通知	韶府办〔2014〕45 号	2014 年 5 月 22 日
7	韶关市人民政府关于整治市区“六乱”的通告	韶府〔2014〕25 号	2014 年 5 月 19 日
8	韶关市人民政府关于印发《韶关市区国有划拨土地收储管理办法（暂行）》的通知	韶府〔2014〕24 号	2014 年 5 月 15 日
9	韶关市政府投资非经营性项目代建管理办法	韶府令第 115 号	2014 年 5 月 15 日
10	韶关市人民政府关于划定高污染燃料禁燃区的通告	韶府〔2014〕23 号	2014 年 5 月 8 日
11	韶关市关于促进电网建设的若干规定	韶府令第 114 号	2014 年 3 月 13 日
12	韶关市户籍管理规定	韶府令第 113 号	2014 年 3 月 13 日
13	韶关市人民政府关于印发《韶关市公共资源交易规则（暂行）》的通知	韶府〔2014〕14 号	2014 年 3 月 14 日
14	韶关市人民政府关于加强电动自行车管理的通告	韶府〔2014〕4 号	2014 年 1 月 12 日

韶关市全国、省级重点文物保护单位一览表

表 24

序号	名称	时代	类别	详细地址	公布机关	公布时间	备注
1	三影塔	北宋	古建筑	南雄市永康路	国务院	1988 年 1 月 13 日	
2	南粤雄关与古道	唐代	古建筑	南雄市珠玑镇梅岭村	国务院	2013 年 3 月 5 日	—
3	马坝人遗址	旧石器时代	古遗址	广东省韶关市曲江区马坝镇东风居委狮岩路 3 号	国务院	2001 年 6 月 25 日	两处合并公布为：石峡遗址
	石峡遗址	新石器时代	古遗址	广东省韶关市曲江区马坝镇东风居委狮岩路 3 号	国务院	2001 年 6 月 25 日	
4	南华禅寺	宋至清	古建筑	广东省韶关市曲江区马坝镇城东居委会东南 6 公里	国务院	2001 年 6 月 25 日	
5	云龙寺塔	唐乾宁－光化年间（894—901 年）	古建筑	董塘镇安岗村委会安岗村小组	国务院	1988 年 1 月 13 日	—

续表 24

序号	名称	时代	类别	详细地址	公布机关	公布时间	备注
6	双峰寨	1889 年	近现代重要史迹及代表性建筑	石塘镇石塘村委会石塘村	国务院	2006 年 5 月 25 日	—
7	丹霞山摩崖石刻	北宋—中华民国	石窟寺及石刻	丹霞山风景名胜区	国务院	2013 年 3 月 5 日	—
8	满堂围	道光十三年(1833 年)	古建筑	隘子镇满堂村委会大围村	国务院	1996 年 11 月 20 日	—
9	长围村围屋	清咸丰五年(1855 年)	古建筑	罗坝镇燎原村委会长围村	国务院	2013 年 3 月 5 日	—
10	珠玑石塔	元代	古建筑	南雄市珠玑镇珠玑村（珠玑巷）	广东省人民政府	1979 年 12 月 19 日	—
11	南雄广州会馆	明代	古建筑	南雄市区青云东路	广东省人民政府	2002 年 7 月 17 日	—
12	南雄府城正南门	明—清	古建筑	南雄市城区中山街	广东省人民政府	2002 年 7 月 17 日	—
13	钟鼓岩摩崖石刻	唐—清	石窟寺及石刻	南雄市梅岭钟鼓岩岩洞内	广东省人民政府	1989 年 6 月 29 日	—
14	里东戏台	清代	古建筑	南雄市珠玑镇里东街	广东省人民政府	2008 年 11 月 18 日	—
15	中共粤北省委旧址	民国	近现代重要史迹及代表性建筑	浈江区五里亭牛头冲村	广东省人民政府	2010 年 5 月 10 日	原公布名为：中共广东省委粤北省委机关旧址
	南雄市瑶坑村中共广东省委旧址	民国	近现代重要史迹及代表性建筑	南雄市雄州街道荆岗村委会	广东省人民政府	2010 年 5 月 10 日	
	红围中共广东省委机关旧址	清道光年间	近现代重要史迹及代表性建筑	沈所镇沈北村委会	广东省人民政府	2010 年 5 月 10 日	
16	大成殿	明代	古建筑	南雄市区爱民路	广东省人民政府	2012 年 10 月 20 日	—
17	回龙寺塔	宋代	古建筑	南雄市湖口镇罗田村	广东省人民政府	2012 年 10 月 20 日	—
18	溪头塔	宋代	古建筑	南雄市百顺镇溪头老村	广东省人民政府	2012 年 10 月 20 日	—

续表 24

序号	名称	时代	类别	详细地址	公布机关	公布时间	备注
19	应山村应山石桥	清乾隆丙戌年（1766 年）	古建筑	广东省韶关市乐昌市黄圃镇应山村委会应山村	广东省人民政府	2002 年 7 月 17 日	—
20	大路下村薛氏家祠	中华民国 28 年（1939 年）	近现代重要史迹及代表性建筑	广东省韶关市乐昌市九峰镇坪石村委会大路下村	广东省人民政府	2011 年 1 月 19 日	—
	江湾村伯陵堂	中华民国 29 年（1940 年）	近现代重要史迹及代表性建筑	广东省韶关市乐昌市乐城街道办事处西联村委会江湾村附近	广东省人民政府	2011 年 1 月 19 日	
	大路下村薛岳家居	中华民国 35 年（1946 年）	近现代重要史迹及代表性建筑	广东省韶关市乐昌市九峰镇坪石村委会大路下村	广东省人民政府	2011 年 1 月 19 日	
	大路下村薛岳故居	中华民国 28 年（1939 年）	近现代重要史迹及代表性建筑	广东省韶关市乐昌市九峰镇坪石村委会大路下村	广东省人民政府	2011 年 1 月 19 日	
	大路下村薛岳家族墓	清、中华民国	近现代重要史迹及代表性建筑	广东省韶关市乐昌市九峰镇坪石村委会大路下村南山腰	广东省人民政府	2011 年 1 月 19 日	
	大路下村薛岳家族墓寮	中华民国	近现代重要史迹及代表性建筑	广东省韶关市乐昌市九峰镇坪石村委会大路下村南山山脚公路边	广东省人民政府	2011 年 1 月 19 日	原公布名为：薛岳故居
21	朱家村紫阳书院	1940 年	近现代重要史迹及代表性建筑	广东省韶关市乐昌市秀水镇秀水村委会朱家村北向 200 米处	广东省人民政府	2012 年 10 月 20 日	—
22	五汪村谭氏宗祠	清	古建筑	广东省韶关市乐昌市长来镇和村村委会五汪村	广东省人民政府	2012 年 10 月 20 日	—
23	仙人塔	宋代	古建筑	广东省韶关市曲江区大塘镇新桥村委会上新塘村南约 300 米	广东省人民政府	1979 年 12 月 18 日	—

续表24

序号	名称	时代	类别	详细地址	公布机关	公布时间	备注
24	拱桥岭遗址	新石器时代晚期	古遗址	广东省韶关市曲江区樟市镇樟市村委会拱桥岭自然村对面的山岗上	广东省人民政府	2012年10月20日	—
25	韶州府学宫大成殿	明代	古建筑	广东省韶关市浈江区风采路	广东省人民政府	2008年11月18日	—
26	鲶鱼转遗址	新石器晚期	古遗址	周田镇周田村	广东省人民政府	1978年7月18日重新公布	—
27	澌溪寺塔	北宋	古建筑	董塘镇安岗村委会澌溪庙村小组	广东省人民政府	1979年12月19日	—
28	华林寺塔	北宋元丰五年（1082年）	古建筑	闻韶镇下徐村委会下徐村	广东省人民政府	1989年6月29日	—
29	水南文峰塔	明万历四十年（1612年）	古建筑	丹霞街道办城南村委会矮岭头村	广东省人民政府	2008年11月18日	—
30	双水塔	明万历年间（1573—1620年）	古建筑	扶溪镇水口村委会水口村小组	广东省人民政府	2008年11月18日	—
31	云门寺南汉石碑	五代南汉	石窟寺及石刻	乳源县乳城镇云门村委会	广东省人民政府办公厅	1989年6月29日	—
32	镇溪祠古戏台	明嘉靖—清	古建筑	乳源县乳城镇共和村委会	广东省人民政府办公厅	2008年11月18日	—
33	观澜书院	清乾隆58年（1973年）	古建筑	乳源县大桥镇大桥村委会	广东省人民政府	2012年10月20日	—
34	西京古道	清代	古建筑	乳源县大桥镇石角塘、大桥、红云村委会	广东省人民政府	2012年10月20日	—
35	湖心坝民居群	明、清	古建筑	广东省韶关市翁源县江尾镇南塘村湖心坝自然村	广东省人民政府	2010年5月10日	—
36	光明陈氏宗祠	中华民国	近现代重要史迹及代表性建筑	广东省韶关市翁源县周陂镇光明村水口围自然村	广东省人民政府	2012年10月20日	—
37	大洞雁塔	清代	古建筑	丰城街道大洞村老围山上	广东省人民政府	2002年7月17日	—

续表24

序号	名称	时代	类别	详细地址	公布机关	公布时间	备注
38	罗围城堡建筑遗址	汉代	古遗址	太平镇罗围村委会	广东省人民政府	1989年6月29日	—
39	贵庐	中华民国26年（1937年）	近现代重要史迹及代表性建筑	隘子镇风度村委会张屋村	广东省人民政府	2012年10月20日	—
40	红梨渡槽	1981年	近现代重要史迹及代表性建筑	马市镇红梨村委会塘梨坑村	广东省人民政府	2012年10月20日	—
41	崇益堂	民国20年（1931年）	近现代重要史迹及代表性建筑	太平镇瑶村村委会上邓村	广东省人民政府	2012年10月20日	—
42	走马岗遗址	新石器时代	古遗址	广东省韶关市浈江区十里亭镇良村村委良村走马岗	广东省人民政府	1978年7月18日重新公布	—
43	张九龄家族墓地	唐代	古墓葬	武江区西河镇田心村委墩子头村罗源洞山麓翠珠岭	广东省人民政府	1978年7月18日重新公布	—
44	余靖墓	宋代	古墓葬	武江区西联镇甘棠村委成家山	广东省人民政府	2002年7月17日	—
45	犁市街当铺	清代	近现代重要史迹及代表性建筑	广东省韶关市浈江区犁市镇犁市居委人民路南	广东省人民政府	2012年10月20日	—

韶关市获国家级、省级、市级非物质文化遗产名录

表25

序号	项目类别	项目名称	保护单位	级别	批次
1	民俗	拜盘王	乳源县文化广电新闻出版局	国家级	第一批
2	传统戏剧	粤北采茶戏	韶关市文化馆	国家级	第三批
3	传统美术	瑶族刺绣	乳源县文化馆	国家级	第三批
4	传统舞蹈	龙舞（香火龙）	南雄市文化馆	国家级	第三批
5	传统音乐	瑶族民歌	乳源县文化馆	国家级	第四批
6	民俗	南华诞庙会	曲江区文化馆	省级	第一批
7	传统音乐	九峰山歌	乐昌市文化馆	省级	第二批
8	传统舞蹈	狮舞（青蛙狮）	乐昌市文化馆	省级	第三批

续表 25

序号	项目类别	项目名称	保护单位	级别	批次
9	传统美术	张田饼印	新丰县文化馆	省级	第二批
10	传统音乐	石塘月姐歌	仁化县文化馆	省级	第三批
11	传统技艺	仁化土法造纸技艺	仁化县文化馆	省级	第三批
12	传统舞蹈	舞春牛	浈江区文化馆	省级	第一批
13	传统音乐	龙船歌	南雄市文化馆	省级	第四批
14	传统戏剧	乐昌花鼓戏	乐昌市文化馆	省级	第四批
15	传统工艺	石塘堆花米酒	仁化县文化馆	省级	第四批
16	民俗	乳源瑶族服饰	乳源县文化馆	省级	第五批
17	民间文学	珠玑巷人南迁	南雄文化馆	省级	第五批
18	曲艺	乐昌渔鼓	乐昌文化馆	省级	第五批
19	民俗	新丰龙皇宫出行	新丰县文化馆	市级	第三批
20	传统舞蹈	新丰纸马舞	新丰县文化馆	市级	第三批
21	传统音乐	仁化八音	仁化县文化馆	市级	第三批
22	传统舞蹈	调王舞	翁源县文化馆	市级	第三批
23	民俗	浈江犁市划龙舟习俗	浈江区文化馆	市级	第三批
24	民俗	宰相粉	始兴县文化馆	市级	第三批
25	传统技艺	外营草席	始兴县文化馆	市级	第三批
26	传统舞蹈	龟蚌舞	始兴县文化馆	市级	第二批
27	传统音乐	十点梅花	曲江区文化馆	市级	第一批
28	民俗	新丰担丁酒	新丰县文化馆	市级	第二批
29	传统技艺	新丰缸瓦	新丰县文化馆	市级	第二批
30	传统舞蹈	鹤蚌舞	翁源县文化馆	市级	第一批
31	传统体育、杂技与竞技	翁源烟火戏	翁源县文化馆	市级	第二批
32	民俗	南雄姓氏节	南雄市文化馆	市级	第二批
33	传统舞蹈	双龙舞双狮	南雄市文化馆	市级	第一批
34	民俗	闹春牛	仁化县文化馆	市级	第二批
35	传统舞蹈	梅花龙	仁化县文化馆	市级	第二批
36	民间医药	乳源瑶族传统医药	乳源县文化馆	市级	第二批
37	传统医药	丹参膏	浈江区文化馆	市级	第四批

（市文广新局供）

韶关市已建林业类自然保护区一览表

表 26

序号	已建自然保护区名称	级别	面积（hm^2）	主要保护对象	建立时间	备注
1	广东南岭国家级自然保护区	国家级	40494.4	中亚热带常绿阔叶林	1994	《总体规划》
2	广东车八岭国家级自然保护区	国家级	7545	中亚热带常绿阔叶林	1982	—
3	广东曲江罗坑国家级自然保护区	国家级	18813.6	中亚热带常绿阔叶林、珍稀动植物	1998	—
4	广东粤北华南虎省级自然保护区	省级	16360.8	华南虎及其栖息环境	1990	2008 年调整仁化：11065.1ha；乐昌：5295.7ha.
5	广东新丰云髻山省级自然保护区	省级	2727	中亚热带常绿阔叶林、珍稀动植物	1990	—
6	广东乐昌杨东山—十二度水省级自然保护区	省级	11651	中亚热带常绿阔叶林、珍稀动植物	1998	—
7	广东乳源大峡谷省级自然保护区	省级	3673	中亚热带常绿阔叶林	2001	—
8	广东仁化红山高坪省级自然保护区	省级	3585.5	中亚热带常绿阔叶林、珍稀动植物	2001	—
9	广东乐昌大瑶山省级自然保护区	省级	7913.9	中亚热带常绿阔叶林	2000	—
10	广东始兴南山省级自然保护区	省级	7113	中亚热带常绿阔叶林	2001	—
11	广东曲江沙溪省级自然保护区	省级	9333.3	中亚热带常绿阔叶林	1996	—
12	广东南雄小流坑—青嶂山省级自然保护区	省级	7874	中亚热带常绿阔叶林	2001	—
13	广东翁源青云山省级自然保护区	省级	7359	中亚热带常绿阔叶林	2002	2009 年升省级

韶关市已建湿地公园一览表

表 27

序号	已建湿地公园名称	级别	面积（hm^2）	批准文号	建立时间	备注
1	乳源南水湖国家湿地公园	国家级（试点）	6283.7	林湿发〔2009〕297 号	2009	广东省一级饮用水源保护区、乳源县饮用水源地和韶关市备用水源地。
2	孔江国家湿地公园	国家级（试点）	1667.9	林湿发〔2011〕61 号	2011	—

续表 27

序号	已建湿地公园名称	级别	面积（hm^2）	批准文号	建立时间	备注
3	新丰鲁古河国家湿地公园	国家级（试点）	469.54	林湿发［2014］25 号	2014	—
4	广东仁化漸溪湖省级湿地公园	省级	438.27	粤林复函［2011］186 号	2011	—

（韶关市林业局　供）

韶关市国家 AAA 以上旅游景区（景点）、风景名胜区

表 28

序号	景区名称	所在地	等级	获批年份
1	丹霞山景区	韶关仁化	AAAAA	2011
2	韶关市曹溪温泉	韶关市曲江区	AAAA	2006
3	韶关市广东大峡谷景区	乳源县大布镇	AAAA	2009
4	韶关市云门寺佛教文化生态保护区	乳源县云门寺	AAAA	2010
5	韶关市丽宫旅游区	乳源县乳城镇侯公渡过青岗	AAAA	2011
6	韶关市古佛洞天旅游区	乐昌市河南月坵	AAAA	2011
7	韶关市南岭国家森林公园	广东省乳源县五指山	AAAA	2012
8	韶关市珠玑古巷梅关古道景区	南雄市珠玑镇	AAAA	2012
9	银山户外养生景区	韶关市浈江区近郊 8 公里	AAAA	2014
10	韶关市新丰云天海温泉原始森林度假村景区	新丰县 50 万亩原始森林	AAAA	2014
11	韶关市乐昌三龙谷（龙王潭）生态旅游区	乐昌市廊田五山交界处	AAA	2010
12	韶关市乐昌金鸡岭风景区	乐昌市坪石镇登峰路 55 号	AAA	2011
13	韶关市广东天井山国家森林公园	乳源县洛阳镇	AAA	2011
14	韶关市曲江马坝人遗址景区	曲江区马坝狮岩路 3 号	AAA	2014
15	韶关市始兴铜钟寨景区	始兴县沈所镇八一村	AAA	2014
16	韶关市南雄帽子峰林场	南雄市帽子峰林场	AAA	2014
17	韶关市乳源必背瑶寨世界过山瑶之乡生态旅游景区	乳源县必背瑶寨	AAA	2013
18	韶关市乳源天景山仙人桥景区	乳源县大布镇	AAA	2013
19	韶关市新丰江源温泉旅游度假山庄	新丰县梅坑镇塘下	AAA	2013

国家级、广东省级生态示范镇（村、园区）名单

表 29

序号	名称	级别	级别批准时间	原级别	原级别批准时间	获评级别
1	韶关始兴县深渡水瑶族乡	国家级	2010	广东省	2004	乡镇
2	韶关始兴县罗坝镇	国家级	2011	广东省	2007	乡镇
3	韶关始兴县太平镇	国家级	2010	广东省	2008	乡镇
4	韶关始兴县马市镇	国家级	2011	广东省	2009	乡镇
5	韶关始兴县沈所镇	国家级	2012	广东省	2009	乡镇

续表 29

序号	名称	级别	级别批准时间	原级别	原级别批准时间	获评级别
6	韶关始兴县澄江镇	国家级	2012	广东省	2010	乡镇
7	韶关始兴县顿岗镇	国家级	2012	广东省	2010	乡镇
8	韶关始兴县城南镇	广东省	2007	—	—	乡镇
9	韶关始兴县隘子镇	广东省	2014	—	—	乡镇
10	韶关始兴县城南镇杨公岭玲珑新村	广东省	2003	—	—	行政村
11	韶关始兴县罗坝镇林头村	广东省	2003	—	—	行政村
12	韶关始兴县沈所镇瑶族移民新村	广东省	2005	—	—	行政村
13	韶关始兴县城南镇良坝村	广东省	2005	—	—	自然村
14	韶关始兴县深渡水瑶族乡黄泥田村	广东省	2005	—	—	自然村
15	韶关始兴县罗坝镇沙路下村	广东省	2005	—	—	自然村
16	韶关乐昌市九峰镇庙背村	广东省	2005	—	—	自然村
17	韶关乳源瑶族自治县侯公渡镇龙头新村	广东省	2005	—	—	自然村
18	韶关始兴县深渡水瑶族横岭村	广东省	2011	—	—	自然村
19	韶关仁化县董塘镇高莲村	广东省	2011	—	—	自然村
20	韶关始兴县江口镇南村中古坑	广东省	2003	—	—	生态园区
21	韶关乐昌市五山镇龙王潭生态旅游区	广东省	2005	—	—	生态园区
22	韶关市金果生态农业园	广东省	2005	—	—	生态园区
23	韶关新丰县丰城镇万亩优质果林场	广东省	2005	—	—	生态园区

索 引

主题索引

说明：

1. 本索引采用主题分析方法，款目按照首字汉语拼音字母（同音字按声调）顺序排列。
2. 索引款目后的数字表示本书页的页码；数字后的英文字母（a、b、c）分别表示该页码的左栏、中栏、右栏。
3. 本索引未对特载、大事记、人物、图、表、统计资料和附录等内容作主题分析。
4. 同一主题的内容在文中多处出现的，在其款目后用不同的页码标明或者加“/”后标明记述单位。

A

B

C

D

F

G

H

J

K

L

M

N

P

Q

R

T

X

Y

Z

表格索引

图照索引